1
소방관련교재
판매율·점유율

동영상 강의
소방단기

Daum cafe 카페검색 ∨ 김동준 소방&방재 아카데미 🔍

2025

김동준
소방관계법규

②

소방관계법규 출제경향 분석표

공개채용

챕터 \ 기출년도	14	15	16	17	18	19	20	21	22	23	24
01 화재의 예방 및 안전관리에 관한 법률											
01 총칙											
02 화재의 예방 및 안전관리 기본계획의 수립·시행											
03 화재안전조사											
04 화재의 예방조치 등											1
05 소방대상물의 소방안전관리										3	4
06 특별관리시설물의 소방안전관리										1	1
07 보칙											
08 벌칙										1	
02 소방시설공사업법											
01 총칙		1	1		3				1	1	
02 소방시설업			1	2	2	1			2		
03 소방시설공사등		2	4	8	2	3	4	4	2	2	2
04 소방기술자				1				1		2	
05 소방시설업자협회											
06 보칙					1	1					1
07 벌칙							1				
03 위험물안전관리법											
01 총칙				1			2	1	3		
02 위험물시설의 설치 및 변경			1		2	1					
03 위험물시설의 안전관리		3	3	9	6		2	4	2	5	6
04 위험물의 운반 등		1			1					2	1
05 감독 및 조치명령					1						
06 보칙											
07 벌칙							1				

소방관계법규 출제경향 분석표

경력채용

01 화재의 예방 및 안전관리에 관한 법률

챕터 \ 기출년도	14	15	16	17	18	19	20	21	22	23	24
01 총칙											1
02 화재의 예방 및 안전관리 기본계획의 수립·시행											
03 화재안전조사										1	
04 화재의 예방조치 등											3
05 소방대상물의 소방안전관리										3	4
06 특별관리시설물의 소방안전관리										1	1
07 보칙											
08 벌칙										2	1

02 소방시설공사업법

챕터 \ 기출년도	14	15	16	17	18	19	20	21	22	23	24
01 총칙										1	
02 소방시설업											
03 소방시설공사등										3	3
04 소방기술자										3	
05 소방시설업자협회											
06 보칙											1
07 벌칙											

03 위험물안전관리법

챕터 \ 기출년도	14	15	16	17	18	19	20	21	22	23	24
01 총칙										2	
02 위험물시설의 설치 및 변경											
03 위험물시설의 안전관리										5	7
04 위험물의 운반 등										2	1
05 감독 및 조치명령											
06 보칙											
07 벌칙											

CONTENTS 목차

화재의 예방 및 안전관리에 관한 법률 체계도 8

PART 01　화재의 예방 및 안전관리에 관한 법률

chapter 01　총 칙 14
chapter 02　화재의 예방 및 안전관리 기본계획의 수립·시행 18
chapter 03　화재안전조사 26
chapter 04　화재의 예방조치 등 44
chapter 05　소방대상물의 소방안전관리 70
chapter 06　특별관리시설물의 소방안전 관리 132
chapter 07　보 칙 150
chapter 08　벌 칙 162

소방시설공사업법 체계도 170

PART 02　소방시설공사업법

chapter 01　총 칙 174
chapter 02　소방시설업 178
chapter 03　소방시설공사등 210
chapter 04　소방기술자 286
chapter 05　소방시설업자협회 310
chapter 06　보 칙 314
chapter 07　벌 칙 322

소방관계법규 2

| 위험물안전관리법 체계도 | 330 |

PART 03 위험물안전관리법

chapter 01	총 칙	335
chapter 02	위험물시설의 설치 및 변경	368
chapter 03	위험물시설의 안전관리	404
chapter 04	위험물의 운반 등	510
chapter 05	감독 및 조치명령	526
chapter 06	보 칙	538
chapter 07	벌 칙	548

정답 및 해설

part 01	화재의 예방 및 안전관리에 관한 법률	560
part 02	소방시설공사업법	573
part 03	위험물안전관리법	585

소방관계법규 체계도

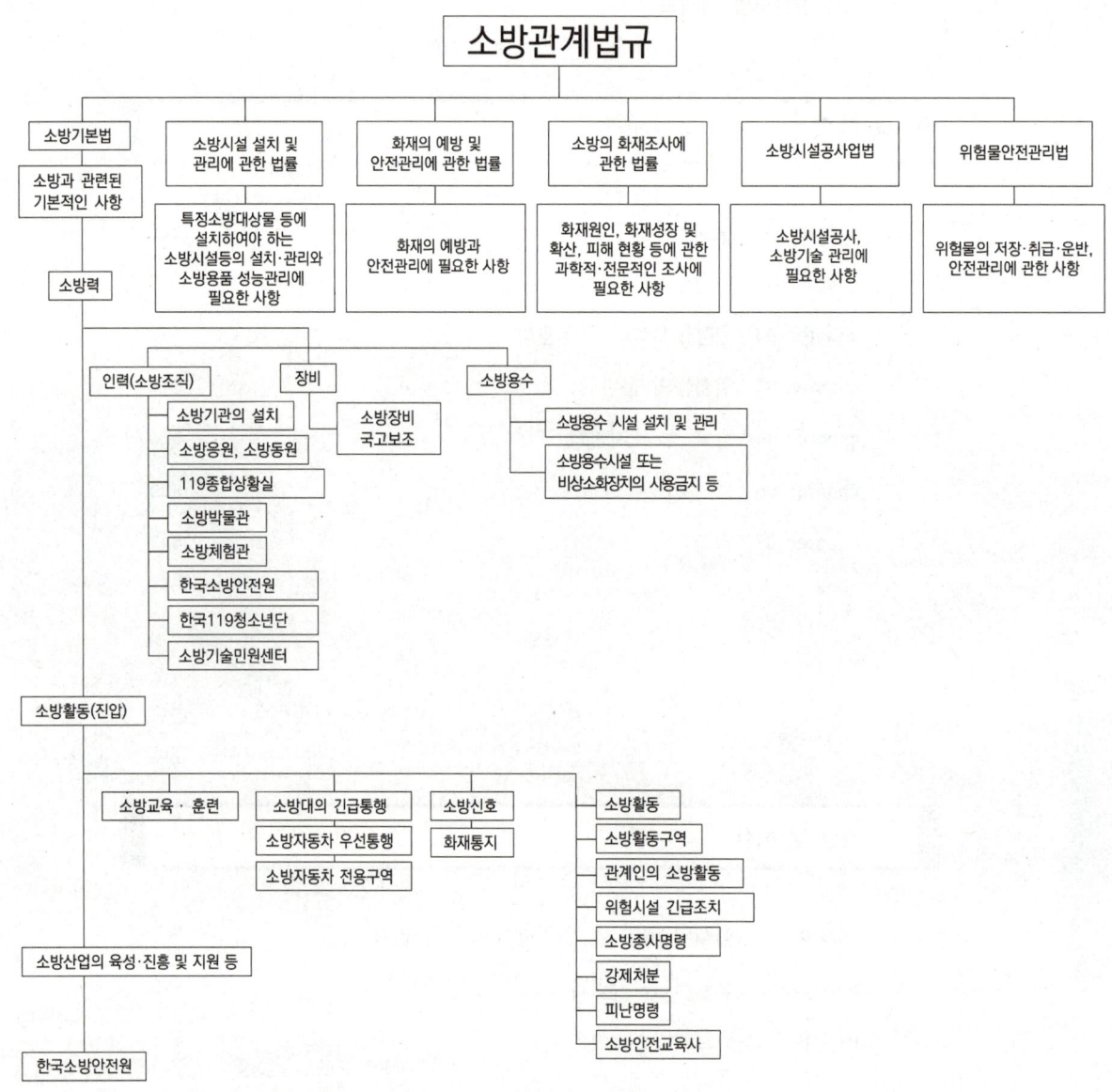

PART 01

화재의 예방 및 안전관리에 관한 법률

01 총칙
02 화재의 예방 및 안전관리 기본계획의 수립·시행
03 화재안전조사
04 화재의 예방조치 등
05 소방대상물의 소방안전관리
06 특별관리시설물의 소방안전관리
07 보칙
08 벌칙

화재의 예방 및 안전관리에 관한 법률 체계도

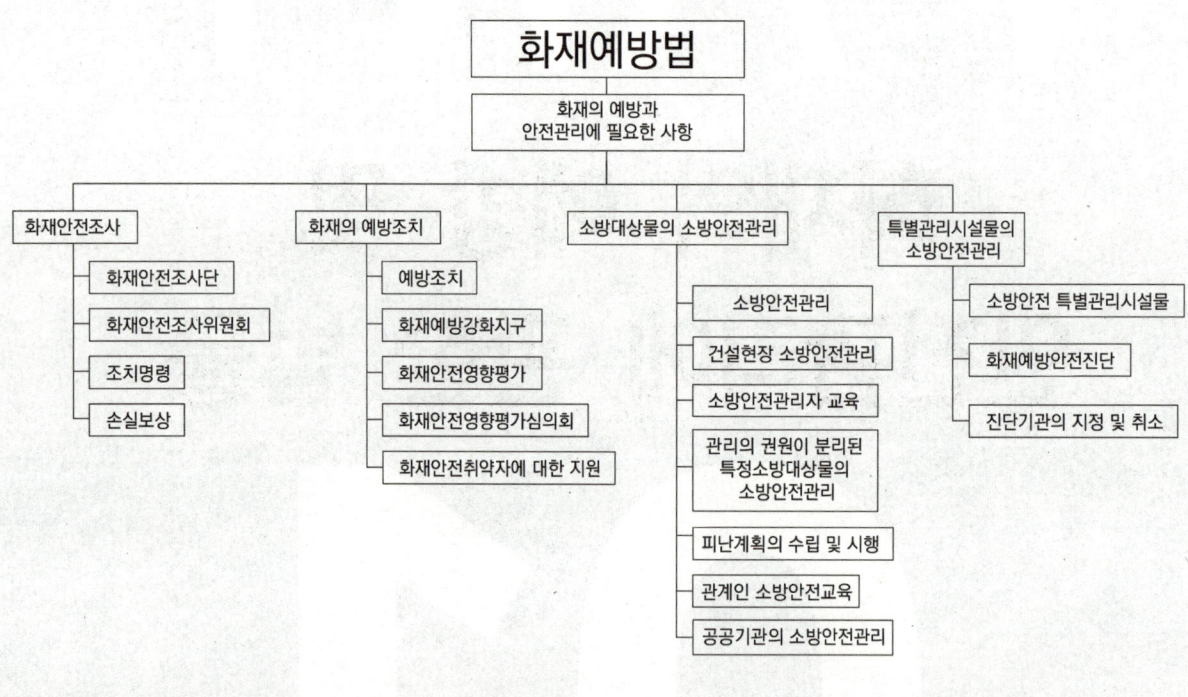

화재의 예방 및 안전관리에 관한 법률의 구성

제1장 총칙
제1조 목적
제2조 정의
제3조 국가와 지방자치단체 등의 책무

제2장 화재의 예방 및 안전관리 기본계획의 수립·시행
제4조 화재의 예방 및 안전관리 기본계획 등의 수립·시행
제5조 실태조사
제6조 통계의 작성 및 관리

제3장 화재안전조사
제7조 화재안전조사
제8조 화재안전조사의 방법·절차 등
제9조 화재안전조사단 편성·운영
제10조 화재안전조사위원회 구성·운영
제11조 화재안전조사 전문가 참여
제12조 증표의 제시 및 비밀유지 의무 등
제13조 화재안전조사 결과 통보
제14조 화재안전조사 결과에 따른 조치명령
제15조 손실보상
제16조 화재안전조사 결과 공개

제4장 화재의 예방조치 등
제17조 화재의 예방조치 등
제18조 화재예방강화지구의 지정 등
제19조 화재의 예방 등에 대한 지원
제20조 화재 위험경보
제21조 화재안전영향평가
제22조 화재안전영향평가심의회
제23조 화재안전취약자에 대한 지원

제5장 소방대상물의 소방안전관리
제24조 특정소방대상물의 소방안전관리
제25조 소방안전관리업무의 대행
제26조 소방안전관리자 선임신고 등
제27조 관계인 등의 의무
제28조 소방안전관리자 선임명령 등
제29조 건설현장 소방안전관리
제30조 소방안전관리자 자격 및 자격증의 발급 등
제31조 소방안전관리자 자격의 정지 및 취소
제32조 소방안전관리자 자격시험
제33조 소방안전관리자 등 종합정보망의 구축·운영
제34조 소방안전관리자 등에 대한 교육
제35조 관리의 권원이 분리된 특정소방대상물의 소방안전관리
제36조 피난계획의 수립 및 시행
제37조 소방안전관리대상물 근무자 및 거주자 등에 대한 소방훈련 등
제38조 특정소방대상물의 관계인에 대한 소방안전교육
제39조 공공기관의 소방안전관리

제6장 특별관리시설물의 소방안전관리
제40조 소방안전 특별관리시설물의 안전관리
제41조 화재예방안전진단
제42조 진단기관의 지정 및 취소

제7장 보칙
제43조 화재의 예방과 안전문화 진흥을 위한 시책의 추진
제44조 우수 소방대상물 관계인에 대한 포상 등
제45조 조치명령 등의 기간연장
제46조 청문
제47조 수수료 등
제48조 권한의 위임·위탁 등
제49조 벌칙 적용에서 공무원 의제

제8장 벌칙
제50조 벌칙
제51조 양벌규정
제52조 과태료

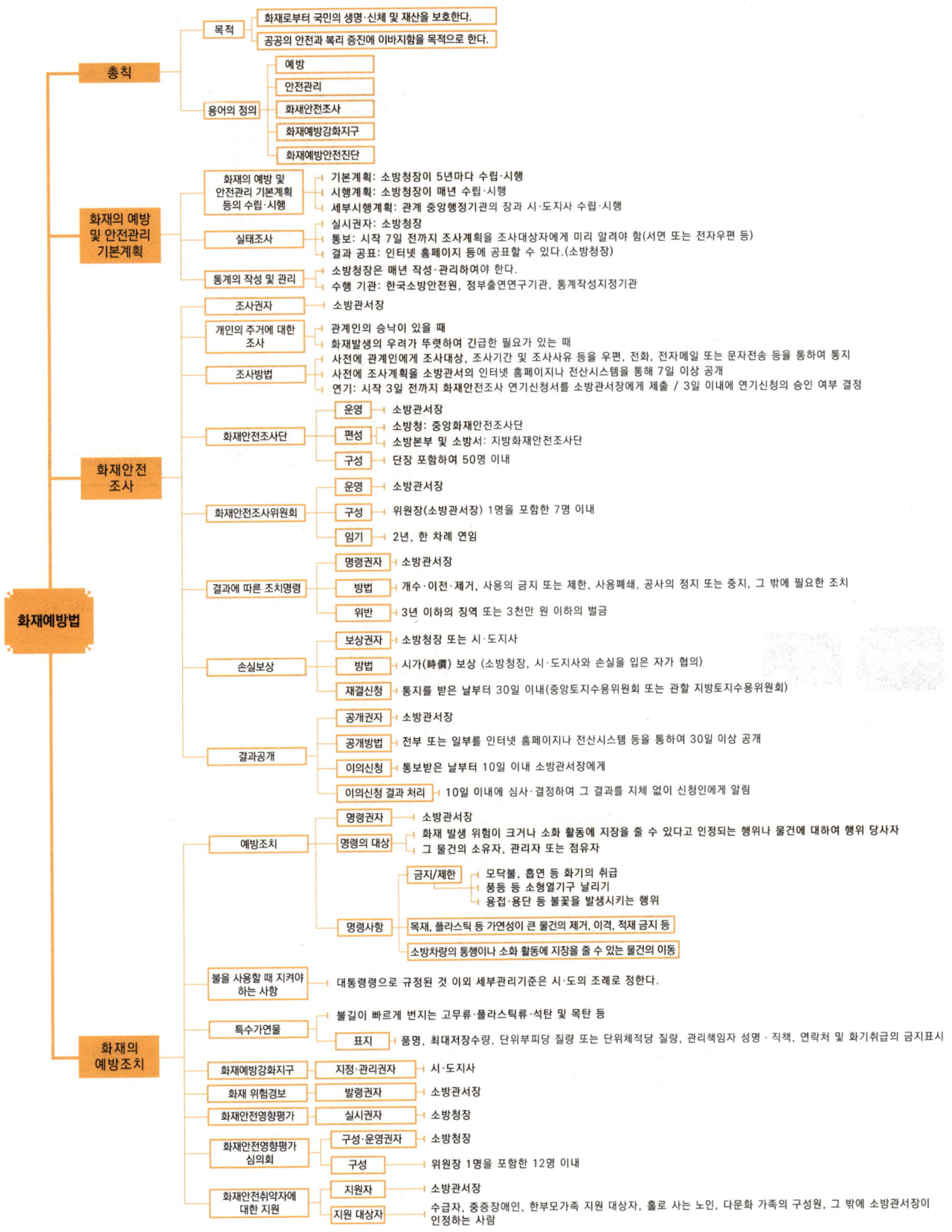

INFORMATION

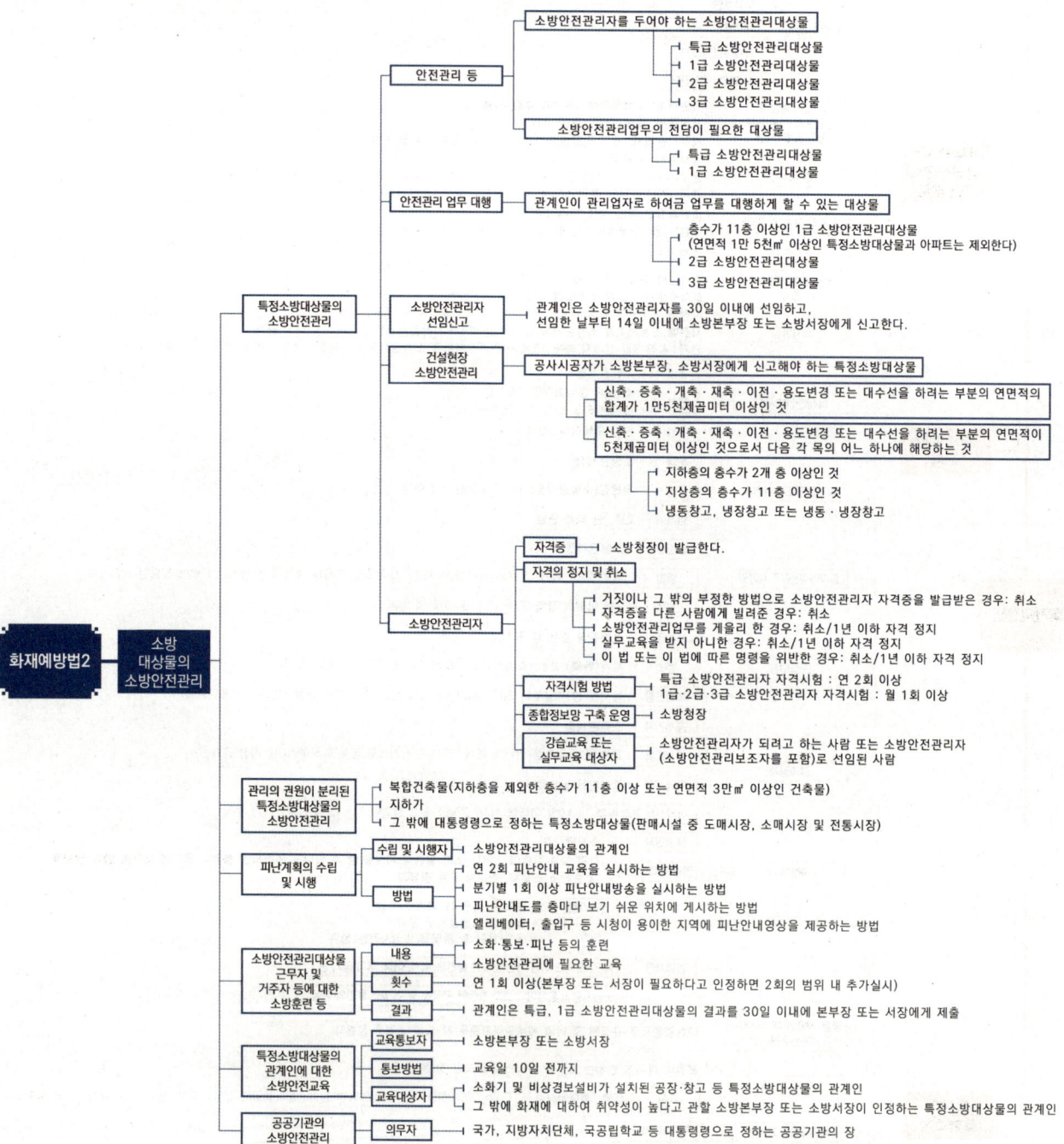

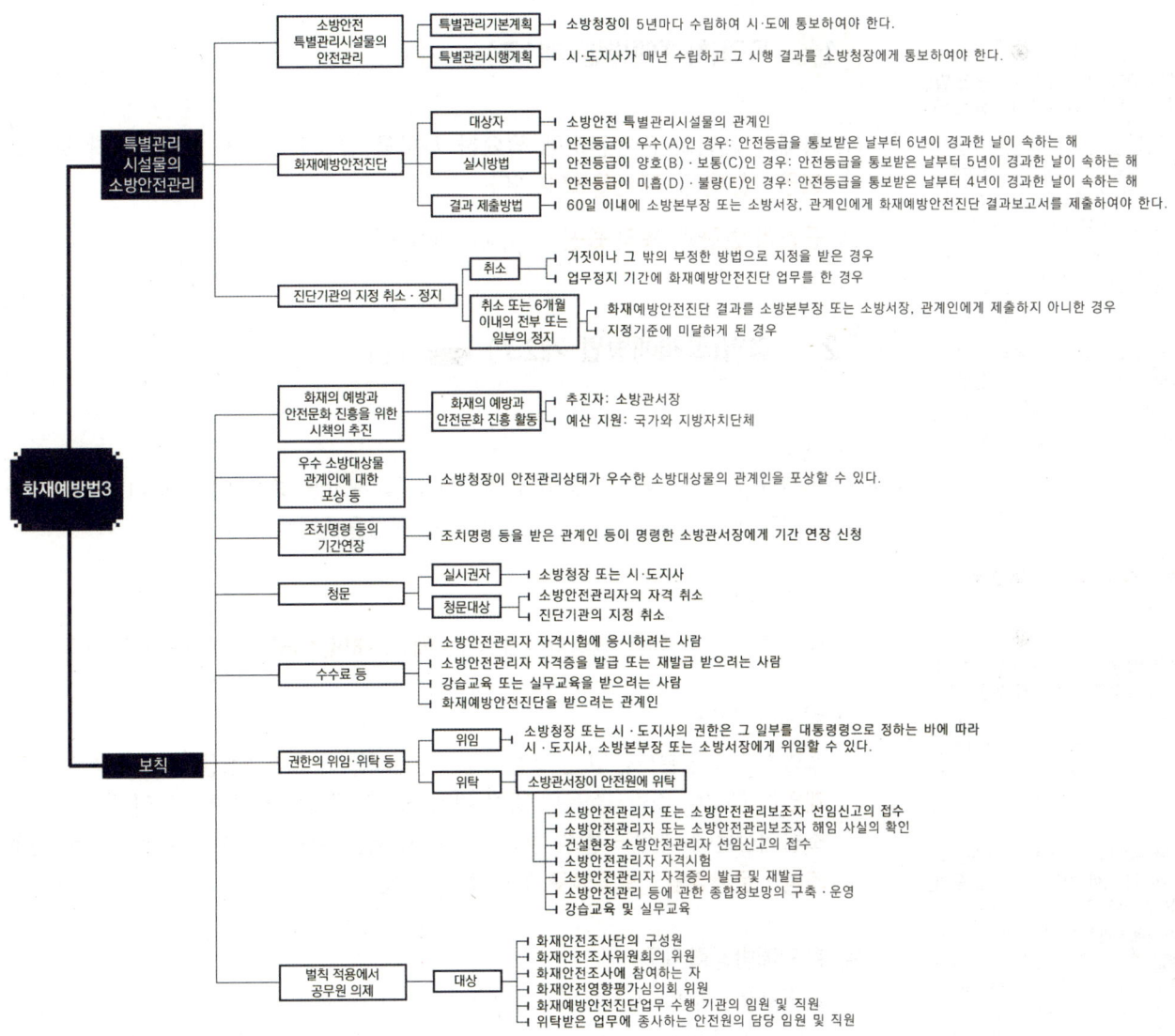

CHAPTER 01 총칙

01

「화재의 예방 및 안전관리에 관한 법률」상 목적으로 ㉠, ㉡에 들어갈 말로 옳은 것은?

> 화재의 예방과 [㉠]에 필요한 사항을 규정함으로써 화재로부터 국민의 생명·신체 및 재산을 보호하고 [㉡]과 복리 증진에 이바지함을 목적으로 한다.

	㉠	㉡
①	경계하거나 진압	공공의 안전
②	재난	공공의 안녕
③	안전관리	공공의 안전
④	재해	공공의 안녕

☑ 예방, 대비, 대응 → 복구 X

02

「화재의 예방 및 안전관리에 관한 법률」상 용어의 정의로 옳지 않은 것은?

① "예방"이란 화재의 위험으로부터 사람의 생명·신체 및 재산을 보호하기 위하여 화재발생을 사전에 제거하거나 방지하기 위한 모든 활동을 말한다.
② "안전관리"란 화재로 인한 피해를 최소화하기 위한 예방, 대비, 대응 등의 활동을 말한다.
③ "화재예방안전진단"이란 화재가 발생할 경우 사회·경제적으로 피해 규모가 클 것으로 예상되는 소방대상물에 대하여 화재위험요인을 조사하고 그 위험성을 평가하여 개선대책을 수립하는 것을 말한다.
④ "화재안전조사"란 소방청장, 소방본부장 또는 소방서장이 화재원인, 피해상황, 대응활동 등을 파악하기 위하여 자료의 수집, 관계인등에 대한 질문, 현장 확인, 감식, 감정 및 실험 등을 하는 일련의 행위를 말한다.

정답 01. ③ 02. ④

---

1 목적(화재예방법 제1조)

(1) 화재의 예방과 안전관리에 필요한 사항을 규정함으로써 화재로부터 국민의 **생명·신체 및 재산을 보호**한다.
(2) **공공의 안전**과 **복리 증진**에 이바지함을 목적으로 한다.

2 정의(화재예방법 제2조) 기출 24 경채

(1) 예방
화재의 위험으로부터 사람의 생명·신체 및 재산을 보호하기 위하여 화재발생을 사전에 제거하거나 방지하기 위한 모든 활동을 말한다.

(2) 안전관리
화재로 인한 피해를 최소화하기 위한 **예방, 대비, 대응** 등의 활동을 말한다.

(3) 화재안전조사
소방청장, 소방본부장 또는 소방서장(소방관서장)이 **소방대상물**, **관계지역** 또는 **관계인**에 대하여 소방시설등이 소방 관계 법령에 적합하게 설치·관리되고 있는지, 소방대상물에 화재의 발생 위험이 있는지 등을 확인하기 위하여 실시하는 **현장조사·문서열람·보고요구** 등을 하는 활동을 말한다.

(4) 화재예방강화지구
특별시장·광역시장·특별자치시장·도지사 또는 특별자치도지사(**시·도지사**)가 화재발생 우려가 크거나 화재가 발생할 경우 피해가 클 것으로 예상되는 지역에 대하여 화재의 예방 및 안전관리를 강화하기 위해 **지정·관리하는 지역**을 말한다.

(5) 화재예방안전진단
화재가 발생할 경우 사회·경제적으로 피해 규모가 클 것으로 예상되는 소방대상물에 대하여 화재위험요인을 조사하고 그 위험성을 평가하여 개선대책을 수립하는 것을 말한다.

3 국가와 지방자치단체의 등의 책무(화재예방법 제3조)

(1) 국가의 책무
국가는 화재로부터 국민의 생명과 재산을 보호할 수 있도록 화재의 예방 및 안전관리에 관한 정책(**화재예방정책**)을 수립·시행하여야 한다.(법 제3조 제1항)

(2) 지방자치단체의 책무
지방자치단체는 국가의 화재예방정책에 맞추어 지역의 실정에 부합하는 화재예방정책을 수립·시행하여야 한다.(법 제3조 제2항)

(3) 관계인의 책무
관계인은 국가와 지방자치단체의 화재예방정책에 적극적으로 협조하여야 한다. (법 제3조 제3항)

❗ 한눈에 보는 각 법별 목적 정리(각 법별 차이점을 알면 쉬워짐!)

구 분	임무 및 목적				궁극적인 목적		
소방기본법	화재를 예방·경계·진압	화재, 재난, 재해 등 위급한 상황에서	구조구급	국민의 생명, 신체, 재산 보호	공공의 안녕	질서 유지	복리 증진
소방시설 설치 및 관리에 관한 법률	특정소방대상물 등에 설치하여야 하는 소방시설등의 설치·관리와 소방용품 성능관리에 필요한 사항		×	국민의 생명, 신체, 재산 보호	공공의 안전	×	복리 증진
소방의 화재조사에 관한 법률	화재원인, 화재성장 및 확산, 피해현황 등에 관한 과학적·전문적인 조사에 필요한 사항	화재예방 및 소방정책에 활용하기 위하여	×	×	×	×	×
화재의 예방 및 안전관리에 관한 법률	화재의 예방과 안전관리에 필요한 사항	화재	×	국민의 생명, 신체, 재산 보호	공공의 안전	×	복리 증진
소방시설 공사업법	소방시설공사, 소방기술 관리에 필요한 사항	화재	소방기술진흥, 소방시설업을 건전 발전		공공의 안전	×	국민경제 이바지
위험물 안전관리법	위험물 저장·취급·운반, 안전관리에 관한 사항	위험물 위해	×	×	공공의 안전	×	×

CHAPTER 01 O·X 문제

01 ✗ 「화재의 예방 및 안전관리에 관한 법률」상 목적으로는 화재의 예방과 안전관리에 필요한 사항을 규정함으로써 화재로부터 국민의 생명·신체 및 재산을 보호하고 <u>공공의 안전과 복리 증진</u>에 이바지함을 목적으로 한다.(법 제1조)

01 「화재의 예방 및 안전관리에 관한 법률」상 목적으로는 화재의 예방과 안전관리에 필요한 사항을 규정함으로써 화재로부터 국민의 생명·신체 및 재산을 보호하고 공공의 안녕과 복리 증진에 이바지함을 목적으로 한다.

02 ○

02 「화재의 예방 및 안전관리에 관한 법률」상 "예방"이란 화재의 위험으로부터 사람의 생명·신체 및 재산을 보호하기 위하여 화재발생을 사전에 제거하거나 방지하기 위한 모든 활동을 말한다.

03 ✗ "화재예방강화지구"란 <u>시·도지사</u>가 화재발생 우려가 크거나 화재가 발생할 경우 피해가 클 것으로 예상되는 지역에 대하여 화재의 예방 및 안전관리를 강화하기 위해 지정·관리하는 지역을 말한다.
(법 제2조 제1항 제4호)

03 「화재의 예방 및 안전관리에 관한 법률」상 "화재예방강화지구"란 소방관서장이 화재발생 우려가 크거나 화재가 발생할 경우 피해가 클 것으로 예상되는 지역에 대하여 화재의 예방 및 안전관리를 강화하기 위해 지정·관리하는 지역을 말한다.

04 ✗ <u>국가는</u> 화재로부터 국민의 생명과 재산을 보호할 수 있도록 화재의 예방 및 안전관리에 관한 정책을 수립·시행하여야 한다.
(법 제3조 제1항)

04 「화재의 예방 및 안전관리에 관한 법률」상 소방청장은 화재로부터 국민의 생명과 재산을 보호할 수 있도록 화재의 예방 및 안전관리에 관한 정책을 수립·시행하여야 한다.

MEMO

CHAPTER 02
화재의 예방 및 안전관리 기본계획의 수립·시행

01
「화재의 예방 및 안전관리에 관한 법률」상 및 같은 법 시행령상 화재안전정책에 관한 기본계획 등의 수립·시행 등에 대한 설명 중 옳지 않은 것은?
• 17. 하반기(개정)

① 소방청장은 화재예방정책을 체계적·효율적으로 추진하고 이에 필요한 기반 확충을 위하여 화재의 예방 및 안전관리에 관한 기본계획을 5년마다 수립·시행하여야 한다.
② 소방청장은 화재의 예방 및 안전관리에 관한 기본계획을 계획 시행 전년도 8월 31일까지 관계 중앙행정기관의 장과 협의를 마친 후 계획 시행 전년도 9월 30일까지 수립하여야 한다.
③ 기본계획에는 화재의 예방과 안전관리 관련 전문인력의 육성·지원 및 관리에 관한 사항이 포함된다.
④ 기본계획, 시행계획 및 세부시행계획의 수립·시행에 필요한 사항은 행정안전부령으로 정한다.

02
「화재의 예방 및 안전관리에 관한 법률」상 화재안전정책기본계획 등의 수립·시행에 대한 내용으로 옳지 않은 것은?
• 22. 경채(개정)

① 소방청장은 화재예방정책을 체계적·효율적으로 추진하고 이에 필요한 기반 확충을 위하여 화재의 예방 및 안전관리에 관한 기본계획을 10년마다 수립·시행하여야 한다.
② 소방청장은 기본계획을 시행하기 위하여 매년 시행계획을 수립·시행하여야 한다.
③ 기본계획, 시행계획 및 세부시행계획 등의 수립·시행에 관하여 필요한 사항은 대통령령으로 정한다.
④ 소방청장은 기본계획 및 시행계획을 수립하기 위하여 필요한 경우에는 관계 중앙행정기관의 장 또는 시·도지사에게 관련 자료의 제출을 요청할 수 있다.

정답 01. ④ 02. ①

---

1 화재의 예방 및 안전관리 기본계획 등의 수립·시행 (화재예방법 제4조) ◎기출 19 공채 / 22 경채

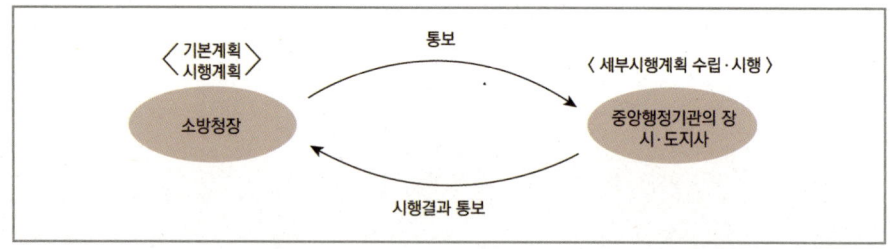

(1) 기본계획의 수립·시행

① **소방청장**은 화재예방정책을 체계적·효율적으로 추진하고 이에 필요한 기반 확충을 위하여 **화재의 예방 및 안전관리에 관한 기본계획을 5년마다** 수립·시행하여야 한다.(법 제4조 제1항) ❶ 국가는 화재예방정책을 수립·시행

② 기본계획은 **대통령령**으로 정하는 바에 따라 소방청장이 관계 중앙행정기관의 장과 협의하여 수립한다.(법 제4조 제2항)
   ㉠ 기본계획 협의 : 계획 시행 전년도 **8월 31일**까지
   ㉡ 기본계획 수립 : 계획 시행 전년도 **9월 30일**까지

> **관련법규**
>
> **화재예방법 시행령**
>
> **시행령 제2조 [화재의 예방 및 안전관리 기본계획의 협의 및 수립]**
> 소방청장은 「화재의 예방 및 안전관리에 관한 법률」(이하 "법"이라 한다) 제4조제1항에 따른 화재의 예방 및 안전관리에 관한 기본계획(이하 "기본계획"이라 한다)을 계획 시행 전년도 8월 31일까지 관계 중앙행정기관의 장과 협의한 후 계획 시행 전년도 9월 30일까지 수립해야 한다.

③ **소방청장은** 기본계획을 시행하기 위하여 **매년** 시행계획을 수립·시행하여야 한다.(법 제4조 제4항)
  ㉠ 시행계획 수립 : 계획 시행 전년도 **10월 31일**까지
  ㉡ 시행계획 내용
    1) 기본계획의 시행을 위하여 필요한 사항
    2) 그 밖에 화재의 예방 및 안전관리와 관련하여 소방청장이 필요하다고 인정하는 사항

④ 소방청장은 수립된 기본계획과 시행계획을 관계 중앙행정기관의 장과 시·도지사에게 통보하여야 한다.(법 제4조 제5항)
  ㉠ 기본계획 및 시행계획 통보 : 각각 계획 시행 전년도 **10월 31일**까지

⑤ 기본계획과 시행계획을 통보받은 관계 중앙행정기관의 장과 시·도지사는 소관 사무의 특성을 반영한 세부시행계획을 수립·시행하고 그 결과를 소방청장에게 통보하여야 한다.(법 제4조 제6항)
  ㉠ 세부시행계획 통보 : 계획 시행 전년도 12월 31일까지
  ㉡ 세부시행계획 내용
    1) 기본계획 및 시행계획에 대한 관계 중앙행정기관 또는 특별시·광역시·특별자치시·도·특별자치도("시·도")의 세부 집행계획
    2) 직전 세부시행계획의 시행 결과
    3) 그 밖에 화재안전과 관련하여 관계 중앙행정기관의 장 또는 시·도지사가 필요하다고 결정한 사항

⑥ 소방청장은 기본계획 및 시행계획을 수립하기 위하여 필요한 경우에는 관계 중앙행정기관의 장 또는 시·도지사에게 관련 자료의 제출을 요청할 수 있다. 이 경우 자료 제출을 요청받은 관계 중앙행정기관의 장 또는 시·도지사는 특별한 사유가 없으면 이에 따라야 한다.(법 제4조 제7항)

⑦ 기본계획, 시행계획 및 세부시행계획의 수립·시행에 필요한 사항은 **대통령령**으로 정한다.(법 제4조 제8항)

관련법규

화재예방법 시행령

시행령 제4조 [시행계획의 수립·시행]
① 소방청장은 법 제4조제4항에 따라 기본계획을 시행하기 위한 계획(이하 "시행계획"이라 한다)을 계획 시행 전년도 10월 31일까지 수립해야 한다.
② 시행계획에는 다음 각 호의 사항이 포함되어야 한다.
  1. 기본계획의 시행을 위하여 필요한 사항
  2. 그 밖에 화재의 예방 및 안전관리와 관련하여 소방청장이 필요하다고 인정하는 사항

03
「화재의 예방 및 안전관리에 관한 법률 시행령」상 시행계획과 세부시행계획의 수립·시행에 대한 설명으로 옳지 않은 것은?

① 소방청장은 기본계획을 시행하기 위한 계획을 계획 시행 전년도 10월 31일까지 수립하여야 한다.
② 소방청장은 관계 중앙행정기관의 장과 특별시장·광역시장·특별자치시장·도지사·특별자치도지사에게 기본계획 및 시행계획을 각각 계획 시행 전년도 11월 30일까지 통보하여야 한다.
③ 관계 중앙행정기관의 장 및 시·도지사는 세부시행계획을 수립하여 계획 시행 전년도 12월 31일까지 소방청장에게 통보해야 한다.
④ 시행계획에는 기본계획의 시행을 위하여 필요한 사항 및 그 밖에 화재의 예방 및 안전관리와 관련하여 소방청장이 필요하다고 인정하는 사항이 포함되어야 한다.

04
「화재의 예방 및 안전관리에 관한 법률」상 화재안전정책에 관한 기본계획 등의 수립·시행에 관한 내용으로 옳은 것은? • 19. 공채(개정)

① 기본계획에는 화재의 예방과 안전관리 관련 산업의 국제경쟁력 향상이 포함되어야 한다.
② 소방본부장은 기본계획을 시행하기 위하여 매년 시행계획을 수립·시행하여야 한다.
③ 기본계획은 행정안전부령으로 정하는 바에 따라 소방본부장이 관계 중앙행정기관의 장과 협의하여 수립한다.
④ 국가는 화재예방정책을 체계적·효율적으로 추진하고 이에 필요한 기반 확충을 위하여 화재의 예방 및 안전관리에 관한 기본계획을 10년마다 수립·시행하여야 한다.

정답 03. ② 04. ①

시행령 제5조 [세부시행계획의 수립·시행]

① 소방청장은 법 제4조제5항에 따라 관계 중앙행정기관의 장과 특별시장·광역시장·특별자치시장·도지사 또는 특별자치도지사(이하 "시·도지사"라 한다)에게 기본계획 및 시행계획을 각각 계획 시행 전년도 10월 31일까지 통보해야 한다.

② 제1항에 따라 통보를 받은 관계 중앙행정기관의 장 및 시·도지사는 법 제4조제6항에 따른 세부시행계획(이하 "세부시행계획"이라 한다)을 수립하여 계획 시행 전년도 12월 31일까지 소방청장에게 통보해야 한다.

③ 세부시행계획에는 다음 각 호의 사항이 포함되어야 한다.
　1. 기본계획 및 시행계획에 대한 관계 중앙행정기관 또는 특별시·광역시·특별자치시·도·특별자치도(이하 "시·도"라 한다)의 세부 집행계획
　2. 직전 세부시행계획의 시행 결과
　3. 그 밖에 화재안전과 관련하여 관계 중앙행정기관의 장 또는 시·도지사가 필요하다고 결정한 사항

(2) 기본계획의 내용(법 제4조 제3항)

① 화재예방정책의 **기**본목표 및 추진방향
② 화재의 예방과 안전관리를 위한 법령·제도의 마련 등 **기**반 조성
③ 화재의 예방과 안전관리를 위한 **대**국민 교육·홍보
④ 화재의 예방과 안전관리 관련 **기**술의 개발·보급
⑤ 화재의 예방과 안전관리 관련 **전**문인력의 육성·지원 및 관리
⑥ 화재의 예방과 안전관리 관련 산업의 **국**제경쟁력 향상
⑦ 그 밖에 **대통령령**으로 정하는 화재의 예방과 안전관리에 필요한 사항

🔖 관련법규

화재예방법 시행령

시행령 제3조 [기본계획의 내용]

법 제4조제3항제7호에서 "대통령령으로 정하는 화재의 예방과 안전관리에 필요한 사항"이란 다음 각 호의 사항을 말한다.
　1. 화재**발**생 현황
　2. 소방대상물의 환경 및 화재위험특성 변화 추세 등 화재예방정책의 여건 **변**화에 관한 사항
　3. 소방시설의 설치·관리 및 화재안전기준의 **개**선에 관한 사항
　4. 계절별·시기별·소방대상물별 화재예방대책의 추진 및 평가 등에 관한 사항
　5. 그 밖에 화재의 예방 및 안전관리와 관련하여 **소**방청장이 필요하다고 인정하는 사항

🔽 **암기법**
기·대·전·국

05

「화재의 예방 및 안전관리에 관한 법률」상 화재의 예방 및 안전관리에 관한 기본계획에 포함되어야 하는 사항으로 옳지 않은 것은?

① 화재예방정책의 기본목표 및 추진방향
② 화재의 예방과 안전관리 관련 기술의 개발·보급
③ 화재의 예방과 안전관리를 위한 대국민 교육·홍보
④ 소방업무에 필요한 체계의 구축, 소방기술의 연구·개발 및 보급

🔽 **암기법**
변·소·개·발

정답 05. ④

● 소방기본법

소방업무에 관한	주체	주기	수립
종합계획	소방청장	5년	10월 31일
세부계획	시·도지사	매년	12월 31일

● 화재예방법

화재의 예방 및 안전관리	주체	주기	협의	수립	통보
기본계획	소방청장	5년	8월 31일	9월 30일	10월 31일
시행계획	소방청장	매년	·	10월 31일	10월 31일
세부시행계획	관계중앙행정기관의 장, 시·도지사	·	·	·	12월 31일

2 실태조사(화재예방법 제5조)

(1) 실태조사

소방청장은 기본계획 및 시행계획의 수립·시행에 필요한 기초자료를 확보하기 위하여 실태조사를 할 수 있다. 이 경우 관계 중앙행정기관의 장의 요청이 있는 때에는 합동으로 실태조사를 할 수 있다.(법 제5조 제1항)

(2) 실태조사 항목(법 제5조 제1항)
① 소방대상물의 **용**도별·**규**모별 현황
② 소방대상물의 화재의 예**방** 및 안**전**관리 현황
③ 소방대상물의 소방**시설**등 설치·관리 현황
④ 그 밖에 기본계획 및 시행계획의 **수**립·**시**행을 위하여 필요한 사항

(3) 소방청장은 소방대상물의 현황 등 관련 정보를 보유·운용하고 있는 관계 중앙행정기관의 장, 지방자치단체의 장, 「공공기관의 운영에 관한 법률」 제4조에 따른 공공기관의 장 또는 관계인 등에게 (1)에 따른 실태조사에 필요한 자료의 제출을 요청할 수 있다. 이 경우 자료 제출을 요청받은 자는 특별한 사유가 없으면 이에 따라야 한다.(법 제5조 제2항)

(4) 실태조사의 방법 및 절차 등에 필요한 사항은 **행정안전부령**으로 정한다. (법 제5조 제3항)

(5) 실태조사의 방법 및 절차 등
① 실태조사는 통계조사, 문헌조사 또는 현장조사 방법으로 하며, 정보통신망 또는 전자적인 방식을 사용할 수 있다.(규칙 제2조 제1항)
② 소방청장은 실태조사를 실시하려는 경우 실태조사 시작 **7일 전까지** 조사 일시, 조사 사유 및 조사 내용 등 조사계획을 조사대상자에게 **서면** 또는 **전자우편** 등의 방법으로 미리 알려야 한다.(규칙 제2조 제2항)
③ 관계 공무원 및 실태조사를 의뢰받은 관계 전문가 등이 실태조사를 위하여 소방대상물에 출입할 때에는 그 권한 또는 자격을 표시하는 증표를 지니고 이를 관계인에게 내보여야 한다.(규칙 제2조 제3항)
④ 소방청장은 실태조사를 전문연구기관·단체나 관계 전문가에게 의뢰하여 실시할 수 있다.(규칙 제2조 제4항)
⑤ 소방청장은 실태조사의 결과를 인터넷 홈페이지 등에 공표할 수 있다.
⑥ ①부터 ⑤까지의 규정한 사항 외에 실태조사 방법 및 절차에 필요한 사항은 소방청장이 정한다.(규칙 제2조 제6항)

알기법
용규·시설·수시·방전

06
「화재의 예방 및 안전관리에 관한 법률」상 실태조사의 항목으로 옳지 않은 것은?
① 소방대상물의 용도별·규모별 현황
② 소방대상물의 화재의 경계 및 안전관리 현황
③ 소방대상물의 소방시설등 설치·관리 현황
④ 기본계획 및 시행계획의 수립·시행을 위하여 필요한 사항

07
「화재의 예방 및 안전관리에 관한 법률 시행규칙」상 실태조사의 방법 및 절차 등에 대한 설명으로 옳지 않은 것은?
① 소방청장은 실태조사를 전문연구기관·단체나 관계 전문가에게 의뢰하여 실시할 수 있다.
② 소방청장은 실태조사를 실시하려는 경우 실태조사 시작 7일 전까지 조사 일시, 조사 사유 및 조사 내용 등 조사계획을 조사대상자에게 구두 또는 우편 등의 방법으로 미리 알려야 한다.
③ 실태조사는 통계조사, 문헌조사 또는 현장조사 방법으로 하며, 정보통신망 또는 전자적인 방식을 사용할 수 있다.
④ 소방청장은 실태조사의 결과를 인터넷 홈페이지 등에 공표할 수 있다.

정답 06. ② 07. ②

3. 통계의 작성 및 관리(화재예방법 제6조)

(1) 통계 작성 및 관리
① **소방청장은** 화재의 예방 및 안전관리에 관한 통계를 **매년** 작성·관리하여야 한다.(법 제6조 제1항)
② 소방청장은 통계자료를 작성·관리하기 위하여 관계 중앙행정기관의 장, 지방자치단체의 장, 공공기관의 장 또는 관계인 등에게 필요한 자료와 정보의 제공을 요청할 수 있다. 이 경우 자료와 정보의 제공을 요청받은 자는 특별한 사정이 없으면 이에 따라야 한다.(법 제6조 제2항)
③ 소방청장은 통계자료의 작성·관리에 관한 업무의 전부 또는 일부를 **행정안전부령**으로 정하는 바에 따라 전문성이 있는 기관을 지정하여 수행하게 할 수 있다.(법 제6조 제3항)
④ 통계의 작성·관리 등에 필요한 사항은 **대통령령**으로 정한다.(법 제6조 제4항)

(2) 통계의 작성·관리 업무를 수행하게 할 수 있는 기관(규칙 제3조)
① **한국소방안전원**
② **정부출연연구기관**
③ **통계작성지정기관**

(3) 통계의 작성·관리의 구축·운용(영 제6조)
① 소방청장은 통계를 체계적으로 작성·관리하고 분석할 수 있는 전산시스템을 구축·운용할 수 있다.(영 제6조 제2항)
② 통계의 작성·관리 항목(영 제6조 제1항)
  ㉠ 소방대상물의 현황 및 안전관리에 관한 사항
  ㉡ 소방시설등의 설치 및 관리에 관한 사항
  ㉢ 「다중이용업소의 안전관리에 관한 특별법」에 따른 다중이용업 현황 및 안전관리에 관한 사항
  ㉣ 「위험물안전관리법」에 따른 제조소등 현황
  ㉤ 화재발생 이력 및 화재안전조사 등 화재예방 활동에 관한 사항
  ㉥ 실태조사 결과
  ㉦ 화재예방강화지구의 현황 및 안전관리에 관한 사항
  ㉧ 어린이, 노인, 장애인 등 화재의 예방 및 안전관리에 취약한 자에 대한 지역별·성별·연령별 지원 현황
  ㉨ 소방안전관리자 자격증 발급 및 선임 관련 지역별·성별·연령별 현황
  ㉩ 화재예방안전진단 대상의 현황 및 그 실시 결과

---

08 「화재의 예방 및 안전관리에 관한 법률」 및 같은 법 시행령상 통계 작성 및 관리에 대한 설명으로 옳은 것은?

① 소방청장은 화재의 예방 및 안전관리에 관한 통계를 5년마다 작성·관리하여야 한다.
② 소방청장은 통계자료의 작성·관리에 관한 업무의 전부 또는 일부를 행정안전부령으로 정하는 바에 따라 전문성이 있는 기관을 지정하여 수행하게 하여야 한다.
③ 통계의 작성·관리 등에 필요한 사항은 대통령령으로 정한다.
④ 소방본부장 또는 소방서장은 통계를 체계적으로 작성·관리하고 분석할 수 있는 전산시스템을 구축·운용할 수 있다.

09 「화재의 예방 및 안전관리에 관한 법률 시행규칙」상 통계의 작성·관리 업무를 수행하게 할 수 있는 기관으로 옳지 않은 것은?

① 한국소방기술원
② 정부출연연구기관
③ 통계작성지정기관
④ 한국소방안전원

정답 08. ③ 09. ①

㉠ 소방시설업자, 소방기술자 및 「소방시설 설치 및 관리에 관한 법률」제29조 (건설현장 소방안전관리)에 따른 소방시설관리업 등록을 한 자의 지역별·성별·연령별 현황

㉡ 그 밖에 화재의 예방 및 안전관리에 관한 자료로서 소방청장이 작성·관리가 필요하다고 인정하는 사항

③ 소방청장은 전산시스템을 구축·운영하는 경우 빅데이터(대용량의 정형 또는 비정형의 데이터 세트를 말한다)를 활용하여 화재발생 동향 분석 및 전망 등을 할 수 있다.(영 제6조 제3항)

④ 빅데이터를 활용하기 위한 방법·절차 등에 관하여 필요한 사항은 소방청장이 정한다.(영 제6조 제4항)

memo

CHAPTER 02 O·X 문제

01 「화재의 예방 및 안전관리에 관한 법률」상 소방청장은 화재예방정책을 체계적·효율적으로 추진하고 이에 필요한 기반 확충을 위하여 화재의 예방 및 안전관리에 관한 기본계획을 매년 수립·시행하여야 한다.

01 ☒ 소방청장은 화재예방정책을 체계적·효율적으로 추진하고 이에 필요한 기반 확충을 위하여 화재의 예방 및 안전관리에 관한 기본계획을 5년마다 수립·시행하여야 한다. (법 제4조 제1항)

02 「화재의 예방 및 안전관리에 관한 법률 시행령」상 소방청장은 기본계획을 시행하기 위한 계획을 계획 시행 전년도 10월 31일까지 수립하여야 한다.

02 ◎

03 「화재의 예방 및 안전관리에 관한 법률 시행규칙」상 소방청장은 실태조사를 실시하려는 경우 실태조사 시작 7일 전까지 조사 일시, 조사 사유 및 조사 내용 등 조사계획을 조사대상자에게 서면 또는 전자우편 등의 방법으로 미리 알려야 한다.

03 ◎

04 「화재의 예방 및 안전관리에 관한 법률」상 소방본부장 또는 소방서장은 화재의 예방 및 안전관리에 관한 통계를 매년 작성·관리하여야 한다.

04 ☒ 소방청장은 화재의 예방 및 안전관리에 관한 통계를 매년 작성·관리하여야 한다. (법 제6조 제1항)

05 「화재의 예방 및 안전관리에 관한 법률」상 소방관서장은 기본계획 및 시행계획의 수립·시행에 필요한 기초자료를 확보하기 위하여 실태조사를 할 수 있다.

05 ☒ 소방청장은 기본계획 및 시행계획의 수립·시행에 필요한 기초자료를 확보하기 위하여 실태조사를 할 수 있다. (법 제5조 제1항)

CHAPTER 03 화재안전조사

1 화재안전조사(화재예방법 제7조) 기출 19 경채

(1) 화재안전조사권자
　소방관서장은 화재안전조사를 실시할 수 있다.(법 제7조 제1항)

(2) 화재안전조사를 실시하는 경우(법 제7조 제1항)
　① **자체점검**이 불성실하거나 불완전하다고 인정되는 경우
　② **화재예방강화지구** 등 법령에서 화재안전조사를 하도록 규정되어 있는 경우
　③ **화재예방안전진단**이 불성실하거나 불완전하다고 인정되는 경우
　④ **국가적 행사** 등 주요 행사가 개최되는 장소 및 그 주변의 관계 지역에 대하여 소방안전관리 실태를 조사할 필요가 있는 경우
　⑤ **화재가 자주** 발생하였거나 발생할 우려가 뚜렷한 곳에 대한 조사가 필요한 경우
　⑥ 재난예측정보, 기상예보 등을 분석한 결과 소방대상물에 **화재의 발생 위험**이 크다고 판단되는 경우
　⑦ ①부터 ⑥까지에서 규정한 경우 외에 화재, 그 밖의 긴급한 상황이 발생할 경우 인명 또는 재산 피해의 우려가 현저하다고 판단되는 경우

(3) 개인의 주거(실제 주거용도로 사용하는 경우 한정)에 대한 화재안전조사 (법 제7조 제1항)
　① 관계인의 승낙이 있을 때
　② 화재발생의 우려가 뚜렷하여 긴급한 필요가 있는 때

> **행정형벌**
> 법 제50조 제3항 [벌칙]
> 화재안전조사를 정당한 사유 없이 거부·방해 또는 기피한 자는 300만 원 이하의 벌금에 처한다.

---

01 「화재의 예방 및 안전관리에 관한 법률」상 화재안전조사권자로 옳지 않은 것은?
① 시·도지사
② 소방청장
③ 소방본부장
④ 소방서장

암기법
강자·자발·진행

02 「화재의 예방 및 안전관리에 관한 법률」상 화재안전조사를 정당한 사유 없이 거부·방해 또는 기피한 자의 벌칙으로 옳은 것은?
① 1년 이하의 징역 또는 1천만 원 이하의 벌금
② 3년 이하의 징역 또는 3천만 원 이하의 벌금
③ 300만 원 이하의 벌금
④ 200만 원 이하의 과태료

정답 01. ① 02. ③

(4) 화재안전조사의 항목
① 화재안전조사의 항목은 **대통령령**으로 정한다. 이 경우 화재안전조사의 항목에는 화재의 예방조치 상황, 소방시설등의 관리 상황 및 소방대상물의 화재 등의 발생 위험과 관련된 사항이 포함되어야 한다.(법 제7조 제2항)
② 조사 항목(영 제7조)
  ⓐ 화재의 예방조치 등에 관한 사항
  ⓑ 소방안전관리 업무 수행에 관한 사항
  ⓒ 피난계획의 수립 및 시행에 관한 사항
  ⓓ 소화·통보·피난 등의 훈련 및 소방안전관리에 필요한 교육("소방훈련·교육")에 관한 사항
  ⓔ 소방자동차 전용구역의 설치에 관한 사항
  ⓕ 시공, 감리 및 감리원의 배치에 관한 사항
  ⓖ 소방시설의 설치 및 관리에 관한 사항
  ⓗ 건설현장의 임시소방시설의 설치 및 관리에 관한 사항
  ⓘ 피난시설, 방화구획 및 방화시설의 관리에 관한 사항
  ⓙ 방염에 관한 사항
  ⓚ 소방시설등의 자체점검에 관한 사항
  ⓛ 「다중이용업소의 안전관리에 관한 특별법」의 규정에 따른 안전관리에 관한 사항
  ⓜ 「위험물안전관리법」에 따른 위험물 안전관리에 관한 사항
  ⓝ 「초고층 및 지하연계 복합건축물 재난관리에 관한 특별법」에 따른 초고층 및 지하연계 복합건축물의 안전관리에 관한 사항
  ⓞ 소방대상물에 화재의 발생 위험이 있는지 등을 확인하기 위해 소방관서장이 화재안전조사가 필요하다고 인정하는 사항

(5) 소방관서장은 화재안전조사를 실시하는 경우 다른 목적을 위하여 조사권을 남용하여서는 아니 된다.(법 제7조 제3항)

03
「화재의 예방 및 안전관리에 관한 법률 시행령」상 화재안전조사 항목으로 옳지 않은 것은?
① 소방자동차 전용구역의 설치에 관한 사항
② 피난시설, 방화구획 및 방화시설의 관리에 관한 사항
③ 「위험물안전관리법」에 따른 특수가연물의 저장·취급에 관한 사항
④ 「초고층 및 지하연계 복합건축물 재난관리에 관한 특별법」에 따른 초고층 및 지하연계 복합건축물의 안전관리에 관한 사항

04
「화재의 예방 및 안전관리에 관한 법률」상 소방관서장은 화재안전조사를 실시하려는 경우 사전에 관계인에게 우편, 전화, 전자메일 또는 문자전송 등을 통하여 통지할 사항으로 옳지 않은 것은?
① 조사기간
② 조사대상
③ 조사사유
④ 조사인원

정답 03.③ 04.④

2 화재안전조사의 방법·절차 등(화재예방법 제8조) 〈기출 22 공채〉

① 소방관서장은 화재안전조사를 조사의 목적에 따라 화재안전조사의 항목 전체에 대하여 종합적으로 실시하거나 특정 항목에 한정하여 실시할 수 있다. (법 제8조 제1항)

② 사전통지·공개

소방관서장은 화재안전조사를 실시하려는 경우 사전에 관계인에게 조사**대**상, 조사**기**간 및 조사**사**유 등을 우편, 전화, 전자메일 또는 문자전송 등을 통하여 통지하고 이를 **대통령령**으로 정하는 바에 따라 인터넷 홈페이지나 전산시스템 등을 통하여 공개하여야 한다.(법 제8조 제2항)

> ❗ 예외
> ㉠ 화재가 발생할 우려가 뚜렷하여 **긴급하게 조사할 필요**가 있는 경우
> ㉡ ㉠ 외에 화재안전조사의 실시를 사전에 통지하거나 공개하면 **조사목적을 달성할 수 없다고 인정**되는 경우

③ 실시시간

화재안전조사는 관계인의 승낙 없이 소방대상물의 공개시간 또는 근무시간 이외에는 할 수 없다.(법 제8조 제3항)

> ❗ 예외
> ㉠ 화재가 발생할 우려가 뚜렷하여 **긴급하게 조사할 필요**가 있는 경우

④ 통지를 받은 관계인은 천재지변이나 그 밖에 **대통령령**으로 정하는 사유로 화재안전조사를 받기 곤란한 경우에는 화재안전조사를 통지한 소방관서장에게 **대통령령**으로 정하는 바에 따라 화재안전조사를 연기하여 줄 것을 신청할 수 있다. 이 경우 소방관서장은 연기신청 승인 여부를 결정하고 그 결과를 조사 시작 전까지 관계인에게 알려 주어야 한다.(법 제8조 제4항)

㉠ 화재안전조사의 연기 사유(영 제9조 제1항)
- ⓐ 재난이 발생한 경우
- ⓑ 관계인의 질병, 사고, 장기출장의 경우
- ⓒ 권한 있는 기관에 자체점검기록부, 교육·훈련일지 등 화재안전조사에 필요한 장부·서류 등이 압수되거나 영치(領置)되어 있는 경우
- ⓓ 소방대상물의 증축·용도변경 또는 대수선 등의 공사로 화재안전조사를 실시하기 어려운 경우

㉡ 화재안전조사의 연기를 신청하려는 관계인은 **행정안전부령**으로 정하는 바에 따라 연기신청서에 연기의 사유 및 기간 등을 기재하여 소방관서장에게 제출하여야 한다.(영 제9조 제2항)

암기법
대 · 사 · 기

05

「화재의 예방 및 안전관리에 관한 법률」 및 같은 법 시행령·시행규칙상 화재안전조사의 방법·절차 등에 대한 설명으로 옳은 것은?

㉠ 소방관서장은 화재안전조사를 실시하려할 때 화재가 발생할 우려가 뚜렷하여 긴급하게 조사할 필요가 있는 경우 사전에 관계인에게 조사대상, 조사기간 및 조사사유 등을 우편, 전화, 전자메일 또는 문자전송 등을 통하여 통지하고, 인터넷 홈페이지에 공개하여야 한다.

㉡ 원칙적으로 화재안전조사는 관계인의 승낙 없이 소방대상물의 공개시간 또는 근무시간 이외에는 할 수 없다.

㉢ 화재안전조사의 연기를 신청하려는 관계인은 화재안전조사 시작 7일 전까지 화재안전조사 연기신청서(전자문서를 포함한다)에 화재안전조사를 받기 곤란함을 증명할 수 있는 서류(전자문서를 포함한다)를 첨부하여 소방청장, 소방본부장 또는 소방서장에게 제출해야 한다.

㉣ 소방관서장은 화재안전조사를 실시하려는 경우 사전에 조사대상, 조사기간 및 조사사유 등 조사계획을 소방청, 소방본부 또는 소방서의 인터넷 홈페이지나 전산시스템을 통해 7일 이상 공개해야 한다.

① ㉠, ㉢
② ㉡, ㉣
③ ㉡, ㉢, ㉣
④ ㉠, ㉡, ㉢, ㉣

정답 05. ②

ⓐ 화재안전조사의 연기를 신청하려는 관계인은 화재안전조사 **시작 3일 전까지** 화재안전조사 연기신청서(전자문서를 포함한다)에 화재안전조사를 받기 곤란함을 증명할 수 있는 서류(전자문서를 포함한다)를 첨부하여 소방청장, 소방본부장 또는 소방서장에게 제출해야 한다.(규칙 제4조 제1항)

ⓑ ⓐ에 따른 신청서를 제출받은 소방관서장은 **3일 이내**에 연기신청의 승인 여부를 결정하여 화재안전조사 연기신청 결과 통지서를 연기신청을 한 자에게 통지해야 하며 연기기간이 종료되면 지체 없이 화재안전조사를 시작해야 한다.(규칙 제4조 제2항)

⑤ ①부터 ④까지에서 규정한 사항 외에 화재안전조사의 방법 및 절차 등에 필요한 사항은 **대통령령**으로 정한다.(법 제8조 5항)

⑥ 화재안전조사의 목적에 따라 실시하는 방법(영 제8조 제1항)
　㉠ **종합조사** : (4)의 ②(영 제7조) 조사 항목 전부를 확인하는 조사
　㉡ **부분조사** : 화재안전조사 항목 중 일부를 확인하는 조사

⑦ 소방관서장은 화재안전조사를 실시하려는 경우 사전에 조사대상, 조사기간 및 조사사유 등 조사계획을 소방청, 소방본부 또는 소방서의 인터넷 홈페이지나 전산시스템을 통해 **7일 이상** 공개해야 한다.(영 제8조 제2항)

⑧ **소방관서장**은 ②의 예외부분에 따라 사전 통지 없이 화재안전조사를 실시하는 경우에는 화재안전조사를 실시하기 전에 관계인에게 **조사사유 및 조사범위** 등을 현장에서 설명해야 한다.

⑨ 소방관서장은 화재안전조사를 위하여 소속 공무원으로 하여금 관계인에게 보고 또는 자료의 제출을 요구하거나 소방대상물의 위치·구조·설비 또는 관리 상황에 대한 조사·질문을 하게 할 수 있다.(영 제8조 제4항)

⑩ 조사반 편성
소방관서장은 화재안전조사를 효율적으로 실시하기 위하여 필요한 경우 다음 각 호의 기관의 장과 합동으로 **조사반**을 편성하여 화재안전조사를 할 수 있다. (영 제8조 제5항)
　㉠ 관계 **중**앙행정기관 또는 **지**방자치단체
　㉡ 한국소방**안**전원
　㉢ 한국소방산업**기**술원
　㉣ 한국화재**보**험협회
　㉤ 한국**가**스안전공사
　㉥ 한국**전**기안전공사
　㉦ 그 밖에 소방청장이 정하여 고시하는 소방 관련 법인 또는 단체

암기법
중지! 가전 안보기

06
「화재의 예방 및 안전관리에 관한 법률 시행령」상 소방관서장이 화재안전조사를 효율적으로 실시하기 위하여 필요한 경우 합동으로 조사반을 편성하여 화재안전조사를 할 수 있는 기관으로 옳지 않은 것은?
① 한국가스안전공사
② 한국화재보험협회
③ 한국전력공사
④ 한국소방산업기술원

정답 06. ③

> **관련법규**

화재예방법 시행령

시행령 제7조 [화재안전조사의 항목]
소방청장, 소방본부장 또는 소방서장(이하 "소방관서장"이라 한다)은 법 제7조제1항에 따라 다음 각 호의 항목에 대하여 화재안전조사를 실시한다.

1. 법 제17조에 따른 화재의 예방조치 등에 관한 사항
2. 법 제24조, 제25조, 제27조 및 제29조에 따른 소방안전관리 업무 수행에 관한 사항
3. 법 제36조에 따른 피난계획의 수립 및 시행에 관한 사항
4. 법 제37조에 따른 소화·통보·피난 등의 훈련 및 소방안전관리에 필요한 교육(이하 "소방훈련·교육"이라 한다)에 관한 사항
5. 「소방기본법」 제21조의2에 따른 소방자동차 전용구역의 설치에 관한 사항
6. 「소방시설공사업법」 제12조에 따른 시공, 같은 법 제16조에 따른 감리 및 같은 법 제18조에 따른 감리원의 배치에 관한 사항
7. 「소방시설 설치 및 관리에 관한 법률」 제12조에 따른 소방시설의 설치 및 관리에 관한 사항
8. 「소방시설 설치 및 관리에 관한 법률」 제15조에 따른 건설현장 임시소방시설의 설치 및 관리에 관한 사항
9. 「소방시설 설치 및 관리에 관한 법률」 제16조에 따른 피난시설, 방화구획(防火區劃) 및 방화시설의 관리에 관한 사항
10. 「소방시설 설치 및 관리에 관한 법률」 제20조에 따른 방염(防炎)에 관한 사항
11. 「소방시설 설치 및 관리에 관한 법률」 제22조에 따른 소방시설등의 자체점검에 관한 사항
12. 「다중이용업소의 안전관리에 관한 특별법」 제8조, 제9조, 제9조의2, 제10조, 제10조의2 및 제11조부터 제13조까지의 규정에 따른 안전관리에 관한 사항
13. 「위험물안전관리법」 제5조, 제6조, 제14조, 제15조 및 제18조에 따른 위험물 안전관리에 관한 사항
14. 「초고층 및 지하연계 복합건축물 재난관리에 관한 특별법」 제9조, 제11조, 제12조, 제14조, 제16조 및 제22조에 따른 초고층 및 지하연계 복합건축물의 안전관리에 관한 사항
15. 그 밖에 소방대상물에 화재의 발생 위험이 있는지 등을 확인하기 위해 소방관서장이 화재안전조사가 필요하다고 인정하는 사항

시행령 제8조 [화재안전조사의 방법·절차 등]
① 소방관서장은 화재안전조사의 목적에 따라 다음 각 호의 방법으로 화재안전조사를 실시할 수 있다.
  1. 종합조사 : 제7조의 화재안전조사 항목 전부를 확인하는 조사
  2. 부분조사 : 제7조의 화재안전조사 항목 중 일부를 확인하는 조사
② 소방관서장은 화재안전조사를 실시하려는 경우 사전에 법 제8조제2항 각 호 외의 부분 본문에 따라 조사대상, 조사기간 및 조사사유 등 조사계획을 소방청, 소방본부 또는 소방서(이하 "소방관서"라 한다)의 인터넷 홈페이지나 법 제16조제3항에 따른 전산시스템을 통해 7일 이상 공개해야 한다.
③ 소방관서장은 법 제8조제2항 각 호 외의 부분 단서에 따라 사전 통지 없이 화재안전조사를 실시하는 경우에는 화재안전조사를 실시하기 전에 관계인에게 조사사유 및 조사범위 등을 현장에서 설명해야 한다.

④ 소방관서장은 화재안전조사를 위하여 소속 공무원으로 하여금 관계인에게 보고 또는 자료의 제출을 요구하거나 소방대상물의 위치·구조·설비 또는 관리 상황에 대한 조사·질문을 하게 할 수 있다.
⑤ 소방관서장은 화재안전조사를 효율적으로 실시하기 위하여 필요한 경우 다음 각 호의 기관의 장과 합동으로 조사반을 편성하여 화재안전조사를 할 수 있다.
  1. 관계 중앙행정기관 또는 지방자치단체
  2. 「소방기본법」 제40조에 따른 한국소방안전원(이하 "안전원"이라 한다)
  3. 「소방산업의 진흥에 관한 법률」 제14조에 따른 한국소방산업기술원(이하 "기술원"이라 한다)
  4. 「화재로 인한 재해보상과 보험가입에 관한 법률」 제11조에 따른 한국화재보험협회(이하 "화재보험협회"라 한다)
  5. 「고압가스 안전관리법」 제28조에 따른 한국가스안전공사(이하 "가스안전공사"라 한다)
  6. 「전기안전관리법」 제30조에 따른 한국전기안전공사(이하 "전기안전공사"라 한다)
  7. 그 밖에 소방청장이 정하여 고시하는 소방 관련 법인 또는 단체
⑥ 제1항부터 제5항까지에서 규정한 사항 외에 화재안전조사 계획의 수립 등 화재안전조사에 필요한 사항은 소방청장이 정한다.

시행령 제9조 [화재안전조사의 연기]
① 법 제8조제4항 전단에서 "대통령령으로 정하는 사유"란 다음 각 호의 어느 하나에 해당하는 사유를 말한다.
  1. 「재난 및 안전관리 기본법」 제3조제1호에 해당하는 재난이 발생한 경우
  2. 관계인의 질병, 사고, 장기출장의 경우
  3. 권한 있는 기관에 자체점검기록부, 교육·훈련일지 등 화재안전조사에 필요한 장부·서류 등이 압수되거나 영치(領置)되어 있는 경우
  4. 소방대상물의 증축·용도변경 또는 대수선 등의 공사로 화재안전조사를 실시하기 어려운 경우
② 법 제8조제4항 전단에 따라 화재안전조사의 연기를 신청하려는 관계인은 행정안전부령으로 정하는 바에 따라 연기신청서에 연기의 사유 및 기간 등을 기재하여 소방관서장에게 제출하여야 한다.
③ 소방관서장은 법 제8조제4항 후단에 따라 화재안전조사의 연기를 승인한 경우라도 연기기간이 끝나기 전에 연기사유가 없어졌거나 긴급히 조사를 하여야 할 사유가 발생하였을 때에는 관계인에게 미리 알리고 화재안전조사를 할 수 있다.

화재예방법 시행규칙

시행규칙 제4조 [화재안전조사의 연기신청 등]
① 「화재의 예방 및 안전관리에 관한 법률 시행령」(이하 "영"이라 한다) 제9조제2항에 따라 화재안전조사의 연기를 신청하려는 관계인은 화재안전조사 시작 3일 전까지 별지 제1호서식의 화재안전조사 연기신청서(전자문서를 포함한다)에 화재안전조사를 받기 곤란함을 증명할 수 있는 서류(전자문서를 포함한다)를 첨부하여 소방청장, 소방본부장 또는 소방서장(이하 "소방관서장"이라 한다)에게 제출해야 한다.
② 제1항에 따른 신청서를 제출받은 소방관서장은 3일 이내에 연기신청의 승인 여부를 결정하여 별지 제2호서식의 화재안전조사 연기신청 결과 통지서를 연기신청을 한 자에게 통지해야 하며 연기기간이 종료되면 지체 없이 화재안전조사를 시작해야 한다.

07
「화재의 예방 및 안전관리에 관한 법률」 및 같은 법 시행령상 화재안전조사단 편성·운영 등에 관한 설명으로 옳지 않은 것은? • 22. 경채(개정)

① 중앙화재안전조사단은 단장을 포함하여 50명 이내의 단원으로 성별을 고려하여 구성한다.
② 소방관서장은 화재안전조사를 효율적으로 수행하기 위하여 대통령령으로 정하는 바에 따라 소방청에는 중앙화재안전조사단을, 소방본부 및 소방서에는 지방화재안전조사단을 편성하여 운영하여야 한다.
③ 화재안전조사단의 단장은 단원 중에서 소방관서장이 임명 또는 위촉한다.
④ 소방공무원과 소방업무와 관련된 단체 또는 연구기관 등의 임직원은 화재안전조사단의 단원으로 임명 또는 위촉될 수 있다.

08
「화재의 예방 및 안전관리에 관한 법률」 및 같은 법 시행령상 화재안전조사단에 관한 내용으로 옳지 않은 것은?

① 소방관서장은 소방본부에는 중앙화재안전조사단을, 소방서에는 지방화재안전조사단을 편성하여 운영할 수 있다.
② 중앙화재안전조사단은 단장을 포함하여 50명 이내의 단원으로 성별을 고려하여 구성한다.
③ 소방 관련 분야에서 전문적인 지식이나 경험이 풍부한 사람과 소방공무원은 소방관서장의 임명 또는 위촉을 통해서 조사단의 단원이 될 수 있다.
④ 소방관서장은 중앙화재안전조사단 및 지방화재안전조사단의 업무 수행을 위하여 필요한 경우에는 관계 기관의 장에게 그 소속 공무원 또는 직원의 파견을 요청할 수 있다. 이 경우 공무원 또는 직원의 파견 요청을 받은 관계 기관의 장은 특별한 사유가 없으면 이에 협조하여야 한다.

정답 07. ② 08. ①

---

3 화재안전조사단 편성·운영(화재예방법 제9조) 기출 22 경채

① **소방관서장**은 화재안전조사를 효율적으로 수행하기 위하여 **대통령령**으로 정하는 바에 따라 **소방청**에는 **중앙화재안전조사단**을, **소방본부 및 소방서**에는 **지방화재안전조사단**을 편성하여 운영할 수 있다.(법 제9조 제1항)
  ㉠ 구성(영 제10조 제1항)
  중앙화재안전조사단 및 지방화재안전조사단은 각각 **단장을 포함**하여 **50명 이내**의 단원으로 성별을 고려하여 구성한다.
  ㉡ 조사단의 단원은 다음 각 호의 어느 하나에 해당하는 사람 중에서 소방관서장이 임명하거나 위촉하고, 단장은 단원 중에서 소방관서장이 임명하거나 위촉한다.(영 제10조 제2항)
    ⓐ 소방공무원
    ⓑ 소방업무와 관련된 단체 또는 연구기관 등의 임직원
    ⓒ 소방 관련 분야에서 전문적인 지식이나 경험이 풍부한 사람
② 소방관서장은 중앙화재안전조사단 및 지방화재안전조사단의 업무 수행을 위하여 필요한 경우에는 관계 기관의 장에게 그 소속 공무원 또는 직원의 파견을 요청할 수 있다. 이 경우 공무원 또는 직원의 파견 요청을 받은 관계 기관의 장은 특별한 사유가 없으면 이에 협조하여야 한다.(법 제9조 제2항)

4 화재안전조사위원회 구성·운영(화재예방법 제10조) 기출 22 경채

① **소방관서장**은 화재안전조사의 대상을 객관적이고 공정하게 선정하기 위하여 필요한 경우 화재안전조사위원회를 구성하여 화재안전조사의 대상을 선정할 수 있다.(법 제10조 제1항)
② 화재안전조사위원회의 구성·운영 등에 필요한 사항은 **대통령령**으로 정한다. (법 제10조 제2항)
  ㉠ 구성(영 제11조 제1항)
  화재안전조사위원회는 **위원장 1명을 포함**한 **7명 이내**의 위원으로 성별을 고려하여 구성한다.
  ㉡ 위원회의 위원장은 소방관서장이 된다.(영 제11조 제2항)
  ㉢ 위원회의 위원은 다음 각 호의 어느 하나에 해당하는 사람 중에서 소방관서장이 임명하거나 위촉한다.(영 제11조 제3항)
    ⓐ **과장급** 직위 이상의 소방공무원
    ⓑ 소방기술사

ⓒ 소방시설관리사

ⓓ 소방 관련 분야의 **석사학위** 이상을 취득한 사람

ⓔ 소방 관련 법인 또는 단체에서 소방 관련 업무에 **5년** 이상 종사한 사람

ⓕ 소방공무원 교육훈련기관, 「고등교육법」의 학교 또는 연구소에서 소방과 관련한 교육 또는 연구에 **5년** 이상 종사한 사람

ⓔ 위촉위원의 임기는 **2년**으로 하며, 한 차례만 연임할 수 있다.(영 제11조 제4항)

ⓜ 소방관서장은 위원회의 위원이 다음 각 호의 어느 하나에 해당하는 경우에는 해당 위원을 해임하거나 해촉(解囑)할 수 있다.(영 제11조 제5항)

1. 심신**장**애로 직무를 수행할 수 없게 된 경우
2. 직무와 관련된 **비**위사실이 있는 경우
3. 직무태만, 품위손상이나 그 밖의 **사**유로 위원으로 적합하지 않다고 인정되는 경우
4. 제12조제1항(제척사유) 각 호의 어느 하나에 해당함에도 불구하고 **회피** 하지 않은 경우
5. 위원 스스로 직무를 수행하기 어렵다는 의**사**를 밝히는 경우

ⓗ 위원회에 출석한 위원에게는 예산의 범위에서 수당, 여비, 그 밖에 필요한 경비를 지급할 수 있다. 다만, 공무원인 위원이 소관 업무와 직접 관련하여 위원회에 출석하는 경우에는 그렇지 않다.(영 제11조 제6항)

관련법규

화재예방법 시행령

시행령 제10조 [화재안전조사단 편성·운영]

① 법 제9조제1항에 따른 중앙화재안전조사단 및 지방화재안전조사단(이하 "조사단"이라 한다)은 각각 단장을 포함하여 50명 이내의 단원으로 성별을 고려하여 구성한다.

② 조사단의 단원은 다음 각 호의 어느 하나에 해당하는 사람 중에서 소방관서장이 임명하거나 위촉하고, 단장은 단원 중에서 소방관서장이 임명하거나 위촉한다.

1. 소방공무원
2. 소방업무와 관련된 단체 또는 연구기관 등의 임직원
3. 소방 관련 분야에서 전문적인 지식이나 경험이 풍부한 사람

시행령 제11조 [화재안전조사위원회의 구성·운영 등]

① 법 제10조제1항에 따른 화재안전조사위원회(이하 "위원회"라 한다)는 위원장 1명을 포함하여 7명 이내의 위원으로 성별을 고려하여 구성한다.

② 위원회의 위원장은 소방관서장이 된다.

③ 위원회의 위원은 다음 각 호의 어느 하나에 해당하는 사람 중에서 소방관서장이 임명하거나 위촉한다.

09

「화재의 예방 및 안전관리에 관한 법률」 및 같은 법 시행령상 화재안전조사위원회에 대한 설명으로 옳은 것은?

① 화재안전조사위원회는 위원장 1명을 포함한 9명 이내의 위원으로 성별을 고려하여 구성하고, 위원장은 소방관서장이 된다.
② 화재안전조사위원회의 구성·운영 등에 필요한 사항은 행정안전부령으로 정한다.
③ 소방관서장이 소방 관련 법인 또는 단체에서 소방 관련 업무에 5년 이상 종사한 사람을 위원회의 위원으로 임명하거나 위촉한다.
④ 위촉위원의 임기는 3년으로 하고, 한 차례만 연임할 수 있다.

암기법
장비사태 - 회피

10

「화재의 예방 및 안전관리에 관한 법률」상 제10조 제1항에 대한 내용이다. ( )안에 들어갈 말로 옳지 않은 것은?
• 22. 경채(개정)

( )은/는 화재안전조사의 대상을 객관적이고 공정하게 선정하기 위하여 필요한 경우 화재안전조사위원회를 구성하여 화재안전조사의 대상을 선정할 수 있다.

① 소방청장　② 시·도지사
③ 소방본부장　④ 소방서장

정답 09. ③　10. ②

1. 과장급 직위 이상의 소방공무원
2. 소방기술사
3. 소방시설관리사
4. 소방 관련 분야의 석사 이상 학위를 취득한 사람
5. 소방 관련 법인 또는 단체에서 소방 관련 업무에 5년 이상 종사한 사람
6. 「소방공무원 교육훈련규정」제3조제2항에 따른 소방공무원 교육훈련기관, 「고등교육법」제2조의 학교 또는 연구소에서 소방과 관련한 교육 또는 연구에 5년 이상 종사한 사람

④ 위촉위원의 임기는 2년으로 하며, 한 차례만 연임할 수 있다.
⑤ 소방관서장은 위원회의 위원이 다음 각 호의 어느 하나에 해당하는 경우에는 해당 위원을 해임하거나 해촉(解囑)할 수 있다.
1. 심신장애로 직무를 수행할 수 없게 된 경우
2. 직무와 관련된 비위사실이 있는 경우
3. 직무태만, 품위손상이나 그 밖의 사유로 위원으로 적합하지 않다고 인정되는 경우
4. 제12조제1항 각 호의 어느 하나에 해당함에도 불구하고 회피하지 않은 경우
5. 위원 스스로 직무를 수행하기 어렵다는 의사를 밝히는 경우

⑥ 위원회에 출석한 위원에게는 예산의 범위에서 수당, 여비, 그 밖에 필요한 경비를 지급할 수 있다. 다만, 공무원인 위원이 소관 업무와 직접 관련하여 위원회에 출석하는 경우에는 그렇지 않다.

시행령 제12조 [위원의 제척·기피·회피]

① 위원회의 위원이 다음 각 호의 어느 하나에 해당하는 경우에는 위원회의 심의·의결에서 제척(除斥)된다.
1. 위원, 그 배우자나 배우자였던 사람 또는 위원의 친족이거나 친족이었던 사람이 다음 각 목의 어느 하나에 해당하는 경우
   가. 해당 소방대상물의 관계인이거나 그 관계인과 공동권리자 또는 공동의무자인 경우
   나. 해당 소방대상물의 설계, 공사, 감리 또는 자체점검 등을 수행한 경우
   다. 해당 소방대상물에 대하여 제7조 각 호의 업무를 수행한 경우 등 소방대상물과 직접적인 이해관계가 있는 경우
2. 위원이 해당 소방대상물에 관하여 자문, 연구, 용역(하도급을 포함한다), 감정 또는 조사를 한 경우
3. 위원이 임원 또는 직원으로 재직하고 있거나 최근 3년 내에 재직하였던 기업 등이 해당 소방대상물에 관하여 자문, 연구, 용역(하도급을 포함한다), 감정 또는 조사를 한 경우

② 당사자는 제1항에 따른 제척사유가 있거나 위원에게 공정한 심의·의결을 기대하기 어려운 사정이 있는 경우에는 위원회에 기피 신청을 할 수 있고, 위원회는 의결로 기피 여부를 결정한다. 이 경우 기피 신청의 대상인 위원은 그 의결에 참여하지 못한다.
③ 위원이 제1항 또는 제2항의 사유에 해당하는 경우에는 스스로 해당 안건의 심의·의결에서 회피(回避)해야 한다.

5 화재안전조사 전문가 참여(화재예방법 제11조)

① 소방관서장은 필요한 경우에는 소방기술사, 소방시설관리사, 그 밖에 화재안전 분야에 전문지식을 갖춘 사람을 화재안전조사에 참여하게 할 수 있다. (법 제11조 제1항)

② 조사에 참여하는 외부 전문가에게는 예산의 범위에서 수당, 여비, 그 밖에 필요한 경비를 지급할 수 있다.(법 제11조 제2항)

6 증표의 제시 및 비밀유지 의무 등(화재예방법 제12조)

① 화재안전조사 업무를 수행하는 관계 공무원 및 관계 전문가는 그 권한 또는 자격을 표시하는 증표를 지니고 이를 관계인에게 내보여야 한다.(법 제12조 제1항)

② 화재안전조사 업무를 수행하는 관계 공무원 및 관계 전문가는 관계인의 정당한 업무를 방해하여서는 아니 되며, 조사업무를 수행하면서 취득한 자료나 알게 된 비밀을 다른 사람 또는 기관에 제공 또는 누설하거나 목적 외의 용도로 사용하여서는 아니 된다.(법 제12조 제2항)

> **행정형벌**
>
> **법 제50조 제2항 제1호 [벌칙]**
> 관계인의 정당한 업무를 방해하거나, 조사업무를 수행하면서 취득한 자료나 알게 된 비밀을 다른 사람 또는 기관에게 제공 또는 누설하거나 목적 외의 용도로 사용한 자는 1년 이하의 징역 또는 1천만 원 이하의 벌금에 처한다.

7 화재안전조사 결과 통보(화재예방법 제13조)

소방관서장은 화재안전조사를 마친 때에는 그 조사 결과를 관계인에게 **서면**으로 통지하여야 한다. 다만, 화재안전조사의 현장에서 관계인에게 조사의 결과를 설명하고 화재안전조사 결과서의 부본을 교부한 경우에는 그러하지 아니하다.(법 제13조)

---

11. 「화재의 예방 및 안전관리에 관한 법률」상 소방관서장은 화재안전조사를 마친 때에는 그 조사 결과를 관계인에게 무엇으로 통지하여야 하는가?

① 문자전송
② 전자우편
③ 서면
④ 전화

12. 「화재의 예방 및 안전관리에 관한 법률」 및 같은 법 시행령, 시행규칙상 화재안전조사의 방법·절차 등에 대한 설명으로 옳지 않은 것은?
· 22. 공채(개정)

① 소방관서장은 화재안전조사를 마친 때에는 그 조사결과를 관계인에게 서면 또는 구두로 통지할 수 있다.
② 소방관서장은 화재안전조사를 실시하려는 경우 사전에 조사대상, 조사기간 및 조사사유 등 조사계획을 소방청, 소방본부 또는 소방서의 인터넷 홈페이지나 전산시스템을 통해 7일 이상 공개해야 한다.
③ 화재안전조사의 연기를 승인한 경우라도 연기기간이 끝나기 전에 연기사유가 없어졌거나 긴급히 조사를 하여야 할 사유가 발생하였을 때에는 관계인에게 미리 알리고 화재안전조사를 할 수 있다.
④ 화재안전조사의 연기를 신청하려는 관계인은 화재안전조사 시작 3일 전까지 화재안전조사 연기신청서(전자문서를 포함한다)에 화재안전조사를 받기 곤란함을 증명할 수 있는 서류(전자문서를 포함한다)를 첨부하여 소방청장, 소방본부장 또는 소방서장에게 제출해야 한다.

정답 11. ③ 12. ①

8. 화재안전조사 결과에 따른 조치명령(화재예방법 제14조)

(1) 조치명령
① 명령권자는 **소방관서장**이다.(법 제14조 제1항)
② 명령시기는 화재안전조사 결과에 따른 소방대상물의 **위**치·**구조**·설**비** 또는 관**리**의 상황이 화재예방을 위하여 **보완**될 **필**요가 있거나 화재가 발생하면 인**명** 또는 **재**산의 **피**해가 **클** 것으로 예상되는 때이다.(법 제14조 제1항)
③ 조치방법은 **행정안전부령**으로 정하는 바에 따라 관계인에게 그 소방대상물의 개수(改修)·이전·제거, 사용의 금지 또는 제한, 사용폐쇄, 공사의 정지 또는 중지, 그 밖에 필요한 조치를 명할 수 있다.(법 제14조 제1항)
④ 소방관서장은 화재안전조사 결과 소방대상물이 법령을 위반하여 건축 또는 설비되었거나 소방시설등, 피난시설·방화구획, 방화시설 등이 법령에 적합하게 설치 또는 관리되고 있지 아니한 경우에는 관계인에게 조치를 명하거나 관계 행정기관의 장에게 필요한 조치를 하여 줄 것을 요청할 수 있다.(법 제14조 제2항)

> **행정형벌**
> 법 제50조 제1항 제1호 [벌칙]
> 조치명령을 정당한 사유 없이 위반한 자는 3년 이하의 징역 또는 3천만 원 이하의 벌금에 처한다.

(2) 화재안전조사에 따른 조치명령 등의 절차
① 소방관서장은 소방대상물의 개수(改修)·이전·제거, 사용의 금지 또는 제한, 사용폐쇄, 공사의 정지 또는 중지, 그 밖의 필요한 조치를 명할 때에는 화재안전조사 조치명령서를 해당 소방대상물의 관계인에게 발급하고, 화재안전조사 조치명령대장에 이를 기록하여 관리하여야 한다.(규칙 제5조 제1항)
② 소방관서장은 명령으로 인하여 손실을 입은 자가 있는 경우에는 화재안전조사 조치명령 손실확인서를 작성하여 관련 사진 및 그 밖의 증명자료와 함께 보관하여야 한다.(규칙 제5조 제2항)

암기법
위조·비리·보필 // 재명·피클

13 ● 1 2 3
「화재의 예방 및 안전관리에 관한 법률」 및 같은 법 시행규칙상 화재안전조사 결과에 따른 조치명령에 대한 설명으로 옳지 않은 것은?

① 조치명령권자는 소방청장, 소방본부장 또는 소방서장이다.
② 조치명령을 정당한 사유 없이 위반한 자는 3년 이하의 징역 또는 3천만 원 이하의 벌금에 처한다.
③ 화재안전조사 결과에 따른 소방대상물의 규모·구조·용도 또는 관리의 상황이 화재예방을 위하여 보완될 필요가 있거나 화재가 발생하면 인명 또는 재산의 피해가 클 것으로 예상되는 때에는 행정안전부령으로 정하는 바에 따라 관계인에게 그 소방대상물의 개수·이전·제거, 사용의 금지 또는 제한, 사용폐쇄, 공사의 정지 또는 중지, 그 밖에 필요한 조치를 명할 수 있다.
④ 소방관서장은 명령으로 인하여 손실을 입은 자가 있는 경우에는 화재안전조사 조치명령 손실확인서를 작성하여 관련 사진 및 그 밖의 증빙자료와 함께 보관하여야 한다.

정답 13. ③

9 손실보상(화재예방법 제15조)

(1) 손실보상 기출 19, 23 경채

① **소방청장** 또는 **시·도지사**는 화재안전조사 결과에 따른 조치명령으로 인하여 손실을 입은 자가 있는 경우에는 **대통령령**으로 정하는 바에 따라 보상하여야 한다.(법 제15조)

② 소방청장 또는 시·도지사가 손실을 보상하는 경우에는 **시가(時價)**로 보상해야 한다.(영 제14조 제1항)

③ 손실 보상에 관하여는 소방청장, 시·도지사와 손실을 입은 자가 협의해야 한다. (영 제14조 제2항)

④ 보상금액에 관한 협의가 성립되지 않은 경우에는 소방청장 또는 시·도지사는 그 보상금액을 지급하거나 공탁하고 이를 상대방에게 알려야 한다. (영 제14조 제3항)

⑤ 보상금의 지급 또는 공탁의 통지에 불복하는 자는 지급 또는 공탁의 통지를 받은 날부터 **30일 이내**에 「공익사업을 위한 토지 등의 취득 및 보상에 관한 법률」에 따라 설치된 중앙토지수용위원회 또는 관할 지방토지수용위원회에 **재결(裁決)을 신청**할 수 있다.(영 제14조 제4항)

관련법규

화재예방법 시행령

시행령 제14조 [손실보상]

① 법 제15조에 따라 소방청장 또는 시·도지사가 손실을 보상하는 경우에는 시가(時價)로 보상해야 한다.
② 제1항에 따른 손실보상에 관하여는 소방청장 또는 시·도지사와 손실을 입은 자가 협의해야 한다.
③ 소방청장 또는 시·도지사는 제2항에 따른 보상금액에 관한 협의가 성립되지 않은 경우에는 그 보상금액을 지급하거나 공탁하고 이를 상대방에게 알려야 한다.
④ 제3항에 따른 보상금의 지급 또는 공탁의 통지에 불복하는 자는 지급 또는 공탁의 통지를 받은 날부터 30일 이내에 「공익사업을 위한 토지 등의 취득 및 보상에 관한 법률」 제49조에 따른 중앙토지수용위원회 또는 관할 지방토지수용위원회에 재결(裁決)을 신청할 수 있다.

14

「화재의 예방 및 안전관리에 관한 법률」 및 같은 법 시행령상 화재안전조사 결과에 따른 조치명령으로 인한 손실보상에 대한 설명으로 옳지 않은 것은?

① 손실 보상에 관하여는 소방청장, 시·도지사와 손실을 입은 자가 협의해야 한다.
② 보상금의 지급 또는 공탁의 통지에 불복하는 자는 지급 또는 공탁의 통지를 받은 날부터 60일 이내에 「공익사업을 위한 토지 등의 취득 및 보상에 관한 법률」에 따른 중앙토지수용위원회 또는 관할 지방토지수용위원회에 재결(裁決)을 신청할 수 있다.
③ 소방청장 또는 시·도지사는 화재안전조사 결과에 따른 조치명령으로 인하여 손실을 입은 자가 있는 경우에는 대통령령으로 정하는 바에 따라 보상하여야 한다.
④ 소방청장 또는 시·도지사가 손실을 보상하는 경우에는 시가(時價)로 보상해야 한다.

15

「화재의 예방 및 안전관리에 관한 법률」 및 같은 법 시행령상 화재안전조사 결과에 따른 조치명령, 손실보상의 내용으로 옳지 않은 것은?
• 23. 경채

① 화재안전조사 결과에 따른 소방대상물의 조치명령권자는 소방관서장이다.
② 화재안전조사 결과에 따른 조치명령으로 소방청장 또는 시·도지사가 손실을 보상하는 경우에는 시가(時價)의 2배로 보상해야 한다.
③ 소방청장 또는 시·도지사는 보상금액에 관한 협의가 성립되지 않은 경우에는 그 보상금액을 지급하거나 공탁하고 이를 상대방에게 알려야 한다.
④ 소방관서장은 화재안전조사 결과에 따른 소방대상물의 위치·구조·설비 또는 관리의 상황이 화재예방을 위하여 보완될 필요가 있거나 화재가 발생하면 인명 또는 재산의 피해가 클 것으로 예상되는 때에는 행정안전부령으로 정하는 바에 따라 관계인에게 그 소방대상물의 개수(改修)·이전·제거, 사용의 금지 또는 제한, 사용폐쇄, 공사의 정지 또는 중지, 그 밖에 필요한 조치를 명할 수 있다.

정답 14. ② 15. ②

10 화재안전조사 결과 공개(화재예방법 제16조)

(1) 결과 공개 등

① 소방관서장은 화재안전조사를 실시한 경우 다음 각 호의 **전부** 또는 **일부**를 인터넷 홈페이지나 전산시스템 등을 통하여 공개할 수 있다.(법 제16조 제1항)
　㉠ 소방대상물의 위치, 연면적, 용도 등 현황
　㉡ 소방시설등의 설치 및 관리 현황
　㉢ 피난시설, 방화구획 및 방화시설의 설치 및 관리 현황
　㉣ 그 밖에 **대통령령**으로 정하는 사항
　　ⓐ 제조소등 설치 현황(영 제15조 제1항 제1호)
　　ⓑ 소방안전관리자 선임 현황(영 제15조 제1항 제2호)
　　ⓒ 화재예방안전진단 실시 결과(영 제15조 제1항 제3호)
② 소방청장은 화재안전조사 결과를 체계적으로 관리하고 활용하기 위하여 전산시스템을 구축·운영하여야 한다.(법 제16조 제3항)
③ 소방청장은 건축, 전기 및 가스 등 화재안전과 관련된 정보를 소방활동 등에 활용하기 위하여 전산시스템과 관계 중앙행정기관, 지방자치단체 및 공공기관 등에서 구축·운용하고 있는 전산시스템을 연계하여 구축할 수 있다.
(법 제16조 제4항)

(2) 공개 절차, 공개 기간 및 공개 방법

화재안전조사 결과를 공개하는 경우 공개 절차, 공개 기간 및 공개 방법 등에 필요한 사항은 **대통령령**으로 정한다.(법 제16조 제2항)

① 소방관서장은 화재안전조사 결과를 공개하는 경우 **30일** 이상 해당 소방관서 인터넷 홈페이지나 전산시스템을 통해 공개해야 한다.(영 제15조 제2항)
② 소방관서장은 화재안전조사 결과를 공개하려는 경우 공개 기간, 공개 내용 및 공개 방법을 해당 소방대상물의 관계인에게 미리 알려야 한다.
(영 제15조 제3항)
③ 소방대상물의 관계인은 공개 내용 등을 통보받은 날부터 **10일** 이내에 소방관서장에게 이의신청을 할 수 있다.(영 제15조 제4항)
④ 소방관서장은 이의신청을 받은 날부터 **10일** 이내에 심사·결정하여 그 결과를 지체 없이 신청인에게 알려야 한다.(영 제15조 제5항)
⑤ 화재안전조사 결과의 공개가 제3자의 법익을 침해하는 경우에는 제3자와 관련된 사실을 **제외하고 공개해야 한다**.(영 제15조 제6항)

---

16 ● 1 2 3

「화재의 예방 및 안전관리에 관한 법률」및 같은 법 시행령상 화재안전조사 결과 공개에 대한 설명으로 옳은 것은?

㉠ 소방관서장은 화재안전조사를 실시한 경우 소방시설등의 설치 및 관리 현황을 전부 또는 일부를 인터넷 홈페이지나 전산시스템 등을 통하여 공개할 수 있다.
㉡ 소방관서장은 화재안전조사 결과를 공개하는 경우 10일 이상 해당 소방관서 인터넷 홈페이지나 전산시스템을 통해 공개해야 한다.
㉢ 소방대상물의 관계인은 공개 내용 등을 통보받은 날부터 30일 이내에 소방관서장에게 이의신청을 할 수 있다.
㉣ 소방관서장은 이의신청을 받은 날부터 30일 이내에 심사·결정하여 그 결과를 지체 없이 신청인에게 알려야 한다.
㉤ 화재안전조사 결과의 공개가 제3자의 법익을 침해하는 경우에는 결과를 공개하지 아니한다.

① ㉠
② ㉠, ㉡
③ ㉠, ㉡, ㉢, ㉣
④ ㉠, ㉡, ㉢, ㉣, ㉤

✓ 화재조사

계획공개	7일 이상
결과공개	30일 이상

정답 16. ①

CHAPTER 03 O·X 문제

01 「화재의 예방 및 안전관리에 관한 법률」상 소방관서장은 화재안전조사를 실시할 수 있다.

01
◎

02 「화재의 예방 및 안전관리에 관한 법률」상 화재안전조사를 정당한 사유 없이 거부·방해 또는 기피한 자는 100만 원 이하의 벌금에 처한다.

02
☒ 화재안전조사를 정당한 사유 없이 거부·방해 또는 기피한 자는 <u>300만 원 이하의 벌금</u>에 처한다.
(법 제50조 제3항)

03 「화재의 예방 및 안전관리에 관한 법률」상 소방관서장은 화재안전조사를 실시하려는 경우 사전에 관계인에게 조사대상, 조사기간 및 조사사유 등을 서면으로 통지하고 이를 대통령령으로 정하는 바에 따라 인터넷 홈페이지나 전산시스템 등을 통하여 공개하여야 한다.

03
☒ 소방관서장은 화재안전조사를 실시하려는 경우 사전에 관계인에게 조사대상, 조사기간 및 조사사유 등을 <u>우편, 전화, 전자메일 또는 문자전송 등을 통하여</u> 통지하고 이를 대통령령으로 정하는 바에 따라 인터넷 홈페이지나 전산시스템 등을 통하여 공개하여야 한다.
(법 제8조 제2항)

04 「화재의 예방 및 안전관리에 관한 법률」상 화재가 발생할 우려가 뚜렷하여 긴급하게 조사할 필요가 있는 경우 관계인의 승낙 없이 소방대상물의 공개시간 또는 근무시간 이외에는 할 수 없다.

04
☒ 화재안전조사는 관계인의 승낙 없이 소방대상물의 공개시간 또는 근무시간 이외에는 할 수 없다. <u>다만 화재가 발생할 우려가 뚜렷하여 긴급하게 조사할 필요가 있는 경우에는 그러하지 아니하다.</u>
(법 제8조 제3항)

| 05 | 05 「화재의 예방 및 안전관리에 관한 법률 시행령」상 소방관서장은 화재안전조사를 실시하려는 경우 사전에 조사대상, 조사기간 및 조사사유 등 조사계획을 소방청, 소방본부 또는 소방서의 인터넷 홈페이지나 전산시스템을 통해 7일 이상 공개해야 한다. |

| 06 ☒ 화재안전조사의 연기를 신청하려는 관계인은 화재안전조사 시작 <u>3일 전까지</u> 화재안전조사 연기신청서(전자문서로 된 신청서를 포함한다)에 화재안전조사를 받기가 곤란함을 증명할 수 있는 서류(전자문서로 된 서류를 포함한다)를 첨부하여 소방청장, 소방본부장 또는 소방서장(소방관서장)에게 제출하여야 한다.(규칙 제4조 제1항) | 06 「화재의 예방 및 안전관리에 관한 법률 시행규칙」상 화재안전조사의 연기를 신청하려는 관계인은 화재안전조사 시작 7일 전까지 화재안전조사 연기신청서(전자문서로 된 신청서를 포함한다)에 화재안전조사를 받기가 곤란함을 증명할 수 있는 서류(전자문서로 된 서류를 포함한다)를 첨부하여 소방청장, 소방본부장 또는 소방서장에게 제출하여야 한다. |

| 07 ☒ 중앙화재안전조사단 및 지방화재안전조사단은 각각 단장을 포함하여 <u>50명 이내</u>의 단원으로 성별을 고려하여 구성한다. (영 제10조 제1항) | 07 「화재의 예방 및 안전관리에 관한 법률 시행령」상 중앙화재안전조사단 및 지방화재안전조사단은 각각 단장을 포함하여 60명 이내의 단원으로 성별을 고려하여 구성한다. |

| 08 | 08 「화재의 예방 및 안전관리에 관한 법률 시행령」상 화재안전조사위원회는 위원장 1명을 포함한 7명 이내의 위원으로 성별을 고려하여 구성하고, 위원장은 소방관서장이 된다. |

09 「화재의 예방 및 안전관리에 관한 법률」상 소방관서장은 화재안전조사 결과에 따른 조치명령으로 인하여 손실을 입은 자가 있는 경우에는 대통령령으로 정하는 바에 따라 보상하여야 한다.

09 ☒ 소방청장 또는 시·도지사는 화재안전조사 결과에 따른 조치명령으로 인하여 손실을 입은 자가 있는 경우에는 대통령령으로 정하는 바에 따라 보상하여야 한다.(법 제15조)

10 「화재의 예방 및 안전관리에 관한 법률 시행령」상 보상금의 지급 또는 공탁의 통지에 불복하는 자는 지급 또는 공탁의 통지를 받은 날부터 30일 이내에 「공익사업을 위한 토지 등의 취득 및 보상에 관한 법률」에 따른 중앙토지수용위원회 또는 관할 지방토지수용위원회에 재결(裁決)을 신청할 수 있다.

10 ◯

11 「화재의 예방 및 안전관리에 관한 법률」상 소방관서장은 화재안전조사를 실시한 경우 소방대상물의 위치, 연면적, 용도 등 현황, 피난시설, 방화구획 및 방화시설의 설치 및 관리 현황 등 일부만 인터넷 홈페이지나 전산시스템 등을 통하여 공개할 수 있다.

11 ☒ 소방관서장은 화재안전조사를 실시한 경우 소방대상물의 위치, 연면적, 용도 등 현황, 피난시설, 방화구획 및 방화시설의 설치 및 관리 현황 등 전부 또는 일부 인터넷 홈페이지나 전산시스템 등을 통하여 공개할 수 있다.(법 제16조 제1항)

12 「화재의 예방 및 안전관리에 관한 법률 시행령」상 소방대상물의 관계인은 화재안전조사 결과 공개에 대한 공개내용을 통보받은 날부터 10일 이내에 관할 소방관서장에게 이의신청을 할 수 있다.

12 ◯

13 ❌ 「화재의 예방 및 안전관리에 관한 법률 시행령」상 소방관서장은 화재안전조사 결과를 공개하는 경우 30일 이상 해당 소방관서 인터넷 홈페이지나 전산시스템을 통해 공개해야 한다.(영 제15조 제2항)

13 「화재의 예방 및 안전관리에 관한 법률 시행령」상 소방관서장은 화재안전조사 결과를 공개하는 경우 10일 이상 해당 소방관서 인터넷 홈페이지나 전산시스템을 통해 공개해야 한다.

14 ⭕

14 「화재의 예방 및 안전관리에 관한 법률 시행령」상 소방청장 또는 시·도지사가 손실을 보상하는 경우에는 시가(時價)로 보상하여야 한다.

15 ❌ 소방관서장은 화재안전조사를 마친 때에는 그 조사 결과를 관계인에게 서면으로 통지하여야 한다. 다만, 화재안전조사의 현장에서 관계인에게 조사의 결과를 설명하고 화재안전조사 결과서의 부본을 교부한 경우에는 그러하지 아니하다.(법 제13조)

15 「화재의 예방 및 안전관리에 관한 법률」상 소방관서장은 화재안전조사를 마친 때에는 그 조사 결과를 관계인에게 우편, 전화, 전자메일 또는 문자전송으로 통지하여야 한다. 다만, 화재안전조사의 현장에서 관계인에게 조사의 결과를 설명하고 화재안전조사 결과서의 부본을 교부한 경우에는 그러하지 아니하다.

MEMO

CHAPTER 04 화재의 예방조치 등

1 화재의 예방조치 등(화재예방법 제17조)

(1) 화재의 예방조치

① 누구든지 화재예방강화지구 및 이에 준하는 **대통령령**으로 정하는 장소에서는 다음 각 호의 어느 하나에 해당하는 행위를 하여서는 아니 된다. 다만, **행정안전부령**으로 정하는 바에 따라 안전조치를 한 경우에는 그러하지 아니한다. (법 제17조 제1항)

㉠ 화재의 예방조치 대상

화재예방강화지구 및 이에 준하는 **대통령령**으로 정하는 장소(영 제16조 제1항)
ⓐ 제조소등
ⓑ 「고압가스 안전관리법」에 따른 저장소
ⓒ 「액화석유가스의 안전관리 및 사업법」에 따른 액화석유가스의 저장소·판매소
ⓓ 「수소경제 육성 및 수소 안전관리에 관한 법률」에 따른 수소연료공급시설 및 수소연료사용시설
ⓔ 「총포·도검·화약류 등의 안전관리에 관한 법률」에 따른 화약류를 저장하는 장소

㉡ 금지 행위(법 제17조 제1항)
ⓐ 모닥불, 흡연 등 화기의 취급
ⓑ 풍등 등 소형열기구 날리기
ⓒ 용접·용단 등 불꽃을 발생시키는 행위
ⓓ 그 밖에 **대통령령**으로 정하는 화재 발생 위험이 있는 행위
↳ 「위험물안전관리법」에 따른 위험물을 방치하는 행위(영 제16조 제2항)

> ● 예외(규칙 제7조 제1항)
> 행정안전부령으로 정하는 안전조치를 한 경우
> 1. 법령에 따라 지정된 장소(흡연실 등)에서 화기 등을 취급하는 경우
> 2. 소화기 등 소방시설을 비치 또는 설치한 장소에서 화기 등을 취급하는 경우
> 3. 화재감시자 등 안전요원이 배치된 장소에서 화기 등을 취급하는 경우
> 4. 그 밖에 소방관서장과 사전 협의하여 안전조치 한 경우

01　◉ 1 2 3

「화재의 예방 및 안전관리에 관한 법률」 및 같은 법 시행령상 화재예방강화지구 및 이에 준하는 대통령령으로 정하는 장소에서 하여서는 아니 되는 행위로 옳지 않은 것은?

① 모닥불, 흡연 등 화기의 취급
② 「화재의 예방 및 안전관리에 관한 법률」에 따른 특수가연물을 방치하는 행위
③ 용접·용단 등 불꽃을 발생시키는 행위
④ 풍등 등 소형열기구 날리기

정답 01. ②

ⓒ 소방관서장과 사전 협의하여 안전조치 한 경우(규칙 제7조)
  ⓐ 소방관서장과 사전 협의하여 안전조치를 하려는 자는 화재예방 안전조치 협의 신청서를 작성하여 **소방관서장**에게 제출해야 한다.(규칙 제7조 제2항)
  ⓑ 소방관서장은 협의 신청서를 받은 경우에는 화재예방 안전조치의 적절성을 검토하고 **5일** 이내에 화재예방 안전조치 협의 결과 통보서를 협의를 신청한 자에게 통보해야 한다.(규칙 제7조 제3항)
  ⓒ 소방관서장은 (1) ④의 명령을 할 때에는 화재예방 조치명령서를 해당 관계인에게 발급해야 한다. (규칙 제7조 제4항)

> **행정질서벌**
> **법 제52조 제1항 제1호 [과태료]**
> 정당한 사유 없이 금지행위(법 제17조 제1항)에 해당하는 행위를 한 자는 300만 원 이하의 과태료를 부과한다. (300)

② 명령권자 : 소방관서장(법 제17조 제2항)
③ 명령의 대상(법 제17조 제2항)
  ㉠ 화재 발생 위험이 크거나 소화 활동에 지장을 줄 수 있다고 인정되는 행위나 물건에 대하여 행위 당사자
  ㉡ 그 물건의 소유자, 관리자 또는 점유자
④ 명령사항(법 제17조 제2항)
  ㉠ ①의 ㉡에 해당하는 행위의 금지 또는 제한
  ㉡ 목재, 플라스틱 등 가연성이 큰 물건의 제거, 이격, 적재 금지 등
  ㉢ 소방차량의 통행이나 소화 활동에 지장을 줄 수 있는 물건의 이동
  ㉣ 다만, ㉡ 및 ㉢에 해당하는 물건의 소유자, 관리자 또는 점유자를 알 수 없는 경우 소속 공무원으로 하여금 그 물건을 옮기거나 보관하는 등 필요한 조치를 하게 할 수 있다.

> **행정형벌**
> **법 제50조 제3항 제2호 [벌칙]**
> (1) ④ (법 제17조 제2항)에 따른 명령을 정당한 사유 없이 따르지 아니하거나 방해한 자는 300만 원 이하의 벌금에 처한다.

02

「화재의 예방 및 안전관리에 관한 법률 시행령」상 화재의 예방상 옮긴 물건 등에 대한 보관기간으로 옳은 것은?

① 보관기간은 게시판에 공고하는 기간의 종료일 그날부터 7일로 한다.
② 보관기간은 게시판에 공고하는 기간의 종료일 다음 날부터 7일로 한다.
③ 보관기간은 게시판에 공고하는 기간의 종료일 다음 날부터 14일로 한다.
④ 보관기간은 게시판에 공고하는 기간의 종료일 그날부터 14일로 한다.

03

「화재의 예방 및 안전관리에 관한 법률」 및 같은 법 시행령상 화재의 예방조치 등으로 옳지 않은 것은?
• 21. 공채(개정)

① 소방관서장은 보관기간이 종료되는 때에는 보관하고 있는 옮긴 물건을 매각해야 한다.
② 옮긴 물건 등의 보관기간은 공고기간의 종료일 다음 날부터 7일까지로 한다.
③ 소방관서장은 옮긴 물건 등을 보관하는 경우에는 그 날부터 14일 동안 해당 소방관서의 인터넷 홈페이지에 그 사실을 공고해야 한다.
④ 시·도지사는 매각되거나 폐기된 옮긴 물건의 소유자가 보상을 요구하는 경우에는 보상금액에 대하여 소유자와 협의를 거쳐 이를 보상해야 한다.

정답 02. ② 03. ④

---

(2) 옮긴 물건의 보관기간 및 보관기간 경과 후 처리 등 〔기출〕 21 공채

① 옮긴 물건 등에 대한 보관기간 및 보관기간 경과 후 처리 등에 필요한 사항은 **대통령령**으로 정한다.(법 제17조 제3항)
② 소방관서장은 옮긴 물건 등을 보관하는 경우에는 **그 날부터 14일 동안** 해당 소방관서의 인터넷 홈페이지에 그 사실을 **공고**해야 한다.(영 제17조 제1항)
③ 옮긴 물건 등의 **보관기간**은 ②에 따른 공고기간의 **종료일 다음 날부터 7일**까지로 한다.(영 제17조 제2항)
④ 소방관서장은 **보관**기간이 **종료되는 때**에는 보관하고 있는 옮긴 물건 등을 **매각**해야 한다. 다만, 보관하고 있는 옮긴 물건등이 **부패·파손** 또는 이와 유사한 사유로 정해진 용도에 계속 사용할 수 없는 경우에는 **폐기**할 수 있다.
(영 제17조 제3항)

> **⚠ 순서**
>
> 보관하는 날부터 14일 공고 → 공고기간 종료일 다음 날부터 7일 보관 → 매각(폐기)

⑤ 소방관서장은 보관하던 옮긴 물건 등을 매각한 경우에는 지체 없이 「국가재정법」에 따라 세입조치를 해야 한다.(영 제17조 제4항)
⑥ **소방관서장**은 매각되거나 폐기된 옮긴 물건 등의 소유자가 보상을 요구하는 경우에는 보상금액에 대하여 **소유자와 협의**를 거쳐 이를 **보상**해야 한다.
(영 제17조 제5항)
⑦ 손실보상의 방법 및 절차 등에 관하여는 제14조(손실보상)를 준용한다.
(영 제17조 제6항)

📕 **관련법규**

화재예방법 시행령

시행령 제16조 [화재의 예방조치 등]

① 법 제17조제1항 각 호 외의 부분 본문에서 "대통령령으로 정하는 장소"란 다음 각 호의 장소를 말한다.
  1. 제조소등
  2. 「고압가스 안전관리법」 제3조제1호에 따른 저장소
  3. 「액화석유가스의 안전관리 및 사업법」 제2조제1호에 따른 액화석유가스의 저장소·판매소
  4. 「수소경제 육성 및 수소 안전관리에 관한 법률」 제2조제7호에 따른 수소연료공급시설 및 같은 조 제9호에 따른 수소연료사용시설
  5. 「총포·도검·화약류 등의 안전관리에 관한 법률」 제2조제3항에 따른 화약류를 저장하는 장소
② 법 제17조제1항제4호에서 "대통령령으로 정하는 화재 발생 위험이 있는 행위"란 「위험물안전관리법」 제2조제1항제1호에 따른 위험물을 방치하는 행위를 말한다.

시행령 제17조 [옮긴 물건 등의 보관기간 및 보관기간 경과 후 처리]

① 소방관서장은 법 제17조제2항 각 호 외의 부분 단서에 따라 옮긴 물건 등(이하 "옮긴물건 등"이라 한다)을 보관하는 경우에는 그날부터 14일 동안 해당 소방관서의 인터넷 홈페이지에 그 사실을 공고해야 한다.
② 옮긴물건등의 보관기간은 제1항에 따른 공고기간의 종료일 다음 날부터 7일까지로 한다.
③ 소방관서장은 제2항에 따른 보관기간이 종료된 때에는 보관하고 있는 옮긴물건등을 매각해야 한다. 다만, 보관하고 있는 옮긴물건등이 부패·파손 또는 이와 유사한 사유로 정해진 용도로 계속 사용할 수 없는 경우에는 폐기할 수 있다.
④ 소방관서장은 보관하던 옮긴물건등을 제3항 본문에 따라 매각한 경우에는 지체 없이 「국가재정법」에 따라 세입조치를 해야 한다.
⑤ 소방관서장은 제3항에 따라 매각되거나 폐기된 옮긴물건등의 소유자가 보상을 요구하는 경우에는 보상금액에 대하여 소유자와의 협의를 거쳐 이를 보상해야 한다.
⑥ 제5항의 손실보상의 방법 및 절차 등에 관하여는 제14조를 준용한다.

화재예방법 시행규칙

시행규칙 제7조 [화재예방 안전조치 등]

① 화재예방강화지구 및 영 제16조제1항 각 호의 장소에서는 다음 각 호의 안전조치를 한 경우에 법 제17조제1항 각 호의 행위를 할 수 있다.
  1. 「국민건강증진법」 제9조제4항 각 호 외의 부분 후단에 따라 설치한 흡연실 등 법령에 따라 지정된 장소에서 화기 등을 취급하는 경우
  2. 소화기 등 소방시설을 비치 또는 설치한 장소에서 화기 등을 취급하는 경우
  3. 「산업안전보건기준에 관한 규칙」 제241조의2제1항에 따른 화재감시자 등 안전요원이 배치된 장소에서 화기 등을 취급하는 경우
  4. 그 밖에 소방관서장과 사전 협의하여 안전조치를 한 경우
② 제1항제4호에 따라 소방관서장과 사전 협의하여 안전조치를 하려는 자는 별지 제8호서식의 화재예방 안전조치 협의 신청서를 작성하여 소방관서장에게 제출해야 한다.
③ 소방관서장은 제2항에 따라 협의 신청서를 받은 경우에는 화재예방 안전조치의 적절성을 검토하고 5일 이내에 별지 제9호서식의 화재예방 안전조치 협의 결과 통보서를 협의를 신청한 자에게 통보해야 한다.
④ 소방관서장은 법 제17조제2항 각 호의 명령을 할 때에는 별지 제10호서식의 화재예방조치명령서를 해당 관계인에게 발급해야 한다.

04

「화재의 예방 및 안전관리에 관한 법률 시행령」상 규정한 사항 외에 화재발생 우려가 있는 설비 또는 기구의 종류, 해당 설비 또는 기구의 위치·구조 및 관리와 화재 예방을 위하여 불을 사용할 때 지켜야 하는 사항은 무엇으로 정하는가?

① 대통령령
② 행정안전부령
③ 시·도의 조례
④ 소방청장이 정하여 고시

(3) 불을 사용할 때 지켜야 하는 사항

① 보일러, 난로, 건조설비, 가스·전기시설, 그 밖에 화재 발생 우려가 있는 **대통령령**으로 정하는 설비 또는 기구 등의 위치·구조 및 관리와 화재 예방을 위하여 불을 사용할 때 지켜야 하는 사항은 **대통령령**으로 정한다.(법 제17조 제4항)

② "**대통령령**으로 정하는 설비 또는 기구 등"이란 다음 각 호의 설비 또는 기구를 말한다.(영 제18조 제1항)

ⓐ 보일러
ⓑ 난로
ⓒ 건조설비
ⓓ 가스·전기시설,
ⓔ 불꽃을 사용하는 용접·용단 기구
ⓕ 노(爐)·화덕설비
ⓖ 음식조리를 위하여 설치하는 설비

③ ②에 따른 설비 또는 기구의 위치·구조 및 관리와 화재 예방을 위하여 불을 사용할 때 지켜야 하는 사항은 별표 1과 같다.(영 제18조 제2항)

④ ②, ③에서 규정한 사항 외에 화재발생 우려가 있는 설비 또는 기구의 종류, 해당설비 또는 기구의 위치·구조 및 관리와 화재 예방을 위하여 불을 사용할 때 지켜야 하는 사항은 **시·도의 조례**로 정한다.(영 제18조 제3항)

> **행정질서벌**
> 법 제52조 제2항 제1호 [과태료]
> 불을 사용할 때 지켜야 하는 사항 및 특수가연물의 저장 및 취급 기준을 위반한 자는 200만 원 이하의 과태료를 부과한다. (200)

정답 04. ③

시행령 별표 1

【보일러 등의 위치·구조 및 관리와 화재예방을 위하여 불의 사용에 있어서 지켜야 하는 사항】

🔵 기출 19, 24 공채 / 19, 21, 23, 24 경채

1. 보일러
   ① 가연성 벽·바닥 또는 천장과 접촉하는 증기기관 또는 연통의 부분은 규조토 등 난연성 또는 불연성 단열재로 덮어씌워야 한다.
   ② 경유·등유 등 액체연료를 사용하는 경우

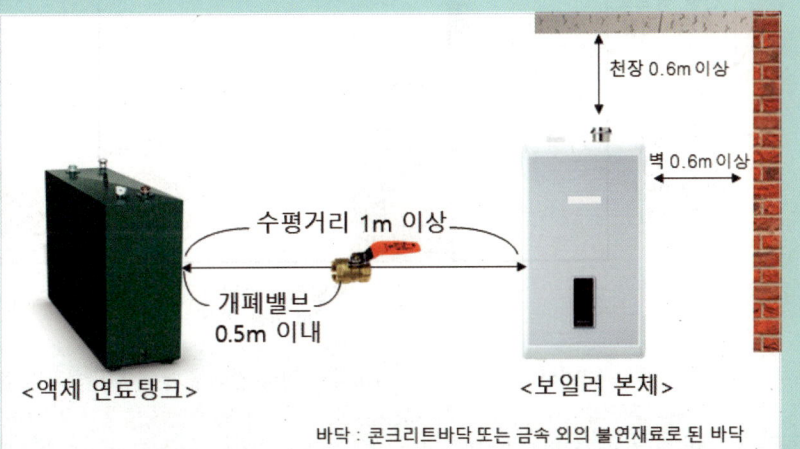

   ㉠ 연료탱크는 보일러본체로부터 <u>수평거리 1미터 이상</u>의 간격을 두어 설치할 것
   ㉡ 연료탱크에는 화재 등 긴급상황이 발생하는 경우 연료를 차단 할 수 있는 개폐밸브를 연료탱크로부터 <u>0.5미터 이내</u>에 설치할 것
   ㉢ 연료탱크 또는 보일러 등에 연료를 공급하는 배관에는 여과장치를 설치할 것
   ㉣ 사용이 허용된 연료 외의 것을 사용하지 아니할 것
   ㉤ 연료탱크가 넘어지지 않도록 받침대를 설치하고, 연료탱크 및 연료탱크 받침대는 불연재료로 할 것
   ③ 기체연료를 사용하는 경우
   ㉠ 보일러를 설치하는 장소에는 환기구를 설치하는 등 가연성 가스가 머무르지 아니하도록 할 것
   ㉡ 연료를 공급하는 배관은 금속관으로 할 것
   ㉢ 화재 등 긴급 시 연료를 차단할 수 있는 개폐밸브를 연료용기 등으로부터 <u>0.5미터 이내</u>에 설치할 것
   ㉣ 보일러가 설치된 장소에는 가스누설경보기를 설치할 것

05

「화재의 예방 및 안전관리에 관한 법률 시행령」상 보일러 중 경유·등유 등 액체연료를 사용하는 경우의 지켜야 하는 사항으로 옳지 않은 것은?

① 연료탱크는 보일러본체로부터 보행거리 1미터 이상의 간격을 두어 설치하여야 한다.
② 연료탱크에는 화재 등 긴급상황이 발생하는 경우 연료를 차단 할 수 있는 개폐밸브를 연료탱크로부터 0.5미터 이내에 설치하여야 한다.
③ 가연성 벽·바닥 또는 천장과 접촉하는 증기기관 또는 연통의 부분은 규조토 등 난연성 또는 불연성 단열재로 덮어씌워야 한다.
④ 보일러와 벽·천장 사이의 거리는 0.6미터 이상 되도록 하여야 한다.

06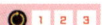

「화재의 예방 및 안전관리에 관한 법률 시행령」상 불을 사용하는 설비의 관리기준에 관한 내용으로 옳은 것은? • 24. 공채 / • 24. 경채

① 경유·등유 등 액체 연료탱크는 보일러 본체로부터 수평거리 0.5미터 이상의 간격을 두어 설치한다.
② 화목(火木) 등 고체연료를 사용하는 연통의 배출구는 보일러 본체보다 1미터 이상 높게 설치한다.
③ 음식조리를 위하여 설치하는 설비의 경우, 열을 발생하는 조리기구로부터 0.15미터 이내의 거리에 있는 가연성 주요구조부는 단열성이 있는 불연재료로 덮어 씌운다.
④ 대통령에서 규정한 사항 외에 화재 발생 우려가 있는 설비 또는 기구의 종류, 해당 설비 또는 기구의 위치·구조 및 관리와 화재 예방을 위하여 불을 사용할 때 지켜야 하는 사항은 행정안전부령으로 정한다.

정답 05. ① 06. ③

07

「화재의 예방 및 안전관리에 관한 법률 시행령」상 보일러 중 화목 등 고체연료를 사용하는 경우의 지켜야 하는 사항으로 옳지 않은 것은?

① 고체연료는 별도의 실 또는 보일러와 수평거리 1미터 이상 이격하여 보관할 것
② 연통은 천장으로부터 0.6미터, 연통의 배출구는 건물 밖으로 0.6미터 이상 나오도록 설치할 것
③ 연통의 배출구는 보일러 본체보다 2미터 이상 높게 설치할 것
④ 연통이 관통하는 벽면, 지붕 등은 불연재료로 처리할 것

08

「화재의 예방 및 안전관리에 관한 법률 시행령」상 불을 사용하는 설비의 관리기준 등에 관한 내용으로 옳지 않은 것은? • 23. 경채

① 보일러 : 가연성 벽·바닥 또는 천장과 접촉하는 증기기관 또는 연통의 부분은 규조토 등 난연성 또는 불연성 단열재로 덮어씌워야 한다.
② 난로 : 가연성 벽·바닥 또는 천장과 접촉하는 연통의 부분은 규조토 등 난연성 또는 불연성 단열재로 덮어씌워야 한다.
③ 건조설비 : 실내에 설치하는 경우에 벽·천장 및 바닥은 준불연재료로 해야 한다.
④ 노·화덕설비 : 노 또는 화덕을 설치하는 장소의 벽·천장은 불연재료로 된 것이어야 한다.

정답 07. ① 08. ③

④ 화목 등 고체연료를 사용하는 경우

㉠ 고체연료는 보일러 본체와 수평거리 2미터 이상 간격을 두어 보관하거나 불연재료로 된 별도의 구획된 공간에 보관할 것
㉡ 연통은 천장으로부터 0.6미터 떨어지고, 연통의 배출구는 건물 밖으로 0.6미터 이상 나오도록 설치할 것
㉢ 연통의 배출구는 보일러 본체보다 **2미터** 이상 높게 설치할 것
㉣ 연통이 관통하는 벽면, 지붕 등은 불연재료로 처리할 것
㉤ 연통재질은 불연재료로 사용하고 연결부에 청소구를 설치할 것
⑤ 보일러 본체와 벽·천장 사이의 거리는 0.6미터 이상이어야 한다.
⑥ 보일러를 실내에 설치하는 경우에는 콘크리트바닥 또는 금속 외의 불연재료로 된 바닥 위에 설치해야 한다.

2. 난로

① 연통은 천장으로부터 **0.6미터** 이상 떨어지고, 연통의 배출구는 건물 밖으로 **0.6미터** 이상 나오게 설치해야 한다.
② 가연성 벽·바닥 또는 천장과 접촉하는 연통의 부분은 규조토 등 난연성 또는 불연성의 단열재로 덮어씌워야 한다.
③ 이동식난로는 다음의 장소에서 사용해서는 안 된다. (다만, 난로가 쓰러지지 않도록 받침대를 두어 고정시키거나 쓰러지는 경우 즉시 소화되고 연료의 누출을 차단할 수 있는 장치가 부착된 경우에는 그렇지 않다.)
 - 다중이용업소, 학원, 독서실, 숙박업·목욕장업·세탁업의 영업장, 종합병원·병원·정신병원·치과병원·한방병원·요양병원·의원·치과의원·한의원 및 조산원, 식품접객업의 영업장, 영화상영관, 공연장, 박물관 및 미술관, 상점가, 가설건축물, 역·터미널

3. 건조설비

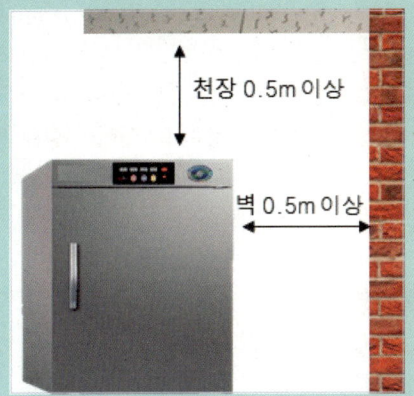

① 건조설비와 벽·천장 사이의 거리는 0.5미터 이상 이어야 한다.
② 건조물품이 열원과 직접 접촉하지 않도록 해야 한다.
③ 실내에 설치하는 경우에 벽·천장 및 바닥은 불연재료로 해야 한다.

4. 가스·전기시설
① 가스시설의 경우 「고압가스 안전관리법」, 「도시가스사업법」 및 「액화석유가스의 안전관리 및 사업법」에서 정하는 바에 따른다.
② 전기시설의 경우 「전기사업법」 및 「전기안전관리법」에서 정하는 바에 따른다.

5. 불꽃을 사용하는 용접·용단기구 ⓞ기출 20 공채
(다만, 「산업안전보건법」의 적용을 받는 사업장에는 적용하지 않는다.)

① 용접 또는 용단 작업장 주변 반경 5미터 이내에 소화기를 갖추어 둘 것
② 용접 또는 용단 작업장 주변 반경 10미터 이내에는 가연물을 쌓아두거나 놓아두지 말 것. 다만, 가연물의 제거가 곤란하여 방화포 등으로 방호조치를 한 경우는 제외한다.

---

09 ● 1 2 3

「화재의 예방 및 안전관리에 관한 법률 시행령」상 보일러 등의 위치·구조 및 관리와 화재예방을 위하여 불의 사용에 있어서 지켜야 하는 사항으로, 용접 또는 용단 작업장에서 지켜야 할 사항이다. ( ) 안에 들어갈 내용으로 옳은 것은? (단, 「산업 안전보건법」 제38조의 적용을 받는 사업장의 경우에는 적용 하지 아니한다.)

• 20. 공채(개정)

• 용접 또는 용단 작업자로부터 (가) 이내에 소화기를 갖추어 둘 것
• 용접 또는 용단 작업장 주변 (나) 이내에는 가연물을 쌓아두거나 놓아두지 말 것. 다만, 가연물의 제거가 곤란하여 방화포 등으로 방호조치를 한 경우는 제외한다.

	(가)	(나)
①	반경 5m	반경 10m
②	반경 6m	반경 12m
③	직경 5m	직경 10m
④	직경 6m	직경 12m

정답 09. ①

10 ①②③

「화재의 예방 및 안전관리에 관한 법률 시행령」상 노·화덕 설비의 설치기준으로 옳지 않은 것은?
• 17. 하반기(개정)

① 시간당 열량이 30만 킬로칼로리 이상인 노를 설치하는 경우에는 주요구조부는 난연재료로 한다.
② 시간당 열량이 30만 킬로칼로리 이상인 노를 설치하는 경우에는 노 주위에는 1미터 이상 공간을 확보한다.
③ 노 또는 화덕의 주위에는 녹는 물질이 확산되지 아니하도록 높이 0.1미터 이상의 턱을 설치하여야 한다.
④ 실내에 설치하는 경우에는 흙바닥 또는 금속 외의 불연재료로 된 바닥에 설치하여야 한다.

11 ①②③

「화재의 예방 및 안전관리에 관한 법률 시행령」상 불을 사용하는 설비의 관리기준 등에 대한 설명이다. ( ) 안에 들어갈 숫자로 옳은 것은?
• 19. 공채(개정)

- 보일러 : 보일러와 벽·천장 사이의 거리는 (가) 미터 이상이어야 한다.
- 난로 : 연통은 천장으로부터 (나) 미터 이상 떨어지고, 건물 밖으로 0.6미터 이상 나오게 설치해야 한다.
- 건조설비 : 건조설비와 벽·천장 사이의 거리는 (다) 미터 이상 이어야 한다.
- 음식조리를 위하여 설치하는 설비 : 열을 발생하는 조리기구는 반자 또는 선반으로부터 (라) 미터 이상 떨어지게 해야 한다.

	(가)	(나)	(다)	(라)
①	0.5	0.6	0.6	0.6
②	0.6	0.6	0.5	0.6
③	0.6	0.5	0.6	0.6
④	0.6	0.6	0.5	0.5

정답 10. ① 11. ②

---

6. 노·화덕설비

① 실내에 설치하는 경우에는 흙바닥 또는 금속 외의 불연재료로 된 바닥에 설치해야 한다.
② 노 또는 화덕을 설치하는 장소의 벽·천장은 불연재료로 된 것이어야 한다.
③ 노 또는 화덕의 주위에는 녹는 물질이 확산되지 않도록 높이 **0.1미터 이상**의 턱을 설치해야 한다.
④ 시간당 열량이 **30만 킬로칼로리 이상**인 노를 설치하는 경우에는 다음의 사항을 지켜야 한다.
  ㉠ 주요구조부는 불연재료 이상으로 할 것
  ㉡ 창문과 출입구는 60분+ 방화문 또는 60분 방화문으로 설치할 것
  ㉢ 노 주위에는 **1미터 이상** 공간을 확보할 것

7. 음식조리를 위하여 설치하는 설비 〔기출〕 20 경채
「식품위생법 시행령」에 따른 **식품접객업 중 일반음식점 주방**에서 조리를 위하여 불을 사용하는 설비를 설치하는 경우에는 다음 각 목의 사항을 지켜야 한다.
① 주방설비에 부속된 배출덕트(공기 배출통로)는 **0.5밀리미터 이상**의 아연도금강판 또는 이와 같거나 그 이상의 내식성 불연재료로 설치할 것
② 주방시설에는 동물 또는 식물의 기름을 제거할 수 있는 필터 등을 설치할 것
③ 열을 발생하는 조리기구는 반자 또는 선반으로부터 **0.6미터 이상** 떨어지게 할 것
④ 열을 발생하는 조리기구로부터 **0.15미터 이내**의 거리에 있는 가연성 주요구조부는 단열성이 있는 불연재료로 덮어 씌울 것

비고
① "보일러"란 사업장 또는 영업장 등에서 사용하는 것을 말하며, 주택에서 사용하는 가정용 보일러는 제외한다.
② "건조설비"란 산업용 건조설비를 말하며, 주택에서 사용하는 건조설비는 제외한다.
③ "노·화덕설비"란 제조업·가공업에서 사용되는 것을 말하며, 주택에서 조리용도로 사용되는 화덕은 제외한다.
④ 보일러, 난로, 건조설비, 불꽃을 사용하는 용접·용단기구 및 노·화덕설비가 설치된 장소에는 소화기 1개 이상을 갖추어 두어야 한다.

(4) 특수가연물

① 화재가 발생하는 경우 불길이 빠르게 번지는 고무류·플라스틱류·석탄 및 목탄 등 **대통령령**으로 정하는 특수가연물의 저장 및 취급 기준은 **대통령령**으로 정한다.(법 제17조 제5항)
② 화재의 확대가 빠른 특수가연물
대통령령으로 정하는 특수가연물이란 별표 2에서 정하는 품명별 수량 이상의 가연물을 말한다.(영 제19조 제1항)

시행령 별표 2

【특수가연물】 기출 21 경채

품 명	수량	품 명	수량	
면화류	200kg 이상	가연성고체류	3,000kg 이상	
나무껍질 및 대팻밥	400kg 이상	석탄·목탄류	10,000kg 이상	
넝마 및 종이부스러기	1,000kg 이상	가연성액체류	2m³ 이상	
사류(絲類)	1,000kg 이상	목재가공품 및 나무부스러기	10m³ 이상	
볏짚류	1,000kg 이상	고무류·플라스틱류	발포시킨 것	20m³ 이상
			그 밖의 것	3,000kg 이상

비고

1. "면화류"란 불연성 또는 난연성이 아닌 면상(綿狀) 또는 팽이모양의 섬유와 마사(麻絲) 원료를 말한다.
2. 넝마 및 종이부스러기는 불연성 또는 난연성이 아닌 것(동물 또는 식물의 기름이 깊이 스며들어 있는 옷감·종이 및 이들의 제품을 포함한다)으로 한정한다.
3. "사류"란 불연성 또는 난연성이 아닌 실(실부스러기와 솜털을 포함한다)과 누에고치를 말한다.
4. "볏짚류"란 마른 볏짚·북데기와 이들의 제품 및 건초를 말한다. 다만, 축산용도로 사용하는 것은 제외한다.
5. "가연성 고체류"란 고체로서 다음 각 목에 해당하는 것을 말한다.
   가. 인화점이 섭씨 40도 이상 100도 미만인 것
   나. 인화점이 섭씨 100도 이상 200도 미만이고, 연소열량이 1그램당 8킬로칼로리 이상인 것
   다. 인화점이 섭씨 200도 이상이고 연소열량이 1그램당 8킬로칼로리 이상인 것으로서 녹는점(융점)이 100도 미만인 것
   라. 1기압과 섭씨 20도 초과 40도 이하에서 액상인 것으로서 인화점이 섭씨 70도 이상 섭씨 200도 미만이거나 나목 또는 다목에 해당하는 것
6. 석탄·목탄류에는 코크스, 석탄가루를 물에 갠 것, 마세크탄(조개탄), 연탄, 석유코크스, 활성탄 및 이와 유사한 것을 포함한다.
7. "가연성 액체류"란 다음 각 목의 것을 말한다.
   가. 1기압과 섭씨 20도 이하에서 액상인 것으로서 가연성 액체량이 40중량퍼센트 이하이면서 인화점이 섭씨 40도 이상 섭씨 70도 미만이고 연소점이 섭씨 60도 이상인 것
   나. 1기압과 섭씨 20도에서 액상인 것으로서 가연성 액체량이 40중량퍼센트 이하이고 인화점이 섭씨 70도 이상 섭씨 250도 미만인 것
   다. 동물의 기름과 살코기 또는 식물의 씨나 과일의 살에서 추출한 것으로서 다음의 어느 하나에 해당하는 것
      1) 1기압과 섭씨 20도에서 액상이고 인화점이 250도 미만인 것으로서 「위험물안전관리법」 제20조제1항에 따른 용기기준과 수납·저장기준에 적합하고 용기외부에 물품명·수량 및 "화기엄금" 등의 표시를 한 것
      2) 1기압과 섭씨 20도에서 액상이고 인화점이 섭씨 250도 이상인 것

12

「화재의 예방 및 안전관리에 관한 법률 시행령」상 특수가연물에 대한 설명으로 옳은 것은?

① 넝마 및 종이부스러기는 불연성 또는 난연성이 아닌 것(동식물유가 깊이 스며들어 있는 옷감·종이 및 이들의 제품을 제외한다)에 한한다.
② "사류"라 함은 불연성 또는 난연성인 실(실부스러기와 솜털을 포함한다)과 누에고치를 말한다.
③ "볏짚류"라 함은 젖은 볏짚·북더기와 이들의 제품 및 건초를 말한다. 다만, 축산용도로 사용하는 것은 제외한다.
④ "면화류"란 불연성 또는 난연성이 아닌 면상(綿狀) 또는 팽이모양의 섬유와 마사(麻絲) 원료를 말한다.

13

「화재의 예방 및 안전관리에 관한 법률 시행령」상 특수가연물의 종류로 옳지 않은 것은?
・18. 상반기(개정)

① 200kg인 면화류
② 1,200kg인 볏짚류
③ 350kg인 나무껍질
④ 1,000kg인 사류

14

「화재의 예방 및 안전관리에 관한 법률 시행령」상 특수가연물의 품명과 수량으로 옳지 않은 것은?
・21. 경채(개정)

① 넝마 및 종이부스러기 : 400킬로그램 이상
② 가연성고체류 : 3,000킬로그램 이상
③ 석탄·목탄류 : 10,000킬로그램 이상
④ 가연성액체류 : 2세제곱미터 이상

정답 12. ④ 13. ③ 14. ①

15
「화재의 예방 및 안전관리에 관한 법률 시행령」상 특수가연물의 저장 및 취급기준에 대한 설명으로 옳지 않은 것은?
• 15. 통합

① 특수가연물을 저장 또는 취급하는 장소에는 품명, 최대저장수량, 단위부피당 질량 또는 단위체적당 질량, 관리책임자 성명·직책, 연락처 및 화기취급의 금지표시가 포함된 특수가연물 표지를 설치해야 한다.
② 특수가연물을 쌓아 저장할 경우 품명별로 구분하여 쌓을 것
③ 실외에 쌓아 저장하는 경우 쌓는 부분이 대지경계선, 도로 및 인접 건축물과 최소 6미터 이상 간격을 둘 것. 다만, 쌓는 높이보다 0.9미터 이상 높은 내화구조 벽체를 설치한 경우는 그렇지 않다.
④ 쌓는 부분 바닥면적의 사이는 실내의 경우 1.2미터 또는 쌓는 높이의 1/2 중 큰 값 이상으로 간격을 두어야 하며, 실외의 경우 2미터 또는 쌓는 높이 중 큰 값 이상으로 간격을 둘 것

16
「화재의 예방 및 안전관리에 관한 법률 시행령」상 화재가 발생하는 경우 불길이 빠르게 번지는 고무류·면화류 등 대통령령으로 정하는 특수가연물의 저장 및 취급기준 중 다음 ( ) 안에 들어갈 숫자로 옳은 것은?(단, 석탄·목탄류의 경우는 제외한다.)
• 20. 경채(개정)

살수설비를 설치하거나 방사능력 범위에 해당 특수가연물이 포함되도록 대형수동식소화기를 설치하는 경우에는 쌓는 높이를 (가)미터 이하, 쌓는 부분의 바닥면적을 (나)제곱미터 이하, (석탄·목탄류의 경우에는 (다)제곱미터) 이하로 할 수 있다.

	(가)	(나)	(다)
①	10	200	200
②	10	300	200
③	15	200	300
④	15	300	300

정답 15. ④ 16. ③

---

8. "고무류·플라스틱류"란 불연성 또는 난연성이 아닌 고체의 합성수지제품, 합성수지 반제품, 원료합성수지 및 합성수지 부스러기(불연성 또는 난연성이 아닌 고무제품, 고무반제품, 원료고무 및 고무 부스러기를 포함한다)를 말한다. 다만, 합성수지의 섬유·옷감·종이 및 실과 이들의 넝마와 부스러기는 제외한다.

③ 특수가연물의 저장·취급 기준
특수가연물의 저장 및 취급의 기준은 별표 3과 같다.(영 제19조)

시행령 별표 3

【특수가연물의 저장 및 취급기준】 기출 23 공채 / 20, 23, 24 경채

1. 특수가연물의 저장·취급 기준
특수가연물은 다음 각 목의 기준에 따라 쌓아 저장해야 한다. 다만, 석탄·목탄류를 발전용(發電用)으로 저장하는 경우는 제외한다.
① 품명별로 구분하여 쌓을 것
② 다음의 기준에 맞게 쌓을 것

구분	살수설비를 설치하거나 방사능력 범위에 해당 특수가연물이 포함되도록 대형수동식소화기를 설치하는 경우	그 밖의 경우
높이	15미터 이하	10미터 이하
쌓는 부분의 바닥면적	200제곱미터(석탄·목탄류의 경우에는 300제곱미터) 이하	50제곱미터(석탄·목탄류의 경우에는 200제곱미터) 이하

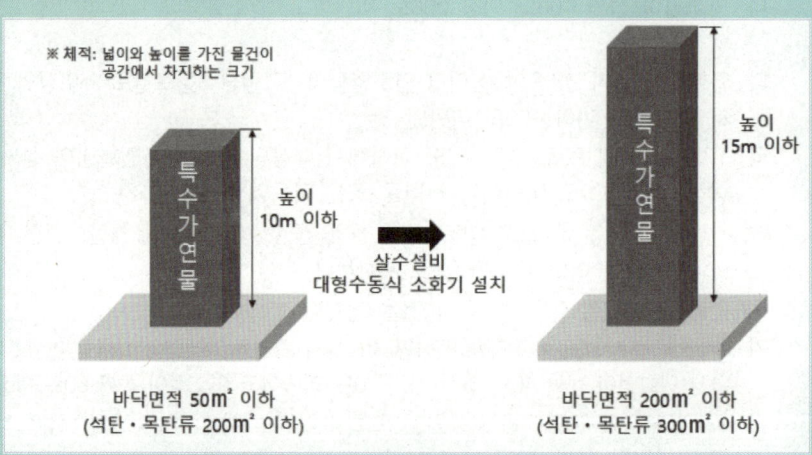

③ 실외에 쌓아 저장하는 경우 쌓는 부분이 대지경계선, 도로 및 인접 건축물과 최소 6미터 이상 간격을 둘 것. 다만, 쌓는 높이보다 0.9미터 이상 높은 내화구조 벽체를 설치한 경우는 그렇지 않다.
④ 실내에 쌓아 저장하는 경우 주요구조부는 내화구조이면서 불연재료여야 하고, 다른 종류의 특수가연물과 같은 공간에 보관하지 않을 것. 다만, 내화구조의 벽으로 분리하는 경우는 그렇지 않다.

⑤ 쌓는 부분 바닥면적의 사이는 실내의 경우 1.2미터 또는 쌓는 높이의 1/2 중 큰 값 이상으로 간격을 두어야 하며, 실외의 경우 3미터 또는 쌓는 높이 중 큰 값 이상으로 간격을 둘 것

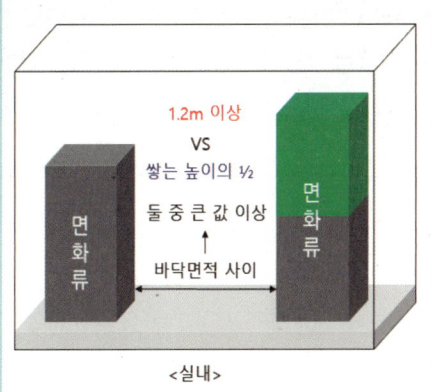

※ 예시
① 면화류(왼쪽) 쌓는 높이 1m, 면화류(오른쪽)의 쌓는 높이가 3m일 때 바닥면적 사이?
→ 바닥면적 사이는 1.2m 이상과 쌓는 높이의 $\frac{1}{2}$ 둘 중 큰 값 이상 이여서 면화류(오른쪽)의 쌓는 높이가 3m의 $\frac{1}{2}$ 이면 1.5m 이기 때문에 바닥면적 사이는 1.5m 이다.
② 면화류(왼쪽) 쌓는 높이 1m, 면화류(오른쪽)의 쌓는 높이가 2m일 때 바닥면적 사이?
→ 면화류(오른쪽)의 쌓는 높이가 2m의 $\frac{1}{2}$ 이면 1m 이기 때문에 1.2m가 큰 값 이여서 바닥면적 사이는 1.2m 이다.

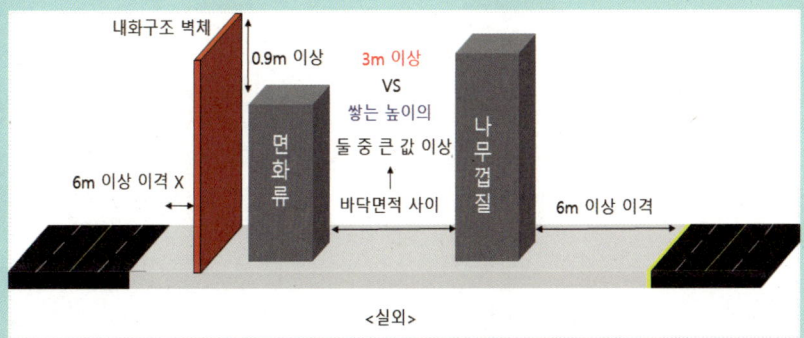

2. 특수가연물의 표지
① 특수가연물을 저장 또는 취급하는 장소에는 **품**명, **최대**저장수량, 단위부피당 질량 또는 단위**체**적당 **질**량, 관리책임자 **성**명·**직책**, 연락**처** 및 화기취급의 **금지**표시가 포함된 특수가연물 표지를 설치해야 한다.
② 특수가연물 표지의 규격은 다음과 같다.

특수가연물	
화기엄금	
품명	합성수지류
최대저장수량(배수)	000톤(00배)
단위부피당 질량 (단위체적당 질량)	000kg/m³
관리책임자(직 책)	홍길동 팀장
연락처	02-000-0000

17 ① ② ③
「화재의 예방 및 안전관리에 관한 법률 시행령」상 화재의 확대가 빠른 특수가연물의 저장 및 취급 기준으로 옳은 것은? (단, 석탄·목탄류를 발전용(發電用)으로 저장하는 경우는 제외한다.)
• 24. 경채

① 실외에 쌓아 저장하는 경우 쌓는 부분이 대지경계선, 도로 및 인접 건축물과 최소 6미터 이상 간격을 둘 것. 다만, 쌓는 높이보다 0.9미터 이상 높은 내화구조 벽체를 설치한 경우는 그렇지 않다.
② 실내에 쌓아 저장하는 경우 주요구조부는 불연재료 또는 준불연재료여야 하고, 다른 종류의 특수가연물과 같은 공간에 보관하지 않을 것. 다만, 방화구조의 벽으로 분리하는 경우는 그렇지 않다.
③ 쌓는 부분 바닥면적의 사이는 실내의 경우 1미터 또는 쌓는 높이의 1/2 중 큰 값 이상으로 간격을 둘 것
④ 쌓는 부분 바닥면적의 사이는 실외의 경우 3미터 또는 쌓는 높이의 1/2 중 큰 값 이상으로 간격을 둘 것

🔽 암기법
화품최대금지 // 성직처체질

정답 17. ①

18

「화재의 예방 및 안전관리에 관한 법률 시행령」상 특수가연물을 저장 또는 취급하는 장소에 설치하는 표지에 대한 설명으로 옳지 않은 것은?

① 특수가연물 표지는 한 변의 길이가 0.3미터 이상, 다른 한 변의 길이가 0.6미터 이상인 직사각형으로 해야 한다.
② 특수가연물을 저장 또는 취급하는 장소에는 품명, 최대저장수량, 단위부피당 질량 또는 단위체적당 질량, 관리책임자 성명·직책, 연락처 및 화기취급의 금지표시가 포함된 특수가연물 표지를 설치해야 한다.
③ 특수가연물 표지의 바탕은 흰색으로, 문자는 검은색으로 할 것. 다만, "화기엄금" 표시 부분은 제외한다.
④ 특수가연물 표지 중 화기엄금 표시 부분의 바탕은 백색으로, 문자는 붉은색으로 해야 한다.

19

「화재의 예방 및 안전관리에 관한 법률 시행령」상 특수가연물의 저장 및 취급 기준에서 특수가연물 표지에 관한 내용으로 옳지 않은 것은?
•23. 공채 / •23. 경채

① 특수가연물 표지 중 화기엄금 표시 부분의 바탕은 붉은색으로, 문자는 백색으로 할 것
② 특수가연물 표지는 한 변의 길이가 0.3미터 이상, 다른 한 변의 길이가 0.6미터 이상인 직사각형으로 할 것
③ 특수가연물 표지의 바탕은 검은색으로, 문자는 흰색으로 할 것. 다만, "화기엄금" 표시 부분은 제외한다.
④ 특수가연물을 저장 또는 취급하는 장소에는 품명, 최대저장수량, 단위부피당 질량 또는 단위체적당 질량, 관리책임자 성명·직책, 연락처 및 화기취급의 금지표시가 포함된 특수가연물 표지를 설치해야 한다.

㉠ 특수가연물 표지는 한 변의 길이가 0.3미터 이상, 다른 한 변의 길이가 0.6미터 이상인 직사각형으로 할 것
㉡ 특수가연물 표지의 바탕은 흰색으로, 문자는 검은색으로 할 것. 다만, "화기엄금" 표시 부분은 제외한다.
㉢ 특수가연물 표지 중 화기엄금 표시 부분의 바탕은 붉은색으로, 문자는 백색으로 할 것
③ 특수가연물 표지는 특수가연물을 저장하거나 취급하는 장소 중 보기 쉬운 곳에 설치해야 한다.

정답 18. ④ 19. ③

2 화재예방강화지구의 지정 등(화재예방법 제18조)

(1) 화재예방강화지구 **기출** 22 공채 / 19, 20, 21, 24 경채

① 시·도지사는 다음 각 호의 어느 하나에 해당하는 지역을 화재예방강화지구로 지정하여 관리할 수 있다.(법 제18조 제1항)
  ㉠ 지정·관리권자 : **시·도지사**
  ㉡ 지정관리대상지역
    ⓐ 시장지역
    ⓑ 공장·창고가 **밀집한** 지역
    ⓒ 목조건물이 **밀집한** 지역
    ⓓ 노후·불량건축물이 **밀집한** 지역
    ⓔ 위험물의 저장 및 처리 시설이 밀집한 지역
    ⓕ 석유화학제품을 생산하는 공장이 있는 지역
    ⓖ 산업단지
    ⓗ 소방시설·소방용수시설 또는 소방출동로가 없는 지역
    ⓘ 물류단지
    ⓙ 그 밖에 ⓐ부터 ⓘ까지에 준하는 지역으로서 소방관서장이 화재예방강화지구로 지정할 필요가 있다고 인정하는 지역

② ①에도 불구하고 시·도지사가 화재예방강화지구로 지정할 필요가 있는 지역을 화재예방강화지구로 지정하지 아니하는 경우 **소방청장**은 해당 시·도지사에게 해당 지역의 화재예방강화지구 지정을 요청할 수 있다.
(법 제18조 제2항)

③ 소방관서장은 **대통령령**으로 정하는 바에 따라 화재예방강화지구 안의 소방대상물의 위치·구조 및 설비 등에 대하여 **화재안전조사**를 하여야 한다.
(법 제18조 제3항)
  ㉠ 대상 : 화재예방강화지구 안의 소방대상물의 위치·구조 및 설비 등에 대한 화재안전조사를 해야 한다.
  ㉡ 횟수 : **연 1회 이상 실시해야 한다.**(영 제20조 제1항)

④ 소방관서장은 화재안전조사를 한 결과 화재의 예방강화를 위하여 필요하다고 인정할 때에는 관계인에게 소화기구, 소방용수시설 또는 그 밖에 소방에 필요한 설비(소방설비등)의 설치(보수, 보강을 포함)를 명할 수 있다.
(법 제18조 제4항)

20
「화재의 예방 및 안전관리에 관한 법률」상 화재예방강화지구 지정관리 대상지역으로 옳지 않은 것은?
• 16. 통합(개정)
① 상가지역
② 공장·창고가 밀집한 지역
③ 위험물의 저장 및 처리 시설이 밀집한 지역
④ 소방시설·소방용수시설 또는 소방출동로가 없는 지역

21
「화재의 예방 및 안전관리에 관한 법률」상 화재예방강화지구로 지정할 수 있는 지역으로 옳은 것만을 <보기>에서 있는 대로 고른 것은? (단, 소방관서장이 화재예방강화지구로 지정할 필요가 있다고 인정하는 지역은 제외한다.)
• 24 경채

ㄱ. 시장지역
ㄴ. 목조건물이 밀집한 지역
ㄷ. 전력용 및 통신용 지하구가 있는 지역
ㄹ. 소방시설·소방용수시설 또는 소방출동로가 없는 지역
ㅁ. 「물류시설의 개발 및 운영에 관한 법률」제2조 제6호에 따른 물류단지

① ㄱ, ㄴ, ㄷ   ② ㄱ, ㄷ, ㄹ
③ ㄱ, ㄴ, ㄹ, ㅁ   ④ ㄴ, ㄷ, ㄹ, ㅁ

22
「화재의 예방 및 안전관리에 관한 법률 시행령」상 화재예방강화지구 안의 소방대상물의 위치·구조 및 설비 등에 대한 화재안전조사의 횟수로 옳은 것은?
① 월 1회 이상
② 분기별 1회 이상
③ 반기별 1회 이상
④ 연 1회 이상

23
「화재의 예방 및 안전관리에 관한 법률」상 시·도지사가 화재예방강화지구로 지정할 필요가 있는 지역을 화재예방강화지구로 지정하지 아니하는 경우 해당 시·도지사에게 해당 지역의 화재예방강화지구 지정을 요청할 수 있는 사람은 누구인가?
• 18. 상반기(개정)
① 행정안전부장관   ② 소방본부장
③ 소방서장   ④ 소방청장

정답 20. ① 21. ③ 22. ④ 23. ④

24 ◎ 1 2 3

「화재의 예방 및 안전관리에 관한 법률 시행령」상 화재예방강화지구에 관한 설명으로 옳은 것은?
• 19. 경채(개정)

① 소방관서장은 화재예방강화지구 안의 소방대상물의 위치·구조 및 설비 등에 대한 화재안전조사를 월 1회 이상 실시해야 한다.
② 소방관서장은 화재예방강화지구 안의 관계인에 대하여 소방에 필요한 훈련 및 교육을 연 1회 이상 실시할 수 있다.
③ 소방관서장은 소방에 필요한 훈련 및 교육을 실시하려는 경우에는 화재예방강화지구 안의 관계인에게 훈련 또는 교육 30일 전까지 그 사실을 통보하여야 한다.
④ 소방청장은 화재예방강화지구의 지정 현황 등을 화재예방강화지구 관리대장에 작성하고 관리하여야 한다.

25 ◎ 1 2 3

「화재의 예방 및 안전관리에 관한 법률 시행령」상 화재예방강화지구에 대한 내용으로 옳지 않은 것은?
• 21. 경채(개정)

① 시·도지사는 화재안전조사의 결과 등을 대통령령으로 정하는 화재예방강화지구 관리대장에 작성하고 관리하여야 한다.
② 소방관서장은 화재예방강화지구 안의 관계인에 대하여 소방에 필요한 훈련 및 교육을 연 1회 이상 실시할 수 있다.
③ 소방관서장은 화재예방강화지구 안의 소방대상물의 위치·구조 및 설비 등에 대한 화재안전조사를 연 1회 이상 실시하여야 한다.
④ 소방관서장은 소방에 필요한 훈련 및 교육을 실시하려는 경우에는 화재예방강화지구 안의 관계인에게 훈련 또는 교육 10일 전까지 그 사실을 통보하여야 한다.

정답 24. ② 25. ①

> **행정질서벌**
> **법 제52조 제2항 제2호 [과태료]**
> 소방설비등의 설치 명령을 정당한 사유 없이 따르지 아니한 자는 200만 원 이하의 과태료를 부과한다. (200)

⑤ 소방관서장은 화재예방강화지구 안의 관계인에 대하여 **대통령령**으로 정하는 바에 따라 소방에 필요한 **훈련 및 교육**을 실시할 수 있다.(법 제18조 제5항)

㉠ 대상 : 화재예방강화지구 안의 관계인에 대하여 소방에 필요한 훈련 및 교육

㉡ 횟수 : **연 1회 이상 실시할 수 있다.**(영 제20조 제2항)

㉢ 통보 : 소방관서장은 소방에 필요한 훈련 및 교육을 실시하려는 경우에는 화재예방강화지구 안의 관계인에게 훈련 또는 교육 **10일 전까지** 그 사실을 통보해야 한다.(영 제20조 제3항)

⑥ **시·도지사**는 **대통령령**으로 정하는 바에 따라 화재예방강화지구의 지정 현황, 화재안전조사의 결과, 소방설비등의 설치 명령 현황, 소방훈련 및 교육 현황 등이 포함된 화재예방강화지구에서의 화재예방에 필요한 자료를 **매년** 작성·관리하여야 한다.(법 제18조 제6항)

㉠ 시·도지사는 다음 각 호의 사항을 **행정안전부령**으로 정하는 화재예방강화지구 관리대장에 작성하고 관리해야 한다.(영 제20조 제4항)

ⓐ 화재예방강화지구의 지정 현황

ⓑ 화재안전조사의 결과

ⓒ 소화기구, 소방용수시설 또는 그 밖에 소방에 필요한 설비의 설치(보수, 보강을 포함한다) 명령 현황

ⓓ 소방훈련 및 교육의 실시 현황

ⓔ 그 밖에 화재예방 강화를 위하여 필요한 사항

관련법규

화재예방법 시행령

시행령 제20조 [화재예방강화지구의 관리]

① 소방관서장은 법 제18조제3항에 따라 화재예방강화지구 안의 소방대상물의 위치·구조 및 설비 등에 대한 화재안전조사를 연 1회 이상 실시해야 한다.

② 소방관서장은 법 제18조제5항에 따라 화재예방강화지구 안의 관계인에 대하여 소방에 필요한 훈련 및 교육을 연 1회 이상 실시할 수 있다.

③ 소방관서장은 제2항에 따라 훈련 및 교육을 실시하려는 경우에는 화재예방강화지구 안의 관계인에게 훈련 또는 교육 10일 전까지 그 사실을 통보해야 한다.

④ 시·도지사는 법 제18조제6항에 따라 다음 각 호의 사항을 행정안전부령으로 정하는 화재예방강화지구 관리대장에 작성하고 관리해야 한다.
   1. 화재예방강화지구의 지정 현황
   2. 화재안전조사의 결과
   3. 법 제18조제4항에 따른 소화기구, 소방용수시설 또는 그 밖에 소방에 필요한 설비(이하 "소방설비등"이라 한다)의 설치(보수, 보강을 포함한다) 명령 현황
   4. 법 제18조제5항에 따른 소방훈련 및 교육의 실시 현황
   5. 그 밖에 화재예방 강화를 위하여 필요한 사항

3 화재의 예방 등에 대한 지원(화재예방법 제19조)

① **소방청장**은 소방설비등의 설치를 명하는 경우 해당 관계인에게 소방설비등의 설치에 필요한 지원을 할 수 있다.(법 제19조 제1항)

② 소방청장은 관계 중앙행정기관의 장 및 시·도지사에게 지원에 필요한 협조를 요청할 수 있다.(법 제19조 제2항)

③ 시·도지사는 소방청장의 요청이 있거나 화재예방강화지구 안의 소방대상물의 화재안전성능 향상을 위하여 필요한 경우 특별시·광역시·특별자치시·도 또는 특별자치도**(시·도)의 조례**로 정하는 바에 따라 소방설비등의 설치에 필요한 비용을 지원할 수 있다.(법 제19조 제3항)

26

「화재의 예방 및 안전관리에 관한 법률 시행령」상 화재예방강화지구의 관리에 대한 설명이다. ( )안에 들어갈 내용으로 옳은 것은?
• 22. 공채(개정)

- 소방관서장은 화재예방강화지구 안의 소방대상물의 위치·구조 및 설비 등에 대한 화재안전조사를 연 (ㄱ)회 이상 실시하여야 한다.
- 소방관서장은 화재예방강화지구 안의 관계인에 대하여 소방에 필요한 훈련 및 교육을 연 (ㄴ)회 이상 실시할 수 있다.
- 소방관서장은 소방에 필요한 훈련 및 교육을 실시하려는 경우에는 화재예방강화지구 안의 관계인에게 훈련 또는 교육 (ㄷ)일 전까지 그 사실을 통보해야 한다.

	(ㄱ)	(ㄴ)	(ㄷ)
①	1	1	5
②	1	1	10
③	2	2	5
④	2	2	10

정답 26. ②

4. 화재 위험경보(화재예방법 제20조)

(1) 화재 위험경보

① 소방관서장은 「기상법」 제13조, 제13조의2 및 제13조의4에 따른 기상현상 및 기상영향에 대한 예보·특보·태풍예보에 따라 화재의 발생 위험이 높다고 분석·판단되는 경우에는 **행정안전부령**으로 정하는 바에 따라 화재에 관한 위험경보를 발령하고 그에 따른 필요한 조치를 할 수 있다.(법 제20조)

② 소방관서장은 「기상법」 제13조에 따른 기상현상 및 기상영향에 대한 예보·특보에 따라 화재의 발생 위험이 높다고 분석·판단되는 경우에는 법 제20조에 따라 화재 위험경보를 발령하고, 보도기관을 이용하거나 정보통신망에 게재하는 등 적절한 방법을 통하여 이를 일반인에게 알려야 한다.(규칙 제9조 제1항)

> **용어정리**
>
> 1. 예보
>   기상관측 결과를 기초로 한 예상을 발표하는 것을 말한다.(기상법 제2조 제9호)
>
> 2. 특보
>   기상현상으로 인하여 중대한 재해 발생이 예상될 때 이에 대하여 주의를 환기하거나 경고를 하는 예보를 말한다.(기상법 제2조 제10호)

> **관련법규**
>
> **화재예방법 시행규칙**
>
> **시행규칙 제9조 [화재 위험경보]**
>
> ① 소방관서장은 「기상법」 제13조에 따른 기상현상 및 기상영향에 대한 예보·특보에 따라 화재의 발생 위험이 높다고 분석·판단되는 경우에는 법 제20조에 따라 화재 위험경보를 발령하고, 보도기관을 이용하거나 정보통신망에 게재하는 등 적절한 방법을 통하여 이를 일반인에게 알려야 한다.
>
> ② 제1항에 따른 화재 위험경보 발령 절차 및 조치사항에 관하여 필요한 사항은 소방청장이 정한다.

---

27 「화재의 예방 및 안전관리에 관한 법률」상 기상현상 및 기상영향에 대한 예보·특보가 있을 때에는 화재에 관한 위험경보를 발령할 수 있는 자로 옳은 것은?

① 시·도지사
② 대통령
③ 소방본부장 또는 소방서장
④ 행정안전부장관

정답 27. ③

5 화재안전영향평가(화재예방법 제21조)

(1) 화재안전영향평가

① 실시권자 : **소방청장**(법 제21조 제1항)

② 평가 : 화재발생 원인 및 연소과정을 조사·분석하는 등의 과정에서 법령이나 정책의 개선이 필요하다고 인정되는 경우 그 법령이나 정책에 대한 화재 위험성의 유발요인 및 완화 방안에 대한 평가를 실시할 수 있다.(법 제21조 제1항)

③ 소방청장은 화재안전영향평가를 실시한 경우 그 결과를 해당 법령이나 정책의 소관 기관의 장에게 통보하여야 한다.(법 제21조 제2항)

④ 결과를 통보받은 소관 기관의 장은 특별한 사정이 없는 한 이를 해당 법령이나 정책에 반영하도록 노력하여야 한다.(법 제21조 제3항)

⑤ 화재안전영향평가의 방법·절차·기준 등에 필요한 사항은 **대통령령**으로 정한다.(법 제21조 제4항)

⑥ 소방청장은 다음 각 호의 사항이 포함된 화재안전영향평가의 기준을 화재안전영향평가심의회의 심의를 거쳐 정한다.(영 제21조 제3항)

    ㉠ 법령이나 정책의 화재위험 유발요인

    ㉡ 법령이나 정책이 소방대상물의 재료, 공간, 이용자 특성 및 화재 확산 경로에 미치는 영향

    ㉢ 법령이나 정책이 화재피해에 미치는 영향 등 사회경제적 파급 효과

    ㉣ 화재위험 유발요인을 제어 또는 관리할 수 있는 법령이나 정책의 개선 방안

⑦ 시행령에서 규정한 사항 외에 화재안전영향평가의 방법·절차·기준 등에 관하여 필요한 사항은 소방청장이 정한다.(영 제21조 제4항)

> **관련법규**
>
> **화재예방법 시행령**
>
> **시행령 제21조 [화재안전영향평가의 방법·절차·기준 등]**
>
> ① 소방청장은 법 제21조제1항에 따른 화재안전영향평가(이하 "화재안전영향평가"라 한다)를 하는 경우 화재현장 및 자료 조사 등을 기초로 화재·피난 모의실험 등 과학적인 예측·분석 방법으로 실시할 수 있다.
>
> ② 소방청장은 화재안전영향평가를 위하여 필요한 경우 해당 법령이나 정책의 소관 기관의 장에게 관련 자료의 제출을 요청할 수 있다. 이 경우 자료 제출을 요청받은 소관 기관의 장은 특별한 사유가 없으면 이에 따라야 한다.
>
> ③ 소방청장은 다음 각 호의 사항이 포함된 화재안전영향평가의 기준을 법 제22조에 따른 화재안전영향평가심의회(이하 "심의회"라 한다)의 심의를 거쳐 정한다.
>
>   1. 법령이나 정책의 화재위험 유발요인
>
>   2. 법령이나 정책이 소방대상물의 재료, 공간, 이용자 특성 및 화재 확산 경로에 미치는 영향

28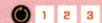

「화재의 예방 및 안전관리에 관한 법률」 및 같은 법 시행령상 화재안전영향평가에 대한 설명으로 옳지 않은 것은?

① 소방관서장은 화재발생 원인 및 연소과정을 조사·분석하는 등의 과정에서 법령이나 정책의 개선이 필요하다고 인정되는 경우 그 법령이나 정책에 대한 화재 위험성의 유발요인 및 완화 방안에 대한 평가를 실시할 수 있다.

② 화재안전영향평가의 방법·절차·기준 등에 필요한 사항은 대통령령으로 정한다.

③ 소방청장은 법령이나 정책이 화재피해에 미치는 영향 등 사회경제적 파급 효과 등이 포함된 화재안전영향평가의 기준을 화재안전영향평가심의회의 심의를 거쳐 정한다.

④ 소방청장은 화재안전영향평가를 실시한 경우 그 결과를 해당 법령이나 정책의 소관 기관의 장에게 통보하여야 한다.

29

「화재의 예방 및 안전관리에 관한 법률 시행령」상 화재안전영향평가의 기준에 포함되어야 하는 사항으로 옳지 않은 것은?

① 법령이나 정책의 화재위험 유발요인

② 법령이나 정책이 소방대상물의 재료, 공간, 이용자 특성 및 화재 확산 경로에 미치는 영향

③ 화재위험 유발요인을 제어 또는 관리할 수 있는 법령이나 정책의 개선 방안

④ 화재의 예방조치 등에 관한 사항

정답 28. ① 29. ④

3. 법령이나 정책이 화재피해에 미치는 영향 등 사회경제적 파급 효과
4. 화재위험 유발요인을 제어 또는 관리할 수 있는 법령이나 정책의 개선 방안

④ 제1항부터 제3항까지에서 규정한 사항 외에 화재안전영향평가의 방법·절차·기준 등에 관하여 필요한 사항은 소방청장이 정한다.

6 화재안전영향평가심의회(화재예방법 제22조)

① 구성·운영권자 : **소방청장**(법 제22조 제1항) - 할 수 있다.
② 구성 : 심의회는 **위원장 1명을 포함**한 **12명 이내**의 위원으로 구성한다. (법 제22조 제2항)
③ 위원장은 위원 중에서 호선하고, 위원은 다음 각 호의 사람으로 한다. (법 제22조 제3항)

㉠ 화재안전과 관련되는 법령이나 정책을 담당하는 관계 기관의 소속 직원으로서 **대통령령**으로 정하는 사람

1) 다음 각 목의 중앙행정기관에서 화재안전 관련 법령이나 정책을 담당하는 고위공무원단에 속하는 일반직공무원(이에 상당하는 특정직공무원 및 별정직공무원을 포함한다) 중에서 해당 중앙행정기관의 장이 지명하는 사람 각 1명

ⓐ **행정안전부·산업통상자원부·보건복지부·고용노동부·국토교통부**
ⓑ 그 밖에 심의회의 심의에 부치는 안건과 관련된 중앙행정기관

2) 소방청에서 화재안전 관련 업무를 수행하는 **소방준감** 이상의 소방공무원 중에서 소방청장이 지명하는 사람

㉡ 소방기술사 등 **대통령령**으로 정하는 화재안전과 관련된 분야의 학식과 경험이 풍부한 전문가로서 소방청장이 위촉한 사람

1) 소방기술사
2) 다음 각 목의 기관이나 법인 또는 단체에서 화재안전 관련 업무를 수행한 사람으로서 해당 기관이나 단체의 장이 추천하는 사람

ⓐ **안전원**
ⓑ **기술원**
ⓒ **화재보험협회**
ⓓ **가스안전공사**
ⓔ **전기안전공사**

3) 「고등교육법」 제2조에 따른 학교 또는 이에 준하는 학교나 공인된 연구기관에서 부교수 이상의 직 또는 이에 상당하는 직에 있거나 있었던 사람으로 화재안전 또는 관련 법령이나 정책에 전문성이 있는 사람

---

30 ① ② ③

「화재의 예방 및 안전관리에 관한 법률」상 화재안전영향평가심의회의 구성으로 옳은 것은?

① 위원장 1명을 포함한 12명 이내의 위원으로 구성
② 위원장 1명을 포함한 9명 이내의 위원으로 구성
③ 위원장 1명을 제외한 12명 이내의 위원으로 구성
④ 위원장 1명을 제외한 9명 이내의 위원으로 구성

암기법
가전 안보기

정답 30. ①

④ ② 및 ③에서 규정한 사항 외에 심의회의 구성·운영 등에 필요한 사항은 **대통령령**으로 정한다.(법 제22조 제4항)

> **관련법규**
>
> **화재예방법 시행령**
>
> **시행령 제22조 【심의회의 구성】**
> ① 법 제22조제3항제1호에서 "대통령령으로 정하는 사람"이란 다음 각 호의 사람을 말한다.
>   1. 다음 각 목의 중앙행정기관에서 화재안전 관련 법령이나 정책을 담당하는 고위공무원단에 속하는 일반직공무원(이에 상당하는 특정직공무원 및 별정직공무원을 포함한다) 중에서 해당 중앙행정기관의 장이 지명하는 사람 각 1명
>   가. 행정안전부·산업통상자원부·보건복지부·고용노동부·국토교통부
>   나. 그 밖에 심의회의 심의에 부치는 안건과 관련된 중앙행정기관
>   2. 소방청에서 화재안전 관련 업무를 수행하는 소방준감 이상의 소방공무원 중에서 소방청장이 지명하는 사람
> ② 법 제22조제3항제2호에서 "소방기술사 등 대통령령으로 정하는 화재안전과 관련된 분야의 학식과 경험이 풍부한 전문가"란 다음 각 호의 어느 하나에 해당하는 사람을 말한다.
>   1. 소방기술사
>   2. 다음 각 목의 기관이나 법인 또는 단체에서 화재안전 관련 업무를 수행한 사람으로서 해당 기관이나 단체의 장이 추천하는 사람
>   가. 안전원
>   나. 기술원
>   다. 화재보험협회
>   라. 가스안전공사
>   마. 전기안전공사
>   3. 「고등교육법」 제2조에 따른 학교 또는 이에 준하는 학교나 공인된 연구기관에서 부교수 이상의 직 또는 이에 상당하는 직에 있거나 있었던 사람으로 화재안전 또는 관련 법령이나 정책에 전문성이 있는 사람
> ③ 법 제22조제3항제2호에 따른 위촉위원의 임기는 2년으로 하며 한 차례만 연임할 수 있다.
> ④ 심의회의 위원장은 심의회를 대표하고 심의회 업무를 총괄한다.
> ⑤ 위원장이 부득이한 사유로 직무를 수행할 수 없을 때에는 위원장이 지명한 위원이 그 직무를 대행한다.
> ⑥ 소방청장은 심의회의 위원이 다음 각 호의 어느 하나에 해당하는 경우에는 해당 위원을 해촉할 수 있다.
>   1. 심신장애로 직무를 수행할 수 없게 된 경우
>   2. 직무와 관련된 비위사실이 있는 경우
>   3. 직무태만, 품위손상이나 그 밖의 사유로 위원으로 적합하지 않다고 인정되는 경우
>   4. 위원 스스로 직무를 수행하기 어렵다는 의사를 밝히는 경우

31

「화재의 예방 및 안전관리에 관한 법률」 및 같은 법 시행령상 화재안전영향평가심의회에 대한 설명으로 옳지 않은 것은?

① 심의회는 위원장 1명을 포함한 12명 이내의 위원으로 구성한다.
② 위촉위원의 임기는 3년으로 하며 한 차례만 연임할 수 있다.
③ 심의회의 업무를 효율적으로 수행하기 위하여 심의회에 분야별로 전문위원회를 둘 수 있다.
④ 위원장이 부득이한 사유로 직무를 수행할 수 없을 때에는 위원장이 지명한 위원이 그 직무를 대행한다.

🔑 암기법
장비사태

⑤ 심의회의 구성
  ㉠ 위촉위원의 임기는 **2년**으로 하며 한 차례만 연임할 수 있다. (영 제22조 제3항)
  ㉡ 심의회의 위원장은 심의회를 대표하고 심의회 업무를 총괄한다. (영 제22조 제4항)
  ㉢ 위원장이 부득이한 사유로 직무를 수행할 수 없을 때에는 위원장이 지명한 위원이 그 직무를 대행한다.(영 제22조 제5항)
  ㉣ 소방청장은 심의회의 위원이 다음 각 호의 어느 하나에 해당하는 경우에는 해당 위원을 해촉할 수 있다.(영 제22조 제6항)
    ⓐ 심신**장**애로 직무를 수행할 수 없게 된 경우
    ⓑ 직무와 관련된 **비**위사실이 있는 경우
    ⓒ 직무**태**만, 품위손상이나 그 밖의 사유로 위원으로 적합하지 않다고 인정되는 경우
    ⓓ 위원 스스로 직무를 수행하기 어렵다는 의**사**를 밝히는 경우

⑥ 심의회의 운영
  ㉠ 심의회의 업무를 효율적으로 수행하기 위하여 심의회에 분야별로 전문위원회를 둘 수 있다.(영 제23조 제1항)
  ㉡ 심의회 및 전문위원회에 출석한 위원 및 전문위원회의 위원에게는 예산의 범위에서 수당, 여비, 그 밖에 필요한 경비를 지급할 수 있다. 다만, 공무원인 위원 또는 전문위원회의 위원이 소관 업무와 직접 관련하여 심의회에 출석하는 경우는 그렇지 않다.(영 제23조 제2항)
  ㉢ 규정한 사항 외에 심의회의 운영 등에 필요한 사항은 소방청장이 정한다. (영 제23조 제3항)

7 화재안전취약자에 대한 지원(화재예방법 제23조)

① 소방관서장은 **어린이, 노인, 장애인** 등 화재의 예방 및 안전관리에 취약한 자(화재안전취약자)의 안전한 생활환경을 조성하기 위하여 소방용품의 제공 및 소방시설의 개선 등 필요한 사항을 지원하기 위하여 노력하여야 한다. (법 제23조 제1항)
② 화재안전취약자에 대한 지원의 대상·범위·방법 및 절차 등에 필요한 사항은 **대통령령**으로 정한다.(법 제23조 제2항)
③ 소방관서장은 관계 행정기관의 장에게 지원이 원활히 수행되는 데 필요한 협력을 요청할 수 있다. 이 경우 요청받은 관계 행정기관의 장은 특별한 사정이 없으면 요청에 따라야 한다.(법 제23조 제3항)

정답 31. ②

④ 화재안전취**약자** 지원 **대상**자(영 제24조 제1항)
  ㉠ 「국민기초생활보장법」에 따른 수**급**자
  ㉡ 「장애인복지법」에 따른 중**증**장애인
  ㉢ 「**한**부모가족지원법」에 따른 지원 대상자
  ㉣ 「노인복지법」에 따른 **홀로 사는 노인**
  ㉤ 「**다**문화가족지원법」에 따른 다문화가족의 구성원
  ㉥ 그 밖에 화재안전에 취약하다고 소방관서장이 **인정**하는 사람
⑤ 화재안전취약자에게 지원할 사항(영 제24조 제2항)
  ㉠ 소방시설등의 설치 및 개선
  ㉡ 소방시설등의 안전점검
  ㉢ 소방용품의 제공
  ㉣ 전기·가스 등 화재위험 설비의 점검 및 개선
  ㉤ 그 밖에 화재안전을 위하여 필요하다고 인정되는 사항
⑥ 시행령에서 규정한 사항 외에 지원의 방법 및 절차 등에 관하여 필요한 사항은 **소방청장**이 정한다.(영 제24조 제3항)

> 🔖 **암기법**
> 약자·대상·급증한·홀로 사는 노인·다·인정

관련법규

화재예방법 시행령

시행령 제24조 [화재안전취약자 지원 대상 및 방법 등]
① 법 제23조제1항에 따른 어린이, 노인, 장애인 등 화재의 예방 및 안전관리에 취약한 자(이하 "화재안전취약자"라 한다)에 대한 지원의 대상은 다음 각 호와 같다.
  1. 「국민기초생활 보장법」 제2조제2호에 따른 수급자
  2. 「장애인복지법」 제6조에 따른 중증장애인
  3. 「한부모가족지원법」 제5조에 따른 지원대상자
  4. 「노인복지법」 제27조의2에 따른 홀로 사는 노인
  5. 「다문화가족지원법」 제2조제1호에 따른 다문화가족의 구성원
  6. 그 밖에 화재안전에 취약하다고 소방관서장이 인정하는 사람
② 소방관서장은 법 제23조제1항에 따라 제1항 각 호의 사람에게 다음 각 호의 사항을 지원할 수 있다.
  1. 소방시설등의 설치 및 개선
  2. 소방시설등의 안전점검
  3. 소방용품의 제공
  4. 전기·가스 등 화재위험 설비의 점검 및 개선
  5. 그 밖에 화재안전을 위하여 필요하다고 인정되는 사항
③ 제1항 및 제2항에서 규정한 사항 외에 지원의 방법 및 절차 등에 관하여 필요한 사항은 소방청장이 정한다.

CHAPTER 04 O·X 문제

01 ⊙

01 「화재의 예방 및 안전관리에 관한 법률 시행령」상 소방관서장은 화재의 예방조치에 따라 옮긴 물건 등을 보관하는 경우에는 그날부터 14일 동안 해당 소방관서의 인터넷 홈페이지에 그 사실을 공고해야 한다. 또한, 옮긴물건등의 보관기간은 공고기간의 종료일 다음 날부터 7일까지로 한다.

02 ☒ 소방관서장은 매각되거나 폐기된 옮긴 물건의 소유자가 보상을 요구하는 경우에는 보상금액에 대하여 <u>소유자</u>와 협의를 거쳐 이를 보상하여야 한다.(영 제17조 제5항)

02 「화재의 예방 및 안전관리에 관한 법률 시행령」상 소방관서장은 매각되거나 폐기된 옮긴 물건의 소유자가 보상을 요구하는 경우에는 보상금액에 대하여 관리자와 협의를 거쳐 이를 보상해야 한다.

03 ☒ <u>시가</u>로 보상해야 한다.

03 「화재의 예방 및 안전관리에 관한 법률 시행령」상 소방청장 또는 시·도지사가 손실을 보상하는 경우에는 원가로 보상해야 한다.

04 ☒ 「화재의 예방 및 안전관리에 관한 법률 시행령」상 규정한 사항 외에 화재 발생 우려가 있는 설비 또는 기구의 종류, 해당 설비 또는 기구의 위치·구조 및 관리와 화재 예방을 위하여 불을 사용할 때 지켜야 하는 사항은 <u>시·도의 조례로</u> 정한다.(영 제18조 제3항)

04 「화재의 예방 및 안전관리에 관한 법률 시행령」상 규정한 사항 외에 화재 발생 우려가 있는 설비 또는 기구의 종류, 해당 설비 또는 기구의 위치·구조 및 관리와 화재 예방을 위하여 불을 사용할 때 지켜야 하는 사항은 행정안전부령으로 정한다.

05 ☒ 연료탱크에는 화재 등 긴급상황이 발생하는 경우 연료를 차단 할 수 있는 개폐밸브를 연료탱크로부터 <u>0.5미터</u> 이내에 설치할 것(영 별표1)

05 「화재의 예방 및 안전관리에 관한 법률 시행령」상 보일러에 경유·등유 등 액체연료를 사용할 때에는 연료탱크에는 화재 등 긴급상황이 발생하는 경우 연료를 차단할 수 있는 개폐밸브를 연료탱크로부터 0.6미터 이내에 설치해야 한다.

06 「화재의 예방 및 안전관리에 관한 법률 시행령」상 화목 등 고체연료를 사용하는 보일러의 경우 연통의 배출구는 보일러 본체보다 2미터 이상 높게 설치해야 한다..

06 ⊙

07 「화재의 예방 및 안전관리에 관한 법률 시행령」상 불꽃을 사용하는 용접 또는 용단 작업장 주변 반경 10미터 이내에 소화기를 갖추어 두어야 한다.

07 ☒ 「화재의 예방 및 안전관리에 관한 법률 시행령」상 불꽃을 사용하는 용접 또는 용단 작업장 주변 반경 5미터 이내에 소화기를 갖추어 두어야 한다.(영 별표1)

08 「화재의 예방 및 안전관리에 관한 법률 시행령」상 노·화덕설비에서 시간당 열량이 30만 킬로칼로리 이상인 노를 설치하는 경우 창문과 출입구는 60+방화문 또는 60분방화문으로 설치해야 한다.

08 ⊙

09 「화재의 예방 및 안전관리에 관한 법률 시행령」상 "볏짚류"란 마른 볏짚·북데기와 이들의 제품 및 건초를 말한다. 다만, 축산용도로 사용하는 것은 제외한다.

09 ⊙

10 「화재의 예방 및 안전관리에 관한 법률 시행령」상 특수가연물을 저장 또는 취급하는 장소에는 품명, 최소저장수량, 단위부피당 질량 또는 단위체적당 질량, 관리책임자 성명·직책, 연락처 및 화기취급의 금지표시가 포함된 특수가연물 표지를 설치해야 한다.

10 ☒ 「화재의 예방 및 안전관리에 관한 법률 시행령」상 특수가연물을 저장 또는 취급하는 장소에는 품명, 최대저장수량, 단위부피당 질량 또는 단위체적당 질량, 관리책임자 성명·직책, 연락처 및 화기취급의 금지표시가 포함된 특수가연물 표지를 설치해야 한다.(영 별표3)

11
✗ 「화재의 예방 및 안전관리에 관한 법률 시행령」상 특수가연물을 실외에 쌓아 저장하는 경우 쌓는 부분이 대지경계선, 도로 및 인접 건축물과 최소 <u>6미터</u> 이상 간격을 둘 것. 다만, 쌓는 높이보다 0.9미터 이상 높은 「건축법 시행령」에 따른 내화구조 벽체를 설치한 경우는 그렇지 않다. (영 별표3)

11
「화재의 예방 및 안전관리에 관한 법률 시행령」상 특수가연물을 실외에 쌓아 저장하는 경우 쌓는 부분이 대지경계선, 도로 및 인접 건축물과 최소 10미터 이상 간격을 둘 것. 다만, 쌓는 높이보다 0.9미터 이상 높은 「건축법 시행령」에 따른 내화구조 벽체를 설치한 경우는 그렇지 않다.

12
✗ 「화재의 예방 및 안전관리에 관한 법률 시행령」상 특수가연물의 쌓는 부분 바닥면적의 사이는 실내의 경우 <u>1.2미터</u> 또는 쌓는 높이의 1/2 중 큰 값 이상으로 간격을 두어야 하며, 실외의 경우 3미터 또는 쌓는 높이 중 큰 값 이상으로 간격을 두어야 한다. (영 별표3)

12
「화재의 예방 및 안전관리에 관한 법률 시행령」상 특수가연물의 쌓는 부분 바닥면적의 사이는 실내의 경우 1미터 또는 쌓는 높이의 1/2 중 큰 값 이상으로 간격을 두어야 하며, 실외의 경우 3미터 또는 쌓는 높이 중 큰 값 이상으로 간격을 두어야 한다.

13
✗ 「화재의 예방 및 안전관리에 관한 법률 시행령」상 특수가연물 표지는 한 변의 길이가 <u>0.3미터</u> 이상, 다른 한 변의 길이가 <u>0.6미터</u> 이상인 직사각형으로 해야 하며, 특수가연물 표지의 바탕은 흰색으로, 문자는 검은색으로 할 것. 다만, "화기엄금" 표시 부분은 제외한다. (영 별표3)

13
「화재의 예방 및 안전관리에 관한 법률 시행령」상 특수가연물 표지는 한 변의 길이가 0.2미터 이상, 다른 한 변의 길이가 0.5미터 이상인 직사각형으로 해야 하며, 특수가연물 표지의 바탕은 흰색으로, 문자는 검은색으로 할 것. 다만, "화기엄금" 표시 부분은 제외한다.

14
✗ <u>시·도지사는</u> 시장지역을 화재예방강화지구로 지정하여 관리할 수 있다. (법 제18조 제1항)

14
「화재의 예방 및 안전관리에 관한 법률」상 소방관서장은 시장지역을 화재예방강화지구로 지정하여 관리할 수 있다.

15
◯

15
「화재의 예방 및 안전관리에 관한 법률 시행령」상 소방관서장은 화재예방강화지구 안의 소방대상물의 위치·구조 및 설비 등에 대한 화재안전조사를 연 1회 이상 실시하여야 한다.

16 「화재의 예방 및 안전관리에 관한 법률 시행령」상 소방관서장은 화재예방강화지구 안의 관계인에 대하여 소방에 필요한 훈련 및 교육을 월 1회 이상 실시할 수 있다.

16
❌ 소방관서장은 화재예방강화지구 안의 관계인에 대하여 소방에 필요한 훈련 및 교육을 연 1회 이상 실시할 수 있다.(영 제20조 제2항)

17 「화재의 예방 및 안전관리에 관한 법률」상 시·도지사는 대통령령으로 정하는 바에 따라 화재예방강화지구의 지정 현황, 화재안전조사의 결과, 소방설비등의 설치 명령 현황, 소방훈련 및 교육 현황 등이 포함된 화재예방강화지구에서의 화재예방에 필요한 자료를 매년 작성·관리하여야 한다.

17
⭕

18 「화재의 예방 및 안전관리에 관한 법률」상 화재안전영향평가심의회는 위원장 1명과 12명 이내의 위원으로 구성한다.

18
❌ 화재안전영향평가심의회는 위원장 1명을 포함한 12명 이내의 위원으로 구성한다.(법 제22조 제2항)

19 「화재의 예방 및 안전관리에 관한 법률」상 소방청장은 화재발생 원인 및 연소과정을 조사·분석하는 등의 과정에서 법령이나 정책의 개선이 필요하다고 인정되는 경우 그 법령이나 정책에 대한 화재 위험성의 유발요인 및 완화 방안에 대한 평가를 실시할 수 있다.

19
⭕

20 「화재의 예방 및 안전관리에 관한 법률」상 시·도지사는 어린이, 노인, 장애인 등 화재의 예방 및 안전관리에 취약한 자(화재안전취약자)의 안전한 생활환경을 조성하기 위하여 소방용품의 제공 및 소방시설의 개선 등 필요한 사항을 지원하기 위하여 노력하여야 한다.

20
❌ 소방관서장은 어린이, 노인, 장애인 등 화재의 예방 및 안전관리에 취약한 자(화재안전취약자)의 안전한 생활환경을 조성하기 위하여 소방용품의 제공 및 소방시설의 개선 등 필요한 사항을 지원하기 위하여 노력하여야 한다.(법 제23조 제1항)

CHAPTER 05 소방대상물의 소방안전관리

☑ 소방대상물(기본법 제2조)
건축물, 차량, 항구에 매어둔 선박, 선박 건조 구조물, 산림, 그 밖의 인공 구조물 또는 물건

☑ 특정소방대상물(시설법 제2조)
소방시설을 설치하여야 하는 소방대상물

☑ 소방안전관리대상물(예방법 제2조)
소방안전관리자의 전문적인 안전관리가 요구되는 대통령령으로 정하는 특정소방대상물

---

01 ● 1 2 3

「화재의 예방 및 안전관리에 관한 법률 시행령」상 특급 소방안전관리자 선임자격으로 옳은 것은?

① 소방설비기사 또는 소방설비산업기사의 자격이 있는 사람
② 소방공무원으로 15년 이상 근무한 경력이 있는 사람
③ 소방설비산업기사의 자격을 취득한 후 7년 이상 1급 소방안전관리대상물의 소방안전관리자로 근무한 실무경력이 있는 사람
④ 소방설비기사의 자격을 취득한 후 3년 이상 1급 소방안전관리대상물의 소방안전관리자로 근무한 실무경력(소방안전관리자로 선임되어 근무한 경력은 제외)이 있는 사람

02 ● 1 2 3

「화재의 예방 및 안전관리에 관한 법률 시행령」상 특급 소방안전관리대상물의 소방안전관리자로 선임할 수 없는 사람은? • 22. 경채(개정)

① 소방기술사 또는 소방시설관리사의 자격이 있는 사람
② 소방공무원으로 10년 이상 근무한 경력이 있는 사람
③ 소방설비기사의 자격을 취득한 후 5년 이상 1급 소방안전관리대상물의 소방안전관리자로 근무한 실무경력이 있는 사람
④ 소방설비산업기사의 자격을 취득한 후 7년 이상 1급 소방안전관리대상물의 소방안전관리자로 근무한 실무경력이 있는 사람

정답 01. ③ 02. ②

---

1 특정소방대상물의 소방안전관리(화재예방법 제24조)

(1) 안전관리 등

① 특정소방대상물 중 전문적인 안전관리가 요구되는 **대통령령**으로 정하는 특정소방대상물(소방안전관리대상물)의 관계인은 소방안전관리업무를 수행하기 위하여 소방안전관리자 자격증을 발급받은 사람을 소방안전관리자로 선임하여야 한다. 이 경우 소방안전관리자의 업무에 대하여 보조가 필요한 **대통령령**으로 정하는 소방안전관리대상물의 경우에는 소방안전관리자 외에 소방안전관리보조자를 추가로 선임하여야 한다.(법 제24조 제1항)

행정형벌

법 제50조 제3항 제3호 [벌칙]
소방안전관리자, 총괄소방안전관리자 또는 소방안전관리보조자를 선임하지 아니한 자는 300만 원 이하의 벌금에 처한다.

시행령 별표 4

【소방안전관리자를 두어야 하는 선임대상물, 선임자격 및 선임인원】

1. **특급** 소방안전관리대상물 기출 22 경채
   ① 선임대상물
      ㉠ 50층 이상(지하층은 제외)이거나 지상으로부터 높이가 200m 이상인 아파트
      ㉡ 30층 이상(지하층을 포함)이거나 지상으로부터 높이가 120m 이상인 특정소방대상물(아파트는 제외)
      ㉢ ㉡에 해당하지 않는 특정소방대상물로서 연면적이 10만m² 이상인 특정소방대상물(아파트는 제외)
   ② 선임자격
      다음 각 호의 어느 하나에 해당하는 사람으로서 특급 소방안전관리자 자격증을 받은 사람
      ㉠ 소방기술사 또는 소방시설관리사의 자격이 있는 사람
      ㉡ 소방설비기사의 자격을 취득한 후 5년 이상 1급 소방안전관리대상물의 소방안전관리자로 근무한 실무경력(법 제24조 제3항(소방안전관리업자의 감독을 위해)에 따라 소방안전관리자로 선임되어 근무한 경력은 제외한다.)이 있는 사람

ⓒ 소방설비산업기사의 자격을 취득한 후 7년 이상 1급 소방안전관리대상물의 소방안전관리자로 근무한 실무경력이 있는 사람
ⓓ 소방공무원으로 20년 이상 근무한 경력이 있는 사람
ⓔ 소방청장이 실시하는 특급 소방안전관리대상물의 소방안전관리에 관한 시험에 합격한 사람
③ 선임인원 : 1명 이상
※ 동·식물원, 철강 등 불연성 물품을 저장·취급하는 창고, 위험물 저장 및 처리시설 중 위험물 제조소등과 지하구는 특급 소방안전관리대상물에서 제외한다.

2. **1급 소방안전관리대상물** 기출 19, 24 공채 / 24 경채
   ① 선임대상물(특급 소방안전관리대상물은 제외한다)
      ㉠ 30층 이상(지하층은 제외)이거나 지상으로부터 높이가 120m 이상인 아파트
      ㉡ 연면적 1만5천㎡ 이상인 특정소방대상물(아파트 및 연립주택은 제외)
      ㉢ ㉡에 해당하지 아니하는 특정소방대상물로서 지상층의 층수가 11층 이상인 특정소방대상물(아파트는 제외한다)
      ㉣ 가연성 가스를 1천 톤 이상 저장·취급하는 시설
   ② 선임자격
      다음 각 호의 어느 하나에 해당하는 사람으로서 1급 소방안전관리자 자격증을 받은 사람 또는 특급 소방안전관리대상물의 소방안전관리자 자격증을 발급받은 사람
      ㉠ 소방설비기사 또는 소방설비산업기사의 자격이 있는 사람
      ㉡ 소방공무원으로 7년 이상 근무한 경력이 있는 사람
      ㉢ 소방청장이 실시하는 1급 소방안전관리대상물의 소방안전관리에 관한 시험에 합격한 사람
   ③ 선임인원 : 1명 이상
   ※ 동·식물원, 철강 등 불연성 물품을 저장·취급하는 창고, 위험물 저장 및 처리 시설 중 위험물 제조소등, 지하구를 제외한다.

3. **2급 소방안전관리대상물**
   ① 선임대상물(특급, 1급 소방안전관리대상물은 제외한다)
      ㉠ 옥내소화전설비, 스프링클러설비, 물분무등소화설비를 설치해야 하는 특정소방대상물[호스릴방식의 물분무등소화설비만을 설치할 수 있는 특정소방대상물 제외]
      ㉡ 가스 제조설비를 갖추고 도시가스사업의 허가를 받아야 하는 시설 또는 가연성 가스를 100톤 이상 1천 톤 미만 저장·취급하는 시설
      ㉢ 지하구
      ㉣ 「공동주택관리법」에 해당하는 공동주택(옥내소화전설비 또는 스프링클러설비가 설치된 공동주택으로 한정)
      ㉤ 「문화유산의 보존 및 활용에 관한 법률」에 따라 보물 또는 국보로 지정된 목조건축물
   ② 선임자격
      다음 각 호의 어느 하나에 해당하는 사람으로서 2급 소방안전관리자 자격증을 받은 사람, 특급 또는 1급 소방안전관리대상물의 소방안전관리자 자격증을 발급받은

03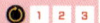
「화재의 예방 및 안전관리에 관한 법률 시행령」상 소방공무원으로 9년간 근무한 경력자가 발급받을 수 있는 최상위의 소방안전관리자 자격으로 선임할 수 있는 소방안전관리대상물로 옳은 것은? • 24. 공채 / • 24. 경채
① 가연성 가스를 1천 톤 이상 저장·취급하는 시설
② 지상으로부터 높이가 200미터 이상인 아파트
③ 지상으로부터 높이가 120미터 이상인 업무시설
④ 연면적이 10만 제곱미터 이상인 의료시설

04 1 2 3
「화재의 예방 및 안전관리에 관한 법률 시행령」상 1급 소방안전관리대상물로 옳지 않은 것은?
① 가연성 가스를 100톤 이상 1천 톤 미만 저장·취급하는 시설
② 연면적 1만5천㎡ 이상인 특정소방대상물(아파트 및 연립주택은 제외)
③ 30층 이상(지하층은 제외)이거나 지상으로부터 높이가 120m 이상인 아파트
④ 특정소방대상물로서 층수가 11층 이상인 특정소방대상물(아파트는 제외한다)

05
「화재의 예방 및 안전관리에 관한 법률 시행령」상 2급 소방안전관리대상물로 옳은 것은?
① 지하가
② 연면적이 10만㎡ 이상인 특정소방대상물(아파트는 제외)
③ 가연성 가스를 1천 톤 이상 저장·취급하는 시설
④ 가스 제조설비를 갖추고 도시가스사업의 허가를 받아야 하는 시설

정답 03. ① 04. ① 05. ④

㉠ 위험물기능장·위험물산업기사 또는 위험물기능사 자격을 가진 사람
㉡ **소방공무원으로 3년** 이상 근무한 경력이 있는 사람
㉢ 소방청장이 실시하는 2급 소방안전관리대상물의 소방안전관리에 관한 시험에 합격한 사람
㉣ 「기업규제완화법」에 따라 소방안전관리자로 선임된 사람(소방안전관리자로 선임된 기간으로 한정)
③ 선임인원 : 1명 이상

4. 3급 소방안전관리대상물
① 선임대상물(특급, 1급, 2급 소방안전관리대상물은 제외한다)
간이스프링클러설비(주택전용 간이스프링클러설비는 제외) 또는 자동화재탐지설비를 설치해야 하는 특정소방대상물
② 선임자격
다음 각 호의 어느 하나에 해당하는 사람으로서 3급 소방안전관리자 자격증을 받은 사람 또는 특급 소방안전관리대상물, 1급 소방안전관리대상물 또는 2급 소방안전관리대상물의 소방안전관리자 자격증을 발급받은 사람
㉠ **소방공무원으로 1년** 이상 근무한 경력이 있는 사람
㉡ 소방청장이 실시하는 3급 소방안전관리대상물의 소방안전관리에 관한 시험에 합격한 사람
㉢ 「기업규제완화법」에 따라 소방안전관리자로 선임된 사람(소방안전관리자로 선임된 기간으로 한정)
③ 선임인원 : 1명 이상

시행령 별표 5

【소방안전관리보조자를 두어야 하는 선임대상물, 선임자격 및 선임인원】 기출 20 공채

1. 선임대상
① 아파트 중 300세대 이상인 아파트
② 연면적이 **1만5천**제곱미터 이상인 특정소방대상물(아파트 및 연립주택은 제외)
③ ① 및 ②에 따른 특정소방대상물을 제외한 특정소방대상물 중 다음의 어느 하나에 해당하는 특정소방대상물
㉠ **공**동주택 중 기숙사   ㉡ **의**료시설
㉢ **노**유자시설   ㉣ **수**련시설
㉤ **숙**박시설(숙박시설로 사용되는 바닥면적의 합계가 1천500제곱미터 미만이고 관계인이 24시간 상시 근무하고 있는 숙박시설은 제외한다)

2. 선임자격
① 특급, 1급, 2급 또는 3급 소방안전관리대상물의 소방안전관리자 자격이 있는 사람
② 건축, 기계제작, 기계장비설비·설치, 화공, 위험물, 전기, 전자 및 안전관리에 해당하는 국가기술자격이 있는 사람
③ 「공공기관의 소방안전관리에 관한 규정」에 따른 강습교육을 수료한 사람
④ 특급, 1급, 2급 또는 3급 소방안전관리대상물의 소방안전관리에 대한 강습교육을 수료한 사람
⑤ 소방안전관리대상물에서 소방안전 관련 업무에 2년 이상 근무한 경력이 있는 사람

☑ 소방공무원

특급	20년 ↑
1급	7년 ↑
2급	3년 ↑
3급	1년 ↑

06 ● 1 2 3

「화재의 예방 및 안전관리에 관한 법률 시행령」상 소방안전관리보조자를 두어야 하는 특정소방대상물에 대한 설명이다. ( ) 안에 들어갈 용어로 옳은 것은?
• 20. 공채(개정)

• 「건축법 시행령」 별표1 제2호 가목에 따른 아파트 (가)세대 이상인 아파트만 해당한다)
• 아파트를 제외한 연면적이 (나) 이상인 특정소방 대상물

	(가)	(나)
①	150	1만 제곱미터
②	150	1만 5천 제곱미터
③	300	1만 제곱미터
④	300	1만 5천 제곱미터

🅐 암기법
1만5천
아기공노의수숙

정답 06. ④

3. 선임인원

선임대상물별 1명을 기본으로 하되 다음 각 목에 따라 추가하여야 한다.
① 1.의 ① 경우에는 초과되는 300세대마다 1명 이상을 추가로 선임
② 1.의 ② 경우에는 초과되는 연면적 1만5천m²(특정소방대상물의 방재실에 자위소방대가 24시간 상시 근무하고 소방자동차 중 소방펌프차, 소방물탱크차, 소방화학차 또는 무인방수차를 운용하는 경우에는 3만m²로 한다)마다 1명 이상을 추가로 선임
③ 1.의 ③ 경우에는 해당 특정소방대상물이 소재하는 지역을 관할하는 소방서장이 야간이나 휴일에 해당 특정소방대상물이 이용되지 아니한다는 것을 확인한 경우에는 소방안전관리보조자를 선임하지 아니할 수 있음

선임대상물		특급	1급	2급	3급
	아파트	• 50층↑(지제) • 200m↑	• 30층↑(지제) • 120m↑		
	아파트 제외	• 30층↑(지포) • 120m↑	• 11층↑ (지상층)		
	연면적	• 10만㎡↑ (아파트제외)	• 1만5천㎡↑ (아파트 및 연립주택 제외)		
	가스		1천톤↑	• 100↑ ~ 1천톤미만 • 도시가스사업 허가	
	소방시설			• 옥내소화전설비 • 스프링클러설비 • 물분무등소화설비 (호스릴 제외)	• 간이스프링클러설비 (주택전용 간이 제외) • 자동화재탐지설비
	기타			• 지하구 • 공동주택 (옥내소화전, 스프링클러설비) • 보물·국보 - 목조건축물	

		특급	1급	2급	3급
선임 자격	소방 기술사	O			
	소방시설 관리사	O			
	소방설비 기사	1급 - 5년↑	O		
	소방설비 산업기사	1급 - 7년↑	O		
	소방 공무원	20년↑	7년↑	3년↑	1년↑
	기타			위험물기능장 위험물산업기사 위험물기능사	

② 겸직금지(전담이 필요한 경우)

다른 안전관리자(다른 법령에 따라 전기·가스·위험물 등의 안전관리 업무에 종사하는 자를 말한다.)는 소방안전관리대상물 중 소방안전관리업무의 전담이 필요한 **대통령령**으로 정하는 소방안전관리대상물의 소방안전관리자를 겸할 수 없다. 다만, 다른 법령에 특별한 규정이 있는 경우에는 그러하지 아니하다. (법 제24조 제2항)

㉠ 소방안전관리업무의 전담이 필요한 소방안전관리대상(영 제26조)

ⓐ **특급** 소방안전관리대상물

ⓑ **1급** 소방안전관리대상물

> **행정질서벌**
> 법 제52조 제1항 제2호 [과태료]
> 소방안전관리자를 겸한 자는 300만 원 이하의 과태료를 부과한다. (300)

③ 업무대행에 대한 감독자

①에도 불구하고 소방안전관리대상물의 관계인은 소방안전관리업무를 대행하는 관리업자(소방시설관리업의 등록을 한 자를 말한다)를 감독할 수 있는 사람을 지정하여 소방안전관리자로 선임할 수 있다. 이 경우 소방안전관리자로 선임된 자는 선임된 날부터 **3개월 이내**에 소방안전관리자 등에 대한 교육을 받아야 한다.(법 제24조 제3항)

④ 소방안전관리자 및 소방안전관리보조자의 선임 대상별 자격 및 인원기준은 **대통령령**으로 정하고, 선임 절차 등 그 밖에 필요한 사항은 **행정안전부령**으로 정한다.(법 제24조 제4항)

07
「화재의 예방 및 안전관리에 관한 법률」상 소방안전관리대상물의 관계인은 소방안전관리업무를 대행하는 관리업자를 감독할 수 있는 사람을 지정하여 소방안전관리자로 선임할 수 있다. 이 경우 소방안전관리자로 선임된 자는 선임된 날부터 몇 개월 이내에 소방안전관리자 등에 대한 교육을 받아야 하는가?

① 1개월   ② 2개월
③ 3개월   ④ 6개월

정답 07. ③

⑤ 관계인 및 소방안전관리자의 업무
특정소방대상물(소방안전관리대상물은 제외한다)의 **관계인**과 소방안전관리대상물의 **소방안전관리자**는 다음 각 호의 업무를 수행한다. 다만, ㉠·㉡·㉢ 및 ㉣의 업무는 **소방안전관리대상물의 경우에만** 해당한다.(법 제24조 제5항)

㉠ 피난계획에 관한 사항과 **대통령령**으로 정하는 사항이 포함된 소방계획서의 작성 및 시행

㉡ 자위소방대(自衛消防隊) 및 초기대응체계의 구성, 운영 및 교육

㉢ 피난시설, 방화구획 및 방화시설의 관리

㉣ 소방시설이나 그 밖의 소방 관련 시설의 관리

㉤ 소방훈련 및 교육

㉥ 화기(火氣) 취급의 감독

㉦ **행정안전부령**으로 정하는 바에 따른 소방안전관리에 관한 업무수행에 관한 기록·유지(㉢·㉣ 및 ㉥의 업무를 말한다)

㉧ 화재발생 시 초기대응

㉨ 그 밖에 소방안전관리에 필요한 업무

관계인의 업무 (소방안전관리대상물 제외)	소방안전관리자의 업무
㉠ **피**난시설, **방**화구획 및 방화**시**설의 관리 ㉡ 소방시설이나 그 밖의 소방 관련 **시**설의 관리 ㉢ 화기(火氣) 취급의 **감**독 ㉣ 화재발생 시 **초**기대응 ㉤ 그 밖에 소방안전관리에 필요한 업무	㉠ 피난계획에 관한 사항과 대통령령으로 정하는 사항이 포함된 소방계획서의 작성 및 시행 ㉡ 자위소방대(自衛消防隊) 및 초기대응체계의 구성, 운영 및 교육 ㉢ 피난시설, 방화구획 및 방화시설의 관리 ㉣ 소방시설이나 그 밖의 소방 관련 시설의 관리 ㉤ 소방훈련 및 교육 ㉥ 화기(火氣) 취급의 감독 ㉦ 행정안전부령으로 정하는 바에 따른 소방안전관리에 관한 업무수행에 관한 기록·유지(㉢·㉣ 및 ㉥의 업무를 말한다) ㉧ 화재발생 시 초기대응 ㉨ 그 밖에 소방안전관리에 필요한 업무

행정질서벌

법 제52조 제1항 제3호 [과태료]
소방안전관리업무를 하지 아니한 특정소방대상물의 관계인 또는 소방안전관리대상물의 소방안전관리자는 300만 원 이하의 과태료를 부과한다. (1차 : 100, 2차 : 200, 3차 : 300)

08
「화재의 예방 및 안전관리에 관한 법률」상 특정소방대상물(소방안전관리대상물은 제외한다) 관계인의 업무로 옳지 않은 것은? • 20. 경채(개정)
① 소방계획서의 작성 및 시행
② 화기(火氣) 취급의 감독
③ 소방시설이나 그 밖의 소방 관련 시설의 관리
④ 피난시설, 방화구획 및 방화시설의 관리

암기법
피시방 감초

정답 08. ①

09

「화재의 예방 및 안전관리에 관한 법률 시행령」상 소방안전관리대상물의 소방계획 작성에 포함되어야 하는 사항이 아닌 것은?

① 소방훈련 및 교육에 관한 계획
② 화재 예방을 위한 자체점검계획 및 대응대책
③ 소방시설·피난시설 및 방화시설의 점검·정비계획
④ 자체소방대 조직과 대원의 임무에 관한 사항

🔖 **관련법규**

화재예방법 시행령

시행령 제27조 [소방안전관리대상물의 소방계획서 작성 등]

① 법 제24조제5항제1호에서 "대통령령으로 정하는 사항"이란 다음 각 호의 사항을 말한다.
  1. 소방안전관리대상물의 위치·구조·연면적(「건축법 시행령」 제119조제1항제4호에 따라 산정된 면적을 말한다. 이하 같다)·용도 및 수용인원 등 일반 현황
  2. 소방안전관리대상물에 설치한 소방시설, 방화시설, 전기시설, 가스시설 및 위험물시설의 현황
  3. 화재 예방을 위한 자체점검계획 및 대응대책
  4. 소방시설·피난시설 및 방화시설의 점검·정비계획
  5. 피난층 및 피난시설의 위치와 피난경로의 설정, 화재안전취약자의 피난계획 등을 포함한 피난계획
  6. 방화구획, 제연구획(除煙區劃), 건축물의 내부 마감재료 및 방염대상물품의 사용 현황과 그 밖의 방화구조 및 설비의 유지·관리계획
  7. 법 제35조제1항에 따른 관리의 권원이 분리된 특정소방대상물의 소방안전관리에 관한 사항
  8. 소방훈련·교육에 관한 계획
  9. 법 제37조를 적용받는 소방안전관리대상물의 근무자 및 거주자의 자위소방대 조직과 대원의 임무(화재안전취약자의 피난 보조 임무를 포함한다)에 관한 사항
  10. 화기 취급 작업에 대한 사전 안전조치 및 감독 등 공사 중 소방안전관리에 관한 사항
  11. 소화에 관한 사항과 연소 방지에 관한 사항
  12. 위험물의 저장·취급에 관한 사항(「위험물안전관리법」 제17조에 따라 예방규정을 정하는 제조소등은 제외한다)
  13. 소방안전관리에 대한 업무수행에 관한 기록 및 유지에 관한 사항
  14. 화재발생 시 화재경보, 초기소화 및 피난유도 등 초기대응에 관한 사항
  15. 그 밖에 소방본부장 또는 소방서장이 소방안전관리대상물의 위치·구조·설비 또는 관리 상황 등을 고려하여 소방안전관리에 필요하여 요청하는 사항
② 소방본부장 또는 소방서장은 소방안전관리대상물의 소방계획서의 작성 및 그 실시에 관하여 지도·감독한다.

화재예방법 시행규칙

시행규칙 제10조 [소방안전관리 업무수행 기록·유지]

① 영 제25조제1항의 소방안전관리대상물(이하 "소방안전관리대상물"이라 한다)의 소방안전관리자는 법 제24조제5항제7호에 따른 소방안전관리업무 수행에 관한 기록을 별지 제12호서식에 따라 월 1회 이상 작성·관리해야 한다.
② 소방안전관리자는 소방안전관리업무 수행 중 보수 또는 정비가 필요한 사항을 발견한 경우에는 이를 지체 없이 관계인에게 알리고, 별지 제12호서식에 기록해야 한다.
③ 소방안전관리자는 제1항에 따른 업무 수행에 관한 기록을 작성한 날부터 2년간 보관해야 한다.

정답 09. ④

⑥ 자위소방대와 초기대응체계의 구성, 운영 및 교육 등에 필요한 사항은 **행정안전부령**으로 정한다.(법 제24조 제6항)

    ㉠ 자위소방대의 기능

        소방안전관리대상물의 소방안전관리자는 자위소방대를 다음 각 호의 기능을 효율적으로 수행할 수 있도록 편성·운영하되, 소방안전관리대상물의 규모·용도 등의 특성을 고려하여 응급구조 및 방호안전기능 등을 추가하여 수행할 수 있도록 편성할 수 있다.(규칙 제11조 제1항)

        ⓐ 화재 발생 시 비상연락, 초기소화 및 피난유도

        ⓑ 화재 발생 시 인명·재산피해 최소화를 위한 조치

    ㉡ 자위소방대의 구성(규칙 제11조 제2항)

        ⓐ 대장, 부대장 각각 1명

        ⓑ 조직 인원 : 소방안전관리대상물의 수용인원 등을 고려하여 구성

    ㉢ 임무(규칙 제11조 제2항)

대장	자위소방대를 총괄 지휘
부대장	대장 보좌, 대장이 임무를 수행할 수 없는 때 임무를 대행
비상연락팀	화재사실의 전파 및 신고 업무
초기소화팀	화재 발생 시 초기화재 진압 활동
피난유도팀	피난약자를 안전한 장소로 대피
응급구조팀	인명을 구조하고, 부상자에 대한 응급조치를 수행
방호안전팀	화재확산방지 및 위험시설의 비상정지 등 방호안전 업무

    ㉣ 소집, 상태점검, 소방교육 : **연 1회 이상**(규칙 제11조 제5항)

    ㉤ 소방안전관리대상물의 소방안전관리자는 소방교육을 소방훈련과 **병행**하여 실시할 수 있다.(규칙 제11조 제6항)

    ㉥ 소방안전관리대상물의 소방안전관리자는 소방교육을 실시하였을 때는 그 실시 결과를 자위소방대 및 초기대응체계 교육·훈련 실시 결과 기록부에 기록하고, 교육을 실시한 날부터 **2년**간 **보관**해야 한다.(규칙 제11조 제7항)

⑦ **소방청장**은 자위소방대의 구성·운영 및 교육, 초기대응체계의 편성·운영 등에 필요한 지침을 작성하여 배포할 수 있으며, **소방본부장 또는 소방서장**은 소방안전관리대상물의 소방안전관리자가 해당 지침을 준수하도록 지도할 수 있다.(규칙 제11조 제8항)

> **관련법규**
>
> **화재예방법 시행규칙**
>
> **시행규칙 제11조 [자위소방대 및 초기대응체계의 구성, 운영 및 교육 등]**
> ① 소방안전관리대상물의 소방안전관리자는 법 제24조제5항제2호에 따른 자위소방대를 다음 각 호의 기능을 효율적으로 수행할 수 있도록 편성·운영하되, 소방안전관리대상물의 규모·용도 등의 특성을 고려하여 응급구조 및 방호안전기능 등을 추가하여 수행할 수 있도록 편성할 수 있다.
>   1. 화재 발생 시 비상연락, 초기소화 및 피난유도
>   2. 화재 발생 시 인명·재산피해 최소화를 위한 조치
> ② 제1항에 따른 자위소방대에는 대장과 부대장 1명을 각각 두며, 편성 조직의 인원은 해당 소방안전관리대상물의 수용인원 등을 고려하여 구성한다. 이 경우 자위소방대의 대장·부대장 및 편성조직의 임무는 다음 각 호와 같다.
>   1. 대장은 자위소방대를 총괄 지휘한다.
>   2. 부대장은 대장을 보좌하고 대장이 부득이한 사유로 임무를 수행할 수 없는 때에는 그 임무를 대행한다.
>   3. 비상연락팀은 화재사실의 전파 및 신고 업무를 수행한다.
>   4. 초기소화팀은 화재 발생 시 초기화재 진압 활동을 수행한다.
>   5. 피난유도팀은 재실자(在室者) 및 장애인, 노인, 임산부, 영유아 및 어린이 등 이동이 어려운 사람(이하 "피난약자"라 한다)을 안전한 장소로 대피시키는 업무를 수행한다.
>   6. 응급구조팀은 인명을 구조하고, 부상자에 대한 응급조치를 수행한다.
>   7. 방호안전팀은 화재확산방지 및 위험시설의 비상정지 등 방호안전 업무를 수행한다.
> ③ 소방안전관리대상물의 소방안전관리자는 법 제24조제5항제2호에 따른 초기대응체계를 제1항에 따른 자위소방대에 포함하여 편성하되, 화재 발생 시 초기에 신속하게 대처할 수 있도록 해당 소방안전관리대상물에 근무하는 사람의 근무위치, 근무인원 등을 고려한다.
> ④ 소방안전관리대상물의 소방안전관리자는 해당 소방안전관리대상물이 이용되고 있는 동안 제3항에 따른 초기대응체계를 상시적으로 운영해야 한다.
> ⑤ 소방안전관리대상물의 소방안전관리자는 연 1회 이상 자위소방대를 소집하여 그 편성 상태 및 초기대응체계를 점검하고, 편성된 근무자에 대한 소방교육을 실시해야 한다. 이 경우 초기대응체계에 편성된 근무자 등에 대해서는 화재 발생 초기대응에 필요한 기본 요령을 숙지할 수 있도록 소방교육을 실시해야 한다.
> ⑥ 소방안전관리대상물의 소방안전관리자는 제5항에 따른 소방교육을 제36조제1항에 따른 소방훈련과 병행하여 실시할 수 있다.
> ⑦ 소방안전관리대상물의 소방안전관리자는 제5항에 따른 소방교육을 실시하였을 때는 그 실시 결과를 별지 제13호서식의 자위소방대 및 초기대응체계 교육·훈련 실시 결과 기록부에 기록하고, 교육을 실시한 날부터 2년간 보관해야 한다.
> ⑧ 소방청장은 자위소방대의 구성·운영 및 교육, 초기대응체계의 편성·운영 등에 필요한 지침을 작성하여 배포할 수 있으며, 소방본부장 또는 소방서장은 소방안전관리대상물의 소방안전관리자가 해당 지침을 준수하도록 지도할 수 있다.

2 소방안전관리업무의 대행(화재예방법 제25조)

① 소방안전관리대상물 중 연면적 등이 일정규모 미만인 **대통령령**으로 정하는 소방안전관리대상물의 관계인은 관리업자로 하여금 소방안전관리업무 중 **대통령령**으로 정하는 업무를 대행하게 할 수 있다. 이 경우 선임된 소방안전관리자는 관리업자의 대행업무 수행을 감독하고 대행업무 외의 소방안전관리업무는 직접 수행하여야 한다.(법 제25조 제1항)

② **대통령령**으로 정하는 소방안전관리대상물(영 제28조 제1항)
  ㉠ 지상층의 층수가 **11층 이상인 1급** 소방안전관리대상물(연면적 1만5천 제곱미터 이상인 특정소방대상물과 **아파트는 제외**한다)
  ㉡ **2급** 소방안전관리대상물
  ㉢ **3급** 소방안전관리대상물

③ 소방안전관리 업무 중 **대통령령**으로 정하는 업무(영 제28조 제2항)
  ㉠ 피난시설, 방화구획 및 방화시설의 관리
  ㉡ 소방시설이나 그 밖의 소방 관련 시설의 관리

④ 소방안전관리업무를 대행하는 자는 대행인력의 배치기준·자격·방법 등 **행정안전부령**으로 정하는 준수사항을 지켜야 한다.(법 제25조 제2항)

⑤ 소방안전관리업무를 관리업자에게 대행하게 하는 경우의 대가(代價)는 엔지니어링사업의 대가 기준 가운데 **행정안전부령**으로 정하는 방식에 따라 산정한다. (법 제25조 제3항)
  ⓐ 소방안전관리업무 대행의 대가
    "행정안전부령으로 정하는 방식"이란「엔지니어링산업 진흥법」에 따라 산업통상자원부장관이 고시한 엔지니어링사업대가의 기준 중 **실비정액가산방식**을 말한다.

관련법규

화재예방법 시행규칙

시행규칙 제12조 [소방안전관리업무 대행 기준]
법 제25조제2항에 따른 소방안전관리 업무 대행인력의 배치기준·자격·방법 등 준수사항은 별표 1과 같다.

시행규칙 제13조 [소방안전관리업무 대행의 대가]
법 제25조제3항에서 "행정안전부령으로 정하는 방식"이란「엔지니어링산업 진흥법」제31조에 따라 산업통상자원부장관이 고시한 엔지니어링사업대가의 기준 중 실비정액가산방식을 말한다.

---

10 ●①②③

「화재의 예방 및 안전관리에 관한 법률 시행령」상 소방안전관리대상물의 관계인이 관리업자로 하여금 소방안전관리업무를 대행하게 할 수 있는 소방안전관리대상물로 옳은 것은?

① 11층 이상인 아파트
② 연면적이 10만 제곱미터 이상인 특정소방대상물
③ 가연성 가스를 100톤 이상 1천 톤 미만 저장·취급하는 시설
④ 연면적 1만 5천 제곱미터 이상인 특정소방대상물

정답 10. ③

【소방안전관리업무 대행인력의 배치기준·자격 및 방법 등 준수사항】 시행규칙 별표1

1. 업무대행 인력의 배치기준

「소방시설 설치 및 관리에 관한 법률」 제29조에 따라 소방시설관리업을 등록한 소방시설관리업자가 법 제25조제1항에 따라 영 제28조제2항 각 호의 소방안전관리업무를 대행하는 경우에는 다음 각 목에 따른 소방안전관리업무 대행인력(이하 "대행인력"이라 한다)을 배치해야 한다.

가. 소방안전관리대상물의 등급 및 소방시설의 종류에 따른 대행인력의 배치기준

[표 1] 소방안전관리등급 및 설치된 소방시설에 따른 대행인력의 배치 등급

소방안전관리대상물의 등급	설치된 소방시설의 종류	대행인력의 기술등급
1급 또는 2급	스프링클러설비, 물분무등소화설비 또는 제연설비	중급점검자 이상 1명 이상
1급 또는 2급	옥내소화전설비 또는 옥외소화전설비	초급점검자 이상 1명 이상
3급	자동화재탐지설비 또는 간이스프링클러설비	초급점검자 이상 1명 이상

비고

1. 소방안전관리대상물의 등급은 영 별표 4에 따른 소방안전관리대상물의 등급을 말한다.
2. 대행인력의 기술등급은 「소방시설공사업법 시행규칙」 별표 4의2에 따른 소방기술자의 자격 등급에 따른다.
3. 연면적 5천제곱미터 미만으로서 스프링클러설비가 설치된 1급 또는 2급 소방안전관리대상물의 경우에는 초급점검자를 배치할 수 있다. 다만, 스프링클러설비 외에 제연설비 또는 물분무등소화설비가 설치된 경우에는 그렇지 않다
4. 스프링클러설비에는 화재조기진압용 스프링클러설비를 포함하고, 물분무등소화설비에는 호스릴(hose reel)방식은 제외한다.

나. 대행인력 1명의 1일 소방안전관리업무 대행 업무량은 [표 2] 및 [표 3]에 따라 산정한 배점을 합산하여 산정하며, 이 합산점수는 8점(이하 "1일 한도점수"라 한다)을 초과할 수 없다.

[표 2] 하나의 소방안전관리대상물의 면적별 배점기준표(아파트는 제외한다)

소방안전관리대상물의 등급	연면적	대행인력 등급별 배점		
		초급점검자	중급점검자	고급점검자 이상
3급	전체		0.7	
1급 또는 2급	1,500㎡ 미만	0.8	0.7	0.6
1급 또는 2급	1,500㎡ 이상 3,000㎡ 미만	1.0	0.8	0.7
1급 또는 2급	3,000㎡ 이상 5,000㎡ 미만	1.2	1.0	0.8
1급 또는 2급	5,000㎡ 이상 10,000㎡ 이하	1.9	1.3	1.1
1급 또는 2급	10,000㎡ 초과 15,000㎡ 이하	-	1.6	1.4

> **비고** 주상복합아파트의 경우 세대부를 제외한 연면적과 세대수에 「소방시설 설치 및 관리에 관한 법률 시행규칙」 별표 3의 종합점검 대상의 경우 32, 작동점검 대상의 경우 40을 곱하여 계산된 값을 더하여 연면적을 산정한다. 다만, 환산한 연면적이 1만5천제곱미터를 초과한 경우에는 1만5천제곱미터로 본다.

[표 3] 하나의 소방안전관리대상물 중 아파트 배점기준표

소방안전관리 대상물의 등급	세대구분	대행인력 등급별 배점		
		초급점검자	중급점검자	고급점검자 이상
3급	전체	0.7		
1급 또는 2급	30세대 미만	0.8	0.7	0.6
	30세대 이상 50세대 미만	1.0	0.8	0.7
	50세대 이상 150세대 미만	1.2	1.0	0.8
	150세대 이상 300세대 미만	1.9	1.3	1.1
	300세대 이상 500세대 미만	-	1.6	1.4
	500세대 이상 1,000세대 미만	-	2.0	1.8
	1,000세대 초과	-	2.3	2.1

다. 하루에 2개 이상의 대행 업무를 수행하는 경우에는 소방안전관리대상물 간의 이동거리(좌표거리를 말한다) 5킬로미터 마다 1일 한도점수에 0.01를 곱하여 계산된 값을 1일 한도점수에서 뺀다. 다만, 육지와 도서지역 간에 차량 출입이 가능한 교량으로 연결되지 않은 지역 또는 소방시설관리업자가 없는 시·군 지역은 제외한다.
라. 2명 이상의 대행인력이 함께 대행업무를 수행하는 경우 [표 2] 및 [표 3]의 배점을 인원수로 나누어 적용하되, 소수점 둘째자리에서 절사한다.
마. 영 별표 4 제2호가목3)에 해당하는 1급 소방안전관리대상물은 [표 2]의 배점에 10%를 할증하여 적용한다.

2. 대행인력의 자격기준 및 점검표
  가. 대행인력은 「소방시설 설치 및 관리에 관한 법률」 제29조에 따라 소방시설관리업에 등록된 기술인력을 말한다.
  나. 대행인력의 기술등급은 「소방시설공사업법 시행규칙」 별표 4의2 제3호다목의 소방시설 자체점검 점검자의 기술등급 자격에 따른다.
  다. 대행인력은 소방안전관리업무 대행 시 [표 4]에 따른 소방안전관리업무 대행 점검표를 작성하고 관계인에게 제출해야 한다.

[표 4] 소방안전관리업무 대행 점검표

건물명		점검일	년 월 일(요일)
주 소			
점검업체명		건물등급	급

설비명	점검결과 세부내용
소방시설	
피난시설	
방화시설	
방화구획	
기타	

확인자	관계인 : (서명)
기술인력	대행인력의 기술등급 : 대행인력 : (서명)

비고

1. 소방시설 점검 시 공용부 점검을 원칙으로 한다. 다만, 단독경보형 감지기 등이 동작(오동작)한 경우에는 단독경보형 감지기 등이 동작한 장소도 점검을 실시한다.
2. 방문 시 리모델링 또는 내부 구획변경 등이 있는 경우에는 해당 부분을 점검하여 점검표에 그 결과를 기재한다.
3. 계단, 통로 등 피난통로 상에 피난에 장애가 되는 물건 등이 쌓여 있는 경우에는 즉시 이동조치 하도록 관계인에게 설명한다.
4. 방화문은 항시 닫힘 상태를 유지하거나 정상 작동될 수 있도록 관계인에게 설명한다.
5. 점검 완료 시 해당 소방안전관리자(또는 관계인)에게 점검결과를 설명하고 점검표에 기재한다.

3 소방안전관리자 선임신고 등(화재예방법 제26조)

> 기출 23, 24 공채 / 23, 24 경채

(1) 선임신고

① 소방안전관리대상물의 관계인이 소방안전관리자 또는 소방안전관리보조자를 선임한 경우에는 **행정안전부령**으로 정하는 바에 따라 선임한 날부터 **14일 이내**에 소방본부장 또는 소방서장에게 **신고**하고, 소방안전관리대상물의 출입자가 쉽게 알 수 있도록 소방안전관리자의 성명과 그 밖에 **행정안전부령**으로 정하는 사항을 게시하여야 한다.(법 제26조 제1항)

㉠ 소방안전관리자 정보의 게시사항(규칙 제15조)
  ⓐ 소방안전관리대상물의 명칭 및 등급
  ⓑ 소방안전관리자의 성명 및 선임일자
  ⓒ 소방안전관리자의 연락처
  ⓓ 소방안전관리자의 근무 위치(화재 수신기 또는 종합방재실을 말한다)

> **행정질서벌**
> 법 제52조 제2항 제3호 [과태료]
> 기간 내에 선임신고를 하지 아니하거나 소방안전관리자의 성명 등을 게시하지 아니한 자는 200만 원 이하의 과태료를 부과한다. (50, 100, 200)

시행령 별표9

위반행위	과태료 금액 (단위: 만원)		
	1차 위반	2차 위반	3차 이상 위반
바. 법 제26조제1항을 위반하여 기간 내에 선임신고를 하지 않거나 소방안전관리자의 성명 등을 게시하지 않은 경우			
1) 지연 신고기간이 1개월 미만인 경우		50	
2) 지연 신고기간이 1개월 이상 3개월 미만인 경우		100	
3) 지연 신고기간이 3개월 이상이거나 신고하지 않은 경우		200	
4) 소방안전관리자의 성명 등을 게시하지 않은 경우	50	100	200

11
「화재의 예방 및 안전관리에 관한 법률」상 소방안전관리대상물의 관계인이 소방안전관리자 또는 소방안전관리보조자를 선임한 경우에는 행정안전부령으로 정하는 바에 따라 선임한 날부터 며칠 이내에 소방본부장 또는 소방서장에게 신고하는가?

① 7일 ② 14일
③ 15일 ④ 30일

12
「화재의 예방 및 안전관리에 관한 법률」 및 같은 법 시행규칙상 소방안전관리대상물의 관계인이 소방안전관리자를 선임한 경우 소방안전관리대상물의 출입자가 쉽게 알 수 있도록 게시해야 하는 사항으로 옳지 않은 것은?
• 24. 공채 / • 24. 경채

① 소방안전관리자의 성명 및 선임일자
② 소방안전관리대상물의 명칭 및 등급
③ 소방안전관리대상물의 용도 및 수용인원
④ 소방안전관리자의 근무 위치(화재 수신기 또는 종합방재실을 말한다.)

정답 11. ② 12. ③

13 ①②③

「화재의 예방 및 안전관리에 관한 법률」 및 같은 법 시행규칙상 소방안전관리자의 선임신고 등에 관한 설명이다. ( ) 안에 들어갈 내용으로 옳은 것은?
• 23. 공채 / • 23. 경채

- 소방안전관리대상물의 관계인이 소방안전관리자를 선임한 경우에는 선임한 날부터 (ㄱ)일 이내에 선임사실을 소방본부장 또는 소방서장에게 신고하여야 한다.
- 소방안전관리대상물의 관계인은 소방안전관리자를 선임 사유가 발생한 날부터 (ㄴ)일 이내에 선임해야 한다.

	(ㄱ)	(ㄴ)
①	14	30
②	14	60
③	30	30
④	30	60

(2) 소방안전관리자의 선임(규칙 제14조)

① 소방안전관리대상물의 관계인은 소방안전관리자를 다음 각 호의 어느 하나에 해당 호에서 정하는 날부터 **30일 이내에 선임**하여야 한다.(규칙 제14조 제1항)

㉠ 신축·증축·개축·재축·대수선 또는 용도변경으로 해당 특정소방대상물의 소방안전관리자를 **신규**로 선임해야 하는 경우: 해당 특정소방대상물의 **사용승인일**(건축물의 경우에는 건축물을 사용할 수 있게 된 날)

㉡ 증축 또는 용도변경으로 인하여 특정소방대상물이 소방안전관리대상물로 된 경우 또는 특정소방대상물의 소방안전관리 **등급이 변경**된 경우: 증축공사의 **사용승인일** 또는 용도변경 사실을 건축물관리대장에 **기재한 날**

㉢ 특정소방대상물을 **양수**하거나 **경매, 환가, 압류재산의 매각**이나 그 밖에 이에 준하는 절차에 따라 관계인의 권리를 취득한 경우: 해당 권리를 **취득한 날** 또는 관할 소방서장으로부터 소방안전관리자 **선임 안내를 받은 날**. 다만, 새로 권리를 취득한 관계인이 종전의 특정소방대상물의 관계인이 선임신고한 소방안전관리자를 해임하지 않는 경우는 제외한다.

㉣ 관리의 **권원이 분리**된 특정소방대상물의 경우: 관리의 권원이 분리되거나 소방본부장 또는 소방서장이 관리의 **권원을 조정한 날**

㉤ 소방안전관리자의 해임, 퇴직 등으로 해당 소방안전관리자의 **업무가 종료**된 경우: 소방안전관리자가 해임된 날, 퇴직한 날 등 **근무를 종료한 날**

㉥ 소방안전관리업무를 대행하는 자를 감독할 수 있는 사람을 소방안전관리자로 선임한 경우로서 그 업무대행 **계약이 해지** 또는 **종료**된 경우: 소방안전관리업무 **대행이 끝난 날**

㉦ 소방안전관리자 자격이 **정지 또는 취소**된 경우: 소방안전관리자 자격이 **정지 또는 취소된 날**

② 소방안전관리대상물의 관계인이 소방안전관리자 또는 소방안전관리보조자를 해임한 경우에는 그 관계인 또는 해임된 소방안전관리자 또는 소방안전관리보조자는 **소방본부장이나 소방서장**에게 그 사실을 알려 해임한 사실의 확인을 받을 수 있다.(법 제26조 제2항)

③ 소방안전관리자 선임신고 시 첨부서류

소방안전관리대상물의 관계인은 소방안전관리자 또는 총괄소방안전관리자를 선임한 경우에는 소방안전관리자 선임신고서(전자문서를 포함한다)에 다음 각 호의 어느 하나에 해당하는 서류(전자문서를 포함한다)를 첨부하여 소방본부장 또는 소방서장에게 제출해야 한다. 이 경우 소방안전관리대상물의 관계인은 종합정보망을 이용하여 선임신고를 할 수 있다.(규칙 제14조 제5항)

㉠ 소방안전관리자 자격증

정답 13. ①

ⓒ 소방안전관리대상물의 소방안전관리에 관한 업무를 감독할 수 있는 직위에 있는 사람임을 증명하는 서류 및 소방안전관리업무의 대행 계약서 사본(법 제24조제3항에 따라 소방안전관리대상물의 관계인이 소방안전관리업무를 대행하게 하는 경우만 해당한다)

ⓒ 「기업활동 규제완화에 관한 특별조치법」에 따라 해당 소방안전관리대상물의 소방안전관리자를 겸임할 수 있는 안전관리자로 선임된 사실을 증명할 수 있는 서류 또는 선임사항이 기록된 자격증(자격수첩을 포함한다)

ⓔ 계약서 또는 권원이 분리됨을 증명하는 관련 서류(권원별 소방안전관리자를 선임한 경우만 해당한다)

④ 소방안전관리자 선임 연기신청

ⓐ **2급** 또는 **3급** 소방안전관리대상물의 관계인은 소방안전관리자 자격시험이나 소방안전관리자에 대한 **강습교육이 소방안전관리자 선임기간 내에 있지 않아** 소방안전관리자를 선임할 수 없는 경우에는 소방안전관리자 선임의 연기를 신청할 수 있다.(규칙 제14조 제2항)

ⓑ 소방안전관리자 선임의 연기를 신청하려는 **2급** 또는 **3급** 소방안전관리대상물의 관계인은 소방안전관리자·소방안전관리보조자 선임 연기 신청서를 작성하여 **소방본부장 또는 소방서장**에게 제출해야 한다. 이 경우 소방본부장 또는 소방서장은 종합정보망에서 강습교육의 접수 또는 시험응시 여부를 확인해야 하며, 2급 또는 3급 소방안전관리대상물의 관계인은 소방안전관리자가 선임될 때까지 소방안전관리업무를 수행해야 한다.(규칙 제14조 제3항)

ⓒ 소방본부장 또는 소방서장은 제3항에 따라 선임 연기 신청서를 제출받은 경우에는 **3일** 이내에 소방안전관리자 선임기간을 정하여 2급 또는 3급 소방안전관리대상물의 관계인에게 통보해야 한다.(규칙 제14조 제4항)

⑤ 소방안전관리자 선임증 발급

ⓐ **소방본부장 또는 소방서장**은 소방안전관리대상물의 관계인이 소방안전관리자 등을 선임하여 신고하는 경우에는 신고인에게 선임증을 발급해야 한다. 이 경우 소방본부장 또는 소방서장은 신고인이 종전의 선임이력에 관한 확인을 신청하는 경우에는 소방안전관리자 선임 이력 확인서를 발급해야 한다.(규칙 제14조 제6항)

ⓑ 소방본부장 또는 소방서장은 소방안전관리자의 선임신고를 접수하거나 해임 사실을 확인한 경우에는 지체 없이 관련 사실을 **종합정보망**에 입력해야 한다.(규칙 제14조 제7항)

ⓒ 소방본부장 또는 소방서장은 선임신고의 효율적 처리를 위하여 소방안전관리대상물이 완공된 경우에는 지체 없이 해당 소방안전관리대상물의 위치, 연면적 등의 정보를 **종합정보망**에 입력해야 한다.(규칙 제14조 제7항)

> **행정형벌**
> **법 제50조 제3항 제3호 [벌칙]**
> ③ 다음 각 호의 어느 하나에 해당하는 자는 300만 원 이하의 벌금에 처한다.
> 3. 규정을 위반하여 소방안전관리자, 총괄소방안전관리자 또는 소방안전관리보조자를 선임하지 아니한 자

(3) 소방안전관리보조자의 선임 (규칙 제16조)

① 소방안전관리대상물의 관계인은 소방안전관리자보조자를 다음 각 호의 구분에 따라 해당 호에서 정하는 날부터 **30일** 이내에 선임해야 한다. (규칙 제16조 제1항)

㉠ 신축·증축·개축·재축·대수선 또는 용도변경으로 해당 소방안전관리대상물의 소방안전관리보조자를 **신규**로 선임해야 하는 경우: 해당 소방안전관리대상물의 **사용승인일**

㉡ 소방안전관리대상물을 **양수**하거나 **경매, 환가, 압류재산의 매각**이나 그 밖에 이에 준하는 절차에 따라 관계인의 권리를 **취득한 경우**: 해당 권리를 취득한 날 또는 관할 소방서장으로부터 소방안전관리보조자 **선임 안내를 받은 날**. 다만, 새로 권리를 취득한 관계인이 종전의 소방안전관리대상물의 관계인이 선임신고한 소방안전관리보조자를 해임하지 않는 경우는 제외한다.

㉢ 소방안전관리보조자의 해임, 퇴직 등으로 해당 소방안전관리보조자의 **업무가 종료**된 경우: 소방안전관리보조자가 해임된 날, 퇴직한 날 등 **근무를 종료한 날**

② 소방안전관리보조자 선임신고 시 첨부서류

㉠ 보조자선임대상 소방안전관리대상물의 관계인은 소방안전관리보조자를 선임한 경우에는 소방안전관리보조자 선임신고서(전자문서를 포함한다)에 다음 각 호의 어느 하나에 해당하는 서류(영 별표 5 제2호의 자격요건 중 해당 자격을 증명할 수 있는 서류를 말하며, 전자문서를 포함한다)를 첨부하여 소방본부장 또는 소방서장에게 제출해야 한다. 이 경우 보조자선임대상 소방안전관리대상물의 관계인은 종합정보망을 이용하여 선임신고를 할 수 있다. (규칙 제16조 제5항)

ⓐ 소방안전관리자 **자격증**

ⓑ 특급, 1급, 2급 또는 3급 소방안전관리대상물의 소방안전관리자가 되려는 사람에 대한 **강습교육** 수료증

ⓒ 소방안전관리대상물의 소방안전 관련 업무에 **2년** 이상 근무한 경력이 있는 사람임을 증명할 수 있는 서류

✔ **시행령 별표 5 - 제2호**

2. 소방안전관리보조자의 자격

가. 별표 4에 따른 특급 소방안전관리대상물, 1급 소방안전관리대상물, 2급 소방안전관리대상물 또는 3급 소방안전관리대상물의 소방안전관리자 자격이 있는 사람

나. 「국가기술자격법」 제2조제3호에 따른 국가기술자격의 직무분야 중 건축, 기계제작, 기계장비설비·설치, 화공, 위험물, 전기, 전자 및 안전관리에 해당하는 국가기술자격이 있는 사람

다. 「공공기관의 소방안전관리에 관한 규정」 제5조제1항제2호나목에 따른 강습교육을 수료한 사람

라. 법 제34조제1항제1호에 따른 강습교육 중 이 영 제33조제1호부터 제4호까지에 해당하는 사람을 대상으로 하는 강습교육을 수료한 사람

마. 소방안전관리대상물에서 소방안전 관련 업무에 2년 이상 근무한 경력이 있는 사람

③ 소방안전관리보조자 선임 연기신청
　㉠ 소방안전관리보조자를 선임해야 하는 소방안전관리대상물의 관계인은 강습교육이 소방안전관리보조자 선임기간 내에 있지 않아 소방안전관리보조자를 선임할 수 없는 경우에는 소방안전관리보조자 선임의 연기를 신청할 수 있다.(규칙 제16조 제2항)
　㉡ 소방안전관리보조자 선임의 연기를 신청하려는 보조자선임대상 소방안전관리대상물의 관계인은 선임 연기 신청서를 작성하여 **소방본부장 또는 소방서장**에게 제출해야 한다. 이 경우 소방본부장 또는 소방서장은 종합정보망에서 강습교육의 접수 여부를 확인해야 한다.(규칙 제16조 제3항)
　㉢ 소방본부장 또는 소방서장은 제3항에 따라 선임 연기 신청서를 제출받은 경우에는 **3일** 이내에 소방안전관리보조자 선임기간을 정하여 보조자선임대상 소방안전관리대상물의 관계인에게 통보해야 한다.(규칙 제16조 제4항)

④ 소방안전관리보조자 선임증 발급
　㉠ 소방본부장 또는 소방서장은 보조자선임대상 소방안전관리대상물의 관계인이 선임신고를 하는 경우 「전자정부법」에 따른 행정정보의 공동이용을 통하여 선임된 소방안전관리보조자의 국가기술자격증(영 별표 5 제2호나목에 해당하는 사람만 해당한다)을 확인해야 한다. 이 경우 선임된 소방안전관리보조자가 확인에 동의하지 않으면 국가기술자격증의 사본을 제출하도록 해야 한다.(규칙 제16조 제6항)
　㉡ 소방본부장 또는 소방서장은 보조자선임대상 소방안전관리대상물의 관계인이 소방안전관리보조자를 선임하고 신고인에게 소방안전관리보조자 선임증을 발급해야 한다. 이 경우 소방본부장 또는 소방서장은 신고인이 종전의 선임이력에 관한 확인을 신청하는 경우에는 소방안전관리보조자 선임 이력 확인서를 발급해야 한다.(규칙 제16조 제7항)
　㉢ 소방본부장 또는 소방서장은 소방안전관리보조자의 선임신고를 접수하거나 해임 사실을 확인한 경우에는 지체 없이 관련 사실을 **종합정보망**에 입력해야 한다.(규칙 제16조 제8항)

> **관련법규**
>
> **화재예방법 시행규칙**
>
> **시행규칙 제14조 [소방안전관리자의 선임신고 등]**
>
> ① 소방안전관리대상물의 관계인은 법 제24조 및 제35조에 따라 소방안전관리자를 다음 각 호의 구분에 따라 해당 호에서 정하는 날부터 30일 이내에 선임해야 한다.
>   1. 신축·증축·개축·재축·대수선 또는 용도변경으로 해당 특정소방대상물의 소방안전관리자를 신규로 선임해야 하는 경우: 해당 특정소방대상물의 사용승인일(건축물의 경우에는 「건축법」 제22조에 따라 건축물을 사용할 수 있게 된 날을 말한다. 이하 이 조 및 제16조에서 같다)
>   2. 증축 또는 용도변경으로 인하여 특정소방대상물이 영 제25조제1항에 따른 소방안전관리대상물로 된 경우 또는 특정소방대상물의 소방안전관리 등급이 변경된 경우: 증축공사의 사용승인일 또는 용도변경 사실을 건축물관리대장에 기재한 날
>   3. 특정소방대상물을 양수하거나 「민사집행법」에 따른 경매, 「채무자 회생 및 파산에 관한 법률」에 따른 환가(換價), 「국세징수법」·「관세법」 또는 「지방세기본법」에 따른 압류재산의 매각이나 그 밖에 이에 준하는 절차에 따라 관계인의 권리를 취득한 경우: 해당 권리를 취득한 날 또는 관할 소방서장으로부터 소방안전관리자 선임 안내를 받은 날. 다만, 새로 권리를 취득한 관계인이 종전의 특정소방대상물의 관계인이 선임신고한 소방안전관리자를 해임하지 않는 경우는 제외한다.
>   4. 법 제35조에 따른 특정소방대상물의 경우: 관리의 권원이 분리되거나 소방본부장 또는 소방서장이 관리의 권원을 조정한 날
>   5. 소방안전관리자의 해임, 퇴직 등으로 해당 소방안전관리자의 업무가 종료된 경우: 소방안전관리자가 해임된 날, 퇴직한 날 등 근무를 종료한 날
>   6. 법 제24조제3항에 따라 소방안전관리업무를 대행하는 자를 감독할 수 있는 사람을 소방안전관리자로 선임한 경우로서 그 업무대행 계약이 해지 또는 종료된 경우: 소방안전관리업무 대행이 끝난 날
>   7. 법 제31조제1항에 따라 소방안전관리자 자격이 정지 또는 취소된 경우: 소방안전관리자 자격이 정지 또는 취소된 날
>
> ② 영 별표 4 제3호 및 제4호에 따른 2급 또는 3급 소방안전관리대상물의 관계인은 제20조에 따른 소방안전관리자 자격시험이나 제25조에 따른 소방안전관리자에 대한 강습교육이 제1항에 따른 소방안전관리자 선임기간 내에 있지 않아 소방안전관리자를 선임할 수 없는 경우에는 소방안전관리자 선임의 연기를 신청할 수 있다.
>
> ③ 제2항에 따라 소방안전관리자 선임의 연기를 신청하려는 2급 또는 3급 소방안전관리대상물의 관계인은 별지 제14호서식의 소방안전관리자·소방안전관리보조자 선임 연기 신청서를 작성하여 소방본부장 또는 소방서장에게 제출해야 한다. 이 경우 소방본부장 또는 소방서장은 법 제33조에 따른 종합정보망(이하 "종합정보망"이라 한다)에서 강습교육의 접수 또는 시험응시 여부를 확인해야 하며, 2급 또는 3급 소방안전관리대상물의 관계인은 소방안전관리자가 선임될 때까지 법 제24조제5항의 소방안전관리업무를 수행해야 한다.
>
> ④ 소방본부장 또는 소방서장은 제3항에 따라 선임 연기 신청서를 제출받은 경우에는 3일 이내에 소방안전관리자 선임기간을 정하여 2급 또는 3급 소방안전관리대상물의 관계인에게 통보해야 한다.

⑤ 소방안전관리대상물의 관계인은 법 제24조 또는 제35조에 따라 소방안전관리자 또는 총괄소방안전관리자(「기업활동 규제완화에 관한 특별조치법」 제29조제2항·제3항, 제30조제2항 또는 제32조제2항에 따라 소방안전관리자를 겸임하거나 공동으로 선임되는 사람을 포함한다)를 선임한 경우에는 법 제26조제1항에 따라 별지 제15호서식의 소방안전관리자 선임신고서(전자문서를 포함한다)에 다음 각 호의 어느 하나에 해당하는 서류(전자문서를 포함한다)를 첨부하여 소방본부장 또는 소방서장에게 제출해야 한다. 이 경우 소방안전관리대상물의 관계인은 종합정보망을 이용하여 선임신고를 할 수 있다.
  1. 제18조에 따른 소방안전관리자 자격증
  2. 소방안전관리대상물의 소방안전관리에 관한 업무를 감독할 수 있는 직위에 있는 사람임을 증명하는 서류 및 소방안전관리업무의 대행 계약서 사본(법 제24조제3항에 따라 소방안전관리대상물의 관계인이 소방안전관리업무를 대행하게 하는 경우만 해당한다)
  3. 「기업활동 규제완화에 관한 특별조치법」 제29조제2항·제3항, 제30조제2항 또는 제32조제2항에 따라 해당 소방안전관리대상물의 소방안전관리자를 겸임할 수 있는 안전관리자로 선임된 사실을 증명할 수 있는 서류 또는 선임사항이 기록된 자격증(자격수첩을 포함한다)
  4. 계약서 또는 권원이 분리됨을 증명하는 관련 서류(법 제35조에 따른 권원별 소방안전관리자를 선임한 경우만 해당한다)
⑥ 소방본부장 또는 소방서장은 소방안전관리대상물의 관계인이 제5항에 따라 소방안전관리자 등을 선임하여 신고하는 경우에는 신고인에게 별지 제16호서식의 선임증을 발급해야 한다. 이 경우 소방본부장 또는 소방서장은 신고인이 종전의 선임이력에 관한 확인을 신청하는 경우에는 별지 제17호서식의 소방안전관리자 선임 이력 확인서를 발급해야 한다.
⑦ 소방본부장 또는 소방서장은 소방안전관리자의 선임신고를 접수하거나 해임 사실을 확인한 경우에는 지체 없이 관련 사실을 종합정보망에 입력해야 한다.
⑧ 소방본부장 또는 소방서장은 선임신고의 효율적 처리를 위하여 소방안전관리대상물이 완공된 경우에는 지체 없이 해당 소방안전관리대상물의 위치, 연면적 등의 정보를 종합정보망에 입력해야 한다.

시행규칙 제15조 [소방안전관리자 정보의 게시]
① 법 제26조제1항에서 "행정안전부령으로 정하는 사항"이란 다음 각 호의 사항을 말한다.
  1. 소방안전관리대상물의 명칭 및 등급
  2. 소방안전관리자의 성명 및 선임일자
  3. 소방안전관리자의 연락처
  4. 소방안전관리자의 근무 위치(화재 수신기 또는 종합방재실을 말한다)
② 제1항에 따른 소방안전관리자 성명 등의 게시는 별표 2의 소방안전관리자 현황표에 따른다. 이 경우 「소방시설 설치 및 관리에 관한 법률 시행규칙」 별표 5에 따른 소방시설등 자체점검기록표를 함께 게시할 수 있다.

시행규칙 제16조 [소방안전관리보조자의 선임신고 등]
① 소방안전관리대상물의 관계인은 법 제24조제1항 후단에 따라 소방안전관리자보조자를 다음 각 호의 구분에 따라 해당 호에서 정하는 날부터 30일 이내에 선임해야 한다.
  1. 신축·증축·개축·재축·대수선 또는 용도변경으로 해당 소방안전관리대상물의 소방안전관리보조자를 신규로 선임해야 하는 경우: 해당 소방안전관리대상물의 사용승인일

2. 소방안전관리대상물을 양수하거나 「민사집행법」에 따른 경매, 「채무자 회생 및 파산에 관한 법률」에 따른 환가, 「국세징수법」·「관세법」 또는 「지방세기본법」에 따른 압류재산의 매각이나 그 밖에 이에 준하는 절차에 따라 관계인의 권리를 취득한 경우: 해당 권리를 취득한 날 또는 관할 소방서장으로부터 소방안전관리보조자 선임 안내를 받은 날. 다만, 새로 권리를 취득한 관계인이 종전의 소방안전관리대상물의 관계인이 선임신고한 소방안전관리보조자를 해임하지 않는 경우는 제외한다.

3. 소방안전관리보조자의 해임, 퇴직 등으로 해당 소방안전관리보조자의 업무가 종료된 경우: 소방안전관리보조자가 해임된 날, 퇴직한 날 등 근무를 종료한 날

② 법 제24조제1항 후단에 따라 소방안전관리보조자를 선임해야 하는 소방안전관리대상물(이하 "보조자선임대상 소방안전관리대상물"이라 한다)의 관계인은 제25조에 따른 강습교육이 제1항에 따른 소방안전관리보조자 선임기간 내에 있지 않아 소방안전관리보조자를 선임할 수 없는 경우에는 소방안전관리보조자 선임의 연기를 신청할 수 있다.

③ 제2항에 따라 소방안전관리보조자 선임의 연기를 신청하려는 보조자선임대상 소방안전관리대상물의 관계인은 별지 제14호서식의 선임 연기 신청서를 작성하여 소방본부장 또는 소방서장에게 제출해야 한다. 이 경우 소방본부장 또는 소방서장은 종합정보망에서 강습교육의 접수 여부를 확인해야 한다.

④ 소방본부장 또는 소방서장은 제3항에 따라 선임 연기 신청서를 제출받은 경우에는 3일 이내에 소방안전관리보조자 선임기간을 정하여 보조자선임대상 소방안전관리대상물의 관계인에게 통보해야 한다.

⑤ 보조자선임대상 소방안전관리대상물의 관계인은 법 제24조제1항에 따른 소방안전관리보조자를 선임한 경우에는 법 제26조제1항에 따라 별지 제18호서식의 소방안전관리보조자 선임신고서(전자문서를 포함한다)에 다음 각 호의 어느 하나에 해당하는 서류(영 별표 5 제2호의 자격요건 중 해당 자격을 증명할 수 있는 서류를 말하며, 전자문서를 포함한다)를 첨부하여 소방본부장 또는 소방서장에게 제출해야 한다. 이 경우 보조자선임대상 소방안전관리대상물의 관계인은 종합정보망을 이용하여 선임신고를 할 수 있다.

1. 제18조에 따른 소방안전관리자 자격증

2. 영 별표 4에 따른 특급, 1급, 2급 또는 3급 소방안전관리대상물의 소방안전관리자가 되려는 사람에 대한 강습교육 수료증

3. 소방안전관리대상물의 소방안전 관련 업무에 2년 이상 근무한 경력이 있는 사람임을 증명할 수 있는 서류

⑥ 소방본부장 또는 소방서장은 제5항에 따라 보조자선임대상 소방안전관리대상물의 관계인이 선임신고를 하는 경우 「전자정부법」 제36조제1항에 따른 행정정보의 공동이용을 통하여 선임된 소방안전관리보조자의 국가기술자격증(영 별표 5 제2호나목에 해당하는 사람만 해당한다)을 확인해야 한다. 이 경우 선임된 소방안전관리보조자가 확인에 동의하지 않으면 국가기술자격증의 사본을 제출하도록 해야 한다.

⑦ 소방본부장 또는 소방서장은 보조자선임대상 소방안전관리대상물의 관계인이 법 제26조제1항에 따른 소방안전관리보조자를 선임하고 제5항에 따라 신고하는 경우에는 신고인에게 별지 제16호서식의 소방안전관리보조자 선임증을 발급해야 한다. 이 경우 소방본부장 또는 소방서장은 신고인이 종전의 선임이력에 관한 확인을 신청하는 경우에는 별지 제17호서식의 소방안전관리보조자 선임 이력 확인서를 발급해야 한다.

⑧ 소방본부장 또는 소방서장은 소방안전관리보조자의 선임신고를 접수하거나 해임 사실을 확인한 경우에는 지체 없이 관련 사실을 종합정보망에 입력해야 한다.

4 관계인 등의 의무(화재예방법 제27조)

① 특정소방대상물의 관계인의 의무

특정소방대상물에 대하여 **소방안전관리업무**를 수행하여야 한다.(법 제27 제1항)

② 소방안전관리대상물의 관계인의 의무

소방안전관리자가 소방안전관리업무를 성실하게 수행할 수 있도록 **지도·감독**하여야 한다.(법 제27 제2항)

행정질서벌

법 제52조 제1항 제4호 [과태료]
① 다음 각 호의 어느 하나에 해당하는 자에게는 300만 원 이하의 과태료를 부과한다.
4. 제27조제2항을 위반하여 소방안전관리업무의 지도·감독을 하지 아니한 자 (300)

③ 소방안전관리자의 의무

인명과 재산을 보호하기 위하여 소방시설·피난시설·방화시설 및 방화구획 등이 **법령에 위반**된 것을 발견한 때

㉠ 지체 없이 소방안전관리대상물의 관계인에게 소방대상물의 개수·이전·제거·수리 등 필요한 조치를 할 것을 요구하여야 한다.

㉡ 관계인이 시정하지 아니하는 경우 **소방본부장 또는 소방서장**에게 그 사실을 알려야 한다. 이 경우 소방안전관리자는 공정하고 객관적으로 그 업무를 수행하여야 한다.(법 제27 제3항)

④ 소방안전관리자로부터 ③에 따른 조치요구 등을 받은 소방안전관리대상물의 관계인은 지체 없이 이에 따라야 하며, 이를 이유로 소방안전관리자를 해임하거나 보수의 지급을 거부하는 등 불이익한 처우를 하여서는 아니 된다.
(법 제27 제4항)

행정형벌

법 제50조 제3항 [벌칙]
③ 다음 각 호의 어느 하나에 해당하는 자는 300만 원 이하의 벌금에 처한다.
4. 제27조제3항을 위반하여 소방시설·피난시설·방화시설 및 방화구획 등이 법령에 위반된 것을 발견하였음에도 필요한 조치를 할 것을 요구하지 아니한 소방안전관리자
5. 제27조제4항을 위반하여 소방안전관리자에게 불이익한 처우를 한 관계인

5 소방안전관리자 선임명령 등(화재예방법 제28조)

① 선임명령

소방본부장 또는 소방서장은 소방안전관리자 또는 소방안전관리보조자를 선임하지 아니한 소방안전관리대상물의 관계인에게 소방안전관리자 또는 소방안전관리보조자를 선임하도록 명할 수 있다.

② 업무이행명령

소방본부장 또는 소방서장은 업무를 다하지 아니하는 특정소방대상물의 관계인 또는 소방안전관리자에게 그 업무의 이행을 명할 수 있다.

> **행정형벌**
>
> **법 제50조 제3항 [벌칙]**
> ① 다음 각 호의 어느 하나에 해당하는 자는 <u>3년 이하의 징역 또는 3천만 원 이하의 벌금</u>에 처한다.
> 2. 제28조 제1항 및 제2항에 따른 명령을 정당한 사유 없이 위반한 자

6 건설현장 소방안전관리(화재예방법 제29조) ▶기출 23, 24 공채 / 23, 24 경채

① 공사시공자가 화재발생 및 화재피해의 우려가 큰 **대통령령**으로 정하는 특정소방대상물을 신축·증축·개축·재축·이전·용도변경 또는 대수선 하는 경우에는 소방안전관리자로서 소방안전관리자 등에 대한 교육을 받은 사람을 소방시설공사 **착공신고일부터 건축물 사용승인일**(건축물을 사용할 수 있게 된 날을 말한다)**까지** 소방안전관리자로 선임하고 **행정안전부령**으로 정하는 바에 따라 소방본부장 또는 소방서장에게 신고하여야 한다.(법 제29조 제1항)

㉠ 건설현장 소방안전관리대상물

화재발생 및 화재피해의 우려가 큰 **대통령령**으로 정하는 특정소방대상물 (영 제29조)

ⓐ 신축·증축·개축·재축·이전·용도변경 또는 대수선을 하려는 부분의 연면적의 합계가 **1만5천** 제곱미터 이상인 것

ⓑ 신축·증축·개축·재축·이전·용도변경 또는 대수선을 하려는 부분의 연면적이 **5천** 제곱미터 이상인 것으로서 다음 각 목의 어느 하나에 해당하는 것

  가. 지하층의 층수가 **2개** 층 이상인 것
  나. 지상층의 층수가 **11층** 이상인 것
  다. **냉동**창고, **냉장**창고 또는 냉동·냉장창고

---

14. 「화재의 예방 및 안전관리에 관한 법률」 및 같은 법 시행령상 소방안전관리자를 선임해야 하는 건설현장 소방안전관리대상물에 해당하지 않는 것은? • 23. 공채 / • 23. 경채

① 신축을 하려는 부분의 연면적이 5천 제곱미터인 냉동·냉장창고
② 신축을 하려는 부분의 연면적의 합계가 2만 제곱미터인 복합건축물
③ 증축을 하려는 부분의 연면적의 합계가 3만 제곱미터인 업무시설
④ 증축을 하려는 부분의 연면적이 5천 제곱미터이고, 지상층의 층수가 10층인 업무시설

정답 14. ④

행정형벌

법 제50조 제3항 제3호 [벌칙]
③ 다음 각 호의 어느 하나에 해당하는 자는 <u>300만 원 이하의 벌금</u>에 처한다.
3. 제24조제1항·제3항, <u>제29조제1항</u> 및 제35조제1항·제2항을 위반하여 소방안전관리자, 총괄소방안전관리자 또는 소방안전관리보조자를 선임하지 아니한 자

② 건설현장 소방안전관리대상물의 소방안전관리자의 업무(법 제29조 제2항)
  ㉠ 건설현장의 소방계획서의 작성
  ㉡ 임시소방시설의 설치 및 관리에 대한 감독
  ㉢ 공사진행 단계별 피난안전구역, 피난로 등의 확보와 관리
  ㉣ 건설현장의 작업자에 대한 소방안전 교육 및 훈련
  ㉤ 초기대응체계의 구성·운영 및 교육
  ㉥ 화기취급의 감독, 화재위험작업의 허가 및 관리
  ㉦ 그 밖에 건설현장의 소방안전관리와 관련하여 소방청장이 고시하는 업무

행정질서벌

법 제52조 제1항 제5호 [과태료]
건설현장 소방안전관리대상물의 소방안전관리자의 업무를 하지 아니한 소방안전관리자는 <u>300만 원 이하의 과태료</u>를 부과한다. (1차 : 100, 2차 : 200, 3차 : 300)

③ 건설현장 소방안전관리자의 선임신고 (규칙 제17조)
  ㉠ 건설현장 소방안전관리대상물의 **공사시공자**는 같은 항에 따라 소방안전관리자를 선임한 경우에는 선임한 날부터 **14일** 이내에 건설현장 소방안전관리자 선임신고서(전자문서를 포함한다)에 다음 각 호의 서류(전자문서를 포함한다)를 첨부하여 **소방본부장 또는 소방서장**에게 신고해야 한다. 이 경우 건설현장 소방안전관리대상물의 공사시공자는 종합정보망을 이용하여 선임신고를 할 수 있다.(규칙 제17조 제1항)
    ⓐ 소방안전관리자 **자격증**
    ⓑ 건설현장 소방안전관리자가 되려는 사람에 대한 강습교육 **수료증**
    ⓒ 건설현장 소방안전관리대상물의 공사 **계약서 사본**
  ㉡ 소방본부장 또는 소방서장은 건설현장 소방안전관리대상물의 공사시공자가 소방안전관리자를 선임하고 신고하는 경우에는 신고인에게 건설현장 소방안전관리자 선임증을 발급해야 한다. 이 경우 소방본부장 또는 소방서장은 신고인이 종전의 선임이력에 관한 확인을 신청하는 경우 건설현장 소방안전관리자 선임 이력 확인서를 발급해야 한다.(규칙 제17조 제2항)

15
「화재의 예방 및 안전관리에 관한 법률」상 건설현장 소방안전관리대상물의 소방안전관리자의 업무에 관한 내용으로 옳지 않은 것은?
• 23. 공채 / • 23. 경채

① 건설현장의 소방계획서의 작성
② 화기취급의 감독, 화재위험작업의 허가 및 관리
③ 공사진행 단계별 피난안전구역, 피난로 등의 확보와 관리
④ 건설현장 작업자를 제외한 책임자에 대한 소방안전 교육 및 훈련

16
「화재의 예방 및 안전관리에 관한 법률 시행령」상 건설현장 소방안전관리대상물에 관한 내용이다. ( ) 안에 들어갈 내용으로 옳은 것은?
• 24. 공채 / • 24. 경채

• 신축·증축·개축·재축·이전·용도변경 또는 대수선을 하려는 부분의 연면적의 합계가 (ㄱ) 이상인 것
• 신축·증축·개축·재축·이전·용도변경 또는 대수선을 하려는 부분의 연면적이 (ㄴ) 이상인 것으로서 다음 각 목의 어느 하나에 해당하는 것
  가. 지하층의 층수가 2개 층 이상인 것
  나. 지상층의 층수가 (ㄷ) 이상인 것
  다. 냉동창고, 냉장창고 또는 냉동·냉장창고

	(ㄱ)	(ㄴ)	(ㄷ)
①	1만5천m²	5천m²	6층
②	1만5천m²	5천m²	11층
③	1만5천m²	1만m²	6층
④	1만m²	5천m²	11층

☑ 소방안전관리자

• 선임 X	300벌
• 업무 X	300과
• 실무교육 X	100과
• 선임신고 X	200과

정답 15. ④ 16. ②

ⓒ 소방본부장 또는 소방서장은 건설현장 소방안전관리자의 선임신고를 접수하거나 해임 사실을 확인한 경우에는 지체 없이 관련 사실을 **종합정보망**에 입력해야 한다.(규칙 제17조 제3항)

ⓔ 소방본부장 또는 소방서장은 건설현장 소방안전관리대상물 선임신고의 효율적 처리를 위하여 「소방시설 설치 및 안전관리에 관한 법률」에 따라 건축허가등의 동의를 하는 경우에는 지체 없이 해당 소방안전관리대상물의 위치, 연면적 등의 정보를 **종합정보망**에 입력해야 한다.(규칙 제17조 제4항)

> **행정질서벌**
>
> **법 제52조 제2항 제4호 [과태료]**
> 건설현장 소방안전관리대상물의 소방안전관리자를 기간 내에 선임신고를 하지 아니한 자는 200만 원 이하의 과태료를 부과한다. (50, 100, 200)

시행령 별표9

위반행위	과태료 금액 (단위: 만원)		
	1차 위반	2차 위반	3차 이상 위반
아. 법 제29조제1항을 위반하여 기간 내에 선임신고를 하지 않은 경우			
1) 지연 신고기간이 1개월 미만인 경우		50	
2) 지연 신고기간이 1개월 이상 3개월 미만인 경우		100	
3) 지연 신고기간이 3개월 이상이거나 신고하지 않은 경우		200	

④ 준용규정 (법 제29조 제3항)

그 밖에 건설현장 소방안전관리대상물의 소방안전관리에 관하여는

- 제26조(소방안전관리자 선임신고 등),
- 제27조(관계인 등의 의무 등),
- 제28조(소방안전관리자 선임명령등)의 규정을 준용한다.

이 경우 "소방안전관리대상물의 관계인" 또는 "특정소방대상물의 관계인"은 "공사시공자"로 본다.

관련법규

화재예방법 시행령

시행령 제29조 [건설현장 소방안전관리대상물]

법 제29조제1항에서 "대통령령으로 정하는 특정소방대상물"이란 다음 각 호의 어느 하나에 해당하는 특정소방대상물을 말한다.
1. 신축·증축·개축·재축·이전·용도변경 또는 대수선을 하려는 부분의 연면적의 합계가 1만5천제곱미터 이상인 것
2. 신축·증축·개축·재축·이전·용도변경 또는 대수선을 하려는 부분의 연면적이 5천제곱미터 이상인 것으로서 다음 각 목의 어느 하나에 해당하는 것
   가. 지하층의 층수가 2개 층 이상인 것
   나. 지상층의 층수가 11층 이상인 것
   다. 냉동창고, 냉장창고 또는 냉동·냉장창고

화재예방법 시행규칙

시행규칙 제17조 [건설현장 소방안전관리자의 선임신고]

① 법 제29조제1항에 따른 건설현장 소방안전관리대상물(이하 "건설현장 소방안전관리대상물"이라 한다)의 공사시공자는 같은 항에 따라 소방안전관리자를 선임한 경우에는 선임한 날부터 14일 이내에 별지 제19호서식의 건설현장 소방안전관리자 선임신고서(전자문서를 포함한다)에 다음 각 호의 서류(전자문서를 포함한다)를 첨부하여 소방본부장 또는 소방서장에게 신고해야 한다. 이 경우 건설현장 소방안전관리대상물의 공사시공자는 종합정보망을 이용하여 선임신고를 할 수 있다.
  1. 제18조에 따른 소방안전관리자 자격증
  2. 건설현장 소방안전관리자가 되려는 사람에 대한 강습교육 수료증
  3. 건설현장 소방안전관리대상물의 공사 계약서 사본
② 소방본부장 또는 소방서장은 건설현장 소방안전관리대상물의 공사시공자가 소방안전관리자를 선임하고 제1항에 따라 신고하는 경우에는 신고인에게 별지 제16호서식의 건설현장 소방안전관리자 선임증을 발급해야 한다. 이 경우 소방본부장 또는 소방서장은 신고인이 종전의 선임이력에 관한 확인을 신청하는 경우 별지 제17호서식의 건설현장 소방안전관리자 선임 이력 확인서를 발급해야 한다.
③ 소방본부장 또는 소방서장은 건설현장 소방안전관리자의 선임신고를 접수하거나 해임사실을 확인한 경우에는 지체 없이 관련 사실을 종합정보망에 입력해야 한다.
④ 소방본부장 또는 소방서장은 건설현장 소방안전관리대상물 선임신고의 효율적 처리를 위하여 「소방시설 설치 및 안전관리에 관한 법률」 제6조제1항에 따라 건축허가등의 동의를 하는 경우에는 지체 없이 해당 소방안전관리대상물의 위치, 연면적 등의 정보를 종합정보망에 입력해야 한다.

7. 소방안전관리자 자격 및 자격증의 발급 등(화재예방법 제30조)

① 소방안전관리자의 자격

소방안전관리자의 자격은 다음 각 호의 어느 하나에 해당하는 사람으로서 소방청장으로부터 소방안전관리자 자격증을 발급받은 사람으로 한다.

㉠ 소방청장이 실시하는 소방안전관리자 자격시험에 합격한 사람

㉡ 다음 각 목에 해당하는 사람으로서 **대통령령**으로 정하는 사람

ⓐ 소방안전과 관련한 국가기술자격증을 소지한 사람

ⓑ ⓐ에 해당하는 국가기술자격증 중 일정 자격증을 소지한 사람으로서 소방안전관리자로 근무한 실무경력이 있는 사람

ⓒ 소방공무원 경력자

ⓓ 「기업활동 규제완화에 관한 특별조치법」에 따라 소방안전관리자로 선임된 사람(소방안전관리자로 선임된 기간에 한정한다)

② ①의 ㉡에서 **대통령령**으로 정하는 사람

소방안전관리대상물별로 선임해야 하는 소방안전관리자의(①의 ㉠에 따른 선임 자격자를 제외한다)자격을 갖춘 사람을 말한다.(영 제30조)

③ 자격증의 발급·재발급

㉠ 소방청장은 자격을 갖춘 사람이 소방안전관리자 자격증 발급을 신청하는 경우 **행정안전부령**으로 정하는 바에 따라 자격증을 발급하여야 한다.(법 제30조 제2항)

㉡ 소방안전관리자 자격증을 발급받은 사람이 소방안전관리자 자격증을 잃어버렸거나 못 쓰게 된 경우에는 **행정안전부령**으로 정하는 바에 따라 소방안전관리자 자격증을 재발급 받을 수 있다.(법 제30조 제3항)

ⓐ 소방안전관리자 자격증의 발급을 신청 받은 소방청장은 **3일 이내**에 규정에 따른 자격을 갖춘 사람에게 소방안전관리자 자격증을 발급해야 한다. 이 경우 소방청장은 소방안전관리자 자격증 발급대장에 등급별로 기록하고 관리해야 한다.(규칙 제18조 제2항)

ⓑ 소방안전관리자 자격증을 발급받은 사람이 그 자격증을 잃어버렸거나 자격증이 못 쓰게 된 경우에는 소방안전관리자 자격증 재발급 신청서(전자문서 포함)를 작성하여 소방청장에게 자격증의 재발급을 신청할 수 있다. 이 경우 소방청장은 신청자에게 자격증을 **3일 이내**에 재발급하고 소방안전관리자 자격증 재발급대장에 재발급 사항을 기록하고 관리해야 한다.(규칙 제18조 제3항)

ⓒ **소방청장**은 소방안전관리자 자격증 (재)발급대장을 **종합정보망**에서 전자적 처리가 가능한 방법으로 작성·관리해야 한다.(규칙 제18조 제4항)

---

17 「화재의 예방 및 안전관리에 관한 법률」 및 같은 법 시행령상 소방안전관리자 자격 및 자격증의 발급 등에 대한 설명으로 옳지 않은 것은?

① 소방안전관리자의 자격은 소방청장이 실시하는 소방안전관리자 자격시험에 합격한 사람으로서 소방청장으로부터 소방안전관리자 자격증을 발급받은 사람으로 한다.

② 소방청장은 자격을 갖춘 사람이 소방안전관리자 자격증 발급을 신청하는 경우 행정안전부령으로 정하는 바에 따라 자격증을 발급하여야 한다.

③ 소방안전관리자 자격증 발급 및 재발급 신청서를 제출받은 때에 신청 서류가 적합한 경우에는 3일 이내에 소방안전관리자 자격증을 발급하여야 한다.

④ 소방안전관리자 자격증을 다른 사람에게 빌려 주거나 빌리거나 이를 알선한 자는 3년 이하의 징역 또는 3천만 원 이하의 벌금에 처한다.

정답 17. ④

④ 대여 및 알선금지
   발급 또는 재발급 받은 소방안전관리자 자격증을 다른 사람에게 빌려 주거나 빌려서는 아니 되며, 이를 알선하여서도 아니 된다.(법 제30조 제4항)

> **행정형벌**
>
> **법 제50조 제2항 제2호 [벌칙]**
> 소방안전관리자 자격증을 다른 사람에게 빌려 주거나 빌리거나 이를 알선한 자는 1년 이하의 징역 또는 1천만 원 이하의 벌금에 처한다.

🔖 **관련법규**

화재예방법 시행령

시행령 제30조 [소방안전관리자 자격증의 발급 등]
법 제30조제1항제2호 각 목 외의 부분에서 "대통령령으로 정하는 사람"이란 별표 4 각 호의 소방안전관리대상물별로 선임해야 하는 소방안전관리자의 자격을 갖춘 사람(법 제30조제1항제1호에 해당하는 사람은 제외한다)을 말한다.

화재예방법 시행규칙

시행규칙 제18조 [소방안전관리자 자격증의 발급 및 재발급 등]
① 소방안전관리자 자격증을 발급받으려는 사람은 법 제30조제2항에 따라 별지 제20호서식의 소방안전관리자 자격증 발급 신청서(전자문서를 포함한다)에 다음 각 호의 서류(전자문서를 포함한다)를 첨부하여 소방청장에게 제출해야 한다. 이 경우 소방청장은 「전자정부법」 제36조제1항에 따른 행정정보의 공동이용을 통하여 소방안전관리자 자격증의 발급 요건인 국가기술자격증(자격증 발급을 위하여 필요한 경우만 해당한다)을 확인할 수 있으며, 신청인이 확인에 동의하지 않는 경우에는 그 사본을 제출하도록 해야 한다.
  1. 법 제30조제1항 각 호의 어느 하나에 해당하는 사람임을 증명하는 서류
  2. 신분증 사본
  3. 사진(가로 3.5센티미터 × 세로 4.5센티미터)
② 제1항에 따라 소방안전관리자 자격증의 발급을 신청받은 소방청장은 3일 이내에 법 제30조제1항 각 호에 따른 자격을 갖춘 사람에게 별지 제21호서식의 소방안전관리자 자격증을 발급해야 한다. 이 경우 소방청장은 별지 제22호서식의 소방안전관리자 자격증 발급대장에 등급별로 기록하고 관리해야 한다.
③ 제2항에 따라 소방안전관리자 자격증을 발급받은 사람이 그 자격증을 잃어버렸거나 자격증이 못 쓰게 된 경우에는 별지 제20호서식의 소방안전관리자 자격증 재발급 신청서(전자문서를 포함한다)를 작성하여 소방청장에게 자격증의 재발급을 신청할 수 있다. 이 경우 소방청장은 신청자에게 자격증을 3일 이내에 재발급하고 별지 제22호서식의 소방안전관리자 자격증 재발급대장에 재발급 사항을 기록하고 관리해야 한다.
④ 소방청장은 별지 제22호서식의 소방안전관리자 자격증 (재)발급대장을 종합정보망에서 전자적 처리가 가능한 방법으로 작성·관리해야 한다.

8 소방안전관리자 자격의 정지 및 취소(화재예방법 제31조)

① 소방청장은 소방안전관리자 자격증을 발급받은 사람이 다음 각 호의 어느 하나에 해당하는 경우에는 **행정안전부령**으로 정하는 바에 따라 그 자격을 **취소**하거나 **1년 이하**의 기간을 정하여 그 자격을 **정지**시킬 수 있다. 다만, ㉠ 또는 ㉢에 해당하는 경우에는 그 자격을 **취소하여야 한다**.(법 제31조 제1항)

㉠ 거짓이나 그 밖의 부정한 방법으로 소방안전관리자 자격증을 발급받은 경우
㉡ 소방안전관리업무를 게을리 한 경우
㉢ 소방안전관리자 자격증을 다른 사람에게 빌려준 경우
㉣ 실무교육을 받지 아니한 경우
㉤ 이 법 또는 이 법에 따른 명령을 위반한 경우

② 소방안전관리자 자격이 취소된 사람은 취소된 날부터 **2년**간 소방안전관리자 자격증을 발급받을 수 없다.(법 제31조 제2항)

【소방안전관리자 자격의 정지 및 취소 기준】 시행규칙 별표 3

1. 일반기준
   가. 위반행위가 둘 이상인 경우로서 그에 해당하는 각각의 처분기준이 다른 경우에는 그 중 **무거운** 처분기준에 따른다.
   나. 위반행위의 횟수에 따른 행정처분 기준은 최근 **3년**간 같은 위반행위로 행정처분을 받은 경우에 적용한다. 이 경우 기준 적용일은 위반행위에 대한 행정처분일과 그 처분 후에 한 위반행위가 다시 적발된 날을 기준으로 한다.
   다. 나목에 따라 가중된 부과처분을 하는 경우 가중처분의 적용 차수는 그 위반행위 전 부과처분 차수(나목에 따른 기간 내에 처분이 둘 이상 있었던 경우에는 높은 차수를 말한다)의 다음 차수로 한다.
   라. 처분권자는 위반행위의 동기·내용·횟수 및 위반 정도 등 다음의 감경 사유에 해당하는 경우 그 처분기준의 **2분의 1**의 범위에서 감경할 수 있다.
      1) 위반행위가 사소한 부주의나 오류 등으로 인한 것으로 인정되는 경우
      2) 위반행위를 바로 정정하거나 시정하여 해소한 경우
      3) 그 밖에 위반행위의 정도, 위반행위의 동기와 그 결과 등을 고려하여 처분을 줄일 필요가 있다고 인정되는 경우

18
「화재의 예방 및 안전관리에 관한 법률」상 소방안전관리자 자격의 정지 및 취소에서 그 자격을 취소하여야 하는 경우로 옳은 것은?

① 소방안전관리업무를 게을리 한 경우
② 실무교육을 받지 아니한 경우
③ 소방안전관리자 자격증을 다른 사람에게 빌려준 경우
④ 화재예방법에 따른 명령을 위반한 경우

정답 18. ③

2. 개별기준

위반사항	근거법령	행정처분기준		
		1차 위반	2차 위반	3차 이상 위반
가. 거짓이나 그 밖의 부정한 방법으로 소방안전관리자 자격증을 발급받은 경우	법 제31조 제1항제1호	자격취소		
나. 법 제24조제5항에 따른 소방안전관리업무를 게을리 한 경우	법 제31조 제1항제2호	경고 (시정명령)	자격정지 (3개월)	자격정지 (6개월)
다. 법 제30조제4항을 위반하여 소방안전관리자 자격증을 다른 사람에게 빌려준 경우	법 제31조 제1항제3호	자격취소		
라. 제34조에 따른 실무교육을 받지 않는 경우	법 제31조 제1항제4호	경고 (시정명령)	자격정지 (3개월)	자격정지 (6개월)

memo

9. 소방안전관리자 자격시험(화재예방법 제32조)

① 소방안전관리자 자격시험에 응시할 수 있는 사람의 자격은 **대통령령**으로 정한다. (법 제32조 제1항)

시행령 별표 6

【소방안전관리자 자격시험에 응시 할 수 있는 사람의 자격】

1. 특급 소방안전관리자 응시자격(①의 ㉠ 경우 소방안전관리업무를 대행하는 관리업자를 감독하는 소방안전관리자로 선임되어 근무한 경력은 제외)
   ① 자격 + 실무경력
      ㉠ 1급 소방안전관리자 + 5년 이상
      ㉡ 소방설비기사 경우 : 자격 취득 + 2년 이상
      ㉢ 소방설비산업기사 경우 : 자격 취득 + 3년 이상
      ㉣ 1급 소방안전관리자 + 특급 또는 1급 보조자로 7년 이상
   ② 소방공무원으로 10년 이상 근무한 경력이 있는 사람
   ③ 졸업 + 실무경력
      ㉠ 소방안전 관리학과 전공 졸업 + 2년 이상 1급 소방안전관리자
   ④ 요건 + 3년 이상 1급 소방안전관리자 실무경력
      ㉠ 소방안전 관련 교과목 12학점 이상 이수 + 졸업 + 3년 이상 1급 소방안전관리자
      ㉡ ㉠에 해당하는 사람과 같은 수준의 학력이 있다고 인정되는 사람 + 소방안전 관련 교과목을 12학점 이상 이수 + 3년 이상 1급 소방안전관리자 실무경력
      ㉢ 소방안전 관련 학과 전공 졸업 + 3년 이상 1급 소방안전관리자
   ⑤ 소방행정학(소방학 및 소방방재학을 포함) 또는 소방안전공학(소방방재공학 및 안전공학을 포함) 분야 석사학위 이상 취득 + 2년 이상 1급 소방안전관리자로 실무경력
   ⑥ **특급** 소방안전관리**보조자**로 **10년 이상** 근무한 실무경력
   ⑦ 특급 소방안전관리에 대한 **강습교육**을 수료한 사람
   ⑧ 총괄재난관리자로 지정되어 1년 이상 근무한 경력이 있는 사람

2. 1급 소방안전관리자 응시자격
   ① 소방안전관리학과 전공 졸업 + 2년 이상 2급 또는 3급 소방안전관리자 실무경력
   ② 요건 + 3년 이상 2급 또는 3급 소방안전관리자 실무경력
      ㉠ 소방안전 관련 교과목 12학점 이상 이수 + 졸업 + 3년 이상 2급 또는 3급 소방안전관리자 실무경력
      ㉡ 법령에 따라 ㉠과 같은 수준 학력 인정 + 소방안전 관련 교과목을 12학점 이상 이수 + 3년 이상 2급 또는 3급 소방안전관리자 실무경력
      ㉢ 소방안전 관련 학과 전공 졸업 + 3년 이상 2급 또는 3급 소방안전관리자 실무경력
   ③ 소방행정학(소방학 및 소방방재학을 포함) 또는 소방안전공학(소방방재공학 및 안전공학을 포함) 분야 석사학위 이상 취득

---

19. 「화재의 예방 및 안전관리에 관한 법률 시행령」상 특급 소방안전관리자 시험 응시자격으로 옳지 않은 것은?

① 소방공무원으로 10년 이상 근무한 경력이 있는 사람
② 특급 소방안전관리대상물의 소방안전관리보조자로 5년 이상 근무한 실무경력이 있는 사람
③ 소방안전관리학과를 전공하고 졸업한 사람으로서 해당 학과를 졸업한 후 2년 이상 1급 소방안전관리대상물의 소방안전관리자로 근무한 실무경력이 있는 사람
④ 총괄재난관리자로 지정되어 1년 이상 근무한 경력이 있는 사람

20. 「화재의 예방 및 안전관리에 관한 법률 시행령」상 1급 소방안전관리자 시험 응시자격으로 옳은 것은?

① 대학에서 소방안전관리학과를 전공하고 졸업한 사람으로서 해당 학과를 졸업한 후 1년 이상 2급 소방안전관리대상물 또는 3급 소방안전관리대상물의 소방안전관리자로 근무한 실무경력이 있는 사람
② 대학에서 소방안전 관련 교과목을 12학점 이상 이수하고 졸업하고 3년 이상 2급 소방안전관리대상물 또는 3급 소방안전관리대상물의 소방안전관리자로 근무한 실무경력이 있는 사람
③ 소방행정학(소방학, 소방방재학을 포함) 또는 소방안전공학(소방방재공학, 안전공학을 포함) 분야에서 학사학위 이상을 취득한 사람
④ 소방공무원으로 7년 이상 근무한 경력이 있는 사람

정답 19. ② 20. ②

④ ①, ② 외에 5년 이상 2급 소방안전관리자 실무경력
⑤ 특급 또는 1급 소방안전관리에 대한 **강습교육**을 수료한 사람
⑥ 자격 + 실무경력
  ㉠ 2급 소방안전관리자로 선임될 수 있는 자격 + 특급 또는 1급 소방안전관리보조자로 5년 이상
  ㉡ 2급 소방안전관리자로 선임될 수 있는 자격 + 2급 소방안전관리보조자 7년 이상 (특급 또는 1급 소방안전관리보조자로 근무한 실무경력이 있는 경우에는 이를 포함하여 합산)
  ㉢ 산업안전기사 또는 산업안전산업기사의 자격 + 2년 이상 2급 또는 3급 소방안전관리자
⑦ 특급 소방안전관리자 시험응시 자격이 인정되는 사람

3. 2급 소방안전관리자 응시자격
  ① 소방안전**관리학과** 전공 졸업
  ② 요건 갖춘 사람
    ㉠ 소방안전 관련 교과목을 6학점 이상 이수 + 졸업
    ㉡ 법령에 따라 ㉠과 같은 수준 학력 인정 + 소방안전 관련 교과목을 6학점 이상 이수
    ㉢ 소방안전 **관련 학과** 전공 졸업
  ③ 소방본부 또는 소방서에서 1년 이상 화재진압 또는 그 보조 업무에 종사한 경력
  ④ 근무한 경력
    ㉠ 의용소방대원으로 3년 이상
    ㉡ 군부대(주한 외국군부대를 포함) 및 의무소방대의 소방대원으로 1년 이상
    ㉢ 자체소방대의 소방대원으로 3년 이상
    ㉣ 경호공무원 또는 별정직공무원으로서 2년 이상 안전검측 업무에 종사한 경력
    ㉤ 경찰공무원으로 3년 이상
  ⑤ 특급, 1급 또는 2급 소방안전관리에 대한 강습교육을 수료한 사람
  ⑥ 「공공기관의 소방안전관리에 관한 규정」에 따른 강습교육을 수료한 사람
  ⑦ 자격 + 실무경력
    ㉠ 소방안전관리보조자로 선임될 수 있는 자격 + 특급, 1급, 2급 또는 3급 소방안전관리보조자로 3년 이상
    ㉡ 3급 소방안전관리자 + 2년 이상
  ⑧ 건축사 · 산업안전기사 · 산업안전산업기사 · 건축기사 · 건축산업기사 · 일반기계기사 · 전기기능장 · 전기기사 · 전기산업기사 · 전기공사기사 · 전기공사산업기사 · 건설안전기사 또는 건설안전산업기사 자격을 가진 사람
  ⑨ 특급 또는 1급 소방안전관리자 시험응시 자격이 인정되는 사람

4. 3급 소방안전관리자 응시자격
  ① 근무한 경력
    ㉠ 의용소방대원으로 2년 이상
    ㉡ 자체소방대의 소방대원으로 1년 이상

21

「화재의 예방 및 안전관리에 관한 법률 시행령」상 2급 소방안전관리자 시험 응시자격으로 옳지 않은 것은?

① 소방본부 또는 소방서에서 1년 이상 화재진압 또는 그 보조 업무에 종사한 경력이 있는 사람
② 의용소방대원으로 3년 이상 근무한 경력이 있는 사람
③ 군부대(주한 외국군부대를 포함) 및 의무소방대의 소방대원으로 1년 이상 근무한 경력이 있는 사람
④ 자체소방대의 소방대원으로 1년 이상 근무한 경력이 있는 사람

정답 21. ④

ⓒ 경호공무원 또는 별정직공무원으로 1년 이상 안전검측 업무에 종사한 경력

ⓔ 경찰공무원으로 2년 이상

② 특급, 1급, 2급 또는 3급 소방안전관리에 대한 강습교육을 수료한 사람

③ 「공공기관의 소방안전관리에 관한 규정」에 따른 강습교육을 수료한 사람

④ 자격 + 실무경력

㉠ 소방안전관리보조자로 선임될 수 있는 자격 + 특급, 1급, 2급 또는 3급 소방안전관리보조자로 2년 이상

⑤ 특급, 1급 또는 2급 소방안전관리자 시험응시 자격이 인정되는 사람

② 소방안전관리자 자격의 시험방법, 시험의 공고 및 합격자 결정 등 소방안전관리자의 자격시험에 필요한 사항은 **행정안전부령**으로 정한다.(법 제32조 제2항)

③ 자격시험 방법(규칙 제20조 제1항)

㉠ 특급 소방안전관리자 자격시험 : **연 2회 이상**

㉡ 1급·2급·3급 소방안전관리자 자격시험 : **월 1회 이상**

④ 자격시험의 공고(규칙 제21조)

소방청장은 특급, 1급, 2급 또는 3급 소방안전관리자 자격시험을 실시하려는 경우에는 응시자격·시험과목·일시·장소 및 응시절차를 모든 응시 희망자가 알 수 있도록 시험 시행일 **30일** 전에 **인터넷 홈페이지**에 공고해야 한다.

⑤ 합격자 결정 등

㉠ 특급, 1급, 2급 및 3급 소방안전관리자 자격시험은 매과목을 100점 만점으로 하여 매과목 40점 이상, 전과목 평균 **70점** 이상 득점한 사람을 합격자로 한다.(규칙 제22조 제1항)

㉡ 소방안전관리자 자격시험은 다음 각 호의 방법으로 채점한다. 이 경우 특급 소방안전관리자 자격시험의 제2차시험 채점은 제1차시험 합격자의 답안지에 대해서만 실시한다.(규칙 제22조 제2항)

ⓐ 선택형 문제: 답안지 기재사항을 전산으로 판독하여 채점

ⓑ 주관식 서술형 문제: 임명·위촉된 시험위원이 채점. 이 경우 3명 이상의 채점자가 문항별 배점과 채점 기준표에 따라 별도로 채점하고 그 평균 점수를 해당 문제의 점수로 한다.

㉢ 특급 소방안전관리자 자격시험의 제1차시험에 합격한 사람은 제1차시험에 합격한 날부터 2년간 제1차시험을 면제한다.(규칙 제22조 제3항)

㉣ 소방청장은 소방안전관리자 자격시험을 종료한 날부터 **30일**(특급 소방안전관리 자격시험의 경우에는 **60일**) 이내에 인터넷 홈페이지에 합격자를 공고하고, 응시자에게 휴대전화 문자 메시지로 합격 여부를 알려 줄 수 있다.

22

「화재의 예방 및 안전관리에 관한 법률 시행규칙」상 소방청장이 실시하는 특급 소방안전관리자 자격시험의 원칙 횟수는?

① 연 1회 이상
② 월 1회 이상
③ 연 2회 이상
④ 월 2회 이상

정답 22. ③

● 시험 비교

	시행	공고	점수	발급	재발급
소방안전교육사 (소방기본법)	2년마다 1회	90일전	60점↑	1개월 이내	•
소방시설관리사 (소방시설법)	매년 1회	90일전	60점↑	1개월 이내	3일 이내
소방안전관리자 (화재예방법)	특급 : 연 2회 ↑ 1·2·3급 : 월 1회 ↑	30일전	70점↑	3일 이내	3일 이내
화재조사관 (화재조사법)		30일전			

⑥ 자격시험 문제의 출제 및 자격시험위원의 위촉 등(규칙 제23조)
  ㉠ 소방안전관리자 자격시험 과목 및 시험방법은 별표 4와 같다.
     (규칙 제23조 제1항)
     ⓐ 특급 소방안전관리자 자격시험

구분	과목	문항수	시험방법	시험시간
제1차 시험	제1과목	50문항	선택형	120분
	제2과목	50문항		
제2차 시험	제1과목	10문항	주관식서술형 (단답형, 기입형 또는 계산형 문제를 포함할 수 있다)	90분
	제2과목	10문항		

     ⓑ 1급, 2급, 3급 소방안전관리자 자격시험

구분	문항수	시험방법	시험시간
제1과목	25문항	선택형 (기입형을 포함할 수 있다)	60분
제2과목	25문항		

  ㉡ 시험위원
     소방청장은 소방안전관리자 자격시험의 시험문제 출제, 검토 및 채점을 위하여 다음 각 호의 어느 하나에 해당하는 사람 중에서 시험 위원을 임명 또는 위촉해야 한다.(규칙 제23조 제2항)
     ⓐ 소방 관련 분야에서 **석사** 이상의 학위를 취득한 사람
     ⓑ 「고등교육법」 제2조제1호부터 제6호까지에 해당하는 학교에서 소방안전 관련 학과의 **조교수** 이상으로 **2년** 이상 재직한 사람

ⓒ **소방위** 이상의 소방공무원
ⓓ 소방기술사
ⓔ 소방시설관리사
ⓕ 그 밖에 화재안전 또는 소방 관련 법령이나 정책에 전문성이 있는 사람
ⓒ ⓛ에 따라 위촉된 시험위원에게는 예산의 범위에서 수당, 여비 및 그 밖에 필요한 경비를 지급할 수 있다.(규칙 제23조 제3항)
ⓔ ㉠부터 ⓒ에서 규정한 사항 외에 소방안전관리자 자격시험의 운영 등에 필요한 세부적인 사항은 소방청장이 정한다.(규칙 제23조 제4항)

> 관련법규

화재예방법 시행규칙

시행규칙 제20조 [소방안전관리자 자격시험의 방법]

① 소방청장은 법 제30조제1항제1호에 따른 소방안전관리자 자격시험(이하 "소방안전관리자 자격시험"이라 한다)을 다음 각 호와 같이 실시한다. 이 경우 특급 소방안전관리자 자격시험은 제1차시험과 제2차시험으로 나누어 실시한다.
  1. 특급 소방안전관리자 자격시험: 연 2회 이상
  2. 1급·2급·3급 소방안전관리자 자격시험: 월 1회 이상
② 소방안전관리자 자격시험에 응시하려는 사람은 별지 제23호서식의 소방안전관리자 자격시험 응시원서(전자문서를 포함한다)에 다음 각 호의 서류(전자문서를 포함한다)를 첨부하여 소방청장에게 제출해야 한다.
  1. 사진(가로 3.5센티미터 × 세로 4.5센티미터)
  2. 응시자격 증명서류
③ 소방청장은 제2항에 따라 소방안전관리자 자격시험 응시원서를 접수한 경우에는 시험응시표를 발급해야 한다.

시행규칙 제21조 [소방안전관리자 자격시험의 공고]

소방청장은 특급, 1급, 2급 또는 3급 소방안전관리자 자격시험을 실시하려는 경우에는 응시자격·시험과목·일시·장소 및 응시절차를 모든 응시 희망자가 알 수 있도록 시험 시행일 30일 전에 인터넷 홈페이지에 공고해야 한다.

시행규칙 제22조 [소방안전관리자 자격시험의 합격자 결정 등]

① 특급, 1급, 2급 및 3급 소방안전관리자 자격시험은 매과목을 100점 만점으로 하여 매과목 40점 이상, 전과목 평균 70점 이상 득점한 사람을 합격자로 한다.
② 소방안전관리자 자격시험은 다음 각 호의 방법으로 채점한다. 이 경우 특급 소방안전관리자 자격시험의 제2차시험 채점은 제1차시험 합격자의 답안지에 대해서만 실시한다.
  1. 선택형 문제: 답안지 기재사항을 전산으로 판독하여 채점
  2. 주관식 서술형 문제: 제23조제2항에 따라 임명·위촉된 시험위원이 채점. 이 경우 3명 이상의 채점자가 문항별 배점과 채점 기준표에 따라 별도로 채점하고 그 평균 점수를 해당 문제의 점수로 한다.

③ 특급 소방안전관리자 자격시험의 제1차시험에 합격한 사람은 제1차시험에 합격한 날부터 2년간 제1차시험을 면제한다.
④ 소방청장은 소방안전관리자 자격시험을 종료한 날부터 30일(특급 소방안전관리 자격시험의 경우에는 60일) 이내에 인터넷 홈페이지에 합격자를 공고하고, 응시자에게 휴대전화 문자 메시지로 합격 여부를 알려 줄 수 있다.

시행규칙 제23조 [소방안전관리자 자격시험 과목 및 시험위원 위촉 등]
① 소방안전관리자 자격시험 과목 및 시험방법은 별표 4와 같다.
② 소방청장은 소방안전관리자 자격시험의 시험문제 출제, 검토 및 채점을 위하여 다음 각 호의 어느 하나에 해당하는 사람 중에서 시험 위원을 임명 또는 위촉해야 한다.
  1. 소방 관련 분야에서 석사 이상의 학위를 취득한 사람
  2. 「고등교육법」 제2조제1호부터 제6호까지에 해당하는 학교에서 소방안전 관련 학과의 조교수 이상으로 2년 이상 재직한 사람
  3. 소방위 이상의 소방공무원
  4. 소방기술사
  5. 소방시설관리사
  6. 그 밖에 화재안전 또는 소방 관련 법령이나 정책에 전문성이 있는 사람
③ 제2항에 따라 위촉된 시험위원에게는 예산의 범위에서 수당, 여비 및 그 밖에 필요한 경비를 지급할 수 있다.
④ 제1항부터 제3항까지에서 규정한 사항 외에 소방안전관리자 자격시험의 운영 등에 필요한 세부적인 사항은 소방청장이 정한다.

시행규칙 제24조 [부정행위 기준 등]
① 소방안전관리자 자격시험에서의 부정행위는 다음 각 호와 같다.
  1. 대리시험을 의뢰하거나 대리로 시험에 응시한 행위
  2. 다른 수험자의 답안지 또는 문제지를 엿보거나, 다른 수험자에게 이를 알려주는 행위
  3. 다른 수험자와 답안지 또는 문제지를 교환하는 행위
  4. 시험 중 다른 수험자와 시험과 관련된 대화를 하는 행위
  5. 시험 중 시험문제 내용과 관련된 물건을 휴대하여 사용하거나 이를 주고받는 행위(해당 물건의 휴대 여부를 확인하기 위한 검색 요구에 따르지 않는 행위를 포함한다)
  6. 시험장 안이나 밖의 사람으로부터 도움을 받아 답안지를 작성하는 행위
  7. 다른 수험자와 성명 또는 수험번호를 바꾸어 제출하는 행위
  8. 수험자가 시험시간에 통신기기 및 전자기기 등을 사용하여 답안지를 작성하거나 다른 수험자를 위하여 답안을 송신하는 행위(해당 물건의 휴대 여부를 확인하기 위한 검색 요구에 따르지 않는 행위를 포함한다)
  9. 감독관의 본인 확인 요구에 따르지 않는 행위
  10. 시험 종료 후에도 계속해서 답안을 작성하거나 수정하는 행위
  11. 그 밖의 부정 또는 불공정한 방법으로 시험을 치르는 행위
② 제1항 각 호에 따른 부정행위를 하는 응시자를 적발한 경우에는 해당 시험을 정지하고 무효로 처리한다.

10 소방안전관리자 등 종합정보망의 구축·운영(화재예방법 제33조)

① 구축·운영정보
소방청장은 소방안전관리자 및 소방안전관리보조자에 대한 다음 각 호의 정보를 효율적으로 관리하기 위하여 종합정보망을 구축·운영할 수 있다. (법 제33조 제1항)
  ㉠ 소방안전관리자 및 소방안전관리보조자의 **선**임신고 현황
  ㉡ 소방안전관리자 및 소방안전관리보조자의 **해**임 사실의 확인 현황
  ㉢ 건설현장 소방안전관리자 **선**임신고 현황
  ㉣ 소방안전관리자 자격시험 합격자 및 자격증의 **발**급 현황
  ㉤ 소방안전관리자 자격증의 **정**지·**취**소 처분 현황
  ㉥ 소방안전관리자 및 소방안전관리보조자의 **교**육 실시현황
② 종합정보망의 구축·운영 등에 필요한 사항은 **대통령령**으로 정한다. (법 제33조 제2항)
③ 종합정보망의 업무(영 제32조)
  ㉠ 종합정보망과 유관 정보시스템의 연계·운영
  ㉡ (10)의 ①의 정보를 저장·가공 및 제공하기 위한 시스템의 구축·운영

> 🔖 **암기법**
> 선교·해발·정취

11 소방안전관리자 등에 대한 교육(화재예방법 제34조)

① 강습교육 또는 실무교육을 받아야 할 사람(법 제34조 제1항)
  ㉠ 소방안전관리자가 되려고 하는 사람 또는 소방안전관리자(소방안전관리보조자를 포함)로 선임된 사람

② ①에 해당하는 사람은 소방안전관리업무에 관한 능력의 습득 또는 향상을 위하여 **행정안전부령**으로 정하는 바에 따라 소방청장이 실시하는 다음 각 호의 강습교육 또는 실무교육을 받아야 한다.(법 제34조 제1항)
  ㉠ 강습교육
    ⓐ 소방안전관리자의 자격을 인정받으려는 사람으로서 **대통령령**(특급, 1급, 2급, 3급, 공공기관의 소방안전관리자가 되려는 사람)으로 정하는 사람
    ⓑ 소방안전관리업무를 대행하는 관리업자를 감독할 수 있는 소방안전관리자로 선임되고자 하는 사람
    ⓒ 건설현장 소방안전관리자로 선임되고자 하는 사람
  ㉡ 실무교육
    ⓐ 소방안전관리업무를 수행하기 위하여 선임된 소방안전관리자 및 소방안전관리보조자
    ⓑ 소방안전관리업무를 대행하는 관리업자를 감독 하기위해 선임된 소방안전관리자

> **행정질서벌**
> **법 제52조 제3항 [과태료]**
> 실무교육을 받지 아니한 소방안전관리자 및 소방안전관리보조자에게는 100만 원 이하의 과태료를 부과한다. (50)

③ 교육실시방법
  다음 각 호와 같다. 다만, 「감염병의 예방 및 관리에 관한 법률」에 따른 감염병 등 불가피한 사유가 있는 경우에는 **행정안전부령**으로 정하는 바에 따라 ㉠ 또는 ㉢의 교육을 ㉡의 교육으로 실시할 수 있다.
  (법 제34조 제2항)
  ㉠ 집합교육
  ㉡ 정보통신매체를 이용한 원격교육
    (실시간 양방향 교육, 인터넷을 통한 영상강의 등 정보통신매체이용)
  ㉢ ㉠ 및 ㉡을 혼용한 교육

---

23 ● 1 2 3
「화재의 예방 및 안전관리에 관한 법률」 및 같은 법 시행규칙상 소방안전관리자 등에 대한 교육의 관한 설명으로 옳지 않은 것은?

① 소방안전관리자가 되려고 하는 사람 또는 소방안전관리자(소방안전관리보조자를 포함)로 선임된 사람은 소방안전관리업무에 관한 능력의 습득 또는 향상을 위하여 행정안전부령으로 정하는 바에 따라 소방청장이 실시하는 강습교육 또는 실무교육을 받아야 한다.
② 소방청장은 강습교육을 실시하려는 경우에는 강습교육 실시 10일 전까지 일시·장소, 그 밖에 강습교육 실시에 필요한 사항을 인터넷 홈페이지에 공고해야 한다.
③ 소방청장은 실무교육의 대상·일정·횟수 등을 포함한 실무교육의 실시계획을 매년 수립·시행해야 한다.
④ 소방청장은 실무교육을 실시하려는 경우에는 실무교육 실시 30일 전까지 일시·장소, 그 밖에 실무교육 실시에 필요한 사항을 인터넷 홈페이지에 공고하고 교육대상자에게 통보해야 한다.

정답 23. ②

④ 강습교육 실시
  ㉠ **소방청장**은 강습교육의 대상·일정·횟수 등을 포함한 강습교육의 실시계획을 **매년** 수립·시행해야 한다.(규칙 제25조 제1항)
  ㉡ 소방청장은 강습교육을 실시하려는 경우에는 강습교육 실시 20일 전까지 일시·장소, 그 밖에 강습교육 실시에 필요한 사항을 인터넷 홈페이지에 공고해야 한다.(규칙 제25조 제2항)
  ㉢ 소방청장은 강습교육을 실시한 경우에는 수료자에게 수료증(전자문서를 포함한다)을 발급하고 강습교육의 과정별로 강습교육수료자 명부대장(전자문서를 포함한다)을 작성·보관해야 한다.(규칙 제25조 제3항)
⑤ 강습교육의 교육운영 방법(규칙 별표5)
  ㉠ 교육과정별 교육시간 편성기준

교육대상	시간 합계	이론 (30%)	실무(70%)	
			일반(30%)	실습 및 평가(40%)
특급 소방안전관리자	160시간	48시간	48시간	64시간
1급 소방안전관리자	80시간	24시간	24시간	32시간
2급 및 공공기관 소방안전관리자	40시간	12시간	12시간	16시간
3급 소방안전관리자	24시간	7시간	7시간	10시간
업무 대행감독 소방안전관리자	16시간	5시간	5시간	6시간
건설현장 소방안전관리자	24시간	7시간	7시간	10시간

  ㉡ ㉠에 따른 평가는 서식작성, 설비운용(소방시설에 대한 점검능력을 포함한다) 및 비상대응 등 실습내용에 대한 평가를 말한다.
  ㉢ 교육과정을 수료하려는 사람은 ㉠에 따른 교육시간 합계의 **90퍼센트** 이상을 출석하고, ㉡에 따른 실습내용 평가에 합격(해당 평가항목을 이수하거나 평가기준을 충족한 경우를 말한다)해야 한다. 다만, 결강시간은 1일 최대 **3시간**을 초과할 수 없다.
  ㉣ 공공기관 소방안전관리업무에 관한 강습과목 중 일부 과목은 **16시간** 범위에서 원격교육으로 실시할 수 있다.
  ㉤ 구조 및 응급처치과목에는 「응급의료에 관한 법률 시행규칙」에 따른 구조 및 응급처치에 관한 교육의 내용과 시간이 포함되어야 한다.

⑥ 실무교육의 실시
  ㉠ 소방청장은 실무교육의 대상·일정·횟수 등을 포함한 실무교육의 실시 계획을 매년 수립·시행해야 한다.(규칙 제29조 제1항)
  ㉡ 소방청장은 실무교육을 실시하려는 경우에는 실무교육 실시 **30일 전**까지 일시·장소, 그 밖에 실무교육 실시에 필요한 사항을 인터넷 홈페이지에 공고하고 교육대상자에게 통보해야 한다.(규칙 제29조 제2항)
  ㉢ 소방안전관리자는 소방안전관리자로 선임된 날부터 **6개월** 이내에 실무교육을 받아야 하며, 그 이후에는 **2년**마다(최초 실무교육을 받은 날을 기준일로 하여 매 2년이 되는 해의 기준일과 같은 날 전까지를 말한다) 1회 이상 실무교육을 받아야 한다. 다만, 소방안전관리 강습교육 또는 실무교육을 받은 후 1년 이내에 소방안전관리자로 선임된 사람은 해당 강습교육을 수료하거나 실무교육을 이수한 날에 실무교육을 이수한 것으로 본다.
  (규칙 제29조 제3항)
  ㉣ 소방안전관리보조자는 그 선임된 날부터 **6개월**(영 별표 5 제2호마목(소방안전관리대상물에서 소방안전 관련 업무에 2년 이상 근무한 경력이 있는 사람)에 따라 소방안전관리보조자로 지정된 사람의 경우 **3개월**을 말한다) 이내에 실무교육을 받아야 하며, 그 이후에는 **2년**마다(최초 실무교육을 받은 날을 기준일로 하여 매 2년이 되는 해의 기준일과 같은 날 전까지를 말한다) 1회 이상 실무교육을 받아야 한다. 다만, 소방안전관리자 강습교육 또는 실무교육이나 소방안전관리보조자 실무교육을 받은 후 **1년** 이내에 소방안전관리보조자로 선임된 사람은 해당 강습교육을 수료하거나 실무교육을 이수한 날에 실무교육을 이수한 것으로 본다.(규칙 제29조 제4항)
⑦ 실무교육의 과목 및 시간 (규칙 별표6)
  ㉠ 소방안전관리자에 대한 실무교육의 과목 및 시간

교육과목	교육시간
가. 소방 관계 법규 및 화재 사례 나. 소방시설의 구조원리 및 현장실습 다. 소방시설의 유지·관리요령 라. 소방계획서의 작성 및 운영 마. 업무 수행 기록·유지에 관한 사항 바. 자위소방대의 조직과 소방 훈련 및 교육 사. 피난시설 및 방화시설의 유지·관리 아. 화재 시 초기대응 및 인명 대피 요령 자. 소방 관련 질의회신 등	8시간 이내

비고
교육과목 중 이론 과목 및 서식작성 등은 **4시간** 이내에서 원격교육으로 실시할 수 있다.

---

24 ● 1 2 3
「화재의 예방 및 안전관리에 관한 법률 시행규칙」상 <보기>는 소방안전관리자의 실무교육 횟수에 대한 내용이다. ( ) 안에 들어갈 말로 옳은 것은?

<보기>
소방안전관리자는 그 선임된 날부터 (가) 이내에 실무교육을 받아야 하며, 그 이후에는 (나)마다 1회 이상 실무교육을 받아야 한다.

　　(가)　　(나)
① 6개월　　2년
② 3개월　　1년
③ 6개월　　1년
④ 3개월　　2년

정답 24.①

ⓒ 소방안전관리보조자에 대한 실무교육의 과목 및 시간

교육과목	교육시간
가. 소방 관계 법규 및 화재 사례 나. 화재의 예방·대비 다. 소방시설 유지관리 실습 라. 초기대응체계 교육 및 훈련 실습 마. 화재발생 시 대응 실습 등	4시간

ⓒ 교육운영 방법
  ⓐ 실무교육은 이론·실습 또는 실습·평가로 구분하여 실시할 수 있다. 이 경우 실습·평가는 교육시간을 달리 정할 수 있다.
  ⓑ 실무교육의 수료를 위한 출석기준은 ㉠ 및 ㉡에 따른 교육시간의 **90퍼센트** 이상으로 한다. 다만, 실습·평가의 경우에는 ⓐ의 후단에 따라 달리 정한 시간의 100퍼센트로 한다.

⑧ 실무교육 수료증 발급 및 실무교육 결과의 통보(규칙 제32조)
  ㉠ **소방청장**은 실무교육을 수료한 사람에게 실무교육 수료증(전자문서를 포함한다)을 발급하고, 실무교육 수료자명부(전자문서를 포함한다)에 작성·관리해야 한다.
  ㉡ 소방청장은 해당 연도의 실무교육이 끝난 날부터 **30일** 이내에 그 결과를 **소방본부장 또는 소방서장**에게 통보해야 한다.

⑨ 강습교육 및 실무교육의 강사 (규칙 제27조, 제30조)
  과목별로 다음 각 호의 어느 하나에 해당하는 사람 중에서 소방에 관한 학식·경험·능력 등을 고려하여 소방청장이 임명 또는 위촉한다.
  ㉠ **안**전원 직원
  ㉡ 소방**기**술사
  ㉢ 소방시설**관**리사
  ㉣ 소방안전 관련 학과에서 **부**교수 이상의 직에 재직 중이거나 재직한 사람
  ㉤ 소방안전 관련 분야에서 **석**사 이상의 학위를 취득한 사람
  ㉥ 소방**공**무원으로 **5**년 이상 근무한 사람

🔖 암기법
안기부 · 석관 · 오공

> **관련법규**

화재예방법 시행령

시행령 제33조 [소방안전관리자의 자격을 인정받으려는 사람]

법 제34조제1항제1호가목에서 "대통령령으로 정하는 사람"이란 다음 각 호의 사람을 말한다.
1. 특급 소방안전관리대상물의 소방안전관리자가 되려는 사람
2. 1급 소방안전관리대상물의 소방안전관리자가 되려는 사람
3. 2급 소방안전관리대상물의 소방안전관리자가 되려는 사람
4. 3급 소방안전관리대상물의 소방안전관리자가 되려는 사람
5. 「공공기관의 소방안전관리에 관한 규정」 제2조에 따른 공공기관의 소방안전관리자가 되려는 사람

화재예방법 시행규칙

시행규칙 제25조 [강습교육의 실시]

① 소방청장은 법 제34조제1항제1호에 따른 강습교육(이하 "강습교육"이라 한다)의 대상·일정·횟수 등을 포함한 강습교육의 실시계획을 매년 수립·시행해야 한다.
② 소방청장은 강습교육을 실시하려는 경우에는 강습교육 실시 20일 전까지 일시·장소, 그 밖에 강습교육 실시에 필요한 사항을 인터넷 홈페이지에 공고해야 한다.
③ 소방청장은 강습교육을 실시한 경우에는 수료자에게 별지 제24호서식의 수료증(전자문서를 포함한다)을 발급하고 강습교육의 과정별로 별지 제25호서식의 강습교육수료자 명부대장(전자문서를 포함한다)을 작성·보관해야 한다.

시행규칙 제26조 [강습교육 수강신청 등]

① 강습교육을 받으려는 사람은 강습교육의 과정별로 별지 제26호서식의 강습교육 수강신청서(전자문서를 포함한다)에 다음 각 호의 서류(전자문서를 포함한다)를 첨부하여 소방청장에게 제출해야 한다.
  1. 사진(가로 3.5센티미터 × 세로 4.5센티미터)
  2. 재직증명서(법 제39조제1항에 따른 공공기관에 재직하는 사람만 해당한다)
② 소방청장은 강습교육 수강신청서를 접수한 경우에는 수강증을 발급해야 한다.

시행규칙 제27조 [강습교육의 강사]

강습교육을 담당할 강사는 과목별로 다음 각 호의 어느 하나에 해당하는 사람 중에서 소방에 관한 학식·경험·능력 등을 고려하여 소방청장이 임명 또는 위촉한다.
1. 안전원 직원
2. 소방기술사
3. 소방시설관리사
4. 소방안전 관련 학과에서 부교수 이상의 직(職)에 재직 중이거나 재직한 사람
5. 소방안전 관련 분야에서 석사 이상의 학위를 취득한 사람
6. 소방공무원으로 5년 이상 근무한 사람

시행규칙 제28조 [강습교육의 과목, 시간 및 운영방법]

강습교육의 과목, 시간 및 운영방법은 별표 5와 같다.

시행규칙 제29조 [실무교육의 실시]

① 소방청장은 법 제34조제1항제2호에 따른 실무교육(이하 "실무교육"이라 한다)의 대상·일정·횟수 등을 포함한 실무교육의 실시 계획을 매년 수립·시행해야 한다.

② 소방청장은 실무교육을 실시하려는 경우에는 실무교육 실시 30일 전까지 일시·장소, 그 밖에 실무교육 실시에 필요한 사항을 인터넷 홈페이지에 공고하고 교육대상자에게 통보해야 한다.

③ 소방안전관리자는 소방안전관리자로 선임된 날부터 6개월 이내에 실무교육을 받아야 하며, 그 이후에는 2년마다(최초 실무교육을 받은 날을 기준일로 하여 매 2년이 되는 해의 기준일과 같은 날 전까지를 말한다) 1회 이상 실무교육을 받아야 한다. 다만, 소방안전관리 강습교육 또는 실무교육을 받은 후 1년 이내에 소방안전관리자로 선임된 사람은 해당 강습교육을 수료하거나 실무교육을 이수한 날에 실무교육을 이수한 것으로 본다.

④ 소방안전관리보조자는 그 선임된 날부터 6개월(영 별표 5 제2호마목에 따라 소방안전관리보조자로 지정된 사람의 경우 3개월을 말한다) 이내에 실무교육을 받아야 하며, 그 이후에는 2년마다(최초 실무교육을 받은 날을 기준일로 하여 매 2년이 되는 해의 기준일과 같은 날 전까지를 말한다) 1회 이상 실무교육을 받아야 한다. 다만, 소방안전관리자 강습교육 또는 실무교육이나 소방안전관리보조자 실무교육을 받은 후 1년 이내에 소방안전관리보조자로 선임된 사람은 해당 강습교육을 수료하거나 실무교육을 이수한 날에 실무교육을 이수한 것으로 본다.

시행규칙 제30조 [실무교육의 강사]

실무교육을 담당할 강사는 다음 각 호의 어느 하나에 해당하는 사람 중에서 소방에 관한 학식·경험·능력 등을 종합적으로 고려하여 소방청장이 임명 또는 위촉한다.

1. 안전원 직원
2. 소방기술사
3. 소방시설관리사
4. 소방안전 관련 학과에서 부교수 이상의 직에 재직 중이거나 재직한 사람
5. 소방안전 관련 분야에서 석사 이상의 학위를 취득한 사람
6. 소방공무원으로 5년 이상 근무한 사람

시행규칙 제31조 [실무교육의 과목, 시간 및 운영방법]

실무교육의 과목, 시간 및 운영방법은 별표 6과 같다.

시행규칙 제32조 [실무교육 수료증 발급 및 실무교육 결과의 통보]

① 소방청장은 실무교육을 수료한 사람에게 실무교육 수료증(전자문서를 포함한다)을 발급하고, 별지 제27호서식의 실무교육 수료자명부(전자문서를 포함한다)에 작성·관리해야 한다.

② 소방청장은 해당 연도의 실무교육이 끝난 날부터 30일 이내에 그 결과를 소방본부장 또는 소방서장에게 통보해야 한다.

시행규칙 제33조 [원격교육 실시방법]

법 제34조제2항제2호에 따른 원격교육은 실시간 양방향 교육, 인터넷을 통한 영상강의 등 정보통신매체를 이용하여 실시한다.

12. 관리의 권원이 분리된 특정소방대상물의 소방안전관리 (화재예방법 제35조)

(1) 관리의 권원이 분리된 특정소방대상물의 소방안전관리 〔기출〕 21 공채 / 21 경채

① 다음 각 호의 어느 하나에 해당하는 특정소방대상물로서 그 관리의 권원(權原)이 분리되어 있는 특정소방대상물의 경우 그 관리의 권원별 관계인은 **대통령령**으로 정하는 바에 따라 소방안전관리자를 선임하여야 한다. 다만, 소방본부장 또는 소방서장은 관리의 권원이 많아 효율적인 소방안전관리가 이루어지지 아니한다고 판단되는 경우 **대통령령**으로 정하는 바에 따라 관리의 권원을 조정하여 소방안전관리자를 선임하도록 할 수 있다.(법 제35조 제1항)

   ⊙ 복합건축물
      ⓐ 지하층을 제외한 층수가 **11층 이상**인 복합건축물
      ⓑ 연면적 **3만m² 이상**인 복합건축물
   ⊙ **지하가**(지하의 인공구조물 안에 설치된 상점 및 사무실, 그 밖에 이와 비슷한 시설이 연속하여 지하도에 접하여 설치된 것과 그 지하도를 합한 것을 말한다)
   ⊙ 그 밖에 **대통령령**으로 정하는 특정소방대상물
      ⓐ 판매시설 중 **도매**시장, **소매**시장 및 **전통**시장(영 제35조)

행정형벌

법 제50조 제3항 제3호 [벌칙]
소방안전관리자, 총괄소방안전관리자 또는 소방안전관리보조자를 선임하지 아니한 자는 300만 원 이하의 벌금에 처한다.

---

② 소방안전관리자의 선임

관리의 권원이 분리되어 있는 특정소방대상물의 관계인은 소유권, 관리권 및 점유권에 따라 각각 소방안전관리자를 선임해야 한다. 다만, 둘 이상의 소유권, 관리권 또는 점유권이 동일인에게 귀속된 경우에는 하나의 관리 권원으로 보아 소방안전관리자를 선임할 수 있다.(영 제34조 제1항)

그럼에도 불구하고 다음의 어느 하나에 해당하는 경우에는 해당 호에서 정하는 바에 따라 소방안전관리자를 선임할 수 있다.(영 제34조 제2항)

   ⊙ 법령 또는 계약 등에 따라 **공동으로 관리**하는 경우: 하나의 관리 권원으로 보아 소방안전관리자 **1명** 선임
   ⊙ 화재 수신기 또는 소화펌프(가압송수장치를 포함한다. 이하 이 항에서 같다)가 **별도로 설치**되어 있는 경우: 설치된 화재 수신기 또는 소화펌프가 화재를 감지·소화 또는 경보할 수 있는 부분을 각각 하나의 관리 권원으로 보아 **각각 소방안전관리자 선임**

25.

「화재의 예방 및 안전관리에 관한 법률」 및 같은 법 시행령상 특정소방대상물로서 그 관리의 권원(權原)이 분리되어 있는 특정소방대상물의 경우 그 관리의 권원별 관계인이 대통령령으로 정하는 바에 따라 소방안전관리자를 선임하도록 지정할 수 있는 대상물로 옳지 않은 것은? • 21. 경채(개정)

① 판매시설 중 전통시장
② 복합건축물(지하층을 포함한 층수가 11층 이상인 건축물)
③ 복합건축물(연면적 3만m² 이상인 건축물)
④ 지하가(지하의 인공구조물 안에 설치된 상점 및 사무실, 그 밖에 이와 비슷한 시설이 연속하여 지하도에 접하여 설치된 것과 그 지하도를 합한 것을 말한다)

암기법
113 · 도가 · 소통

정답 25. ②

ⓒ 하나의 화재 수신기 및 소화펌프가 설치된 경우: 하나의 관리 권원으로 보아 소방안전관리자 **1명** 선임

③ ① 및 ②에도 불구하고 **소방본부장 또는 소방서장**은 관리의 권원이 많아 효율적인 소방안전관리가 이루어지지 않는다고 판단되는 경우 ①의 기준 및 해당 특정소방대상물의 화재위험성 등을 고려하여 관리의 권원이 분리되어 있는 특정소방대상물의 관리의 권원을 조정하여 소방안전관리자를 선임하도록 할 수 있다.(영 제34조 제3항)

④ 총괄소방안전관리자의 선임

관리의 권원별 관계인은 상호 협의하여 특정소방대상물의 전체에 걸쳐 소방안전관리상 필요한 업무를 총괄하는 소방안전관리자(총괄소방안전관리자)를 선임된 소방안전관리자 중에서 선임하거나 별도로 선임하여야 한다. 이 경우 총괄소방안전관리자의 자격은 **대통령령**으로 정하고 업무수행 등에 필요한 사항은 **행정안전부령**으로 정한다.(법 제35조 제2항)

㉠ 총괄소방안전관리자의 선임 자격(영 제36조) : 특정소방대상물의 전체에 걸쳐 소방안전관리상 필요한 업무를 총괄하는 소방안전관리자는 소방안전관리대상물의 등급별 선임자격을 갖춰야 한다. 이 경우 관리의 권원이 분리되어 있는 특정소방대상물에 대하여 소방안전관리대상물의 등급을 결정할 때에는 해당 특정소방대상물 전체를 기준으로 한다.

⑤ 총괄소방안전관리자에 대하여는 제24조, 제26조부터 제28조까지 및 제30조부터 제34조까지에서 규정한 사항 중 소방안전관리자에 관한 사항을 준용한다.(법 제35조 제3항)

⑥ 선임된 소방안전관리자 및 총괄소방안전관리자는 해당 특정소방대상물의 소방안전관리를 효율적으로 수행하기 위하여 **공동소방안전관리협의회**를 구성하고, 해당 특정소방대상물에 대한 소방안전관리를 공동으로 수행하여야 한다. 이 경우 공동소방안전관리협의회의 구성·운영 및 공동소방안전관리의 수행 등에 필요한 사항은 **대통령령**으로 정한다.(법 제35조 제4항)

⑦ 공동소방안전관리협의회

㉠ 공동소방안전관리협의회는 **소방안전관리자** 및 **총괄소방안전관리자**로 구성한다.(영 제37조 제1항)

㉡ 협의회 협의사항(영 제37조 제2항)

ⓐ 특정소방대상물 전체의 소방계획 수립 및 시행에 관한 사항
ⓑ 특정소방대상물 전체의 소방훈련·교육의 실시에 관한 사항
ⓒ 공용 부분의 소방시설 및 피난·방화시설의 유지·관리에 관한 사항
ⓓ 그 밖에 공동으로 소방안전관리를 할 필요가 있는 사항

㉢ 협의회는 공동소방안전관리 업무의 수행에 필요한 기준을 정하여 운영할 수 있다.(영 제37조 제3항)

26

「화재의 예방 및 안전관리에 관한 법률 시행령」상 공동소방안전관리협의회의 업무에 해당하는 것은?

① 총괄 소방안전관리자의 업무 권한에 대한 사항
② 공용 부분의 소방시설 및 피난·방화시설의 유지·관리에 관한 사항
③ 권원별 소방안전관리 업무 지도·감독
④ 공동소방안전관리협의회의 운영

정답 26. ②

● 소방안전관리 업무비교

관계인의 업무 (소방안전관리대상물 제외)	소방안전관리자의 업무	소방안전관리업자의 업무 대행
㉠ 피난시설, 방화구획 및 방화시설의 관리 ㉡ 소방시설이나 그 밖의 소방 관련 시설의 관리 ㉢ 화기(火氣) 취급의 감독 ㉣ 화재발생 시 초기대응 ㉤ 그 밖에 소방안전관리에 필요한 업무	㉠ 피난계획에 관한 사항과 대통령령으로 정하는 사항이 포함된 소방계획서의 작성 및 시행 ㉡ 자위소방대(自衛消防隊) 및 초기대응체계의 구성, 운영 및 교육 ㉢ 피난시설, 방화구획 및 방화시설의 관리 ㉣ 소방시설이나 그 밖의 소방 관련 시설의 관리 ㉤ 소방훈련 및 교육 ㉥ 화기(火氣) 취급의 감독 ㉦ 행정안전부령으로 정하는 바에 따른 소방안전관리에 관한 업무수행에 관한 기록·유지(㉢·㉣ 및 ㉥의 업무를 말한다) ㉧ 화재발생 시 초기대응 ㉨ 그 밖에 소방안전관리에 필요한 업무	㉠ 피난시설, 방화구획 및 방화시설의 관리 ㉡ 소방시설이나 그 밖의 소방 관련 시설의 관리

건설현장 소방안전관리대상물의 소방안전관리자의 업무	공동소방안전관리협의회의 협의사항
㉠ 건설현장의 소방계획서의 작성 ㉡ 임시소방시설의 설치 및 관리에 대한 감독 ㉢ 공사진행 단계별 피난안전구역, 피난로 등의 확보와 관리 ㉣ 건설현장의 작업자에 대한 소방안전 교육 및 훈련 ㉤ 초기대응체계의 구성·운영 및 교육 ㉥ 화기취급의 감독, 화재위험작업의 허가 및 관리 ㉦ 그 밖에 건설현장의 소방안전관리와 관련하여 소방청장이 고시하는 업무	㉠ 특정소방대상물 전체의 소방계획 수립 및 시행에 관한 사항 ㉡ 특정소방대상물 전체의 소방훈련·교육의 실시에 관한 사항 ㉢ 공용 부분의 소방시설 및 피난·방화시설의 유지·관리에 관한 사항 ㉣ 그 밖에 공동으로 소방안전관리를 할 필요가 있는 사항

관련법규

화재예방법 시행령

시행령 제34조 [관리권원별 소방안전관리자 선임 및 조정 기준]
① 법 제35조제1항 본문에 따라 관리의 권원이 분리되어 있는 특정소방대상물의 관계인은 소유권, 관리권 및 점유권에 따라 각각 소방안전관리자를 선임해야 한다. 다만, 둘 이상의 소유권, 관리권 또는 점유권이 동일인에게 귀속된 경우에는 하나의 관리 권원으로 보아 소방안전관리자를 선임할 수 있다.

② 제1항에도 불구하고 다음 각 호의 어느 하나에 해당하는 경우에는 해당 호에서 정하는 바에 따라 소방안전관리자를 선임할 수 있다.
  1. 법령 또는 계약 등에 따라 공동으로 관리하는 경우: 하나의 관리 권원으로 보아 소방안전관리자 1명 선임
  2. 화재 수신기 또는 소화펌프(가압송수장치를 포함한다. 이하 이 항에서 같다)가 별도로 설치되어 있는 경우: 설치된 화재 수신기 또는 소화펌프가 화재를 감지·소화 또는 경보할 수 있는 부분을 각각 하나의 관리 권원으로 보아 각각 소방안전관리자 선임
  3. 하나의 화재 수신기 및 소화펌프가 설치된 경우: 하나의 관리 권원으로 보아 소방안전관리자 1명 선임
③ 제1항 및 제2항에도 불구하고 소방본부장 또는 소방서장은 법 제35조제1항 각 호 외의 부분 단서에 따라 관리의 권원이 많아 효율적인 소방안전관리가 이루어지지 않는다고 판단되는 경우 제1항 각 호의 기준 및 해당 특정소방대상물의 화재위험성 등을 고려하여 관리의 권원이 분리되어 있는 특정소방대상물의 관리의 권원을 조정하여 소방안전관리자를 선임하도록 할 수 있다.

시행령 제35조 [관리의 권원이 분리된 특정소방대상물]
법 제35조제1항제3호에서 "대통령령으로 정하는 특정소방대상물"이란 「소방시설 설치 및 관리에 관한 법률 시행령」 별표 2에 따른 판매시설 중 도매시장, 소매시장 및 전통시장을 말한다.

시행령 제36조 [총괄소방안전관리자의 선임 자격]
법 제35조제2항에 따른 특정소방대상물의 전체에 걸쳐 소방안전관리상 필요한 업무를 총괄하는 소방안전관리자(이하 "총괄소방안전관리자"라 한다)는 별표 4에 따른 소방안전관리대상물의 등급별 선임자격을 갖춰야 한다. 이 경우 관리의 권원이 분리되어 있는 특정소방대상물에 대하여 소방안전관리대상물의 등급을 결정할 때에는 해당 특정소방대상물 전체를 기준으로 한다.

시행령 제37조 [공동소방안전관리 협의회의 구성·운영 등]
① 법 제35조제4항에 따른 공동소방안전관리협의회(이하 "협의회"라 한다)는 같은 조제1항 및 제2항에 따라 선임된 소방안전관리자 및 총괄소방안전관리자(이하 이 조에서 "총괄소방안전관리자등"이라 한다)로 구성한다.
② 총괄소방안전관리자등은 법 제35조제4항에 따라 다음 각 호의 공동소방안전관리 업무를 협의회의 협의를 거쳐 공동으로 수행한다.
  1. 특정소방대상물 전체의 소방계획 수립 및 시행에 관한 사항
  2. 특정소방대상물 전체의 소방훈련·교육의 실시에 관한 사항
  3. 공용 부분의 소방시설 및 피난·방화시설의 유지·관리에 관한 사항
  4. 그 밖에 공동으로 소방안전관리를 할 필요가 있는 사항
③ 협의회는 공동소방안전관리 업무의 수행에 필요한 기준을 정하여 운영할 수 있다.

13. 피난계획의 수립 및 시행(화재예방법 제36조)

(1) 피난계획 수립·시행

① 소방안전관리대상물의 **관계인**은 그 장소에 **근무**하거나 **거주** 또는 **출입**하는 사람들이 화재가 발생한 경우에 안전하게 피난할 수 있도록 피난계획을 수립·시행하여야 한다.(법 제36조 제1항)

② 피난계획에는 그 소방안전관리대상물의 구조, 피난시설 등을 고려하여 설정한 **피난경로**가 포함되어야 한다.(법 제36조 제2항)

③ 정보제공
소방안전관리대상물의 관계인은 피난시설의 위치, 피난경로 또는 대피요령이 포함된 피난유도 안내정보를 근무자 또는 거주자에게 정기적으로 제공하여야 한다.(법 제36조 제3항)

> **행정질서벌**
> 법 제52조 제1항 제6호 [과태료]
> 피난유도 안내정보를 제공하지 아니한 자는 300만 원 이하의 과태료를 부과한다.
> (1차 : 100, 2차 : 200, 3차 : 300)

④ 피난계획의 수립·시행, 피난유도 안내정보 제공에 필요한 사항은 **행정안전부령**으로 정한다.(법 제36조 제4항)

⑤ 피난계획에 포함되어야 할 사항(규칙 제34조 제1항)
  ㉠ 화재경보의 수단 및 방식
  ㉡ 층별, 구역별 피난대상 인원의 연령별·성별 현황
  ㉢ 피난약자의 현황
  ㉣ 각 거실에서 옥외(옥상 또는 피난안전구역을 포함한다)로 이르는 피난경로
  ㉤ 피난약자 및 피난약자를 동반한 사람의 피난동선과 피난방법
  ㉥ 피난시설, 방화구획, 그 밖에 피난에 영향을 줄 수 있는 제반 사항

⑥ 피난계획의 수립·정비
  ㉠ 소방안전관리대상물의 **관계인**은 해당 소방안전관리대상물의 구조·위치, 소방시설 등을 고려하여 피난계획을 **수립**해야 한다.(규칙 제34조 제2항)
  ㉡ 소방안전관리대상물의 **관계인**은 해당 소방안전관리대상물의 피난시설이 변경된 경우에는 그 변경사항을 반영하여 피난계획을 **정비**해야 한다.
  (규칙 제34조 제3항)
  ㉢ 규정한 사항 외에 피난계획의 수립·시행에 필요한 세부 사항은 **소방청장**이 정하여 고시한다.(규칙 제34조 제4항)

---

27. 「화재의 예방 및 안전관리에 관한 법률」 및 같은 법 시행규칙상 피난계획의 수립·시행에 대한 설명으로 옳지 않은 것은?

① 소방안전관리대상물의 관계인은 그 장소에 근무하거나 거주 또는 출입하는 사람들이 화재가 발생한 경우에 안전하게 피난할 수 있도록 피난계획을 수립·시행하여야 한다.
② 피난계획의 수립·시행, 피난유도 안내정보 제공에 필요한 사항은 대통령령으로 정한다.
③ 피난계획에는 피난시설, 방화구획, 그 밖에 피난에 영향을 줄 수 있는 제반 사항 등이 포함되어야 한다.
④ 피난계획에는 층별, 구역별 피난대상 인원의 연령별·성별 현황이 포함되어야 한다.

28. 「화재의 예방 및 안전관리에 관한 법률 시행규칙」상 소방안전관리대상물의 관계인이 피난시설의 위치, 피난경로 또는 대피요령이 포함된 피난유도 안내정보를 근무자 또는 거주자에게 정기적으로 제공해야 하는 방법으로 옳지 않은 것은? • 21. 공채(개정)

① 연 1회 피난안내 교육을 실시하는 방법
② 분기별 1회 이상 피난안내방송을 실시하는 방법
③ 피난안내도를 층마다 보기 쉬운 위치에 게시하는 방법
④ 엘리베이터, 출입구 등 시청이 용이한 지역에 피난안내 영상을 제공하는 방법

정답 27. ② 28. ①

⑦ 피난유도 안내정보의 제공 방법(규칙 제35조 제1항) 〔기출〕 21 공채

㉠ **연 2회** 피난안내 교육을 실시하는 방법

㉡ **분기별 1회 이상** 피난안내방송을 실시하는 방법

㉢ 피난안내도를 층마다 보기 쉬운 위치에 게시하는 방법

㉣ 엘리베이터, 출입구 등 시청이 용이한 장소에 피난안내영상을 제공하는 방법

⑧ ⑦에서 규정한 사항 외에 피난유도 안내정보의 제공에 필요한 세부 사항은 소방청장이 정하여 고시한다.(규칙 제35조 제2항)

> 📙 관련법규

> **화재예방법 시행규칙**
>
> **시행규칙 제34조 [피난계획의 수립·시행]**
>
> ① 법 제36조제1항에 따른 피난계획(이하 "피난계획"이라 한다)에는 다음 각 호의 사항이 포함되어야 한다.
>   1. 화재경보의 수단 및 방식
>   2. 층별, 구역별 피난대상 인원의 연령별·성별 현황
>   3. 피난약자의 현황
>   4. 각 거실에서 옥외(옥상 또는 피난안전구역을 포함한다)로 이르는 피난경로
>   5. 피난약자 및 피난약자를 동반한 사람의 피난동선과 피난방법
>   6. 피난시설, 방화구획, 그 밖에 피난에 영향을 줄 수 있는 제반 사항
> ② 소방안전관리대상물의 관계인은 해당 소방안전관리대상물의 구조·위치, 소방시설 등을 고려하여 피난계획을 수립해야 한다.
> ③ 소방안전관리대상물의 관계인은 해당 소방안전관리대상물의 피난시설이 변경된 경우에는 그 변경사항을 반영하여 피난계획을 정비해야 한다.
> ④ 제1항부터 제3항까지에서 규정한 사항 외에 피난계획의 수립·시행에 필요한 세부 사항은 소방청장이 정하여 고시한다.
>
> **시행규칙 제35조 [피난유도 안내정보의 제공]**
>
> ① 법 제36조제3항에 따른 피난유도 안내정보는 다음 각 호의 어느 하나의 방법으로 제공한다.
>   1. 연 2회 피난안내 교육을 실시하는 방법
>   2. 분기별 1회 이상 피난안내방송을 실시하는 방법
>   3. 피난안내도를 층마다 보기 쉬운 위치에 게시하는 방법
>   4. 엘리베이터, 출입구 등 시청이 용이한 장소에 피난안내영상을 제공하는 방법
> ② 제1항에서 규정한 사항 외에 피난유도 안내정보의 제공에 필요한 세부 사항은 소방청장이 정하여 고시한다.

14 소방안전관리대상물 근무자 및 거주자 등에 대한 소방훈련 등 (화재예방법 제37조)

(1) 소방훈련과 소방안전관리에 필요한 교육 기출 24 공채 / 24 경채

① 소방안전관리대상물의 관계인은 그 장소에 근무하거나 거주하는 사람 등에게 소방훈련과 소방안전관리에 필요한 교육을 하여야 한다.(법 제37조 제1항)

② 훈련 등 내용(법 제37조 제1항)
  ㉠ **소**화 · **통**보 · **피**난 등의 훈련
  ㉡ 소방안전관리에 필요한 교육
  ㉢ 피난훈련은 그 소방대상물에 출입하는 사람을 안전한 장소로 대피시키고 유도하는 훈련

③ 소방훈련과 교육의 횟수 및 방법 등에 관하여 필요한 사항은 **행정안전부령**으로 정한다.(법 제37조 제1항)
  ㉠ 소방안전관리대상물의 관계인은 소방훈련과 교육을 **연 1회** 이상 실시해야 한다. 다만, 소방본부장 또는 소방서장이 화재예방을 위하여 필요하다고 인정하여 **2회**의 범위에서 추가로 실시할 것을 요청하는 경우에는 소방훈련과 교육을 추가로 실시해야 한다.(규칙 제36조 제1항)
  ㉡ **소방본부장 또는 소방서장**은 **특급** 및 **1급** 소방안전관리대상물의 관계인으로 하여금 소방훈련과 교육을 소방기관과 합동으로 실시하게 할 수 있다. (규칙 제36조 제2항)
  ㉢ 소방안전관리대상물의 관계인은 소방훈련과 교육을 실시하는 경우 소방훈련 및 교육에 필요한 장비 및 교재 등을 갖추어야 한다.(규칙 제36조 제3항)
  ㉣ 소방안전관리대상물의 관계인은 소방훈련과 교육을 실시했을 때에는 그 실시 결과를 소방훈련 · 교육 실시 결과 기록부에 기록하고, 이를 소방훈련 및 교육을 실시한 날부터 **2년**간 보관해야 한다.(규칙 제36조 제4항)

행정질서벌

법 제52조 제1항 제7호 [과태료]
소방훈련 및 교육을 하지 아니한 자는 300만 원 이하의 과태료를 부과한다.
(1차 : 100, 2차 : 200, 3차 : 300)

④ 소방훈련 · 교육의 결과제출
소방안전관리대상물 중 소방안전관리업무의 전담이 필요한 **대통령령**으로 정하는 소방안전관리대상물의 관계인은 소방훈련 및 교육을 한 날부터 **30일 이내**에 소방훈련 및 교육 결과를 **행정안전부령**으로 정하는 바에 따라 소방본부장 또는 소방서장에게 제출하여야 한다.(법 제37조 제2항)

암기법
소 · 통 · 피

29
「화재의 예방 및 안전관리에 관한 법률」상 소방훈련의 실시권자는 누구인가?
① 소방본부장 ② 소방청장
③ 관계인 ④ 시 · 도지사

30
「화재의 예방 및 안전관리에 관한 법률」상 소방훈련의 내용으로 옳지 않은 것은?
① 소화 ② 통보
③ 피난 ④ 경보

31
「화재의 예방 및 안전관리에 관한 법률」 및 같은 법 시행령, 시행규칙상 소방안전관리대상물 근무자 및 거주자 등에 대한 소방훈련 등에 관한 내용으로 옳지 않은 것은?
• 24. 공채 / 24. 경채
① 소방안전관리대상물의 관계인은 소방훈련과 교육을 연 1회 이상 실시해야 한다.
② 1급 소방안전관리대상물의 관계인은 소방훈련 및 교육을 한 날부터 30일 이내에 소방훈련 및 교육 결과를 행정안전부령으로 정하는 바에 따라 소방본부장 또는 소방서장에게 제출해야 한다.
③ 소방서장은 특급 소방안전관리대상물의 관계인으로 하여금 소방훈련과 교육을 소방기관과 합동으로 실시하게 할 수 있다.
④ 소방안전관리대상물의 관계인은 소방훈련과 교육을 실시했을 때에는 그 실시 결과를 소방훈련 · 교육 실시 결과 기록부에 기록하고, 이를 소방훈련 및 교육을 실시한 날부터 1년간 보관해야 한다.

정답 29. ③ 30. ④ 31. ④

㉠ 소방훈련·교육의 결과제출의 대상(영 제38조)
  ⓐ 특급 소방안전관리대상물
  ⓑ 1급 소방안전관리대상물
㉡ 소방안전관리대상물의 관계인은 소방훈련 및 교육을 실시한 날부터 **30일** 이내에 소방훈련·교육 실시 결과서를 작성하여 **소방본부장 또는 소방서장** 에게 제출해야 한다.(규칙 제37조)

> **행정질서벌**
> **법 제52조 제2항 제4호 [과태료]**
> ② 다음 각 호의 어느 하나에 해당하는 자에게는 <u>200만 원 이하의 과태료</u>를 부과한다.
> 5. 제37조제2항을 위반하여 기간 내에 소방훈련 및 교육 결과를 제출하지 아니한 자
>   (50, 100, 200)

시행령 별표9

위반행위	과태료 금액 (단위: 만원)		
	1차 위반	2차 위반	3차 이상 위반
파. 법 제37조제2항을 위반하여 기간 내에 소방훈련 및 교육 결과를 제출하지 않은 경우			
1) 지연 신고기간이 1개월 미만인 경우		50	
2) 지연 신고기간이 1개월 이상 3개월 미만인 경우		100	
3) 지연 신고기간이 3개월 이상이거나 신고하지 않은 경우		200	

⑤ 소방본부장 또는 소방서장은 소방안전관리대상물의 관계인이 실시하는 소방훈련과 교육을 지도·감독할 수 있다.(법 제37조 제3항)

⑥ 불시 소방훈련·교육 등
소방본부장 또는 소방서장은 소방안전관리대상물 중 불특정 다수인이 이용하는 **대통령령**으로 정하는 특정소방대상물의 근무자등에게 불시에 소방훈련과 교육을 실시할 수 있다. 이 경우 소방본부장 또는 소방서장은 그 특정소방대상물 근무자 등의 불편을 최소화하고 안전 등을 확보하는 대책을 마련하여야 하며, 소방훈련과 교육의 내용, 방법 및 절차 등은 **행정안전부령**으로 정하는 바에 따라 관계인에게 사전에 통지하여야 한다.(법 제37조 제4항)

- ㉠ **불**시 소방훈련·교육대상(영 제39조)
  - ⓐ **의**료시설
  - ⓑ **교**육연구시설
  - ⓒ 노**유**자시설
  - ⓓ 그 밖에 화재 발생 시 불특정 다수의 인명피해가 예상되어 소방본부장 또는 소방서장이 소방훈련·교육이 필요하다고 인정하는 특정소방대상물
- ㉡ 불시 소방훈련 및 교육 사전통지(규칙 제38조)
  소방본부장 또는 소방서장은 불시 소방훈련과 교육을 실시하려는 경우에는 소방안전관리대상물의 관계인에게 불시 소방훈련·교육 실시 **10일** 전까지 불시 소방훈련·교육 계획서를 통지해야 한다.

⑦ 불시 소방훈련·교육의 평가

소방본부장 또는 소방서장은 소방훈련과 교육을 실시한 경우에는 그 결과를 평가할 수 있다. 이 경우 소방훈련과 교육의 평가방법 및 절차 등에 필요한 사항은 **행정안전부령**으로 정한다.(법 제37조 제5항)

- ㉠ 소방본부장 또는 소방서장은 불시 소방훈련·교육 실시 결과에 대한 평가를 실시하려는 경우에는 평가 계획을 **사전**에 수립해야 한다.(규칙 제39조 제1항)
- ㉡ 평가기준(규칙 제39조 제2항)
  - ⓐ 불시 소방훈련·교육 **내**용의 적**절**성
  - ⓑ 불시 소방훈련·교육 유형 및 **방**법의 적**합**성
  - ⓒ 불시 소방훈련·교육 참여인력, 시설 및 **장**비 등의 적**정**성
  - ⓓ 불시 소방훈련·교육 여건 및 참여도
- ㉢ 평가는 **현장평가**를 원칙으로 하되, 필요에 따라 **서면평가** 등을 병행할 수 있다. 이 경우 불시 소방훈련·교육 참가자에 대한 설문조사 또는 면접조사 등을 함께 실시할 수 있다.(규칙 제39조 제3항)
- ㉣ 소방본부장 또는 소방서장은 평가를 실시한 경우 소방안전관리대상물의 관계인에게 불시 소방훈련·교육 종료일부터 **10일** 이내에 불시 소방훈련·교육 평가 결과서를 통지해야 한다.(규칙 제39조 제4항)

암기법
불의 유교

암기법
절내·합방·정장

> **관련법규**

화재예방법 시행령

시행령 제38조 [소방훈련·교육 결과 제출의 대상]

법 제37조제2항에서 "대통령령으로 정하는 소방안전관리대상물"이란 다음 각 호의 어느 하나에 해당하는 소방안전관리대상물을 말한다.
1. 별표4 제1호에 따른 특급 소방안전관리대상물
2. 별표4 제2호에 따른 1급 소방안전관리대상물

시행령 제39조 [불시 소방훈련·교육의 대상]

법 제37조제4항에서 "대통령령으로 정하는 특정소방대상물"이란 소방안전관리대상물 중 다음 각 호의 특정소방대상물을 말한다.
1. 「소방시설 설치 및 관리에 관한 법률 시행령」 별표2 제7호에 따른 의료시설
2. 「소방시설 설치 및 관리에 관한 법률 시행령」 별표2 제8호에 따른 교육연구시설
3. 「소방시설 설치 및 관리에 관한 법률 시행령」 별표2 제9호에 따른 노유자 시설
4. 그 밖에 화재 발생 시 불특정 다수의 인명피해가 예상되어 소방본부장 또는 소방서장이 소방훈련·교육이 필요하다고 인정하는 특정소방대상물

화재예방법 시행규칙

시행규칙 제36조 [근무자 및 거주자에 대한 소방훈련과 교육]

① 소방안전관리대상물의 관계인은 법 제37조제1항에 따른 소방훈련과 교육을 연 1회 이상 실시해야 한다. 다만, 소방본부장 또는 소방서장이 화재예방을 위하여 필요하다고 인정하여 2회의 범위에서 추가로 실시할 것을 요청하는 경우에는 소방훈련과 교육을 추가로 실시해야 한다.
② 소방본부장 또는 소방서장은 특급 및 1급 소방안전관리대상물의 관계인으로 하여금 제1항에 따른 소방훈련과 교육을 소방기관과 합동으로 실시하게 할 수 있다.
③ 소방안전관리대상물의 관계인은 소방훈련과 교육을 실시하는 경우 소방훈련 및 교육에 필요한 장비 및 교재 등을 갖추어야 한다.
④ 소방안전관리대상물의 관계인은 제1항에 따라 소방훈련과 교육을 실시했을 때에는 그 실시 결과를 별지 제28호서식의 소방훈련·교육 실시 결과 기록부에 기록하고, 이를 소방훈련 및 교육을 실시한 날부터 2년간 보관해야 한다.

시행규칙 제37조 [소방훈련 및 교육 실시 결과의 제출]

영 제38조 각 호에 따른 소방안전관리대상물의 관계인은 제36조제1항에 따라 소방훈련 및 교육을 실시한 날부터 30일 이내에 별지 제29호서식의 소방훈련·교육 실시 결과서를 작성하여 소방본부장 또는 소방서장에게 제출해야 한다.

시행규칙 제38조 [불시 소방훈련 및 교육 사전통지]

소방본부장 또는 소방서장은 법 제37조제4항에 따라 불시 소방훈련과 교육(이하 "불시 소방훈련·교육"이라 한다)을 실시하려는 경우에는 소방안전관리대상물의 관계인에게 불시 소방훈련·교육 실시 10일 전까지 별지 제30호서식의 불시 소방훈련·교육 계획서를 통지해야 한다.

시행규칙 제39조 [불시 소방훈련·교육의 평가방법·절차]

① 소방본부장 또는 소방서장은 법 제37조제5항 전단에 따라 불시 소방훈련·교육 실시 결과에 대한 평가를 실시하려는 경우에는 평가 계획을 사전에 수립해야 한다.
② 제1항에 따른 평가의 기준은 다음 각 호와 같다.
  1. 불시 소방훈련·교육 내용의 적절성
  2. 불시 소방훈련·교육 유형 및 방법의 적합성
  3. 불시 소방훈련·교육 참여인력, 시설 및 장비 등의 적정성
  4. 불시 소방훈련·교육 여건 및 참여도
③ 제1항에 따른 평가는 현장평가를 원칙으로 하되, 필요에 따라 서면평가 등을 병행할 수 있다. 이 경우 불시 소방훈련·교육 참가자에 대한 설문조사 또는 면접조사 등을 함께 실시할 수 있다.
④ 소방본부장 또는 소방서장은 제1항에 따른 평가를 실시한 경우 소방안전관리대상물의 관계인에게 불시 소방훈련·교육 종료일부터 10일 이내에 별지 제31호서식의 불시 소방훈련·교육 평가 결과서를 통지해야 한다.

memo

32 ● 1 2 3

「화재의 예방 및 안전관리에 관한 법률 시행규칙」상 소방본부장 또는 소방서장이 소방안전교육을 실시하려는 경우에는 교육일 며칠 전까지 통보해야 하는가?

① 30 ② 15
③ 10 ④ 7

15 특정소방대상물의 관계인에 대한 소방안전교육(화재예방법 제38조)

(1) 관계인에 대한 소방안전교육

① 소방본부장이나 소방서장은 소방안전관리대상물 근무자 및 거주자 등에 대한 소방훈련 등을 적용받지 아니하는 특정소방대상물의 관계인에 대하여 특정소방대상물의 화재예방과 소방안전을 위하여 **행정안전부령**으로 정하는 바에 따라 소방안전교육을 할 수 있다.(법 제38조 제1항)

㉠ 소방본부장 또는 소방서장은 소방안전교육을 실시하려는 경우에는 교육일 **10일 전**까지 특정소방대상물 관계인 소방안전교육 계획서를 작성하여 통보해야 한다.(규칙 제40조 제2항)

② 교육대상자 및 특정소방대상물의 범위 등에 필요한 사항은 **행정안전부**령으로 정한다.(법 제38조 제2항)

㉠ 교육대상자(규칙 제40조 제1항)
다음 각 호의 어느 하나에 해당하는 특정소방대상물의 관계인으로서 관할 소방서장이 교육이 필요하다고 인정하는 사람으로 한다.

ⓐ **소화기** 또는 **비상경보설비**가 설치된 **공장·창고** 등의 특정소방대상물
ⓑ 그 밖에 관할 **소방본부장** 또는 **소방서장**이 화재에 대한 취약성이 높다고 인정하는 특정소방대상물

📕 **관련법규**

화재예방법 시행규칙

시행규칙 제40조 [소방안전교육 대상자 등]

① 법 제38조제1항에 따른 소방안전교육의 교육대상자는 법 제37조를 적용받지 않는 특정소방대상물 중 다음 각 호의 어느 하나에 해당하는 특정소방대상물의 관계인으로서 관할 소방서장이 소방안전교육이 필요하다고 인정하는 사람으로 한다.
  1. 소화기 또는 비상경보설비가 설치된 공장·창고 등의 특정소방대상물
  2. 그 밖에 관할 소방본부장 또는 소방서장이 화재에 대한 취약성이 높다고 인정하는 특정소방대상물
② 소방본부장 또는 소방서장은 법 제38조제1항에 따른 소방안전교육을 실시하려는 경우에는 교육일 10일 전까지 별지 제32호서식의 특정소방대상물 관계인 소방안전교육 계획서를 작성하여 통보해야 한다.

정답 32. ③

16 공공기관의 소방안전관리(화재예방법 제39조)

(1) 공공기관의 장의 의무

① 국가, 지방자치단체, 국공립학교 등 **대통령령**으로 정하는 공공기관의 장은 소관 기관의 근무자 등의 생명·신체와 건축물·인공구조물 및 물품 등을 화재로부터 보호하기 위하여 화재예방, 자위소방대의 조직 및 편성, 소방시설등의 자체점검과 소방훈련 등의 소방안전관리를 하여야 한다.(법 제39조 제1항)

② 공공기관에 대한 다음 각 호의 사항에 관하여는 제24조부터 제38조까지의 규정에도 불구하고 **대통령령**으로 정하는 바에 따른다.(법 제39조 제2항)

　㉠ 소방안전관리자의 자격·책임 및 선임 등
　㉡ 소방안전관리의 업무대행
　㉢ 자위소방대의 구성·운영 및 교육
　㉣ 근무자 등에 대한 소방훈련 및 교육
　㉤ 그 밖에 소방안전관리에 필요한 사항

③ 공공기관의 소방안전관리

　공공기관의 소방안전관리에 관하여는 **「공공기관의 소방안전관리에 관한 규정」**으로 정한다.(영 제40조)

CHAPTER 05 O·X 문제

01 ❌ 30층 이상(지하층을 포함)이거나 지상으로부터 높이가 120m 이상인 특정소방대상물(아파트 제외)(영 별표4)

01 「화재의 예방 및 안전관리에 관한 법률 시행령」상 특급 소방안전관리대상물에는 30층 이상(지하층을 포함)이거나 지상으로부터 높이가 120m 이상인 아파트가 있다.

02 ⭕

02 「화재의 예방 및 안전관리에 관한 법률 시행령」상 소방공무원으로 20년 근무한 경력이 있는 사람은 특급 소방안전관리자의 선임자격이 된다.

03 ❌ 「화재의 예방 및 안전관리에 관한 법률 시행령」상 가스 제조설비를 갖추고 도시가스사업의 허가를 받아야 하는 시설 또는 가연성 가스를 100톤 이상 1천 톤 미만 저장·취급하는 시설은 2급 소방안전관리대상물의 범위에 해당한다.(영 별표4)

03 「화재의 예방 및 안전관리에 관한 법률 시행령」상 가스 제조설비를 갖추고 도시가스사업의 허가를 받아야 하는 시설 또는 가연성 가스를 100톤 미만 저장·취급하는 시설은 2급 소방안전관리대상물의 범위에 해당한다.

04 ❌ 소방안전관리업무 전담 대상물에는 특급 소방안전관리대상물과 1급 소방안전관리대상물이 있다. (영 제26조)

04 「화재의 예방 및 안전관리에 관한 법률 시행령」상 소방안전관리업무 전담 대상물에는 1급 소방안전관리대상물과 2급 소방안전관리대상물이 있다.

05 ⭕

05 「화재의 예방 및 안전관리에 관한 법률 시행령」상 소방안전관리 업무를 대행하게 할 수 있는 소방안전관리대상물에는 2급 소방안전관리대상물, 3급 소방안전관리대상물 등이 있다.

06 「화재의 예방 및 안전관리에 관한 법률」상 소방안전관리대상물의 관계인이 소방안전관리자 또는 소방안전관리보조자를 선임한 경우에는 행정안전부령으로 정하는 바에 따라 선임한 날부터 14일 이내에 소방본부장 또는 소방서장에게 신고하고, 소방안전관리대상물의 출입자가 쉽게 알 수 있도록 소방안전관리자의 성명과 그 밖에 행정안전부령으로 정하는 사항을 게시하여야 한다.

07 「화재의 예방 및 안전관리에 관한 법률 시행령」상 신축·증축·개축·재축·이전·용도변경 또는 대수선을 하려는 부분의 연면적이 5천 제곱미터 이상인 것으로서 지하층의 층수가 2개 층 이상인 것 또는 지상층의 층수가 11층 이상인 것은 소방안전관리자를 선임해야 하는 건설현장 소방안전관리대상물에 해당한다.

08 「화재의 예방 및 안전관리에 관한 법률 시행규칙」상 소방안전관리자 자격증의 발급을 신청 받은 소방청장은 7일 이내에 규정에 따른 자격을 갖춘 사람에게 소방안전관리자 자격증을 발급해야 한다. 이 경우 소방청장은 소방안전관리자 자격증 발급대장에 등급별로 기록하고 관리해야 한다.

08 ☒ 「화재의 예방 및 안전관리에 관한 법률 시행규칙」상 소방안전관리자 자격증의 발급을 신청 받은 소방청장은 **3일** 이내에 규정에 따른 자격을 갖춘 사람에게 소방안전관리자 자격증을 발급해야 한다. 이 경우 소방청장은 소방안전관리자 자격증 발급대장에 등급별로 기록하고 관리해야 한다.(규칙 제18조 제2항)

09 「화재의 예방 및 안전관리에 관한 법률」상 소방안전관리자 자격증을 다른 사람에게 빌려 주거나 빌리거나 이를 알선한 자는 1년 이하의 징역 또는 1천만 원 이하의 벌금에 처한다.

10 「화재의 예방 및 안전관리에 관한 법률」상 소방청장은 소방안전관리자 자격증을 발급받은 사람이 실무교육을 받지 아니한 경우 그 자격을 취소하거나 1년 이하의 기간을 정하여 그 자격을 정지시킬 수 있다.

11
❌ 소방청장은 소방안전관리자 자격증을 발급받은 사람이 소방안전관리자 자격증을 다른 사람에게 빌려준 경우 그 자격을 <u>취소하여야 한다.</u>
(법 제31조 제1항)

11 「화재의 예방 및 안전관리에 관한 법률」상 소방청장은 소방안전관리자 자격증을 발급받은 사람이 소방안전관리자 자격증을 다른 사람에게 빌려준 경우 그 자격을 취소하거나 1년 이하의 기간을 정하여 그 자격을 정지시킬 수 있다.

12
⭕

12 「화재의 예방 및 안전관리에 관한 법률 시행령」상 소방공무원으로 10년 이상 근무한 경력이 있는 사람은 특급 소방안전관리자 응시자격이 된다.

13
❌ 대학에서 소방안전관리학과를 전공하고 졸업한 사람은 <u>2급</u> 소방안전관리자 응시자격이 된다.(영 별표6)

13 「화재의 예방 및 안전관리에 관한 법률 시행령」상 대학에서 소방안전관리학과를 전공하고 졸업한 사람은 1급 소방안전관리자 응시자격이 된다.

14
❌ 「화재의 예방 및 안전관리에 관한 법률 시행규칙」상 소방청장은 특급, 1급, 2급 또는 3급 소방안전관리자 자격시험을 실시하려는 경우에는 응시자격·시험과목·일시·장소 및 응시절차를 모든 응시 희망자가 알 수 있도록 시험 시행일 <u>30일</u> 전에 인터넷 홈페이지에 공고해야 한다.(규칙 제21조)

14 「화재의 예방 및 안전관리에 관한 법률 시행규칙」상 소방청장은 특급, 1급, 2급 또는 3급 소방안전관리자 자격시험을 실시하려는 경우에는 응시자격·시험과목·일시·장소 및 응시절차를 모든 응시 희망자가 알 수 있도록 시험 시행일 60일 전에 인터넷 홈페이지에 공고해야 한다.

15
❌ 소방청장은 특급 소방안전관리자 자격시험을 <u>연 2회</u> 이상 실시하는 것을 원칙으로 한다.(규칙 제20조 제1항)

15 「화재의 예방 및 안전관리에 관한 법률 시행규칙」상 소방청장은 특급 소방안전관리자 자격시험을 월 1회 이상 실시하는 것을 원칙으로 한다.

16 「화재의 예방 및 안전관리에 관한 법률」상 소방청장은 소방안전관리자 및 소방안전관리보조자에 대한 소방안전관리자 및 소방안전관리보조자의 선임신고 현황의 정보를 효율적으로 관리하기 위하여 종합정보망을 구축·운영할 수 있다.

16
⭕

17 「화재의 예방 및 안전관리에 관한 법률 시행규칙」상 소방공무원으로 5년 이상 근무한 사람 또는 소방안전 관련 분야에서 석사 이상의 학위를 취득한 사람은 소방청장의 임명 또는 위촉을 통해서 소방안전관리자에 대한 강습교육의 강사가 될 수 있다.

17
⭕

18 「화재의 예방 및 안전관리에 관한 법률 시행규칙」상 소방청장은 강습교육을 실시하려는 경우에는 강습교육 실시 30일 전까지 일시·장소, 그 밖에 강습교육 실시에 필요한 사항을 인터넷 홈페이지에 공고해야 한다.

18
❌ 소방청장은 강습교육을 실시하려는 경우에는 강습교육 실시 <u>20일</u> 전까지 일시·장소, 그 밖에 강습교육 실시에 필요한 사항을 인터넷 홈페이지에 공고해야 한다. (규칙 제25조 제2항)

19 「화재의 예방 및 안전관리에 관한 법률 시행규칙」상 소방안전관리자는 소방안전관리자로 선임된 날부터 6개월 이내에 실무교육을 받아야 하며, 그 이후에는 매년마다 1회 이상 실무교육을 받아야 한다. 다만, 소방안전관리 강습교육 또는 실무교육을 받은 후 6개월 이내에 소방안전관리자로 선임된 사람은 해당 강습교육을 수료하거나 실무교육을 이수한 날에 실무교육을 이수한 것으로 본다.

19
❌ 「화재의 예방 및 안전관리에 관한 법률 시행규칙」상 소방안전관리자는 소방안전관리자로 선임된 날부터 6개월 이내에 실무교육을 받아야 하며, 그 이후에는 2년마다 1회 이상 실무교육을 받아야 한다. 다만, 소방안전관리 강습교육 또는 실무교육을 받은 후 <u>1년</u> 이내에 소방안전관리자로 선임된 사람은 해당 강습교육을 수료하거나 실무교육을 이수한 날에 실무교육을 이수한 것으로 본다. (규칙 제29조 제3항)

20 ❌ 복합건축물(지하층을 제외한 층수가 11층 이상 또는 연면적 ~~3만m²~~ 이상인 건축물)은 관리의 권원(權原)이 분리되어 있는 특정소방대상물의 경우 그 관리의 권원별 관계인은 대통령령으로 정하는 바에 따라 소방안전관리자를 선임하여야 한다. (법 제35조 제1항)

20 「화재의 예방 및 안전관리에 관한 법률」상 복합건축물(지하층을 제외한 층수가 11층 이상 또는 연면적 1만m² 이상인 건축물)은 관리의 권원(權原)이 분리되어 있는 특정소방대상물의 경우 그 관리의 권원별 관계인은 대통령령으로 정하는 바에 따라 소방안전관리자를 선임하여야 한다.

21 ❌ 피난유도 안내정보의 제공 방법으로는 연 2회 피난안내 교육을 실시하는 방법, ~~분기별~~ 1회 이상 피난안내방송을 실시하는 방법 등이 있다. (규칙 제35조)

21 「화재의 예방 및 안전관리에 관한 법률 시행규칙」상 피난유도 안내정보의 제공 방법으로는 연 2회 피난안내 교육을 실시하는 방법, 반기별 1회 이상 피난안내 방송을 실시하는 방법 등이 있다.

22 ⊙

22 「화재의 예방 및 안전관리에 관한 법률」상 소방안전관리대상물의 관계인은 그 장소에 근무하거나 거주하는 사람 등에게 소화·통보·피난 등의 훈련과 소방안전관리에 필요한 교육을 하여야 하고, 피난훈련은 그 소방대상물에 출입하는 사람을 안전한 장소로 대피시키고 유도하는 훈련을 포함하여야 한다.

23 ❌ 「화재의 예방 및 안전관리에 관한 법률 시행규칙」상 소방본부장 또는 소방서장이 특정소방대상물의 관계인에 대한 소방안전교육을 실시하려는 경우에는 교육일 ~~10일~~ 전까지 소방안전교육 계획서를 작성하여 통보해야 한다. (규칙 제40조 제2항)

23 「화재의 예방 및 안전관리에 관한 법률 시행규칙」상 소방본부장 또는 소방서장이 특정소방대상물의 관계인에 대한 소방안전교육을 실시하려는 경우에는 교육일 30일 전까지 소방안전교육 계획서를 작성하여 통보해야 한다.

MEMO

CHAPTER 06 특별관리시설물의 소방안전관리

1 소방안전 특별관리시설물의 안전관리(화재예방법 제40조)

(1) 소방안전 특별관리 기출 21 경채

① 소방청장은 화재 등 재난이 발생할 경우 사회·경제적으로 피해가 큰 다음 각 호의 시설(소방안전 특별관리시설물)에 대하여 소방안전 특별관리를 하여야 한다. (법 제40조 제1항)

㉠ **공**항시설
㉡ **철**도시설
㉢ 도시**철**도시설
㉣ **항**만시설
㉤ 지정**문**화유산 및 천연기념물등인 시설(시설이 아닌 지정문화유산 및 천연기념물등을 보호하거나 소장하고 있는 시설을 포함한다)
㉥ **산**업기술단지
㉦ **산**업단지
㉧ **초**고층 건축물 및 지하연계 복합건축물
㉨ **영**화상영관 중 수용인원 **1천 명 이상**인 영화상영관
㉩ **전**력용 및 **통**신용 지하구
㉪ 석유비축시설
㉫ **천**연가스 인수기지 및 공급망
㉬ **전통**시장으로서 **대통령령**으로 정하는 전통시장
　ⓐ 점포가 **500개 이상**인 전통시장(영 제41조 제1항)
㉭ 그 밖에 **대통령령**으로 정하는 시설물
　ⓐ **발**전사업자가 가동 중인 발전소(영 제41조 제2항 제1호)
　ⓑ 물류**창**고로서 연면적 **10만m² 이상**인 것(영 제41조 제2항 제2호)
　ⓒ **가**스공급시설(영 제41조 제2항 제3호)

---

01 ● 1 2 3

「화재의 예방 및 안전관리에 관한 법률」상 소방안전 특별관리시설물로 옳지 않은 것은? • 21. 경채(개정)

① 「위험물안전관리법」의 제조소
② 「전통시장 및 상점가 육성을 위한 특별법」의 전통시장으로서 대통령령으로 정하는 전통시장
③ 「영화 및 비디오물의 진흥에 관한 법률」의 영화상영관 중 수용인원 1,000명 이상인 영화상영관
④ 지정문화유산 및 천연기념물등인 시설(시설이 아닌 지정문화유산 및 천연기념물등을 보호하거나 소장하고 있는 시설을 포함한다)

암기법
항문철·공초·발산
영천·전통·500석·10창가

02 ● 1 2 3

「화재의 예방 및 안전관리에 관한 법률」 및 같은 법 시행령상 소방안전 특별관리시설물로 옳지 않은 것은?

① 가스공급시설
② 점포가 500개 이상인 전통시장
③ 물류창고로서 연면적 3만m² 이상인 것
④ 석유비축시설

정답 01. ① 02. ③

(2) 소방안전특별관리기본계획

① 소방청장은 특별관리를 체계적이고 효율적으로 하기 위하여 시·도지사와 협의하여 소방안전 특별관리기본계획을 제4조제1항(화재의 예방 및 안전관리 기본계획)에 따른 기본계획에 포함하여 수립 및 시행하여야 한다.(법 제40조 제2항)

② 시·도지사는 소방안전 특별관리기본계획에 저촉되지 아니하는 범위에서 관할 구역에 있는 소방안전 특별관리시설물의 안전관리에 적합한 소방안전 특별관리시행계획을 제4조 제6항(화재의 예방 및 안전관리 세부시행계획)에 따른 세부시행계획에 포함하여 수립 및 시행하여야 한다.(법 제40조 제3항)

③ 그 밖에 소방안전 특별관리기본계획 및 소방안전 특별관리시행계획의 수립·시행에 필요한 사항은 **대통령령**으로 정한다.(법 제40조 제4항)

④ 특별관리기본계획

㉠ **소방청장**은 소방안전 특별관리기본계획을 **5년**마다 수립하여 시·도에 통보해야 한다.(영 제42조 제1항)

㉡ 특별관리기본계획에 포함되어야 하는 사항(영 제42조 제2항)
- ⓐ 화재예방을 위한 중기·장기 안전관리정책
- ⓑ 화재예방을 위한 교육·홍보 및 점검·진단
- ⓒ 화재대응을 위한 훈련
- ⓓ 화재대응과 사후 조치에 관한 역할 및 공조체계
- ⓔ 그 밖에 화재 등의 안전관리를 위하여 필요한 사항

(3) 소방안전특별관리시행계획

① **시·도지사**는 특별관리기본계획을 시행하기 위하여 **매년** 소방안전 특별관리시행계획을 수립·시행하고, 그 시행 결과를 계획 시행 다음 연도 <u>1월 31일까지</u> 소방청장에게 통보해야 한다.(영 제42조 제3항)

② 특별관리시행계획에 포함되어야 하는 사항(영 제42조 제4항)
㉠ 특별관리기본계획의 집행을 위하여 필요한 사항
㉡ 시·도에서 화재 등의 안전관리를 위하여 필요한 사항

③ **소방청장 및 시·도지사**는 특별관리기본계획 또는 특별관리시행계획을 수립하는 경우 성별, 연령별, 화재안전취약자별 화재 피해현황 및 실태 등을 고려해야 한다.(영 제42조 제5항)

03

「화재의 예방 및 안전관리에 관한 법률」 및 같은 법 시행령상 소방안전 특별관리 기본계획과 소방안전 특별관리 시행계획에 대한 설명으로 옳지 않은 것은?

① 소방청장은 소방안전 특별관리기본계획을 5년마다 수립하여 시·도에 통보하여야 한다.
② 소방안전 특별관리기본계획 및 소방안전 특별관리시행계획의 수립·시행에 필요한 사항은 대통령령으로 정한다.
③ 특별관리기본계획에 화재대응을 위한 훈련사항이 포함되어야 한다.
④ 소방본부장 또는 소방서장은 특별관리 기본계획을 시행하기 위하여 매년 소방안전 특별관리 시행계획을 수립·시행하고, 그 시행 결과를 계획 시행 다음 연도 1월 31일까지 소방청장에게 통보하여야 한다.

정답 03. ④

소방기본법

소방업무에 관한	주체	주기	수립
종합계획	소방청장	5년	10월 31일
세부계획	시·도지사	매년	12월 31일

화재예방법

화재의 예방 및 안전관리	주체	주기	협의	수립	통보
기본계획	소방청장	5년	8월 31일	9월 30일	10월 31일
시행계획	소방청장	매년	·	10월 31일	10월 31일
세부시행계획	관계중앙행정기관의 장, 시·도지사	·	·	·	12월 31일

화재예방법

소방안전특별관리	주체	주기	통보
기본계획	소방청장	5년	·
시행계획	시·도지사	매년	1월 31일

> **관련법규**
>
> **화재예방법 시행령**
>
> **시행령 제41조 [소방안전 특별관리시설물]**
>
> ① 법 제40조제1항제13호에서 "대통령령으로 정하는 전통시장"이란 점포가 500개 이상인 전통시장을 말한다.
>
> ② 법 제40조제1항제14호에서 "대통령령으로 정하는 시설물"이란 다음 각 호의 시설물을 말한다.
>
> 1. 「전기사업법」 제2조제4호에 따른 발전사업자가 가동 중인 발전소(발전원의 종류별로 「발전소 주변지역 지원에 관한 법률 시행령」 제2조제2항에 따른 발전소는 제외한다)
> 2. 「물류시설의 개발 및 운영에 관한 법률」 제2조제5의2에 따른 물류창고로서 연면적 10만 제곱미터 이상인 것
> 3. 「도시가스사업법」 제2조제5호에 따른 가스공급시설

시행령 제42조 [소방안전 특별관리기본계획·시행계획의 수립·시행]

① 소방청장은 법 제40조제2항에 따른 소방안전 특별관리기본계획(이하 "특별관리기본계획"이라 한다)을 5년마다 수립하여 시·도에 통보하여야 한다.
② 특별관리기본계획에는 다음 각 호의 사항이 포함되어야 한다.
  1. 화재예방을 위한 중기·장기 안전관리정책
  2. 화재예방을 위한 교육·홍보 및 점검·진단
  3. 화재대응을 위한 훈련
  4. 화재대응과 사후 조치에 관한 역할 및 공조체계
  5. 그 밖에 화재 등의 안전관리를 위하여 필요한 사항
③ 시·도지사는 특별관리기본계획을 시행하기 위하여 매년 법 제40조제3항에 따른 소방안전 특별관리시행계획(이하 "특별관리시행계획"이라 한다)을 수립·시행하고, 그 시행 결과를 계획 시행 다음 연도 1월 31일까지 소방청장에게 통보하여야 한다.
④ 특별관리시행계획에는 다음 각 호의 사항이 포함되어야 한다.
  1. 특별관리기본계획의 집행을 위하여 필요한 사항
  2. 시·도에서 화재 등의 안전관리를 위하여 필요한 사항
⑤ 소방청장 및 시·도지사는 특별관리기본계획 및 특별관리시행계획을 수립하는 경우 성별, 연령별, 화재안전취약자별 화재 피해현황 및 실태 등에 관한 사항을 고려하여야 한다.

memo

2 화재예방안전진단(화재예방법 제41조)

(1) 화재예방안전진단 기출 24 공채 / 24 경채

① **대통령령**으로 정하는 소방안전 특별관리시설물의 **관계인**은 화재의 예방 및 안전관리를 체계적·효율적으로 수행하기 위하여 **대통령령**으로 정하는 바에 따라 한국소방안전원 또는 소방청장이 지정하는 화재예방안전진단기관으로부터 정기적으로 화재예방안전진단을 받아야 한다.(법 제41조 제1항)

㉠ 화재예방안전진단 대상(영 제43조)

ⓐ 공항시설 중 **여객터미널**의 연면적이 **1천** 제곱미터 이상인 공항시설
ⓑ 철도시설 중 역 시설의 연면적이 **5천** 제곱미터 이상인 철도시설
ⓒ 도시철도시설 중 역사 및 역 시설의 연면적이 **5천** 제곱미터 이상인 도시철도시설
ⓓ 항만시설 중 여객이용시설 및 지원시설의 연면적이 **5천** 제곱미터 이상인 항만시설
ⓔ 전력용 및 통신용 지하구 중 「국토의 계획 및 이용에 관한 법률」에 따른 공동구
ⓕ 천연가스 인수기지 및 공급망 중 「소방시설 설치 및 관리에 관한 법률 시행령」에 따른 가스시설
ⓖ 발전소 중 연면적이 **5천** 제곱미터 이상인 발전소
ⓗ 가스공급시설 중 가연성 가스 탱크의 저장용량의 합계가 **100톤** 이상이거나 저장용량이 **30톤** 이상인 가연성 가스 탱크가 있는 가스공급시설

> **행정형벌**
> 법 제50조 제2항 제3호 [벌칙]
> 진단기관으로부터 화재예방안전진단을 받지 아니한 자는 1년 이하의 징역 또는 1천만 원 이하의 벌금에 처한다.

② 화재예방안전진단의 실시절차

㉠ 최초 : 사용승인 또는 완공검사를 받은 날부터 **5년**이 경과한 날이 속하는 해
㉡ 등급에 따라(영 제44조 제2항)
　ⓐ 안전등급이 **우수**인 경우 : 안전등급을 통보받은 날부터 **6년**이 경과한 날이 속하는 해
　ⓑ 안전등급이 **양호·보통**인 경우 : 안전등급을 통보받은 날부터 **5년**이 경과한 날이 속하는 해
　ⓒ 안전등급이 **미흡·불량**인 경우 : 안전등급을 통보받은 날부터 **4년**이 경과한 날이 속하는 해

---

04 ① ② ③

「화재의 예방 및 안전관리에 관한 법률 시행령」상 한국소방안전원 또는 소방청장이 지정하는 화재예방안전진단기관으로부터 정기적으로 화재예방안전진단을 받아야하는 소방안전 특별관리시설물로 옳지 않은 것은?

① 철도시설 중 역 시설의 연면적이 5천 제곱미터 이상인 철도시설
② 공항시설 중 여객터미널의 연면적이 1천 제곱미터 이상인 공항시설
③ 발전소 중 연면적이 3천 제곱미터 이상인 발전소
④ 가스공급시설 중 가연성 가스 탱크의 저장용량의 합계가 100톤 이상이거나 저장용량이 30톤 이상인 가연성 가스 탱크가 있는 가스공급시설

05 ① ② ③

「화재의 예방 및 안전관리에 관한 법률 시행령」상 화재예방안전진단을 받은 결과 안전등급이 양호인 경우에 소방안전 특별관리시설물의 관계인이 화재예방안전진단을 받아야 하는 시기는?

① 안전등급을 통보받은 날부터 6년이 경과한 날이 속하는 해
② 안전등급을 통보받은 날부터 5년이 경과한 날이 속하는 해
③ 안전등급을 통보받은 날부터 4년이 경과한 날이 속하는 해
④ 안전등급을 통보받은 날부터 3년이 경과한 날이 속하는 해

06 ① ② ③

「화재의 예방 및 안전관리에 관한 법률 시행령」상 화재예방안전진단 대상의 시설기준으로 옳지 않은 것은?
• 24. 공채 / • 24. 경채

① 발전소 중 연면적이 5천 제곱미터 이상인 발전소
② 항만시설 중 여객이용시설 및 지원시설의 연면적이 5천 제곱미터 이상인 항만시설
③ 철도시설 중 역 시설의 연면적이 5천 제곱미터 이상인 철도시설
④ 가스공급시설 중 가연성 가스 탱크의 저장용량의 합계가 30톤 이상이거나 10톤 이상인 가연성 가스 탱크가 있는 가스공급시설

정답 04.③ 05.② 06.④

ⓒ 안전등급 기준(영 별표7)

안전등급	화재안전진단 대상물의 상태
우수(A)	화재예방안전진단 실시 결과 문제점이 발견되지 않은 상태
양호(B)	화재예방안전진단 실시 결과 문제점이 일부 발견되었으나 대상물의 화재안전에는 이상이 없으며 대상물 일부에 대해 보수·보강 등의 조치명령이 필요한 상태
보통(C)	화재예방안전진단 실시 결과 문제점이 다수 발견되었으나 대상물의 전반적인 화재안전에는 이상이 없으며 대상물에 대한 다수의 조치명령이 필요한 상태
미흡(D)	화재예방안전진단 실시 결과 광범위한 문제점이 발견되어 대상물의 화재안전을 위해 조치명령의 즉각적인 이행이 필요하고 대상물의 사용 제한을 권고할 필요가 있는 상태
불량(E)	화재예방안전진단 실시 결과 중대한 문제점이 발견되어 대상물의 화재안전을 위해 조치명령의 즉각적인 이행이 필요하고 대상물의 사용 중단을 권고할 필요가 있는 상태

비고
안전등급의 세부적인 기준은 **소방청장**이 정하여 고시한다.

③ 화재예방안전진단의 절차 및 방법(규칙 제41조)
　ⓐ 화재예방안전진단을 받아야 하는 소방안전 특별관리시설물의 관계인은 안전원 또는 소방청장이 지정하는 화재예방안전진단기관에 신청해야 한다.
　ⓑ 화재예방안전진단의 절차
　　화재예방안전진단 신청을 받은 안전원 또는 진단기관은 다음 각 호의 절차에 따라 화재예방안전진단을 실시한다.
　　ⓐ 위험요인 조사
　　ⓑ 위험성 평가
　　ⓒ 위험성 감소대책의 수립
　ⓒ 화재예방안전진단의 방법
　　ⓐ 준공도면, 시설 현황, 소방계획서 등 자료수집 및 분석
　　ⓑ 화재위험요인 조사, 소방시설등의 성능점검 등 현장조사 및 점검
　　ⓒ 정성적·정량적 방법을 통한 화재위험성 평가
　　ⓓ 불시·무각본 훈련에 의한 비상대응훈련 평가
　　ⓔ 그 밖에 지진 등 외부 환경 위험요인에 대한 예방·대비·대응태세 평가
　ⓓ 화재예방안전진단을 신청한 소방안전 특별관리시설물의 관계인은 화재예방안전진단에 필요한 자료의 열람 및 화재예방안전진단에 적극 협조해야 한다.
　ⓔ ⓐ부터 ⓓ까지에서 규정한 사항 외에 화재예방안전진단의 세부 절차 및 평가방법 등에 관하여 필요한 사항은 **소방청장**이 정하여 고시한다.

---

07 「화재의 예방 및 안전관리에 관한 법률 시행령」상 <보기>에서 설명하는 안전 등급 기준으로 옳은 것은?

〈보기〉
화재예방안전진단 실시 결과 광범위한 문제점이 발견되어 대상물의 화재안전을 위해 조치명령의 즉각적인 이행이 필요하고 대상물의 사용 제한을 권고할 필요가 있는 상태

① 우수(A)　② 양호(B)
③ 보통(C)　④ 미흡(D)

정답 07. ④

08

「화재의 예방 및 안전관리에 관한 법률」상 화재예방안전진단의 범위에 해당하는 것만을 <보기>에서 있는 대로 고른 것은?

• 23. 공채 / 23. 경채

〈보기〉
ㄱ. 소방계획 및 피난계획 수립에 관한 사항
ㄴ. 소방시설등의 유지·관리에 관한 사항
ㄷ. 비상대응조직 및 교육훈련에 관한 사항
ㄹ. 화재 위험성 평가에 관한 사항

① ㄱ
② ㄱ, ㄴ
③ ㄱ, ㄴ, ㄷ
④ ㄱ, ㄴ, ㄷ, ㄹ

④ 화재예방안전진단의 범위(법 제41조 제2항)
  ㉠ 화재위험요인의 조사에 관한 사항
  ㉡ 소방계획 및 피난계획 수립에 관한 사항
  ㉢ 소방시설등의 유지·관리에 관한 사항
  ㉣ 비상대응조직 및 교육훈련에 관한 사항
  ㉤ 화재 위험성 평가에 관한 사항
  ㉥ 그 밖에 화재예방진단을 위하여 **대통령령**으로 정하는 사항
    ⓐ 화재 등의 재난 발생 후 재발방지 대책의 수립 및 그 이행에 관한 사항(영 제45조 제1호)
    ⓑ 지진 등 외부 환경 위험요인 등에 대한 예방·대비·대응에 관한 사항(영 제45조 제2호)
    ⓒ 화재예방안전진단 결과 보수·보강 등 개선요구 사항 등에 대한 이행 여부(영 제45조 제3호)

⑤ 안전원 또는 진단기관의 화재예방안전진단을 받은 연도에는 **소방훈련**과 **교육** 및 **자체점검**을 받은 것으로 본다.(법 제41조 제3항)

⑥ 안전원 또는 진단기관은 화재예방안전진단 결과를 **행정안전부령**으로 정하는 바에 따라 소방본부장 또는 소방서장, 관계인에게 제출하여야 한다.(법 제41조 제4항)

행정질서벌

법 제52조 제1항 제8호 [과태료]
화재예방안전진단 결과를 제출하지 아니한 자는 300만 원 이하의 과태료를 부과한다.
(100, 200, 300)

시행령 별표9

위반행위	과태료 금액 (단위: 만원)		
	1차 위반	2차 위반	3차 이상 위반
하. 법 제41조제4항을 위반하여 화재예방안전진단 결과를 제출하지 않은 경우			
1) 지연 신고기간이 1개월 미만인 경우	100		
2) 지연 신고기간이 1개월 이상 3개월 미만인 경우	200		
3) 지연 신고기간이 3개월 이상이거나 신고하지 않은 경우	300		

정답 08. ④

⑦ 화재예방안전진단 결과보고

화재예방안전진단을 실시한 안전원 또는 진단기관은 화재예방안전진단이 완료된 날부터 **60일 이내**에 소방본부장 또는 소방서장, 관계인에게 화재예방안전진단 결과 보고서(전자문서를 포함한다)에 다음 각 호의 서류(전자문서를 포함한다)를 첨부하여 제출해야 한다.(규칙 제42조 제1항)
  ⓐ 화재예방안전진단 결과 세부 보고서
  ⓑ 화재예방안전진단기관 지정서

ⓒ 화재예방안전진단 결과 보고서의 포함 사항
  ⓐ 해당 소방안전 특별관리시설물 현황
  ⓑ 화재예방안전진단 실시 기관 및 참여인력
  ⓒ 화재예방안전진단 범위 및 내용
  ⓓ 화재위험요인의 조사·분석 및 평가 결과
  ⓔ 안전등급 및 위험성 감소대책
  ⓕ 그 밖에 소방안전 특별관리시설물의 화재예방 강화를 위하여 소방청장이 정하는 사항

⑦ 소방본부장 또는 소방서장은 제출받은 화재예방안전진단 결과에 따라 보수·보강 등의 조치가 필요하다고 인정하는 경우에는 해당 소방안전 특별관리시설물의 관계인에게 보수·보강 등의 조치를 취할 것을 명할 수 있다.(법 제41조 제5항)

> **행정형벌**
>
> **법 제50조 제1항 제3호 [벌칙]**
>
> 화재예방안전진단 결과에 따른 보수·보강 등의 조치명령을 정당한 사유 없이 위반한 자는 3년 이하의 징역 또는 3천만 원 이하의 벌금에 처한다.

⑧ 화재예방안전진단 업무에 종사하고 있거나 종사하였던 사람은 업무를 수행하면서 알게 된 비밀을 이 법에서 정한 목적 외의 용도로 사용하거나 다른 사람 또는 기관에 제공하거나 누설하여서는 아니 된다.(법 제41조 제6항)

> **행정형벌**
>
> **법 제50조 제3항 [벌칙]**
>
> ③ 다음 각 호의 어느 하나에 해당하는 자는 300만 원 이하의 벌금에 처한다.
> 6. 제41조제6항 및 제48조제3항을 위반하여 업무를 수행하면서 알게 된 비밀을 이 법에서 정한 목적 외의 용도로 사용하거나 다른 사람 또는 기관에 제공하거나 누설한 자

> **관련법규**

화재예방법 시행령

시행령 제43조 [화재예방안전진단 대상]

① 법 제41조제1항에서 "대통령령으로 정하는 소방안전 특별관리시설물"은 다음 각 호를 말한다.
  1. 법 제40조제1항제1호에 따른 공항시설 중 여객터미널의 연면적이 1천제곱미터 이상인 공항시설
  2. 법 제40조제1항제2호에 따른 철도시설 중 역 시설의 연면적이 5천제곱미터 이상인 철도시설
  3. 법 제40조제1항제3호에 따른 도시철도시설 중 역사 및 역 시설의 연면적이 5천제곱미터 이상인 도시철도시설
  4. 법 제40조제1항제4호에 따른 항만시설 중 여객이용시설 및 지원시설의 연면적이 5천제곱미터 이상인 항만시설
  5. 법 제40조제1항제10호에 따른 전력용 및 통신용 지하구 중 「국토의 계획 및 이용에 관한 법률」 제2조제9호에 따른 공동구
  6. 법 제40조제1항제12호에 따른 천연가스 인수기지 및 공급망 중 「소방시설 설치 및 관리에 관한 법률 시행령」 별표 2 제17호나목에 따른 가스시설
  7. 제41조제2항제1호에 따른 발전소 중 연면적이 5천제곱미터 이상인 발전소
  8. 제41조제2항제3호에 따른 가스공급시설 중 가연성 가스 탱크의 저장용량의 합계가 100톤 이상이거나 저장용량이 30톤 이상인 가연성 가스 탱크가 있는 가스공급시설

시행령 제44조 [화재예방안전진단의 실시 절차 등]

① 소방안전관리대상물이 건축되어 제43조 각 호의 소방안전 특별관리시설물에 해당하게 된 경우 해당 소방안전 특별관리시설물의 관계인은 「건축법」 제22조에 따른 사용승인 또는 「소방시설공사업법」 제14조에 따른 완공검사를 받은 날부터 5년이 경과한 날이 속하는 해에 법 제41조제1항에 따라 최초의 화재예방안전진단을 받아야 한다.

② 화재예방안전진단을 받은 소방안전 특별관리시설물의 관계인은 제3항에 따른 안전등급(이하 "안전등급"이라 한다)에 따라 정기적으로 다음 각 호의 기간에 법 제41조제1항에 따라 화재예방안전진단을 받아야 한다.
  1. 안전등급이 우수인 경우: 안전등급을 통보받은 날부터 6년이 경과한 날이 속하는 해
  2. 안전등급이 양호·보통인 경우: 안전등급을 통보받은 날부터 5년이 경과한 날이 속하는 해
  3. 안전등급이 미흡·불량인 경우: 안전등급을 통보받은 날부터 4년이 경과한 날이 속하는 해

③ 화재예방안전진단 결과는 우수, 양호, 보통, 미흡 및 불량의 안전등급으로 구분하며, 안전등급의 기준은 별표 7과 같다.

④ 제1항부터 제3항까지에서 규정한 사항 외에 화재예방안전진단 절차 및 방법 등에 관하여 필요한 사항은 행정안전부령으로 정한다.

시행령 제45조 [화재예방안전진단의 범위]

법 제41조제2항제6호에서 "대통령령으로 정하는 사항"은 다음 각 호의 사항을 말한다.
  1. 화재 등의 재난 발생 후 재발방지 대책의 수립 및 그 이행에 관한 사항
  2. 지진 등 외부 환경 위험요인 등에 대한 예방·대비·대응에 관한 사항
  3. 화재예방안전진단 결과 보수·보강 등 개선요구 사항 등에 대한 이행 여부

화재예방법 시행규칙

시행규칙 제41조 [화재예방안전진단의 절차 및 방법]
① 법 제41조제1항에 따라 화재예방안전진단을 받아야 하는 소방안전 특별관리시설물(이하 "소방안전 특별관리시설물"이라 한다)의 관계인은 별지 제33호서식을 안전원 또는 소방청장이 지정하는 화재예방안전진단기관(이하 "진단기관"이라 한다)에 신청해야 한다.
② 제1항에 따라 화재예방안전진단 신청을 받은 안전원 또는 진단기관은 다음 각 호의 절차에 따라 화재예방안전진단을 실시한다.
　1. 위험요인 조사
　2. 위험성 평가
　3. 위험성 감소대책의 수립
③ 화재예방안전진단은 다음 각 호의 방법으로 실시한다.
　1. 준공도면, 시설 현황, 소방계획서 등 자료수집 및 분석
　2. 화재위험요인 조사, 소방시설등의 성능점검 등 현장조사 및 점검
　3. 정성적·정량적 방법을 통한 화재위험성 평가
　4. 불시·무각본 훈련에 의한 비상대응훈련 평가
　5. 그 밖에 지진 등 외부 환경 위험요인에 대한 예방·대비·대응태세 평가
④ 제1항에 따라 화재예방안전진단을 신청한 소방안전 특별관리시설물의 관계인은 화재예방안전진단에 필요한 자료의 열람 및 화재예방안전진단에 적극 협조해야 한다.
⑤ 제1항부터 제4항까지에서 규정한 사항 외에 화재예방안전진단의 세부 절차 및 평가방법 등에 관하여 필요한 사항은 소방청장이 정하여 고시한다.

시행규칙 제42조 [화재예방안전진단 결과 제출]
① 화재예방안전진단을 실시한 안전원 또는 진단기관은 법 제41조제4항에 따라 화재예방안전진단이 완료된 날부터 60일 이내에 소방본부장 또는 소방서장, 관계인에게 별지 제34호서식의 화재예방안전진단 결과 보고서(전자문서를 포함한다)에 다음 각 호의 서류(전자문서를 포함한다)를 첨부하여 제출해야 한다.
　1. 화재예방안전진단 결과 세부 보고서
　2. 화재예방안전진단기관 지정서
② 제1항에 따른 화재예방안전진단 결과 보고서에는 다음 각 호의 사항이 포함되어야 한다.
　1. 해당 소방안전 특별관리시설물 현황
　2. 화재예방안전진단 실시 기관 및 참여인력
　3. 화재예방안전진단 범위 및 내용
　4. 화재위험요인의 조사·분석 및 평가 결과
　5. 영 제44조제2항에 따른 안전등급 및 위험성 감소대책
　6. 그 밖에 소방안전 특별관리시설물의 화재예방 강화를 위하여 소방청장이 정하는 사항

09

「화재의 예방 및 안전관리에 관한 법률」상 진단기관으로 지정받은 자의 그 지정을 취소하여야 하는 경우로 옳은 것은?

> ㉠ 거짓이나 그 밖의 부정한 방법으로 지정을 받은 경우
> ㉡ 업무정지 기간에 화재예방안전진단 업무를 한 경우
> ㉢ 지정기준에 미달하게 된 경우
> ㉣ 화재예방안전진단 결과를 소방본부장 또는 소방서장, 관계인에게 제출하지 아니한 경우

① ㉠, ㉡ ② ㉢, ㉣
③ ㉠, ㉣ ④ ㉡, ㉢

정답 09. ①

3 진단기관의 지정 및 취소(화재예방법 제42조)

① 소방청장으로부터 진단기관으로 지정을 받으려는 자는 **대통령령**으로 정하는 시설과 전문인력 등 지정기준을 갖추어 소방청장에게 지정을 신청하여야 한다. (법 제42조 제1항)

② 소방청장은 진단기관으로 지정받은 자가 다음 각 호의 어느 하나에 해당하는 경우에는 그 지정을 취소하거나 6개월 이내의 기간을 정하여 업무의 전부 또는 일부의 정지를 명할 수 있다. 다만, ㉠ 또는 ㉣에 해당하는 경우에는 그 지정을 **취소하여야 한다**.(법 제42조 제2항)

㉠ 거짓이나 그 밖의 부정한 방법으로 지정을 받은 경우

㉡ 화재예방안전진단 결과를 소방본부장 또는 소방서장, 관계인에게 제출하지 아니한 경우

㉢ 지정기준에 미달하게 된 경우

㉣ 업무정지 기간에 화재예방안전진단 업무를 한 경우

③ 진단기관의 지정절차, 지정취소 또는 업무정지의 처분 등에 필요한 사항은 **행정안전부령**으로 정한다.(법 제42조 제3항)

㉠ 소방청장은 지정신청서를 접수한 경우에는 지정기준 등에 적합한지를 검토하여 **60일 이내**에 진단기관 지정 여부를 결정해야 한다.(규칙 제45조 제1항)

㉡ 소방청장은 진단기관의 지정을 결정한 경우에는 화재예방안전진단기관 지정서를 발급하고, 화재예방안전진단기관 관리대장에 기록하고 관리해야 한다. (규칙 제45조 제2항)

㉢ 소방청장은 지정서를 발급한 경우에는 그 내용을 소방청 **인터넷 홈페이지**에 공고해야 한다.(규칙 제45조 제3항)

행정형벌

법 제50조 제1항 제4호 [벌칙]
거짓이나 그 밖의 부정한 방법으로 진단기관으로 지정을 받은 자는 3년 이하의 징역 또는 3천만 원 이하의 벌금에 처한다.

관련법규

화재예방법 시행령

시행령 제46조 [화재예방안전진단기관의 지정기준]
법 제42조제1항에서 "대통령령으로 정하는 시설과 전문인력 등 지정기준"이란 별표 8에서 정하는 기준을 말한다.

화재예방법 시행규칙

시행규칙 제44조 [진단기관의 지정신청]
① 진단기관으로 지정받으려는 자는 법 제42조제1항에 따라 별지 제35호서식의 화재예방안전진단기관 지정신청서(전자문서를 포함한다)에 다음 각 호의 서류(전자문서를 포함한다)를 첨부하여 소방청장에게 제출해야 한다.
  1. 정관 사본
  2. 시설 요건을 증명하는 서류 및 장비 명세서
  3. 경력증명서 또는 재직증명서 등 기술인력의 자격요건을 증명하는 서류
② 제1항에 따른 화재예방안전진단기관 지정신청서를 제출받은 담당 공무원은 「전자정부법」 제36조제1항에 따른 행정정보의 공동이용을 통하여 법인등기부 등본(법인인 경우만 해당한다) 및 국가기술자격증을 확인해야 한다. 다만, 신청인이 확인에 동의하지 않는 경우에는 이를 제출하도록 해야 한다.

시행규칙 제45조 [진단기관의 지정절차]
① 소방청장은 제44조제1항에 따라 지정신청서를 접수한 경우에는 지정기준 등에 적합한지를 검토하여 60일 이내에 진단기관 지정 여부를 결정해야 한다.
② 소방청장은 제1항에 따라 진단기관의 지정을 결정한 경우에는 별지 제36호서식의 화재예방안전진단기관 지정서를 발급하고, 별지 제37호서식의 화재예방안전진단기관 관리대장에 기록하고 관리해야 한다.
③ 소방청장은 제2항에 따라 지정서를 발급한 경우에는 그 내용을 소방청 인터넷 홈페이지에 공고해야 한다.

시행규칙 제46조 [진단기관의 지정취소]
법 제42조제2항에 따른 진단기관의 지정취소 및 업무정지의 처분기준은 별표 8과 같다.

【화재예방안전진단기관의 시설, 전문인력 등 지정기준】 시행령 별표8

1. 시설
    화재예방안전진단을 목적으로 설립된 비영리법인·단체로서 제2호에 따른 전문인력이 근무할 수 있는 사무실과 제3호에 따른 장비를 보관할 수 있는 창고를 갖출 것. 이 경우 사무실과 창고를 임차하여 사용하는 경우도 사무실과 창고를 갖춘 것으로 본다.

2. 전문인력
    다음 각 목의 전문인력을 모두 갖출 것. 이 경우 전문인력은 해당 화재예방안전진단기관의 상근 직원이어야 하며, 한 사람이 다음 각 목의 자격 요건 중 둘 이상을 충족하는 경우에도 한 명의 전문인력으로 본다.
    가. 다음에 해당하는 사람
        1) 소방기술사: 1명 이상
        2) 소방시설관리사: 1명 이상
        3) 전기안전기술사·화공안전기술사·가스기술사·위험물기능장 또는 건축사: 1명 이상
    나. 다음의 분야별로 각 1명 이상

분야	자격 요건
소방	1) 소방기술사 2) 소방시설관리사 3) 소방설비기사(산업기사를 포함한다) 자격 취득 후 소방 관련 업무경력이 3년(소방설비산업기사의 경우 5년) 이상인 사람
전기	1) 전기안전기술사 2) 전기기사(산업기사를 포함한다) 자격 취득 후 소방 관련 업무 경력이 3년(전기산업기사의 경우 5년) 이상인 사람
화공	1) 화공안전기술사 2) 화공기사(산업기사를 포함한다) 자격 취득 후 소방 관련 업무 경력이 3년(화공산업기사의 경우 5년) 이상인 사람
가스	1) 가스기술사 2) 가스기사(산업기사를 포함한다) 자격 취득 후 소방 관련 업무 경력이 3년(가스산업기사의 경우 5년) 이상인 사람
위험물	1) 위험물기능장 2) 위험물산업기사 자격 취득 후 소방 관련 업무 경력이 5년 이상인 사람
건축	1) 건축사 2) 건축기사(산업기사를 포함한다) 자격 취득 후 소방 관련 업무 경력이 3년(건축산업기사의 경우 5년) 이상인 사람
교육훈련	소방안전교육사

비고
소방관련 업무 경력이란 소방실무경력 인정범위에 관한 기준 고시에 따른다.

3. 장비
    소방, 전기, 가스, 위험물, 건축 분야별로 행정안전부령으로 정하는 장비를 갖출 것

【화재예방안전진단기관의 장비기준】 시행규칙 별표7

다음의 분야별 장비를 모두 갖출 것. 다만, 해당 장비의 기능을 2개 이상 갖춘 복합기능 장비를 갖춘 경우에는 개별 장비를 갖춘 것으로 본다.

분야	장비

소방	1) 방수압력측정계, 절연저항계, 전류전압측정계
	2) 저울
	3) 소화전밸브압력계
	4) 헤드결합렌치
	5) 검량계, 기동관누설시험기, 그 밖에 소화약제의 저장량을 측정할 수 있는 점검기구
	6) 열감지기시험기, 연(煙)감지기시험기, 공기주입시험기, 감지기시험기연결폴대, 음량계
	7) 누전계(누전전류 측정용)
	8) 무선기(통화시험용)
	9) 풍속풍압계, 폐쇄력측정기, 차압계(압력차 측정기)
	10) 조도계(최소눈금이 0.1럭스 이하인 것)
	11) 화재 및 피난 모의시험이 가능한 컴퓨터
	12) 화재 모의시험을 위한 프로그램
	13) 피난 모의시험을 위한 프로그램
	14) 교육・훈련 평가 기자재
	  가) 연기발생기
	  나) 초시계

전기	1) 정전기 전하량 측정기 2) 적외선 열화상 카메라 3) 검전기 4) 클램프미터 5) 절연안전모 6) 고압절연장갑 7) 절연장화
가스	1) 가스누출검출기 2) 가스농도측정기 3) 일산화탄소농도측정기 4) 가스누출 검지액

분야	장비
위험물	1) 접지저항측정기(최소눈금 0.1옴 이하) 2) 가스농도측정기(탄화수소계 가스의 농도측정 가능할 것) 3) 정전기 전위측정기 4) 토크렌치(torque wrench: 볼트와 너트를 규정된 회전력에 맞춰 조이는데 사용하는 도구) 5) 진동시험기 6) 표면온도계(섭씨 영하 10도 ~ 300도) 7) 두께측정기 8) 소화전밸브압력계 9) 방수압력측정계 10) 포콜렉터 11) 헤드렌치 12) 포콘테이너
건축	1) 거리측정기 2) 건축 관계 도면 검토가 가능한 프로그램(AUTO CAD 등) 3) 도막(도료, 도포막) 두께측정장비(측정범위가 0.1밀리미터 이하일 것)

memo

CHAPTER 06 O·X 문제

01 「화재의 예방 및 안전관리에 관한 법률」 및 시행령상 소방안전 특별관리시설물에는 공항시설, 도시철도시설, 영화상영관 중 수용인원 1천 명 이상인 영화상영관, 점포가 100개 이상인 전통시장, 물류창고로서 연면적 20만㎡ 이상인 것, 석유비축시설 등이 있다.

01
☒ 소방안전 특별관리시설물에는 공항시설, 도시철도시설, 영화상영관 중 수용인원 1천 명 이상인 영화상영관, 점포가 500개 이상인 전통시장, 물류창고로서 연면적 10만㎡ 이상인 것, 석유비축시설 등이 있다. (법 제40조 제1항, 영 제41조 제1항, 영 제41조 제2항)

02 「화재의 예방 및 안전관리에 관한 법률 시행령」상 소방청장은 소방안전 특별관리기본계획을 매년 수립하여 시·도에 통보하여야 한다.

02
☒ 소방청장은 소방안전 특별관리기본계획을 5년 마다 수립하여 시·도에 통보하여야 한다. (영 제42조 제1항)

03 「화재의 예방 및 안전관리에 관한 법률 시행령」상 시·도지사는 특별관리기본계획을 시행하기 위하여 매년 소방안전 특별관리시행계획을 수립·시행하고, 그 결과를 다음 연도 1월 31일까지 소방청장에게 통보해야 한다.

03
◯

04 「화재의 예방 및 안전관리에 관한 법률 시행령」상 소방안전 특별관리시설물의 관계인은 안전등급이 양호·보통인 경우에는 안전등급을 통보받은 날부터 4년이 경과한 날이 속하는 해에 화재예방안전진단을 받아야 한다.

04
☒ 안전등급이 양호·보통인 경우에는 안전등급을 통보받은 날부터 5년이 경과한 날이 속하는 해에 화재예방안전진단을 받아야 한다. (영 제44조 제2항)

05 ❌ 화재예방안전진단 실시 결과 문제점이 다수 발견되었으나 대상물의 전반적인 화재안전에는 이상이 없으며 대상물에 대한 다수의 조치명령이 필요한 상태는 안전등급 "보통(C)등급"에 해당한다.(영 별표7)

05 「화재의 예방 및 안전관리에 관한 법률 시행령」상 화재예방안전진단 실시 결과 문제점이 다수 발견되었으나 대상물의 전반적인 화재안전에는 이상이 없으며 대상물에 대한 다수의 조치명령이 필요한 상태는 안전등급 "미흡(D)등급"에 해당한다.

06 ❌ 「화재의 예방 및 안전관리에 관한 법률 시행규칙」상 화재예방안전진단을 실시한 안전원 또는 진단기관은 화재예방안전진단이 완료된 날부터 60일 이내에 소방본부장 또는 소방서장, 관계인에게 화재예방안전진단 결과 보고서(전자문서를 포함한다)에 규정된 서류(전자문서를 포함한다)를 첨부하여 제출해야 한다.(규칙 제42조 제1항)

06 「화재의 예방 및 안전관리에 관한 법률 시행규칙」상 화재예방안전진단을 실시한 안전원 또는 진단기관은 화재예방안전진단이 완료된 날부터 30일 이내에 소방본부장 또는 소방서장, 관계인에게 화재예방안전진단 결과 보고서(전자문서를 포함한다)에 규정된 서류(전자문서를 포함한다)를 첨부하여 제출해야 한다.

07 ❌ 화재예방안전진단 결과에 따른 보수·보강 등의 조치명령을 정당한 사유 없이 위반한 자는 3년 이하의 징역 또는 3천만 원 이하의 벌금에 처한다.(법 제50조 제1항 제3호)

07 「화재의 예방 및 안전관리에 관한 법률」상 화재예방안전진단 결과에 따른 보수·보강 등의 조치명령을 정당한 사유 없이 위반한 자는 1년 이하의 징역 또는 1천만 원 이하의 벌금에 처한다.

08 ⭕

08 「화재의 예방 및 안전관리에 관한 법률」상 소방청장은 진단기관으로 지정받은 자가 업무정지기간에 화재예방안전진단 업무를 한 경우 그 지정을 취소하여야 한다.

MEMO

CHAPTER 07 보 칙

1. 화재의 예방과 안전문화 진흥을 위한 시책의 추진 (화재예방법 제43조)

(1) 화재의 예방과 안전문화 진흥 활동
① **소방관서장**은 국민의 화재 예방과 안전에 관한 의식을 높이고 화재의 예방과 안전문화를 진흥시키기 위한 다음 각 호의 활동을 적극 추진하여야 한다. (법 제43조 제1항)
  ㉠ 화재의 예방 및 안전관리에 관한 의식을 높이기 위한 활동 및 홍보
  ㉡ 소방대상물 특성별 화재의 예방과 안전관리에 필요한 행동요령의 개발·보급
  ㉢ 화재의 예방과 안전문화 우수사례의 발굴 및 확산
  ㉣ 화재 관련 통계 현황의 관리·활용 및 공개
  ㉤ 화재의 예방과 안전관리 취약계층에 대한 화재의 예방 및 안전관리 강화
  ㉥ 그 밖에 화재의 예방과 안전문화를 진흥하기 위한 활동
② **소방관서장**은 화재의 예방과 안전문화 활동에 국민 또는 주민이 참여할 수 있는 제도를 마련하여 시행할 수 있다. (법 제43조 제2항)
③ **소방청장**은 국민이 화재의 예방과 안전문화를 실천하고 체험할 수 있는 체험시설을 설치·운영할 수 있다. (법 제43조 제3항)
④ **국가**와 **지방자치단체**는 지방자치단체 또는 그 밖의 기관·단체에서 추진하는 화재의 예방과 안전문화활동을 위하여 **필요한 예산을 지원**할 수 있다. (법 제43조 제4항)

01
「화재의 예방 및 안전관리에 관한 법률」상 지방자치단체 또는 그 밖의 기관·단체에서 추진하는 화재의 예방과 안전문화활동을 위하여 필요한 예산을 누가 지원할 수 있는가?
① 시·도지사
② 행정안전부장관
③ 소방관서장
④ 국가와 지방자치단체

정답 01. ④

2 우수 소방대상물 관계인에 대한 포상 등(화재예방법 제44조)

(1) 소방대상물의 자율적인 안전관리

소방청장은 소방대상물의 자율적인 안전관리를 유도하기 위하여 안전관리 상태가 우수한 소방대상물을 선정하여 우수 소방대상물 표지를 발급하고, 소방대상물의 관계인을 포상할 수 있다.(법 제44조 제1항)

(2) 우수 소방대상물의 선정 방법 등

우수 소방대상물의 선정 방법, 평가 대상물의 범위 및 평가 절차 등에 필요한 사항은 **행정안전부령**으로 정한다.

① 시행계획

소방청장은 우수 소방대상물의 선정 및 관계인에 대한 포상을 위하여 우수 소방대상물의 선정방법, 평가 대상물의 범위 및 평가 절차 등에 관한 내용이 포함된 시행계획을 **매년** 수립·시행해야 한다.(규칙 제47조 제1항)

② **소방청장**은 우수 소방대상물 선정을 위하여 필요한 경우에는 소방대상물을 **직접 방문**하여 필요한 사항을 확인할 수 있다.(규칙 제47조 제2항)

③ 평가위원회

소방청장은 우수 소방대상물 선정의 객관성 및 전문성을 확보하기 위하여 필요한 경우에는 다음 각 호의 어느 하나에 해당하는 사람이 **2명 이상** 포함된 평가위원회를 성별을 고려하여 구성·운영할 수 있다. 이 경우 평가위원회의 위원에게는 예산의 범위에서 수당, 여비 등 필요한 경비를 지급할 수 있다. (규칙 제47조 제3항)

  ㉠ 소방기술사(소방안전관리자로 선임된 사람은 제외한다)
  ㉡ 소방시설관리사
  ㉢ 소방 관련 **석사** 이상의 학위를 취득한 사람
  ㉣ 소방 관련 법인 또는 단체에서 소방 관련 업무에 **5년** 이상 종사한 사람
  ㉤ 소방공무원 교육기관, 대학 또는 연구소에서 소방과 관련한 교육 또는 연구에 **5년** 이상 종사한 사람

④ ①부터 ③까지에서 규정한 사항 외에 우수 소방대상물의 평가, 평가위원회 구성·운영, 포상의 종류·명칭 및 우수 소방대상물 표지 등에 관하여 필요한 사항은 **소방청장**이 정하여 고시한다. (규칙 제47조 제4항)

관련법규

화재예방법 시행규칙

시행규칙 제47조 [우수 소방대상물의 선정 등]

① 소방청장은 법 제44조제1항에 따른 우수 소방대상물의 선정 및 관계인에 대한 포상을 위하여 우수 소방대상물의 선정방법, 평가 대상물의 범위 및 평가 절차 등에 관한 내용이 포함된 시행계획(이하 "시행계획"이라 한다)을 매년 수립·시행해야 한다.
② 소방청장은 우수 소방대상물 선정을 위하여 필요한 경우에는 소방대상물을 직접 방문하여 필요한 사항을 확인할 수 있다.
③ 소방청장은 우수 소방대상물 선정의 객관성 및 전문성을 확보하기 위하여 필요한 경우에는 다음 각 호의 어느 하나에 해당하는 사람이 2명 이상 포함된 평가위원회(이하 이 조에서 "평가위원회"라 한다)를 성별을 고려하여 구성·운영할 수 있다. 이 경우 평가위원회의 위원에게는 예산의 범위에서 수당, 여비 등 필요한 경비를 지급할 수 있다.
  1. 소방기술사(소방안전관리자로 선임된 사람은 제외한다)
  2. 소방시설관리사
  3. 소방 관련 석사 이상의 학위를 취득한 사람
  4. 소방 관련 법인 또는 단체에서 소방 관련 업무에 5년 이상 종사한 사람
  5. 소방공무원 교육기관, 대학 또는 연구소에서 소방과 관련한 교육 또는 연구에 5년 이상 종사한 사람
④ 제1항부터 제3항까지에서 규정한 사항 외에 우수 소방대상물의 평가, 평가위원회 구성·운영, 포상의 종류·명칭 및 우수 소방대상물 표지 등에 관하여 필요한 사항은 소방청장이 정하여 고시한다.

memo

3 조치명령 등의 기간연장(화재예방법 제45조)

(1) 조치명령 등의 기간연장

① 다음 각 호에 따른 조치명령·선임명령 또는 이행명령(조치명령 등)을 받은 관계인 등은 천재지변이나 그 밖에 **대통령령**으로 정하는 사유로 조치명령 등을 그 기간 내에 이행할 수 없는 경우에는 조치명령 등을 명령한 소방관서장에게 **대통령령**으로 정하는 바에 따라 조치명령 등의 이행시기를 연장하여 줄 것을 신청할 수 있다.(법 제45조 제1항)

   ㉠ 소방대상물의 개수·이전·제거, 사용의 금지 또는 제한, 사용폐쇄, 공사의 정지 또는 중지, 그 밖의 필요한 조치명령

   ㉡ 소방안전관리자 또는 소방안전관리보조자 선임명령

   ㉢ 소방안전관리업무 이행명령

② 연장신청을 받은 소방관서장은 연장신청 승인 여부를 결정하고 그 결과를 조치명령 등의 이행 기간 내에 관계인 등에게 알려 주어야 한다.(법 제45조 제2항)

③ 조치명령등의 기간연장 사유(영 제47조 제1항)

   ㉠ 「재난 및 안전관리 기본법」에 해당하는 재난이 발생한 경우

   ㉡ 경매 등의 사유로 소유권이 변동 중이거나 변동된 경우

   ㉢ 관계인의 질병, 사고, 장기출장의 경우

   ㉣ 시장·상가·복합건축물 등 소방대상물의 관계인이 여러 명으로 구성되어 조치명령·선임명령 또는 이행명령(이하 "조치명령등")의 이행에 대한 의견을 조정하기 어려운 경우

   ㉤ 그 밖에 관계인이 운영하는 사업에 부도 또는 도산 등 중대한 위기가 발생하여 조치명령등을 그 기간 내에 이행할 수 없는 경우

④ 조치명령등의 이행시기 연장을 신청하려는 관계인 등은 행정안전부령으로 정하는 바에 따라 연장신청서에 기간연장의 사유 및 기간 등을 적어 **소방관서장**에게 제출해야 한다.(영 제47조 제2항)

⑤ 기간연장의 신청 및 연장신청서의 처리에 필요한 사항은 행정안전부령으로 정한다.(영 제47조 제3항)

   ㉠ 조치명령·선임명령 또는 이행명령(이하 "조치명령등")의 기간연장을 신청하려는 관계인 등은 조치명령등의 기간연장 신청서(전자문서를 포함한다)에 조치명령등을 이행할 수 없음을 증명할 수 있는 서류(전자문서를 포함한다)를 첨부하여 **소방관서장**에게 제출해야 한다.(규칙 제48조 제1항)

   ㉡ 신청서를 제출받은 소방관서장은 신청받은 날부터 **3일** 이내에 조치명령등의 기간연장 여부를 결정하여 조치명령등의 기간연장 신청 결과 통지서를 관계인 등에게 통지해야 한다.(규칙 제48조 제2항)

조치명령 기간연장 비교

	소방시설법	화재예방법
제출	만료일 5일 전	·
결과 통지	신청받은 날부터 3일 이내	신청받은 날부터 3일 이내

자체점검 면제 또는 연기 및 이행계획 완료 연기

	소방시설법
제출	만료일 3일 전
결과 통지	신청받은 날부터 3일 이내

화재안전조사 연기

	화재예방법
제출	시작 3일 전
결과 통지	제출받은 날부터 3일 이내

> 관련법규

화재예방법 시행령

시행령 제47조 [조치명령등의 기간연장]

① 법 제45조제1항 각 호 외의 부분에서 "대통령령으로 정하는 사유"란 다음 각 호의 어느 하나에 해당하는 사유를 말한다.
1. 「재난 및 안전관리 기본법」 제3조제1호에 해당하는 재난이 발생한 경우
2. 경매 등의 사유로 소유권이 변동 중이거나 변동된 경우
3. 관계인의 질병, 사고, 장기출장의 경우
4. 시장·상가·복합건축물 등 소방대상물의 관계인이 여러 명으로 구성되어 법 제45조제1항 각 호에 따른 조치명령·선임명령 또는 이행명령(이하 "조치명령등"이라 한다)의 이행에 대한 의견을 조정하기 어려운 경우
5. 그 밖에 관계인이 운영하는 사업에 부도 또는 도산 등 중대한 위기가 발생하여 조치명령등을 그 기간 내에 이행할 수 없는 경우

② 법 제45조제1항에 따라 조치명령등의 이행시기 연장을 신청하려는 관계인 등은 행정안전부령으로 정하는 바에 따라 연장신청서에 기간연장의 사유 및 기간 등을 적어 소방관서장에게 제출해야 한다.

③ 제2항에 따른 기간연장의 신청 및 연장신청서의 처리에 필요한 사항은 행정안전부령으로 정한다.

화재예방법 시행규칙

시행규칙 제48조 [조치명령등의 기간연장]

① 법 제45조제1항에 따른 조치명령·선임명령 또는 이행명령(이하 "조치명령등"이라 한다)의 기간연장을 신청하려는 관계인 등은 영 제47조제2항에 따라 별지 제38호서식에 따른 조치명령등의 기간연장 신청서(전자문서를 포함한다)에 조치명령등을 이행할 수 없음을 증명할 수 있는 서류(전자문서를 포함한다)를 첨부하여 소방관서장에게 제출해야 한다.

② 제1항에 따른 신청서를 제출받은 소방관서장은 신청받은 날부터 3일 이내에 조치명령등의 기간연장 여부를 결정하여 별지 제39호서식의 조치명령등의 기간연장 신청 결과 통지서를 관계인 등에게 통지해야 한다.

4 청문(화재예방법 제46조)

(1) 청문 실시권자는 **소방청장** 또는 **시·도지사**이다.

(2) 청문대상
① 소방안전관리자의 자격 취소
② 진단기관의 지정 취소

	소방시설법	화재조사법	화재예방법	소방시설 공사업법	위험물안전 관리법
청문 권자	소방청장 또는 시·도지사	소방청장	소방청장 또는 시·도지사		시·도지사, 소방본부장 또는 소방서장
대상	1. 소방시설관리사 자격의 취소 및 정지 2. 소방시설관리업의 등록 취소 및 영업정지 3. 소방용품의 형식승인 취소 및 제품검사 중지 4. 성능인증의 취소 5. 우수품질인증의 취소 6. 제품검사 전문기관의 지정취소 및 업무정지	1. 화재감정 기관의 지정 취소	1. 소방안전 관리자의 자격 취소 2. 진단기관의 지정 취소	1. 소방시설업 등록취소 처분 2. 소방시설업 영업정지 처분 3. 소방기술 인정 자격 취소 처분	1. 제조소등의 설치허가 취소 2. 탱크시험자의 등록 취소

5 수수료 등(화재예방법 제47조)

(1) 다음 각 호의 어느 하나에 해당하는 자는 **행정안전부령**으로 정하는 수수료 또는 교육비를 내야 한다.(법 제47조)
㉠ 소방안전관리자 자격시험에 응시하려는 사람
㉡ 소방안전관리자 자격증을 발급 또는 재발급 받으려는 사람
㉢ 강습교육 또는 실무교육을 받으려는 사람
㉣ 화재예방안전진단을 받으려는 관계인

02

「화재의 예방 및 안전관리에 관한 법률」상 청문 사유로 옳은 것은?
① 관리사 자격의 취소 및 정지
② 진단기관의 지정 취소
③ 우수품질인증의 취소
④ 관리업의 등록취소 및 영업정지

정답 02. ②

> **관련법규**
>
> **화재예방법 시행규칙**
>
> **시행규칙 제49조 [수수료 및 교육비]**
> ① 법 제47조에 따른 수수료 및 교육비는 별표 9와 같다.
> ② 별표 9에 따른 수수료 또는 교육비를 반환하는 경우에는 다음 각 호의 구분에 따라 반환해야 한다.
>   1. 수수료 또는 교육비를 과오납한 경우: 그 과오납한 금액의 전부
>   2. 시험시행기관 또는 교육실시기관에 책임이 있는 사유로 시험에 응시하지 못하거나 교육을 받지 못한 경우: 납입한 수수료 또는 교육비의 전부
>   3. 직계가족의 사망, 본인의 사고 또는 질병, 격리가 필요한 감염병이나 예견할 수 없는 기상상황 등으로 인해 시험에 응시하지 못하거나 교육을 받지 못한 경우(해당 사실을 증명하는 서류 등을 제출한 경우로 한정한다): 납입한 수수료 또는 교육비의 전부
>   4. 원서접수기간 또는 교육신청기간에 접수를 철회한 경우: 납입한 수수료 또는 교육비의 전부
>   5. 시험시행일 또는 교육실시일 20일 전까지 접수를 취소한 경우: 납입한 수수료 또는 교육비의 전부
>   6. 시험시행일 또는 교육실시일 10일 전까지 접수를 취소한 경우: 납입한 수수료 또는 교육비의 100분의 50

6 권한의 위임·위탁 등(화재예방법 제48조)

(1) 권한의 위임
① 이 법에 따른 소방청장 또는 시·도지사의 권한은 그 **일부**를 **대통령령**으로 정하는 바에 따라 시·도지사, 소방본부장 또는 소방서장에게 위임할 수 있다. (법 제48조 제1항)
② 소방청장은 소방안전관리자 자격의 정지 및 취소에 관한 업무를 **소방서장**에게 위임한다.(영 제48조)

(2) 업무의 위탁
① 소방관서장은 다음 각 호에 해당하는 업무를 **안전원**에 위탁할 수 있다. (법 제48조 제2항)
  ㉠ 소방안전관리자 또는 소방안전관리보조자 선임신고의 접수
  ㉡ 소방안전관리자 또는 소방안전관리보조자 해임 사실의 확인
  ㉢ 건설현장 소방안전관리자 선임신고의 접수
  ㉣ 소방안전관리자 자격시험

      ⓜ 소방안전관리자 자격증의 발급 및 재발급
      ⓑ 소방안전관리 등에 관한 종합정보망의 구축·운영
      ⓢ 강습교육 및 실무교육
  ② 위탁받은 업무에 종사하고 있거나 종사하였던 사람은 업무를 수행하면서 알게 된 비밀을 이 법에서 정한 목적 외의 용도로 사용하거나 다른 사람 또는 기관에 제공하거나 누설하여서는 아니 된다.(법 제48조 제3항)

> **행정형벌**
>
> **법 제50조 제3항 제6호 [벌칙]**
> ③ 다음 각 호의 어느 하나에 해당하는 자는 <u>300만 원 이하의 벌금</u>에 처한다.
> 6. 제41조제6항 및 제48조제3항을 위반하여 업무를 수행하면서 알게 된 비밀을 이 법에서 정한 목적 외의 용도로 사용하거나 다른 사람 또는 기관에 제공하거나 누설한 자

관련법규

화재예방법 시행령

시행령 제48조 [권한의 위임·위탁 등]
소방청장은 법 제48조제1항에 따라 법 제31조에 따른 소방안전관리자 자격의 정지 및 취소에 관한 업무를 소방서장에게 위임한다.

시행령 제49조 [고유식별정보의 처리]
소방관서장(제48조 및 법 제48조 제2항에 따라 소방관서장의 권한 또는 업무를 위임받거나 위탁받은 자를 포함한다) 또는 시·도지사(해당 권한 또는 업무가 위임되거나 위탁된 경우에는 그 권한 또는 업무를 위임받거나 위탁받은 자를 포함한다)는 다음 각 호의 사무를 수행하기 위하여 불가피한 경우 「개인정보 보호법 시행령」 제19조제1호 또는 제4호에 따른 주민등록번호 또는 외국인등록번호가 포함된 자료를 처리할 수 있다.

1. 법 제7조 및 8조에 따른 화재안전조사에 관한 사무
2. 법 제14조에 따른 화재안전조사 결과에 따른 조치명령에 관한 사무
3. 법 제15조에 따른 손실보상에 관한 사무
4. 법 제17조에 따른 화재의 예방조치 등에 관한 사무
5. 법 제19조에 따른 화재의 예방 등에 대한 지원에 관한 사무
6. 법 제23조에 따른 화재안전취약자 지원에 관한 사무
7. 법 제24조, 제26조, 제28조 및 제29조에 따른 소방안전관리자, 소방안전관리보조자 및 건설현장 소방안전관리자의 선임신고 등에 관한 사무
8. 법 제30조에 따른 소방안전관리자 자격증의 발급·재발급 및 법 제31조에 따른 자격의 정지·취소에 관한 사무
9. 법 제32조에 따른 소방안전관리자 자격시험에 관한 사무
10. 법 제33조에 따른 소방안전관리 등에 관한 종합정보망의 구축·운영에 관한 사무

11. 법 제34조에 따른 소방안전관리자 등에 대한 교육에 관한 사무
12. 법 제42조에 따른 화재예방안전진단기관의 지정 및 취소
13. 법 제44조에 따른 우수 소방대상물 관계인에 대한 포상 등에 관한 사무
14. 법 제45조에 따른 조치명령등의 기간연장에 관한 사무
15. 법 제46조에 따른 청문에 관한 사무
16. 법 제47조에 따른 수수료 징수에 관한 사무

화재예방법 시행규칙

시행규칙 제50조 [안전원이 갖추어야 하는 시설 기준 등]
① 안전원의 장은 화재예방안전진단을 원활하게 수행하기 위하여 영 별표 8에 따른 진단기관이 갖춰야 하는 시설, 전문인력 및 장비를 갖춰야 한다.
② 안전원은 법 제48조제2항제7호에 따른 업무를 위탁받은 경우 별표 10의 시설기준을 갖춰야 한다.

(3) 안전원이 갖춰야 하는 시설 기준 등(규칙 50조)
　① 안전원의 장은 화재예방안전진단을 원활하게 수행하기 위하여 영 별표 8에 따른 진단기관이 갖춰야 하는 시설, 전문인력 및 장비를 갖춰야 한다.
　② 안전원은 법 제48조제2항제7호(강습교육 및 실무교육)에 따른 업무를 위탁받은 경우 별표 10의 시설기준을 갖춰야 한다.

【한국소방안전원이 갖추어야 하는 시설기준】 　시행규칙 별표10

1. 사무실 : 바닥면적 **60제곱미터** 이상일 것
2. 강의실 : 바닥면적 **100제곱미터** 이상이고 책상·의자, 음향시설, 컴퓨터 및 빔프로젝터 등 교육에 필요한 비품을 갖출 것
3. 실습실 : 바닥면적 **100제곱미터** 이상이고, 교육과정별 실습·평가를 위한 교육기자재 등을 갖출 것
4. 교육용기자재 등

교육 대상	교육용기자재 등	수량
공통 (특급·1급·2급·3급 소방안전관리자, 소방안전관리보조자, 업무대행감독자, 건설현장 소방안전관리자)	1. 소화기(분말, 이산화탄소, 할로겐화합물 및 불활성기체)	각 1개
	2. 소화기 실습·평가설비	1식
	3. 자동화재탐지설비(P형) 실습·평가설비	3식
	4. 응급처치 실습·평가장비(마네킹, 심장충격기)	각 1개
	5. 피난구조설비(유도등, 완강기)	각 1식
	6. 「소방시설 설치 및 관리에 관한 법률 시행규칙」 별표 4에 따른 소방시설별 점검 장비	각 1개 1식
	7. 원격교육을 위한 스튜디오, 영상장비 및 콘텐츠	1식
	8. 가상체험(VR 등) 장비 및 기기	1식

특급 소방안전관리자	1. 옥내소화전설비 실습·평가설비 2. 스프링클러설비 실습·평가설비 3. 가스계소화설비 실습·평가설비 4. 자동화재탐지설비(R형) 실습·평가설비 5. 제연설비 실습·평가설비	1식 1식 1식 1식 1식
1급 소방안전관리자	1. 옥내소화전설비 실습·평가설비 2. 스프링클러설비 실습·평가설비 3. 자동화재탐지설비(R형) 실습·평가설비	1식 1식 1식
2급 소방안전관리자, 「공공기관의 소방안전관리에 관한 규정」 제2조에 따른 공공기관의 소방안전관리자	1. 옥내소화전설비 실습·평가설비 2. 스프링클러설비 실습·평가설비	1식 1식
건설현장 소방안전관리자	1. 임시소방시설 실습·평가설비 2. 화기취급작업 안전장비	1식 1식

7 벌칙 적용에서 공무원 의제(화재예방법 제49조)

(1) 벌칙 적용에서 공무원 의제
   ① 다음 각 호의 어느 하나에 해당하는 자 중 공무원이 아닌 사람은 「형법」 제129조부터 제132조까지의 규정을 적용할 때에는 공무원으로 본다.(법 제49조)
      ㉠ 화재안전조사단의 구성원
      ㉡ 화재안전조사위원회의 위원
      ㉢ 화재안전조사에 참여하는 자
      ㉣ 화재안전영향평가심의회 위원
      ㉤ 화재예방안전진단업무 수행 기관의 임원 및 직원
      ㉥ 위탁받은 업무에 종사하는 안전원의 담당 임원 및 직원

· 형법 제129조(수뢰, 사전수뢰)
· 형법 제130조(제3자 뇌물제공)
· 형법 제131조(수뢰후 부정처사, 사후수뢰)
· 형법 제132조(알선수뢰)

CHAPTER 07 O·X 문제

01 ⭕

02 ❌ 국가와 지방자치단체는 지방자치단체 또는 그 밖의 기관·단체에서 추진하는 화재의 예방과 안전문화 활동을 위하여 필요한 예산을 지원할 수 있다.(법 제43조 제4항)

03 ⭕

04 ❌ 청문대상에는 소방안전관리자의 자격 취소, 진단기관의 지정 취소가 있다. (법 제46조)

05 ⭕

01 「화재의 예방 및 안전관리에 관한 법률」상 소방청장은 국민이 화재의 예방과 안전문화를 실천하고 체험할 수 있는 체험시설을 설치·운영할 수 있다.

02 「화재의 예방 및 안전관리에 관한 법률」상 시·도지사는 지방자치단체 또는 그 밖의 기관·단체에서 추진하는 화재의 예방과 안전문화활동을 위하여 필요한 예산을 지원할 수 있다.

03 「화재의 예방 및 안전관리에 관한 법률」상 청문 실시권자는 소방청장 또는 시·도지사이다.

04 「화재의 예방 및 안전관리에 관한 법률」상 청문대상에는 소방안전관리자의 자격 정지, 진단기관의 지정 취소가 있다.

05 「화재의 예방 및 안전관리에 관한 법률」상 소방청장은 소방대상물의 자율적인 안전관리를 유도하기 위하여 안전관리 상태가 우수한 소방대상물을 선정하여 우수 소방대상물 표지를 발급하고, 소방대상물의 관계인을 포상할 수 있다.

MEMO

CHAPTER 08 벌칙

1 벌칙 등

내용	벌칙
① 화재안전조사 결과에 따른 조치명령을 정당한 사유 없이 위반한 자 ② 소방안전관리자 선임명령 등에 따른 명령을 정당한 사유 없이 위반한 자 ③ 화재예방안전진단 결과에 따른 보수·보강 등의 조치명령을 정당한 사유 없이 위반한 자 ④ 거짓이나 그 밖의 부정한 방법으로 진단기관으로 지정을 받은 자	3년 이하의 징역 또는 3천만 원 이하의 벌금 ▶【법 제50조 제1항】
① 화재안전조사업무를 수행하는 관계인의 정당한 업무를 방해하거나, 조사업무를 수행하면서 취득한 자료나 알게 된 비밀을 다른 사람 또는 기관에게 제공 또는 누설하거나 목적 외의 용도로 사용한 자 ② 소방안전관리자 자격증을 다른 사람에게 빌려 주거나 빌리거나 이를 알선한 자 ③ 진단기관으로부터 화재예방안전진단을 받지 아니한 자	1년 이하의 징역 또는 1천만 원 이하의 벌금 ▶【법 제50조 제2항】
① 화재안전조사를 정당한 사유 없이 거부·방해 또는 기피한 자 ② 화재의 예방조치 등 각 호의 어느 하나에 따른 명령을 정당한 사유 없이 따르지 아니하거나 방해한 자 ③ 소방안전관리자, 총괄소방안전관리자 또는 소방안전관리보조자를 선임하지 아니한 자 ④ 소방시설·피난시설·방화시설 및 방화구획 등이 법령에 위반된 것을 발견하였음에도 필요한 조치를 할 것을 요구하지 아니한 소방안전관리자 ⑤ 소방안전관리자에게 불이익한 처우를 한 관계인 ⑥ 화재예방안전진단 업무에 종사하고 있거나 종사하였던 사람 및 위탁받은 업무에 종사하고 있거나 종사하였던 사람이 업무를 수행하면서 알게 된 비밀을 이 법에서 정한 목적 외의 용도로 사용하거나 다른 사람 또는 기관에 제공하거나 누설한 자	300만 원 이하의 벌금 ▶【법 제50조 제3항】
법인의 대표자나 법인 또는 개인의 대리인, 사용인, 그 밖의 종업원이 그 법인 또는 개인의 업무에 관하여 제50조에 해당하는 위반행위를 하면 그 행위자를 벌하는 외에 그 법인 또는 개인에게도 해당 조문의 벌금형을 과(科)한다. 다만, 법인 또는 개인이 그 위반행위를 방지하기 위하여 해당 업무에 관하여 상당한 주의와 감독을 게을리 하지 아니한 경우에는 그러하지 아니하다.	양벌규정 ▶【법 제51조】

---

01 「화재의 예방 및 안전관리에 관한 법률」상 소방안전관리자, 총괄소방안전관리자 또는 소방안전관리보조자를 선임하지 아니한 자의 벌칙으로 옳은 것은?

① 3년 이하의 징역 또는 3천만 원 이하의 벌금
② 1년 이하의 징역 또는 1천만 원 이하의 벌금
③ 300만 원 이하의 벌금
④ 300만 원 이하의 과태료

02 「화재의 예방 및 안전관리에 관한 법률」상 벌칙에서 그 부과의 범위가 다른 벌칙은?

① 소방안전관리자 자격증을 다른 사람에게 빌려 주거나 빌리거나 이를 알선한 자
② 관계인의 정당한 업무를 방해하거나, 조사업무를 수행하면서 취득한 자료나 알게 된 비밀을 다른 사람 또는 기관에게 제공 또는 누설하거나 목적 외의 용도로 사용한 자
③ 진단기관으로부터 화재예방안전진단을 받지 아니한 자
④ 화재안전조사를 정당한 사유 없이 거부·방해 또는 기피한 자

정답 01. ③ 02. ④

① 정당한 사유 없이 화재의 예방조치 등 규정에 해당하는 행위를 한 자 ② 전담이 필요한 소방안전관리대상물(특급, 1급)의 소방안전관리자를 겸한 자 ③ 소방안전관리업무를 하지 아니한 특정소방대상물의 관계인 또는 소방안전관리대상물의 소방안전관리자 〈100, 200, 300〉 ④ 소방안전관리업무의 지도·감독을 하지 아니한 자 ⑤ 건설현장 소방안전관리대상물의 소방안전관리자의 업무를 하지 아니한 소방안전관리자 〈100, 200, 300〉 ⑥ 피난유도 안내정보를 제공하지 아니한 자 〈100, 200, 300〉 ⑦ 소방안전관리대상물 근무자 및 거주자 등에 대한 소방훈련 및 교육을 하지 아니한 자 〈100, 200, 300〉 ⑧ 화재예방안전진단 결과를 제출하지 아니한 자 〈100, 200, 300〉	300만 원 이하의 과태료 ▶【법 제52조 제1항】 과태료 부과권자 소방청장, 시·도지사, 소방본부장 또는 소방서장	
① 불을 사용할 때 지켜야 하는 사항 및 특수가연물의 저장 및 취급 기준을 위반한 자 ② 소방설비등의 설치 명령을 정당한 사유 없이 따르지 아니한 자 ③ 소방안전관리자 선임신고를 기간 내에 선임신고를 하지 아니하거나 소방안전관리자의 성명 등을 게시하지 아니한 자 〈50, 100, 200〉 ④ 건설현장 소방안전관리대상물의 소방안전관리자를 기간 내에 선임 신고를 하지 아니한 자 〈50, 100, 200〉 ⑤ 소방안전관리대상물 중 소방안전관리업무의 전담이 필요한 대통령령으로 정하는 소방안전관리대상물의 관계인이 기간 내에 소방훈련 및 교육 결과를 제출하지 아니한 자 〈50, 100, 200〉	200만 원 이하의 과태료 ▶【법 제52조 제2항】 과태료 부과권자 소방청장, 시·도지사, 소방본부장 또는 소방서장	
① 실무교육을 받지 아니한 소방안전관리자 및 소방안전관리보조자 〈50〉	100만 원 이하의 과태료 ▶【법 제52조 제3항】 과태료 부과권자 소방청장, 시·도지사, 소방본부장 또는 소방서장	

03

「화재의 예방 및 안전관리에 관한 법률」상 과태료 부과에서 100만 원 이하의 과태료에 해당하는 것은?

① 소방안전관리업무의 지도·감독을 하지 아니한 자
② 건설현장 소방안전관리대상물의 소방안전관리자를 기간 내에 선임신고를 하지 아니한 자
③ 불을 사용할 때 지켜야 하는 사항 및 특수가연물의 저장 및 취급 기준을 위반한 자
④ 실무교육을 받지 아니한 소방안전관리자 및 소방안전관리보조자

☑ **소방안전관리자**

• 선임 X	300벌
• 업무 X	300과
• 실무교육 X	100과
• 선임신고 X	200과

● **비밀 누설**

소방시설법	
관계공무원의 감독 업무	1년, 1천
평가단의 업무	300벌
위탁 업무	300벌

화재예방법	
관계공무원 및 전문가의 화재안전조사 업무	1년, 1천
화재예방안전진단 업무	300벌
위탁 업무	300벌

화재조사법		공사업법		위험물법	
화재조사관의 업무	300벌	관계공무원의 감독 업무	300벌	관계공무원의 감독 업무	1천벌

● **과태료 부과권자**

• 소방기본법 / 공사업법 / 위험물법	시·도지사, 소방본부장 또는 소방서장
• 소방시설법 / 화재예방법	소방청장, 시·도지사, 소방본부장 또는 소방서장
• 소방기본법 中 20과(오인 우려)	소방본부장 또는 소방서장
• 화재조사법	소방관서장 또는 경찰서장

정답 03. ④

【과태료의 부과기준】 시행령 별표9

1. 일반기준
   가. 위반행위의 횟수에 따른 과태료의 가중된 부과기준은 최근 **1년**간 같은 위반행위로 과태료 부과처분을 받은 경우에 적용한다. 이 경우 기간의 계산은 위반행위에 대하여 과태료 부과처분을 받은 날과 그 처분 후 다시 같은 위반행위를 하여 적발된 날을 기준으로 한다.
   나. 가목에 따라 가중된 부과처분을 하는 경우 가중처분의 적용 차수는 그 위반행위 전 부과처분 차수(가목에 따른 기간 내에 과태료 부과처분이 둘 이상 있었던 경우에는 높은 차수를 말한다)의 다음 차수로 한다.
   다. 부과권자는 다음의 어느 하나에 해당하는 경우에는 제2호의 개별기준에 따른 과태료의 2분의 1 범위에서 그 금액을 줄여 부과할 수 있다. 다만, 과태료를 체납하고 있는 위반행위자에 대해서는 그렇지 않다.
      1) 위반행위가 사소한 부주의나 오류로 인한 것으로 인정되는 경우
      2) 위반행위자가 법 위반상태를 시정하거나 해소하기 위하여 노력한 사실이 인정되는 경우
      3) 위반행위자가 처음 위반행위를 한 경우로서 **3년** 이상 해당 업종을 모범적으로 영위한 사실이 인정되는 경우
      4) 위반행위자가 화재 등 재난으로 재산에 현저한 손실을 입거나 사업 여건의 악화로 그 사업이 중대한 위기에 처하는 등 사정이 있는 경우
      5) 위반행위자가 같은 위반행위로 다른 법률에 따라 과태료·벌금·영업정지 등의 처분을 받은 경우
      6) 그 밖에 위반행위의 정도, 위반행위의 동기와 그 결과 등을 고려하여 과태료 금액을 줄일 필요가 있다고 인정되는 경우

2. 개별기준

위반행위	근거 법조문	과태료 금액 (단위: 만 원)		
		1차 위반	2차 위반	3차 이상 위반
가. 정당한 사유 없이 법 제17조제1항 각 호의 어느 하나에 해당하는 행위를 한 경우	법 제52조 제1항제1호	300		
나. 법 제17조제4항에 따른 불을 사용할 때 지켜야 하는 사항 및 같은 조 제5항에 따른 특수가연물의 저장 및 취급 기준을 위반한 경우	법 제52조 제2항제1호	200		
다. 법 제18조제4항에 따른 소방설비등의 설치 명령을 정당한 사유 없이 따르지 않은 경우	법 제52조 제2항제2호	200		
라. 법 제24조제2항을 위반하여 소방안전관리자를 겸한 경우	법 제52조 제1항제2호	300		
마. 법 제24조제5항에 따른 소방안전관리업무를 하지 않은 경우	법 제52조 제1항제3호	100	200	300

위반행위	근거법조문	1차	2차	3차
바. 법 제26조제1항을 위반하여 기간 내에 선임신고를 하지 않거나 소방안전관리자의 성명 등을 게시하지 않은 경우	법 제52조 제2항제3호			
1) 지연 신고기간이 1개월 미만인 경우			50	
2) 지연 신고기간이 1개월 이상 3개월 미만인 경우			100	
3) 지연 신고기간이 3개월 이상이거나 신고하지 않은 경우			200	
4) 소방안전관리자의 성명 등을 게시하지 않은 경우		50	100	200
사. 법 제27조제2항을 위반하여 소방안전관리업무의 지도·감독을 하지 않은 경우	법 제52조 제1항제4호		300	
아. 법 제29조제1항을 위반하여 기간 내에 선임신고를 하지 않은 경우	법 제52조 제2항제4호			
1) 지연 신고기간이 1개월 미만인 경우			50	
2) 지연 신고기간이 1개월 이상 3개월 미만인 경우			100	
3) 지연 신고기간이 3개월 이상이거나 신고하지 않은 경우			200	
자. 법 제29조제2항에 따른 건설현장 소방안전관리대상물의 소방안전관리자의 업무를 하지 않은 경우	법 제52조 제1항제5호	100	200	300
차. 법 제34조제1항제2호를 위반하여 실무교육을 받지 않은 경우	법 제52조 제3항		50	
카. 법 제36조제3항을 위반하여 피난유도 안내정보를 제공하지 않은 경우	법 제52조 제1항제6호	100	200	300
타. 법 제37조제1항을 위반하여 소방훈련 및 교육을 하지 않은 경우	법 제52조 제1항제7호	100	200	300
파. 법 제37조제2항을 위반하여 기간 내에 소방훈련 및 교육 결과를 제출하지 않은 경우	법 제52조 제2항제5호			
1) 지연제출기간이 1개월 미만인 경우			50	
2) 지연제출기간이 1개월 이상 3개월 미만인 경우			100	
3) 지연제출기간이 3개월 이상이거나 제출을 하지 않은 경우			200	
하. 법 제41조제4항을 위반하여 화재예방안전진단 결과를 제출하지 않은 경우	법 제52조 제1항제8호			
1) 지연제출기간이 1개월 미만인 경우			100	
2) 지연제출기간이 1개월 이상 3개월 미만인 경우			200	
3) 지연제출기간이 3개월 이상이거나 제출을 하지 않은 경우			300	

CHAPTER 08 O·X 문제

01 ⭕

02 ❌ 화재안전조사를 정당한 사유 없이 거부·방해 또는 기피한 자는 <u>300만 원 이하의 벌금</u>에 처한다.
(법 제50조 제3항)

03 ❌ 소방안전관리업무의 지도·감독을 하지 아니한 자는 300만 원 이하의 <u>과태료를 부과한다</u>.
(법 제52조 제1항)

04 ⭕

05 ⭕

06 ❌ 피난유도 안내정보를 제공하지 아니한 자는 <u>300만 원 이하의 과태료</u>를 부과한다.(법 제52조 제1항)

---

01 「화재의 예방 및 안전관리에 관한 법률」상 거짓이나 그 밖의 부정한 방법으로 진단기관으로 지정을 받은 자는 3년 이하의 징역 또는 3천만 원 이하의 벌금에 처한다.

02 「화재의 예방 및 안전관리에 관한 법률」상 화재안전조사를 정당한 사유 없이 거부·방해 또는 기피한 자는 100만 원 이하의 벌금에 처한다.

03 「화재의 예방 및 안전관리에 관한 법률」상 소방안전관리업무의 지도·감독을 하지 아니한 자는 300만 원 이하의 벌금에 처한다.

04 「화재의 예방 및 안전관리에 관한 법률」상 과태료 부과권자는 소방청장, 시·도지사, 소방본부장 또는 소방서장이다.

05 「화재의 예방 및 안전관리에 관한 법률」상 실무교육을 받지 아니한 소방안전관리자 및 소방안전관리보조자에게 100만 원 이하의 과태료를 부과한다.

06 「화재의 예방 및 안전관리에 관한 법률」상 피난유도 안내정보를 제공하지 아니한 자는 100만 원 이하의 과태료를 부과한다.

시험 전 소방관계법규 필수 체크리스트

시험 전 체크 후, 모르는 내용은 복습해보시기 바랍니다.

번호	「화재의 예방 및 안전관리에 관한 법률」 필수 점검 사항	체크 안다	체크 모른다
1	목적과 정의	☐	☐
2	기본계획 및 시행계획의 수립·시행	☐	☐
3	기본계획의 내용	☐	☐
4	실태조사 항목	☐	☐
5	화재안전조사를 실시하는 경우	☐	☐
6	화재안전조사의 항목	☐	☐
7	화재안전조사단 편성·운영	☐	☐
8	화재안전조사위원회 구성·운영	☐	☐
9	손실보상	☐	☐
10	화재의 예방조치	☐	☐
11	보일러 등의 위치·구조 및 관리와 화재예방을 위하여 불의 사용에 있어서 지켜야 하는 사항	☐	☐
12	특수가연물의 품명 및 수량	☐	☐
13	특수가연물의 저장 및 취급기준	☐	☐
14	화재예방강화지구의 지정관리대상지역	☐	☐
15	화재안전영향평가심의회의 구성 및 운영	☐	☐
16	화재안전취약자에 대한 지원	☐	☐
17	소방안전관리자를 두어야 하는 선임대상물, 선임자격 및 선임인원	☐	☐
18	건설현장 소방안전관리 대상	☐	☐
19	소방안전관리자 자격의 정지 및 취소	☐	☐
20	소방안전관리자 자격시험 응시 자격자	☐	☐
21	관리의 권원이 분리된 특정소방대상물의 소방안전관리	☐	☐
22	피난유도 안내정보의 제공 방법	☐	☐
23	소방안전 특별관리시설물	☐	☐
24	화재예방안전진단을 받아야 하는 특별관리시설물	☐	☐
25	청문	☐	☐

용어 출처(기본서 기준)

번호	「화재의 예방 및 안전관리에 관한 법률」 필수 점검 사항	복습페이지 (기본서 기준)
1	목적과 정의	기본서 2권 p.14
2	기본계획 및 시행계획의 수립·시행	기본서 2권 p.18~19
3	기본계획의 내용	기본서 2권 p.20
4	실태조사 항목	기본서 2권 p.22
5	화재안전조사를 실시하는 경우	기본서 2권 p.26
6	화재안전조사의 항목	기본서 2권 p.27
7	화재안전조사단 편성·운영	기본서 2권 p.32
8	화재안전조사위원회 구성·운영	기본서 2권 p.32-33
9	손실보상	기본서 2권 p.37
10	화재의 예방조치	기본서 2권 p.44~45
11	보일러 등의 위치·구조 및 관리와 화재예방을 위하여 불의 사용에 있어서 지켜야 하는 사항	기본서 2권 p.49~52
12	특수가연물의 품명 및 수량	기본서 2권 p.53
13	특수가연물의 저장 및 취급기준	기본서 2권 p.54~56
14	화재예방강화지구의 지정관리대상지역	기본서 2권 p.57
15	화재안전영향평가심의회의 구성 및 운영	기본서 2권 p.61
16	화재안전취약자에 대한 지원	기본서 2권 p.65
17	소방안전관리자를 두어야 하는 선임대상물, 선임자격 및 선임인원	기본서 2권 p.70~73
18	건설현장 소방안전관리 대상	기본서 2권 p.92
19	소방안전관리자 자격의 정지 및 취소	기본서 2권 p.98
20	소방안전관리자 자격시험 응시 자격자	기본서 2권 p.100~102
21	관리의 권원이 분리된 특정소방대상물의 소방안전관리	기본서 2권 p.113~114
22	피난유도 안내정보의 제공 방법	기본서 2권 p.118
23	소방안전 특별관리시설물	기본서 2권 p.132
24	화재예방안전진단을 받아야 하는 특별관리시설물	기본서 2권 p.136
25	청문	기본서 2권 p.155

MEMO

소방시설공사업법의 체계도

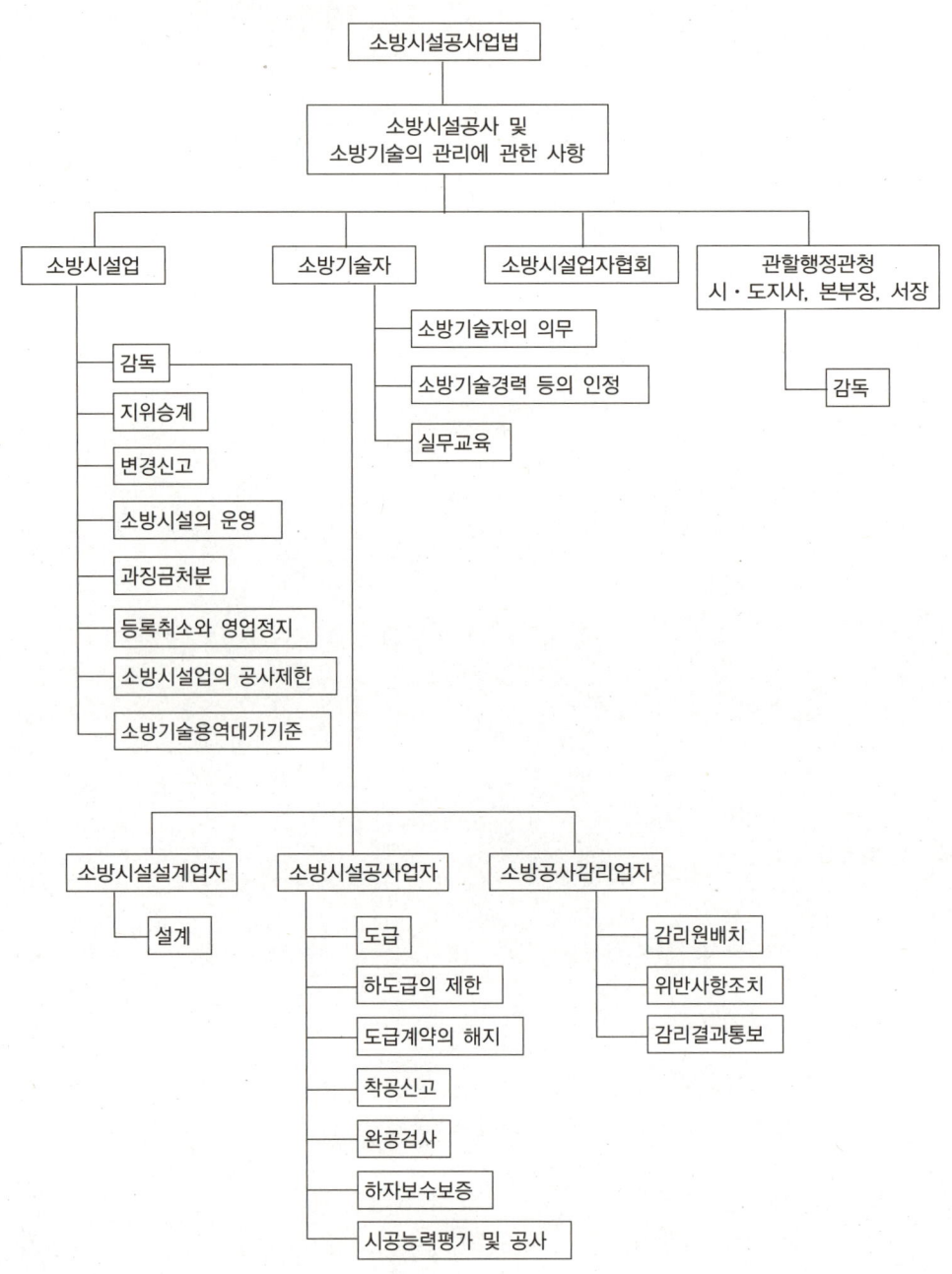

PART 02

소방시설공사업법

01 총칙
02 소방시설업
03 소방시설공사등
04 소방기술자
05 소방시설업자협회
06 보칙
07 벌칙

소방시설공사업법의 구성

제1장 총칙
제1조 목적
제2조 정의
제2조의2 소방시설공사등 관련 주체의 책무
제3조 다른 법률과의 관계

제2장 소방시설업
제4조 소방시설업의 등록
제5조 등록의 결격사유
제6조 등록사항의 변경신고
제6조의2 휴업·폐업신고 등
제7조 소방시설업자의 지위승계
제8조 소방시설업의 운영
제9조 등록취소와 영업정지등
제10조 과징금처분

제3장 소방시설공사등
제1절 설계
제11조 설계
제2절 시공
제12조 시공
제13조 착공신고
제14조 완공검사
제15조 공사의 하자보수 등
제3절 감리
제16조 감리
제17조 공사감리자의 지정 등
제18조 감리원의 배치 등
제19조 위반사항에 대한 조치
제20조 공사감리 결과의 통보 등
제3절의2 방염
제20조의2 방염
제20조의3 방염처리능력 평가 및 공시
제4절 도급
제21조 소방시설공사등의 도급
제21조의2 임금에 대한 압류의 금지
제21조의3 도급의 원칙 등
제21조의4 공사대금의 지급보증 등
제21조의5 부정한 청탁에 의한 재물 등의 취득 및 제공금지
제21조의6 위반사실의 통보
제22조 하도급의 제한
제22조의2 하도급계약의 적정성 심사 등
제22조의3 하도급대금의 지급 등
제22조의4 하도급계약 자료의 공개
제23조 도급계약의 해지
제24조 공사업자의 감리 제한
제25조 소방기술용역의 대가 기준
제26조 시공능력 평가 및 공사
제26조의2 설계·감리업자의 선정
제26조의3 소방시설업 종합정보시스템의 구축 등

제4장 소방기술자
제27조 소방기술자의 의무
제28조 소방기술 경력 등의 인정 등
제28조의2 소방기술자 양성 및 교육 등
제29조 소방기술자의 실무교육

제5장 소방시설업자협회
제30조 삭제
제30조의2 소방시설업자협회의 설립
제30조의3 협회의 업무
제30조의4 「민법」의 준용

제6장 보칙
제31조 감독
제32조 청문
제33조 권한의 위임·위탁 등
제34조 수수료
제34조의2 벌칙 적용 시의 공무원의 의제

제7장 벌칙
제35조 벌칙
제36조 벌칙
제37조 벌칙
제38조 벌칙
제39조 양벌규정
제40조 과태료

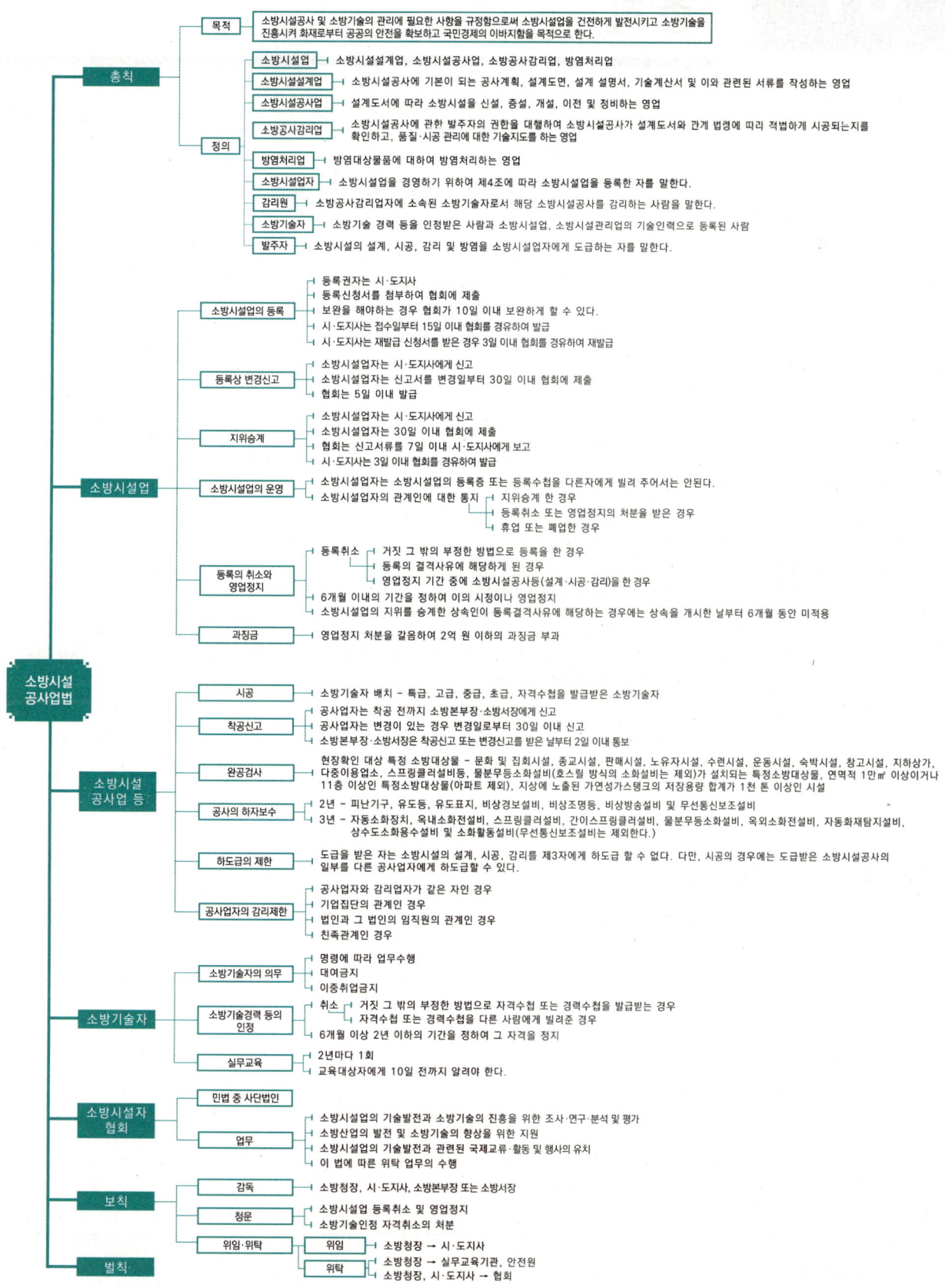

CHAPTER 01 총칙

1 목적(소방시설공사업법 제1조)  15, 16 공채

소방시설공사 및 소방기술의 관리에 필요한 사항을 규정함으로써 소방시설업을 건전하게 발전시키고 소방기술을 진흥시켜 화재로부터 **공공의 안전**을 확보하고 **국민경제에 이바지함**을 목적으로 한다.

관련법규

소방시설공사업법 시행령

제1조 [목적]
이 영은 소방시설공사업법에서 위임된 사항과 그 시행에 관하여 필요한 사항을 규정함을 목적으로 한다.

소방시설공사업법 시행규칙

제1조 [목적]
이 규칙은 소방시설공사업법 및 같은 법 시행령에서 위임된 사항과 그 시행에 관하여 필요한 사항을 규정함을 목적으로 한다.

01
「소방시설공사업법」상 목적으로 가장 옳은 것은?

① 소방시설공사 및 소방기술의 관리에 필요한 사항을 규정함으로써 소방공사업을 건전하게 발전시키고 소방기술을 진흥시켜 화재로부터 공공의 안전을 확보하고 국민경제에 이바지함을 목적으로 한다.
② 소방시설공사 및 소방기술의 관리에 필요한 사항을 규정함으로써 소방시공업을 건전하게 발전시키고 소방기술을 진흥시켜 화재로부터 공공의 안전을 확보하고 국민경제에 이바지함을 목적으로 한다.
③ 소방시설공사 및 소방기술의 관리에 필요한 사항을 규정함으로써 소방설계업을 건전하게 발전시키고 소방기술을 진흥시켜 화재로부터 공공의 안전을 확보하고 국민경제에 이바지함을 목적으로 한다.
④ 소방시설공사 및 소방기술의 관리에 필요한 사항을 규정함으로써 소방시설업을 건전하게 발전시키고 소방기술을 진흥시켜 화재로부터 공공의 안전을 확보하고 국민경제에 이바지함을 목적으로 한다.

정답 01. ④

2 용어 정의(소방시설공사업법 제2조)

(1) **소방시설업** 〔기출〕 11, 18, 22 공채

소방시설설계업, 소방시설공사업, 소방공사감리업, 방염처리업을 말한다.

> 과거에는 소방시설감리업 이었음〈2010년 부산기출 중복정답처리〉

① **소방시설설계업**은 소방시설공사에 기본이 되는 공사계획, 설계도면, 설계 설명서, 기술계산서 및 이와 관련된 서류(이하 "설계도서"라 한다)를 작성(이하 "설계"라 한다)하는 영업

② **소방시설공사업**은 설계도서에 따라 소방시설을 신설, 증설, 개설, 이전 및 정비(이하 "시공"이라 한다)하는 영업

③ **소방공사감리업**은 소방시설공사에 관한 발주자의 권한을 대행하여 소방시설공사가 설계도서와 관계 법령에 따라 적법하게 시공되는지를 확인하고, 품질·시공 관리에 대한 기술지도를 하는(이하 "감리"라 한다) 영업

④ **방염처리업**은 「소방시설 설치 및 관리에 관한 법률」 제20조 제1항에 따른 방염대상물품에 대하여 방염처리(이하 "방염"이라 한다)하는 영업

(2) 소방시설업자는 소방시설업을 경영하기 위하여 제4조에 따라 소방시설업을 등록한 자를 말한다.

(3) 감리원은 소방공사감리업자에 소속된 소방기술자로서 해당 소방시설공사를 감리하는 사람을 말한다. 〔기출〕 11 공채

(4) 소방기술자
① 소방기술·경력 등을 인정받은 사람(방염업 등록자, 방염업자 ×)
② 소방시설업과 소방시설관리업의 기술인력으로 등록된 사람
  ㉠ 소방시설관리사
  ㉡ 소방기술사·소방설비기사·소방설비산업기사·위험물기능장·위험물산업기사·위험물기능사

(5) 발주자란 소방시설의 설계, 시공, 감리 및 방염(이하 "소방시설공사등"이라 한다)을 소방시설업자에게 도급하는 자를 말한다. 다만, 수급인으로서 도급받은 공사를 하도급 하는 자는 제외한다.

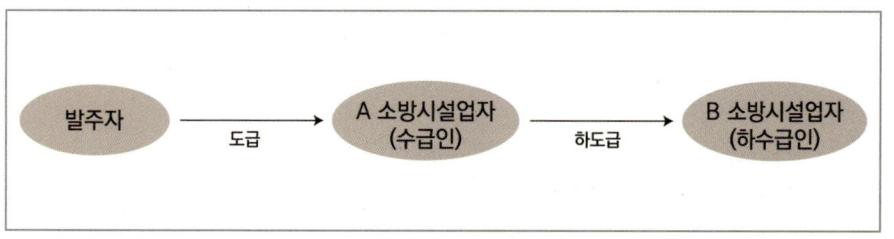

---

02 「소방시설공사업법」상 '소방시설업'의 영업에 해당하지 않는 것은?
• 18. 하반기

① 소방시설공사에 기본이 되는 공사계획, 설계도면, 설계설명서, 기술계산서 및 이와 관련된 서류를 작성하는 영업
② 설계도서에 따라 소방시설을 신설, 증설, 개설, 이전 및 정비하는 영업
③ 소방안전관리 업무의 대행 또는 소방시설등의 점검 및 유지·관리하는 영업
④ 방염대상물품에 대하여 방염처리하는 영업

03 「소방시설공사업법」상 소방시설업의 종류로 옳은 것을 모두 고르면?
• 18. 상반기

가. 소방공사감리업
나. 방염처리업
다. 소방시설공사업
라. 소방시설점검업
마. 소방시설설계업
바. 소방시설관리업

① 가 나 라   ② 가 다 마
③ 가 나 다 마   ④ 가 나 다 라 마

04 「소방시설공사업법」에서 규정한 용어의 정의로 옳지 않은 것은?
• 22. 공채

① "소방시설공사업"이란 설계도서에 따라 소방시설을 신설, 증설, 개설, 이전 및 정비하는 영업을 말한다.
② "소방시설설계업"이란 소방시설공사에 기본이 되는 공사계획, 설계도면, 설계 설명서, 기술계산서 및 이와 관련된 서류를 작성하는 영업을 말한다.
③ "발주자"란 소방시설의 설계, 시공, 감리 및 방염을 소방시설업자에게 도급한 자 및 도급받은 공사를 하도급하는 자를 말한다.
④ "소방공사감리업"이란 소방시설공사에 관한 발주자의 권한을 대행하여 소방시설공사가 설계도서와 관계법령에 따라 적법하게 시공되는지를 확인하고, 품질·시공 관리에 대한 기술지도를 하는 영업을 말한다.

정답 02.③ 03.③ 04.③

도급
당사자 일방(수급인)이 어느 일을 완성할 것을 약정하고, 상대방(도급인)이 그 일의 결과에 대하여 보수를 지급할 것을 약정함으로써 성립하는 계약을 말한다.

하도급
'하도급'이란 수급인이 다시 제3자에게 도급을 주는 것을 말한다.

3. 소방시설공사등 관련 주체의 책무(소방시설공사업법 제2조의2)

① **소방청장**은 소방시설공사등의 품질과 안전이 확보되도록 소방시설공사등에 관한 기준 등을 정하여 보급하여야 한다.(법 제2조의2 제1항)
② **발주자**는 소방시설이 공공의 안전과 복리에 적합하게 시공되도록 공정한 기준과 절차에 따라 능력 있는 소방시설업자를 선정하여야 하고, 소방시설공사등이 적정하게 수행되도록 노력하여야 한다.(법 제2조의2 제2항)
③ **소방시설업자**는 소방시설공사등의 품질과 안전이 확보되도록 소방시설공사등에 관한 법령을 준수하고, 설계도서·시방서(示方書) 및 도급계약의 내용 등에 따라 성실하게 소방시설공사등을 수행하여야 한다.(법 제2조의2 제3항)

4. 다른 법률과의 관계(소방시설공사업법 제3조)

소방시설공사 및 소방기술의 관리에 관하여 이 법에서 규정하지 아니한 사항에 대하여는 「화재의 예방 및 안전관리에 관한 법률」, 「소방시설 설치 및 관리에 관한 법률」과 「위험물안전관리법」을 적용한다.

CHAPTER 01 O·X 문제

01 소방시설공사 및 소방기술의 관리에 필요한 사항을 규정함으로써 소방시설업을 건전하게 발전시키고 소방기술을 진흥시켜 화재로부터 공공의 안전을 확보하고 복리 증진에 이바지함을 목적으로 한다.

01
☒ 소방시설공사 및 소방기술의 관리에 필요한 사항을 규정함으로써 소방시설업을 건전하게 발전시키고 소방기술을 진흥시켜 화재로부터 공공의 안전을 확보하고 <u>국민경제에 이바지함을 목적으로 한다.</u>
(법 제1조)

02 소방시설업에는 소방시설설계업, 소방시설공사업, 소방공사관리업, 방염처리업을 말한다.

02
☒ 소방시설설계업, 소방시설공사업, 소방공사감리업, 방염처리업을 말한다.
(법 제2조 제1호)

03 소방시설공사업은 설계도서에 따라 소방시설을 신설, 증설, 개설, 이전 및 정비하는 영업이다.

03
◯

04 "발주자"란 소방시설의 설계, 시공, 감리 및 방염을 소방시설업자에게 하도급하는 자를 말한다.

04
☒ "발주자"란 소방시설의 설계, 시공, 감리 및 방염(이하 "소방시설공사등"이라 한다)을 소방시설업자에게 도급하는 자를 말한다.
(법 제2조 제5호)

제1장 총 칙 **177**

CHAPTER 02 소방시설업

01
「소방시설공사업법」상 ( )의 들어갈 말로 옳은 것은?

> 특정소방대상물의 소방시설공사등을 하려는 자는 ( )로 ( )(개인인 경우에는 자산평가액을 말한다), ( ) 등 대통령령으로 정하는 요건을 갖추어 시·도지사에게 소방시설업을 등록하여야 한다.

① 업종별, 자본금, 기술인력
② 시설별, 자본금, 기업진단 보고서
③ 업종별, 자산평가액, 기술인력
④ 시설별, 자산평가액, 기업진단보고서

02
「소방시설공사업법 시행규칙」상 소방시설업 등록에 대한 설명으로 옳지 않은 것은?

① 시·도지사는 접수일부터 30일 이내에 협회를 경유하여 소방시설업 등록증 및 소방시설업 등록수첩을 신청인에게 발급해 주어야 한다.
② 협회는 소방시설업의 등록신청 서류가 내용이 명확하지 아니한 경우에는 10일 이내의 기간을 정하여 이를 보완하게 할 수 있다.
③ 협회는 검토·확인을 마쳤을 때에는 소방시설업 등록신청 서류에 그 결과를 기재한 소방시설업 등록신청서 서면심사 및 확인 결과를 첨부하여 접수일(신청서류의 보완을 요구한 경우에는 그 보완이 완료된 날을 말한다)부터 7일 이내에 특별시장·광역시장·특별자치시장·도지사 또는 특별자치도지사에게 보내야 한다.
④ 소방시설업을 등록하려는 자는 소방시설업 등록신청서(전자문서로 된 소방시설업 등록신청서를 포함한다)에 서류(전자문서를 포함한다)를 첨부하여 소방시설업자협회에 제출해야 한다.

정답 01. ① 02. ①

---

1 소방시설업의 등록(소방시설공사업법 제4조)

(1) 소방시설업 등록 〔기출〕 11, 22 공채

① 특정소방대상물의 소방시설공사등을 하려는 자는 업종별로 자본금(개인인 경우에는 자산 평가액을 말한다), 기술인력 등 **대통령령**으로 정하는 요건을 갖추어 **시·도지사에게** 소방시설업을 **등록**하여야 한다.(법 제4조 제1항)

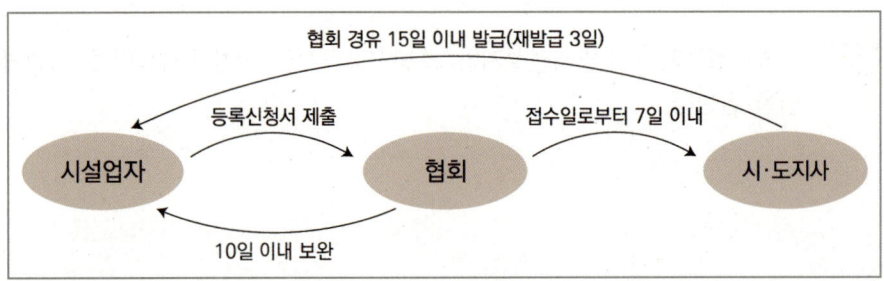

② 소방시설업을 등록하려는 자는 소방시설업 **등록신청서**(전자문서로 된 소방시설업 등록신청서를 포함한다)에 서류(전자문서를 포함한다)를 첨부하여 **소방시설업자협회에 제출해야** 한다. 다만, 「전자정부법」에 따른 행정정보의 공동이용을 통하여 첨부서류에 대한 정보를 확인할 수 있는 경우에는 그 확인으로 첨부서류를 갈음할 수 있다.(규칙 제2조 제1항)

③ **협회는** 소방시설업의 등록신청 서류가 다음 ㉠, ㉡ 어느 하나에 해당되는 경우에는 **10일 이내**의 기간을 정하여 이를 **보완**하게 할 수 있다.(규칙 제2조의2)
   ㉠ 첨부서류(전자문서를 포함한다)가 첨부되지 아니한 경우
   ㉡ 신청서(전자문서로 된 소방시설업 등록신청서를 포함한다) 및 첨부서류(전자문서를 포함한다)에 기재되어야 할 내용이 기재되어 있지 아니하거나 명확하지 아니한 경우

④ **협회는 검토·확인을 마쳤을 때**에는 소방시설업 등록신청 서류에 그 결과를 기재한 소방시설업 등록신청서 서면심사 및 확인 결과를 첨부하여 접수일(신청서류의 보완을 요구한 경우에는 그 보완이 완료된 날을 말한다.)부터 **7일 이내**에 특별시장·광역시장·특별자치시장·도지사 또는 특별자치도지사("**시·도지사**"라 한다)에게 **보내야 한다**.(규칙 제2조의3 제2항)

⑤ **시·도지사는** 접수일부터 **15일 이내**에 **협회를 경유**하여 소방시설업 등록증 및 소방시설업 등록수첩을 신청인에게 **발급**해 주어야 한다.(규칙 제3조)

⑥ 소방시설업 등록증 또는 등록수첩의 재발급 및 반납

　㉠ 소방시설업자는 소방시설업 등록증 또는 등록수첩을 잃어버리거나 소방시설업 등록증 또는 등록수첩이 헐어 못 쓰게 된 경우에는 **시·도지사**에게 소방시설업 등록증 또는 등록수첩의 재발급을 신청할 수 있다.(규칙 제4조 제1항)

　㉡ 소방시설업자는 재발급을 신청하는 경우에는 소방시설업 등록증(등록수첩) 재발급신청서 [전자문서로 된 소방시설업 등록증(등록수첩) 재발급신청서를 포함한다] 를 **협회를 경유**하여 **시·도지사**에게 제출하여야 한다.
　　(규칙 제4조 제2항)

　㉢ 시·도지사는 재발급신청서 [전자문서로 된 소방시설업 등록증(등록수첩) 재발급신청서를 포함한다] 를 제출받은 경우에는 **3일** 이내에 협회를 경유하여 소방시설업 등록증 또는 등록수첩을 재발급하여야 한다.
　　(규칙 제4조 제3항)

　㉣ 등록증 및 등록수첩을 반납 사유 (규칙 제4조 제4항)
　　소방시설업자는 다음 각 호의 어느 하나에 해당하는 경우에는 지체 없이 협회를 경유하여 시·도지사에게 그 소방시설업 등록증 및 등록수첩을 반납하여야 한다.

　　　ⓐ 소방시설업 등록이 **취소**된 경우
　　　ⓑ **재발급**을 받은 경우. 다만, 소방시설업 등록증 또는 등록수첩을 잃어버리고 재발급을 받은 경우에는 이를 다시 찾은 경우에만 해당한다.

⑦ 소방시설업 등록신청 시 첨부 서류(규칙 제2조 제1항)
　소방시설업 등록신청서(전자문서로 된 소방시설업 등록신청서를 포함한다)에 다음 각 호의 서류(전자문서를 포함한다)를 첨부하여 협회에 제출해야 한다. 다만, 「전자정부법」에 따른 행정정보의 공동이용을 통하여 첨부서류에 대한 정보를 확인할 수 있는 경우에는 그 확인으로 첨부서류를 갈음할 수 있다.

　㉠ 신청인(외국인을 포함하되, 법인의 경우에는 대표자를 포함한 임원을 말한다)의 성명, 주민등록번호 및 주소지 등의 인적사항이 적힌 서류

　㉡ 등록기준 중 기술인력에 관한 사항을 확인할 수 있는 국가기술자격증이나 소방기술 인정 자격수첩 또는 소방기술자 경력수첩 서류

　㉢ 출자·예치·담보 금액 확인서 1부(소방시설공사업만 해당한다)

　㉣ 소방시설공사업의 경우 : 최근 90일 이내에 작성한 자산평가액 또는 기업진단 보고서

　㉤ 신청인(법인인 경우에는 대표자)이 외국인인 경우에는 등록의 결격사유와 같거나 비슷한 사유에 해당하지 않음을 확인할 수 있는 서류로서 다음 ⓐ, ⓑ 어느 하나에 해당하는 서류

보완기간

4일
- 건축허가등의 동의요구

7일
- 성능위주설계의 신고

10일
- 소방시설업 등록신청
- 소방시설관리업 등록신청
- 화재감정기관 지정신청

15일
- 점검능력평가 신청
- 방염처리능력평가 신청
- 시공능력평가 신청
- 소방기술자 실무교육기관 신청

ⓐ 해당 국가의 정부나 공증인(법률에 따른 공증인의 자격을 가진 자만 해당한다), 그 밖의 권한이 있는 기관이 발행한 서류로서 해당 국가에 주재하는 우리나라 영사가 확인한 서류

ⓑ 「외국공문서에 대한 인증의 요구를 폐지하는 협약」을 체결한 국가의 경우에는 해당 국가의 정부나 공증인(법률에 따른 공증인의 자격을 가진 자만 해당한다), 그 밖의 권한이 있는 기관이 발행한 서류로서 해당 국가의 아포스티유(Apostille : 외국 공문서에 대한 인증요구 폐지 협약) 확인서 발급 권한이 있는 기관이 그 확인서를 발급한 서류

⑧ 신청서류는 **업종별**로 제출하여야 한다.(규칙 제2조 제2항)

⑨ 협회 확인 서류

등록신청을 받은 협회는 「전자정부법」에 따른 **행정정보의 공동이용을 통하여** 다음 각 호의 서류를 확인하여야 한다. 다만, 신청인이 ㉡부터 ㉣까지의 서류의 확인에 동의하지 아니하는 경우에는 해당 서류를 제출하도록 하여야 한다. (규칙 제2조 제3항)

㉠ 법인등기사항 전부증명서(법인인 경우만)

㉡ 사업자등록증(개인인 경우만)

㉢ 「출입국관리법」에 따른 외국인등록 사실증명(외국인인 경우만)

㉣ 국민연금가입자 증명서 또는 건강보험자격취득 확인서

⑩ 등록을 하지 아니하고 자체 기술인력을 활용하여 설계·감리를 할 수 있는 경우

공기업·준정부기관 및 지방공사나 지방공단이 다음 각 호의 요건을 모두 갖춘 경우에는 시·도지사에게 등록을 하지 아니하고 자체 기술인력을 활용하여 설계·감리를 할 수 있다. 이 경우 대통령령으로 정하는 기술인력을 보유하여야 한다.(법 제4조 제4항)

㉠ **주택**의 건설·공급을 목적으로 설립되었을 것

㉡ 설계·감리 업무를 주요 업무로 **규정**하고 있을 것

행정형벌

법 제35조 [벌칙]

제4조 제1항을 위반하여 소방시설업 등록을 하지 아니하고 영업을 한 자는 3년 이하의 징역 또는 3천만 원 이하의 벌금에 처한다.

(2) 소방시설업의 업종별 등록기준 및 영업범위 기출 13, 18 공채

① 소방시설업의 업종별 등록기준 및 영업범위는 별표 1과 같다.(영 제2조 제1항)

【소방시설업의 업종별 등록기준 및 영업범위】 시행령 별표 1

1. 소방시설설계업

업종별	항목	기술인력	영업범위
전문 소방시설 설계업		가. 주된: 소방기술사 1명 이상 나. 보조: 1명 이상	모든 특정소방대상물에 설치되는 소방시설의 설계
일반 소방시설 설계업	기계 분야	가. 주된: 소방기술사 또는 기계분야 소방설비기사 1명 이상 나. 보조: 1명 이상	가. **아**파트에 설치되는 기계분야 소방시설(제연설비는 제외한다)의 설계 나. 연면적 **3**만m²(**공**장 **1**만m²) 미만의 특정소방대상물(제연설비가 설치되는 특정소방대상물은 제외한다)에 설치되는 기계분야 소방시설의 설계 다. **위**험물제조소등에 설치되는 기계분야 소방시설의 설계
	전기 분야	가. 주된: 소방기술사 또는 전기분야 소방설비기사 1명 이상 나. 보조: 1명 이상	가. 아파트에 설치되는 전기분야 소방시설의 설계 나. 연면적 3만m²(공장의 경우에는 1만m²) 미만의 특정소방대상물에 설치되는 전기분야 소방시설의 설계 다. 위험물제조소등에 설치되는 전기분야 소방시설의 설계

비고

1. 위 표의 일반 소방시설설계업에서 기계분야 및 전기분야의 대상이 되는 소방시설의 범위는 다음 각 목과 같다.
   가. 기계분야
      1) 소화기구, 자동소화장치, 옥내소화전설비, 스프링클러설비등, 물분무등소화설비, 옥외소화전설비, 피난기구, 인명구조기구, 상수도소화용수설비, 소화수조·저수조, 그 밖의 소화용수설비, 제연설비, 연결송수관설비, 연결살수설비 및 연소방지설비
      2) 기계분야 소방시설에 부설되는 전기시설. 다만, 비상전원, 동력회로, 제어회로, 기계분야 소방시설을 작동하기 위하여 설치하는 화재감지기에 의한 화재감지장치 및 전기신호에 의한 소방시설의 작동장치는 제외한다.
   나. 전기분야
      1) 단독경보형감지기, 비상경보설비, 비상방송설비, 누전경보기, 자동화재탐지설비, 시각경보기, 화재알림설비, 자동화재속보설비, 가스누설경보기, 통합감시시설, 유도등, 비상조명등, 휴대용비상조명등, 비상콘센트설비 및 무선통신보조설비
      2) 기계분야 소방시설에 부설되는 전기시설 중 가목2) 단서의 전기시설

03

「소방시설공사업법 시행령」상 전문 소방시설설계업에서 보조기술인력은 몇 인 이상이여야 하는가?

① 1인 ② 2인
③ 3인 ④ 4인

암기법
삼아위·공일

04

「소방시설공사업법 시행령」상 소방시설공사업의 등록기준으로 옳은 것은?
• 18. 상반기

① 기술인력, 장비, 시설
② 기술인력, 자본금(자산평가액)
③ 자본금, 도급실적
④ 기술인력, 장비 도급실적

05

「소방시설공사업법 시행령」상 일반 소방시설설계업의 전기분야에 해당하지 않는 것은?

① 아파트에 설치되는 전기분야 소방시설의 설계
② 연면적 3만 제곱미터(공장의 경우에는 1만 제곱미터) 미만의 특정소방대상물에 설치되는 전기분야 소방시설의 설계
③ 위험물제조소등에 설치되는 전기분야 소방시설의 설계
④ 근린생활시설

정답 03. ① 04. ② 05. ④

2. 일반 소방시설설계업의 기계분야 및 전기분야를 함께 하는 경우

주된 기술인력은 소방기술사 1명 또는 기계분야 소방설비기사와 전기분야 소방설비기사 자격을 함께 취득한 사람 1명 이상으로 할 수 있다.

3. 소방시설설계업을 하려는 자가 소방시설공사업, 소방시설관리업 또는 화재위험평가 대행업 중 어느 하나를 함께 하려는 경우

소방시설공사업, 소방시설관리업 또는 화재위험평가 대행업 기술인력으로 등록된 기술인력은 다음 각 목의 기준에 따라 소방시설설계업 등록 시 갖추어야 하는 해당 자격을 가진 기술인력으로 볼 수 있다.

가. 전문 소방시설설계업과 소방시설관리업을 함께 하는 경우: 소방기술사 자격과 소방시설관리사 자격을 함께 취득한 사람

나. 전문 소방시설설계업과 전문 소방시설공사업을 함께 하는 경우: 소방기술사 자격을 취득한 사람

다. 전문 소방시설설계업과 화재위험평가 대행업을 함께 하는 경우: 소방기술사 자격을 취득한 사람

라. 일반 소방시설설계업과 소방시설관리업을 함께 하는 경우 다음의 어느 하나에 해당하는 사람

1) 소방기술사 자격과 소방시설관리사 자격을 함께 취득한 사람
2) 기계분야 소방설비기사 또는 전기분야 소방설비기사 자격을 취득한 사람 중 소방시설관리사 자격을 취득한 사람

마. 일반 소방시설설계업과 일반 소방시설공사업을 함께 하는 경우: 소방기술사 자격을 취득하거나 기계분야 또는 전기분야 소방설비기사 자격을 취득한 사람

바. 일반 소방시설설계업과 전문 소방시설공사업을 함께 하는 경우: 소방기술사 자격을 취득하거나 기계분야 및 전기분야 소방설비기사 자격을 함께 취득한 사람

사. 전문 소방시설설계업과 일반 소방시설공사업을 함께하는 경우: 소방기술사 자격을 취득한 사람

4. "보조기술인력"이란 다음 각 목의 어느 하나에 해당하는 사람을 말한다.

가. 소방기술사, 소방설비기사 또는 소방설비산업기사 자격을 취득한 사람

나. 소방공무원으로 재직한 경력이 3년 이상인 사람으로서 자격수첩을 발급받은 사람

다. 법 제28조제3항에 따라 행정안전부령으로 정하는 소방기술과 관련된 자격·경력 및 학력을 갖춘 사람으로서 자격수첩을 발급받은 사람

2. 소방시설공사업

항목 업종별	기술인력	자본금 (자산평가액)	영업범위
전문 소방시설 공사업	가. 주된 : 소방기술사 또는 기계분야와 전기분야의 소방설비기사 각 1명 (기계·전기분야 함께 취득한 사람 1명) 이상 나. 보조 : 2명 이상	가. 법인: 1억 원 이상 나. 개인: 자산평가액 1억 원 이상	특정소방대상물에 설치되는 기계분야 및 전기분야 소방시설의 공사·개설·이전 및 정비

---

06 ①②③

「소방시설공사업법 시행령」상 소방시설공사업에서 보조기술인력에 해당하지 않는 사람은?

① 소방설비기사 자격을 취득한 자
② 소방설비산업기사 자격을 취득한 자
③ 소방공무원으로 재직한 경력이 3년 이상인 자로서 자격수첩을 발급받은 사람
④ 소방본부장이 고시하는 소방기술관련 자격을 갖춘 자로서 자격수첩을 발급받은 사람

정답 06. ④

일반 소방시설 공사업	기계 분야	가. 주된: 소방기술사 또는 기계분야 소방설비기사 1명 이상 나. 보조: 1명 이상	가. 법인: 1억 원 이상 나. 개인: 자산평가액 1억 원 이상	가. 연면적 **1**만m² 미만의 특정소방대상물에 설치되는 기계분야 소방시설의 공사·개설·이전 및 정비 나. **위**험물제조소등에 설치되는 기계분야 소방시설의 공사·개설·이전 및 정비
	전기 분야	가. 주된: 소방기술사 또는 전기분야 소방설비기사 1명 이상 나. 보조: 1명 이상	가. 법인: 1억 원 이상 나. 개인: 자산평가액 1억 원 이상	가. 연면적 1만m² 미만의 특정소방대상물에 설치되는 전기분야 소방시설의 공사·개설·이전·정비 나. 위험물제조소등에 설치되는 전기분야 소방시설의 공사·개설·이전·정비

> 암기법 1위

비고

1. 위 표의 일반 소방시설공사업에서 기계분야 및 전기분야의 대상이 되는 소방시설의 범위는 이 표 제1호 비고 제1호 각 목과 같다.
2. 기계분야 및 전기분야의 일반 소방시설공사업을 함께 하는 경우 주된 기술인력은 소방기술사 1명 또는 기계분야 및 전기분야의 자격을 함께 취득한 소방설비기사 1명으로 한다.
3. 자본금(자산평가액)은 해당 소방시설공사업의 최근 결산일 현재(새로 등록 한 자는 등록을 위한 기업진단기준일 현재)의 총자산에서 총부채를 뺀 금액을 말하고, 소방시설공사업 외의 다른 업(業)을 함께 하는 경우에는 자본금에서 겸업 비율에 해당하는 금액을 뺀 금액을 말한다.(자본금 = 총자산 - 총부채)
4. "보조기술인력"이란 소방시설설계업의 등록기준 및 영업범위의 비고란 제4호 각 목의 어느 하나에 해당하는 사람을 말한다.
5. 소방시설공사업을 하려는 자가 소방시설설계업 또는 소방시설관리업 중 어느 하나를 함께 하려는 경우 소방시설설계업 또는 소방시설관리업 기술인력으로 등록된 기술인력은 다음 각 목의 기준에 따라 소방시설공사업 등록 시 갖추어야 하는 해당 자격을 가진 기술인력으로 볼 수 있다.
   가. 전문 소방시설공사업과 전문 소방시설설계업을 함께 하는 경우: 소방기술사 자격을 취득한 사람
   나. 전문 소방시설공사업과 일반 소방시설설계업을 함께 하는 경우: 소방기술사 자격을 취득하거나 기계분야 및 전기분야 소방설비기사 자격을 함께 취득한 사람
   다. 일반 소방시설공사업과 전문 소방시설설계업을 함께 하는 경우: 소방기술사 자격을 취득한 사람
   라. 일반 소방시설공사업과 일반 소방시설설계업을 함께 하는 경우: 소방기술사 자격을 취득하거나 기계분야 또는 전기분야 소방설비기사 자격을 취득한 사람
   마. 전문 소방시설공사업과 소방시설관리업을 함께 하는 경우: 소방시설관리사와 소방설비기사(기계분야 및 전기분야의 자격을 함께 취득한 사람) 또는 소방기술사 자격을 함께 취득한 사람
   바. 일반 소방시설공사업 기계분야와 소방시설관리업을 함께 하는 경우: 소방기술사 또는 기계분야 소방설비기사와 소방시설관리사 자격을 함께 취득한 사람

사. 일반 소방시설공사업 전기분야와 소방시설관리업을 함께 하는 경우: 소방기술사 또는 전기분야 소방설비기사와 소방시설관리사 자격을 함께 취득한 사람

6. "개설"이란 이미 특정소방대상물에 설치된 소방시설등의 전부 또는 일부를 철거하고 새로 설치하는 것을 말한다.
7. "이전"이란 이미 설치된 소방시설등을 현재 설치된 장소에서 다른 장소로 옮겨 설치하는 것을 말한다.
8. "정비"란 이미 설치된 소방시설등을 구성하고 있는 기계·기구를 교체하거나 보수하는 것을 말한다.

07

「소방시설공사업법 시행령」상 일반 소방공사감리업의 기계분야에 기술인력에 해당하지 않는 것은?

① 기계분야 특급감리원 1인 이상
② 기계분야 고급감리원 또는 중급감리원 이상의 감리원 1인 이상
③ 기계분야 초급감리원 이상의 감리원 1인 이상
④ 기계분야 상급감리원 1인 이상

08

「소방시설공사업법 시행령」상 일반 소방공사감리업에 있어서 전기분야에 해당하지 않는 것은?

① 실내장식물
② 유도등
③ 시각경보기
④ 누전경보기

09

「소방시설공사업법 시행령」상 일반 소방공사감리업에 있어서 기계분야에 해당하지 않는 것은?

① 옥내소화전설비
② 소화기구
③ 물분무등소화설비
④ 단독경보형감지기

3. 소방공사감리업

업종별	항목	기술인력	영업범위
전문 소방공사감리업		가. 소방기술사 1명 이상 나. 기계분야 및 전기분야의 특급 감리원 각 1명(기계분야 및 전기분야의 자격을 함께 가지고 있는 사람이 있는 경우에는 그에 해당하는 사람 1명. 이하 다목부터 마목까지에서 같다) 이상 다. 기계분야 및 전기분야의 고급 감리원 이상의 감리원 각 1명 이상 라. 기계분야 및 전기분야의 중급 감리원 이상의 감리원 각 1명 이상 마. 기계분야 및 전기분야의 초급 감리원 이상의 감리원 각 1명 이상	모든 특정소방대상물에 설치되는 소방시설공사 감리
일반 소방공사감리업	기계분야	가. 기계분야 특급 감리원 1명 이상 나. 기계분야 고급 감리원 또는 중급 감리원 이상의 감리원 1명 이상 다. 기계분야 초급 감리원 이상의 감리원 1명 이상	가. 연면적 3만m^2(공장 1만m^2) 미만의 특정소방대상물(제연설비가 설치되는 특정소방대상물은 제외한다)에 설치되는 기계분야 소방시설의 감리 나. 아파트에 설치되는 기계분야 소방시설(제연설비는 제외한다)의 감리 다. 위험물제조소등에 설치되는 기계분야 소방시설의 감리
	전기분야	가. 전기분야 특급 감리원 1명 이상 나. 전기분야 고급 감리원 또는 중급 감리원 이상의 감리원 1명 이상 다. 전기분야 초급 감리원 이상의 감리원 1명 이상	가. 연면적 3만m^2(공장 1만m^2) 미만의 특정소방대상물에 설치되는 전기분야 소방시설의 감리 나. 아파트에 설치되는 전기분야 소방시설의 감리 다. 위험물제조소등에 설치되는 전기분야 소방시설의 감리

정답 07. ④ 08. ① 09. ④

비고

1. 위 표의 일반 소방공사감리업에서 기계분야 및 전기분야의 대상이 되는 소방시설의 범위는 다음 각 목과 같다.
    가. 기계분야
        1) 이 표 제1호 비고 제1호가목에 따른 기계분야 소방시설
        2) <u>실내장식물 및 방염대상물품</u>
    나. 전기분야: 이 표 제1호 비고 제1호나목에 따른 전기분야 소방시설
2. 위 표에서 "특급 감리원", "고급 감리원", "중급 감리원" 및 "초급 감리원"은 행정안전부령으로 정하는 소방기술과 관련된 자격·경력 및 학력을 갖춘 사람으로서 소방공사감리원의 기술등급 자격에 따른 경력수첩을 발급받은 사람을 말한다.
3. 일반 소방공사감리업의 기계분야 및 전기분야를 함께 하는 경우 기계분야 및 전기분야의 자격을 함께 취득한 감리원 각 1명 이상 또는 기계분야 및 전기분야 일반 소방공사감리업의 등록기준 중 각각의 분야에 해당하는 기술인력을 두어야 한다.
4. 소방공사감리업을 하려는 자가 「엔지니어링산업 진흥법」 제21조제1항에 따른 엔지니어링사업, 「건축사법」 제23조에 따른 건축사사무소 운영, 「건설기술 진흥법」 제26조제1항에 따른 건설엔지니어링업, 「전력기술관리법」 제14조제1항에 따른 전력시설물공사감리업, 「기술사법」 제6조제1항에 따른 기술사사무소 운영 또는 화재위험평가 대행업(이하 "엔지니어링사업등"이라 한다) 중 어느 하나를 함께 하려는 경우 엔지니어링사업등의 보유 기술인력으로 신고나 등록된 소방기술사는 전문 소방공사감리업 등록 시 갖추어야 하는 기술인력으로 볼 수 있고, 특급 감리원은 일반 소방공사감리업의 등록 시 갖추어야 하는 기술인력으로 볼 수 있다.
5. 기술인력 등록기준에서 기준등급보다 초과하여 상위등급의 기술인력을 보유하고 있는 경우 기준등급을 보유한 것으로 간주한다.

4. 방염처리업 13 공채

항목 업종별	실험실	방염처리시설 및 시험기기	영업범위
섬유류 방염업	1개 이상 갖출 것	부표에 따른 섬유류 방염업의 방염처리시설 및 시험기기를 모두 갖추어야 한다.	커튼·카펫 등 섬유류를 주된 원료로 하는 방염대상물품을 제조 또는 가공 공정에서 방염처리
합성수지류 방염업		부표에 따른 합성수지류 방염업의 방염처리시설 및 시험기기를 모두 갖추어야 한다.	합성수지류를 주된 원료로 하는 방염대상물품을 제조 또는 가공 공정에서 방염처리
합판·목재류 방염업		부표에 따른 합판·목재류 방염업의 방염처리시설 및 시험기기를 모두 갖추어야 한다.	합판 또는 목재류를 제조·가공 공정 또는 설치 현장에서 방염처리

---

10 ① ② ③

「소방시설공사업법 시행령」상 방염처리업의 종류로 옳지 않은 것은?

① 섬유류 방염업
② 합성수지류 방염업
③ 합판·목재류 방염업
④ 실내장식물 방염업

암기법
합·합·섬

정답 10. ④

> 비고
> 1. 방염처리업자가 2개 이상의 방염업을 함께 하는 경우 갖춰야 하는 실험실은 1개 이상으로 한다.
> 2. 방염처리업자가 2개 이상의 방염업을 함께 하는 경우 공통되는 방염처리시설 및 시험기기는 중복하여 갖추지 않을 수 있다.
> 3. 방염처리업자가 실험실·방염처리시설 및 시험기기에 대하여 임차계약을 체결하고 공증을 받은 경우에는 해당 실험실·방염처리시설 및 시험기기를 갖춘 것으로 본다.

② 소방시설공사업의 등록 시 담보 제공 등

소방시설공사업의 등록을 하려는 자는 별표 1의 기준을 갖추어 소방청장이 지정하는 금융회사 또는 「소방산업의 진흥에 관한 법률」에 따른 소방산업공제조합이 별표 1에 따른 자본금 기준금액의 **100분의 20** 이상에 해당하는 금액의 담보를 제공받거나 현금의 예치 또는 출자를 받은 사실을 증명하여 발행하는 확인서를 특별시장·광역시장·특별자치시장·도지사 또는 특별자치도지사(이하 "**시·도지사**")에게 제출하여야 한다. (영 제2조 제2항)

③ 등록을 해줄 수 없는 경우

시·도지사는 등록신청이 다음 각 호의 어느 하나에 해당되는 경우를 제외하고는 등록을 해주어야 한다. (영 제2조 제3항)

㉠ 등록기준을 갖추지 못한 경우
㉡ ②(예치·출자)의 확인서를 제출하지 아니한 경우
㉢ 등록을 신청한 자가 등록의 결격사유에 해당하는 경우
㉣ 그 밖에 법, 이 영 또는 다른 법령에 따른 제한에 위반되는 경우

> **관련법규**
>
> **소방시설공사업법 시행령**
>
> **제2조 [소방시설업의 등록기준 및 영업범위]**
> ① 소방시설공사업법(이하 "법"이라 한다) 제4조 제1항 및 제2항의 규정에 의한 소방시설업의 업종별 등록기준 및 영업범위는 별표 1과 같다.
> ② 소방시설공사업의 등록을 하려는 자는 별표 1의 기준을 갖추어 소방청장이 지정하는 금융회사 또는 「소방산업의 진흥에 관한 법률」 제23조에 따른 소방산업공제조합이 별표 1에 따른 자본금 기준금액의 100분의 20 이상에 해당하는 금액의 담보를 제공받거나 현금의 예치 또는 출자를 받은 사실을 증명하여 발행하는 확인서를 특별시장·광역시장·특별자치시장·도지사 또는 특별자치도지사(이하 "시·도지사"라 한다)에게 제출하여야 한다.
> ③ 시·도지사는 법 제4조제1항에 따른 등록신청이 다음 각 호의 어느 하나에 해당되는 경우를 제외하고는 등록을 해주어야 한다.

1. 제1항에 따른 등록기준을 갖추지 못한 경우
2. 제2항에 따른 확인서를 제출하지 아니한 경우
3. 등록을 신청한 자가 법 제5조 각 호의 어느 하나에 해당하는 경우
4. 그 밖에 법, 이 영 또는 다른 법령에 따른 제한에 위반되는 경우

소방시설공사업법 시행규칙

제2조 [소방시설업의 등록신청]

① 「소방시설공사업법」(이하 "법"이라 한다) 제4조제1항에 따라 소방시설업을 등록하려는 자는 별지 제1호서식의 소방시설업 등록신청서(전자문서로 된 소방시설업 등록신청서를 포함한다)에 다음 각 호의 서류(전자문서를 포함한다)를 첨부하여 「소방시설공사업법 시행령」(이하 "영"이라 한다) 제20조 제3항에 따라 법 제30조의2에 따른 소방시설업자협회(이하 "협회"라 한다)에 제출하여야 한다. 다만, 「전자정부법」 제36조 제1항에 따른 행정정보의 공동이용을 통하여 첨부서류에 대한 정보를 확인할 수 있는 경우에는 그 확인으로 첨부서류를 갈음할 수 있다.

1. 신청인(외국인을 포함하되, 법인의 경우에는 대표자를 포함한 임원을 말한다)의 성명, 주민등록번호 및 주소지 등의 인적사항이 적힌 서류
2. 등록기준 중 기술인력에 관한 사항을 확인할 수 있는 다음 각 목의 어느 하나에 해당하는 서류(이하 "기술인력 증빙서류"라 한다)
   가. 국가기술자격증
   나. 법 제28조 제2항에 따라 발급된 소방기술 인정 자격수첩(이하 "자격수첩"이라 한다) 또는 소방기술자 경력수첩(이하 "경력수첩"이라 한다)
3. 영 제2조 제2항에 따라 소방청장이 지정하는 금융회사 또는 소방산업공제조합에 출자·예치·담보한 금액 확인서(이하 "출자·예치·담보 금액 확인서"라 한다) 1부(소방시설공사업만 해당한다). 다만, 소방청장이 지정하는 금융회사 또는 소방산업공제조합에 해당 금액을 확인할 수 있는 경우에는 그 확인으로 갈음할 수 있다.
4. 다음 각 목의 어느 하나에 해당하는 자가 신청일 전 최근 90일 이내에 작성한 자산평가액 또는 소방청장이 정하여 고시하는 바에 따라 작성된 기업진단 보고서(소방시설공사업만 해당한다)

   가. 「공인회계사법」 제7조에 따라 금융위원회에 등록한 공인회계사
   나. 「세무사법」 제6조에 따라 기획재정부에 등록한 세무사
   다. 「건설산업기본법」 제49조제2항에 따른 전문경영진단기관
5. 신청인(법인인 경우에는 대표자를 말한다)이 외국인인 경우에는 법 제5조 각 호의 어느 하나에 해당하는 사유와 같거나 비슷한 사유에 해당하지 아니함을 확인할 수 있는 서류로서 다음 각 목의 어느 하나에 해당하는 서류

   가. 해당 국가의 정부나 공증인(법률에 따른 공증인의 자격을 가진 자만 해당한다), 그 밖의 권한이 있는 기관이 발행한 서류로서 해당 국가에 주재하는 우리나라 영사가 확인한 서류
   나. 「외국공문서에 대한 인증의 요구를 폐지하는 협약」을 체결한 국가의 경우에는 해당 국가의 정부나 공증인(법률에 따른 공증인의 자격을 가진 자만 해당한다), 그 밖의 권한이 있는 기관이 발행한 서류로서 해당 국가의 아포스티유(Apostille) 확인서 발급 권한이 있는 기관이 그 확인서를 발급한 서류

② 제1항의 규정에 의한 신청서류는 업종별로 제출하여야 한다.
③ 제1항에 따라 등록신청을 받은 협회는 「전자정부법」 제36조제1항에 따른 행정정보의 공동이용을 통하여 다음 각 호의 서류를 확인하여야 한다. 다만, 신청인이 제2호부터 제4호까지의 서류의 확인에 동의하지 아니하는 경우에는 해당 서류를 제출하도록 하여야 한다.
 1. 법인등기사항 전부증명서(법인인 경우만 해당한다)
 2. 사업자등록증(개인인 경우만 해당한다)
 3. 「출입국관리법」 제88조제2항에 따른 외국인등록 사실증명(외국인인 경우만 해당한다)
 4. 「국민연금법」 제16조에 따른 국민연금가입자 증명서(이하 "국민연금가입자 증명서"라 한다) 또는 「국민건강보험법」 제11조에 따라 건강보험의 가입자로서 자격을 취득하고 있다는 사실을 확인할 수 있는 증명서("건강보험자격취득 확인서"라 한다)

제2조의2 [등록신청 서류의 보완]
협회는 제2조에 따라 받은 소방시설업의 등록신청 서류가 다음 각 호의 어느 하나에 해당되는 경우에는 10일 이내의 기간을 정하여 이를 보완하게 할 수 있다.
 1. 첨부서류(전자문서를 포함한다)가 첨부되지 아니한 경우
 2. 신청서(전자문서로 된 소방시설업 등록신청서를 포함한다) 및 첨부서류(전자문서를 포함한다)에 기재되어야 할 내용이 기재되어 있지 아니하거나 명확하지 아니한 경우

제2조의3 [등록신청 서류의 검토·확인 및 송부]
① 협회는 제2조에 따라 소방시설업 등록신청 서류를 받았을 때에는 영 제2조 및 영 별표 1에 따른 등록기준에 맞는지를 검토·확인하여야 한다.
② 협회는 제1항에 따른 검토·확인을 마쳤을 때에는 제2조에 따라 받은 소방시설업 등록신청 서류에 그 결과를 기재한 별지 제1호의2서식에 따른 소방시설업 등록신청서 서면심사 및 확인 결과를 첨부하여 접수일(제2조의2에 따라 신청서류의 보완을 요구한 경우에는 그 보완이 완료된 날을 말한다. 이하 같다)부터 7일 이내에 신청인의 주된 영업소 소재지(법인의 경우에는 등기사항전부증명서상 본점소재지, 개인사업자의 경우에는 사업자 등록상의 사업장 소재지를 말한다)를 관할하는 특별시장·광역시장·특별자치시장·도지사 또는 특별자치도지사(이하 "시·도지사"라 한다)에게 보내야 한다.

제3조 [소방시설업 등록증 및 등록수첩의 발급]
시·도지사는 제2조에 따른 접수일부터 15일 이내에 협회를 경유하여 별지 제3호서식에 따른 소방시설업 등록증 및 별지 제4호서식에 따른 소방시설업 등록수첩을 신청인에게 발급해 주어야 한다.

제4조 [소방시설업등록증 또는 등록수첩의 재발급 및 반납]
① 법 제4조제3항에 따라 소방시설업자는 소방시설업 등록증 또는 등록수첩을 잃어버리거나 소방시설업 등록증 또는 등록수첩이 헐어 못 쓰게 된 경우에는 시·도지사에게 소방시설업 등록증 또는 등록수첩의 재발급을 신청할 수 있다.
② 소방시설업자는 제1항에 따라 재발급을 신청하는 경우에는 별지 제6호서식의 소방시설업 등록증(등록수첩) 재발급신청서 [전자문서로 된 소방시설업 등록증(등록수첩) 재발급신청서를 포함한다]를 협회를 경유하여 시·도지사에게 제출하여야 한다.

③ 시·도지사는 제2항에 따른 재발급신청서 [전자문서로 된 소방시설업 등록증(등록수첩) 재발급신청서를 포함한다]를 제출받은 경우에는 3일 이내에 협회를 경유하여 소방시설업 등록증 또는 등록수첩을 재발급하여야 한다.
④ 소방시설업자는 다음 각 호의 어느 하나에 해당하는 경우에는 지체 없이 협회를 경유하여 시·도지사에게 그 소방시설업 등록증 및 등록수첩을 반납하여야 한다.
  1. 법 제9조에 따라 소방시설업 등록이 취소된 경우
  2. 삭제
  3. 제1항에 따라 재발급을 받은 경우. 다만, 소방시설업 등록증 또는 등록수첩을 잃어버리고 재발급을 받은 경우에는 이를 다시 찾은 경우에만 해당한다.

(3) 등록의 결격사유(법 제5조) 기출 11, 22 공채

① 피성년후견인
② 금고 이상의 실형을 선고받고 그 집행이 끝나거나(집행이 끝난 것으로 보는 경우를 포함한다) 면제된 날부터 2년이 지나지 아니한 사람
③ 금고 이상의 형의 집행유예를 선고받고 그 유예기간 중에 있는 사람
④ 등록하려는 소방시설업 등록이 취소(①에 해당하여 등록이 취소된 경우는 제외한다)된 날부터 2년이 지나지 아니한 자
⑤ 법인의 대표자가 ①부터 ④까지의 규정에 해당하는 경우 그 법인
⑥ 법인의 임원이 ②부터 ④까지의 규정에 해당하는 경우 그 법인

● 등록결격사유 정리

	① 피성년후견인	② 종료·면제 후 2년	③ 유예기간 중	④ 취소 후 2년 (피성년후견인 제외)	⑤ 임원	⑥ 대표자	⑦ 정지·상실
소방안전교육사 (소방기본법)	O	O	O	X	X	X	O
소방시설관리사 (소방시설법)	O	O	O	O	X	X	X
소방시설관리업 (소방시설법)	O	O	O	O	O (①~④)	X	X
소방시설업 (공사업법)	O	O	O	O	O (②~④)	O (①~④)	X
탱크시험자 (위험물법)	O	O	O	O	X	O (①~④)	X

11
「소방시설공사업법 시행규칙」상 시·도지사는 재발급신청서 [전자문서로 된 소방시설업 등록증(등록수첩) 재발급신청서를 포함한다]를 제출받은 경우에는 며칠 이내에 협회를 경유하여 소방시설업 등록증 또는 등록수첩을 재발급하여야 하는가?
① 2일
② 3일
③ 7일
④ 10일

12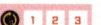
「소방시설공사업법」상 소방시설업 등록의 결격사유에 해당하지 않는 사람은? • 22. 공채
① 피성년후견인
② 등록하려는 소방시설업 등록이 취소된 날부터 3년이 지난 사람
③ 「소방기본법」에 따른 금고 이상의 형의 집행유예를 선고받고 그 유예기간 중에 있는 사람
④ 「위험물안전관리법」에 따른 금고 이상의 실형을 선고받고, 그 집행이 끝나거나(집행이 끝난 것으로 보는 경우를 포함한다) 면제된 날부터 1년이 지난 사람

정답 11. ② 12. ②

2 등록사항의 변경신고(소방시설공사업법 제6조)

(1) 등록사항 변경신고

① 소방시설업자는 등록한 사항 중 **행정안전부령**으로 정하는 중요 사항을 변경할 때에는 **행정안전부령**으로 정하는 바에 따라 **시·도지사에게 신고**하여야 한다. (법 제6조)

② **중**요사항(규칙 제5조) 기출 11, 13, 17 공채

  ㉠ **상**호(**명**칭) 또는 영업**소** 소재지
  ㉡ **대**표자
  ㉢ **기**술인력

③ 소방시설업자는 ②의 각 호의 어느 하나에 해당하는 등록사항이 변경된 경우에는 변경일부터 **30일 이내**에 소방시설업 등록사항 변경신고서(전자문서로 된 소방시설업 등록사항 변경신고서를 포함한다)에 변경사항별로 서류(전자문서를 포함한다)를 첨부하여 **협회에 제출**하여야 한다. 다만, 「전자정부법」에 따른 행정정보의 공동이용을 통하여 첨부서류에 대한 정보를 확인할 수 있는 경우에는 그 확인으로 첨부서류를 갈음할 수 있다.(규칙 제6조 제1항)

④ **변경신고 서류를** 제출받은 협회는 등록사항의 변경신고 내용을 확인하고 **5일 이내**에 ③에 따라 제출된 소방시설업 등록증·등록수첩 및 기술인력 증빙서류에 그 변경된 사항을 기재하여 **발급**하여야 한다.(규칙 제6조 제3항)

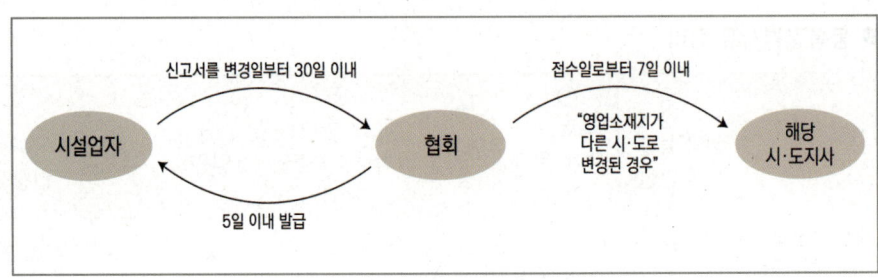

⑤ ④에도 불구하고 영업소 소재지가 등록된 **시·도에서 다른 시·도로 변경된 경우**에는 ③에 따라 제출받은 변경신고 서류를 접수일로부터 **7일 이내**에 해당 **시·도지사에게 보내야 한다**. 이 경우 해당 시·도지사는 소방시설업 등록증 및 등록수첩을 협회를 경유하여 신고인에게 새로 발급하여야 한다. (규칙 제6조 제4항)

⑥ 협회는 등록사항의 **변경신고 접수현황을 매월 말일**을 기준으로 작성하여 **다음 달 10일까지** 시·도지사에게 알려야 한다.(규칙 제6조 제6항)

⑦ 변경신고 시 첨부서류(규칙 제6조 제1항)

　㉠ **상호(명칭) 또는 영업소 소재지가 변경된 경우** : 소방시설업 등록증 및 등록수첩

　㉡ **대표자**가 변경된 경우: 다음 각 목의 서류

　　ⓐ 소방시설업 등록증 및 등록수첩

　　ⓑ 변경된 대표자의 성명, 주민등록번호 및 주소지 등의 인적사항이 적힌 서류

　　ⓒ 외국인인 경우에는 제2조제1항제5호 각 목의 어느 하나에 해당하는 서류

　㉢ **기술인력**이 변경된 경우: 다음 각 목의 서류

　　ⓐ 소방시설업 등록수첩

　　ⓑ 기술인력 증빙서류

⑧ 협회 확인 서류(규칙 제6조 제2항)

신고서를 제출받은 협회는 「전자정부법」에 따라 행정정보의 공동이용을 통하여 다음 각 호의 서류를 확인하여야 한다. 다만, 신청인이 ⓑ부터 ⓓ까지의 서류의 확인에 동의하지 아니하는 경우에는 해당 서류를 제출하도록 하여야 한다.

　㉠ 법인등기사항 전부증명서(법인인 경우만 해당한다)

　㉡ 사업자등록증(개인인 경우만 해당한다)

　㉢ 「출입국관리법」 제88조제2항에 따른 외국인등록 사실증명(외국인인 경우만 해당한다)

　㉣ 국민연금가입자 증명서 또는 건강보험자격취득 확인서(기술인력을 변경하는 경우에만 해당한다)

✅ 시행규칙 제2조제1항제5호

5. 신청인(법인인 경우에는 대표자)이 외국인인 경우에는 법 제5조 각 호의 어느 하나에 해당하는 사유와 같거나 비슷한 사유에 해당하지 않음을 확인할 수 있는 서류로서 다음 각 목의 어느 하나에 해당하는 서류

가. 해당 국가의 정부나 공증인(법률에 따른 공증인의 자격을 가진 자만 해당한다), 그 밖의 권한이 있는 기관이 발행한 서류로서 해당 국가에 주재하는 우리나라 영사가 확인한 서류

나. 「외국공문서에 대한 인증의 요구를 폐지하는 협약」을 체결한 국가의 경우에는 해당 국가의 정부나 공증인(법률에 따른 공증인의 자격을 가진 자만 해당한다), 그 밖의 권한이 있는 기관이 발행한 서류로서 해당 국가의 아포스티유(Apostille: 외국 공문서에 대한 인증 요구 폐지 협약) 확인서 발급 권한이 있는 기관이 그 확인서를 발급한 서류

15

「소방시설공사업법 시행규칙」상 영업소 소재지가 등록된 시·도에서 다른 시·도로 변경된 경우에는 제출받은 변경신고 서류를 접수일로부터 며칠 이내에 해당 시·도지사에게 보내야 하는가?

① 3일
② 7일
③ 10일
④ 15일

정답 15. ②

관련법규

소방시설공사업법 시행규칙

제6조 [등록사항의 변경신고 등]

① 법 제6조에 따라 소방시설업자는 제5조 각 호의 어느 하나에 해당하는 등록사항이 변경된 경우에는 변경일부터 30일 이내에 별지 제7호서식의 소방시설업 등록사항 변경신고서(전자문서로 된 소방시설업 등록사항 변경신고서를 포함한다)에 변경사항별로 다음 각 호의 구분에 따른 서류(전자문서를 포함한다)를 첨부하여 협회에 제출하여야 한다. 다만, 「전자정부법」 제36조제1항에 따른 행정정보의 공동이용을 통하여 첨부서류에 대한 정보를 확인할 수 있는 경우에는 그 확인으로 첨부서류를 갈음할 수 있다.

1. 상호(명칭) 또는 영업소 소재지가 변경된 경우: 소방시설업 등록증 및 등록수첩
2. 대표자가 변경된 경우: 다음 각 목의 서류
   가. 소방시설업 등록증 및 등록수첩
   나. 변경된 대표자의 성명, 주민등록번호 및 주소지 등의 인적사항이 적힌 서류
   다. 외국인인 경우에는 제2조제1항제5호 각 목의 어느 하나에 해당하는 서류
3. 기술인력이 변경된 경우: 다음 각 목의 서류
   가. 소방시설업 등록수첩
   나. 기술인력 증빙서류
   다. 삭제

② 제1항에 따른 신고서를 제출받은 협회는 「전자정부법」 제36조제1항에 따라 행정정보의 공동이용을 통하여 다음 각 호의 서류를 확인하여야 한다. 다만, 신청인이 제2호부터 제4호까지의 서류의 확인에 동의하지 아니하는 경우에는 해당 서류를 제출하도록 하여야 한다.

1. 법인등기사항 전부증명서(법인인 경우만 해당한다)
2. 사업자등록증(개인인 경우만 해당한다)
3. 「출입국관리법」 제88조제2항에 따른 외국인등록 사실증명(외국인인 경우만 해당한다)
4. 국민연금가입자 증명서 또는 건강보험자격취득 확인서(기술인력을 변경하는 경우에만 해당한다)

③ 제1항에 따라 변경신고 서류를 제출받은 협회는 등록사항의 변경신고 내용을 확인하고 5일 이내에 제1항에 따라 제출된 소방시설업 등록증·등록수첩 및 기술인력 증빙서류에 그 변경된 사항을 기재하여 발급하여야 한다.

④ 제3항에도 불구하고 영업소 소재지가 등록된 특별시·광역시·특별자치시·도 및 특별자치도(이하 "시·도"라 한다)에서 다른 시·도로 변경된 경우에는 제1항에 따라 제출받은 변경신고 서류를 접수일로부터 7일 이내에 해당 시·도지사에게 보내야 한다. 이 경우 해당 시·도지사는 소방시설업 등록증 및 등록수첩을 협회를 경유하여 신고인에게 새로 발급하여야 한다.

⑤ 제1항에 따라 변경신고 서류를 제출받은 협회는 별지 제5호서식의 소방시설업 등록대장에 변경사항을 작성하여 관리(전자문서를 포함한다)하여야 한다.

⑥ 협회는 등록사항의 변경신고 접수현황을 매월 말일을 기준으로 작성하여 다음 달 10일까지 별지 제7호의2서식에 따라 시·도지사에게 알려야 한다.

⑦ 변경신고 서류의 보완에 관하여는 제2조의2를 준용한다. 이 경우 "소방시설업의 등록신청 서류"는 "소방시설업의 등록사항 변경신고 서류"로 본다.

3 휴업·폐업 신고 등(소방시설공사업법 제6조의2)

(1) 휴업·폐업 신고 등
  ① 소방시설업자는 소방시설업을 **휴업·폐업 또는 재개업하는 때**에는 **행정안전부령**으로 정하는 바에 따라 **시·도지사에게 신고**하여야 한다.(법 제6조의2 제1항)
  ② 소방시설업자는 ①에 따라 **휴업·폐업 또는 재개업 신고**를 하려면 휴업·폐업 또는 재개업일부터 **30일 이내**에 소방시설업 휴업·폐업·재개업 신고서(전자문서로 된 신고서를 포함한다)에 다음 각 호의 구분에 따른 서류(전자문서를 포함한다)를 첨부하여 협회를 경유하여 **시·도지사에게 제출**하여야 한다. 다만, 「전자정부법」에 따른 행정정보의 공동이용을 통하여 첨부서류에 대한 정보를 확인할 수 있는 경우에는 그 확인으로 첨부서류를 갈음할 수 있다.
  (규칙 제6조의2 제1항)
    ㉠ 휴업·폐업의 경우: 등록증 및 등록수첩
    ㉡ 재개업의 경우
      ⓐ 등록기준 중 기술인력에 관한 사항을 확인할 수 있는 다음 각 목의 어느 하나에 해당하는 서류("기술인력 증빙서류")
        1) 국가기술자격증
        2) 소방기술 인정 자격수첩 또는 소방기술자 경력수첩
      ⓑ 소방청장이 지정하는 금융회사 또는 소방산업공제조합에 출자·예치·담보한 금액 확인서 1부(소방시설공사업만). 다만, 소방청장이 지정하는 금융회사 또는 소방산업공제조합에 해당 금액을 확인할 수 있는 경우에는 그 확인으로 갈음할 수 있다.
  ③ ②에 따른 신고서를 제출받은 협회는 「전자정부법」에 따라 행정정보의 공동이용을 통하여 국민연금가입자 증명서 또는 건강보험자격취득 확인서를 확인하여야 한다. 다만, 신고인이 서류의 확인에 동의하지 아니하는 경우에는 해당 서류를 제출하도록 하여야 한다.(규칙 제6조의2 제2항)

(2) 공고
  ① 폐업신고를 받은 시·도지사는 소방시설업 등록을 말소하고 그 사실을 **행정안전부령**으로 정하는 바에 따라 공고하여야 한다.(법 제6조의2 제2항)
  ② 신고서를 제출받은 협회는 다음 각 호의 사항을 협회 인터넷 홈페이지에 공고하여야 한다.(규칙 제6조의2 제3항)
    ㉠ 등록업종 및 등록번호
    ㉡ 휴업·폐업 또는 재개업 연월일
    ㉢ 상호(명칭) 및 성명(법인의 경우에는 대표자의 성명을 말한다)
    ㉣ 영업소 소재지

---

16. 「소방시설공사업법」 및 같은 법 시행규칙 상 휴업·폐업 등의 신고에 대한 설명으로 옳지 않은 것은?
① 소방시설업자는 소방시설업을 휴업·폐업 또는 재개업하는 때에는 행정안전부령으로 정하는 바에 따라 시·도지사에게 신고하여야 한다.
② 소방시설업자는 휴업·폐업 또는 재개업 신고를 하려면 휴업·폐업 또는 재개업일부터 30일 이내에 소방시설업 휴업·폐업·재개업 신고서(전자문서로 된 신고서를 포함한다)에 다음 각 호의 구분에 따른 서류(전자문서를 포함한다)를 첨부하여 협회를 경유하여 시·도지사에게 제출하여야 한다.
③ 휴업신고를 받은 시·도지사는 소방시설업 등록을 말소하고 그 사실을 행정안전부령으로 정하는 바에 따라 공고하여야 한다.
④ 휴업·폐업 또는 재개업신고서를 제출받은 협회는 「전자정부법」에 따라 행정정보의 공동이용을 통하여 국민연금가입자 증명서 또는 건강보험자격취득 확인서를 확인하여야 한다.

정답 16. ③

17
「소방시설공사업법」상 소방시설업 지위승계신고는 며칠 이내로 해야 하는가?
① 10일 ② 7일
③ 30일 ④ 15일

18
「소방시설공사업법 시행규칙」상 협회는 소방시설업 지위승계신고를 접수일부터 며칠 이내로 지위승계한 사실을 확인해야 하는가?
① 10일 ② 7일
③ 5일   ④ 3일

19
「소방시설공사업법」상 소방시설업의 등록, 휴·폐업과 소방시설업자의 지위승계에 대한 내용으로 옳지 않은 것은? ·22. 공채
① 특정소방대상물의 소방시설공사등을 하려는 자는 업종별로 자본금, 기술인력 등 행정안전부령으로 정하는 요건을 갖추어 시·도지사에게 소방시설업을 등록하여야 한다.
② 소방시설업자가 사망하여 그 상속인이 종전의 소방시설업자의 지위를 승계하려는 경우에는 그 상속일, 양수일 또는 합병일부터 30일 이내에 행정안전부령으로 정하는 바에 따라 그 사실을 시·도지사에게 신고하여야 한다.
③ 소방시설업자는 소방시설업을 폐업하는 때에는 행정안전부령으로 정하는 바에 따라 시·도지사에게 신고하여야 하고 폐업신고를 받은 시·도지사는 소방시설업 등록을 말소하고 그 사실을 행정안전부령으로 정하는 바에 따라 공고하여야 한다.
④ 「민사집행법」에 따른 경매에 따라 소방시설업자의 소방시설의 전부를 인수한 자가 종전의 소방시설업자의 지위를 승계하려는 경우에는 그 인수일부터 30일 이내에 행정안전부령으로 정하는 바에 따라 그 사실을 시·도지사에게 신고하여야 한다.

정답 17. ③ 18. ② 19. ①

(3) 지위승계
① 폐업신고를 한 자가 소방시설업 등록이 말소된 후 **6개월** 이내에 같은 업종의 소방시설업을 다시 등록한 경우 해당 소방시설업자는 폐업신고 전 소방시설업자의 지위를 승계한다.(법 제6조의2 제3항)
② ①에 따라 소방시설업자의 지위를 승계한 자에 대해서는 폐업신고 전의 소방시설업자에 대한 행정처분의 효과가 승계된다.(법 제6조의2 제4항)

4 소방시설업자의 지위승계(소방시설공사업법 제7조)

(1) 소방시설업자의 지위승계
① 상속·양수·합병을 통한 지위승계
다음 각 호의 어느 하나에 해당하는 자가 종전의 소방시설업자의 지위를 승계하려는 경우에는 그 상속일, 양수일 또는 합병일부터 **30일 이내**에 **행정안전부령**으로 정하는 바에 따라 그 사실을 시·도지사에게 신고하여야 한다.(법 제7조 제1항)
㉠ 소방시설업자가 사망한 경우 그 상속인
㉡ 소방시설업자가 그 영업을 양도한 경우 그 양수인
㉢ 법인인 소방시설업자가 다른 법인과 합병한 경우 합병 후 존속하는 법인이나 합병으로 설립되는 법인

② 소방시설의 전부 인수를 통한 지위승계
다음 각 호의 어느 하나에 해당하는 절차에 따라 소방시설업자의 소방시설의 전부를 인수한 자가 종전의 소방시설업자의 지위를 승계하려는 경우에는 그 인수일부터 **30일 이내**에 **행정안전부령**으로 정하는 바에 따라 그 사실을 시·도지사에게 신고하여야 한다.(법 제7조 제2항)
㉠ 「민사집행법」에 따른 경매
㉡ 「채무자 회생 및 파산에 관한 법률」에 따른 환가(換價)
㉢ 「국세징수법」, 「관세법」 또는 「지방세징수법」에 따른 압류재산의 매각
㉣ 그 밖에 ㉠부터 ㉢까지의 규정에 준하는 절차

③ 시·도지사는 ① 또는 ②에 따른 신고를 받은 경우 그 내용을 검토하여 이 법에 적합하면 신고를 수리하여야 한다.(법 제7조 제3항)

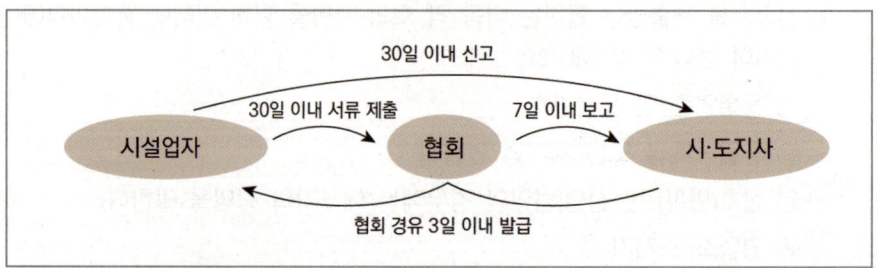

④ 소방시설업자 **지위 승계를 신고**하려는 자는 그 상속일, 양수일, 합병일 또는 인수일부터 **30일 이내**에 서류(전자문서를 포함한다)를 **협회에 제출해야** 한다. (규칙 제7조 제1항)

⑤ 지위승계 신고 서류를 제출받은 협회는 접수일부터 **7일 이내**에 지위를 승계한 사실을 확인한 후 그 결과를 시·도지사에게 보고하여야 한다.(규칙 제7조 제4항)

⑥ 시·도지사는 ⑤에 따라 소방시설업의 지위승계 신고의 확인 사실을 보고받은 날부터 **3일 이내**에 **협회를 경유**하여 지위승계인에게 등록증 및 등록수첩을 **발급**하여야 한다.(규칙 제7조 제5항)

⑦ 지위승계에 관하여는 등록의 결격사유를 준용한다. 다만, 상속인이 등록의 결격사유 각 호의 어느 하나에 해당하는 경우 상속받은 날부터 **3개월** 동안은 그러하지 아니하다.(법 제7조 제4항)

⑧ ① 또는 ②에 따른 신고가 수리된 경우에는 ① 각 호에 해당하는 자 또는 소방시설업자의 소방시설의 전부를 인수한 자는 그 상속일, 양수일, 합병일 또는 인수일부터 종전의 소방시설업자의 지위를 승계한다.(법 제7조 제5항)

(2) 지위승계신고 제출서류

① 제출서류(규칙 제7조 제1항)
  ㉠ 양도·양수의 경우(분할 또는 분할합병에 따른 양도·양수의 경우를 포함)
    ⓐ 소방시설업 지위승계신고서
    ⓑ 양도인 또는 합병 전 법인의 소방시설업 등록증 및 등록수첩
    ⓒ 양도·양수 계약서 사본, 분할계획서 사본 또는 분할합병계약서 사본(법인의 경우 양도·양수에 관한 사항을 의결한 주주총회 등의 결의서 사본을 포함)
    ⓓ 제2조(소방시설업의 등록신청) 제1항 각 호에 해당하는 서류. 이 경우 같은 항 제1호 및 제5호의 "신청인"은 "신고인"으로 본다.
    ⓔ 양도·양수 공고문 사본
  ㉡ 상속의 경우
    ⓐ 소방시설업 지위승계신고서
    ⓑ 피상속인의 소방시설업 등록증 및 등록수첩
    ⓒ 제2조(소방시설업의 등록신청) 제1항 각 호에 해당하는 서류. 이 경우 같은 항 제1호 및 제5호의 "신청인"은 "신고인"으로 본다.
    ⓓ 상속인임을 증명하는 서류

■ 등록증 및 등록수첩의 발급

• 신규	15일 이내
• 재발급	3일 이내
• 변경	5일 이내
• 지위승계	3일 이내

20. 「소방시설공사업법」 및 같은 법 시행규칙상 소방시설업자의 지위승계에 대한 다음 설명 중 타당하지 않은 것은?

① 소방시설업자가 사망하거나 그 영업을 양도한 때 또는 법인인 소방시설업자의 합병이 있는 때에는 그 상속인, 영업을 양수한 자 또는 합병 후 존속하는 법인이나 합병에 의하여 설립되는 법인은 그 소방시설업자의 지위를 승계한다.

② 시·도지사는 소방시설업의 지위승계 신고의 확인 사실을 보고받은 날부터 3일 이내에 협회를 경유하여 지위승계인에게 등록증 및 등록수첩을 발급하여야 한다.

③ 지위승계 신고 서류를 제출받은 협회는 접수일부터 7일 이내에 지위를 승계한 사실을 확인한 후 그 결과를 시·도지사에게 보고하여야 한다.

④ 지위승계에 관하여는 등록의 결격사유를 준용한다. 다만, 상속인이 등록의 결격사유 각 호의 어느 하나에 해당하는 경우 상속받은 날부터 6개월 동안은 그러하지 아니하다.

정답 20. ④

ⓒ 합병의 경우
  ⓐ 소방시설업 합병신고서
  ⓑ 합병 전 법인의 소방시설업 등록증 및 등록수첩
  ⓒ 합병계약서 사본(합병에 관한 사항을 의결한 총회 또는 창립총회 결의서 사본을 포함한다)
  ⓓ 제2조(소방시설업의 등록신청)제1항 각 호에 해당하는 서류. 이 경우 같은 항 제1호 및 제5호의 "신청인"은 "신고인"으로 본다.
  ⓔ 합병공고문 사본

② 협회 확인 서류(규칙 제7조 제3항)

신고서를 제출받은 협회는 「전자정부법」에 따라 행정정보의 공동이용을 통하여 다음 각 호의 서류를 확인하여야 하며, 신고인이 제2호부터 제4호까지의 서류의 확인에 동의하지 아니하는 경우에는 해당 서류를 첨부하게 하여야 한다.

1. 법인등기사항 전부증명서(지위승계인이 법인인 경우에만 해당한다)
2. 사업자등록증(지위승계인이 개인인 경우에만 해당한다)
3. 「출입국관리법」에 따른 외국인등록 사실증명(지위승계인이 외국인인 경우에만 해당한다)
4. 국민연금가입자 증명서 또는 건강보험자격취득 확인

③ 지위승계 신고 서류를 제출받은 협회는 소방시설업 등록대장에 지위승계에 관한 사항을 작성하여 관리(전자문서를 포함한다)하여야 한다. (규칙 제7조 제6항)

④ 지위승계 신고 서류의 보완에 관하여는 제2조의2(등록신청 서류의 보완)를 준용한다. 이 경우 "소방시설업의 등록신청 서류"는 "소방시설업의 지위승계 신고 서류"로 본다. (규칙 제7조 제7항)

> **보충**
>
> **시행규칙 제2조의2(등록신청 서류의 보완)**
> 협회는 제2조에 따라 받은 소방시설업의 등록신청 서류가 다음 각 호의 어느 하나에 해당되는 경우에는 10일 이내의 기간을 정하여 이를 보완하게 할 수 있다.
> 1. 첨부서류(전자문서를 포함한다)가 첨부되지 아니한 경우
> 2. 신청서(전자문서로 된 소방시설업 등록신청서를 포함한다) 및 첨부서류(전자문서를 포함한다)에 기재되어야 할 내용이 기재되어 있지 아니하거나 명확하지 아니한 경우

관련법규

소방시설공사업법 시행규칙

제7조 [지위승계신고 등]

① 법 제7조제1항 및 제2항에 따라 소방시설업자 지위 승계를 신고하려는 자는 그 상속일, 양수일, 합병일 또는 인수일부터 30일 이내에 다음 각 호의 구분에 따른 서류(전자문서를 포함한다)를 협회에 제출해야 한다.

1. 양도·양수의 경우(분할 또는 분할합병에 따른 양도·양수의 경우를 포함한다. 이하 이 조에서 같다) : 다음 각 목의 서류
   가. 별지 제8호서식에 따른 소방시설업 지위승계신고서
   나. 양도인 또는 합병 전 법인의 소방시설업 등록증 및 등록수첩
   다. 양도·양수 계약서 사본, 분할계획서 사본 또는 분할합병계약서 사본(법인의 경우 양도·양수에 관한 사항을 의결한 주주총회 등의 결의서 사본을 포함한다)
   라. 제2조 제1항 각 호에 해당하는 서류. 이 경우 같은 항 제1호 및 제5호의 "신청인"은 "신고인"으로 본다.
   마. 양도·양수 공고문 사본

2. 상속의 경우 : 다음 각 목의 서류
   가. 별지 제8호서식에 따른 소방시설업 지위승계신고서
   나. 피상속인의 소방시설업 등록증 및 등록수첩
   다. 제2조 제1항 각 호에 해당하는 서류. 이 경우 같은 항 제1호 및 제5호의 "신청인"은 "신고인"으로 본다.
   라. 상속인임을 증명하는 서류

3. 합병의 경우 : 다음 각 목의 서류
   가. 별지 제9호서식에 따른 소방시설업 합병신고서
   나. 합병 전 법인의 소방시설업 등록증 및 등록수첩
   다. 합병계약서 사본(합병에 관한 사항을 의결한 총회 또는 창립총회 결의서 사본을 포함한다)
   라. 제2조 제1항 각 호에 해당하는 서류. 이 경우 같은 항 제1호 및 제5호의 "신청인"은 "신고인"으로 본다.
   마. 합병공고문 사본

② 제1항에 따라 소방시설업자 지위 승계를 신고하려는 상속인이 법 제6조의2제1항에 따른 폐업 신고를 함께 하려는 경우에는 제1항제2호다목 전단의 서류 중 제2조제1항제1호 및 제5호의 서류만을 첨부하여 제출할 수 있다. 이 경우 같은 항 제1호 및 제5호의 "신청인"은 "신고인"으로 본다.

③ 제1항에 따른 신고서를 제출받은 협회는 「전자정부법」 제36조 제1항에 따라 행정정보의 공동이용을 통하여 다음 각 호의 서류를 확인하여야 하며, 신고인이 제2호부터 제4호까지의 서류의 확인에 동의하지 아니하는 경우에는 해당 서류를 첨부하게 하여야 한다.

1. 법인등기사항 전부증명서(지위승계인이 법인인 경우에만 해당한다)
2. 사업자등록증(지위승계인이 개인인 경우에만 해당한다)

3. 「출입국관리법」 제88조 제2항에 따른 외국인등록 사실증명(지위승계인이 외국인인 경우에만 해당한다)
4. 국민연금가입자 증명서 또는 건강보험자격취득 확인서

④ 제1항에 따른 지위승계 신고 서류를 제출받은 협회는 접수일부터 <u>7일 이내</u>에 지위를 승계한 사실을 확인한 후 그 결과를 시·도지사에게 보고하여야 한다.

⑤ 시·도지사는 제4항에 따라 소방시설업의 지위승계 신고의 확인 사실을 보고받은 날부터 <u>3일 이내</u>에 협회를 경유하여 법 제7조 제1항에 따른 지위승계인에게 등록증 및 등록수첩을 발급하여야 한다.

⑥ 제1항에 따라 지위승계 신고 서류를 제출받은 협회는 별지 제5호서식에 따른 소방시설업 등록대장에 지위승계에 관한 사항을 작성하여 관리(전자문서를 포함한다)하여야 한다.

⑦ 지위승계 신고 서류의 보완에 관하여는 제2조의2를 준용한다. 이 경우 "소방시설업의 등록신청 서류"는 "소방시설업의 지위승계 신고 서류"로 본다.

행정질서벌

법 제40조 제1항 제1호 [과태료]

① 다음 각 호의 어느 하나에 해당하는 자에게는 200만 원 이하의 과태료를 부과한다.

1. 제6조(등록사항의 변경신고), 제6조의2(휴업·폐업 신고 등)제1항, 제7조(소방시설업자의 지위승계)제1항 및 제2항을 위반하여 신고를 하지 아니하거나 거짓으로 신고한 자
(1차 : 60, 2차 : 100, 3차 : 200)

---

5 소방시설업의 운영(소방시설공사업법 제8조)

(1) 소방시설업의 운영

① 소방시설업자는 **다른 자**에게 자기의 성명이나 상호를 사용하여 **소방시설공사 등을 수급 또는 시공**하게 하거나 소방시설업의 **등록증 또는 등록수첩을 빌려 주어서는 아니 된다.**(법 제8조 제1항)

② 영업정지처분이나 등록취소처분을 받은 소방시설업자는 그 날부터 소방시설공사등(설계·시공·감리·방염)을 하여서는 아니 된다. 다만, 소방시설의 착공신고가 수리되어 공사를 하고 있는 자로서 도급계약이 해지되지 아니한 소방시설공사업자 또는 소방공사감리업자가 그 공사를 하는 동안이나 방염처리업을 등록한 자가 도급을 받아 방염 중인 것으로서 도급계약이 해지되지 아니한 상태에서 그 방염을 하는 동안에는 그러하지 아니하다.(법 제8조 제2항)

---

21 ● 1 2 3

「소방시설공사업법」상 소방시설업자가 관계인에게 통지해야 하는 경우가 아닌 것은?

① 소방시설업자의 지위를 승계한 경우
② 소방시설업 등록취소 및 영업정지 처분을 받은 경우
③ 휴업 또는 폐업한 경우
④ 소방시설업 등록한 경우

정답 21. ④

③ 소방시설업자의 관계인에 대한 통지(법 제8조 제3항) 〔기출〕 19 공채
  ㉠ 소방시설업자의 **지위를 승계한 경우**
  ㉡ 소방시설업의 **등록취소 또는 영업정지의 처분을 받은 경우**
  ㉢ **휴업** 또는 **폐업**을 한 경우
④ 소방시설업자는 **행정안전부령**으로 정하는 관계 서류를 하자보수 보증기간 동안 보관하여야 한다.(법 제8조 제4항)

관련법규

소방시설공사업법 시행규칙

제8조 [소방시설업자가 보관하여야 하는 관계서류]
법 제8조 제4항에서 "행정안전부령이 정하는 관계서류"라 함은 다음 각호의 구분에 의한 해당 서류(전자문서를 포함한다)를 말한다.
1. 소방시설설계업 : 별지 제10호 서식의 소방시설 설계기록부 및 소방시설 설계도서
2. 소방시설공사업 : 별지 제11호 서식의 소방시설공사 기록부
3. 소방공사감리업 : 별지 제12호 서식의 소방공사 감리기록부, 별지 제13호 서식의 소방공사 감리일지 및 소방시설의 완공 당시 설계도서

행정형벌

법 제37조 [벌칙]
제8조제1항을 위반하여 다른 자에게 자기의 성명이나 상호를 사용하여 소방시설공사등을 수급 또는 시공하게 하거나 소방시설업의 등록증이나 등록수첩을 빌려준 자는 300만 원 이하의 벌금에 처한다.

행정질서벌

법 제40조 제1항 제1호 [과태료]
① 다음 각 호의 어느 하나에 해당하는 자에게는 200만원 이하의 과태료를 부과한다.
2. 제8조제3항을 위반하여 관계인에게 지위승계, 행정처분 또는 휴업·폐업의 사실을 거짓으로 알린 자 (1차 : 60, 2차 : 100, 3차 : 200)
3. 제8조제4항을 위반하여 관계 서류를 보관하지 아니한 자 (200)

암기법
정·승·취·휴·폐

22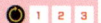
「소방시설공사업법」상 소방시설업자가 소방시설공사등을 맡긴 특정소방대상물의 관계인에게 지체 없이 그 사실을 알려야 하는 사항으로 옳지 않은 것은? • 19. 상반기
① 소방시설업을 휴업한 경우
② 소방시설업자의 지위를 승계한 경우
③ 소방시설업에 대한 행정처분 중 등록취소 처분을 받은 경우
④ 소방시설업에 대한 행정처분 중 영업정지 또는 경고 처분을 받은 경우

정답 22. ④

23
「소방시설공사업법」상 소방시설업의 영업정지 및 등록취소권자는?
① 소방청장
② 시·도지사
③ 소방본부장
④ 소방서장

24
「소방시설공사업법」상 반드시 소방시설업자의 등록을 취소하여야 하는 경우로 옳지 않은 것은?
① 등록의 결격사유에 해당하는 경우
② 다른 자에게 자기의 성명이나 상호를 사용하여 소방시설공사등을 수급 또는 시공하게 하거나 소방시설업의 등록증 또는 등록수첩을 빌려준 경우
③ 영업정지 기간 중 설계, 시공 및 감리를 한 경우
④ 거짓 및 기타 부정한 방법으로 등록한 경우

25
「소방시설공사업법」상 취소 시 소방시설업의 지위를 승계한 상속인이 등록결격사유에 해당하는 경우에는 상속을 개시한 날부터 ○개월 동안 미적용 하는가?
① 3   ② 12
③ 6   ④ 9

6 등록의 취소와 영업 정지(소방시설공사업법 제9조)

(1) 등록의 취소와 영업 정지 〔기출 16, 17 공채〕

① 등록 취소 및 영업 정지 명령권자는 **시·도지사**이다.(법 제9조 제1항)
② 등록의 취소(법 제9조 제1항)
  ㉠ **거짓** 그 밖의 **부정한** 방법으로 등록을 한 경우
  ㉡ 등록 **결격사유**에 해당하게 된 경우. (다만, 등록의 결격사유에 해당하게 된 법인이 그 사유가 발생한 날부터 **3개월** 이내에 그 사유를 해소한 경우는 제외)
  ㉢ **영업정지 기간 중에 소방시설공사등(설계·시공·감리·방염)을 한 경우**
③ 취소 또는 6개월 이내의 기간을 정하여 이의 시정이나 영업정지(법 제9조 제1항)
  ㉠ 등록기준에 미달하게 된 후 **30일**이 경과한 경우
  ㉡ 다른 자에게 자기의 성명이나 상호를 사용하여 소방시설공사등을 수급 또는 시공하게 하거나 소방시설업의 등록증 또는 등록수첩을 빌려준 경우
  ㉢ 등록을 한 후 정당한 사유 없이 **1년**이 지날 때까지 영업을 시작하지 아니하거나 계속하여 **1년** 이상 휴업한 때
  ㉣ 시공과 감리를 함께 한 경우
  ㉤ 착공신고(변경신고를 포함한다)를 하지 아니하거나 거짓으로 한 때 또는 완공검사(부분완공검사를 포함한다)를 받지 아니한 경우
  ㉥ 소방시설공사등(설계·시공·감리·방염)의 업무수행의무 등을 고의 또는 과실로 위반하여 다른 자에게 상해를 입히거나 재산피해를 입힌 경우
  ㉦ 소속 소방기술자를 공사현장에 배치하지 아니하거나 거짓으로 한 경우
④ 적용 제외 : 소방시설업의 지위를 승계한 상속인이 등록결격사유에 해당하는 경우에는 상속을 개시한 날부터 **6개월** 동안 **미적용**(법 제9조 제2항)
⑤ 등록취소와 영업정지 등의 통보
  ㉠ 발주자 → 시·도지사 : 소방시설업자가 등록취소와 영업정지에 해당하는 경우
  ㉡ 시·도지사 → 발주자 : 등록취소, 영업정지 또는 과징금 부과 등의 처분을 하는 경우

> **행정형벌**
>
> **법 제36조 [벌칙]**
> 제9조 제1항을 위반하여 영업정지처분을 받고 그 영업정지 기간에 영업을 한 자는 1년 이하의 징역 또는 1천만 원 이하의 벌금에 처한다.

정답 23. ② 24. ② 25. ③

❶ 자격자의 결격사유와 등록취소 / 자격취소 사유 정리

결격사유	등록취소(업) / 자격취소(사람)				
	소방시설 관리사	소방시설 관리업	소방 시설업	소방기술 경력등의 인정	탱크 시험자
거짓+부정	●	●	●		허위+부정
결격사유	●	●	●		●
등록수첩의 대여	●	●			●
이중취업	●				
기 타			영업정지 중 소방시설공사등		

> **관련법규**
>
> **소방시설공사업법**
>
> **제9조 [등록취소와 영업정지 등]**
>
> ① 시·도지사는 소방시설업자가 다음 각 호의 어느 하나에 해당하면 행정안전부령으로 정하는 바에 따라 그 등록을 취소하거나 6개월 이내의 기간을 정하여 시정이나 그 영업의 정지를 명할 수 있다. 다만, 제1호·제3호 또는 제7호에 해당하는 경우에는 그 등록을 취소하여야 한다.
>
> 1. 거짓이나 그 밖의 부정한 방법으로 등록한 경우
> 2. 제4조제1항에 따른 등록기준에 미달하게 된 후 30일이 경과한 경우. 다만, 자본금기준에 미달한 경우 중 「채무자 회생 및 파산에 관한 법률」에 따라 법원이 회생절차의 개시의 결정을 하고 그 절차가 진행 중인 경우 등 대통령령으로 정하는 경우는 30일이 경과한 경우에도 예외로 한다.
> 3. 제5조 각 호의 등록 결격사유에 해당하게 된 경우. 다만, 제5조제6호 또는 제7호에 해당하게 된 법인이 그 사유가 발생한 날부터 3개월 이내에 그 사유를 해소한 경우는 제외한다.
> 4. 등록을 한 후 정당한 사유 없이 1년이 지날 때까지 영업을 시작하지 아니하거나 계속하여 1년 이상 휴업한 때
> 5. 삭제 〈2013. 5. 22.〉
> 6. 제8조제1항을 위반하여 다른 자에게 자기의 성명이나 상호를 사용하여 소방시설공사등을 수급 또는 시공하게 하거나 소방시설업의 등록증 또는 등록수첩을 빌려준 경우
> 7. 제8조제2항을 위반하여 영업정지 기간 중에 소방시설공사등을 한 경우
> 8. 제8조제3항 또는 제4항을 위반하여 통지를 하지 아니하거나 관계서류를 보관하지 아니한 경우

9. 제11조나 제12조제1항을 위반하여 「소방시설 설치 및 관리에 관한 법률」 제2조제1항제6호에 따른 화재안전기준(이하 "화재안전기준"이라 한다) 등에 적합하게 설계·시공을 하지 아니하거나, 제16조제1항에 따라 적합하게 감리를 하지 아니한 경우
10. 제11조, 제12조제1항, 제16조제1항 또는 제20조의2에 따른 소방시설공사등의 업무수행의무 등을 고의 또는 과실로 위반하여 다른 자에게 상해를 입히거나 재산피해를 입힌 경우
11. 제12조제2항을 위반하여 소속 소방기술자를 공사현장에 배치하지 아니하거나 거짓으로 한 경우
12. 제13조나 제14조를 위반하여 착공신고(변경신고를 포함한다)를 하지 아니하거나 거짓으로 한 때 또는 완공검사(부분완공검사를 포함한다)를 받지 아니한 경우
13. 제13조제2항 후단을 위반하여 착공신고사항 중 중요한 사항에 해당하지 아니하는 변경사항을 같은 항 각 호의 어느 하나에 해당하는 서류에 포함하여 보고하지 아니한 경우
14. 제15조제3항을 위반하여 하자보수 기간 내에 하자보수를 하지 아니하거나 하자보수계획을 통보하지 아니한 경우
14의2. 제16조제3항에 따른 감리의 방법을 위반한 경우
15. 제17조제3항을 위반하여 인수·인계를 거부·방해·기피한 경우
16. 제18조제1항을 위반하여 소속 감리원을 공사현장에 배치하지 아니하거나 거짓으로 한 경우
17. 제18조제3항의 감리원 배치기준을 위반한 경우
18. 제19조제1항에 따른 요구에 따르지 아니한 경우
19. 제19조제3항을 위반하여 보고하지 아니한 경우
20. 제20조를 위반하여 감리 결과를 알리지 아니하거나 거짓으로 알린 경우 또는 공사감리 결과보고서를 제출하지 아니하거나 거짓으로 제출한 경우
20의2. 제20조의2를 위반하여 방염을 한 경우
20의3. 제20조의3제2항에 따른 방염처리능력 평가에 관한 서류를 거짓으로 제출한 경우
20의4. 제21조의3제4항을 위반하여 하도급 등에 관한 사항을 관계인과 발주자에게 알리지 아니하거나 거짓으로 알린 경우
20의5. 제21조의5제1항 또는 제3항을 위반하여 부정한 청탁을 받고 재물 또는 재산상의 이익을 취득하거나 부정한 청탁을 하면서 재물 또는 재산상의 이익을 제공한 경우
21. 제22조제1항 본문을 위반하여 도급받은 소방시설의 설계, 시공, 감리를 하도급한 경우
21의2. 제22조제2항을 위반하여 하도급받은 소방시설공사를 다시 하도급한 경우
23. 제22조의2제2항을 위반하여 정당한 사유 없이 하수급인 또는 하도급 계약내용의 변경요구에 따르지 아니한 경우
23의2. 제22조의3을 위반하여 하수급인에게 대금을 지급하지 아니한 경우
24. 제24조를 위반하여 시공과 감리를 함께 한 경우
24의2. 제26조제2항에 따른 시공능력 평가에 관한 서류를 거짓으로 제출한 경우
24의3. 제26조의2제1항 후단에 따른 사업수행능력 평가에 관한 서류를 위조하거나 변조하는 등 거짓이나 그 밖의 부정한 방법으로 입찰에 참여한 경우

25. 제31조에 따른 명령을 위반하여 보고 또는 자료 제출을 하지 아니하거나 거짓으로 보고 또는 자료 제출을 한 경우
26. 정당한 사유 없이 제31조에 따른 관계 공무원의 출입 또는 검사·조사를 거부·방해 또는 기피한 경우

② 제7조에 따라 소방시설업자의 지위를 승계한 상속인이 제5조 각 호의 어느 하나에 해당할 때에는 상속을 개시한 날부터 6개월 동안은 제1항제3호를 적용하지 아니한다.
③ 발주자는 소방시설업자가 제1항 각 호의 어느 하나에 해당하는 경우 그 사실을 시·도지사에게 통보하여야 한다.
④ 시·도지사는 제1항 또는 제10조제1항에 따라 등록취소, 영업정지 또는 과징금 부과 등의 처분을 하는 경우 해당 발주자에게 그 내용을 통보하여야 한다.

7 과징금 처분(소방시설공사업법 제10조)

(1) 과징금 처분 〔기출 19 공채〕
① **영업정지**가 그 이용자에게 불편을 주거나 그 밖에 공익을 해칠 우려가 있을 때 (법 제10조 제1항)
  ㉠ 과징금 부과자 : 시·도지사
  ㉡ 과징금 부과 금액 : 영업정지처분에 갈음하여 **2억 원** 이하
② 과징금을 부과하는 위반행위의 종류와 위반 정도 등에 따른 과징금과 그 밖에 필요한 사항은 **행정안전부령**으로 정한다.(법 제10조 제2항)
③ 시·도지사는 ①에 따른 과징금을 내야 할 자가 납부기한까지 과징금을 내지 아니하면 「지방행정제재·부과금의 징수 등에 관한 법률」에 따라 징수한다. (법 제10조 제3항)

(2) 과징금 징수절차(규칙 제11조)
과징금의 징수절차는 「**국고금관리법 시행규칙**」을 준용한다.

(3) 소방시설업자 등의 처분통지 (규칙 제11조의2)
소방청장 또는 시·도지사는 다음 각 호의 경우에는 처분일부터 **7일** 이내에 협회에 그 사실을 알려주어야 한다.
  ㉠ 소방시설업의 **등록취소·시정명령** 또는 **영업정지**를 하는 경우
  ㉡ **과징금**을 부과하는 경우
  ㉢ 소방기술 자격수첩 또는 경력수첩의 자격을 **취소**하거나 **정지**하는 경우

☑ 과징금 비교

법	금액
소방시설법	3천만 원 이하
소방시설공사업법	2억 원 이하
위험물안전관리법	2억 원 이하

26
「소방시설공사업법」상 소방시설업 과징금 부과기준은?
① 3,000만 원 이하
② 3,500만 원 이하
③ 1억 원 이하
④ 2억 원 이하

27
「소방시설공사업법」상 ( )안에 들어갈 내용으로 옳은 것은?
• 19. 상반기

시·도지사는 소방공사감리업자가 소방시설 공사현장에 감리원 배치기준을 위반한 경우로서 영업정지가 그 이용자에게 불편을 주거나 그 밖에 공익을 해칠 우려가 있을 때에는 영업정지처분을 갈음하여 ( ) 이하의 과징금을 부과할 수 있다.

① 2,000만 원
② 3,000만 원
③ 1억 원
④ 2억 원

정답 26. ④ 27. ④

> **관련법규**

소방시설공사업법 시행규칙

제10조 [과징금을 부과하는 위반행위의 종류와 과징금의 부과기준]

법 제10조 제2항에 따라 과징금을 부과하는 위반행위의 종류와 그에 대한 과징금의 금액은 다음 각 호의 기준에 따라 산정한다.

1. 2021년 6월 10일부터 2023년 12월 31일까지의 기간 중에 위반행위를 한 경우 : 별표 2
2. 2024년 1월 1일 이후에 위반행위를 한 경우 : 별표 2의2

제11조 [과징금 징수절차]

법 제10조 제2항에 따른 과징금의 징수절차는 「국고금관리법 시행규칙」을 준용한다.

제11조의2 [소방시설업자 등의 처분통지]

소방청장 또는 시·도지사는 다음 각 호의 경우에는 처분일부터 7일 이내에 협회에 그 사실을 알려주어야 한다.

1. 법 제9조 제1항에 따라 등록취소·시정명령 또는 영업정지를 하는 경우
2. 법 제10조 제1항에 따라 과징금을 부과하는 경우
3. 법 제28조 제4항에 따라 자격을 취소하거나 정지하는 경우

---

28 「소방시설공사업법 시행규칙」상 과징금의 부과기준에서 영업정지 1개월은 며칠로 계산하는가?
① 29일 ② 30일
③ 31일 ④ 32일

29 「소방시설공사업법 시행규칙」상 과징금의 부과기준 중 개별기준에서 3등급의 연간 매출액은 얼마인가?
① 2억 원 초과 ~ 3억 원 이하
② 3억 원 초과 ~ 5억 원 이하
③ 5억 원 초과 ~ 7억 원 이하
④ 7억 원 초과 ~ 10억 원 이하

정답 28. ② 29. ①

【과징금의 부과기준 (제10조제1호 관련)】 시행규칙 별표2

〈2021년 6월 10일부터 2023년 12월 31일까지의 기간 중에 위반행위를 한 경우〉

1. 일반기준

   가. 영업정지 1개월은 30일로 계산한다.

   나. 과징금 산정은 별표 1 제2호의 영업정기기간(일)에 제2호에 따른 1일 과징금 금액을 곱하여 얻은 금액으로 한다.

   다. 위반행위가 둘 이상 발생한 경우 과징금 부과에 따른 영업정지기간(일) 산정은 별표 1 제2호의 개별기준에 따른 각각의 영업정지처분기간을 합산한 기간으로 한다.

   라. 영업정지에 해당하는 위반사항으로서 위반행위의 동기·내용·횟수 또는 그 결과를 고려하여 그 처분기준의 2분의 1까지 감경한 경우 과징금 부과에 따른 영업정지기간(일) 산정은 감경한 영업정지기간으로 한다.

   마. 제2호에 따른 연간 매출액은 해당 업체에 대한 행정처분일이 속한 연도의 전년도 1년간 총 매출액을 기준으로 하며, 신규사업·휴업 등에 따라 전년도 1년간의 총매출액을 산출할 수 없는 경우에는 분기별·월별 또는 일별 매출액을 기준으로 하여 연간 매출액을 산정한다.

   바. 별표 1 제2호 행정처분 개별기준 중 나목·바목·거목·노목·도목 및 로목의 위반사항에는 법 제10조제1항에 따른 영업정지를 갈음하여 과징금을 부과할 수 없다.

2. 개별기준

등급	연간 매출액	1일 과징금 금액(단위: 원)
1	1억 원 이하	10,000
2	1억 원 초과 ~ 2억 원 이하	20,500
3	2억 원 초과 ~ 3억 원 이하	34,000
4	3억 원 초과 ~ 5억 원 이하	55,000
5	5억 원 초과 ~ 7억 원 이하	80,000
6	7억 원 초과 ~ 10억 원 이하	100,000
7	10억 원 초과 ~ 13억 원 이하	120,000
8	13억 원 초과 ~ 16억 원 이하	140,000
9	16억 원 초과 ~ 20억 원 이하	160,000
10	20억 원 초과 ~ 25억 원 이하	180,000
11	25억 원 초과 ~ 30억 원 이하	200,000
12	30억 원 초과 ~ 40억 원 이하	220,000
13	40억 원 초과 ~ 50억 원 이하	240,000
14	50억 원 초과 ~ 70억 원 이하	260,000
15	70억 원 초과 ~ 100억 원 이하	280,000
16	100억 원 초과 ~ 150억 원 이하	370,000
17	150억 원 초과 ~ 200억 원 이하	515,000
18	200억 원 초과 ~ 300억 원 이하	736,000
19	300억 원 초과 ~ 500억 원 이하	1,030,000
20	500억 원 초과 ~ 1,000억 원 이하	1,058,000
21	1,000억 원 초과 ~ 5,000억 원 이하	1,068,000
22	5,000억 원 초과	1,100,000

【과징금의 부과기준 (제10조제2호 관련)】 시행규칙 별표2의2

〈2024년 1월 1일 이후에 위반행위를 한 경우〉

1. 일반기준

　가. 영업정지 1개월은 30일로 계산한다.

　나. 과징금 산정은 별표 1 제2호의 영업정지기간(일)에 1일 평균 매출액을 기준으로 제2호 각 목의 기준에 따라 산정한다.

　다. 위반행위가 둘 이상 발생한 경우 과징금 부과에 따른 영업정지기간(일) 산정은 별표 1 제2호의 개별기준에 따른 각각의 영업정지처분기간을 합산한 기간으로 한다.

　라. 영업정지에 해당하는 위반사항으로서 위반행위의 동기·내용·횟수 또는 그 결과를 고려하여 그 처분기준의 2분의 1까지 감경한 경우 과징금 부과에 따른 영업정지기간(일) 산정은 감경한 영업정지기간으로 한다.

　마. 제2호에 따른 1일 평균 매출액은 해당 업체에 대한 행정처분일이 속한 연도의 전년도 1년간 총 매출액을 365로 나눈 금액으로 한다. 다만, 신규사업·휴업 등에 따라 전년도 1년간의 총매출액을 산출할 수 없는 경우에는 분기별·월별 또는 일별 매출액을 기준으로 하여 1일 평균 매출액을 산정한다.

바. 별표 1 제2호 행정처분 개별기준 중 나목·바목·거목·너목·도목 및 로목의 위반사항에는 법 제10조제1항에 따른 영업정지를 갈음하여 과징금을 부과할 수 없다.

2. 개별기준

   가. 소방시설설계업 및 소방공사감리업의 과징금 산정기준
      – 과징금 부과금액 = 1일 평균 매출액 × 영업정지 일수 × 0.0205

   나. 소방시설공사업 및 방염처리업의 과징금 산정기준
      – 과징금 부과금액 = 1일 평균 매출액 × 영업정지 일수 × 0.0423

memo

CHAPTER 02 O·X 문제

01 소방시설업을 등록하려는 자는 소방시설업 등록신청서(전자문서로 된 소방시설업 등록신청서는 제외한다)에 서류를 첨부하여 소방시설업자협회에 제출하여야 한다.

01 ❌ 전자문서로 된 소방시설업 등록신청서를 포함한다.(규칙 제2조 제1항)

02 소방시설업 등록에 대하여 시·도지사는 접수일부터 7일 이내에 협회를 경유하여 소방시설업 등록증 및 소방시설업 등록수첩을 신청인에게 발급해 주어야 한다.

02 ❌ 15일(규칙 제3조)

03 「소방시설공사업법」상 소방시설업자는 등록한 사항 중 행정안전부령으로 정하는 중요 사항을 변경할 때에는 행정안전부령으로 정하는 바에 따라 소방시설협회에 신고하여야 한다.

03 ❌ 시·도지사에게 신고하여야 한다.(법 제6조)

04 변경신고 서류를 제출받은 협회는 등록사항의 변경신고 내용을 확인하고 5일 이내에 제출된 소방시설업 등록증·등록수첩 및 기술인력 증빙서류에 그 변경된 사항을 기재하여 발급하여야 한다.

04 ⭕

05 중요사항 변경이 있는 때 및 첨부서류
  ㉠ 상호(명칭) 또는 영업소 소재지
  ㉡ 대표자 주소
  ㉢ 기술인력

05 ❌ ㉡ 대표자이다.(규칙 제5조)

06 ⭕

06 소방시설업자의 지위승계 사유 중 하나는 법인인 소방시설업자가 다른 법인과 합병한 경우, 합병 후 존속하는 법인이나 합병으로 설립되는 법인이 있다.

07 ❌ 7일 이내(규칙 제7조 제4항)

07 지위승계 신고 서류를 제출받은 협회는 접수일부터 30일 이내에 지위를 승계한 사실을 확인한 후 그 결과를 시·도지사에게 보고하여야 한다.

08 ⭕

08 소방시설업자의 관계인에 대한 통지
㉠ 소방시설업자의 지위를 승계한 경우
㉡ 소방시설업의 등록취소 또는 영업정지의 처분을 받은 경우
㉢ 휴업 또는 폐업을 한 경우

09 ❌ 반드시 취소 사유가 아니라 취소 또는 6월 이내의 기간을 정하여 이의 시정이나 영업정지의 경우이다.(법 제9조 제1항)

09 소방시설업의 등록을 반드시 취소하여야 하는 사유로는 소방시설공사등(설계, 시공, 감리, 방염)의 업무수행의무 등을 고의 또는 과실로 위반하여 다른 자에게 상해를 입히거나 재산피해를 입힌 경우가 있다.

10 ❌ 2억 원 이하
(소방시설공사업법 제10조)

10 「소방시설공사업법」상 과징금 부과기준은 2억 원 이상이다.

MEMO

CHAPTER 03 소방시설공사 등

1 설계(소방시설공사업법 제11조)

(1) 설계 〔기출〕 24 경채

① 소방시설설계업을 등록한 자(설계업자)는 이 법이나 이 **법에 따른 명령**과 **화재안전기준**에 맞게 소방시설을 설계하여야 한다. 다만, 「소방시설 설치 및 관리에 관한 법률」에 따른 중앙소방기술심의위원회의 심의를 거쳐 소방시설의 구조와 원리 등에서 특수한 설계로 인정된 경우는 화재안전기준을 따르지 아니할 수 있다.(법 제11조 제1항)

② ① 본문에도 불구하고 「소방시설 설치 및 관리에 관한 법률」에 따른 특정소방대상물(신축하는 것만 해당한다)에 대해서는 그 용도, 위치, 구조, 수용 인원, 가연물의 종류 및 양 등을 고려하여 설계(성능위주설계)하여야 한다. (법 제11조 제2항)

③ 성능위주설계를 할 수 있는 자의 자격, 기술인력 및 자격에 따른 설계의 범위와 그 밖에 필요한 사항은 **대통령령**으로 정한다.(법 제11조 제3항)

관련법규

소방시설공사업법 시행령

제2조의3 [성능위주설계를 할 수 있는 자의 자격 등]
법 제11조 제3항에 따른 성능위주설계를 할 수 있는 자의 자격·기술인력 및 자격에 따른 설계범위는 별표 1의2와 같다.

시행령 별표 1의2

【성능위주설계를 할 수 있는 자의 자격·기술인력 및 자격에 따른 설계범위】

성능위주설계자의 자격	기술인력	설계범위
1. 법 제4조에 따라 전문 소방시설설계업을 등록한 자 2. 전문 소방시설설계업 등록 기준에 따른 기술인력을 갖춘 자로서 소방청장이 정하여 고시하는 연구기관 또는 단체	소방기술사 2명 이상	「소방시설 설치 및 관리에 관한 법률 시행령」 제9조에 따라 성능위주설계를 하여야 하는 특정소방대상물

✅ 행정형벌

법 제36조 【벌칙】
제11조(설계)를 위반하여 설계나 시공을 한 자는 <u>1년 이하의 징역 또는 1천만 원 이하의 벌금</u>에 처한다.

01
「소방시설공사업법 시행령」상 성능위주설계를 할 수 있는 자의 자격 및 기술인력의 기준으로 옳은 것은?
① 전문소방시설설계업에 등록한 자, 소방기술사 1명 이상, 보조기술인력 1명 이상
② 전문소방시설설계업에 등록한 자, 소방기술사 2명 이상
③ 일반소방시설설계업에 등록한 자, 소방기술사 1명 이상, 보조기술인력 1명 이상
④ 일반소방시설설계업에 등록한 자, 기계분야와 전기분야의 소방설비기사 각 1명 이상, 보조기술인력 1명 이상

02 • 24. 경채
「소방시설공사업법」 및 같은 법 시행령 상 소방시설설계에 관한 내용으로 옳지 않은 것은?
① 소방시설설계업을 등록한 자는 이 법이나 이 법에 따른 명령과 화재안전기준에 맞게 소방시설을 설계하여야 한다.
② 지방소방기술심의위원회의 심의를 거쳐 소방시설의 구조와 원리 등에서 특수한 특정소방대상물로 인정된 경우는 화재안전기준을 따르지 아니할 수 있다.
③ 소방기술사 2명을 기술인력으로 보유한 전문소방시설설계업을 등록한 자는 성능위주설계를 할 수 있다.
④ 일반소방시설설계업(기계분야)을 등록한 자는 위험물제조소등에 설치되는 기계분야 소방시설을 설계할 수 있다.

정답 01. ② 02. ②

2 시공(소방시설공사업법 제12조)

(1) 시공
① 소방시설공사업을 등록한 자(공사업자)는 이 법이나 이 **법에 따른 명령**과 **화재안전기준**에 맞게 시공하여야 한다. 이 경우 소방시설의 구조와 원리 등에서 그 공법이 특수한 시공에 관하여는 제11조제1항 단서를 준용한다.(법 제12조 제1항)
② 공사업자는 소방시설공사의 책임시공 및 기술관리를 위하여 **대통령령**으로 정하는 바에 따라 소속 소방기술자를 공사 현장에 배치하여야 한다.(법 제12조 제2항)

(2) 소방기술자의 배치기준

> **관련법규**
>
> **소방시설공사업법 시행령**
>
> **제3조 [소방기술자의 배치기준 및 배치기간]**
> 법 제4조 제1항에 따라 소방시설공사업을 등록한 자(이하 "공사업자"라 한다)는 법 제12조 제2항에 따라 별표 2의 배치기준 및 배치기간에 맞게 소속 소방기술자를 소방시설공사 현장에 배치하여야 한다.

시행령 별표2

【소방기술자의 배치기준】 23 공채 / 23 경채

소방기술자의 배치기준	소방시설공사 현장의 기준
가. **특급**기술자인 소방기술자 (기계분야 및 전기분야)	1) 연면적 **20만m² 이상**인 특정소방대상물의 공사 현장 2) 지하층을 포함한 층수가 **40층 이상**인 특정소방대상물의 공사 현장
나. **고급**기술자 이상의 소방기술자 (기계분야 및 전기분야)	1) 연면적 **3만m² 이상 20만m² 미만**인 특정소방대상물(아파트는 제외한다)의 공사 현장 2) 지하층을 포함한 층수가 **16층 이상 40층 미만**인 특정소방대상물의 공사 현장
다. **중급**기술자 이상의 소방기술자 (기계분야 및 전기분야)	1) 물분무등소화설비(호스릴 방식의 소화설비는 제외한다) 또는 제연설비가 설치되는 특정소방대상물의 공사 현장 2) 연면적 **5천m² 이상 3만m² 미만**인 특정소방대상물(아파트는 제외한다)의 공사 현장 3) 연면적 **1만m² 이상 20만m² 미만인 아파트**의 공사 현장
라. **초급**기술자 이상의 소방기술자 (기계분야 및 전기분야)	1) 연면적 **1천m² 이상 5천m² 미만**인 특정소방대상물(아파트는 제외한다)의 공사 현장 2) 연면적 **1천m² 이상 1만m² 미만인 아파트**의 공사 현장 3) 지하구(地下溝)의 공사 현장
마. 자격수첩을 발급받은 소방기술자	연면적 **1천m² 미만**인 특정소방대상물의 공사 현장

☑ 행정형벌

법 제36조 【벌칙】
제12조제1항(시공)을 위반하여 설계나 시공을 한 자는 <u>1년 이하의 징역 또는 1천만 원 이하의 벌금</u>에 처한다.

03 ● 1 2 3
「소방시설공사업법 시행령」상 소방기술자의 배치기준에서 고급 기술자 이상의 소방기술자를 배치할 수 있는 공사현장 기준으로 옳은 것은?
① 연면적 20만m² 이상인 특정소방대상물의 공사 현장
② 연면적 1천m² 이상 5천m² 미만인 특정소방대상물(아파트는 제외한다)의 공사 현장
③ 연면적 1천m² 미만인 특정소방대상물의 공사 현장
④ 연면적 3만m² 이상 20만m² 미만인 특정소방대상물(아파트는 제외한다)의 공사 현장

04 ● 1 2 3
「소방시설공사업법 시행령」상 소방기술자의 배치기준을 설명한 것으로 옳지 않은 것은?
• 23. 공채 / • 23. 경채
① 연면적 20만제곱미터 이상인 특정소방대상물의 공사 현장에는 행정안전부령으로 정하는 특급기술자인 소방기술자(기계분야 및 전기분야)를 배치하여야 한다.
② 지하층을 포함한 층수가 16층 이상 40층 미만인 특정소방대상물의 공사 현장에는 행정안전부령으로 정하는 고급기술자 이상의 소방기술자(기계분야 및 전기분야)를 배치하여야 한다.
③ 연면적 5천제곱미터 이상 3만제곱미터 미만인 특정소방대상물(아파트는 제외)의 공사 현장에는 행정안전부령으로 정하는 중급기술자 이상의 소방기술자(기계분야 및 전기분야)를 배치하여야 한다.
④ 물분무등소화설비(호스릴 방식의 소화설비는 제외) 또는 제연설비가 설치되는 특정소방대상물의 공사 현장에는 행정안전부령으로 정하는 초급기술자 이상의 소방기술자(기계분야 및 전기분야)를 배치하여야 한다.

정답 03. ④ 04. ④

❶ **소방기술자 배치기준**

소방기술자	특급	고급	중급	초급	자격수첩
연면적	20만㎡↑	3만㎡↑ ~ 20만㎡ 미만 (아파트제외)	5천㎡↑ ~ 3만㎡ 미만 (아파트제외)	1천㎡↑ ~ 5천㎡ 미만 (아파트제외)	1천㎡ 미만
층수	40층↑	16층~40층 미만			
아파트			1만㎡↑ ~ 20만㎡ 미만	1천㎡↑ ~ 1만㎡ 미만	
기타			• 물분무등 소화설비 (호스릴제외) • 제연설비	• 지하구	

① 소방기술자를 배치해야 하는 소방시설공사(영 별표2 비고)

　㉠ 기계분야 소방시설공사

　　ⓐ 옥내소화전설비, 스프링클러설비등, 물분무등소화설비 또는 옥외소화전설비의 공사

　　ⓑ 상수도소화용수설비, 소화수조·저수조 또는 그 밖의 소화용수설비의 공사

　　ⓒ 제연설비, 연결송수관설비, 연결살수설비 또는 연소방지설비의 공사

　　ⓓ 기계분야 소방시설에 부설되는 전기시설의 공사. 다만, 비상전원, 동력회로, 제어회로, 기계분야의 소방시설을 작동하기 위해 설치하는 화재감지기에 의한 화재감지장치 및 전기신호에 의한 소방시설의 작동장치의 공사는 제외한다.

　㉡ 전기분야 소방시설공사

　　ⓐ 비상경보설비, 시각경보기, 자동화재탐지설비, 비상방송설비, 자동화재속보설비 또는 통합감시시설의 공사

　　ⓑ 비상콘센트설비 또는 무선통신보조설비의 공사

　　ⓒ 기계분야 소방시설에 부설되는 전기시설 중 ㉠의ⓓ 단서의 전기시설 공사

　㉢ ㉠ 및 ㉡에도 불구하고 기계분야 및 전기분야의 자격을 모두 갖춘 소방기술자가 있는 경우에는 소방시설공사를 분야별로 구분하지 않고 그 소방기술자를 배치할 수 있다.

　㉣ 소방기술자를 소방시설공사 현장에 배치하지 않을 수 있는 경우

　　㉠ 및 ㉡에도 불구하고 소방공사감리업자가 감리하는 소방시설공사가 다음의 어느 하나에 해당하는 경우에는 소방기술자를 소방시설공사 현장에 **배치하지 않을 수 있다.**

　　ⓐ 소방시설의 **비상전원**을 「전기공사업법」에 따른 전기공사업자가 공사하는 경우

ⓑ 상수도소화용수설비, 소화수조·저수조 또는 그 밖의 **소화용수설비**를 「건설산업기본법 시행령」 별표 1에 따른 기계설비·가스공사업자 또는 상·하수도설비공사업자가 공사하는 경우

ⓒ 소방 외의 용도와 겸용되는 **제연설비**를 「건설산업기본법 시행령」 별표 1에 따른 기계설비·가스공사업자가 공사하는 경우

ⓓ 소방 외의 용도와 겸용되는 **비상방송설비** 또는 **무선통신보조설비**를 「정보통신공사업법」에 따른 정보통신공사업자가 공사하는 경우

② 공사 현장 초과배치 금지(영 별표2 비고)
  ㉠ 원칙 : 1인 1현장 배치
    ⓐ 공사업자는 1명의 소방기술자를 2개의 공사 현장을 초과하여 배치해서는 안 된다.
    ⓑ 연면적 **3만**제곱미터 이상의 특정소방대상물(아파트는 제외한다)이거나 지하층을 포함한 층수가 **16층** 이상으로서 **500세대** 이상인 아파트에 대한 소방시설 공사의 경우에는 1개의 공사 현장에만 배치해야 한다.
  ㉡ 예외 : 1인 다수현장 배치 가능
    ⓐ 건축물의 연면적이 **5천**제곱미터 **미만**인 공사 현장에만 배치하는 경우. 다만, 그 연면적의 **합계**는 **2만**제곱미터를 초과해서는 안 된다.
    ⓑ 건축물의 연면적이 **5천**제곱미터 **이상**인 공사 현장 **2개 이하**와 **5천**제곱미터 **미만**인 공사 현장에 같이 배치하는 경우. 다만, **5천**제곱미터 **미만**의 공사 현장의 연면적의 **합계**는 **1만**제곱미터를 초과해서는 안 된다.
  ㉢ 특정 공사 현장이 2개 이상의 공사 현장 기준에 해당하는 경우에는 해당 공사 현장 기준에 따라 배치해야 하는 소방기술자를 각각 배치하지 않고 그 중 **상위 등급 이상**의 소방기술자를 배치할 수 있다.

(3) 소방기술자의 배치기간(영 별표2 비고)

① 공사업자는 소방기술자를 소방시설공사의 **착공일**부터 소방시설 **완공검사 증명서 발급일**까지 배치한다.

② 공사업자는 ①에도 불구하고 시공관리, 품질 및 안전에 지장이 없는 경우로서 다음의 어느 하나에 해당하여 발주자가 **서면으로 승낙**하는 경우에는 해당 공사가 **중단된 기간** 동안 소방기술자를 공사 현장에 **배치하지 않을 수 있다.**
  ㉠ **민원 또는 계절적 요인** 등으로 해당 공정의 공사가 일정 기간 중단된 경우
  ㉡ **예산의 부족** 등 발주자(하도급의 경우에는 수급인을 포함한다. 이하 이 목에서 같다)의 책임 있는 사유 또는 천재지변 등 불가항력으로 공사가 일정 기간 중단된 경우
  ㉢ 발주자가 공사의 중단을 **요청**하는 경우

> 행정질서벌
>
> **법 제40조 [과태료]**
> ① 다음 각 호의 어느 하나에 해당하는 자에게는 <u>200만 원 이하의 과태료</u>를 부과한다.
> 4. 제12조제2항을 위반하여 소방기술자를 공사 현장에 배치하지 아니한 자 (200)

3 착공신고(소방시설공사업법 제13조)

(1) 착공신고 〔기출〕 11 공채

① 공사업자는 **대통령령**으로 정하는 소방시설공사를 하려면 **행정안전부령**으로 정하는 바에 따라 그 공사의 내용, 시공 장소, 그 밖에 필요한 사항을 소방본부장이나 소방서장에게 신고하여야 한다.(법 제13조 제1항)

② 공사업자가 ①에 따라 신고한 사항 가운데 **행정안전부령**으로 정하는 중요한 사항을 변경하였을 때에는 **행정안전부령**으로 정하는 바에 따라 변경신고를 하여야 한다. 이 경우 중요한 사항에 해당하지 아니하는 변경 사항은 다음 각 호의 어느 하나에 해당하는 서류에 포함하여 소방본부장이나 소방서장에게 보고하여야 한다.(법 제13조 제2항)

  ㉠ 완공검사 또는 부분완공검사를 신청하는 서류
  ㉡ 공사감리 결과보고서

③ 소방본부장 또는 소방서장은 **착공신고 또는 변경신고를 받은 날부터 2일 이내**에 신고수리 여부를 신고인에게 **통지**하여야 한다.(법 제13조 제3항)

④ 소방본부장 또는 소방서장이 ③에서 정한 기간 내에 신고수리 여부 또는 민원 처리 관련 법령에 따른 처리기간의 연장을 신고인에게 통지하지 아니하면 그 기간(민원처리 관련 법령에 따라 처리기간이 연장 또는 재연장된 경우에는 해당 처리기간을 말한다)이 끝난 날의 다음 날에 신고를 수리한 것으로 본다. (법 제13조 제4항)

⑤ **착공신고는** 소방시설공사의 **착공 전까지** 소방시설공사업자가 **소방본부장이나 소방서장에게** 한다.(규칙 제12조 제1항)

⑥ 공사업자는 해당하는 **중요사항이 변경된 경우**에는 변경일부터 **30일 이내**에 소방시설공사 착공(변경)신고서[전자문서로 된 소방시설공사 착공(변경)신고서를 포함한다]에 서류(전자문서를 포함한다) 중 변경된 해당 서류를 첨부하여 **소방본부장 또는 소방서장에게 신고**하여야 한다.(규칙 제12조 제3항)

05
「소방시설공사업법 시행령」상 소방시설공사착공신고 대상이 아닌 것은?
① 특정소방대상물에 신설공사
② 특정소방대상물에 설치된 소방시설 등을 전부 또는 일부를 개설, 이전, 정비공사
③ 특정소방대상물에 증설공사
④ 신축, 증축, 개축, 재축, 대수선 또는 구조 용도변경되는 특정소방대상물의 부대공사

06
「소방시설공사업법」상 소방본부장 또는 소방서장은 착공신고 또는 변경신고를 받은 날부터 며칠 이내에 신고수리 여부를 신고인에게 통지하여야 하는가?
① 2일   ② 7일
③ 10일   ④ 30일

07
「소방시설공사업법 시행규칙」상 착공신고는 소방시설공사의 (A)까지 소방시설공사업자가 (B)에게 한다. (A)와 (B)에 들어갈 말은?
① A : 착공 전
  B : 시·도지사
② A : 착공 후
  B : 소방본부장이나 소방서장
③ A : 착공 전
  B : 소방본부장이나 소방서장
④ A : 착공 후
  B : 시·도지사

정답 05.④ 06.① 07.③

㉠ 중요사항(규칙 제12조 제2항)
   ⓐ 시공자
   ⓑ 설치되는 소방시설의 종류
   ⓒ 책임시공 및 기술관리 소방기술자

⑦ 소방본부장 또는 소방서장은 소방시설공사 착공신고 또는 변경신고를 받은 경우에는 **2일** 이내에 처리하고 그 결과를 신고인에게 통보하며, 소방시설공사현장에 배치되는 소방기술자의 성명, 자격증 번호·등급, 시공현장의 명칭·소재지·면적 및 현장 배치기간을 소방시설업 **종합정보시스템**에 입력해야 한다. 이 경우 소방본부장 또는 소방서장은 소방시설 착공 및 완공대장에 필요한 사항을 기록하여 관리하여야 한다.(규칙 제12조 제4항)

⑧ 소방본부장 또는 소방서장은 소방시설공사 착공신고 또는 변경신고를 받은 경우에는 공사업자에게 소방시설공사현황 표지에 따른 **소방시설공사현황의 게시**를 요청할 수 있다.(규칙 제12조 제5항)

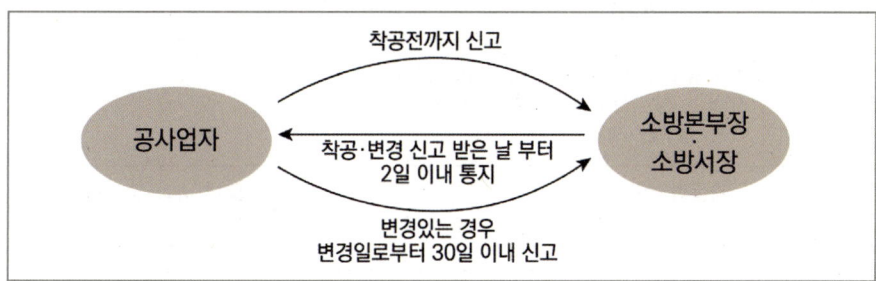

⑨ 착공신고 대상(제조소등 또는 다중이용업소에서의 소방시설공사는 제외)

기출 11, 13, 15, 17 공채

	신설 공사	증설 공사
소화 설비	• 옥내소화전설비(호스릴 옥내소화전설비 포함) • 옥외소화전설비	• 옥내소화전설비(호스릴 옥내소화전설비 포함) • 옥외소화전설비
	• 스프링클러설비등[스프링클러설비·간이스프링클러설비(캐비닛형 간이스프링클러설비를 포함) 및 화재조기진압용 스프링클러설비]	• 스프링클러설비·간이스프링클러설비(캐비닛형 간이스프링클러설비를 포함)의 방호구역
	• 물분무등소화설비[물분무소화설비·포소화설비·이산화탄소소화설비·할론소화설비·할로겐화합물 및 불활성기체 소화설비·미분무소화설비·강화액소화설비 및 분말소화설비]	• 물분무등소화설비의 방호구역

착공대상이 아닌 소방시설
• 소화기구
• 자동소화장치
• 시각경보기
• 단독경보형 감지기
• 화재알림설비
• 누전경보기
• 통합감시시설
• 피난구조설비

08

「소방시설공사업법 시행령」상 소방시설공사의 착공신고 대상으로 옳지 않은 것은?
• 22. 공채

① 창고시설에 스프링클러설비의 방호구역을 증설하는 공사
② 공동주택에 자동화재탐지설비의 경계구역을 증설하는 공사
③ 위험물 제조소에 할로겐화합물 및 불활성기체 소화설비를 신설하는 공사
④ 업무시설에 옥내소화전설비(호스릴옥내소화전설비를 포함한다)를 신설하는 공사

09

「소방시설공사업법 시행령」상 소방시설공사의 착공신고 대상으로 옳지 않은 것은?
• 18. 하반기

① 비상경보설비를 신설하는 특정소방대상물 신축공사
② 자동화재속보설비를 신설하는 특정소방대상물 신축공사
③ 연결송수관설비의 송수구역을 증설하는 특정소방대상물 증축공사
④ 자동화재탐지설비의 경계구역을 증설하는 특정소방 대상물 증축공사

10

「소방시설공사업법 시행령」상 일부를 개설, 이전, 정비하는 공사일 때 착공신고하지 않아도 되는 대상은? (단, 긴급할 때가 아닐 시)

① 수신반
② 소화펌프
③ 비상콘센트설비
④ 동력제어반

암기법
수·소·동

소화활동설비	• 연결송수관설비	• 연결송수관설비의 <u>송수구역</u>
	• 연결살수설비	• 연결살수설비의 <u>살수구역</u>
	• 제연설비(소방용 외의 용도와 겸용되는 제연설비를 기계설비·가스공사업자가 공사하는 경우는 제외)	• 제연설비의 <u>제연구역</u>(소방용 외의 용도와 겸용되는 제연설비를 기계설비·가스공사업자가 공사하는 경우는 제외한다)
	• 연소방지설비	• 연소방지설비의 <u>살수구역</u>
	• 비상콘센트설비 (비상콘센트설비를 「전기공사업법」에 따른 전기공사업자가 공사하는 경우는 제외한다)	• 비상콘센트설비의 <u>전용회로</u>
	• 무선통신보조설비 (소방용 외의 용도와 겸용되는 무선통신보조설비를 「정보통신공사업법」에 따른 정보통신공사업자가 공사하는 경우는 제외)	•
소화용수설비	(소화용수설비를 기계설비·가스공사업자 또는 상·하수도설비공사업자가 공사하는 경우는 제외)	•
경보설비	• 자동화재탐지설비	• 자동화재탐지설비의 <u>경계구역</u>
	• 비상경보설비	•
	• 비상방송설비 (소방용 외의 용도와 겸용되는 비상방송설비를 정보통신공사업자가 공사하는 경우는 제외)	•

개설·이전·정비 공사 (전부 또는 일부)

- **수**신반(受信盤)
- **소**화펌프
- **동**력(감시)제어반
 (다만, 고장 또는 파손 등으로 인하여 작동시킬 수 없는 소방시설을 긴급히 교체하거나 보수하여야 하는 경우에는 신고하지 않을 수 있다.)

정답 08. ③ 09. ② 10. ③

> **관련법규**

소방시설공사업법 시행령 〔기출〕 18, 22 공채

제4조 [소방시설공사의 착공신고 대상]
법 제13조제1항에서 "대통령령으로 정하는 소방시설공사"란 다음 각 호의 어느 하나에 해당하는 소방시설공사를 말한다. 다만, 「위험물안전관리법」 제2조제1항제6호에 따른 <u>제조소</u>등 또는 「다중이용업소의 안전관리에 관한 특별법」 제2조제1항제4호에 따른 <u>다중이용업소</u>에서의 소방시설공사는 제외한다.

1. 특정소방대상물에 다음 각 목의 어느 하나에 해당하는 설비를 신설하는 공사
   가. 옥내소화전설비(호스릴옥내소화전설비를 포함한다. 이하 같다), 옥외소화전설비, 스프링클러설비·간이스프링클러설비(캐비닛형 간이스프링클러설비를 포함한다. 이하 같다) 및 화재조기진압용 <u>스프링클러설비</u>(이하 "스프링클러설비등"이라 한다), 물분무소화설비·포소화설비·이산화탄소소화설비·할론소화설비·할로겐화합물 및 불활성기체소화설비·미분무소화설비·강화액소화설비 및 분말소화설비(이하 "물분무등소화설비"라 한다), 연결송수관설비, 연결살수설비, 제연설비(소방용 외의 용도와 겸용되는 제연설비를 「건설산업기본법 시행령」 별표 1에 따른 기계설비·가스공사업자가 공사하는 경우는 제외한다), <u>소화용수설비</u>(소화용수설비를 「건설산업기본법 시행령」 별표 1에 따른 기계설비·가스공사업자 또는 상·하수도설비공사업자가 공사하는 경우는 제외한다) 또는 연소방지설비
   나. 자동화재탐지설비, <u>비상경보설비</u>, <u>비상방송설비</u>(소방용 외의 용도와 겸용되는 비상방송설비를 「정보통신공사업법」에 따른 정보통신공사업자가 공사하는 경우는 제외한다), 비상콘센트설비(비상콘센트설비를 「전기공사업법」에 따른 전기공사업자가 공사하는 경우는 제외한다) 또는 <u>무선통신보조설비</u>(소방용 외의 용도와 겸용되는 무선통신보조설비를 「정보통신공사업법」에 따른 정보통신공사업자가 공사하는 경우는 제외한다)
2. 특정소방대상물에 다음 각 목의 어느 하나에 해당하는 설비 또는 구역 등을 증설하는 공사
   가. 옥내·옥외소화전설비
   나. 스프링클러설비·간이스프링클러설비 또는 물분무등소화설비의 방호구역, 자동화재탐지설비의 경계구역, 제연설비의 제연구역(소방용 외의 용도와 겸용되는 제연설비를 「건설산업기본법 시행령」 별표 1에 따른 기계설비·가스공사업자가 공사하는 경우는 제외한다), 연결살수설비의 살수구역, 연결송수관설비의 송수구역, 비상콘센트설비의 전용회로, 연소방지설비의 살수구역
3. 특정소방대상물에 설치된 소방시설등을 구성하는 다음 각 목의 어느 하나에 해당하는 것의 전부 또는 일부를 개설(改設), 이전(移轉) 또는 정비(整備)하는 공사. 다만, 고장 또는 파손 등으로 인하여 작동시킬 수 없는 소방시설을 긴급히 교체하거나 보수하여야 하는 경우에는 신고하지 않을 수 있다.
   가. <u>수</u>신반(受信盤)
   나. <u>소</u>화펌프
   다. <u>동</u>력(감시)제어반

> **암기법**
> 수·소·동

소방시설공사업법 시행규칙

제12조 [착공신고 등]

① 법 제4조 제1항에 따라 소방시설공사업을 등록한 자(이하 "공사업자"라 한다)는 소방시설공사를 하려면 법 제13조제1항에 따라 해당 소방시설공사의 착공 전까지 별지 제14호서식의 소방시설공사 착공(변경)신고서[전자문서로 된 소방시설공사 착공(변경)신고서를 포함한다]에 다음 각 호의 서류(전자문서를 포함한다)를 첨부하여 소방본부장 또는 소방서장에게 신고해야 한다. 다만, 「전자정부법」 제36조 제1항에 따른 행정정보의 공동이용을 통하여 첨부서류에 대한 정보를 확인할 수 있는 경우에는 그 확인으로 첨부서류를 갈음할 수 있다.
  1. 공사업자의 소방시설공사업 등록증 사본 1부 및 등록수첩 사본 1부
  2. 해당 소방시설공사의 책임시공 및 기술관리를 하는 기술인력의 기술등급을 증명하는 서류 사본 1부
  3. 법 제21조의3 제2항에 따라 체결한 소방시설공사 계약서 사본 1부
  4. 설계도서(설계설명서를 포함한다) 1부. 다만, 영 제4조 제3호에 해당하는 소방시설공사인 경우 또는 「소방시설 설치 및 관리에 관한 법률」 제3조 제2항에 따라 건축허가등의 동의요구서에 첨부된 서류 중 설계도서가 변경되지 않은 경우에는 설계도서를 첨부하지 않을 수 있다.
  5. 소방시설공사를 하도급하는 경우 다음 각 목의 서류
    가. 제20조제1항 및 별지 제31호서식에 따른 소방시설공사등의 하도급통지서 사본 1부
    나. 하도급대금 지급에 관한 다음의 어느 하나에 해당하는 서류
      1) 「하도급거래 공정화에 관한 법률」 제13조의2에 따라 공사대금 지급을 보증한 경우에는 하도급대금 지급보증서 사본 1부
      2) 「하도급거래 공정화에 관한 법률」 제13조의2 제1항 각 호 외의 부분 단서 및 같은 법 시행령 제8조 제1항에 따라 보증이 필요하지 않거나 보증이 적합하지 않다고 인정되는 경우에는 이를 증빙하는 서류 사본 1부

② 법 제13조 제2항에서 "행정안전부령으로 정하는 중요한 사항"이란 다음 각 호의 어느 하나에 해당하는 사항을 말한다.
  1. 시공자
  2. 설치되는 소방시설의 종류
  3. 책임시공 및 기술관리 소방기술자

③ 법 제13조 제2항에 따라 공사업자는 제2항 각 호의 어느 하나에 해당하는 사항이 변경된 경우에는 변경일부터 30일 이내에 별지 제14호서식의 소방시설공사 착공(변경)신고서[전자문서로 된 소방시설공사 착공(변경)신고서를 포함한다]에 제1항 각 호의 서류(전자문서를 포함한다) 중 변경된 해당 서류를 첨부하여 소방본부장 또는 소방서장에게 신고하여야 한다.

④ 소방본부장 또는 소방서장은 소방시설공사 착공신고 또는 변경신고를 받은 경우에는 2일 이내에 처리하고 그 결과를 신고인에게 통보하며, 소방시설공사현장에 배치되는 소방기술자의 성명, 자격증 번호·등급, 시공현장의 명칭·소재지·면적 및 현장 배치 기간을 법 제26조의3 제1항에 따른 소방시설업 종합정보시스템에 입력해야 한다. 이 경우 소방본부장 또는 소방서장은 별지 제15호서식의 소방시설 착공 및 완공대장에 필요한 사항을 기록하여 관리하여야 한다.

⑤ 소방본부장 또는 소방서장은 소방시설공사 착공신고 또는 변경신고를 받은 경우에는 공사업자에게 별지 제16호서식의 소방시설공사현황 표지에 따른 소방시설공사현황의 게시를 요청할 수 있다.

MEMO

4 완공검사(소방시설공사업법 제14조)

(1) 완공검사 [기출] 17 공채 / 24 경채

① 공사업자는 소방시설공사를 완공하면 **소방본부장 또는 소방서장**의 완공검사를 받아야 한다.
다만, 공사감리자가 지정되어 있는 경우에는 **공사감리 결과보고서**로 완공검사를 **갈음**하되, **대통령령**으로 정하는 특정소방대상물의 경우에는 소방본부장이나 소방서장이 소방시설공사가 공사감리 결과보고서대로 완공되었는지를 **현장에서 확인할 수 있다.**(법 제14조 제1항)

㉠ 공사감리 결과보고서대로 완공되었는지를 현장에서 확인할 수 있는 대상 (영 제5조) [기출] 19, 20 공채

ⓐ **문**화 및 **집**회시설, **종**교시설, **판**매시설, **노**유자시설, **수**련시설, **운**동시설, **숙**박시설, **창**고시설, **지**하상가, **다**중이용업소

ⓑ **스프링**클러설비등, 물분**무**등소화설비(**호**스릴 방식의 소화설비는 **제외**)가 설치되는 특정소방대상물

ⓒ **연**면적 **1만**m² 이상이거나 **11**층 이상인 특정소방대상물(**아파트 제외**)

ⓓ 지상에 노출된 **가**연성가스탱크의 저장용량 합계가 **1천** 톤 이상인 시설

② 공사업자가 소방대상물 일부분의 소방시설공사를 마친 경우로서 전체 시설이 준공되기 전에 부분적으로 사용할 필요가 있는 경우에는 그 일부분에 대하여 소방본부장이나 소방서장에게 완공검사("**부분완공검사**")를 신청할 수 있다. 이 경우 소방본부장이나 소방서장은 그 일부분의 공사가 완공되었는지를 확인하여야 한다.(법 제14조 제2항)

㉠ 공사업자는 소방시설공사의 완공검사 또는 부분완공검사를 받으려면 소방시설공사 완공검사신청서(전자문서로 된 소방시설공사 완공검사신청서를 포함한다) 또는 소방시설 부분완공검사신청서(전자문서로 된 소방시설 부분완공검사신청서를 포함한다)를 소방본부장 또는 소방서장에게 제출하여야 한다. 다만, 「전자정부법」에 따른 행정정보의 공동이용을 통하여 첨부서류에 대한 정보를 확인할 수 있는 경우에는 그 확인으로 첨부서류를 갈음할 수 있다. (규칙 제13조 제1항)

③ 소방본부장이나 소방서장은 완공검사나 부분완공검사를 하였을 때에는 **완공검사증명서**나 **부분완공검사증명서**를 발급하여야 한다.(법 제14조 제3항)

㉠ 소방시설 완공검사신청 또는 부분완공검사신청을 받은 소방본부장 또는 소방서장은 현장 확인 결과 또는 감리 결과보고서를 검토한 결과 해당 소방시설공사가 법령과 화재안전기준에 적합하다고 인정하면 소방시설 완공검사증명서 또는 소방시설 부분완공검사증명서를 공사업자에게 발급하여야 한다.(규칙 제13조 제2항)

---

11. ①②③
「소방시설공사업법 시행령」상 소방본부장 또는 소방서장의 소방시설공사 완공검사를 위한 현장확인 대상 특정소방 대상물로 옳지 않은 것은?
• 20. 공채

① 창고시설
② 스프링클러설비등이 설치되는 특정소방대상물
③ 연면적 1만제곱미터 이상이거나 11층 이상인 아파트
④ 가연성가스를 제조·저장 또는 취급하는 시설 중 지상에 노출된 가연성가스탱크의 저장용량 합계가 1천 톤 이상인 시설

🔒 **암기법**
연일만 가천 노지숙 문종수 판다 가 스프링, 무 호재 십일창 아제 운

12. ①②③
「소방시설공사업법 시행령」상 소방시설공사가 공사감리 결과보고서대로 완공되었는지를 현장에서 확인할 수 있는 대상으로 옳은 것은?
• 19. 상반기

① 창고시설 또는 수련시설
② 호스릴 방식의 소화설비를 설치하는 소방시설공사
③ 연면적 1만제곱미터 이상의 아파트에 설치하는 소방 시설공사
④ 가연성 가스를 제조·저장 또는 취급하는 시설 중 지하에 매립된 가연성 가스탱크의 저장용량 합계가 1천 톤 이상인 시설

13. ①②③
「소방시설공사업법 시행령」상 완공검사를 위한 현장확인 대상 특정소방 대상물의 범위로 옳지 않은 것은?
• 24. 공채 / 24. 경채

① 스프링클러설비등이 설치되는 특정소방대상물
② 지하상가 및 「다중이용업소의 안전관리에 관한 특별법」에 따른 다중이용업소
③ 물분무등소화설비(호스릴 방식의 소화설비 제외)가 설치되는 특정소방대상물
④ 연면적 5천 제곱미터 이상이거나 10층 이상 특정소방대상물(아파트는 제외)

정답 11. ③ 12. ① 13. ④

④ ①부터 ③까지의 규정에 따른 완공검사 및 부분완공검사의 신청과 검사증명서의 발급, 그 밖에 완공검사 및 부분완공검사에 필요한 사항은 **행정안전부령**으로 정한다. (법 제14조 제4항)

행정질서벌

법 제40조 [과태료]
① 다음 각 호의 어느 하나에 해당하는 자에게는 <u>200만 원 이하의 과태료</u>를 부과한다.
5. 제14조제1항을 위반하여 완공검사를 받지 아니한 자 (200)

관련법규

소방시설공사업법 시행령 기출 11, 13, 15, 16, 17, 19, 20 공채

제5조 [완공검사를 위한 현장확인대상 특정소방대상물의 범위]
법 제14조 제1항 단서에서 "대통령령으로 정하는 특정소방대상물"이란 특정소방대상물 중 다음 각 호의 대상물을 말한다.
1. 문화 및 집회시설, 종교시설, 판매시설, 노유자(老幼者)시설, 수련시설, 운동시설, 숙박시설, 창고시설, 지하상가 및 「다중이용업소의 안전관리에 관한 특별법」에 따른 다중이용업소
2. 다음 각 목의 어느 하나에 해당하는 설비가 설치되는 특정소방대상물
   가. 스프링클러설비등
   나. 물분무등소화설비(호스릴 방식의 소화설비는 제외한다)
3. 연면적 1만 제곱미터 이상이거나 11층 이상인 특정소방대상물(아파트는 제외한다)
4. 가연성가스를 제조·저장 또는 취급하는 시설 중 지상에 노출된 가연성가스탱크의 저장용량 합계가 1천 톤 이상인 시설

소방시설공사업법 시행규칙

제13조 [소방시설의 완공검사 신청 등]
① 공사업자는 소방시설공사의 완공검사 또는 부분완공검사를 받으려면 법 제14조 제4항에 따라 별지 제17호서식의 소방시설공사 완공검사신청서(전자문서로 된 소방시설공사 완공검사신청서를 포함한다) 또는 별지 제18호서식의 소방시설 부분완공검사신청서(전자문서로 된 소방시설 부분완공검사신청서를 포함한다)를 소방본부장 또는 소방서장에게 제출하여야 한다. 다만, 「전자정부법」 제36조 제1항에 따른 행정정보의 공동이용을 통하여 첨부서류에 대한 정보를 확인할 수 있는 경우에는 그 확인으로 첨부서류를 갈음할 수 있다.
② 제1항에 따라 소방시설 완공검사신청 또는 부분완공검사신청을 받은 소방본부장 또는 소방서장은 법 제14조 제1항 및 제2항에 따른 현장 확인 결과 또는 감리 결과보고서를 검토한 결과 해당 소방시설공사가 법령과 화재안전기준에 적합하다고 인정하면 별지 제19호서식의 소방시설 완공검사증명서 또는 별지 제20호서식의 소방시설 부분완공검사증명서를 공사업자에게 발급하여야 한다.

---

14 「소방시설공사업법 시행령」상 현장을 확인해야 하는 특정소방대상물이 아닌 것은?
① 문화 및 집회시설
② 지하구
③ 창고시설
④ 노유자시설

정답 14. ②

5 공사의 하자보수 등(소방시설공사업법 제15조)

(1) 공사의 하자보수 〔기출〕 21 공채 / 24 경채

① 공사업자는 소방시설공사 결과 자동화재탐지설비 등 **대통령령**으로 정하는 소방시설에 하자가 있을 때에는 **대통령령**으로 정하는 기간 동안 그 하자를 보수하여야 한다.(법 제15조 제1항)

② 하자보수 대상 소방시설과 하자보수 보증기간(영 제6조) 〔기출〕 13, 17, 19, 20 공채 / 23 경채

2년	3년
피난기구 **유**도등 **유**도표지 **비**상경보설비 **비**상조명등 **비**상방송설비 및 무선**통**신보조설비	자동소화장치, 옥내소화전설비, 스프링클러설비, 간이스프링클러설비, 물분무등소화설비, 옥외소화전설비, 자동화재탐지설비, 상수도소화용수설비 및 소화활동설비(무선통신보조설비는 제외한다)

③ 관계인은 ①에 따른 기간에 소방시설의 하자가 발생하였을 때에는 공사업자에게 그 사실을 알려야 하며, 통보를 받은 공사업자는 **3일 이내**에 하자를 보수하거나 보수 일정을 기록한 하자보수계획을 **관계인에게 서면으로 알려야 한다**. (법 제15조 제3항)

④ 관계인이 기간내에 소방본부장이나 소방서장에게 알릴 수 있는 경우 (법 제15조 제4항)

㉠ 기간 내에 하자보수를 이행하지 아니하는 경우
㉡ 하자보수계획을 서면으로 알리지 아니하는 경우
㉢ 하자보수계획이 불합리하다고 인정되는 경우

⑤ **소방본부장이나 소방서장**은 ④에 따른 통보를 받았을 때에는 **지방소방기술심의위원회**에 심의를 요청하여야 하며, 그 심의 결과 ④의 어느 하나에 해당하는 것으로 인정할 때에는 **시공자**에게 기간을 정하여 하자보수를 명하여야 한다.

> **행정질서벌**
>
> 법 제40조 [과태료]
> ① 다음 각 호의 어느 하나에 해당하는 자에게는 200만 원 이하의 과태료를 부과한다.
> 6. 제15조제3항을 위반하여 3일 이내에 하자를 보수하지 아니하거나 하자보수계획을 관계인에게 거짓으로 알린 자 (60, 100, 200)

---

15 ● 1 2 3
「소방시설공사업법」상 소방시설공사의 하자보수에 관한 설명이다. ( ) 안에 들어갈 내용으로 옳은 것은? • 24. 경채

(ㄱ)은/는 정해진 기간에 소방시설의 하자가 발생하였을 때에는 공사업자에게 그 사실을 알려야 하며, 통보를 받은 공사업자는 (ㄴ)일 이내에 하자를 보수하거나 보수 일정을 기록한 하자보수계획을 (ㄱ)에게 (ㄷ)(으)로 알려야 한다.

	(ㄱ)	(ㄴ)	(ㄷ)
①	소방본부장 또는 소방서장	5	서면
②	감리업자	3	서면
③	관계인	5	구두
④	관계인	3	서면

암기법
쌍피유비통

16 ● 1 2 3
「소방시설공사업법」에 규정한 내용으로 옳지 않은 것은? • 21. 공채

① 특정소방대상물의 관계인 또는 발주자는 소방시설공사 등을 도급할 때에는 해당 소방시설업자에게 도급하여야 한다.
② 소방본부장이나 소방서장은 완공검사나 부분완공검사를 하였을 때에는 완공검사증명서나 부분완공검사증명서를 발급하여야 한다.
③ 관계인은 하자보수기간에 소방시설의 하자가 발생하였을 때에는 공사업자에게 그 사실을 알려야 하며, 통보를 받은 공사업자는 7일 이내에 하자를 보수하거나 보수 일정을 기록한 하자보수계획을 관계인에게 서면으로 알려야 한다.
④ 소방시설업의 등록을 한 후 정당한 사유 없이 1년이 지날 때까지 영업을 시작하지 아니하거나 계속하여 1년 이상 휴업함으로써 그 이용자에게 불편을 줄 때에는 영업정지처분을 갈음하여 2억 원 이하의 과징금을 부과할 수 있다.

정답 15. ④ 16. ③

위반행위	과태료 금액 (단위: 만원)		
	1차 위반	2차 위반	3차 이상 위반
바. 법 제15조제3항을 위반하여 3일 이내에 하자를 보수하지 않거나 하자보수계획을 관계인에게 거짓으로 알린 경우			
1) 4일 이상 30일 이내에 보수하지 않은 경우		60	
2) 30일을 초과하도록 보수하지 않은 경우		100	
3) 거짓으로 알린 경우		200	

시행령 별표5

6 감리(소방시설공사업법 제16조)

(1) 감리 기출 11, 17, 21 공채

① 소방공사감리업자의 업무(법 제16조 제1항)

검토 사항	내용
적법성	• 소방시설등의 **설치계획표**의 **적법성** 검토 • **피난시설** 및 **방화시설**의 **적법성** 검토 • **실내**장식물의 **불연화**(不燃化) 및 **방염물품**의 **적법성** 검토
적합성 (적**법**성 및 기술상의 합리성)	• 소방시설등 **설계도서**의 **적합성**(적법성 및 기술상의 합리성) 검토 • 소방시설등 설계 **변경 사항**의 **적합성** 검토 • 소방용품의 **위치·규격** 및 **사용 자재**의 **적합성** 검토 • 공사업자가 작성한 시공 **상세 도면**의 **적합성** 검토
그외	• 공사업자가 한 소방시설등의 시공이 설계도서 및 화재안전기준에 맞는지에 대한 **지도·감독** • 완공된 소방시설등의 **성능시험**

② 용도와 구조에서 특별히 안전성과 보안성이 요구되는 소방대상물로서 **대통령령**으로 정하는 장소에서 시공되는 소방시설물에 대한 감리는 감리업자가 아닌 자도 할 수 있다.(법 제16조 제2항)

③ 감리업자는 ①의 각 호의 업무를 수행할 때에는 **대통령령**으로 정하는 감리의 종류 및 대상에 따라 공사기간 동안 소방시설공사 현장에 소속 감리원을 배치하고 업무수행 내용을 감리일지에 기록하는 등 **대통령령**으로 정하는 감리의 방법에 따라야 한다.(법 제16조 제3항)

17
「소방시설공사업법」상 소방공사감리업자의 업무로 가장 옳은 것은?
① 소방시설등의 설치계획표의 위법성 검토
② 시공중인 소방시설등의 성능시험
③ 피난, 방화시설의 적법성 검토
④ 실내장식물의 난연화 및 방염물품의 적법성 검토

암기법
법·실내·피방·계획

18
「소방시설공사업법」상 소방공사감리업자의 업무범위로 옳지 않은 것은?
• 21. 공채
① 완공된 소방시설등의 성능시험
② 소방시설등의 설치계획표의 적법성 검토
③ 소방시설등 설계 변경 사항의 적합성 검토
④ 설계업자가 작성한 시공 상세 도면의 적합성 검토

정답 17. ③ 18. ④

19. 「소방시설공사업법 시행령」상 상주공사감리를 해야 하는 대상으로 옳은 것은?

① 지하층을 포함하는 16층 이상으로서 500세대 이상 아파트 소방시설공사
② 지상층을 포함하는 16층 이상으로서 500세대 이상 아파트 소방시설공사
③ 지상층을 포함하는 15층 이상으로서 500세대 이상 아파트 소방시설공사
④ 지하층을 포함하는 15층 이상으로서 500세대 이상 아파트 소방시설공사

20. 「소방시설공사업법 시행령」상 상주 공사감리 대상을 설명한 것이다. ( ) 안에 들어갈 내용으로 옳은 것은?
• 23. 공채 / 23. 경채

- 연면적 (ㄱ) 이상의 특정소방대상물(아파트는 제외한다)에 대한 소방시설의 공사
- 지하층을 포함한 층수가 (ㄴ) 이상인 아파트에 대한 소방시설의 공사

	(ㄱ)	(ㄴ)
①	3만제곱미터	16층 이상으로서 300세대
②	3만제곱미터	16층 이상으로서 500세대
③	5만제곱미터	16층 이상으로서 300세대
④	5만제곱미터	16층 이상으로서 500세대

암기법
상주3 · 지포 · 16 · 500

21. 「소방시설공사업법 시행령」상 상주 공사감리를 해야 하는 대상으로 옳은 것만을 <보기>에서 고른 것은?
• 24. 공채 / 24. 경채

ㄱ. 연면적 3만 제곱미터인 의료시설
ㄴ. 지하층을 포함한 층수가 20층 이고 1,000세대인 아파트
ㄷ. 연면적 1만 제곱미터인 복합건축물
ㄹ. 연면적 2만 제곱미터인 판매시설

① ㄱ, ㄴ ② ㄱ, ㄷ
③ ㄴ, ㄹ ④ ㄷ, ㄹ

정답 19. ① 20. ② 21. ①

행정형벌

법 제36조 [벌칙]
제16조 제1항을 위반하여 감리를 하거나 거짓으로 감리한 자는 1년 이하의 징역 또는 1천만 원 이하의 벌금에 처한다.

관련법규

소방시설공사업법 시행령

제8조 [감리업자가 아닌 자가 감리할 수 있는 보안성 등이 요구되는 소방대상물의 시공장소]
법 제16조 제2항에서 "대통령령으로 정하는 장소"란 「원자력안전법」 제2조 제10호의 규정에 의한 관계시설이 설치되는 장소를 말한다.

제9조 [소방공사감리의 종류와 방법 및 대상]
법 제16조 제3항의 규정에 의한 소방공사감리의 종류, 방법 및 대상은 별표 3과 같다.

(2) 감리의 종류, 방법 및 대상 (영 별표3) 기출 24 공채 / 24 경채

① **상주** 공사감리
  ㉠ 대상
    ⓐ 연면적 **3**만제곱미터 이상의 특정소방대상물(아파트는 제외한다)에 대한 소방시설의 공사
    ⓑ **지**하층을 **포**함한 층수가 **16**층 이상으로서 **500**세대 이상인 아파트에 대한 소방시설의 공사
  ㉡ 방법
    ⓐ 감리원은 행정안전부령으로 정하는 기간 동안 공사 현장에 **상주**하여 감리 업무를 수행하고 감리일지에 기록해야 한다. 다만, 실내장식물의 불연화(不燃化)와 방염 물품의 적법성 검토는 행정안전부령으로 정하는 기간 동안 공사가 이루어지는 경우만 해당한다.
    ⓑ 감리원이 행정안전부령으로 정하는 기간 중 부득이한 사유로 **1일 이상** 현장을 이탈하는 경우에는 감리일지 등에 기록하여 발주청 또는 발주자의 확인을 받아야 한다. 이 경우 감리업자는 감리원의 업무를 대행할 사람을 감리현장에 배치하여 감리업무에 지장이 없도록 해야 한다.
    ⓒ 감리업자는 감리원이 행정안전부령으로 정하는 기간 중 법에 따른 교육이나 「민방위기본법」 또는 「예비군법」에 따른 교육을 받는 경우나 「근로기준법」에 따른 유급휴가로 현장을 이탈하게 되는 경우에는 감리업무에 지장이 없도록 감리원의 업무를 대행할 사람을 감리현장에 배치해야 한다. 이 경우 감리원은 새로 배치되는 업무대행자에게 업무 인수 · 인계 등의 필요한 조치를 해야 한다.

> ✓ 참고
> 영 별표 3 상주 공사감리의 방법란 각 호에서 "행정안전부령으로 정하는 기간"이란 **소방시설용 배관을 설치하거나 매립하는 때부터 소방시설 완공검사증명서를 발급받을 때까지**를 말한다.(규칙 제16조 제2항)

② 일반 공사감리
  ㉠ 대상 : 상주 공사감리에 해당하지 않는 소방시설의 공사
  ㉡ 방법
    ⓐ 감리원은 공사 현장에 배치되어 감리 업무를 수행한다. 다만, 실내장식물의 불연화(不燃化)와 방염 물품의 적법성 검토는 행정안전부령으로 정하는 기간 동안 공사가 이루어지는 경우만 해당한다.
    ⓑ 감리원은 행정안전부령으로 정하는 기간 중에는 **주 1회 이상** 공사 현장에 배치되어 업무를 수행하고 감리일지에 기록해야 한다.
    ⓒ 감리업자는 감리원이 부득이한 사유로 **14일** 이내의 범위에서 업무를 수행할 수 없는 경우에는 업무대행자를 지정하여 그 업무를 수행하게 해야 한다.
    ⓓ ⓒ에 따라 지정된 업무대행자는 **주 2회** 이상 공사 현장에 배치되어 업무를 수행하며, 그 업무수행 내용을 감리원에게 통보하고 감리일지에 기록해야 한다.

> ✓ 참고
> 영 별표 3 일반공사감리의 방법란 제1호 및 제2호에서 "행정안전부령으로 정하는 기간"이란 규칙 별표 3에 따른 기간을 말한다(규칙 제16조 제3항)

> ✓ 참고 예외규정 종합
> 1. 감리자가 아닌 자가 감리할 수 있는 경우 : 원자력 관계시설이 설치되는 장소
> 2. 화재안전기준 적용 예외 : 중앙소방기술심의위원회의 심의를 거쳐 소방시설의 구조와 원리 등에서 특수한 설계로 인정된 경우
> 3. 시·도지사에게 등록하지 아니하고 설계 및 감리가 가능한 경우
>   가. 공기업·준정부기관, 지방공사, 지방공단이 주택건설, 공급을 목적으로 설립되었거나 설계, 감리를 주요 업무로 규정할 경우

22
「소방시설공사업법 시행령」상 공사 감리업의 종류로 알맞게 짝지어진 것은?
① 상주공사감리, 일반공사감리
② 방염공사감리, 일반공사감리
③ 상주공사감리, 방염공사감리
④ 방염공사감리, 전기공사감리

23
「소방시설공사업법 시행령」상 상주공사감리의 대상으로 옳은 것은?
① 연면적 1만㎡ 이상
② 연면적 2만㎡ 이상
③ 연면적 3만㎡ 이상
④ 아파트

정답 22. ① 23. ③

7 공사감리자의 지정 등(소방시설공사업법 제17조)

(1) 공사감리자의 지정

① 특정소방대상물의 관계인이 특정소방대상물에 대하여 자동화재탐지설비, 옥내소화전설비 등 **대통령령**으로 정하는 소방시설을 시공할 때에는 소방시설공사의 감리를 위하여 감리업자를 공사감리자로 지정하여야 한다. 다만, 시·도지사가 감리업자를 선정한 경우에는 그 감리업자를 공사감리자로 지정한다.
(법 제17조 제1항)

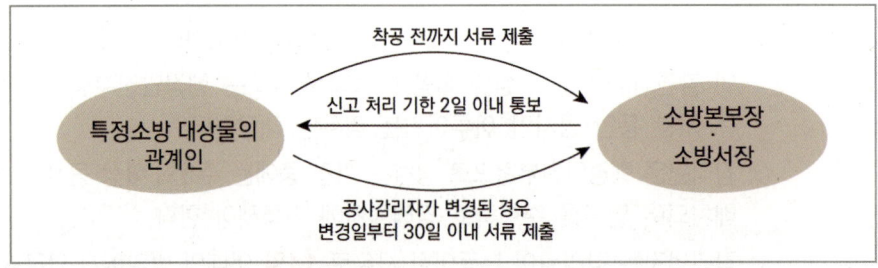

② 관계인은 ①에 따라 **공사감리자를 지정**하였을 때에는 **행정안전부령**으로 정하는 바에 따라 **소방본부장이나 소방서장에게 신고**하여야 한다. 공사감리자를 변경하였을 때에도 또한 같다.(법 제17조 제2항)

㉠ 신고기간 : 관계인이 **착공 전까지** 소방공사감리자 지정신고서 작성 후 **신고**한다.(규칙 제15조 제1항)

㉡ **변경신고** : 관계인이 변경일부터 **30일 이내**에 소방공사감리자 변경신고서 작성 후 **신고**한다.(규칙 제15조 제2항)

㉢ 신고처리 기한 : 소방본부장 또는 소방서장이 **2일 이내 통보**
(규칙 제15조 제3항)

③ 관계인이 ①에 따른 공사감리자를 변경하였을 때에는 새로 지정된 공사감리자와 종전의 공사감리자는 감리 업무 수행에 관한 사항과 관계 서류를 인수·인계하여야 한다.(법 제17조 제3항)

> **행정질서벌**
>
> **법 제40조 [과태료]**
> ① 다음 각 호의 어느 하나에 해당하는 자에게는 <u>200만 원 이하의 과태료</u>를 부과한다.
> 8. 제17조제3항을 위반하여 감리 관계 서류를 인수·인계하지 아니한 자 (200)

④ 소방본부장 또는 소방서장은 ②에 따른 공사감리자 지정신고 또는 변경신고를 받은 날부터 **2일 이내**에 신고수리 여부를 신고인에게 통지하여야 한다.
(법 제17조 제4항)

---

24 ① ② ③

「소방시설공사업법 시행규칙」상 공사감리자의 신고기간은 A일까지, 변경신고기간은 B일까지, 신고처리 기간은 C일 이내까지이다.

① A : 착공 전까지
　 B : 완공일로부터 15일 이내
　 C : 7일 이내
② A : 완공신고일
　 B : 변경일로부터 15일 이내
　 C : 2일 이내
③ A : 착공 전까지
　 B : 변경일로부터 30일 이내
　 C : 2일 이내
④ A : 완공신고일
　 B : 완공일로부터 30일 이내
　 C : 7일 이내

정답 24. ③

⑤ 소방본부장 또는 소방서장이 ④에서 정한 기간 내에 신고수리 여부 또는 민원 처리 관련 법령에 따른 처리기간의 연장을 신고인에게 통지하지 아니하면 그 기간(민원처리 관련 법령에 따라 처리기간이 연장 또는 재연장된 경우에는 해당 처리기간을 말한다)이 끝난 날의 다음 날에 신고를 수리한 것으로 본다. (법 제17조 제5항)

> **행정형벌**
> **법 제36조 [벌칙]**
> 제17조 제1항을 위반하여 공사감리자를 지정하지 아니한 자는 1년 이하의 징역 또는 1천만 원 이하의 벌금에 처한다.

(2) 공사**감**리자 **지**정대상 특정소방대상물의 범위 (영 제10조)

		신설·개설	신설·개설·증설
소화설비		•	・옥내소화전설비
		•	・옥외소화전설비
		•	・스프링클러설비등(캐비닛형 간이스프링클러설비를 제외)을 신설·개설하거나 방호·방수 구역 증설
		•	・물분무등소화설비(호스릴 방식 제외)를 신설·개설하거나 방호·방수 구역 증설
소화활동설비	・연결**송**수관설비를 신설 또는 개설할 때		•
		•	・연결살수설비를 신설·개설하거나 송수구역 증설
		•	・제연설비를 신설·개설하거나 제연구역 증설
		•	・연소방지설비를 신설·개설하거나 살수구역 증설
		•	・비상콘센트설비를 신설·개설하거나 전용회로 증설
	・무선**통**신보조설비를 신설 또는 개설할 때		
소화용수설비	・**소**화**용**수설비		
경보설비	・**자**동화재**탐**지설비		
	・**비**상**방**송설비		
	・통합**감**시시설		

> **암기법**
> **감지·비방·자탐·통소송·소용·증X**

● 비교 – 착공신고 대상 (제조소등 또는 다중이용업소에서의 소방시설공사는 제외)

	신설 공사	증설 공사
소화설비	• 옥내소화전설비(호스릴 옥내소화전설비 포함) • 옥외소화전설비	• 옥내소화전설비(호스릴 옥내소화전설비 포함) • 옥외소화전설비
	• 스프링클러설비등[스프링클러설비·간이스프링클러설비(캐비닛형 간이스프링클러설비를 포함) 및 화재조기진압용 스프링클러설비]	• 스프링클러설비·간이스프링클러설비(캐비닛형 간이스프링클러설비를 포함)의 방호구역
	• 물분무등소화설비[물분무소화설비·포소화설비·이산화탄소소화설비·할론소화설비·할로겐화합물 및 불활성기체 소화설비·미분무소화설비·강화액소화설비 및 분말소화설비]	• 물분무등소화설비의 방호구역
소화활동설비	• 연결송수관설비	• 연결송수관설비의 송수구역
	• 연결살수설비	• 연결살수설비의 살수구역
	• 제연설비(소방용 외의 용도와 겸용되는 제연설비를 기계설비·가스공업자가 공사하는 경우는 제외)	• 제연설비의 제연구역(소방용 외의 용도와 겸용되는 제연설비를 기계설비·가스공업자가 공사하는 경우는 제외한다)
	• 연소방지설비	• 연소방지설비의 살수구역
	• 비상콘센트설비 (비상콘센트설비를 「전기공사업법」에 따른 전기공사업자가 공사하는 경우는 제외한다)	• 비상콘센트설비의 전용회로
	• 무선통신보조설비 (소방용 외의 용도와 겸용되는 무선통신보조설비를 「정보통신공사업법」에 따른 정보통신공사업자가 공사하는 경우는 제외)	•
소화용수설비	(소화용수설비를 기계설비·가스공업자 또는 상·하수도설비공사업자가 공사하는 경우는 제외)	•
경보설비	• 자동화재탐지설비	• 자동화재탐지설비의 경계구역
	• 비상경보설비	•
	• 비상방송설비 (소방용 외의 용도와 겸용되는 비상방송설비를 정보통신공사업자가 공사하는 경우는 제외)	•

개설·이전·정비 공사 (전부 또는 일부)
• 수신반(受信盤) • 소화펌프 • 동력(감시)제어반 (다만, 고장 또는 파손 등으로 인하여 작동시킬 수 없는 소방시설을 긴급히 교체하거나 보수하여야 하는 경우에는 신고하지 않을 수 있다.)

> 관련법규

소방시설공사업법 시행령

제10조 【공사감리자 지정대상 특정소방대상물의 범위】 기출 11, 16, 17 공채

① 법 제17조 제1항에서 "대통령령으로 정하는 특정소방대상물"이란 「소방시설 설치 및 관리에 관한 법률」 제2조 제1항 제3호의 특정소방대상물을 말한다.

② 법 제17조 제1항에서 "자동화재탐지설비, 옥내소화전설비 등 대통령령으로 정하는 소방시설을 시공할 때"란 다음 각 호의 어느 하나에 해당하는 소방시설을 시공할 때를 말한다.

1. 옥내소화전설비를 신설·개설 또는 증설할 때
2. 스프링클러설비등(캐비닛형 간이스프링클러설비는 제외한다)을 신설·개설하거나 방호·방수 구역을 증설할 때
3. 물분무등소화설비(호스릴 방식의 소화설비는 제외한다)를 신설·개설하거나 방호·방수 구역을 증설할 때
4. 옥외소화전설비를 신설·개설 또는 증설할 때
5. **자**동화재**탐**지설비를 신설 또는 개설할 때

5의2. **비**상**방**송설비를 신설 또는 개설할 때

6. 통합**감**시시설을 신설 또는 개설할 때
7. **소**화**용**수설비를 신설 또는 개설할 때
8. 다음 각 목에 따른 소화활동설비에 대하여 각 목에 따른 시공을 할 때
   가. 제연설비를 신설·개설하거나 제연구역을 증설할 때
   나. 연결**송**수관설비를 신설 또는 개설할 때
   다. 연결살수설비를 신설·개설하거나 송수구역을 증설할 때
   라. 비상콘센트설비를 신설·개설하거나 전용회로를 증설할 때
   마. 무선**통**신보조설비를 신설 또는 개설할 때
   바. 연소방지설비를 신설·개설하거나 살수구역을 증설할 때
9. 삭제

> 암기법
> 감지·비방·자탐·통소송·소용·증X

25

「소방시설공사업법 시행규칙」상 소방공사감리자의 지정신고시 첨부하여야 하는 서류가 아닌 것은?

① 소방공사감리업등록증 사본 1부 및 등록수첩 사본 1부
② 소방공사감리계획서 1부
③ 소방공사감리용역계약서 원본
④ 해당 소방시설공사를 감리하는 소속 감리원의 감리원 등급을 증명하는 서류 각 1부

26

「소방시설공사업법 시행규칙」상 소방공사감리자변경신고는 며칠 이내로 하여야 하는가?

① 30일 이내
② 15일 이내
③ 7일 이내
④ 변경하자마자 지체 없이

소방시설공사업법 시행규칙

제15조 [소방공사감리자의 지정신고 등]

① 법 제17조 제2항에 따라 특정소방대상물의 관계인은 공사감리자를 지정한 경우에는 해당 소방시설공사의 착공 전까지 별지 제21호서식의 소방공사감리자 지정신고서에 다음 각 호의 서류(전자문서를 포함한다)를 첨부하여 소방본부장 또는 소방서장에게 제출하여야 한다. 다만, 「전자정부법」 제36조 제1항에 따른 행정정보의 공동이용을 통하여 첨부서류에 대한 정보를 확인할 수 있는 경우에는 그 확인으로 첨부서류를 갈음할 수 있다.

1. 소방공사감리업 등록증 사본 1부 및 등록수첩 사본 1부
2. 해당 소방시설공사를 감리하는 소속 감리원의 감리원 등급을 증명하는 서류(전자문서를 포함한다) 각 1부
3. 별지 제22호서식의 소방공사감리계획서 1부
4. 법 제21조의3 제2항에 따라 체결한 소방시설설계 계약서 사본(「소방시설 설치 및 관리에 관한 법률 시행규칙」 제3조 제2항에 따라 건축허가등의 동의요구서에 소방시설설계 계약서가 첨부되지 않았거나 첨부된 서류 중 소방시설설계 계약서가 변경된 경우에만 첨부한다) 1부 및 소방공사감리계약서 사본 1부

② 특정소방대상물의 관계인은 공사감리자가 변경된 경우에는 법 제17조 제2항 후단에 따라 변경일부터 30일 이내에 별지 제23호서식의 소방공사감리자 변경신고서(전자문서로 된 소방공사감리자 변경신고서를 포함한다)에 제1항 각 호의 서류(전자문서를 포함한다)를 첨부하여 소방본부장 또는 소방서장에게 제출하여야 한다. 다만, 「전자정부법」 제36조 제1항에 따른 행정정보의 공동이용을 통하여 첨부서류에 대한 정보를 확인할 수 있는 경우에는 그 확인으로 첨부서류를 갈음할 수 있다.

③ 소방본부장 또는 소방서장은 제1항 및 제2항에 따라 공사감리자의 지정신고 또는 변경신고를 받은 경우에는 2일 이내에 처리하고 그 결과를 신고인에게 통보해야 한다.

정답 25. ③ 26. ①

8 감리원의 배치 등(소방시설공사업법 제18조)

(1) 감리원의 배치
① 감리업자는 소방시설공사의 감리를 위하여 소속 감리원을 **대통령령**으로 정하는 바에 따라 소방시설공사 현장에 배치하여야 한다.(법 제18조 제1항)
② 감리원의 세부 배치기준은 **행정안전부령**으로 정한다.(법 제18조 제3항)

> **행정형벌**
> **법 제37조 [벌칙] 300만 원 이하의 벌금에 처한다.**
> 제18조 제1항을 위반하여 소방시설공사 현장에 감리원을 배치하지 아니한 자

> **관련법규**
>
> **소방시설공사업법 시행령**
> **제11조 [소방공사 감리원의 배치기준 및 배치기간]**
> 법 제18조 제1항의 규정에 의하여 감리업자는 별표 4의 배치기준 및 배치기간에 따라 해당 소속감리원을 소방시설공사현장에 배치하여야 한다.

(2) 감리원의 배치기준 (영 별표4)

감리원의 배치기준		소방시설공사 현장의 기준
책임감리원	보조감리원	
가. 행정안전부령으로 정하는 특급감리원 중 소방기술사	행정안전부령으로 정하는 초급감리원 이상의 소방공사 감리원(기계분야 및 전기분야)	1) 연면적 **20만**제곱미터 이상인 특정소방대상물의 공사 현장 2) 지하층을 포함한 층수가 **40층** 이상인 특정소방대상물의 공사 현장
나. 행정안전부령으로 정하는 특급감리원 이상의 소방공사 감리원 (기계분야 및 전기분야)	행정안전부령으로 정하는 초급감리원 이상의 소방공사 감리원(기계분야 및 전기분야)	1) 연면적 **3만**제곱미터 이상 **20만**제곱미터 미만인 특정소방대상물(아파트는 제외한다)의 공사 현장 2) 지하층을 포함한 층수가 **16층** 이상 **40층** 미만인 특정소방대상물의 공사 현장
다. 행정안전부령으로 정하는 고급감리원 이상의 소방공사 감리원 (기계분야 및 전기분야)	행정안전부령으로 정하는 초급감리원 이상의 소방공사 감리원(기계분야 및 전기분야)	1) **물분무등소화설비**(호스릴 방식의 소화설비는 제외한다) 또는 **제연설비**가 설치되는 특정소방대상물의 공사 현장 2) 연면적 **3만**제곱미터 이상 **20만**제곱미터 미만인 아파트의 공사 현장

27

「소방시설공사업법 시행령」상 책임감리원으로 고급 감리원을 배치할 수 있는 공사현장으로 옳은 것은?
• 18. 상반기

① 지하층을 포함한 층수가 40층 이상인 특정소방대상물의 공사현장
② 연면적 20만m² 이상인 특정소방대상물의 공사현장
③ 제연설비가 설치되는 특정소방대상물의 공사현장
④ 지하층을 포함한 층수가 16층 이상 40층 미만인 특정소방대상물의 공사현장

28

「소방시설공사업법 시행령」별표 4 소방공사 감리원의 배치기준 및 배치기간에 따라 복합건축물(지하 5층, 지상 35층 규모)인 특정소방대상물 소방시설 공사현장의 소방공사 책임감리원으로 옳은 것은? • 22. 공채

① 특급감리원 중 소방기술사
② 특급감리원 이상의 소방공사 감리원 (기계분야 및 전기분야)
③ 고급감리원 이상의 소방공사 감리원 (기계분야 및 전기분야)
④ 중급감리원 이상의 소방공사 감리원 (기계분야 및 전기분야)

29

「소방시설공사업법」및 같은 법 시행령상 소방공사업자는 소방기술자를 소방공사 현장에 배치하는 것이 원칙이지만, 발주자가 서면으로 승낙하는 경우에는 해당 공사가 중단된 기간 동안 소방기술자를 공사 현장에 배치하지 않을 수 있도록 되어 있는 예외사항이 있다. 다음 중 예외사항으로 옳지 않은 것은? • 21. 공채

① 발주자가 공사 중단을 요청하는 경우
② 소방공사감리원이 공사 중단을 요청하는 경우
③ 민원 또는 계절적 요인 등으로 해당 공정의 공사가 일정기간 중단된 경우
④ 예산 부족 등 발주자의 책임 있는 사유 또는 천재지변 등 불가항력으로 공사가 일정 기간 중단된 경우

정답 27. ③ 28. ① 29. ②

라. 행정안전부령으로 정하는 중급감리원 이상의 소방공사 감리원(기계분야 및 전기분야)	연면적 5천제곱미터 이상 3만제곱미터미만인 특정소방대상물의 공사 현장
마. 행정안전부령으로 정하는 초급감리원 이상의 소방공사 감리원(기계분야 및 전기분야)	1) 연면적 5천제곱미터 미만인 특정소방대상물의 공사 현장 2) 지하구의 공사 현장

① "책임감리원"이란 해당 공사 전반에 관한 감리업무를 총괄하는 사람을 말한다.
② "보조감리원"이란 책임감리원을 보좌하고 책임감리원의 지시를 받아 감리업무를 수행하는 사람을 말한다.
③ 소방시설공사 현장의 연면적 합계가 20만제곱미터 이상인 경우에는 20만제곱미터를 초과하는 연면적에 대하여 10만제곱미터(20만제곱미터를 초과하는 연면적이 10만제곱미터에 미달하는 경우에는 10만제곱미터로 본다)마다 보조감리원 1명 이상을 추가로 배치해야 한다.
④ 위 표에도 불구하고 상주 공사감리에 해당하지 않는 소방시설의 공사에는 보조감리원을 배치하지 않을 수 있다.
⑤ 특정 공사 현장이 2개 이상의 공사 현장 기준에 해당하는 경우에는 해당 공사 현장 기준에 따라 배치해야 하는 감리원을 각각 배치하지 않고 그 중 상위 등급 이상의 감리원을 배치할 수 있다.

❶ **배치기준 비교(책임감리원 vs 소방기술자)**

책임감리원	특급 (소방기술사)	특급	고급	중급	초급
연면적	20만㎡↑	3만㎡↑~ 20만㎡ 미만 (아파트 제외)		5천㎡↑~ 3만㎡ 미만	5천㎡ 미만
층수 (지하층 포함)	40층↑	16층~ 40층미만			
아파트			3만㎡↑~ 20만㎡ 미만		
기타			・물분무등 소화설비 (호스릴 제외) ・제연설비		・지하구

소방기술자	특급	고급	중급	초급	자격수첩
연면적	20만㎡↑	3만㎡↑~ 20만㎡ 미만 (아파트제외)	5천㎡↑~ 3만㎡ 미만 (아파트제외)	1천㎡↑~ 5천㎡ 미만 (아파트제외)	1천㎡ 미만
층수	40층↑	16층~40층 미만			
아파트			1만㎡↑~ 20만㎡ 미만	1천㎡↑~ 1만㎡ 미만	
기타			・물분무등 소화설비 (호스릴제외) ・제연설비	・지하구	

③ 세부배치 기준(규칙 제16조 제1항)
　㉠ 상주공사감리
　　ⓐ 기계분야의 감리원 자격을 취득한 사람과 전기분야의 감리원 자격을 취득한 사람 각 1명 이상을 감리원으로 배치할 것
　　ⓑ 소방시설용 배관(전선관을 포함한다)을 설치하거나 매립하는 때부터 소방시설 완공검사증명서를 발급받을 때까지 소방공사감리현장에 감리원을 배치 할 것
　㉡ 일반공사감리
　　ⓐ 기계분야의 감리원 자격을 취득한 사람과 전기분야의 감리원 자격을 취득한 사람 각 **1명** 이상을 감리원으로 배치할 것. 다만, 기계분야 및 전기분야의 감리원 자격을 함께 취득한 사람이 있는 경우에는 그에 해당하는 사람 **1명** 이상을 배치할 수 있다.
　　ⓑ 규칙 별표 3에 따른 기간 동안 감리원을 배치할 것
　　ⓒ 감리원은 **주 1회** 이상 소방공사감리현장에 배치되어 감리할 것
　　ⓓ 1명의 감리원이 담당하는 소방공사감리현장은 **5개** 이하(자동화재탐지설비 또는 옥내소화전설비 중 어느 하나만 설치하는 2개의 소방공사감리현장이 최단 차량주행거리로 **30**킬로미터 이내에 있는 경우에는 1개의 소방공사감리현장으로 본다)로서 감리현장 연면적의 총 합계가 **10만**제곱미터 이하일 것. 다만, 일반 공사감리 대상인 아파트의 경우에는 연면적의 합계에 관계없이 1명의 감리원이 **5개** 이내의 공사현장을 감리할 수 있다.

> **관련법규**
>
> **소방시설공사업법 시행규칙** 기출 13, 16 공채
>
> **제16조【감리원의 세부배치기준 등】**
> ① 법 제18조제3항에 따른 감리원의 세부적인 배치 기준은 다음 각 호의 구분에 따른다.
>   1. 영 별표 3에 따른 상주 공사감리 대상인 경우
>   가. 기계분야의 감리원 자격을 취득한 사람과 전기분야의 감리원 자격을 취득한 사람 각 1명 이상을 감리원으로 배치할 것. 다만, 기계분야 및 전기분야의 감리원 자격을 함께 취득한 사람이 있는 경우에는 그에 해당하는 사람 1명 이상을 배치할 수 있다.
>   나. 소방시설용 배관(전선관을 포함한다. 이하 같다)을 설치하거나 매립하는 때부터 소방시설 완공검사증명서를 발급받을 때까지 소방공사감리현장에 감리원을 배치할 것
>   2. 영 별표 3에 따른 일반 공사감리 대상인 경우
>   가. 기계분야의 감리원 자격을 취득한 사람과 전기분야의 감리원 자격을 취득한 사람 각 1명 이상을 감리원으로 배치할 것. 다만, 기계분야 및 전기분야의 감리원 자격을 함께 취득한 사람이 있는 경우에는 그에 해당하는 사람 1명 이상을 배치할 수 있다.

30 「소방시설공사업법 시행규칙」상 감리자의 세부배치기준 중 일반공사감리에 대한 설명으로 옳지 않은 것은?
① 기계분야의 감리원 자격을 취득한 사람과 전기분야의 감리원 자격을 취득한 사람 각 1명 이상을 감리원으로 배치한다.
② 감리원은 주 2회 이상 소방공사감리현장에 배치되어 감리한다.
③ 1명의 감리원이 담당하는 소방공사감리현장은 5개 이하로서 감리현장 연면적의 총합계가 10만 제곱미터 이하이어야 한다.
④ 일반 공사감리 대상인 아파트의 경우에는 연면적의 합계에 관계없이 1명의 감리원이 5개 이내의 공사현장을 감리할 수 있다.

31 「소방시설공사업법 시행규칙」상 1인의 책임감리원이 담당하는 소방공사감리현장은 A개로서 감리현장의 연면적의 총 합계가 B제곱미터 이어야한다.
① A : 3개 이하
　B : 20만 제곱미터 이하
② A : 5개 이상
　B : 10만 제곱미터 이하
③ A : 3개 이하
　B : 10만 제곱미터 이상
④ A : 5개 이하
　B : 10만 제곱미터 이하

32 「소방시설공사업법」 및 같은 법 시행령, 시행규칙상 공사감리에 관한 내용으로 옳은 것은? • 21. 공채
① 감리업자가 감리원을 배치하였을 때에는 소방본부장 또는 소방서장의 동의를 받아야 한다.
② 소방본부장 또는 소방서장은 특정소방대상물에 대해서 감리업자를 공사감리자로 지정하여야 한다.
③ 지하층을 포함한 층수가 16층 이상으로서 300세대 이상인 아파트에 대한 소방시설공사는 상주공사감리 대상이다.
④ 상주공사감리 대상인 경우 소방시설용 배관을 설치하거나 매립하는 때부터 완공검사증명서를 발급받을 때까지 소방공사감리현장에 감리원을 배치하여야 한다.

정답 30. ② 31. ④ 32. ④

나. 별표 3에 따른 기간 동안 감리원을 배치할 것
다. 감리원은 주 1회 이상 소방공사감리현장에 배치되어 감리할 것
라. 1명의 감리원이 담당하는 소방공사감리현장은 5개 이하(자동화재탐지설비 또는 옥내소화전설비 중 어느 하나만 설치하는 2개의 소방공사감리현장이 최단 차량주행거리로 30킬로미터 이내에 있는 경우에는 1개의 소방공사감리현장으로 본다)로서 감리현장 연면적의 총 합계가 10만제곱미터 이하일 것. 다만, 일반 공사감리 대상인 아파트의 경우에는 연면적의 합계에 관계없이 1명의 감리원이 5개 이내의 공사현장을 감리할 수 있다.

② 영 별표 3 상주 공사감리의 방법란 각 호에서 "행정안전부령으로 정하는 기간"이란 소방시설용 배관을 설치하거나 매립하는 때부터 소방시설 완공검사증명서를 발급받을 때까지를 말한다.

③ 영 별표 3 일반공사감리의 방법란 제1호 및 제2호에서 "행정안전부령으로 정하는 기간"이란 별표 3에 따른 기간을 말한다.

【일반 공사감리기간】   시행규칙 별표3

1. 옥내소화전설비·스프링클러설비·포소화설비·물분무소화설비·연결살수설비 및 연소방지설비의 경우: 가압송수장치의 설치, 가지배관의 설치, 개폐밸브·유수검지장치·체크밸브·템퍼스위치의 설치, 앵글밸브·소화전함의 매립, 스프링클러헤드·포헤드·포방출구·포노즐·포호스릴·물분무헤드·연결살수헤드·방수구의 설치, 포소화약제탱크 및 포혼합기의 설치, 포소화약제의 충전, 입상배관과 옥상탱크의 접속, 옥외 연결송수구의 설치, 제어반의 설치, 동력전원 및 각종 제어회로의 접속, 음향장치의 설치 및 수동조작함의 설치를 하는 기간
2. 이산화탄소소화설비·할로겐화합물소화설비·청정소화약제소화설비 및 분말소화설비의 경우: 소화약제 저장용기와 집합관의 접속, 기동용기 등 작동장치의 설치, 제어반·화재표시반의 설치, 동력전원 및 각종 제어회로의 접속, 가지배관의 설치, 선택밸브의 설치, 분사헤드의 설치, 수동기동장치의 설치 및 음향경보장치의 설치를 하는 기간
3. 자동화재탐지설비·시각경보기·비상경보설비·비상방송설비·통합감시시설·유도등·비상콘센트설비 및 무선통신보조설비의 경우: 전선관의 매립, 감지기·유도등·조명등 및 비상콘센트의 설치, 증폭기의 접속, 누설동축케이블 등의 부설, 무선기기의 접속단자·분배기·증폭기의 설치 및 동력전원의 접속공사를 하는 기간
4. 피난기구의 경우: 고정금속구를 설치하는 기간
5. 제연설비의 경우: 가동식 제연경계벽·배출구·공기유입구의 설치, 각종 댐퍼 및 유입구 폐쇄장치의 설치, 배출기 및 공기유입기의 설치 및 풍도와의 접속, 배출풍도 및 유입풍도의 설치·단열조치, 동력전원 및 제어회로의 접속, 제어반의 설치를 하는 기간
6. 비상전원이 설치되는 소방시설의 경우: 비상전원의 설치 및 소방시설과의 접속을 하는 기간

비고
위 각 호에 따른 소방시설의 일반공사 감리기간은 소방시설의 성능시험, 소방시설 완공검사증명서의 발급·인수인계 및 소방공사의 정산을 하는 기간을 포함한다.

33
「소방시설공사업법 시행규칙」상 제연설비의 일반공사감리의 기간으로 옳지 않은 것은?

① 공기유입구의 설치
② 제어반의 설치
③ 증폭기의 접속
④ 유입구 폐쇄장치의 설치

34
「소방시설공사업법 시행규칙」상 피난기구의 일반공사감리 기간으로 알맞은 것은?

① 증폭기 접속
② 분배기의 설치
③ 고정금속구의 설치
④ 비상콘센트의 설치

정답 33. ③ 34. ③

(2) 통보

① 감리원배치통보

감리업자는 감리원을 배치하였을 때에는 **행정안전부령**으로 정하는 바에 따라 **소방본부장이나 소방서장**에게 통보하여야 한다. 감리원의 배치를 변경하였을 때에도 또한 같다.(법 제18조 제2항)

㉠ 감리원배치통보 등(규칙 제17조 제1항)

ⓐ 소방공사감리업자 → 소방공사감리현장에 배치하는 경우 → **7일** 이내에 소방본부장 또는 소방서장에게 알려야 한다.

ⓑ 소방본부장 또는 소방서장 → 배치되는 감리원의 성명, 자격증 번호·등급, 감리현장의 명칭·소재지·면적 및 현장 배치기간을 소방시설업 종합정보시스템에 입력해야 한다.

㉡ 첨부서류

ⓐ 소방공사감리원 배치통보서에 첨부하는 서류(전자문서를 포함한다)

가. 감리원의 등급을 증명하는 서류

나. 소방공사 감리계약서 사본 1부

ⓑ 소방공사감리원 배치변경통보서에 첨부하는 서류(전자문서를 포함한다)

가. 변경된 감리원의 등급을 증명하는 서류(감리원을 배치하는 경우에만 첨부한다)

나. 변경 전 감리원의 등급을 증명하는 서류

행정질서벌

법 제40조 [과태료]

① 다음 각 호의 어느 하나에 해당하는 자에게는 <u>200만 원 이하의 과태료</u>를 부과한다.
8의2. 제18조제2항에 따른 배치통보 및 변경통보를 하지 아니하거나 거짓으로 통보한 자 (1차 : 60, 2차 : 100, 3차 : 200)

---

② 공사감리결과의 통보 등(법 제20조) 기출 18, 23 공채 / 23 경채

㉠ **감리업자**는 소방공사의 감리를 마쳤을 때에는 행정안전부령으로 정하는 바에 따라 그 감리 결과를 그 특정소방대상물의 **관계인**, 소방시설공사의 **도급인**, 그 특정소방대상물의 공사를 감리한 **건축사**에게 **서면**으로 알리고, **소방본부장**이나 **소방서장**에게 공사감리 결과보고서를 제출하여야 한다.

㉡ 소방공사감리 결과보고(통보)서[전자문서로 된 소방공사감리 결과보고(통보)서를 포함]에 다음 각 호의 서류(전자문서를 포함)를 첨부하여 공사가 완료된 날부터 **7일** 이내에 특정소방대상물의 관계인, 소방시설공사의 <u>도급인</u> 및 특정소방대상물의 공사를 감리한 건축사에게 알리고, <u>소방본부장</u> 또는 <u>소방서장</u>에게 보고해야 한다.(규칙 제19조)

35

「소방시설공사업법 시행규칙」상 공사감리결과 통보방법은 감리결과를 그 특정소방대상물의 관계인, 소방시설공사의 도급인 및 그 특정소방대상물의 공사를 감리한 건축사에게 서면으로 알리고, 누구에게 공사감리결과보고서를 제출하는가?

① 시·도지사
② 소방청장
③ 소방본부장
④ 감리업자

36

「소방시설공사업법 시행규칙」상 감리업자가 소방공사의 감리를 마쳤을 때, 소방공사감리 결과보고(통보)서를 알려야 하는 대상으로 옳지 않은 것은? • 18. 하반기

① 소방시설공사의 도급인
② 특정소방대상물의 관계인
③ 소방시설설계업의 설계사
④ 특정소방대상물의 공사를 감리한 건축사

배치통보	소방본부장이나 소방서장	
결과 통보	서면	관계인 도급인 감리한 건축사
	결과 보고서	소방본부장이나 소방서장

정답 35. ③ 36. ③

ⓐ 소방청장이 정하여 고시하는 소방시설 성능시험조사표 1부
ⓑ 착공신고 후 변경된 소방시설설계도면(변경사항이 있는 경우에만 첨부하되, 설계업자가 설계한 도면만 해당) 1부
ⓒ 소방공사 감리일지(소방본부장 또는 소방서장에게 보고하는 경우에만 첨부) 1부
ⓓ 특정소방대상물의 사용승인 신청서 등 사용승인 신청을 증빙할 수 있는 서류 1부

> **행정형벌**
>
> **법 제36조 [벌칙]**
> 다음 각 호의 어느 하나에 해당하는 자는 <u>1년 이하의 징역 또는 1천만원 이하의 벌금</u>에 처한다.
> 4의3. 제20조에 따른 공사감리 결과의 통보 또는 공사감리 결과보고서의 제출을 거짓으로 한 자

관련법규

소방시설공사업법 시행규칙
제17조 [감리원 배치통보 등]

① 소방공사감리업자는 법 제18조제2항에 따라 감리원을 소방공사감리현장에 배치하는 경우에는 별지 제24호서식의 소방공사감리원 배치통보서(전자문서로 된 소방공사감리원 배치통보서를 포함한다)에, 배치한 감리원이 변경된 경우에는 별지 제25호서식의 소방공사감리원 배치변경통보서(전자문서로 된 소방공사감리원 배치변경통보서를 포함한다)에 다음 각 호의 구분에 따른 해당 서류(전자문서를 포함한다)를 첨부하여 감리원 배치일부터 7일 이내에 소방본부장 또는 소방서장에게 알려야 한다. 이 경우 소방본부장 또는 소방서장은 배치되는 감리원의 성명, 자격증 번호·등급, 감리현장의 명칭·소재지·면적 및 현장 배치기간을 법 제26조의3 제1항에 따른 소방시설업 종합정보시스템에 입력해야 한다.

1. 소방공사감리원 배치통보서에 첨부하는 서류(전자문서를 포함한다)
   가. 별표 4의2 제3호나목에 따른 감리원의 등급을 증명하는 서류
   나. 법 제21조의3 제2항에 따라 체결한 소방공사 감리계약서 사본 1부
   다. 삭제
2. 소방공사감리원 배치변경통보서에 첨부하는 서류(전자문서를 포함한다)
   가. 변경된 감리원의 등급을 증명하는 서류(감리원을 배치하는 경우에만 첨부한다)
   나. 변경 전 감리원의 등급을 증명하는 서류
   다. 삭제

소방시설공사업법 시행규칙
제19조 [감리결과의 통보 등]

법 제20조에 따라 감리업자가 소방공사의 감리를 마쳤을 때에는 별지 제29호서식의 소방공사감리 결과보고(통보)서[전자문서로 된 소방공사감리 결과보고(통보)서를 포함한다]에 다음 각 호의 서류(전자문서를 포함한다)를 첨부하여 공사가 완료된 날부터 7일 이내에 특정소방대상물의 관계인, 소방시설공사의 도급인 및 특정소방대상물의 공사를 감리한 건축사에게 알리고, 소방본부장 또는 소방서장에게 보고해야 한다.

1. 소방청장이 정하여 고시하는 소방시설 성능시험조사표 1부
2. 착공신고 후 변경된 소방시설설계도면(변경사항이 있는 경우에만 첨부하되, 법 제11조에 따른 설계업자가 설계한 도면만 해당된다) 1부
3. 별지 제13호서식의 소방공사 감리일지(소방본부장 또는 소방서장에게 보고하는 경우에만 첨부한다) 1부
4. 특정소방대상물의 사용승인(「건축법」 제22조에 따른 사용승인으로서 「주택법」 제49조에 따른 사용검사 또는 「학교시설사업 촉진법」 제13조에 따른 사용승인을 포함한다. 이하 같다) 신청서 등 사용승인 신청을 증빙할 수 있는 서류 1부

37

「소방시설공사업법 시행규칙」상 감리업자가 소방공사의 감리를 마쳤을 때 소방공사감리 결과보고(통보)서에 첨부하는 서류가 아닌 것은?
• 23. 공채 / • 23. 경채

① 착공신고 후 변경된 건축설계도면 1부
② 소방청장이 정하여 고시하는 소방시설 성능시험조사표 1부
③ 소방공사 감리일지(소방본부장 또는 소방서장에게 보고하는 경우에만 첨부) 1부
④ 특정소방대상물의 사용승인 신청서 등 사용승인 신청을 증빙할 수 있는 서류 1부

정답 37. ①

38 「소방시설공사업법」상 감리업자가 감리를 할 때 위반 사항에 대하여 조치하여야 할 사항이다. ( ) 안에 들어갈 용어로 옳은 것은?
•20. 공채

> 감리업자는 감리를 할 때 소방시설 공사가 설계도서나 화재안전기준에 맞지 아니할 때에는 (가)에게 알리고, (나)에게 그 공사의 시정 또는 보완 등을 요구하여야 한다.

	(가)	(나)
①	관계인	공사업자
②	관계인	소방서장
③	소방본부장	공사업자
④	소방본부장	소방서장

정답 38. ①

9 위반 사항에 대한 조치(소방시설공사업법 제19조) 기출 11, 20 공채

① **감리업자**는 감리를 할 때 소방시설공사가 설계도서나 화재안전기준에 맞지 아니할 때에는 **관계인**에게 알리고, **공사업자**에게 그 공사의 시정 또는 보완 등을 요구하여야 한다.(법 제19조 제1항)

② 공사업자가 ①에 따른 요구를 받았을 때에는 그 요구에 따라야 한다.
(법 제19조 제2항)

> **행정형벌**
>
> 법 제37조 [벌칙]
> 다음 각 호의 어느 하나에 해당하는 자는 300만 원 이하의 벌금에 처한다.
> 3. 제19조제2항을 위반하여 감리업자의 보완 요구에 따르지 아니한 자

③ 감리업자는 공사업자가 ①에 따른 요구를 이행하지 아니하고 그 공사를 계속할 때에는 **행정안전부령**으로 정하는 바에 따라 **소방본부장**이나 **소방서장**에게 그 사실을 보고하여야 한다.(법 제19조 제3항)

㉠ **소방공사감리업자**는 **공사업자**에게 해당 공사의 시정 또는 보완을 요구하였으나 이행하지 아니하고 그 공사를 계속할 때에는 시정 또는 보완을 이행하지 아니하고 공사를 계속하는 날부터 **3일** 이내에 소방시설공사 위반사항보고서(전자문서로 된 소방시설공사 위반사항보고서를 포함한다)를 **소방본부장 또는 소방서장**에게 제출하여야 한다.(규칙 제18조)

㉡ 이 경우 공사업자의 위반사항을 확인할 수 있는 사진 등 증명서류(전자문서를 포함한다)가 있으면 이를 소방시설공사 위반사항보고서(전자문서로 된 소방시설공사 위반사항보고서를 포함한다)에 첨부하여 제출하여야 한다. 다만, 「전자정부법」에 따른 행정정보의 공동이용을 통하여 첨부서류에 대한 정보를 확인할 수 있는 경우에는 그 확인으로 첨부서류를 갈음할 수 있다.

> **행정형벌**
>
> 법 제36조 [벌칙]
> 다음 각 호의 어느 하나에 해당하는 자는 1년 이하의 징역 또는 1천만원 이하의 벌금에 처한다.
> 4의3. 제20조에 따른 공사감리 결과의 통보 또는 공사감리 결과보고서의 제출을 거짓으로 한 자

④ 관계인은 감리업자가 ③에 따라 소방본부장이나 소방서장에게 보고한 것을 이유로 감리계약을 해지하거나 감리의 대가 지급을 거부하거나 지연시키거나 그 밖의 불이익을 주어서는 아니 된다.(법 제19조 제4항)

행정형벌

법 제37조 [벌칙]
다음 각 호의 어느 하나에 해당하는 자는 <u>300만 원 이하의 벌금</u>에 처한다.
4. 제19조제4항을 위반하여 공사감리 계약을 해지하거나 대가 지급을 거부하거나 지연시키거나 불이익을 준 자

관련법규

소방시설공사업법 시행규칙
제18조 [위반사항의 보고 등]
소방공사감리업자는 법 제19조 제1항에 따라 공사업자에게 해당 공사의 시정 또는 보완을 요구하였으나 이행하지 아니하고 그 공사를 계속할 때에는 법 제19조 제3항에 따라 시정 또는 보완을 이행하지 아니하고 공사를 계속하는 날부터 <u>3일 이내</u>에 별지 제28호서식의 소방시설공사 위반사항보고서(전자문서로 된 소방시설공사 위반사항보고서를 포함한다)를 소방본부장 또는 소방서장에게 제출하여야 한다. 이 경우 공사업자의 위반사항을 확인할 수 있는 사진 등 증명서류(전자문서를 포함한다)가 있으면 이를 소방시설공사 위반사항보고서(전자문서로 된 소방시설공사 위반사항보고서를 포함한다)에 첨부하여 제출하여야 한다. 다만, 「전자정부법」 제36조 제1항에 따른 행정정보의 공동이용을 통하여 첨부서류에 대한 정보를 확인할 수 있는 경우에는 그 확인으로 첨부서류를 갈음할 수 있다.

10 방염(소방시설공사업법 제20조의2)

방염처리업자는 「소방시설 설치 및 관리에 관한 법률」 제20조 제3항에 따른 방염성능기준 이상이 되도록 방염을 하여야 한다.(법 제20조의2)

행정질서벌

법 제40조 [벌칙]
① 다음 각 호의 어느 하나에 해당하는 자에게는 <u>200만 원 이하의 과태료</u>를 부과한다.
9. 제20조의2를 위반하여 방염성능기준 미만으로 방염을 한 자 (200)

11 방염처리능력 평가 및 공시(소방시설공사업법 제20조의3)

① **소방청장**은 방염처리업자의 방염처리능력 평가 요청이 있는 경우 해당 방염처리업자의 방염처리 실적 등에 따라 방염처리능력을 평가하여 공시할 수 있다.
② 방염처리능력 평가를 받으려는 방염처리업자는 전년도 방염처리 실적이나 그 밖에 **행정안전부령**으로 정하는 서류를 **소방청장**에게 제출하여야 한다.

> **행정질서벌**
>
> 법 제40조 [벌칙]
> ① 다음 각 호의 어느 하나에 해당하는 자에게는 <u>200만 원 이하의 과태료</u>를 부과한다.
> 10. 제20조의3제2항에 따른 방염처리능력 평가에 관한 서류를 거짓으로 제출한 자 (200)

㉠ 방염처리능력 평가 신청서 제출

방염처리업을 등록한 자("방염처리업자")는 방염처리능력을 평가받으려는 경우에는 방염처리능력 평가 신청서(전자문서를 포함한다)를 협회에 매년 **2월 15일**까지 제출해야 한다. 다만, ㉡의 ⓐ의 서류의 경우에는 법인은 매년 **4월 15일**, 개인은 매년 **6월 10일**(「소득세법」에 따른 성실신고확인대상사업자는 매년 **7월 10일**)까지 제출해야 한다.(규칙 제19조의2 제1항))

㉡ 첨부 서류

방염처리능력 평가 신청서에는 다음 각 호의 서류(전자문서를 포함한다)를 첨부해야 하며, 협회는 방염처리업자가 첨부해야 할 서류를 갖추지 못한 경우에는 **15일**의 **보완**기간을 부여하여 보완하게 해야 한다. 이 경우「전자정부법」에 따른 행정정보의 공동이용을 통하여 첨부서류에 대한 정보를 확인할 수 있는 경우에는 그 확인으로 첨부서류를 갈음할 수 있다.
(규칙 제19조의2 제2항))

ⓐ 방염처리 실적을 증명하는 다음 각 목의 구분에 따른 서류

　가. 제조·가공 공정에서의 방염처리 실적

　　1) 방염성능검사 결과를 증명하는 서류 사본
　　2) 부가가치세법령에 따른 세금계산서(공급자 보관용) 사본 또는 소득세법령에 따른 계산서(공급자 보관용) 사본

　나. 현장에서의 방염처리 실적

　　1) 시·도지사가 발급한 현장처리물품의 방염성능검사 성적서 사본
　　2) 부가가치세법령에 따른 세금계산서(공급자 보관용) 사본 또는 소득세법령에 따른 계산서(공급자 보관용) 사본

☑ 보완기간

4일
- 건축허가등의 동의요구

7일
- 성능위주설계의 신고

10일
- 소방시설업 등록신청
- 소방시설관리업 등록신청
- 화재감정기관 지정신청

15일
- 점검능력평가 신청
- 방염처리능력평가 신청
- 시공능력평가 신청
- 소방기술자 실무교육기관 신청

다. 가목 및 나목 외의 방염처리 실적
1) 방염처리 실적증명서
2) 부가가치세법령에 따른 세금계산서(공급자 보관용) 사본 또는 소득세법령에 따른 계산서(공급자 보관용) 사본

라. 해외 수출 물품에 대한 제조·가공 공정에서의 방염처리 실적 및 해외 현장에서의 방염처리 실적 : 방염처리 계약서 사본 및 외국환은행이 발행한 외화입금증명서

마. 주한국제연합군 또는 그 밖의 외국군의 기관으로부터 도급받은 방염처리 실적 : 방염처리 계약서 사본 및 외국환은행이 발행한 외화입금증명서

ⓑ 방염처리업 분야 기술개발투자비 확인서(해당하는 경우만 제출한다) 및 증빙서류

ⓒ 방염처리업 신인도평가신고서(다음 각 목의 어느 하나에 해당하는 경우만 제출한다) 및 증빙서류

가. 품질경영인증(ISO 9000) 취득
나. 우수방염처리업자 지정
다. 방염처리 표창 수상

ⓓ 경영상태 확인을 위한 다음 각 목의 어느 하나에 해당하는 서류

가. 관할 세무서장에게 제출한 조세에 관한 신고서(「세무사법」에 따라 등록한 세무사가 확인한 것으로서 재무상태표 및 손익계산서가 포함된 것을 말한다)
나. 외부감사인의 회계감사를 받은 재무제표
다. 등록한 공인회계사 또는 등록한 회계법인이 감사한 회계서류

ⓒ ㉠에 따른 기간 내에 방염처리능력 평가를 신청하지 못한 방염처리업자가 다음 각 호의 어느 하나에 해당하는 경우에는 ㉠의 신청 기간에도 불구하고 다음 각 호의 어느 하나의 경우에 해당하게 된 날부터 **6개월** 이내에 방염처리능력 평가를 신청할 수 있다.(규칙 제19조의2 제3항))

ⓐ 방염처리업을 등록한 경우
ⓑ 방염처리업을 상속·양수·합병하거나 소방시설 전부를 인수한 경우
ⓒ 방염처리업 등록취소 처분의 취소 또는 집행정지 결정을 받은 경우

㉣ ㉠부터 ㉢까지에서 규정한 사항 외에 방염처리능력 평가 신청에 필요한 세부 규정은 **협회**가 정하되, **소방청장의 승인**을 받아야 한다.

③ 방염처리능력 평가신청 절차, 평가방법 및 공시방법 등에 필요한 사항은 **행정안전부령**으로 정한다.
  ㉠ **협회**는 방염처리능력을 평가한 경우에는 그 사실을 해당 방염처리업자의 등록수첩에 기재하여 발급해야 한다.
  ㉡ **협회**는 제출된 서류가 거짓으로 확인된 경우에는 확인된 날부터 **10일** 이내에 해당 방염처리업자의 방염처리능력을 새로 평가하고 해당 방염처리업자의 등록수첩에 그 사실을 기재하여 발급해야 한다.
  ㉢ 협회는 방염처리능력을 평가한 경우에는 매년 **7월 31일**까지 협회의 인터넷 홈페이지에 공시해야 한다. 다만, ②의㉢ 또는 ③의㉡에 따라 방염처리능력을 평가한 경우에는 평가완료일부터 **10일** 이내에 공시해야 한다.
    ⓐ 방염처리능력을 평가한 경우 공시사항
      1. 상호 및 성명(법인인 경우에는 대표자의 성명을 말한다)
      2. 주된 영업소의 소재지
      3. 업종 및 등록번호
      4. 방염처리능력 평가 결과
  ㉣ 방염처리능력 평가의 **유효기간**은 공시일부터 **1년**간으로 한다. 다만, ②의㉢ 또는 ③의㉡에 따라 방염처리능력을 평가한 경우에는 해당 방염처리능력 평가 결과의 공시일부터 다음 해의 정기 공시일(㉢ 본문에 따라 공시한 날을 말한다)의 전날까지로 한다.
  ㉤ 규정한 사항 외에 방염처리능력 평가 및 공시에 필요한 세부규정은 **협회**가 정하되, **소방청장의 승인**을 받아야 한다.
  ㉥ 방염처리능력 평가의 방법
    ⓐ 방염처리능력평가액

    > 방염처리능력평가액 = 실적평가액 + 자본금평가액 + 기술력평가액
    > + 경력평가액 ± 신인도평가액

    ⓑ 실적평가액

    > 실적평가액 = 연평균 방염처리실적액

    ⓒ 자본금평가액

    > 자본금평가액 = 실질자본금

    ⓓ 기술력평가액

    > 기술력평가액 = 전년도 연구·인력개발비 + 전년도 방염처리시설 및 시험기기 구입비용

ⓔ 경력평가액

$$\text{경력평가액} = \text{실적평가액} \times \text{방염처리업 경영기간 평점} \times 20/100$$

ⓕ 신인도평가액

$$\text{신인도평가액} = (\text{실적평가액} + \text{자본금평가액} + \text{기술력평가액} + \text{경력평가액}) \\ \times \text{신인도 반영비율 합계}$$

【방염처리능력 평가의 방법】　　　　　　　　　　　시행규칙 별표3의2

1. 방염처리업자의 방염처리능력은 다음 계산식으로 산정하되, 10만 원 미만의 숫자는 버린다. 이 경우 산정기준일은 평가를 하는 해의 전년도 12월 31일로 한다.

$$\text{방염처리능력평가액} = \text{실적평가액} + \text{자본금평가액} + \text{기술력평가액} \\ + \text{경력평가액} \pm \text{신인도평가액}$$

가. 방염처리능력평가액은 영 별표 1 제4호에 따른 방염처리업의 업종별로 산정해야 한다.

2. 실적평가액은 다음 계산식으로 산정한다.

$$\text{실적평가액} = \text{연평균 방염처리실적액}$$

가. 방염처리 실적은 제19조의2 제2항제1호의 구분에 따른 실적을 말하며, 영 별표 1 제4호에 따른 방염처리업 업종별로 산정해야 한다.
나. 제조·가공 공정에서 방염처리한 물품을 수입한 경우에는 방염처리 실적에 포함되지 않는다.
다. 방염처리실적액(발주자가 공급하는 자재비를 제외한다)은 해당 업체의 수급금액 중 하수급금액은 포함하고 하도급금액은 제외한다.
라. 방염물품의 종류 및 처리방법에 따른 실적인정 비율은 소방청장이 정하여 고시한다.
마. 방염처리업을 한 기간이 산정일을 기준으로 3년 이상인 경우에는 최근 3년간의 방염처리실적을 합산하여 3으로 나눈 금액을 연평균 방염처리실적액으로 한다.
바. 방염처리업을 한 기간이 산정일을 기준으로 1년 이상 3년 미만인 경우에는 그 기간의 방염처리실적을 합산한 금액을 그 기간의 개월수로 나눈 금액에 12를 곱한 금액을 연평균 방염처리실적액으로 한다.
사. 방염처리업을 한 기간이 산정일을 기준으로 1년 미만인 경우에는 그 기간의 방염처리 실적액을 연평균방염처리실적액으로 한다.
아. 다음의 어느 하나에 해당하는 경우의 실적은 종전 방염처리업자의 실적과 방염처리업을 승계한 자의 실적을 합산한다.
　1) 방염처리업자인 법인이 분할에 의하여 설립되거나 분할합병한 회사에 그가 경영하는 방염처리업 전부를 양도하는 경우
　2) 개인이 경영하던 방염처리업을 법인사업으로 전환하기 위하여 방염처리업을 양도하는 경우(방염처리업의 등록을 한 개인이 당해 법인의 대표자가 되는 경우에만 해당한다)

3) 합명회사와 합자회사 간, 주식회사와 유한회사 간의 전환을 위하여 방염처리업을 양도하는 경우
4) 방염처리업자인 법인 간에 합병을 하는 경우 또는 방염처리업자인 법인과 방염처리업자가 아닌 법인이 합병을 하는 경우
5) 법 제6조의2에 따른 폐업신고로 방염처리업의 등록이 말소된 후 6개월 이내에 다시 같은 업종의 방염처리업을 등록하는 경우

3. 자본금평가액은 다음 계산식으로 산정한다.

> 자본금평가액 = 실질자본금

가. 실질자본금은 해당 방염처리업체 최근 결산일 현재의 총자산에서 총부채를 뺀 금액을 말하며, 방염처리업 외의 다른 업을 겸업하는 경우에는 실질자본금에서 겸업비율에 해당하는 금액을 공제한다.

4. 기술력평가액은 다음 계산식으로 산정한다.

> 기술력평가액 = 전년도 연구・인력개발비 + 전년도 방염처리시설 및 시험기기 구입비용

가. 전년도 연구・인력개발비는 연구개발 및 인력개발을 위한 비용으로서 「조세특례제한법 시행령」 별표 6에 따른 비용 중 방염처리업 분야에 실제로 사용된 금액으로 한다.
나. 전년도 방염처리시설 및 시험기기 구입비용은 방염처리능력 평가 전년도에 기술개발 등을 위하여 추가로 구입한 방염처리시설 및 시험기기 구입비용으로 한다. 다만, 법 제4조제1항에 따라 방염처리업을 등록한 자 또는 법 제7조1항 및 제2항에 따라 소방시설업자의 지위를 승계한 자가 영 별표 1 제4호에 따른 방염처리업 등록기준 요건을 갖추기 위하여 새로 구입한 방염처리시설 및 시험기기 구입비용은 구입 후 최초로 평가를 신청하는 경우에는 포함한다.

5. 경력평가액은 다음 계산식으로 산정한다.

> 경력평가액 = 실적평가액 × 방염처리업 경영기간 평점 × 20/100

가. 방염처리업 경영기간은 등록일・양도신고일 또는 합병신고일부터 산정기준일까지로 한다.
나. 종전 방염처리업자의 방염처리업 경영기간과 방염처리업을 승계한 자의 방염처리업 경영기간의 합산에 관해서는 제2호아목을 준용한다.
다. 방염처리업 경영기간 평점은 다음 표에 따른다.

방염처리업 경영기간	2년 미만	2년 이상 4년 미만	4년 이상 6년 미만	6년 이상 8년 미만	8년 이상 10년 미만
평점	1.0	1.1	1.2	1.3	1.4

10년 이상 12년 미만	12년 이상 14년 미만	14년 이상 16년 미만	16년 이상 18년 미만	18년 이상 20년 미만	20년 이상
1.5	1.6	1.7	1.8	1.9	2.0

6. 신인도평가액은 다음 계산식으로 산정하되, 신인도평가액은 실적평가액·자본금평가액·기술력평가액·경력평가액을 합친 금액의 ±10퍼센트의 범위를 초과할 수 없으며, 가점요소와 감점요소가 있는 경우에는 이를 상계한다.

> 신인도평가액 = (실적평가액 + 자본금평가액 + 기술력평가액 + 경력평가액)
> × 신인도 반영비율 합계

가. 신인도 반영비율 가점요소는 다음과 같다.
   1) 최근 1년간 국가기관·지방자치단체·공공기관으로부터 우수방염처리업자로 선정된 경우 : +3퍼센트
   2) 최근 1년간 국가기관·지방자치단체 및 공공기관으로부터 방염처리업과 관련한 표창을 받은 경우
      가) 대통령 표창 : +3퍼센트
      나) 그 밖의 표창 : +2퍼센트
   3) 방염처리업자의 방염처리 상 환경관리 및 방염처리폐기물의 처리실태가 우수하여 환경부장관으로부터 방염처리능력의 증액 요청이 있는 경우 : +2퍼센트
   4) 방염처리업에 관한 국제품질경영인증(ISO)을 받은 경우 : +2퍼센트

나. 신인도 반영비율 감점요소는 다음과 같다.
   1) 최근 1년간 국가기관·지방자치단체·공공기관으로부터 부정당업자로 제재처분을 받은 사실이 있는 경우 : -3퍼센트
   2) 최근 1년간 부도가 발생한 사실이 있는 경우 : -2퍼센트
   3) 최근 1년간 법 제9조 또는 제10조에 따라 영업정지 처분 및 과징금 처분을 받은 사실이 있는 경우
      가) 1개월 이상 3개월 이하 : -2퍼센트
      나) 3개월 초과 : -3퍼센트
   4) 최근 1년간 법 제40조제1항에 따라 과태료 처분을 받은 사실이 있는 경우 : -2퍼센트
   5) 최근 1년간 「폐기물관리법」등 환경관리법령을 위반하여 과태료 처분, 영업정지 처분 및 과징금 처분을 받은 사실이 있는 경우 : -2퍼센트

> 관련법규

소방시설공사업법 시행규칙

제19조의2 [방염처리능력 평가의 신청]

① 법 제4조 제1항에 따라 방염처리업을 등록한 자(이하 "방염처리업자"라 한다)는 법 제20조의3 제2항에 따라 방염처리능력을 평가받으려는 경우에는 별지 제30호의2서식의 방염처리능력 평가 신청서(전자문서를 포함한다)를 협회에 매년 2월 15일까지 제출해야 한다. 다만, 제2항 제4호의 서류의 경우에는 법인은 매년 4월 15일, 개인은 매년 6월 10일(「소득세법」 제70조의2 제1항에 따른 성실신고확인대상사업자는 매년 7월 10일)까지 제출해야 한다.

② 별지 제30호의2서식의 방염처리능력 평가 신청서에는 다음 각 호의 서류(전자문서를 포함한다)를 첨부해야 하며, 협회는 방염처리업자가 첨부해야 할 서류를 갖추지 못한 경우에는 15일의 보완기간을 부여하여 보완하게 해야 한다. 이 경우 「전자정부법」 제36조 제1항에 따른 행정정보의 공동이용을 통하여 첨부서류에 대한 정보를 확인할 수 있는 경우에는 그 확인으로 첨부서류를 갈음할 수 있다.

1. 방염처리 실적을 증명하는 다음 각 목의 구분에 따른 서류
   가. 제조·가공 공정에서의 방염처리 실적
      1) 「소방시설 설치 및 관리에 관한 법률」 제21조 제1항에 따른 방염성능검사 결과를 증명하는 서류 사본
      2) 부가가치세법령에 따른 세금계산서(공급자 보관용) 사본 또는 소득세법령에 따른 계산서(공급자 보관용) 사본
   나. 현장에서의 방염처리 실적
      1) 「소방용품의 품질관리 등에 관한 규칙」 제5조 및 별지 제4호서식에 따라 시·도지사가 발급한 현장처리물품의 방염성능검사 성적서 사본
      2) 부가가치세법령에 따른 세금계산서(공급자 보관용) 사본 또는 소득세법령에 따른 계산서(공급자 보관용) 사본
   다. 가목 및 나목 외의 방염처리 실적
      1) 별지 제30호의3서식의 방염처리 실적증명서
      2) 부가가치세법령에 따른 세금계산서(공급자 보관용) 사본 또는 소득세법령에 따른 계산서(공급자 보관용) 사본
   라. 해외 수출 물품에 대한 제조·가공 공정에서의 방염처리 실적 및 해외 현장에서의 방염처리 실적: 방염처리 계약서 사본 및 외국환은행이 발행한 외화입금증명서
   마. 주한국제연합군 또는 그 밖의 외국군의 기관으로부터 도급받은 방염처리 실적: 방염처리 계약서 사본 및 외국환은행이 발행한 외화입금증명서
2. 별지 제30호의4서식의 방염처리업 분야 기술개발투자비 확인서(해당하는 경우만 제출한다) 및 증빙서류
3. 별지 제30호의5서식의 방염처리업 신인도평가신고서(다음 각 목의 어느 하나에 해당하는 경우만 제출한다) 및 증빙서류
   가. 품질경영인증(ISO 9000) 취득
   나. 우수방염처리업자 지정
   다. 방염처리 표창 수상

4. 경영상태 확인을 위한 다음 각 목의 어느 하나에 해당하는 서류
   가. 「법인세법」 또는 「소득세법」에 따라 관할 세무서장에게 제출한 조세에 관한 신고서(「세무사법」 제6조에 따라 등록한 세무사가 확인한 것으로서 재무상태표 및 손익계산서가 포함된 것을 말한다)
   나. 「주식회사 등의 외부감사에 관한 법률」에 따라 외부감사인의 회계감사를 받은 재무제표
   다. 「공인회계사법」 제7조에 따라 등록한 공인회계사 또는 같은 법 제24조에 따라 등록한 회계법인이 감사한 회계서류
③ 제1항에 따른 기간 내에 방염처리능력 평가를 신청하지 못한 방염처리업자가 다음 각 호의 어느 하나에 해당하는 경우에는 제1항의 신청 기간에도 불구하고 다음 각 호의 어느 하나의 경우에 해당하게 된 날부터 6개월 이내에 방염처리능력 평가를 신청할 수 있다.
  1. 법 제4조 제1항에 따라 방염처리업을 등록한 경우
  2. 법 제7조 제1항 또는 제2항에 따라 방염처리업을 상속·양수·합병하거나 소방시설 전부를 인수한 경우
  3. 법 제9조에 따른 방염처리업 등록취소 처분의 취소 또는 집행정지 결정을 받은 경우
④ 제1항부터 제3항까지에서 규정한 사항 외에 방염처리능력 평가 신청에 필요한 세부규정은 협회가 정하되, 소방청장의 승인을 받아야 한다.

제19조의3 [방염처리능력의 평가 및 공시 등]
① 법 제20조의3 제1항에 따른 방염처리능력 평가의 방법은 별표 3의2와 같다.
② 협회는 방염처리능력을 평가한 경우에는 그 사실을 해당 방염처리업자의 등록수첩에 기재하여 발급해야 한다.
③ 협회는 제19조의2에 따라 제출된 서류가 거짓으로 확인된 경우에는 확인된 날부터 10일 이내에 해당 방염처리업자의 방염처리능력을 새로 평가하고 해당 방염처리업자의 등록수첩에 그 사실을 기재하여 발급해야 한다.
④ 협회는 방염처리능력을 평가한 경우에는 법 제20조의3 제1항에 따라 다음 각 호의 사항을 매년 7월 31일까지 협회의 인터넷 홈페이지에 공시해야 한다. 다만, 제19조의2 제3항 또는 제3항에 따라 방염처리능력을 평가한 경우에는 평가완료일부터 10일 이내에 공시해야 한다.
  1. 상호 및 성명(법인인 경우에는 대표자의 성명을 말한다)
  2. 주된 영업소의 소재지
  3. 업종 및 등록번호
  4. 방염처리능력 평가 결과
⑤ 방염처리능력 평가의 유효기간은 공시일부터 1년간으로 한다. 다만, 제19조의2 제3항 또는 제3항에 따라 방염처리능력을 평가한 경우에는 해당 방염처리능력 평가 결과의 공시일부터 다음 해의 정기 공시일(제4항 본문에 따라 공시한 날을 말한다)의 전날까지로 한다.
⑥ 제1항부터 제5항까지에서 규정한 사항 외에 방염처리능력 평가 및 공시에 필요한 세부규정은 협회가 정하되, 소방청장의 승인을 받아야 한다.

39
「소방시설공사업법」상 소방시설등을 도급할 때에는 소방시설업자에게 도급하여야 한다. 누가 도급해야 하는가?
① 관계인 또는 발주자
② 소방본부장
③ 소방서장
④ 소방청장

40
「소방시설공사업법 시행령」상 소방시설공사 분리 도급의 예외에 해당하는 것만을 <보기>에서 고른 것은?
• 23. 공채 / • 23. 경채

〈보 기〉
ㄱ. 「재난 및 안전관리 기본법」에 따른 재난의 발생으로 긴급하게 착공해야 하는 공사인 경우
ㄴ. 국방 및 국가안보 등과 관련하여 기밀을 유지해야 하는 공사인 경우
ㄷ. 연면적이 3천제곱미터 이하인 특정소방대상물에 비상경보설비를 설치하는 공사인 경우
ㄹ. 「국가를 당사자로 하는 계약에 관한 법률 시행령」 및 「지방자치단체를 당사자로 하는 계약에 관한 법률 시행령」에 따른 원안입찰 또는 일부입찰
ㅁ. 「국가를 당사자로 하는 계약에 관한 법률 시행령」 및 「지방자치단체를 당사자로 하는 계약에 관한 법률 시행령」에 따른 실시설계 기술제안입찰 또는 기본설계 기술제안입찰
ㅂ. 국가유산수리 및 재개발·재건축 등의 공사로서 공사의 성질상 분리하여 도급하는 것이 곤란하다고 시·도지사가 인정하는 경우

① ㄱ, ㄴ, ㄷ ② ㄱ, ㄴ, ㅁ
③ ㄴ, ㄷ, ㅁ ④ ㄹ, ㅁ, ㅂ

정답 39.① 40.②

12 소방시설공사등의 도급(소방시설공사업법 제21조) 〈기출〉 20 공채

(1) 소방시설공사등의 도급

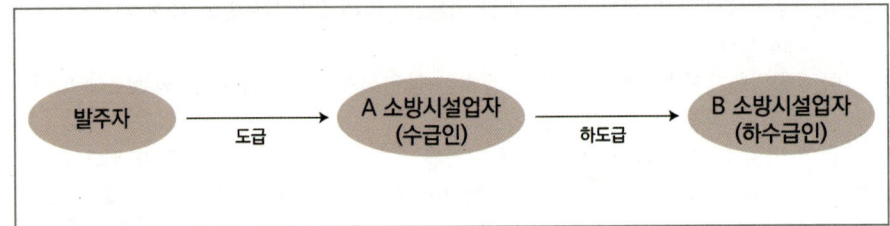

① 특정소방대상물의 **관계인** 또는 **발주자**는 소방시설공사등을 도급할 때에는 해당 소방시설업자에게 도급하여야 한다.(법 제21조 제1항)

> **행정형벌**
>
> 법 제36조 [벌칙]
> 다음 각 호의 어느 하나에 해당하는 자는 <u>1년 이하의 징역 또는 1천만원 이하의 벌금</u>에 처한다.
> 5. 제21조제1항을 위반하여 해당 소방시설업자가 아닌 자에게 소방시설공사등을 도급한 자

② 소방시설공사는 다른 업종의 공사와 분리하여 도급하여야 한다. 다만, 공사의 성질상 또는 기술관리상 분리하여 도급하는 것이 곤란한 경우로서 **대통령령**으로 정하는 경우에는 다른 업종의 공사와 분리하지 아니하고 도급할 수 있다. (법 제21조 제2항)
  ㉠ 소방시설공사 분리 도급의 예외(시행령 제11조의2)
    ⓐ 「재난 및 안전관리 기본법」에 따른 **재난**의 발생으로 긴급하게 착공해야 하는 공사인 경우
    ⓑ 국방 및 국가안보 등과 관련하여 **기밀**을 유지해야 하는 공사인 경우
    ⓒ **착공신고** 대상인 소방시설공사에 해당하지 않는 공사인 경우
    ⓓ 연면적이 **1천**제곱미터 이하인 특정소방대상물에 **비상경보설비**를 설치하는 공사인 경우
    ⓔ 다음 각 목의 어느 하나에 해당하는 입찰로 시행되는 공사인 경우
      가. 「국가를 당사자로 하는 계약에 관한 법률 시행령」 및 「지방자치단체를 당사자로 하는 계약에 관한 법률 시행령」에 따른 **대안입찰** 또는 **일괄입찰**
      나. 「국가를 당사자로 하는 계약에 관한 법률 시행령」 및 「지방자치단체를 당사자로 하는 계약에 관한 법률 시행령」에 따른 **실시설계 기술제안입찰** 또는 **기본설계 기술제안입찰**

ⓕ 「국가첨단전략산업 경쟁력 강화 및 보호에 관한 특별조치법」에 따른 **국가첨단전략기술** 관련 연구시설·개발시설 또는 그 기술을 이용하여 제품을 생산하는 시설 공사인 경우

ⓖ 그 밖에 국가유산수리 및 재개발·재건축 등의 공사로서 공사의 성질상 분리하여 도급하는 것이 곤란하다고 **소방청장**이 인정하는 경우

행정형벌

법 제37조 [벌칙]
다음 각 호의 어느 하나에 해당하는 자는 300만 원 이하의 벌금에 처한다.
4의2. 제21조제2항 본문을 위반하여 소방시설공사를 다른 업종의 공사와 분리하여 도급하지 아니한 자

관련법규

소방시설공사업법 시행령 기출 23 공채 / 23 경채

제11조의2 [소방시설공사 분리 도급의 예외]
법 제21조제2항 단서에서 "대통령령으로 정하는 경우"란 다음 각 호의 어느 하나에 해당하는 경우를 말한다.
1. 「재난 및 안전관리 기본법」 제3조제1호에 따른 재난의 발생으로 긴급하게 착공해야 하는 공사인 경우
2. 국방 및 국가안보 등과 관련하여 기밀을 유지해야 하는 공사인 경우
3. 제4조 각 호에 따른 소방시설공사에 해당하지 않는 공사인 경우
4. 연면적이 1천제곱미터 이하인 특정소방대상물에 비상경보설비를 설치하는 공사인 경우
5. 다음 각 목의 어느 하나에 해당하는 입찰로 시행되는 공사인 경우
   가. 「국가를 당사자로 하는 계약에 관한 법률 시행령」 제79조제1항제4호 또는 제5호 및 「지방자치단체를 당사자로 하는 계약에 관한 법률 시행령」 제95조제1항제4호 또는 제5호에 따른 대안입찰 또는 일괄입찰
   나. 「국가를 당사자로 하는 계약에 관한 법률 시행령」 제98조제2호 또는 제3호 및 「지방자치단체를 당사자로 하는 계약에 관한 법률 시행령」 제127조제2호 또는 제3호에 따른 실시설계 기술제안입찰 또는 기본설계 기술제안입찰
5의2. 「국가첨단전략산업 경쟁력 강화 및 보호에 관한 특별조치법」 제2조제1호에 따른 국가첨단전략기술 관련 연구시설·개발시설 또는 그 기술을 이용하여 제품을 생산하는 시설 공사인 경우
6. 그 밖에 국가유산수리 및 재개발·재건축 등의 공사로서 공사의 성질상 분리하여 도급하는 것이 곤란하다고 소방청장이 인정하는 경우

(2) 임금에 대한 압류의 금지

① 공사업자가 도급받은 소방시설공사의 도급금액 중 그 공사(하도급한 공사를 포함한다)의 근로자에게 지급하여야 할 **임금**에 해당하는 금액은 **압류할 수 없다.**
 (법 제21조의2 제1항)

② 임금에 해당하는 금액의 범위와 산정방법은 **대통령령**으로 정한다.
 (법 제21조의2 제2항)

 ㉠ 압류할 수 없는 노임(勞賃)에 해당하는 금액은 해당 소방시설공사의 도급 또는 하도급 금액 중 **설계도서에 기재된 노임을 합산**하여 산정한다.
  (영 제11조의3)

> **관련법규**
>
> **소방시설공사업법 시행령**
> **제11조의3 [압류대상에서 제외되는 노임]**
> 법 제21조의2에 따라 압류할 수 없는 노임(勞賃)에 해당하는 금액은 해당 소방시설공사의 도급 또는 하도급 금액 중 설계도서에 기재된 노임을 합산하여 산정한다.

(3) 도급의 원칙 등

① 소방시설공사등의 도급 또는 하도급의 계약당사자는 서로 대등한 입장에서 합의에 따라 **공정하게 계약**을 체결하고, **신의에 따라 성실하게 계약**을 이행하여야 한다.(법 제21조의3 제1항)

② 소방시설공사등의 도급 또는 하도급의 계약당사자는 그 계약을 체결할 때 도급 또는 하도급 금액, 공사기간, 그 밖에 **대통령령**으로 정하는 사항을 계약서에 분명히 밝혀야 하며, 서명날인 한 계약서를 서로 내주고 보관하여야 한다.
 (법 제21조의3 제2항)

 ㉠ **소방청장**은 계약 당사자가 대등한 입장에서 공정하게 계약을 체결하도록 하기 위하여 소방시설공사등의 도급 또는 하도급에 관한 **표준계약서**(하도급의 경우에는 「하도급거래 공정화에 관한 법률」에 따라 **공정거래위원회**가 권장하는 소방시설공사업종 **표준하도급계약서**를 말한다)를 정하여 보급할 수 있다.(영 제11조의4 제2항)

> **행정질서벌**
>
> **법 제40조 [과태료]**
> ① 다음 각 호의 어느 하나에 해당하는 자에게는 <u>200만 원 이하의 과태료</u>를 부과한다.
> 10의3. 제21조의3제2항에 따른 도급계약 체결 시 의무를 이행하지 아니한 자(하도급 계약의 경우에는 하도급 받은 소방시설업자는 제외한다). (200)

③ 수급인은 하수급인에게 하도급과 관련하여 자재구입처의 지정 등 하수급인에게 불리하다고 인정되는 행위를 강요하여서는 아니 된다.(법 제21조의3 제3항)

④ 도급을 받은 자가 해당 소방시설공사등을 하도급 할 때에는 **행정안전부령**으로 정하는 바에 따라 미리 **관계인**과 **발주자**에게 알려야 한다. 하수급인을 변경하거나 하도급 계약을 해지할 때에도 또한 같다.(법 제21조의3 제4항)

㉠ **소방시설업자**는 소방시설의 설계, 시공, 감리 및 방염("소방시설공사등")을 하도급하려고 하거나 하수급인을 변경하는 경우에는 소방시설공사등의 하도급통지서(전자문서로 된 소방시설공사등의 하도급통지서를 포함한다)에 다음 각 호의 서류(전자문서를 포함한다)를 첨부하여 미리 **관계인** 및 **발주자**에게 알려야 한다.(규칙 제20조 제1항)

ⓐ 하도급계약서(안) 1부

ⓑ 예정공정표 1부

ⓒ 하도급내역서 1부

ⓓ 하수급인의 소방시설업 등록증 사본 1부

㉡ 하도급을 하려는 소방시설업자는 관계인 및 발주자에게 통지한 소방시설공사등의 하도급통지서(전자문서로 된 소방시설공사등의 하도급통지서를 포함한다) 사본을 **하수급자**에게 주어야 한다.(규칙 제20조 제2항)

㉢ **소방시설업자**는 하도급계약을 **해지**하는 경우에는 하도급계약 해지사실을 증명할 수 있는 서류(전자문서를 포함한다)를 **관계인** 및 **발주자**에게 알려야 한다.(규칙 제20조 제3항)

행정질서벌

법 제40조 [과태료]
① 다음 각 호의 어느 하나에 해당하는 자에게는 <u>200만 원 이하의 과태료</u>를 부과한다.
11. 제21조의3제4항에 따른 하도급 등의 통지를 하지 아니한 자
(1차 : 60, 2차 : 100, 3차 : 200)

---

⑤ 하도급에 관하여 이 법에서 규정하는 것을 제외하고는 그 성질에 반하지 아니하는 범위에서 「하도급거래 공정화에 관한 법률」의 해당 규정을 준용한다.
(법 제21조의3 제5항)

> **관련법규**

소방시설공사업법 시행령

제11조의4 [도급계약서의 내용]

① 법 제21조의3제2항에서 "그 밖에 대통령령으로 정하는 사항"이란 다음 각 호의 사항을 말한다.
1. 소방시설의 설계, 시공, 감리 및 방염(이하 "소방시설공사등")의 내용
2. 도급(하도급을 포함한다. 이하 이 항에서 같다)금액 중 노임(勞賃)에 해당하는 금액
3. 소방시설공사등의 착수 및 완성 시기
4. 도급금액의 선급금이나 기성금 지급을 약정한 경우에는 각각 그 지급의 시기·방법 및 금액
5. 도급계약당사자 어느 한쪽에서 설계변경, 공사중지 또는 도급계약의 해제를 요청하는 경우 손해부담에 관한 사항
6. 천재지변이나 그 밖의 불가항력으로 인한 면책의 범위에 관한 사항
7. 설계변경, 물가변동 등에 따른 도급금액 또는 소방시설공사등의 내용 변경에 관한 사항
8. 「하도급거래 공정화에 관한 법률」 제13조의2에 따른 하도급대금 지급보증서의 발급에 관한 사항(하도급계약의 경우만 해당한다)
9. 「하도급거래 공정화에 관한 법률」 제14조에 따른 하도급대금의 직접 지급 사유와 그 절차(하도급계약의 경우만 해당한다)
10. 「산업안전보건법」 제72조에 따른 산업안전보건관리비 지급에 관한 사항(소방시설공사업의 경우만 해당한다)
11. 해당 공사와 관련하여 「고용보험 및 산업재해보상보험의 보험료징수 등에 관한 법률」, 「국민연금법」 및 「국민건강보험법」에 따른 보험료 등 관계 법령에 따라 부담하는 비용에 관한 사항(소방시설공사업의 경우만 해당한다)
12. 도급목적물의 인도를 위한 검사 및 인도 시기
13. 소방시설공사등이 완성된 후 도급금액의 지급시기
14. 계약 이행이 지체되는 경우의 위약금 및 지연이자 지급 등 손해배상에 관한 사항
15. 하자보수 대상 소방시설과 하자보수 보증기간 및 하자담보 방법(소방시설공사업의 경우만 해당한다)
16. 해당 공사에서 발생된 폐기물의 처리방법과 재활용에 관한 사항(소방시설공사업의 경우만 해당한다)
17. 그 밖에 다른 법령 또는 계약 당사자 양쪽의 합의에 따라 명시되는 사항

② 소방청장은 계약 당사자가 대등한 입장에서 공정하게 계약을 체결하도록 하기 위하여 소방시설공사등의 도급 또는 하도급에 관한 표준계약서(하도급의 경우에는 「하도급거래 공정화에 관한 법률」에 따라 공정거래위원회가 권장하는 소방시설공사업종 표준하도급계약서를 말한다)를 정하여 보급할 수 있다.

> **관련법규**
>
> **소방시설공사업법 시행규칙**
>
> **제20조 [하도급의 통지]**
>
> ① 소방시설업자는 소방시설의 설계, 시공, 감리 및 방염(이하 "소방시설공사등"이라 한다)을 하도급하려고 하거나 하수급인을 변경하는 경우에는 법 제21조의3 제4항에 따라 별지 제31호서식의 소방시설공사등의 하도급통지서(전자문서로 된 소방시설공사등의 하도급통지서를 포함한다)에 다음 각 호의 서류(전자문서를 포함한다)를 첨부하여 미리 관계인 및 발주자에게 알려야 한다.
> 1. 하도급계약서(안) 1부
> 2. 예정공정표 1부
> 3. 하도급내역서 1부
> 4. 하수급인의 소방시설업 등록증 사본 1부
>
> ② 제1항에 따라 하도급을 하려는 소방시설업자는 관계인 및 발주자에게 통지한 소방시설공사등의 하도급통지서(전자문서로 된 소방시설공사등의 하도급통지서를 포함한다) 사본을 하수급자에게 주어야 한다.
>
> ③ 소방시설업자는 하도급계약을 해지하는 경우에는 법 제21조의3 제4항에 따라 하도급계약 해지사실을 증명할 수 있는 서류(전자문서를 포함한다)를 관계인 및 발주자에게 알려야 한다.

(4) 공사대금의 지급보증 등

① 수급인이 **국가, 지방자치단체** 또는 **대통령령**으로 정하는 **공공기관 외의 자**가 발주하는 공사를 도급받은 경우로서 수급인이 발주자에게 계약의 이행을 보증하는 때에는 발주자도 수급인에게 공사대금의 지급을 보증하거나 담보를 제공하여야 한다. 다만, 발주자는 공사대금의 지급보증 또는 담보 제공을 하기 곤란한 경우에는 수급인이 그에 상응하는 보험 또는 공제에 가입할 수 있도록 계약의 이행보증을 받은 날부터 **30일** 이내에 보험료 또는 공제료("보험료등")를 지급하여야 한다.(법 제21조의4 제1항)

  ㉠ 대통령령으로 정하는 공공기관(영 제11조의5)
    ⓐ 「공공기관의 운영에 관한 법률」에 따른 공기업 및 준정부기관
    ⓑ 「지방공기업법」에 따른 지방공사 및 지방공단

  ㉡ 발주자가 수급인에게 공사대금의 지급을 보증하거나 담보를 제공해야 하는 금액 방법(규칙 제20조의2 제1항)
    ⓐ 공사기간이 **4개월 이내**인 경우: 도급금액에서 계약상 **선급금을 제외**한 금액
    ⓑ 공사기간이 **4개월을 초과**하는 경우로서 기성부분에 대한 대가를 지급하지 않기로 약정하거나 그 대가의 지급주기가 **2개월 이내**인 경우:

$$\frac{도급금액 - 계약상 선급금}{공사기간(월)} \times 4$$

---

41. 「소방시설공사업법」상 공사의 도급에 관한 사항으로 옳지 않은 것은?
• 20. 공채

① 특정소방대상물의 관계인 또는 발주자는 소방시설공사 등을 도급할 때에는 해당 소방시설업자에게 도급하여야 한다.

② 공사업자가 도급받은 소방시설공사의 도급금액 중 그 공사(하도급한 공사를 포함한다)의 근로자에게 지급하여야 할 노임(勞賃)에 해당하는 금액은 압류할 수 없다.

③ 도급받은 소방시설공사의 전부를 다른 공사업자에게 하도급할 수 있다.

④ 도급을 받은 자가 해당 소방시설공사 등을 하도급 할 때에는 행정안전부령으로 정하는 바에 따라 미리 관계인과 발주자에게 알려야 한다.

정답 41. ③

ⓒ 공사기간이 **4개월을 초과**하는 경우로서 기성부분에 대한 대가의 지급 주기가 **2개월을 초과**하는 경우:

$$\frac{도급금액 - 계약상 선급금}{공사기간(월)} \times 기성부분에 대한 대가의 지급주기(월수) \times 2$$

ⓒ 공사대금의 **지급 보증** 또는 **담보의 제공**은 수급인이 발주자에게 계약의 이행을 보증한 날부터 **30일 이내**에 해야 한다.(규칙 제20조의2 제2항)

ⓔ 공사대금의 지급 보증은 **현금**(체신관서 또는「은행법」에 따른 은행이 발행한 자기앞수표를 포함한다)의 지급 또는 다음 각 호의 기관이 발행하는 **보증서**의 교부에 따른다.(규칙 제20조의2 제3항)
  ⓐ 「소방산업의 진흥에 관한 법률」에 따른 **소방산업공제조합**
  ⓑ 「보험업법」에 따른 **보험회사**
  ⓒ 「신용보증기금법」에 따른 **신용보증기금**
  ⓓ 「은행법」에 따른 **은행**
  ⓔ 「주택도시기금법」에 따른 **주택도시보증공사**

② 발주자는 공사대금의 지급보증 또는 담보 제공을 하기 **곤란한 경우**에는 수급인이 그에 상응하는 보험 또는 공제에 가입할 수 있도록 계약의 이행보증을 받은 날부터 **30일 이내**에 **보험료** 또는 **공제료**를 지급하여야 한다.(법 제21조의4 제1항)

> **행정질서벌**
>
> **법 제40조 [과태료]**
> ① 다음 각 호의 어느 하나에 해당하는 자에게는 <u>200만 원 이하의 과태료</u>를 부과한다.
> 11의2. 제21조의4제1항에 따른 공사대금의 지급보증, 담보의 제공 또는 보험료등의 지급을 정당한 사유 없이 이행하지 아니한 자. (200)

③ 발주자가 공사대금의 지급을 보증하거나 담보를 제공하기 곤란한 경우에 지급하는 **보험료** 또는 **공제료**는 산정된 금액을 기초로 발주자의 신용도 등을 고려하여 ①의 ⓔ 기관이 정하는 금액으로 한다.(규칙 제20조의2 제4항)

④ 발주자 및 수급인은 소규모공사 등 대통령령으로 정하는 소방시설공사의 경우 ①에 따른 계약이행의 보증이나 공사대금의 지급보증, 담보의 제공 또는 보험료 등의 지급을 **아니할 수 있다**.(법 제21조의4 제2항)
  ㉠ 공사대금의 지급보증 등의 예외가 되는 소방시설공사의 범위 (영 제11조의6)
    ⓐ 공사 1건의 도급금액이 **1천만 원 미만**인 소규모 소방시설공사
    ⓑ 공사기간이 **3개월 이내**인 단기의 소방시설공사

⑤ 발주자가 공사대금의 지급보증, 담보의 제공 또는 보험료등의 지급을 하지 아니한 때에는 수급인은 **10일 이내** 기간을 정하여 발주자에게 그 이행을 촉구하고 공사를 중지할 수 있다. 발주자가 촉구한 기간 내에 그 이행을 하지 아니한 때에는 수급인은 도급계약을 해지할 수 있다.(법 제21조의4 제3항)

　㉠ 이행촉구의 통지 방법 (규칙 제20조의2 제5항)
　　　ⓐ 「우편법 시행규칙」 제25조제1항제4호가목의 **내용증명**
　　　ⓑ 「전자문서 및 전자거래 기본법」에 따른 전자문서로서 다음 각 목의 어느 하나에 해당하는 요건을 갖춘 것
　　　　가. 「전자서명법」에 따른 **전자서명**(서명자의 실지명의를 확인할 수 있는 것으로 한정한다)이 있을 것
　　　　나. 「전자문서 및 전자거래 기본법」에 따른 **공인전자주소**를 이용할 것
　　　ⓒ 그 밖에 이행촉구의 내용 및 수신 여부를 **객관적**으로 확인할 수 있는 방법

⑥ ⑤(지급X)에 따라 수급인이 공사를 중지하거나 도급계약을 해지한 경우에는 발주자는 수급인에게 공사 중지나 도급계약의 해지에 따라 발생하는 손해배상을 **청구하지 못한다**.(법 제21조의4 제4항)

⑦ 공사대금의 지급보증, 담보의 제공 또는 보험료등의 지급 방법이나 절차 및 촉구의 방법 등에 필요한 사항은 **행정안전부령**으로 정한다.(법 제21조의4 제5항)

> **관련법규**
>
> **소방시설공사업법 시행령**
>
> **제11조의5 [공사대금의 지급보증 등의 예외가 되는 공공기관의 범위]**
>
> 법 제21조의4제1항 본문에서 "대통령령으로 정하는 공공기관"이란 다음 각 호의 공공기관을 말한다.
> 1. 「공공기관의 운영에 관한 법률」 제5조에 따른 공기업 및 준정부기관
> 2. 「지방공기업법」 제49조에 따른 지방공사 및 같은 법 제76조에 따른 지방공단
>
> **제11조의6 [공사대금의 지급보증 등의 예외가 되는 소방시설공사의 범위]**
>
> 법 제21조의4제2항에서 "소규모공사 등 대통령령으로 정하는 소방시설공사"란 다음 각 호의 소방시설공사를 말한다.
> 1. 공사 1건의 도급금액이 1천만 원 미만인 소규모 소방시설공사
> 2. 공사기간이 3개월 이내인 단기의 소방시설공사

> **관련법규**

소방시설공사업법 시행규칙

제20조의2 [공사대금의 지급보증 등의 방법 및 절차]

① 법 제21조의4제1항 본문에 따라 발주자가 수급인에게 공사대금의 지급을 보증하거나 담보를 제공해야 하는 금액은 다음 각 호의 구분에 따른 금액으로 한다.
  1. 공사기간이 4개월 이내인 경우: 도급금액에서 계약상 선급금을 제외한 금액
  2. 공사기간이 4개월을 초과하는 경우로서 기성부분에 대한 대가를 지급하지 않기로 약정하거나 그 대가의 지급주기가 2개월 이내인 경우: 다음의 계산식에 따라 산출된 금액

  $$\frac{도급금액 - 계약상 선급금}{공사기간(월)} \times 4$$

  3. 공사기간이 4개월을 초과하는 경우로서 기성부분에 대한 대가의 지급주기가 2개월을 초과하는 경우: 다음의 계산식에 따라 산출된 금액

  $$\frac{도급금액 - 계약상 선급금}{공사기간(월)} \times 기성부분에 대한 대가의 지급주기(월수) \times 2$$

② 제1항에 따른 공사대금의 지급 보증 또는 담보의 제공은 수급인이 발주자에게 계약의 이행을 보증한 날부터 30일 이내에 해야 한다.

③ 공사대금의 지급 보증은 현금(체신관서 또는 「은행법」에 따른 은행이 발행한 자기앞수표를 포함한다)의 지급 또는 다음 각 호의 기관이 발행하는 보증서의 교부에 따른다.
  1. 「소방산업의 진흥에 관한 법률」에 따른 소방산업공제조합
  2. 「보험업법」에 따른 보험회사
  3. 「신용보증기금법」에 따른 신용보증기금
  4. 「은행법」에 따른 은행
  5. 「주택도시기금법」에 따른 주택도시보증공사

④ 법 제21조의4제1항 단서에 따라 발주자가 공사대금의 지급을 보증하거나 담보를 제공하기 곤란한 경우에 지급하는 보험료 또는 공제료는 제1항에 따라 산정된 금액을 기초로 발주자의 신용도 등을 고려하여 제3항 각 호의 기관이 정하는 금액으로 한다.

⑤ 법 제21조의4제3항 전단에 따른 이행촉구의 통지는 다음 각 호의 어느 하나에 해당하는 방법으로 한다.
  1. 「우편법 시행규칙」 제25조제1항제4호가목의 내용증명
  2. 「전자문서 및 전자거래 기본법」에 따른 전자문서로서 다음 각 목의 어느 하나에 해당하는 요건을 갖춘 것
    가. 「전자서명법」에 따른 전자서명(서명자의 실지명의를 확인할 수 있는 것으로 한정한다)이 있을 것
    나. 「전자문서 및 전자거래 기본법」에 따른 공인전자주소를 이용할 것
  3. 그 밖에 이행촉구의 내용 및 수신 여부를 객관적으로 확인할 수 있는 방법

(5) 부정한 청탁에 의한 재물 등의 취득 및 제공 금지

① **발주자·수급인·하수급인**(발주자, 수급인 또는 하수급인이 법인인 경우 해당 법인의 임원 또는 직원을 포함한다) 또는 **이해관계인**은 도급계약의 체결 또는 소방시설공사등의 시공 및 수행과 관련하여 부정한 청탁을 받고 재물 또는 재산상의 이익을 취득하거나 부정한 청탁을 하면서 재물 또는 재산상의 이익을 제공하여서는 아니 된다.(법 제21조의5 제1항)

② **국가, 지방자치단체** 또는 대통령령으로 정하는 **공공기관**이 발주한 소방시설공사등의 **업체 선정에 심사위원**으로 참여한 사람은 그 직무와 관련하여 부정한 청탁을 받고 재물 또는 재산상의 이익을 취득하여서는 아니 된다.
(법 제21조의5 제2항)

③ **국가, 지방자치단체** 또는 대통령령으로 정하는 **공공기관**이 발주한 소방시설공사등의 업체 선정에 참여한 법인, 해당 법인의 대표자, 상업사용인, 그 밖의 임원 또는 직원은 그 **직무와 관련**하여 부정한 청탁을 받고 재물 또는 재산상의 이익을 취득하거나 부정한 청탁을 하면서 재물 또는 재산상의 이익을 제공하여서는 아니 된다.(법 제21조의5 제3항)

　㉠ 대통령령으로 정하는 공공기관
　　ⓐ 「공공기관의 운영에 관한 법률」에 따른 공기업 및 준정부기관
　　ⓑ 「지방공기업법」에 따른 지방공단

> **행정형벌**
>
> 법 제35조【벌칙】
> 다음 각 호의 어느 하나에 해당하는 자는 <u>3년 이하의 징역 또는 3천만원 이하의 벌금</u>에 처한다.
> 2. 제21조의5를 위반하여 부정한 청탁을 받고 재물 또는 재산상의 이익을 취득하거나 부정한 청탁을 하면서 재물 또는 재산상의 이익을 제공한 자

(6) 위반사실의 통보

국가, 지방자치단체 또는 대통령령으로 정하는 공공기관은 소방시설업자가 **부정한 청탁에 의한 재물 등의 취득 및 제공 금지**를 위반한 사실을 발견하면 시·도지사가 그 **등록을 취소**하거나 6개월 이내의 기간을 정하여 그 영업의 정지를 명할 수 있도록 그 사실을 **시·도지사**에게 **통보**하여야 한다.(법 제21조의6)

① 대통령령으로 정하는 공공기관
　㉠ 「공공기관의 운영에 관한 법률」에 따른 공기업 및 준정부기관
　㉡ 「지방공기업법」에 따른 지방공단

시행규칙 별표1

위반사항	행정처분기준		
	1차	2차	3차
처. 법 제21조의5제1항 또는 제3항을 위반하여 부정한 청탁을 받고 재물 또는 재산상의 이익을 취득하거나 부정한 청탁을 하면서 재물 또는 재산상의 이익을 제공한 경우			
1) 취득하거나 제공한 재물 또는 재산상 이익의 가액(價額)이 1천만 원 이상인 경우	영업정지 3개월	영업정지 6개월	등록취소
2) 취득하거나 제공한 재물 또는 재산상 이익의 가액이 1백만 원 이상 1천만 원 미만인 경우	영업정지 2개월	영업정지 5개월	등록취소
3) 취득하거나 제공한 재물 또는 재산상 이익의 가액이 1백만 원 미만인 경우	영업정지 1개월	영업정지 4개월	등록취소

(7) 하도급의 제한

① 원칙 : 도급을 받은 자는 소방시설의 설계, 시공, 감리를 **제3자에게 하도급할 수 없다**. (법 제22조 제1항)

② 예외 : 시공의 경우에는 **대통령령**으로 정하는 바에 따라 도급받은 소방시설공사의 **일부를 다른 공사업자에게 하도급할 수 있다**.(법 제22조 제1항)

  ㉠ 소방시설공사의 시공을 하도급 할 수 있는 경우(영 제12조 제1항)

    ⓐ 주택법 제4조의 규정에 의한 **주택건설사업**

    ⓑ 건설산업기본법 제9조의 규정에 의한 **건설업**

    ⓒ 전기공사업법 제4조의 규정에 의한 **전기공사업**

    ⓓ 정보통신공사업법 제14조의 규정에 의한 **정보통신공사업**

  ㉡ 공사업자가 ②에 따라 다른 공사업자에게 그 **일부를 하도급**할 수 있는 소방시설공사는 소방시설공사의 **착공신고 대상(신설하는 공사)**의 소방설비 중 하나 이상의 소방설비를 설치하는 공사로 한다.(영 제12조 제1항)

③ 하수급인은 ②에 따라 하도급 받은 소방시설공사를 제3자에게 **다시 하도급할 수 없다.**(법 제22조 제2항)

행정형벌

법 제37조 [벌칙]

다음 각 호의 어느 하나에 해당하는 자는 <u>1년 이하의 징역 또는 1천만원 이하의 벌금</u>에 처한다.

6. 제22조제1항 본문을 위반하여 도급받은 소방시설의 설계, 시공, 감리를 하도급한 자

6의2. 제22조제2항을 위반하여 하도급받은 소방시설공사를 다시 하도급한 자

> **관련법규**
>
> **소방시설공사업법 시행령**
> **제12조 [소방시설공사의 시공을 하도급 할 수 있는 경우]**
> ① 소방시설공사업과 다음 각호의 1에 해당하는 사업을 함께 하는 공사업자가 소방시설공사와 해당 사업의 공사를 함께 도급받은 경우에는 법 제22조 제1항 단서에 따라 도급받은 소방시설공사의 일부를 다른 공사업자에게 하도급할 수 있다.
> 1. 주택법 제4조의 규정에 의한 주택건설사업
> 2. 건설산업기본법 제9조의 규정에 의한 건설업
> 3. 전기공사업법 제4조의 규정에 의한 전기공사업
> 4. 정보통신공사업법 제14조의 규정에 의한 정보통신공사업
> ② 공사업자가 제1항에 따라 다른 공사업자에게 그 일부를 하도급할 수 있는 소방시설공사는 제4조제1호 각 목의 소방설비 중 하나 이상의 소방설비를 설치하는 공사로 한다.

(8) 하도급계약의 적정성 심사 등

① 적정성 등을 **심사할 수 있는 경우**

발주자는 다음의 경우에는 하수급인의 시공 및 수행능력, 하도급계약 내용의 적정성 등을 심사할 수 있다. (법 제22조의2 제1항)

㉠ 계약내용을 수행하기에 현저하게 부적당하다고 인정

㉡ 도급계약금액이 **대통령령**으로 정하는 비율에 따른 금액에 미달하는 경우

ⓐ 하도급계약금액이 도급금액 중 하도급부분에 상당하는 금액의 **100분의 82**에 해당하는 금액에 미달하는 경우

ⓑ 하도급계약금액이 소방시설공사등에 대한 발주자의 예정가격의 **100분의 60**에 해당하는 금액에 미달하는 경우

② 적정성 심사를 **실시하여야 하는 경우**

①의 경우(적정성 등을 심사할 수 있는 경우) **국가, 지방자치단체** 또는 **대통령령**으로 정하는 **공공기관**(공기업 및 준정부기관, 지방공사 및 지방공단)이 **발주자**인 때에는 **적정성 심사**를 실시하여야 한다.(법 제22조의2 제1항)

③ **발주자**는 ①에 따라 심사한 결과 하수급인의 시공 및 수행능력 또는 하도급계약 내용이 적정하지 아니한 경우에는 그 사유를 분명하게 밝혀 수급인에게 하수급인 또는 하도급계약 내용의 **변경을 요구할 수 있다**. 이 경우 ②에 따라 적정성 심사를 하였을 때에는 하수급인 또는 하도급계약 내용의 **변경을 요구하여야 한다**.(법 제22조의2 제2항)

④ **발주자**는 수급인이 정당한 사유 없이 ③에 따른 요구에 따르지 아니하여 공사 등의 결과에 중대한 영향을 끼칠 우려가 있는 경우에는 해당 소방시설공사등의 도급계약을 **해지할 수 있다**.(법 제22조의2 제3항)

발주자
건설공사 전부를 최초로 위탁하는 자 또는 공사를 공사업자에게 도급하는 자를 말한다. 다만, 수급인(受給人)으로서 도급받은 공사를 하도급(下都給)하는 자는 제외한다.

수급인
발주자로부터 시설 공사를 도급받은 건설업자를 말하며, 하도급 관계에 있어서 하도급하는 건설업자를 포함함.

하수급인
수급인으로부터 시설 공사를 하도급 받은 자

⑤ **발주자**는 하수급인의 시공 및 수행능력, 하도급계약 내용의 적정성 등을 심사하기 위하여 **하도급계약심사위원회**를 두어야 한다.(법 제22조의2 제4항)

㉠ 하도급계약심사위원회의 구성 및 운영(영 제12조의3)

ⓐ 하도급계약심사위원회는 위원장 **1명**과 부위원장 **1명**을 포함하여 **10명** 이내의 위원으로 구성한다.

ⓑ 위원회의 위원장 : **발주기관의 장**(발주기관이 특별시·광역시·특별자치시·도 및 특별자치도인 경우에는 해당 기관 소속 2급 또는 3급 공무원 중에서, 발주기관이 공공기관인 경우에는 1급 이상 임직원 중에서 발주기관의 장이 지명하는 사람을 각각 말한다)

ⓒ 부위원장과 위원 : 다음 각 호의 어느 하나에 해당하는 사람 중에서 위원장이 임명하거나 성별을 고려하여 위촉한다.

1. 해당 발주기관의 **과장급** 이상 공무원(공공기관의 경우에는 2급 이상의 임직원을 말한다)
2. 소방 분야 연구기관의 **연구위원급** 이상인 사람
3. 소방 분야의 **박사학위**를 취득하고 그 분야에서 3년 이상 연구 또는 실무경험이 있는 사람
4. 대학(소방 분야로 한정한다)의 **조교수** 이상인 사람
5. 「국가기술자격법」에 따른 소방기술사 자격을 취득한 사람

ⓓ ⓒ의 제2호부터 제5호까지의 규정에 해당하는 위원의 임기는 **3년**으로 하며, 한 차례만 연임할 수 있다.

ⓔ 위원회의 회의는 재적위원 **과반수**의 출석으로 개의(開議)하고, 출석위원 **과반수**의 찬성으로 의결한다.

ⓕ ⓐ부터 ⓔ까지에서 규정한 사항 외에 위원회의 운영에 필요한 사항은 위원회의 의결을 거쳐 **위원장**이 정한다.

⑥ 하도급계약의 적정성 심사기준, 하수급인 또는 하도급계약 내용의 변경 요구 절차, 그 밖에 필요한 사항 및 하도급계약심사위원회의 설치·구성 및 심사방법 등에 관하여 필요한 사항은 **대통령령**으로 정한다.(법 제22조의2 제5항)

⑦ 발주자는 하수급인 또는 하도급계약 내용의 변경을 요구하려는 경우에는 하도급에 관한 사항을 통보받은 날 또는 그 사유가 있음을 안 날부터 **30일** 이내에 **서면**으로 하여야 한다.(영 제12조의2 제4항)

관련법규

소방시설공사업법 시행령

제12조의2 [하도급계약의 적정성 심사 등]

① 법 제22조의2 제1항 전단에서 "하도급계약금액이 대통령령으로 정하는 비율에 따른 금액에 미달하는 경우"란 다음 각 호의 어느 하나에 해당하는 경우를 말한다.

1. 하도급계약금액이 도급금액 중 하도급부분에 상당하는 금액[하도급하려는 소방시설공사등에 대하여 수급인의 도급금액 산출내역서의 계약단가(직접·간접 노무비, 재료비 및 경비를 포함한다)를 기준으로 산출한 금액에 일반관리비, 이윤 및 부가가치세를 포함한 금액을 말하며, 수급인이 하수급인에게 직접 지급하는 자재의 비용 등 관계 법령에 따라 수급인이 부담하는 금액은 제외한다]의 100분의 82에 해당하는 금액에 미달하는 경우
2. 하도급계약금액이 소방시설공사등에 대한 발주자의 예정가격의 100분의 60에 해당하는 금액에 미달하는 경우

② 법 제22조의2 제1항 후단에서 "대통령령으로 정하는 공공기관"이란 제11조의5 각 호의 공공기관을 말한다.

1. 삭제
2. 삭제

③ 소방청장은 법 제22조의2 제1항에 따라 하수급인의 시공 및 수행능력, 하도급계약 내용의 적정성 등을 심사하는 경우에 활용할 수 있는 기준을 정하여 고시하여야 한다.

④ 발주자는 법 제22조의2 제2항에 따라 하수급인 또는 하도급계약 내용의 변경을 요구하려는 경우에는 법 제21조의3 제4항에 따라 하도급에 관한 사항을 통보받은 날 또는 그 사유가 있음을 안 날부터 30일 이내에 서면으로 하여야 한다.

제12조의3 [하도급계약심사위원회의 구성 및 운영]

① 법 제22조의2 제4항에 따른 하도급계약심사위원회(이하 "위원회"라 한다)는 위원장 1명과 부위원장 1명을 포함하여 10명 이내의 위원으로 구성한다.

② 위원회의 위원장(이하 "위원장"이라 한다)은 발주기관의 장(발주기관이 특별시·광역시·특별자치시·도 및 특별자치도인 경우에는 해당 기관 소속 2급 또는 3급 공무원 중에서, 발주기관이 제11조의5 각호의 공공기관인 경우에는 1급 이상 임직원 중에서 발주기관의 장이 지명하는 사람을 각각 말한다)이 되고, 부위원장과 위원은 다음 각 호의 어느 하나에 해당하는 사람 중에서 위원장이 임명하거나 성별을 고려하여 위촉한다.

1. 해당 발주기관의 과장급 이상 공무원(제11조의5 각 호의 공공기관의 경우에는 2급 이상의 임직원을 말한다)
2. 소방 분야 연구기관의 연구위원급 이상인 사람
3. 소방 분야의 박사학위를 취득하고 그 분야에서 3년 이상 연구 또는 실무경험이 있는 사람
4. 대학(소방 분야로 한정한다)의 조교수 이상인 사람
5. 「국가기술자격법」에 따른 소방기술사 자격을 취득한 사람

③ 제2항 제2호부터 제5호까지의 규정에 해당하는 위원의 임기는 3년으로 하며, 한 차례만 연임할 수 있다.

④ 위원회의 회의는 재적위원 과반수의 출석으로 개의(開議)하고, 출석위원 과반수의 찬성으로 의결한다.

⑤ 제1항부터 제4항까지에서 규정한 사항 외에 위원회의 운영에 필요한 사항은 위원회의 의결을 거쳐 위원장이 정한다.

> **제12조의4 [위원회 위원의 제척·기피·회피]**
> ① 위원회의 위원은 다음 각 호의 어느 하나에 해당하는 경우에는 해당 하도급계약심사에서 제척(除斥)된다.
>   1. 위원 또는 그 배우자나 배우자이었던 사람이 해당 안건의 당사자(당사자가 법인·단체 등인 경우에는 그 임원을 포함한다. 이하 이 호 및 제2호에서 같다)가 되거나 그 안건의 당사자와 공동권리자 또는 공동의무자인 경우
>   2. 위원이 해당 안건의 당사자와 친족이거나 친족이었던 경우
>   3. 위원이 해당 안건에 대하여 진술이나 감정을 한 경우
>   4. 위원이나 위원이 속한 법인·단체 등이 해당 안건의 당사자의 대리인이거나 대리인이었던 경우
>   5. 위원이 해당 안건의 원인이 된 처분 또는 부작위에 관여한 경우
> ② 해당 안건의 당사자는 위원에게 공정한 심사를 기대하기 어려운 사정이 있는 경우에는 위원회에 기피 신청을 할 수 있으며, 위원회는 의결로 이를 결정한다. 이 경우 기피 신청의 대상인 위원은 그 의결에 참여하지 못한다.
> ③ 위원이 제1항 각 호에 따른 제척 사유에 해당하는 경우에는 스스로 해당 안건의 심사에서 회피(回避)하여야 한다.

(9) 하도급대금의 지급 등(법 제22조의3)

① 수급인은 발주자로부터 도급받은 소방시설공사등에 대한
- **준공금**(竣工金)을 받은 경우에는 하도급대금의 **전부**를,
- **기성금**(旣成金)을 받은 경우에는 하수급인이 **시공하거나 수행한 부분에 상당한 금액**을 각각 지급받은 날(수급인이 발주자로부터 대금을 어음으로 받은 경우에는 그 어음만기일을 말한다)부터 **15일** 이내에 하수급인에게 **현금**으로 지급하여야 한다.

② 수급인은 발주자로부터
- **선급금**을 받은 경우에는 하수급인이 자재의 구입, 현장근로자의 고용, 그 밖에 하도급 공사 등을 시작할 수 있도록 그가 받은 **선급금의 내용과 비율에 따라** 하수급인에게 선금을 받은 날(하도급 계약을 체결하기 전에 선급금을 받은 경우에는 하도급 계약을 체결한 날을 말한다)부터 **15일** 이내에 **선급금**을 지급하여야 한다. 이 경우 수급인은 하수급인이 선급금을 반환하여야 할 경우에 대비하여 하수급인에게 **보증**을 요구할 수 있다.

③ 수급인은 하도급을 한 후 **설계변경 또는 물가변동** 등의 사정으로 도급금액이 조정되는 경우에는 조정된 금액과 비율에 따라 하수급인에게 하도급 금액을 **증액하거나 감액**하여 지급할 수 있다.

• 준공금	공사가 준공된 후 기존에 받은 돈을 제외하고 남은 마지막 공사비
• 기성금	공사의 진척에 따라서 집행하는 공사비
• 선급금	공사의 진척도에 미치지 못하였어도 미리 집행하는 공사비

(10) 하도급계약 자료의 공개
① **국가·지방자치단체** 또는 **대통령령**으로 정하는 **공공기관**(공기업 및 준정부기관, 지방공사 및 지방공단)이 발주하는 소방시설공사등을 하도급 한 경우 해당 발주자는 아래의 사항을 누구나 볼 수 있는 방법으로 **공개하여야 한다.** (법 제22조의4 제1항)

　㉠ 공개 내용
　　1. 공사명
　　2. 예정가격 및 수급인의 도급금액 및 낙찰률
　　3. 수급인(상호 및 대표자, 영업소 소재지, 하도급 사유)
　　4. 하수급인(상호 및 대표자, 업종 및 등록번호, 영업소 소재지)
　　5. 하도급 공사업종
　　6. 하도급 내용(도급금액 대비 하도급 금액 비교명세, 하도급률)
　　7. 선급금 지급 방법 및 비율
　　8. 기성금 지급 방법(지급 주기, 현금지급 비율)
　　9. 설계변경 및 물가변동에 따른 대금 조정 여부
　　10. 하자담보 책임기간
　　11. 하도급대금 지급보증서 발급 여부(발급하지 아니한 경우에는 그 사유를 말한다)
　　12. 표준하도급계약서 사용 유무
　　13. 하도급계약 적정성 심사 결과

　㉡ 소방시설공사등의 하도급계약 자료의 공개는 하도급에 관한 사항을 통보받은 날부터 **30일** 이내에 해당 소방시설공사등을 발주한 기관의 **인터넷 홈페이지**에 게재하는 방법으로 하여야 한다.(영 제12조의5 제2항)

　㉢ 소방시설공사등의 하도급계약 자료의 **공개대상** 계약규모 : **하도급계약금액**이 **1천만 원 이상**인 경우로 한다.(영 제12조의5 제3항)

　㉣ **하도급계약금액** : 하수급인의 하도급금액 산출내역서의 계약단가(직접·간접 노무비, 재료비 및 경비를 포함한다)를 기준으로 산출한 금액에 일반관리비, 이윤 및 부가가치세를 포함한 금액을 말하며, 수급인이 하수급인에게 직접 지급하는 자재의 비용 등 관계 법령에 따라 수급인이 부담하는 금액은 제외한다

② ①에 따른 하도급계약 자료의 공개와 관련된 절차 및 방법, 공개대상 계약규모 등에 관하여 필요한 사항은 **대통령령**으로 정한다.(법 제22조의4 제2항)

관련법규

소방시설공사업법 시행령

제12조의5 [하도급계약 자료의 공개]

① 법 제22조의4 제1항 각 호 외의 부분에서 "대통령령으로 정하는 공공기관"이란 제11조의5 각 호의 공공기관을 말한다.

② 법 제22조의4 제1항에 따른 소방시설공사등의 하도급계약 자료의 공개는 법 제21조의3 제4항에 따라 하도급에 관한 사항을 **통보받은 날부터 30일 이내**에 해당 소방시설공사등을 발주한 기관의 **인터넷 홈페이지에 게재하는 방법**으로 하여야 한다.

③ 법 제22조의4 제1항에 따른 소방시설공사등의 하도급계약 자료의 공개대상 계약규모는 하도급계약금액[하수급인의 하도급금액 산출내역서의 계약단가(직접·간접 노무비, 재료비 및 경비를 포함한다)를 기준으로 산출한 금액에 일반관리비, 이윤 및 부가가치세를 포함한 금액을 말하며, 수급인이 하수급인에게 직접 지급하는 자재의 비용 등 관계 법령에 따라 수급인이 부담하는 금액은 제외한다]이 1천만 원 이상인 경우로 한다.

(11) 도급계약의 해지 〔기출〕 13, 17 공채

① 특정소방대상물의 관계인 또는 발주자는 해당 도급계약의 수급인이 다음 각 호의 어느 하나에 해당하는 경우에는 도급계약을 해지할 수 있다.(법 제23조)

㉠ 소방시설업이 **등록취소**되거나 **영업정지**된 경우

㉡ 소방시설업을 **휴업**하거나 **폐업**한 경우

㉢ 정당한 사유 없이 **30일 이상 소방시설공사를 계속하지 아니하는 경우**

㉣ 적정성 심사에 따른 하도급계약 내용의 **변경 요구에 정당한 사유 없이 따르지 아니하는 경우**

암기법
정취휴폐 + 30일 + 정

42 ① ② ③

「소방시설공사업법」상 도급계약의 해지 기준에 대한 다음 설명 중 가장 타당하지 않은 것은?

① 특정소방대상물의 관계인 또는 발주자는 해당 도급계약의 수급인이 소방시설업을 휴업한 때에는 도급계약을 해지할 수 있다.

② 특정소방대상물의 관계인 또는 발주자는 해당 도급계약의 수급인이 소방시설업이 등록취소되거나 영업정지의 처분을 받은 때에는 도급계약을 해지할 수 있다.

③ 특정소방대상물의 관계인 또는 발주자는 해당 도급계약의 수급인이 정당한 사유 없이 10일 이상 소방시설공사를 계속하지 아니하는 때에는 도급계약을 해지할 수 있다.

④ 특정소방대상물의 관계인 또는 발주자는 해당 도급계약의 수급인이 소방시설업을 폐업한 때에는 도급계약을 해지할 수 있다.

정답 42. ③

13 공사업자의 감리제한(소방시설공사업법 제24조)

(1) 감리제한 **기출** 11 공채
① **공사업자**(법인인 경우 법인의 대표자 또는 임원을 말한다. 이하 ④에서 같다)와 **감리업자**(법인인 경우 법인의 대표자 또는 임원을 말한다. 이하 ④에서 같다)가 **같은 자**인 경우
② 「독점규제 및 공정거래에 관한 법률」 제2조 제11호에 따른 기업집단의 **관계인 경우**
③ **법인**과 **그 법인**의 **임직원**의 관계인 경우
④ 공사업자와 감리업자가 「민법」 제777조에 따른 **친족관계**인 경우

43
「소방시설공사업법」상 공사업자의 감리를 제한하는 경우가 아닌 것은?
① 소방시설설계업과 소방공사감리업을 같이 하는 경우
② 공사업자와 감리업자가 같은 자인 경우
③ 공사업자와 감리업자가 친족관계인 경우
④ 법인과 그 법인의 임직원의 관계인 경우

14 소방 기술용역의 대가 기준(소방시설공사업법 제25조)

소방시설공사의 설계와 감리에 관한 약정을 할 때 그 대가는 「엔지니어링산업 진흥법」 제31조에 따른 엔지니어링사업의 대가 기준 가운데 **행정안전부령**으로 정하는 방식에 따라 산정한다.
① 소방시설**설계**의 대가 : 통신부문에 적용하는 **공사비 요율**에 따른 방식
② 소방공사**감리**의 대가 : **실비정액 가산방식**

> **관련법규**
>
> **소방시설공사업법 시행규칙**
> **제21조 [소방기술용역의 대가 기준 산정방식]**
> 법 제25조에서 "행정안전부령으로 정하는 방식"이란 「엔지니어링산업 진흥법」 제31조 제2항에 따라 산업통상자원부장관이 고시한 엔지니어링 사업대가의 기준 중 다음 각 호에 따른 방식을 말한다.
> 1. 소방시설설계의 대가 : 통신부문에 적용하는 공사비 요율에 따른 방식
> 2. 소방공사감리의 대가 : 실비정액 가산방식

정답 43. ①

15 시공능력 평가 및 공시(소방시설공사업법 제26조)

(1) 시공능력 평가 및 공시 16 공채

① **소방청장**은 관계인 또는 발주자가 적절한 공사업자를 선정할 수 있도록 하기 위하여 **공사업자의 신청이 있으면** 그 공사업자의 소방시설공사 실적, 자본금 등에 따라 **시공능력을 평가**하여 공시할 수 있다.(법 제26조 제1항)

㉠ 소방시설공사 시공능력 평가의 신청(규칙 제22조)

소방시설공사의 시공능력을 평가받으려는 공사업자는 소방시설공사 시공능력평가신청서(전자문서로 된 소방시설공사 시공능력평가신청서를 포함한다)에 다음 각 호의 서류(전자문서를 포함한다)를 첨부하여 협회에 매년 **2월 15일**[제5호의 서류는 법인의 경우에는 매년 4월 15일, 개인의 경우에는 매년 6월 10일(「소득세법」에 따른 성실신고확인대상사업자는 매년 7월 10일)]까지 제출해야 하며, 이 경우 협회는 공사업자가 첨부해야 할 서류를 갖추지 못하였을 때에는 **15일**의 **보완**기간을 부여하여 보완하게 해야 한다. 다만, 「전자정부법」에 따른 행정정보의 공동이용을 통하여 첨부서류에 대한 정보를 확인할 수 있는 경우에는 그 확인으로 첨부서류를 갈음할 수 있다.

ⓐ 첨부서류

1. 소방공사실적을 증명하는 다음 각 목의 구분에 따른 해당 서류(전자문서를 포함한다)

   가. 국가, 지방자치단체, 「공공기관의 운영에 관한 법률」 제5조에 따른 공기업·준정부기관 또는 「지방공기업법」 제49조에 따라 설립된 지방공사나 같은 법 제76조에 따라 설립된 지방공단(이하 "국가등"이라 한다. 이하 같다)이 발주한 국내 소방시설공사의 경우: 해당 발주자가 발행한 별지 제33호서식의 소방시설공사 실적증명서

   나. 가목, 라목 또는 마목 외의 국내 소방시설공사와 하도급공사의 경우: 해당 소방시설공사의 발주자 또는 수급인이 발행한 별지 제33호서식의 소방시설공사 실적증명서 및 부가가치세법령에 따른 세금계산서(공급자 보관용) 사본이나 소득세법령에 따른 계산서(공급자 보관용) 사본. 다만, 유지·보수공사는 공사시공명세서로 갈음할 수 있다.

   다. 해외 소방시설공사의 경우: 재외공관장이 발행한 해외공사 실적증명서 또는 공사계약서 사본이 첨부된 외국환은행이 발행한 외화입금증명서

   라. 주한국제연합군 또는 그 밖의 외국군의 기관으로부터 도급받은 소방시설공사의 경우 : 거래하는 외국환은행이 발행한 외화입금증명서 및 도급계약서 사본

---

44 「소방시설공사업법 시행규칙」상 소방시설공사의 시공능력평가 항목이 아닌 것은?

① 자본금 평가액
② 인력 평가액
③ 기술력 평가액
④ 신인도 평가액

보완기간

4일
• 건축허가등의 동의요구

7일
• 성능위주설계의 신고

10일
• 소방시설업 등록신청
• 소방시설관리업 등록신청
• 화재감정기관 지정신청

15일
• 점검능력평가 신청
• 방염처리능력평가 신청
• 시공능력평가 신청
• 소방기술자 실무교육기관 신청

정답 44. ②

마. 공사업자의 자기수요에 따른 소방시설공사의 경우: 그 공사의 감리자가 확인한 별지 제33호서식의 소방시설공사 실적증명서
2. 평가를 받는 해의 전년도 말일 현재의 소방시설업 등록수첩 사본
3. 소방기술자보유현황
4. 신인도평가신고서(다음 각 목의 어느 하나에 해당하는 사실이 있는 경우에만 해당된다)
   가. 품질경영인증(ISO 9000) 취득
   나. 우수소방시설공사업자 지정
   다. 소방시설공사 표창 수상
5. 다음 각 목의 어느 하나에 해당하는 서류
   가. 「법인세법」 및 「소득세법」에 따라 관할 세무서장에게 제출한 조세에 관한 신고서(「세무사법」 제6조에 따라 등록한 세무사가 확인한 것으로서 재무상태표 및 손익계산서가 포함된 것)
   나. 「주식회사의 외부감사에 관한 법률」에 따라 외부감사인의 회계감사를 받은 재무제표
   다. 「공인회계사법」 제7조에 따라 등록한 공인회계사 또는 같은 법 제24조에 따라 등록한 회계법인이 감사한 회계서류
   라. 출자・예치・담보 금액 확인서(다만, 소방청장이 지정하는 금융회사 또는 소방산업공제조합에서 통보하는 경우에는 생략할 수 있다)
ⓒ ㉠에서 규정한 사항 외에 시공능력 평가 등 업무수행에 필요한 세부규정은 **협회**가 정하되, **소방청장의 승인**을 받아야 한다.
② ①에 따른 평가를 받으려는 공사업자는 전년도 소방시설공사 실적, 자본금, 그 밖에 **행정안전부령**으로 정하는 사항을 소방청장에게 제출하여야 한다. (법 제26조 제2항)

행정질서벌

법 제40조 [과태료]
① 다음 각 호의 어느 하나에 해당하는 자에게는 <u>200만 원 이하의 과태료</u>를 부과한다.
13의2. 제26조제2항에 따른 시공능력 평가에 관한 서류를 거짓으로 제출한 자 (200)

---

③ ① 및 ②에 따른 시공능력 평가신청 절차, 평가방법 및 공시방법 등에 필요한 사항은 **행정안전부령**으로 정한다. (법 제26조 제3항)

④ 평가방법 (규칙 별표4)
　㉠ 시공능력평가액

> 시공능력평가액 = 실적평가액 + 자본금평가액 + 기술력평가액 + 경력평가액
> 　　　　　　　± 신인도평가액

　㉡ 실적평가액

> 실적평가액 = 연평균 공사실적액

　　ⓐ 공사실적액(발주자가 공급하는 자재비를 제외한다)은 해당 업체의 수급금액 중 하수급금액은 포함하고 하도급금액은 제외한다.
　　ⓑ 공사업을 한 기간이 산정일을 기준으로 **3년 이상**인 경우에는 최근 3년간의 공사실적을 **합산**하여 3으로 **나눈 금액**을 연평균공사실적액으로 한다.
　　ⓒ 공사업을 한 기간이 산정일을 기준으로 **1년 이상 3년 미만**인 경우에는 그 기간의 공사실적을 **합산**한 금액을 그 기간의 **개월수로 나눈 금액**에 **12를 곱한 금액**을 연평균공사실적액으로 한다.
　　ⓓ 공사업을 한 기간이 산정일을 기준으로 **1년 미만**인 경우에는 그 기간의 공사실적액을 연평균공사실적액으로 한다.

　㉢ 자본금평가액

> 자본금평가액 = (실질자본금 × 실질자본금의 평점 + 소방청장이 지정한 금융회사
> 　　　　　　　또는 소방산업공제조합에 출자·예치·담보한 금액) × 70/100

　㉣ 기술력평가액

> 기술력평가액 = 전년도 공사업계의 기술자1인당 평균생산액 ×
> 　　　　　　　보유기술인력 가중치합계 × 30/100 + 전년도 기술개발투자액

　㉤ 경력평가액

> 경력평가액 = 실적평가액 × 공사업 경영기간 평점 × 20/100

　㉥ 신인도평가액
　　(신인도평가액은 실적평가액·자본금평가액·기술력평가액·경력평가액을 합친 금액의 ±10%의 범위를 초과할 수 없으며, 가점요소와 감점요소가 있는 경우에는 이를 상계한다.)

> 신인도평가액 = (실적평가액 + 자본금평가액 + 기술력평가액 + 경력평가액)
> 　　　　　　　× 신인도 반영비율 합계

⑤ 시공능력의 평가 및 공시(규칙 제23조)

㉠ 평가된 시공능력은 공사업자가 도급받을 수 있는 **1건의 공사도급금액**으로 하고, 시공능력 평가의 **유효기간**은 **공시일부터 1년**간으로 한다. 다만, 다음 각 호의 어느 하나에 해당하는 사유로 평가된 시공능력의 유효기간은 그 시공능력 **평가 결과의 공시일**부터 다음 해의 **정기 공시일의 전날**까지로 한다.

ⓐ 소방시설공사업을 등록한 경우

ⓑ 소방시설공사업을 상속·양수·합병하거나 소방시설 전부를 인수한 경우

ⓒ 소방시설공사 시공능력 평가의 신청의 서류가 거짓으로 확인되어 새로 평가한 경우

㉡ **협회**는 시공능력을 평가한 경우에는 그 사실을 해당 공사업자의 등록수첩에 기재하여 발급하고, 매년 **7월 31일**까지 각 공사업자의 시공능력을 **일간신문** 또는 **인터넷 홈페이지**를 통하여 공시하여야 한다. 다만, ㉠의 어느 하나에 해당하는 사유로 시공능력을 평가한 경우에는 **인터넷 홈페이지**를 통하여 공시하여야 한다.

㉢ **협회**는 시공능력평가 및 공시를 위하여 제출된 자료가 **거짓으로 확인**된 경우에는 그 확인된 날부터 **10일** 이내에 ㉡에 따라 공시된 해당 공사업자의 시공능력을 **새로 평가**하고 해당 공사업자의 등록수첩에 그 사실을 기재하여 **발급**하여야 한다.

● 소방시설관리업 점검능력평가 vs 방염처리업 능력평가 vs 시공능력 평가

소방시설관리업 점검능력평가 (소방시설법)	점검능력평가액 = 실적평가액 + 기술력평가액 + 경력평가액 ± 신인도평가액
방염처리업 능력평가 (공사업법)	방염처리능력평가액 = 실적평가액 + 자본금평가액 + 기술력평가액 + 경력평가액 ± 신인도평가액
시공능력 평가 (공사업법)	시공능력평가액 = 실적평가액 + 자본금평가액 + 기술력평가액 + 경력평가액 ± 신인도평가액

45
「소방시설공사업법 시행규칙」상 시공능력평가방법으로 옳은 것은?

① 실적평가액 + 자본금평가액 + 시공능력평가액 + 경력평가액 ± 신인도평가액
② 실적평가액 + 자본금평가액 + 기술력평가액 + 경력평가액 ± 신인도평가액
③ 실적평가액 + 기본금평가액 + 기술력평가액 + 경력평가액 ± 신인도평가액
④ 실적평가액 + 기본금평가액 + 기술력평가액 + 경력평가액 ± 신인도평가액

46
「소방시설공사업법 시행규칙」상 시공능력평가방법에 대한 설명으로 옳지 않은 것은?

① 공사실적액(발주자가 공급하는 자재비를 제외한다)은 당해 업체의 수급금액 중 하수급금액은 포함하고 하도급금액은 제외한다.
② 공사업을 한 기간이 산정일을 기준으로 2년 이상인 경우에는 최근 3년간의 공사실적을 합산하여 3으로 나눈 금액을 연평균공사실적액으로 한다.
③ 공사업을 한 기간이 산정일을 기준으로 1년 이상 3년 미만인 경우에는 당해 기간의 공사실적을 합산한 금액을 당해 기간의 월수로 나눈 금액에 12를 곱한 금액을 연평균공사실적액으로 한다.
④ 공사업을 한 기간이 산정일을 기준으로 1년 미만인 경우에는 당해 기간의 공사실적액을 연평균공사실적액으로 한다.

정답 45. ② 46. ②

【시공능력 평가의 방법】 시행규칙 별표4

소방시설공사업자의 시공능력 평가는 다음 계산식으로 산정하되, 10만원 미만의 숫자는 버린다. 이 경우 산정기준일은 평가를 하는 해의 전년도 말일로 한다.

$$시공능력평가액 = 실적평가액 + 자본금평가액 + 기술력평가액 + 경력평가액 ± 신인도평가액$$

1. 실적평가액은 다음 계산식으로 산정한다.

$$실적평가액 = 연평균 공사실적액$$

가. 공사실적액(발주자가 공급하는 자재비를 제외한다)은 해당 업체의 수급금액중 하수급금액은 포함하고 하도급금액은 제외한다.
나. 공사업을 한 기간이 산정일을 기준으로 3년 이상인 경우에는 최근 3년간의 공사실적을 합산하여 3으로 나눈 금액을 연평균공사실적액으로 한다.
다. 공사업을 한 기간이 산정일을 기준으로 1년 이상 3년 미만인 경우에는 그 기간의 공사실적을 합산한 금액을 그 기간의 개월수로 나눈 금액에 12를 곱한 금액을 연평균공사실적액으로 한다.
라. 공사업을 한 기간이 산정일을 기준으로 1년 미만인 경우에는 그 기간의 공사실적액을 연평균공사실적액으로 한다.
마. 다음의 어느 하나에 해당하는 경우에 실적은 종전 공사업자의 실적과 공사업을 승계한 자의 실적을 합산한다.
  1) 공사업자인 법인이 분할에 의하여 설립되거나 분할합병한 회사에 그가 경영하는 소방시설공사업 전부를 양도하는 경우
  2) 개인이 경영하던 소방시설공사업을 법인사업으로 전환하기 위하여 소방시설공사업을 양도하는 경우(소방시설공사업의 등록을 한 개인이 당해 법인의 대표자가 되는 경우에만 해당한다)
  3) 합명회사와 합자회사 간, 주식회사와 유한회사 간의 전환을 위하여 소방시설공사업을 양도하는 경우
  4) 공사업자는 법인 간에 합병을 하는 경우 또는 공사업자인 법인과 공사업자가 아닌 법인이 합병을 하는 경우
  5) 공사업자가 영 제2조 별표 1 제2호에 따른 소방시설공사업의 업종 중 일반 소방시설공사업에서 전문 소방시설공사업으로 전환하거나 전문 소방시설공사업에서 일반 소방시설공사업으로 전환하는 경우
  6) 법 제6조의2에 따른 폐업신고로 소방시설공사업의 등록이 말소된 후 6개월 이내에 다시 소방시설공사업을 등록하는 경우

2. 자본금평가액은 다음 계산식으로 산정한다.

$$자본금평가액 = (실질자본금 × 실질자본금의 평점 + 소방청장이 지정한 금융회사 또는 소방산업공제조합에 출자·예치·담보한 금액) × 70/100$$

가. 실질자본금은 해당 공사업체 최근 결산일 현재(새로 등록한 자는 등록을 위한 기업진단기준일 현재)의 총자산에서 총부채를 뺀 금액을 말하며, 소방시설공사업 외의 다른 업을 겸업하는 경우에는 실질자본금에서 겸업비율에 해당하는 금액을 공제한다.

나. 실질자본금의 평점은 다음 표에 따른다.

실질 자본금의 규모	등록기준 자본금의 2배 미만	등록기준 자본금의 2배 이상 3배 미만	등록기준 자본금의 3배 이상 4배 미만	등록기준 자본금의 4배 이상 5배 미만	등록기준 자본금의 5배 이상
평점	1.2	1.5	1.8	2.1	2.4

다. 출자금액은 평가연도의 직전연도 말 현재 출자한 좌수에 소방청장이 지정한 금융회사 또는 소방산업공제조합이 평가한 지분액을 곱한 금액으로 한다. 다만, 제23조제2항 각 호의 어느 하나의 사유로 시공능력을 평가하는 경우에는 시공능력 평가의 신청일을 기준으로 한다.

3. 기술력평가액은 다음 계산식으로 산정한다.

> 기술력평가액 = 전년도 공사업계의 기술자1인당 평균생산액 ×
> 보유기술인력 가중치합계 × 30/100 + 전년도 기술개발투자액

가. 전년도 공사업계의 기술자 1인당 평균생산액은 공사업계의 국내 총기성액을 공사업계에 종사하는 기술자의 총수로 나눈 금액으로 하되, 이 경우 국내 총기성액 및 기술자 총수는 협회가 관리하고 있는 정보를 기준으로 한다(전년도 공사업계·기술자 1인당 평균생산액이 산출되지 아니하는 경우에는 전전년도 공사업계의 기술자 1인당 평균생산액을 적용한다)

나. 보유기술인력 가중치의 계산은 다음의 방법에 따른다.
 1) 보유기술인력은 해당 공사업체의 소방시설공사업 기술인력으로 등록되어 6개월 이상 근무한 사람(신규등록·신규양도·합병 후 공사업을 한 기간이 6개월 미만인 경우에는 등록신청서·양도신고서·합병신고서에 적혀 있는 기술인력자로 한다)만 해당한다.
 2) 보유기술인력의 등급은 특급기술자, 고급기술자, 중급기술자 및 초급기술자로 구분하되, 등급구분의 기준은 별표4의2 제3호가목과 같다.
 3) 보유기술인력의 등급별 가중치는 다음 표와 같다.

보유기술인력	특급기술자	고급기술자	중급기술자	초급기술자
가중치	2.5	2	1.5	1

 4) 보유기술인력 1명이 기계분야 기술과 전기분야 기술을 함께 보유한 경우에는 3)의 가중치에 0.5를 가산한다.

다. 전년도 기술개발투자액은 「조세특례제한법 시행령」 별표 6에 규정된 비용 중 소방시설공사업 분야에 실제로 사용된 금액으로 한다.

4. 경력평가액은 다음 계산식으로 산정한다.

> 경력평가액 = 실적평가액 × 공사업 경영기간 평점 × 20/100

가. 공사업경영기간은 등록일·양도신고일 또는 합병신고일부터 산정기준일까지로 한다.
나. 종전 공사업자의 공사업 경영기간과 공사업을 승계한 자의 공사업 경영기간의 합산에 관해서는 제1호마목을 준용한다.
다. 공사업경영기간 평점은 다음 표에 따른다.

공사업 경영기간	2년 미만	2년 이상 4년 미만	4년 이상 6년 미만	6년 이상 8년 미만	8년 이상 10년 미만
평점	1.0	1.1	1.2	1.3	1.4
10년 이상 12년 미만	12년 이상 14년 미만	14년 이상 16년 미만	16년 이상 18년 미만	18년 이상 20년 미만	20년 이상
1.5	1.6	1.7	1.8	1.9	2.0

5. 신인도평가액은 다음 계산식으로 산정하되, 신인도평가액은 실적평가액·자본금평가액·기술력평가액·경력평가액을 합친 금액의 ±10%의 범위를 초과할 수 없으며, 가점요소와 감점요소가 있는 경우에는 이를 상계한다.

> 신인도평가액 = (실적평가액 + 자본금평가액 + 기술력평가액 + 경력평가액)
> × 신인도 반영비율 합계

가. 신인도 반영비율 가점요소는 다음과 같다.
  1) 최근 1년간 국가기관·지방자치단체·공공기관으로부터 우수시공업자로 선정된 경우(+3%)
  2) 최근 1년간 국가기관·지방자치단체 및 공공기관으로부터 공사업과 관련한 표창을 받은 경우
   - 대통령 표창(+3%)
   - 그 밖의 표창(+2%)
  3) 공사업자의 공사 시공 상 환경관리 및 공사폐물의 처리실태가 우수하여 환경부장관으로부터 시공능력의 증액 요청이 있는 경우(+2%)
  4) 소방시설공사업에 관한 국제품질경영인증(ISO)을 받은 경우(+2%)
나. 신인도 반영비율 감점요소는 아래와 같다.
  1) 최근 1년간 국가기관·지방자치단체·공공기관으로부터 부정당업자로 제재처분을 받은 사실이 있는 경우(-3%)
  2) 최근 1년간 부도가 발생한 사실이 있는 경우(-2%)
  3) 최근 1년간 법 제9조 또는 제10조에 따라 영업정지처분 및 과징금처분을 받은 사실이 있는 경우
   - 1개월 이상 3개월 이하(-2%)
   - 3개월 초과(-3%)
  4) 최근 1년간 법 제40조에 따라 사유로 과태료처분을 받은 사실이 있는 경우(-2%)
  5) 최근 1년간 환경관리법령에 따른 과태료 처분, 영업정지 처분 및 과징금 처분을 받은 사실이 있는 경우(-2%)

47

「소방시설공사업법 시행규칙」상 신인도 반영비율 가점요소로 옳지 않은 것은?

① 최근 1년간 국가기관 지방자치단체 공공기관으로부터 우수시공업자로 선정된 자의 경우
② 최근 2년간 국가기관 지방자치단체 및 공공기관으로부터 공사업과 관련한 표창을 수상한 자의 경우
③ 공사업자의 공사 시공상 환경관리 및 공사폐물의 처리실태가 우수하여 환경부장관으로부터 시공능력의 증액의 요청이 있는 자의 경우
④ 소방시설공사업에 관한 국제품질경영인증(ISO)을 받은 업체의 경우

48

「소방시설공사업법 시행규칙」상 신인도 반영비율 감점요소로 옳지 않은 것은?

① 최근 1년간 국가기관 지방자치단체 공공기관으로부터 부정당업자로 제재처분을 받은 사실이 있는 자의 경우
② 최근 1년간 부도가 발생된 사실이 있는 자의 경우
③ 최근 1년간 법 제40조의 규정에 의한 사유로 벌금처분을 받은 사실이 있는 자의 경우
④ 최근 1년간 환경관리법령에 의한 과태료 이상의 처분을 받은 사실이 있는 자의 경우

정답 47. ② 48. ③

● 방염처리능력 평가의 방법 vs 시공능력 평가의 방법

	방염처리능력 평가의 방법	시공능력 평가의 방법
	방염처리능력평가액 = 실적평가액 + 자본금평가액 + 기술력평가액 + 경력평가액 ± 신인도평가액	시공능력평가액 = 실적평가액 + 자본금평가액 + 기술력평가액 + 경력평가액 ± 신인도평가액
실적평가액	실적평가액 = 연평균 방염처리실적액	실적평가액 = 연평균공사실적액
자본금평가액	자본금평가액 = 실질자본금	자본금평가액 = (실질자본금 × 실질자본금의 평점 + 소방청장이 지정한 금융회사 또는 소방산업공제조합에 출자·예치·담보한 금액) × 70/100
기술력평가액	기술력평가액 = 전년도 연구·인력개발비 + 전년도 방염처리시설 및 시험기기 구입비용	기술력평가액 = 전년도 공사업계의 기술자1인당 평균생산액 × 보유기술인력 가중치합계 × 30/100 + 전년도 기술개발투자액
경력평가액	경력평가액 = 실적평가액 × 방염처리업 경영기간 평점 × 20/100	경력평가액 = 실적평가액 × 공사업 경영기간 평점 × 20/100
신인도평가액	신인도평가액 = (실적평가액 + 자본금평가액 + 기술력평가액 + 경력평가액) × 신인도 반영비율 합계	신인도평가액 = (실적평가액 + 자본금평가액 + 기술력평가액 + 경력평가액) × 신인도 반영비율 합계

🔖 **관련법규**

소방시설공사업법 시행규칙

제22조 [소방시설공사 시공능력 평가의 신청]

① 법 제26조 제1항에 따라 소방시설공사의 시공능력을 평가받으려는 공사업자는 법 제26조 제2항에 따라 별지 제32호서식의 소방시설공사 시공능력평가신청서(전자문서로 된 소방시설공사 시공능력평가신청서를 포함한다)에 다음 각 호의 서류(전자문서를 포함한다)를 첨부하여 협회에 매년 2월 15일[제5호의 서류는 법인의 경우에는 매년 4월 15일, 개인의 경우에는 매년 6월 10일(「소득세법」 제70조의2 제1항에 따른 성실신고확인대상사업자는 매년 7월 10일)]까지 제출해야 하며, 이 경우 협회는 공사업자가 첨부해야 할 서류를 갖추지 못하였을 때에는 15일의 보완기간을 부여하여 보완하게 해야 한다. 다만, 「전자정부법」 제36조 제1항에 따른 행정정보의 공동이용을 통하여 첨부서류에 대한 정보를 확인할 수 있는 경우에는 그 확인으로 첨부서류를 갈음할 수 있다.
1. 소방공사실적을 증명하는 다음 각 목의 구분에 따른 해당 서류(전자문서를 포함한다)
   가. 국가, 지방자치단체, 「공공기관의 운영에 관한 법률」 제5조에 따른 공기업·준정부기관 또는 「지방공기업법」 제49조에 따라 설립된 지방공사나 같은 법 제76조에 따라 설립된 지방공단(이하 "국가등"이라 한다. 이하 같다)이 발주한 국내 소방시설공사의 경우: 해당 발주자가 발행한 별지 제33호서식의 소방시설공사 실적증명서

나. 가목, 라목 또는 마목 외의 국내 소방시설공사와 하도급공사의 경우: 해당 소방시설공사의 발주자 또는 수급인이 발행한 별지 제33호서식의 소방시설공사 실적증명서 및 부가가치세법령에 따른 세금계산서(공급자 보관용) 사본이나 소득세법령에 따른 계산서(공급자 보관용) 사본. 다만, 유지·보수공사는 공사시공명세서로 갈음할 수 있다.
　다. 해외 소방시설공사의 경우: 재외공관장이 발행한 해외공사 실적증명서 또는 공사계약서 사본이 첨부된 외국환은행이 발행한 외화입금증명서
　라. 주한국제연합군 또는 그 밖의 외국군의 기관으로부터 도급받은 소방시설공사의 경우: 거래하는 외국환은행이 발행한 외화입금증명서 및 도급계약서 사본
　마. 공사업자의 자기수요에 따른 소방시설공사의 경우: 그 공사의 감리자가 확인한 별지 제33호서식의 소방시설공사 실적증명서
2. 평가를 받는 해의 전년도 말일 현재의 소방시설업 등록수첩 사본
3. 별지 제35호서식의 소방기술자보유현황
4. 별지 제36호서식의 신인도평가신고서(다음 각 목의 어느 하나에 해당하는 사실이 있는 경우에만 해당된다)
　가. 품질경영인증(ISO 9000) 취득
　나. 우수소방시설공사업자 지정
　다. 소방시설공사 표창 수상
5. 다음 각 목의 어느 하나에 해당하는 서류
　가. 「법인세법」 및 「소득세법」에 따라 관할 세무서장에게 제출한 조세에 관한 신고서(「세무사법」 제6조에 따라 등록한 세무사가 확인한 것으로서 재무상태표 및 손익계산서가 포함된 것)
　나. 「주식회사의 외부감사에 관한 법률」에 따라 외부감사인의 회계감사를 받은 재무제표
　다. 「공인회계사법」 제7조에 따라 등록한 공인회계사 또는 같은 법 제24조에 따라 등록한 회계법인이 감사한 회계서류
　라. 출자·예치·담보 금액 확인서(다만, 소방청장이 지정하는 금융회사 또는 소방산업공제조합에서 통보하는 경우에는 생략할 수 있다)
② 제1항에서 규정한 사항 외에 시공능력 평가 등 업무수행에 필요한 세부규정은 협회가 정하되, 소방청장의 승인을 받아야 한다.

제23조 [시공능력의 평가]

① 법 제26조 제3항에 따른 시공능력 평가의 방법은 별표 4와 같다.
② 제1항에 따라 평가된 시공능력은 공사업자가 도급받을 수 있는 1건의 공사도급금액으로 하고, 시공능력 평가의 유효기간은 공시일부터 1년간으로 한다. 다만, 다음 각 호의 어느 하나에 해당하는 사유로 평가된 시공능력의 유효기간은 그 시공능력 평가 결과의 공시일부터 다음 해의 정기 공시일(제3항 본문에 따라 공시한 날을 말한다)의 전날까지로 한다.
1. 법 제4조에 따라 소방시설공사업을 등록한 경우
2. 법 제7조 제1항이나 제2항에 따라 소방시설공사업을 상속·양수·합병하거나 소방시설 전부를 인수한 경우
3. 제22조 제1항 각 호의 서류가 거짓으로 확인되어 제4항에 따라 새로 평가한 경우

③ 협회는 시공능력을 평가한 경우에는 그 사실을 해당 공사업자의 등록수첩에 기재하여 발급하고, 매년 7월 31일까지 각 공사업자의 시공능력을 일간신문(「신문 등의 진흥에 관한 법률」 제2조 제1호가목 또는 나목에 해당하는 일간신문으로서 같은 법 제9조 제1항에 따른 등록 시 전국을 보급지역으로 등록한 일간신문을 말한다. 이하 같다) 또는 인터넷 홈페이지를 통하여 공시하여야 한다. 다만, 제2항 각 호의 어느 하나에 해당하는 사유로 시공능력을 평가한 경우에는 인터넷 홈페이지를 통하여 공시하여야 한다.

④ 협회는 시공능력평가 및 공시를 위하여 제22조에 따라 제출된 자료가 거짓으로 확인된 경우에는 그 확인된 날부터 10일 이내에 제3항에 따라 공시된 해당 공사업자의 시공능력을 새로 평가하고 해당 공사업자의 등록수첩에 그 사실을 기재하여 발급하여야 한다.

제23조의2 【설계업자 또는 감리업자의 선정 등】

① 영 제12조의8 제4항에 따른 사업수행능력 평가의 세부기준은 다음 각 호의 평가기준을 말한다.
  1. 설계용역의 경우: 별표 4의3의 사업수행능력 평가기준
  2. 공사감리용역의 경우: 별표 4의4의 사업수행능력 평가기준

② 소방청장은 영 제12조의8에 따라 설계업자 또는 감리업자가 사업수행능력을 평가받을 때 제출하는 서류 등의 표준서식을 정하여 국가등이 이를 이용하게 할 수 있다.

③ 설계업자 및 감리업자는 그가 수행하거나 수행한 설계용역 또는 공사감리용역의 실적관리를 위하여 협회에 설계용역 또는 공사감리용역의 실적 현황을 제출할 수 있다.

④ 협회는 제3항에 따라 설계용역 또는 공사감리용역의 현황을 접수받았을 때에는 그 내용을 기록·관리하여야 하며, 설계업자 또는 감리업자가 요청하면 별지 제36호의2서식의 설계용역 수행현황확인서 또는 별지 제36호의3서식의 공사감리용역 수행현황확인서를 발급하여야 한다.

⑤ 협회는 제4항에 따라 설계용역 또는 공사감리용역의 기록·관리를 하는 경우나 설계용역 수행현황확인서, 공사감리용역 수행현황확인서를 발급할 때에는 그 신청인으로부터 실비(實費)의 범위에서 소방청장의 승인을 받아 정한 수수료를 받을 수 있다.

제23조의3 【기술능력 평가기준·방법】

① 국가 등은 법 제26조의2 및 영 제12조의8 제3항에 따라 기술과 가격을 분리하여 낙찰자를 선정하려는 경우에는 다음 각 호의 기준에 따라야 한다.
  1. 설계용역의 경우: 별표 4의3의 평가기준에 따른 평가 결과 국가 등이 정하는 일정 점수 이상을 얻은 자를 입찰참가자로 선정한 후 기술제안서(입찰금액이 적힌 것을 말한다. 이하 이 조에서 같다)를 제출하게 하고, 기술제안서를 제출한 자를 별표 4의5의 평가기준에 따라 평가한 결과 그 점수가 가장 높은 업체부터 순서대로 기술제안서에 기재된 입찰금액이 예정가격 이내인 경우 그 업체와 협상하여 낙찰자를 선정한다.
  2. 공사감리용역의 경우: 별표 4의4의 평가기준에 따른 평가 결과 국가 등이 정하는 일정 점수 이상을 얻은 자를 입찰참가자로 선정한 후 기술제안서를 제출하게 하고, 기술제안서를 제출한 자를 별표 4의6의 평가기준에 따라 평가한 결과 그 점수가 가장 높은 업체부터 순서대로 기술제안서에 기재된 입찰금액이 예정가격 이내인 경우 그 업체와 협상하여 낙찰자를 선정한다.

② 국가 등은 낙찰된 업체의 기술제안서를 설계용역 또는 감리용역 계약문서에 포함시켜야 한다.

16 설계·감리업자의 선정(소방시설공사업법 제26조의2)

① **국가, 지방자치단체** 또는 **대통령령**으로 정하는 **공공기관**(공기업 및 준정부기관, 지방공사 및 지방공단)은 그가 발주하는 소방시설의 설계·공사 감리 용역 중 소방청장이 정하여 **고시하는 금액 이상의 사업**에 대하여는 **대통령령**으로 정하는 바에 따라 **집행 계획**을 작성하여 **공고하여야 한다.**
(법 제26조의2 제1항 전단)

　㉠ 집행 계획의 내용(영 제12조의7 제1항)
　　　ⓐ 설계·공사 감리 용역명
　　　ⓑ 설계·공사 감리 용역사업 시행 기관명
　　　ⓒ 설계·공사 감리 용역사업의 주요 내용
　　　ⓓ 총사업비 및 해당 연도 예산 규모
　　　ⓔ 입찰 예정시기
　　　ⓕ 그 밖에 입찰 참가에 필요한 사항
　㉡ **집행 계획의 공고**는 **입찰공고**와 함께 할 수 있다.(영 제12조의7 제2항)

② 공고된 사업을 하려면 기술능력, 경영능력, 그 밖에 **대통령령**으로 정하는 사업수행능력 평가기준에 적합한 설계·감리업자를 **선정하여야 한다.**
(법 제26조의2 제1항 후단)

③ ① 및 ②에 따른 설계·감리업자의 선정 절차 등에 필요한 사항은 **대통령령**으로 정한다.(법 제26조의2 제3항)

　㉠ 사업수행능력 평가기준(영 제12조의8 제1항)
　　　ⓐ 참여하는 소방기술자의 실적 및 경력
　　　ⓑ 입찰참가 제한, 영업정지 등의 처분 유무 또는 재정상태 건실도 등에 따라 평가한 신용도
　　　ⓒ 기술개발 및 투자 실적
　　　ⓓ 참여하는 소방기술자의 업무 중첩도
　　　ⓔ 그 밖에 행정안전부령으로 정하는 사항
　㉡ **국가, 지방자치단체** 또는 **공공기관**(공기업 및 준정부기관, 지방공사 및 지방공단)("**국가등**")은 공고된 소방시설의 설계·공사감리 용역을 발주하는 경우(시·도지사가 감리업자를 선정하기 위하여 모집공고를 하는 경우를 포함한다)에는 입찰에 참가하려는 자를 사업수행능력 평가기준에 따라 평가하여 입찰에 참가할 자를 **선정해야 한다.**(영 제12조의8 제2항)

ⓒ **국가등**이 소방시설의 설계·공사감리 용역을 발주할 때 특별히 기술이 뛰어난 자를 낙찰자로 선정하려는 경우에는 선정된 입찰에 참가할 자에게 기술과 가격을 분리하여 입찰하게 하여 기술능력을 우선적으로 평가한 후 기술능력 평가점수가 **높은** 업체의 순서로 협상하여 낙찰자를 선정할 수 있다. (영 제12조의8 제3항)

ⓔ ㉠부터 ㉢까지의 규정에 따른 사업수행능력 평가의 세부 기준 및 방법, 기술능력 평가 기준 및 방법, 협상 방법 등 설계·감리업자의 선정에 필요한 세부적인 사항은 **행정안전부령**으로 정한다.(영 제12조의8 제4항)

ⓐ 사업수행능력 평가의 세부기준(규칙 제23조의2 제1항)

1. 설계용역의 경우 : 별표 4의3의 사업수행능력 평가기준

평가항목	배점범위	평가방법
1. 참여소방기술자	50	참여한 소방기술자의 등급·실적 및 경력 등에 따라 평가
2. 유사용역 수행 실적	15	업체의 수행 실적에 따라 평가
3. 신용도	10	관계 법령에 따른 입찰참가 제한, 영업정지 등의 처분내용에 따라 평가 및 재정상태 건실도(健實度)에 따라 평가
4. 기술개발 및 투자 실적 등	15	기술개발 실적, 투자 실적 및 교육 실적에 따라 평가
5. 업무 중첩도	10	참여소방기술자의 업무 중첩 정도에 따라 평가

비고

1. 위 표에 따른 평가항목·배점범위·평가방법 등에 관한 세부 사항은 소방청장이 정하여 고시한다.
2. 법 제26조의2제1항에 따라 설계·감리 용역을 발주하는 자(이하 이 표에서 "발주자"라 한다)는 설계용역의 특성에 맞도록 평가항목·배점범위·평가방법 등을 보완하여 설계용역 사업 수행능력 평가기준(이하 이 표에서 "설계용역평가기준"이라 한다)을 작성하여 적용할 수 있다. 이 경우 평가항목별 배점범위는 위 표의 배점에서 ±10% 범위에서 조정하여 적용할 수 있다.
3. 발주자는 설계용역평가기준을 입찰공고와 함께 공고할 수 있으며 입찰공고 기간 중에 배부하거나 공람하도록 해야 한다.
4. 공동도급으로 설계용역을 수행하는 경우에는 공동수급체 구성원별로 설계용역평가기준 또는 평가항목별 배점에 용역참여 지분율을 곱하여 배점을 산정한 후 이를 합산한다.

2. 공사감리용역의 경우 : 별표 4의4의 사업수행능력 평가기준

평가항목	배점범위	평가방법
1. 참여감리원	50	참여감리원의 등급·실적 및 경력 등에 따라 평가
2. 유사용역 수행 실적	10	참여업체의 공사감리용역 수행 실적에 따라 평가
3. 신용도	10	관계 법령에 따른 입찰참가 제한, 영업정지 등의 처분내용에 따라 평가 및 재정상태 건실도(健實度)에 따라 평가
4. 기술개발 및 투자 실적 등	10	기술개발 실적, 투자 실적 및 교육 실적에 따라 평가
5. 업무 중첩도	10	참여감리원의 업무 중첩 정도에 따라 평가
6. 교체 빈도	5	감리원의 교체 빈도에 따라 평가
7. 작업계획 및 기법	5	공사감리 업무수행계획의 적정성 등에 따라 평가

비고

1. 위 표에 따른 평가항목·배점범위·평가방법 등에 관한 세부 사항은 소방청장이 정하여 고시한다.
2. 법 제26조의2제1항에 따라 설계·감리 용역을 발주하는 자(이하 이 표에서 "발주자"라 한다)는 공사감리용역의 특성에 맞도록 평가항목·배점범위·평가방법 등을 보완하여 공사감리용역사업 수행능력 평가기준(이하 이 표에서 "공사감리용역평가기준"이라 한다)을 작성하여 적용할 수 있다. 이 경우 평가항목별 배점범위는 ±10% 범위에서 조정하여 적용할 수 있다.
3. 발주자는 다음 각 목에 해당하는 경우 2점의 범위에서 가점을 줄 수 있다. 이 경우 이 표에 따른 평가 점수와 가점을 준 점수의 합이 100점을 초과할 수 없다.
    가. 해당 지역에 주된 사무소가 등록된 경우
    나. 책임감리원이 「국가기술자격법」에 따른 안전관리 분야 중 소방분야 자격자인 경우
4. 발주자는 공사감리용역평가기준 등을 입찰공고 또는 모집공고와 함께 공고할 수 있으며 입찰공고 또는 모집공고기간 중에 배부하거나 공람하도록 해야 한다.
5. 공동도급으로 공사감리용역을 수행하는 경우에는 공동수급체 구성원별로 공사감리용역평가기준 또는 평가항목별 배점 및 지역가산 등에 용역참여 지분율을 곱하여 배점을 산정한 후 이를 합산한다.

ⓑ **소방청장**은 설계업자 또는 감리업자가 사업수행능력을 평가받을 때 제출하는 서류 등의 **표준서식**을 정하여 국가등이 이를 **이용하게 할 수 있다.** (규칙 제23조의2 제2항)

ⓒ **설계업자 및 감리업자**는 그가 수행하거나 수행한 설계용역 또는 공사감리용역의 실적관리를 위하여 협회에 설계용역 또는 공사감리용역의 **실적현황**을 **제출할 수 있다.** (규칙 제23조의2 제3항)

ⓓ **협회**는 설계용역 또는 공사감리용역의 현황을 접수받았을 때에는 그 내용을 기록·관리하여야 하며, 설계업자 또는 감리업자가 요청하면 설계용역 수행현황확인서 또는 공사감리용역 수행현황확인서를 **발급**하여야 한다.(규칙 제23조의2 제4항)

ⓔ **협회**는 설계용역 또는 공사감리용역의 기록·관리를 하는 경우나 설계용역 수행현황확인서, 공사감리용역 수행현황확인서를 발급할 때에는 그 신청인으로부터 실비(實費)의 범위에서 소방청장의 승인을 받아 정한 **수수료를 받을 수 있다.**(규칙 제23조의2 제5항)

> **행정질서벌**
>
> **법 제40조 [과태료]**
> ① 다음 각 호의 어느 하나에 해당하는 자에게는 <u>200만 원 이하의 과태료</u>를 부과한다.
> 13의3. 제26조의2제1항 후단에 따른 사업수행능력 평가에 관한 서류를 위조하거나 변조하는 등 거짓이나 그 밖의 부정한 방법으로 입찰에 참여한 자 (200)

② **시·도지사 또는 시장·군수**가 「주택법」에 따라 **주택건설사업계획을 승인**하거나 **특별자치시장, 특별자치도지사, 시장, 군수 또는 자치구의 구청장**이 「도시 및 주거환경정비법」에 따라 **사업시행계획을 인가**할 때에는 그 주택건설공사에서 소방시설공사의 감리를 할 감리업자를 사업수행능력 평가기준에 따라 선정하여야 한다. 이 경우 감리업자를 선정하는 주택건설공사의 규모 및 대상 등에 관하여 필요한 사항은 **대통령령**으로 정한다.(법 제26조의2 제2항)

㉠ 시·도지사가 감리업자를 선정해야 하는 주택건설공사의 규모 및 대상은 「주택법」에 따른 공동주택(기숙사는 제외한다)으로서 **300세대 이상**인 것으로 한다.(영 제12조의9 제1항)

㉡ 시·도지사는 감리업자를 선정하려는 경우에는 주택건설사업계획을 승인한 날부터 **7일** 이내에 다른 공사와는 별도로 소방시설공사의 감리를 할 감리업자의 **모집공고**를 해야 한다.(영 제12조의9 제2항)

㉢ 시·도지사는 ㉡도 불구하고 「주택법 시행령」에 따른 공사 착수기간의 연장 등 부득이한 사유가 있어 사업주체가 요청하는 경우에는 그 사유가 없어진 날부터 **7일** 이내에 **모집공고**를 할 수 있다.(영 제12조의9 제3항)

㉣ 모집공고 포함 내용 (영 제12조의9 제4항)

ⓐ 접수기간

ⓑ 낙찰자 결정방법

ⓒ 사업내용 및 제출서류

ⓓ 감리원 응모자격 기준시점(신청접수 마감일을 원칙으로 한다)

ⓔ 감리업자 실적과 감리원 경력의 기준시점(모집공고일을 원칙으로 한다)

ⓕ 입찰의 전자적 처리에 관한 사항
ⓖ 그 밖에 감리업자 모집에 필요한 사항
ⓜ 모집공고는 **일간신문**에 싣거나 해당 특별시·광역시·특별자치시·도 또는 특별자치도의 **게시판**과 **인터넷 홈페이지**에 **7일** 이상 게시하는 등의 방법으로 한다.(영 제12조의9 제5항)

> **관련법규**
>
> **소방시설공사업법 시행령**
>
> **제12조의6 [설계 및 공사 감리 용역사업의 집행 계획 작성·공고 대상자]**
> 법 제26조의2 제1항 전단에서 "대통령령으로 정하는 공공기관"이란 제11조의5 각 호의 공공기관을 말한다.
>
> **제12조의7 [설계 및 공사 감리 용역사업의 집행 계획의 내용 등]**
> ① 법 제26조의2 제1항 전단에 따른 집행 계획에는 다음 각 호의 사항이 포함되어야 한다.
>   1. 설계·공사 감리 용역명
>   2. 설계·공사 감리 용역사업 시행 기관명
>   3. 설계·공사 감리 용역사업의 주요 내용
>   4. 총사업비 및 해당 연도 예산 규모
>   5. 입찰 예정시기
>   6. 그 밖에 입찰 참가에 필요한 사항
> ② 법 제26조의2 제1항 전단에 따른 집행 계획의 공고는 입찰공고와 함께 할 수 있다.
>
> **제12조의8 [설계·감리업자의 선정 절차 등]**
> ① 법 제26조의2 제1항 후단에서 "대통령령으로 정하는 사업수행능력 평가기준"이란 다음 각 호의 사항에 대한 평가기준을 말한다.
>   1. 참여하는 소방기술자의 실적 및 경력
>   2. 입찰참가 제한, 영업정지 등의 처분 유무 또는 재정상태 건실도 등에 따라 평가한 신용도
>   3. 기술개발 및 투자 실적
>   4. 참여하는 소방기술자의 업무 중첩도
>   5. 그 밖에 행정안전부령으로 정하는 사항
> ② 국가, 지방자치단체 또는 제12조의6에 따른 공공기관(이하 "국가등"이라 한다. 이하 이 조에서 같다)은 법 제26조의2 제1항 전단에 따라 공고된 소방시설의 설계·공사감리 용역을 발주하는 경우(시·도지사가 제12조의9 제2항에 따라 감리업자를 선정하기 위하여 모집공고를 하는 경우를 포함한다)에는 입찰에 참가하려는 자를 제1항에 따른 사업수행능력 평가기준에 따라 평가하여 입찰에 참가할 자를 선정해야 한다.
> ③ 국가 등이 소방시설의 설계·공사감리 용역을 발주할 때 특별히 기술이 뛰어난 자를 낙찰자로 선정하려는 경우에는 제2항에 따라 선정된 입찰에 참가할 자에게 기술과 가격을 분리하여 입찰하게 하여 기술능력을 우선적으로 평가한 후 기술능력 평가점수가 높은 업체의 순서로 협상하여 낙찰자를 선정할 수 있다.

④ 제1항부터 제3항까지의 규정에 따른 사업수행능력 평가의 세부 기준 및 방법, 기술능력 평가 기준 및 방법, 협상 방법 등 설계·감리업자의 선정에 필요한 세부적인 사항은 행정안전부령으로 정한다.

제12조의9 [감리업자를 선정하는 주택건설공사의 규모 및 대상 등]

① 법 제26조의2제2항 전단에 따라 시·도지사가 감리업자를 선정해야 하는 주택건설공사의 규모 및 대상은 「주택법」에 따른 공동주택(기숙사는 제외한다)으로서 300세대 이상인 것으로 한다.

② 시·도지사는 법 제26조의2제2항 전단에 따라 감리업자를 선정하려는 경우에는 주택건설사업계획을 승인한 날부터 7일 이내에 다른 공사와는 별도로 소방시설공사의 감리를 할 감리업자의 모집공고를 해야 한다.

③ 시·도지사는 제2항에도 불구하고 「주택법 시행령」 제31조에 따른 공사 착수기간의 연장 등 부득이한 사유가 있어 사업주체가 요청하는 경우에는 그 사유가 없어진 날부터 7일 이내에 제2항에 따른 모집공고를 할 수 있다.

④ 제2항에 따른 모집공고에는 다음 각 호의 사항이 포함되어야 한다.
  1. 접수기간
  2. 낙찰자 결정방법
  3. 사업내용 및 제출서류
  4. 감리원 응모자격 기준시점(신청접수 마감일을 원칙으로 한다)
  5. 감리업자 실적과 감리원 경력의 기준시점(모집공고일을 원칙으로 한다)
  6. 입찰의 전자적 처리에 관한 사항
  7. 그 밖에 감리업자 모집에 필요한 사항

⑤ 제2항에 따른 모집공고는 일간신문에 싣거나 해당 특별시·광역시·특별자치시·도 또는 특별자치도의 게시판과 인터넷 홈페이지에 7일 이상 게시하는 등의 방법으로 한다.

17 소방시설업 종합정보시스템의 구축 등 (소방시설공사업법 제26조의3)

① **소방청장**은 다음 각 호의 정보를 종합적이고 체계적으로 관리·제공하기 위하여 소방시설업 종합정보시스템을 구축·운영할 수 있다.(법 제26조의3 제1항)
  ㉠ 소방시설업자의 자본금·기술인력 보유 현황, 소방시설공사등 수행상황, 행정처분 사항 등 소방시설업자에 관한 정보
  ㉡ 소방시설공사등의 착공 및 완공에 관한 사항, 소방기술자 및 감리원의 배치 현황 등 소방시설공사등과 관련된 정보
② 소방청장은 ①에 따른 정보의 종합관리를 위하여 소방시설업자, 발주자, 관련 기관 및 단체 등에게 필요한 자료의 제출을 요청할 수 있다. 이 경우 요청을 받은 자는 특별한 사유가 없으면 이에 따라야 한다.(법 제26조의3 제2항)
③ 소방청장은 ①에 따른 정보를 필요로 하는 관련 기관 또는 단체에 해당 정보를 제공할 수 있다.(법 제26조의3 제3항)
④ ①에 따른 소방시설업 종합정보시스템의 구축 및 운영 등에 필요한 사항은 **행정안전부령**으로 정한다.(법 제26조의3 제4항)

> 🔖 **관련법규**
>
> **소방시설공사업법 시행규칙**
>
> **제23조의4 [소방시설업 종합정보시스템의 구축·운영]**
> ① 소방청장은 법 제26조의3 제1항에 따른 소방시설업 종합정보시스템(이하 "소방시설업 종합정보시스템"이라 한다)의 구축 및 운영 등을 위하여 다음 각 호의 업무를 수행할 수 있다.
>   1. 소방시설업 종합정보시스템의 구축 및 운영에 관한 연구**개발**
>   2. 법 제26조의3 제1항 각 호의 정보에 대한 **수집·분**석 및 **공유**
>   3. 소방시설업 종합정보시스템의 표**준**화 및 공**동**활용 촉진
> ② 소방청장은 소방시설업 종합정보시스템의 효율적인 구축과 운영을 위하여 협회, 소방기술과 관련된 법인 또는 단체와 협의체를 구성·운영할 수 있다.
> ③ 소방청장은 법 제26조의3 제2항 전단에 따라 필요한 자료의 제출을 요청하는 경우에는 그 범위, 사용 목적, 제출기한 및 제출방법 등을 명시한 서면으로 해야 한다.
> ④ 법 제26조의3 제3항에 따른 관련 기관 또는 단체는 소방청장에게 필요한 정보의 제공을 요청하는 경우에는 그 범위, 사용 목적 및 제공방법 등을 명시한 서면으로 해야 한다.

🔴 암기법
동준·개발·수분·공유

CHAPTER 03 O·X 문제

01 공사업자는 소방시설공사의 책임시공 및 기술관리를 위하여 행정안전부령으로 정하는 바에 따라 소속 소방기술자를 공사 현장에 배치하여야 한다.

01
☒ 대통령령(법 제12조 제2항)

02 공사업자는 대통령령으로 정하는 소방시설공사를 하려면 행정안전부령으로 정하는 바에 따라 그 공사의 내용, 시공 장소, 그 밖에 필요한 사항을 소방본부장이나 소방서장에게 신고하여야 한다.

02
◎

03 성능위주설계를 할 수 있는 자에 대한 기술인력 기준으로는 전기·기계 분야의 소방설비기사 2명 이상이다.

03
☒ 자격:
  1. 전문소방시설설계업을 등록한 자
  2. 전문소방시설설계업 등록기준에 따른 기술인력을 갖춘 자로서 소방청장이 정하여 고시하는 연구기관 또는 단체
기술인력: 소방기술사 2명 이상

04 소방본부장 또는 소방서장은 착공신고 또는 변경신고를 받은 날부터 7일 이내에 신고수리 여부를 신고인에게 통지하여야 한다.

04
☒ 소방본부장 또는 소방서장은 착공신고 또는 변경신고를 받은 날부터 2일 이내에 신고수리 여부를 신고인에게 통지하여야 한다. (법 제13조 제3항)

05 단독경보형 감지기 신설공사는 소방시설공사의 착공신고 대상에 해당되지 않는다.

05
◎

06 친족관계인 경우 동일한 특정소방대상물의 소방시설에 대한 시공과 감리를 함께 할 수 없다.

06
◎

07 ⭕

07 공사업자는 소방시설공사를 완공하면 소방본부장 또는 소방서장의 완공검사를 받아야 한다.

08 ⭕

08 연면적 1만㎡ 이상이거나 11층 이상인 특정소방대상물(아파트 제외)은 완공검사를 위한 현장 확인할 수 있는 특정소방대상물이다.

09 ❌ 2년 (영 제6조)

09 무선통신보조설비는 하자보수 보증기간이 3년이다.

10 ⭕

10 용도와 구조에서 특별히 안전성과 보안성이 요구되는 소방대상물로서 대통령령으로 정하는 장소에서 시공되는 소방시설물에 대한 감리는 감리업자가 아닌 자도 할 수 있다.

11 ❌ 30일 이내(규칙 제15조 제2항)

11 공사감리자 변경신고는 변경일로부터 15일 이내이며 소방공사감리자 변경신고서 작성 후 신고한다.

12 ❌ 지하층을 포함한 16층 이상으로서 500세대 이상 아파트 소방시설공사(영 별표3)

12 상주공사감리의 대상
  가. 연면적 3만㎡ 이상 특정소방대상물(아파트 제외) 소방시설 공사
  나. 지하층을 포함한 16층 이상으로서 300세대 이상 아파트 소방시설공사

13 ❌ 실내장식물의 불연화(不燃化) 및 방염물품의 적법성 검토이다. (법 제16조 제1항)

13 소방공사감리업자의 업무 중 실내장식물의 불연화(不燃化) 및 방염물품의 적합성 검토가 있다.

14 감리업자는 소방시설공사의 감리를 위하여 소속 감리원을 행정안전부령으로 정하는 바에 따라 소방시설공사 현장에 배치하여야 한다.

14
☒ 대통령령(법 제18조 제1항)

15 소방공사 감리원의 배치기준 중 행정안전부령으로 정하는 특급감리원 중 소방기술사를 배치하여야 하는 소방시설공사 현장의 기준으로는 연면적 20만 제곱미터 이상인 특정소방대상물의 공사 현장, 지하층을 포함한 층수가 40층 이상인 특정소방대상물의 공사 현장이다.

15
◉

16 도급을 받은 자는 소방시설의 설계, 시공, 감리를 제3자에게 하도급할 수 없다. 다만, 시공의 경우에는 대통령령으로 정하는 바에 따라 도급받은 소방시설공사의 전부 또는 일부를 다른 공사업자에게 하도급할 수 있다.

16
☒ 도급을 받은 자는 소방시설의 설계, 시공, 감리를 제3자에게 하도급할 수 없다. 다만, 시공의 경우에는 대통령령으로 정하는 바에 따라 도급받은 소방시설공사의 일부를 다른 공사업자에게 하도급할 수 있다.(법 제22조 제1항)

17 특정소방대상물의 관계인 또는 발주자는 소방시설공사등을 도급할 때에는 해당 시·도지사에게 도급하여야 한다.

17
☒ 특정소방대상물의 관계인 또는 발주자는 소방시설공사등을 도급할 때에는 해당 소방시설업자에게 도급하여야 한다.(법 제21조)

18 정당한 사유 없이 30일 이상 소방시설공사를 계속하지 아니하는 경우에는 도급계약을 해지할 수 있다.

18
◉

19 시공능력 평가항목에는 실적평가액, 자본금평가액, 기술력평가액, 경력평가액, 신인도평가액이 있다.

19
◉

CHAPTER 04 소방기술자

1 소방기술자의 의무(소방시설공사업법 제27조)

(1) 소방기술자의 의무

① 이 법과 이 법에 따른 명령과 「소방시설 설치 및 관리에 관한 법률」 및 같은 **법의 명령에 따른 업무수행**(법 제27조 제1항)

> **행정형벌**
>
> **법 제37조 [벌칙]**
> 다음 각 호의 어느 하나에 해당하는 자는 <u>1년 이하의 징역 또는 1천만원 이하의 벌금</u>에 처한다.
> 7. 제27조제1항을 위반하여 같은 항에 따른 법 또는 명령을 따르지 아니하고 업무를 수행한 자

② 자격증(소방기술 인정 자격수첩, 소방기술자 경력수첩을 말함) **대여 금지**
   (법 제27조 제2항)

③ 소방기술자의 **이중 취업 금지**(법 제27조 제3항)
   예외) 소방기술자 업무에 영향을 미치지 아니하는 범위에서 근무시간 외에 소방시설업이 아닌 다른 업종에 종사하는 경우는 제외한다.

> **행정형벌**
>
> **법 제37조 [벌칙] 300만 원 이하의 벌금**에 처한다.
> 1. 제27조 제2항을 위반하여 자격수첩 또는 경력수첩을 빌려준 사람
> 2. 제27조 제3항을 위반하여 동시에 둘 이상의 업체에 취업한 사람

01

「소방시설공사업법」상 소방기술자의 의무가 아닌 것은?

① 이 법과 이 법에 따른 명령과 「소방시설 설치 및 관리에 관한 법률」 및 같은 법의 명령에 따른 업무수행
② 자격증 대여 금지
③ 소방기술자의 이중 취업 금지
④ 위험물법의 명령에 따른 업무수행

소방기술자
(법 제2조 제1항)

- 제28조에 따라 소방기술 경력 등을 인정받은 사람

아래 사람 중 소방시설업과 소방시설관리업의 기술인력으로 등록된 사람
- 소방시설관리사
- 소방기술사
- 소방설비기사
- 소방설비산업기사
- 위험물기능장
- 위험물산업기사
- 위험물기능사

정답 01. ④

2. 소방기술경력 등의 인정(소방시설공사업법 제28조)

(1) 소방기술경력 등의 인정 **기출** 23 공채 / 23 경채

① **소방청장**은 소방기술의 효율적인 활용과 소방기술의 향상을 위하여 소방기술과 관련된 **자격·학력** 및 **경력**을 가진 사람을 소방기술자로 인정할 수 있다. (법 제28조 제1항)

② 소방청장은 자격·학력 및 경력을 인정받은 사람에게 소방기술 인정 **자격수첩**과 **경력수첩**을 발급할 수 있다.(법 제28조 제2항)

③ 소방기술과 관련된 자격·학력 및 경력의 인정 범위와 자격수첩 및 경력수첩의 발급 절차 등에 관하여 필요한 사항은 **행정안전부령**으로 정한다.(법 제28조 제3항)

④ 소방청장은 **행정안전부령**으로 정하는 바에 따라 그 자격을 취소하거나 6개월 이상 2년 이하의 기간을 정하여 그 자격을 정지시킬 수 있다. 다만, ⊙과 ⓒ에 해당하는 경우에는 그 자격을 **취소**하여야 한다.(법 제28조 제4항)

　⊙ **거짓**이나 그 밖의 **부정**한 방법으로 자격수첩 또는 경력수첩을 발급받은 경우

　ⓒ **자격수첩** 또는 **경력수첩**을 다른 사람에게 **빌려준 경우**

　ⓒ 동시에 둘 이상의 업체에 취업한 경우

　ⓔ 이 법 또는 이 법에 따른 명령을 위반한 경우

⑤ ④에 따라 자격이 취소된 사람은 취소된 날부터 **2년**간 자격수첩 또는 경력수첩을 발급받을 수 없다.(법 제28조 제5항)

관련법규

소방시설공사업법 시행규칙

제24조 [소방기술과 관련된 자격·학력 및 경력의 인정 범위 등]

① 법 제28조 제3항에 따른 소방기술과 관련된 자격·학력 및 경력의 인정 범위는 별표 4의2와 같다.
　1. 삭제 / 2. 삭제 / 3. 삭제

② 협회, 영 제20조제4항에 따라 소방기술과 관련된 자격·학력 및 경력의 인정업무를 위탁받은 소방기술과 관련된 법인 또는 단체는 법 제28조제1항에 따라 소방기술과 관련된 자격·학력 및 경력을 가진 사람을 소방기술자로 인정하려는 경우에는 법 제28조의2 제1항에 따른 소방기술자 양성·인정 교육훈련(이하 "소방기술자 양성·인정 교육훈련"이라 한다)의 수료 여부를 확인하고 별지 제39호서식의 소방기술 인정 자격수첩과 별지 제39호의2서식에 따른 소방기술자 경력수첩을 발급해야 한다.

③ 제1항 및 제2항에서 규정한 사항 외에 자격수첩과 경력수첩의 발급절차 수수료 등에 관하여 필요한 사항은 소방청장이 정하여 고시한다.

제25조 [자격의 정지 및 취소에 관한 기준]
법 제28조 제4항에 따른 자격의 정지 및 취소기준은 별표 5와 같다.

02

「소방시설공사업법」상 소방기술 경력 등의 인정자격 취소권자는?

① 시·도지사
② 소방본부장
③ 소방서장
④ 소방청장

03

「소방시설공사업법」상 소방기술 경력 등의 인정자격을 반드시 취소에 해당하는 것은?

① 거짓·부정한 방법으로 자격수첩을 발급받은 경우
② 동시에 2개 이상의 업체에 취업한 경우
③ 명령을 위반한 경우
④ 업무수행을 성실히 한 경우

04

「소방시설공사업법」상 소방기술 경력 등의 인정 등에 관한 내용으로 옳은 것은?　•23. 공채 / •23. 경채

① 소방본부장, 소방서장은 소방기술의 효율적인 활용과 소방기술의 향상을 위하여 소방기술과 관련된 자격·학력 및 경력을 가진 사람을 소방기술자로 인정할 수 있다.
② 소방본부장, 소방서장은 소방기술과 관련된 자격·학력 및 경력을 인정받은 사람에게 소방기술 인정 자격수첩과 경력수첩을 발급할 수 있다.
③ 소방기술과 관련된 자격·학력 및 경력의 인정 범위와 자격수첩 및 경력수첩의 발급 절차 등에 관하여 필요한 사항은 대통령령으로 정한다.
④ 소방청장은 자격수첩 또는 경력수첩을 발급받은 사람이 거짓이나 그 밖의 부정한 방법으로 자격수첩 또는 경력수첩을 발급받은 경우에 그 자격을 취소하여야 한다.

정답 02. ④　03. ①　04. ④

05

「소방시설공사업법 시행규칙」상 소방기술인정자격의 정지 및 취소기준에서 3차 자격취소에 해당하는 것은?

① 거짓으로 자격수첩을 발급 받은 때
② 자격수첩을 다른 자에게 빌려준 때
③ 둘 이상의 업체에 취업한때
④ 자격정지처분을 받고도 같은 기간 내에 자격증을 사용한 경우

【소방기술자의 자격의 정지 및 취소에 관한 기준】

시행규칙 별표5

위반사항	행정처분기준		
	1차	2차	3차
가. 거짓이나 그 밖의 부정한 방법으로 자격수첩 또는 경력수첩을 발급받은 경우	자격취소		
나. 법 제27조제2항을 위반하여 자격수첩 또는 경력수첩을 다른 자에게 빌려준 경우	자격취소		
다. 법 제27조제3항을 위반하여 동시에 둘 이상의 업체에 취업한 경우	자격정지 1년	자격취소	
라. 법 또는 법에 따른 명령을 위반한 경우			
1) 법 제27조제1항의 업무수행 중 해당 자격과 관련하여 고의 또는 중대한 과실로 다른 자에게 손해를 입히고 형의 선고를 받은 경우	자격취소		
2) 법 제28조제4항에 따라 자격정지처분을 받고도 같은 기간 내에 자격증을 사용한 경우	자격정지 1년	자격정지 2년	자격취소

● **자격자의 결격사유와 등록취소 / 자격취소 사유 정리**

결격사유	등록취소(업) / 자격취소(사람)				
	소방시설 관리사	소방시설 관리업	소방 시설업	소방기술 경력등의 인정	탱크 시험자
거짓+부정					허위+부정
결격사유					
등록수첩의 대여					
이중취업					
기 타			영업정지 중 소방시설공사등		

정답 05. ④

【소방기술과 관련된 자격·학력 및 경력의 인정 범위】 시행규칙 별표 4의2

1. 공통기준
   가. 소방기술과 관련된 자격
      1) 소방기술사, 소방시설관리사, 소방설비기사, 소방설비산업기사
      2) 건축사, 건축기사, 건축산업기사
      3) 건축기계설비기술사, 건축설비기사, 건축설비산업기사
      4) 건설기계기술사, 건설기계설비기사, 건설기계설비산업기사, 일반기계기사
      5) 공조냉동기계기술사, 공조냉동기계기사, 공조냉동기계산업기사
      6) 화공기술사, 화공기사, 화공산업기사
      7) 가스기술사, 가스기능장, 가스기사, 가스산업기사
      8) 건축전기설비기술사, 전기기능장, 전기기사, 전기산업기사, 전기공사기사, 전기공사산업기사
      9) 산업안전기사, 산업안전산업기사
      10) 위험물기능장, 위험물산업기사, 위험물기능사
   나. 소방기술과 관련된 학력
      1) 소방안전관리학과(소방안전관리과, 소방시스템과, 소방학과, 소방환경관리과, 소방공학과 및 소방행정학과를 포함한다)
      2) 전기공학과(전기과, 전기설비과, 전자공학과, 전기전자과, 전기전자공학과, 전기제어공학과를 포함한다)
      3) 산업안전공학과(산업안전과, 산업공학과, 안전공학과, 안전시스템공학과를 포함한다)
      4) 기계공학과(기계과, 기계학과, 기계설계학과, 기계설계공학과, 정밀기계공학과를 포함한다)
      5) 건축공학과(건축과, 건축학과, 건축설비학과, 건축설계학과를 포함한다)
      6) 화학공학과(공업화학과, 화학공업과를 포함한다)
      7) 학군 또는 학부제로 운영되는 대학의 경우에는 1)부터 6)까지에 해당하는 학과
   다. 소방기술과 관련된 경력(이하 "소방 관련 업무"라 한다)
      1) 소방시설공사업, 소방시설설계업, 소방공사감리업, 소방시설관리업에서 소방시설의 설계·시공·감리 또는 소방시설의 점검 및 유지관리업무를 수행한 경력
      2) 소방공무원으로서 다음 어느 하나에 해당하는 업무를 수행한 경력
         가) 건축허가등의 동의 관련 업무
         나) 소방시설 착공·감리·완공검사 관련 업무
         다) 위험물 설치허가 및 완공검사 관련 업무
         라) 다중이용업소 완비증명서 발급 및 방염 관련 업무
         마) 소방시설점검 및 화재안전조사 관련 업무
         바) 가)부터 마)까지의 업무와 관련된 법령의 제도개선 및 지도·감독 관련 업무
      3) 국가, 지방자치단체,「공공기관의 운영에 관한 법률」제4조에 따른 공공기관,「지방공기업법」제49조에 따른 지방공사 또는 같은 법 제76조에 따른 지방공단에서 소방시설의 공사감독 업무를 수행한 경력

4) 한국소방안전원, 한국소방산업기술원, 협회, 「화재로 인한 재해보상과 보험가입에 관한 법률」에 따른 한국화재보험협회 또는 「소방시설 설치 및 관리에 관한 법률 시행령」 제48조제3항에 따라 소방청장이 고시한 법인·단체에서 소방 관련 법령에 따라 소방시설과 관련된 정부 위탁 업무를 수행한 경력

5) 소방기술사, 소방시설관리사, 소방설비기사 또는 소방설비산업기사 자격을 취득한 사람이 다음의 어느 하나에 해당하는 업무를 수행한 경력

 가) 「화재의 예방 및 안전관리에 관한 법률」 제24조제1항 또는 제3항에 따라 소방안전관리자 또는 소방안전관리보조자로 선임되어 소방안전관리 업무를 수행한 경력

 나) 「초고층 및 지하연계 복합건축물 재난관리에 관한 특별법」 제12조제1항에 따라 총괄재난관리자로 지정되어 소방안전관리 업무를 수행한 경력

 다) 「공공기관의 소방안전관리에 관한 규정」 제5조제1항에 따라 소방안전관리자로 선임되어 소방안전관리 업무를 수행한 경력

6) 「위험물안전관리법 시행규칙」 제57조에 따른 안전관리대행기관에서 위험물안전관리 업무를 수행하거나 위험물기능장, 위험물산업기사, 위험물기능사 자격을 취득한 사람이 「위험물안전관리법」 제15조제1항에 따른 위험물안전관리자로 선임되어 위험물안전관리 업무를 수행한 경력

7) 법 제4조제4항에 따른 요건을 모두 갖춘 기관에서 자체 기술인력으로서 소방시설의 설계 또는 감리 업무를 수행한 경력

8) 「초·중등교육법 시행령」 제90조에 따른 특수목적고등학교 및 같은 영 제91조에 따른 특성화고등학교에서 「초·중등교육법」 제19조제1항에 따른 교원 또는 「고등교육법」 제2조제1호부터 제6호까지에 따른 학교에서 같은 법 제14조제2항에 따른 교원으로서 나목1)에 해당하는 학과에 소속되어 소방 관련 교과목 강의를 담당한 경력

라. 나목 및 다목의 소방기술분야는 다음 표에 따르되, 해당 학과를 포함하는 학군 또는 학부제로 운영되는 대학의 경우에는 해당 학과의 학력·경력을 인정하고, 해당 학과가 두 가지 이상의 소방기술분야에 해당하는 경우에는 다음 표의 소방기술분야(기계, 전기)를 모두 인정한다.

구	분	소방기술분야	
		기계	전기
학과·학위	1) 소방안전관리학과(소방안전관리과, 소방시스템과, 소방학과, 소방환경관리과, 소방공학과, 소방행정학과)	○	○
	2) 전기공학과(전기과, 전기설비과, 전자공학과, 전기전자과, 전기전자공학과, 전기제어공학과)	×	○
	3) 산업안전공학과(산업안전과, 산업공학과, 안전공학과, 안전시스템공학과)	○	×
	4) 기계공학과(기계과, 기계학과, 기계설계학과, 기계설계공학과, 정밀기계공학과)		
	5) 건축공학과(건축과, 건축학과, 건축설비학과, 건축설계학과)		
	6) 화학공학과(공업화학과, 화학공업과)		

경력	1) 소방업체에서 소방관련 업무를 수행한 경력	소방시설설계업 소방시설공사업 소방공사감리업	전문	○	○
			일반전기	×	○
			일반기계	○	×
		소방시설관리업		○	○
	2) 소방공무원으로서 다음 어느 하나에 해당하는 업무를 수행한 경력 　가) 건축허가등의 동의 관련 업무 　나) 소방시설 착공·감리·완공검사 관련 업무 　다) 위험물 설치허가 및 완공검사 관련 업무 　라) 다중이용업소 완비증명서 발급 및 방염 관련 업무 　마) 소방시설점검 및 화재안전조사 관련 업무 　바) 가)부터 마)까지의 업무와 관련된 법령의 제도개선 및 지도·감독 관련 업무			○	○
	3) 국가, 지방자치단체, 「공공기관의 운영에 관한 법률」 제4조에 따른 공공기관, 「지방공기업법」 제49조에 따른 지방공사 또는 같은 법 제76조에 따른 지방공단에서 소방시설의 공사감독 업무를 수행한 경력			○	○
	4) 한국소방안전원, 한국소방산업기술원, 협회, 「화재로 인한 재해보상과 보험가입에 관한 법률」에 따른 한국화재보험협회 또는 「소방시설 설치 및 관리에 관한 법률 시행령」 제48조제3항에 따라 소방청장이 고시한 법인·단체에서 소방 관련 법령에 따라 소방시설과 관련된 정부 위탁 업무를 수행한 경력			○	○
	5) 소방기술사, 소방시설관리사, 소방설비기사 또는 소방설비산업기사 자격을 취득한 사람이 다음의 어느 하나에 해당하는 업무를 수행한 경력 　가) 「화재의 예방 및 안전관리에 관한 법률」 제24조제1항 또는 제3항에 따라 소방안전관리자 또는 소방안전관리보조자로 선임되어 소방안전관리 업무를 수행한 경력 　나) 「초고층 및 지하연계 복합건축물 재난관리에 관한 특별법」 제12조제1항에 따라 총괄재난관리자로 지정되어 소방안전관리 업무를 수행한 경력 　다) 「공공기관의 소방안전관리에 관한 규정」 제5조제1항에 따라 소방안전관리자로 선임되어 소방안전관리 업무를 수행한 경력			○	○
	6) 「위험물안전관리법 시행규칙」 제57조에 따른 안전관리대행기관에서 위험물안전관리 업무를 수행하거나 위험물기능장, 위험물산업기사, 위험물기능사 자격을 취득한 사람이 「위험물안전관리법」 제15조제1항에 따른 위험물안전관리자로 선임되어 위험물안전관리 업무를 수행한 경력			○	×
	7) 법 제4조제4항에 따른 요건을 모두 갖춘 기관에서 자체 기술인력으로서 소방시설의 설계 또는 감리 업무를 수행한 경력			○	○
	8) 「초·중등교육법 시행령」 제90조에 따른 특수목적고등학교 및 같은 영 제91조에 따른 특성화고등학교에서 「초·중등교육법」 제19조제1항에 따른 교원 또는 「고등교육법」 제2조제1호부터 제6호까지에 따른 학교에서 같은 법 제14조제2항에 따른 교원으로서 나목1)에 해당하는 학과에 소속되어 소방 관련 교과목 강의를 담당한 경력			○	○

06

「소방시설공사업법 시행규칙」상 소방기술과 관련된 자격·학력 및 경력의 인정범위에 관한 내용으로 옳은 것은?
• 21. 공채

① 소방공무원으로서 3년간 근무한 경력이 있는 사람은 중급감리원의 업무를 수행할 수 있다.
② 학사학위를 취득한 후 소방 관련 업무를 10년간 수행한 사람은 특급기술자 업무를 수행할 수 있다.
③ 소방시설관리사 자격을 취득한 후 소방 관련 업무를 3년간 수행한 사람은 특급기술자 업무를 수행할 수 있다.
④ 소방설비기사 기계분야 자격을 취득한 후 소방 관련 업무를 8년간 수행한 사람은 해당분야 특급감리원의 업무를 수행할 수 있다.

2. 소방기술 인정 자격수첩의 자격 구분

구 분		자격·학력·경력 인정기준	
소방시설공사업 소방시설설계업	기계분야 보조인력	가. 소방기술과 관련된 자격 제1호가목1)부터 7)까지, 9) 및 10)의 자격을 취득한 사람 나. 소방기술과 관련된 학력 「고등교육법」 제2조제1호부터 제6호까지에 해당하는 학교에서 제1호나목3)부터 6)까지를 졸업한 사람	기계·전기 분야 공통 가. 「고등교육법」 제2조제1호부터 제6호까지에 해당하는 학교에서 제1호나목1)에 해당하는 학과를 졸업한 사람 나. 4년제 대학 이상 또는 이와 같은 수준 이상의 교육기관을 졸업한 후 1년 이상 제1호다목에 해당하는 경력이 있는 사람 다. 전문대학 또는 이와 같은 수준 이상의 교육기관을 졸업한 후 3년 이상 제1호다목에 해당하는 경력이 있는 사람 라. 5년 이상 제1호다목에 해당하는 경력이 있는 사람 마. 3년 이상 제1호다목2)에 해당하는 경력이 있는 사람 바. 제1호가목에 해당하는 자격으로 1년 이상 같은 호 다목에 해당하는 경력이 있는 사람 사. 「초·중등교육법 시행령」 제90조 및 제91조에 따른 학교에서 제1호나목1)에 해당하는 학과(이하 "고등학교 소방학과"라 한다)를 졸업한 사람
	전기분야 보조인력	가. 소방기술과 관련된 자격 제1호가목1) 및 8)의 자격을 취득한 사람 나. 소방기술과 관련된 학력 「고등교육법」 제2조제1호부터 제6호까지에 해당하는 학교에서 제1호나목2)를 졸업한 사람	

※ 소방기술자 경력수첩의 자격 구분 ※ ("↑" = 이상 소방 관련 업무를 수행한 사람)

3. 소방기술자 경력수첩의 자격구분
가. 소방기술자의 기술등급
  1) 기술자격에 따른 기술등급

구 분	기계분야	전기분야
특급 기술자	• 소방기술사 • 소방시설관리사 – 5년↑	
	• 건축사, 건축기계설비기술사, 건설기계기술사, 공조냉동기계기술사, 화공기술사, 가스기술사 – 5년↑ • 소방설비기사 기계분야 – 8년↑ • 소방설비산업기사 기계분야 – 11년↑ • 건축기사, 건축설비기사, 건설기계설비기사, 일반기계기사, 공조냉동기계기사, 화공기사, 가스기능장, 가스기사, 산업안전기사, 위험물기능장 – 13년↑	• 건축전기설비기술사 – 5년↑ • 소방설비기사 전기분야 – 8년↑ • 소방설비산업기사 전기분야 – 11년↑ • 전기기능장, 전기기사, 전기공사기사 – 13년↑

정답 06. ④

등급	기계분야	전기분야
고급 기술자	• 소방시설관리사 • 건축사, 건축기계설비기술사, 건설기계기술사, 공조냉동기계기술사, 화공기술사, 가스기술사 - 3년↑ • 소방설비기사 기계분야의 자격 - 5년↑ • 소방설비산업기사 기계분야 - 8년↑ • 건축기사, 건축설비기사, 건설기계설비기사, 일반기계기사, 공조냉동기계기사, 화공기사, 가스기능장, 가스기사, 산업안전기사, 위험물기능장 - 11년↑ • 건축산업기사, 건축설비산업기사, 건설기계설비산업기사, 공조냉동기계산업기사, 화공산업기사, 가스산업기사, 산업안전산업기사, 위험물산업기사 - 13년↑	• 건축전기설비기술사 - 3년↑ • 소방설비기사 전기분야 - 5년↑ • 소방설비산업기사 전기분야 - 8년↑ • 전기기능장, 전기기사, 전기공사기사 - 11년↑ • 전기산업기사, 전기공사산업기사 - 13년↑
중급 기술자	• 건축사, 건축기계설비기술사, 건설기계기술사, 공조냉동기계기술사, 화공기술사, 가스기술사 • 소방설비기사 기계분야 • 소방설비산업기사 기계분야 - 3년↑ • 건축기사, 건축설비기사, 건설기계설비기사, 일반기계기사, 공조냉동기계기사, 화공기사, 가스기능장, 가스기사, 산업안전기사, 위험물기능장 - 5년↑ • 건축산업기사, 건축설비산업기사, 건설기계설비산업기사, 공조냉동기계산업기사, 화공산업기사, 가스산업기사, 산업안전산업기사, 위험물산업기사 - 8년↑	• 건축전기설비기술사 • 소방설비기사 전기분야 • 소방설비산업기사 전기분야 - 3년↑ • 전기기능장, 전기기사, 전기공사기사 - 5년↑ • 전기산업기사, 전기공사산업기사 - 8년↑
초급 기술자	• 소방설비산업기사(기계분야) • 건축기사, 건축설비기사, 건설기계설비기사, 일반기계기사, 공조냉동기계기사, 화공기사, 가스기능장, 가스기사, 산업안전기사, 위험물기능장 - 2년↑ • 건축산업기사, 건축설비산업기사, 건설기계설비산업기사, 공조냉동기계산업기사, 화공산업기사, 가스산업기사, 산업안전산업기사, 위험물산업기사 - 4년↑ • 위험물기능사 - 6년↑	• 소방설비산업기사(전기분야) • 전기기능장, 전기기사, 전기공사기사 - 2년↑ • 전기산업기사, 전기공사산업기사 - 4년↑

1) 기술자격에 따른 기술등급 (전기, 기계)

	특	고	중	초
소방 기술사	O	O	O	O
소방시설 관리사	5	O	O	O
건축 (기계/전기) 설비기술사	5	3	O	O
소방 설비기사	8	5	O	O
소방설비 산업기사	11	8	3	O
건축기사 (전기기사) 위험물 기능장 (전기기능장)	13	11	5	2
건축(전기) 산업기사 위험물 산업기사	•	13	8	4
위험물 기능사 (기계 만)	•	•	•	6

2) 학력·경력 등에 따른 기술등급

		특	고	중	초
학력·경력자	박사	3	1	O	O
	석사	7	4	2	O
	학사	11	7	5	O
	전문학사	15	10	8	2
	고등(소방학과)	•	13	10	3
	고등(전기, 산업, 기계, 건축, 화학)	•	15	12	5
경력자	학사	•	12	9	3
	전문학사	•	15	12	5
	고등학교	•	18	15	7
	소방 관련 업무	•	22	18	9

2) 학력·경력 등에 따른 기술등급

구 분	학력·경력자	경력자
특급 기술자	• 박사학위 – 3년↑ • 석사학위 – 7년↑ • 학사학위 – 11년↑ • 전문학사학위 – 15년↑	
고급 기술자	• 박사학위 – 1년↑ • 석사학위 – 4년↑ • 학사학위 – 7년↑ • 전문학사학위 – 10년↑ • 고등학교 소방학과 졸업 – 13년↑ • 고등학교[전기공학과, 산업안전공학과, 기계공학과, 건축공학과, 화학공학과] 졸업 – 15년↑	• 학사 이상의 학위 – 12년↑ • 전문학사학위 – 15년↑ • 고등학교 졸업 – 18년↑ • 22년↑ 소방 관련 업무 수행
중급 기술자	• 박사학위를 취득한 사람 • 석사학위 – 2년↑ • 학사학위 – 5년↑ • 전문학사학위 – 8년↑ • 고등학교 소방학과 졸업 – 10년↑ • 고등학교[전기공학과, 산업안전공학과, 기계공학과, 건축공학과, 화학공학과] 졸업 – 12년↑	• 학사 이상의 학위 – 9년↑ • 전문학사학위 – 12년↑ • 고등학교 졸업 – 15년↑ • 18년↑ 소방 관련 업무 수행
초급 기술자	• 석사 또는 학사학위를 취득한 사람 • 대학, 산업대학, 교육대학, 전문대학, 방송대학·통신대학·방송통신대학 및 사이버대학·기술대학에서 소방안전관리학과 졸업 • 전문학사학위– 2년↑ • 고등학교 소방학과 졸업 – 3년↑ • 고등학교[전기공학과, 산업안전공학과, 기계공학과, 건축공학과, 화학공학과] 졸업 – 5년↑	• 학사 이상의 학위 – 3년↑ • 전문학사학위 – 5년↑ • 고등학교 졸업 – 7년↑ • 9년↑ 소방 관련 업무 수행

나. 소방공사감리원의 기술등급

구 분	기계분야	전기분야
특급 감리원	• 소방기술사 자격을 취득한 사람	
	• 소방설비기사 기계분야 − 8년↑ • 소방설비산업기사 기계분야 − 12년↑	• 소방설비기사 전기분야 − 8년↑ • 소방설비산업기사 전기분야 − 12년↑
고급 감리원	• 소방설비기사 기계분야 − 5년↑ • 소방설비산업기사 기계분야 − 8년↑	• 소방설비기사 전기분야 − 5년↑ • 소방설비산업기사 전기분야 − 8년↑
중급 감리원	• 소방설비기사 기계분야 − 3년↑ • 소방설비산업기사 기계분야 − 6년↑ • 초급감리원 5년↑ 기계분야	• 소방설비기사 전기분야 − 3년↑ • 소방설비산업기사 전기분야 − 6년↑ • 초급감리원 5년↑ 전기분야
초급 감리원	• 소방안전관리학과 학사 이상의 학위 − 1년↑ • 대학, 산업대학, 교육대학, 전문대학, 방송대학 · 통신대학 · 방송통신대학 및 사이버대학 · 기술대학에서 소방안전관리학과의 전문학사학위 − 3년↑ • 고등학교 소방학과졸업 − 4년↑ • 3년↑ 소방공무원으로서 규정에 따른 업무의 경력이 있는 사람 • 5년↑ 소방 관련 업무 수행	
	• 소방설비기사 기계분야 − 1년↑ • 소방설비산업기사 기계분야 − 2년↑ • 산업안전공학과, 기계공학과, 건축공학과, 화학공학과의 학사 이상의 학위 − 1년↑ • 대학, 산업대학, 교육대학, 전문대학, 방송대학 · 통신대학 · 방송통신대학 및 사이버대학 · 기술대학에서 산업안전공학과, 기계공학과, 건축공학과, 화학공학과의 전문학사학위 − 3년↑	• 소방설비기사 전기분야 − 1년↑ • 소방설비산업기사 전기분야 − 2년↑ • 전기공학과의 학사 이상의 학위 − 1년↑ • 대학, 산업대학, 교육대학, 전문대학, 방송대학 · 통신대학 · 방송통신대학 및 사이버대학 · 기술대학에서 전기공학과의 전문학사학위 − 3년↑

다. 소방시설 자체점검 점검자의 기술등급

1) 기술자격에 따른 기술등급

구 분		기술자격
보조 기술 인력	특급 점검자	• 소방시설관리사, 소방기술사 • 소방설비기사 − 8년↑ • 소방설비산업기사 − 10년↑(소방시설관리업체[점검업무])
	고급 점검자	• 소방설비기사 − 5년↑ • 소방설비산업기사 − 8년↑ • 건축설비기사, 건축기사, 공조냉동기계기사, 일반기계기사, 위험물기능장 − 15년↑
	중급 점검자	• 소방설비기사 • 소방설비산업기사 − 3년↑ • 건축설비기사, 건축기사, 공조냉동기계기사, 일반기계기사, 위험물기능장, 전기기사, 전기공사기사, 전파통신기사, 정보통신기사자 − 10년↑

☑ 나. 소방공사감리원의 기술등급 (기계, 전기)

	특	고	중	초
소방 기술사	O	O	O	O
소방 설비기사	8	5	3	1
소방설비 산업기사	12	8	6	2
초급감리원	•	•	5	•
학사	•	•	•	1
전문학사	•	•	•	3
고등 (소방학과)	•	•	•	4
소방공무원	•	•	•	3
소방관련 업무	•	•	•	5

☑ 1) 기술자격에 따른 기술등급 (보조기술인력, 점검자)

	특	고	중	초
소방 기술사 소방시설 관리사	O	O	O	O
소방 설비기사	8	5	O	O
소방설비 산업기사	10	8	3	O
건축 설비기사 위험물 기능장	•	15	10	O
건축 산업기사 위험물 기능사	•	•	•	O

✅ 2) 학력·경력 등에 따른 기술등급

		고	중	초
학력·경력자	학사	9	6	O
	전문학사	12	9	O
	고등학교	•	12	O
	대학(소방안전,전기,산업,기계,건축,화학),고등(소방학과)	•	•	O
경력자	학사	12	9	•
	전문학사	15	12	•
	소방관련 업무	22	18	5
	고등학교	•	15	
	4년제 대학	•	•	1
	전문대학	•	•	3
	소방공무원	•	•	3

보조기술인력	초급점검자	• 소방설비산업기사 • 가스기능장, 전기기능장, 위험물기능장 • 건축기사, 건축설비기사, 건설기계설비기사, 일반기계기사, 공조냉동기계기사, 화공기사, 가스기사, 전기기사, 전기공사기사, 산업안전기사, 위험물산업기사 • 건축산업기사, 건축설비산업기사, 건설기계설비산업기사, 공조냉동기계산업기사, 화공산업기사, 가스산업기사, 전기산업기사, 전기공사산업기사, 산업안전산업기사, 위험물기능사

2) 학력·경력 등에 따른 기술등급

구 분		학력·경력자	경력자
보조기술인력	고급점검자	• 학사 이상의 학위 - 9년↑ • 전문학사학위 - 12년↑	• 학사 이상의 학위 - 12년↑ • 전문학사학위 - 15년↑ • 22년↑ 소방 관련 업무 수행
	중급점검자	• 학사 이상의 학위 - 6년↑ • 전문학사학위 - 9년↑ • 고등학교 졸업 - 12년↑	• 학사 이상의 학위 - 9년↑ • 전문학사학위 - 12년↑ • 고등학교 졸업 - 15년↑ • 18년↑ 소방 관련 업무 수행
	초급점검자	• 대학, 산업대학, 교육대학, 전문대학, 방송대학·통신대학·방송통신대학 및 사이버대학·기술대학에서 소방안전관리학과, 전기공학과, 산업안전공학과, 기계공학과, 건축공학과, 화학공학과 또는 고등학교 소방학과를 졸업한 사람	• 4년제 대학↑ 졸업 - 1년↑ • 전문대학 졸업 - 3년↑ • 5년↑ 소방 관련 업무 수행 • 3년↑ 소방공무원으로서 규정에 따른 업무의 경력이 있는 사람

memo

3 소방기술자 양성 및 교육 등(소방시설공사업법 제28조의2)

🔵 기출 23 경채

① **소방청장**은 소방기술자를 육성하고 소방기술자의 전문기술능력 향상을 위하여 소방기술자와 소방기술과 관련된 자격·학력 및 경력을 인정받으려는 사람의 양성·인정 교육훈련을 실시할 수 있다.(법 제28조의2 제1항)

② **소방청장**은 전문적이고 체계적인 소방기술자 양성·인정 교육훈련을 위하여 소방기술자 양성·인정 교육훈련기관을 지정할 수 있다.(법 제28조의2 제2항)

③ 지정된 소방기술자 양성·인정 교육훈련기관의 지정취소, 업무정지 및 청문에 관하여는 「소방시설 설치 및 관리에 관한 법률」 제47조(전문기관의 지정취소 등) 및 제49조(청문)를 준용한다.(법 제28조의2 제3항)

④ 소방기술자 양성·인정 교육훈련 및 교육훈련기관 지정 등에 필요한 사항은 **행정안전부령**으로 정한다.

  ㉠ 소방기술자 양성·인정 교육훈련기관의 지정 요건(규칙 제25조의2 제1항)
    ⓐ 전국 **4개 이상**의 시·도에 이론교육과 실습교육이 가능한 교육·훈련장을 갖출 것
    ⓑ 소방기술자 양성·인정 교육훈련을 실시할 수 있는 전담인력을 **6명 이상** 갖출 것
    ⓒ 교육과목별 교재 및 강사 **매뉴얼**을 갖출 것
    ⓓ 교육훈련의 신청·수료, 성과측정, 경력관리 등에 필요한 교육훈련 **관리 시스템**을 구축·운영할 것

  ㉡ 소방기술자 양성·인정 교육훈련기관은 다음 각 호의 사항이 포함된 다음 연도 교육훈련계획을 수립하여 해당 연도 **11월 30일**까지 **소방청장의 승인**을 받아야 한다.(규칙 제25조의2 제2항)
    ⓐ 교육운영계획
    ⓑ 교육 과정 및 과목
    ⓒ 교육방법
    ⓓ 그 밖에 소방기술자 양성·인정 교육훈련의 실시에 필요한 사항

  ㉢ 소방기술자 양성·인정 교육훈련기관은 교육 이수 사항을 기록·관리해야 한다.(규칙 제25조의2 제3항)

---

07 ● 1 2 3

「소방시설공사업법 시행규칙」상 소방기술자 양성·인정 교육훈련기관의 지정 요건으로 옳지 않은 것은?
• 23. 경채

① 교육과목별 교재 및 강사 매뉴얼을 갖출 것
② 소방기술자 양성·인정 교육훈련을 실시할 수 있는 전담인력을 6명 이상 갖출 것
③ 전국 2개 이상의 시·도에 이론교육과 실습교육이 가능한 교육·훈련장을 갖출 것
④ 교육훈련의 신청·수료, 성과측정, 경력관리 등에 필요한 교육훈련 관리 시스템을 구축·운영할 것

정답 07. ③

> 관련법규

소방시설 설치 및 관리에 관한 법률

제47조 [전문기관의 지정취소 등]
소방청장은 전문기관이 다음 각 호의 어느 하나에 해당할 때에는 그 지정을 취소하거나 6개월 이내의 기간을 정하여 그 업무의 정지를 명할 수 있다. 다만, 제1호에 해당할 때에는 그 지정을 취소하여야 한다.
1. 거짓이나 그 밖의 부정한 방법으로 지정을 받은 경우
2. 정당한 사유 없이 1년 이상 계속하여 제품검사 또는 실무교육 등 지정받은 업무를 수행하지 아니한 경우
3. 제46조제1항 각 호의 요건을 갖추지 못하거나 제46조제3항에 따른 조건을 위반한 경우
4. 제52조제1항제7호에 따른 감독 결과 이 법이나 다른 법령을 위반하여 전문기관으로서의 업무를 수행하는 것이 부적당하다고 인정되는 경우

제49조 [청문]
소방청장 또는 시·도지사는 다음 각 호의 어느 하나에 해당하는 처분을 하려면 청문을 하여야 한다.
1. 제28조에 따른 관리사 자격의 취소 및 정지
2. 제35조제1항에 따른 관리업의 등록취소 및 영업정지
3. 제39조에 따른 소방용품의 형식승인 취소 및 제품검사 중지
4. 제42조에 따른 성능인증의 취소
5. 제43조제5항에 따른 우수품질인증의 취소
6. 제47조에 따른 전문기관의 지정취소 및 업무정지

소방시설공사업법 시행규칙

제25조의2 [소방기술자 양성·인정 교육훈련의 실시 등]
① 법 제28조의2제2항에 따른 소방기술자 양성·인정 교육훈련기관(이하 "소방기술자 양성·인정 교육훈련기관"이라 한다)의 지정 요건은 다음 각 호와 같다.
  1. 전국 4개 이상의 시·도에 이론교육과 실습교육이 가능한 교육·훈련장을 갖출 것
  2. 소방기술자 양성·인정 교육훈련을 실시할 수 있는 전담인력을 6명 이상 갖출 것
  3. 교육과목별 교재 및 강사 매뉴얼을 갖출 것
  4. 교육훈련의 신청·수료, 성과측정, 경력관리 등에 필요한 교육훈련 관리시스템을 구축·운영할 것
② 소방기술자 양성·인정 교육훈련기관은 다음 각 호의 사항이 포함된 다음 연도 교육훈련계획을 수립하여 해당 연도 11월 30일까지 소방청장의 승인을 받아야 한다.
  1. 교육운영계획
  2. 교육 과정 및 과목
  3. 교육방법
  4. 그 밖에 소방기술자 양성·인정 교육훈련의 실시에 필요한 사항
③ 소방기술자 양성·인정 교육훈련기관은 교육 이수 사항을 기록·관리해야 한다.

4 소방기술자의 실무교육(소방시설공사업법 제29조)

(1) 화재 예방, 안전관리의 효율화, 새로운 기술 등 소방에 관한 지식의 보급을 위하여 소방시설업 또는 소방시설관리업의 기술인력으로 등록된 **소방기술자**는 **행정안전부령**으로 정하는 바에 따라 **실무교육**을 받아야 한다. (법 제29조 제1항)

① 소방기술자의 실무교육

㉠ 소방기술자는 법 제29조제1항에 따른 실무교육을 **2년마다 1회** 이상 받아야 한다. 다만, 실무교육을 받아야 할 기간 내에 **소방기술자 양성 · 인정 교육훈련**을 받은 경우에는 해당 실무교육을 **받은 것으로 본다.**(규칙 제26조 제1항)

㉡ 소방기술자 실무교육에 관한 업무를 위탁받은 **실무교육기관 또는 한국소방안전원의 장**(이하 "실무교육기관등의 장")은 소방기술자에 대한 실무교육을 실시하려면 교육일정 등 교육에 필요한 계획을 수립하여 소방청장에게 보고한 후 교육 **10일** 전까지 교육대상자에게 **알려야 한다.**(규칙 제26조 제2항)

㉢ 실무교육의 시간, 교육과목, 수수료, 그 밖에 실무교육에 관하여 필요한 사항은 **소방청장**이 정하여 고시한다.(규칙 제26조 제3항)

② 교육계획의 수립 · 공고 등

㉠ **실무교육기관등의 장**은 매년 **12월 31일**까지 다음 해 교육계획을 실무교육의 종류별 · 대상자별 · 지역별로 수립하여 이를 **일간신문** 또는 **인터넷 홈페이지**에 공고하고 소방본부장 또는 소방서장에게 보고해야 한다. (규칙 제35조 제1항)

㉡ 교육계획을 변경하는 경우에는 변경한 날부터 **10일** 이내에 이를 **일간신문** 또는 **인터넷 홈페이지**에 공고하고 **소방본부장 또는 소방서장**에게 보고해야 한다. (규칙 제35조 제2항)

③ 교육대상자 관리 및 교육실적 보고

㉠ **실무교육기관등의 장**은 그 해의 교육이 끝난 후 직능별 · 지역별 교육수료자 명부를 작성하여 소방본부장 또는 소방서장에게 다음 해 1월 말까지 알려야 한다.(규칙 제36조 제1항)

㉡ 실무교육기관등의 장은 **매년 1월 말**까지 전년도 교육 횟수 · 인원 및 대상자 등 교육실적을 소방청장에게 보고하여야 한다. (규칙 제36조 제2항)

④ 교육수료 사항의 기록 등

㉠ **실무교육기관등의 장**은 실무교육을 수료한 소방기술자의 기술자격증(자격수첩)에 교육수료 사항을 기재 · 날인하여 발급하여야 한다. (규칙 제27조 제1항)

08

「소방시설공사업법 시행규칙」상 실무교육기관 또는 한국소방안전원의 장은 소방기술자에 대한 실무교육을 실시하려면 교육일정 등 교육에 필요한 계획을 수립하여 소방청장에게 보고한 후 교육 며칠 전까지 교육대상자에게 알려야 하는가?

① 10
② 20
③ 30
④ 40

09

「소방시설공사업법 시행규칙」상 소방기술자의 실무교육 기간으로 옳은 것은?

① 1년마다 1회
② 2년마다 1회
③ 1년마다 2회
④ 2년마다 2회

10

「소방시설공사업법」상 소방실무교육기관의 지정권자는?

① 시 · 도지사
② 소방본부장
③ 소방서장
④ 소방청장

정답 08. ① 09. ② 10. ④

11 ① ② ③

「소방시설공사업법 시행규칙」상 소방기술자 실무교육에 필요한 기술인력 중의 강사의 자격요건으로 옳지 않은 것은?

① 소방관련학의 석사학위를 가진 자
② 전문대학 또는 이와 동등 이상의 교육기관에서 소방안전관련학과 전임 강사 이상으로 재직한 자
③ 소방기술사, 소방시설관리사, 위험물관리기능장 자격을 소지한 자
④ 소방설비기사 및 위험물관리산업기사 자격을 소지한 자로서 소방관련기관(단체)에서 2년 이상 강의경력이 있는 자

12 ① ② ③

「소방시설공사업법 시행규칙」상 소방기술자 실무교육에 필요한 시설 및 장비의 기준으로 옳지 않은 것은?

① 사무실 바닥면적이 50㎡ 이상일 것
② 강의실 바닥면적이 100㎡ 이상이고, 의자 탁자 및 교육용 비품을 갖출 것
③ 실습실·실험실·제도실 각 바닥면적이 100㎡ 이상(실습실은 소방안전관리자에 한하고, 실험실은 위험물안전관리자에 한하며, 제도실은 설계 및 시공자에 한한다)
④ 교육용 기자재 중 빔 프로젝트는 수량 1개를 갖출 것

13 ① ② ③

「소방시설공사업법 시행규칙」상 소방기술자 실무교육에의 기술인력의 인원으로 옳은 것은?

① 강사 3인 및 교무요원 1인 이상을 확보할 것
② 강사 3인 및 교무요원 2인 이상을 확보할 것
③ 강사 4인 및 교무요원 1인 이상을 확보할 것
④ 강사 4인 및 교무요원 2인 이상을 확보할 것

정답 11. ① 12. ① 13. ④

ⓒ **실무교육기관등의 장**은 소방기술자 실무교육수료자 명단을 교육대상자가 소속된 소방시설업의 업종별로 작성하고 필요한 사항을 기록하여 갖춰 두어야 한다.(규칙 제27조 제2항)

⑤ 감독

소방청장은 실무교육기관등의 장이 실시하는 소방기술자 실무교육의 계획·실시 및 결과에 대하여 지도·감독하여야 한다.(규칙 제28조)

(2) 소방기술자가 정하여진 **교육을 받지 아니하면** 그 교육을 이수할 때까지 그 소방기술자는 소방시설업 또는 소방시설관리업의 기술인력으로 **등록된 사람으로 보지 아니한다.** (법 제29조 제2항)

(3) **소방청장**은 소방기술자에 대한 실무교육을 효율적으로 하기 위하여 실무교육기관을 지정할 수 있다.(법 제29조 제3항)

(4) 실무교육기관의 지정방법·절차·기준 등에 관하여 필요한 사항은 **행정안전부령**으로 정한다.(법 제29조 제4항)

① 소방기술자 실무교육기관의 지정기준

㉠ 소방기술자에 대한 실무교육기관의 지정을 받으려는 자가 갖추어야 하는 실무교육에 필요한 기술인력 및 시설장비는 별표 6과 같다.
(규칙 제29조 제1항)

㉡ 실무교육기관의 지정을 받으려는 자는 **비영리법인**이어야 한다.
(규칙 제29조 제2항)

② 실무교육기관의 지정신청

㉠ 실무교육기관의 지정을 받으려는 자는 실무교육기관 지정신청서(전자문서로 된 실무교육기관 지정신청서를 포함한다)에 다음 각 호의 서류(전자문서를 포함한다)를 첨부하여 소방청장에게 제출하여야 한다. 다만, 「전자정부법」에 따른 행정정보의 공동이용을 통하여 첨부서류에 대한 정보를 확인할 수 있는 경우에는 그 확인으로 첨부서류를 갈음할 수 있다. (규칙 제30조 제1항)

ⓐ 정관 사본 1부

ⓑ 대표자, 각 지부의 책임임원 및 기술인력의 자격을 증명할 수 있는 서류(전자문서를 포함한다)와 기술인력의 명단 및 이력서 각 1부

ⓒ 건물의 소유자가 아닌 경우 건물임대차계약서 사본 및 그 밖에 사무실 보유를 증명할 수 있는 서류(전자문서를 포함한다) 각 1부

ⓓ 교육장 도면 1부

ⓔ 시설 및 장비명세서 1부

ⓒ 신청서를 제출받은 담당 공무원은 「전자정부법」에 따라 행정정보의 공동이용을 통하여 다음 각 호의 서류를 확인하여야 한다. (규칙 제30조 제2항)
   ⓐ 법인등기사항 전부증명서 1부
   ⓑ 건물등기사항 전부증명서(건물의 소유자인 경우에만 첨부한다)

③ 서류심사 등
   ㉠ 실무교육기관의 지정신청을 받은 **소방청장**은 지정기준을 충족하였는지를 현장 확인하여야 한다. 이 경우 소방청장은 **한국소방안전원**에 소속된 사람을 현장 확인에 참여시킬 수 있다. (규칙 제31조 제1항)
   ㉡ **소방청장**은 신청자가 제출한 신청서(전자문서로 된 신청서를 포함한다) 및 첨부서류(전자문서를 포함한다)가 미비되거나 현장 확인 결과 지정기준을 충족하지 못하였을 때에는 **15일** 이내의 기간을 정하여 이를 **보완**하게 할 수 있다. 이 경우 보완기간 내에 보완하지 않으면 신청서를 되돌려 보내야 한다. (규칙 제31조 제2항)

④ 지정서 발급 등
   ㉠ **소방청장**은 제출된 서류(전자문서를 포함한다)를 심사하고 현장 확인한 결과 지정기준을 충족한 경우에는 신청일부터 **30일** 이내에 실무교육기관 지정서(전자문서로 된 실무교육기관 지정서를 포함한다)를 **발급**하여야 한다. (규칙 제32조 제1항)
   ㉡ 실무교육기관을 지정한 소방청장은 지정한 실무교육기관의 명칭, 대표자, 소재지, 교육실시 범위 및 교육업무 개시일 등 교육에 필요한 사항을 관보에 공고하여야 한다. (규칙 제32조 제2항)

⑤ 지정사항의 변경
   실무교육기관으로 지정된 기관은 다음 각 호의 어느 하나에 해당하는 사항을 변경하려면 변경일부터 **10일** 이내에 **소방청장**에게 보고하여야 한다.
   (규칙 제33조)
   ㉠ 대표자 또는 각 지부의 책임임원
   ㉡ 기술인력 또는 시설장비 등 지정기준
   ㉢ 교육기관의 명칭 또는 소재지

⑥ 휴업·재개업 및 폐업 신고 등
   ㉠ 지정을 받은 실무교육기관은 휴업·재개업 또는 폐업을 하려면 그 휴업 또는 재개업을 하려는 날의 **14일** 전까지 휴업·재개업·폐업 보고서에 실무교육기관 지정서 1부를 첨부(폐업하는 경우에만 첨부한다)하여 소방청장에게 보고하여야 한다.(규칙 제34조 제1항)
   ㉡ 보고는 **방문·전화·팩스 또는 컴퓨터통신**으로 할 수 있다.
      (규칙 제34조 제2항)

☑ 보완기간

4일
• 건축허가등의 동의요구

7일
• 성능위주설계의 신고

10일
• 소방시설업 등록신청
• 소방시설관리업 등록신청
• 화재감정기관 지정신청

15일
• 방염처리능력평가 신청
• 시공능력평가 신청
• 소방기술자 실무교육기관 신청
• 점검능력평가 신청

☑ 소방기술자 실무교육기관의 지정

• 보완	15일
• 발급	30일
• 변경	10일
• 휴업·재개업 및 폐업 신고	14일

ⓒ 소방청장은 휴업보고를 받은 경우에는 실무교육기관 지정서에 휴업기간을 기재하여 발급하고, 폐업보고를 받은 경우에는 실무교육기관 지정서를 회수하여야 한다. 이 경우 소방청장은 휴업·재개업·폐업 사실을 인터넷 등을 통하여 널리 알려야 한다.(규칙 제34조 제3항)

⑦ 실무교육기관의 지정취소, 업무정지 및 청문에 관하여는 「소방시설 설치 및 관리에 관한 법률」 제47조(전문기관의 지정취소 등) 및 제49조(청문)를 준용한다.(법 제29조 제5항)

(5) 소방기술자 실무교육에 필요한 기술인력 및 시설(규칙 별표6)

① 조직구성
  ㉠ 수도권(서울, 인천, 경기), 중부권(대전, 세종, 강원, 충남, 충북), 호남권(광주, 전남, 전북, 제주), 영남권(부산, 대구, 울산, 경남, 경북) 등 권역별로 1개 이상의 지부를 설치할 것
  ㉡ 각 지부에는 법인에 선임된 임원 1명 이상을 책임자로 지정할 것
  ㉢ 각 지부에는 기술인력 및 시설·장비 등 교육에 필요한 시설을 갖출 것

② 기술인력
  ㉠ 인원 : 강사 **4명** 및 교무요원 **2명** 이상을 확보할 것
  ㉡ 자격요건
    1) 강사
      ⓐ 소방 관련학의 **박사**학위를 가진 사람
      ⓑ 전문대학 또는 이와 같은 수준 이상의 교육기관에서 소방안전 관련학과 **전임 강사** 이상으로 재직한 사람
      ⓒ 소방기술사, 소방시설관리사, 위험물기능장 자격을 소지한 사람
      ⓓ 소방설비기사 및 위험물산업기사 자격을 소지한 사람으로서 소방 관련 기관(단체)에서 **2년** 이상 강의경력이 있는 사람
      ⓔ 소방설비산업기사 및 위험물기능사 자격을 소지한 사람으로서 소방 관련 기관(단체)에서 **5년** 이상 강의경력이 있는 사람
      ⓕ 대학 또는 이와 같은 수준 이상의 교육기관에서 소방안전 관련학과를 졸업하고 소방 관련 기관(단체)에서 **5년** 이상 강의경력이 있는 사람
      ⓖ 소방 관련 기관(단체)에서 **10년** 이상 실무경력이 있는 사람으로서 5년 이상 강의 경력이 있는 사람
      ⓗ **소방경** 이상의 소방공무원이나 소방설비기사 자격을 소지한 소방위 이상의 소방공무원
    2) 외래 초빙강사 : 강사의 자격요건에 해당하는 사람일 것

③ 시설 및 장비
  ㉠ 사무실 : 바닥면적이 **60㎡** 이상일 것
  ㉡ 강의실 : 바닥면적이 **100㎡** 이상이고, 의자·탁자 및 교육용 비품을 갖출 것
  ㉢ 실습실·실험실·제도실 : 각 바닥면적이 **100㎡** 이상(실습실은 소방안전관리자만 해당되고, 실험실은 위험물안전관리자만 해당되며, 제도실은 설계 및 시공자만 해당된다)
  ㉣ 교육용 기자재 : 규칙 별표 6

【소방기술자 실무교육에 필요한 기술인력 및 시설장비】 시행규칙 별표6

1. 조직구성
   가. 수도권(서울, 인천, 경기), 중부권(대전, 세종, 강원, 충남, 충북), 호남권(광주, 전남, 전북, 제주), 영남권(부산, 대구, 울산, 경남, 경북) 등 권역별로 1개 이상의 지부를 설치할 것
   나. 각 지부에는 법인에 선임된 임원 1명 이상을 책임자로 지정할 것
   다. 각 지부에는 기술인력 및 시설·장비 등 교육에 필요한 시설을 갖출 것

2. 기술인력
   가. 인원: 강사 **4명** 및 교무요원 **2명** 이상을 확보할 것
   나. 자격요건
      1) 강사
         가) 소방 관련학의 박사학위를 가진 사람
         나) 전문대학 또는 이와 같은 수준 이상의 교육기관에서 소방안전 관련학과 전임강사 이상으로 재직한 사람
         다) 소방기술사, 소방시설관리사, 위험물기능장 자격을 소지한 사람
         라) 소방설비기사 및 위험물산업기사 자격을 소지한 사람으로서 소방 관련 기관(단체)에서 2년 이상 강의경력이 있는 사람
         마) 소방설비산업기사 및 위험물기능사 자격을 소지한 사람으로서 소방 관련 기관(단체)에서 5년 이상 강의경력이 있는 사람
         바) 대학 또는 이와 같은 수준 이상의 교육기관에서 소방안전 관련학과를 졸업하고 소방 관련 기관(단체)에서 5년 이상 강의경력이 있는 사람
         사) 소방 관련 기관(단체)에서 10년 이상 실무경력이 있는 사람으로서 5년 이상 강의 경력이 있는 사람
         아) 소방경 이상의 소방공무원이나 소방설비기사 자격을 소지한 소방위 이상의 소방공무원
      2) 외래 초빙강사 : 강사의 자격요건에 해당하는 사람일 것

3. 시설 및 장비
  가. 사무실: 바닥면적이 60m² 이상일 것
  나. 강의실: 바닥면적이 100m² 이상이고, 의자·탁자 및 교육용 비품을 갖출 것
  다. 실습실·실험실·제도실: 각 바닥면적이 100m² 이상(실습실은 소방안전관리자만 해당되고, 실험실은 위험물안전관리자만 해당되며, 제도실은 설계 및 시공자만 해당된다)
  라. 교육용 기자재

기자재명	규격	수량(단위: 개)
빔 프로젝터(Beam Projector)		1
소화기(단면절개: 斷面切開)	3종	각 1
경보설비시스템		1
스프링클러모형		1
자동화재탐지설비 세트		1
소화설비 계통도		1
소화기 시뮬레이터		1
소화기 충전장치		1
방출포량 시험기		1
열감지기 시험기		1
수압기	20kgf/cm²	1
할론 농도 측정기		1
이산화탄소농도 측정기		1
전류전압 측정기		1
검량계	200kgf	1
풍압풍속계(기압측정이 가능한 것)	1~10mmHg	1
차압계(압력차 측정기)		1
음량계		1
초시계		1
방수압력측정기		1
봉인렌치		1
포채집기		1
전기절연저항 시험기(최소눈금이 0.1MΩ 이하인 것)	DC 500V	1
연기감지기 시험기		1

📘 **관련법규**

소방시설 설치 및 관리에 관한 법률

제47조 【전문기관의 지정취소 등】
소방청장은 전문기관이 다음 각 호의 어느 하나에 해당할 때에는 그 지정을 취소하거나 6개월 이내의 기간을 정하여 그 업무의 정지를 명할 수 있다. 다만, 제1호에 해당할 때에는 그 지정을 취소하여야 한다.
1. 거짓이나 그 밖의 부정한 방법으로 지정을 받은 경우
2. 정당한 사유 없이 1년 이상 계속하여 제품검사 또는 실무교육 등 지정받은 업무를 수행하지 아니한 경우
3. 제46조 제1항 각 호의 요건을 갖추지 못하거나 제46조 제3항에 따른 조건을 위반한 때
4. 제52조 제1항 제7호에 따른 감독 결과 이 법이나 다른 법령을 위반하여 전문기관으로서의 업무를 수행하는 것이 부적당하다고 인정되는 경우

제49조 【청문】
소방청장 또는 시·도지사는 다음 각 호의 어느 하나에 해당하는 처분을 하려면 청문을 하여야 한다.
1. 제28조에 따른 관리사 자격의 취소 및 정지
2. 제35조제1항에 따른 관리업의 등록취소 및 영업정지
3. 제39조에 따른 소방용품의 형식승인 취소 및 제품검사 중지
4. 제42조에 따른 성능인증의 취소
5. 제43조제5항에 따른 우수품질인증의 취소
6. 제47조에 따른 전문기관의 지정취소 및 업무정지

소방시설공사업법 시행규칙

제26조 【소방기술자의 실무교육】 기출 16 공채
① 소방기술자는 법 제29조 제1항에 따른 실무교육을 2년마다 1회 이상 받아야 한다. 다만, 실무교육을 받아야 할 기간 내에 소방기술자 양성·인정 교육훈련을 받은 경우에는 해당 실무교육을 받은 것으로 본다.
② 영 제20조 제1항에 따라 소방기술자 실무교육에 관한 업무를 위탁받은 실무교육기관 또는 「소방기본법」 제40조에 따른 한국소방안전원의 장(이하 "실무교육기관등의 장"이라 한다)은 소방기술자에 대한 실무교육을 실시하려면 교육일정 등 교육에 필요한 계획을 수립하여 소방청장에게 보고한 후 교육 10일 전까지 교육대상자에게 알려야 한다.
③ 제1항에 따른 실무교육의 시간, 교육과목, 수수료, 그 밖에 실무교육에 관하여 필요한 사항은 소방청장이 정하여 고시한다.

제27조 【교육수료 사항의 기록 등】
① 실무교육기관등의 장은 실무교육을 수료한 소방기술자의 기술자격증(자격수첩)에 교육수료 사항을 기재·날인하여 발급하여야 한다.
② 실무교육기관의 장은 별지 제40호 서식의 소방기술자 실무교육 수료자명단을 교육대상자가 소속된 소방시설업의 업종별로 작성하고 필요한 사항을 기록하여 갖춰 두어야 한다.

14.

「소방시설공사업법 시행규칙」상 실무교육기관으로 지정된 기관이 지정사항의 변경을 요할 때 지정사항의 기준이 아닌 것은?

① 대표자 또는 각 지부의 책임임원
② 기술인력 또는 시설장비 등 지정기준
③ 교육기관명칭 또는 교육기관의 소재지
④ 대표자의 가족등본

정답 14. ④

제28조 [감독]
소방청장은 실무교육기관 등의 장이 실시하는 소방기술자 실무교육의 계획·실시 및 결과에 대하여 지도·감독하여야 한다.

제29조 [소방기술자 실무교육기관의 지정기준]
① 법 제29조 제4항의 규정에 의하여 소방기술자에 대한 실무교육기관의 지정을 받고자 하는 자가 갖추어야 하는 실무교육에 필요한 기술인력 및 시설장비는 별표 6과 같다.
② 제1항의 규정에 의하여 실무교육기관의 지정을 받고자 하는 자는 비영리법인이어야 한다.

제30조 [지정신청]
① 법 제29조 제4항에 따라 실무교육기관의 지정을 받으려는 자는 별지 제41호서식의 실무교육기관 지정신청서(전자문서로 된 실무교육기관 지정신청서를 포함한다)에 다음 각 호의 서류(전자문서를 포함한다)를 첨부하여 소방청장에게 제출하여야 한다. 다만, 「전자정부법」 제36조 제1항에 따른 행정정보의 공동이용을 통하여 첨부서류에 대한 정보를 확인할 수 있는 경우에는 그 확인으로 첨부서류를 갈음할 수 있다.
 1. 정관 사본 1부
 2. 대표자, 각 지부의 책임임원 및 기술인력의 자격을 증명할 수 있는 서류(전자문서를 포함한다)와 기술인력의 명단 및 이력서 각 1부
 3. 건물의 소유자가 아닌 경우 건물임대차계약서 사본 및 그 밖에 사무실 보유를 증명할 수 있는 서류(전자문서를 포함한다) 각 1부
 4. 교육장 도면 1부
 5. 시설 및 장비명세서 1부
② 제1항에 따른 신청서를 제출받은 담당 공무원은 「전자정부법」 제36조 제1항에 따라 행정정보의 공동이용을 통하여 다음 각 호의 서류를 확인하여야 한다.
 1. 법인등기사항 전부증명서 1부
 2. 건물등기사항 전부증명서(건물의 소유자인 경우에만 첨부한다)

제31조 [서류심사 등]
① 제30조에 따라 실무교육기관의 지정신청을 받은 소방청장은 제29조의 지정기준을 충족하였는지를 현장 확인하여야 한다. 이 경우 소방청장은 「소방기본법」 제40조에 따른 한국소방안전원에 소속된 사람을 현장 확인에 참여시킬 수 있다.
② 소방청장은 신청자가 제출한 신청서(전자문서로 된 신청서를 포함한다) 및 첨부서류(전자문서를 포함한다)가 미비되거나 현장 확인 결과 제29조에 따른 지정기준을 충족하지 못하였을 때에는 15일 이내의 기간을 정하여 이를 보완하게 할 수 있다. 이 경우 보완기간 내에 보완하지 않으면 신청서를 되돌려 보내야 한다.

제32조 [지정서 발부 등]
① 소방청장은 제30조에 따라 제출된 서류(전자문서를 포함한다)를 심사하고 현장 확인한 결과 제29조의 지정기준을 충족한 경우에는 신청일부터 30일 이내에 별지 제42호서식의 실무교육기관 지정서(전자문서로 된 실무교육기관 지정서를 포함한다)를 발급하여야 한다.
② 제1항에 따라 실무교육기관을 지정한 소방청장은 지정한 실무교육기관의 명칭, 대표자, 소재지, 교육실시 범위 및 교육업무 개시일 등 교육에 필요한 사항을 관보에 공고하여야 한다.

제33조 [지정사항의 변경]
제32조제1항에 따라 실무교육기관으로 지정된 기관은 다음 각 호의 어느 하나에 해당하는 사항을 변경하려면 변경일부터 10일 이내에 소방청장에게 보고하여야 한다.
1. 대표자 또는 각 지부의 책임임원
2. 기술인력 또는 시설장비 등 지정기준
3. 교육기관의 명칭 또는 소재지

제34조 [휴업·재개업 및 폐업 신고 등]
① 제32조 제1항에 따라 지정을 받은 실무교육기관은 휴업·재개업 또는 폐업을 하려면 그 휴업 또는 재개업을 하려는 날의 14일 전까지 별지 제43호서식의 휴업·재개업·폐업 보고서에 실무교육기관 지정서 1부를 첨부(폐업하는 경우에만 첨부한다)하여 소방청장에게 보고하여야 한다.
② 제1항에 따른 보고는 방문·전화·팩스 또는 컴퓨터통신으로 할 수 있다.
③ 소방청장은 제1항에 따라 휴업보고를 받은 경우에는 실무교육기관 지정서에 휴업기간을 기재하여 발급하고, 폐업보고를 받은 경우에는 실무교육기관 지정서를 회수하여야 한다. 이 경우 소방청장은 휴업·재개업·폐업 사실을 인터넷 등을 통하여 널리 알려야 한다.

제35조 [교육계획의 수립·공고 등]
① 실무교육기관등의 장은 매년 12월 31일까지 다음 해 교육계획을 실무교육의 종류별·대상자별·지역별로 수립하여 이를 일간신문 또는 인터넷 홈페이지에 공고하고 소방본부장 또는 소방서장에게 보고해야 한다.
② 제1항에 따른 교육계획을 변경하는 경우에는 변경한 날부터 10일 이내에 이를 일간신문 또는 인터넷 홈페이지에 공고하고 소방본부장 또는 소방서장에게 보고해야 한다.

제36조 [교육대상자 관리 및 교육실적 보고]
① 실무교육기관등의 장은 그 해의 교육이 끝난 후 직능별·지역별 교육수료자 명부를 작성하여 소방본부장 또는 소방서장에게 다음 해 1월 말까지 알려야 한다.
② 실무교육기관등의 장은 매년 1월 말까지 전년도 교육 횟수·인원 및 대상자 등 교육실적을 소방청장에게 보고하여야 한다.

15
「소방시설공사업법 시행규칙」상 실무교육지정기관이 교육계획을 변경하는 경우에 변경한 날로부터 며칠 이내에 이를 일간신문에 공고하고 소방본부장 또는 소방서장에게 보고하여야 하는가?

① 5일　　② 7일
③ 10일　　④ 14일

정답 15. ③

CHAPTER 04 O·X 문제

01
☒ 300만 원 이하 벌금(법 제37조)

01 소방기술자가 자격수첩 또는 경력 수첩을 빌려 준 경우 300만 원 이하의 과태료에 처한다.

02
☒ 자격을 취소하거나 6개월 이상 2년 이하의 기간을 정하여 그 자격을 정지에 해당한다.(법 제28조 제4항)

02 소방기술자 자격수첩 또는 경력수첩을 발급받은 사람이 동시에 둘 이상의 업체에 취업한 경우에는 그 자격을 취소하여야 한다.

03
☒ 2년 마다 1회(규칙 제26조 제1항)

03 소방기술자의 실무 교육 횟수는 2년마다 2회 이상 받아야 한다.

04
☒ 10일 이내(규칙 제35조 제2항)

04 실무교육지정기관이 교육계획을 변경하는 경우에 변경한 날로부터 7일 이내에 이를 일간신문에 공고하고 소방본부장 또는 소방서장에게 보고하여야 한다.

MEMO

CHAPTER 05 소방시설업자협회

1 소방시설업자협회의 설립(소방시설공사업법 제30조의2)

(1) 소방시설업자협회의 설립

① 소방시설업자는 소방시설업자의 권익보호와 소방기술의 개발 등 소방시설업의 건전한 발전을 위하여 소방시설업자협회("협회"라 한다)를 설립할 수 있다. (법 제30조의2 제1항)
  ㉠ 소방시설업자협회를 설립하려면 소방시설업자 **10명** 이상이 발기하고 창립총회에서 정관을 의결한 후 **소방청장**에게 **인가**를 신청하여야 한다. (규칙 제19조의2 제1항)
  ㉡ 소방청장은 ㉠에 따른 인가를 하였을 때에는 그 사실을 공고하여야 한다. (규칙 제19조의2 제2항)
② 협회는 **법인**으로 한다.(법 제30조의2 제2항)
③ 협회에 관하여 이 법에 규정되지 아니한 사항은 「민법」 중 **사단법인**에 관한 규정을 준용한다.(법 제30조의4)
③ 협회는 소방청장의 인가를 받아 주된 사무소의 소재지에 설립등기를 함으로써 성립한다.(법 제30조의2 제3항)
④ 협회의 설립인가 절차, 정관의 기재사항 및 협회에 대한 감독에 관하여 필요한 사항은 **대통령령**으로 정한다.(법 제30조의2 제4항)
  ㉠ 협회 정관의 기재사항
     회의 정관에는 다음 각 호의 사항이 포함되어야 한다.(영 제19조의3)
     ⓐ **목**적
     ⓑ **명**칭
     ⓒ 주된 사무소의 **소**재지
     ⓓ **사**업에 관한 사항
     ⓔ 회원의 **가**입 및 탈퇴에 관한 사항
     ⓕ 회**비**에 관한 사항
     ⓖ **자**산과 회계에 관한 사항
     ⓗ **임**원의 정원·임기 및 선출방법
     ⓘ **기**구와 조직에 관한 사항

01
「소방시설공사업법」상 소방시설업자협회는 누구의 인가를 받아 주된 사무소의 소재지에 설립등기를 함으로써 성립하는가?
① 소방청장
② 시·도지사
③ 소방서장
④ 대통령

✓ 법인비교

사단법인	• 한국119청소년단 (소방기본법) • 소방시설업자협회 (공사업법) • 위험물 안전관리에 관한 협회(위험물법)
재단법인	• 한국소방안전원 (소방기본법)

암기법
명목·임기·사자·가소비

정답 01. ①

ⓙ 총회와 이사회에 관한 사항
ⓚ 정관의 변경에 관한 사항
ⓒ 협회에 대한 감독
소방청장은 협회에 다음 각 호의 사항을 보고하게 할 수 있다.(영 제19조의4)
ⓐ 총회 또는 이사회의 중요 의결사항
ⓑ 회원의 가입·탈퇴와 회비에 관한 사항
ⓒ 그 밖에 협회 및 회원에 관계되는 중요한 사항

(2) 협회의 업무
① 협회의 업무는 다음 각 호와 같다.(법 제30조의3)
㉠ 소방시설업의 기술발전과 소방기술의 진흥을 위한 **조사·연구·분석** 및 **평가**
㉡ 소방산업의 발전 및 **소방기술의 향상**을 위한 지원
㉢ 소방시설업의 기술발전과 관련된 **국제교류·활동** 및 **행사의 유치**
㉣ 이 법에 따른 **위탁 업무**의 수행

02

「소방시설공사업법」상 소방시설업자협회의 업무로 옳지 않은 것은?

① 소방시설업의 기술발전과 소방기술의 진흥을 위한 조사·연구·분석 및 평가
② 소방산업의 발전 및 소방기술의 향상을 위한 지원
③ 소방시설업의 기술발전과 관련된 국제교류·활동 및 행사의 유치
④ 피난시설, 방화구획 및 방화시설의 유지·관리

정답 02. ④

CHAPTER 05 O·X 문제

01
☒ 소방안전관리자의 업무이다.
협회의 업무는 다음 각 호와 같다. (법 제30조의3)
㉠ 소방시설업의 기술발전과 소방기술의 진흥을 위한 조사·연구·분석 및 평가
㉡ 소방산업의 발전 및 소방기술의 향상을 위한 지원
㉢ 소방시설업의 기술발전과 관련된 국제교류·활동 및 행사의 유치
㉣ 이 법에 따른 위탁 업무의 수행

01 피난시설, 방화구획 및 방화시설의 유지·관리는 소방시설업자협회의 업무이다.

02
☒ 소방시설업자는 소방시설업자의 권익보호와 소방기술의 개발 등 소방시설업의 건전한 발전을 위하여 소방시설업자협회(이하 "협회"라 한다)를 설립할 수 있다.(법 제30조의2)

02 소방시설업자는 소방시설업자의 권익보호와 소방기술의 개발 등 소방시설업의 건전한 발전을 위하여 소방시설업자협회를 설립하여야 한다.

03
◎

03 소방시설업자협회를 설립하려면 소방시설업자 10명 이상이 발기하고 창립총회에서 정관을 의결한 후 소방청장에게 인가를 신청하여야 한다.

04
☒ 협회에 관하여 이 법에 규정되지 아니한 사항은 「민법」 중 사단법인에 관한 규정을 준용한다.(법 제30조의4)

04 협회에 관하여 이 법에 규정되지 아니한 사항은 「민법」 중 재단법인에 관한 규정을 준용한다.

MEMO

CHAPTER 06 보칙

1 감독(소방시설공사업법 제31조)

(1) 감독

① 소방시설업자나 관계인에 대한 감독

시·도지사, 소방본부장 또는 **소방서장**은 소방시설업의 감독을 위하여 필요할 때에는 소방시설업자나 관계인에게 필요한 보고나 자료 제출을 명할 수 있고, 관계 공무원으로 하여금 소방시설업체나 특정소방대상물에 출입하여 관계 서류와 시설 등을 검사하거나 소방시설업자 및 관계인에게 질문하게 할 수 있다. (법 제31조 제1항)

② 소방청장의 업무를 위탁받은 실무교육기관등에 대한 감독

소방청장은 소방청장의 업무를 위탁받은 실무교육기관 또는 한국소방안전원, 협회, 법인 또는 단체에 필요한 보고나 자료 제출을 명할 수 있고, 관계 공무원으로 하여금 실무교육기관, 한국소방안전원, 협회, 법인 또는 단체의 사무실에 출입하여 관계 서류 등을 검사하거나 관계인에게 질문하게 할 수 있다. (법 제31조 제2항)

③ 출입·검사업무 수행자의 의무사항

㉠ 권한을 표시하는 증표를 지니고 이를 관계인에게 제시(법 제31조 제3항)

㉡ 관계인의 정당한 업무를 방해 금지(법 제31조 제4항)

㉢ 출입·검사업무를 수행하면서 알게 된 비밀을 다른 자에게 누설 금지 (법 제31조 제4항)

> **행정형벌**
> 법 제38조 [벌칙]
> 다음 각 호의 어느 하나에 해당하는 자는 <u>100만 원 이하의 벌금</u>에 처한다.
> 2. 제31조제1항 및 제2항을 위반하여 정당한 사유 없이 관계 공무원의 출입 또는 검사·조사를 거부·방해 또는 기피한 자

01

「소방시설공사업법」상 감독권자가 될 수 없는 사람은?

① 한국소방안전원장
② 시·도지사
③ 소방서장
④ 소방본부장

02

「소방시설공사업법」상 청문대상이 아닌 것은?

① 소방시설업 등록취소
② 소방기술인정 자격취소처분
③ 소방공사업 자격취소
④ 소방시설업 영업정지

03

「소방시설공사업법」상 행정처분 전에 청문을 하여야 하는 대상으로 옳지 않은 것은? • 19. 상반기

① 소방시설업의 등록취소 처분
② 소방기술인정 자격취소 처분
③ 소방시설업의 영업정지 처분
④ 소방기술인정 자격정지 처분

정답 01. ① 02. ③ 03. ④

> **행정질서벌**
>
> **법 제40조 [과태료]**
> ① 다음 각 호의 어느 하나에 해당하는 자에게는 <u>200만 원 이하의 과태료</u>를 부과한다.
> 14. 제31조제1항에 따른 명령을 위반하여 보고 또는 자료 제출을 하지 아니하거나 거짓으로 보고 또는 자료 제출을 한 자 (1차 : 60, 2차 : 100, 3차 : 200)
>
> **행정형벌**
>
> **법 제37조 [벌칙]**
> 다음 각 호의 어느 하나에 해당하는 자는 <u>300만 원 이하의 벌금</u>에 처한다.
> 7. 제31조제4항을 위반하여 관계인의 정당한 업무를 방해하거나 업무상 알게 된 비밀을 누설한 사람

2 청문(소방시설공사업법 제32조)

(1) 청문 [기출 11, 19 공채]

① 청문대상(법 제32조)
  ㉠ **소방시설업 등록취소 및 영업정지**
  ㉡ **소방기술인정 자격취소**의 처분

	소방시설법	화재조사법	화재예방법	소방시설 공사업법	위험물 안전관리법
청문권자	소방청장 또는 시·도지사	소방청장	소방청장 또는 시·도지사		시·도지사, 소방본부장 또는 소방서장
대상	1. 소방시설관리사 자격의 취소 및 정지 2. 소방시설관리업의 등록취소 및 영업정지 3. 소방용품의 형식승인 취소 및 제품검사 중지 4. 성능인증의 취소 5. 우수품질인증의 취소 6. 제품검사 전문기관의 지정취소 및 업무정지	1. 화재감정 기관의 지정 취소	1. 소방안전 관리자의 자격 취소 2. 진단기관의 지정 취소	1. 소방시설업 등록취소 처분 2. 소방시설업 영업정지 처분 3. 소방기술 인정 자격 취소 처분	1. 제조소등의 설치허가 취소 2. 탱크시험자의 등록 취소

3 권한의 위임·위탁 등(소방시설공사업법 제33조)

(1) 권한의 위임 [기출] 24 공채 / 24 경채
① 소방청장은 이 법에 따른 권한의 일부를 **대통령령**으로 정하는 바에 따라 시·도지사에게 위임할 수 있다.(법 제33조 제1항)

(2) 권한의 위탁
① **소방청장 → 실무교육기관 또는 한국소방안전원**

소방청장은 **소방기술자 실무교육에 관한 업무**를 대통령령으로 정하는 바에 따라 실무교육기관 또는 한국소방안전원에 위탁할 수 있다.(법 제33조 제2항)

(더 영 제20조 - 위탁한다.)

② 소방청장 또는 시·도지사 → 협회

소방청장 또는 시·도지사는 대통령령으로 정하는 바에 따라 협회에 위탁할 수 있다.(법 제33조 제3항) (더 영 제20조 - 위탁한다.)

㉠ **소방청장 → 소방시설업자협회**(영 제20조 제2항)
ⓐ 방염처리능력 평가 및 공시에 관한 업무
ⓑ 시공능력 평가 및 공시에 관한 업무
ⓒ 소방시설 종합정보시스템의 구축·운영

㉡ **시·도지사 → 소방시설업자협회**(영 제20조 제3항)
ⓐ 소방시설업 등록신청의 접수 및 신청내용의 확인
ⓑ 소방시설업 등록사항 변경신고의 접수 및 신고내용의 확인
ⓒ 소방시설업 휴업·폐업 또는 재개업 신고의 접수 및 신고내용의 확인
ⓓ 소방시설업자의 지위승계 신고의 접수 및 신고내용의 확인

③ **소방청장 → 소방시설업자협회, 소방기술과 관련된 법인 또는 단체**

소방청장은 다음 각 호의 업무를 대통령령으로 정하는 바에 따라 협회, 소방기술과 관련된 법인 또는 단체에 위탁할 수 있다.(법 제33조 제4항)

(더 영 제20조 - 위탁한다.)

㉠ 소방기술과 관련된 자격·학력 및 경력의 인정 업무
㉡ 소방기술자 양성·인정 교육훈련 업무

04
「소방시설공사업법 시행령」상 업무의 위탁에 대한 설명으로 옳지 않은 것은?
• 18. 하반기

① 시·도지사는 소방시설업 등록신청의 접수 및 신청내용의 확인에 관한 업무를 소방시설업자협회에 위탁한다.
② 소방청장은 소방기술과 관련된 자격·학력·경력의 인정 업무를 소방시설업자협회, 소방기술과 관련된 법인 또는 단체에 위탁한다.
③ 소방청장은 소방시설공사업을 등록한 자의 시공능력평가 및 공시에 관한 업무를 소방시설업자협회에 위탁한다.
④ 소방청장은 소방기술자 실무교육에 관한 업무를 소방청장이 지정하는 실무교육기관 또는 대한소방공제회에 위탁한다.

05
「소방시설공사업법 시행령」상 시·도지사가 소방시설업자협회에 위탁하는 업무로 옳은 것만을 <보기>에서 고른 것은?
• 24. 공채 / 24. 경채

〈보기〉
ㄱ. 소방시설업 등록신청의 접수 및 신청내용의 확인
ㄴ. 소방시설업 등록사항 변경신고의 접수 및 신고내용의 확인
ㄷ. 시공능력 평가 및 공시에 관한 업무
ㄹ. 소방시설업자의 지위승계 신고의 접수 및 신고내용의 확인
ㅁ. 소방시설업 휴업·폐업 또는 재개업 신고의 접수 및 신고내용의 확인
ㅂ. 방염처리능력 평가 및 공시에 관한 업무

① ㄱ, ㄴ, ㄹ, ㅁ
② ㄱ, ㄴ, ㅁ, ㅂ
③ ㄱ, ㄷ, ㄹ, ㅁ
④ ㄴ, ㄷ, ㄹ, ㅂ

정답 04. ④ 05. ①

> **관련법규**
>
> **소방시설공사업법 시행령**
> **제20조 [업무의 위탁]** 〇기출 18 공채
> ① 소방청장은 법 제33조 제2항에 따라 법 제29조에 따른 소방기술자 실무교육에 관한 업무를 법 제29조 제3항에 따라 소방청장이 지정하는 실무교육기관 또는 「소방기본법」 제40조에 따른 한국소방안전원에 위탁한다.
> ② 소방청장은 법 제33조 제3항에 따라 다음 각 호의 업무를 협회에 위탁한다.
>   1. 법 제20조의3에 따른 방염처리능력 평가 및 공시에 관한 업무
>   2. 법 제26조에 따른 시공능력 평가 및 공시에 관한 업무
>   3. 법 제26조의3 제1항에 따른 소방시설업 종합정보시스템의 구축·운영
> ③ 시·도지사는 법 제33조 제3항에 따라 다음 각 호의 업무를 협회에 위탁한다.
>   1. 법 제4조 제1항에 따른 소방시설업 등록신청의 접수 및 신청내용의 확인
>   2. 법 제6조에 따른 소방시설업 등록사항 변경신고의 접수 및 신고내용의 확인
>   2의2. 법 제6조의2에 따른 소방시설업 휴업·폐업 또는 재개업 신고의 접수 및 신고내용의 확인
>   3. 법 제7조 제3항에 따른 소방시설업자의 지위승계 신고의 접수 및 신고내용의 확인
> ④ 소방청장은 법 제33조 제4항에 따라 다음 각 호의 업무를 협회, 소방기술과 관련된 법인 또는 단체에 위탁한다. 이 경우 소방청장은 수탁기관을 지정하여 고시해야 한다.
>   1. 법 제28조에 따른 소방기술과 관련된 자격·학력 및 경력의 인정 업무
>   2. 법 제28조의2에 따른 소방기술자 양성·인정 교육훈련 업무

4 수수료 등(소방시설공사업법 제34조)

(1) 수수료

① 다음 각 호의 어느 하나에 해당하는 자는 **행정안전부령**으로 정하는 바에 따라 수수료나 교육비를 내야 한다.(법 제34조)

  ㉠ 소방시설업을 등록하려는 자
  ㉡ 소방시설업 등록증 또는 등록수첩을 재발급 받으려는 자
  ㉢ 소방시설업자의 지위승계 신고를 하려는 자
  ㉣ 방염처리능력 평가를 받으려는 자
  ㉤ 시공능력 평가를 받으려는 자
  ㉥ 자격수첩 또는 경력수첩을 발급받으려는 사람
  ㉦ 소방기술자 양성·인정 교육훈련을 받으려는 사람
  ㉧ 실무교육을 받으려는 사람

06

「소방시설공사업법 시행규칙」상 전문소방시설설계업을 등록하려는자의 수수료로 옳은 것은?

① 2만 원
② 5만 원
③ 3만 원
④ 4만 원

🔖 **관련법규**

소방시설공사업법 시행규칙

제37조 [수수료 기준]
① 법 제34조에 따른 수수료 또는 교육비는 별표 7과 같다.
② 제1항에 따른 수수료는 다음 각 호의 어느 하나에 해당하는 방법으로 납부하여야 한다. 다만, 소방청장 또는 시·도지사(영 제20조 제2항 또는 제3항에 따라 업무가 위탁된 경우에는 위탁받은 기관을 말한다)는 정보통신망을 이용한 전자화폐·전자결제 등의 방법으로 이를 납부하게 할 수 있다.
  1. 법 제34조 제1호부터 제3호에 따른 수수료: 해당 지방자치단체의 수입증지
  2. 법 제34조 제4호 및 제7호에 따른 수수료: 현금

【수수료 및 교육비】 시행규칙 별표7

1. 법 제4조제1항에 따라 소방시설업을 등록하려는 자
   가. 전문 소방시설설계업 : 4만원
   나. 일반 소방시설설계업 : 분야별 2만원
   다. 전문 소방시설공사업 : 4만원
   라. 일반 소방시설공사업 : 분야별 2만원
   마. 전문 소방공사감리업 : 4만원
   바. 일반 소방공사감리업 : 분야별 2만원
   사. 방염처리업 : 업종별 4만원
2. 법 제4조제3항에 따라 소방시설업 등록증 또는 등록수첩을 재발급 받으려는 자 : 소방시설업 등록증 또는 등록수첩별 각각 1만원
3. 법 제7조제3항에 따라 소방시설업자의 지위승계 신고를 하려는 자 : 2만원
4. 법 제20조의3제2항에 따라 방염처리능력 평가를 받으려는 자 : 소방청장이 정하여 고시하는 금액
5. 법 제26조제2항에 따라 시공능력 평가를 받으려는 자 : 소방청장이 정하여 고시하는 금액
6. 법 제28조제2항에 따라 자격수첩 또는 경력수첩을 발급받으려는 자 : 소방청장이 정하여 고시하는 금액
7. 법 제28조의2제1항에 따라 소방기술자 양성·인정 교육을 받으려는 사람 : 소방청장이 정하여 고시하는 금액
8. 법 제29조제1항에 따라 실무교육을 받으려는 사람 : 소방청장이 정하여 고시하는 금액

정답 06.④

(2) 벌칙 적용 시의 공무원 의제

① 다음 각 호의 어느 하나에 해당하는 사람은 「형법」 제129조부터 제132조까지의 규정을 적용할 때에는 공무원으로 본다.(법 제34조의2)

　㉠ 제16조, 제19조 및 제20조에 따라 그 업무를 수행하는 **감리원**

　㉡ 제33조 제2항부터 제4항까지의 규정에 따라 **위탁받은** 업무를 수행하는 실무교육기관, 한국소방안전원, 협회 및 소방기술과 관련된 법인 또는 단체의 담당 **임원 및 직원**

- 형법 제129조(수뢰, 사전수뢰)
- 형법 제130조(제3자 뇌물제공)
- 형법 제131조(수뢰후 부정처사, 사후수뢰)
- 형법 제132조(알선수뢰)

CHAPTER 06 O·X 문제

01 ✗ 시·도지사, 소방본부장 또는 소방서장은 소방시설업의 감독을 위하여 필요할 때에는 소방시설업자나 관계인에게 필요한 보고나 자료 제출을 명할 수 있고, 관계 공무원으로 하여금 소방시설업체나 특정소방대상물에 출입하여 관계 서류와 시설 등을 검사하거나 소방시설업자 및 관계인에게 질문하게 할 수 있다.
(법 제31조 제1항)

02 ◯

03 ✗ 소방청장(법 제33조 제2항)

---

01 소방청장, 소방본부장 또는 소방서장은 소방시설업의 감독을 위하여 필요할 때에는 소방시설업자나 관계인에게 필요한 보고나 자료 제출을 명할 수 있고, 관계 공무원으로 하여금 소방시설업체나 특정소방대상물에 출입하여 관계 서류와 시설 등을 검사하거나 소방시설업자 및 관계인에게 질문하게 할 수 있다.

02 소방시설업 등록취소처분이나 영업정지처분 또는 소방기술 인정자격취소처분을 하려면 청문을 하여야 한다.

03 시·도지사는 소방기술자 실무교육에 관한 업무를 실무기관 또는 한국소방안전원에 위탁할 수 있다.

MEMO

CHAPTER 07 벌칙

01
「소방시설공사업법」상 벌칙이 다른 하나는?

① 소방시설업의 등록을 하지 아니하고 영업을 한 자
② 규정을 위반하여 설계를 한 자
③ 규정을 위반하여 감리를 한 자
④ 영업정지 처분을 받고 그 기간 동안 소방시설업의 업무를 한 자

02
「소방시설공사업법」상 벌칙 중 1년 이하의 징역 또는 1천만 원 이하의 벌금에 해당하는 자로 옳지 않은 것은?
• 20. 공채

① 소방시설업의 등록을 하지 아니하고 영업을 한 자
② 영업정지 처분을 받고 그 영업정지기간 동안 영업을 한 자
③ 소방시설업자가 아닌 자에게 소방시설공사등을 도급한 자
④ 공사감리 결과의 통보 또는 공사감리 결과보고서의 제출을 거짓으로 한 자

03
「소방시설공사업법」상 벌칙이 다른 하나는?

① 소방시설업의 감독에 대한 규정을 위반하여 정당한 사유 없이 관계공무원의 출입 또는 검사·조사를 기피한 자
② 규정을 위반하여 소방기술인정 자격수첩을 빌려준 사람
③ 규정을 위반하여 동시에 둘 이상의 업체에 취업한 사람
④ 업무상 알게 된 비밀을 누설한 사람

04
「소방시설공사업법」상 규정을 위반하여 공사감리자를 지정하지 아니한 자의 행정벌은?

① 1년 이하의 징역 또는 1천만 원 이하의 벌금
② 3년 이하의 징역 또는 3천만 원 이하의 벌금
③ 300만 원 이하 벌금
④ 100만 원 이하 벌금

정답 01. ① 02. ① 03. ④ 04. ①

1 벌칙 〔기출〕 11, 20 공채

내용	벌칙
① 소방시설업의 등록을 하지 아니하고 영업을 한 자 ② 부정한 청탁을 받고 재물 또는 재산상의 이익을 취득하거나 부정한 청탁을 하면서 재물 또는 재산상의 이익을 제공한 자	3년 이하의 징역 또는 3천만 원 이하의 벌금 ▶【법 제35조】
① 소방시설업의 영업정지처분을 받고 그 영업정지기간에 영업을 한 자 ② 규정을 위반하여 설계 또는 시공을 한 자 ③ 규정을 위반하여 감리를 하거나 거짓으로 감리한 자 ④ 규정을 위반하여 공사감리자를 지정하지 아니한 자 ⑤ 시정 또는 보완 등의 요구에 불응하는 공사업자에 대해 거짓으로 보고한 감리업자 ⑥ 규정을 위반하여 공사감리 결과의 통보 또는 공사감리 결과보고서의 제출을 거짓으로 한 자 ⑦ 규정을 위반하여 소방시설업자가 아닌 자에게 소방시설공사등을 도급한 자 ⑧ 규정을 위반하여 도급 받은 소방시설의 설계, 시공, 감리를 하도급한 자 ⑨ 규정을 위반하여 하도급 받은 소방시설공사를 다시 하도급한 자 ⑩ 소방기술자의 의무를 위반하여 법 또는 명령을 따르지 아니하고 업무를 수행한 자	1년 이하의 징역 또는 1천만 원 이하의 벌금 ▶【법 제36조】
① 규정을 위반하여 다른 자에게 자기의 성명이나 상호를 사용하여 소방시설공사등을 수급 또는 시공하게 하거나 소방시설업의 등록증이나 등록수첩을 다른 자에게 빌려준 자 ② 규정을 위반하여 소방시설 공사현장에 감리원을 배치하지 아니한 자 ③ 규정을 위반하여 감리업자의 보완요구에 따르지 아니한 자 ④ 규정을 위반하여 공사감리계약을 해지하거나 대가의 지급을 거부하거나 지연 시키거나 불이익을 준 자 ⑤ 규정을 위반하여 소방기술인정 자격수첩 또는 경력수첩을 빌려준 사람 ⑥ 규정을 위반하여 동시에 둘 이상의 업체에 취업한 사람 ⑦ 관계인의 정당한 업무를 방해하거나 업무상 알게 된 비밀을 누설한 사람 ⑧ 소방시설공사를 다른 업종의 공사와 분리하여 도급하지 아니한 자	300만 원 이하의 벌금 ▶【법 제37조】
① 소방청장의 업무를 위탁받은 곳에 대한 감독 명령을 위반하여 보고 또는 자료 제출을 하지 아니하거나 거짓으로 한 자 ② 소방시설업의 감독에 대한 규정을 위반하여 정당한 사유 없이 관계공무원의 출입 또는 검사·조사를 거부·방해 또는 기피한 자	100만 원 이하의 벌금 ▶【법 제38조】

① 법인의 대표자나 법인 또는 개인의 대리인, 사용인, 그 밖의 종업원이 그 법인 또는 개인의 업무에 관하여 제35조부터 제38조까지의 어느 하나에 해당하는 위반행위를 하면 그 행위자를 벌하는 외에 그 법인 또는 개인에게도 해당 조문의 벌금형을 과한다. 다만, 법인 또는 개인이 그 위반행위를 방지하기 위하여 해당 업무에 관하여 상당한 주의와 감독을 게을리하지 아니한 경우에는 그러하지 아니하다.	양벌규정 ▶【법 제39조】
① 제6조(등록사항 변경신고), 제6조의2 제1항(휴업·폐업 등의 신고), 제7조 제3항(소방시설업자의 지위승계), 제13조 제1항 및 제2항 전단(착공신고), 제17조 제2항(공사감리자의 지정 등)을 위반하여 신고를 하지 아니하거나 거짓으로 신고한 자 〈60, 100, 200〉 ② 관계인에게 지위승계, 행정처분 또는 휴업·폐업의 사실을 거짓으로 알린 자 〈60, 100, 200〉 ③ 소방시설업자가 관계 서류를 하자보수 보증기간 동안 관계 서류를 보관하지 아니한 자 〈200〉 ④ 소방기술자를 공사 현장에 배치하지 아니한 자 〈200〉 ⑤ 완공검사를 받지 아니한 자 〈200〉 ⑥ 공사의 하자보수 등을 위반하여 3일 이내에 하자를 보수하지 아니하거나 하자보수계획을 관계인에게 거짓으로 알린 자 〈60, 100, 200〉 ⑦ 감리 관계 서류를 인수·인계하지 아니한 자 〈200〉 ⑧ 소속감리원의 배치통보 및 변경통보를 하지 아니하거나 거짓으로 통보한 자 〈60, 100, 200〉 ⑨ 방염성능기준 미만으로 방염을 한 자 〈200〉 ⑩ 방염처리능력 평가에 관한 서류를 거짓으로 제출한 자 〈200〉 ⑪ 도급계약 체결 시 의무를 이행하지 아니한 자(하도급 계약의 경우에는 하도급 받은 소방시설업자는 제외한다) 〈200〉 ⑫ 하도급 등의 통지를 하지 아니한 자 〈60, 100, 200〉 ⑬ 시공능력 평가에 관한 서류를 거짓으로 제출한 자 〈200〉 ⑭ 시·도지사, 소방본부장 또는 소방서장의 소방시설업에 대한 감독 명령을 위반하여 보고 또는 자료 제출을 하지 아니하거나 거짓으로 보고 또는 자료 제출을 한 자 〈60, 100, 200〉 ⑮ 공사대금 지급보증, 담보의 제공 또는 보험료 등의 지급을 정당한 사유 없이 이행하지 아니한 자 〈200〉 ⑯ 사업수행능력 평가에 관한 서류를 위조하거나 변조하는 등 거짓이나 그 밖의 부정한 방법으로 입찰에 참여한 자 〈200〉	과태료 부과·징수권자 시·도지사, 소방본부장 또는 소방서장 과태료 200만 원 이하 ▶【법 제40조】

05

「소방시설공사업법」상 규정을 위반하여 소방기술자를 공사현장에 배치하지 아니한 자의 행정벌은?

① 1년 이하의 징역 또는 1천만 원 이하의 벌금
② 3년 이하의 징역 또는 3천만 원 이하의 벌금
③ 300만 원 이하 벌금
④ 과태료 200만 원 이하

정답 05. ④

● 비밀 누설

소방시설법			화재예방법	
관계공무원의 감독 업무	1년, 1천		관계공무원 및 전문가의 화재안전조사 업무	1년, 1천
평가단의 업무	300벌		화재예방안전진단 업무	300벌
위탁 업무	300벌		위탁 업무	300벌

화재조사법		공사업법		위험물법	
화재조사관의 업무	300벌	관계공무원의 감독 업무	300벌	관계공무원의 감독 업무	1천벌

● 과태료 부과권자

• 소방기본법 • 공사업법 • 위험물법	시·도지사, 소방본부장 또는 소방서장
• 소방시설법 • 화재예방법	소방청장, 시·도지사, 소방본부장 또는 소방서장
• 소방기본법 中 20과(오인 우려)	소방본부장 또는 소방서장
• 화재조사법	소방관서장 또는 경찰서장

---

06 ① **②** ③

「소방시설공사업법 시행규칙」상 소방시설업에 대한 행정처분기준에서 일반기준에 관한 사항으로 옳지 않은 것은?

① 영업정지 처분기간 중 영업정지에 해당하는 위반사항이 있는 때에는 종전의 처분기간 만료일의 다음날부터 새로운 위반사항에 대한 영업정지의 행정처분을 한다.
② 위반행위의 차수에 의한 행정처분기준은 최근 2년간 같은 위반행위로 행정처분을 받은 경우에 적용한다. 이 경우 기준적용일은 위반사항에 대한 행정처분일과 그 처분 후 다시 적발한 날을 기준으로 한다.
③ 영업정지에 해당하는 위반사항으로서 위반행위의 동기, 내용, 횟수 또는 그 결과를 고려하여 특별한 사유가 있다고 인정되는 경우에는 그 처분기준의 2분의 1까지 감경하여 처분할 수 있다.
④ 위반행위가 동시에 둘 이상 발생한 경우에는 그 중 중한 처분기준(중한 처분기준이 동일한 경우에는 그 중 하나의 처분기준을 말한다.)에 따르되, 둘 이상의 처분기준이 동일한 영업정지인 경우에는 중한 처분의 2분의 1까지 가중하여 처분할 수 있다.

정답 06. ②

【과태료의 부과기준】 시행령 별표5

1. 일반기준
   가. 위반행위의 횟수에 따른 과태료의 가중된 부과기준은 최근 1년간 같은 위반행위로 과태료 부과처분을 받은 경우에 적용한다. 이 경우 기간의 계산은 위반행위에 대하여 과태료 부과처분을 받은 날과 그 처분 후 다시 같은 위반행위를 하여 적발된 날을 기준으로 한다.
   나. 가목에 따라 가중된 부과처분을 하는 경우 가중처분의 적용 차수는 그 위반행위 전 부과처분 차수(가목에 따른 기간 내에 과태료 부과처분이 둘 이상 있었던 경우에는 높은 차수를 말한다)의 다음 차수로 한다. 다만, 적발된 날부터 소급하여 1년이 되는 날 전에 한 부과처분은 가중처분의 차수 산정 대상에서 제외한다.
   다. 과태료 부과권자는 위반행위자가 다음의 어느 하나에 해당하는 경우에는 제2호에 따른 과태료 금액의 2분의 1의 범위에서 그 금액을 줄여 부과할 수 있다. 다만, 과태료를 체납하고 있는 위반행위자에 대해서는 그렇지 않다.
      1) 위반행위자가「질서위반행위규제법 시행령」제2조의2제1항 각 호의 어느 하나에 해당하는 경우
      2) 위반행위자가 처음 위반행위를 한 경우로서 3년 이상 해당 업종을 모범적으로 영위한 사실이 인정되는 경우

3) 위반행위자가 화재 등 재난으로 재산에 현저한 손실이 발생하거나 사업여건의 악화로 사업이 중대한 위기에 처하는 등의 사정이 있는 경우
4) 위반행위가 사소한 부주의나 오류 등 과실로 인한 것으로 인정되는 경우
5) 위반행위자가 같은 위반행위로 다른 법률에 따라 과태료·벌금 또는 영업정지 등의 처분을 받은 경우
6) 위반행위자가 위법행위로 인한 결과를 시정하거나 해소한 경우
7) 그 밖에 위반행위의 정도, 위반행위의 동기와 그 결과 등을 고려하여 과태료 금액을 줄일 필요가 있다고 인정되는 경우

2. 개별기준

위반행위	근거 법조문	과태료 금액 (단위: 만 원)		
		1차 위반	2차 위반	3차 이상 위반
가. 법 제6조, 제6조의2제1항, 제7조제3항, 제13조제1항 및 제2항 전단, 제17조제2항을 위반하여 신고를 하지 않거나 거짓으로 신고한 경우	법 제40조 제1항제1호	60	100	200
나. 법 제8조제3항을 위반하여 관계인에게 지위승계, 행정처분 또는 휴업·폐업의 사실을 거짓으로 알린 경우	법 제40조 제1항제2호	60	100	200
다. 법 제8조제4항을 위반하여 관계 서류를 보관하지 않은 경우	법 제40조 제1항제3호		200	
라. 법 제12조제2항을 위반하여 소방기술자를 공사 현장에 배치하지 않은 경우	법 제40조 제1항제4호		200	
마. 법 제14조제1항을 위반하여 완공검사를 받지 않은 경우	법 제40조 제1항제5호		200	
바. 법 제15조제3항을 위반하여 3일 이내에 하자를 보수하지 않거나 하자보수계획을 관계인에게 거짓으로 알린 경우	법 제40조 제1항제6호			
1) 4일 이상 30일 이내에 보수하지 않은 경우			60	
2) 30일을 초과하도록 보수하지 않은 경우			100	
3) 거짓으로 알린 경우			200	
사. 법 제17조제3항을 위반하여 감리 관계 서류를 인수·인계하지 않은 경우	법 제40조 제1항제8호		200	
아. 법 제18조제2항에 따른 배치통보 및 변경통보를 하지 않거나 거짓으로 통보한 경우	법 제40조 제1항 제8호의2	60	100	200
자. 법 제20조의2를 위반하여 방염성능기준 미만으로 방염을 한 경우	법 제40조 제1항제9호		200	
차. 법 제20조의3제2항에 따른 방염처리능력 평가에 관한 서류를 거짓으로 제출한 경우	법 제40조 제1항 제10호		200	
카. 법 제21조의3제2항에 따른 도급계약 체결 시 의무를 이행하지 않은 경우(하도급 계약의 경우에는 하도급 받은 소방시설업자는 제외한다)	법 제40조 제1항 제10호의3		200	

07
「소방시설공사업법 시행규칙」상 소방시설업의 행정처분기준에서 개별기준에서 1차에 등록취소에 해당하는 것은?
① 다른 자에게 소방시설업의 등록증을 빌려준 경우
② 거짓이나 그 밖의 부정한 방법으로 등록한 경우
③ 등록을 한 후 정당한 사유 없이 1년이 지날 때까지 영업을 개시하지 않거나 계속하여 1년 이상 휴업한 때
④ 소속 소방기술자를 공사현장에 배치하지 아니하거나 거짓으로 한 경우

08
「소방시설공사업법 시행규칙」상 소방시설업의 행정처분기준에서 개별기준에서 3차에 등록취소에 해당하지 않는 것은?
① 시공과 감리를 함께 한 경우
② 감리원 배치기준을 위반한 경우
③ 인수인계를 기피, 거부, 방해한 경우
④ 관계서류를 보관하지 아니한 경우

09
「소방시설공사업법 시행규칙」상 소방시설업의 행정처분기준에서 개별기준에서 2차에 등록취소에 해당하는 것은?
① 다른 자에게 소방시설업의 등록증을 빌려준 경우
② 결격사유에 해당하게 된 경우
③ 부정한 방법으로 등록한 경우
④ 소방기술자를 공사현장에 배치하지 아니하거나 거짓으로 한 경우

정답 07. ② 08. ① 09. ①

타. 법 제21조의3제4항에 따른 하도급 등의 통지를 하지 않은 경우	법 제40조 제1항 제11호	60	100	200
파. 법 제21조의4제1항에 따른 공사대금의 지급보증, 담보의 제공 또는 보험료등의 지급을 정당한 사유 없이 이행하지 않은 경우	법 제40조 제1항 제11호의2		200	
하. 법 제26조제2항에 따른 시공능력 평가에 관한 서류를 거짓으로 제출한 경우	법 제40조 제1항 제13호의2		200	
거. 법 제26조의2제1항 후단에 따른 사업수행능력 평가에 관한 서류를 위조하거나 변조하는 등 거짓이나 그 밖의 부정한 방법으로 입찰에 참여한 경우	법 제40조 제1항 제13호의3		200	
너. 법 제31조제1항에 따른 명령을 위반하여 보고 또는 자료 제출을 하지 않거나 거짓으로 보고 또는 자료 제출을 한 경우	법 제40조 제1항 제14호	60	100	200

memo

CHAPTER 07 O·X 문제

01 소방시설업의 등록을 하지 아니하고 영업을 한 자는 3년 이하의 징역 또는 3천만 원 이하의 벌금에 해당한다.

01
◎

02 규정을 위반하여 도급받은 소방시설의 설계, 시공, 감리를 하도급한 자는 1년 이하의 징역 또는 1천만 원 이하의 벌금에 해당한다.

02
◎

03 규정을 위반하여 동시에 둘 이상의 업체에 취업한 사람은 1년 이하의 징역 또는 1천만 원 이하의 벌금에 해당한다.

03
❌ 300만 원 이하의 벌금에 해당한다. (법 제37조)

04 방염성능기준 미만으로 방염을 한 자는 100만 원 이하의 벌금에 해당한다.

04
❌ 200만 원 이하의 과태료에 해당한다.
(법 제40조)

05 소방기술자를 공사 현장에 배치하지 아니한 자는 200만 원 이하의 과태료에 해당한다.

05
◎

06 규정을 위반하여 소방시설 공사현장에 감리원을 배치하지 아니한 자는 200만 원 이하의 벌금에 해당한다.

06
❌ 300만 원 이하의 벌금에 해당한다.
(법 제37조)

07 관계인의 정당한 업무를 방해하거나 업무상 알게 된 비밀을 누설한 사람은 300만 원 이하의 벌금에 해당한다.

07
◎

08 감리업자는 감리를 할 때 소방시설공사가 설계도서나 화재안전기준에 맞지 아니할 때에는 관계인에게 알리고, 공사업자에게 그 공사의 시정 또는 보완 등을 요구하여야 하고, 이 요구를 이행하지 아니하고 그 공사를 계속할 때에는 소방본부장 또는 소방서장에게 그 사실을 보고하여야 하는데 이를 보고 거짓으로 한 자는 300만 원 이하의 벌금에 해당한다.

08
❌ 1년 이하의 징역 또는 1천만 원 이하의 벌금에 해당한다.(법 제36조)

시험 전 소방관계법규 필수 체크리스트

시험 전 체크 후, 모르는 내용은 복습해보시기 바랍니다.

번호	「소방시설공사업법」 필수 점검 사항	체크 안다	체크 모른다
1	「소방시설공사업법」의 목적	☐	☐
2	소방시설업의 종류와 정의	☐	☐
3	소방시설업의 등록	☐	☐
4	소방시설업의 업종별 영업범위	☐	☐
5	소방시설의 분류 중 기계분야 / 전기분야의 내용	☐	☐
6	소방시설업 등록의 결격사유	☐	☐
7	소방시설업 등록사항의 변경신고	☐	☐
8	소방시설업자의 지위승계	☐	☐
9	소방시설업자가 관계인에게 통지해야 하는 경우	☐	☐
10	소방시설업 등록 취소 사유	☐	☐
11	소방기술자의 배치기준	☐	☐
12	소방시설공사의 착공신고 대상 범위	☐	☐
13	완공검사를 위한 현장확인대상 특정소방대상물의 범위	☐	☐
14	소방시설의 하자보수 보증기간이 2년 / 3년인 소방설비	☐	☐
15	소방공사 감리업자의 업무의 내용	☐	☐
16	상주 공사감리의 대상범위	☐	☐
17	소방공사감리자 지정대상 특정소방대상물의 범위	☐	☐
18	소방공사 감리원의 배치기준	☐	☐
19	도급계약의 해지 기준	☐	☐
20	소방기술과 관련된 자격·학력 및 경력의 인정 범위	☐	☐
21	소방시설업자협회의 업무 / 정관의 기재사항	☐	☐
22	소방시설공사업법에서 청문대상	☐	☐

용어 출처(기본서 기준)

번호	「소방시설공사업법」 필수 점검 사항	복습페이지 (기본서 기준)
1	「소방시설공사업법」의 목적	기본서 2권 p.174
2	소방시설업의 종류와 정의	기본서 2권 p.175
3	소방시설업의 등록	기본서 2권 p.178~180
4	소방시설업의 업종별 영업범위	기본서 2권 p.181~186
5	소방시설업의 분류 중 기계분야 / 전기분야의 내용	기본서 2권 p.181,183,185
6	소방시설업 등록의 결격사유	기본서 2권 p.189
7	소방시설업 등록사항의 변경신고	기본서 2권 p.190~191
8	소방시설업자의 지위승계	기본서 2권 p.194
9	소방시설업자가 관계인에게 통지해야 하는 경우	기본서 2권 p.199
10	소방시설업 등록 취소 사유	기본서 2권 p.200
11	소방기술자의 배치기준	기본서 2권 p.211
12	소방시설공사의 착공신고 대상 범위	기본서 2권 p.215~216
13	완공검사를 위한 현장확인대상 특정소방대상물의 범위	기본서 2권 p.220
14	소방시설의 하자보수 보증기간이 2년 / 3년인 소방설비	기본서 2권 p.222
15	소방공사 감리업자의 업무의 내용	기본서 2권 p.223
16	상주 공사감리의 대상범위	기본서 2권 p.224
17	소방공사감리자 지정대상 특정소방대상물의 범위	기본서 2권 p.227
18	소방공사 감리원의 배치기준	기본서 2권 p.231~232
19	도급계약의 해지 기준	기본서 2권 p.264
20	소방기술과 관련된 자격·학력 및 경력의 인정 범위	기본서 2권 p.292~296
21	소방시설업자협회의 업무 / 정관의 기재사항	기본서 2권 p.311
22	소방시설공사업법에서 청문대상	기본서 2권 p.315

위험물안전관리법 체계도

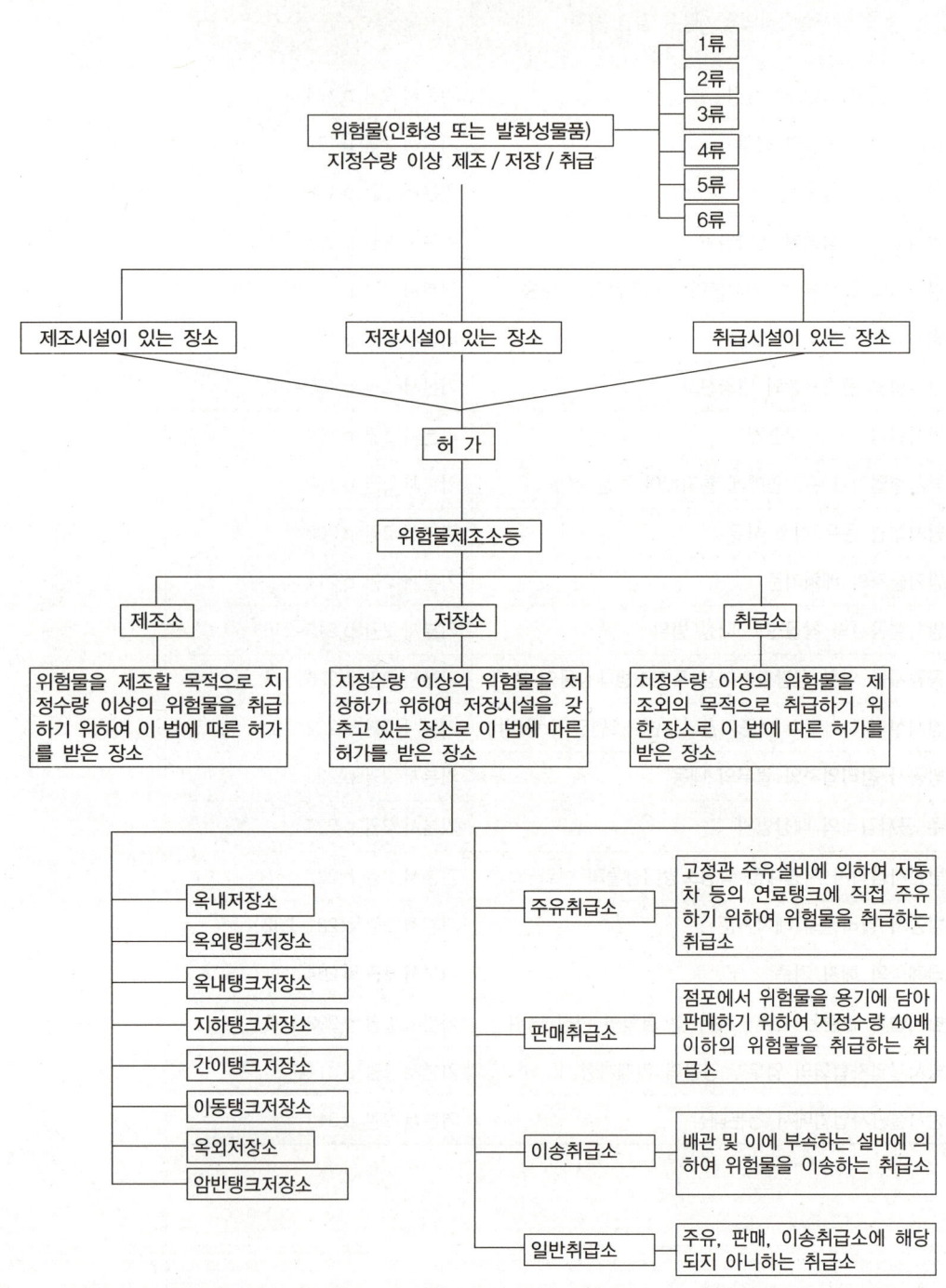

PART 03

위험물안전관리법

01 총 칙
02 위험물시설의 설치 및 변경
03 위험물시설의 안전관리
04 위험물의 운반 등
05 감독 및 조치명령
06 보 칙
07 벌 칙

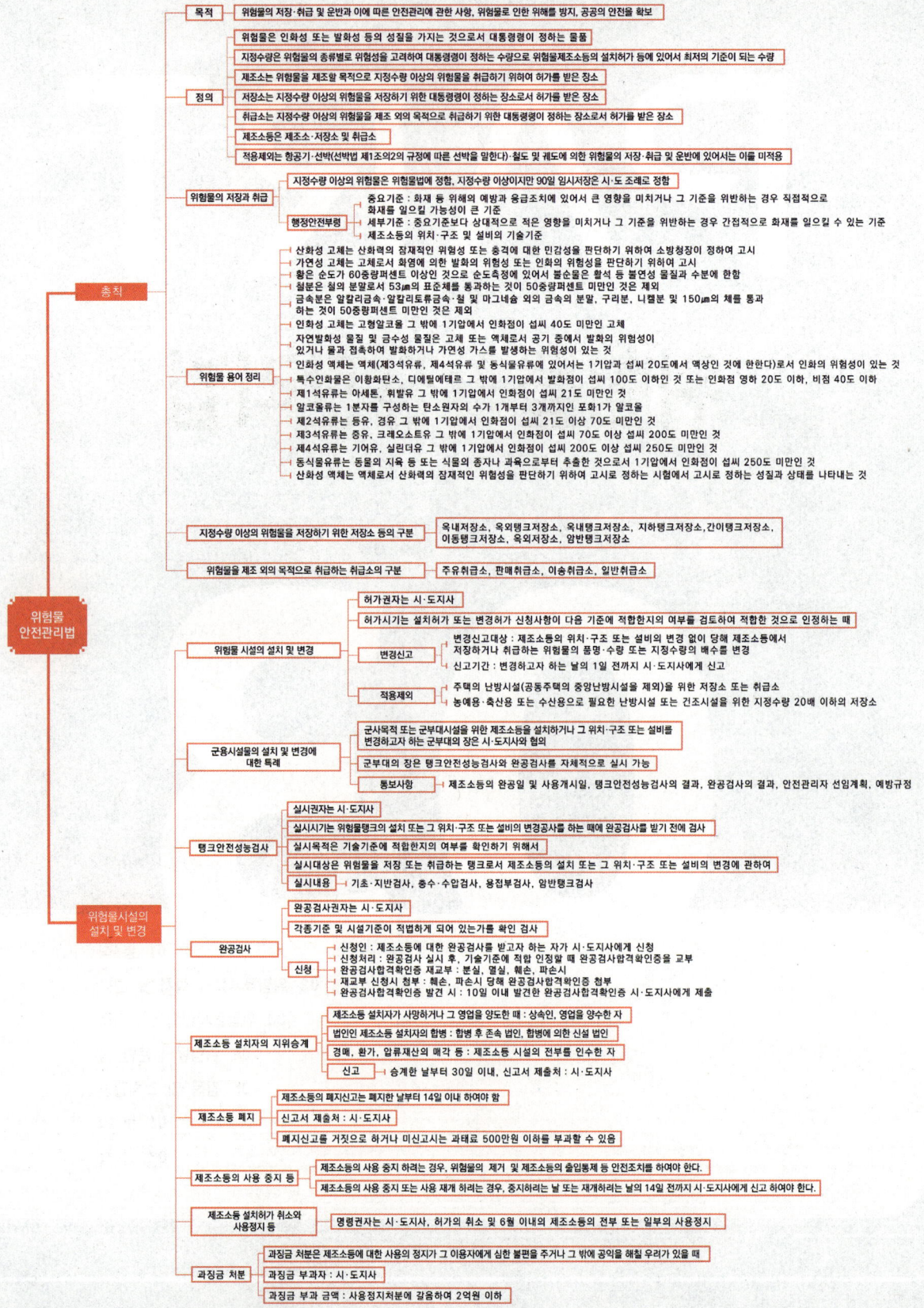

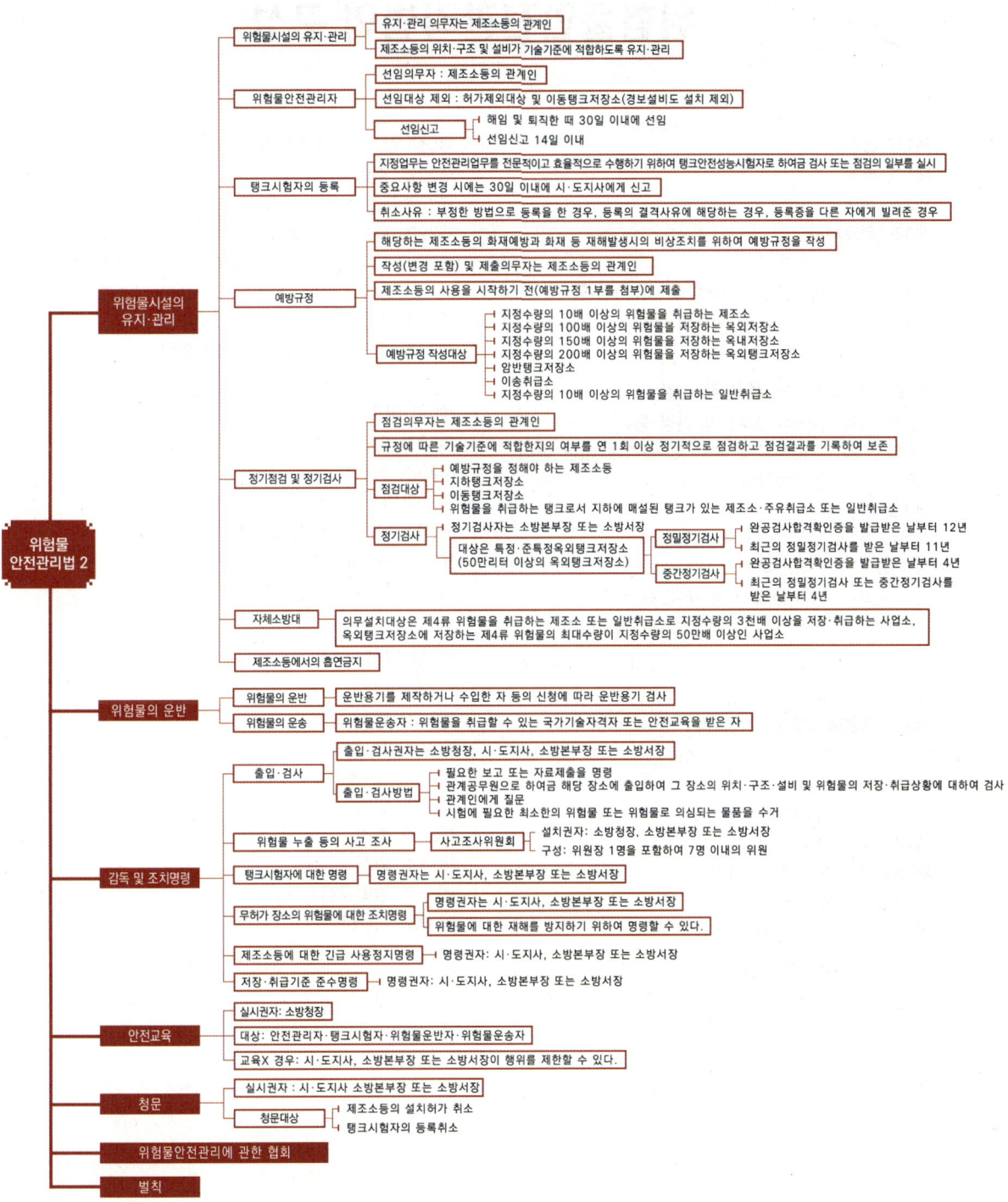

위험물안전관리법의 구성

제1장 총칙
제1조 목적
제2조 정의
제3조 적용제외
제3조의2 국가의 책무
제4조 지정수량 미만인 위험물의 저장·취급
제5조 위험물의 저장 및 취급의 제한

제2장 위험물시설의 설치 및 변경
제6조 위험물시설의 설치 및 변경 등
제7조 군용위험물시설의 설치 및 변경에 대한 특례
제8조 탱크안전성능검사
제9조 완공검사
제10조 제조소등 설치자의 지위승계
제11조 제조소등의 폐지
제11조의2 제조소등의 사용 중지 등
제12조 제조소등 설치허가의 취소와 사용정지 등
제13조 과징금처분

제3장 위험물시설의 안전관리
제14조 위험물시설의 유지·관리
제15조 위험물안전관리자
제16조 탱크시험자의 등록 등
제17조 예방규정
제18조 정기점검 및 정기검사
제19조 자체소방대
제19조의2 제조소등에서의 흡연 금지

제4장 위험물의 운반 등
제20조 위험물의 운반
제21조 위험물의 운송

제5장 감독 및 조치명령
제22조 출입·검사 등
제22조의2 위험물 누출 등의 사고 조사
제23조 탱크시험자에 대한 명령
제24조 무허가장소의 위험물에 대한 조치명령
제25조 제조소등에 대한 긴급 사용정지명령 등
제26조 저장취급기준 준수명령 등
제27조 응급조치·통보 및 조치명령

제6장 보칙
제28조 안전교육
제29조 청문
제29조의2 위험물 안전관리에 관한 협회
제30조 권한의 위임·위탁
제31조 수수료 등
제32조 벌칙적용에 있어서의 공무원 의제

제7장 벌칙
제33조 벌칙
제34조 벌칙
제34조의2 벌칙
제34조의3 벌칙
제35조 벌칙
제36조 벌칙
제37조 벌칙
제38조 양벌규정
제39조 과태료

CHAPTER 01 총칙

1 목적(위험물안전관리법 제1조) 〔기출〕 17 공채

① 위험물의 **저장·취급** 및 **운반**과 이에 따른 안전관리에 관한 사항을 규정한다.
② 위험물로 인한 위해를 방지한다.
③ **공공의 안전을 확보**한다.(cf 복지증진 X)

> **관련법규**
>
> **위험물안전관리법 시행령**
> **제1조 [목적]**
> 이 영은 「위험물안전관리법」에서 위임된 사항과 그 시행에 관하여 필요한 사항을 규정함을 목적으로 한다.
>
> **위험물안전관리법 시행규칙**
> **제1조 [목적]**
> 이 규칙은 위험물안전관리법 및 동법 시행령에서 위임된 사항과 그 시행에 관하여 필요한 사항을 규정함을 목적으로 한다.

01
「위험물안전관리법」상 위험물안전관리법의 목적에 대한 설명이다. 빈칸에 들어갈 단어로 옳은 것은?
• 17. 하반기

이 법은 위험물의 (가), (나) 및 (다)와 이에 따른 안전관리에 관한 사항을 규정함으로써 위험물로 인한 위해를 방지하여 공공의 안전을 확보함을 목적으로 한다.

	(가)	(나)	(다)
①	저장	취급	운반
②	제조	취급	운반
③	제조	저장	이송
④	저장	취급	이송

정답 01. ①

● 한눈에 보는 각 법별 목적 정리(각 법별 차이점을 알면 쉬워짐!)

구 분	임무 및 목적				궁극적인 목적		
소방기본법	화재를 예방·경계·진압	화재, 재난, 재해 등 위급한 상황에서	구조구급	국민의 생명, 신체, 재산 보호	공공의 안녕	질서유지	복리증진
소방시설 설치 및 관리에 관한 법률	특정소방대상물 등에 설치하여야 하는 소방시설등의 설치·관리와 소방용품 성능관리에 필요한 사항		×	국민의 생명, 신체, 재산 보호	공공의 안전	×	복리증진
소방의 화재조사에 관한 법률	화재원인, 화재성장 및 확산, 피해현황 등에 관한 과학적·전문적인 조사에 필요한 사항	화재예방 및 소방정책에 활용하기 위하여	×	×	×	×	×
화재의 예방 및 안전관리에 관한 법률	화재의 예방과 안전관리에 필요한 사항	화재	×	국민의 생명, 신체, 재산 보호	공공의 안전	×	복리증진
소방시설 공사업법	소방시설공사, 소방기술 관리에 필요한 사항	화재		소방기술진흥, 소방시설업을 건전 발전	공공의 안전	×	국민경제 이바지
위험물 안전관리법	위험물 저장·취급·운반, 안전관리에 관한 사항	위험물 위해	×	×	공공의 안전	×	×

2 정의(위험물안전관리법 제2조)

(1) 정의 〔기출〕 11, 20 공채

① **위험물**은 **인화성** 또는 **발화성** 등의 성질을 가지는 것으로서 **대통령령**이 정하는 물품이다.

  ☑ 위인 대발(위인들은 발이 크다!)
  ㉠ 제1류 위험물 : 산화성고체
  ㉡ 제2류 위험물 : 가연성고체
  ㉢ 제3류 위험물 : 자연발화성물질 및 금수성물질
  ㉣ 제4류 위험물 : 인화성액체
  ㉤ 제5류 위험물 : 자기반응성물질
  ㉥ 제6류 위험물 : 산화성액체

② **지정수량**은 위험물의 종류별로 위험성을 고려하여 **대통령령**이 정하는 수량으로서 위험물제조소등의 설치허가 등에 있어서 **최저의 기준**이 되는 수량이다.

③ **제조소**는 위험물을 **제조할 목적**으로 지정수량 이상의 위험물을 취급하기 위하여 **허가를 받은 장소**이다.

④ **저장소**는 지정수량 이상의 위험물을 **저장하기 위한 대통령령**이 정하는 장소로서 **허가를 받은 장소**이다.
  ㉠ 옥내저장소
  ㉡ 옥외탱크저장소
  ㉢ 옥내탱크저장소
  ㉣ 지하탱크저장소
  ㉤ 간이탱크저장소
  ㉥ 이동탱크저장소
  ㉦ 옥외저장소
  ㉧ 암반탱크저장소

⑤ **취급소**는 지정수량 이상의 위험물을 **제조 외의 목적**으로 취급하기 위한 **대통령령**이 정하는 장소로서 **허가를 받은 장소**이다.
  ☑ 외 목적으로 허가(기자들은 청와대를 취재 외 목적으로 출입을 허가받는다)
  ㉠ 이송취급소
  ㉡ 주유취급소
  ㉢ 일반취급소
  ㉣ 판매취급소

⑥ **제조소등**은 제조소·저장소 및 취급소를 말한다.

02
「위험물안전관리법」상 위험물에 대한 정의이다. ( ) 안에 들어갈 용어로 옳은 것은? • 20. 공채

"위험물"이라 함은 (가) 또는 (나) 등의 성질을 가지는 것으로서 (다)이 정하는 물품을 말한다.

	(가)	(나)	(다)
①	인화성	가연성	대통령령
②	인화성	발화성	대통령령
③	휘발성	가연성	행정안전부령
④	인화성	휘발성	행정안전부령

03
「위험물안전관리법」상 용어의 정의에 관한 내용으로 옳지 않은 것은? • 20. 공채

① "취급소"라 함은 지정수량 이상의 위험물을 제조외의 목적으로 취급하기 위한 대통령령이 정하는 장소로서 「위험물안전관리법」에 따른 허가를 받은 장소를 말한다.
② "지정수량"이라 함은 위험물의 종류별로 위험성을 고려하여 대통령령이 정하는 수량으로서 제조소등의 설치허가 등에 있어서 최대의 기준이 되는 수량을 말한다.
③ "제조소등"이라 함은 제조소·저장소 및 취급소를 말한다.
④ "저장소"라 함은 지정수량 이상의 위험물을 저장하기 위하여 대통령령이 정하는 장소로서 「위험물안전관리법」에 따른 허가를 받은 장소를 말한다.

04
「위험물안전관리법」상 용어의 정의로 바르지 않은 것은?

① "위험물"이라 함은 인화성·발화성 등의 성질을 가지는 것으로서 대통령령이 정하는 물품을 말한다.
② "지정수량"이라 함은 위험물의 종류별로 위험성을 고려하여 대통령령이 정하는 수량으로서 제조소등의 설치허가 등에 있어서 최저의 기준이 되는 수량을 말한다.
③ "취급소"라 함은 지정 수량 이상의 위험물을 저장하기 위한 대통령령이 정하는 장소로서 규정에 따른 허가를 받은 장소를 말한다.
④ "제조소"라 함은 위험물을 제조할 목적으로 지정 수량 이상의 위험물을 취급하기 위하여 규정에 따른 허가를 받은 장소를 말한다.

정답 02.② 03.② 04.③

> **관련법규**

위험물안전관리법 시행령

제2조 [위험물]
「위험물안전관리법」(이하 "법"이라 한다) 제2조 제1항 제1호에서 "대통령령이 정하는 물품"이라 함은 별표 1에 규정된 위험물을 말한다.

위험물안전관리법 시행규칙

제2조 [정의]
이 규칙에서 사용하는 용어의 뜻은 다음과 같다.
1. "고속국도"라 함은「도로법」제10조 제1호에 따른 고속국도를 말한다.
2. "도로"란 다음 각 목의 어느 하나에 해당하는 것을 말한다.
   가. 「도로법」제2조 제1호에 따른 도로
   나. 「항만법」제2조 제5호에 따른 항만시설 중 임항교통시설에 해당하는 도로
   다. 「사도법」제2조의 규정에 의한 사도
   라. 그 밖에 일반교통에 이용되는 너비 2미터 이상의 도로로서 자동차의 통행이 가능한 것
3. "하천"이란 「하천법」제2조 제1호에 따른 하천을 말한다.
4. "내화구조"란 「건축법 시행령」제2조 제7호에 따른 내화구조를 말한다.
5. "불연재료"란 「건축법 시행령」제2조 제10호에 따른 불연재료 중 유리 외의 것을 말한다.

memo

(2) 탱크 용적의 산정기준

① 위험물을 저장 또는 취급하는 탱크의 용량은 해당 **탱크의 내용적에서 공간용적을 뺀 용적**으로 한다.

> 탱크의 용량 = 탱크의 내용적 - 공간용적

이 경우 위험물을 저장 또는 취급하는 **이동저장탱크의 용량**은「자동차 및 자동차부품의 성능과 기준에 관한 규칙」에 따른 **최대적재량 이하**로 하여야 한다.

② ①의 규정에 의한 탱크의 내용적 및 공간용적의 계산 방법은 **소방청장**이 정하여 고시한다.

③ ①의 규정에 불구하고 제조소 또는 일반취급소의 위험물을 취급하는 탱크 중 특수한 구조 또는 설비를 이용함에 따라 당해 탱크 내의 위험물의 최대량이 ①의 규정에 의한 용량 이하인 경우에는 **당해 최대량**을 용량으로 한다.

> 📜 **관련법규**
>
> **위험물안전관리법 시행규칙**
>
> **제5조 [탱크 용적의 산정기준]**
>
> ① 위험물을 저장 또는 취급하는 탱크의 용량은 해당 탱크의 내용적에서 공간용적을 뺀 용적으로 한다. 이 경우 위험물을 저장 또는 취급하는 영 별표 2 제6호에 따른 차량에 고정된 탱크(이하 "이동저장탱크"라 한다)의 용량은 「자동차 및 자동차부품의 성능과 기준에 관한 규칙」에 따른 최대적재량 이하로 하여야 한다.
>
> ② 제1항의 규정에 의한 탱크의 내용적 및 공간용적의 계산방법은 소방청장이 정하여 고시한다.
>
> ③ 제1항의 규정에 불구하고 제조소 또는 일반취급소의 위험물을 취급하는 탱크 중 특수한 구조 또는 설비를 이용함에 따라 당해 탱크내의 위험물의 최대량이 제1항의 규정에 의한 용량 이하인 경우에는 당해 최대량을 용량으로 한다.

05

「위험물안전관리법 시행령」상 저장소별 용어의 정의로 옳지 않은 것은?

① 옥내저장소 - 옥내에 저장하는 장소 (옥내탱크저장소 제외)
② 간이탱크저장소 - 간이탱크에 위험물을 저장하는 장소
③ 이동탱크저장소 - 차량에 고정된 탱크에 위험물을 저장하는 장소
④ 암반탱크저장소 - 지하에 매설한 탱크에 위험물을 저장하는 장소

06

「위험물안전관리법 시행령」상 저장소의 종류 중 틀린 것은?

① 옥내저장소   ② 옥외저장소
③ 일반저장소   ④ 이동탱크저장소

옥외저장소에 저장할 수 있는 위험물 (옥외탱크저장소 제외)

㉠ 제2류 위험물중 황 또는 인화성고체 (인화점이 섭씨 0도 이상인 것에 한한다)
㉡ 제4류 위험물중 제1석유류(인화점이 섭씨 0도 이상인 것에 한한다)·알코올류·제2석유류·제3석유류·제4석유류 및 동식물유류
㉢ 제6류 위험물
㉣ 제2류 위험물 및 제4류 위험물중 특별시·광역시 또는 도의 조례에서 정하는 위험물(「관세법」제154조의 규정에 의한 보세구역안에 저장하는 경우에 한한다)
㉤ 「국제해사기구에 관한 협약」에 의하여 설치된 국제해사기구가 채택한 「국제해상위험물규칙」(IMDG Code)에 적합한 용기에 수납된 위험물

정답 05. ④ 06. ③

3 지정수량 이상의 위험물을 저장하기 위한 저장소 등의 구분

① **옥내저장소**는 옥내에 저장하는 장소이다.(옥내탱크저장소 제외)
② **옥외탱크저장소**는 옥외에 있는 탱크(지하탱크, 간이탱크, 이동탱크, 암반탱크 제외, 이하 ③ 동일)에 위험물을 저장하는 장소이다.
③ **옥내탱크저장소**는 옥내에 있는 탱크에 위험물을 저장하는 장소이다.
④ **지하탱크저장소**는 지하에 매설한 탱크에 위험물을 저장하는 장소이다.
⑤ **간이탱크저장소**는 간이탱크에 위험물을 저장하는 장소이다.
⑥ **이동탱크저장소**는 차량에 고정된 탱크에 위험물을 저장하는 장소이다.
⑦ **옥외저장소**는 옥외에 위험물을 저장하는 장소이다.
⑧ **암반탱크저장소**는 암반 내의 공간을 이용한 탱크에 액체의 위험물을 저장하는 장소이다.

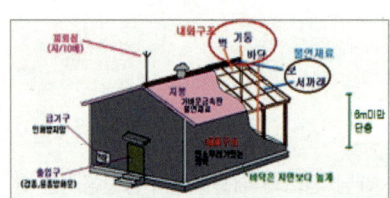
▶ 옥내저장소

▶ 옥외저장소

▶ 옥외탱크저장소

▶ 이동탱크저장소

▶ 지하탱크저장소

▶ 판매취급소

시행령 별표2

【지정수량 이상의 위험물을 저장하기 위한 장소와 그에 따른 취급소의 구분】

지정수량 이상의 위험물을 저장하기 위한 장소	저장소의 구분
1. 옥내(지붕과 기둥 또는 벽 등에 의하여 둘러싸인 곳을 말한다. 이하 같다)에 저장(위험물을 저장하는데 따르는 취급을 포함한다. 이하 이 표에서 같다)하는 장소. 다만, 제3호의 장소를 제외한다.	옥내저장소
2. 옥외에 있는 탱크(제4호 내지 제6호 및 제8호에 규정된 탱크를 제외한다. 이하 제3호에서 같다)에 위험물을 저장하는 장소	옥외탱크저장소
3. 옥내에 있는 탱크에 위험물을 저장하는 장소	옥내탱크저장소
4. 지하에 매설한 탱크에 위험물을 저장하는 장소	지하탱크저장소
5. 간이탱크에 위험물을 저상하는 장소	간이탱크저장소
6. 차량(피견인자동차에 있어서는 앞차축을 갖지 아니하는 것으로서 당해 피견인자동차의 일부가 견인자동차에 적재되고 당해 피견인자동차와 그 적재물의 중량의 상당부분이 견인자동차에 의하여 지탱되는 구조의 것에 한한다)에 고정된 탱크에 위험물을 저장하는 장소	이동탱크저장소
7. 옥외에 다음 각목의 1에 해당하는 위험물을 저장하는 장소. 다만, 제2호의 장소를 제외한다. 　가. 제2류 위험물 중 **황** 또는 **인화성고체**(인화점이 섭씨 0도 이상인 것에 한한다) 　나. 제4류 위험물중 **제1석유류**(인화점이 섭씨 0도 이상인 것에 한한다)·**알코올류**·**제2석유류**·**제3석유류**·**제4석유류** 및 **동식물유류** 　다. 제6류 위험물 　라. 제2류 위험물 및 제4류 위험물 중 특별시·광역시·특별자치시·도 또는 특별자치도의 **조례**로 정하는 위험물(「관세법」 제154조에 따른 보세구역 안에 저장하는 경우로 한정한다) 　마. 「국제해사기구에 관한 협약」에 의하여 설치된 **국제해사기구**가 채택한 「국제해상위험물규칙」(IMDG Code)에 적합한 용기에 수납된 위험물	옥외저장소
8. 암반내의 공간을 이용한 탱크에 액체의 위험물을 저장하는 장소	암반탱크저장소

4 위험물을 제조 외의 목적으로 취급하기 위한 취급소의 구분

① **이**송취급소는 배관 및 이에 부속된 설비에 의하여 위험물을 이송하는 장소이다.
② **주**유취급소는 고정된 주유설비에 의하여 자동차·항공기 또는 선박 등의 연료탱크에 직접 주유하기 위하여 위험물을 취급하는 장소이다.
③ **일**반취급소는 위 ①, ②, ④ 외의 장소이다.
④ **판**매취급소는 점포에서 위험물을 용기에 담아 판매하기 위하여 지정수량의 40배 이하의 위험물을 취급하는 장소이다.

암기법
이·주·일·판 40

07
「위험물안전관리법 시행령」상 위험물취급소의 종류 중 다른 하나는?
① 관리취급소　② 일반취급소
③ 주유취급소　④ 판매취급소

암기법
위험물 종류
산고 가고 자금 인액 자반 산액

암기법
제1류 위험물
· 염소고(과)기가 맛있는데 냄새가 나서
· 오강에 오줌을 질질싸고 부(브)르르 떤다.

제2류 위험물
돈 밝히는 사람 2류다.
· 100원짜리 : 황적
· 500원짜리 : 마금철
· 1,000원짜리 : 고인성

제3류 위험물
이황 십킬 칼나 슘3 알오유 수삼 인삼

제4류 위험물

【위험물을 제조외의 목적으로 취급하기 위한 장소와 그에 따른 취급소의 구분】　시행령 별표3

위험물을 제조외의 목적으로 취급하기 위한 장소	취급소의 구분
1. 고정된 주유설비(항공기에 주유하는 경우에는 차량에 설치된 주유설비를 포함한다)에 의하여 자동차·항공기 또는 선박 등의 연료탱크에 직접 주유하기 위하여 위험물(「석유 및 석유대체연료 사업법」제29조의 규정에 의한 가짜석유제품에 해당하는 물품을 제외한다. 이하 제2호에서 같다)을 취급하는 장소(위험물을 용기에 옮겨 담거나 차량에 고정된 5천리터 이하의 탱크에 주입하기 위하여 고정된 급유설비를 병설한 장소를 포함한다)	주유취급소
2. 점포에서 위험물을 용기에 담아 판매하기 위하여 지정수량의 40배 이하의 위험물을 취급하는 장소	판매취급소
3. 배관 및 이에 부속된 설비에 의하여 위험물을 이송하는 장소. 다만, 다음 각목의 1에 해당하는 경우의 장소를 제외한다. 가. 「송유관 안전관리법」에 의한 송유관에 의하여 위험물을 이송하는 경우 나. 제조소등에 관계된 시설(배관을 제외한다) 및 그 부지가 같은 사업소안에 있고 당해 사업소안에서만 위험물을 이송하는 경우 다. 사업소와 사업소의 사이에 도로(폭 2미터 이상의 일반교통에 이용되는 도로로서 자동차의 통행이 가능한 것을 말한다)만 있고 사업소와 사업소 사이의 이송배관이 그 도로를 횡단하는 경우 라. 사업소와 사업소 사이의 이송배관이 제3자(당해 사업소와 관련이 있거나 유사한 사업을 하는 자에 한한다)의 토지만을 통과하는 경우로서 당해 배관의 길이가 100미터 이하인 경우 마. 해상구조물에 설치된 배관(이송되는 위험물이 별표 1의 제4류 위험물중 제1석유류인 경우에는 배관의 안지름이 30센티미터 미만인 것에 한한다)으로서 해당 해상구조물에 설치된 배관이 길이가 30미터 이하인 경우 바. 사업소와 사업소 사이의 이송배관이 다목 내지 마목의 규정에 의한 경우중 2이상에 해당하는 경우 사. 「농어촌 전기공급사업 촉진법」에 따라 설치된 자가발전시설에 사용되는 위험물을 이송하는 경우	이송취급소
4. 제1호 내지 제3호외의 장소(「석유 및 석유대체연료 사업법」제29조의 규정에 의한 가짜석유제품에 해당하는 위험물을 취급하는 경우의 장소를 제외한다)	일반취급소

정답　07. ①

5 위험물 및 지정수량(영 별표1)

(1) 위험물 및 지정수량 기출 11, 13, 15, 17, 19, 21, 23 공채 / 23 경채

위험물			지정수량	위험등급	위험물			지정수량	위험등급
유별	성질	품명			유별	성질	품명		
제1류	산화성 고체	1. 아염소산염류	50kg	I	제3류	자연발화성 물질 및 금수성 물질	10. 칼슘 또는 알루미늄의 탄화물	300kg	III
		2. 염소산염류	50kg	I			11. 그 밖에 행정안전부령으로 정하는 것	10kg, 20kg, 50kg 또는 300kg	
		3. 과염소산염류	50kg	I			12. 제1호 내지 제11호의 1에 해당하는 어느 하나 이상을 함유한 것		
		4. 무기과산화물	50kg	I					
		5. 브로민산염류	300kg	II	제4류	인화성 액체	1. 특수인화물	50 l	I
		6. 질산염류	300kg	II			2. 제1석유류 — 비수용성액체	200 l	II
		7. 아이오딘산염류	300kg	II			2. 제1석유류 — 수용성액체	400 l	II
		8. 과망가니즈산염류	1,000kg	III			3. 알코올류	400 l	II
		9. 다이크로뮴산염류	1,000kg	III			4. 제2석유류 — 비수용성액체	1,000 l	III
		10. 그 밖에 행정안전부령으로 정하는 것	50kg 300kg 또는 1,000kg				4. 제2석유류 — 수용성액체	2,000 l	III
		11. 제1호 내지 제10호의1에 해당하는 어느 하나 이상을 함유한 것					5. 제3석유류 — 비수용성액체	2,000 l	III
							5. 제3석유류 — 수용성액체	4,000 l	III
제2류	가연성 고체	1. 황화인	100kg	II			6. 제4석유류	6,000 l	III
		2. 적린	100kg	II			7. 동식물유류	10,000 l	III
		3. 황	100kg	II	제5류	자기반응성 물질	1. 유기과산화물	제1종: 10kg (I) 제2종: 100kg 그 외 (II)	10kg
		4. 철분	500kg	III			2. 질산에스터류		
		5. 금속분	500kg	III			3. 나이트로화합물		
		6. 마그네슘	500kg	III			4. 나이트로소화합물		
		7. 그 밖에 행정안전부령으로 정하는 것	100kg 또는 500kg				5. 아조화합물		
		8. 제1호 내지 제7호의 1에 해당하는 어느 하나 이상을 함유한 것					6. 다이아조화합물		
							7. 하이드라진 유도체		
							8. 하이드록실아민		
		9. 인화성고체	1,000kg	III			9. 하이드록실아민염류		
제3류	자연발화성 물질 및 금수성 물질	1. 칼륨	10kg	I			10. 그 밖에 행정안전부령으로 정하는 것		
		2. 나트륨	10kg	I			11. 제1호 내지 제10호의 1에 해당하는 어느 하나 이상을 함유한 것		
		3. 알킬알루미늄	10kg	I					
		4. 알킬리튬	10kg	I	제6류	산화성 액체	1. 과염소산	300kg	I
		5. 황린	20kg	I			2. 과산화수소	300kg	I
		6. 알칼리금속(칼륨 및 나트륨을 제외한다) 및 알칼리토금속	50kg	II			3. 질산	300kg	I
		7. 유기금속화합물(알킬알루미늄 및 알킬리튬을 제외한다)	50kg	II			4. 그 밖에 행정안전부령으로 정하는 것	300kg	I
		8. 금속의 수소화물	300kg	III			5. 제1호 내지 제4호의 1에 해당하는 어느 하나 이상을 함유한 것	300kg	I
		9. 금속의 인화물	300kg	III					

---

08 ● 1 2 3

「위험물안전관리법 시행령」상 제1류 위험물의 품명으로 옳은 것은?
• 23. 경채

① 질산   ② 과염소산
③ 과산화수소 ④ 과염소산염류

09 ● 1 2 3

「위험물안전관리법 시행령」상 위험물지정수량으로 옳은 것은?
• 23. 경채

① 유기과산화물 : 10 kg
② 아염소산염류 : 20 kg
③ 황린 : 30 kg
④ 황 : 50 kg

10 ● 1 2 3

「위험물안전관리법 시행령」상 위험물의 유별과 품목의 분류를 맞게 분류한 것은?

① 산화성액체 – 질산염류
② 인화성액체 – 인화성고체
③ 산화성고체 – 유기과산화물
④ 가연성고체 – 황

11 ● 1 2 3

「위험물안전관리법 시행령」 및 같은 법 시행규칙상 위험물의 성질과 품명이 옳지 않은 것은?
• 21. 공채

① 가연성 고체 : 적린, 금속분
② 산화성 액체 : 과염소산, 질산
③ 산화성 고체 : 아이오딘산염류, 과아이오딘산
④ 자연발화성 및 금수성 물질 : 황린, 아조화합물

정답 08. ④ 09. ① 10. ④ 11. ④

12 「위험물안전관리법 시행규칙」상 행정안전부령에 정하는 1류 위험물로서 옳지 않은 것은?

① 과아이오딘산염류
② 과아이오딘산
③ 염소화규소화합물
④ 차아염소산염류

13 「위험물안전관리법 시행규칙」상 행정안전부령에 정하는 5류 위험물로서 옳은 것은?

① 과아이오딘산
② 염소화규소화합물
③ 질산구아니딘
④ 할로젠간화합물

14 「위험물안전관리법 시행규칙」상 행정안전부령에 정하는 6류 위험물로서 옳은 것은?

① 할로젠간화합물
② 퍼옥소이황산염류
③ 질산구아니딘
④ 염소화아이소사이아누르산

●「위험물안전관리법 시행규칙」상 위험물 품명

류별	품명
제1류	• 과아이오딘산염류 • 과아이오딘산 • 크로뮴, 납 또는 아이오딘의 산화물 • 아질산염류 • 차아염소산염류 • 염소화아이소사이아누르산 • 퍼옥소이황산염류 • 퍼옥소붕산염류
제3류	염소화규소화합물
제5류	• 금속의 아지화합물 • 질산구아니딘
제6류	할로젠간화합물

🔖 관련법규

위험물안전관리법 시행규칙

제3조 [위험물 품명의 지정]

① 「위험물안전관리법 시행령」(이하 "영"이라 한다) 별표 1 **제1류**의 품명란 제10호에서 "행정안전부령으로 정하는 것"이라 함은 다음 각호의 1에 해당하는 것을 말한다.

1. 과아이오딘산염류
2. 과아이오딘산
3. 크로뮴, 납 또는 아이오딘의 산화물
4. 아질산염류
5. 차아염소산염류
6. 염소화아이소사이아누르산
7. 퍼옥소이황산염류
8. 퍼옥소붕산염류

② 영 별표 1 **제3류**의 품명란 제11호에서 "행정안전부령으로 정하는 것"이라 함은 **염소화규소화합물**을 말한다.

③ 영 별표 1 **제5류**의 품명란 제10호에서 "행정안전부령으로 정하는 것"이라 함은 다음 각호의 1에 해당하는 것을 말한다.

1. 금속의 아지화합물
2. 질산구아니딘

④ 영 별표 1 **제6류**의 품명란 제4호에서 "행정안전부령으로 정하는 것"이란 **할로젠간화합물**을 말한다.

정답 12. ③ 13. ③ 14. ①

제4조 [위험물의 품명]
① 제3조제1항 및 제3항 각호의 1에 해당하는 위험물은 각각 다른 품명의 위험물로 본다.
② 영 별표 1 제1류의 품명란 제11호, 동표 제2류의 품명란 제8호, 동표 제3류의 품명란 제12호, 동표 제5류의 품명란 제11호 또는 동표 제6류의 품명란 제5호의 위험물로서 당해 위험물에 함유된 위험물의 품명이 다른 것은 각각 다른 품명의 위험물로 본다.

(2) 용어 정의 18, 22 공채

① **산화성고체**는 고체[액체(1기압 및 섭씨 20도에서 액상인 것 또는 섭씨 20도 초과 섭씨 40도 이하에서 액상인 것을 말한다.)또는 기체(1기압 및 섭씨 20도에서 기상인 것)외의 것을 말한다.]로서 산화력의 잠재적인 위험성 또는 충격에 대한 민감성을 판단하기 위하여 **소방청장이 정하여 고시하는 시험에서 고시로 정하는 성질과 상태**를 나타내는 것을 말한다.

② 가연성고체는 고체로서 화염에 의한 발화의 위험성 또는 인화의 위험성을 판단하기 위하여 고시로 정하는 시험에서 고시로 정하는 성질과 상태를 나타내는 것이다.
  ㉠ 황화인·적린·황 및 철분은 ②에 따른 성질과 상태가 있는 것으로 본다.

③ **황**은 순도가 **60중량퍼센트** 이상인 것을 말하며, 순도측정을 하는 경우 불순물은 활석 등 불연성물질과 수분으로 한정한다.

④ **철분**은 철의 분말로서, 53㎛의 표준체를 통과하는 것이 **50중량퍼센트 미만**인 것은 제외한다.

⑤ 금속분은 알칼리금속·알칼리토류금속·철 및 마그네슘 외의 금속의 분말, 구리분·니켈분 및 150㎛의 체를 통과하는 것이 50중량퍼센트 미만인 것은 제외한다.

⑥ 마그네슘 및 제2류제8호의 물품 중 마그네슘을 함유한 것에 있어서는 다음 각목의 1에 해당하는 것은 제외한다.
  ㉠ 2밀리미터의 체를 통과하지 아니하는 덩어리 상태의 것
  ㉡ 지름 2밀리미터 이상의 막대 모양의 것

⑦ **인화성고체**는 고형알코올 그 밖에 1기압에서 **인화점**이 섭씨 **40도 미만**인 고체이다.

⑧ 자연발화성물질 및 금수성물질은 고체 또는 액체로서 공기 중에서 발화의 위험성이 있거나 물과 접촉하여 발화하거나 가연성가스를 발생하는 위험성이 있는 것이다.
  ㉠ 칼륨·나트륨·알킬알루미늄·알킬리튬 및 황린은 ⑧의 규정에 의한 성상이 있는 것으로 본다.

⑨ 인화성액체는 액체(제3석유류, 제4석유류 및 동식물유류의 경우 1기압과 섭씨 20도에서 액체인 것만 해당한다)로서 인화의 위험성이 있는 것을 말한다. 다만, 다음 각 목의 어느 하나에 해당하는 것을 중요기준과 세부기준에 따른 운반용기를 사용하여 운반하거나 저장(진열 및 판매를 포함한다)하는 경우는 제외한다.

15
「위험물안전관리법 시행령」상 제1석유류가 아닌 것은?
① 휘발유
② 벤젠
③ 톨루엔
④ 이황화탄소

16
「위험물안전관리법 시행령」별표 1에서 규정한 내용으로 옳지 않은 것은?
• 22. 공채
① 황 : 순도가 60중량퍼센트 이상인 것을 말한다.
② 인화성고체 : 고형알코올 그 밖에 1기압에서 인화점이 섭씨 40도 미만인 고체를 말한다.
③ 철분 : 철의 분말로서 53마이크로미터의 표준체를 통과하는 것이 50중량퍼센트 미만인 것을 말한다.
④ 가연성고체 : 고체로서 화염에 의한 발화의 위험성 또는 인화의 위험성을 판단하기 위하여 고시로 정하는 시험에서 고시로 정하는 성질과 상태를 나타내는 것을 말한다.

17
「위험물안전관리법 시행령」상 위험물의 용어로 옳지 않은 것은?
① 철분 - 철의 분말로서 53㎛의 표준체를 통과하는 것이 50중량퍼센트 이상인 것
② 인화성고체 - 고형알코올 그 밖에 1기압에서 인화점이 섭씨 40도 미만인 것
③ 황 - 순도가 60중량퍼센트 이상인 것
④ 제1석유류 - 아세톤, 휘발유 그 밖에 1기압에서 인화점이 섭씨 21도 이상 70도 미만인 것이다.

정답 15. ④ 16. ③ 17. ④

18
「위험물안전관리법 시행령」상 용어에 대한 설명으로 옳지 않은 것은?
• 18. 하반기

① 특수인화물 : 이황화탄소, 디에틸에테르 그 밖에 1기압에서 발화점이 섭씨 100도 이하인 것 또는 인화점이 섭씨 영하 20도 이하이고 비점이 섭씨 40도 이하인 것
② 제1석유류 : 아세톤, 휘발유 그 밖에 1기압에서 인화점이 섭씨 70도 미만인 것
③ 제3석유류 : 중유, 크레오소트유 그 밖에 1기압에서 인화점이 섭씨 70도 이상 섭씨 200도 미만인 것
④ 동식물유류 : 동물의 지육 등 또는 식물의 종자나 과육으로부터 추출한 것으로서 1기압에서 인화점이 섭씨 250도 미만인 것

19
「위험물안전관리법 시행령」상 위험물별 취급주의 구분이 옳은 것은?

① 1류 위험물 중 무기과산화물 - 공기접촉엄금
② 2류 위험물 중 철분, 금속, 마그네슘 - 화기엄금 및 물기엄금
③ 3류 위험물 중 황린 - 화기엄금 및 공기접촉엄금
④ 5류 위험물 중 나이트로화합물 - 화기엄금 및 공기접촉엄금

20
「위험물안전관리법 시행령」상 다음 설명 중 가장 옳지 않은 것은?

① 제2석유류는 아세톤, 경유
② 제3석유류는 중유, 크레오소트유
③ 제4석유류는 기어유, 실린더유
④ 특수인화물은 이황화탄소, 디에틸에테르

정답 18. ② 19. ③ 20. ①

㉠ 화장품 중 인화성액체를 포함하고 있는 것
㉡ 의약품 중 인화성액체를 포함하고 있는 것
㉢ 의약외품(알코올류에 해당하는 것은 제외한다) 중 수용성인 인화성액체를 50부피퍼센트 이하로 포함하고 있는 것
㉣ 체외진단용 의료기기 중 인화성액체를 포함하고 있는 것
㉤ 안전확인대상생활화학제품(알코올류에 해당하는 것은 제외) 중 수용성인 인화성액체를 50부피퍼센트 이하로 포함하고 있는 것

⑩ **특수인화물은 이황화탄소, 디에틸에테르** 그 밖에 1기압에서 발화점이 섭씨 100도 이하인 것 또는 **인화점**이 섭씨 **영하 20도 이하**이고 **비점**이 섭씨 **40도 이하**인 것이다.

⑪ **제1석유류는 아세톤, 휘발유** 그 밖에 1기압에서 **인화점이 섭씨 21도 미만**인 것이다.

⑫ **알코올류**는 1분자를 구성하는 탄소원자의 수가 **1개부터 3개까지인 포화1가 알코올**이다.(변성알코올을 포함) 다만, 다음 경우의 1에 해당하는 것은 제외한다.

㉠ 1분자를 구성하는 탄소원자의 수가 1개 내지 3개의 포화1가 알코올의 함유량이 60중량퍼센트 미만인 수용액
㉡ 가연성액체량이 60중량퍼센트 미만이고 인화점 및 연소점(태그개방식인화점측정기에 의한 연소점을 말한다. 이하 같다)이 에틸알코올 60중량퍼센트 수용액의 인화점 및 연소점을 초과하는 것

⑬ **제2석유류는 등유, 경유** 그 밖에 1기압에서 **인화점**이 섭씨 **21도 이상 70도 미만**인 것이다. 다만, 도료류 그 밖의 물품에 있어서 가연성 액체량이 40중량퍼센트 이하이면서 인화점이 섭씨 40도 이상인 동시에 연소점이 섭씨 60도 이상인 것은 제외한다.

⑭ **제3석유류는 중유, 크레오소트유** 그 밖에 1기압에서 **인화점**이 섭씨 **70도 이상 섭씨 200도 미만**인 것이다. 다만, 도료류 그 밖의 물품은 가연성 액체량이 40중량퍼센트 이하인 것은 제외한다.

⑮ **제4석유류는 기어유, 실린더유** 그 밖에 1기압에서 **인화점**이 섭씨 **200도 이상 섭씨 250도 미만**의 것이다. 다만, 도료류 그 밖의 물품은 가연성 액체량이 40중량퍼센트 이하인 것은 제외한다.

⑯ **동식물유류**는 동물의 지육 등 또는 식물의 종자나 과육으로부터 추출한 것으로서 1기압에서 **인화점**이 섭씨 **250도 미만**인 것을 말한다.

⑰ **자기반응성물질**이란 고체 또는 액체로서 **폭발의 위험성** 또는 **가열분해의 격렬함**을 판단하기 위하여 고시로 정하는 시험에서 고시로 정하는 성질과 상태를 나타내는 것을 말하며, 위험성 유무와 등급에 따라 **제1종** 또는 **제2종**으로 분류한다.

⑱ **제5류**(자기반응성물질)제11호의 물품에 있어서는 **유기과산화물**을 함유하는 것 중에서 **불활성고체**를 함유하는 것으로서 다음 각목의 1에 해당하는 것은 **제외 한다.**

  ㉠ 과산화벤조일의 함유량이 **35.5중량퍼센트** 미만인 것으로서 전분가루, 황산 칼슘2수화물 또는 인산수소칼슘2수화물과의 혼합물

  ㉡ 비스(4-클로로벤조일)퍼옥사이드의 함유량이 **30중량퍼센트** 미만인 것으로 서 불활성고체와의 혼합물

  ㉢ 과산화다이쿠밀의 함유량이 **40중량퍼센트** 미만인 것으로서 불활성고체와 의 혼합물

  ㉣ 1·4비스(2-터셔리뷰틸퍼옥시아이소프로필)벤젠의 함유량이 **40중량퍼센트** 미만인 것으로서 불활성고체와의 혼합물

  ㉤ 사이클로헥산온퍼옥사이드의 함유량이 **30중량퍼센트** 미만인 것으로서 불 활성고체와의 혼합물

⑲ 산화성액체는 액체로서 산화력의 잠재적인 위험성을 판단하기 위하여 고시로 정하는 시험에서 고시로 정하는 성질과 상태를 나타내는 것이다.

⑳ **과산화수소**는 그 **농도가 36중량퍼센트 이상**인 것에 한하며, ⑲의 성상이 있는 것으로 본다.

㉑ **질산**은 그 **비중이 1.49 이상**인 것에 한하며, ⑲의 성상이 있는 것으로 본다.

● 복수성상물품 성상을 2가지 이상 포함하는 물품의 품명

복수성상물품	품명
산화성고체(1류)의 성상 및 가연성고체(2류)의 성상을 가지는 경우	제2류제8호의 규정에 의한 품명
산화성고체(1류)의 성상 및 자기반응성물질(5류)의 성상을 가지는 경우	제5류제11호의 규정에 의한 품명
가연성고체(2류)의 성상과 자연발화성물질(3류)의 성상 및 금수성물질(3류)의 성상을 가지는 경우	제3류제12호의 규정에 의한 품명
자연발화성물질(3류)의 성상, 금수성물질(3류)의 성상 및 인화성액체(4류)의 성상을 가지는 경우	제3류제12호의 규정에 의한 품명

유별을 달리하는 위험물의 혼재기준(규칙 별표19)

위험물의 구분	제1류	제2류	제3류	제4류	제5류	제6류
제1류		×	×	×	×	○
제2류	×		×	○	○	×
제3류	×	×		○	×	×
제4류	×	○	○		○	×
제5류	×	○	×	○		×
제6류	○	×	×	×	×	

비고

1. "×"표시는 혼재할 수 없음을 표시한다.
2. "○"표시는 혼재할 수 있음을 표시한다.
3. 이 표는 지정수량의 $\frac{1}{10}$ 이하의 위험물에 대하여는 적용하지 아니한다.

인화성액체(제4류)의 종류

종류	위험물	성질
특수인화물	이황화탄소, 디에틸에테르	그 밖에 1기압에서 발화점이 섭씨 100도 이하인 것 또는 인화점이 섭씨 영하 20도 이하이고 비점이 섭씨 40도 이하인 것을 말한다.
제1석유류	아세톤, 휘발유	그 밖에 1기압에서 인화점이 섭씨 21도 미만인 것을 말한다.
제2석유류	등유, 경유	그 밖에 1기압에서 인화점이 섭씨 21도 이상 70도 미만인 것을 말한다. 다만, 도료류 그 밖의 물품에 있어서 가연성 액체량이 40중량퍼센트 이하이면서 인화점이 섭씨 40도 이상인 동시에 연소점이 섭씨 60도 이상인 것은 제외한다.
제3석유류	중유, 크레오소트유	그 밖에 1기압에서 인화점이 섭씨 70도 이상 섭씨 200도 미만인 것을 말한다. 다만, 도료류 그 밖의 물품은 가연성 액체량이 40중량퍼센트 이하인 것은 제외한다.
제4석유류	기어유, 실린더유	그 밖에 1기압에서 인화점이 섭씨 200도 이상 섭씨 250도 미만의 것을 말한다. 다만 도료류 그 밖의 물품은 가연성 액체량이 40중량퍼센트 이하인 것은 제외한다.
동식물유류		동물의 지육(枝肉: 머리, 내장, 다리를 잘라 내고 아직 부위별로 나누지 않은 고기를 말한다) 등 또는 식물의 종자나 과육으로부터 추출한 것으로서 1기압에서 인화점이 섭씨 250도 미만인 것을 말한다. 다만, 법 제20조제1항의 규정에 의하여 행정안전부령으로 정하는 용기기준과 수납·저장기준에 따라 수납되어 저장·보관되고 용기의 외부에 물품의 통칭명, 수량 및 화기엄금(화기엄금과 동일한 의미를 갖는 표시를 포함한다)의 표시가 있는 경우를 제외한다.

알코올류	탄소원자의 수가 1개부터 3개까지인 포화1가 알코올(변성알코올을 포함한다)을 말한다. 다만, 다음 각목의 1에 해당하는 것은 제외한다. 가. 1분자를 구성하는 탄소원자의 수가 1개 내지 3개의 포화1가 알코올의 함유량이 60중량퍼센트 미만인 수용액 나. 가연성액체량이 60중량퍼센트 미만이고 인화점 및 연소점(태그개방식인화점측정기에 의한 연소점을 말한다. 이하 같다)이 에틸알코올 60중량퍼센트 수용액의 인화점 및 연소점을 초과하는 것

● 위험물별 취급주의 구분(운반기준)

구 분	화기주의	화기엄금	물기엄금	충격주의	가연물 접촉주의	공기접촉엄금
1류 위험물	○		△(과산화물함유)	○	○	
2류 위험물	○	△(인화성고체)	△(철금마)			
3류 위험물		○	○(금수성물질)			○
4류 위험물		○				
5류 위험물		○		○		
6류 위험물					○	

6 적용 제외와 국가의 책무(위험물안전관리법 제3조, 3조의2)

(1) 적용 제외

이 법은 **항공기·선박**(선박법 제1조의2 제1항의 규정에 따른 선박을 말한다)·**철도** 및 **궤도**에 의한 위험물의 저장·취급 및 운반에 있어서는 이를 적용하지 아니한다.(법 제3조)

> **선박법**
> **제1조의2 [정의]**
> ① 이 법에서 "선박"이란 수상 또는 수중에서 항행용으로 사용하거나 사용할 수 있는 배 종류를 말하며 그 구분은 다음 각 호와 같다.
> 1. 기선 : 기관(機關)을 사용하여 추진하는 선박[선체(船體) 밖에 기관을 붙인 선박으로서 그 기관을 선체로부터 분리할 수 있는 선박 및 기관과 돛을 모두 사용하는 경우로서 주로 기관을 사용하는 선박을 포함한다]과 수면비행선박(표면효과 작용을 이용하여 수면에 근접하여 비행하는 선박을 말한다)
> 2. 범선 : 돛을 사용하여 추진하는 선박(기관과 돛을 모두 사용하는 경우로서 주로 돛을 사용하는 것을 포함한다)
> 3. 부선 : 자력항행능력(自力航行能力)이 없어 다른 선박에 의하여 끌리거나 밀려서 항행되는 선박

(2) 국가의 책무

① 국가는 위험물에 의한 사고를 예방하기 위하여 다음 각 호의 사항을 포함하는 시책을 수립·시행하여야 한다.(법 제3조의2 제1항)
  ㉠ 위험물의 유통실태 분석
  ㉡ 위험물에 의한 사고 유형의 분석
  ㉢ 사고 예방을 위한 안전기술 개발
  ㉣ 전문인력 양성
  ㉤ 그 밖에 사고 예방을 위하여 필요한 사항
② 국가는 지방자치단체가 위험물에 의한 사고의 예방·대비 및 대응을 위한 시책을 추진하는 데에 필요한 행정적·재정적 지원을 하여야 한다.(법 제3조의2 제2항)

---

21. 「위험물안전관리법」상 위험물의 저장 및 취급·운반에 있어서 적용제외 대상으로 옳지 않은 것은?
① 항공기 ② 선박
③ 철도   ④ 자동차

22. 「위험물안전관리법」상 국가의 책무 사항으로 옳지 않은 것은?
① 사고 예방을 위한 안전기술 개발
② 위험물에 의한 사고 유형의 분석
③ 전문인력 양성
④ 육성·진흥을 위하여 필요한 계획의 수립

정답 21. ④ 22. ④

7 위험물의 저장·취급(위험물안전관리법 제4조, 5조)

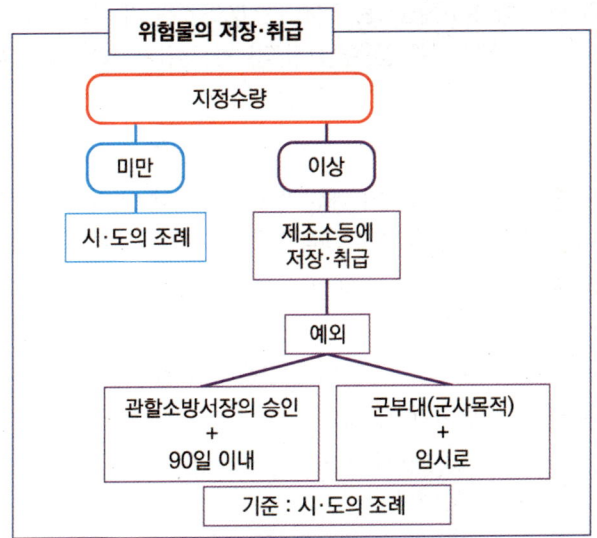

23
「위험물안전관리법」상 지정수량 미만의 위험물은 어디에 정하는가?
① 대통령령
② 행정안전부령
③ 시·도 조례
④ 위험물안전관리법

24
「위험물안전관리법」상 위험물 임시저장은 며칠 이내 누구에게 승인을 받는가?
① 90일 이내 관할 소방서장의 승인
② 180일 이내 관할 소방서장의 승인
③ 90일 이내 시·도지사의 승인
④ 180일 이내 시·도지사의 승인

(1) 지정수량 미만인 위험물의 저장·취급 〔기출〕 10, 11 공채

지정수량 미만인 위험물의 저장 또는 취급에 관한 기술상의 기준은 **시·도의 조례**로 정한다.(법 제4조)

(2) 지정수량 이상의 위험물의 저장·취급
① 지정수량 이상의 위험물을 저장소가 아닌 장소에서 저장하거나 제조소등이 아닌 장소에서 취급하여서는 아니 된다.(법 제5조 제1항)

> **행정형벌**
> 법 제34조의3 [벌칙]
> 제5조제1항을 위반하여 저장소 또는 제조소등이 아닌 장소에서 지정수량 이상의 위험물을 저장 또는 취급한 자는 <u>3년 이하의 징역 또는 3천만 원 이하의 벌금</u>에 처한다.

② **지정수량 이상이지만 다음의 경우에는 제조소등이 아닌 장소에서 지정수량의 이상의 위험물을 취급할 수 있다.** 기준은 **시·도 조례**로 정한다.(법 제5조 제2항)
  ㉠ 시·도의 조례가 정하는 바에 따라 관할소방서장의 **승인을 받아** 지정수량 이상의 위험물을 **90일 이내**의 기간 동안 임시로 저장 또는 취급하는 경우
  ㉡ 군부대가 지정수량 이상의 위험물을 **군사목적**으로 임시로 저장·취급하는 경우

정답 23. ③ 24. ①

위반행위	과태료 금액
승인기한(임시저장 또는 취급개시일의 전날)의 다음날을 기산일로 하여 30일 이내에 승인을 신청한 경우	250
승인기한(임시저장 또는 취급개시일의 전날)의 다음날을 기산일로 하여 31일 이후에 승인을 신청한 경우	400
승인을 받지 않은 경우	500

행정질서벌

법 제39조 [과태료]

① 다음 각 호의 어느 하나에 해당하는 자에게는 500만 원 이하의 과태료를 부과한다.
1. 제5조제2항제1호의 규정에 따른 승인을 받지 아니한 자 (1차 : 250, 2차 : 400, 3차 : 500)

③ **행정안전부령**이 정하는 중요기준 및 세부기준(법 제5조 제3항)
  ㉠ **중요기준** : 화재 등 위해의 예방과 응급조치에 있어서 큰 영향을 미치거나 그 기준을 위반하는 경우 직접적으로 화재를 일으킬 가능성이 큰 기준이다.
  ㉡ **세부기준** : 화재 등 위해의 예방과 응급조치에 있어서 중요기준보다 상대적으로 적은 영향을 미치거나 그 기준을 위반하는 경우 간접적으로 화재를 일으킬 수 있는 기준 및 위험물의 안전관리에 필요한 표시와 서류·기구 등의 비치에 관한 기준이다.

행정형벌

법 제336조 [벌칙]

다음 각 호의 어느 하나에 해당하는 자는 1천500만 원 이하의 벌금에 처한다.
1. 제5조제3항제1호의 규정에 따른 위험물의 저장 또는 취급에 관한 중요기준에 따르지 아니한 자

행정질서벌

법 제39조 [과태료]

① 다음 각 호의 어느 하나에 해당하는 자에게는 500만원 이하의 과태료를 부과한다.
1. 제5조제3항제2호의 규정에 따른 위험물의 저장 또는 취급에 관한 세부기준을 위반한 자 (1차 : 250, 2차 : 400, 3차 : 500)

④ 제조소등의 위치·구조 및 설비의 기술기준은 **행정안전부령**으로 정한다. (법 제5조 제4항)

⑤ 지정수량 환산 : 둘 이상의 위험물을 같은 장소에서 저장 또는 취급하는 경우 (법 제5조 제5항)

$$1 \leq \frac{A품목저장수량}{A품목지정수량} + \frac{B품목저장수량}{B품목지정수량} + \frac{C품목저장수량}{C품목지정수량} \cdots$$

관련법규

위험물안전관리법 시행규칙

제49조 [제조소등에서의 위험물의 저장 및 취급의 기준]

법 제5조 제3항의 규정에 의한 제조소등에서의 위험물의 저장 및 취급에 관한 기준은 별표 18과 같다.

【제조소등에서의 위험물의 저장 및 취급에 관한 기준】 시행규칙 별표18

Ⅰ. 저장·취급의 공통기준

1. 제조소등에서 법 제6조제1항의 규정에 의한 허가 및 법 제6조제2항의 규정에 의한 신고와 관련되는 품명 외의 위험물 또는 이러한 허가 및 신고와 관련되는 수량 또는 지정수량의 배수를 초과하는 위험물을 저장 또는 취급하지 아니하여야 한다(중요기준).
2. 삭제 〈2009.3.17〉
3. 삭제 〈2009.3.17〉
4. 삭제 〈2009.3.17〉
5. 삭제 〈2009.3.17〉
6. 삭제 〈2009.3.17〉
7. 위험물을 저장 또는 취급하는 건축물 그 밖의 공작물 또는 설비는 당해 위험물의 성질에 따라 차광 또는 환기를 실시하여야 한다.
8. 위험물은 온도계, 습도계, 압력계 그 밖의 계기를 감시하여 당해 위험물의 성질에 맞는 적정한 온도, 습도 또는 압력을 유지하도록 저장 또는 취급하여야 한다.
9. 삭제 〈2009.3.17〉
10. 위험물을 저장 또는 취급하는 경우에는 위험물의 변질, 이물의 혼입 등에 의하여 당해 위험물의 위험성이 증대되지 아니하도록 필요한 조치를 강구하여야 한다.
11. 위험물이 남아 있거나 남아 있을 우려가 있는 설비, 기계·기구, 용기 등을 수리하는 경우에는 안전한 장소에서 위험물을 완전하게 제거한 후에 실시하여야 한다.
12. 위험물을 용기에 수납하여 저장 또는 취급할 때에는 그 용기는 당해 위험물의 성질에 적응하고 파손·부식·균열 등이 없는 것으로 하여야 한다.
13. 삭제 〈2009.3.17〉
14. 가연성의 액체·증기 또는 가스가 새거나 체류할 우려가 있는 장소 또는 가연성의 미분이 현저하게 부유할 우려가 있는 장소에서는 전선과 전기기구를 완전히 접속하고 불꽃을 발하는 기계·기구·공구·신발 등을 사용하지 아니하여야 한다.
15. 위험물을 보호액중에 보존하는 경우에는 당해 위험물이 보호액으로부터 노출되지 아니하도록 하여야 한다.

Ⅱ. 위험물의 유별 저장·취급의 공통기준(중요기준)

1. 제1류 위험물은 가연물과의 접촉·혼합이나 분해를 촉진하는 물품과의 접근 또는 과열·충격·마찰 등을 피하는 한편, 알카리금속의 과산화물 및 이를 함유한 것에 있어서는 물과의 접촉을 피하여야 한다.

2. 제2류 위험물은 산화제와의 접촉·혼합이나 불티·불꽃·고온체와의 접근 또는 과열을 피하는 한편, 철분·금속분·마그네슘 및 이를 함유한 것에 있어서는 물이나 산과의 접촉을 피하고 인화성 고체에 있어서는 함부로 증기를 발생시키지 아니하여야 한다.
3. 제3류 위험물 중 자연발화성물질에 있어서는 불티·불꽃 또는 고온체와의 접근·과열 또는 공기와의 접촉을 피하고, 금수성물질에 있어서는 물과의 접촉을 피하여야 한다.
4. 제4류 위험물은 불티·불꽃·고온체와의 접근 또는 과열을 피하고, 함부로 증기를 발생시키지 아니하여야 한다.
5. 제5류 위험물은 불티·불꽃·고온체와의 접근이나 과열·충격 또는 마찰을 피 하여야 한다.
6. 제6류 위험물은 가연물과의 접촉·혼합이나 분해를 촉진하는 물품과의 접근 또는 과열을 피하여야 한다.
7. 제1호 내지 제6호의 기준은 위험물을 저장 또는 취급함에 있어서 당해 각호의 기준에 의하지 아니하는 것이 통상인 경우는 당해 각호를 적용하지 아니한다. 이 경우 당해 저장 또는 취급에 대하여는 재해의 발생을 방지하기 위한 충분한 조치를 강구하여야 한다.

Ⅲ. 저장의 기준
1. 저장소에는 위험물 외의 물품을 저장하지 아니하여야 한다. 다만, 다음 각목의 1에 해당하는 경우에는 그러하지 아니하다(중요기준).
   가. 옥내저장소 또는 옥외저장소에서 다음의 규정에 의한 위험물과 위험물이 아닌 물품을 함께 저장하는 경우. 이 경우 위험물과 위험물이 아닌 물품은 각각 모아서 저장하고 상호간에는 1m 이상의 간격을 두어야 한다.
      1) 위험물(제2류 위험물 중 인화성고체와 제4류 위험물을 제외한다)과 영 별표 1에서 당해 위험물이 속하는 품명란에 정한 물품(동표 제1류의 품명란 제11호, 제2류의 품명란 제8호, 제3류의 품명란 제12호, 제5류의 품명란 제11호 및 제6류의 품명란 제5호의 규정에 의한 물품을 제외한다)을 주성분으로 함유한 것으로서 위험물에 해당하지 아니하는 물품
      2) 제2류 위험물 중 인화성고체와 위험물에 해당하지 아니하는 고체 또는 액체로서 인화점을 갖는 것 또는 합성 수지류(「소방기본법 시행령」 별표 2 비고 제8호의 합성수지류를 말한다)(이하 Ⅲ에서 "합성수지류등"이라한다) 또는 이들중 어느 하나 이상을 주성분으로 함유한 것으로서 위험물에 해당하지 아니하는 물품
      3) 제4류 위험물과 합성수지류등 또는 영 별표 1의 제4류의 품명란에 정한 물품을 주성분으로 함유한 것으로서 위험물에 해당하지 아니하는 물품
      4) 제4류 위험물 중 유기과산화물 또는 이를 함유한 것과 유기과산화물 또는 유기과산화물만을 함유한 것으로서 위험물에 해당하지 아니하는 물품
      5) 제48조의 규정에 의한 위험물과 위험물에 해당하지 아니하는 화약류(「총포·도검·화약류 등 단속법」에 의한 화약류에 해당하는 것을 말한다)
      6) 위험물과 위험물에 해당하지 아니하는 불연성의 물품(저장하는 위험물 및 위험물외의 물품과 위험한 반응을 일으키지 아니하는 것에 한한다)
   나. 옥외탱크저장소·옥내탱크저장소·지하탱크저장소 또는 이동탱크저장소(이하 이 목에서 "옥외탱크저장소등"이라 한다)에서 당해 옥외탱크저장소등의 구조 및 설비에 나쁜 영향을 주지 아니하면서 다음에서 정하는 위험물이 아닌 물품을 저장하는 경우

1) 제4류 위험물을 저장 또는 취급하는 옥외탱크저장소등:합성수지류등 또는 영 별표 1의 제4류의 품명란에 정한 물품을 주성분으로 함유한 것으로서 위험물에 해당하지 아니하는 물품 또는 위험물에 해당하지 아니하는 불연성 물품(저장 또는 취급하는 위험물 및 위험물외의 물품과 위험한 반응을 일으키지 아니하는 것에 한한다)

2) 제6류 위험물을 저장 또는 취급하는 옥외탱크저장소등 : 영 별표 1의 제6류의 품명란에 정한 물품(동표 제6류의 품명란 제5호의 규정에 의한 물품을 제외한다)을 주성분으로 함유한 것으로서 위험물에 해당하지 아니하는 물품 또는 위험물에 해당하지 아니하는 불연성 물품(저장 또는 취급하는 위험물 및 위험물 외의 물품과 위험한 반응을 일으키지 아니하는 것에 한한다)

2. 영 별표 1의 유별을 달리하는 위험물은 동일한 저장소(내화구조의 격벽으로 완전히 구획된 실이 2 이상 있는 저장소에 있어서는 동일한 실. 이하 제3호에서 같다)에 저장하지 아니하여야 한다. 다만, 옥내저장소 또는 옥외저장소에 있어서 다음의 각목의 규정에 의한 위험물을 저장하는 경우로서 위험물을 유별로 정리하여 저장하는 한편, 서로 1m 이상의 간격을 두는 경우에는 그러하지 아니하다(중요기준).

  가. 제1류 위험물(알칼리금속의 과산화물 또는 이를 함유한 것을 제외한다)과 제5류 위험물을 저장하는 경우

  나. 제1류 위험물과 제6류 위험물을 저장하는 경우

  다. 제1류 위험물과 제3류 위험물 중 자연발화성물질(황린 또는 이를 함유한 것에 한한다)을 저장하는 경우

  라. 제2류 위험물 중 인화성고체와 제4류 위험물을 저장하는 경우

  마. 제3류 위험물 중 알킬알루미늄등과 제4류 위험물(알킬알루미늄 또는 알킬리튬을 함유한 것에 한한다)을 저장하는 경우

  바. 제4류 위험물 중 유기과산화물 또는 이를 함유하는 것과 제5류 위험물 중 유기과산화물 또는 이를 함유한 것을 저장하는 경우

3. 제3류 위험물 중 황린 그 밖에 물속에 저장하는 물품과 금수성물질은 동일한 저장소에서 저장하지 아니하여야 한다(중요기준).

4. 옥내저장소에 있어서 위험물은 V의 규정에 의한 바에 따라 용기에 수납하여 저장하여야 한다. 다만, 덩어리 상태의 황과 제48조의 규정에 의한 위험물에 있어서는 그러하지 아니하다.

5. 옥내저장소에서 동일 품명의 위험물이더라도 자연발화할 우려가 있는 위험물 또는 재해가 현저하게 증대할 우려가 있는 위험물을 다량 저장하는 경우에는 지정수량의 10배 이하마다 구분하여 상호간 0.3m 이상의 간격을 두어 저장하여야 한다. 다만, 제48조의 규정에 의한 위험물 또는 기계에 의하여 하역하는 구조로 된 용기에 수납한 위험물에 있어서는 그러하지 아니하다(중요기준).

6. 옥내저장소에서 위험물을 저장하는 경우에는 다음 각목의 규정에 의한 높이를 초과하여 용기를 겹쳐 쌓지 아니하여야 한다.

  가. 기계에 의하여 하역하는 구조로 된 용기만을 겹쳐 쌓는 경우에 있어서는 6m

  나. 제4류 위험물 중 제3석유류, 제4석유류 및 동식물유류를 수납하는 용기만을 겹쳐 쌓는 경우에 있어서는 4m

  다. 그 밖의 경우에 있어서는 3m

7. 옥내저장소에서는 용기에 수납하여 저장하는 위험물의 온도가 55℃를 넘지 아니하도록 필요한 조치를 강구하여야 한다(중요기준).
8. 삭제 〈2009.3.17〉
9. 옥외저장탱크·옥내저장탱크 또는 지하저장탱크의 주된 밸브(액체의 위험물을 이송하기 위한 배관에 설치된 밸브중 탱크의 바로 옆에 있는 것을 말한다) 및 주입구의 밸브 또는 뚜껑은 위험물을 넣거나 빼낼 때 외에는 폐쇄하여야 한다.
10. 옥외저장탱크의 주위에 방유제가 있는 경우에는 그 배수구를 평상시 폐쇄하여 두고, 당해 방유제의 내부에 유류 또는 물이 괴었을 때에는 지체없이 이를 배출하여야 한다.
11. 이동저장탱크에는 당해 탱크에 저장 또는 취급하는 위험물의 위험성을 알리는 표지를 부착하고 잘 보일 수 있도록 관리하여야 한다.
12. 이동저장탱크 및 그 안전장치와 그 밖의 부속배관은 균열, 결합불량, 극단적인 변형, 주입호스의 손상 등에 의한 위험물의 누설이 일어나지 아니하도록 하고, 당해 탱크의 배출밸브는 사용시 외에는 완전하게 폐쇄하여야 한다.
13. 피견인자동차에 고정된 이동저장탱크에 위험물을 저장할 때에는 당해 피견인자동차에 견인자동차를 결합한 상태로 두어야 한다. 다만, 다음 각목의 기준에 따라 피견인자동차를 철도·궤도상의 차량(이하 이 호에서 "차량"이라 한다)에 싣거나 차량으로부터 내리는 경우에는 그러하지 아니하다.
    가. 피견인자동차를 싣는 작업은 화재예방상 안전한 장소에서 실시하고, 화재가 발생하였을 경우에 그 피해의 확대를 방지할 수 있도록 필요한 조치를 강구할 것
    나. 피견인자동차를 실을 때에는 이동저장탱크에 변형 또는 손상을 주지 아니하도록 필요한 조치를 강구할 것
    다. 피견인자동차를 차량에 싣는 것은 견인자동차를 분리한 즉시 실시하고, 피견인자동차를 차량으로부터 내렸을 때에는 즉시 당해 피견인자동차를 견인자동차에 결합할 것
14. 컨테이너식 이동탱크저장소외의 이동탱크저장소에 있어서는 위험물을 저장한 상태로 이동저장탱크를 옮겨 싣지 아니하여야 한다(중요기준).
15. 이동탱크저장소에는 당해 이동탱크저장소의 완공검사합격확인증 및 정기점검기록을 비치하여야 한다.
16. 알킬알루미늄등을 저장 또는 취급하는 이동탱크저장소에는 긴급시의 연락처, 응급조치에 관하여 필요한 사항을 기재한 서류, 방호복, 고무장갑, 밸브 등을 죄는 결합공구 및 휴대용 확성기를 비치하여야 한다.
17. 옥외저장소(제20호의 규정에 의한 경우를 제외한다)에 있어서 위험물은 V에 정하는 바에 따라 용기에 수납하여 저장하여야 한다.
18. 옥외저장소에서 위험물을 저장하는 경우에 있어서는 제6호 각목의 규정에 의한 높이를 초과하여 용기를 겹쳐 쌓지 아니하여야 한다.
19. 옥외저장소에서 위험물을 수납한 용기를 선반에 저장하는 경우에는 6m를 초과하여 저장하지 아니하여야 한다.
20. 황을 용기에 수납하지 아니하고 저장하는 옥외저장소에서는 황을 경계표시의 높이 이하로 저장하고, 황이 넘치거나 비산하는 것을 방지할 수 있도록 경계표시 내부의 전체를 난연성 또는 불연성의 천막 등으로 덮고 당해 천막 등을 경계표시에 고정하여야 한다.

21. 알킬알루미늄등, 아세트알데하이드등 및 다이에틸에터등(다이에틸에터 또는 이를 함유한 것을 말한다. 이하 같다)의 저장기준은 제1호 내지 제20호의 규정에 의하는 외에 다음 각목과 같다(중요기준).
   가. 옥외저장탱크 또는 옥내저장탱크 중 압력탱크(최대상용압력이 대기압을 초과하는 탱크를 말한다. 이하 이 호에서 같다)에 있어서는 알킬알루미늄등의 취출에 의하여 당해 탱크내의 압력이 상용압력 이하로 저하하지 아니하도록, 압력탱크 외의 탱크에 있어서는 알킬알루미늄등의 취출이나 온도의 저하에 의한 공기의 혼입을 방지할 수 있도록 불활성의 기체를 봉입할 것
   나. 옥외저장탱크·옥내저장탱크 또는 이동저장탱크에 새롭게 알킬알루미늄등을 주입하는 때에는 미리 당해 탱크안의 공기를 불활성기체와 치환하여 둘 것
   다. 이동저장탱크에 알킬알루미늄등을 저장하는 경우에는 20KPa 이하의 압력으로 불활성의 기체를 봉입하여 둘 것
   라. 옥외저장탱크·옥내저장탱크 또는 지하저장탱크 중 압력탱크에 있어서는 아세트알데하이드등의 취출에 의하여 당해 탱크내의 압력이 상용압력 이하로 저하하지 아니하도록, 압력탱크 외의 탱크에 있어서는 아세트알데하이드등의 취출이나 온도의 저하에 의한 공기의 혼입을 방지할 수 있도록 불활성 기체를 봉입할 것
   마. 옥외저장탱크·옥내저장탱크·지하저장탱크 또는 이동저장탱크에 새롭게 아세트알데하이드등을 주입하는 때에는 미리 당해 탱크안의 공기를 불활성 기체와 치환하여 둘 것
   바. 이동저장탱크에 아세트알데하이드등을 저장하는 경우에는 항상 불활성의 기체를 봉입하여 둘 것
   사. 옥외저장탱크·옥내저장탱크 또는 지하저장탱크 중 압력탱크 외의 탱크에 저장하는 다이에틸에터등 또는 아세트알데하이드등의 온도는 산화프로필렌과 이를 함유한 것 또는 다이에틸에터등에 있어서는 30℃ 이하로, 아세트알데하이드 또는 이를 함유한 것에 있어서는 15℃ 이하로 각각 유지할 것
   아. 옥외저장탱크·옥내저장탱크 또는 지하저장탱크 중 압력탱크에 저장하는 아세트알데하이드등 또는 다이에틸에터등의 온도는 40℃ 이하로 유지할 것
   자. 보냉장치가 있는 이동저장탱크에 저장하는 아세트알데하이드등 또는 다이에틸에터등의 온도는 당해 위험물의 비점 이하로 유지할 것
   차. 보냉장치가 없는 이동저장탱크에 저장하는 아세트알데하이드등 또는 다이에틸에터등의 온도는 40℃ 이하로 유지할 것

Ⅳ. 취급의 기준

1. 위험물의 취급 중 제조에 관한 기준은 다음 각목과 같다(중요기준).
   가. 증류공정에 있어서는 위험물을 취급하는 설비의 내부압력의 변동 등에 의하여 액체 또는 증기가 새지 아니하도록 할 것
   나. 추출공정에 있어서는 추출관의 내부압력이 비정상으로 상승하지 아니하도록 할 것
   다. 건조공정에 있어서는 위험물의 온도가 부분적으로 상승하지 아니하는 방법으로 가열 또는 건조할 것
   라. 분쇄공정에 있어서는 위험물의 분말이 현저하게 부유하고 있거나 위험물의 분말이 현저하게 기계·기구 등에 부착하고 있는 상태로 그 기계·기구를 취급하지 아니할 것

2. 위험물의 취급중 용기에 옮겨 담는데 대한 기준은 다음 각목과 같다.
   가. 위험물을 용기에 옮겨 담는 경우에는 Ⅴ에 정하는 바에 따라 수납할 것
   나. 삭제 〈2009.3.17〉
3. 위험물의 취급 중 소비에 관한 기준은 다음 각목과 같다(중요기준).
   가. 분사도장작업은 방화상 유효한 격벽 등으로 구획된 안전한 장소에서 실시할 것
   나. 담금질 또는 열처리작업은 위험물이 위험한 온도에 이르지 아니하도록 하여 실시할 것
   다. 삭제 〈2009.3.17〉
   라. 버너를 사용하는 경우에는 버너의 역화를 방지하고 위험물이 넘치지 아니하도록 할 것
4. 삭제 〈2009.3.17〉
5. 주유취급소·판매취급소·이송취급소 또는 이동탱크저장소에서의 위험물의 취급기준은 다음 각목과 같다.
   가. 주유취급소(항공기주유취급소·선박주유취급소 및 철도주유취급소를 제외한다)에서의 취급기준
      1) 자동차 등에 주유할 때에는 고정주유설비를 사용하여 직접 주유할 것(중요기준)
      2) 자동차 등에 인화점 40℃ 미만의 위험물을 주유할 때에는 자동차 등의 원동기를 정지시킬 것. 다만, 연료탱크에 위험물을 주유하는 동안 방출되는 가연성 증기를 회수하는 설비가 부착된 고정주유설비에 의하여 주유하는 경우에는 그러하지 아니하다.
      3) 이동저장탱크에 급유할 때에는 고정급유설비를 사용하여 직접 급유할 것
      4) 삭제 〈2009.3.17〉
      5) 삭제 〈2009.3.17〉
      6) 고정주유설비 또는 고정급유설비에 접속하는 탱크에 위험물을 주입할 때에는 당해 탱크에 접속된 고정주유설비 또는 고정급유설비의 사용을 중지하고, 자동차 등을 당해 탱크의 주입구에 접근시키지 아니할 것
      7) 고정주유설비 또는 고정급유설비에는 해당 설비에 접속한 전용탱크 또는 간이탱크의 배관외의 것을 통하여서는 위험물을 공급하지 아니할 것
      8) 자동차 등에 주유할 때에는 고정주유설비 또는 고정주유설비에 접속된 탱크의 주입구로부터 4m 이내의 부분(별표 13 Ⅴ 제1호다목 및 라목의 용도에 제공하는 부분 중 바닥 및 벽에서 구획된 것의 내부를 제외한다)에, 이동저장탱크로부터 전용탱크에 위험물을 주입할 때에는 전용탱크의 주입구로부터 3m 이내의 부분 및 전용탱크 통기관의 끝부분으로부터 수평거리 1.5m 이내의 부분에 있어서는 다른 자동차 등의 주차를 금지하고 자동차 등의 점검·정비 또는 세정을 하지 아니할 것
      9) 삭제 〈2009.3.17〉
      10) 삭제 〈2014.6.23〉
      11) 주유원간이대기실 내에서는 화기를 사용하지 아니할 것
      12) 전기자동차 충전설비를 사용하는 때에는 다음의 기준을 준수할 것
         가) 충전기기와 전기자동차를 연결할 때에는 연장코드를 사용하지 아니할 것
         나) 전기자동차의 전지·인터페이스 등이 충전기기의 규격에 적합한지 확인한 후 충전을 시작할 것
         다) 충전 중에는 자동차 등을 작동시키지 아니할 것

나. 항공기주유취급소에서의 취급기준은 가목[(1) 및 7)은 제외한다]의 규정을 준용하는 외에 다음의 기준에 의할 것
  1) 항공기에 주유하는 때에는 고정주유설비, 주유배관의 끝부분에 접속한 호스기기, 주유호스차 또는 주유탱크차를 사용하여 직접 주유할 것(중요기준)
  2) 삭제 〈2009.3.17〉
  3) 고정주유설비에는 당해 주유설비에 접속한 전용탱크 또는 위험물을 저장 또는 취급하는 탱크의 배관외의 것을 통하여서는 위험물을 주입하지 아니할 것
  4) 주유호스차 또는 주유탱크차에 의하여 주유하는 때에는 주유호스의 끝부분을 항공기의 연료탱크의 급유구에 긴밀히 결합할 것. 다만, 주유탱크차에서 주유호스 끝부분에 수동개폐장치를 설치한 주유노즐에 의하여 주유하는 때에는 그러하지 아니하다.
  5) 주유호스차 또는 주유탱크차에서 주유하는 때에는 주유호스차의 호스기기 또는 주유탱크차의 주유설비를 항공기와 전기적으로 접속할 것
나. 철도주유취급소에서의 취급기준은 가목[(1) 및 7)은 제외한다]의 규정 및 나목3)의 규정을 준용하는 외에 다음의 기준에 의할 것
  1) 철도 또는 궤도에 의하여 운행하는 차량에 주유하는 때에는 고정주유설비 또는 주유배관의 끝부분에 접속한 호스기기를 사용하여 직접 주유할 것(중요기준)
  2) 철도 또는 궤도에 의하여 운행하는 차량에 주유하는 때에는 콘크리트 등으로 포장된 부분에서 주유할 것
라. 선박주유취급소에서의 취급기준은 가목[(1) 및 7)은 제외한다]의 규정 및 나목3)의 규정을 준용하는 외에 다음의 기준에 의할 것
  1) 선박에 주유하는 때에는 고정주유설비 또는 주유배관의 끝부분에 접속한 호스기기를 사용하여 직접 주유할 것(중요기준)
  2) 선박에 주유하는 때에는 선박이 이동하지 아니하도록 계류시킬 것
  3) 수상구조물에 설치하는 고정주유설비를 이용하여 주유작업을 할 때에는 5m 이내에 다른 선박의 정박 또는 계류를 금지할 것
  4) 수상구조물에 설치하는 고정주유설비의 주위에 설치하는 집유설비 내에 고인 빗물 또는 위험물은 넘치지 않도록 수시로 수거하고, 수거물은 유분리장치를 이용하거나 폐기물 처리 방법에 따라 처리할 것
  5) 수상구조물에 설치하는 고정주유설비를 이용한 주유작업은 위험물을 공급하는 배관·펌프 및 그 부속 설비의 안전을 확인한 후에 시작할 것(중요기준)
  6) 수상구조물에 설치하는 고정주유설비를 이용한 주유작업이 종료된 후에는 별표 13 XIV제3호마목에 따른 차단밸브를 모두 잠글 것(중요기준)
  7) 수상구조물에 설치하는 고정주유설비를 이용한 주유작업은 총 톤수가 300미만인 선박에 대해서만 실시할 것(중요기준)
마. 고객이 직접 주유하는 주유취급소에서의 기준
  1) 셀프용고정주유설비 및 셀프용고정급유설비 외의 고정주유설비 또는 고정급유설비를 사용하여 고객에 의한 주유 또는 용기에 옮겨 담는 작업을 행하지 아니할 것(중요기준)
  2) 삭제 〈2009.3.17〉
  3) 감시대에서 고객이 주유하거나 용기에 옮겨 담는 작업을 직시하는 등 적절한 감시를 할 것

4) 고객에 의한 주유 또는 용기에 옮겨 담는 작업을 개시할 때에는 안전상 지장이 없음을 확인 한 후 제어장치에 의하여 호스기기에 대한 위험물의 공급을 개시할 것
5) 고객에 의한 주유 또는 용기에 옮겨 담는 작업을 종료한 때에는 제어장치에 의하여 호스기기에 대한 위험물의 공급을 정지할 것
6) 비상시 그 밖에 안전상 지장이 발생한 경우에는 제어장치에 의하여 호스기기에 위험물의 공급을 일제히 정지하고, 주유취급소 내의 모든 고정주유설비 및 고정급유설비에 의한 위험물 취급을 중단할 것
7) 감시대의 방송설비를 이용하여 고객에 의한 주유 또는 용기에 옮겨 담는 작업에 대한 필요한 지시를 할 것
8) 감시대에서 근무하는 감시원은 안전관리자 또는 위험물안전관리에 관한 전문지식이 있는 자일 것

바. 판매취급소에서의 취급기준
1) 판매취급소에서는 도료류, 제1류 위험물 중 염소산염류 및 염소산염류만을 함유한 것, 황 또는 인화점이 38℃ 이상인 제4류 위험물을 배합실에서 배합하는 경우 외에는 위험물을 배합하거나 옮겨 담는 작업을 하지 아니할 것
2) 위험물은 별표 19 Ⅰ의 규정에 의한 운반용기에 수납한 채로 판매할 것
3) 판매취급소에서 위험물을 판매할 때에는 위험물이 넘치거나 비산하는 계량기(액용되를 포함한다)를 사용하지 아니할 것

사. 이송취급소에서의 취급기준
1) 위험물의 이송은 위험물을 이송하기 위한 배관·펌프 및 그에 부속한 설비(위험물을 운반하는 선박으로부터 육상으로 위험물의 이송취급을 하는 이송취급소에 있어서는 위험물을 이송하기 위한 배관 및 그에 부속된 설비를 말한다. 이하 나목에서 같다)의 안전을 확인한 후에 개시할 것(중요기준)
2) 위험물을 이송하기 위한 배관·펌프 및 이에 부속한 설비의 안전을 확인하기 위한 순찰을 행하고, 위험물을 이송하는 중에는 이송하는 위험물의 압력 및 유량을 항상 감시할 것(중요기준)
3) 이송취급소를 설치한 지역의 지진을 감지하거나 지진의 정보를 얻은 경우에는 소방청장이 정하여 고시하는 바에 따라 재해의 발생 또는 확대를 방지하기 위한 조치를 강구할 것

아. 이동탱크저장소(컨테이너식 이동탱크저장소를 제외한다)에서의 취급기준. 이 경우 이동저장탱크로부터 이동저장탱크로의 위험물 주입은 허용되지 않는다.
1) 이동저장탱크로부터 위험물을 저장 또는 취급하는 탱크에 액체의 위험물을 주입할 경우에는 그 탱크의 주입구에 이동저장탱크의 주입호스를 견고하게 결합할 것. 다만, 주입호스의 끝부분에 수동개폐장치를 한 주입노즐(수동개폐장치를 개방상태로 고정하는 장치를 한 것을 제외한다)을 사용하여 지정수량 미만의 양의 위험물을 저장 또는 취급하는 탱크에 인화점이 40℃ 이상인 위험물을 주입하는 경우에는 그러하지 아니하다.
2) 이동저장탱크로부터 액체위험물을 용기에 옮겨 담지 아니할 것. 다만, 주입호스의 끝부분에 수동개폐장치를 한 주입노즐(수동개폐장치를 개방상태로 고정하는 장치를 한 것을 제외한다)을 사용하여 별표 19 Ⅰ의 기준에 적합한 운반용기에 인화점 40℃ 이상의 제4류 위험물을 옮겨 담는 경우에는 그러하지 아니하다.

3) 이동저장탱크로부터 위험물을 저장 또는 취급하는 탱크에 인화점이 40℃ 미만인 위험물을 주입할 때에는 이동탱크저장소의 원동기를 정지시킬 것

4) 이동저장탱크로부터 직접 위험물을 자동차(「자동차관리법」 제2조제1호에 따른 자동차와 「건설기계관리법」 제2조제1항제1호에 따른 건설기계 중 덤프트럭 및 콘크리트믹서트럭을 말한다)의 연료탱크에 주입하지 말 것. 다만, 다음의 어느 하나에 해당하는 경우에는 그렇지 않다.

   가) 「건설산업기본법」 제2조제4호에 따른 건설공사를 하는 장소에서 별표 10 Ⅳ제3호에 따른 주입설비를 부착한 이동탱크저장소로부터 해당 건설공사와 관련된 자동차(「건설기계관리법」 제2조제1항제1호에 따른 건설기계 중 덤프트럭과 콘크리트믹서트럭으로 한정한다)의 연료탱크에 인화점 40℃ 이상의 위험물을 주입하는 경우

   나) 「재난 및 안전관리 기본법」 제3조제1호에 따른 재난이 발생한 장소에서 별표 10 Ⅳ제3호에 따른 주입설비를 부착한 이동탱크저장소로부터 다음의 어느 하나에 해당하는 자동차의 연료탱크에 인화점 40℃ 이상의 위험물을 주입하는 경우. 이 경우 주유장소는 「소방기본법」 제2조제6호에 따른 소방대장(이하 "소방대장"이라 한다) 또는 「재난 및 안전관리 기본법」 제3조제8호에 따른 긴급구조지원기관(이하 "긴급구조지원기관"이라 한다)의 장이 지정하는 안전한 장소로 해야 하고, 해당 이동탱크저장소는 주유장소에 정차 중인 자동차 1대에 대해서 주유를 완료한 후가 아니면 다른 자동차에 주유하지 않아야 한다.

   (1) 「소방장비관리법」 제8조에 따른 소방자동차

   (2) 긴급구조지원기관 소속의 자동차

   (3) 그 밖에 재난에 긴급히 대응할 필요가 있는 경우로서 소방대장 및 긴급구조지원기관의 장이 지정하는 자동차

5) 휘발유·벤젠 그 밖에 정전기에 의한 재해발생의 우려가 있는 액체의 위험물을 이동저장탱크에 주입하거나 이동저장탱크로부터 배출하는 때에는 도선으로 이동저장탱크와 접지전극 등과의 사이를 긴밀히 연결하여 당해 이동저장탱크를 접지할 것

6) 휘발유·벤젠·그 밖에 정전기에 의한 재해발생의 우려가 있는 액체의 위험물을 이동저장탱크의 상부로 주입하는 때에는 주입관을 사용하되, 당해 주입관의 끝부분을 이동저장탱크의 밑바닥에 밀착할 것

7) 휘발유를 저장하던 이동저장탱크에 등유나 경유를 주입할 때 또는 등유나 경유를 저장하던 이동저장탱크에 휘발유를 주입할 때에는 다음의 기준에 따라 정전기등에 의한 재해를 방지하기 위한 조치를 할 것

   가) 이동저장탱크의 상부로부터 위험물을 주입할 때에는 위험물의 액표면이 주입관의 끝부분을 넘는 높이가 될 때까지 그 주입관내의 유속을 초당 1m 이하로 할 것

   나) 이동저장탱크의 밑부분으로부터 위험물을 주입할 때에는 위험물의 액표면이 주입관의 정상부분을 넘는 높이가 될 때까지 그 주입배관내의 유속을 초당 1m 이하로 할 것

   다) 그 밖의 방법에 의한 위험물의 주입은 이동저장탱크에 가연성증기가 잔류하지 아니하도록 조치하고 안전한 상태로 있음을 확인한 후에 할 것

8) 이동탱크저장소는 별표 10 I의 규정에 의한 상치장소에 주차할 것. 다만, 원거리 운행 등으로 상치장소에 주차할 수 없는 경우에는 다음의 장소에도 주차할 수 있다.
　가) 다른 이동탱크저장소의 상치장소
　나) 「화물자동차 운수사업법」에 의한 일반화물자동차운송사업을 위한 차고로서 별표 10 I의 규정에 적합한 장소
　다) 「물류시설의 개발 및 운영에 관한 법률」에 따른 물류터미널의 주차장으로서 별표 10 I의 규정에 적합한 장소
　라) 「주차장법」에 의한 주차장중 노외의 옥외주차장으로서 별표 10 I의 규정에 적합한 장소
　마) 제조소등이 설치된 사업장 내의 안전한 장소
　바) 도로(갓길 및 노상주차장을 포함한다) 외의 장소로서 화기취급장소 또는 건축물로부터 10m 이상 거리를 둔 장소
　사) 벽·기둥·바닥·보·서까래 및 지붕이 내화구조로 된 건축물의 1층으로서 개구부가 없는 내하구조의 격벽 등으로 당해 건축물의 다른 용도의 부분과 구획된 장소
　아) 소방본부장 또는 소방서장으로부터 승인을 받은 장소
9) 이동저장탱크를 8)의 규정에 의한 상치장소 등에 주차시킬 때에는 완전히 빈 상태로 할 것. 다만, 당해 장소가 별표 6 I·II 및 IX의 규정에 적합한 경우에는 그러하지 아니하다.
10) 이동저장탱크로부터 직접 위험물을 선박의 연료탱크에 주입하는 경우에는 다음의 기준에 따를 것
　가) 선박이 이동하지 아니하도록 계류(繫留)시킬 것
　나) 이동탱크저장소가 움직이지 않도록 조치를 강구할 것
　다) 이동탱크저장소의 주입호스의 끝부분을 선박의 연료탱크의 급유구에 긴밀히 결합할 것. 다만, 주입호스 끝부분에 수동개폐장치를 설치한 주유노즐로 주입하는 때에는 그러하지 아니하다.
　라) 이동탱크저장소의 주입설비를 접지할 것. 다만, 인화점 40℃ 이상의 위험물을 주입하는 경우에는 그러하지 아니하다.
자. 컨테이너식 이동탱크저장소에서의 위험물취급은 아목[1]을 제외한다]의 규정을 준용하는 외에 다음의 기준에 의할 것
　1) 이동저장탱크에서 위험물을 저장 또는 취급하는 탱크에 액체위험물을 주입하는 때에는 주입구에 주입호스를 긴밀히 연결할 것. 다만, 주입호스의 끝부분에 수동개폐장치를 설비한 주입노즐(수동개폐장치를 개방상태로 고정하는 장치를 한 것을 제외한다)에 의하여 지정수량 미만의 탱크에 인화점이 40℃ 이상인 제4류 위험물을 주입하는 때에는 그러하지 아니하다.
　2) 이동저장탱크를 체결금속구, 변형금속구 또는 샤시프레임에 긴밀히 결합한 구조의 유(U)볼트를 이용하여 차량에 긴밀히 연결할 것
6. 알킬알루미늄등 및 아세트알데하이드등의 취급기준은 제1호 내지 제5호에 정하는 것 외에 당해 위험물의 성질에 따라 다음 각목에 정하는 바에 의한다(중요기준).
　가. 알킬알루미늄등의 제조소 또는 일반취급소에 있어서 알킬알루미늄등을 취급하는 설비에는 불활성의 기체를 봉입할 것

나. 알킬알루미늄등의 이동탱크저장소에 있어서 이동저장탱크로부터 알킬알루미늄등을 꺼낼 때에는 동시에 200kPa 이하의 압력으로 불활성의 기체를 봉입할 것

다. 아세트알데하이드등의 제조소 또는 일반취급소에 있어서 아세트알데하이드등을 취급하는 설비에는 연소성 혼합기체의 생성에 의한 폭발의 위험이 생겼을 경우에 불활성의 기체 또는 수증기[아세트알데하이드등을 취급하는 탱크(옥외에 있는 탱크 또는 옥내에 있는 탱크로서 그 용량이 지정수량의 5분의 1 미만의 것을 제외한다)에 있어서는 불활성의 기체를 봉입할 것

라. 아세트알데하이드등의 이동탱크저장소에 있어서 이동저장탱크로부터 아세트알데하이드등을 꺼낼 때에는 동시에 100kPa 이하의 압력으로 불활성의 기체를 봉입할 것

Ⅴ. 위험물의 용기 및 수납

1. Ⅲ제4호 및 제17호의 규정에 의하여 위험물을 용기에 수납할 때 또는 Ⅳ제2호가목의 규정에 의하여 위험물을 용기에 옮겨 담을 때에는 다음 각목에 정하는 용기의 구분에 따라 당해 각목에 정하는 바에 의한다. 다만, 제조소등이 설치된 부지와 동일한 부지내에서 위험물을 저장 또는 취급하기 위하여 다음 각목에 정하는 용기 외의 용기에 수납하거나 옮겨 담는 경우에 있어서 당해 용기의 저장 또는 취급이 화재의 예방상 안전하다고 인정될 때에는 그러하지 아니하다.

   가. 나목에 정하는 용기 외의 용기 : 고체의 위험물에 있어서는 부표 제1호, 액체의 위험물에 있어서는 부표 제2호에 정하는 기준에 적합한 내장용기(내장용기의 용기의 종류란이 공란인 것은 외장용기) 또는 저장 또는 취급의 안전상 이러한 기준에 적합한 용기와 동등 이상이라고 인정하여 소방청장이 정하여 고시하는 것(이하 Ⅴ에서 "내장용기등"이라고 한다)으로서 별표 19 Ⅱ 제1호에 정하는 수납의 기준에 적합할 것

   나. 기계에 의하여 하역하는 구조로 된 용기(기계에 의하여 들어 올리기 위한 고리·기구·포크리프트포켓 등이 있는 용기를 말한다. 이하 같다):별표 19 Ⅰ제3호나목에 규정하는 운반용기로서 별표 19 Ⅱ제2호에 정하는 수납의 기준에 적합할 것

2. 제1호 가목의 내장용기등(내장용기등을 다른 용기에 수납하는 경우에 있어서는 당해 용기를 포함한다. 이하 Ⅴ에서 같다)에 있어서는 별표 19 Ⅱ제8호에 정하는 표시를, 제1호나목의 용기에 있어서는 별표 19 Ⅱ제8호 및 별표 19 Ⅱ제13호에 정하는 표시를 각각 보기 쉬운 위치에 하여야 한다.

3. 제2호의 규정에 불구하고 제1류·제2류 또는 제4류의 위험물(별표 19 Ⅴ제1호의 규정에 의한 위험등급 Ⅰ의 위험물을 제외한다)의 내장용기등으로서 최대용적이 1ℓ 이하의 것에 있어서는 별표 19 Ⅱ제8호가목 및 다목의 표시를 각각 위험물의 통칭명 및 동호의 규정에 의한 표시와 동일한 의미가 있는 다른 표시로 대신할 수 있다.

4. 제2호 및 제3호의 규정에 불구하고 제4류 위험물에 해당하는 화장품(에어졸을 제외한다)의 내장용기등으로서 최대용적이 150㎖ 이하의 것에 있어서는 별표 19 Ⅱ제8호가목 및 다목에 정하는 표시를 아니할 수 있고 최대용적이 150㎖ 초과 300㎖ 이하의 것에 있어서는 별표 19 Ⅱ제8호가목에 정하는 표시를 하지 아니할 수 있으며, 별표 19 Ⅱ제8호다목의 주의사항은 동목의 규정에 의한 표시와 동일한 의미가 있는 다른 표시로 대신할 수 있다.

5. 제2호 및 제3호의 규정에 불구하고 제4류 위험물에 해당하는 에어졸의 내장용기등으로서 최대 용적이 300㎖ 이하의 것에 있어서는 별표 19 Ⅱ제8호가목의 규정에 의한 표시를 하지 아니할 수 있고, 별표 19 Ⅱ제8호다목의 주의사항을 동목의 규정에 의한 표시와 동일한 의미가 있는 다른 표시로 대신할 수 있다.

6. 제2호 및 제3호의 규정에 불구하고 제4류 위험물 중 동식물유류의 내장용기등으로서 최대용적이 3ℓ 이하의 것에 있어서는 별표 19 Ⅱ제8호가목 및 다목의 표시를 각각 당해 위험물의 통칭명 및 동호의 규정에 의한 표시와 동일한 의미가 있는 다른 표시로 대신할 수 있다.

Ⅵ. 법 제5조제3항의 규정에 의한 중요기준 및 세부기준은 다음 각호의 구분에 의한다.
1. 중요기준 : Ⅰ 내지 Ⅴ의 저장 또는 취급기준 중 "중요기준"이라 표기한 것
2. 세부기준 : 중요기준 외의 것

CHAPTER 01 O·X 문제

01 위험물안전관리법 목적으로는 위험물의 저장·취급 및 운반과 이에 따른 안전관리에 관한 사항을 규정함으로써 위험물로 인한 위해를 방지하여 공공의 안전과 복리증진을 목적으로 한다.

01 ☒ 위험물의 저장·취급 및 운반과 이에 따른 안전관리에 관한 사항을 규정함으로써 위험물로 인한 위해를 방지하여 공공의 안전을 확보함을 목적으로 한다.(법 제1조)

02 "취급소"는 지정수량 이상의 위험물을 제조 목적으로 취급하기 위한 대통령령이 정하는 장소로서 허가를 받은 장소이다.

02 ☒ 취급소는 지정수량 이상의 위험물을 제조 외의 목적으로 취급하기 위한 대통령령이 정하는 장소로서 허가를 받은 장소이다.(법 제2조)

03 위험물은 가연성 또는 발화성 등의 성질을 가지는 것으로서 대통령령이 정하는 물품이다.

03 ☒ 위험물은 인화성 또는 발화성 등의 성질을 가지는 것으로서 대통령령이 정하는 물품이다.(법 제2조)

04 지정수량 미만인 위험물의 저장 또는 취급에 관한 기술상의 기준은 시·도의 조례로 정한다.

04 ◎

05 지정수량 이상이지만 관할소방서장의 승인을 받아 지정수량 이상의 위험물을 90일 이내의 기간 동안 임시로 저장 또는 취급하는 경우에는 저장소가 아닌 장소에서 저장하거나 제조소등이 아닌 장소에서 취급할 수 있다.

05 ◎

06 ❌ 무기과산화물류의 지정수량은 50kg 이다.(영 별표1)

06 무기과산화물류는 제1류 위험물로 지정수량은 100kg이다.

07 ❌ 황화인은 제2류 위험물이고, 황린은 제3류 위험물이다.(영 별표1)

07 황화인은 제3류 위험물이고, 황린은 제2류 위험물에 해당한다.

08 ❌ 철분은 철의 분말로서, 53㎛의 표준체를 통과하는 것이 50중량퍼센트 미만인 것은 제외한다.(영 별표1)

08 철분은 철의 분말로서, 53㎛의 표준체를 통과하는 것이 50중량퍼센트 이상인 것은 제외한다.

09 ◯

09 특수인화물은 이황화탄소, 디에틸에테르 그 밖에 1기압에서 발화점이 섭씨 100도 이하인 것 또는 인화점이 섭씨 영하 20도 이하이고 비점이 섭씨 40도 이하인 것이다.

10 ❌ 취급소에는 일반취급소, 이송취급소, 주유취급소, 판매취급소가 있다. (영 별표3)

10 취급소의 종류로는 일반취급소, 주유취급소, 이동취급소, 판매취급소가 있다.

11 ◯

11 황은 순도가 60중량퍼센트 이상인 것으로, 순도측정을 하는 경우 불순물은 활석 등 불연성물질과 수분으로 한정한다.

MEMO

CHAPTER 02 위험물시설의 설치 및 변경

1 위험물시설의 설치 및 변경 등(위험물안전관리법 제6조)

(1) 설치 및 변경 기출 16, 18 공채

① 설치허가·변경허가

제조소등을 설치하고자 하는 자는 **대통령령**에 정하는 바에 따라 **시·도지사의 허가**를 받아야 한다. 제조소등의 위치·구조 또는 설비 가운데 **행정안전부령**이 정하는 사항을 변경하고자 하는 때에도 또한 같다(법 제6조 제1항)

㉠ 제조소등의 설치허가(변경허가) 신청서 : **시·도지사 또는 소방서장**에게 제출하여야 한다.(규칙 제6조)

㉡ 제조소등의 변경허가를 받아야 하는 경우 : 규칙 별표 1의2

> **행정형벌**
>
> **법 제34조의2 [벌칙]**
> 제6조제1항 전단을 위반하여 제조소등의 설치허가를 받지 아니하고 제조소등을 설치한 자는 <u>5년 이하의 징역 또는 1억원 이하의 벌금</u>에 처한다.
>
> **법 제33조 [벌칙]**
> ① 제조소등 또는 제6조제1항에 따른 허가를 받지 않고 지정수량 이상의 위험물을 저장 또는 취급하는 장소에서 위험물을 유출·방출 또는 확산시켜 사람의 생명·신체 또는 재산에 대하여 위험을 발생시킨 자는 <u>1년 이상 10년 이하의 징역</u>에 처한다.
> ② 제1항의 규정에 따른 죄를 범하여 사람을 상해(傷害)에 이르게 한 때에는 <u>무기 또는 3년 이상의 징역</u>에 처하며, 사망에 이르게 한 때에는 <u>무기 또는 5년 이상의 징역</u>에 처한다.
>
> **법 제34조 [벌칙]**
> ① 업무상 과실로 제33조제1항의 죄를 범한 자는 <u>7년 이하의 금고 또는 7천만원 이하의 벌금</u>에 처한다.
> ② 제1항의 죄를 범하여 사람을 사상(死傷)에 이르게 한 자는 <u>10년 이하의 징역 또는 금고나 1억원 이하의 벌금</u>에 처한다.

01
「위험물안전관리법」상 위험물시설의 설치 및 변경 등에 대한 설명이다. 옳지 않은 것은?   • 18. 상반기
① 제조소등을 설치하고자 하는 자는 그 설치장소를 관할하는 시·도지사의 허가를 받아야 한다.
② 제조소등의 위치·구조 또는 설비를 변경하고자 하는 때에는 시·도지사에게 신고해야 한다.
③ 제조소등의 위치·구조 또는 설비의 변경 없이 당해 제조소등에서 저장하거나 취급하는 위험물의 품명·수량 또는 지정수량의 배수를 변경하고자 하는 자는 변경하고자 하는 날의 1일 전까지 시·도지사에게 신고하여야 한다.
④ 수산용으로 필요한 건조시설을 위한 지정수량 10배의 저장소는 신고를 하지 아니하고 위험물의 품명·수량 또는 지정수량의 배수를 변경할 수 있다

02
「위험물안전관리법」상 신고를 하지 아니하고 위험물의 품명·수량 또는 지정수량의 배수를 변경할 수 있는 경우로 옳은 것은?   • 19. 상반기
① 농예용으로 필요한 건조시설을 위한 지정수량 20배 이하의 취급소
② 축산용으로 필요한 난방시설을 위한 지정수량 20배 이하의 저장소
③ 수산용으로 필요한 건조시설을 위한 지정수량 30배 이하의 저장소
④ 공동주택의 중앙난방시설을 위한 지정수량 30배 이하의 취급소

03
「위험물안전관리법」상 제조소등을 설치하고자 하는 자는 대통령령에 정하는 바에 따라 누구의 허가를 받아야 하는가?
① 소방서장   ② 시·도지사
③ 소방본부장   ④ 소방청장

정답 01. ② 02. ② 03. ②

❗ 유출 · 방출 · 확산 (위험물안전관리법)

	징역, 벌금
허가X 설치	5년 or 1억
위험	1년~10년
상해	3년~무기
사망	5년~무기

	금고, 징역, 벌금
위험 (업무상과실)	7년 (금고) or 7천
상해 (업무상과실)	10년(금고 or 징역) or 1억
사망 (업무상과실)	

② 시·도지사는 제조소등의 설치허가 또는 변경허가 신청 내용이 다음 각 호의 기준에 적합하다고 인정하는 경우에는 허가를 하여야 한다.(영 제6조 제2항)
  ㉠ 제조소등의 위치·구조 및 설비가 규정에 의한 기술기준에 적합할 것
  ㉡ 제조소등에서의 위험물의 저장 또는 취급이 공공의 안전유지 또는 재해의 발생방지에 지장을 줄 우려가 없다고 인정될 것
  ㉢ 다음 각 목의 제조소등은 해당 목에서 정한 사항에 대하여 **한국소방산업기술원의 기술검토**를 받고 그 결과가 행정안전부령으로 정하는 기준에 적합한 것으로 인정될 것. 다만, 보수 등을 위한 부분적인 변경으로서 소방청장이 정하여 고시하는 사항에 대해서는 한국소방산업기술원의 기술검토를 받지 않을 수 있으나 행정안전부령으로 정하는 기준에는 적합해야 한다.
    ⓐ 지정수량의 **1천배** 이상의 위험물을 취급하는 제조소 또는 일반취급소 : 구조·설비에 관한 사항
    ⓑ 옥외탱크저장소(저장용량이 **50만** 리터 이상인 것만 해당한다) 또는 암반탱크저장소 : 위험물탱크의 기초·지반, 탱크본체 및 소화설비에 관한 사항

③ ②의 ㉢ 각 목의 어느 하나에 해당하는 제조소등에 관한 설치허가 또는 변경허가를 신청하는 자는 그 시설의 설치계획에 관하여 미리 한국소방산업기술원의 기술검토를 받아 그 결과를 설치허가 또는 변경허가신청서류와 함께 제출할 수 있다.(영 제6조 제3항)

④ 변경신고(법 제6조 제2항)
  ㉠ 변경신고대상 : 제조소등의 위치·구조 또는 설비의 변경 없이 당해 제조소등에서 저장하거나 취급하는 위험물의 **품명·수량 또는 지정수량의 배수**를 변경하고자 하는 자
  ㉡ **신고기한** : 변경하고자 하는 날의 **1일 전까지 시·도지사**에게 신고
  ㉢ 제조소등의 변경 신고서 제출 : **시·도지사 또는 소방서장**에게 제출해야 한다.(규칙 제10조)

행정질서벌

법 제39조 [과태료]

① 다음 각 호의 어느 하나에 해당하는 자에게는 <u>500만 원 이하의 과태료</u>를 부과한다.

3. 제6조제2항의 규정에 따른 품명 등의 변경신고를 기간 이내에 하지 아니하거나 허위로 한 자 (250, 350, 500, 500)

시행령 별표9

위반행위	과태료 금액
다. 법 제6조제2항에 따른 품명 등의 변경신고를 기간 이내에 하지 않거나 허위로 한 경우	
1) 신고기한(변경한 날의 1일 전날)의 다음날을 기산일로 하여 30일 이내에 신고한 경우	250
2) 신고기한(변경한 날의 1일 전날)의 다음날을 기산일로 하여 31일 이후에 신고한 경우	350
3) 허위로 신고한 경우	500
4) 신고를 하지 않은 경우	500

⑤ 설치허가·변경허가·변경신고 제외대상(법 제6조 제3항) 〔기출〕 11, 13, 19 공채
   ㉠ **주택**의 **난방**시설(공동주택의 중앙난방시설을 제외한다)을 위한 저장소 또는 취급소
   ㉡ **농**예용·**축**산용 또는 **수**산용으로 필요한 난방시설 또는 건조시설을 위한 지정수량 **20배 이하의 저장소**

관련법규

위험물안전관리법 시행령

제6조 [제조소등의 설치 및 변경의 허가]

① 법 제6조 제1항에 따라 제조소등의 설치허가 또는 변경허가를 받으려는 자는 설치허가 또는 변경허가신청서에 행정안전부령으로 정하는 서류를 첨부하여 특별시장·광역시장 또는 도지사(이하 "시·도지사"라 한다)에게 제출하여야 한다.

② 시·도지사는 제1항에 따른 제조소등의 설치허가 또는 변경허가 신청 내용이 다음 각 호의 기준에 적합하다고 인정하는 경우에는 허가를 하여야 한다.

1. 제조소등의 위치·구조 및 설비가 법 제5조제4항의 규정에 의한 기술기준에 적합할 것
2. 제조소등에서의 위험물의 저장 또는 취급이 공공의 안전유지 또는 재해의 발생방지에 지장을 줄 우려가 없다고 인정될 것

3. 다음 각 목의 제조소등은 해당 목에서 정한 사항에 대하여 「소방산업의 진흥에 관한 법률」 제14조에 따른 한국소방산업기술원(이하 "기술원"이라 한다)의 기술검토를 받고 그 결과가 행정안전부령으로 정하는 기준에 적합한 것으로 인정될 것. 다만, 보수 등을 위한 부분적인 변경으로서 소방청장이 정하여 고시하는 사항에 대해서는 기술원의 기술검토를 받지 않을 수 있으나 행정안전부령으로 정하는 기준에는 적합해야 한다.
   가. 지정수량의 1천배 이상의 위험물을 취급하는 제조소 또는 일반취급소 : 구조·설비에 관한 사항
   나. 옥외탱크저장소(저장용량이 50만 리터 이상인 것만 해당한다) 또는 암반탱크저장소 : 위험물탱크의 기초·지반, 탱크본체 및 소화설비에 관한 사항
③ 제2항 제3호 각 목의 어느 하나에 해당하는 제조소등에 관한 설치허가 또는 변경허가를 신청하는 자는 그 시설의 설치계획에 관하여 미리 기술원의 기술검토를 받아 그 결과를 설치허가 또는 변경허가신청서류와 함께 제출할 수 있다.

위험물안전관리법 시행규칙

제6조 [제조소등의 설치허가의 신청]

「위험물안전관리법」(이하 "법"이라 한다) 제6조 제1항 전단 및 영 제6조 제1항에 따라 제조소등의 설치허가를 받으려는 자는 별지 제1호 서식 또는 별지 제2호 서식의 신청서(전자문서로 된 신청서를 포함한다)에 다음 각 호의 서류(전자문서를 포함한다)를 첨부하여 특별시장·광역시장·특별자치시장·도지사 또는 특별자치도지사(이하 "시·도지사"라 한다)나 소방서장에게 제출하여야 한다. 다만, 「전자정부법」 제36조 제1항에 따른 행정정보의 공동이용을 통하여 첨부서류에 대한 정보를 확인할 수 있는 경우에는 그 확인으로 첨부서류에 갈음할 수 있다.

1. 다음 각 목의 사항을 기재한 제조소등의 위치·구조 및 설비에 관한 도면
   가. 당해 제조소등을 포함하는 사업소 안 및 주위의 주요 건축물과 공작물의 배치
   나. 당해 제조소등이 설치된 건축물 안에 제조소등의 용도로 사용되지 아니하는 부분이 있는 경우 그 부분의 배치 및 구조
   다. 당해 제조소등을 구성하는 건축물, 공작물 및 기계·기구 그 밖의 설비의 배치(제조소 또는 일반취급소의 경우에는 공정의 개요를 포함한다)
   라. 당해 제조소등에서 위험물을 저장 또는 취급하는 건축물, 공작물 및 기계·기구 그 밖의 설비의 구조(주유취급소의 경우에는 별표 13 V 제1호 각 목의 규정에 의한 건축물 및 공작물의 구조를 포함한다)
   마. 당해 제조소등에 설치하는 전기설비, 피뢰설비, 소화설비, 경보설비 및 피난설비의 개요
   바. 압력안전장치·누설점검장치 및 긴급차단밸브 등 긴급대책에 관계된 설비를 설치하는 제조소등의 경우에는 당해 설비의 개요
2. 당해 제조소등에 해당하는 별지 제3호 서식 내지 별지 제15호 서식에 의한 구조설비명세표
3. 소화설비(소화기구를 제외한다)를 설치하는 제조소등의 경우에는 당해 설비의 설계도서
4. 화재탐지설비를 설치하는 제조소등의 경우에는 당해 설비의 설계도서

04

「위험물안전관리법 시행규칙」상 50만 리터 이상의 옥외탱크저장소의 설치허가를 받기 위하여 필요한 서류가 아닌 것은?

① 기초·지반 및 탱크본체의 설계도서
② 한국소방산업기술원이 발급한 설치 허가동의서
③ 공사공정표
④ 공사계획서

05

「위험물안전관리법 시행규칙」상 위험물제조소등의 설치허가의 필요 서류를 갈음할 수 있는 첨부서류가 아닌 것은?

① 당해 제조소등을 포함하는 사업소 안 및 주위의 주요 건축물과 공작물과의 배치
② 제조소등이 설치된 건축물 안에 제조소등의 용도로 사용되지 아니하는 부분이 있는 경우 그 부분의 배치 및 구조
③ 압력안전장치·누설점검장치 및 긴급차단밸브 등 긴급대책에 관련된 설비를 설치하는 제조소등의 경우에는 당해 설비의 개요
④ 소화기구를 설치하는 제조소등의 경우에는 당해 설비의 설계도서

정답 04. ② 05. ④

5. 50만 리터 이상의 옥외탱크저장소의 경우에는 당해 옥외탱크저장소의 탱크(이하 "옥외저장탱크"라 한다)의 기초·지반 및 탱크본체의 설계도서, 공사계획서, 공사공정표, 지질조사자료 등 기초·지반에 관하여 필요한 자료와 용접부에 관한 설명서 등 탱크에 관한 자료
6. 암반탱크저장소의 경우에는 당해 암반탱크의 탱크본체·갱도 및 배관 그 밖의 설비의 설계도서, 공사계획서, 공사공정표 및 지질·수리조사서
7. 옥외저장탱크가 지중탱크(저부가 지반면 아래에 있고 상부가 지반면 이상에 있으며 탱크 내 위험물의 최고액면이 지반면 아래에 있는 원통세로형식의 위험물탱크를 말한다. 이하 같다)인 경우에는 해당 지중탱크의 지반 및 탱크본체의 설계도서, 공사계획서, 공사공정표 및 지질조사자료 등 지반에 관한 자료
8. 옥외저장탱크가 해상탱크(해상의 동일 장소에 정치되어 육상에 설치된 설비와 배관 등에 의하여 접속된 위험물탱크를 말한다. 이하 같다)인 경우에는 당해 해상탱크의 탱크본체·정치설비(해상탱크를 동일 장소에 정치하기 위한 설비를 말한다. 이하 같다) 그 밖의 설비의 설계도서, 공사계획서 및 공사공정표
9. 이송취급소의 경우에는 공사계획서, 공사공정표 및 별표 1의 규정에 의한 서류
10. 「소방산업의 진흥에 관한 법률」 제14조에 따른 한국소방산업기술원(이하 "기술원"이라 한다)이 발급한 기술검토서(영 제6조 제3항의 규정에 의하여 기술원의 기술검토를 미리 받은 경우에 한한다)

제7조 [제조소등의 변경허가의 신청]

법 제6조 제1항 후단 및 영 제6조 제1항에 따라 제조소등의 위치·구조 또는 설비의 변경허가를 받으려는 자는 별지 제16호 서식 또는 별지 제17호 서식의 신청서(전자문서로 된 신청서를 포함한다)에 다음 각 호의 서류(전자문서를 포함한다)를 첨부하여 설치허가를 한 시·도지사 또는 소방서장에게 제출해야 한다. 다만, 「전자정부법」 제36조 제1항에 따른 행정정보의 공동이용을 통하여 첨부서류에 대한 정보를 확인할 수 있는 경우에는 그 확인으로 첨부서류에 갈음할 수 있다.
  1. 제조소등의 완공검사합격확인증
  2. 제6조 제1호의 규정에 의한 서류(라목 내지 바목의 서류는 변경에 관계된 것에 한한다)
  3. 제6조 제2호 내지 제10호의 규정에 의한 서류 중 변경에 관계된 서류
  4. 법 제9조 제1항 단서의 규정에 의한 화재예방에 관한 조치사항을 기재한 서류(변경공사와 관계가 없는 부분을 완공검사 전에 사용하고자 하는 경우에 한한다)

제8조 [제조소등의 변경허가를 받아야 하는 경우]

법 제6조 제1항 후단에서 "행정안전부령이 정하는 사항"이라 함은 별표 1의2에 따른 사항을 말한다.

제9조 [기술검토의 신청 등]

① 영 제6조 제3항에 따라 기술검토를 미리 받으려는 자는 다음 각 호의 구분에 따른 신청서(전자문서로 된 신청서를 포함한다)와 서류(전자문서를 포함한다)를 기술원에 제출하여야 한다. 다만, 「전자정부법」 제36조 제1항에 따른 행정정보의 공동이용을 통하여 제출하여야 하는 서류에 대한 정보를 확인할 수 있는 경우에는 그 확인으로 서류의 제출을 갈음할 수 있다.

1. 영 제6조 제2항 제3호 가목의 사항에 대한 기술검토 신청 : 별지 제17호의2 서식의 신청서와 제6조 제1호(가목은 제외한다)부터 제4호까지의 서류 중 해당 서류(변경허가와 관련된 경우에는 변경에 관계된 서류로 한정한다)
2. 영 제6조 제2항 제3호 나목의 사항에 대한 기술검토 신청 : 별지 제18호 서식의 신청서와 제6조 제3호 및 같은 조 제5호부터 제8호까지의 서류 중 해당 서류(변경허가와 관련된 경우에는 변경에 관계된 서류로 한정한다)

② 기술원은 제1항에 따른 신청의 내용이 다음 각 호의 구분에 따른 기준에 적합하다고 인정되는 경우에는 기술검토서를 교부하고, 적합하지 아니하다고 인정되는 경우에는 신청인에게 서면으로 그 사유를 통보하고 보완을 요구하여야 한다.
1. 영 제6조 제2항 제3호 가목의 사항에 대한 기술검토 신청 : 별표 4 Ⅳ부터 Ⅻ까지의 기준, 별표 16 Ⅰ·Ⅵ·Ⅺ·Ⅻ의 기준 및 별표 17의 관련 규정
2. 영 제6조 제2항 제3호 나목의 사항에 대한 기술검토 신청 : 별표 6 Ⅳ부터 Ⅷ까지, Ⅻ 및 ⅩⅢ의 기준과 별표 12 및 별표 17 Ⅰ. 소화설비의 관련 규정

제10조 【품명 등의 변경신고서】
법 제6조 제2항에 따라 저장 또는 취급하는 위험물의 품명·수량 또는 지정수량의 배수에 관한 변경신고를 하려는 자는 별지 제19호 서식의 신고서(전자문서로 된 신고서를 포함한다)에 제조소등의 완공검사합격확인증을 첨부하여 시·도지사 또는 소방서장에게 제출해야 한다.

【제조소등의 변경허가를 받아야 하는 경우(제8조 관련)】 시행규칙 별표 1의2

제조소등의 구분	변경허가를 받아야 하는 경우
1. 제조소 또는 일반취급소	가. 제조소 또는 일반취급소의 위치를 이전하는 경우 나. 건축물의 벽·기둥·바닥·보 또는 지붕을 증설 또는 철거하는 경우 다. 배출설비를 신설하는 경우 라. 위험물취급탱크를 신설·교체·철거 또는 보수(탱크의 본체를 절개하는 경우에 한한다)하는 경우 마. 위험물취급탱크의 노즐 또는 맨홀을 신설하는 경우(노즐 또는 맨홀의 지름이 250㎜를 초과하는 경우에 한한다) 바. 위험물취급탱크의 방유제의 높이 또는 방유제 내의 면적을 변경하는 경우 사. 위험물취급탱크의 탱크전용실을 증설 또는 교체하는 경우 아. 300m(지상에 설치하지 아니하는 배관의 경우에는 30m)를 초과하는 위험물 배관을 신설·교체·철거 또는 보수(배관을 절개하는 경우에 한한다)하는 경우 자. 불활성기체(다른 원소와 화학 반응을 일으키기 어려운 기체)의 봉입장치를 신설하는 경우 차. 별표 4 Ⅻ제2호가목에 따른 누설범위를 국한하기 위한 설비를 신설하는 경우 카. 별표 4 Ⅻ제3호다목에 따른 냉각장치 또는 보냉장치를 신설하는 경우 타. 별표 4 Ⅻ제3호마목에 따른 탱크전용실을 증설 또는 교체하는 경우

구분	내용
1. 제조소 또는 일반취급소	파. 별표 4 XII제4호나목에 따른 담 또는 토제를 신설·철거 또는 이설하는 경우 하. 별표 4 XII제4호다목에 따른 온도 및 농도의 상승에 의한 위험한 반응을 방지하기 위한 설비를 신설하는 경우 거. 별표 4 XII제4호라목에 따른 철 이온 등의 혼입에 의한 위험한 반응을 방지하기 위한 설비를 신설하는 경우 너. 방화상 유효한 담을 신설·철거 또는 이설하는 경우 더. 위험물의 제조설비 또는 취급설비를 증설하는 경우. 다만, 펌프설비 또는 1일 취급량이 지정수량의 5분의 1 미만인 설비를 증설하는 경우는 제외한다. 러. 옥내소화전설비·옥외소화전설비·스프링클러설비·물분무등소화설비를 신설·교체(배관·밸브·압력계·소화전본체·소화약제탱크·포헤드·포방출구 등의 교체는 제외한다) 또는 철거하는 경우 머. 자동화재탐지설비를 신설 또는 철거하는 경우
2. 옥내저장소	가. 건축물의 벽·기둥·바닥·보 또는 지붕을 증설 또는 철거하는 경우 나. 배출설비를 신설하는 경우 다. 별표 5 VIII제3호가목에 따른 누설범위를 국한하기 위한 설비를 신설하는 경우 라. 별표 5 VIII제4호에 따른 온도의 상승에 의한 위험한 반응을 방지하기 위한 설비를 신설하는 경우 마. 별표 5 부표 1 비고 제1호 또는 같은 별표 부표 2 비고 제1호에 따른 담 또는 토제를 신설·철거 또는 이설하는 경우 바. 옥외소화전설비·스프링클러설비·물분무등소화설비를 신설·교체(배관·밸브·압력계·소화전본체·소화약제탱크·포헤드·포방출구 등의 교체는 제외한다) 또는 철거하는 경우 사. 자동화재탐지설비를 신설 또는 철거하는 경우
3. 옥외탱크저장소	가. 옥외저장탱크의 위치를 이전하는 경우 나. 옥외탱크저장소의 기초·지반을 정비하는 경우 다. 별표 6 II제5호에 따른 물분무설비를 신설 또는 철거하는 경우 라. 주입구의 위치를 이전하거나 신설하는 경우 마. 300m(지상에 설치하지 아니하는 배관의 경우에는 30m)를 초과하는 위험물 배관을 신설·교체·철거 또는 보수(배관을 절개하는 경우에 한한다)하는 경우 바. 별표 6 VI제20호에 따른 수조를 교체하는 경우 사. 방유제(간막이 둑을 포함한다)의 높이 또는 방유제 내의 면적을 변경하는 경우 아. 옥외저장탱크의 밑판 또는 옆판을 교체하는 경우 자. 옥외저장탱크의 노즐 또는 맨홀을 신설하는 경우(노즐 또는 맨홀의 지름이 250㎜를 초과하는 경우에 한한다) 차. 옥외저장탱크의 밑판 또는 옆판의 표면적의 20%를 초과하는 겹침보수공사 또는 육성보수공사를 하는 경우 카. 옥외저장탱크의 애뉼러 판의 겹침보수공사 또는 육성보수공사를 하는 경우 타. 옥외저장탱크의 애뉼러 판 또는 밑판이 옆판과 접하는 용접이음부의 겹침보수공사 또는 육성보수공사를 하는 경우(용접길이가 300㎜를 초과하는 경우에 한한다)

3. 옥외탱크저장소	파. 옥외저장탱크의 옆판 또는 밑판(애뉼러 판을 포함한다) 용접부의 절개보수 공사를 하는 경우	
	하. 옥외저장탱크의 지붕판 표면적 30% 이상을 교체하거나 구조·재질 또는 두께를 변경하는 경우	
	거. 별표 6 XI제1호가목에 따른 누설범위를 국한하기 위한 설비를 신설하는 경우	
	너. 별표 6 XI제2호나목에 따른 냉각장치 또는 보냉장치를 신설하는 경우	
	더. 별표 6 XI제3호가목에 따른 온도의 상승에 의한 위험한 반응을 방지하기 위한 설비를 신설하는 경우	
	러. 별표 6 XI제3호나목에 따른 철 이온 등의 혼입에 의한 위험한 반응을 방지하기 위한 설비를 신설하는 경우	
	머. 불활성기체의 봉입장치를 신설하는 경우	
	버. 지중탱크의 누액방지판을 교체하는 경우	
	서. 해상탱크의 정치설비를 교체하는 경우	
	어. 물분무등소화설비를 신설·교체(배관·밸브·압력계·소화전본체·소화약제탱크·포헤드·포방출구 등의 교체는 제외한다) 또는 철거하는 경우	
	저. 자동화재탐지설비를 신설 또는 철거하는 경우	
4. 옥내탱크저장소	가. 옥내저장탱크의 위치를 이전하는 경우	
	나. 주입구의 위치를 이전하거나 신설하는 경우	
	다. 300m(지상에 설치하지 아니하는 배관의 경우에는 30m)를 초과하는 위험물 배관을 신설·교체·철거 또는 보수(배관을 절개하는 경우에 한한다)하는 경우	
	라. 옥내저장탱크를 신설·교체 또는 철거하는 경우	
	마. 옥내저장탱크를 보수(탱크본체를 절개하는 경우에 한한다)하는 경우	
	바. 옥내저장탱크의 노즐 또는 맨홀을 신설하는 경우(노즐 또는 맨홀의 지름이 250㎜를 초과하는 경우에 한한다)	
	사. 건축물의 벽·기둥·바닥·보 또는 지붕을 증설 또는 철거하는 경우	
	아. 배출설비를 신설하는 경우	
	자. 별표 7 II에 따른 누설범위를 국한하기 위한 설비·냉각장치·보냉장치·온도의 상승에 의한 위험한 반응을 방지하기 위한 설비 또는 철 이온 등의 혼입에 의한 위험한 반응을 방지하기 위한 설비를 신설하는 경우	
	차. 불활성기체의 봉입장치를 신설하는 경우	
	카. 물분무등소화설비를 신설·교체(배관·밸브·압력계·소화전본체·소화약제탱크·포헤드·포방출구 등의 교체는 제외한다) 또는 철거하는 경우	
	타. 자동화재탐지설비를 신설 또는 철거하는 경우	
5. 지하탱크저장소	가. 지하저장탱크의 위치를 이전하는 경우	
	나. 탱크전용실을 증설 또는 교체하는 경우	
	다. 지하저장탱크를 신설·교체 또는 철거하는 경우	
	라. 지하저장탱크를 보수(탱크본체를 절개하는 경우에 한한다)하는 경우	
	마. 지하저장탱크의 노즐 또는 맨홀을 신설하는 경우(노즐 또는 맨홀의 지름이 250㎜를 초과하는 경우에 한한다)	
	바. 주입구의 위치를 이전하거나 신설하는 경우	
	사. 300m(지상에 설치하지 아니하는 배관의 경우에는 30m)를 초과하는 위험물 배관을 신설·교체·철거 또는 보수(배관을 절개하는 경우에 한한다)하는 경우	

5. 지하탱크저장소	아. 특수누설방지구조를 보수하는 경우 자. 별표 8 Ⅳ제2호나목 및 같은 항 제3호에 따른 냉각장치·보냉장치·온도의 상승에 의한 위험한 반응을 방지하기 위한설비 또는 철 이온 등의 혼입에 의한 위험한 반응을 방지하기 위한 설비를 신설하는 경우 차. 불활성기체의 봉입장치를 신설하는 경우 카. 자동화재탐지설비를 신설 또는 철거하는 경우 타. 지하저장탱크의 내부에 탱크를 추가로 설치하거나 철판 등을 이용하여 탱크 내부를 구획하는 경우
6. 간이탱크저장소	가. 간이저장탱크의 위치를 이전하는 경우 나. 건축물의 벽·기둥·바닥·보 또는 지붕을 증설 또는 철거하는 경우 다. 간이저장탱크를 신설·교체 또는 철거하는 경우 라. 간이저장탱크를 보수(탱크본체를 절개하는 경우에 한한다)하는 경우 마. 간이저장탱크의 노즐 또는 맨홀을 신설하는 경우(노즐 또는 맨홀의 지름이 250㎜를 초과하는 경우에 한한다)
7. 이동탱크저장소	가. 상치장소의 위치를 이전하는 경우(같은 사업장 또는 같은 울안에서 이전하는 경우는 제외한다) 나. 이동저장탱크를 보수(탱크본체를 절개하는 경우에 한한다)하는 경우 다. 이동저장탱크의 노즐 또는 맨홀을 신설하는 경우(노즐 또는 맨홀의 지름이 250㎜를 초과하는 경우에 한한다) 라. 이동저장탱크의 내용적을 변경하기 위하여 구조를 변경하는 경우 마. 별표 10 Ⅳ제3호에 따른 주입설비를 설치 또는 철거하는 경우 바. 펌프설비를 신설하는 경우
8. 옥외저장소	가. 옥외저장소의 면적을 변경하는 경우 나. 별표 11 Ⅲ제1호에 따른 살수설비 등을 신설 또는 철거하는 경우 다. 옥외소화전설비·스프링클러설비·물분무등소화설비를 신설·교체(배관·밸브·압력계·소화전본체·소화약제탱크·포헤드·포방출구 등의 교체는 제외한다) 또는 철거하는 경우
9. 암반탱크저장소	가. 암반탱크저장소의 내용적을 변경하는 경우 나. 암반탱크의 내벽을 정비하는 경우 다. 배수시설·압력계 또는 안전장치를 신설하는 경우 라. 주입구의 위치를 이전하거나 신설하는 경우 마. 300m(지상에 설치하지 아니하는 배관의 경우에는 30m)를 초과하는 위험물배관을 신설·교체·철거 또는 보수(배관을 절개하는 경우에 한한다)하는 경우 바. 물분무등소화설비를 신설·교체(배관·밸브·압력계·소화전본체·소화약제탱크·포헤드·포방출구 등의 교체는 제외한다) 또는 철거하는 경우 사. 자동화재탐지설비를 신설 또는 철거하는 경우

10. 주유취급소	가. 지하에 매설하는 탱크의 변경 중 다음의 어느 하나에 해당하는 경우
	  1) 탱크의 위치를 이전하는 경우
	  2) 탱크전용실을 보수하는 경우
	  3) 탱크를 신설·교체 또는 철거하는 경우
	  4) 탱크를 보수(탱크본체를 절개하는 경우에 한한다)하는 경우
	  5) 탱크의 노즐 또는 맨홀을 신설하는 경우(노즐 또는 맨홀의 지름이 250㎜를 초과하는 경우에 한한다)
	  6) 특수누설방지구조를 보수하는 경우

10. 주유취급소	나. 옥내에 설치하는 탱크의 변경 중 다음의 어느 하나에 해당하는 경우
	   1) 탱크의 위치를 이전하는 경우
	   2) 탱크를 신설·교체 또는 철거하는 경우
	   3) 탱크를 보수(탱크본체를 절개하는 경우에 한한다)하는 경우
	   4) 탱크의 노즐 또는 맨홀을 신설하는 경우(노즐 또는 맨홀의 지름이 250㎜를 초과하는 경우에 한한다)
	다. 고정주유설비 또는 고정급유설비를 신설 또는 철거하는 경우
	라. 고정주유설비 또는 고정급유설비의 위치를 이전하는 경우
	마. 건축물의 벽·기둥·바닥·보 또는 지붕을 증설 또는 철거하는 경우
	바. 담 또는 캐노피(기둥으로 받치거나 매달아 놓은 덮개)를 신설 또는 철거(유리를 부착하기 위하여 담의 일부를 철거하는 경우를 포함한다)하는 경우
	사. 주입구의 위치를 이전하거나 신설하는 경우
	아. 별표 13 Ⅴ제1호 각 목에 따른 시설과 관계된 공작물(바닥면적이 4㎡이상인 것에 한한다)을 신설 또는 증축하는 경우
	자. 별표 13 ⅩⅥ에 따른 개질장치(改質裝置: 탄화수소의 구조를 변화시켜 제품의 품질을 높이는 조작 장치), 압축기(壓縮機), 충전설비, 축압기(압력흡수저장장치) 또는 수입설비(受入設備)를 신설하는 경우
	차. 자동화재탐지설비를 신설 또는 철거하는 경우
	카. 셀프용이 아닌 고정주유설비를 셀프용 고정주유설비로 변경하는 경우
	타. 주유취급소 부지의 면적 또는 위치를 변경하는 경우
	파. 300m(지상에 설치하지 않는 배관의 경우에는 30m)를 초과하는 위험물의 배관을 신설·교체·철거 또는 보수(배관을 자르는 경우만 해당한다)하는 경우
	하. 탱크의 내부에 탱크를 추가로 설치하거나 철판 등을 이용하여 탱크 내부를 구획하는 경우

11. 판매 취급소	가. 건축물의 벽·기둥·바닥·보 또는 지붕을 증설 또는 철거하는 경우 나. 자동화재탐지설비를 신설 또는 철거하는 경우
12. 이송 취급소	가. 이송취급소의 위치를 이전하는 경우 나. 300m(지상에 설치하지 아니하는 배관의 경우에는 30m)를 초과하는 위험물 배관을 신설·교체·철거 또는 보수(배관을 절개하는 경우에 한한다)하는 경우 다. 방호구조물을 신설 또는 철거하는 경우 라. 누설확산방지조치·운전상태의 감시장치·안전제어장치·압력안전장치·누설검지장치를 신설하는 경우 마. 주입구·배출구 또는 펌프설비의 위치를 이전하거나 신설하는 경우 바. 옥내소화전설비·옥외소화전설비·스프링클러설비·물분무등소화설비를 신설·교체(배관·밸브·압력계·소화전본체·소화약제탱크·포헤드·포방출구 등의 교체는 제외한다) 또는 철거하는 경우 사. 자동화재탐지설비를 신설 또는 철거하는 경우

2 군용위험물시설의 설치 및 변경에 대한 특례 (위험물안전관리법 제7조)

(1) 군용위험물시설 특례

① 군사목적 또는 군부대시설을 위한 제조소등을 **설치**하거나 그 위치·구조 또는 설비를 **변경**하고자 하는 군부대의 장은 **대통령령**이 정하는 바에 따라 **미리** 제조소등의 소재지를 관할하는 **시·도지사와 협의**하여야 한다.(법 제7조 제1항)

㉠ **군부대의 장**은 ①에 의하여 군사목적 또는 군부대시설을 위한 제조소등을 **설치**하거나 그 위치·구조 또는 설비를 **변경**하고자 하는 경우에는 당해 제조소등의 설치공사 또는 변경공사를 **착수하기 전**에 그 공사의 설계도서와 행정안전부령이 정하는 서류를 **시·도지사에게** 제출하여야 한다. 다만, **국가안보**상 중요하거나 **국가기밀**에 속하는 제조소등을 설치 또는 변경하는 경우에는 당해 공사의 설계도서의 제출을 **생략할 수 있다.**(영 제7조 제1항)

㉡ **시·도지사**는 ㉠정에 의하여 제출받은 설계도서와 관계서류를 검토한 후 그 결과를 당해 **군부대의 장**에게 통지하여야 한다. 이 경우 시·도지사는 검토결과를 통지하기 전에 설계도서와 관계서류의 **보완요청**을 할 수 있고, 보완요청을 받은 군부대의 장은 특별한 사유가 없는 한 이에 응하여야 한다. (영 제7조 제2항)

(2) 탱크안전성능검사와 완공검사

① 군부대의 장은 협의한 제조소등에 대하여는 **탱크안전성능검사**와 **완공검사**를 **자체적**으로 실시할 수 있다. 이 경우 **완공검사**를 자체적으로 실시한 군부대의 장은 지체 없이 행정안전부령이 정하는 사항을 **시·도지사**에게 **통보**하여야 한다.(법 제7조 제3항)

② 통보사항(규칙 제11조 제2항)
  ㉠ 제조소등의 **완**공일 및 사용**개**시일 (예 승인일 X)
  ㉡ **탱**크안전성능검사의 **결**과
    (탱크안전성능검사 대상이 되는 위험물탱크가 있는 경우)
  ㉢ **완**공검사의 **결**과
  ㉣ 안전관리자 **선**임계획
  ㉤ 예**방**규정

---

06 ① ② ③

「위험물안전관리법」상 군용위험물시설의 설치 및 변경에 대한 설명 중 가장 타당하지 않은 것은?

① 군사목적 또는 군부대시설을 위한 제조소등을 설치하거나 그 위치·구조 또는 설비를 변경하고자 하는 군부대의 장은 미리 제조소등의 소재지를 관할하는 시·도지사와 협의하여야 한다.
② 군부대의 장이 제조소등의 소재지를 관할하는 시·도지사와 협의한 경우에는 허가를 받은 것으로 본다.
③ 군부대의 장은 협의한 제조소등에 대하여는 탱크안전성능검사와 완공검사를 자체적으로 실시할 수 있다.
④ ③의 경우 탱크안전성능검사와 완공검사를 실시한 군부대의 장은 7일 이내 시·도지사에게 통보하여야 한다.

07 ① ② ③

「위험물안전관리법 시행규칙」상 군용위험물시설의 완공검사 후 시·도지사에게 통보하는 사항이 아닌 것은?

① 제조소등의 완공일 및 사용개시일
② 안전관리자의 선임계획
③ 완공검사의 실시계획 및 결과
④ 예방규정

🔑 암기법
완개·완결·탱결·선방

정답 06. ④ 07. ③

> **관련법규**

위험물안전관리법 시행령

제7조 [군용위험물시설의 설치 및 변경에 대한 특례]

① 군부대의 장은 법 제7조 제1항의 규정에 의하여 군사목적 또는 군부대시설을 위한 제조소등을 설치하거나 그 위치·구조 또는 설비를 변경하고자 하는 경우에는 당해 제조소등의 설치공사 또는 변경공사를 착수하기 전에 그 공사의 설계도서와 행정안전부령이 정하는 서류를 시·도지사에게 제출하여야 한다. 다만, 국가안보상 중요하거나 국가기밀에 속하는 제조소등을 설치 또는 변경하는 경우에는 당해 공사의 설계도서의 제출을 생략할 수 있다.

② 시·도지사는 제1항의 규정에 의하여 제출받은 설계도서와 관계서류를 검토한 후 그 결과를 당해 군부대의 장에게 통지하여야 한다. 이 경우 시·도지사는 검토결과를 통지하기 전에 설계도서와 관계서류의 보완요청을 할 수 있고, 보완요청을 받은 군부대의 장은 특별한 사유가 없는 한 이에 응하여야 한다.

위험물안전관리법 시행규칙

제11조 [군용위험물시설의 설치 등에 관한 서류 등]

① 영 제7조 제1항 본문에서 "행정안전부령이 정하는 서류"라 함은 군사목적 또는 군부대시설을 위한 제조소등의 설치공사 또는 변경공사에 관한 제6조 또는 제7조의 규정에 의한 서류를 말한다.

② 법 제7조 제3항 후단에서 "행정안전부령이 정하는 사항"이라 함은 다음 각 호의 사항을 말한다.
  1. 제조소등의 완공일 및 사용개시일
  2. 탱크안전성능검사의 결과(영 제8조 제1항의 규정에 의한 탱크안전성능검사의 대상이 되는 위험물탱크가 있는 경우에 한한다)
  3. 완공검사의 결과
  4. 안전관리자 선임계획
  5. 예방규정(영 제15조 각 호의 1에 해당하는 제조소등의 경우에 한한다)

3. 탱크안전성능검사(위험물안전관리법 제8조)

(1) 탱크안전성능검사

① 실시권자 : **시·도지사** (법 제8조 제1항)

② 위험물을 저장 또는 취급하는 탱크로서 대통령령이 정하는 탱크("위험물탱크")가 있는 제조소등의 설치 또는 그 위치·구조 또는 설비의 변경에 관하여 허가를 받은 자가 위험물탱크의 설치 또는 그 위치·구조 또는 설비의 변경공사를 하는 때에는 완공검사를 받기 전에 기술기준에 적합한지의 여부를 확인하기 위하여 **시·도지사**가 실시하는 탱크안전성능검사를 받아야 한다.
(법 제8조 제1항)

㉠ 탱크안전성능검사의 대상(영 제8조)

검사 종류	검사 대상
기초·지반검사	옥외탱크저장소의 액체위험물탱크 중 그 용량이 **100만 리터** 이상인 탱크
충수·수압검사	액체위험물을 저장 또는 취급하는 탱크. 다만, 다음 각 목의 어느 하나에 해당하는 탱크를 **제외**한다. 가. **제**조소 또는 **일**반취급소에 설치된 탱크로서 용량이 **지정수량 미만**인 것 나. 「고압가스 안전관리법」에 의한 특정설비에 관한 검사에 **합격**한 탱크 다. 「산업안전보건법」에 따른 **안전인증**을 받은 탱크
용접부검사	옥외탱크저장소의 액체위험물탱크 중 그 용량이 **100만 리터** 이상인 탱크 다만, 탱크의 저부에 관계된 변경공사(탱크의 옆판과 관련되는 공사를 포함하는 것을 제외한다)시에 행하여진 정기검사에 의하여 용접부에 관한 사항이 행정안전부령으로 정하는 기준에 적합하다고 인정된 탱크를 제외한다.
암반탱크검사	액체위험물을 저장 또는 취급하는 암반내의 공간을 이용한 탱크

---

08 「위험물안전관리법 시행령」상 위험물탱크 안전성능검사가 아닌 것은?
① 기초·지반검사
② 충수·수압검사
③ 재질·강도검사
④ 용접부검사

09 「위험물안전관리법 시행령」상 탱크성능검사의 대상이 되는 탱크 등에 있어서 기초·지반검사의 대상인 것은?
① 옥외탱크저장소의 액체위험물탱크 중 그 용량이 100만L 이상인 탱크
② 옥외탱크저장소의 고체위험물탱크 중 그 용량이 100만L 이상인 탱크
③ 옥외탱크저장소의 액체위험물탱크 중 그 용량이 200만L 지하탱크저장소
④ 옥외탱크저장소의 고체위험물탱크 중 그 용량이 200만L 지하탱크저장소

용·기·충·암 / 용기 100
합격·제일·미안

10 「위험물안전관리법 시행령」상 탱크안전성능검사의 실시 내용 중 옳지 않은 것은?
① 기초·지반검사 : 탱크의 기초 및 지반에 관한 공사에 있어서 당해 탱크의 기초 및 지반이 기준에 적합한지 여부 확인
② 충수·수압검사 : 탱크에 배관 그 밖의 부속설비를 부착하기 전에 당해 탱크 본체의 누설 및 변형에 대한 안정성이 기준에 적합한지 여부 확인
③ 용접부검사 : 탱크에 배관 및 그 밖의 부속설비를 부착한 후 행하는 당해 탱크의 본체에 관한 공사에 있어서 탱크의 용접부가 기준에 적합한지 여부 확인
④ 암반탱크검사 : 탱크 본체의 공사에 있어서 탱크의 구조가 기준에 적합한지 여부 확인

11 「위험물안전관리법」상 탱크안전검사 실시권자는?
① 시·도지사
② 소방서장
③ 제조소등의 관계인
④ 소방청장

정답 08. ③ 09. ① 10. ③ 11. ①

ⓒ 탱크안전성능검사의 내용(영 별표4) 〔기출〕 11 공채

검사 종류	검사 대상
기초·지반검사	㉠ 옥외탱크저장소의 액체위험물탱크 중 그 용량이 100만 리터 이상인 탱크 중 행정안전부령으로 정하는 탱크 : 탱크의 기초 및 지반에 관한 공사에 상당한 것으로서 행정안전부령으로 정하는 공사에 있어서 당해 탱크의 기초 및 지반에 상당하는 부분이 행정안전부령으로 정하는 기준에 적합한지 여부를 확인함
	㉡ ㉠ 외의 탱크 : 탱크의 기초 및 지반에 관한 공사에 있어서 당해 탱크의 기초 및 지반이 행정안전부령으로 정하는 기준에 적합한지 여부를 확인함
충수·수압검사	탱크에 배관 그 밖의 부속설비를 부착하기 전에 당해 탱크 본체의 누설 및 변형에 대한 안전성이 행정안전부령으로 정하는 기준에 적합한지 여부를 확인함
용접부검사	탱크의 배관 그 밖의 부속설비를 부착하기 전에 행하는 당해 탱크의 본체에 관한 공사에 있어서 탱크의 용접부가 행정안전부령으로 정하는 기준에 적합한지 여부를 확인함
암반탱크검사	탱크의 본체에 관한 공사에 있어서 탱크의 구조가 행정안전부령으로 정하는 기준에 적합한지 여부를 확인함

ⓒ 탱크안전성능검사의 신청시기(규칙 제18조 제4항)

검사 종류	검사 대상
기초·지반검사	위험물탱크의 기초 및 지반에 관한 공사의 개시 전
충수·수압검사	위험물을 저장 또는 취급하는 탱크에 배관 그 밖의 **부속설비를 부착하기 전**
용접부검사	탱크본체에 관한 공사의 개시 전
암반탱크검사	암반탱크의 본체에 관한 공사의 개시 전

③ 탱크안전성능검사의 면제 (법 제8조 제1항)

적용 제외 : 탱크안전성능시험자 또는 한국소방산업기술원로부터 **탱크안전성능시험을 받은 경우**에는 **대통령령**이 정하는 바에 따라 당해 탱크안전성능검사의 **전부** 또는 **일부를 면제**할 수 있다.

㉠ **시·도지사**가 면제할 수 있는 탱크안전성능검사는 **충수·수압검사**로 한다. (영 제9조 제1항)

ⓛ 위험물탱크에 대한 충수·수압검사를 면제받고자 하는 자는 탱크안전성능시험자 또는 기술원으로부터 충수·수압검사에 관한 탱크안전성능시험을 받아 완공검사를 받기 전(지하에 매설하는 위험물탱크에 있어서는 지하에 매설하기 전)에 해당 시험에 합격하였음을 증명하는 서류("탱크시험합격확인증")를 시·도지사에게 제출해야 한다.(영 제9조 제2항)

ⓒ 시·도지사는 제출받은 탱크시험합격확인증과 해당 위험물탱크를 확인한 결과 기술기준에 적합하다고 인정되는 때에는 해당 충수·수압검사를 면제한다.(영 제9조 제3항)

④ 탱크안전성능검사의 신청 등(규칙 제18조)

㉠ 탱크안전성능검사를 받아야 하는 자는 신청서(전자문서로 된 신청서를 포함한다)를 해당 위험물탱크의 설치장소를 관할하는 **소방서장 또는 기술원**에 제출하여야 한다. 다만, 설치장소에서 제작하지 아니하는 위험물탱크에 대한 탱크안전성능검사(충수·수압검사에 한한다)의 경우에는 신청서(전자문서로 된 신청서를 포함한다)에 해당 위험물탱크의 구조명세서 1부를 첨부하여 해당 위험물탱크의 제작지를 **관할하는 소방서장**에게 신청할 수 있다.

㉡ 탱크안전성능시험을 받고자 하는 자는 신청서에 해당 위험물탱크의 구조명세서 1부를 첨부하여 **기술원 또는 탱크시험자**에게 신청할 수 있다.

㉢ 충수·수압검사를 면제받으려는 자는 탱크시험합격확인증에 탱크시험성적서를 첨부하여 **소방서장**에게 제출해야 한다.

㉣ 탱크안전성능검사의 신청시기

ⓐ 기초·지반검사 : 위험물탱크의 기초 및 지반에 관한 공사의 개시 전

ⓑ 충수·수압검사 : 위험물을 저장 또는 취급하는 탱크에 배관 그 밖의 **부속설비를 부착하기 전**

ⓒ 용접부검사 : 탱크본체에 관한 공사의 개시 전

ⓓ 암반탱크검사 : 암반탱크의 본체에 관한 공사의 개시 전

㉤ **소방서장 또는 기술원**은 탱크안전성능검사를 실시한 결과 규정에 따른 기준에 적합하다고 인정되는 때에는 해당 탱크안전성능검사를 신청한 자에게 탱크검사합격확인증을 교부하고, 적합하지 않다고 인정되는 때에는 신청인에게 **서면**으로 그 사유를 통보해야 한다.

⑤ 탱크안전성능검사의 신청 등(법 제8조 제2항)

탱크안전성능검사의 내용은 **대통령령**으로 정하고, 탱크안전성능검사의 실시 등에 관하여 필요한 사항은 **행정안전부령**으로 정한다.

관련법규

위험물안전관리법 시행령

제8조 [탱크안전성능검사의 대상이 되는 탱크 등]

① 법 제8조 제1항 전단에 따라 탱크안전성능검사를 받아야 하는 위험물탱크는 제2항의 규정에 의한 탱크안전성능검사별로 다음 각호의 어느 하나에 해당하는 탱크로 한다.
  1. 기초·지반검사 : 옥외탱크저장소의 액체위험물탱크 중 그 용량이 100만 리터 이상인 탱크
  2. 충수(充水)·수압검사 : 액체위험물을 저장 또는 취급하는 탱크. 다만, 다음 각 목의 어느 하나에 해당하는 탱크를 제외한다.
     가. 제조소 또는 일반취급소에 설치된 탱크로서 용량이 지정수량 미만인 것
     나. 「고압가스 안전관리법」제17조 제1항의 규정에 의한 특정설비에 관한 검사에 합격한 탱크
     다. 「산업안전보건법」제84조 제1항에 따른 안전인증을 받은 탱크
     라. 삭제
  3. 용접부검사 : 제1호에 따른 탱크. 다만, 탱크의 저부에 관계된 변경공사(탱크의 옆판과 관련되는 공사를 포함하는 것을 제외한다)시에 행하여진 법 제18조 제3항에 따른 정기검사에 의하여 용접부에 관한 사항이 행정안전부령으로 정하는 기준에 적합하다고 인정된 탱크를 제외한다.
  4. 암반탱크검사 : 액체위험물을 저장 또는 취급하는 암반내의 공간을 이용한 탱크
② 법 제8조 제1항에 따른 탱크안전성능검사는 기초·지반검사, 충수·수압검사, 용접부검사 및 암반탱크검사로 구분하되, 그 내용은 별표 4와 같다.

제9조 [탱크안전성능검사의 면제]

① <u>법 제8조 제1항 후단의 규정에 의하여 시·도지사가 면제할 수 있는 탱크안전성능검사는 제8조 제2항 및 별표 4의 규정에 의한 충수·수압검사</u>로 한다.
② 위험물탱크에 대한 충수·수압검사를 면제받고자 하는 자는 법 제16조 제1항에 따른 탱크안전성능시험자(이하 "탱크시험자"라 한다) 또는 기술원으로부터 충수·수압검사에 관한 탱크안전성능시험을 받아 법 제9조 제1항에 따른 완공검사를 받기 전(지하에 매설하는 위험물탱크에 있어서는 지하에 매설하기 전)에 당해 시험에 합격하였음을 증명하는 서류(이하 "탱크시험합격확인증"이라 한다)를 시·도지사에게 제출해야 한다.
③ 시·도지사는 제2항의 규정에 따라 제출받은 탱크시험합격확인증과 해당 위험물탱크를 확인한 결과 법 제5조 제4항에 따른 기술기준에 적합하다고 인정되는 때에는 해당 충수·수압검사를 면제한다.

위험물안전관리법 시행규칙

제12조 [기초·지반검사에 관한 기준 등]

① 영 별표 4 제1호 가목에서 "행정안전부령으로 정하는 기준"이라 함은 당해 위험물탱크의 구조 및 설비에 관한 사항 중 별표 6 Ⅳ 및 Ⅴ의 규정에 의한 기초 및 지반에 관한 기준을 말한다.
② 영 별표 4 제1호 나목에서 "<u>행정안전부령으로 정하는 탱크</u>"라 함은 <u>지중탱크 및 해상탱크</u>(이하 "<u>특수액체위험물탱크</u>"라 한다)를 말한다.

12

「위험물안전관리법 시행령」상 위험물탱크안전검사 시험자 또는 기술원으로부터 탱크안전검사를 받아 완공검사를 받기 전 당해 시험에 합격하였음을 증명하는 서류를 제출하여 면제 받을 수 있는 검사는?

① 기초·지반검사
② 충수·수압검사
③ 용접부검사
④ 암반탱크검사

13

「위험물안전관리법 시행규칙」상 행정안전부령으로 정하는 지중탱크 및 해상탱크는 무엇인가?

① 암반탱크
② 이동탱크
③ 특정옥외저장탱크
④ 특수액체위험물탱크

정답 12. ② 13. ④

③ 영 별표 4 제1호 나목에서 "행정안전부령으로 정하는 공사"라 함은 지중탱크의 경우에는 지반에 관한 공사를 말하고, 해상탱크의 경우에는 정치설비의 지반에 관한 공사를 말한다.
④ 영 별표 4 제1호 나목에서 "행정안전부령으로 정하는 기준"이라 함은 지중탱크의 경우에는 별표 6 ⅩⅡ 제2호 라목의 규정에 의한 기준을 말하고, 해상탱크의 경우에는 별표 6 ⅩⅢ 제3호 라목의 규정에 의한 기준을 말한다.
⑤ 법 제8조 제2항에 따라 기술원은 100만 리터 이상 옥외탱크저장소의 기초・지반검사를 「엔지니어링산업 진흥법」에 따른 엔지니어링사업자가 실시하는 기초・지반에 관한 시험의 과정 및 결과를 확인하는 방법으로 할 수 있다.

제13조 [충수・수압검사에 관한 기준 등]
① 영 별표 4 제2호에서 "행정안전부령으로 정하는 기준"이라 함은 다음 각 호의 1에 해당하는 기준을 말한다.
  1. 100만 리터 이상의 액체위험물탱크의 경우
     별표 6 Ⅵ 제1호의 규정에 의한 기준[충수시험(물 외의 적당한 액체를 채워서 실시하는 시험을 포함한다. 이하 같다) 또는 수압시험에 관한 부분에 한한다.]
  2. 100만 리터 미만의 액체위험물탱크의 경우
     별표 4 Ⅸ 제1호 가목, 별표 6 Ⅵ 제1호, 별표 7 Ⅰ 제1호 마목, 별표 8 Ⅰ제6호・Ⅱ 제1호・제4호・제6호・Ⅲ, 별표 9 제6호, 별표 10 Ⅱ 제1호・Ⅹ제1호 가목, 별표 13 Ⅲ 제3호, 별표 16 Ⅰ제1호의 규정에 의한 기준(충수시험・수압시험 및 그 밖의 탱크의 누설・변형에 대한 안전성에 관련된 탱크안전성능시험의 부분에 한한다)
② 법 제8조 제2항의 규정에 의하여 기술원은 제18조 제6항의 규정에 의한 이중벽탱크에 대하여 제1항 제2호의 규정에 의한 수압검사를 법 제16조 제1항의 규정에 의한 탱크안전성능시험자(이하 "탱크시험자"라 한다)가 실시하는 수압시험의 과정 및 결과를 확인하는 방법으로 할 수 있다.

제14조 [용접부검사에 관한 기준 등]
① 영 별표 4 제3호에서 "행정안전부령으로 정하는 기준"이라 함은 다음 각호의 1에 해당하는 기준을 말한다.
  1. 특수액체위험물탱크 외의 위험물탱크의 경우 : 별표 6 Ⅵ 제2호의 규정에 의한 기준
  2. 지중탱크의 경우 : 별표 6 ⅩⅡ 제2호 마목 4) 라)의 규정에 의한 기준(용접부에 관련된 부분에 한한다)
② 법 제8조 제2항의 규정에 의하여 기술원은 용접부검사를 탱크시험자가 실시하는 용접부에 관한 시험의 과정 및 결과를 확인하는 방법으로 할 수 있다.

제15조 [암반탱크검사에 관한 기준 등]
① 영 별표 4 제4호에서 "행정안전부령으로 정하는 기준"이라 함은 별표 12 Ⅰ의 규정에 의한 기준을 말한다.
② 법 제8조 제2항에 따라 기술원은 암반탱크검사를 「엔지니어링산업 진흥법」에 따른 엔지니어링사업자가 실시하는 암반탱크에 관한 시험의 과정 및 결과를 확인하는 방법으로 할 수 있다.

제16조 【탱크안전성능검사에 관한 세부기준 등】

제13조부터 제15조까지에서 정하는 것 외의 탱크안전성능검사의 세부기준·방법·절차 및 탱크시험자 또는 엔지니어링사업자가 실시하는 탱크안전성능시험에 대한 기술원의 확인 등에 관하여 필요한 사항은 소방청장이 정하여 고시한다.

제17조 【용접부검사의 제외기준】

① 삭제

② 영 제8조 제1항 제3호 단서의 규정에 의하여 용접부검사 대상에서 제외되는 탱크로 인정되기 위한 기준은 별표 6 Ⅵ 제2호의 규정에 의한 기준으로 한다.

제18조 【탱크안전성능검사의 신청 등】

① 법 제8조 제1항에 따라 탱크안전성능검사를 받아야 하는 자는 별지 제20호 서식의 신청서(전자문서로 된 신청서를 포함한다)를 해당 위험물탱크의 설치장소를 관할하는 소방서장 또는 기술원에 제출하여야 한다. 다만, 설치장소에서 제작하지 아니하는 위험물탱크에 대한 탱크안전성능검사(충수·수압검사에 한한다)의 경우에는 별지 제20호 서식의 신청서(전자문서로 된 신청서를 포함한다)에 해당 위험물탱크의 구조명세서 1부를 첨부하여 해당 위험물탱크의 제작지를 관할하는 소방서장에게 신청할 수 있다.

② 법 제8조 제1항 후단에 따른 탱크안전성능시험을 받고자 하는 자는 별지 제20호 서식의 신청서에 해당 위험물탱크의 구조명세서 1부를 첨부하여 기술원 또는 탱크시험자에게 신청할 수 있다.

③ 영 제9조 제2항에 따라 충수·수압검사를 면제 받으려는 자는 별지 제21호 서식의 탱크시험합격확인증에 탱크시험성적서를 첨부하여 소방서장에게 제출해야 한다.

④ 제1항의 규정에 의한 탱크안전성능검사의 신청 시기는 다음 각 호의 구분에 의한다.
  1. 기초·지반검사 : 위험물탱크의 기초 및 지반에 관한 공사의 개시 전
  2. 충수·수압검사 : 위험물을 저장 또는 취급하는 탱크에 배관 그 밖의 부속설비를 부착하기 전
  3. 용접부검사 : 탱크 본체에 관한 공사의 개시 전
  4. 암반탱크검사 : 암반탱크의 본체에 관한 공사의 개시 전

⑤ 소방서장 또는 기술원은 탱크안전성능검사를 실시한 결과 제12조 제1항·제4항, 제13조 제1항, 제14조 제1항 및 제15조 제1항에 따른 기준에 적합하다고 인정되는 때에는 해당 탱크안전성능검사를 신청한 자에게 별지 제21호 서식의 탱크검사합격확인증을 교부하고, 적합하지 않다고 인정되는 때에는 신청인에게 서면으로 그 사유를 통보해야 한다.

⑥ 영 제22조 제2항 제1호 다목에서 "행정안전부령이 정하는 액체위험물탱크"란 별표 8 Ⅱ의 규정에 따른 이중벽탱크를 말한다.

14

「위험물안전관리법 시행규칙」상 네모 안에 들어갈 말을 순서대로 적은 것은?

> "탱크안전성능검사를 받아야 하는 자는 신청서(전자문서로 된 신청서를 포함한다)를 해당 위험물탱크의 설치 장소를 관할하는 □□□ 또는 □□□에 제출하여야 한다."

① 시·도지사 또는 소방서장
② 소방서장 또는 기술원
③ 소방재난본부장 또는 소방서장
④ 소방청장 또는 시·도지사

15

「위험물안전관리법 시행규칙」상 빈칸에 들어갈 말들을 순서대로 적은 것은?

> "탱크안전성능시험을 받고자 하는 자는 신청서에 □□□ 1부를 첨부하여 ○○○ 또는 탱크시험자에게 신청할 수 있다."

① 위험물탱크 완공필증, 소방서장
② 위험물탱크 완공필증, 기술원
③ 위험물탱크 구조명세서, 시·도지사
④ 위험물탱크 구조명세서, 기술원

16

「위험물안전관리법 시행규칙」상 탱크 본체에 관한 공사 개시 전 실시하는 탱크안전성능검사는?

① 기초·지반검사
② 충수·수압검사
③ 용접부검사
④ 암반탱크검사

정답 14. ② 15. ④ 16. ③

> **보충**

검사의 종류 (☑ 용기100배 : 용접부, 기초지반검사는 100만 l 이상 옥외탱크저장소)

검사 종류	검사 대상	신청 시기
기초·지반검사	100만 l 이상인 액체위험물을 저장하는 옥외탱크저장소	위험물탱크의 기초 및 지반에 관한 공사의 개시 전
충수·수압검사	액체위험물을 저장 또는 취급하는 탱크	위험물을 저장 또는 취급하는 탱크에 배관 그 밖의 부속설비를 부착하기 전
용접부검사	100만 l 이상인 액체위험물을 저장하는 옥외탱크저장소	탱크 본체에 관한 공사의 개시 전
암반탱크검사	액체위험물을 저장 또는 취급하는 암반 내의 공간을 이용한 탱크	암반탱크의 본체에 관한 공사의 개시 전

☑ 충수, 수압검사 : 시·도지사가 면제

4 완공검사(위험물안전관리법 제9조)

(1) 완공검사

① 완공검사권자는 **시·도지사**이다.(법 제9조 제1항)

② 허가를 받은 자가 제조소등의 설치를 마쳤거나 그 위치·구조 또는 설비의 변경을 마친 때에는 당해 제조소등마다 시·도지사가 행하는 완공검사를 받아 기술기준에 적합하다고 인정받은 후가 아니면 이를 사용하여서는 아니 된다. 다만, 제조소등의 위치·구조 또는 설비를 변경함에 있어서 변경허가를 신청하는 때에 화재예방에 관한 조치사항을 기재한 서류를 제출하는 경우에는 당해 **변경공사와 관계가 없는** 부분은 완공검사를 받기 전에 **미리 사용할 수 있다.** (법 제9조 제1항)

> **행정형벌**
>
> **법 제37조 [벌칙]**
> 다음 각 호의 어느 하나에 해당하는 자는 <u>1천500만 원 이하의 벌금</u>에 처한다.
> 3. 제9조제1항의 규정을 위반하여 제조소등의 완공검사를 받지 아니하고 위험물을 저장·취급한 자

③ 완공검사를 받고자 하는 자가 제조소등의 **일부**에 대한 설치 또는 변경을 마친 후 그 일부를 미리 사용하고자 하는 경우에는 당해 제조소등의 일부에 대하여 완공검사를 **받을 수 있다.**(법 제9조 제2항)

---

cf 완공검사(소방시설공사업법)
- 검사권자 : 소방본부장 또는 소방서장

17
「위험물안전관리법」상 제조소등에 대한 완공검사 실시권자는?
① 시·도지사
② 소방서장
③ 관계인
④ 소방청장

18
「위험물안전관리법 시행령」상 제조소등 완공검사합격확인증 재교부 대상이 아닌 것은?
① 멸실
② 훼손
③ 분실
④ 탱크안전검사 부적합시

정답 17. ① 18. ④

④ 완공검사의 신청(영 제10조)
    ㉠ 신청인 : 제조소등에 대한 완공검사를 받고자 하는 자가 **시・도지사**에게 신청
    ㉡ 신청처리 : 완공검사 실시 후, 기술기준에 적합하다고 인정할 때 완공검사 합격확인증을 교부
    ㉢ **완공검사합격확인증 재교부 : 분실, 멸실, 훼손, 파손시**
    ㉣ 재교부 신청시 첨부 : 훼손, 파손시 당해 완공검사합격확인증 첨부
    ㉤ 분실합격증 발견시 : **10일** 이내 발견한 합격증을 시・도지사에게 제출

⑤ 완공검사의 신청 시기(규칙 제20조) 〔기출〕 18 공채

구분	완공검사 신청 시기
㉠ 지하탱크가 있는 제조소등의 경우	당해 지하탱크를 **매설하기 전**
㉡ 이동탱크저장소의 경우	이동저장탱크를 완공하고 **상시 설치 장소("상치장소")를 확보한 후**
㉢ 이송취급소의 경우	이송배관 공사의 **전체** 또는 **일부를 완료한 후**. 다만, 지하・하천 등에 매설하는 이송배관의 공사의 경우에는 이송배관을 매설하기 전
㉣ 전체 공사가 완료된 후에는 완공검사를 실시하기 곤란한 경우	ⓐ 위험물설비 또는 배관의 설치가 완료되어 **기밀시험 또는 내압시험을 실시하는 시기** ⓑ 배관을 지하에 설치하는 경우에는 시・도지사, 소방서장 또는 기술원이 지정하는 부분을 **매몰하기 직전** ⓒ 기술원이 지정하는 부분의 **비파괴시험을 실시하는 시기**
㉤ ㉠ ~ ㉣에 해당하지 아니하는 제조소등의 경우	제조소등의 공사를 **완료한 후**

⑥ 완공검사의 신청서류 (규칙 제19조의 제1항)
    ㉠ 배관에 관한 내압시험, 비파괴시험 등에 합격하였음을 증명하는 서류(내압시험 등을 하여야 하는 배관이 있는 경우에 한한다)
    ㉡ 소방서장, 기술원 또는 탱크시험자가 교부한 탱크검사합격확인증 또는 탱크시험합격확인증(해당 위험물탱크의 완공검사를 실시하는 소방서장 또는 기술원이 그 위험물탱크의 탱크안전성능검사를 실시한 경우는 제외한다)
    ㉢ 재료의 성능을 증명하는 서류(이중벽탱크에 한한다)

⑦ 업무의 위탁 규정에 의하여 **한국소방산업기술원**이 완공검사를 실시한 경우에는 완공검사결과서를 **소방서장**에게 송부하고, 검사대상명・접수일시・검사일・검사번호・검사자・검사결과 및 검사결과서 발송일 등을 기재한 완공검사업무대장을 작성하여 **10년**간 보관하여야 한다.(규칙 제19조 제2항)

19
「위험물안전관리법 시행규칙」상 완공검사 신청 시기에 설명이다. 옳지 않은 것은?   • 18. 상반기

① 지하탱크가 있는 제조소등의 경우 : 당해 지하탱크를 매설하기 전
② 이동탱크저장소의 경우 : 상치장소를 확보하기 전 이동저장탱크를 완공한 후
③ 이송취급소의 경우 : 이송배관 공사의 전체 또는 일부를 완료한 후. 다만, 지하・하천 등에 매설하는 이송배관의 공사의 경우에는 이송배관을 매설하기 전
④ 전체 공사가 완료된 후에는 완공검사를 실시하기 곤란한 경우 : 위험물설비 또는 배관의 설치가 완료되어 기밀시험 또는 내압시험을 실시하는 시기

〔암기법〕
비파괴 매기내

정답 19. ②

20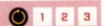

「위험물안전관리법 시행령」상 위험물시설의 완공검사에 관한 설명으로 옳지 않은 것은?

① 제조소등에 대한 완공검사를 받고자 하는 자는 시·도지사에게 신청하여야 한다.
② 당해 제조소등이 기술기준(탱크안전성능검사에 관련된 것을 제외함)에 적합하다고 인정하는 때에는 완공검사합격확인증을 교부해야 한다.
③ 완공검사합격확인증을 교부받은 자는 완공검사합격확인증을 잃어버리거나 멸실·훼손 또는 파손한 경우에는 이를 교부한 시·도지사에게 재교부를 신청할 수 있다.
④ 완공검사합격확인증을 잃어버려 재교부를 받은 자는 잃어버린 완공검사합격확인증을 발견하는 경우에는 이를 7일 이내에 완공검사합격확인증을 재교부한 시·도지사에게 제출해야 한다.

21

「위험물안전관리법 시행규칙」상 완공검사 업무대장을 보관하는 기간은?

① 3년　② 5년
③ 7년　④ 10년

정답　20. ④　21. ④

관련법규

위험물안전관리법 시행령

제10조 [완공검사의 신청 등]

① 법 제9조의 규정에 의한 제조소등에 대한 완공검사를 받고자 하는 자는 이를 시·도지사에게 신청하여야 한다.
② 제1항에 따른 신청을 받은 시·도지사는 제조소등에 대하여 완공검사를 실시하고, 완공검사를 실시한 결과 해당 제조소등이 법 제5조제4항에 따른 기술기준(탱크안전성능검사에 관련된 것을 제외한다)에 적합하다고 인정하는 때에는 완공검사합격확인증을 교부해야 한다.
③ 제2항의 완공검사합격확인증을 교부받은 자는 완공검사합격확인증을 잃어버리거나 멸실·훼손 또는 파손한 경우에는 이를 교부한 시·도지사에게 재교부를 신청할 수 있다.
④ 완공검사합격확인증을 훼손 또는 파손하여 제3항에 따른 신청을 하는 경우에는 신청서에 해당 완공검사합격확인증을 첨부하여 제출해야 한다.
⑤ 제2항의 완공검사합격확인증을 잃어버려 재교부를 받은 자는 잃어버린 완공검사합격확인증을 발견하는 경우에는 이를 10일 이내에 완공검사합격확인증을 재교부한 시·도지사에게 제출해야 한다.

위험물안전관리법 시행규칙

제19조 [완공검사의 신청 등]

① 법 제9조에 따라 제조소등에 대한 완공검사를 받으려는 자는 별지 제22호 서식 또는 별지 제23호 서식의 신청서(전자문서로 된 신청서를 포함한다)에 다음 각 호의 서류(전자문서를 포함한다)를 첨부하여 시·도지사 또는 소방서장(영 제22조 제2항 제2호에 따라 완공검사를 기술원에 위탁하는 제조소등의 경우에는 기술원)에게 제출해야 한다. 다만, 첨부서류는 완공검사를 실시할 때까지 제출할 수 있되, 「전자정부법」 제36조 제1항에 따른 행정정보의 공동이용을 통하여 첨부서류에 대한 정보를 확인할 수 있는 경우에는 그 확인으로 첨부서류를 갈음할 수 있다.
  1. 배관에 관한 내압시험, 비파괴시험 등에 합격하였음을 증명하는 서류(내압시험 등을 하여야 하는 배관이 있는 경우에 한한다)
  2. 소방서장, 기술원 또는 탱크시험자가 교부한 탱크검사합격확인증 또는 탱크시험합격확인증(해당 위험물탱크의 완공검사를 실시하는 소방서장 또는 기술원이 그 위험물탱크의 탱크안전성능검사를 실시한 경우는 제외한다)
  3. 재료의 성능을 증명하는 서류(이중벽탱크에 한한다)
② 기술원은 영 제22조 제2항 제2호에 따라 완공검사를 실시한 경우에는 완공검사결과서를 소방서장에게 송부하고, 검사대상명·접수일시·검사일·검사번호·검사자·검사결과 및 검사결과서 발송일 등을 기재한 완공검사업무대장을 작성하여 10년간 보관하여야 한다.
③ 영 제10조 제2항의 완공검사합격확인증은 별지 제24호 서식 또는 별지 제25호 서식에 따른다.
④ 영 제10조 제3항에 따른 완공검사합격확인증의 재교부신청은 별지 제26호 서식의 신청서에 따른다.

제20조 [완공검사의 신청시기] 기출 18 공채

법 제9조 제1항에 따른 제조소등의 완공검사신청시기는 다음 각 호의 구분에 따른다.
1. 지하탱크가 있는 제조소등의 경우 : 당해 지하탱크를 매설하기 전
2. 이동탱크저장소의 경우 : 이동저장탱크를 완공하고 상시 설치 장소(이하 "상치장소"라 한다)를 확보한 후
3. 이송취급소의 경우 : 이송배관 공사의 전체 또는 일부를 완료한 후. 다만, 지하·하천 등에 매설하는 이송배관의 공사의 경우에는 이송배관을 매설하기 전
4. 전체 공사가 완료된 후에는 완공검사를 실시하기 곤란한 경우 : 다음 각 목에서 정하는 시기
   가. 위험물설비 또는 배관의 설치가 완료되어 기밀시험 또는 내압시험을 실시하는 시기
   나. 배관을 지하에 설치하는 경우에는 시·도지사, 소방서장 또는 기술원이 지정하는 부분을 매몰하기 직전
   다. 기술원이 지정하는 부분의 비파괴시험을 실시하는 시기
5. 제1호 내지 제4호에 해당하지 아니하는 제조소등의 경우 : 제조소등의 공사를 완료한 후

제21조 [변경공사 중 가사용의 신청]

법 제9조 제1항 단서의 규정에 의하여 제조소등의 변경공사 중에 변경공사와 관계없는 부분을 사용하고자 하는 자는 별지 제16호 서식 또는 별지 제17호 서식의 신청서(전자문서로 된 신청서를 포함한다) 또는 별지 제27호 서식의 신청서(전자문서로 된 신청서를 포함한다)에 변경공사에 따른 화재예방에 관한 조치사항을 기재한 서류(전자문서를 포함한다)를 첨부하여 시·도지사 또는 소방서장에게 신청하여야 한다.

memo

22

「위험물안전관리법」상 제조소등 설치자의 지위승계 사유가 아닌 것은?

① 제조소등 설치자가 사망한 때 : 상속인
② 법인인 제조소등 설치자의 합병 : 합병 후 존속법인, 합병에 의한 신설 법인
③ 제조소등 영업을 양도한 때 : 영업을 양수한 자
④ 경매, 환가, 압류재산의 매각 등 : 제조소등 시설의 일부를 인수한 자

5 제조소등 설치자의 지위승계(위험물안전관리법 제10조)

(1) 제조소등 설치자의 지위승계

① 사유(법 제10조 제1항)
  ㉠ 제조소등 설치자가 사망하거나 그 제조소등을 양도·인도한 때 : 상속인, 제조소등을 양수·인수한 자(법 제10조 제1항)
  ㉡ 법인인 제조소등 설치자의 합병 : 합병 후 존속 법인이나 합병에 의하여 설립된 법인(법 제10조 제1항)
  ㉢ 경매, 환가, 압류재산의 매각 등 : 제조소등 시설의 전부를 인수한 자 (법 제10조 제2항)

② 지위승계신고 등
  ㉠ 신고 기한 : 승계한 날부터 **30일** 이내 **시·도지사**에게 신고하여야 한다. (법 제10조 제3항)
  ㉡ 제조소등의 설치자의 지위승계를 신고하려는 자는 지위승계신고서(전자문서로 된 신고서를 포함)에 제조소등의 완공검사합격확인증과 지위승계를 증명하는 서류(전자문서를 포함)를 첨부하여 **시·도지사** 또는 **소방서장**에게 제출해야 한다.(규칙 제22조)

행정질서벌

법 제39조 [과태료]
① 다음 각 호의 어느 하나에 해당하는 자에게는 500만 원 이하의 과태료를 부과한다.
4. 제10조제3항의 규정에 따른 지위승계신고를 기간 이내에 하지 아니하거나 허위로 한 자 (250, 350, 500, 500)

시행령 별표9

위반행위	과태료 금액
라. 법 제10조제3항에 따른 지위승계신고를 기간 이내에 하지 않거나 허위로 한 경우	
1) 신고기한(지위승계일의 다음날을 기산일로 하여 30일이 되는 날)의 다음날을 기산일로 하여 30일 이내에 신고한 경우	250
2) 신고기한(지위승계일의 다음날을 기산일로 하여 30일이 되는 날)의 다음날을 기산일로 하여 31일 이후에 신고한 경우	350
3) 허위로 신고한 경우	500
4) 신고를 하지 않은 경우	500

정답 22. ④

> 📑 **관련법규**

위험물안전관리법 시행규칙

제22조 [지위승계의 신고]
법 제10조 제3항에 따라 제조소등의 설치자의 지위승계를 신고하려는 자는 별지 제28호 서식의 신고서(전자문서로 된 신고서를 포함한다)에 제조소등의 완공검사합격확인증과 지위승계를 증명하는 서류(전자문서를 포함한다)를 첨부하여 시·도지사 또는 소방서장에게 제출해야 한다.

6 제조소등의 폐지(위험물안전관리법 제11조)

(1) 제조소등의 폐지
① 제조소등의 관계인은 제조소등의 폐지신고를 폐지한 날부터 **14일 이내 시·도지사**에게 **신고**하여야 한다.(법 제11조)
② 첨부 서류
  ㉠ 용도폐지신고서(규칙 별지 제29호)
  ㉡ 제조소등의 완공검사합격확인증
③ 제조소등의 용도폐지신고를 하고자 하는 자는 용도폐지 신고서(전자문서로 된 신고서를 포함한다)에 제조소등의 완공검사합격확인증을 첨부하여 **시·도지사** 또는 **소방서장**에게 제출하여야 한다.(규칙 제23조)

> **행정질서벌**
> **법 제39조 [과태료]**
> 폐지신고를 거짓으로 하거나 미신고시는 500만 원 이하의 과태료에 처한다.
> (250, 350, 500, 500)

> 📑 **관련법규**

위험물안전관리법 시행규칙

제23조 [용도폐지의 신고]
① 법 제11조에 따라 제조소등의 용도폐지신고를 하려는 자는 별지 제29호 서식의 신고서(전자문서로 된 신고서를 포함한다)에 제조소등의 완공검사합격확인증을 첨부하여 시·도지사 또는 소방서장에게 제출해야 한다.
② 제1항의 규정에 의한 신고서를 접수한 시·도지사 또는 소방서장은 당해 제조소등을 확인하여 위험물시설의 철거 등 용도폐지에 필요한 안전조치를 한 것으로 인정하는 경우에는 당해 신고서의 사본에 수리사실을 표시하여 용도폐지신고를 한 자에게 통보하여야 한다.

23
「위험물안전관리법」상 해당 제조소등의 용도를 폐지한 때에는 며칠 이내 시·도지사에게 신고하여야 하는가?
① 7일 이내 ② 14일 이내
③ 10일 이내 ④ 30일 이내

24
「위험물안전관리법 시행규칙」상 빈칸에 들어갈 말은?

"제조소등 용도폐지신고를 하고자 하는 자는 신고서에 제조소등의 완공검사합격확인증을 첨부하여 □□□ 또는 ○○○에게 제출한다."

① 소방청장, 소방서장
② 시·도지사, 기술원
③ 소방서장, 기술원
④ 시·도지사, 소방서장

☑ 신고기한 비교
• 소방시설업의 폐업 : 30일 이내
• 제조소등의 폐지 : 14일 이내

위반행위	과태료 금액
신고기한(폐지일의 다음날을 기산일로 하여 14일이 되는 날)의 다음 날을 기산일로 하여 30일 이내에 신고한 경우	250
신고기한(폐지일의 다음날을 기산일로 하여 14일이 되는 날)의 다음 날을 기산일로 하여 31일 이후에 신고한 경우	350
허위로 신고한 경우	500
신고를 하지 않은 경우	500

정답 23. ② 24. ④

7. 제조소등의 사용 중지 등(위험물안전관리법 제11조의2)

(1) 사용 중지

① 제조소등의 관계인은 제조소등의 사용을 중지(경영상 형편, 대규모 공사 등의 사유로 **3개월 이상** 위험물을 저장하지 아니하거나 취급하지 아니하는 것을 말한다.)하려는 경우에는 위험물의 제거 및 제조소등에의 출입통제 등 **행정안전부령**으로 정하는 안전조치를 하여야 한다. 다만, 제조소등의 사용을 중지하는 기간에도 위험물안전관리자가 계속하여 직무를 수행하는 경우에는 안전조치를 아니할 수 있다.(법 제11조의2 제1항)

② 위험물의 제거 및 제조소등에의 출입통제 등 행정안전부령으로 정하는 안전조치(규칙 제23조의2 제1항)
  ㉠ 탱크·배관 등 위험물을 저장 또는 취급하는 설비에서 <u>위험물 및 가연성 증기 등의 제거</u>
  ㉡ 관계인이 아닌 사람에 대한 해당 제조소등에의 <u>출입금지 조치</u>
  ㉢ 해당 제조소등의 사용중지 <u>사실의 게시</u>
  ㉣ 그 밖에 위험물의 사고 <u>예방에 필요한 조치</u>

> ☑ 폐지, 중지, 재개 : 14일

(2) 사용 중지신고 또는 재개신고

① 제조소등의 관계인은 제조소등의 **사용을 중지하거나** 중지한 **제조소등의 사용을 재개**하려는 경우에는 해당 제조소등의 사용을 **중지하려는 날** 또는 **재개하려는 날의 14일 전**까지 **행정안전부령**으로 정하는 바에 따라 제조소등의 사용 중지 또는 재개를 **시·도지사에게 신고**하여야 한다.(법 제11조의2 제2항)

② 제조소등의 사용 중지신고 또는 재개신고를 하려는 자는 신고서(전자문서로 된 신고서를 포함한다)에 해당 제조소등의 완공검사합격확인증을 첨부하여 **시·도지사 또는 소방서장**에게 제출해야 한다.(규칙 제23조의2 제2항)

③ 사용중지 신고서를 접수한 **시·도지사 또는 소방서장**은 해당 제조소등에 대한 안전조치 또는 위험물안전관리자의 직무수행이 적합하다고 인정되면 해당 신고서의 사본에 수리사실을 표시하여 **신고를 한 자**에게 통보해야 한다. (규칙 제23조의2 제3항)

행정질서벌

법 제39조 [과태료]
① 다음 각 호의 어느 하나에 해당하는 자에게는 <u>500만 원 이하의 과태료</u>를 부과한다.
5의2. 제11조의2제2항을 위반하여 사용 중지신고 또는 재개신고를 기간 이내에 하지 아니하거나 거짓으로 한 자 (250, 350, 500, 500)

시행령 별표9

위반행위	과태료 금액
바. 법 제11조의2제2항을 위반하여 사용 중지신고 또는 재개신고를 기간 이내에 하지 않거나 거짓으로 한 경우	
1) 신고기한(중지 또는 재개한 날의 14일 전날)의 다음날을 기산일로 하여 30일 이내에 신고한 경우	250
2) 신고기한(중지 또는 재개한 날의 14일 전날)의 다음날을 기산일로 하여 31일 이후에 신고한 경우	350
3) 거짓으로 신고한 경우	500
4) 신고를 하지 않은 경우	500

(3) 안전조치 이행명령

① **시·도지사**는 신고를 받으면 제조소등의 관계인이 안전조치를 적합하게 하였는지 또는 위험물안전관리자가 직무를 적합하게 수행하는지를 확인하고 위해방지를 위하여 필요한 **안전조치의 이행**을 명할 수 있다.(법 제11조의2 제3항)

② 제조소등의 관계인은 사용 중지신고에 따라 제조소등의 사용을 중지하는 기간 동안에는 위험물안전관리자를 **선임하지 아니할 수 있다**.(법 제11조의2 제4항)

행정형벌

법 제36조 [벌칙]

제11조의2 제3항에 따른 안전조치 이행명령을 따르지 아니한 자는 <u>1천 500만 원 이하의 벌금</u>에 처한다.

🔖 **관련법규**

위험물안전관리법 시행규칙

제23조의2 [사용 중지신고 또는 재개신고 등]

① 법 제11조의2제1항에서 "위험물의 제거 및 제조소등에의 출입통제 등 행정안전부령으로 정하는 안전조치"란 다음 각 호의 조치를 말한다.
  1. 탱크·배관 등 위험물을 저장 또는 취급하는 설비에서 위험물 및 가연성 증기 등의 제거
  2. 관계인이 아닌 사람에 대한 해당 제조소등에의 출입금지 조치
  3. 해당 제조소등의 사용중지 사실의 게시
  4. 그 밖에 위험물의 사고 예방에 필요한 조치

② 법 제11조의2제2항에 따라 제조소등의 사용 중지신고 또는 재개신고를 하려는 자는 별지 제29호의2서식의 신고서(전자문서로 된 신고서를 포함한다)에 해당 제조소등의 완공검사 합격확인증을 첨부하여 시·도지사 또는 소방서장에게 제출해야 한다.
③ 제2항에 따라 사용중지 신고서를 접수한 시·도지사 또는 소방서장은 해당 제조소등에 대한 법 제11조의2제1항 본문에 따른 안전조치 또는 같은 항 단서에 따른 위험물안전관리자의 직무수행이 적합하다고 인정되면 해당 신고서의 사본에 수리사실을 표시하여 신고를 한 자에게 통보해야 한다.

제24조 [처리결과의 통보]
① 시·도지사가 영 제7조 제1항의 설치·변경 관련 서류제출, 제6조의 설치허가신청, 제7조의 변경허가신청, 제10조의 품명 등의 변경신고, 제19조 제1항의 완공검사신청, 제21조의 가사용승인신청, 제22조의 지위승계신고, 제23조제1항의 용도폐지신고 또는 제23조의2제2항의 사용 중지신고 또는 재개신고를 각각 접수하고 처리한 경우 그 신청서 또는 신고서와 첨부서류의 사본 및 처리결과를 관할소방서장에게 송부해야 한다.
② 시·도지사 또는 소방서장이 영 제7조 제1항의 설치·변경 관련 서류제출, 제6조의 설치허가신청, 제7조의 변경허가신청, 제10조의 품명 등의 변경신고, 제19조 제1항의 완공검사신청, 제22조의 지위승계신고, 제23조제1항의 용도폐지신고 또는 제23조의2제2항의 사용 중지신고 또는 재개신고를 각각 접수하고 처리한 경우 그 신청서 또는 신고서와 구조설비명세표(설치허가신청 또는 변경허가신청에 한한다)의 사본 및 처리결과를 관할 시장·군수·구청장에게 송부해야 한다.

8 제조소등 설치허가 취소와 사용정지 등(위험물안전관리법 제12조)

(1) 취소와 사용정지 등
　① 명령권자는 **시 · 도지사이다**.(법 제12조 제1항)
　② 다음 어느 하나에 해당하는 경우 **허가의 취소** 하거나 **6월 이내의 제조소등의 전부 또는 일부의 사용정지**를 명할 수 있다.(법 제12조 제1항)
　　㉠ 변경허가를 받지 아니하고 제조소등의 위치 · 구조 또는 설비를 변경한 때
　　㉡ 완공검사를 받지 아니하고 제조소등을 사용한 때
　　㉢ 안전조치 이행명령을 따르지 아니한 때
　　㉣ 수리 · 개조 또는 이전의 명령을 위반한 때
　　㉤ 위험물안전관리자를 선임하지 아니한 때
　　㉥ 대리자를 지정하지 아니한 때
　　㉦ 정기점검을 하지 아니한 때
　　㉧ 정기검사를 받지 아니한 때
　　㉨ 저장 · 취급기준 준수명령을 위반한 때

> **행정형벌**
>
> 법 제36조 [벌칙]
> 다음 각 호의 어느 하나에 해당하는 자는 <u>1천500만 원 이하의 벌금</u>에 처한다.
> 4. 제12조의 규정에 따른 제조소등의 사용정지명령을 위반한 자

> **관련법규**
>
> 위험물안전관리법 시행규칙
> 제25조 [허가취소 등의 처분기준]
> 법 제12조의 규정에 의한 제조소등에 대한 허가취소 및 사용정지의 처분기준은 별표 2와 같다.

25
「위험물안전관리법」상 빈칸에 들어갈 말은?

"시 · 도지사는 제조소등 설치허가 취소와 ( )개월 이내의 제조소등의 전부 또는 일부의 사용정지를 할 수 있다."

① 1　　② 3
③ 6　　④ 12

26
「위험물안전관리법」상 제조소등 설치허가의 취소와 사용정지의 사유에 해당하지 않는 것은?

① 변경허가를 받지 아니하고 제조소등의 위치 · 구조 또는 설비를 변경한 경우
② 위험물안전관리자를 선임하지 아니한 경우
③ 완공검사를 받지 아니하고 제조소등을 사용한 경우
④ 제조소등의 변경허가시 신청서의 첨부서류에 흠이 있는 경우

정답　25. ③　26. ④

【행정처분기준】　　　　　　　　　　　　　　　　　　　　　　　시행규칙 별표2

1. 일반기준
    가. 위반행위가 2 이상인 때에는 그 중 중한 처분기준(중한 처분기준이 동일한 때에는 그 중 하나의 처분기준을 말한다. 이하 이 호에서 같다)에 의하되, 2 이상의 처분기준이 동일한 사용정지이거나 업무정지인 경우에는 중한 처분의 2분의 1까지 가중처분할 수 있다.
    나. 사용정지 또는 업무정지의 처분기간 중에 사용정지 또는 업무정지에 해당하는 새로운 위반행위가 있는 때에는 종전의 처분기간 만료일의 다음 날부터 새로운 위반행위에 따른 사용정지 또는 업무정지의 행정처분을 한다.
    다. 위반행위의 횟수에 따른 행정처분기준은 최근 2년간 같은 위반행위로 행정처분을 받은 경우에 적용한다. 이 경우 기간의 계산은 위반행위에 대하여 행정처분을 받은 날과 그 처분 후 다시 같은 위반행위를 하여 적발된 날을 기준으로 한다.
    라. 다목에 따라 가중된 행정처분을 하는 경우 가중처분의 적용 차수는 그 위반행위 전 행정처분 차수(다목에 따른 기간 내에 행정처분이 둘 이상 있었던 경우에는 높은 차수를 말한다)의 다음 차수로 한다.
    마. 사용정지 또는 업무정지의 처분기간이 완료될 때까지 위반행위가 계속되는 경우에는 사용정지 또는 업무정지의 행정처분을 다시 한다.
    바. 처분권자는 다음의 사항을 고려하여 제2호의 개별기준에 따른 처분을 감경할 수 있다. 이 경우 그 처분이 사용정지 또는 업무정지인 경우에는 그 처분기준의 2분의 1 범위에서 처분기간을 감경할 수 있고, 그 처분이 지정취소(제58조제1항제1호부터 제3호까지에 해당하는 경우는 제외한다) 또는 등록취소(법 제16조제5항제1호부터 제3호까지에 해당하는 경우는 제외한다)인 경우에는 6개월의 업무정지 처분으로 감경할 수 있다.
        1) 위반행위의 동기·내용·횟수 또는 그 결과 등을 고려할 때 제2호 각 목의 기준을 적용하는 것이 불합리하다고 인정되는 경우
        2) 고의 또는 중과실이 없는 위반행위자가 「소상공인기본법」 제2조에 따른 소상공인인 경우로서 해당 행정처분으로 위반행위자가 더 이상 영업을 영위하기 어렵다고 객관적으로 인정되는지 여부, 경제위기 등으로 위반행위자가 속한 시장·산업 여건이 현저하게 변동되거나 지속적으로 악화된 상태인지 여부 등을 종합적으로 고려할 때 행정처분을 감경할 필요가 있다고 인정되는 경우

2. 개별기준
    가. 제조소등에 대한 행정처분기준

위반사항	행정처분기준		
	1차	2차	3차
(1) 법 제6조제1항의 후단에 따른 변경허가를 받지 않고, 제조소등의 위치·구조 또는 설비를 변경한 경우	경고 또는 사용정지 15일	사용정지 60일	허가취소
(2) 법 제9조에 따른 완공검사를 받지 않고 제조소등을 사용한 경우	사용정지 15일	사용정지 60일	허가취소

위반사항	1차	2차	3차
(3) 법 제11조의2제3항에 따른 안전조치 이행명령을 따르지 않은 경우	경고	허가취소	-
(4) 법 제14조제2항에 따른 수리·개조 또는 이전의 명령을 위반한 경우	사용정지 30일	사용정지 90일	허가취소
(5) 법 제15조제1항 및 제2항에 따른 위험물안전관리자를 선임하지 않은 경우	사용정지 15일	사용정지 60일	허가취소
(6) 법 제15조제5항을 위반하여 대리자를 지정하지 않은 경우	사용정지 10일	사용정지 30일	허가취소
(7) 법 제18조제1항에 따른 정기점검을 하지 않은 경우	사용정지 10일	사용정지 30일	허가취소
(8) 법 제18조제3항에 따른 정기검사를 받지 않은 경우	사용정지 10일	사용정지 30일	허가취소
(9) 법 제26조에 따른 저장·취급기준 준수명령을 위반한 경우	사용정지 30일	사용정지 60일	허가취소

나. 안전관리대행기관에 대한 행정처분기준

위반사항	행정처분기준		
	1차	2차	3차
(1) 허위 그 밖의 부정한 방법으로 등록을 한 때	지정취소		
(2) 탱크시험자의 등록 또는 다른 법령에 의한 안전관리업무대행기관의 지정·승인 등이 취소된 때	지정취소		
(3) 다른 사람에게 지정서를 대여한 때	지정취소		
(4) 별표 22의 규정에 의한 안전관리대행기관의 지정기준에 미달되는 때	업무정지 30일	업무정지 60일	지정취소
(5) 제57조제4항의 규정에 의한 소방청장의 지도·감독에 정당한 이유없이 따르지 아니한 때	업무정지 30일	업무정지 60일	지정취소
(6) 제57조제5항에 따른 변경 신고를 연간 2회 이상 하지 아니한 때	경고 또는 업무정지 30일	업무정지 90일	지정취소
(7) 제57조제6항에 따른 휴업 또는 재개업 신고를 연간 2회 이상 하지 아니한 때	경고 또는 업무정지 30일	업무정지 90일	지정취소
(8) 안전관리대행기관의 기술인력이 제59조의 규정에 의한 안전관리업무를 성실하게 수행하지 아니한 때	경고	업무정지 90일	지정취소

9 과징금 처분(위험물안전관리법 제13조) 13 공채

(1) 과징금 처분
① 과징금 처분은 제조소등에 대한 사용의 정지가 그 이용자에게 심한 불편을 주거나 그 밖에 공익을 해칠 우려가 있을 때
② 과징금 부과자 : **시·도지사**
③ 과징금 부과 금액 : 사용정지처분에 갈음하여 **2억 원** 이하

🔖 관련법규

위험물안전관리법 시행규칙

제26조 [과징금의 금액]
법 제13조제1항에 따라 과징금을 부과하는 위반행위의 종류와 위반 정도 등에 따른 과징금의 금액은 다음 각 호의 구분에 따른 기준에 따라 산정한다.
  1. 2016년 2월 1일부터 2018년 12월 31일까지의 기간 중에 위반행위를 한 경우: 별표 3
  2. 2019년 1월 1일 이후에 위반행위를 한 경우: 별표 3의2

제27조 [과징금 징수절차]
법 제13조 제2항에 따른 과징금의 징수절차에 관하여는 「국고금 관리법 시행규칙」을 준용한다.

관계법령	내용	과징금
소방시설법	영업정지처분 갈음	3천만 원 이하
소방시설공사업법	영업정지처분 갈음	2억 원 이하
위험물안전관리법	사용정지처분 갈음	2억 원 이하

【과징금의 금액】   시행규칙 별표3

〈2016년 2월 1일부터 2018년 12월 31일까지의 기간 중에 위반행위를 한 경우〉

1. 일반기준
  가. 과징금을 부과하는 위반행위의 종별에 따른 과징금의 금액은 제25조 및 별표 2의 규정에 의한 사용정지의 기간에 나목 또는 다목에 의하여 산정한 1일당 과징금의 금액을 곱하여 얻은 금액으로 한다.
  나. 1일당 과징금의 금액은 당해 제조소등의 연간 매출액을 기준으로 하여 제2호가목의 기준에 의하여 산정한다. 이 경우 연간 매출액은 전년도의 1년간의 총 매출액을 기준으로 하되, 신규사업·휴업 등으로 인하여 1년간의 총 매출액을 산출할 수 없는 경우에는 분기별·월별 또는 일별 매출액을 기준으로 하여 연간 매출액을 환산한다.

---

27. 「위험물안전관리법」상 과징금의 최대 부과금액은?
① 1천만 원 이하
② 5천만 원 이하
③ 1억 원 이하
④ 2억 원 이하

28. 「위험물안전관리법 시행규칙」상 빈칸에 들어갈 말은?

"과징금의 징수절차에 관하여는 (   )을(를) 준용한다."

① 국고금관리법 시행규칙
② 위험물안전관리법 시행규칙
③ 소방청장이 정한 고시
④ 시·도 조례

정답 27. ④ 28. ①

다. 연간 매출액이 없거나 연간 매출액의 산출이 곤란한 제조소등의 경우에는 당해 제조소 등에서 저장 또는 취급하는 위험물의 허가수량(지정수량의 배수)을 기준으로 하여 제2호 나목의 기준에 의하여 산정한다.

2. 과징금 산정기준

가. 연간 매출액을 기준으로 한 과징금 산정기준

등급	연간 매출액	1일당 과징금의 금액 (단위: 원)
1	5천만 원 이하	7,000
2	5천만 원 초과 ~ 1억 원 이하	20,000
3	1억 원 초과 ~ 2억 원 이하	41,000
4	2억 원 초과 ~ 3억 원 이하	68,000
5	3억 원 초과 ~ 5억 원 이하	110,000
6	5억 원 초과 ~ 7억 원 이하	160,000
7	7억 원 초과 ~ 10억 원 이하	200,000
8	10억 원 초과 ~ 13억 원 이하	240,000
9	13억 원 초과 ~ 16억 원 이하	280,000
10	16억 원 초과 ~ 20억 원 이하	320,000
11	20억 원 초과 ~ 25억 원 이하	360,000
12	25억 원 초과 ~ 30억 원 이하	400,000
13	30억 원 초과 ~ 40억 원 이하	440,000
14	40억 원 초과 ~ 50억 원 이하	480,000
15	50억 원 초과 ~ 70억 원 이하	520,000
16	70억 원 초과 ~ 100억 원 이하	560,000
17	100억 원 초과 ~ 150억 원 이하	737,000
18	150억 원 초과 ~ 200억 원 이하	1,031,000
19	200억 원 초과 ~ 300억 원 이하	1,473,000
20	300억 원 초과 ~ 400억 원 이하	2,062,000
21	400억 원 초과 ~ 500억 원 이하	2,115,000
22	500억 원 초과 ~ 600억 원 이하	2,168,000
23	600억 원 초과	2,222,000

나. 저장 또는 취급하는 위험물의 허가수량을 기준으로 한 과징금 산정기준

등급	저장 또는 취급하는 위험물의 허가수량(지정수량의 배수)		1일당 과징금의 금액 (단위 : 천원)
	저장량	취급량	
1	50배 이하	30배 이하	30
2	50배 초과 ~ 100배 이하	30배 초과 ~ 100배 이하	100
3	100배 초과 ~ 1,000배 이하	100배 초과 ~ 500배 이하	400
4	1,000배 초과 ~ 10,000배 이하	500배 초과 ~ 1,000배 이하	600
5	10,000배 초과 ~ 100,000배 이하	1,000배 초과 ~ 2,000배 이하	800
6	100,000배 초과	2,000배 초과	1,000

비고
1. 저장량과 취급량이 다른 경우에는 둘 중 많은 수량을 기준으로 한다.
2. 자가발전, 자가난방 그 밖의 이와 유사한 목적의 제조소등에 있어서는 이표에 의한 금액의 2분의 1을 과징금의 금액으로 한다.

【과징금의 금액】　　　　　　　　　　　　　　　　　　　시행규칙 별표3의2

〈2019년 1월 1일 이후에 위반행위를 한 경우〉

1. 일반기준
    가. 위반행위의 종류에 따른 과징금의 금액은 제25조 및 별표 2에 따른 해당 위반행위에 대한 사용정지의 기간에 따라 나목 또는 다목의 기준에 따라 산정한다.
    나. 과징금 금액은 해당 제조소등의 1일 평균 매출액을 기준으로 하여 제2호가목의 기준에 따라 산정한다. 이 경우 1일 평균 매출액은 전년도의 1년간의 총 매출액의 1일 평균 매출액을 기준으로 하되, 신규사업·휴업 등으로 인하여 1년간의 총 매출액을 산출할 수 없는 경우에는 분기별·월별 또는 일별 매출액을 기준으로 하여 1년간의 총 매출액을 환산한다.
    다. 1년간의 총 매출액이 없거나 산출하기 곤란한 제조소등의 경우에는 해당 제조소등에서 저장 또는 취급하는 위험물의 허가수량(지정수량의 배수)을 기준으로 하여 제2호나목의 기준에 따라 산정한다.

2. 과징금 산정기준
    가. 1일 평균 매출액을 기준으로 한 과징금 산정기준

    과징금 금액 = 1일 평균 매출액 × 사용정지 일수 × 0.0574

나. 저장 또는 취급하는 위험물의 허가수량을 기준으로 한 과징금 산정기준

등급	저장 또는 취급하는 위험물의 허가수량(지정수량의 배수)		1일당 과징금의 금액 (단위 : 원)
	저장량	취급량	
1	50배 이하	30배 이하	30,000
2	50배 초과 ~ 100배 이하	30배 초과 ~ 100배 이하	100,000
3	100배 초과 ~ 1,000배 이하	100배 초과 ~ 500배 이하	400,000
4	1,000배 초과 ~ 10,000배 이하	500배 초과 ~ 1,000배 이하	600,000
5	10,000배 초과 ~ 100,000배 이하	1,000배 초과 ~ 2,000배 이하	800,000
6	100,000배 초과	2,000배 초과	1,000,000

비고

1. 저장량과 취급량이 다른 경우에는 둘 중 많은 수량을 기준으로 한다.
2. 자가발전, 자가난방 그 밖의 이와 유사한 목적의 제조소등에 있어서는 이표에 의한 금액의 2분의 1을 과징금의 금액으로 한다.

CHAPTER 02 O·X 문제

01 ❌ 제조소등의 위치·구조 또는 설비의 변경 없이 당해 제조소등에서 저장하거나 취급하는 위험물의 품명·수량 또는 지정수량의 배수를 변경하고자 하는 자는 변경하고자 하는 날의 1일 전까지 행정안전부령이 정하는 바에 따라 시·도지사에게 신고하여야 한다.(법 제6조 제2항)

01 제조소등의 위치·구조 또는 설비의 변경 없이 당해 제조소등에서 저장하거나 취급하는 위험물의 품명·수량 또는 지정수량의 배수를 변경하고자 하는 자는 변경하고자 하는 날의 7일 전까지 행정안전부령이 정하는 바에 따라 시·도지사에게 신고하여야 한다.

02 ⭕

02 위험물시설의 설치 및 변경 등에서 농예용·축산용 또는 수산용으로 필요한 난방시설 또는 건조시설을 위한 지정수량 20배 이하의 저장소는 신고를 하지 않아도 된다.

03 ❌ 군사목적 또는 군부대시설을 위한 제조소등을 설치하거나 그 위치·구조 또는 설비를 변경하고자 하는 군부대의 장은 대통령령이 정하는 바에 따라 미리 제조소등의 소재지를 관할하는 시·도지사와 협의하여야 한다.(법 제7조 제1항)

03 군사목적 또는 군부대시설을 위한 제조소등을 설치하거나 그 위치·구조 또는 설비를 변경하고자 하는 군부대의 장은 대통령령이 정하는 바에 따라 추후 제조소등의 소재지를 관할하는 시·도지사와 협의하여야 한다.

04 ❌ 탱크안전성능검사 실시권자는 시·도지사이다.(법 제8조 제1항)

04 탱크안전성능검사 실시권자는 소방청장이다.

05 ⭕

05 시·도지사가 면제할 수 있는 탱크안전성능검사는 충수·수압검사로 한다.

06 기초・지반검사의 대상은 옥내탱크저장소의 액체위험물탱크로 100만 리터 이상인 탱크이다.

06
❌ 기초・지반검사 : 옥외탱크저장소의 액체위험물탱크로 100만 리터 이상인 탱크(영 제8조)

07 탱크안전성능검사의 신청시기
　㉠ 기초・지반검사 : 위험물탱크의 기초 및 지반에 관한 공사의 개시 전
　㉡ 충수・수압검사 : 위험물을 저장 또는 취급하는 탱크에 배관 그 밖의 부속설비를 부착 후
　㉢ 용접부검사 : 탱크 본체에 관한 공사의 개시 전
　㉣ 암반탱크검사 : 암반탱크의 본체에 관한 공사의 개시 전

07
❌ ㉡ 충수・수압검사 : 위험물을 저장 또는 취급하는 탱크에 배관 그 밖의 부속설비를 부착하기 전(규칙 제18조 제4항)

08 제조소등의 용도 폐지신고는 폐지한 날부터 14일 이내 시・도지사에게 신고하여야 한다.

08
⭕

09 시・도지사는 제조소등에 대한 사용의 정지가 그 이용자에게 심한 불편을 주거나 그 밖에 공익을 해칠 우려가 있는 때에는 사용정지처분에 갈음하여 2억 원 이하의 과징금을 부과할 수 있다.

09
⭕

10 제조소등의 설치자의 지위승계 신고기한은 승계한 날부터 30일 이내 시・도지사에게 신고하여야 한다.

10
⭕

CHAPTER 03 위험물시설의 안전관리

01 ◐ 1 2 3
「위험물안전관리법」상 위험물시설의 유지·관리가 부적합하다고 인정되는 때에는 기술기준에 적합하도록 제조소등의 위치·구조 및 설비의 수리·개조 또는 이전을 명령하는 사람으로 옳지 않은 것은?

① 시·도지사
② 소방청장
③ 소방본부장
④ 소방서장

1 위험물시설의 유지·관리(위험물안전관리법 제14조)

(1) 위험물시설의 유지·관리

① 유지·관리 : 관계인

제조소등의 관계인은 당해 제조소등의 위치·구조 및 설비가 기술기준에 적합하도록 유지·관리하여야 한다.(법 제14조 제1항)

② 수리·개조 또는 이전을 명령 : 시·도지사, 소방본부장, 소방서장

시·도지사, 소방본부장, 소방서장이 기준에 따른 유지·관리 상황이 부적합하다고 인정되는 때에는 기술기준에 적합하도록 제조소등의 위치·구조 및 설비의 수리·개조 또는 이전을 명할 수 있다.(법 제14조 제2항)

> **행정형벌**
>
> 법 제36조 [벌칙]
> 다음 각 호의 어느 하나에 해당하는 자는 <u>1천500만 원 이하의 벌금</u>에 처한다.
> 5. 제14조제2항의 규정에 따른 수리·개조 또는 이전의 명령에 따르지 아니한 자

(2) 제조소등(이동탱크저장소 제외)에 설치해야 하는 소방시설

- **소화설비, 경보설비, 피난설비**

① 소화설비의 기준(규칙 제41조)

㉠ 제조소등에는 화재발생시 소화가 곤란한 정도에 따라 그 소화에 적응성이 있는 소화설비를 설치하여야 한다.

㉡ ㉠에 의한 소화가 곤란한 정도에 따른 소화난이도는 소화난이도등급Ⅰ, 소화난이도등급Ⅱ 및 소화난이도등급Ⅲ으로 구분하되, 각 소화난이도등급에 해당하는 제조소등의 규모, 저장 또는 취급하는 위험물의 품명 및 최대수량 등과 그에 따라 제조소등별로 설치하여야 하는 소화설비의 종류, 각 소화설비의 적응성 및 소화설비의 설치기준은 별표 17과 같다.

② 경보설비의 기준(규칙 제42조)

㉠ 지정수량의 **10배** 이상의 위험물을 저장 또는 취급하는 제조소등(이동탱크저장소를 제외한다)에는 화재발생시 이를 알릴 수 있는 경보설비를 설치하여야 한다.

정답 01. ②

ⓛ ㉠에 따른 경보설비는 **자동화재탐지설비·자동화재속보설비·비상경보설비**(비상벨장치 또는 경종을 포함한다)·**확성장치**(휴대용확성기를 포함한다) 및 비상방송설비로 구분하되, 제조소등별로 설치하여야 하는 경보설비의 종류 및 설치기준은 별표 17과 같다.

ⓒ 자동신호장치를 갖춘 **스프링클러설비** 또는 **물분무등소화설비**를 설치한 제조소등에 있어서는 ⓛ의 규정에 의한 **자동화재탐지설비**를 설치한 것으로 본다.

③ 피난설비의 기준(규칙 제43조)

㉠ 주유취급소 중 건축물의 **2층** 이상의 부분을 **점포·휴게음식점** 또는 **전시장**의 용도로 사용하는 것과 **옥내주유취급소**에는 피난설비를 설치하여야 한다.

ⓛ ㉠의 규정에 의한 피난설비의 설치기준은 별표 17과 같다.

④ 소화설비 등의 설치에 관한 세부기준(규칙 제44조)

①~③의 규정에 의한 기준 외에 소화설비·경보설비 및 피난설비의 설치에 관하여 필요한 세부기준은 **소방청장**이 정하여 고시한다.

⑤ 소화설비 등의 형식(규칙 제45조)

소화설비·경보설비 및 피난설비는 「소방시설 설치 및 관리에 관한 법률」에 따라 소방청장의 **형식승인**을 받은 것이어야 한다.

⑥ 화재안전기준 등의 적용(규칙 제46조)

제조소등에 설치하는 소화설비·경보설비 및 피난설비의 설치 기준 등에 관하여 ①부터 ④까지의 규정에 따른 기준 외에는 「소방시설 설치 및 관리에 관한 법률」에 따른 화재안전기준 및 내진설계기준에 따른다.

(3) 제조소등의 기준의 특례(규칙 제47조)

① **시·도지사 또는 소방서장**은 다음 중 하나라도 해당하는 경우에는 이 장의 규정을 적용하지 아니한다.

㉠ 위험물의 품명 및 최대수량, 지정수량의 배수, 위험물의 저장 또는 취급의 방법 및 제조소등의 주위의 지형 그 밖의 상황 등에 비추어 볼 때 화재의 발생 및 연소의 정도나 화재 등의 **재난에 의한 피해**가 이 장의 규정에 의한 제조소등의 위치·구조 및 설비의 기준에 의한 경우와 **동등 이하**가 된다고 인정되는 경우

ⓛ 예상하지 아니한 특수한 구조나 설비를 이용하는 것으로서 이 장의 규정에 의한 제조소등의 위치·구조 및 설비의 기준에 의한 경우와 **동등 이상**의 효력이 있다고 인정되는 경우

(4) 제조소등의 안전성에 관한 평가(규칙 제47조)

① **시·도지사 또는 소방서장**은 제조소등의 기준의 특례 적용 여부를 심사함에 있어서 전문기술적인 판단이 필요하다고 인정하는 사항에 대해서는 **한국소방산업기술원**이 실시한 해당 제조소등의 안전성에 관한 평가를 참작할 수 있다.

② 안전성 평가를 받으려는 자는 규정에 따른 서류 중 해당 서류를 **한국소방산업기술원**에 제출하여 안전성 평가를 신청할 수 있다.

③ 안전성 평가의 신청을 받은 기술원은 소방기술사, 위험물기능장 등 해당분야의 전문가가 참여하는 위원회("**안전성평가위원회**")의 심의를 거쳐 안전성 평가 결과를 **30일** 이내에 신청인에게 통보하여야 한다.

④ 그 밖에 안전성평가위원회의 구성 및 운영과 신청절차 등 안전성 평가에 관하여 필요한 사항은 **한국소방산업기술원의 원장**이 정한다.

> **관련법규**
>
> **위험물안전관리법 시행규칙**
>
> **제28조 [제조소의 기준]**
> 법 제5조 제4항의 규정에 의한 제조소등의 위치·구조 및 설비의 기준 중 제조소에 관한 것은 별표 4와 같다.
>
> **제29조 [옥내저장소의 기준]**
> 법 제5조 제4항의 규정에 의한 제조소등의 위치·구조 및 설비의 기준 중 옥내저장소에 관한 것은 별표 5와 같다.
>
> **제30조 [옥외탱크저장소의 기준]**
> 법 제5조 제4항의 규정에 의한 제조소등의 위치·구조 및 설비의 기준 중 옥외탱크저장소에 관한 것은 별표 6과 같다.
>
> **제31조 [옥내탱크저장소의 기준]**
> 법 제5조 제4항의 규정에 의한 제조소등의 위치·구조 및 설비의 기준 중 옥내탱크저장소에 관한 것은 별표 7과 같다.
>
> **제32조 [지하탱크저장소의 기준]**
> 법 제5조 제4항의 규정에 의한 제조소등의 위치·구조 및 설비의 기준 중 지하탱크저장소에 관한 것은 별표 8과 같다.
>
> **제33조 [간이탱크저장소의 기준]**
> 법 제5조 제4항의 규정에 의한 제조소등의 위치·구조 및 설비의 기준 중 간이탱크저장소에 관한 것은 별표 9와 같다.
>
> **제34조 [이동탱크저장소의 기준]**
> 법 제5조 제4항의 규정에 의한 제조소등의 위치·구조 및 설비의 기준 중 이동탱크저장소에 관한 것은 별표 10과 같다.

제35조 [옥외저장소의 기준]
법 제5조 제4항의 규정에 의한 제조소등의 위치·구조 및 설비의 기준 중 옥외저장소에 관한 것은 별표 11과 같다.

제36조 [암반탱크저장소의 기준]
법 제5조 제4항의 규정에 의한 제조소등의 위치·구조 및 설비의 기준 중 암반탱크저장소에 관한 것은 별표 12와 같다.

제37조 [주유취급소의 기준]
법 제5조 제4항의 규정에 의한 제조소등의 위치·구조 및 설비의 기준 중 주유취급소에 관한 것은 별표 13과 같다.

제38조 [판매취급소의 기준]
법 제5조 제4항의 규정에 의한 제조소등의 위치·구조 및 설비의 기준 중 판매취급소에 관한 것은 별표 14와 같다.

제39조 [이송취급소의 기준]
법 제5조 제4항의 규정에 의한 제조소등의 위치·구조 및 설비의 기준 중 이송취급소에 관한 것은 별표 15와 같다.

제40조 [일반취급소의 기준]
법 제5조 제4항의 규정에 의한 제조소등의 위치·구조 및 설비의 기준 중 일반취급소에 관한 것은 별표 16과 같다.

제41조 [소화설비의 기준]
① 법 제5조 제4항의 규정에 의하여 제조소등에는 화재발생시 소화가 곤란한 정도에 따라 그 소화에 적응성이 있는 소화설비를 설치하여야 한다.
② 제1항의 규정에 의한 소화가 곤란한 정도에 따른 소화난이도는 소화난이도등급Ⅰ, 소화난이도등급Ⅱ 및 소화난이도등급Ⅲ으로 구분하되, 각 소화난이도등급에 해당하는 제조소등의 규모, 저장 또는 취급하는 위험물의 품명 및 최대수량 등과 그에 따라 제조소등별로 설치하여야 하는 소화설비의 종류, 각 소화설비의 적응성 및 소화설비의 설치기준은 별표 17과 같다.

제42조 [경보설비의 기준] 기출 20 공채
① 법 제5조 제4항의 규정에 의하여 영 별표 1의 규정에 의한 지정수량의 10배 이상의 위험물을 저장 또는 취급하는 제조소등(이동탱크저장소를 제외한다)에는 화재발생시 이를 알릴 수 있는 경보설비를 설치하여야 한다.
② 제1항의 규정에 의한 경보설비는 자동화재탐지설비·자동화재속보설비·비상경보설비(비상벨장치 또는 경종을 포함한다)·확성장치(휴대용 확성기를 포함한다) 및 비상방송설비로 구분하되, 제조소등별로 설치하여야 하는 경보설비의 종류 및 설치기준은 별표 17과 같다.
③ 자동신호장치를 갖춘 스프링클러설비 또는 물분무등소화설비를 설치한 제조소등에 있어서는 제2항의 규정에 의한 자동화재탐지설비를 설치한 것으로 본다.

02
「위험물안전관리법 시행규칙」상 지정수량의 10배 이상의 위험물을 저장 또는 취급하는 제조소등에 화재발생시 이를 알릴 수 있는 경보설비로 옳지 않은 것은?
① 자동화재탐지설비
② 통합감시시설
③ 확성장치
④ 비상방송설비

03
「위험물안전관리법 시행규칙」상 위험물 제조소등(이동 탱크저장소를 제외한다)에 설치하는 경보설비로 옳지 않은 것은? • 20. 공채
① 확성장치
② 비상방송설비
③ 비상경보설비
④ 무선통신보조설비

정답 02.② 03.④

04

「위험물안전관리법 시행규칙」상 제조소등에 설치하는 소방시설 설치에 대한 내용으로 옳지 않은 것은?

• 21. 공채

① 제조소등에는 화재발생시 소화가 곤란한 정도에 따라 그 소화에 적응성이 있는 소화설비를 설치하여야 한다.
② 제조소등에는 화재발생시 소방공무원이 화재를 진압하거나 인명구조 활동을 할 수 있도록 소화활동설비를 설치하여야 한다.
③ 주유취급소 중 건축물의 2층 이상의 부분을 점포·휴게음식점 또는 전시장의 용도로 사용하는 것과 옥내주유취급소에는 피난설비를 설치하여야 한다.
④ 지정수량의 10배 이상의 위험물을 저장 또는 취급하는 제조소등(이동탱크저장소 제외)에는 화재발생시 이를 알릴 수 있는 경보설비를 설치하여야 한다.

05

「위험물안전관리법 시행규칙」상 괄호 안에 들어갈 알맞은 말은?

"안전성 평가를 신청 받은 안전성평가위원회는 안전성평가 결과를 ( ) 이내에 신청인에게 통보해야 한다."

① 7일   ② 14일
③ 15일   ④ 30일

06

「위험물안전관리법 시행규칙」상 괄호 안에 들어갈 말은?

"안전성 평가의 신청을 받은 기술원은 소방기술사, 위험물기능장 등 해당 분야의 전문가가 참여하는 ( )의 심의를 거쳐 안전성 평가 결과를 30일 이내에 신청인에게 통보하여야 한다."

① 소방시설평가 위원회
② 한국소방산업기술원
③ 안전성평가위원회
④ 소방방재위원회

정답 04. ② 05. ④ 06. ③

제43조 [피난설비의 기준]

① 법 제5조 제4항의 규정에 의하여 주유취급소 중 건축물의 2층 이상의 부분을 점포·휴게음식점 또는 전시장의 용도로 사용하는 것과 옥내주유취급소에는 피난설비를 설치하여야 한다.
② 제1항의 규정에 의한 피난설비의 설치기준은 별표 17과 같다.

제44조 [소화설비 등의 설치에 관한 세부기준]

제41조 내지 제43조의 규정에 의한 기준 외에 소화설비·경보설비 및 피난설비의 설치에 관하여 필요한 세부기준은 소방청장이 정하여 고시한다.

제45조 [소화설비 등의 형식]

소화설비·경보설비 및 피난설비는「소방시설 설치 및 관리에 관한 법률」제37조에 따라 소방청장의 형식승인을 받은 것이어야 한다.

제46조 [화재안전기준의 적용]

제조소등에 설치하는 소화설비·경보설비 및 피난설비의 설치 기준 등에 관하여 제41조부터 제44조까지의 규정에 따른 기준 외에는「소방시설 설치 및 관리에 관한 법률」제2조 제6호에 따른 화재안전기준 및 같은 법 제7조에 따른 내진설계기준에 따른다.

제47조 [제조소등의 기준의 특례]

① 시·도지사 또는 소방서장은 다음 각 호의 1에 해당하는 경우에는 이 장의 규정을 적용하지 아니한다.
　1. 위험물의 품명 및 최대수량, 지정수량의 배수, 위험물의 저장 또는 취급의 방법 및 제조소등의 주위의 지형 그 밖의 상황 등에 비추어 볼 때 화재의 발생 및 연소의 정도나 화재 등의 재난에 의한 피해가 이 장의 규정에 의한 제조소등의 위치·구조 및 설비의 기준에 의한 경우와 동등 이하가 된다고 인정되는 경우
　2. 예상하지 아니한 특수한 구조나 설비를 이용하는 것으로서 이 장의 규정에 의한 제조소등의 위치·구조 및 설비의 기준에 의한 경우와 동등 이상의 효력이 있다고 인정되는 경우
② 시·도지사 또는 소방서장은 제조소등의 기준의 특례 적용 여부를 심사함에 있어서 전문기술적인 판단이 필요하다고 인정하는 사항에 대해서는 기술원이 실시한 해당 제조소등의 안전성에 관한 평가(이하 이 조에서 "안전성 평가"라 한다)를 참작할 수 있다.
③ 안전성 평가를 받으려는 자는 제6조 제1호부터 제4호까지 및 같은 조 제7호부터 제9호까지의 규정에 따른 서류 중 해당 서류를 기술원에 제출하여 안전성 평가를 신청할 수 있다.
④ 안전성 평가의 신청을 받은 기술원은 소방기술사, 위험물기능장 등 해당 분야의 전문가가 참여하는 위원회(이하 이 조에서 "안전성평가위원회"라 한다)의 심의를 거쳐 안전성 평가 결과를 30일 이내에 신청인에게 통보하여야 한다.
⑤ 그 밖에 안전성평가위원회의 구성 및 운영과 신청절차 등 안전성 평가에 관하여 필요한 사항은 기술원의 원장이 정한다.

제48조 [화약류에 해당하는 위험물의 특례]

염소산염류·과염소산염류·질산염류·황·철분·금속분·마그네슘·질산에스터류·나이트로화합물 중「총포·도검·화약류 등의 안전관리에 관한 법률」에 따른 화약류에 해당하는 위험물을 저장 또는 취급하는 제조소 등에 대해서는 별표 4 Ⅱ·Ⅳ·Ⅸ·Ⅹ 및 별표 5 Ⅰ 제1호·제2호·제4호부터 제8호까지·제14호·제16호·Ⅱ·Ⅲ을 적용하지 않는다.

위험물안전관리법 시행규칙 별표 핵심요약

요약 ● 제조소(규칙 별표4) ●기출 18, 19, 21, 22, 23, 24 공채 / 23, 24 경채

(1) 위험물제조소의 안전거리(제6류 위험물을 취급하는 제조소를 제외한다) - 수평거리

안전거리	해당 대상물
50m 이상	유형문화재, 기념물 중 지정문화재
30m 이상	① 학교 ② 병원급 의료기관(종합병원, 병원, 치과병원, 한방병원, 요양병원, 정신병원) ③ 공연장, 영화상영관, 유사한 시설로서 300명 이상 수용할 수 있는 것 ④ 아동복지시설, 장애인복지시설, 노인복지시설, 한부모가족복지시설, 어린이집, 성매매 피해자 등을 위한 지원시설, 정신건강 증진시설, 가정폭력피해자 시설로서 20명 이상의 인원을 수용할 수 있는 것
20m 이상	고압가스, 액화석유가스, 도시가스를 저장 또는 취급하는 시설
10m 이상	주거 용도에 사용되는 것
5m 이상	사용전압 35,000V를 초과하는 특고압가공전선
3m 이상	사용전압 7,000V 초과 35,000V 이하의 특고압가공전선

(2) 위험물제조소의 보유공지
① 공지의 너비

취급하는 위험물의 최대수량	공지의 너비
지정수량의 10배 이하	3m 이상
지정수량의 10배 초과	5m 이상

② 공지를 보유하지 않을 수 있는 조건
제조소의 작업공정이 다른 작업장의 작업공정과 연속되어 있어, 제조소의 건축물 그 밖의 공작물의 주위에 공지를 두게 되면 그 제조소의 작업에 현저한 지장이 생길 우려가 있는 경우 당해 제조소와 다른 작업장 사이에 다음 각목의 기준에 따라 방화상 유효한 격벽(隔壁)을 설치한 때에는 당해 제조소와 다른 작업장 사이에 ①의 규정에 의한 공지를 보유하지 아니할 수 있다.
  ㉠ 방화벽은 내화구조로 할 것, 다만 취급하는 위험물이 제6류 위험물인 경우에는 불연재료로 할 수 있다.
  ㉡ 방화벽에 설치하는 출입구 및 창 등의 개구부는 가능한 한 최소로 하고, 출입구 및 창에는 자동폐쇄식의 60분+ 방화문 또는 60분 방화문을 설치할 것
  ㉢ 방화벽의 양단 및 상단이 외벽 또는 지붕으로부터 50cm 이상 돌출하도록 할 것
③ 피뢰설비
지정수량의 10배 이상의 위험물을 취급하는 제조소(제6류 위험물을 취급하는 위험물제조소 제외)에는 피뢰침을 설치하여야 한다.

07

「위험물안전관리법 시행규칙」상 위험물 제조소의 안전거리로 옳지 않은 것은?

① 사용전압이 35,000V를 초과하는 특고압가공전선에 있어서는 5m 이상
② 주거용으로 사용되는 것에 있어서는 20m 이상
③ 학교·병원·극장 그 밖에 다수인을 수용하는 시설로서 「의료법」에 따른 병원급 의료기관에 있어서는 30m 이상
④ 「문화재보호법」의 규정에 의한 유형문화재와 기념물 중 지정문화재에 있어서는 50m 이상

08

「위험물안전관리법 시행규칙」상 제4류 위험물의 게시판표지 바탕과 문자 색으로 옳은 것은?

① 청색바탕, 백색문자
② 적색바탕, 백색문자
③ 흑색바탕, 백색문자
④ 백색바탕, 흑색문자

09

「위험물안전관리법 시행규칙」상 제조소의 위치·구조 및 설비의 기준에 근거하여 취급하는 위험물의 최대수량이 지정수량의 20배인 경우, 제조소 주위에 보유하여야 하는 공지의 너비는? • 23. 공채 / • 23. 경채

① 2m 이상 ② 3m 이상
③ 4m 이상 ④ 5m 이상

정답 07. ② 08. ② 09. ④

10

「위험물안전관리법 시행규칙」상 제조소의 위치·구조 및 설비의 기준에 대한 설명으로 옳지 않은 것은?
· 19. 상반기

① 환기설비는 자연배기 방식으로 하여야 한다.
② 제6류 위험물을 취급하는 제조소는 안전거리 적용제외 대상이다.
③ "위험물 제조소"라는 표시를 한 표지의 바탕은 흑색으로, 문자는 백색으로 하여야 한다.
④ 제5류 위험물을 저장 또는 취급하는 제조소에는 "화기 엄금"을 표시한 게시판을 설치하여야 한다.

11

「위험물안전관리법 시행규칙」상 위험물 제조소의 표지 및 게시판에 대한 내용으로 옳지 않은 것은?
· 22. 공채

① 게시판은 한변의 길이가 0.3 m 이상, 다른 한변의 길이가 0.6 m 이상인 직사각형으로 한다.
② 제4류 위험물에 있어서는 적색바탕에 백색문자로, "화기엄금"을 표시한다.
③ 알칼리금속의 과산화물은 청색바탕에 백색문자로, "물기엄금"을 표시한다.
④ 인화성고체에 있어서는 적색바탕에 백색문자로, "화기주의"를 표시한다.

12

「위험물안전관리법 시행규칙」상 위험물제조소에 저장 또는 취급하는 위험물에 따라 설치해야 하는 주의사항을 표시한 게시판의 내용으로 옳지 않은 것은?
· 24. 공채 / · 24. 경채

① 제1류 위험물 중 알칼리금속의 과산화물 - 물기주의
② 제2류 위험물(인화성고체 제외) - 화기주의
③ 제3류 위험물 중 자연발화성물질 - 화기엄금
④ 제5류 위험물 - 화기엄금

〈망입유리〉

정답 10. ③ 11. ④ 12. ①

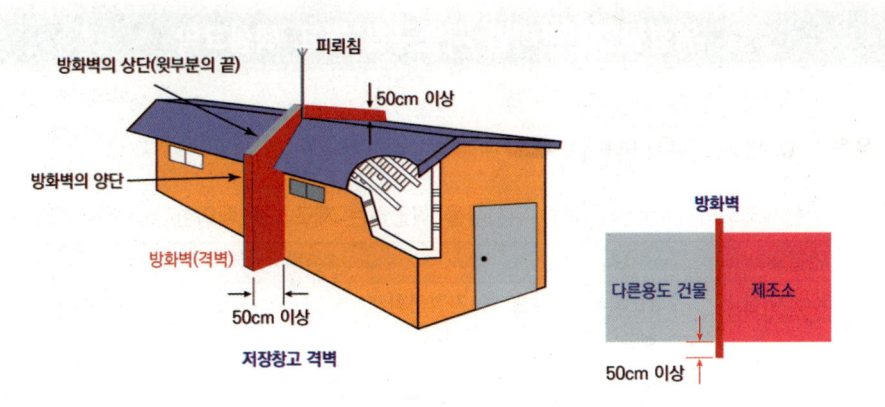

(3) 위험물제조소의 표지 및 게시판

① 표지 및 게시판

구 분	설치 및 표시
표지	㉠ 표지 : 한 변의 길이 0.3m 이상, 다른 한 변의 길이 0.6m 이상 ㉡ 표지 바탕 : 바탕은 백색, 문자는 흑색
게시판	㉠ 게시판 : 한 변의 길이 0.3m 이상, 다른 한 변의 길이 0.6m 이상 ㉡ 게시판 바탕 : 바탕은 백색, 문자는 흑색 ㉢ 게시판 기재 : 유별, 품명, 저장최대수량, 취급최대수량, 지정수량의 배수, 위험물안전관리자의 성명 또는 직명

② 주의사항

품 명	주의사항	게시판표시
제2류 위험물(인화성고체), 제3류 위험물(자연발화성물질), 제4류 위험물, 제5류 위험물	화기엄금	적색바탕에 백색문자
제1류 위험물(알칼리금속의 과산화물) 제3류 위험물(금수성 물질)	물기엄금	청색바탕에 백색문자
제2류 위험물(인화성고체 제외)	화기주의	적색바탕에 백색문자

(4) 건축물의 구조

① 지하층이 없도록 할 것
② 벽, 기둥, 바닥, 보, 서까래 및 계단은 불연재료로 하고, 연소우려가 있는 외벽은 출입구 외의 개구부가 없는 내화구조의 벽으로 할 것
③ 지붕은 가벼운 불연재로 덮을 것
④ 출입구 및 비상구에는 60분+ 방화문·60분 방화문 또는 30분 방화문을 설치하되 연소 우려가 있는 외벽에 설치하는 출입구에는 수시로 열 수 있는 자동폐쇄식의 60분+ 방화문 또는 60분 방화문을 설치할 것
⑤ 위험물을 취급하는 건축물의 창 및 출입구에 유리를 이용하는 경우에는 망입유리(두꺼운 판유리에 철망을 넣은 것)로 하여야 한다.
⑥ 액체의 위험물을 취급하는 건축물의 바닥은 위험물이 스며들지 못하는 재료를 사용하고 적당한 경사를 두어 그 최저부에 집유설비를 설치할 것

(5) 채광설비
불연재료로 하고, 연소의 우려가 없는 장소에 설치하되 채광면적을 최소로 할 것

〈창문의 채광설비〉　〈지붕의 채광설비〉

(6) 조명설비
① 가연성가스 등이 체류할 우려가 있는 장소의 조명등은 방폭등으로 할 것
② 전선은 내화·내열전선으로 할 것
③ 점멸스위치는 출입구 바깥부분에 설치할 것. 다만, 스위치의 스파크로 인한 화재·폭발의 우려가 없을 경우에는 그러하지 아니하다.

(7) 환기설비
① 환기 : 자연배기방식
② 급기구는 당해 급기구가 설치된 실의 바닥면적 150m² 마다 1개 이상으로 하되, 급기구의 크기는 800cm² 이상으로 할 것. 다만 바닥면적이 150m² 미만인 경우에는 다음의 크기로 하여야 한다.

바닥면적	급기구의 면적
60m² 미만	150cm² 이상
60m² 이상 90m² 미만	300cm² 이상
90m² 이상 120m² 미만	450cm² 이상
120m² 이상 150m² 미만	600cm² 이상

〈환기설비 - 루프팬〉

③ 급기구는 낮은 곳에 설치하고 가는 눈의 구리망 등으로 인화방지망을 설치할 것
④ 환기구는 지붕 위 또는 지상 2m 이상의 높이에 회전식 고정벤티레이터 또는 루프팬방식(roof fan: 지붕에 설치하는 배기장치)으로 설치할 것

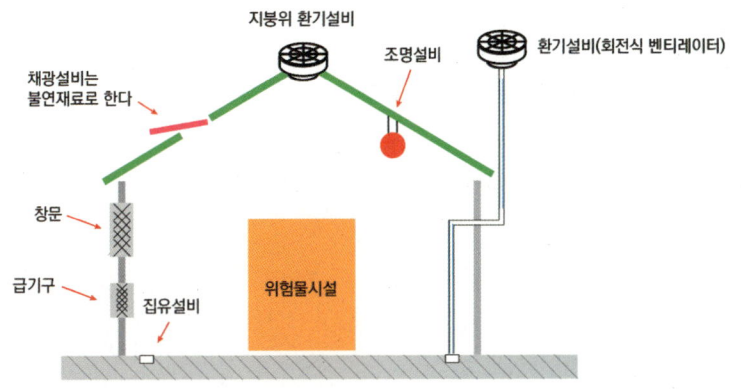

---

13 「위험물안전관리법 시행규칙」상 제조소의 설치기준에 대한 설명이다. 옳지 않은 것은? • 18. 상반기
① 채광설비는 불연재료로 하고 연소우려가 없는 장소에 설치한다.
② 조명설비의 전선은 내화·내열전선으로 한다.
③ 환기설비의 급기구의 크기는 800cm² 이상으로 한다.
④ 환기설비의 급기구는 높은 곳에 설치한다.

14 「위험물안전관리법 시행규칙」상 제조소의 환기설비의 기준에 대한 설명으로 옳지 않은 것은? • 21. 공채
① 환기는 기계배기방식으로 할 것
② 환기구는 지상 2m 이상의 높이에 루프팬방식으로 설치 할 것
③ 바닥면적이 90m² 일 경우 급기구의 면적은 450cm² 이상으로 할 것
④ 급기구는 낮은 곳에 설치하고 가는 눈의 구리망 등으로 인화방지망을 설치할 것

정답 13. ④ 14. ①

15 ● 1 2 3

「위험물안전관리법 시행규칙」상 고인화점위험물을 상온에서 취급하는 경우 제조소의 시설기준 중 일부 완화된 시설기준을 적용할 수 있는데, 고인화점위험물의 정의로 옳은 것은?

• 19. 상반기

① 인화점이 250℃ 이상인 인화성 액체
② 인화점이 100℃ 이상인 제4류 위험물
③ 인화점이 70℃ 이상 200℃ 미만인 제4류 위험물
④ 인화점이 70℃ 이상이고 가연성 액체량이 40중량퍼센트 이상인 제4류 위험물

(8) 배출설비
① 배출설비 : 국소방식

> ● 전역방식으로 할 수 있는 것
> ㉠ 위험물취급설비가 배관이음 등으로만 된 경우
> ㉡ 건축물의 구조·작업 장소의 분포 등의 조건에 의하여 전역방식이 유효한 경우

② 배출능력 : 1시간당 배출장소 용적의 20배 이상
③ 급기구는 높은 곳에 설치하고 가는 눈의 구리망 등으로 인화방지망을 설치할 것
④ 배출구는 지상 2m 이상으로서 연소의 우려가 없는 장소에 설치할 것
⑤ 배풍기 : 강제배기방식

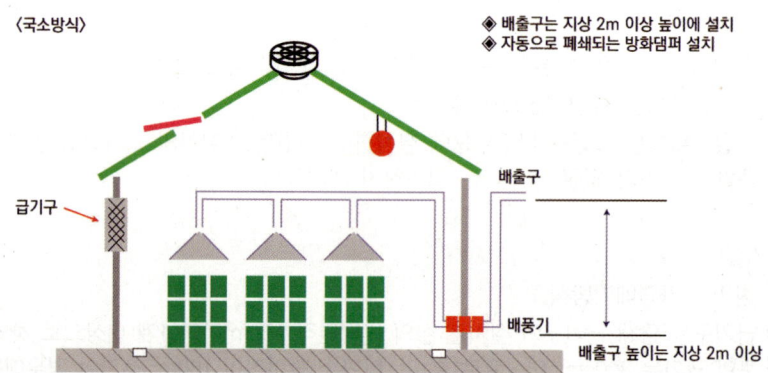

(9) 옥외시설의 바닥
① 바닥의 둘레에 높이 0.15m 이상의 턱을 설치하는 등 위험물이 외부로 흘러나가지 아니하도록 할 것
② 바닥은 콘크리트 등 위험물이 스며들지 아니하는 재료로 할 것
③ 바닥의 최저부에 집유설비를 할 것
④ 위험물(온도 20℃의 물 100g에 용해되는 양이 1g 미만인 것)을 취급하는 설비에는 집유설비에 유분리장치를 설치할 것

(10) 기타설비
1. 안전장치
① 자동적으로 압력의 상승을 정지시키는 장치
② 감압측에 안전밸브를 부착한 감압밸브
③ 안전밸브를 겸하는 경보장치
④ 파괴판 (안전밸브의 작동이 곤란한 경우에 한하여 사용)

정답 15. ②

2. 정전기 제거설비
위험물을 취급함에 있어서 정전기가 발생할 우려가 있는 설비에는 다음 각목의 1에 해당하는 방법으로 정전기를 유효하게 제거할 수 있는 설비를 설치하여야 한다.
① 접지에 의한 방법
② 공기 중의 상대습도를 70% 이상으로 하는 방법
③ 공기를 이온화하는 방법

3. 피뢰설비
지정수량의 10배 이상의 위험물을 취급하는 제조소(제6류 위험물을 취급하는 위험물제조소를 제외한다)에는 피뢰침을 설치하여야 한다. 다만, 제조소의 주위의 상황에 따라 안전상 지장이 없는 경우에는 피뢰침을 설치하지 아니할 수 있다.

(11) 위험물 취급탱크 - 방유제
옥외에 있는 위험물취급탱크로서 액체위험물(이황화탄소 제외)을 취급하는 것의 주위에는 방유제를 설치할 것

탱크의 개수	방유제 용량
하나의 취급탱크	당해 탱크용량의 50% 이상
2 이상의 취급탱크	용량이 최대인 것의 50% + 나머지 탱크용량 합계의 10%를 가산한 양 이상

(12) 배관
① 재질은 강관 그 밖에 이와 유사한 금속성
② 배관의 내압시험
  ㉠ 불연성 액체를 이용하는 경우에는 최대상용압력의 1.5배 이상
  ㉡ 불연성 기체를 이용하는 경우에는 최대상용압력의 1.1배 이상
③ 지상에 설치하는 경우 - 지진·풍압·지반침하 및 온도변화에 안전한 구조의 지지물에 설치, 지면에 닿지 아니하도록 하고 배관의 외면에 부식방지를 위한 도장
④ 지하에 매설하는 경우 - 금속성 배관의 외면에는 부식방지를 위하여 도장·복장·코팅 또는 전기방식등의 필요한 조치, 위험물의 누설여부를 점검구, 지면에 미치는 중량이 당해 배관에 미치지 아니하도록 보호
⑤ 가열 또는 보온을 위한 설비를 설치하는 경우에는 화재예방상 안전한 구조

(13) 고인화점 위험물의 제조소 - 고인화점위험물만을 100℃ 미만의 온도에서 취급하는 제조소

  (·고인화점 위험물 : 인화점이 100℃ 이상인 제4류 위험물)

1. 안전거리

안전거리	해당 대상물
50m 이상	• 유형문화재, • 기념물 중 지정문화재

30m 이상	• 학교 • 병원급 의료기관(종합병원, 병원, 치과병원, 한방병원, 요양병원, 정신병원) • 공연장, 영화상영관, 유사한 시설로서 300명 이상 수용할 수 있는 것 • 아동복지시설, 장애인복지시설, 노인복지시설, 한부모가족복지시설, 어린이집, 성매매 피해자 등을 위한 지원시설, 정신건강 증진시설, 가정폭력피해자시설로서 20명 이상의 인원을 수용할 수 있는 것
20m 이상	• 고압가스, 액화석유가스, 도시가스를 저장 또는 취급하는 시설 → 불활성 가스만을 저장 또는 취급하는 것을 제외
10m 이상	• 주거 용도에 사용되는 것

2. 보유공지 - 3m 이상 너비의 공지 (예외-방화상 유효한 격벽을 설치하는 경우)
3. 지붕 - 불연재료
4. 창 및 출입구
   ① 60분+방화문·60분방화문 또는 30분방화문 또는 불연재료나 유리로 만든 문
   ② 연소의 우려가 있는 외벽에 두는 출입구에는 수시로 열 수 있는 자동폐쇄식의 60분+방화문 또는 60분방화문

(14) 위험물의 성질에 따른 특례
1. 알킬알루미늄등을 취급하는 제조소
   ① 주위에는 누설범위를 국한하기 위한 설비와 누설된 알킬알루미늄등을 안전한 장소에 설치된 저장실에 유입시킬수 있는 설비를 갖출 것
   ② 불활성기체를 봉입하는 장치를 갖출 것

2. 아세트알데하이드등을 취급하는 제조소
   ① 은·수은·동·마그네슘 또는 이들을 성분으로 하는 합금으로 만들지 아니할 것
   ② 연소성 혼합기체의 생성에 의한 폭발을 방지하기 위한 불활성기체 또는 수증기를 봉입하는 장치를 갖출 것
   ③ 탱크에는 냉각장치 또는 보냉장치 및 불활성기체를 봉입하는 장치를 갖출 것
   ④ 냉각장치 또는 보냉장치는 2 이상 설치
   ⑤ 비상전원 - 자동으로 비상전원으로 전환, 용량은 냉각장치 또는 보냉장치를 유효하게 작동할 정도
   ⑥ 지하에 매설하는 경우 - 탱크전용실에 설치할 것

3. 하이드록실아민등을 취급하는 제조소
   ① 안전거리

안전거리 공식
$$D = 51.1\sqrt[3]{N}$$
D : 거리(m) N : 해당 제조소에서 취급하는 하이드록실아민등의 지정수량의 배수

16

「위험물안전관리법 시행규칙」상 아세트알데하이드 또는 산화프로필렌을 취급하는 설비에 사용할 수 있는 금속은?

① 수은
② 동
③ 마그네슘
④ 알루미늄

정답 16. ④

② 제조소 주의에 설치해야 하는 담 또는 토제의 기준
  ㄱ. 담 또는 토제는 당해 제조소의 외벽 또는 이에 상당하는 공작물의 외측으로부터 2m 이상 떨어진 장소에 설치할 것
  ㄴ. 담 또는 토제의 높이는 당해 제조소에 있어서 하이드록실아민등을 취급하는 부분의 높이 이상으로 할 것
  ㄷ. 담은 두께 15㎝ 이상의 철근콘크리트조·철골철근콘크리트조 또는 두께 20㎝ 이상의 보강콘크리트블록조로 할 것
  ㄹ. 토제의 경사면의 경사도는 60도 미만으로 할 것
③ 하이드록실아민등의 온도 및 농도의 상승에 의한 위험한 반응을 방지하기 위한 조치를 강구할 것
④ 철 이온 등의 혼입에 의한 위험한 반응을 방지하기 위한 조치를 강구할 것

17

「위험물안전관리법 시행규칙」상 옥내저장소에 저장 또는 취급하는 위험물의 최대수량이 50배 초과하여 200배 이하일 경우 내화구조 건축물 보유공지는 얼마 이상 인가?

① 3m 이상
② 5m 이상
③ 9m 이상
④ 12m 이상

요약 ● 옥내저장소(규칙 별표5) 기출 17 공채

(1) 옥내저장소의 안전거리 : 위험물제조소의 안전거리와 동일함

● 옥내저장소의 안전거리 제외 대상
① 지정수량의 20배 미만의 제4석유류, 동식물유류를 저장·취급하는 옥내저장소
② 제6류 위험물을 저장·취급하는 옥내저장소
③ 지정수량의 20배 이하의 위험물을 저장·취급하는 다음 기준에 적합한 옥내저장소
 ㉠ 저장창고의 벽, 기둥, 바닥, 보, 지붕이 내화구조일 것
 ㉡ 출입구에 자동폐쇄방식의 60분+ 방화문 또는 60분 방화문이 설치되어 있을 것
 ㉢ 저장창고에 창을 설치하지 아니할 것

(2) 옥내저장소의 보유공지

저장 또는 취급하는 위험물의 최대수량	공지의 너비	
	내화구조 건축물	그 밖의 건축물
지정수량의 5배 이하	-	0.5m 이상
지정수량의 5배 초과 10배 이하	1m 이상	1.5m 이상
지정수량의 10배 초과 20배 이하	2m 이상	3m 이상
지정수량의 20배 초과 50배 이하	3m 이상	5m 이상
지정수량의 50배 초과 200배 이하	5m 이상	10m 이상
지정수량의 200배 초과	10m 이상	15m 이상

(다만, 지정수량의 20배를 초과하는 옥내저장소와 동일한 부지내에 있는 다른 옥내저장소와의 사이에는 동표에 정하는 공지의 너비의 3분의 1(당해 수치가 3m 미만인 경우에는 3m)의 공지를 보유할 수 있다.)

(3) 옥내저장소의 저장창고
① 위험물의 저장을 전용으로 하는 독립된 건축물
② 지면에서 처마까지의 높이가 6m 미만인 단층건물, 바닥을 지반면보다 높게

● 제2류 또는 제4류의 위험물만을 저장하는 창고로서 다음의 기준에 적합한 창고의 경우 높이를 20m 이하로 가능
 ㄱ. 벽·기둥·보 및 바닥을 내화구조로 할 것
 ㄴ. 출입구에 60분+방화문 또는 60분방화문을 설치할 것
 ㄷ. 피뢰침을 설치할 것. (예외 - 주위상황에 의하여 안전상 지장이 없는 경우)

③ 바닥면적

유별	품명	기준 면적
㉠ 제1류 위험물	아염소산염류, 염소산염류, 과염소산염류, 무기과산화물 그 밖에 지정수량이 50kg인 위험물	1,000m² 이하
㉡ 제3류 위험물	칼륨, 나트륨, 알킬알루미늄, 알킬리튬 그 밖에 지정수량이 10kg인 위험물 및 황린	

정답 17. ②

ⓒ 제4류 위험물	특수인화물, 제1석유류 및 알코올류	1,000㎡ 이하
ⓔ 제5류 위험물	유기과산화물, 질산에스터류 그 밖에 지정수량이 10㎏인 위험물	
ⓜ 제6류 위험		
ⓑ 위의 ㉠~㉤의 위험물 외의 위험물		2,000㎡ 이하
ⓐ ㉠~㉥ 의 위험물을 내화구조의 격벽으로 완전히 구획된 실에 각각 저장하는 창고		1,500㎡ 이하

④ 벽·기둥 및 바닥은 내화구조로 하고, 보와 서까래는 불연재료로 할 것
⑤ 지붕은 폭발력이 위로 방출될 정도의 가벼운 불연재료로 하고, 천장을 만들지 않을 것 (다만, 제2류 위험물(분말상태의 것과 인화성고체를 제외)과 제6류 위험물만의 저장창고의 지붕은 내화구조 가능, 제5류 위험물만의 저장창고 난연재료 또는 불연재료로 된 천장 가능)
⑥ 출입구에는 60분+방화문·60분방화문 또는 30분방화문을 설치, 연소의 우려가 있는 외벽에 있는 출입구에는 수시로 열 수 있는 자동폐쇄식의 60분+방화문 또는 60분방화문 설치
⑦ 창 또는 출입구에 유리를 이용하는 경우에는 망입유리 설치
⑧ 바닥을 물이 스며 나오거나 스며들지 아니하는 구조로 해야 하는 위험물

유별	품명
제1류 위험물	알칼리금속의 과산화물 + 함유하는 것
제2류 위험물	철분·금속분·마그네슘 + 함유하는 것
제3류 위험물	금수성물질
제4류 위험물	모두

⑨ 인화점이 70℃ 미만인 위험물의 저장창고에 있어서는 내부에 체류한 가연성의 증기를 지붕 위로 배출하는 설비 설치
⑩ 액상의 위험물의 저장창고의 바닥은 위험물이 스며들지 아니하는 구조로 하고, 적당하게 경사지게 하여 그 최저부에 집유설비 설치
⑪ 지정수량의 10배 이상의 저장창고(제6류 위험물의 저장창고 제외)에 피뢰침 설치
⑫ 제5류 위험물 중 셀룰로이드 등 온도의 상승에 의하여 분해·발화할 우려가 있는 것 → 비상전원을 갖춘 통풍장치 또는 냉방장치 등의 설비를 2 이상 설치

(4) 다층건물의 옥내저장소
- 제2류의 위험물(인화성고체 제외) 또는 제4류의 위험물(인화점이 70℃ 미만인 것 제외)만을 저장 또는 취급하는 저장창고가 다층건물인 옥내저장소
① 각층의 바닥을 지면보다 높게, 바닥면으로부터 상층의 바닥(상층이 없는 경우에는 처마)까지의 높이 6m 미만
② 하나의 저장창고의 바닥면적 합계 1,000㎡ 이하
③ 저장창고의 벽·기둥·바닥 및 보 : 내화구조 / 계단 : 불연재료 / 연소의 우려가 있는 외벽 : 출입구외의 개구부를 갖지 아니하는 벽으로
④ 2층 이상의 층의 바닥에는 개구부를 두지 않음 (예외 - 내화구조의 벽과 60분+방화문 또는 60분방화문 또는 30분방화문으로 구획된 계단실)

18 ◐ 1 2 3

「위험물안전관리법 시행규칙」상 복합용도 건축물의 옥내저장소의 기준에 대한 설명으로 옳지 않은 것은?
· 17. 하반기

① 옥내저장소의 용도에 사용되는 부분의 바닥면적은 75m² 이하로 하여야 한다.
② 옥내저장소의 용도에 사용되는 부분의 바닥은 지면보다 높게 설치하고 그 층고를 6m 미만으로 하여야 한다.
③ 옥내저장소의 용도에 사용되는 부분의 출입구에는 수시로 열 수 있는 자동폐쇄방식의 60분+방화문 또는 60분방화문 또는 30분방화문을 설치하여야 한다.
④ 옥내저장소의 용도에 사용되는 부분에는 창을 설치하지 아니하여야 한다.

(5) 복합용도 건축물의 옥내저장소
- 지정수량의 20배 이하의 것(옥내저장소외의 용도로 사용하는 부분이 있는 건축물에 설치하는 것에 한한다)의 위치·구조 및 설비의 기술기준
① 벽·기둥·바닥 및 보가 내화구조인 건축물의 1층 또는 2층의 어느 하나의 층에 설치하여야 한다.
② 옥내저장소의 용도에 사용되는 부분의 바닥은 지면보다 높게 설치하고 그 층고를 6m 미만으로 하여야 한다.
③ 옥내저장소의 용도에 사용되는 부분의 바닥면적은 75㎡ 이하로 하여야 한다.
④ 옥내저장소의 용도에 사용되는 부분은 벽·기둥·바닥·보 및 지붕(상층이 있는 경우에는 상층의 바닥)을 내화구조로 하고, 출입구외의 개구부가 없는 두께 70㎜ 이상의 철근콘크리트조 또는 이와 동등 이상의 강도가 있는 구조의 바닥 또는 벽으로 당해 건축물의 다른 부분과 구획되도록 하여야 한다.
⑤ 옥내저장소의 용도에 사용되는 부분의 출입구에는 수시로 열 수 있는 자동폐쇄방식의 60분+방화문 또는 60분방화문 을 설치하여야 한다.
⑥ 옥내저장소의 용도에 사용되는 부분에는 창을 설치하지 아니하여야 한다.
⑦ 옥내저장소의 용도에 사용되는 부분의 환기설비 및 배출설비에는 방화상 유효한 댐퍼 등을 설치하여야 한다.

(6) 소규모 옥내저장소
- 지정수량의 50배 이하인 소규모의 옥내저장소중 저장창고의 처마높이가 6m 미만인 것
① 보유공지

저장 또는 취급하는 위험물의 최대수량	공지의 너비
지정수량의 5배 이하	
지정수량의 5배 초과 20배 이하	1m 이상
지정수량의 20배 초과 50배 이하	2m 이상

② 하나의 저장창고 바닥면적은 150㎡ 이하로 할 것
③ 저장창고는 벽·기둥·바닥·보 및 지붕을 내화구조로 할 것
④ 저장창고의 출입구에는 수시로 개방할 수 있는 자동폐쇄방식의 60분+방화문 또는 60분방화문을 설치할 것
⑤ 저장창고에는 창을 설치하지 아니할 것

(7) 고인화점 위험물의 단층건물 옥내저장소
- 인화점 위험물만을 저장 또는 취급하는 단층건물의 옥내저장소중 저장창고의 처마높이가 6m 미만인 것
① 안전거리

안전거리	해당 대상물
50m 이상	· 유형문화재, · 기념물 중 지정문화재

정답 18. ③

30m 이상	• 학교 • 병원급 의료기관(종합병원, 병원, 치과병원, 한방병원, 요양병원, 정신병원) • 공연장, 영화상영관, 유사한 시설로서 300명 이상 수용할 수 있는 것 • 아동복지시설, 장애인복지시설, 노인복지시설, 한부모가족복지시설, 어린이집, 성매매 피해자 등을 위한 지원시설, 정신건강 증진시설, 가정폭력피해자시설로서 20명 이상의 인원을 수용할 수 있는 것
20m 이상	• 고압가스, 액화석유가스, 도시가스를 저장 또는 취급하는 시설 → 불활성 가스만을 저장 또는 취급하는 것을 제외
10m 이상	• 주거 용도에 사용되는 것

② 보유공지

저장 또는 취급하는 위험물의 최대수량	공지의 너비	
	당해 건축물의 벽·기둥 및 바닥이 내화구조로 된 경우	왼쪽란에 정하는 경우외의 경우
20배 이하	-	0.5m 이상
20배 초과 50배 이하	1m 이상	1.5m 이상
50배 초과 200배 이하	2m 이상	3m 이상
200배 초과	3m 이상	5m 이상

③ 저장창고는 지붕을 불연재료로 할 것
④ 저장창고의 창 및 출입구에는 방화문 또는 불연재료나 유리로 된 문을 달고, 연소의 우려가 있는 외벽에 두는 출입구에는 수시로 열 수 있는 자동폐쇄방식의 60분+방화문 또는 60분방화문을 설치할 것
⑤ 저장창고의 연소의 우려가 있는 외벽에 설치하는 출입구에 유리를 이용하는 경우에는 망입유리로 할 것

(8) 지정과산화물을 저장 또는 취급하는 옥내저장소
(- 제5류 위험물중 유기과산화물 또는 이를 함유하는 것으로서 지정수량이 10kg인 것)
① 저장창고의 기준
  1) 저장창고는 150㎡ 이내마다 격벽으로 완전하게 구획할 것.
     이 경우 당해 격벽은 두께 30cm 이상의 철근콘크리트조 또는 철골철근콘크리트조로 하거나 두께 40cm 이상의 보강콘크리트블록조로 하고, 당해 저장창고의 양측의 외벽으로부터 1m 이상, 상부의 지붕으로부터 50cm 이상 돌출하게 하여야 한다.
  2) 저장창고의 외벽은 두께 20cm 이상의 철근콘크리트조나 철골철근콘크리트조 또는 두께 30cm 이상의 보강콘크리트블록조로 할 것
  3) 저장창고의 지붕은 다음 각목의 1에 적합할 것
    ㄱ. 중도리(서까래 중간을 받치는 수평의 도리) 또는 서까래의 간격은 30cm 이하로 할 것
    ㄴ. 지붕의 아래쪽 면에는 한 변의 길이가 45cm 이하의 환강·경량형강 등으로 된 강제의 격자를 설치할 것
    ㄷ. 지붕의 아래쪽 면에 철망을 쳐서 불연재료의 도리(서까래를 받치기 위해 기둥과 기둥사이에 설치한 부재)·보 또는 서까래에 단단히 결합할 것
    ㄹ. 두께 5cm 이상, 너비 30cm 이상의 목재로 만든 받침대를 설치할 것

4) 저장창고의 출입구에는 60분+방화문 또는 60분방화문을 설치할 것
5) 저장창고의 창은 바닥면으로부터 2m 이상의 높이에 두되, 하나의 벽면에 두는 창의 면적의 합계를 당해 벽면의 면적의 80분의 1 이내로 하고, 하나의 창의 면적을 0.4㎡ 이내로 할 것

격벽	30cm 이상	철근콘크리트조 또는 철골철근콘크리트조
	40cm 이상	보강콘크리트블록조
외벽	20cm 이상	철근콘크리트조 또는 철골철근콘크리트조
	30cm 이상	보강콘크리트블록조

(9) 수출입 하역장소의 옥내저장소
① 보유공지

저장 또는 취급하는 위험물의 최대수량	공지의 너비	
	벽·기둥 및 바닥이 내화구조로 된 건축물	그 밖의 건축물
지정수량의 5배 이하		0.5m 이상
지정수량의 5배 초과 10배 이하	1m 이상	1.5m 이상
지정수량의 10배 초과 20배 이하	2m 이상	3m 이상
지정수량의 20배 초과 50배 이하	3m 이상	3.3m 이상
지정수량의 50배 초과 200배 이하	3.3m 이상	3.5m 이상
지정수량의 200배 초과	3.5m 이상	5m 이상

요약 ● 옥외탱크저장소(규칙 별표6) 기출 13, 16, 19, 21, 22 공채 / 24 경채

(1) 옥외탱크저장소의 안전거리 : 위험물제조소의 안전거리와 동일함

① 배출설비 : 국소방식

● 옥외저장소에 저장할 수 있는 위험물
- ㉠ 제2류 위험물 중 황, 인화성고체(인화점이 0℃ 이상)
- ㉡ 제4류 위험물 중 제1석유류(인화점이 0℃ 이상), 알코올류, 제2석유류, 제3석유류, 제4석유류, 동식물유류
- ㉢ 제6류 위험물

(2) 옥외탱크저장소의 보유공지

저장 또는 취급하는 위험물의 최대수량	공지의 너비
지정수량의 500배 이하	3m 이상
지정수량의 500배 초과 1,000배 이하	5m 이상
지정수량의 1,000배 초과 2,000배 이하	9m 이상
지정수량의 2,000배 초과 3,000배 이하	12m 이상
지정수량의 3,000배 초과 4,000배 이하	15m 이상
지정수량의 4,000배 초과	탱크의 수평단면의 최대지름과 높이 중 큰 것과 같은 거리 이상(30m 초과는 30m, 15m 미만은 15m로 한다)

● 보유공지 단축 옥외저장탱크
① 물분무설비로 방호조치를 하는 경우에는 보유공지의 2분의 1 이상의 너비(최소 3m 이상)로 할 수 있다.
② 공지단축 옥외저장탱크의 화재시 1㎡당 20kW 이상의 복사열에 노출되는 표면을 갖는 인접한 옥외저장탱크가 있으면 당해 표면에도 다음 각목의 기준에 적합한 물분무설비로 방호조치를 함께하여야 한다.
- ㉠ 탱크의 표면에 방사하는 물의 양은 탱크의 원주길이 1m에 대하여 분당 37ℓ 이상으로 할 것
- ㉡ 수원의 양은 ㉠의 규정에 의한 수량으로 20분 이상 방사할 수 있는 수량으로 할 것
- ㉢ 탱크에 보강링이 설치된 경우에는 보강링의 아래에 분무헤드를 설치하되, 분무헤드는 탱크의 높이 및 구조를 고려하여 분무가 적정하게 이루어 질 수 있도록 배치할 것
- ㉣ 물분무소화설비의 설치기준에 준할 것

(3) 특정옥외저장탱크 · 특정옥외저장탱크의 구조
① 특정옥외저장탱크의 구조 - 액체위험물의 최대수량이 100만ℓ 이상의 것
  가. 주하중과 주하중 및 종하중의 조합에 의하여 특정옥외저장탱크의 본체에 발생하는 응력은 소방청장이 정하여 고시하는 허용응력 이하일 것

---

19 ① ② ③

「위험물안전관리법 시행규칙」상 옥외탱크저장소의 위치 · 구조 및 설비 기준에 대한 설명으로 옳지 않은 것은?
• 22. 공채

① 저장 또는 취급하는 위험물의 최대수량이 지정수량의 500배 이하인 경우 보유 공지너비는 5m 이상으로 해야 한다.
② 옥외탱크저장소 중 그 저장 또는 취급하는 액체위험물의 최대수량이 100만ℓ 이상의 것을 특정옥외저장소라 한다.
③ 밸브 없는 통기관의 지름은 30㎜ 이상으로 하고 끝부분은 수평면보다 45도 이상 구부려 빗물 등의 침투를 막는 구조로 한다.
④ 압력탱크(최대상용압력이 대기압을 초과하는 탱크를 말한다)외의 탱크는 충수시험, 압력탱크는 최대상용압력의 1.5배의 압력으로 10분간 실시하는 수압시험에서 각각 새거나 변형되지 아니하여야 한다.

정답 19. ①

20

「위험물안전관리법 시행령」상 지정수량 이상의 위험물을 옥외저장소에 저장할 수 있는 것으로 옳지 않은 것은? (다만, 「국제해사기구에 관한 협약」에 의하여 설치된 국제해사기구가 채택한 「국제해상위험물규칙」(IMDG Code)에 적합한 용기에 수납된 위험물은 제외한다.)

• 23. 공채 / • 23. 경채

① 제1류 위험물 중 염소산염류
② 제2류 위험물 중 황
③ 제4류 위험물 중 알코올류
④ 제6류 위험물

21

「위험물안전관리법 시행규칙」상 옥외탱크저장소의 위치·구조 및 설비의 기준에 관한 내용이다. 빈칸에 들어갈 숫자로 옳은 것은?

• 21. 공채

가. 지정수량의 650배를 저장하는 옥외탱크저장소의 보유공지는 (ㄱ)m 이상이다.
나. 펌프설비의 주위에는 너비 (ㄴ)m 이상의 공지를 보유해야 한다. 다만 방화상 유효한 격벽을 설치하는 경우와 제6류 위험물 또는 지정수량의 (ㄷ)배 이하 위험물의 옥외저장탱크의 펌프설비에 있어서는 그러하지 아니하다.

	(ㄱ)	(ㄴ)	(ㄷ)
①	3	3	20
②	3	5	10
③	5	3	10
④	5	5	20

정답 20. ① 21. ③

나. 특정옥외저장탱크의 보유수평내력(保有水平耐力)은 지진의 영향에 의한 필요보유수평내력(必要保有水平耐力) 이상일 것, 이 경우에 있어서의 보유수평내력 및 필요보수수평내력의 계산방법은 소방청장이 정하여 고시한다.

다. 옆판, 밑판 및 지붕의 최소두께와 애뉼러 판의 너비(옆판외면에서 바깥으로 연장하는 최소길이, 옆판내면에서 탱크중심부로 연장하는 최소길이를 말한다) 및 최소두께는 소방청장이 정하여 고시하는 기준에 적합할 것

② 준특정옥외저장탱크의 구조 - 액체위험물의 최대수량이 50만ℓ 이상 100만ℓ 미만의 것

가. 두께가 3.2㎜ 이상일 것

나. 준특정옥외저장탱크의 옆판에 발생하는 상시의 원주방향인장응력은 소방청장이 정하여 고시하는 허용응력 이하일 것

다. 준특정옥외저장탱크의 옆판에 발생하는 지진시의 축방향압축응력은 소방청장이 정하여 고시하는 허용응력 이하일 것

(4) 옥외저장탱크는 특정옥외저장탱크 및 준특정옥외저장탱크 외에는 두께 3.2㎜ 이상의 강철판 또는 소방청장이 정하여 고시하는 규격에 적합한 재료로 제작한다.

(5) 압력탱크외의 탱크는 충수시험, 압력탱크(최대상용압력이 대기압을 초과하는 탱크를 말한다)는 최대상용압력의 1.5배의 압력으로 10분간 실시하는 수압시험에서 각각 새거나 변형되지 아니하여야 한다.

(6) 옥외탱크저장소의 통기관의 설치 기준

① 밸브 없는 통기관
  ㉠ 지름 : 30mm 이상 (☑ 간이저장탱크는 지름25밀리/통기관이오)
  ㉡ 끝부분은 수평면보다 45도 이상 구부려 빗물 등의 침투를 막는 구조로 할 것
  ㉢ 인화점이 38℃ 미만인 위험물만을 저장 또는 취급하는 탱크에 설치하는 통기관에는 화염방지장치를 설치하고, 그 외의 탱크에 설치하는 통기관에는 40메쉬(mesh) 이상의 구리망 또는 동등 이상의 성능을 가진 인화방지장치를 설치할 것
  ㉣ 위험물을 주입시를 제외하고 항상 개방되어 있는 구조로 하고 폐쇄시에는 10KPa 이하에서 개방될 것

② 대기밸브부착 통기관
  ㉠ 5KPa 이하의 압력 차이로 작동할 수 있을 것
  ㉡ ①의 ㉢ 기준에 적합할 것

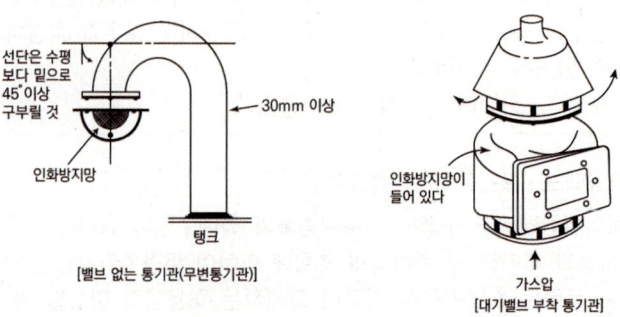

(7) 옥외저장탱크는 위험물의 폭발 등에 의하여 탱크내의 압력이 비정상적으로 상승하는 경우에 내부의 가스 또는 증기를 상부로 방출할 수 있는 구조로 하여야 한다.

(8) 옥외저장탱크의 외면에는 녹을 방지하기 위한 도장을 하여야 한다.

(9) 옥외저장탱크의 펌프설비
   ① 펌프설비의 주위에는 너비 3m 이상의 공지를 보유할 것. 다만, 방화상 유효한 격벽을 설치하는 경우와 제6류 위험물 또는 지정수량의 10배 이하 위험물의 옥외저장탱크의 펌프설비에 있어서는 그러하지 아니하다.
   ② 펌프설비로부터 옥외저장탱크까지의 사이에는 당해 옥외저장탱크의 보유공지 너비의 3분의 1 이상의 거리를 유지할 것
   ③ 펌프설비는 견고한 기초 위에 고정할 것
   ④ 펌프 및 이에 부속하는 전동기를 위한 건축물 그 밖의 공작물의 벽·기둥·바닥 및 보는 불연재료로 할 것
   ⑤ 펌프실의 지붕을 폭발력이 위로 방출될 정도의 가벼운 불연재료로 할 것
   ⑥ 펌프실의 창 및 출입구에는 60분+방화문·60분방화문 또는 30분방화문을 설치할 것
   ⑦ 펌프실의 창 및 출입구에 유리를 이용하는 경우에는 망입유리로 할 것
   ⑧ 펌프실의 바닥의 주위에는 높이 0.2m 이상의 턱을 만들 것
   ⑨ 펌프실에는 위험물을 취급하는데 필요한 채광, 조명 및 환기의 설비를 설치할 것
   ⑩ 가연성 증기가 체류할 우려가 있는 펌프실에는 그 증기를 옥외의 높은 곳으로 배출하는 설비를 설치할 것
   ⑪ 펌프실외의 장소에 설치하는 펌프설비에는 그 직하의 지반면의 주위에 높이 0.15m 이상의 턱을 만들고 당해 지반면은 콘크리트 등 위험물이 스며들지 아니하는 재료로 적당히 경사지게 하여 그 최저부에는 집유설비를 할 것
   ⑫ 인화점이 21℃ 미만인 위험물을 취급하는 펌프설비에는 보기 쉬운 곳에 인화점이 21℃ 미만인 옥외탱크저장소 주입구의 게시판의 설치기준 규정에 준하여 "옥외저장탱크 펌프설비"라는 표시를 한 게시판과 방화에 관하여 필요한 사항을 게시한 게시판을 설치할 것.

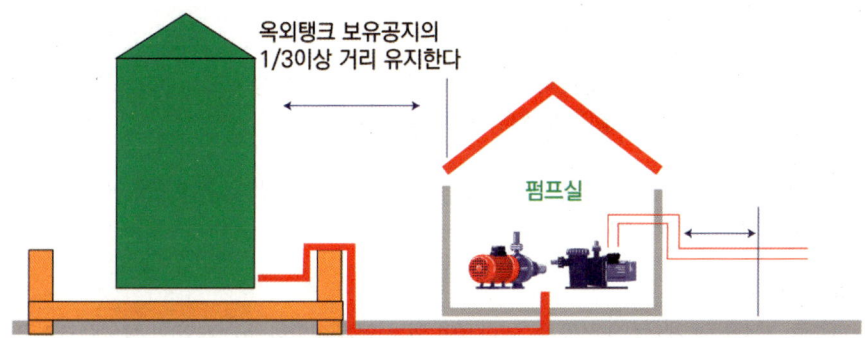

22

「위험물안전관리법 시행규칙」상 옥외저장탱크의 위치·구조 및 설비 기준에 대한 설명으로 옳지 않은 것은?

• 19. 상반기

① 옥외저장탱크는 위험물의 폭발 등에 의하여 탱크내의 압력이 비정상적으로 상승하는 경우에 내부의 가스 또는 증기를 상부로 방출할 수 있는 구조로 하여야 한다.

② 이황화탄소의 옥외저장탱크는 벽 및 바닥의 두께가 0.2m 이상이고 누수가 되지 아니하는 철근콘크리트의 수조에 넣어 보관하여야 한다.

③ 옥외저장탱크의 배수관은 탱크의 밑판에 설치하여야 한다. 다만, 탱크와 배수관과의 결합부분이 지진 등에 의하여 손상을 받을 우려가 없는 방법으로 배수관을 설치하는 경우에는 탱크의 옆판에 설치할 수 있다.

④ 제3류 위험물 중 금수성물질(고체에 한한다)의 옥외저장 탱크에는 방수성의 불연재료로 만든 피복설비를 설치하여야 한다.

23

「위험물안전관리법 시행규칙」상 옥외탱크저장소의 방유제설치 기준에 대한 설명으로 옳지 않은 것은?

• 16. 통합

① 방유제는 높이 0.5m 이상 3m 이하, 두께 0.2m 이상, 지하매설깊이 1m 이상으로 할 것

② 방유제내의 면적은 8만m² 이하로 할 것

③ 방유제에는 그 내부에 고인 물을 외부로 배출하기 위한 배수구를 설치하고 이를 개폐하는 밸브 등을 방유제의 외부에 설치할 것

④ 높이가 1m를 넘는 방유제 및 간막이 둑의 안팎에는 방유제내에 출입하기 위한 계단 또는 경사로를 약 70m 마다 설치할 것

정답 22. ③ 23. ④

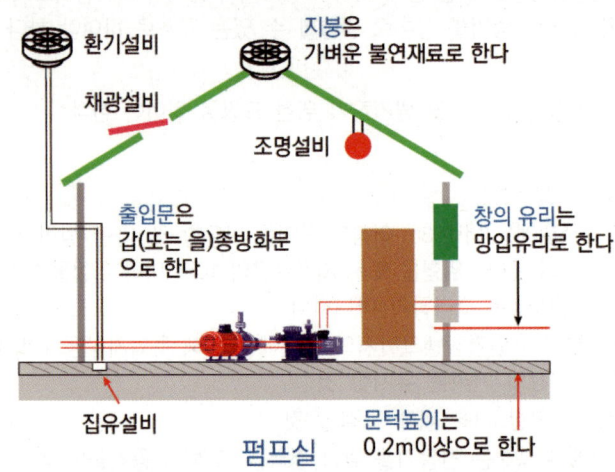

⑩ 옥외저장탱크의 배수관은 탱크의 옆판에 설치하여야 한다. 다만, 탱크와 배수관과의 결합부분이 지진 등에 의하여 손상을 받을 우려가 없는 방법으로 배수관을 설치하는 경우에는 탱크의 밑판에 설치할 수 있다.

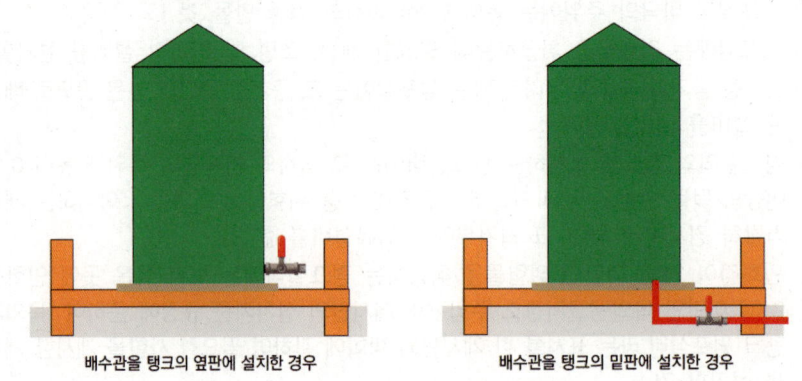

⑪ 제3류 위험물 중 금수성물질(고체에 한한다)의 옥외저장탱크에는 방수성의 불연재료로 만든 피복설비를 설치하여야 한다.

⑫ 이황화탄소의 옥외저장탱크는 벽 및 바닥의 두께가 0.2m 이상이고 누수가 되지 아니하는 철근콘크리트의 수조에 넣어 보관하여야 한다.

⑬ 지정수량의 10배 이상인 옥외탱크저장소(제6류 위험물의 옥외탱크저장소를 제외한다)에는 피뢰침을 설치하여야 한다.

⑭ 방유제
(제3류, 제4류 및 제5류 위험물 중 인화성이 있는 액체(이황화탄소 제외)의 옥외탱크저장소)
  ① 방유제는 높이 0.5m 이상 3m 이하, 두께 0.2m 이상, 지하매설 깊이 1m 이상으로 할 것. 다만, 방유제와 옥외저장탱크 사이의 지반면 아래에 불침윤성 구조물을 설치하는 경우에는 지하매설깊이를 해당 불침윤성 구조물까지로 할 수 있다.

② 방유제내의 면적은 8만m² 이하로 할 것
③ 방유제내의 설치하는 옥외저장탱크의 수는 10(방유제내에 설치하는 모든 옥외저장탱크의 용량이 20만ℓ 이하이고, 당해 옥외저장탱크에 저장 또는 취급하는 위험물의 인화점이 70℃ 이상 200℃ 미만인 경우에는 20) 이하로 할 것
④ 방유제 외면의 2분의 1 이상은 자동차 등이 통행할 수 있는 3m 이상의 노면폭을 확보한 구내도로에 직접 접하도록 할 것.
⑤ 방유제는 옥외저장탱크의 지름에 따라 그 탱크의 옆판으로부터 유지 거리
　㉠ 지름이 15m 미만인 경우에는 탱크 높이의 3분의 1 이상
　㉡ 지름이 15m 이상인 경우에는 탱크 높이의 2분의 1 이상
⑥ 방유제는 철근콘크리트로 하고, 방유제와 옥외저장탱크 사이의 지표면은 불연성과 불침윤성이 있는 구조로 할 것.
⑦ 높이가 1m를 넘는 방유제 및 간막이 둑의 안팎에는 방유제내에 출입하기 위한 계단 또는 경사로를 약 50m마다 설치할 것
⑧ 방유제 외면의 2분의 1 이상은 자동차 등이 통행할 수 있는 3m 이상의 노면폭을 확보한 구내도로에 직접 접하도록 할 것. 다만, 방유제내에 설치하는 옥외저장탱크의 용량합계가 20만ℓ 이하인 경우에는 소화활동에 지장이 없다고 인정되는 3m 이상의 노면폭을 확보한 도로 또는 공지에 접하는 것으로 할 수 있다.
⑨ 방유제는 철근콘크리트로 하고, 방유제와 옥외저장탱크 사이의 지표면은 불연성과 불침윤성이 있는 구조(철근콘크리트 등)로 할 것. 다만, 누출된 위험물을 수용할 수 있는 전용유조(專用油槽) 및 펌프 등의 설비를 갖춘 경우에는 방유제와 옥외저장탱크 사이의 지표면을 흙으로 할 수 있다.
⑩ 용량이 1,000만ℓ 이상인 옥외저장탱크의 주위에 설치하는 방유제에는 다음의 규정에 따라 당해 탱크마다 간막이 둑을 설치할 것
　1) 간막이 둑의 높이는 0.3m(방유제내에 설치되는 옥외저장탱크의 용량의 합계가 2억ℓ를 넘는 방유제에 있어서는 1m)이상으로 하되, 방유제의 높이보다 0.2m 이상 낮게 할 것
　2) 간막이 둑은 흙 또는 철근콘크리트로 할 것
　3) 간막이 둑의 용량은 간막이 둑안에 설치된 탱크의 용량의 10% 이상일 것
⑪ 방유제내에는 당해 방유제내에 설치하는 옥외저장탱크를 위한 배관(당해 옥외저장탱크의 소화설비를 위한 배관을 포함한다), 조명설비 및 계기시스템과 이들에 부속하는 설비 그 밖의 안전확보에 지장이 없는 부속설비 외에는 다른 설비를 설치하지 아니할 것
⑫ 방유제 또는 간막이 둑에는 해당 방유제를 관통하는 배관을 설치하지 아니할 것. 다만, 위험물을 이송하는 배관의 경우에는 배관이 관통하는 지점의 좌우방향으로 각 1m 이상까지의 방유제 또는 간막이 둑의 외면에 두께 0.1m 이상, 지하매설깊이 0.1m 이상의 구조물을 설치하여 방유제 또는 간막이 둑을 이중구조로 하고, 그 사이에 토사를 채운 후, 관통하는 부분을 완충재 등으로 마감하는 방식으로 설치할 수 있다.
⑬ 방유제에는 그 내부에 고인 물을 외부로 배출하기 위한 배수구를 설치하고 이를 개폐하는 밸브 등을 방유제의 외부에 설치할 것
⑭ 용량이 100만ℓ 이상인 위험물을 저장하는 옥외저장탱크에 있어서는 밸브 등에 그 개폐상황을 쉽게 확인할 수 있는 장치를 설치할 것

⑮ 용량이 50만리터 이상인 옥외탱크저장소가 해안 또는 강변에 설치되어 방유제 외부로 누출된 위험물이 바다 또는 강으로 유입될 우려가 있는 경우에는 해당 옥외탱크저장소가 설치된 부지 내에 전용유조(專用油槽) 등 누출위험물 수용설비를 설치할 것
⑯ 그 밖에 방유제의 기술기준에 관하여 필요한 사항은 소방청장이 정하여 고시한다.
⑰ 방유제의 용량은 방유제안에 설치된 탱크가 하나인 때에는 그 탱크 용량의 110% 이상, 2기 이상인 때에는 그 탱크 중 용량이 최대인 것의 용량의 110% 이상으로 할 것

24 ● 1 2 3

「위험물안전관리법 시행규칙」상 인화성액체 위험물(이황화탄소를 제외한다)을 저장하는 옥외탱크저장소의 주위에 설치하는 방유제의 설치기준으로 옳지 않은 것은?

• 24. 공채 / • 24. 경채

① 방유제는 높이 0.3m 이상 3m 이하로 할 것
② 방유제 내의 면적은 8만 m²이하로 할 것
③ 방유제 내의 간막이 둑은 흙 또는 철근콘크리트로 할 것
④ 높이가 1m를 넘는 방유제 및 간막이 둑의 안팎에는 방유제 내에 출입하기 위한 계단 또는 경사로를 약 50m마다 설치할 것치

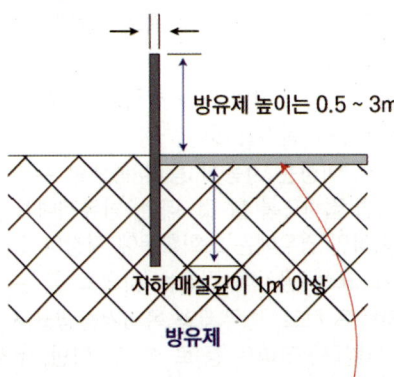

구분	설명
용량	1기 : 탱크용량 X 110% 이상 2기 이상 : 탱크 중 용량이 최대인 것의 용량 X 110% 이상
높이	0.5m 이상 3m 이하
두께	0.2m 이상
지하 매설 깊이	1m 이상
면적	8만 m² 이하
탱크의 수	10기 이하 (모든 옥외저장탱크의 용량이 20만 l 이하이고, 당해 옥외저장탱크에 저장 또는 취급하는 위험물의 인화점이 70℃ 이상 200℃ 미만인 경우에는 20기 이하)
거리 유지 (탱크옆판 ↔ 방유제)	탱크 지름이 15m 미만 - 높이의 3분의 1 이상 탱크 지름이 15m 이상 - 높이의 2분의 1 이상

⑮ 인화점이 21℃ 미만인 옥외탱크저장소 주입구의 게시판의 설치기준
① 게시판 크기 : 한 변이 0.3m 이상, 다른 한 변이 0.6m 이상
② 표시 : 옥외저장탱크 주입구
③ 기재사항 : 유별, 품명, 주의사항
④ 게시판의 색상 : 백색바탕, 흑색문자

정답 24. ①

(16) 고인화점 위험물의 옥외탱크저장소
  - 고인화점 위험물만을 100℃ 미만의 온도로 저장 또는 취급하는 옥외탱크저장소
  ① 보유공지

저장 또는 취급하는 위험물의 최대수량	공지의 너비
지정수량의 2,000배 이하	3m 이상
지정수량의 2,000배 초과 4,000배 이하	5m 이상
지정수량의 4,000배 초과	당해 탱크의 수평단면의 최대지름(가로형인 경우에는 긴 변)과 높이중 큰 것의 3분의 1과 같은 거리 이상. 다만, 5m 미만으로 하여서는 아니된다.

  ② 기둥 : 철근콘크리트조, 철골콘크리트구조 그 밖에 이들과 동등 이상의 내화성능이 있을 것. (다만, 하나의 방유제안에 설치하는 모든 옥외저장탱크가 고인화점 위험물만을 100℃ 미만의 온도로 저장 또는 취급하는 경우에는 기둥을 불연재료 가능)
  ③ 옥외저장탱크의 펌프설비
    1) 펌프설비의 주위에 1m 이상의 너비의 공지를 보유할 것. (예외 - 내화구조로 된 방화상 유효한 격벽을 설치하는 경우 또는 지정수량의 10배 이하의 위험물을 저장)
    2) 펌프실의 창 및 출입구에는 60분+방화문·60분방화문 또는 30분방화문을 설치할 것. 다만, 연소의 우려가 없는 외벽에 설치하는 창 및 출입구에는 불연재료 또는 유리로 만든 문을 달 수 있다.
    3) 펌프실의 연소의 우려가 있는 외벽에 설치하는 창 및 출입구에 유리를 이용하는 경우는 망입유리를 이용할 것
  ④ 옥외저장탱크의 주위에는 위험물이 새었을 경우에 그 유출을 방지하기 위한 방유제를 설치할 것
  ⑤ 방유제의 용량은 방유제안에 설치된 탱크가 하나인 때에는 그 탱크 용량의 100% 이상, 2기 이상인 때에는 그 탱크 중 용량이 최대인 것의 용량의 100% 이상으로 할 것. 이 경우 방유제의 용량은 당해 방유제의 내용적에서 용량이 최대인 탱크 외의 탱크의 방유제 높이 이하 부분의 용적, 당해 방유제내에 있는 모든 탱크의 지반면 이상 부분의 기초의 체적, 간막이 둑의 체적 및 당해 방유제 내에 있는 배관 등의 체적을 뺀 것으로 한다.

> **요약** ● 옥내탱크저장소(규칙 별표7)

- 옥내탱크저장소 : 안전거리와 보유공지 기준 없음

(1) 옥내탱크저장소의 기준
   가. 단층건축물에 설치된 탱크전용실에 설치할 것
   나. 옥내저장탱크와 탱크전용실의 벽과의 사이 및 옥내저장탱크의 상호간에는 0.5m 이상의 간격을 유지할 것. (예외 - 탱크의 점검 및 보수에 지장이 없는 경우)
   다. 옥내탱크저장소에는 보기 쉬운 곳에 "위험물 옥내탱크저장소"라는 표시를 한 표지와 방화에 관하여 필요한 사항을 게시한 게시판을 설치하여야 한다.
   라. 옥내저장탱크의 용량은 지정수량의 40배 이하일 것 (제4석유류 및 동식물유류 외의 제4류 위험물에 있어서 당해 수량이 20,000ℓ를 초과할 때에는 20,000ℓ 이하)
   마. 옥내저장탱크의 구조는 옥외저장탱크의 구조의 기준을 준용할 것
   바. 옥내저장탱크의 외면에는 녹을 방지하기 위한 도장을 할 것. (예외 - 탱크의 재질이 부식의 우려가 없는 스테인레스 강판 등인 경우)

(2) 옥내저장탱크 중 압력탱크(최대상용압력이 부압 또는 정압 5KPa을 초과하는 탱크를 말한다)외의 탱크(제4류 위험물의 옥내저장탱크로 한정)에 있어서는 밸브 없는 통기관 또는 대기밸브 부착 통기관

   1) 밸브 없는 통기관
      가) 통기관의 끝부분은 건축물의 창·출입구 등의 개구부로부터 1m 이상 떨어진 옥외의 장소에 지면으로부터 4m 이상의 높이로 설치하되, 인화점이 40℃ 미만인 위험물의 탱크에 설치하는 통기관에 있어서는 부지경계선으로부터 1.5m 이상 거리를 둘 것. 다만, 고인화점 위험물만을 100℃ 미만의 온도로 저장 또는 취급하는 탱크에 설치하는 통기관은 그 끝부분을 탱크전용실 내에 설치할 수 있다.
      나) 통기관은 가스 등이 체류할 우려가 있는 굴곡이 없도록 할 것
      다) 지름은 30㎜ 이상일 것
      라) 끝부분은 수평면보다 45도 이상 구부려 빗물 등의 침투를 막는 구조로 할 것
      마) 인화점이 38℃ 미만인 위험물만을 저장 또는 취급하는 탱크에 설치하는 통기관에는 화염방지장치를 설치하고, 그 외의 탱크에 설치하는 통기관에는 40메쉬(mesh) 이상의 구리망 또는 동등 이상의 성능을 가진 인화방지장치를 설치할 것. 다만, 인화점이 70℃ 이상인 위험물만을 해당 위험물의 인화점 미만의 온도로 저장 또는 취급하는 탱크에 설치하는 통기관에는 인화방지장치를 설치하지 않을 수 있다.
      바) 가연성의 증기를 회수하기 위한 밸브를 통기관에 설치하는 경우에 있어서는 당해 통기관의 밸브는 저장탱크에 위험물을 주입하는 경우를 제외하고는 항상 개방되어 있는 구조로 하는 한편, 폐쇄하였을 경우에 있어서는 10㎪ 이하의 압력에서 개방되는 구조로 할 것. 이 경우 개방된 부분의 유효단면적은 777.15㎟ 이상이어야 한다.

2) 대기밸브 부착 통기관
　　가) 통기관의 끝부분은 건축물의 창·출입구 등의 개구부로부터 1m 이상 떨어진 옥외의 장소에 지면으로부터 4m 이상의 높이로 설치하되, 인화점이 40℃ 미만인 위험물의 탱크에 설치하는 통기관에 있어서는 부지경계선으로부터 1.5m 이상 거리를 둘 것. 다만, 고인화점 위험물만을 100℃ 미만의 온도로 저장 또는 취급하는 탱크에 설치하는 통기관은 그 끝부분을 탱크전용실 내에 설치할 수 있다.
　　나) 통기관은 가스 등이 체류할 우려가 있는 굴곡이 없도록 할 것
　　다) 5㎪ 이하의 압력차이로 작동할 수 있을 것
　　라) 인화점이 38℃ 미만인 위험물만을 저장 또는 취급하는 탱크에 설치하는 통기관에는 화염방지장치를 설치하고, 그 외의 탱크에 설치하는 통기관에는 40메쉬(mesh) 이상의 구리망 또는 동등 이상의 성능을 가진 인화방지장치를 설치할 것. 다만, 인화점이 70℃ 이상인 위험물만을 해당 위험물의 인화점 미만의 온도로 저장 또는 취급하는 탱크에 설치하는 통기관에는 인화방지장치를 설치하지 않을 수 있다.

(3) 옥내탱크저장소의 탱크전용실
　가. 탱크전용실은 벽·기둥 및 바닥을 내화구조로 하고, 보를 불연재료로 하며, 연소의 우려가 있는 외벽은 출입구외에는 개구부가 없도록 할 것. 다만, 인화점이 70℃ 이상인 제4류 위험물만의 옥내저장탱크를 설치하는 탱크전용실에 있어서는 연소의 우려가 없는 외벽·기둥 및 바닥을 불연재료로 할 수 있다.
　나. 탱크전용실은 지붕을 불연재료로 하고, 천장을 설치하지 아니할 것
　다. 탱크전용실의 창 및 출입구에는 60분+방화문·60분방화문 또는 30분방화문을 설치하는 동시에, 연소의 우려가 있는 외벽에 두는 출입구에는 수시로 열 수 있는 자동폐쇄식의 60분+방화문·60분방화문을 설치할 것
　라. 탱크전용실의 창 또는 출입구에 유리를 이용하는 경우에는 망입유리로 할 것
　마. 액상의 위험물의 옥내저장탱크를 설치하는 탱크전용실의 바닥은 위험물이 침투하지 아니하는 구조로 하고, 적당한 경사를 두는 한편, 집유설비를 설치할 것
　바. 탱크전용실의 출입구의 턱의 높이를 당해 탱크전용실내의 옥내저장탱크(옥내저장탱크가 2 이상인 경우에는 최대용량의 탱크)의 용량을 수용할 수 있는 높이 이상으로 하거나 옥내저장탱크로부터 누설된 위험물이 탱크전용실외의 부분으로 유출하지 아니하는 구조로 할 것
　사. 탱크전용실의 채광·조명·환기 및 배출의 설비는 옥내저장소의 채광·조명·환기 및 배출의 설비의 기준을 준용할 것
　아. 탱크전용실에 펌프설비를 설치하는 경우에는 불연재료로 된 턱을 0.2m 이상의 높이로 설치

요약 ❗ 지하탱크저장소(규칙 별표8) 13, 18 공채

25

「위험물안전관리법 시행규칙」상 지하탱크저장소의 기준으로 옳지 않은 것은?

① 위험물을 저장 또는 취급하는 지하탱크는 지면하에 설치된 탱크전용실에 설치하여야 한다.
② 탱크전용실은 지하의 가장 가까운 벽·피트·가스관 등의 시설물 및 대지경계선으로부터 0.1m 이상 떨어진 곳에 설치한다.
③ 지하저장탱크의 윗부분은 지면으로부터 0.5m 이상 아래에 있어야 한다.
④ 지하저장탱크를 2 이상 인접해 설치하는 경우에는 그 상호 간에 1m 이상의 간격을 유지하여야 한다.

(1) 지하탱크저장소의 기준

① 위험물을 저장 또는 취급하는 지하탱크는 지면하에 설치된 탱크전용실에 설치하여야 한다. 〈다만, 제4류 위험물의 지하저장탱크가 다음 ⓐ 내지 ⓔ의 기준에 적합한 때에는 그러하지 아니하다.〉

　ⓐ 당해 탱크를 지하철·지하가 또는 지하터널로부터 수평거리 10m 이내의 장소 또는 지하건축물내의 장소에 설치하지 아니할 것
　ⓑ 당해 탱크를 그 수평투영의 세로 및 가로보다 각각 0.6m 이상 크고 두께가 0.3m 이상인 철근콘크리트조의 뚜껑으로 덮을 것
　ⓒ 뚜껑에 걸리는 중량이 직접 당해 탱크에 걸리지 아니하는 구조일 것
　ⓓ 당해 탱크를 견고한 기초 위에 고정할 것
　ⓔ 당해 탱크를 지하의 가장 가까운 벽·피트(pit: 인공지하구조물)·가스관 등의 시설물 및 대지경계선으로부터 0.6m 이상 떨어진 곳에 매설할 것

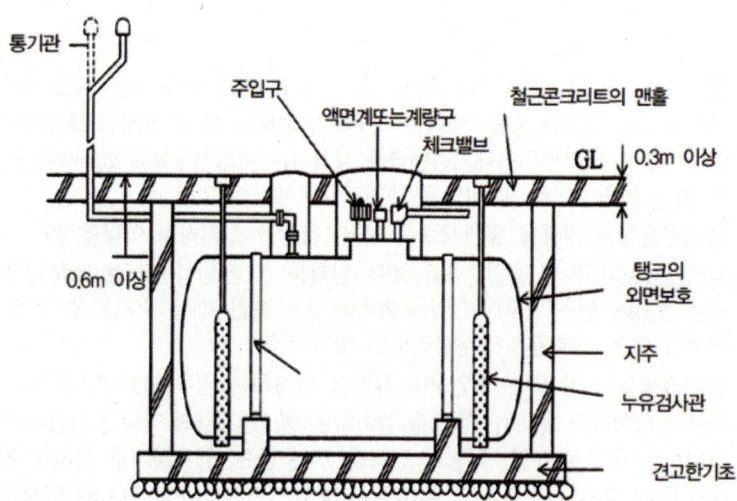

〈탱크를 직접 매설한 경우〉

② 탱크전용실은 지하의 가장 가까운 벽·피트·가스관 등의 시설물 및 대지경계선으로부터 0.1m 이상 떨어진 곳에 설치하고, 지하저장탱크와 탱크전용실의 안쪽과의 사이는 0.1m 이상의 간격을 유지하도록 하며, 당해 탱크의 주위에 마른 모래 또는 습기 등에 의하여 응고되지 아니하는 입자지름 5mm 이하의 마른 자갈분을 채워야 한다.
③ 지하저장탱크의 윗부분은 지면으로부터 0.6m 이상 아래에 있어야 한다.
④ 지하저장탱크를 2 이상 인접해 설치하는 경우에는 그 상호간에 1m(당해 2 이상의 지하저장탱크의 용량의 합계가 지정수량의 100배 이하인 때에는 0.5m) 이상의 간격을 유지하여야 한다.

정답 25. ③

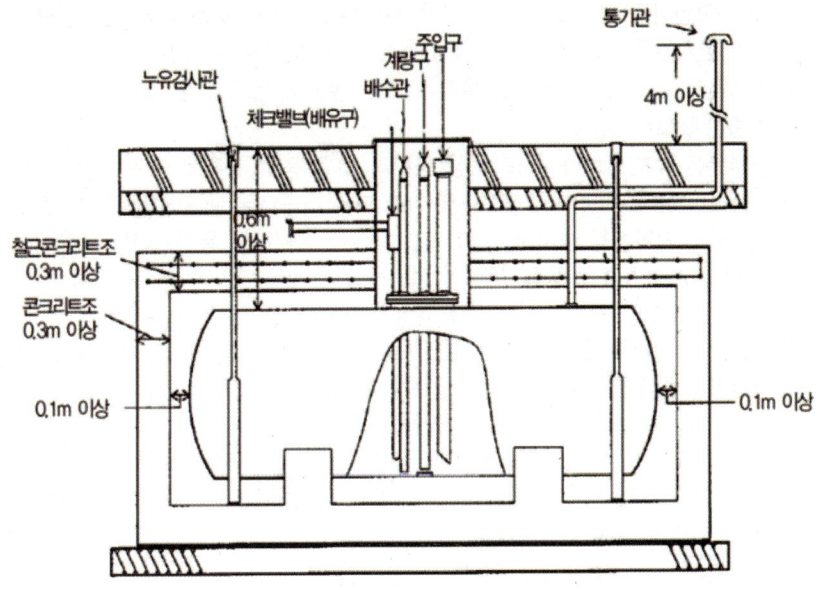

〈지하탱크저장소 전용실 구조〉

(2) 지하탱크저장소의 누유검사관
① 4개소 이상 적당한 위치에 설치할 것
② 이중관으로 할 것, 다만 소공이 없는 상부는 단관으로 할 수 있다.
③ 재료는 금속관 또는 경질합성수지관으로 할 것
④ 관은 탱크전용실의 바닥 또는 탱크의 기초까지 닿게 할 것
⑤ 관의 밑부분으로부터 탱크의 중심 높이까지의 부분에는 소공이 뚫려 있을 것. 다만, 지하수위가 높은 장소에 있어서는 지하수위 높이까지의 부분에 소공이 뚫려 있어야 한다.
⑥ 상부는 물이 침투하지 아니하는 구조로 하고, 뚜껑은 검사시에 쉽게 열 수 있도록 할 것

(3) 지하저장탱크 중 압력탱크(최대상용압력이 부압 또는 정압 5KPa을 초과하는 탱크를 말한다)외의 제4류 위험물의 탱크에 있어서는 밸브 없는 통기관 또는 대기밸브 부착 통기관을 다음 각 목의 구분에 따른 기준에 적합하게 설치하고, 압력탱크에 있어서는 제조소의 안전장치의 기준을 준용하여야 한다.

가. 밸브 없는 통기관
1) 통기관은 지하저장탱크의 윗부분에 연결할 것
2) 통기관 중 지하의 부분은 그 상부의 지면에 걸리는 중량이 직접 해당 부분에 미치지 아니하도록 보호하고, 해당 통기관의 접합부분(용접, 그 밖의 위험물 누설의 우려가 없다고 인정되는 방법에 의하여 접합된 것은 제외한다)에 대하여는 해당 접합부분의 손상유무를 점검할 수 있는 조치를 할 것
3) 통기관의 끝부분은 건축물의 창·출입구 등의 개구부로부터 1m 이상 떨어진 옥외의 장소에 지면으로부터 4m 이상의 높이로 설치하되, 인화점이 40℃ 미만인 위험물의 탱크에 설치하는 통기관에 있어서는 부지경계선으로부터 1.5m 이상 거리를 둘 것

---

26 「위험물안전관리법 시행규칙」상 지하저장탱크의 주위에는 당해 탱크로부터의 액체위험물의 누설을 검사하기 위한 관에 대한 설명으로 옳지 않은 것은? • 18. 상반기

① 이중관으로 할 것. 다만, 소공이 없는 상부는 단관으로 할 수 있다.
② 재료는 금속관 또는 경질합성수지관으로 할 것
③ 관은 탱크전용실의 바닥 또는 탱크의 기초까지 닿게 할 것
④ 상부는 물이 침투하지 아니하는 구조로 하고, 뚜껑은 검사 시에 쉽게 열 수 없도록 할 것

정답 26. ④

다만, 고인화점 위험물만을 100℃ 미만의 온도로 저장 또는 취급하는 탱크에 설치하는 통기관은 그 끝부분을 탱크전용실 내에 설치할 수 있다.
4) 통기관은 가스 등이 체류할 우려가 있는 굴곡이 없도록 할 것
5) 지름은 30mm 이상일 것
6) 끝부분은 수평면보다 45도 이상 구부려 빗물 등의 침투를 막는 구조로 할 것
7) 인화점이 38℃ 미만인 위험물만을 저장 또는 취급하는 탱크에 설치하는 통기관에는 화염방지장치를 설치하고, 그 외의 탱크에 설치하는 통기관에는 40메쉬(mesh) 이상의 구리망 또는 동등 이상의 성능을 가진 인화방지장치를 설치할 것. 다만, 인화점이 70℃ 이상인 위험물만을 해당 위험물의 인화점 미만의 온도로 저장 또는 취급하는 탱크에 설치하는 통기관에는 인화방지장치를 설치하지 않을 수 있다.
8) 가연성의 증기를 회수하기 위한 밸브를 통기관에 설치하는 경우에 있어서는 당해 통기관의 밸브는 저장탱크에 위험물을 주입하는 경우를 제외하고는 항상 개방되어 있는 구조로 하는 한편, 폐쇄하였을 경우에 있어서는 10kPa 이하의 압력에서 개방되는 구조로 할 것. 이 경우 개방된 부분의 유효단면적은 777.15mm² 이상이어야 한다.

나. 대기밸브 부착 통기관
1) 통기관은 지하저장탱크의 윗부분에 연결할 것
2) 통기관 중 지하의 부분은 그 상부의 지면에 걸리는 중량이 직접 해당 부분에 미치지 아니하도록 보호하고, 해당 통기관의 접합부분(용접, 그 밖의 위험물 누설의 우려가 없다고 인정되는 방법에 의하여 접합된 것은 제외한다)에 대하여는 해당 접합부분의 손상유무를 점검할 수 있는 조치를 할 것
3) 5kPa 이하의 압력차이로 작동할 수 있을 것. 다만, 제4류제1석유류를 저장하는 탱크는 다음의 압력 차이에서 작동하여야 한다.
  가) 정압: 0.6kPa 이상 1.5kPa 이하
  나) 부압: 1.5kPa 이상 3kPa 이하
4) 인화점이 38℃ 미만인 위험물만을 저장 또는 취급하는 탱크에 설치하는 통기관에는 화염방지장치를 설치하고, 그 외의 탱크에 설치하는 통기관에는 40메쉬(mesh) 이상의 구리망 또는 동등 이상의 성능을 가진 인화방지장치를 설치할 것. 다만, 인화점이 70℃ 이상인 위험물만을 해당 위험물의 인화점 미만의 온도로 저장 또는 취급하는 탱크에 설치하는 통기관에는 인화방지장치를 설치하지 않을 수 있다.
5) 통기관의 끝부분은 건축물의 창·출입구 등의 개구부로부터 1m 이상 떨어진 옥외의 장소에 지면으로부터 4m 이상의 높이로 설치하되, 인화점이 40℃ 미만인 위험물의 탱크에 설치하는 통기관에 있어서는 부지경계선으로부터 1.5m 이상 거리를 둘 것. 다만, 고인화점 위험물만을 100℃ 미만의 온도로 저장 또는 취급하는 탱크에 설치하는 통기관은 그 끝부분을 탱크전용실 내에 설치할 수 있다.
6) 통기관은 가스 등이 체류할 우려가 있는 굴곡이 없도록 할 것

(4) 탱크전용실의 구조
탱크전용실은 벽·바닥 및 뚜껑을 다음 각 목에 정한 기준에 적합한 철근콘크리트구조 또는 이와 동등 이상의 강도가 있는 구조로 설치하여야 한다.
가. 벽·바닥 및 뚜껑의 두께는 0.3m 이상일 것
나. 벽·바닥 및 뚜껑의 내부에는 지름 9mm부터 13mm까지의 철근을 가로 및 세로로 5cm부터 20cm까지의 간격으로 배치할 것

다. 벽·바닥 및 뚜껑의 재료에 수밀(액체가 새지 않도록 밀봉되어 있는 상태)콘크리트를 혼입하거나 벽·바닥 및 뚜껑의 중간에 아스팔트층을 만드는 방법으로 적정한 방수조치를 할 것

(5) 과충전 방지 장치
: 과충전을 방지하는 장치를 설치하여야 한다.
가. 탱크용량을 초과하는 위험물이 주입될 때 자동으로 그 주입구를 폐쇄하거나 위험물의 공급을 자동으로 차단하는 방법
나. 탱크용량의 90%가 찰 때 경보음을 울리는 방법

(7) 맨홀 설치 기준
: 지하탱크저장소에는 다음 각목의 기준에 의하여 맨홀을 설치하여야 한다.
가. 맨홀은 지면까지 올라오지 아니하도록 하되, 가급적 낮게 할 것
나. 보호틀을 다음 각목에 정하는 기준에 따라 설치할 것
   1) 보호틀을 탱크에 완전히 용접하는 등 보호틀과 탱크를 기밀하게 접합할 것
   2) 보호틀의 뚜껑에 걸리는 하중이 직접 보호틀에 미치지 아니하도록 설치하고, 빗물 등이 침투하지 아니하도록 할 것
다. 배관이 보호틀을 관통하는 경우에는 당해 부분을 용접하는 등 침수를 방지하는 조치를 할 것

요약 ● 간이탱크저장소(규칙 별표9)

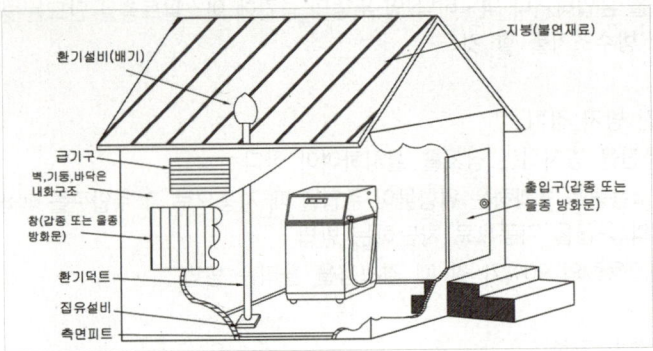

1. 간이탱크는 <u>옥외</u>에 설치하여야 한다.

   ● **예외** - 다음 각목의 기준에 적합한 전용실안에 설치하는 경우에는 그러하지 아니하다.
   가. 전용실의 구조는 옥내탱크저장소의 탱크전용실의 구조의 기준에 적합할 것
   나. 전용실의 창 및 출입구는 옥내탱크저장소의 창 및 출입구의 기준에 적합할 것
   다. 전용실의 바닥은 옥내탱크저장소의 탱크전용실의 바닥의 구조의 기준에 적합할 것
   라. 전용실의 채광·조명·환기 및 배출의 설비는 옥내저장소의 채광·조명·환기 및 배출의 설비의 기준에 적합할 것

2. 하나의 간이탱크저장소에 설치하는 간이저장탱크 수 : 3 이하 (동일한 품질의 위험물 2 이상 X)
3. "위험물 간이탱크저장소"라는 표시를 한 표지와 방화에 관하여 필요한 사항을 게시한 게시판을 설치
4. 지면 또는 가설대에 고정시키되, 옥외에 설치하는 경우 그 탱크의 주위에 너비 1m 이상의 공지, 전용실안에 설치하는 경우 - 탱크와 전용실의 벽과의 사이에 0.5m 이상의 간격을 유지
5. 간이저장탱크 용량 : 600ℓ 이하
6. 간이저장탱크 두께 : 3.2㎜ 이상의 강판, 70㎪의 압력으로 10분간의 수압시험 실시
7. 외면에 녹을 방지하기 위한 도장.(예외 - 스테인레스 강판 X)
8. 간이저장탱크에는 다음 각 목의 구분에 따른 기준에 적합한 밸브 없는 통기관 또는 대기밸브부착 통기관을 설치하여야 한다.

   가. 밸브 없는 통기관
   1) 통기관의 지름은 25㎜ 이상으로 할 것
   2) 통기관은 옥외에 설치하되, 그 끝부분의 높이는 지상 1.5m 이상으로 할 것
   3) 통기관의 끝부분은 수평면에 대하여 아래로 45° 이상 구부려 빗물 등이 침투하지 아니하도록 할 것
   4) 가는 눈의 구리망 등으로 인화방지장치를 할 것. 다만, 인화점 70℃ 이상의 위험물만을 해당 위험물의 인화점 미만의 온도로 저장 또는 취급하는 탱크에 설치하는 통기관에 있어서는 그러하지 아니하다.

나. 대기밸브 부착 통기관
 1) 통기관은 옥외에 설치하되, 그 끝부분의 높이는 지상 1.5m 이상으로 할 것
 2) 가는 눈의 구리망 등으로 인화방지장치를 할 것. 다만, 인화점 70℃ 이상의 위험물만을 해당 위험물의 인화점 미만의 온도로 저장 또는 취급하는 탱크에 설치하는 통기관에 있어서는 그러하지 아니하다.
 3) 5KPa 이하의 압력차이로 작동할 수 있을 것

● **밸브 없는 통기관의 지름**

	옥외탱크저장소	옥내탱크저장소	지하탱크저장소
밸브 없는 통기관의 지름	30㎜	30㎜	30㎜

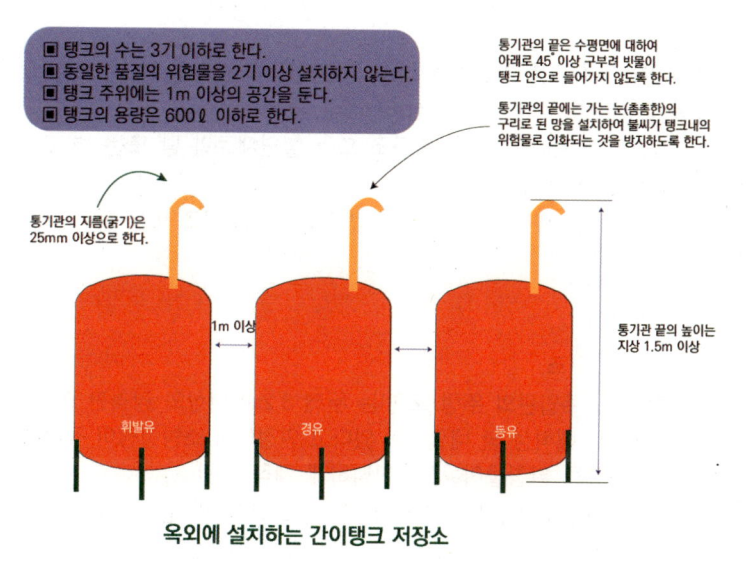

옥외에 설치하는 간이탱크 저장소

27

「위험물안전관리법 시행규칙」상 이동탱크저장소의 이동저장탱크 구조에 관한 설명이다. ( ) 안에 들어갈 내용으로 옳은 것은?

• 24. 공채 / • 24. 경채

이동저장탱크는 그 내부에 (ㄱ)L 이하마다 (ㄴ)mm 이상의 강철판 또는 이와 동등 이상의 강도·내열성 및 내식성이 있는 금속성의 것으로 칸막이를 설치하여야 한다.

	(ㄱ)	(ㄴ)
①	3,000	1.6
②	4,000	1.6
③	3,000	3.2
④	4,000	3.2

정답 27. ④

요약 ❶ 이동탱크저장소(규칙 별표9)

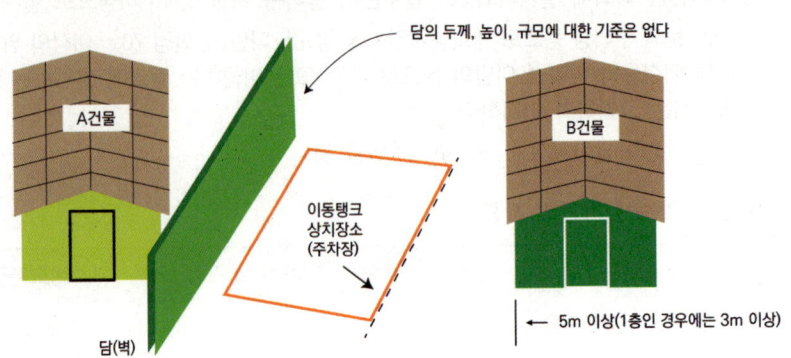

(1) 상치장소의 기준

1. 옥외 상치장소 : 화기를 취급하는 장소 또는 인근의 건축물로부터 5m 이상 (인근의 건축물이 1층인 경우에는 3m 이상)의 거리 확보
   (예외 - 하천의 공지나 수면, 내화구조 또는 불연재료의 담 또는 벽 그 밖에 이와 유사한 것에 접하는 경우 제외)
2. 옥내 상치장소 : 벽·바닥·보·서까래 및 지붕이 내화구조 또는 불연재료로 된 건축물의 1층에 설치

(2) 이동저장탱크의 구조

1. 이동저장탱크의 구조
    가. 탱크(맨홀 및 주입관의 뚜껑 포함)는 두께 3.2mm 이상의 강철판 또는 이와 동등 이상의 강도·내식성 및 내열성이 있다고 인정하여 소방청장이 정하여 고시하는 재료 및 구조로 위험물이 새지 아니하게 제작할 것
    나. 압력탱크(최대상용압력이 46.7kPa 이상인 탱크)외의 탱크는 70kPa의 압력으로, 압력탱크는 최대상용압력의 1.5배의 압력으로 각각 10분간의 수압시험 실시. (이 경우 수압시험은 용접부에 대한 비파괴시험과 기밀시험으로 대신할 수 있다.)
2. 이동저장탱크는 그 내부에 4,000ℓ 이하마다 3.2mm 이상의 강철판 또는 이와 동등 이상의 강도·내열성 및 내식성이 있는 금속성의 것으로 칸막이 설치. (예외 - 고체인 위험물을 저장하거나 고체인 위험물을 가열하여 액체 상태로 저장하는 경우 X)
3. 칸막이로 구획된 각 부분마다 맨홀과 다음 각목의 기준에 의한 안전장치 및 방파판을 설치하여야 한다. (예외 - 칸막이로 구획된 부분의 용량이 2,000ℓ 미만인 부분에는 방파판을 설치하지 아니할 수 있다.)
    가. 안전장치
       상용압력이 20kPa 이하인 탱크에 있어서는 20kPa 이상 24kPa 이하의 압력에서, 상용압력이 20kPa를 초과하는 탱크에 있어서는 상용압력의 1.1배 이하의 압력에서 작동하는 것으로 할 것

상용압력	작동압력
20kPa 이하	20kPa 이상 24kPa 이하
20kPa 초과	상용압력의 1.1배 이하

나. 방파판
1) 두께 1.6㎜ 이상의 강철판 또는 이와 동등 이상의 강도·내열성 및 내식성이 있는 금속성의 것으로 할 것
2) 하나의 구획부분에 2개 이상의 방파판을 이동탱크저장소의 진행방향과 평행으로 설치하되, 각 방파판은 그 높이 및 칸막이로부터의 거리를 다르게 할 것
3) 하나의 구획부분에 설치하는 각 방파판의 면적의 합계는 당해 구획부분의 최대 수직단면적의 50% 이상으로 할 것. 다만, 수직단면이 원형이거나 짧은 지름이 1m 이하의 타원형일 경우에는 40% 이상으로 할 수 있다.

4. 측면틀 및 방호틀의 기준. (다만, 피견인자동차에 고정된 탱크에는 측면틀을 설치하지 아니할 수 있다.)
가. 측면틀
1) 탱크 뒷부분의 입면도에 있어서 측면틀의 최외측과 탱크의 최외측을 연결하는 직선의 수평면에 대한 내각이 75도 이상이 되도록 하고, 최대수량의 위험물을 저장한 상태에 있을 때의 당해 탱크중량의 중심점과 측면틀의 최외측을 연결하는 직선과 그 중심점을 지나는 직선중 최외측선과 직각을 이루는 직선과의 내각이 35도 이상이 되도록 할 것
2) 외부로부터 하중에 견딜 수 있는 구조로 할 것
3) 탱크상부의 네 모퉁이에 당해 탱크의 전단 또는 후단으로부터 각각 1m 이내의 위치에 설치할 것
4) 측면틀에 걸리는 하중에 의하여 탱크가 손상되지 아니하도록 측면틀의 부착부분에 받침판을 설치할 것

나. 방호틀
1) 두께 2.3㎜ 이상의 강철판 또는 이와 동등 이상의 기계적 성질이 있는 재료로써 산모양의 형상으로 하거나 이와 동등 이상의 강도가 있는 형상으로 할 것
2) 정상부분은 부속장치보다 50㎜ 이상 높게 하거나 이와 동등 이상의 성능이 있는 것으로 할 것

(3) 주입설비의 기준
가. 위험물이 샐 우려가 없고 화재예방상 안전한 구조로 할 것
나. 주입설비의 길이는 50m 이내로 하고, 그 끝부분에 축적되는 정전기를 유효하게 제거할 수 있는 장치를 할 것
다. 분당 배출량은 200ℓ 이하로 할 것

(4) 접지도선
제4류 위험물중 특수인화물, 제1석유류 또는 제2석유류의 이동탱크저장소에는 다음의 각호의 기준에 의하여 접지도선을 설치하여야 한다.
1. 양도체(良導體)의 도선에 비닐 등의 전열(電熱)차단재료로 피복하여 끝부분에 접지전극등을 결착시킬 수 있는 클립(clip) 등을 부착할 것
2. 도선이 손상되지 아니하도록 도선을 수납할 수 있는 장치를 부착할 것

(5) 알킬알루미늄등을 저장 또는 취급하는 이동탱크저장소
　가. 이동저장탱크는 두께 10㎜ 이상의 강판 또는 이와 동등 이상의 기계적 성질이 있는 재료로 기밀하게 제작되고 1㎫ 이상의 압력으로 10분간 실시하는 수압시험에서 새거나 변형하지 아니하는 것일 것
　나. 이동저장탱크의 용량은 1,900ℓ 미만일 것
　다. 안전장치는 이동저장탱크의 수압시험의 압력의 3분의 2를 초과하고 5분의 4를 넘지 아니하는 범위의 압력으로 작동할 것
　라. 이동저장탱크의 맨홀 및 주입구의 뚜껑은 두께 10㎜ 이상의 강판 또는 이와 동등 이상의 기계적 성질이 있는 재료로 할 것
　마. 이동저장탱크의 배관 및 밸브 등은 당해 탱크의 윗부분에 설치할 것
　바. 이동탱크저장소에는 이동저장탱크하중의 4배의 전단하중에 견딜 수 있는 걸고리체결금속구 및 모서리체결금속구를 설치할 것
　사. 이동저장탱크는 불활성의 기체를 봉입할 수 있는 구조로 할 것
　아. 이동저장탱크는 그 외면을 적색으로 도장하는 한편, 백색문자로서 동판(胴板)의 양측면 및 경판(동체의 양 끝부분에 부착하는 판)에 주의사항을 표시할 것

● 두께 정리

	방파판	방호틀	탱크 본체	주입관 뚜껑	맨홀
두께	1.6㎜ 이상	2.3㎜ 이상 (정상부분은 50㎜ 이상 높게)	3.2㎜ 이상	3.2㎜ 이상	3.2㎜ 이상

　㉠ 방파판의 두께 : 1.6mm 이상의 강철판
　㉡ 방호틀의 두께 : 2.3mm 이상의 강철판
　㉢ 이동탱크저장소의 탱크의 두께 : 3.2mm 이상의 강철판
　㉣ 칸막이 : 내부에 4,000ℓ 이하마다 설치
　㉤ 주입설비의 분당 배출량 : 200ℓ 이하

요약 ● 옥외저장소(규칙 별표11)

Ⅰ. 옥외저장소의 기준
　1. 옥외저장소 중 위험물을 용기에 수납하여 저장 또는 취급하는 것의 위치·구조 및 설비의 기술기준은 다음 각목과 같다.
　　가. 옥외저장소는 제조소에 준하여 안전거리를 둘 것
　　나. 옥외저장소는 습기가 없고 배수가 잘 되는 장소에 설치할 것
　　다. 위험물을 저장 또는 취급하는 장소의 주위에는 경계표시(울타리의 기능이 있는 것)를 하여 명확하게 구분할 것
　　라. 경계표시의 주위에는 그 저장 또는 취급하는 위험물의 최대수량에 따라 다음 표에 의한 너비의 공지를 보유할 것.

(다만, 제4류 위험물 중 제4석유류와 제6류 위험물을 저장 또는 취급하는 옥외저장소의 보유공지는 다음 표에 의한 공지의 너비의 3분의 1 이상의 너비로 할 수 있다.)

저장 또는 취급하는 위험물의 최대수량	공지의 너비
지정수량의 10배 이하	3m 이상
지정수량의 10배 초과 20배 이하	5m 이상
지정수량의 20배 초과 50배 이하	9m 이상
지정수량의 50배 초과 200배 이하	12m 이상
지정수량의 200배 초과	15m 이상

 마. 옥외저장소에는 보기 쉬운 곳에 "위험물 옥외저장소"라는 표시를 한 표지와 방화에 관하여 필요한 사항을 게시한 게시판을 설치
 바. 옥외저장소에 선반을 설치하는 경우에는 다음의 기준에 의할 것
  1) 선반은 불연재료로 만들고 견고한 지반면에 고정할 것
  2) 선반은 당해 선반 및 그 부속설비의 자중·저장하는 위험물의 중량·풍하중·지진의 영향 등에 의하여 생기는 응력에 대하여 안전할 것
  3) 선반의 높이는 6m를 초과하지 아니할 것
  4) 선반에는 위험물을 수납한 용기가 쉽게 낙하하지 아니하는 조치를 강구할 것
 사. 과산화수소 또는 과염소산을 저장하는 옥외저장소에는 불연성 또는 난연성의 천막 등을 설치하여 햇빛을 가릴 것
 아. 눈·비 등을 피하거나 차광 등을 위하여 옥외저장소에 캐노피 또는 지붕을 설치하는 경우에는 환기 및 소화활동에 지장을 주지 아니하는 구조로 할 것. 이 경우 기둥은 내화구조로 하고, 캐노피 또는 지붕을 불연재료로 하며, 벽을 설치하지 아니하여야 한다

2. 덩어리 상태의 황만을 저장 또는 취급하는 옥외저장소의 기준
 가. 하나의 경계표시의 내부의 면적은 100㎡ 이하일 것
 나. 2 이상의 경계표시를 설치하는 경우에 있어서는 각각의 경계표시 내부의 면적을 합산한 면적은 1,000㎡ 이하로 하고, 인접하는 경계표시와 경계표시와의 간격을 제1호 라목의 규정에 의한 공지의 너비의 2분의 1 이상으로 할 것. 다만, 저장 또는 취급하는 위험물의 최대수량이 지정수량의 200배 이상인 경우에는 10m 이상으로 하여야 한다.
 다. 경계표시는 불연재료로 만드는 동시에 황이 새지 아니하는 구조로 할 것
 라. 경계표시의 높이는 1.5m 이하로 할 것
 마. 경계표시에는 황이 넘치거나 비산하는 것을 방지하기 위한 천막 등을 고정하는 장치를 설치하되, 천막 등을 고정하는 장치는 경계표시의 길이 2m마다 한 개 이상 설치할 것
 바. 황을 저장 또는 취급하는 장소의 주위에는 배수구와 분리장치를 설치할 것

II. 고인화점 위험물의 옥외저장소의 특례

저장 또는 취급하는 위험물의 최대수량	공지의 너비
지정수량의 50배 이하	3m 이상
지정수량의 50배 초과 200배 이하	6m 이상
지정수량의 200배 초과	10m 이상

III. 인화성고체, 제1석유류 또는 알코올류의 옥외저장소

제2류 위험물 중 인화성고체(인화점이 21℃ 미만인 것에 한한다. 이하 III에서 같다) 또는 제4류 위험물 중 제1석유류 또는 알코올류를 저장 또는 취급하는 옥외저장소에 있어서는 I제1호의 규정에 의한 기준에 의하는 외에 당해 위험물의 성질에 따라 다음 각호에 정하는 기준에 의한다.

1. 인화성고체, 제1석유류 또는 알코올류를 저장 또는 취급하는 장소에는 당해 위험물을 적당한 온도로 유지하기 위한 살수설비 등을 설치하여야 한다.
2. 제1석유류 또는 알코올류를 저장 또는 취급하는 장소의 주위에는 배수구 및 집유설비를 설치하여야 한다. 이 경우 제1석유류(온도 20℃의 물 100g에 용해되는 양이 1g 미만인 것에 한한다)를 저장 또는 취급하는 장소에 있어서는 집유설비에 유분리장치를 설치하여야 한다.

IV. 수출입 하역장소의 옥외저장소의 특례

저장 또는 취급하는 위험물의 최대수량	공지의 너비
지정수량의 50배 이하	3m 이상
지정수량의 50배 초과 200배 이하	4m 이상
지정수량의 200배 초과	5m 이상

> **요약** ● **암반탱크저장소(규칙 별표12)**
>
> I. 암반탱크
>   1. 암반탱크의 기준
>   가. 암반탱크는 암반투수계수가 1초당 10만분의 1m 이하인 천연암반내에 설치할 것
>   나. 암반탱크는 저장할 위험물의 증기압을 억제할 수 있는 지하수면하에 설치할 것
>   다. 암반탱크의 내벽은 암반균열에 의한 낙반(落磐: 갱내 천장이나 벽의 암석이 떨어지는 것)을 방지할 수 있도록 볼트·콘크리트 등으로 보강할 것
>
>   2. 암반탱크의 수리조건
>   가. 암반탱크내로 유입되는 지하수의 양은 암반내의 지하수 충전량보다 적을 것
>   나. 암반탱크의 상부로 물을 주입하여 수압을 유지할 필요가 있는 경우에는 수벽공을 설치할 것
>   다. 암반탱크에 가해지는 지하수압은 저장소의 최대운영압보다 항상 크게 유지할 것

요약 ❗ 주유취급소(규칙 별표13) 〇기출 11, 16, 17 공채 / 24 경채

(1) 주유공지 및 급유공지

주유공지	**너비 15m** 이상, **길이 6m** 이상
급유공지	고정급유설비의 호스기기의 주위에 필요한 공지
공지바닥	적당하게 경사지게, 배수구·집유설비 및 유분리장치

(2) 표지 및 게시판

표지	「위험물 주유취급소」
게시판	「주유중엔진정지」 - (황색바탕에 흑색문자)

(3) 탱크의 용량

탱크 용량	내용
3기 이하의 간이탱크	고정주유설비 또는 고정급유설비에 직접 접속
2,000ℓ 이하	자동차 등을 점검·정비하는 작업장 등에서 사용하는 폐유·윤활유 등의 위험물을 저장하는 탱크
10,000ℓ 이하	보일러 등에 직접 접속하는 전용탱크
50,000ℓ 이하	고정급유설비에 직접 접속하는 전용탱크
50,000ℓ 이하	자동차 등에 주유하기 위한 고정주유설비에 직접 접속하는 전용탱크

(탱크 용량이 1,000ℓ를 초과하는 것은 옥외의 지하 또는 캐노피 아래의 지하(캐노피 기둥의 하부 제외)에 매설하여야 한다.)

(4) 고정주유설비 등

1. 주유취급소에는 자동차 등의 연료탱크에 직접 주유하기 위한 고정주유설비를 설치하여야 한다.
2. 주유취급소의 고정주유설비 또는 고정급유설비 구조 기준
   가. 펌프기기의 주유관 끝부분에서의 최대배출량

위험물	최대 배출량
제1석유류	분당 50ℓ 이하
경유	분당 180ℓ 이하
등유	분당 80ℓ 이하

- 이동저장탱크에 주입하기 위한 고정급유설비의 펌프기기 - 최대배출량이 분당 300ℓ 이하 가능,
- 분당 배출량이 200ℓ 이상인 것의 경우 - 배관의 안지름을 40㎜ 이상)

암기법
너 15 길 6 → 너으시오 끼룩끼룩

28 「위험물안전관리법 시행규칙」상 주유취급소에서 "주유 중 엔진 정지"의 색상으로 옳은 것은?
① 흑색바탕에 황색문자
② 황색바탕에 흑색문자
③ 백색바탕에 흑색문자
④ 흑색바탕에 백색문자

29 「위험물안전관리법 시행규칙」상 주유취급소에 있는 고정주유설비의 주위에는 주유를 받으려는 자동차 등이 출입할 수 있도록 너비 몇 m 이상, 길이 몇 m 이상의 콘크리트 등으로 포장한 공지를 보유하여야 하는가?
① 16m, 5m
② 15m, 6m
③ 8m, 15m
④ 12m, 6m

30 「위험물안전관리법 시행규칙」상 주유취급소의 고정주유설비 설치기준이다. ( ) 안에 들어갈 내용으로 옳은 것은? • 24. 경채

고정주유설비는 고정주유설비의 중심선을 기점으로 하여 도로경계선까지 ( )m 이상의 거리를 유지할 것

① 1   ② 2
③ 3   ④ 4

정답 28. ② 29. ② 30. ④

나. 이동저장탱크의 상부를 통하여 주입하는 고정급유설비의 주유관에는 당해 탱크의 밑부분에 달하는 주입관을 설치하고, 그 배출량이 분당 80ℓ를 초과하는 것은 이동저장탱크에 주입하는 용도로만 사용할 것
다. 고정주유설비 또는 고정급유설비는 난연성 재료로 만들어진 외장을 설치할 것. (예외 - 펌프실에 설치하는 펌프기기 또는 액중펌프 X)
라. 고정주유설비 또는 고정급유설비의 본체 또는 노즐 손잡이에 주유작업자의 인체에 축적되는 정전기를 유효하게 제거할 수 있는 장치를 설치할 것

3. 고정주유설비 또는 고정급유설비의 주유관 길이 : 5m이내
(현수식의 경우 - 지면위 0.5m의 수평면에 수직으로 내려 만나는 점을 중심으로 반경 3m)
cf 이동탱크저장소의 주유관 길이 : 50m 이내)

4. 고정주유설비 또는 고정급유설비의 중심선까지 거리

구분	고정주유설비	고정급유설비
도로경계선	4 m 이상	4 m 이상
부지경계선	2 m 이상	1 m 이상
담	2 m 이상	1 m 이상
건축물의 벽	2 m 이상	2 m 이상
개구부가 없는 벽	1 m 이상	1 m 이상
고정급유설비	4 m 이상	

(5) 건축물 등의 제한 등
1. 주유취급소에 설치 가능한 시설
  가. 주유 또는 등유·경유를 옮겨 담기 위한 작업장
  나. 주유취급소의 업무를 행하기 위한 사무소
  다. 자동차 등의 점검 및 간이정비를 위한 작업장
  라. 자동차 등의 세정을 위한 작업장
  마. 주유취급소에 출입하는 사람을 대상으로 한 점포·휴게음식점 또는 전시장
  바. 주유취급소의 관계자가 거주하는 주거시설
  사. 전기자동차용 충전설비(전기를 동력원으로 하는 자동차에 직접 전기를 공급하는 설비를 말한다. 이하 같다)
  아. 그 밖의 소방청장이 정하여 고시하는 건축물 또는 시설
2. 나목 + 다목 + 마목의 면적의 합 → 1,000㎡를 초과할 수 없다.
3. 옥내주유취급소 - (자동화재탐지설비 등을 설치한 건축물에 한한다)
  가. 건축물안에 설치하는 주유취급소
  나. 캐노피·처마·차양·부연·발코니 및 루버(통풍이나 빛가림을 위해 폭이 좁은 판을 빗대는 창살)의 수평투영면적이 주유취급소의 공지면적의 3분의 1을 초과하는 주유취급소

(6) 건축물 등의 구조
  1. 주유취급소에 설치하는 건축물 위치 및 구조의 기준
    가. 건축물, 창 및 출입구의 구조는 다음의 기준에 적합하게 할 것
      1) 건축물의 벽·기둥·바닥·보 및 지붕을 내화구조 또는 불연재료로 할 것.
      2) 창 및 출입구에는 방화문 또는 불연재료로 된 문을 설치할 것.
    나. 개구부가 없는 내화구조의 바닥 또는 벽으로 당해 건축물의 다른 부분과 구획하고 주유를 위한 작업장 등 위험물취급장소에 면한 쪽의 벽에는 출입구를 설치하지 아니할 것
    다. 사무실 등의 창 및 출입구에 유리를 사용하는 경우 - 망입유리 또는 강화유리로 할 것.
      (강화유리의 두께는 창에는 8㎜ 이상, 출입구에는 12㎜ 이상)
    라. 건축물 중 사무실 그 밖의 화기를 사용하는 곳의 기준
      (단, 자동차 등의 점검 및 간이정비를 위한 작업장 및 자동차 등의 세정을 위한 작업장의 용도에 사용하는 부분을 제외)
      1) 출입구는 건축물의 안에서 밖으로 수시로 개방할 수 있는 자동폐쇄식의 것으로 할 것
      2) 출입구 또는 사이통로의 문턱의 높이를 15㎝ 이상으로 할 것
      3) 높이 1m 이하의 부분에 있는 창 등은 밀폐시킬 것
    마. 자동차 등의 점검·정비를 행하는 설비의 기준
      1) 고정주유설비로부터 4m 이상, 도로경계선으로부터 2m 이상 떨어지게 할 것. 다만, Ⅴ제1호 다목의 규정에 의한 작업장 중 바닥 및 벽으로 구획된 옥내의 작업장에 설치하는 경우에는 그러하지 아니하다.
      2) 위험물을 취급하는 설비는 위험물의 누설·넘침 또는 비산을 방지할 수 있는 구조로 할 것
    바. 자동차 등의 세정을 행하는 설비의 기준
      1) 증기세차기를 설치하는 경우에는 그 주위의 불연재료로 된 높이 1m 이상의 담을 설치하고 출입구가 고정주유설비에 면하지 아니하도록 할 것. 이 경우 담은 고정주유설비로부터 4m 이상 떨어지게 하여야 한다.
      2) 증기세차기 외의 세차기를 설치하는 경우에는 고정주유설비로부터 4m이상, 도로경계선으로부터 2m 이상 떨어지게 할 것.
        (예외 - 바닥 및 벽으로 구획된 옥내의 작업장에 설치하는 경우 X)
    사. 주유원간이대기실의 기준
      1) 불연재료로 할 것
      2) 바퀴가 부착되지 아니한 고정식일 것
      3) 차량의 출입 및 주유작업에 장애를 주지 아니하는 위치에 설치할 것
      4) 바닥면적이 2.5㎡ 이하일 것. 다만, 주유공지 및 급유공지 외의 장소에 설치하는 것은 그러하지 아니하다.
    아. 전기자동차용 충전설비의 기준
      1) 충전기기의 주위에 전기자동차 충전을 위한 전용 공지("충전공지")를 확보, 충전공지 주위를 페인트 등으로 표시

2) 전기자동차용 충전설비를 주유취급소에 설치 가능한 건축물 밖에 설치하는 경우 충전공지는 폭발위험장소 외의 장소에 둘 것
3) 전기자동차용 충전설비를 주유취급소에 설치 가능한 건축물 안에 설치하는 경우의 기준
   가) 해당 건축물의 1층에 설치할 것
   나) 해당 건축물에 가연성 증기가 남아 있을 우려가 없도록 환기설비 또는 배출설비를 설치할 것
4) 전기자동차용 충전설비의 전력공급설비의 기준
   가) 분전반 : 방폭성능을 갖출 것. (예외 - 분전반을 폭발위험장소 외의 장소에 설치하는 경우에는 X)
   나) 전력량계, 누전차단기 및 배선용 차단기 - 분전반 내에 설치할 것
   다) 인입구 배선 : 지하에 설치할 것
   라) 「전기사업법」에 따른 전기설비의 기술기준에 적합할 것
5) 충전기기와 인터페이스[연결하는 커넥터, 케이블 등]의 기준
   가) 충전기기는 방폭성능을 갖출 것. 다만, 다음의 기준을 모두 갖춘 경우에는 방폭성능을 갖추지 않을 수 있다.
     (1) 충전기기의 전원공급을 긴급히 차단할 수 있는 장치를 사무소 내부 또는 충전기기 주변에 설치할 것
     (2) 충전기기를 폭발위험장소 외의 장소에 설치할 것
   나) 인터페이스의 구성 부품은 「전기용품 및 생활용품 안전관리법」에 따른 기준에 적합할 것
6) 충전작업에 필요한 주차장을 설치하는 경우의 기준
   가) 주유공지, 급유공지 및 충전공지 외의 장소로서 주유를 위한 자동차 등의 진입·출입에 지장을 주지 않는 장소에 설치할 것
   나) 주차장의 주위를 페인트 등으로 표시하여 그 범위를 알아보기 쉽게 할 것
   다) 지면에 직접 주차하는 구조로 할 것

2. 옥내주유취급소의 기준
  가. 벽·기둥·바닥·보 및 지붕 - 내화구조, 개구부가 없는 내화구조의 바닥 또는 벽으로 당해 건축물의 다른 부분과 구획할 것. 다만, 건축물의 옥내주유취급소의 용도에 사용하는 부분의 상부에 상층이 없는 경우에는 지붕을 불연재료로 할 수 있다.
  나. 건축물에서 옥내주유취급소(건축물안에 설치하는 것에 한한다)의 용도에 사용하는 부분의 2 이상의 방면은 자동차 등이 출입하는 측 또는 통풍 및 피난상 필요한 공지에 접하도록 하고 벽을 설치하지 아니할 것
  다. 건축물에서 옥내주유취급소의 용도에 사용하는 부분에는 가연성증기가 체류할 우려가 있는 구멍·구덩이 등이 없도록 할 것
  라. 건축물에서 옥내주유취급소의 용도에 사용하는 부분에 상층이 있는 경우에는 상층으로의 연소를 방지하기 위하여 다음의 기준에 적합하게 내화구조로 된 캔틸레버를 설치할 것

1) 옥내주유취급소의 용도에 사용하는 부분(고정주유설비와 접하는 방향 및 나목의 규정에 의하여 벽이 개방된 부분에 한한다)의 바로 위층의 바닥에 이어서 1.5m 이상 내어 붙일 것. 다만, 바로 위층의 바닥으로부터 높이 7m 이내에 있는 위층의 외벽에 개구부가 없는 경우에는 그러하지 아니하다.
　　　2) 캔틸레버 끝부분과 위층의 개구부(열지 못하게 만든 방화문과 연소방지상 필요한 조치를 한 것을 제외한다)까지의 사이에는 7m에서 당해 캔틸레버의 내어 붙인 거리를 뺀 길이 이상의 거리를 보유할 것
　　마. 건축물중 옥내주유취급소의 용도에 사용하는 부분외에는 주유를 위한 작업장 등 위험물취급장소와 접하는 외벽에 창(망입유리로 된 붙박이 창을 제외한다) 및 출입구를 설치하지 아니할 것

(7) 담 또는 벽
　1. 높이 2m 이상의 내화구조 또는 불연재료의 담 또는 벽 설치,
　　(인근에 연소의 우려가 있는 건축물이 있는 경우 - 방화상 유효한 높이로)
　2. 담 또는 벽의 일부분에 방화상 유효한 구조의 유리를 부착할 수 있는 경우
　　가. 주입구, 고정주유설비 및 고정급유설비로부터 4m 이상 거리를 둘 것
　　나. 유리를 부착하는 방법
　　　1) 주유취급소 내의 지반면으로부터 70㎝를 초과하는 부분에 한하여 유리를 부착할 것
　　　2) 하나의 유리판의 가로의 길이는 2m 이내일 것
　　　3) 유리판의 테두리를 금속제의 구조물에 견고하게 고정하고 해당 구조물을 담 또는 벽에 견고하게 부착할 것
　　　4) 유리의 구조는 접합유리(두장의 유리를 두께 0.76㎜ 이상의 폴리바이닐뷰티랄 필름으로 접합한 구조)로 하되, 「유리구획 부분의 내화시험방법(KS F 2845)」에 따라 시험하여 비차열 30분 이상의 방화성능이 인정될 것
　　다. 유리를 부착하는 범위는 전체의 담 또는 벽의 길이의 10분의 2를 초과하지 아니할 것

(8) 캐노피
　주유취급소에 캐노피를 설치하는 기준
　　가. 배관이 캐노피 내부를 통과할 경우에는 1개 이상의 점검구를 설치할 것
　　나. 캐노피 외부의 점검이 곤란한 장소에 배관을 설치하는 경우에는 용접이음으로 할 것
　　다. 캐노피 외부의 배관이 일광열의 영향을 받을 우려가 있는 경우에는 단열재로 피복할 것

(9) 펌프실 등의 구조
　　가. 바닥은 위험물이 침투하지 아니하는 구조로 하고 적당한 경사를 두어 집유설비를 설치할 것
　　나. 펌프실등에는 위험물을 취급하는데 필요한 채광·조명 및 환기의 설비를 할 것
　　다. 가연성 증기가 체류할 우려가 있는 펌프실등에는 그 증기를 옥외에 배출하는 설비를 설치할 것
　　라. 고정주유설비 또는 고정급유설비중 펌프기기를 호스기기와 분리하여 설치하는 경우에는 펌프실의 출입구를 주유공지 또는 급유공지에 접하도록 하고, 자동폐쇄식의 60분+방화문 또는 60분방화문을 설치할 것

마. 펌프실등에는 별표 4 Ⅲ제1호의 기준에 따라 보기 쉬운 곳에 "위험물 펌프실", "위험물 취급실" 등의 표시를 한 표지와 동표 Ⅲ제2호의 기준에 따라 방화에 관하여 필요한 사항을 게시한 게시판을 설치하여야 한다.
바. 출입구에는 바닥으로부터 0.1m 이상의 턱을 설치할 것

(10) 고객이 직접 주유하는 주유취급소의 특례
  1. 셀프용고정주유설비의 기준
    가. 주유호스의 끝부분에 수동개폐장치를 부착한 주유노즐을 설치할 것.

> ● 수동개폐장치를 개방한 상태로 고정시키는 장치가 부착된 경우의 기준
>   1) 주유작업을 개시함에 있어서 주유노즐의 수동개폐장치가 개방상태에 있는 때에는 당해 수동개폐장치를 일단 폐쇄시켜야만 다시 주유를 개시할 수 있는 구조로 할 것
>   2) 주유노즐이 자동차 등의 주유구로부터 이탈된 경우 주유를 자동적으로 정지시키는 구조일 것

    나. 주유노즐은 자동차 등의 연료탱크가 가득 찬 경우 자동적으로 정지시키는 구조일 것
    다. 주유호스는 200㎏중 이하의 하중에 의하여 깨져 분리되거나 이탈되어야 하고, 깨져 분리되거나 이탈된 부분으로부터의 위험물 누출을 방지할 수 있는 구조일 것
    라. 휘발유와 경유 상호간의 오인에 의한 주유를 방지할 수 있는 구조일 것
    마. 1회의 연속주유량 및 주유시간의 상한을 미리 설정할 수 있는 구조일 것. 이 경우 연속주유량 및 주유시간의 상한은 다음과 같다.
      1) 휘발유는 100L 이하, 4분 이하로 할 것
      2) 경유는 600L 이하, 12분 이하로 할 것
  2. 셀프용고정급유설비의 기준
    가. 급유호스의 끝부분에 수동개폐장치를 부착한 급유노즐을 설치할 것
    나. 급유노즐은 용기가 가득찬 경우에 자동적으로 정지시키는 구조일 것
    다. 1회의 연속급유량 및 급유시간의 상한을 미리 설정할 수 있는 구조일 것 이 경우 급유량의 상한은 100ℓ 이하, 급유시간의 상한은 6분 이하로 한다.

구분		주유설비	급유설비
1회 주유량 / 시간·급유량 / 시간	휘발유	100ℓ 이하 / 4분 이하	100ℓ 이하 / 6분 이하
	경유	600ℓ 이하 / 12분 이하	

  3. 셀프용고정주유설비 또는 셀프용고정급유설비의 주위 표시
    가. 셀프용고정주유설비 또는 셀프용고정급유설비의 주위의 보기 쉬운 곳에 고객이 직접 주유할 수 있다는 의미의 표시를 하고 자동차의 정차위치 또는 용기를 놓는 위치를 표시할 것
    나. 주유호스 등의 직근에 호스기기 등의 사용방법 및 위험물의 품목을 표시할 것
    다. 셀프용고정주유설비 또는 셀프용고정급유설비와 셀프용이 아닌 고정주유설비 또는 고정급유설비를 함께 설치하는 경우에는 셀프용이 아닌 것의 주위에 고객이 직접 사용할 수 없다는 의미의 표시를 할 것

31

「위험물안전관리법 시행규칙」상 고객이 직접 주유하는 주유취급소에 대한 설명으로 옳지 않은 것은?

• 17. 하반기

① 주유노즐은 자동차 등의 연료탱크가 가득 찬 경우 수동으로 정지시키는 구조이어야 한다.
② 주유호스는 200㎏중 이하의 하중에 의하여 깨져 분리되거나 이탈되어야 하고, 깨져 분리되거나 이탈된 부분으로부터의 위험물 누출을 방지할 수 있는 구조이어야 한다.
③ 휘발유와 경유 상호간의 오인에 의한 주유를 방지할 수 있는 구조이어야 한다.
④ 1회의 연속주유량 및 주유시간의 상한을 미리 설정할 수 있는 구조이어야 한다.

정답 31. ①

4. 감시대의 설치기준
   가. 감시대는 모든 셀프용고정주유설비 또는 셀프용고정급유설비에서의 고객의 취급작업을 직접 볼 수 있는 위치에 설치할 것
   나. 주유 중인 자동차 등에 의하여 고객의 취급작업을 직접 볼 수 없는 부분이 있는 경우에는 당해 부분의 감시를 위한 카메라를 설치할 것
   다. 감시대에는 모든 셀프용고정주유설비 또는 셀프용고정급유설비로의 위험물 공급을 정지시킬 수 있는 제어장치를 설치할 것
   라. 감시대에는 고객에게 필요한 지시를 할 수 있는 방송설비를 설치할 것

(11) 수소충전설비를 설치한 주유취급소
  1. 압축수소충전설비 설치 주유취급소에 설치하는 설비의 기술기준
     가. 개질장치(인화성 액체를 원료로 하여 수소를 제조하기 위한 장치)의 위치, 구조 및 설비의 기분
        1) 개질장치는 자동차등이 충돌할 우려가 없는 옥외에 설치할 것
        2) 개질원료 및 수소가 누출된 경우에 개질장치의 운전을 자동으로 정지시키는 장치를 설치할 것
        3) 펌프설비에는 개질원료의 배출압력이 최대상용압력을 초과하여 상승하는 것을 방지하기 위한 장치를 설치할 것
        4) 개질장치의 위험물 취급량은 지정수량의 10배 미만일 것
     나. 압축기의 기준
        1) 가스의 배출압력이 최대상용압력을 초과하여 상승하는 경우에 압축기의 운전을 자동으로 정지시키는 장치를 설치할 것
        2) 배출쪽과 가장 가까운 배관에 역류방지밸브를 설치할 것
        3) 자동차등의 충돌을 방지하는 조치를 마련할 것
     다. 충전설비의 기준
        1) 위치는 주유공지 또는 급유공지 외의 장소로 하되, 주유공지 또는 급유공지에서 압축수소를 충전하는 것이 불가능한 장소로 할 것
        2) 충전호스는 자동차등의 가스충전구와 정상적으로 접속하지 않는 경우에는 가스가 공급되지 않는 구조로 하고, 200kg중 이하의 하중에 의하여 깨져 분리되거나 이탈되어야 하며, 깨져 분리되거나 이탈된 부분으로부터 가스 누출을 방지할 수 있는 구조일 것
        3) 자동차등의 충돌을 방지하는 조치를 마련할 것
        4) 자동차등의 충돌을 감지하여 운전을 자동으로 정지시키는 구조일 것
     라. 가스배관의 기준
        1) 위치는 주유공지 또는 급유공지 외의 장소로 하되, 자동차등이 충돌할 우려가 없는 장소로 하거나 자동차등의 충돌을 방지하는 조치를 마련할 것
        2) 가스배관으로부터 화재가 발생한 경우에 주유공지·급유공지 및 전용탱크·폐유탱크등·간이탱크의 주입구로의 연소확대를 방지하는 조치를 마련할 것
        3) 누출된 가스가 체류할 우려가 있는 장소에 설치하는 경우에는 접속부를 용접할 것. 다만, 당해 접속부의 주위에 가스누출 검지설비를 설치한 경우에는 그러하지 아니하다.

4) 축압기(蓄壓器)로부터 충전설비로의 가스 공급을 긴급히 정지시킬 수 있는 장치를 설치할 것. 이 경우 당해 장치의 기동장치는 화재발생 시 신속히 조작할 수 있는 장소에 두어야 한다.

마. 압축수소의 수입설비의 기준
  1) 위치는 주유공지 또는 급유공지 외의 장소로 하되, 주유공지 또는 급유공지에서 가스를 수입하는 것이 불가능한 장소로 할 것
  2) 자동차등의 충돌을 방지하는 조치를 마련할 것

(12) 기타 안전조치의 기술기준
  가. 압축기, 축압기 및 개질장치가 설치된 장소와 주유공지, 급유공지 및 전용탱크・폐유탱크등・간이탱크의 주입구가 설치된 장소 사이에는 화재가 발생한 경우에 상호 연소확대를 방지하기 위하여 높이 1.5m 정도의 불연재료의 담을 설치할 것
  나. 고정주유설비・고정급유설비 및 전용탱크・폐유탱크등・간이탱크의 주입구로부터 누출된 위험물이 충전설비・축압기・개질장치에 도달하지 않도록 깊이 30㎝, 폭 10㎝의 집유 구조물을 설치할 것
  다. 고정주유설비(현수식 제외)・고정급유설비(현수식 제외) 및 간이탱크의 주위에는 자동차등의 충돌을 방지하는 조치를 마련할 것

요약 ❶ 판매취급소(규칙 별표14) 기출 17 공채

(1) 판매취급소의 기준
  1. 제1종 판매취급소의 위치・구조 및 설비의 기준 (1종 판매취급소= 지정수량의 20배 이하)
    가. 건축물의 1층에 설치할 것
    나. 보기 쉬운 곳에 "위험물 판매취급소(제1종)"라는 표시를 한 표지와 방화에 관하여 필요한 사항을 게시한 게시판을 설치
    다. 건축물은 내화구조 또는 불연재료로 하고, 격벽은 내화구조로 할 것
    라. 보 : 불연재료, 천장 : 불연재료
    마. 상층이 있는 경우 : 상층의 바닥을 내화구조, 상층이 없는 경우 : 지붕을 내화구조 또는 불연재료
    바. 창 및 출입구 : 60분+방화문・60분방화문 또는 30분방화문을 설치
    사. 창 또는 출입구에 유리를 이용하는 경우 : 망입유리
    아. 전기설비는 전기사업법에 의한 전기설비기술기준에 의할 것
    자. 위험물을 배합하는 실의 기준
      1) 바닥면적은 6㎡ 이상 15㎡ 이하로 할 것
      2) 내화구조 또는 불연재료로 된 벽으로 구획할 것
      3) 바닥은 위험물이 침투하지 아니하는 구조로 하여 적당한 경사를 두고 집유설비를 할 것
      4) 출입구에는 수시로 열 수 있는 자동폐쇄식의 60분+방화문・60분방화문을 설치할 것

---

32 ① **②** ③

「위험물안전관리법 시행규칙」상 판매취급소에 대하여 옳은 것은?
• 17. 하반기

① 제1종 판매취급소는 저장 또는 취급하는 위험물의 수량이 지정수량의 40배 이하인 판매취급소이다.
② 제2종 판매취급소는 건축물의 1층에 설치하여야 한다.
③ 출입구의 문턱의 높이는 바닥면으로부터 0.15m 이상으로 설치한다.
④ 위험물 배합실의 바닥면적은 6㎡ 이상 10㎡ 이하로 한다.

정답 32. ②

5) 출입구 문턱의 높이는 바닥면으로부터 0.1m 이상으로 할 것
6) 내부에 체류한 가연성의 증기 또는 가연성의 미분을 지붕 위로 방출하는 설비를 할 것

● **턱의 높이 비교**

	높이
판매취급소 - 배합실	0.1m 이상
노·화덕설비	0.1m 이상
제조소 - 옥외설비	0.15m 이상
옥외탱크저장소 - 펌프실 외	0.15m 이상
이송취급소 - 펌프실 외	0.15m 이상
옥외탱크저장소 - 펌프실	0.2m 이상
옥내탱크저장소 - 펌프실	0.2m 이상
이송취급소 - 펌프실	0.2m 이상
주유취급소 - 펌프실 등	0.1m 이상

2. 제2종 판매취급소의 위치·구조 및 설비의 기준(2종 판매취급소 = 지정수량의 40배 이하)

   가. 벽·기둥·바닥 및 보 : 내화구조, 천장이 있는 경우 : 불연재료, 격벽 : 내화구조
   나. 상층이 있는 경우 : 상층의 바닥을 내화구조, 상층으로의 연소를 방지하기 위한 조치, 상층이 없는 경우 : 지붕을 내화구조
   다. 연소의 우려가 없는 부분에 한하여 창을 두되, 당해 창에는 60분+방화문·60분방화문 또는 30분방화문을 설치할 것
   라. 출입구에는 60분+방화문·60분방화문 또는 30분방화문을 설치할 것. 다만, 해당 부분 중 연소의 우려가 있는 벽에 설치하는 출입구에는 수시로 열 수 있는 자동폐쇄식의 60분+방화문·60분방화문을 설치해야 한다.

요약 ❗ **이송취급소(규칙 별표15)** 🔘기출 17 공채

(1) 설치장소

　1. 이송취급소를 설치할 수 없는 장소
　　가. 철도 및 도로의 터널 안
　　나. 고속국도 및 자동차전용도로의 차도·갓길 및 중앙분리대
　　다. 호수·저수지 등으로서 수리의 수원이 되는 곳
　　라. 급경사지역으로서 붕괴의 위험이 있는 지역

　2. 제1호의 규정에 불구하고 다음 각목의 1에 해당하는 경우에는 제1호 각목의 장소에 이송취급소를 설치할 수 있다.
　　가. 지형상황 등 부득이한 사유가 있고 안전에 필요한 조치를 하는 경우
　　나. (고속국도 및 자동차전용도로의 차도·갓길 및 중앙분리대) 또는 (호수·저수지 등으로서 수리의 수원이 되는 곳)에 횡단하여 설치하는 경우

(2) 배관 등의 재료

배관	• 고압배관용 탄소강관 • 압력배관용 탄소강관 • 고온배관용 탄소강관 • 배관용 스테인레스강관
관이음쇠	• 배관용강제 맞대기용접식 관이음쇠 • 철강재 관플랜지 압력단계 • 관플랜지의 치수허용자 • 강제 용접식 관플랜지 • 철강재 관플랜지의 기본치수 • 관플랜지의 개스킷자리치수
밸브	• 주강 플랜지형 밸브

(3) 배관설치의 기준

　1. 지하매설
　　가. 안전거리 (단, ②, ③, ④ - 누설확산방지조치를 하는 경우에 2분의 1의 범위 안에서 단축 가능)

대상	안전거리
① 건축물	1.5m 이상
② 지하가 ③ 터널	10m 이상
④ 수도시설	300m 이상

　　나. 배관은 그 외면으로부터 다른 공작물에 대하여 0.3m 이상의 거리를 보유 할 것.

다. 배관의 외면과 지표면과의 거리

• 산이나 들	0.9m 이상
• 그 밖의 지역	1.2m 이상

(예외 - 배관을 각각의 깊이로 매설하는 경우, 방호구조물을 설치하는 경우 X)

라. 배관은 지반의 동결로 인한 손상을 받지 아니하는 적절한 깊이로 매설할 것
마. 성토(흙을 쌓는 것) 또는 절토(흙을 깎는 것)를 한 경사면의 부근에 배관을 매설하는 경우에는 경사면의 붕괴에 의한 피해가 발생하지 아니하도록 매설할 것
바. 배관의 입상부, 지반의 급변부 등 지지조건이 급변하는 장소에 있어서는 굽은관을 사용하거나 지반개량 그 밖에 필요한 조치를 강구할 것
사. 배관의 하부에는 사질토 또는 모래로 20㎝(자동차 등의 하중이 없는 경우에는 10㎝) 이상, 배관의 상부에는 사질토 또는 모래로 30㎝(자동차 등의 하중에 없는 경우에는 20㎝) 이상 채울 것

2. 도로 밑 매설 - 배관을 도로 밑에 매설하는 경우의 기준
   가. 배관은 원칙적으로 자동차하중의 영향이 적은 장소에 매설할 것
   나. 배관은 그 외면으로부터 도로의 경계에 대하여 1m 이상의 안전거리를 둘 것
   다. 시가지도로의 밑에 매설하는 경우에는 배관의 외경보다 10㎝ 이상 넓은 견고하고 내구성이 있는 재질의 판("보호판")을 배관의 상부로부터 30㎝ 이상 위에 설치할 것. 다만, 방호구조물 안에 설치하는 경우에는 그러하지 아니하다.
   라. 배관은 그 외면으로부터 다른 공작물에 대하여 0.3m 이상의 거리를 보유할 것. 다만, 배관의 외면에서 다른 공작물에 대하여 0.3m 이상의 거리를 보유하기 곤란한 경우로서 당해 공작물의 보전을 위하여 필요한 조치를 하는 경우에는 그러하지 아니하다.
   마. 시가지 도로의 노면 아래에 매설하는 경우에는 배관의 외면과 노면과의 거리는 1.5m 이상, 보호판 또는 방호구조물의 외면과 노면과의 거리는 1.2m 이상으로 할 것
   바. 시가지 외의 도로의 노면 아래에 매설하는 경우에는 배관의 외면과 노면과의 거리는 1.2m 이상으로 할 것
   사. 포장된 차도에 매설하는 경우에는 포장부분의 토대(차단층이 있는 경우는 당해 차단층을 말한다. 이하 같다)의 밑에 매설하고, 배관의 외면과 토대의 최하부와의 거리는 0.5m 이상으로 할 것
   아. 노면 밑외의 도로 밑에 매설하는 경우에는 배관의 외면과 지표면과의 거리는 1.2m[보호판 또는 방호구조물에 의하여 보호된 배관에 있어서는 0.6m(시가지의 도로 밑에 매설하는 경우에는 0.9m)] 이상으로 할 것
   자. 전선·수도관·하수도관·가스관 또는 이와 유사한 것이 매설되어 있거나 매설할 계획이 있는 도로에 매설하는 경우에는 이들의 상부에 매설하지 아니할 것. 다만, 다른 매설물의 깊이가 2m 이상인 때에는 그러하지 아니하다.

3. 지상설치 - 배관을 지상에 설치하는 경우의 기준
   가. 배관이 지표면에 접하지 아니하도록 할 것
   나. 안전거리

대상	안전거리
• 철도부지의 용지 경계	1m 이상
• 철도 중심선	4m 이상
• 철도·도로의 경계선 • 주택	25m 이상
• 극장, 영화관 등 수용인원 300인 이상 • 유치원, 학교 등 교육시설 • 병원, 공공용지, 도시공원 • 판매시설, 숙박시설, 위락시설 등(연면적 1000㎡ 이상) • 기차역·버스터미널 (1일 평균 20,000명 이상 이용)	45m 이상
• 유형문화재, 지정문화재	65m 이상
• 수도시설	300m 이상

   다. 보유공지

배관의 최대상용압력	공지의 너비
0.3MPa 미만	5m 이상
0.3MPa 이상 1MPa 미만	9m 이상
1MPa 이상	15m 이상

4. 해저설치의 안전거리

대상	안전거리
• 이미 설치된 배관	30m 이상

5. 도로횡단설치의 수직거리

대상	안전거리
• 그 아래의 노면	30m 이상

6. 하천 등 횡단설치의 안전거리

대상	안전거리
• 좁은 수로	1.2m 이상
• 하수도 또는 운하	2.5m 이상
• 하천 횡단	4.0m 이상

7. 배관의 긴급차단밸브 설치기준
   1) 시가지에 설치하는 경우에는 약 4㎞의 간격
   2) 하천·호소 등을 횡단하여 설치하는 경우에는 횡단하는 부분의 양 끝
   3) 해상 또는 해저를 통과하여 설치하는 경우에는 통과하는 부분의 양 끝
   4) 산림지역에 설치하는 경우에는 약 10㎞의 간격
   5) 도로 또는 철도를 횡단하여 설치하는 경우에는 횡단하는 부분의 양 끝

8. 특정이송취급소
   - 위험물을 이송하기 위한 배관의 연장이 15㎞를 초과하거나 위험물을 이송하기 위한 배관에 관계된 최대상용압력이 950㎪ 이상이고 위험물을 이송하기 위한 배관의 연장이 7㎞ 이상인 것

9. 경보설비
   가. 이송기지에는 비상벨장치 및 확성장치를 설치할 것
   나. 가연성증기를 발생하는 위험물을 취급하는 펌프실등에는 가연성증기 경보설비를 설치할 것

> **요약** ⚠ **소화설비의 기준(규칙 별표17)**

1. 소화난이도등급 Ⅰ의 제조소등 및 소화설비
   가. 소화난이도등급 Ⅰ에 해당하는 제조소등

제조소 등의 구분	제조소등의 규모, 저장 또는 취급하는 위험물의 품명 및 최대수량 등
제조소 및 일반취급소	연면적 1,000㎡ 이상인 것
	지정수량의 100배 이상인 것(고인화점위험물만을 100℃ 미만의 온도에서 취급하는 것 및 제48조의 위험물을 취급하는 것은 제외)
	지반면으로부터 6m 이상의 높이에 위험물 취급설비가 있는 것(고인화점위험물만을 100℃ 미만의 온도에서 취급하는 것은 제외)
	일반취급소로 사용되는 부분 외의 부분을 갖는 건축물에 설치된 것(내화구조로 개구부 없이 구획 된 것, 고인화점위험물만을 100℃ 미만의 온도에서 취급하는 것 및 별표 16 Ⅹ의2의 화학실험의 일반취급소는 제외)
주유취급소	별표 13 Ⅴ제2호에 따른 면적의 합이 500㎡를 초과하는 것
옥내 저장소	지정수량의 150배 이상인 것(고인화점위험물만을 저장하는 것 및 제48조의 위험물을 저장하는 것은 제외)
	연면적 150㎡를 초과하는 것(150㎡ 이내마다 불연재료로 개구부없이 구획된 것 및 인화성고체 외의 제2류 위험물 또는 인화점 70℃ 이상의 제4류 위험물만을 저장하는 것은 제외)
	처마높이가 6m 이상인 단층건물의 것
	옥내저장소로 사용되는 부분 외의 부분이 있는 건축물에 설치된 것(내화구조로 개구부없이 구획된 것 및 인화성고체 외의 제2류 위험물 또는 인화점 70℃ 이상의 제4류 위험물만을 저장하는 것은 제외)
옥외 탱크 저장소	액표면적이 40㎡ 이상인 것(제6류 위험물을 저장하는 것 및 고인화점위험물만을 100℃ 미만의 온도에서 저장하는 것은 제외)
	지반면으로부터 탱크 옆판의 상단까지 높이가 6m 이상인 것(제6류 위험물을 저장하는 것 및 고인화점위험물만을 100℃ 미만의 온도에서 저장하는 것은 제외)
	지중탱크 또는 해상탱크로서 지정수량의 100배 이상인 것(제6류 위험물을 저장하는 것 및 고인화점위험물만을 100℃ 미만의 온도에서 저장하는 것은 제외)
	고체위험물을 저장하는 것으로서 지정수량의 100배 이상인 것
옥내 탱크 저장소	액표면적이 40㎡ 이상인 것(제6류 위험물을 저장하는 것 및 고인화점위험물만을 100℃ 미만의 온도에서 저장하는 것은 제외)
	바닥면으로부터 탱크 옆판의 상단까지 높이가 6m 이상인 것(제6류 위험물을 저장하는 것 및 고인화점위험물만을 100℃ 미만의 온도에서 저장하는 것은 제외)
	탱크전용실이 단층건물 외의 건축물에 있는 것으로서 인화점 38℃ 이상 70℃ 미만의 위험물을 지정수량의 5배 이상 저장하는 것(내화구조로 개구부 없이 구획된 것은 제외한다)

옥외 저장소	덩어리 상태의 황을 저장하는 것으로서 경계표시 내부의 면적(2 이상의 경계표시가 있는 경우에는 각 경계표시의 내부의 면적을 합한 면적)이 100㎡ 이상인 것
	별표 11 Ⅲ의 위험물을 저장하는 것으로서 지정수량의 100배 이상인 것
암반 탱크 저장소	액표면적이 40㎡ 이상인 것(제6류 위험물을 저장하는 것 및 고인화점위험물만을 100℃ 미만의 온도에서 저장하는 것은 제외)
	고체위험물만을 저장하는 것으로서 지정수량의 100배 이상인 것
이송 취급소	모든 대상

나. 소화난이도등급 Ⅰ의 제조소등에 설치하여야 하는 소화설비

제조소등의 구분		소화설비
제조소 및 일반취급소		옥내소화전설비, 옥외소화전설비, 스프링클러설비 또는 물분무등소화설비(화재발생시 연기가 충만할 우려가 있는 장소에는 스프링클러설비 또는 이동식 외의 물분무등소화설비에 한한다)
주유취급소		스프링클러설비(건축물에 한정한다), 소형수동식소화기등(능력단위의 수치가 건축물 그 밖의 공작물 및 위험물의 소요단위의 수치에 이르도록 설치할 것)
옥내 저장소	처마높이가 6m 이상인 단층건물 또는 다른 용도의 부분이 있는 건축물에 설치한 옥내저장소	스프링클러설비 또는 이동식 외의 물분무등소화설비
	그 밖의 것	옥외소화전설비, 스프링클러설비, 이동식 외의 물분무등소화설비 또는 이동식 포소화설비(포소화전을 옥외에 설치하는 것에 한한다)
옥외 탱크 저장소	지중탱크 또는 해상탱크 외의 것 — 황만을 저장 취급하는 것	물분무소화설비
	지중탱크 또는 해상탱크 외의 것 — 인화점 70℃ 이상의 제4류 위험물만을 저장취급하는 것	물분무소화설비 또는 고정식 포소화설비
	지중탱크 또는 해상탱크 외의 것 — 그 밖의 것	고정식 포소화설비(포소화설비가 적응성이 없는 경우에는 분말소화설비)
	지중탱크	고정식 포소화설비, 이동식 이외의 불활성가스소화설비 또는 이동식 이외의 할로젠화합물소화설비
	해상탱크	고정식 포소화설비, 물분무소화설비, 이동식이외의 불활성가스소화설비 또는 이동식 이외의 할로젠화합물소화설비

옥내탱크저장소	황만을 저장취급하는 것	물분무소화설비
	인화점 70℃ 이상의 제4류 위험물만을 저장취급하는 것	물분무소화설비, 고정식 포소화설비, 이동식 이외의 불활성가스소화설비, 이동식 이외의 할로젠화합물소화설비 또는 이동식 이외의 분말소화설비
	그 밖의 것	고정식 포소화설비, 이동식 이외의 불활성가스소화설비, 이동식 이외의 할로젠화합물소화설비 또는 이동식 이외의 분말소화설비
옥외저장소 및 이송취급소		옥내소화전설비, 옥외소화전설비, 스프링클러설비 또는 물분무등소화설비(화재발생시 연기가 충만할 우려가 있는 장소에는 스프링클러설비 또는 이동식 이외의 물분무등소화설비에 한한다)
암반탱크저장소	황만을 저장취급하는 것	물분무소화설비
	인화점 70℃ 이상의 제4류 위험물만을 저장취급하는 것	물분부소화설비 또는 고정식 포소화설비
	그 밖의 것	고정식 포소화설비(포소화설비가 적응성이 없는 경우에는 분말소화설비)

2. 소화난이도등급Ⅱ의 제조소등 및 소화설비
    가. 소화난이도등급Ⅱ에 해당하는 제조소등

제조소등의 구분	제조소등의 규모, 저장 또는 취급하는 위험물의 품명 및 최대수량 등
제조소 일반취급소	연면적 600㎡ 이상인 것
	지정수량의 10배 이상인 것(고인화점위험물만을 100℃ 미만의 온도에서 취급하는 것 및 제48조의 위험물을 취급하는 것은 제외)
	별표 16 Ⅱ·Ⅲ·Ⅳ·Ⅴ·Ⅷ·Ⅸ·Ⅹ 또는 Ⅹ의2의 일반취급소로서 소화난이도등급Ⅰ의 제조소등에 해당하지 아니하는 것(고인화점위험물만을 100℃ 미만의 온도에서 취급하는 것은 제외)
옥내저장소	단층건물 이외의 것
	별표 5 Ⅱ 또는 Ⅳ제1호의 옥내저장소
	지정수량의 10배 이상인 것(고인화점위험물만을 저장하는 것 및 제48조의 위험물을 저장하는 것은 제외)
	연면적 150㎡ 초과인 것
	별표 5 Ⅲ의 옥내저장소로서 소화난이도등급Ⅰ의 제조소등에 해당하지 아니하는 것
옥외탱크저장소 옥내탱크저장소	소화난이도등급Ⅰ의 제조소등 외의 것(고인화점위험물만을 100℃ 미만의 온도로 저장하는 것 및 제6류 위험물만을 저장하는 것은 제외)

제조소등의 구분	
옥외저장소	덩어리 상태의 황을 저장하는 것으로서 경계표시 내부의 면적(2 이상의 경계표시가 있는 경우에는 각 경계표시의 내부의 면적을 합한 면적)이 5㎡ 이상 100㎡ 미만인 것
	별표 11 Ⅲ의 위험물을 저장하는 것으로서 지정수량의 10배 이상 100배 미만인 것
	지정수량의 100배 이상인 것(덩어리 상태의 황 또는 고인화점위험물을 저장하는 것은 제외)
주유취급소	옥내주유취급소로서 소화난이도등급 Ⅰ의 제조소등에 해당하지 아니하는 것
판매취급소	제2종 판매취급소

나. 소화난이도등급Ⅱ의 제조소등에 설치하여야 하는 소화설비

제조소등의 구분	소화설비
제조소 옥내저장소 옥외저장소 주유취급소 판매취급소 일반취급소	방사능력범위 내에 당해 건축물, 그 밖의 공작물 및 위험물이 포함되도록 대형수동식소화기를 설치하고, 당해 위험물의 소요단위의 1/5 이상에 해당되는 능력단위의 소형수동식소화기등을 설치할 것
옥외탱크저장소 옥내탱크저장소	대형수동식소화기 및 소형수동식소화기등을 각각 1개 이상 설치할 것

3. 소화난이도등급Ⅲ의 제조소등 및 소화설비
 가. 소화난이도등급Ⅲ에 해당하는 제조소등

제조소등의 구분	제조소등의 규모, 저장 또는 취급하는 위험물의 품명 및 최대수량등
제조소 일반취급소	제48조의 위험물을 취급하는 것
	제48조의 위험물외의 것을 취급하는 것으로서 소화난이도등급Ⅰ 또는 소화난이도등급Ⅱ의 제조소등에 해당하지 아니하는 것
옥내저장소	제48조의 위험물을 취급하는 것
	제48조의 위험물외의 것을 취급하는 것으로서 소화난이도등급Ⅰ 또는 소화난이도등급Ⅱ의 제조소등에 해당하지 아니하는 것
지하탱크저장소 간이탱크저장소 이동탱크저장소	모든 대상
옥외저장소	덩어리 상태의 황을 저장하는 것으로서 경계표시 내부의 면적(2 이상의 경계표시가 있는 경우에는 각 경계표시의 내부의 면적을 합한 면적)이 5㎡ 미만인 것
	덩어리 상태의 황 외의 것을 저장하는 것으로서 소화난이도등급Ⅰ 또는 소화난이도등급Ⅱ의 제조소등에 해당하지 아니하는 것

주유취급소	옥내주유취급소 외의 것으로서 소화난이도등급 Ⅰ의 제조소등에 해당하지 아니하는 것
제1종 판매취급소	모든 대상

나. 소화난이도등급Ⅲ의 제조소등에 설치하여야 하는 소화설비

제조소등의 구분	소화설비	설치기준	
지하탱크 저장소	소형수동식소화기등	능력단위의 수치가 3 이상	2개 이상
이동탱크저장소	자동차용소화기	무상의 강화액 8L 이상	2개 이상
		이산화탄소 3.2킬로그램 이상	
		브로모클로로다이플루오로메탄(CF$_2$ClBr) 2L 이상	
		브로모트라이플루오로메탄(CF$_3$Br) 2L 이상	
		다이브로모테트라플루오로에탄(C$_2$F$_4$Br$_2$) 1L 이상	
		소화분말 3.3킬로그램 이상	
	마른 모래 및 팽창질석 또는 팽창진주암	마른모래 150L 이상	
		팽창질석 또는 팽창진주암 640L 이상	
그 밖의 제조소등	소형수동식소화기등	능력단위의 수치가 건축물 그 밖의 공작물및 위험물의 소요단위의 수치에 이르도록 설치할 것. 다만, 옥내소화전설비, 옥외소화전설비, 스프링클러설비, 물분무등소화설비 또는 대형수동식소화기를 설치한 경우에는 당해 소화설비의 방사능력범위내의 부분에 대하여는 수동식소화기등을 그 능력단위의 수치가 당해 소요단위의 수치의 1/5이상이 되도록 하는 것으로 족하다	

> **요약** ● 경보설비의 설치 기준(규칙 별표17)

제조소등의 구분	저장 또는 취급하는 위험물의 종류 및 최대수량 등	경보설비
① 제조소 일반취급소	㉠ 연면적 500㎡ 이상 ㉡ 옥내에서 지정수량의 100배 이상 취급하는 것 ㉢ 일반취급소로 사용되는 부분 외의 부분이 있는 건축물에 설치된 일반취급소	자동화재탐지설비
② 옥내저장소	㉠ 지정수량의 100배 이상을 저장 또는 취급하는 것 ㉡ 저장창고의 연면적 150㎡를 초과하는 것 ㉢ 처마높이가 6m 이상인 단층건물의 것 ㉣ 옥내저장소로 사용되는 부분 외의 부분이 있는 건축물에 설치된 옥내저장소	자동화재탐지설비
③ 옥내탱크저장소	단층건축물 외의 건축물에 설치된 옥내탱크저장소로서 소화난이도등급 Ⅰ에 해당하는 것	자동화재탐지설비
④ 주유취급소	옥내주유취급소	
⑤ 옥외탱크저장소	특수인화물, 제1석유류 및 알코올류를 저장 또는 취급하는 탱크의 용량이 1,000만리터 이상인 것	• 자동화재탐지설비 • 자동화재속보설비
⑥ 기타 제조소등 (이송취급소 제외)	지정수량의 10배 이상 저장 또는 취급	자동화재탐지설비, 비상경보설비, 확성장치, 비상방송설비 중 1종 이상

> **요약** ● 소화설비의 설치 기준(규칙 별표17) 기출 24 공채 / 24 경채

(1) 전기설비의 소화설비

   면적 100㎡마다 소형수동식소화기 1개 이상 설치

(2) 소요단위 계산 방법

연면적		소요단위
① 제조소 또는 취급소의 건축물의 외벽	내화구조	연면적 100㎡가 1소요단위
	내화구조가 아닌 것	연면적 50㎡가 1소요단위
② 저장소의 건축물의 외벽	내화구조	연면적 150㎡가 1소요단위
	내화구조가 아닌 것	연면적 75㎡가 1소요단위
③ 제조소등의 옥외에 설치된 공작물은 외벽이 내화구조로 간주하고 공작물의 최대수평투영면적을 연면적으로 간주하면		①, ②의 규정에 의하여 소요단위 산정
④ 위험물		지정수량의 10배를 1소요단위

33

「위험물안전관리법 시행규칙」상 소화설비의 설치기준으로 옳지 않은 것은? • 24. 공채 / • 24. 경채

① 위험물은 지정수량의 10배를 1소요단위로 할 것
② 저장소의 건축물은 외벽이 내화구조인 것은 연면적 100㎡를 1소요단위로 할 것
③ 제조소등에 전기설비(전기배선, 조명기구 등은 제외한다)가 설치된 경우에는 당해 장소의 면적 100㎡마다 소형수동식소화기를 1개 이상 설치할 것
④ 옥내소화전은 제조소등의 건축물의 층마다 당해 층의 각 부분에서 하나의 호스접속구까지의 수평거리가 25m 이하가 되도록 설치할 것

정답 33. ②

(3) 소화설비의 능력단위
  ① 수동식소화기의 능력단위는 수동식소화기의형식승인및검정기술기준에 의하여 형식 승인 받은 수치로 할 것
  ② 기타 소화설비의 능력단위는 다음의 표에 의할 것

소화설비	용량	능력단위
소화전용(轉用)물통	8 l	0.3
수조(소화전용물통 3개 포함)	80 l	1.5
수조(소화전용물통 6개 포함)	190 l	2.5
마른 모래(삽 1개 포함)	50 l	0.5
팽창질석 또는 팽창진주암(삽 1개 포함)	160 l	1.0

(4) 옥내소화전설비의 설치 기준
  ① 하나의 호스접속구까지의 수평거리 : 25m 이하
  ② 수원의 수량 = 설치 개수(최대 5개) × 7.8m³ 이상
  ③ 노즐 끝부분의 방수압력 : 350KPa 이상, 방수량 : 260 l/min 이상

(5) 옥외소화전설비의 설치 기준
  ① 하나의 호스접결구까지의 수평거리 : 40m 이하(설치 개수가 1개일 때는 2개로 할 것)
  ② 수원의 수량 = 설치 개수(최대 4개) × 13.5m³ 이상
  ③ 노즐 끝부분의 방수압력 : 350KPa 이상, 방수량 : 450 l/min 이상

(6) 스프링클러설비의 설치 기준
  ① 스프링클러헤드는 천장 또는 건축물의 최상부 부근에 설치하되 하나의 스프링클러헤드의 수평거리 : 1.7m 이하
  ② 수원의 수량
    ㉠ 폐쇄형 스프링클러헤드 = 30(30 미만일 때에는 설치 개수) × 2.4m³ 이상
    ㉡ 개방형 스프링클러헤드 = 가장 많이 설치된 방사구역의 헤드 설치 개수 × 2.4m³ 이상
  ③ 방사압력 : 100KPa 이상, 방수량 : 80 l/min 이상

(7) 물분무소화설비의 설치 기준
  ① 방사구역 : 150m² 이상(표면적이 150m² 미만 일 때에는 당해 표면적)
  ② 수원의 수량 = 표면적 1m² 당 20 l/min × 30분 이상
  ③ 방사압력 : 350KPa

(8) 수동식소화기의 설치 기준
  ① 대형수동식소화기 : 보행거리 30m 이하
  ② 소형수동식소화기 : 보행거리 20m 이하
    ✔ 소화설비 설치기준 (보행거리 : 1인의 안전관리자 중복 선임, 소형, 대형 수동식 소화기 3개)

> **요약** ● 피난설비의 기준(규칙 별표17)
>
> ① 주유취급소 중 건축물의 2층 이상의 부분을 점포·휴게음식점 또는 전시장의 용도로 사용하는 것에 있어서는 당해 건축물의 2층 이상으로부터 주유취급소의 부지 밖으로 통하는 출입구와 당해 출입구로 통하는 통로·계단 및 출입구에 유도등을 설치하여야 한다.
> ② 옥내주유취급소에 있어서는 당해 사무소 등의 출입구 및 피난구와 당해 피난구로 통하는 통로·계단 및 출입구에 유도등을 설치하여야 한다.
> ③ 유도등에는 비상전원을 설치하여야 한다.

> **요약** ● 제조소등에서의 위험물의 저장 및 취급에 관한 기준(규칙 별표18)
>
> 1. 위험물의 유별 저장·취급의 공통기준(중요기준)
>   1) 제1류 위험물은 가연물과의 접촉·혼합이나 분해를 촉진하는 물품과의 접근 또는 과열·충격·마찰 등을 피하는 한편, 알카리금속의 과산화물 및 이를 함유한 것에 있어서는 물과의 접촉을 피하여야 한다.
>   2) 제2류 위험물은 산화제와의 접촉·혼합이나 불티·불꽃·고온체와의 접근 또는 과열을 피하는 한편, 철분·금속분·마그네슘 및 이를 함유한 것에 있어서는 물이나 산과의 접촉을 피하고 인화성 고체에 있어서는 함부로 증기를 발생시키지 아니하여야 한다.
>   3) 제3류 위험물 중 자연발화성물질에 있어서는 불티·불꽃 또는 고온체와의 접근·과열 또는 공기와의 접촉을 피하고, 금수성물질에 있어서는 물과의 접촉을 피하여야 한다.
>   4) 제4류 위험물은 불티·불꽃·고온체와의 접근 또는 과열을 피하고, 함부로 증기를 발생시키지 아니하여야 한다.
>   5) 제5류 위험물은 불티·불꽃·고온체와의 접근이나 과열·충격 또는 마찰을 피하여야 한다.
>   6) 제6류 위험물은 가연물과의 접촉·혼합이나 분해를 촉진하는 물품과의 접근 또는 과열을 피하여야 한다.
>   7) 1) 내지 6)의 기준은 위험물을 저장 또는 취급함에 있어서 당해 각호의 기준에 의하지 아니하는 것이 통상인 경우는 당해 각호를 적용하지 아니한다. 이 경우 당해 저장 또는 취급에 대하여는 재해의 발생을 방지하기 위한 충분한 조치를 강구하여야 한다.
>
> 2. 옥내저장소에서 용기만을 겹쳐 쌓는 경우의 높이 기준
>
> | | 높이 기준 |
> | --- | --- |
> | • 기계에 의하여 하역하는 구조로 된 용기 | 6m |
> | • 제3석유류, 제4석유류 및 동식물유류를 수납하는 용기 | 4m |
> | • 그 밖의 경우 | 3m |

34 「위험물안전관리법 시행규칙」상 위험물의 저장기준에 관한 내용으로 옳지 않은 것은?
• 24. 공채 / • 24. 경채

① 제3류 위험물 중 황린 그 밖에 물속에 저장하는 물품과 금수성물질은 동일한 저장소에서 저장하지 아니하여야 한다.
② 옥내저장소에서는 용기에 수납하여 저장하는 위험물의 온도가 55℃를 넘지 아니하도록 필요한 조치를 강구하여야 한다.
③ 옥외저장소에서 위험물을 수납한 용기를 선반에 저장하는 경우에는 10m 이하의 높이로 저장하여야 한다.
④ 보냉장치가 있는 이동저장탱크에 저장하는 아세트알데하이드등 또는 다이에틸에터등의 온도는 당해 위험물의 비점 이하로 유지하여야 한다.

35 「위험물안전관리법 시행규칙」상 제조소등에서의 위험물의 저장 및 취급에 관한 기준 중 위험물의 유별 저장·취급의 공통기준으로 옳은 것은?
• 23. 공채 / • 23. 경채

① 제1류 위험물은 가연물과의 접촉·혼합이나 분해를 촉진하는 물품과의 접근 또는 과열·충격·마찰 등을 피하는 한편, 알카리금속의 과산화물 및 이를 함유한 것에 있어서는 물과의 접촉을 피하여야 한다.
② 제2류 위험물 중 자연발화성물질에 있어서는 불티·불꽃 또는 고온체와의 접근·과열 또는 공기와의 접촉을 피하고, 금수성물질에 있어서는 물과의 접촉을 피하여야 한다.
③ 제3류 위험물은 산화제와의 접촉·혼합이나 불티·불꽃·고온체와의 접근 또는 과열을 피하는 한편, 철분·금속분·마그네슘 및 이를 함유한 것에 있어서는 물이나 산과의 접촉을 피하고 인화성 고체에 있어서는 함부로 증기를 발생시키지 아니하여야 한다.
④ 제4류 위험물은 가연물과의 접촉·혼합이나 분해를 촉진하는 물품과의 접근 또는 과열을 피하여야 한다.

정답 34. ③ 35. ①

3. 옥내저장소에서는 용기에 수납하여 저장하는 위험물의 온도가 55℃를 넘지 아니하도록 필요한 조치를 강구하여야 한다

4. 옥외저장소에서 위험물을 수납한 용기를 선반에 저장하는 경우에는 6m 초과 X

5. 이동저장탱크에 알킬알루미늄등을 저장하는 경우에는 20㎪ 이하의 압력으로 불활성의 기체를 봉입하여 둘 것

6. 옥외저장탱크·옥내저장탱크 또는 지하저장탱크 중 압력탱크 외의 탱크에 저장하는 아세트알데하이드등 및 다이에틸에터등(다이에틸에터 또는 이를 함유한 것을 말한다. 이하 같다)의 온도는 산화프로필렌과 이를 함유한 것 또는 다이에틸에터등에 있어서는 30℃ 이하로, 아세트알데하이드 또는 이를 함유한 것에 있어서는 15℃ 이하로 각각 유지할 것

7. 옥외저장탱크·옥내저장탱크 또는 지하저장탱크 중 압력탱크에 저장하는 아세트알데하이드등 및 다이에틸에터등의 온도는 40℃ 이하로 유지할 것

8. 보냉장치가 없는 이동저장탱크에 저장하는 아세트알데하이드등 및 다이에틸에터등의 온도는 40℃ 이하로 유지할 것

9. 수상구조물에 설치하는 고정주유설비를 이용하여 주유작업을 할 때에는 5m 이내에 다른 선박의 정박 또는 계류를 금지할 것

10. 수상구조물에 설치하는 고정주유설비를 이용한 주유작업은 총 톤수가 300미만인 선박에 대해서만 실시할 것

11. 알킬알루미늄등의 이동탱크저장소에 있어서 이동저장탱크로부터 알킬알루미늄등을 꺼낼 때에는 동시에 200㎪ 이하의 압력으로 불활성의 기체를 봉입할 것

12. 아세트알데하이드등의 이동탱크저장소에 있어서 이동저장탱크로부터 아세트알데하이드등을 꺼낼 때에는 동시에 100㎪ 이하의 압력으로 불활성의 기체를 봉입할 것

13. 보냉장치가 있는 이동저장탱크에 저장하는 아세트알데하이드등 또는 다이에틸에터등의 온도는 당해 위험물의 비점 이하로 유지할 것

- 제3류 위험물 중 황린 그 밖에 물속에 저장하는 물품과 금수성물질은 동일한 저장소에서 저장하지 아니하여야 한다(중요기준).
- 옥내저장소에 있어서 위험물은 용기에 수납하여 저장하여야 한다. 다만, 덩어리상태의 황과 화약류에 해당하는 위험물에 있어서는 그러하지 아니하다.
- 옥내저장소에서 동일 품명의 위험물이더라도 자연발화할 우려가 있는 위험물 또는 재해가 현저하게 증대할 우려가 있는 위험물을 다량 저장하는 경우에는 지정수량의 10배 이하마다 구분하여 상호간 0.3m 이상의 간격을 두어 저장하여야 한다. 다만, 화약류에 해당하는 위험물 또는 기계에 의하여 하역하는 구조로 된 용기에 수납한 위험물에 있어서는 그러하지 아니하다(중요기준).

영 별표 1의 유별을 달리하는 위험물은 동일한 저장소에 저장하지 아니하여야 한다. 다만, 옥내저장소 또는 옥외저장소에 있어서 다음의 각목의 규정에 의한 위험물을 저장하는 경우로서 위험물을 유별로 정리하여 저장하는 한편, 서로 1m 이상의 간격을 두는 경우에는 그러하지 아니하다(중요기준).

가. 제1류 위험물(알칼리금속의 과산화물 또는 이를 함유한 것을 제외한다)과 제5류 위험물을 저장하는 경우
나. 제1류 위험물과 제6류 위험물을 저장하는 경우
다. 제1류 위험물과 제3류 위험물 중 자연발화성물질(황린 또는 이를 함유한 것에 한한다)을 저장하는 경우
라. 제2류 위험물 중 인화성고체와 제4류 위험물을 저장하는 경우
마. 제3류 위험물 중 알킬알루미늄등과 제4류 위험물(알킬알루미늄 또는 알킬리튬을 함유한 것에 한한다)을 저장하는 경우
바. 제4류 위험물 중 유기과산화물 또는 이를 함유하는 것과 제5류 위험물 중 유기과산화물 또는 이를 함유한 것을 저장하는 경우

요약 ● 거리별 정리

구 분	설치기준	거 리	방수능력
소형수동식소화기	전기설비/100m² 당 1개	보행거리 20m 이하	-
대형수동식소화기	-	보행거리 30m 이하	-
옥내소화전	층마다/7.8 × 최대 5개	수평거리 25m 이하	압력 350KPa/1분/260 l
옥외소화전	13.5 × 최대 4개	수평거리 40m 이하	압력 350KPa/1분/450 l
스프링클러	천장최상부/2.4 × 최대 30	수평거리 1.7m 이하	압력 100KPa/1분/80 l
물분무소화설비	방사구역 150m²	-	압력 350KPa/1분/20 l × 30분 지속
불활성가스소화설비	-	수평거리 15m 이하	-
소방용수시설	주거, 상업, 공업지역	수평거리 100m 이하	
제조소등 안전거리	주거 10m, 가스 20m …	수평거리 기준	
1인의 안전관리자 중복 선임	운반용기를 취급하는 일반취급소 5개 이내	보행거리 300m 이내	

☑ 보행거리는 대형, 소형 수동식소화기와 1인의 안전관리자 중복 선임의 경우만 있다.

2. 위험물안전관리자(위험물안전관리법 제15조) 13, 17, 20 공채

(1) 위험물안전관리자

① 선임의무자 : 제조소등의 **관계인**(법 제15조 제1항)

제조소등[허가를 받지 아니하는 제조소등과 이동탱크저장소(차량에 고정된 탱크에 위험물을 저장 또는 취급하는 저장소를 말한다)를 제외한다.]의 **관계인**은 위험물의 안전관리에 관한 직무를 수행하게 하기 위하여 제조소등마다 **대통령령**이 정하는 위험물의 취급에 관한 자격이 있는 자("**위험물취급자격자**")를 위험물안전관리자("**안전관리자**")로 선임하여야 한다. 다만, 제조소등에서 저장·취급하는 위험물이 「화학물질관리법」에 따른 인체급성유해성물질, 인체만성유해성물질, 생태유해성물질에 해당하는 경우 등 **대통령령**이 정하는 경우에는 당해 제조소등을 설치한 자는 다른 법률에 의하여 안전관리업무를 하는 자로 선임된 자 가운데 **대통령령**이 정하는 자를 안전관리자로 선임할 수 있다.

㉠ 위험물의 취급에 관한 자격이 있는 자(영 별표5)

위험물취급자격자의 구분	취급할 수 있는 위험물
1. 「국가기술자격법」에 따라 위험물기능장, 위험물산업기사, 위험물기능사의 자격을 취득한 사람	별표 1의 모든 위험물
2. 안전관리자교육이수자(법 28조제1항에 따라 소방청장이 실시하는 안전관리자교육을 이수한 자를 말한다. 이하 별표 6에서 같다)	별표 1의 위험물 중 제4류 위험물
3. 소방공무원 경력자(소방공무원으로 근무한 경력이 3년 이상인 자를 말한다. 이하 별표 6에서 같다)	별표 1의 위험물 중 제4류 위험물

㉡ 인체급성유해성물질, 인체만성유해성물질, 생태유해성물질에 해당하는 경우 (영 제11조)

ⓐ 제조소등에서 저장·취급하는 위험물이 「화학물질관리법」에 따른 유독물질에 해당하는 경우

→ 위험물취급자격자 : 「화학물질관리법」에 따라 해당 제조소등의 유해화학물질관리자로 선임된 자로서 유해화학물질 안전교육을 받은 자

ⓑ 「소방시설 설치 및 관리에 관한 법률」에 따른 특정소방대상물의 난방·비상발전 또는 자가발전에 필요한 위험물을 저장·취급하기 위하여 설치된 저장소 또는 일반취급소가 해당 특정소방대상물 안에 있거나 인접하여 있는 경우

→ 위험물취급자격자 : 「화재의 예방 및 안전관리에 관한 법률」 또는 「공공기관의 소방안전관리에 관한 규정」에 따라 소방안전관리자로 선임된 자로서 위험물안전관리자("안전관리자")의 자격이 있는 자

---

36 ①②③

「위험물안전관리법」상 위험물안전관리자의 선임과 신고에 대한 것이다. ( )에 들어갈 사항으로 옳게 된 것은?

| 가. 안전관리자를 선임한 제조소등의 관계인은 그 안전관리자를 해임하거나 안전관리자가 퇴직한 때에는 해임하거나 퇴직한 날부터 ( )일 이내에 다시 안전관리자를 선임하여야 한다. |
| 나. 안전관리자를 선임한 경우에는 선임한 날부터 ( )일 이내에 행정안전부령이 정하는 바에 의하여 소방본부장 또는 소방서장에게 신고하여야 한다. |

① 가 : 60 나 : 30
② 가 : 14 나 : 30
③ 가 : 30 나 : 14
④ 가 : 3   나 : 60

37 ①②③

「위험물안전관리법」상 위험물안전관리자의 선임 등에 관한 사항이다. ( ) 안에 들어갈 숫자로 옳은 것은?
• 20. 공채

○ 위험물안전관리자를 선임한 제조소등의 관계인은 그 위험물안전관리자를 해임하거나 위험물안전관리자가 퇴직한 때에는 해임하거나 퇴직한 날부터 (가)일 이내에 다시 위험물안전관리자를 선임하여야 한다.
○ 제조소등의 관계인은 위험물안전관리자를 선임한 경우에는 선임한 날부터 (나)일 이내에 행정안전 부령으로 정하는 바에 따라 소방본부장 또는 소방서장에게 신고하여야 한다.

	(가)	(나)
①	15	14
②	15	30
③	30	14
④	30	30

정답 36. ③ 37. ③

② 안전관리자 선임기한(법 제15조 제2항)

안전관리자를 선임한 제조소등의 관계인은 그 안전관리자를 해임하거나 안전관리자가 퇴직한 때에는 해임하거나 퇴직한 날부터 **30일** 이내에 다시 안전관리자를 선임하여야 한다.

> **행정형벌**
>
> 법 제36조 [벌칙]
>
> 다음 각 호의 어느 하나에 해당하는 자는 <u>1천500만 원 이하의 벌금</u>에 처한다.
> 4. 제15조제1항 또는 제2항의 규정을 위반하여 안전관리자를 선임하지 아니한 관계인으로서 제6조제1항의 규정에 따른 허가를 받은 자

③ 안전관리자 선임신고(법 제15조 제3항)

제조소등의 관계인은 안전관리자를 선임한 경우에는 선임한 날부터 **14일** 이내에 **행정안전부령**으로 정하는 바에 따라 **소방본부장 또는 소방서장**에게 신고하여야 한다.

㉠ 선임신고 첨부서류(규칙 제53조 제1항)

ⓐ 위험물안전관리업무대행계약서(안전관리대행기관에 한한다)

ⓑ 위험물안전관리교육 수료증(안전관리자 강습교육을 받은 자에 한한다)

ⓒ 위험물안전관리자를 겸직할 수 있는 관련 안전관리자로 선임된 사실을 증명할 수 있는 서류(「기업활동 규제완화에 관한 특별조치법」에 해당하는 안전관리자 또는 위험물의 취급에 관한 국가기술자격자가 아닌 사람으로 한정한다)

ⓓ 소방공무원 경력증명서(소방공무원 경력자에 한한다)

㉡ 행정정보 확인 사항(규칙 제53조 제2항)

신고를 받은 담당 공무원은 「전자정부법」에 따른 행정정보의 공동이용을 통하여 다음 각 호의 행정정보를 확인하여야 한다. 다만, 신고인이 확인에 동의하지 아니하는 경우에는 그 서류(국가기술자격증의 경우에는 그 사본을 말한다)를 제출하도록 하여야 한다.

ⓐ 국가기술자격증(위험물의 취급에 관한 국가기술자격자에 한한다)

ⓑ 국가기술자격증(「기업활동 규제완화에 관한 특별조치법」에 해당하는 자로서 국가기술자격자에 한한다)

> **행정질서벌**
>
> **법 제39조 [과태료]**
> ① 다음 각 호의 어느 하나에 해당하는 자에게는 <u>500만 원 이하의 과태료</u>를 부과한다.
> 5. 제15조제3항의 규정에 따른 안전관리자의 선임신고를 기간 이내에 하지 아니하거나 허위로 한 자 (250, 350, 500, 500)

시행령 별표9

위반행위	과태료 금액
사. 법 제15조제3항에 따른 안전관리자의 선임신고를 기간 이내에 하지 않거나 허위로 한 경우	
1) 신고기한(선임한 날의 다음날을 기산일로 하여 14일이 되는 날)의 다음날을 기산일로 하여 30일 이내에 신고한 경우	250
2) 신고기한(선임한 날의 다음날을 기산일로 하여 14일이 되는 날)의 다음날을 기산일로 하여 31일 이후에 신고한 경우	350
3) 허위로 신고한 경우	500
4) 신고를 하지 않은 경우	500

④ 제조소등의 관계인이 안전관리자를 해임하거나 안전관리자가 퇴직한 경우 그 관계인 또는 안전관리자는 **소방본부장이나 소방서장**에게 그 사실을 알려 해임되거나 퇴직한 사실을 확인받을 수 있다. (법 제15조 제4항)

⑤ 위험물안전관리자의 직무대행 (법 제15조 제5항)

제조소등의 관계인은 안전관리자가 여행·질병 그 밖의 사유로 인하여 일시적으로 직무를 수행할 수 없거나 안전관리자의 해임 또는 퇴직과 동시에 다른 안전관리자를 선임하지 못하는 경우에는 국가기술자격법에 따른 위험물의 취급에 관한 자격취득자 또는 위험물안전에 관한 기본지식과 경험이 있는 자로서 **행정안전부령**이 정하는 자를 대리자로 지정하여 그 직무를 대행하게 하여야 한다. 이 경우 대리자가 안전관리자의 직무를 대행하는 기간은 **30일**을 초과할 수 없다.

㉠ 직무대행 사유
  ⓐ 여행·질병 그 밖의 사유로 인하여 일시적으로 직무를 수행할 수 없는 경우
  ⓑ 해임 또는 퇴직과 동시에 다른 안전관리자를 선임하지 못하는 경우
㉡ 직무대행 기간 : **30일**을 초과할 수 없다.

ⓒ 직무대행 대리자(규칙 제54조)
  ⓐ 안전교육을 받은 자
  ⓑ 제조소등의 위험물 안전관리업무에 있어서 안전관리자를 지휘·감독하는 직위에 있는 자

> **행정형벌**
> **법 제36조 [벌칙]**
> 다음 각 호의 어느 하나에 해당하는 자는 <u>1천500만 원 이하의 벌금</u>에 처한다.
> 7. 제15조제5항을 위반하여 대리자를 지정하지 아니한 관계인으로서 제6조제1항의 규정에 따른 허가를 받은 자

⑥ 안전관리자는 위험물을 취급하는 작업을 하는 때에는 작업자에게 안전관리에 관한 필요한 지시를 하는 등 **행정안전부령**이 정하는 바에 따라 위험물의 취급에 관한 안전관리와 감독을 하여야 하고, 제조소등의 관계인과 그 종사자는 안전관리자의 위험물 안전관리에 관한 의견을 존중하고 그 권고에 따라야 한다. (법 제15조 제6항)

⑦ 안전관리자의 책무 (규칙 제55조)
  ⓐ 위험물의 취급작업에 참여하여 당해 작업이 저장 또는 취급에 관한 기술기준과 예방규정에 적합하도록 해당 작업자(당해 작업에 참여하는 위험물취급자격자를 포함한다)에 대하여 지시 및 감독하는 업무
  ⓑ 화재 등의 재난이 발생한 경우 응급조치 및 소방관서 등에 대한 연락업무
  ⓒ 위험물시설의 안전을 담당하는 자를 따로 두는 제조소등의 경우에는 그 담당자에게 다음 각목의 규정에 의한 업무의 지시, 그 밖의 제조소등의 경우에는 다음 각목의 규정에 의한 업무
    가. 제조소등의 위치·구조 및 설비를 기술기준에 적합하도록 유지하기 위한 점검과 점검상황의 기록·보존
    나. 제조소등의 구조 또는 설비의 이상을 발견한 경우 관계자에 대한 연락 및 응급조치
    다. 화재가 발생하거나 화재발생의 위험성이 현저한 경우 소방관서 등에 대한 연락 및 응급조치
    라. 제조소등의 계측장치·제어장치 및 안전장치 등의 적정한 유지·관리
    마. 제조소등의 위치·구조 및 설비에 관한 설계도서 등의 정비·보존 및 제조소등의 구조 및 설비의 안전에 관한 사무의 관리

ⓓ 화재 등의 재해의 방지와 응급조치에 관하여 인접하는 제조소등과 그 밖의 관련되는 시설의 관계자와 협조체제의 유지
ⓔ 위험물의 취급에 관한 일지의 작성·기록
ⓕ 그 밖에 위험물을 수납한 용기를 차량에 적재하는 작업, 위험물설비를 보수하는 작업 등 위험물의 취급과 관련된 작업의 안전에 관하여 필요한 감독의 수행

> **행정형벌**
>
> **법 제37조 [벌칙]**
>
> 다음 각 호의 어느 하나에 해당하는 자는 <u>1천만 원 이하의 벌금</u>에 처한다.
> 1. 제15조제6항을 위반하여 위험물의 취급에 관한 안전관리와 감독을 하지 아니한 자

⑦ 제조소등에 있어서 위험물취급자격자가 아닌 자는 **안전관리자** 또는 **대리자**가 참여한 상태에서 위험물을 취급하여야 한다.(법 제15조 제7항)

> **행정형벌**
>
> **법 제37조 [벌칙]**
>
> 다음 각 호의 어느 하나에 해당하는 자는 <u>1천만 원 이하의 벌금</u>에 처한다.
> 2. 제15조제7항을 위반하여 안전관리자 또는 그 대리자가 참여하지 아니한 상태에서 위험물을 취급한 자

⑧ 1인의 안전관리자 중복 선임

다수의 제조소등을 동일인이 설치한 경우에는 관계인은 **대통령령**이 정하는 바에 따라 **1인의 안전관리자**를 **중복**하여 선임할 수 있다. 이 경우 **대통령령**이 정하는 제조소등의 관계인은 대리자의 자격이 있는 자를 각 제조소등별로 지정하여 안전관리자를 보조하게 하여야 한다.(법 제15조 제8항)

㉠ **1인의 안전관리자를 중복**하여 선임할 수 있는 경우(영 제12조)

ⓐ 보일러·버너 또는 이와 비슷한 것으로서 위험물을 소비하는 장치로 이루어진 **7개** 이하의 일반취급소와 그 일반취급소에 공급하기 위한 위험물을 저장하는 저장소[일반취급소 및 저장소가 모두 동일 구내에 있는 경우. ⓑ도 동일]를 동일인이 설치한 경우

ⓑ 위험물을 차량에 고정된 탱크 또는 운반용기에 옮겨 담기 위한 5개 이하의 일반취급소[일반취급소간의 거리(보행거리)가 **300미터** 이내인 경우, ⓒ과 ⓓ도 동일]와 그 일반취급소에 공급하기 위한 위험물을 저장하는 저장소를 동일인이 설치한 경우

ⓒ **동일 구내**에 있거나 상호 **100미터** 이내의 거리에 있는 저장소로서 저장소의 규모, 저장하는 위험물의 종류 등을 고려하여 **행정안전부령**이 정하는 저장소를 동일인이 설치한 경우
1. **10개** 이하의 **옥내저장소**(규칙 제56조)
2. **30개** 이하의 **옥외탱크저장소**
3. **옥내**탱크저장소
4. **지하**탱크저장소
5. **간이**탱크저장소
6. **10개** 이하의 **옥외저장소**
7. **10개** 이하의 **암반탱크저장소**

ⓓ 다음 각 목의 기준에 **모두 적합**한 **5개** 이하의 제조소등을 동일인이 설치한 경우
1. 각 제조소등이 동일 구내에 위치하거나 상호 **100미터** 이내의 거리에 있을 것
2. 각 제조소등에서 저장 또는 취급하는 위험물의 최대수량이 지정수량의 **3천 배** 미만일 것. 다만, 저장소의 경우에는 그러하지 아니하다.

ⓔ 그 밖에 ⓐ 또는 ⓑ의 규정에 의한 제조소등과 비슷한 것으로서 **행정안전부령**이 정하는 제조소등을 동일인이 설치한 경우
→ 선박주유취급소의 고정주유설비에 공급하기 위한 위험물을 저장하는 저장소와 당해 **선박주유취급소**(규칙 제56조)

ⓛ ㉠의 경우 **대리자의 자격이 있는 자**를 각 제조소등별로 지정하여 **안전관리자를 보조**하게 하여야 하는 경우

ⓐ **제조소**

ⓑ **이송취급소**

ⓒ **일반취급소**. 다만, 인화점이 38도 이상인 제4류 위험물만을 지정수량의 30배 이하로 취급하는 일반취급소로서 다음 각목의 1에 해당하는 일반취급소를 제외한다.
1. 보일러·버너 또는 이와 비슷한 것으로서 위험물을 소비하는 장치로 이루어진 일반취급소
2. 위험물을 용기에 옮겨 담거나 차량에 고정된 탱크에 주입하는 일반취급소

> ● **대리자의 자격(규칙 제54조)**
>   ⓐ 안전교육을 받은 자
>   ⓑ 제조소등의 위험물 안전관리업무에 있어서 안전관리자를 지휘·감독하는 직위에 있는 자

⑨ 제조소등의 종류 및 규모에 따라 선임하여야 하는 안전관리자의 자격은 **대통령령**으로 정한다.(법 제15조 제9항)

【제조소등의 종류 및 규모에 따라 선임하여야 하는 안전관리자의 자격】 시행령 별표6

제조소등의 종류 및 규모			안전관리자의 자격
제조소	1. 제4류 위험물만을 취급하는 것으로서 지정수량 5배 이하의 것		위험물기능장, 위험물산업기사, 위험물기능사, 안전관리자교육이수자 또는 소방공무원경력자
	2. 제1호에 해당하지 아니하는 것		위험물기능장, 위험물산업기사 또는 2년 이상의 실무경력이 있는 위험물기능사
저장소	1. 옥내저장소	제4류 위험물만을 저장하는 것으로서 지정수량 5배 이하의 것	위험물기능장, 위험물산업기사, 위험물기능사, 안전관리자 교육이수자 또는 소방공무원경력자
		제4류 위험물 중 알코올류·제2석유류·제3석유류·제4석유류·동식물유류만을 저장하는 것으로서 지정수량 40배 이하의 것	
	2. 옥외탱크저장소	제4류 위험물만 저장하는 것으로서 지정수량 5배 이하의 것	
		제4류 위험물 중 제2석유류·제3석유류·제4석유류·동식물유류만을 저장하는 것으로서 지정수량 40배 이하의 것	
	3. 옥내탱크저장소	제4류 위험물만을 저장하는 것으로서 지정수량 5배 이하의 것	
		제4류 위험물 중 제2석유류·제3석유류·제4석유류·동식물유류만을 저장하는 것	
	4. 지하탱크저장소	제4류 위험물만을 저장하는 것으로서 지정수량 40배 이하의 것	
		제4류 위험물 중 제1석유류·알코올류·제2석유류·제3석유류·제4석유류·동식물유류만을 저장하는 것으로서 지정수량 250배 이하의 것	
	5. 간이탱크저장소로서 제4류 위험물만을 저장하는 것		
	6. 옥외저장소 중 제4류 위험물만을 저장하는 것으로서 지정수량의 40배 이하의 것		

	7. 보일러, 버너 그 밖에 이와 유사한 장치에 공급하기 위한 위험물을 저장하는 탱크저장소		
	8. 선박주유취급소, 철도주유취급소 또는 항공기주유취급소의 고정주유설비에 공급하기 위한 위험물을 저장하는 탱크저장소로서 지정수량의 250배(제1석유류의 경우에는 지정수량의 100배)이하의 것		
	9. 제1호 내지 제8호에 해당하지 아니하는 저장소		위험물기능장, 위험물산업기사 또는 2년 이상의 실무경력이 있는 위험물기능사
취급소	1. 주유취급소		위험물기능장, 위험물산업기사, 위험물기능사, 안전관리자교육이수자 또는 소방공무원경력자
	2. 판매취급소	제4류 위험물만을 취급하는 것으로서 지정수량 5배 이하의 것	
		제4류 위험물 중 제1석유류·알코올류·제2석유류·제3석유류·제4석유류·동식물유류만을 취급하는 것	
	3. 제4류 위험물 중 제1류 석유류·알코올류·제2석유류·제3석유류·제4석유류·동식물유류만을 지정수량 50배 이하로 취급하는 일반취급소(제1석유류·알코올류의 취급량이 지정수량의 10배 이하인 경우에 한한다)로서 다음 각목의 어느 하나에 해당하는 것 가. 보일러, 버너 그 밖에 이와 유사한 장치에 의하여 위험물을 소비하는 것 나. 위험물을 용기 또는 차량에 고정된 탱크에 주입하는 것		
	4. 제4류 위험물만을 취급하는 일반취급소로서 지정수량 10배 이하의 것		
	5. 제4류 위험물 중 제2석유류·제3석유류·제4석유류·동식물유류만을 취급하는 일반취급소로서 지정수량 20배 이하의 것		
	6. 「농어촌 전기공급사업 촉진법」에 따라 설치된 자가발전시설에 사용되는 위험물을 취급하는 일반취급소		
	7. 제1호 내지 제6호에 해당하지 아니하는 취급소		위험물기능장, 위험물산업기사 또는 2년 이상의 실무경력이 있는 위험물기능사

비고

1. 왼쪽란의 제조소등의 종류 및 규모에 따라 오른쪽란에 규정된 안전관리자의 자격이 있는 위험물취급자격자는 별표 5에 따라 해당 제조소등에서 저장 또는 취급하는 위험물을 취급할 수 있는 자격이 있어야 한다.
2. 위험물기능사의 실무경력 기간은 위험물기능사 자격을 취득한 이후「위험물안전관리법」제15조에 따른 위험물안전관리자로 선임된 기간 또는 위험물안전관리자를 보조한 기간을 말한다.

(2) 안전관리자대행기관

1) 안전관리대행기관의 지정

① 위험물안전관리자의 업무를 위탁받아 수행할 수 있는 관리대행기관("안전관리대행기관")은 다음에 해당하는 기관으로서 안전관리대행기관의 지정기준을 갖추어 소방청장의 지정을 받아야 한다.(규칙 제57조)

㉠ 탱크시험자로 등록한 법인

㉡ 다른 법령에 의하여 안전관리업무를 대행하는 기관으로 지정·승인 등을 받은 법인

【안전관리대행기관의 지정기준】 시행규칙 별표22

기술인력	1. 위험물기능장 또는 위험물산업기사 1인 이상 2. 위험물산업기사 또는 위험물기능사 2인 이상 3. 기계분야 및 전기분야의 소방설비기사 1인 이상
시설	전용사무실을 갖출 것
장비	1. 절연저항계(절연저항측정기) 2. 접지저항측정기(최소눈금 0.1Ω 이하) 3. 가스농도측정기(탄화수소계 가스의 농도측정이 가능할 것) 4. 정전기 전위측정기 5. 토크렌치(Torque Wrench: 볼트와 너트를 규정된 회전력에 맞춰 조이는 데 사용하는 도구) 6. 진동시험기 7. 삭제 〈2016. 8. 2.〉 8. 표면온도계(-10℃ ~ 300℃) 9. 두께측정기(1.5㎜ ~ 99.9㎜) 10. 삭제 〈2016. 8. 2.〉 11. 안전용구(안전모, 안전화, 손전등, 안전로프 등) 12. 소화설비점검기구(소화전밸브압력계, 방수압력측정계, 포콜렉터, 헤드렌치, 포콘테이너)

비고
기술인력란의 각호에 정한 2 이상의 기술인력을 동일인이 겸할 수 없다.

② 안전관리대행기관으로 지정받고자 하는 자는 신청서(전자문서로 된 신청서를 포함)에 다음 각호의 서류를 첨부하여 소방청장에게 제출하여야 한다.

㉠ 기술인력 연명부 및 기술자격증

㉡ 사무실의 확보를 증명할 수 있는 서류

㉢ 장비보유명세서

③ 지정신청을 받은 소방청장은 자격요건·기술인력 및 시설·장비보유현황 등을 검토하여 적합하다고 인정하는 때에는 위험물안전관리대행기관지정서를 발급하고, 제출된 기술인력의 기술자격증에는 그 자격자가 안전관리대행기관의 기술인력자임을 기재하여 교부하여야 한다.

④ **소방청장**은 안전관리대행기관에 대하여 필요한 지도·감독을 하여야 한다.

⑤ 안전관리대행기관은 지정받은 사항의 **변경**이 있는 경우에는 그 사유가 있는 날부터 **14일** 이내에 위험물안전관리대행기관 변경신고서(전자문서로 된 신고서를 포함한다)에 다음 각 호의 구분에 따른 서류(전자문서를 포함한다)를 첨부하여 **소방청장**에게 제출해야 한다.

㉠ 영업소의 소재지, 법인명칭 또는 대표자를 변경하는 경우
　ⓐ 위험물안전관리대행기관지정서

㉡ 기술인력을 변경하는 경우
　ⓐ 기술인력자의 연명부
　ⓑ 변경된 기술인력자의 기술자격증

⑥ 안전관리대행기관은 **휴업·재개업 또는 폐업**을 하려는 경우에는 휴업·재개업 또는 폐업하려는 날 **1일** 전까지 위험물안전관리대행기관 휴업·재개업·폐업 신고서(전자문서로 된 신고서를 포함한다)에 위험물안전관리대행기관지정서(전자문서를 포함한다)를 첨부하여 **소방청장**에게 제출해야 한다.

⑦ 신청서 또는 신고서를 제출받은 경우에 담당공무원은 법인 **등기사항증명서**를 제출받는 것에 갈음하여 그 내용을 행정정보의 공동이용을 통하여 확인하여야 한다.

2) 안전관리대행기관의 지정취소(규칙 제58조)

① 「기업활동 규제완화에 관한 특별조치법」에 의하여 소방청장은 안전관리대행기관이 다음 각 호의 어느 하나에 해당하는 때에는 그 지정을 **취소**하거나 **6월 이내의 기간**을 정하여 그 업무의 정지를 명하거나 시정하게 할 수 있다. 다만, ㉠**부터** ㉢까지의 규정 중 어느 하나에 해당하는 때에는 그 지정을 **취소**하여야 한다.

㉠ 허위 그 밖의 부정한 방법으로 지정을 받은 때 **〈취소〉**

㉡ 탱크시험자의 등록 또는 다른 법령에 의하여 안전관리업무를 대행하는 기관의 지정·승인 등이 취소된 때 **〈취소〉**

㉢ 다른 사람에게 지정서를 대여한 때 **〈취소〉**

㉣ 안전관리대행기관의 지정기준에 미달되는 때

㉤ 소방청장의 지도·감독에 정당한 이유 없이 따르지 아니하는 때

㉥ 변경 신고를 연간 2회 이상 하지 아니한 때

㉦ 휴업 또는 재개업 신고를 연간 2회 이상 하지 아니한 때

㉧ 안전관리대행기관의 기술인력이 안전관리업무를 성실하게 수행하지 아니한 때

② 소방청장은 안전관리대행기관의 지정·업무정지 또는 지정취소를 한 때에는 이를 관보에 공고하여야 한다.
③ 안전관리대행기관의 지정을 취소한 때에는 지정서를 회수하여야 한다.

시행규칙 별표2

나. 안전관리대행기관에 대한 행정처분기준

위반사항	행정처분기준		
	1차	2차	3차
(1) 허위 그 밖의 부정한 방법으로 등록을 한 때	지정취소		
(2) 탱크시험자의 등록 또는 다른 법령에 의한 안전관리업무대행기관의 지정·승인 등이 취소된 때	지정취소		
(3) 다른 사람에게 지정서를 대여한 때	지정취소		
(4) 별표 22의 규정에 의한 안전관리대행기관의 지정기준에 미달되는 때	업무정지 30일	업무정지 60일	지정취소
(5) 제57조제4항의 규정에 의한 소방청장의 지도·감독에 정당한 이유없이 따르지 아니한 때	업무정지 30일	업무정지 60일	지정취소
(6) 제57조제5항에 따른 변경 신고를 연간 2회 이상 하지 아니한 때	경고 또는 업무정지 30일	업무정지 90일	지정취소
(7) 제57조제6항에 따른 휴업 또는 재개업 신고를 연간 2회 이상 하지 아니한 때	경고 또는 업무정지 30일	업무정지 90일	지정취소
(8) 안전관리대행기관의 기술인력이 제59조의 규정에 의한 안전관리업무를 성실하게 수행하지 아니한 때	경고	업무정지 90일	지정취소

3) 안전관리대행기관의 업무수행(규칙 제59조)
① 안전관리대행기관은 안전관리자의 업무를 위탁받는 경우에는 규정에 적합한 기술인력을 당해 제조소등의 안전관리자로 지정하여 안전관리자의 업무를 하게 하여야 한다.
② 안전관리대행기관은 기술인력을 안전관리자로 지정함에 있어서 1인의 기술인력을 다수의 제조소등의 안전관리자로 중복하여 지정하는 경우에는 규정에 적합하게 지정하거나 안전관리자의 업무를 성실히 대행할 수 있는 범위내에서 관리하는 제조소등의 수가 **25**를 초과하지 아니하도록 지정하여야 한다. 이 경우 각 제조소등(지정수량의 **20배 이하**를 저장하는 저장소는 제외한다)의 관계인은 당해 제조소등마다 위험물의 취급에 관한 국가기술자격자 또는 안전교육을 받은 자를 안전관리원으로 지정하여 대행기관이 지정한 안전관리자의 업무를 보조하게 하여야 한다.

③ 안전관리자로 지정된 안전관리대행기관의 기술인력 또는 안전관리원으로 지정된 자는 위험물의 취급작업에 참여하여 안전관리자의 책무를 성실히 수행하여야 하며, 기술인력이 위험물의 취급작업에 참여하지 아니하는 경우에 기술인력은 점검 및 감독을 **매월 4회**(저장소의 경우에는 **매월 2회**) 이상 실시하여야 한다.

④ 안전관리대행기관은 안전관리자로 지정된 안전관리대행기관의 기술인력이 여행·질병 그 밖의 사유로 인하여 일시적으로 직무를 수행할 수 없는 경우에는 안전관리대행기관에 소속된 다른 기술인력을 안전관리자로 지정하여 안전관리자의 책무를 계속 수행하게 하여야 한다.

memo

38

「위험물안전관리법 시행령」및 같은 법 시행규칙상 1인의 안전관리자를 중복하여 선임할 수 있는 저장소 등으로 옳은 것을 모두 고르면?

• 18. 상반기

| 가. 보일러·버너 위험물을 소비하는 장치로 이루어진 7개 이하의 일반취급소와 그 일반취급소에 공급하기 위한 위험물을 저장하는 저장소 |
| 나. 동일구내에 있는 11개의 옥내저장소 |
| 다. 동일구내에 있는 11개의 암반탱크저장소 |
| 라. 동일구내에 있는 31개의 옥외탱크저장소 |

① 가
② 가 나
③ 가 라
④ 가 다 라

39

「위험물안전관리법 시행령」상 ( ) 안에 들어갈 말로 바르게 짝지어진 것은?

다음 각목의 기준에 모두 적합한 ( )개 이하의 제조소등을 동일인이 설치한 경우 1인의 안전관리자를 중복하여 선임할 수 있다.
가. 각 제조소등이 동일구내에 위치하거나 상호 ( )미터 이내의 거리에 있을 것
나. 각 제조소등에서 저장 또는 취급하는 위험물의 최대수량이 지정수량의 3천배 미만일 것. 다만, 저장소의 경우에는 그러하지 아니하다.

① 5, 100
② 5, 300
③ 7, 100
④ 7, 300

정답 38. ① 39. ①

관련법규

위험물안전관리법 시행령

제11조 [위험물안전관리자로 선임할 수 있는 위험물취급자격자 등]

① 법 제15조 제1항 본문에서 "대통령령이 정하는 위험물의 취급에 관한 자격이 있는 자"라 함은 별표 5에 규정된 자를 말한다.

② 법 제15조 제1항 단서에서 "대통령령이 정하는 경우"란 다음 각 호의 어느 하나에 해당하는 경우를 말한다.
  1. 제조소등에서 저장·취급하는 위험물이 「화학물질 관리법」 제2조 제2호의 규정에 의한 유독물질에 해당하는 경우
  2. 「소방시설 설치 및 관리에 관한 법률」 제2조 제1항 제3호에 따른 특정소방대상물의 난방·비상발전 또는 자가발전에 필요한 위험물을 저장·취급하기 위하여 설치된 저장소 또는 일반취급소가 해당 특정소방대상물 안에 있거나 인접하여 있는 경우

③ 법 제15조 제1항 단서에서 "대통령령이 정하는 자"란 다음 각 호의 어느 하나에 해당하는 자를 말한다.
  1. 제2항 제1호의 경우 : 「화학물질 관리법」 제32조 제1항의 규정에 의하여 당해 제조소등의 유해화학물질관리자로 선임된 자로서 법 제28조 또는 「화학물질 관리법」 제33조에 따라 유해화학물질 안전교육을 받은 자
  2. 제2항 제2호의 경우 : 「화재의 예방 및 안전관리에 관한 법률」 제24조 제1항 또는 「공공기관의 소방안전관리에 관한 규정」 제5조에 따라 소방안전관리자로 선임된 자로서 법 제15조 제9항에 따른 위험물안전관리자(이하 "안전관리자"라 한다)의 자격이 있는 자

제12조 [1인의 안전관리자를 중복하여 선임할 수 있는 경우 등] 기출 18 공채

① 법 제15조 제8항 전단에 따라 다수의 제조소등을 설치한 자가 1인의 안전관리자를 중복하여 선임할 수 있는 경우는 다음 각 호의 어느 하나와 같다.
  1. 보일러·버너 또는 이와 비슷한 것으로서 위험물을 소비하는 장치로 이루어진 7개 이하의 일반취급소와 그 일반취급소에 공급하기 위한 위험물을 저장하는 저장소[일반취급소 및 저장소가 모두 동일 구내(같은 건물 안 또는 같은 울 안을 말한다. 이하 같다)에 있는 경우에 한한다. 이하 제2호에서 같다]를 동일인이 설치한 경우
  2. 위험물을 차량에 고정된 탱크 또는 운반용기에 옮겨 담기 위한 5개 이하의 일반취급소[일반취급소간의 거리(보행거리를 말한다. 제3호 및 제4호에서 같다)가 300미터 이내인 경우에 한한다]와 그 일반취급소에 공급하기 위한 위험물을 저장하는 저장소를 동일인이 설치한 경우
  3. 동일 구내에 있거나 상호 100미터 이내의 거리에 있는 저장소로서 저장소의 규모, 저장하는 위험물의 종류 등을 고려하여 행정안전부령이 정하는 저장소를 동일인이 설치한 경우
  4. 다음 각 목의 기준에 모두 적합한 <u>5개 이하의 제조소등을 동일인이 설치한 경우</u>
     가. 각 제조소등이 <u>동일 구내에 위치하거나 상호 100미터 이내의 거리에 있을 것</u>
     나. 각 제조소등에서 저장 또는 취급하는 위험물의 최대수량이 지정수량의 3천 배 미만일 것. 다만, 저장소의 경우에는 그러하지 아니하다.
  5. 그 밖에 제1호 또는 제2호의 규정에 의한 제조소등과 비슷한 것으로서 행정안전부령이 정하는 제조소등을 동일인이 설치한 경우

② 법 제15조 제8항 후단에서 "대통령령이 정하는 제조소등"이라 함은 다음 각 호의 1에 해당하는 제조소등을 말한다.
1. 제조소
2. 이송취급소
3. 일반취급소. 다만, 인화점이 38도 이상인 제4류 위험물만을 지정수량의 30배 이하로 취급하는 일반취급소로서 다음 각 목의 1에 해당하는 일반취급소를 제외한다.
   가. 보일러·버너 또는 이와 비슷한 것으로서 위험물을 소비하는 장치로 이루어진 일반취급소
   나. 위험물을 용기에 옮겨 담거나 차량에 고정된 탱크에 주입하는 일반취급소

제13조 [위험물안전관리자의 자격]
법 제15조 제9항의 규정에 의하여 제조소등의 종류 및 규모에 따라 선임하여야 하는 안전관리자의 자격은 별표 6과 같다.

위험물안전관리법 시행규칙
제53조 [안전관리자의 선임신고 등]
① 제조소등의 관계인은 법 제15조 제3항에 따라 안전관리자(「기업활동 규제완화에 관한 특별조치법」 제29조 제1항·제3항 및 제32조 제1항에 따른 안전관리자와 제57조 제1항에 따른 안전관리대행기관을 포함한다)의 선임을 신고하려는 경우에는 별지 제32호 서식의 신고서(전자문서로 된 신고서를 포함한다)에 다음 각 호의 해당 서류(전자문서를 포함한다)를 첨부하여 소방본부장 또는 소방서장에게 제출하여야 한다.
1. 위험물안전관리업무대행계약서(제57조 제1항에 따른 안전관리대행기관에 한한다)
2. 위험물안전관리교육 수료증(제78조 제1항 및 별표 24에 따른 안전관리자 강습교육을 받은 자에 한한다)
3. 위험물안전관리자를 겸직할 수 있는 관련 안전관리자로 선임된 사실을 증명할 수 있는 서류(「기업활동 규제완화에 관한 특별조치법」 제29조 제1항 제1호부터 제3호까지 및 제3항에 해당하는 안전관리자 또는 영 제11조 제3항 각 호의 어느 하나에 해당하는 사람으로서 위험물의 취급에 관한 국가기술자격자가 아닌 사람으로 한정한다)
4. 소방공무원 경력증명서(소방공무원 경력자에 한한다)
② 제1항에 따라 신고를 받은 담당 공무원은 「전자정부법」 제36조 제1항에 따른 행정정보의 공동이용을 통하여 다음 각 호의 행정정보를 확인하여야 한다. 다만, 신고인이 확인에 동의하지 아니하는 경우에는 그 서류(국가기술자격증의 경우에는 그 사본을 말한다)를 제출하도록 하여야 한다.
1. 국가기술자격증(위험물의 취급에 관한 국가기술자격자에 한한다)
2. 국가기술자격증(「기업활동 규제완화에 관한 특별조치법」 제29조 제1항 및 제3항에 해당하는 자로서 국가기술자격자에 한한다)

40

「위험물안전관리법 시행규칙」상 괄호 안에 들어갈 말은?

> 제조소등의 관계인은 안전관리자(안전관리대행기관을 포함)의 선임 신고하고자 하는 경우에 서류(전자문서를 포함한다)를 첨부하여 ( ) 또는 ( )에게 제출하여야 한다.

① 시·도지사, 소방서장
② 소방청장, 소방본부장
③ 소방본부장, 소방서장
④ 시·도지사, 소방본부장

정답 **40.** ③

제54조 [안전관리자의 대리자]

법 제15조 제5항 전단에서 "행정안전부령이 정하는 자"라 함은 다음 각 호의 1에 해당하는 자를 말한다.
1. 법 제28조 제1항에 따른 안전교육을 받은 자
2. 삭제
3. 제조소등의 위험물 안전관리업무에 있어서 안전관리자를 지휘·감독하는 직위에 있는 자

제55조 [안전관리자의 책무]

법 제15조 제6항의 규정에 따라 안전관리자는 위험물의 취급에 관한 안전관리와 감독에 관한 다음 각 호의 업무를 성실하게 수행하여야 한다.
1. 위험물의 취급작업에 참여하여 당해 작업이 법 제5조 제3항의 규정에 의한 저장 또는 취급에 관한 기술기준과 법 제17조의 규정에 의한 예방규정에 적합하도록 해당 작업자(당해 작업에 참여하는 위험물취급자격자를 포함한다)에 대하여 지시 및 감독하는 업무
2. 화재 등의 재난이 발생한 경우 응급조치 및 소방관서 등에 대한 연락 업무
3. 위험물시설의 안전을 담당하는 자를 따로 두는 제조소등의 경우에는 그 담당자에게 다음 각 목의 규정에 의한 업무의 지시, 그 밖의 제조소등의 경우에는 다음 각 목의 규정에 의한 업무
    가. 제조소등의 위치·구조 및 설비를 법 제5조 제4항의 기술기준에 적합하도록 유지하기 위한 점검과 점검상황의 기록·보존
    나. 제조소등의 구조 또는 설비의 이상을 발견한 경우 관계자에 대한 연락 및 응급조치
    다. 화재가 발생하거나 화재 발생의 위험성이 현저한 경우 소방관서 등에 대한 연락 및 응급조치
    라. 제조소등의 계측장치·제어장치 및 안전장치 등의 적정한 유지·관리
    마. 제조소등의 위치·구조 및 설비에 관한 설계도서 등의 정비·보존 및 제조소등의 구조 및 설비의 안전에 관한 사무의 관리
4. 화재 등의 재해의 방지와 응급조치에 관하여 인접하는 제조소등과 그 밖의 관련되는 시설의 관계자와 협조 체제의 유지
5. 위험물의 취급에 관한 일지의 작성·기록
6. 그 밖에 위험물을 수납한 용기를 차량에 적재하는 작업, 위험물설비를 보수하는 작업 등 위험물의 취급과 관련된 작업의 안전에 관하여 필요한 감독의 수행

제56조 [1인의 안전관리자를 중복하여 선임할 수 있는 저장소 등]
① 영 제12조 제1항 제3호에서 "행정안전부령이 정하는 저장소"라 함은 다음 각 호의 1에 해당하는 저장소를 말한다.
  1. 10개 이하의 옥내저장소
  2. 30개 이하의 옥외탱크저장소
  3. 옥내탱크저장소
  4. 지하탱크저장소
  5. 간이탱크저장소
  6. 10개 이하의 옥외저장소
  7. 10개 이하의 암반탱크저장소
② 영 제12조 제1항 제5호에서 "행정안전부령이 정하는 제조소등"이라 함은 선박주유취급소의 고정주유설비에 공급하기 위한 위험물을 저장하는 저장소와 당해 선박주유취급소를 말한다.

제57조 [안전관리대행기관의 지정 등]
① 「기업활동 규제완화에 관한 특별조치법」 제40조 제1항 제3호의 규정에 의하여 위험물안전관리자의 업무를 위탁받아 수행할 수 있는 관리대행기관(이하 "안전관리대행기관"이라 한다)은 다음 각 호의 1에 해당하는 기관으로서 별표 22의 안전관리대행기관의 지정기준을 갖추어 소방청장의 지정을 받아야 한다.
  1. 법 제16조 제2항의 규정에 의한 탱크시험자로 등록한 법인
  2. 다른 법령에 의하여 안전관리업무를 대행하는 기관으로 지정·승인 등을 받은 법인
② 안전관리대행기관으로 지정받고자 하는 자는 별지 제33호 서식의 신청서(전자문서로 된 신청서를 포함한다)에 다음 각 호의 서류(전자문서를 포함한다)를 첨부하여 소방청장에게 제출하여야 한다.
  1. 삭제
  2. 기술인력 연명부 및 기술자격증
  3. 사무실의 확보를 증명할 수 있는 서류
  4. 장비보유명세서
③ 제2항의 규정에 의한 지정신청을 받은 소방청장은 자격요건·기술인력 및 시설·장비보유현황 등을 검토하여 적합하다고 인정하는 때에는 별지 제34호 서식의 위험물안전관리대행기관지정서를 발급하고, 제2항 제2호의 규정에 의하여 제출된 기술인력의 기술자격증에는 그 자격자가 안전관리대행기관의 기술인력자임을 기재하여 교부하여야 한다.
④ <u>소방청장은 안전관리대행기관에 대하여 필요한 지도·감독을 하여야 한다.</u>
⑤ 안전관리대행기관은 지정받은 사항의 변경이 있는 경우에는 그 사유가 있는 날부터 14일 이내에 별지 제35호서식의 위험물안전관리대행기관 변경신고서(전자문서로 된 신고서를 포함한다)에 다음 각 호의 구분에 따른 서류(전자문서를 포함한다)를 첨부하여 소방청장에게 제출해야 한다.
  1. 영업소의 소재지, 법인명칭 또는 대표자를 변경하는 경우
    가. 삭제
    나. 위험물안전관리대행기관지정서

41
「위험물안전관리법 시행규칙」상 1인의 안전관리자를 중복 선임 할 수 없는 저장소는?(동일 구내에 있는 경우)
① 30개 이하의 옥내저장소
② 간이탱크저장소
③ 옥내탱크저장소
④ 지하탱크저장소

42
「위험물안전관리법 시행규칙」상 1인의 안전관리자를 중복 선임 할 수 있는 저장소는?(동일 구내에 있는 경우)
① 30개 이하의 옥내저장소
② 30개 이하의 옥외탱크저장소
③ 30개 이하의 옥외저장소
④ 30개 이하의 암반탱크저장소

43
「위험물안전관리법 시행규칙」상 "(　)은(는) 안전관리대행기관에 대하여 필요한 지도·감독을 해야 한다." 괄호 안에 들어갈 사람은?
① 시·도지사
② 소방청장
③ 소방본부장
④ 소방서장

정답 41. ① 42. ② 43. ②

44

「위험물안전관리법 시행규칙」상 안전관리대행기관의 지정취소 대상인 것은?

① 변경·휴업 또는 재개업의 신고를 연간 2회 이상 하지 아니한 때
② 다른 사람에게 지정서를 대여한 때
③ 안전관리대행기관의 지정기준에 미달되는 때
④ 규정에 의한 안전관리업무를 성실하게 수행하지 아니한 때

45

「위험물안전관리법 시행규칙」상 괄호 안에 들어갈 숫자를 순서대로 고르시오.

"안전관리대행기관은 1인의 기술인력을 다수의 제조소등의 안전관리자로 중복하여 지정하는 경우에는 규정에 적합하게 지정하거나 안전관리자의 업무를 성실히 대행할 수 있는 범위 내에서 관리하는 제조소등의 수가 ( )개를 초과하지 아니하도록 지정하여야 한다. 이 경우 각 제조소등(지정수량의 ( )배 이하를 저장하는 저장소는 제외한다)의 관계인은 당해 제조소등마다 위험물의 취급에 관한 국가기술자격자 또는 안전교육을 받은 자를 안전관리원으로 지정하여 대행기관이 지정한 안전관리자의 업무를 보조하게 하여야 한다."

① 20, 10
② 20, 20
③ 25, 10
④ 25, 20

---

2. 기술인력을 변경하는 경우
　가. 기술인력자의 연명부
　나. 변경된 기술인력자의 기술자격증
3. 삭제

⑥ 안전관리대행기관은 휴업·재개업 또는 폐업을 하려는 경우에는 휴업·재개업 또는 폐업하려는 날 1일 전까지 별지 제35호의2서식의 위험물안전관리대행기관 휴업·재개업·폐업 신고서(전자문서로 된 신고서를 포함한다)에 위험물안전관리대행기관지정서(전자문서를 포함한다)를 첨부하여 소방청장에게 제출해야 한다.

⑦ 제2항에 따른 신청서 또는 제5항제1호에 따른 신고서를 제출받은 경우에 담당공무원은 법인 등기사항증명서를 제출받는 것에 갈음하여 그 내용을 「전자정부법」 제36조제1항에 따른 행정정보의 공동이용을 통하여 확인하여야 한다.

제58조 [안전관리대행기관의 지정취소 등]

① 「기업활동 규제완화에 관한 특별조치법」 제40조제3항의 규정에 의하여 소방청장은 안전관리대행기관이 다음 각 호의 어느 하나에 해당하는 때에는 별표 2의 기준에 따라 그 지정을 취소하거나 6월 이내의 기간을 정하여 그 업무의 정지를 명하거나 시정하게 할 수 있다. 다만, 제1호부터 제3호까지의 규정 중 어느 하나에 해당하는 때에는 그 지정을 취소하여야 한다.
1. 허위 그 밖의 부정한 방법으로 지정을 받은 때
2. 탱크시험자의 등록 또는 다른 법령에 의하여 안전관리업무를 대행하는 기관의 지정·승인 등이 취소된 때
3. 다른 사람에게 지정서를 대여한 때
4. 별표 22의 안전관리대행기관의 지정기준에 미달되는 때
5. 제57조제4항의 규정에 의한 소방청장의 지도·감독에 정당한 이유 없이 따르지 아니하는 때
6. 제57조제5항에 따른 변경 신고를 연간 2회 이상 하지 아니한 때
6의2. 제57조제6항에 따른 휴업 또는 재개업 신고를 연간 2회 이상 하지 아니한 때
7. 안전관리대행기관의 기술인력이 제59조의 규정에 의한 안전관리업무를 성실하게 수행하지 아니한 때

② 소방청장은 안전관리대행기관의 지정·업무정지 또는 지정취소를 한 때에는 이를 관보에 공고하여야 한다.

③ 안전관리대행기관의 지정을 취소한 때에는 지정서를 회수하여야 한다.

정답 44. ② 45. ④

제59조 [안전관리대행기관의 업무수행]

① 안전관리대행기관은 안전관리자의 업무를 위탁받는 경우에는 영 제13조 및 영 별표 6의 규정에 적합한 기술인력을 당해 제조소등의 안전관리자로 지정하여 안전관리자의 업무를 하게 하여야 한다.

② 안전관리대행기관은 제1항의 규정에 의하여 기술인력을 안전관리자로 지정함에 있어서 1인의 기술인력을 다수의 제조소등의 안전관리자로 중복하여 지정하는 경우에는 영 제12조 제1항 및 이 규칙 제56조의 규정에 적합하게 지정하거나 안전관리자의 업무를 성실히 대행할 수 있는 범위 내에서 관리하는 제조소등의 수가 25를 초과하지 아니하도록 지정하여야 한다. 이 경우 각 제조소등(지정수량의 20배 이하를 저장하는 저장소는 제외한다)의 관계인은 당해 제조소등마다 위험물의 취급에 관한 국가기술자격자 또는 법 제28조 제1항에 따른 안전교육을 받은 자를 안전관리원으로 지정하여 대행기관이 지정한 안전관리자의 업무를 보조하게 하여야 한다.

③ 제1항에 따라 안전관리자로 지정된 안전관리대행기관의 기술인력(이하 이 항에서 "기술인력"이라 한다) 또는 제2항에 따라 안전관리원으로 지정된 자는 위험물의 취급작업에 참여하여 법 제15조 및 이 규칙 제55조에 따른 안전관리자의 책무를 성실히 수행하여야 하며, 기술인력이 위험물의 취급작업에 참여하지 아니하는 경우에 기술인력은 제55조 제3호 가목에 따른 점검 및 동조 제6호에 따른 감독을 매월 4회(저장소의 경우에는 매월 2회) 이상 실시하여야 한다.

④ 안전관리대행기관은 제1항의 규정에 의하여 안전관리자로 지정된 안전관리대행기관의 기술인력이 여행·질병 그 밖의 사유로 인하여 일시적으로 직무를 수행할 수 없는 경우에는 안전관리대행기관에 소속된 다른 기술인력을 안전관리자로 지정하여 안전관리자의 책무를 계속 수행하게 하여야 한다.

memo

3　탱크시험자의 등록(위험물안전관리법 제16조)

(1) 탱크시험자의 등록

① **시·도지사** 또는 제조소등의 **관계인**은 안전관리업무를 전문적이고 효율적으로 수행하기 위하여 탱크안전성능시험자로 하여금 이 법에 의한 **검사 또는 점검의 일부**를 실시하게 할 수 있다.(법 제16조 제1항)

② 탱크시험자가 되고자 하는 자는 대통령령이 정하는 기술능력·시설 및 장비를 갖추어 **시·도지사**에게 등록하여야 한다.(법 제16조 제2항)

　㉠ 탱크시험자의 등록신청 첨부서류 (규칙 제60조 제1항)

　　탱크시험자로 등록하려는 자는 신청서(전자문서로 된 신청서를 포함한다)에 다음 각 호의 서류(전자문서를 포함한다)를 첨부하여 시·도지사에게 제출하여야 한다.

　　ⓐ 기술능력자 연명부 및 기술자격증
　　ⓑ 안전성능시험장비의 명세서
　　ⓒ 보유장비 및 시험방법에 대한 기술검토를 기술원으로부터 받은 경우에는 그에 대한 자료
　　ⓓ 「원자력안전법」에 따른 방사성동위원소이동사용허가증 또는 방사선발생장치이동사용허가증의 사본 1부
　　ⓔ 사무실의 확보를 증명할 수 있는 서류

　㉡ 신청서를 제출받은 경우에 담당공무원은 법인 등기사항증명서를 제출받는 것에 갈음하여 그 내용을 「전자정부법」에 따른 행정정보의 공동이용을 통하여 확인하여야 한다. (규칙 제60조 제2항)

> **행정형벌**
> 법 제35조 [벌칙]
> 다음 각 호의 어느 하나에 해당하는 자는 1년 이하의 징역 또는 1천만 원 이하의 벌금에 처한다.
> 3. 제16조제2항의 규정에 따른 탱크시험자로 등록하지 아니하고 탱크시험자의 업무를 한 자

③ 시·도지사는 신청서를 접수한 때에는 **15일 이내**에 그 신청이 등록기준에 적합하다고 인정하는 때에는 위험물탱크안전성능시험자등록증을 교부하고, 제출된 기술인력자의 기술자격증에 그 기술인력자가 당해 탱크시험기관의 기술인력자임을 기재하여 교부하여야 한다.(규칙 제60조 제3항)

---

46 ①②③
「위험물안전관리법」상 탱크시험자 등록에 관한 사항 중 잘못된 것은?
① 탱크시험자가 부정한 방법으로 등록·결격·등록증을 빌려준 때에는 면허정지 사유이다.
② 탱크시험자가 되고자 하는 자는 기술능력·시설 및 장비가 필요하다.
③ 중요사항 변경 시에는 30일 이내에 시·도지사에게 신고하여야 한다.
④ 시·도지사는 안전관리업무를 전문적이고 효율적으로 수행하기 위하여 탱크안전성능시험자로 하여금 검사 또는 점검의 일부를 실시하게 할 수 있다.

47 ①②③
「위험물안전관리법」상 다음 설명 중 옳지 않은 것은?
① 피성년후견인은 탱크시험자로 등록하거나 탱크시험자의 업무에 종사할 수 없다.
② 금고 이상의 실형의 선고를 받고 그 집행이 종료(집행이 종료된 것으로 보는 경우를 포함한다)되거나 집행이 면제된 날부터 2년이 지나지 아니한 자는 탱크시험자로 등록하거나 탱크시험자의 업무에 종사할 수 없다.
③ 중요사항을 변경한 경우에는 그 날부터 30일 이내에 소방청장에게 신고한다.
④ 제조소등의 관계인은 안전관리업무를 전문적이고 효율적으로 수행하기 위하여 탱크안전성능시험자로 하여금 검사 또는 점검의 일부를 실시하게 할 수 있다.

48 ①②③
「위험물안전관리법 시행규칙」상 탱크안전성능시험자가 변경사항을 신고해야 하는 중요사항으로 옳지 않은 것은?　•24. 경채
① 영업소 소재지의 변경
② 기술능력의 변경
③ 보유장비의 변경
④ 상호 또는 명칭의 변경

정답 46.① 47.③ 48.③

④ 변경신고

중요사항(영업소 소재지, 기술능력, 대표자, 상호 또는 명칭)을 변경한 경우에는 그 날부터 **30일 이내**에 **시·도지사에게 신고**하여야 한다.(법 제16조 제3항)

㉠ 위험물탱크안전성능시험자 변경신고서와 함께 첨부해야 하는 서류
(규칙 제61조) 기출 24 경채

ⓐ 영업소 소재지의 변경 : 사무소의 사용을 증명하는 서류와 위험물탱크안전성능시험자등록증

ⓑ 기술능력의 변경 : 변경하는 기술인력의 자격증과 위험물탱크안전성능시험자등록증

ⓒ 대표자의 변경 : 위험물탱크안전성능시험자등록증

ⓓ 상호 또는 명칭의 변경 : 위험물탱크안전성능시험자등록증

행정질서벌

법 제39조 [과태료]

① 다음 각 호의 어느 하나에 해당하는 자에게는 500만 원 이하의 과태료를 부과한다.

6. 제16조제3항의 규정을 위반하여 등록사항의 변경신고를 기간 이내에 하지 아니하거나 허위로 한 자 (250, 350, 500, 500)

시행령 별표9

위반행위	과태료 금액
아. 법 제16조제3항을 위반하여 등록사항의 변경신고를 기간 이내에 하지 않거나 허위로 한 경우	
1) 신고기한(변경일의 다음날을 기산일로 하여 30일이 되는 날)의 다음날을 기산일로 하여 30일 이내에 신고한 경우	250
2) 신고기한(변경일의 다음날을 기산일로 하여 30일이 되는 날)의 다음날을 기산일로 하여 31일 이후에 신고한 경우	350
3) 허위로 신고한 경우	500
4) 신고를 하지 않은 경우	500

---

⑤ 다음 어느 하나에 해당하는 자는 탱크시험자로 등록하거나 탱크시험자의 업무에 종사할 수 없다.(법 제16조 제4항)

㉠ 피성년후견인

㉡ 금고 이상의 실형의 선고를 받고 그 집행이 종료(집행이 종료된 것으로 보는 경우를 포함한다)되거나 집행이 면제된 날부터 2년이 지나지 아니한 자

㉢ 금고 이상의 형의 집행유예 선고를 받고 그 유예기간 중에 있는 자

② 탱크시험자의 등록이 취소(㉠에 해당하여 자격이 취소된 경우는 제외한다)된 날부터 2년이 지나지 아니한 자

⑩ 법인으로서 그 대표자가 ㉠내지 ㉣의 1에 해당하는 경우

● 등록결격사유 정리

	① 피성년 후견인	② 종료·면제 후 2년	③ 유예기간 중	④ 취소 후 2년 (피성년후견인 제외)	⑤ 임원	⑥ 대표자	⑦ 정지· 상실
소방안전교육사 (소방기본법)	O	O	O	X	X	X	O
소방시설관리사 (소방시설법)	O	O	O	O	X	X	X
소방시설관리업 (소방시설법)	O	O	O	O	O (①~④)	X	X
소방시설업 (공사업법)	O	O	O	O	O (②~④)	O (①~④)	X
탱크시험자 (위험물법)	O	O	O	O	X	O (①~④)	X

⑥ 시·도지사는 탱크시험자가 다음 각 호의 어느 하나에 해당하는 경우에는 **행정안전부령**으로 정하는 바에 따라 그 등록을 취소하거나 6월 이내의 기간을 정하여 업무의 정지를 명할 수 있다. 다만, ㉠ **내지** ㉢에 해당하는 경우에는 그 등록을 **취소**하여야 한다.(법 제16조 제5항)

㉠ **허위 그 밖의 부정한 방법으로 등록을 한 경우**

㉡ **등록의 결격사유에 해당하게 된 경우**

㉢ **등록증을 다른 자에게 빌려준 경우**

㉣ 등록기준에 미달하게 된 경우

㉤ 탱크안전성능시험 또는 점검을 허위로 하거나 이 법에 의한 기준에 맞지 아니하게 탱크안전성능시험 또는 점검을 실시하는 경우 등 탱크시험자로서 적합하지 아니하다고 인정하는 경우

⑦ 탱크시험자는 이 법 또는 이 법에 의한 명령에 따라 탱크안전성능시험 또는 점검에 관한 업무를 성실히 수행하여야 한다.(법 제16조 제6항)

● 자격자의 결격사유와 등록취소 / 자격취소 사유 정리

결격사유	등록취소(업) / 자격취소(사람)				
	소방시설 관리사	소방시설 관리업	소방 시설업	소방기술 경력등의 인정	탱크 시험자
거짓+부정					허위+부정
결격사유					
등록수첩의 대여					
이중취업					
기 타			영업정지 중 소방시설공사등		

【탱크시험자의 기술능력 · 시설 및 장비】 시행령 별표7

1. 기술능력
   가. 필수인력
      1) 위험물기능장 · 위험물산업기사 또는 위험물기능사 중 1명 이상
      2) 비파괴검사기술사 1명 이상 또는 초음파비파괴검사 · 자기비파괴검사 및 침투비파괴검사별로 기사 또는 산업기사 각 1명 이상
   나. 필요한 경우에 두는 인력
      1) 충 · 수압시험, 진공시험, 기밀시험 또는 내압시험의 경우: 누설비파괴검사 기사, 산업기사 또는 기능사
      2) 수직 · 수평도시험의 경우: 측량 및 지형공간정보 기술사, 기사, 산업기사 또는 측량기능사
      3) 방사선투과시험의 경우: 방사선비파괴검사 기사 또는 산업기사
      4) 필수 인력의 보조: 방사선비파괴검사 · 초음파비파괴검사 · 자기비파괴검사 또는 침투비파괴검사 기능사
2. 시설: 전용사무실
3. 장비
   가. 필수장비: 자기탐상시험기, 초음파두께측정기 및 다음 1) 또는 2) 중 어느 하나
      1) 영상초음파시험기
      2) 방사선투과시험기 및 초음파시험기

나. 필요한 경우에 두는 장비
  1) 충·수압시험, 진공시험, 기밀시험 또는 내압시험의 경우
    가) 진공능력 53KPa 이상의 진공누설시험기
    나) 기밀시험장치(안전장치가 부착된 것으로서 가압능력 200KPa 이상, 감압의 경우에는 감압능력 10KPa 이상·감도 10Pa 이하의 것으로서 각각의 압력변화를 스스로 기록할 수 있는 것)
  2) 수직·수평도 시험의 경우: 수직·수평도 측정기

비고
둘 이상의 기능을 함께 가지고 있는 장비를 갖춘 경우에는 각각의 장비를 갖춘 것으로 본다.

관련법규

위험물안전관리법 시행령

제14조 [탱크시험자의 등록기준 등]

① 법 제16조 제2항의 규정에 의하여 탱크시험자가 갖추어야 하는 기술능력·시설 및 장비는 별표 7과 같다.
② 탱크시험자로 등록하고자 하는 자는 등록신청서에 행정안전부령이 정하는 서류를 첨부하여 시·도지사에게 제출하여야 한다.
③ 시·도지사는 제2항에 따른 등록신청을 접수한 경우 다음 각 호의 어느 하나에 해당하는 경우를 제외하고는 등록을 해주어야 한다.
  1. 제1항에 따른 기술능력·시설 및 장비 기준을 갖추지 못한 경우
  2. 등록을 신청한 자가 법 제16조제4항 각 호의 어느 하나에 해당하는 경우
  3. 그 밖에 법, 이 영 또는 다른 법령에 따른 제한에 위반되는 경우

위험물안전관리법 시행규칙

제60조 [탱크시험자의 등록신청 등]

① 법 제16조 제2항에 따라 탱크시험자로 등록하려는 자는 별지 제36호 서식의 신청서(전자문서로 된 신청서를 포함한다)에 다음 각 호의 서류(전자문서를 포함한다)를 첨부하여 시·도지사에게 제출하여야 한다.
  1. 삭제
  2. 기술능력자 연명부 및 기술자격증
  3. 안전성능시험장비의 명세서
  4. 보유장비 및 시험방법에 대한 기술검토를 기술원으로부터 받은 경우에는 그에 대한 자료
  5. 「원자력안전법」에 따른 방사성동위원소이동사용허가증 또는 방사선발생장치이동사용허가증의 사본 1부
  6. 사무실의 확보를 증명할 수 있는 서류

49
「위험물안전관리법 시행규칙」상 탱크시험자의 등록시 필요서류가 아닌 것은?
① 자본금 내역서
② 안전성능시험장비의 명세서
③ 사무실의 확보를 증명할 수 있는 증명서류
④ 「원자력안전법」에 의한 방사성동위원소이동사용허가증

50
「위험물안전관리법 시행규칙」상 괄호 안에 들어갈 단어는?

"탱크시험자로 등록하고자 하는 자는 등록신청서에 행정안전부령이 정하는 서류를 첨부하여 (   )에게 제출하여야 한다."

① 시·도지사
② 소방청장
③ 소방본부장
④ 소방서장

정답 49. ① 50. ①

② 제1항에 따른 신청서를 제출받은 경우에 담당공무원은 법인등기사항증명서를 제출받는 것에 갈음하여 그 내용을 「전자정부법」 제36조 제1항에 따른 행정정보의 공동이용을 통하여 확인하여야 한다.

③ 시·도지사는 제1항의 신청서를 접수한 때에는 15일 이내에 그 신청이 영 제14조 제1항의 규정에 의한 등록기준에 적합하다고 인정하는 때에는 별지 제37호 서식의 위험물탱크안전성능시험자등록증을 교부하고, 제1항의 규정에 의하여 제출된 기술인력자의 기술자격증에 그 기술인력자가 당해 탱크시험기관의 기술인력자임을 기재하여 교부하여야 한다.

제61조 [변경사항의 신고 등]

① 탱크시험자는 법 제16조 제3항의 규정에 의하여 다음 각 호의 1에 해당하는 중요사항을 변경한 경우에는 별지 제38호 서식의 신고서(전자문서로 된 신고서를 포함한다)에 다음 각 호의 구분에 따른 서류(전자문서를 포함한다)를 첨부하여 시·도지사에게 제출하여야 한다.

1. 영업소 소재지의 변경 : 사무소의 사용을 증명하는 서류와 위험물탱크안전성능시험자등록증
2. 기술능력의 변경 : 변경하는 기술인력의 자격증과 위험물탱크안전성능시험자등록증
3. 대표자의 변경 : 위험물탱크안전성능시험자등록증
4. 상호 또는 명칭의 변경 : 위험물탱크안전성능시험자등록증

② 제1항에 따른 신고서를 제출받은 경우에 담당공무원은 법인등기사항증명서를 제출받는 것에 갈음하여 그 내용을 「전자정부법」 제36조 제1항에 따른 행정정보의 공동이용을 통하여 확인하여야 한다.

③ 시·도지사는 제1항의 신고서를 수리한 때에는 등록증을 새로 교부하거나 제출된 등록증에 변경사항을 기재하여 교부하고, 기술자격증에는 그 변경된 사항을 기재하여 교부하여야 한다.

제62조 [등록의 취소 등]

① 법 제16조 제5항의 규정에 의한 탱크시험자의 등록취소 및 업무정지의 기준은 별표 2와 같다.

② 시·도지사는 법 제16조 제2항에 따라 탱크시험자의 등록을 받거나 법 제16조 제5항에 따라 등록의 취소 또는 업무의 정지를 한 때에는 이를 특별시·광역시·특별자치시·도 또는 특별자치도(이하 "시·도"라 한다)의 공보에 공고하여야 한다.

③ 시·도지사는 탱크시험자의 등록을 취소한 때에는 등록증을 회수하여야 한다.

51

「위험물안전관리법 시행규칙」상 탱크시험자의 변경사항 신고시 시·도지사에게 제출할 서류 중 잘못된 것은?

① 영업소 소재지의 변경 : 사무소의 사용을 증명하는 서류와 위험물탱크안전성능시험자등록증
② 기술능력의 변경 : 위험물탱크안전성능시험자등록증
③ 대표자의 변경 : 위험물탱크안전성능시험자등록증
④ 상호 또는 명칭의 변경 : 위험물탱크안전성능시험자등록증

정답 51. ②

4 예방규정(위험물안전관리법 제17조)

(1) 예방규정

① **대통령령**으로 정하는 제조소등의 관계인은 해당 제조소등의 화재예방과 화재 등 재해발생시의 비상조치를 위하여 **행정안전부령**으로 정하는 바에 따라 예방규정을 정하여 해당 제조소등의 **사용을 시작하기 전**에 **시·도지사**에게 제출하여야 한다. 예방규정을 변경한 때에도 또한 같다.(법 제17조 제1항)

> **행정형벌**
> **법 제36조 [벌칙]**
> 다음 각 호의 어느 하나에 해당하는 자는 <u>1천500만 원 이하의 벌금</u>에 처한다.
> 10. 제17조제1항 전단의 규정을 위반하여 예방규정을 제출하지 아니하거나 동조제2항의 규정에 따른 변경명령을 위반한 관계인으로서 제6조제1항의 규정에 따른 허가를 받은 자
>
> **행정형벌**
> **법 제37조 [벌칙]**
> 다음 각 호의 어느 하나에 해당하는 자는 <u>1천만 원 이하의 벌금</u>에 처한다.
> 3. 제17조제1항 후단의 규정을 위반하여 변경한 예방규정을 제출하지 아니한 관계인으로서 제6조제1항의 규정에 따른 허가를 받은 자

② 예방규정 작성대상(영 제15조) 〔기출〕 11, 13, 15, 16, 17, 18, 22, 23 공채 / 23 경채
- ㉠ 지정수량의 **10배 이상**의 위험물을 취급하는 **제조소**
- ㉡ 지정수량의 **100배 이상**의 위험물을 저장하는 **옥외저장소**
- ㉢ 지정수량의 **150배 이상**의 위험물을 저장하는 **옥내저장소**
- ㉣ 지정수량의 **200배 이상**의 위험물을 저장하는 **옥외탱크저장소**
- ㉤ **암반탱크저장소**
- ㉥ **이송취급소**
- ㉦ 지정수량의 **10배 이상**의 위험물을 취급하는 **일반취급소**. 다만, 제4류 위험물(특수인화물을 제외한다)만을 지정수량의 50배 이하로 취급하는 일반취급소(제1석유류·알코올류의 취급량이 지정수량의 10배 이하인 경우에 한한다)로서 다음 각목의 어느 하나에 해당하는 것을 제외한다.
  - ⓐ 보일러·버너 또는 이와 비슷한 것으로서 위험물을 소비하는 장치로 이루어진 일반취급소
  - ⓑ 위험물을 용기에 옮겨 담거나 차량에 고정된 탱크에 주입하는 일반취급소

52
「위험물안전관리법 시행령」상 관계인이 예방규정을 정하여야 하는 제조소등이 아닌 것은?
① 옥내저장소 - 지정수량 100배 이상
② 옥외탱크저장소 - 지정수량 200배 이상
③ 제조소, 일반취급소 - 지정수량 10배 이상
④ 이송취급소, 암반탱크저장소

53
「위험물안전관리법 시행령」상 관계인이 예방규정을 정해야 하는 제조소등의 기준으로 틀린 것은?
① 지정수량 10배 이상의 일반취급소
② 지정수량 100배 이상의 옥외저장소
③ 지정수량 150배 이상의 옥외탱크저장소
④ 암반탱크저장소

54
「위험물안전관리법 시행령」상 관계인이 예방규정을 정하여야 하는 제조소등으로 옳지 않은 것은?
• 18. 하반기
① 지정수량의 10배 이상의 위험물을 취급하는 제조소
② 지정수량의 50배 이상의 위험물을 저장하는 옥외저장소
③ 지정수량의 150배 이상의 위험물을 저장하는 옥내저장소
④ 암반탱크저장소

암기법
10제 10취 100외
150내 200탱 암탱이

정답 52.① 53.③ 54.②

③ 시·도지사는 제출한 예방규정이 기준에 적합하지 아니하거나 화재예방이나 재해발생시의 비상조치를 위하여 필요하다고 인정하는 때에는 이를 **반려**하거나 그 **변경**을 명할 수 있다.(법 제17조 제2항)
④ 제조소등의 관계인과 그 종업원은 예방규정을 충분히 잘 익히고 준수하여야 한다. (법 제17조 제3항)

> **행정질서벌**
>
> **법 제39조 [과태료]**
> ① 다음 각 호의 어느 하나에 해당하는 자에게는 <u>500만 원 이하의 과태료</u>를 부과한다.
> 6의2. 제17조제3항을 위반하여 예방규정을 준수하지 아니한 자
>   (1차 : 250, 2차 : 400, 3차 : 500)

⑤ 예방규정은 「산업안전보건법」에 따른 안전보건관리규정과 통합하여 작성할 수 있다.(규칙 제63조 제2항)
⑥ 예방규정을 정하여야 하는 제조소등의 관계인은 예방규정을 제정하거나 변경한 경우에는 예방규정제출서에 제정 또는 변경한 예방규정 1부를 첨부하여 **시·도지사 또는 소방서장**에게 제출하여야 한다.(규칙 제63조 제3항)
⑦ **소방청장**은 **대통령령**으로 정하는 제조소등에 대하여 **행정안전부령**으로 정하는 바에 따라 예방규정의 이행 실태를 정기적으로 평가할 수 있다. (법 제17조 제4항)

55
「위험물안전관리법 시행규칙」상 관계인이 예방규정을 정하여야 하는 제조소등에 대한 기준이다. ( ) 안에 들어갈 내용으로 옳은 것은? • 22. 공채

- 지정수량의 (ㄱ)배 이상의 위험물을 취급하는 제조소
- 지정수량의 (ㄴ)배 이상의 위험물을 저장하는 옥내저장소
- 지정수량의 (ㄷ)배 이상의 위험물을 저장하는 옥외저장소
- 지정수량의 (ㄹ)배 이상의 위험물을 저장하는 옥외탱크저장소

ㄱ	ㄴ	ㄷ	ㄹ
① 10,	150,	100,	200
② 50,	150,	100,	200
③ 10,	100,	150,	200
④ 50,	100,	150,	250

56
「위험물안전관리법」 및 같은 법 시행령상 관계인이 예방규정을 정하여야 하는 제조소등에 해당하지 않는 것은?
• 23. 공채 / • 23. 경채

① 4,000L의 알코올류를 취급하는 제조소
② 30,000kg의 황을 저장하는 옥외저장소
③ 2,500kg의 질산에스터류를 저장하는 옥내저장소
④ 150,000L의 경유를 저장하는 옥외탱크저장소

57
「위험물안전관리법 시행규칙」상 예방규정의 작성시 잘못된 것은?

① 안전관리자가 여행·질병 등으로 인하여 그 직무를 수행할 수 없을 경우 그 직무의 대리자에 관한 사항
② 자체 소방대를 설치하여야 하는 경우에는 자체 소방대의 편성과 화학소방자동차의 배치에 관한 사항
③ 위험물의 안전에 관계된 작업에 종사하는 자에 대한 일과에 관한 사항
④ 위험물의 안전에 관한 기록에 관한 사항

정답 55. ① 56. ④ 57. ③

> **관련법규**

위험물안전관리법 시행규칙

제63조 [예방규정의 작성 등]

① 법 제17조제1항에 따라 영 제15조 각 호의 어느 하나에 해당하는 제조소등의 관계인은 다음 각 호의 사항이 포함된 예방규정을 작성하여야 한다.
1. 위험물의 안전관리업무를 담당하는 자의 직무 및 조직에 관한 사항
2. 안전관리자가 여행·질병 등으로 인하여 그 직무를 수행할 수 없을 경우 그 직무의 대리자에 관한 사항
3. 영 제18조의 규정에 의하여 자체소방대를 설치하여야 하는 경우에는 자체소방대의 편성과 화학소방자동차의 배치에 관한 사항
4. 위험물의 안전에 관계된 작업에 종사하는 자에 대한 안전교육 및 훈련에 관한 사항
5. 위험물시설 및 작업장에 대한 안전순찰에 관한 사항
6. 위험물시설·소방시설 그 밖의 관련시설에 대한 점검 및 정비에 관한 사항
7. 위험물시설의 운전 또는 조작에 관한 사항
8. 위험물 취급작업의 기준에 관한 사항
9. 이송취급소에 있어서는 배관공사 현장책임자의 조건 등 배관공사 현장에 대한 감독체제에 관한 사항과 배관주위에 있는 이송취급소 시설 외의 공사를 하는 경우 배관의 안전확보에 관한 사항
10. 재난 그 밖의 비상시의 경우에 취하여야 하는 조치에 관한 사항
11. 위험물의 안전에 관한 기록에 관한 사항
12. 제조소등의 위치·구조 및 설비를 명시한 서류와 도면의 정비에 관한 사항
13. 그 밖에 위험물의 안전관리에 관하여 필요한 사항

② 예방규정은 「산업안전보건법」 제25조에 따른 안전보건관리규정과 통합하여 작성할 수 있다.

③ 영 제15조 각 호의 어느 하나에 해당하는 제조소등의 관계인은 예방규정을 제정하거나 변경한 경우에는 별지 제39호서식의 예방규정제출서에 제정 또는 변경한 예방규정 1부를 첨부하여 시·도지사 또는 소방서장에게 제출하여야 한다.

5 정기점검 및 정기검사(위험물안전관리법 제18조)

(1) 정기점검

① **점검의무자**는 제조소등의 **관계인**이다.(법 제18조 제1항)

② 규정에 따른 기술기준에 적합한지의 여부를 정기적으로 점검하고 점검결과를 기록하여 보존하여야 한다.(법 제18조 제1항)

행정형벌

법 제35조 [벌칙]

다음 각 호의 어느 하나에 해당하는 자는 <u>1년 이하의 징역 또는 1천만 원 이하의 벌금</u>에 처한다.

4. 제18조제1항의 규정을 위반하여 정기점검을 하지 아니하거나 점검기록을 허위로 작성한 관계인으로서 제6조제1항의 규정에 따른 허가를 받은 자

행정질서벌

법 제39조 [과태료]

① 다음 각 호의 어느 하나에 해당하는 자에게는 <u>500만 원 이하의 과태료</u>를 부과한다.

7. 제18조제1항의 규정을 위반하여 점검결과를 기록·보존하지 아니한 자
(1차 : 250, 2차 : 400, 3차 : 500)

---

③ 정기점검의 결과 제출

정기점검을 한 제조소등의 관계인은 점검을 한 날부터 **30일 이내**에 점검결과를 **시·도지사**에게 제출하여야 한다.(법 제18조 제2항)

행정질서벌

법 제39조 [과태료]

① 다음 각 호의 어느 하나에 해당하는 자에게는 <u>500만 원 이하의 과태료</u>를 부과한다.

7의2. 제18조제2항을 위반하여 기간 이내에 점검결과를 제출하지 아니한 자 (250, 400, 500)

---

④ 정기점검의 횟수 : **연 1회 이상** 정기점검을 실시하여야 한다.(규칙 제64조)

---

58 「위험물안전관리법」상 정기점검의무자는 누가인가?
① 관계인
② 소방본부장 또는 소방서장
③ 시·도지사
④ 소방청장

59 「위험물안전관리법 시행령」상 정기점검 대상인 것은?
① 지하탱크저장소
② 옥외저장소
③ 옥내저장소
④ 옥외탱크저장소

60 「위험물안전관리법 시행규칙」상 제조소등의 관계인은 당해 제조소등에 대하여 몇 회 이상 정기점검을 실시하여야 하는가?
① 연 1회
② 연 2회
③ 월 1회
④ 월 2회

위반행위	과태료 금액
제출기한(점검일의 다음날을 기산일로 하여 30일이 되는 날)의 다음날을 기산일로 하여 30일 이내에 제출한 경우	250
제출기한(점검일의 다음날을 기산일로 하여 30일이 되는 날)의 다음날을 기산일로 하여 31일 이후에 제출한 경우	400
제출하지 않은 경우	500

정답 58. ① 59. ① 60. ①

⑤ 정기점검의 대상(영 제16조)
  ㉠ **예방규정**을 정해야 하는 제조소등
    ⓐ 지정수량의 **10배 이상**의 위험물을 취급하는 **제조소**
    ⓑ 지정수량의 **100배 이상**의 위험물을 저장하는 **옥외저장소**
    ⓒ 지정수량의 **150배 이상**의 위험물을 저장하는 **옥내저장소**
    ⓓ 지정수량의 **200배 이상**의 위험물을 저장하는 **옥외탱크저장소**
    ⓔ **암반탱크저장소**
    ⓕ **이송취급소**
    ⓖ 지정수량의 **10배 이상**의 위험물을 취급하는 **일반취급소**. 다만, 제4류 위험물(특수인화물을 제외한다)만을 지정수량의 50배 이하로 취급하는 일반취급소(제1석유류·알코올류의 취급량이 지정수량의 10배 이하인 경우에 한한다)로서 다음 각목의 어느 하나에 해당하는 것을 제외한다.
      1. 보일러·버너 또는 이와 비슷한 것으로서 위험물을 소비하는 장치로 이루어진 일반취급소
      2. 위험물을 용기에 옮겨 담거나 차량에 고정된 탱크에 주입하는 일반취급소
  ㉡ **지하**탱크저장소
  ㉢ **이동**탱크저장소
  ㉣ 위험물을 취급하는 탱크로서 **지하**에 매설된 탱크가 있는 **제**조소·**주**유취급소 또는 일반취급소

⑥ 특정·준특정옥외탱크저장소의 구조안전점검 (규칙 제65조 제1항)

· 특정옥외탱크저장소	액체위험물의 최대수량이 100만ℓ 이상의 것
· 준특정옥외탱크저장소	액체위험물의 최대수량이 50만ℓ 이상 100만ℓ 미만의 것

  ㉠ 구조안전점검
    옥외탱크저장소 중 저장 또는 취급하는 액체위험물의 최대수량이 **50만 리터 이상**인 것에 대하여 정기점검 외의 다음 각 호에 어느 하나에 해당하는 기간 이내에 **1회 이상 구조안전점검을 실시하여야 한다**.(규칙 제65조 제1항)
      ⓐ 특정·준특정옥외탱크저장소의 설치허가에 따른 완공검사합격확인증을 발급받은 날부터 **12년**
      ⓑ 최근의 정밀정기검사를 받은 날부터 **11년**
      ⓒ 특정·준특정옥외저장탱크에 안전조치를 한 후 구조안전점검시기 연장 신청을 하여 해당 안전조치가 적정한 것으로 인정받은 경우, 최근의 정밀 정기검사를 받은 날부터 **13년**

🔖 **암기법**
예방규정 + easy~ 제주

㉡ 구조안전점검의 연장신청

　구조안전점검의 실시가 곤란한 경우에는 관할소방서장에게 연장신청을 할 수 있으며, 그 신청을 받은 소방서장은 **1년**의 범위에서 실시기간을 연장할 수 있다.(규칙 제65조 제1항)

⑦ 특정·준특정옥외저장탱크의 안전조치 (규칙 제65조 제2항)

　㉠ 특정·준특정옥외저장탱크의 **부식방지 등을 위한 조치**

　　ⓐ 특정·준특정옥외저장탱크의 내부의 부식을 방지하기 위한 코팅[유리입자(글래스플레이크)코팅 또는 유리섬유강화플라스틱 라이닝(lining: 침식 및 부식 방지를 위해 재료의 접촉면에 약품재 등을 대는 일)에 한한다] 또는 이와 동등 이상의 조치

　　ⓑ 특정·준특정옥외저장탱크의 애뉼러 판(annular plate) 및 밑판 외면의 부식을 방지하는 조치

　　ⓒ 특정·준특정옥외저장탱크의 애뉼러 판 및 밑판의 두께가 적정하게 유지되도록 하는 조치

　　ⓓ 특정·준특정옥외저장탱크에 구조상의 영향을 줄 우려가 있는 보수를 하지 아니하거나 변형이 없도록 하는 조치

　　ⓔ 구조물이 현저히 불균형하게 가라앉는 현상(이하 "부등침하"라 한다)이 없도록 하는 조치

　　ⓕ 지반이 충분한 지지력을 확보하는 동시에 침하에 대하여 충분한 안전성을 확보하는 조치

　　ⓖ 특정·준특정옥외저장탱크의 유지관리체제의 적정 유지

　㉡ 위험물의 **저장관리 등에 관한 조치**

　　ⓐ 부식의 발생에 영향을 주는 물 등의 성분의 적절한 관리

　　ⓑ 특정·준특정옥외저장탱크에 대하여 현저한 부식성이 있는 위험물을 저장하지 아니하도록 하는 조치

　　ⓒ 부식의 발생에 현저한 영향을 미치는 저장조건의 변경을 하지 아니하도록 하는 조치

　　ⓓ 특정·준특정옥외저장탱크의 애뉼러 판 및 밑판의 부식율(애뉼러 판 및 밑판이 부식에 의하여 감소한 값을 판의 경과연수로 나누어 얻은 값)이 연간 0.05밀리미터 이하일 것

　　ⓔ 특정·준특정옥외저장탱크의 애뉼러 판 및 밑판 외면의 부식을 방지하는 조치

　　ⓕ 특정·준특정옥외저장탱크의 애뉼러 판 및 밑판의 두께가 적정하게 유지되도록 하는 조치

ⓖ 특정·준특정옥외저장탱크에 구조상의 영향을 줄 우려가 있는 보수를 하지 아니하거나 변형이 없도록 하는 조치

ⓗ 현저한 부등침하가 없도록 하는 조치

ⓘ 지반이 충분한 지지력을 확보하는 동시에 침하에 대하여 충분한 안전성을 확보하는 조치

ⓙ 특정·준특정옥외저장탱크의 유지관리체제의 적정 유지

⑧ 정기점검의 내용 등(규칙 제66조)

제조소등의 위치·구조 및 설비가 기술기준에 적합한지를 점검하는데 필요한 정기점검의 내용·방법 등에 관한 기술상의 기준과 그 밖의 점검에 관하여 필요한 사항은 소방청장이 정하여 고시한다.

⑨ 정기점검의 실시자(규칙 제67조)

㉠ 실시자 :

- **안전관리자, 위험물운송자**(이동탱크저장소) - 하여야 한다.
- **안전관리대행기관, 탱크시험자** - 할 수 있다.

제조소등의 **관계인**은 당해 제조소등의 정기점검을 **안전관리자** 또는 **위험물운송자**(이동탱크저장소의 경우에 한한다)로 하여금 실시하도록 하여야 한다. 이 경우 옥외탱크저장소에 대한 구조안전점검을 위험물안전관리자가 직접 실시하는 경우에는 점검에 필요한 인력 및 장비를 갖춘 후 이를 **실시하여야 한다**.

㉡ ㉠에도 불구하고 제조소등의 관계인은 **안전관리대행기관**(특정·준특정옥외탱크저장소의 정기점검은 제외한다) 또는 **탱크시험자**에게 정기점검을 의뢰하여 **실시할 수 있다**. 이 경우 해당 제조소등의 **안전관리자**는 안전관리대행기관 또는 탱크시험자의 점검현장에 **참관해야 한다**.

⑩ 정기점검의 기록·유지(규칙 제68조)

㉠ 정기점검 기록 사항

ⓐ 점검을 실시한 제조소등의 명칭

ⓑ 점검의 방법 및 결과

ⓒ 점검연월일

ⓓ 점검을 한 안전관리자 또는 점검을 한 탱크시험자와 점검에 참관한 안전관리자의 성명

㉡ 정기점검 기록 보존기간

ⓐ 옥외저장탱크의 구조안전점검에 관한 기록 : **25년**(특정·준특정옥외저장탱크에 안전조치를 한 후 구조안전점검시기 연장신청을 하여 해당 안전조치가 적정한 것으로 인정받은 경우에는 **30년**)

ⓑ ⓐ에 해당하지 아니하는 정기점검의 기록 : **3년**

⑪ 정기점검의 의뢰 등(규칙 제69조)
  ㉠ 제조소등의 **관계인**은 정기점검을 **탱크시험자**에게 실시하게 하는 경우에는 **정기점검의뢰서**를 탱크시험자에게 제출하여야 한다.
  ㉡ 탱크시험자는 정기점검을 실시한 결과 그 탱크 등의 유지관리상황이 적합하다고 인정되는 때에는 점검을 완료한 날부터 **10일** 이내에 **정기점검결과서**에 **위험물탱크안전성능시험자등록증 사본** 및 **시험성적서**를 첨부하여 제조소등의 **관계인**에게 교부하고, 적합하지 아니한 경우에는 개선하여야 하는 사항을 통보하여야 한다.
  ㉢ 개선하여야 하는 사항을 통보 받은 제조소등의 **관계인**은 이를 개선한 후 다시 점검을 의뢰하여야 한다. 이 경우 탱크시험자는 정기점검결과서에 개선하게 한 사항(탱크시험자가 직접 보수한 경우에는 그 보수한 사항을 포함한다)을 기재하여야 한다.
  ㉣ **탱크시험자**는 정기점검결과서를 교부한 때에는 그 내용을 정기점검대장에 기록하고 이를 ⑩의㉡ 규정에 의한 기간동안 보관하여야 한다.

(2) 정기검사
  ① 정기검사자 : **소방본부장** 또는 **소방서장** (법 제18조 제3항)
    정기점검의 대상이 되는 제조소등의 관계인 가운데 대통령령으로 정하는 제조소등의 관계인은 행정안전부령으로 정하는 바에 따라 **소방본부장 또는 소방서장**으로부터 해당 제조소등이 기술기준에 적합하게 유지되고 있는지의 여부에 대하여 정기적으로 검사를 받아야 한다.

> **행정형벌**
> **제35조 [벌칙]**
> 다음 각 호의 어느 하나에 해당하는 자는 <u>1년 이하의 징역 또는 1천만 원 이하의 벌금</u>에 처한다.
> 5. 제18조제3항을 위반하여 정기검사를 받지 아니한 관계인으로서 제6조제1항에 따른 허가를 받은 자

  ② 정기검사의 대상 : 액체위험물을 저장 또는 취급하는 **50만 리터 이상**의 옥외탱크저장소(영 제17조)
  ③ 정기검사 시기(규칙 제70조)
    ㉠ **정밀정기검사** : 다음 각 목의 어느 하나에 해당하는 기간 내에 1회
      ⓐ 특정・준특정옥외탱크저장소의 설치허가에 따른 완공검사합격확인증을 발급받은 날부터 **12년**
      ⓑ 최근의 정밀정기검사를 받은 날부터 **11년**

61
「위험물안전관리법」상 정기점검 및 정기검사를 각각 누가 해야 하는가?
① 정기점검: 소방본부장, 소방서장
  정기검사: 관계인
② 정기점검: 소방본부장, 소방서장
  정기검사: 시・도지사
③ 정기점검: 관계인
  정기검사: 소방본부장, 소방서장
④ 정기점검: 시・도지사
  정기검사: 소방본부장

정답 61. ③

ⓛ **중간정기검사** : 다음 각 목의 어느 하나에 해당하는 기간 내에 1회
  ⓐ 특정·준특정옥외탱크저장소의 설치허가에 따른 완공검사합격확인증을 발급받은 날부터 **4년**
  ⓑ 최근의 정밀정기검사 또는 중간정기검사를 받은 날부터 **4년**

④ 정기검사의 신청 등(규칙 제71조)
  ㉠ 첨부서류
    정기검사를 받아야 하는 특정·준특정옥외탱크저장소의 관계인은 신청서(전자문서로 된 신청서를 포함한다)에 다음 각 호의 서류(전자문서를 포함한다)를 첨부하여 기술원에 제출하고 수수료를 기술원에 납부해야 한다. 다만, ⓑ 및 ⓓ의 서류는 정기검사를 실시하는 때에 제출할 수 있다.
    ⓐ **구**조설비명세표
    ⓑ 제조소등의 위치·구조 및 설비에 관한 **도**면
    ⓒ **완**공검사합격확인증
    ⓓ 밑**판**, 옆판, 지붕판 및 개구부의 보수이력에 관한 서류

  ㉡ 기간 이내에 구조안전점검을 받으려는 자는 신청서(전자문서로 된 신청서를 포함한다)를 ㉠ 외의 부분 본문에 따라 정기검사를 신청하는 때에 함께 **기술원**에 제출해야 한다.

  ㉢ 정기검사 시기를 변경하려는 자는 신청서(전자문서로 된 신청서를 포함한다)에 정기검사 시기의 변경을 필요로 하는 사유를 기재한 서류(전자문서를 포함한다)를 첨부하여 소방서장에게 제출해야 한다.

  ㉣ 기술원은 소방청장이 정하여 고시하는 기준에 따라 정기검사를 실시한 결과 다음 각 호의 구분에 따른 사항이 적합하다고 인정되면 검사종료일부터 **10일** 이내에 정기검사합격확인증을 관계인에게 발급하고, 그 결과보고서를 작성하여 소방서장에게 제출해야 한다.
    ⓐ **정밀정기검사** 대상인 경우 : 특정·준특정옥외저장탱크에 대한 다음 각 목의 사항
      가. **수**직도·수평도에 관한 사항(지중탱크에 대한 것은 제외한다)
      나. **밑**판(지중탱크의 경우에는 누액방지판을 말한다)의 두께에 관한 사항
      다. **용**접부에 관한 사항
      라. **구**조·설비의 외관에 관한 사항
    ⓑ **중간정기검사** 대상인 경우: 특정·준특정옥외저장탱크의 구조·설비의 외관에 관한 사항

  ㉤ 기술원은 정기검사를 실시한 결과 부적합한 경우에는 개선해야 하는 사항을 **신청자 및 소방서장**에게 통보하고 개선할 사항을 통보받은 관계인은 개선을 완료한 후 신청서를 **기술원**에 다시 제출해야 한다.

ⓑ 정기검사를 받은 제조소등의 관계인과 정기검사를 실시한 기술원은 정기검사합격확인증 등 정기검사에 관한 서류를 해당 제조소등에 대한 **차기 정기검사시**까지 **보관**해야 한다.

⑤ 정기검사의 방법 등(규칙 제72조)

㉠ 정기검사는 특정·준특정옥외탱크저장소의 위치·구조 및 설비의 특성을 고려하여 안전성 확인에 적합한 검사방법으로 실시해야 한다.

㉡ 특정·준특정옥외탱크저장소의 관계인이 구조안전점검 시에 정밀정기검사 대상 항목에 따른 사항을 미리 점검한 후에 정밀정기검사를 신청하는 때에는 그 사항에 대한 정밀정기검사는 전체의 검사범위 중 임의의 부위를 발췌하여 검사하는 방법으로 실시한다.

㉢ 특정옥외탱크저장소의 변경허가에 따른 탱크안전성능검사를 하는 때에 정밀정기검사를 같이 실시하는 경우 검사범위가 중복되면 해당 검사범위에 대한 어느 하나의 검사를 생략한다.

㉣ ㉠부터 ㉢까지의 규정에 따른 검사방법과 판정기준 그 밖의 정기검사의 실시에 관하여 필요한 사항은 **소방청장**이 정하여 고시한다.

62
「위험물안전관리법 시행령」상 정기점검 대상인 저장소로 옳지 않은 것은? • 21. 공채

① 옥내탱크저장소
② 지하탱크저장소
③ 이동탱크저장소
④ 암반탱크저장소

63
「위험물안전관리법 시행규칙」상 특정·준특정옥외탱크저장소의 정기점검 중 틀린 것은?

① 최근의 정밀정기검사를 받은 날부터 11년
② 특정·준특정옥외탱크저장소의 설치허가에 따른 완공검사합격확인증을 발급받은 날부터 12년
③ 특정·준특정옥외저장탱크에 안전조치를 한 후 규정에 따라 구조안전점검시기 연장신청을 하여 당해 안전조치가 적정한 것으로 인정받은 경우에는 최근의 정밀정기검사를 받은 날부터 13년
④ 당해 기간 이내에 특정·준특정옥외저장탱크의 사용 중단 등으로 구조안전점검을 실시하기가 곤란한 경우에는 관할소방서장에게 구조안전점검의 실시기간 연장신청을 할 수 있으며, 그 신청을 받은 소방서장은 2년(특정·준특정옥외저장탱크의 사용을 중지한 경우에는 사용중지기간)의 범위 내에서 당해 기간을 연장할 수 있다.

정답 62. ① 63. ④

관련법규

위험물안전관리법 시행령

제16조 【정기점검의 대상인 제조소등】 기출 17, 21 공채

법 제18조 제1항에서 "대통령령이 정하는 제조소등"이라 함은 다음 각 호의 1에 해당하는 제조소등을 말한다.

1. 제15조 각 호의 1에 해당하는 제조소등
2. 지하탱크저장소
3. 이동탱크저장소
4. 위험물을 취급하는 탱크로서 지하에 매설된 탱크가 있는 제조소·주유취급소 또는 일반취급소

제17조 【정기검사의 대상인 제조소등】

법 제18조 제3항에서 "대통령령이 정하는 제조소등"이란 액체위험물을 저장 또는 취급하는 50만 리터 이상의 옥외탱크저장소를 말한다.

위험물안전관리법 시행규칙

제64조 【정기점검의 횟수】

법 제18조 제1항의 규정에 의하여 제조소등의 관계인은 당해 제조소등에 대하여 연 1회 이상 정기점검을 실시하여야 한다.

제65조 【특정·준특정옥외탱크저장소의 정기점검】

① 법 제18조제1항에 따라 옥외탱크저장소 중 저장 또는 취급하는 액체위험물의 최대수량이 50만 리터 이상인 것(이하 "특정·준특정옥외탱크저장소"라 한다)에 대해서는 제64조에 따른 정기점검 외에 다음 각 호의 어느 하나에 해당하는 기간 이내에 1회 이상 특정·준특정옥외저장탱크(특정·준특정옥외탱크저장소의 탱크)의 구조 등에 관한 안전점검(이하 "구조안전점검"이라 한다)을 해야 한다. 다만, 해당 기간 이내에 특정·준특정옥외저장탱크의 사용중단 등으로 구조안전점검을 실시하기가 곤란한 경우에는 별지 제39호의2서식에 따라 관할소방서장에게 구조안전점검의 실시기간 연장신청(전자문서에 의한 신청을 포함한다)을 할 수 있으며, 그 신청을 받은 소방서장은 1년(특정·준특정옥외저장탱크의 사용을 중지한 경우에는 사용중지기간)의 범위에서 실시기간을 연장할 수 있다.

1. 특정·준특정옥외탱크저장소의 설치허가에 따른 완공검사합격확인증을 발급받은 날부터 12년
2. 제70조제1항제1호에 따른 최근의 정밀정기검사를 받은 날부터 11년
3. 제2항에 따라 특정·준특정옥외저장탱크에 안전조치를 한 후 제71조제2항에 따라 구조안전점검시기 연장신청을 하여 해당 안전조치가 적정한 것으로 인정받은 경우에는 제70조제1항제1호에 따른 최근의 정밀정기검사를 받은 날부터 13년

② 제1항 제3호에 따른 특정·준특정옥외저장탱크의 안전조치는 특정·준특정옥외저장탱크의 부식 등에 대한 안전성을 확보하는 데 필요한 다음 각 호의 어느 하나의 조치로 한다.

1. 특정·준특정옥외저장탱크의 부식방지 등을 위한 다음 각 목의 조치
   가. 특정·준특정옥외저장탱크의 내부의 부식을 방지하기 위한 코팅[유리입자(글래스플레이크)코팅 또는 유리섬유강화플라스틱 라이닝(lining: 침식 및 부식 방지를 위해 재료의 접촉면에 약품재 등을 대는 일)에 한한다] 또는 이와 동등 이상의 조치
   나. 특정·준특정옥외저장탱크의 애뉼러 판(annular plate) 및 밑판 외면의 부식을 방지하는 조치
   다. 특정·준특정옥외저장탱크의 애뉼러 판 및 밑판의 두께가 적정하게 유지되도록 하는 조치
   라. 특정·준특정옥외저장탱크에 구조상의 영향을 줄 우려가 있는 보수를 하지 아니하거나 변형이 없도록 하는 조치
   마. 구조물이 현저히 불균형하게 가라앉는 현상(이하 "부등침하"라 한다)이 없도록 하는 조치
   바. 지반이 충분한 지지력을 확보하는 동시에 침하에 대하여 충분한 안전성을 확보하는 조치
   사. 특정·준특정옥외저장탱크의 유지관리체제의 적정 유지
2. 위험물의 저장관리 등에 관한 다음 각목의 조치
   가. 부식의 발생에 영향을 주는 물 등의 성분의 적절한 관리
   나. 특정·준특정옥외저장탱크에 대하여 현저한 부식성이 있는 위험물을 저장하지 아니하도록 하는 조치
   다. 부식의 발생에 현저한 영향을 미치는 저장조건의 변경을 하지 아니하도록 하는 조치
   라. 특정·준특정옥외저장탱크의 에뉼러 판 및 밑판의 부식율(에뉼러 판 및 밑판이 부식에 의하여 감소한 값을 판의 경과연수로 나누어 얻은 값)이 연간 0.05밀리미터 이하일 것
   마. 특정·준특정옥외저장탱크의 에뉼러 판 및 밑판 외면의 부식을 방지하는 조치
   바. 특정·준특정옥외저장탱크의 에뉼러 판 및 밑판의 두께가 적정하게 유지되도록 하는 조치
   사. 특정·준특정옥외저장탱크에 구조상의 영향을 줄 우려가 있는 보수를 하지 아니하거나 변형이 없도록 하는 조치
   아. 현저한 부등침하가 없도록 하는 조치
   자. 지반이 충분한 지지력을 확보하는 동시에 침하에 대하여 충분한 안전성을 확보하는 조치
   차. 특정·준특정옥외저장탱크의 유지관리체제의 적정 유지
③ 제1항제3호의 규정에 의한 신청은 별지 제40호서식 또는 별지 제41호서식의 신청서에 의한다.

제66조 [정기점검의 내용 등]
제조소등의 위치·구조 및 설비가 법 제5조 제4항의 기술기준에 적합한지를 점검하는 데 필요한 정기점검의 내용·방법 등에 관한 기술상의 기준과 그 밖의 점검에 관하여 필요한 사항은 소방청장이 정하여 고시한다.

64
「위험물안전관리법 시행규칙」상 특정·준특정옥외저장탱크의 위험물 저장관리 등에 관한 사항 중 틀린 것은?
① 부식의 발생에 영향을 주는 물 등의 성분의 적절한 관리
② 부식의 발생에 현저한 영향을 미치는 저장조건의 변경을 하지 아니하도록 하는 조치
③ 특정·준특정옥외저장탱크의 에뉼러 판 및 측면판의 부식을 방지하는 조치
④ 현저한 부등침하가 없도록 하는 조치

65
「위험물안전관리법 시행규칙」상 ( )에 들어갈 알맞은 말은?

제조소등의 위치·구조 및 설비가 기술기준에 적합한지를 점검하는데 필요한 정기점검의 내용·방법 등에 관한 기술상의 기준과 그 밖의 점검에 관하여 필요한 사항은 ( )이 정하여 고시한다.

① 소방청장
② 소방본부장
③ 시·도지사
④ 소방서장

정답 64. ③ 65. ①

66

「위험물안전관리법 시행규칙」상 정기점검의 기록·유지에 관한 사항 중 틀린 것은?

① 저장했던 위험물의 종류와 수량
② 점검을 실시한 제조소등의 명칭
③ 점검의 방법 및 결과
④ 점검을 한 안전관리자 또는 점검을 한 탱크시험자와 점검에 참관한 안전관리자의 성명

67

「위험물안전관리법 시행규칙」상 괄호 안에 들어갈 숫자를 순서대로 나열한 것은?

"옥외저장탱크의 구조안전점검에 관한 기록 : ( )년(규정한 기간의 적용을 받는 경우에는 ( )년), 이에 해당하지 아니하는 정기점검의 기록 : ( )년"

① 20, 25, 5
② 25, 30, 5
③ 20, 25, 3
④ 25, 30, 3

제67조 【정기점검의 실시자】

① 제조소등의 관계인은 법 제18조 제1항의 규정에 의하여 당해 제조소등의 정기점검을 안전관리자(제65조의 규정에 의한 정기점검에 있어서는 제66조의 규정에 의하여 소방청장이 정하여 고시하는 점검 방법에 관한 지식 및 기능이 있는 자에 한한다) 또는 위험물운송자(이동탱크저장소의 경우에 한한다)로 하여금 실시하도록 하여야 한다. 이 경우 옥외탱크저장소에 대한 구조안전점검을 위험물안전관리자가 직접 실시하는 경우에는 점검에 필요한 영 별표 7의 인력 및 장비를 갖춘 후 이를 실시하여야 한다.

② 제1항에도 불구하고 제조소등의 관계인은 안전관리대행기관(제65조에 따른 특정·준특정옥외탱크저장소의 정기점검은 제외한다) 또는 탱크시험자에게 정기점검을 의뢰하여 실시할 수 있다. 이 경우 해당 제조소등의 안전관리자는 안전관리대행기관 또는 탱크시험자의 점검현장에 참관해야 한다.

제68조 【정기점검의 기록·유지】

① 법 제18조 제1항에 따른 제조소등의 관계인은 정기점검 후 다음 각 호의 사항을 기록해야 한다.
  1. 점검을 실시한 제조소등의 명칭
  2. 점검의 방법 및 결과
  3. 점검연월일
  4. 점검을 한 안전관리자 또는 점검을 한 탱크시험자와 점검에 참관한 안전관리자의 성명

② 제1항의 규정에 의한 정기점검기록은 다음 각 호의 구분에 의한 기간 동안 이를 보존하여야 한다.
  1. 제65조 제1항의 규정에 의한 옥외저장탱크의 구조안전점검에 관한 기록 : 25년(동항 제3호에 규정한 기간의 적용을 받는 경우에는 30년)
  2. 제1호에 해당하지 아니하는 정기점검의 기록 : 3년

제69조 【정기점검의 의뢰 등】

① 제조소등의 관계인은 법 제18조 제1항의 정기점검을 제67조 제2항의 규정에 의하여 탱크시험자에게 실시하게 하는 경우에는 별지 제42호 서식의 정기점검의뢰서를 탱크시험자에게 제출하여야 한다.

② 탱크시험자는 정기점검을 실시한 결과 그 탱크 등의 유지관리상황이 적합하다고 인정되는 때에는 점검을 완료한 날부터 10일 이내에 별지 제43호 서식의 정기점검결과서에 위험물탱크안전성능시험자등록증 사본 및 시험성적서를 첨부하여 제조소등의 관계인에게 교부하고, 적합하지 아니한 경우에는 개선하여야 하는 사항을 통보하여야 한다.

③ 제2항의 규정에 의하여 개선하여야 하는 사항을 통보 받은 제조소등의 관계인은 이를 개선한 후 다시 점검을 의뢰하여야 한다. 이 경우 탱크시험자는 정기점검결과서에 개선하게 한 사항(탱크시험자가 직접 보수한 경우에는 그 보수한 사항을 포함한다)을 기재하여야 한다.

④ 탱크시험자는 제2항의 규정에 의한 정기점검결과서를 교부한 때에는 그 내용을 정기점검대장에 기록하고 이를 제68조 제2항 각 호의 규정에 의한 기간 동안 보관하여야 한다.

정답 66. ① 67. ④

제70조 [정기검사의 시기]

① 법 제18조제3항에 따른 정기검사(이하 "정기검사"라 한다)를 받아야 하는 특정·준특정 옥외탱크저장소의 관계인은 다음 각 호의 구분에 따라 정밀정기검사 및 중간정기검사를 받아야 한다. 다만, 재난 그 밖의 비상사태의 발생, 안전유지상의 필요 또는 사용상황 등의 변경으로 해당 시기에 정기검사를 실시하는 것이 적당하지 않다고 인정되는 때에는 소방서장의 직권 또는 관계인의 신청에 따라 소방서장이 따로 지정하는 시기에 정기검사를 받을 수 있다.

 1. 정밀정기검사 : 다음 각 목의 어느 하나에 해당하는 기간 내에 1회
    가. 특정·준특정옥외탱크저장소의 설치허가에 따른 완공검사합격확인증을 발급받은 날부터 12년
    나. 최근의 정밀정기검사를 받은 날부터 11년
 2. 중간정기검사 : 다음 각 목의 어느 하나에 해당하는 기간 내에 1회
    가. 특정·준특정옥외탱크저장소의 설치허가에 따른 완공검사합격확인증을 발급받은 날부터 4년
    나. 최근의 정밀정기검사 또는 중간정기검사를 받은 날부터 4년

② 삭제 〈2009. 3. 17.〉

③ 제1항제1호에 따른 정밀정기검사(이하 "정밀정기검사"라 한다)를 받아야 하는 특정·준특정옥외탱크저장소의 관계인은 제1항에도 불구하고 정밀정기검사를 제65조 제1항에 따른 구조안전점검을 실시하는 때에 함께 받을 수 있다.

제71조 [정기검사의 신청 등]

① 정기검사를 받아야 하는 특정·준특정옥외탱크저장소의 관계인은 별지 제44호서식의 신청서(전자문서로 된 신청서를 포함한다)에 다음 각 호의 서류(전자문서를 포함한다)를 첨부하여 기술원에 제출하고 별표 25 제8호에 따른 수수료를 기술원에 납부해야 한다. 다만, 제2호 및 제4호의 서류는 정기검사를 실시하는 때에 제출할 수 있다.

 1. 별지 제5호 서식의 <u>구조설비명세표</u>
 2. <u>제조소등의 위치·구조 및 설비에 관한 도면</u>
 3. <u>완공검사합격확인증</u>
 4. <u>밑판, 옆판, 지붕판 및 개구부의 보수이력에 관한 서류</u>

② 제65조 제1항 제3호에 따른 기간 이내에 구조안전점검을 받으려는 자는 별지 제40호서식 또는 별지 제41호서식의 신청서(전자문서로 된 신청서를 포함한다)를 제1항 각 호 외의 부분 본문에 따라 정기검사를 신청하는 때에 함께 기술원에 제출해야 한다.

③ 제70조 제1항 각 호 외의 부분 단서에 따라 정기검사 시기를 변경하려는 자는 별지 제45호서식의 신청서(전자문서로 된 신청서를 포함한다)에 정기검사 시기의 변경을 필요로 하는 사유를 기재한 서류(전자문서를 포함한다)를 첨부하여 소방서장에게 제출해야 한다.

④ 기술원은 제72조 제4항의 소방청장이 정하여 고시하는 기준에 따라 정기검사를 실시한 결과 다음 각 호의 구분에 따른 사항이 적합하다고 인정되면 검사종료일부터 <u>10일 이내</u>에 별지 제46호서식의 <u>정기검사합격확인증을 관계인에게 발급</u>하고, 그 결과보고서를 작성하여 <u>소방서장에게 제출</u>해야 한다.

 1. 정밀정기검사 대상인 경우: 특정·준특정옥외저장탱크에 대한 다음 각 목의 사항
    가. 수직도·수평도에 관한 사항(지중탱크에 대한 것은 제외한다)
    나. 밑판(지중탱크의 경우에는 누액방지판을 말한다)의 두께에 관한 사항

68

「위험물안전관리법 시행규칙」상 특정·준특정옥외탱크저장소 정기검사 신청 서류 중 잘못된 것은?

① 시설허가증
② 구조설비명세표
③ 제조소등의 위치·구조 및 설비에 관한 도면
④ 밑판, 옆판, 지붕판 및 개구부의 보수이력에 관한 서류

정답 68. ①

다. 용접부에 관한 사항
라. 구조·설비의 외관에 관한 사항
2. 제70조 제1항 제2호에 따른 중간정기검사 대상인 경우: 특정·준특정옥외저장탱크의 구조·설비의 외관에 관한 사항

⑤ 기술원은 정기검사를 실시한 결과 부적합한 경우에는 개선해야 하는 사항을 신청자 및 소방서장에게 통보하고 개선할 사항을 통보받은 관계인은 개선을 완료한 후 별지 제44호서식의 신청서를 기술원에 다시 제출해야 한다.

⑥ 정기검사를 받은 제조소등의 관계인과 정기검사를 실시한 기술원은 정기검사합격확인증 등 정기검사에 관한 서류를 당해 제조소등에 대한 차기 정기검사시까지 보관하여야 한다.

제72조 【정기검사의 방법 등】

① 정기검사는 특정·준특정옥외탱크저장소의 위치·구조 및 설비의 특성을 고려하여 안전성 확인에 적합한 검사방법으로 실시해야 한다.

② 특정·준특정옥외탱크저장소의 관계인이 제65조 제1항에 따른 구조안전점검 시에 제71조 제4항 제1호 각 목에 따른 사항을 미리 점검한 후에 정밀정기검사를 신청하는 때에는 그 사항에 대한 정밀정기검사는 전체의 검사범위 중 임의의 부위를 발췌하여 검사하는 방법으로 실시한다.

③ 특정옥외탱크저장소의 변경허가에 따른 탱크안전성능검사를 하는 때에 정밀정기검사를 같이 실시하는 경우 검사범위가 중복되면 해당 검사범위에 대한 어느 하나의 검사를 생략한다.

④ 제1항 내지 제3항의 규정에 의한 검사 방법과 판정 기준 그 밖의 정기검사의 실시에 관하여 필요한 사항은 소방청장이 정하여 고시한다.

69

「위험물안전관리법 시행규칙」상 특정·준특정옥외탱크저장소 정기검사의 방법 중 잘못된 것은?

① 정기검사는 특정·준특정옥외탱크저장소의 위치·구조 및 설비의 특성을 고려하여 안전성 확인에 적합한 검사방법으로 실시해야 한다.
② 특정·준특정옥외탱크저장소의 관계인이 구조안전점검 시에 규정에 의한 사항을 미리 점검한 후에 정밀정기검사를 신청하는 때에는 그 사항에 대한 정밀정기검사는 전체의 검사범위 중 지정된 부위를 발췌하여 검사하는 방법으로 실시한다.
③ 특정옥외탱크저장소의 변경허가에 따른 탱크안전성능검사를 하는 때에 정밀정기검사를 같이 실시하는 경우 검사범위가 중복되면 해당 검사범위에 대한 어느 하나의 검사를 생략한다.
④ 검사방법과 판정기준 그 밖의 정기검사의 실시에 관하여 필요한 사항은 소방청장이 정하여 고시한다.

정답 69. ②

6 자체소방대(위험물안전관리법 제19조)

(1) 자체소방대

① 다량의 위험물을 저장·취급하는 제조소등으로서 **대통령령**이 정하는 제조소등이 있는 동일한 사업소에서 **대통령령**이 정하는 수량 이상의 위험물을 저장 또는 취급하는 경우 당해 사업소의 관계인은 **대통령령**이 정하는 바에 따라 당해 사업소에 자체소방대를 설치하여야 한다.(법 제19조 제1항)

② 의무설치대상 〈기출〉 13 공채

㉠ "**대통령령**이 정하는 제조소등"이란 다음 각 호의 어느 하나에 해당하는 제조소등을 말한다.(영 제18조 제1항)
  ⓐ 제4류 위험물을 취급하는 **제조소** 또는 **일반취급소**. 다만, 보일러로 위험물을 소비하는 일반취급소 등 **행정안전부령**으로 정하는 일반취급소는 제외한다.
  ⓑ 제4류 위험물을 저장하는 **옥외탱크저장소**

㉡ "**대통령령**이 정하는 수량 이상**"이란 다음 각 호의 구분에 따른 수량을 말한다.(영 제18조 제2항) 〈기출〉 22 공채
  ⓐ ㉠의 ⓐ호에 해당하는 경우: 제조소 또는 일반취급소에서 취급하는 제4류 위험물의 최대수량의 합이 지정수량의 **3천 배 이상**
  ⓑ ㉠의 ⓑ호에 해당하는 경우: 옥외탱크저장소에 저장하는 제4류 위험물의 최대수량이 지정수량의 **50만 배 이상**

시행령 별표 8

【자체소방대에 두는 화학소방자동차 및 인원】

사업소의 구분	화학소방자동차	자체소방대원수
㉠ 제조소 또는 일반취급소에서 취급하는 제4류 위험물의 최대수량의 합이 지정수량의 3천 배 이상 12만 배 미만인	1대	5인
㉡ 제조소 또는 일반취급소에서 취급하는 제4류 위험물의 최대수량의 합이 지정수량의 12만 배 이상 24만 배 미만인	2대	10인
㉢ 제조소 또는 일반취급소에서 취급하는 제4류 위험물의 최대수량의 합이 지정수량의 24만 배 이상 48만 배 미만인	3대	15인
㉣ 제조소 또는 일반취급소에서 취급하는 제4류 위험물의 최대수량의 합이 지정수량의 48만 배 이상인	4대	20인
㉤ 옥외탱크저장소에 저장하는 제4류 위험물의 최대수량이 지정수량의 50만 배 이상인 사업소	2대	10인

비고
화학소방자동차에는 행정안전부령으로 정하는 소화능력 및 설비를 갖추어야 하고, 소화활동에 필요한 소화약제 및 기구(방열복 등 개인장구를 포함한다)를 비치하여야 한다.

70
「위험물안전관리법 시행령」상 제조소 또는 일반취급소에서 취급하는 4류 위험물의 최대수량의 합이 지정수량 24만 배 이상 48만 배 미만인 사업소에 자체 소방대에 두는 화학소방차의 수와 인원은?

① 화학소방차 1대, 자체 소방대원 5인
② 화학소방차 2대, 자체 소방대원 10인
③ 화학소방차 3대, 자체 소방대원 15인
④ 화학소방차 4대, 자체 소방대원 20인

71
「위험물안전관리법」상 다량의 위험물을 저장·취급하는 제조소등으로서 대통령령이 정하는 제조소등이 있는 동일한 사업소에서 대통령령이 정하는 수량 이상의 위험물을 저장 또는 취급하는 경우 당해 사업소 관계인이 설치해야 하는 것은?

① 의용소방대
② 자체소방대
③ 자위소방대
④ 의무소방대

72
「위험물안전관리법 시행령」상 다량의 위험물을 저장·취급하는 제조소등에서 자체소방대를 설치하여야 하는 사업소로 옳지 않은 것은?
• 22. 공채

① 최대수량의 합이 지정수량의 3천 배 이상인 제4류 위험물을 취급하는 제조소
② 최대수량의 합이 지정수량의 3천 배 이상인 제4류 위험물을 취급하는 일반취급소
③ 최대수량이 지정수량의 50만 배 이상인 제4류 위험물을 저장하는 옥내탱크저장소
④ 최대수량이 지정수량의 50만 배 이상인 제4류 위험물을 저장하는 옥외탱크저장소

정답 70. ③ 71. ② 72. ③

암기법

광·용·이·보·유

---

73 ● 1 2 3

「위험물안전관리법 시행규칙」상 자체소방대의 설치 제외 대상인 제조소 또는 일반취급소가 아닌 것은?

① 자동차의 연료를 생산하는 제조소
② 보일러, 버너 그 밖에 이와 유사한 장치로 위험물을 소비하는 일반취급소
③ 이동저장탱크 그 밖에 이와 유사한 것에 위험물을 주입하는 일반취급소
④ 「광산안전법」의 적용을 받는 일반취급소

74 ● 1 2 3

「위험물안전관리법 시행규칙」상 화학소방자동차에 갖추어야 하는 소화능력 또는 설비의 기준으로 옳은 것은? • 23. 공채 / • 23. 경채

① 포수용액 방사차 : 포수용액의 방사능력이 매분 1,000L 이상일 것
② 분말 방사차 : 1,000kg 이상의 분말을 비치할 것
③ 할로겐화합물 방사차 : 할로겐화합물의 방사능력이 매초 40kg 이상일 것
④ 이산화탄소 방사차 : 1,000kg 이상의 이산화탄소를 비치할 것

---

③ 자체소방대의 설치 제외(규칙 제73조)

제4류 위험물을 취급하는 제조소 또는 일반취급소 중

㉠ **보**일러, 버너 그 밖에 이와 유사한 장치로 위험물을 소비하는 일반취급소
㉡ **이**동저장탱크 그 밖에 이와 유사한 것에 위험물을 주입하는 일반취급소
㉢ **용**기에 위험물을 옮겨 담는 일반취급소
㉣ **유**압장치, 윤활유순환장치 그 밖에 이와 유사한 장치로 위험물을 취급하는 일반취급소
㉤ 「**광**산안전법」의 적용을 받는 일반취급소

행정형벌

제35조 [벌칙]

다음 각 호의 어느 하나에 해당하는 자는 <u>1년 이하의 징역 또는 1천만 원 이하의 벌금</u>에 처한다.

6. 제19조의 규정을 위반하여 자체소방대를 두지 아니한 관계인으로서 제6조제1항의 규정에 따른 허가를 받은 자

④ 자체소방대 편성의 특례(규칙 제74조)

㉠ **2 이상**의 사업소가 상호응원에 관한 협정을 체결하고 있는 경우에는 당해 모든 사업소를 하나의 사업소로 보고 제조소 또는 취급소에서 취급하는 제4류 위험물을 합산한 양을 하나의 사업소에서 취급하는 **제4류** 위험물의 최대수량으로 간주하여 동항 본문의 규정에 의한 화학소방자동차의 대수 및 자체소방대원을 정할 수 있다.
㉡ 이 경우 상호응원에 관한 협정을 체결하고 있는 각 사업소의 자체소방대에는 화학소방차 대수의 **2분의 1 이상**의 대수와 화학소방자동차마다 **5인** 이상의 자체소방대원을 두어야 한다.

⑤ 화학소방차의 기준 등(규칙 제75조)

㉠ 화학소방자동차(내폭화학차 및 제독차를 포함한다)에 갖추어야 하는 소화능력 및 설비의 기준은 별표 23과 같다.
㉡ 포수용액을 방사하는 화학소방자동차의 대수는 화학소방자동차의 대수의 **3분의 2 이상**으로 하여야 한다.

정답 73. ① 74. ③

시행규칙 별표 23

【화학소방자동차에 갖추어야 하는 소화능력 및 설비의 기준】

화학소방자동차의 구분	소화능력 및 설비의 기준
포수용액 방사차	포수용액의 방사능력이 매분 2,000ℓ 이상일 것
	소화약액탱크 및 소화약액혼합장치를 비치할 것
	10만ℓ 이상의 포수용액을 방사할 수 있는 양의 소화약제를 비치할 것
분말 방사차	분말의 방사능력이 매초 35kg 이상일 것
	분말탱크 및 가압용가스설비를 비치할 것
	1,400kg 이상의 분말을 비치할 것
할로젠화합물 방사차	할로젠화합물의 방사능력이 매초 40kg 이상일 것
	할로젠화합물탱크 및 가압용가스설비를 비치할 것
	1,000kg 이상의 할로젠화합물을 비치할 것
이산화탄소 방사차	이산화탄소의 방사능력이 매초 40kg 이상일 것
	이산화탄소저장용기를 비치할 것
	3,000kg 이상의 이산화탄소를 비치할 것
제독차	가성소다 및 규조토를 각각 50kg 이상 비치할 것

관련법규

위험물안전관리법 시행령

제18조 [자체소방대를 설치하여야 하는 사업소]

① 법 제19조에서 "대통령령이 정하는 제조소등"이란 다음 각 호의 어느 하나에 해당하는 제조소등을 말한다.
  1. 제4류 위험물을 취급하는 제조소 또는 일반취급소. 다만, 보일러로 위험물을 소비하는 일반취급소 등 행정안전부령으로 정하는 일반취급소는 제외한다.
  2. 제4류 위험물을 저장하는 옥외탱크저장소
② 법 제19조에서 "대통령령이 정하는 수량 이상"이란 다음 각 호의 구분에 따른 수량을 말한다.
  1. 제1항제1호에 해당하는 경우: 제조소 또는 일반취급소에서 취급하는 제4류 위험물의 최대수량의 합이 지정수량의 3천 배 이상
  2. 제1항제2호에 해당하는 경우: 옥외탱크저장소에 저장하는 제4류 위험물의 최대수량이 지정수량의 50만 배 이상
③ 법 제19조의 규정에 의하여 자체소방대를 설치하는 사업소의 관계인은 별표 8의 규정에 의하여 자체소방대에 화학소방자동차 및 자체소방대원을 두어야 한다. 다만, 화재 그 밖의 재난발생시 다른 사업소 등과 상호응원에 관한 협정을 체결하고 있는 사업소에 있어서는 행정안전부령이 정하는 바에 따라 별표 8의 범위 안에서 화학소방자동차 및 인원의 수를 달리할 수 있다.

75

「위험물안전관리법 시행규칙」상 괄호 안에 들어갈 숫자를 고르시오.

> "포수용액을 방사하는 화학자동차의 대수는 규정에 의한 화학자동차 대수의 ( ) 이상으로 한다."

① 1/3 ② 2/3
③ 1   ④ 2

정답 75. ②

위험물안전관리법 시행규칙

제73조 [자체소방대의 설치 제외 대상인 일반취급소]
영 제18조 제1항 제1호 단서에서 "행정안전부령이 정하는 일반취급소"란 다음 각 호의 어느 하나에 해당하는 일반취급소를 말한다.
1. 보일러, 버너 그 밖에 이와 유사한 장치로 위험물을 소비하는 일반취급소
2. 이동저장탱크 그 밖에 이와 유사한 것에 위험물을 주입하는 일반취급소
3. 용기에 위험물을 옮겨 담는 일반취급소
4. 유압장치, 윤활유순환장치 그 밖에 이와 유사한 장치로 위험물을 취급하는 일반취급소
5. 「광산안전법」의 적용을 받는 일반취급소

제74조 [자체소방대 편성의 특례]
영 제18조 제3항 단서의 규정에 의하여 2 이상의 사업소가 상호응원에 관한 협정을 체결하고 있는 경우에는 당해 모든 사업소를 하나의 사업소로 보고 제조소 또는 취급소에서 취급하는 제4류 위험물을 합산한 양을 하나의 사업소에서 취급하는 제4류 위험물의 최대수량으로 간주하여 동항 본문의 규정에 의한 화학소방자동차의 대수 및 자체소방대원을 정할 수 있다. 이 경우 상호응원에 관한 협정을 체결하고 있는 각 사업소의 자체소방대에는 영 제18조 제3항 본문의 규정에 의한 화학소방차 대수의 2분의 1 이상의 대수와 화학소방자동차마다 5인 이상의 자체소방대원을 두어야 한다.

제75조 [화학소방차의 기준 등]
① 영 별표 8 비고의 규정에 의하여 화학소방자동차(내폭화학차 및 제독차를 포함한다)에 갖추어야 하는 소화능력 및 설비의 기준은 별표 23과 같다.
② 포수용액을 방사하는 화학소방자동차의 대수는 영 제18조 제3항의 규정에 의한 화학소방자동차의 대수의 3분의 2 이상으로 하여야 한다.

7 제조소등에서의 흡연 금지(위험물안전관리법 제19조의2)

① 누구든지 제조소등에서는 지정된 장소가 아닌 곳에서 흡연을 하여서는 아니 된다.
② 제조소등의 관계인은 해당 제조소등이 금연구역임을 알리는 표지를 설치하여야 한다.
③ **시·도지사**는 제조소등의 관계인이 ②를 위반하여 금연구역임을 알리는 표지를 설치하지 아니하거나 보완이 필요한 경우 일정한 기간을 정하여 그 시정을 명할 수 있다.
④ ①에 따른 지정 기준·방법 등은 **대통령령**으로 정하고, ②에 따른 표지를 설치하는 기준·방법 등은 **행정안전부령**으로 정한다.

memo

CHAPTER 03 O·X 문제

01 ❌ 안전관리자를 선임한 제조소등의 관계인은 그 안전관리자를 해임하거나 안전관리자가 퇴직한 때에는 해임하거나 퇴직한 날부터 30일 이내에 다시 안전관리자를 선임하여야 한다. (법 제15조 제2항)

01 안전관리자를 선임한 제조소등의 관계인은 그 안전관리자를 해임하거나 안전관리자가 퇴직한 때에는 해임하거나 퇴직한 날부터 14일 이내에 다시 안전관리자를 선임하여야 한다.

02 ❌ ㉠ 10개 이하의 옥내저장소
ⓒ 30개 이하의 옥외탱크저장소
ⓗ 10개 이하의 옥외저장소
(규칙 제56조 제1항)

02 「위험물안전관리법 시행규칙」상 1인의 안전관리자를 중복하여 선임할 수 있는 저장소의 기준(동일 구내에 있거나 상호 100미터 이내의 거리에 있는 저장소의 경우)
㉠ 옥내저장소　　　　　　ⓛ 10개 이하의 옥외탱크저장소
ⓒ 옥내탱크저장소　　　　㉣ 지하탱크저장소
ⓜ 간이탱크저장소　　　　ⓗ 30개 이하의 옥외저장소
ⓢ 10개 이하의 암반탱크저장소

03 ❌ 시·도지사 또는 제조소등의 관계인은 안전관리업무를 전문적이고 효율적으로 수행하기 위하여 탱크안전성능시험자로 하여금 검사 또는 점검의 일부를 실시하게 할 수 있다.(법 제16조 제1항)

03 시·도지사 또는 소방청장은 안전관리업무를 전문적이고 효율적으로 수행하기 위하여 탱크안전성능시험자로 하여금 검사 또는 점검의 일부를 실시하게 할 수 있다.

04 ⓞ

04 탱크시험자가 등록의 결격사유에 해당하게 된 경우 그 등록을 취소하여야 한다.

05 ⓞ

05 지정수량의 200배 이상의 위험물을 저장하는 옥외탱크저장소는 예방규정 작성 대상이다.

06 정기검사자는 시·도지사 또는 소방청장이다.

06
❌ 소방본부장 또는 소방서장으로부터 당해 제조소등이 기술기준에 적합하게 유지되고 있는지의 여부에 대하여 정기적으로 검사를 받아야 한다. (법 제18조 제2항)

07 정기점검의 횟수는 연 1회 이상 실시하여야 한다.

07
⭕

08 시·도지사는 기술기준에 적합한지의 여부를 정기적으로 점검하고 점검결과를 기록하여 보존하여야 한다.

08
❌ 제조소등의 관계인은 그 제조소등에 대하여 행정안전부령이 정하는 바에 따라 제5조제4항의 규정에 따른 기술기준에 적합한지의 여부를 정기적으로 점검하고 점검결과를 기록하여 보존하여야 한다. (법 제18조 제1항)

09 제4류 위험물의 최대지정수량 12만 배 이상 24만 배 미만일 때 화학자동차 3대와 자체소방대원수는 15인 이다.

09
❌ 제4류 위험물의 최대지정수량 12만 배 이상 24만 배 미만일 때 화학자동차 2대와 자체소방대원수는 10인 이다.(영 별표8)

10 탱크시험자 등록한 사항 가운데 행정안전부령이 정하는 중요사항을 변경한 경우에는 그 날부터 30일 이내에 시·도지사에게 변경신고를 하여야 한다.

10
⭕

CHAPTER 04 위험물의 운반 등

01
「위험물안전관리법」상 위험물 운반 용기의 검사자는?
① 안전관리자
② 위험물운송자
③ 소방청장
④ 시·도지사

1 위험물의 운반(위험물안전관리법 제20조)

(1) 위험물의 운반

① 위험물의 운반은 그 용기·적재방법 및 운반방법에 관한 다음 각 호의 중요기준과 세부기준에 따라 행하여야 한다. (법 제20조 제1항)

㉠ **중요기준** : 화재 등 위해의 예방과 응급조치에 있어서 큰 영향을 미치거나 그 기준을 위반하는 경우 직접적으로 화재를 일으킬 가능성이 큰 기준

㉡ **세부기준** : 중요기준보다 상대적으로 적은 영향을 미치거나 그 기준을 위반하는 경우 간접적으로 화재를 일으킬 수 있는 기준 및 위험물의 안전관리에 필요한 표시와 서류·기구 등의 비치에 관한 기준

② ①에 의한 위험물의 운반에 관한 기준은 별표 19와 같다.(규칙 제50조)

> **행정형벌**
>
> 법 제37조 [벌칙]
>
> 다음 각 호의 어느 하나에 해당하는 자는 <u>1천만 원 이하의 벌금</u>에 처한다.
> 4. 제20조제1항제1호의 규정을 위반하여 위험물의 운반에 관한 중요기준에 따르지 아니한 자
>
> **행정질서벌**
>
> 법 제39조 [과태료]
>
> ① 다음 각 호의 어느 하나에 해당하는 자에게는 <u>500만 원 이하의 과태료</u>를 부과한다.
> 8. 제20조제1항제2호의 규정에 따른 위험물의 운반에 관한 세부기준을 위반한 자
>   (1차 : 250, 2차 : 400, 3차 : 500)

● **벌칙비교 (중요기준 vs 세부기준)**

	중요 기준	세부 기준	기준
위험물의 저장 또는 취급	1천500만 원 이하의 벌금	500만 원 이하의 과태료	
위험물의 운반	1천만 원 이하의 벌금	500만 원 이하의 과태료	
위험물의 운송			500만 원 이하의 과태료

정답 01. ④

(2) 위험물운반자의 자격

① 운반용기에 수납된 위험물을 지정수량 이상으로 차량에 적재하여 운반하는 차량의 운전자는 다음 각 호의 어느 하나에 해당하는 요건을 갖추어야 한다. (법 제20조 제2항)

㉠ 「국가기술자격법」에 따른 위험물 분야의 자격을 취득할 것

㉡ 소방청장이 실시하는 안전교육을 수료할 것

> **행정형벌**
> **법 제37조 [벌칙]**
> 다음 각 호의 어느 하나에 해당하는 자는 <u>1천만 원 이하의 벌금</u>에 처한다.
> 4의2. 제20조제2항을 위반하여 요건을 갖추지 아니한 위험물운반자

(3) 위험물 운반용기의 검사

① 운반용기 검사권자 : **시·도지사**

시·도지사는 운반용기를 제작하거나 수입한 자 등의 신청에 따라 운반용기를 검사할 수 있다. 다만, 기계에 의하여 하역하는 구조로 된 대형의 운반용기로서 **행정안전부령**이 정하는 것을 제작하거나 수입한 자 등은 **행정안전부령**이 정하는 바에 따라 당해 용기를 사용하거나 유통시키기 전에 시·도지사가 실시하는 운반용기에 대한 검사를 받아야 한다.(법 제20조 제3항)

② ①에서 "행정안전부령이 정하는 것"이란 별표 20에 따른 운반용기를 말한다. (규칙 제51조 제1항)

③ 운반용기의 검사를 받고자 하는 자는 신청서(전자문서로 된 신청서를 포함한다)에 **용기의 설계도면**과 **재료에 관한 설명서**를 첨부하여 **기술원**에 제출해야 한다. 다만, UN의 위험물 운송에 관한 권고(RTDG, Recommendations on the Transport of Dangerous Goods)에서 정한 기준에 따라 관련 검사기관으로부터 검사를 받은 때에는 그렇지 않다.(규칙 제51조 제2항)

④ **기술원**은 검사신청을 한 운반용기가 별표 19 Ⅰ에 따른 기준에 적합하고 위험물의 운반상 지장이 없다고 인정되는 때에는 용기검사합격확인증을 교부해야 한다.(규칙 제51조 제3항)

⑤ **기술원의 원장**은 운반용기 검사업무의 처리절차와 방법을 정하여 운용해야 한다.(규칙 제51조 제4항)

⑥ **기술원의 원장**은 전년도의 운반용기 검사업무 처리결과를 **매년 1월 31일**까지 **시·도지사**에게 보고해야 하고, 시·도지사는 기술원으로부터 보고받은 운반용기 검사업무 처리결과를 **매년 2월 말**까지 **소방청장**에게 제출해야 한다. (규칙 제51조 제5항)

행정형벌

제35조 [벌칙]

다음 각 호의 어느 하나에 해당하는 자는 <u>1년 이하의 징역 또는 1천만 원 이하의 벌금</u>에 처한다.

7. 제20조제3항 단서를 위반하여 운반용기에 대한 검사를 받지 아니하고 운반용기를 사용하거나 유통시킨 자

❗ **운반용기**

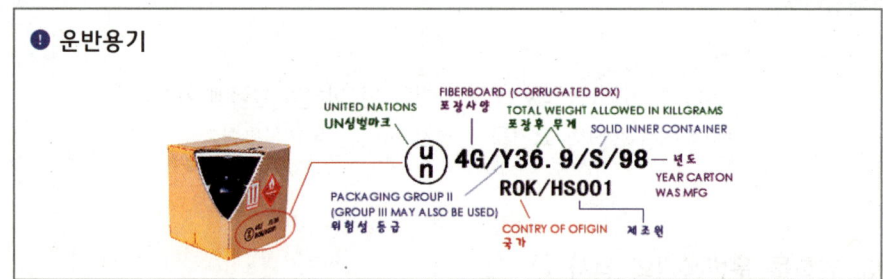

관련법규

위험물안전관리법 시행규칙

제50조 [위험물의 운반기준]
법 제20조 제1항의 규정에 의한 위험물의 운반에 관한 기준은 별표 19와 같다.

제51조 [운반용기의 검사]
① 법 제20조 제3항 단서에서 "행정안전부령이 정하는 것"이란 별표 20에 따른 운반용기를 말한다.
② 법 제20조제3항에 따라 운반용기의 검사를 받고자 하는 자는 별지 제30호서식의 신청서(전자문서로 된 신청서를 포함한다)에 용기의 설계도면과 재료에 관한 설명서를 첨부하여 기술원에 제출해야 한다. 다만, UN의 위험물 운송에 관한 권고(RTDG, Recommendations on the Transport of Dangerous Goods)에서 정한 기준에 따라 관련 검사기관으로부터 검사를 받은 때에는 그렇지 않다.
③ 기술원은 제2항에 따른 검사신청을 한 운반용기가 별표 19 Ⅰ에 따른 기준에 적합하고 위험물의 운반상 지장이 없다고 인정되는 때에는 별지 제31호서식의 용기검사합격확인증을 교부해야 한다.
④ 기술원의 원장은 운반용기 검사업무의 처리절차와 방법을 정하여 운용해야 한다.
⑤ 기술원의 원장은 전년도의 운반용기 검사업무 처리결과를 매년 1월 31일까지 시·도지사에게 보고해야 하고, 시·도지사는 기술원으로부터 보고받은 운반용기 검사업무 처리결과를 매년 2월 말까지 소방청장에게 제출해야 한다.

【위험물의 운반에 관한 기준】 기출 23 공채 / 23 경채   시행규칙 별표19

Ⅰ. 운반용기
1. 운반용기의 재질은 강판·알루미늄판·양철판·유리·금속판·종이·플라스틱·섬유판·고무류·합성섬유·삼·짚 또는 나무로 한다.
2. 운반용기는 견고하여 쉽게 파손될 우려가 없고, 그 입구로부터 수납된 위험물이 샐 우려가 없도록 하여야 한다.
3. 운반용기의 구조 및 최대용적은 다음 각호의 규정에 의한 용기의 구분에 따라 당해 각목에 정하는 바에 의한다.
   가. 나목의 규정에 의한 용기 외의 용기
      고체의 위험물을 수납하는 것에 있어서는 부표 1 제1호, 액체의 위험물을 수납하는 것에 있어서는 부표 1 제2호에 정하는 기준에 적합할 것. 다만, 운반의 안전상 이러한 기준에 적합한 운반용기와 동등 이상이라고 인정하여 소방청장이 정하여 고시하는 것에 있어서는 그러하지 아니하다.
   나. 기계에 의하여 하역하는 구조로 된 용기
      고체의 위험물을 수납하는 것에 있어서는 별표 20 제1호, 액체의 위험물을 수납하는 것에 있어서는 별표 20 제2호에 정하는 기준 및 1) 내지 6)에 정하는 기준에 적합할 것. 다만, 운반의 안전상 이러한 기준에 적합한 운반용기와 동등 이상이라고 인정하여 소방청장이 정하여 고시하는 것과 UN의 위험물 운송에 관한 권고(RTDG, Recommendations on the Transport of Dangerous Goods)에서 정한 기준에 적합한 것으로 인정된 용기에 있어서는 그러하지 아니하다.
      1) 운반용기는 부식 등의 열화에 대하여 적절히 보호될 것
      2) 운반용기는 수납하는 위험물의 내압 및 취급시와 운반시의 하중에 의하여 당해 용기에 생기는 응력에 대하여 안전할 것
      3) 운반용기의 부속설비에는 수납하는 위험물이 당해 부속설비로부터 누설되지 아니하도록 하는 조치가 강구되어 있을 것
      4) 용기본체가 틀로 둘러싸인 운반용기는 다음의 요건에 적합할 것
         가) 용기본체는 항상 틀내에 보호되어 있을 것
         나) 용기본체는 틀과의 접촉에 의하여 손상을 입을 우려가 없을 것
         다) 운반용기는 용기본체 또는 틀의 신축 등에 의하여 손상이 생기지 아니할 것
      5) 하부에 배출구가 있는 운반용기는 다음의 요건에 적합할 것
         가) 배출구에는 개폐위치에 고정할 수 있는 밸브가 설치되어 있을 것
         나) 배출을 위한 배관 및 밸브에는 외부로부터의 충격에 의한 손상을 방지하기 위한 조치가 강구되어 있을 것
         다) 폐지판 등에 의하여 배출구를 이중으로 밀폐할 수 있는 구조일 것. 다만, 고체의 위험물을 수납하는 운반용기에 있어서는 그러하지 아니하다.
      6) 1) 내지 5)에 규정하는 것 외의 운반용기의 구조에 관하여 필요한 사항은 소방청장이 정하여 고시한다.

4. 제3호의 규정에 불구하고 승용차량(승용으로 제공하는 차실내에 화물용으로 제공하는 부분이 있는 구조의 것을 포함한다)으로 인화점이 40℃ 미만인 위험물중 소방청장이 정하여 고시하는 것을 운반하는 경우의 운반용기의 구조 및 최대용적의 기준은 소방청장이 정하여 고시한다.
5. 제3호의 규정에 불구하고 운반의 안전상 제한이 필요하다고 인정되는 경우에는 위험물의 종류, 운반용기의 구조 및 최대용적의 기준을 소방청장이 정하여 고시할 수 있다.
6. 제3호 내지 제5호의 운반용기는 다음 각목의 규정에 의한 용기의 구분에 따라 당해 각목에 정하는 성능이 있어야 한다.
   가. 나목의 규정에 의한 용기 외의 용기
      소방청장이 정하여 고시하는 낙하시험, 기밀시험, 내압시험 및 겹쳐쌓기시험에서 소방청장이 정하여 고시하는 기준에 적합할 것. 다만, 수납하는 위험물의 품명, 수량, 성질과 상태 등에 따라 소방청장이 정하여 고시하는 용기에 있어서는 그러하지 아니하다.
   나. 기계에 의하여 하역하는 구조로 된 용기
      소방청장이 정하여 고시하는 낙하시험, 기밀시험, 내압시험, 겹쳐쌓기시험, 아랫부분 인상시험, 윗부분 인상시험, 파열전파시험, 넘어뜨리기시험 및 일으키기시험에서 소방청장이 정하여 고시하는 기준에 적합할 것. 다만, 수납하는 위험물의 품명, 수량, 성질과 상태 등에 따라 소방청장이 정하여 고시하는 용기에 있어서는 그러하지 아니하다.

Ⅱ. 적재방법

1. 위험물은 Ⅰ의 규정에 의한 운반용기에 다음 각목의 기준에 따라 수납하여 적재하여야 한다. 다만, 덩어리 상태의 황을 운반하기 위하여 적재하는 경우 또는 위험물을 동일구내에 있는 제조소등의 상호간에 운반하기 위하여 적재하는 경우에는 그러하지 아니하다(중요기준).
   가. 위험물이 온도변화 등에 의하여 누설되지 아니하도록 운반용기를 밀봉하여 수납할 것. 다만, 온도변화 등에 의한 위험물로부터의 가스의 발생으로 운반용기 안의 압력이 상승할 우려가 있는 경우(발생한 가스가 독성 또는 인화성을 갖는 등 위험성이 있는 경우를 제외한다)에는 가스의 배출구(위험물의 누설 및 다른 물질의 침투를 방지하는 구조로 된 것에 한한다)를 설치한 운반용기에 수납할 수 있다.
   나. 수납하는 위험물과 위험한 반응을 일으키지 아니하는 등 당해 위험물의 성질에 적합한 재질의 운반용기에 수납할 것
   다. 고체위험물은 운반용기 내용적의 95% 이하의 수납율로 수납할 것
   라. 액체위험물은 운반용기 내용적의 98% 이하의 수납율로 수납하되, 55도의 온도에서 누설되지 아니하도록 충분한 공간용적을 유지하도록 할 것
   마. 하나의 외장용기에는 다른 종류의 위험물을 수납하지 아니할 것
   바. 제3류 위험물은 다음의 기준에 따라 운반용기에 수납할 것
      1) 자연발화성물질에 있어서는 불활성 기체를 봉입하여 밀봉하는 등 공기와 접하지 아니하도록 할 것

02

「위험물안전관리법 시행규칙」상 위험물의 운반에 관한 기준 중 적재방법에 대한 내용으로 옳지 않은 것은? (다만, 덩어리 상태의 황을 운반하기 위하여 적재하는 경우 또는 위험물을 동일구내에 있는 제조소등의 상호간에 운반하기 위하여 적재하는 경우는 제외한다.)

• 23. 공채 / • 23. 경채

① 하나의 외장용기에는 다른 종류의 위험물을 수납하지 아니할 것
② 고체 위험물은 운반용기 내용적의 95% 이하의 수납율로 수납할 것
③ 액체 위험물은 운반용기 내용적의 98% 이하의 수납율로 수납하되, 55℃의 온도에서 누설되지 아니하도록 충분한 공간용적을 유지하도록 할 것
④ 자연발화물질 중 알킬알루미늄등은 운반용기 내용적의 95% 이하의 수납율로 수납하되, 55℃의 온도에서 10% 이상의 공간용적을 유지하도록 할 것

정답 02. ④

2) 자연발화성물질외의 물품에 있어서는 파라핀·경유·등유 등의 보호액으로 채워 밀봉하거나 불활성 기체를 봉입하여 밀봉하는 등 수분과 접하지 아니하도록 할 것
3) 라목의 규정에 불구하고 자연발화성물질중 알킬알루미늄등은 운반용기의 내용적의 90% 이하의 수납율로 수납하되, 50℃의 온도에서 5% 이상의 공간용적을 유지하도록 할 것

2. 기계에 의하여 하역하는 구조로 된 운반용기에 대한 수납은 제1호(다목을 제외한다)의 규정을 준용하는 외에 다음 각목의 기준에 따라야 한다(중요기준).
  가. 다음의 규정에 의한 요건에 적합한 운반용기에 수납할 것
    1) 부식, 손상 등 이상이 없을 것
    2) 금속제의 운반용기, 경질플라스틱제의 운반용기 또는 플라스틱내용기 부착의 운반용기에 있어서는 다음에 정하는 시험 및 점검에서 누설 등 이상이 없을 것
      가) 2년 6개월 이내에 실시한 기밀시험(액체의 위험물 또는 10kPa 이상의 압력을 가하여 수납 또는 배출하는 고체의 위험물을 수납하는 운반용기에 한한다)
      나) 2년 6개월 이내에 실시한 운반용기의 외부의 점검·부속설비의 기능점검 및 5년 이내의 사이에 실시한 운반용기의 내부의 점검
  나. 복수의 폐쇄장치가 연속하여 설치되어 있는 운반용기에 위험물을 수납하는 경우에는 용기본체에 가까운 폐쇄장치를 먼저 폐쇄할 것
  다. 휘발유, 벤젠 그 밖의 정전기에 의한 재해가 발생할 우려가 있는 액체의 위험물을 운반용기에 수납 또는 배출할 때에는 당해 재해의 발생을 방지하기 위한 조치를 강구할 것
  라. 온도변화 등에 의하여 액상이 되는 고체의 위험물은 액상으로 되었을 때 당해 위험물이 새지 아니하는 운반용기에 수납할 것
  마. 액체위험물을 수납하는 경우에는 55℃의 온도에서의 증기압이 130kPa 이하가 되도록 수납할 것
  바. 경질플라스틱제의 운반용기 또는 플라스틱내용기 부착의 운반용기에 액체위험물을 수납하는 경우에는 당해 운반용기는 제조된 때로부터 5년 이내의 것으로 할 것
  사. 가목 내지 바목에 규정하는 것 외에 운반용기에의 수납에 관하여 필요한 사항은 소방청장이 정하여 고시한다.

3. 위험물은 당해 위험물이 용기 밖으로 쏟아지거나 위험물을 수납한 운반용기가 전도·낙하 또는 파손되지 아니하도록 적재하여야 한다(중요기준).
4. 운반용기는 수납구를 위로 향하게 하여 적재하여야 한다(중요기준).
5. 적재하는 위험물의 성질에 따라 일광의 직사 또는 빗물의 침투를 방지하기 위하여 유효하게 피복하는 등 다음 각목에 정하는 기준에 따른 조치를 하여야 한다(중요기준).
  가. 제1류 위험물, 제3류 위험물 중 자연발화성물질, 제4류 위험물 중 특수인화물, 제5류 위험물 또는 제6류 위험물은 차광성이 있는 피복으로 가릴 것

나. 제1류 위험물 중 알칼리금속의 과산화물 또는 이를 함유한 것, 제2류 위험물 중 철분·금속분·마그네슘 또는 이들중 어느 하나 이상을 함유한 것 또는 제3류 위험물 중 금수성물질은 방수성이 있는 피복으로 덮을 것
다. 제5류 위험물 중 55℃ 이하의 온도에서 분해될 우려가 있는 것은 보냉 컨테이너에 수납하는 등 적정한 온도관리를 할 것
라. 액체위험물 또는 위험등급Ⅱ의 고체위험물을 기계에 의하여 하역하는 구조로 된 운반용기에 수납하여 적재하는 경우에는 당해 용기에 대한 충격등을 방지하기 위한 조치를 강구할 것. 다만, 위험등급Ⅱ의 고체위험물을 플렉서블(flexible)의 운반용기, 파이버판제의 운반용기 및 목제의 운반용기 외의 운반용기에 수납하여 적재하는 경우에는 그러하지 아니하다.

6. 위험물은 다음 각목의 규정에 의한 바에 따라 종류를 달리하는 그 밖의 위험물 또는 재해를 발생시킬 우려가 있는 물품과 함께 적재하지 아니하여야 한다(중요기준).
   가. 부표 2의 규정에서 혼재가 금지되고 있는 위험물
   나. 「고압가스 안전관리법」에 의한 고압가스(소방청장이 정하여 고시하는 것을 제외한다)

7. 위험물을 수납한 운반용기를 겹쳐 쌓는 경우에는 그 높이를 3m 이하로 하고, 용기의 상부에 걸리는 하중은 당해 용기 위에 당해 용기와 동종의 용기를 겹쳐 쌓아 3m의 높이로 하였을 때에 걸리는 하중 이하로 하여야 한다(중요기준).

8. 위험물은 그 운반용기의 외부에 다음 각목에 정하는 바에 따라 위험물의 품명, 수량 등을 표시하여 적재하여야 한다. 다만, UN의 위험물 운송에 관한 권고(RTDG, Recommendations on the Transport of Dangerous Goods)에서 정한 기준 또는 소방청장이 정하여 고시하는 기준에 적합한 표시를 한 경우에는 그러하지 아니하다.
   가. 위험물의 품명·위험등급·화학명 및 수용성("수용성" 표시는 제4류 위험물로서 수용성인 것에 한한다)
   나. 위험물의 수량
   다. 수납하는 위험물에 따라 다음의 규정에 의한 주의사항
      1) 제1류 위험물 중 알칼리금속의 과산화물 또는 이를 함유한 것에 있어서는 "화기·충격주의", "물기엄금" 및 "가연물접촉주의", 그 밖의 것에 있어서는 "화기·충격주의" 및 "가연물접촉주의"
      2) 제2류 위험물 중 철분·금속분·마그네슘 또는 이들중 어느 하나 이상을 함유한 것에 있어서는 "화기주의" 및 "물기엄금", 인화성고체에 있어서는 "화기엄금", 그 밖의 것에 있어서는 "화기주의"
      3) 제3류 위험물 중 자연발화성물질에 있어서는 "화기엄금" 및 "공기접촉엄금", 금수성물질에 있어서는 "물기엄금"
      4) 제4류 위험물에 있어서는 "화기엄금"
      5) 제5류 위험물에 있어서는 "화기엄금" 및 "충격주의"
      6) 제6류 위험물에 있어서는 "가연물접촉주의"

	품명	주의사항
제1류	• 알칼리금속의 과산화물 • 이를 함유한 것	• 화기·충격주의 • **물기엄금** • 가연물접촉주의
	• 그밖의 것	• 화기·충격주의 • 가연물접촉주의
제2류	• 철분·금속분·마그네슘 • 이들중 어느 하나 이상을 함유한 것	• 화기주의 • **물기엄금**
	• 인화성고체	• 화기엄금
	• 그밖의 것	• 화기주의
제3류	• 자연발화성물질	• 화기엄금 • 공기접촉엄금
	• 금수성물질	• **물기엄금**
제4류		• 화기엄금
제5류		• 화기엄금 • 충격주의
제6류		• 가연물접촉주의

9. 제8호의 규정에 불구하고 제1류·제2류 또는 제4류 위험물(위험등급 I 의 위험물을 제외한다)의 운반용기로서 최대용적이 1ℓ 이하인 운반용기의 품명 및 주의사항은 위험물의 통칭명 및 당해 주의사항과 동일한 의미가 있는 다른 표시로 대신할 수 있다.

10. 제8호 및 제9호의 규정에 불구하고 제4류 위험물에 해당하는 화장품(에어졸을 제외한다)의 운반용기중 최대용적이 150㎖ 이하인 것에 대하여는 제8호 가목 및 다목의 규정에 의한 표시를 하지 아니할 수 있고, 최대용적이 150㎖ 초과 300㎖ 이하의 것에 대하여는 제8호 가목의 규정에 의한 표시를 하지 아니할 수 있으며, 동호 다목의 규정에 의한 주의사항을 당해 주의사항과 동일한 의미가 있는 다른 표시로 대신할 수 있다.

11. 제8호 및 제9호의 규정에 불구하고 제4류 위험물에 해당하는 에어졸의 운반용기로서 최대용적이 300㎖ 이하의 것에 대하여는 제8호 가목의 규정에 의한 표시를 하지 아니할 수 있으며, 동호 다목의 규정에 의한 주의사항을 당해 주의사항과 동일한 의미가 있는 다른 표시로 대신할 수 있다.

12. 제8호 및 제9호의 규정에 불구하고 제4류 위험물 중 동식물유류의 운반용기로서 최대용적이 3ℓ 이하인 것에 대하여는 제8호 가목 및 다목의 표시에 대하여 각각 위험물의 통칭명 및 동호의 규정에 의한 표시와 동일한 의미가 있는 다른 표시로 대신할 수 있다.

13. 기계에 의하여 하역하는 구조로 된 운반용기의 외부에 행하는 표시는 제8호 각목의 규정에 의하는 외에 다음 각목의 사항을 포함하여야 한다. 다만, UN의 위험물 운송에 관한 권고(RTDG, Recommendations on the Transport of Dangerous Goods)에서 정한 기준 또는 소방청장이 정하여 고시하는 기준에 적합한 표시를 한 경우에는 그러하지 아니하다.
   가. 운반용기의 제조년월 및 제조자의 명칭
   나. 겹쳐쌓기시험하중
   다. 운반용기의 종류에 따라 다음의 규정에 의한 중량
      1) 플렉서블 외의 운반용기 : 최대총중량(최대수용중량의 위험물을 수납하였을 경우의 운반용기의 전중량을 말한다)
      2) 플렉서블 운반용기 : 최대수용중량
   라. 가목 내지 다목에 규정하는 것 외에 운반용기의 외부에 행하는 표시에 관하여 필요한 사항으로서 소방청장이 정하여 고시하는 것

Ⅲ. 운반방법
  1. 위험물 또는 위험물을 수납한 운반용기가 현저하게 마찰 또는 동요를 일으키지 아니하도록 운반하여야 한다(중요기준).
  2. 지정수량 이상의 위험물을 차량으로 운반하는 경우에는 해당 차량에 소방청장이 정하여 고시하는 바에 따라 운반하는 위험물의 위험성을 알리는 표지를 설치하여야 한다.
  3. 지정수량 이상의 위험물을 차량으로 운반하는 경우에 있어서 다른 차량에 바꾸어 싣거나 휴식·고장 등으로 차량을 일시 정차시킬 때에는 안전한 장소를 택하고 운반하는 위험물의 안전확보에 주의하여야 한다.
  4. 지정수량 이상의 위험물을 차량으로 운반하는 경우에는 당해 위험물에 적응성이 있는 소형수동식소화기를 당해 위험물의 소요단위에 상응하는 능력단위 이상 갖추어야 한다.
  5. 위험물의 운반도중 위험물이 현저하게 새는 등 재난발생의 우려가 있는 경우에는 응급조치를 강구하는 동시에 가까운 소방관서 그 밖의 관계기관에 통보하여야 한다.
  6. 제1호 내지 제5호의 적용에 있어서 품명 또는 지정수량을 달리하는 2 이상의 위험물을 운반하는 경우에 있어서 운반하는 각각의 위험물의 수량을 당해 위험물의 지정수량으로 나누어 얻은 수의 합이 1 이상인 때에는 지정수량 이상의 위험물을 운반하는 것으로 본다.

Ⅳ. 법 제20조제1항의 규정에 의한 중요기준 및 세부기준은 다음 각호의 구분에 의한다.
  1. 중요기준 : Ⅰ 내지 Ⅲ의 운반기준 중 "중요기준"이라 표기한 것
  2. 세부기준 : 중요기준 외의 것

Ⅴ. 위험물의 위험등급

별표 18 Ⅴ, 이 표 Ⅰ 및 Ⅱ에 있어서 위험물의 위험등급은 위험등급Ⅰ・위험등급Ⅱ 및 위험등급Ⅲ으로 구분하며, 각 위험등급에 해당하는 위험물은 다음 각호와 같다.

1. 위험등급Ⅰ의 위험물

가. 제1류 위험물 중 아염소산염류, 염소산염류, 과염소산염류, 무기과산화물 그 밖에 지정수량이 50kg인 위험물
나. 제3류 위험물 중 칼륨, 나트륨, 알킬알루미늄, 알킬리튬, 황린 그 밖에 지정수량이 10kg 또는 20kg인 위험물
다. 제4류 위험물 중 특수인화물
라. 제5류 위험물 중 지정수량이 10kg인 위험물
마. 제6류 위험물

위험물	위험등급Ⅰ 위험물 품명
제1류 위험물	• 아염소산염류 • 염소산염류 • 과염소산염류 • 무기과산화물 • 그 밖에 지정수량이 50kg인 위험물
제3류 위험물	• 칼륨 • 나트륨 • 알킬알루미늄 • 알킬리튬 • 황린 • 그 밖에 지정수량이 10kg 또는 20kg인 위험물
제4류 위험물	• 특수인화물
제5류 위험물	• 지정수량이 10kg인 위험물
제6류 위험물	

2. 위험등급Ⅱ의 위험물

가. 제1류 위험물 중 브로민산염류, 질산염류, 아이오딘산염류, 그 밖에 지정수량이 300kg인 위험물
나. 제2류 위험물 중 황화인, 적린, 황, 그 밖에 지정수량이 100kg인 위험물
다. 제3류 위험물 중 알칼리금속(칼륨 및 나트륨을 제외한다) 및 알칼리토금속, 유기금속화합물(알킬알루미늄 및 알킬리튬을 제외한다) 그 밖에 지정수량이 50kg인 위험물
라. 제4류 위험물 중 제1석유류 및 알코올류
마. 제5류 위험물 중 제1호 라목에 정하는 위험물 외의 것

---

03 「위험물안전관리법 시행규칙」상 위험등급Ⅱ의 위험물에 해당하는 것은?
• 23. 경채

① 제3류 위험물 중 칼륨
② 제2류 위험물 중 적린
③ 제4류 위험물 중 특수인화물
④ 제1류 위험물 중 무기과산화물

정답 03. ②

3. 위험등급Ⅲ의 위험물 : 제1호 및 제2호에 정하지 아니한 위험물

위험물	위험등급Ⅰ 위험물 품명
제1류 위험물	• 브로민산염류 • 질산염류 • 아이오딘산염류 • 그 밖에 지정수량이 300㎏인 위험물
제3류 위험물	• 황화인 • 적린 • 황 • 그 밖에 지정수량이 100㎏인 위험물
제4류 위험물	• 알칼리금속(칼륨 및 나트륨을 제외한다) 및 • 알칼리토금속 • 유기금속화합물(알킬알루미늄 및 알킬리튬을 제외한다) • 그 밖에 지정수량이 50㎏인 위험물
제5류 위험물	• 제1석유류 및 알코올류

Ⅵ. 유별을 달리하는 위험물의 혼재기준

위험물의 구분	제1류	제2류	제3류	제4류	제5류	제6류
제1류		×	×	×	×	○
제2류	×		×	○	○	×
제3류	×	×		○	×	×
제4류	×	○	○		○	×
제5류	×	○	×	○		×
제6류	○	×	×	×	×	

비고

1. "×"표시는 혼재할 수 없음을 표시한다.
2. "○"표시는 혼재할 수 있음을 표시한다.
3. 이 표는 지정수량의 1/10 이하의 위험물에 대하여는 적용하지 아니한다.

2. 위험물의 운송(위험물안전관리법 제21조)

(1) 위험물의 운송

① 위험물운송자(운송책임자 및 이동탱크저장소 운전자)는 다음 각 호 어느 하나에 해당하는 요건을 갖추어야 한다.(법 제21조 제1항)
  ㉠ 「국가기술자격법」에 따른 위험물 분야의 자격을 취득할 것
  ㉡ 소방청장이 실시하는 안전교육을 수료할 것

> **행정형벌**
> 법 제37조 [벌칙]
> 다음 각 호의 어느 하나에 해당하는 자는 <u>1천만 원 이하의 벌금</u>에 처한다.
> 5. 제21조제1항 또는 제2항의 규정을 위반한 위험물운송자

② **대통령령**이 정하는 위험물의 운송에 있어서는 운송책임자의 감독 또는 지원을 받아 이를 운송하여야 한다. 운송책임자의 범위, 감독 또는 지원의 방법 등에 관한 구체적인 기준은 **행정안전부령**으로 정한다.(법 제21조 제2항)
  ㉠ 운송책임자의 감독 또는 지원을 받아 이를 운송하는 위험물(영 제19조)
  기출 10, 11, 15, 18, 24 공채 / 24 경채

  > ⓐ **알킬알루미늄**
  > ⓑ **알킬리튬**
  > ⓒ ⓐ 또는 ⓑ의 물질을 함유하는 위험물

  ㉡ 위험물의 운송기준(규칙 제52조)
    ⓐ 위험물 운송책임자의 자격
      1. 당해 위험물의 취급에 관한 국가기술자격을 취득하고 관련 업무에 **1년** 이상 종사한 경력이 있는 자
      2. 위험물의 운송에 관한 안전교육을 수료하고 관련 업무에 **2년** 이상 종사한 경력이 있는 자
    ⓑ 위험물 운송책임자의 감독 또는 지원의 방법과 위험물의 운송시에 준수하여야 하는 사항은 별표 21과 같다.

04
「위험물안전관리법 시행령」상 운송책임자의 감독 또는 지원을 받아 운송하여야 하는 위험물로 옳은 것은?
• 18. 하반기
① 알킬알루미늄, 알킬리튬
② 마그네슘, 염소류
③ 적린, 금속분
④ 황, 황산

05
「위험물안전관리법 시행령」상 운송책임자의 감독·지원을 받아 운송하여야 하는 위험물은?
① 염소산염류
② 알킬알루미늄
③ 마그네슘
④ 유기과산화물

06
「위험물안전관리법 시행규칙」상 위험물 운송책임자의 자격이 있는 사람은?
① 위험물 취급에 관한 국가자격증을 취득한 사람
② 위험물의 운송에 대한 안전교육을 수료한 사람
③ 위험물 취급에 관한 국가자격증을 취득한 후 관련 업무에 1년 이상 근무한 사람
④ 위험물의 운송에 대한 안전교육을 수료한 후 관련 업무에 1년 이상 근무한 사람

07
「위험물안전관리법」 및 같은 법 시행령상 운송책임자의 감독 및 지원을 받아 운송해야 하는 위험물로 옳은 것은?
• 24. 공채 / • 24. 경채
① 아세트알데하이드
② 유기과산화물
③ 알킬리튬
④ 질산염류

정답 04.① 05.② 06.③ 07.③

③ 위험물운송자는 이동탱크저장소에 의하여 위험물을 운송하는 때에는 **행정안전부령**으로 정하는 기준을 준수하는 등 당해 위험물의 안전확보를 위하여 세심한 주의를 기울여야 한다.(법 제21조 제3항)

행정질서벌

법 제39조 [과태료]

① 다음 각 호의 어느 하나에 해당하는 자에게는 <u>500만 원 이하의 과태료</u>를 부과한다.
9. 제21조제3항의 규정을 위반하여 위험물의 운송에 관한 기준을 따르지 아니한 자
    (1차 : 250, 2차 : 400, 3차 : 500)

관련법규

위험물안전관리법 시행규칙

제52조 [위험물의 운송기준]

① 법 제21조 제2항의 규정에 의한 위험물 운송책임자는 다음 각 호의 1에 해당하는 자로 한다.
  1. <u>당해 위험물의 취급에 관한 국가기술자격을 취득하고 관련 업무에 1년 이상 종사한 경력이 있는 자</u>
  2. <u>법 제28조 제1항의 규정에 의한 위험물의 운송에 관한 안전교육을 수료하고 관련 업무에 2년 이상 종사한 경력이 있는 자</u>

② 법 제21조 제2항의 규정에 의한 위험물 운송책임자의 감독 또는 지원의 방법과 법 제21조 제3항의 규정에 의한 위험물의 운송시에 준수하여야 하는 사항은 별표 21과 같다.

시행규칙 별표 21

【위험물 운송책임자의 감독 또는 지원의 방법과 위험물의 운송시에 준수하여야 하는 사항】

1. 운송책임자의 감독 또는 지원의 방법은 다음 각목의 1과 같다.
   가. 운송책임자가 이동탱크저장소에 동승하여 운송 중인 위험물의 안전확보에 관하여 운전자에게 필요한 감독 또는 지원을 하는 방법. 다만, 운전자가 운송책임자의 자격이 있는 경우에는 운송책임자의 자격이 없는 자가 동승할 수 있다.
   나. 운송의 감독 또는 지원을 위하여 마련한 별도의 사무실에 운송책임자가 대기하면서 다음의 사항을 이행하는 방법
      1) 운송경로를 미리 파악하고 관할소방관서 또는 관련업체(비상대응에 관한 협력을 얻을 수 있는 업체를 말한다)에 대한 연락체계를 갖추는 것
      2) 이동탱크저장소의 운전자에 대하여 수시로 안전확보 상황을 확인하는 것
      3) 비상시의 응급처치에 관하여 조언을 하는 것
      4) 그 밖에 위험물의 운송중 안전확보에 관하여 필요한 정보를 제공하고 감독 또는 지원하는 것

2. 이동탱크저장소에 의한 위험물의 운송시에 준수하여야 하는 기준은 다음 각목과 같다.
   가. 위험물운송자는 운송의 개시전에 이동저장탱크의 배출밸브 등의 밸브와 폐쇄장치, 맨홀 및 주입구의 뚜껑, 소화기 등의 점검을 충분히 실시할 것
   나. 위험물운송자는 장거리(고속국도에 있어서는 340km 이상, 그 밖의 도로에 있어서는 200km 이상을 말한다)에 걸치는 운송을 하는 때에는 2명 이상의 운전자로 할 것. 다만, 다음의 1에 해당하는 경우에는 그러하지 아니하다.
      1) 제1호가목의 규정에 의하여 운송책임자를 동승시킨 경우
      2) 운송하는 위험물이 제2류 위험물·제3류 위험물(칼슘 또는 알루미늄의 탄화물과 이것만을 함유한 것에 한한다)또는 제4류 위험물(특수인화물을 제외한다)인 경우
      3) 운송도중에 2시간 이내마다 20분 이상씩 휴식하는 경우
   다. 위험물운송자는 이동탱크저장소를 휴식·고장 등으로 일시 정차시킬 때에는 안전한 장소를 택하고 당해 이동탱크저장소의 안전을 위한 감시를 할 수 있는 위치에 있는 등 운송하는 위험물의 안전확보에 주의할 것
   라. 위험물운송자는 이동저장탱크로부터 위험물이 현저하게 새는 등 재해발생의 우려가 있는 경우에는 재난을 방지하기 위한 응급조치를 강구하는 동시에 소방관서 그 밖의 관계기관에 통보할 것
   마. 위험물(제4류 위험물에 있어서는 특수인화물 및 제1석유류에 한한다)을 운송하게 하는 자는 별지 제48호서식의 위험물안전카드를 위험물운송자로 하여금 휴대하게 할 것
   바. 위험물운송자는 위험물안전카드를 휴대하고 당해 카드에 기재된 내용에 따를 것. 다만, 재난 그 밖의 불가피한 이유가 있는 경우에는 당해 기재된 내용에 따르지 아니할 수 있다.

CHAPTER 04 O·X 문제

01 ⓞ

01 운송책임자의 감독 또는 지원을 받아 이를 운송하는 위험물
ⓐ 알킬알루미늄
ⓑ 알킬리튬
ⓒ ⓐ 또는 ⓑ의 물질을 함유하는 위험물

02 ⓧ 운반용기 검사자는 시·도지사이다.
(법 제20조 제2항)

02 운반용기 검사자는 소방본부장 또는 소방서장이다.

03 ⓧ 세부기준에 대한 설명이다.
중요기준 : 화재 등 위해의 예방과 응급조치에 있어서 큰 영향을 미치거나 그 기준을 위반하는 경우 직접적으로 화재를 일으킬 가능성이 큰 기준으로서 행정안전부령이 정하는 기준
(법 제20조 제1항)

03 위험물의 운반 중요기준은 화재 등 위해의 예방과 응급조치에 있어서 중요기준보다 상대적으로 적은 영향을 미치거나 그 기준을 위반하는 경우 간접적으로 화재를 일으킬 수 있는 기준 및 위험물의 안전관리에 필요한 표시와 서류·기구 등의 비치에 관한 기준으로서 행정안전부령이 정하는 기준

04 ⓞ

04 위험물운송자는「국가기술자격법」에 따른 위험물 분야의 자격을 취득 또는 소방청장이 실시하는 안전교육을 수료한 요건을 갖추어야 한다.

MEMO

CHAPTER 05 감독 및 조치명령

1 출입·검사 등(위험물안전관리법 제22조)

(1) 출입·검사

① 출입·검사권자 : **소방청장(중앙119구조본부장 및 그 소속 기관의 장 포함), 시·도지사, 소방본부장** 또는 **소방서장** (법 제22조 제1항)

② 위험물의 저장 또는 취급에 따른 화재의 예방 또는 진압대책을 위하여 필요한 때 검사한다.(법 제22조 제1항)

③ 위험물을 저장 또는 취급하고 있다고 인정되는 장소를 검사할 수 있다. (법 제22조 제1항)

④ **개인의 주거**는 관계인의 **승낙을 얻은 경우** 또는 **화재발생의 우려가 커서 긴급한 경우**가 **아니면 출입할 수 없다**.(법 제22조 제1항)

⑤ 출입·검사 방법(법 제22조 제1항)
　㉠ 관계인에 대하여 필요한 보고 또는 자료제출을 명령
　㉡ 관계공무원으로 하여금 당해 장소에 출입하여 그 장소의 위치·구조·설비 및 위험물의 저장·취급상황에 대하여 검사
　㉢ 관계인에게 질문
　㉣ 시험에 필요한 최소한의 위험물 또는 위험물로 의심되는 물품을 수거

행정형벌

제35조 [벌칙]

다음 각 호의 어느 하나에 해당하는 자는 <u>1년 이하의 징역 또는 1천만 원 이하의 벌금</u>에 처한다.

8. 제22조제1항(제22조의2제2항에서 준용하는 경우를 포함한다)의 규정에 따른 명령을 위반하여 보고 또는 자료제출을 하지 아니하거나 허위의 보고 또는 자료제출을 한 자 또는 관계공무원의 출입·검사 또는 수거를 거부·방해 또는 기피한 자

---

⑥ 출입·검사 등을 행하는 **관계공무원**은 법 또는 법에 근거한 명령 또는 조례의 규정에 적합하지 아니한 사항을 발견한 때에는 그 내용을 기재한 위험물제조소등 **소방검사서의 사본**을 검사현장에서 제조소등의 관계인에게 교부하여야 한다. 다만, 도로상에서 **주행 중인 이동탱크저장소**를 정지시켜 검사를 한 경우에는 **그러하지 아니하다**.(규칙 제76조)

---

01 「위험물안전관리법」상 위험물 제조소등에의 출입·검사권자는 (1), (2), (3), (4)이다. 옳은 것은?

① 소방청장, 시·도지사, 소방본부장, 소방서장
② 소방대장, 시·도지사, 소방청장, 소방본부장
③ 시·도지사, 소방청장, 소방서장, 소방공무원
④ 소방청장, 소방본부장, 소방서장, 소방대장

02 「위험물안전관리법」상 위험물 제조소등에의 출입·검사 방법 중 틀린 것은?

① 필요한 보고 또는 자료 제출
② 관계인에게 질문
③ 시험에 필요한 최대한의 위험물 또는 위험물로 의심되는 물품을 수거
④ 출입검사 등을 하는 관계공무원은 그 권한을 표시하는 증표를 지니고 관계인에게 제시

정답 01. ① 02. ③

⑦ 운송자격 확인 : **소방공무원 또는 경찰공무원**
　　소방공무원 또는 경찰공무원은 위험물운반자 또는 위험물운송자의 요건을 확인하기 위하여 필요하다고 인정하는 경우에는 주행 중인 위험물 운반 차량 또는 이동탱크저장소를 정지시켜 해당 위험물운반자 또는 위험물운송자에게 그 자격을 증명할 수 있는 국가기술자격증 또는 교육수료증의 제시를 요구할 수 있으며, 이를 제시하지 아니한 경우에는 주민등록증(모바일 주민등록증을 포함한다), 여권, 운전면허증 등 신원확인을 위한 증명서를 제시할 것을 요구하거나 신원확인을 위한 질문을 할 수 있다. 이 직무를 수행하는 경우에 있어서 소방공무원과 경찰공무원은 긴밀히 협력하여야 한다. (법 제22조 제2항)

행정형벌
법 제36조 [벌칙]
다음 각 호의 어느 하나에 해당하는 자는 <u>1천500만 원 이하의 벌금</u>에 처한다.
11. 제22조제2항에 따른 정지지시를 거부하거나 국가기술자격증, 교육수료증·신원확인을 위한 증명서의 제시 요구 또는 신원확인을 위한 질문에 응하지 아니한 사람

---

⑧ 출입·검사시간 (법 제22조 제3항)
　　㉠ 그 장소의 **공개시간이나 근무시간내**
　　㉡ **해가 뜬 후부터 해가 지기 전**까지의 시간내
　　㉢ 다만, 건축물 그 밖의 공작물의 관계인의 **승낙**을 얻은 경우 또는 화재발생의 **우려**가 커서 긴급한 필요가 있는 경우에는 **그러하지 아니하다.**
⑨ 비밀누설 금지 : 출입·검사 등을 행하는 **관계공무원**은 관계인의 정당한 업무를 방해하거나 출입·검사 등을 수행하면서 알게 된 비밀을 다른 자에게 누설 금지(법 제22조 제4항)

행정형벌
법 제37조 [벌칙]
다음 각 호의 어느 하나에 해당하는 자는 <u>1천만 원 이하의 벌금</u>에 처한다.
6. 제22조제4항(제22조의2제2항에서 준용하는 경우를 포함한다)의 규정을 위반하여 관계인의 정당한 업무를 방해하거나 출입·검사 등을 수행하면서 알게 된 비밀을 누설한 자

---

⑩ 탱크시험자 명령 : **시·도지사, 소방본부장 또는 소방서장**
　　시·도지사, 소방본부장 또는 소방서장은 탱크시험자에게 탱크시험자의 등록 또는 그 업무에 관하여 필요한 **보고 또는 자료제출**을 명하거나 관계공무원으로 하여금 당해 사무소에 **출입**하여 업무의 상황·시험기구·장부·서류와 그 밖의 물건을 검사하게 하거나 관계인에게 **질문**하게 할 수 있다.(법 제22조 제5항)

행정형벌

법 제36조 [벌칙]

다음 각 호의 어느 하나에 해당하는 자는 <u>1천500만 원 이하의 벌금</u>에 처한다.

12. 제22조제5항의 규정에 따른 명령을 위반하여 보고 또는 자료제출을 하지 아니하거나 허위의 보고 또는 자료제출을 한 자 및 관계공무원의 출입 또는 조사·검사를 거부·방해 또는 기피한 자

⑪ 증표 제시 : 출입·검사 등을 하는 관계 공무원은 그 권한을 표시하는 증표를 지니고 관계인에게 이를 내보여야 한다. (법 제22조 제6항)

🔖 **관련법규**

위험물안전관리법 시행규칙

제76조 [소방검사서]

법 제22조제1항의 규정에 의한 출입·검사 등을 행하는 관계공무원은 법 또는 법에 근거한 명령 또는 조례의 규정에 적합하지 아니한 사항을 발견한 때에는 그 내용을 기재한 별지 제47호서식의 위험물제조소등 소방검사서의 사본을 검사현장에서 제조소등의 관계인에게 교부하여야 한다. 다만, 도로상에서 주행중인 이동탱크저장소를 정지시켜 검사를 한 경우에는 그러하지 아니하다.

memo

2 위험물 누출 등의 사고 조사(위험물안전관리법 제22조의2)

기출 13 공채

① 소방청장, 소방본부장 또는 소방서장은 위험물의 누출·화재·폭발 등의 사고가 발생한 경우 사고의 원인 및 피해 등을 조사하여야 한다.(법 제22조의2 제1항)

② **소방청장, 소방본부장** 또는 **소방서장**은 제1항에 따른 사고 조사에 필요한 경우 자문을 하기 위하여 관련 분야에 전문지식이 있는 사람으로 구성된 **사고조사위원회를 둘 수 있다.**(법 제22조의2 제3항)

③ 사고조사위원회의 구성과 운영 등에 필요한 사항은 **대통령령**으로 정한다.
 (법 제22조의2 제4항)
   ㉠ 사고조사위원회의 구성 등(영 제19조의2)
     ⓐ 사고조사위원회는 위원장 1명을 포함하여 **7명 이내**의 위원으로 구성한다.
     ⓑ 위원회의 위원은 다음 각 호의 어느 하나에 해당하는 사람 중에서 **소방청장, 소방본부장 또는 소방서장**이 임명하거나 위촉하고, 위원장은 위원 중에서 **소방청장, 소방본부장 또는 소방서장**이 임명하거나 위촉한다.
      1. 소속 소방공무원
      2. 기술원의 임직원 중 위험물 안전관리 관련 업무에 **5년** 이상 종사한 사람
      3. 「소방기본법」에 따른 한국소방안전원의 임직원 중 위험물 안전관리 관련 업무에 **5년** 이상 종사한 사람
      4. 위험물로 인한 사고의 원인·피해 조사 및 위험물 안전관리 관련 업무 등에 관한 학식과 경험이 풍부한 사람
     ⓒ ⓑ 제2호부터 제4호까지의 규정에 따라 위촉되는 민간위원의 임기는 **2년**으로 하며, **한 차례만 연임**할 수 있다.
     ⓓ 위원회에 출석한 위원에게는 예산의 범위에서 수당, 여비, 그 밖에 필요한 **경비를 지급할 수 있다.** 다만, 공무원인 위원이 그 소관 업무와 직접적으로 관련되어 위원회에 출석하는 경우에는 지급하지 않는다.
     ⓔ ⓐ부터 ⓓ까지에서 규정한 사항 외에 위원회의 구성 및 운영에 필요한 사항은 **소방청장**이 정하여 고시할 수 있다.

03
「위험물안전관리법」상 위험물의 누출·화재·폭발 등의 사고가 발생한 경우 사고의 원인 및 피해 등을 조사하여야 하는 자로 옳지 않은 것은?
• 18. 하반기
① 시·도지사 ② 소방청장
③ 소방본부장 ④ 소방서장

✔ **하도급계약심사위원회**
- 임기 3년

정답 03. ①

> **관련법규**
>
> **위험물안전관리법 시행령**
>
> **제19조의2 [사고조사위원회의 구성 등]**
>
> ① 법 제22조의2 제3항에 따른 사고조사위원회(이하 이 조에서 "위원회"라 한다)는 위원장 1명을 포함하여 7명 이내의 위원으로 구성한다.
> ② 위원회의 위원은 다음 각 호의 어느 하나에 해당하는 사람 중에서 소방청장, 소방본부장 또는 소방서장이 임명하거나 위촉하고, 위원장은 위원 중에서 소방청장, 소방본부장 또는 소방서장이 임명하거나 위촉한다.
>   1. 소속 소방공무원
>   2. 기술원의 임직원 중 위험물 안전관리 관련 업무에 5년 이상 종사한 사람
>   3. 「소방기본법」 제40조에 따른 한국소방안전원(이하 "안전원"이라 한다)의 임직원 중 위험물 안전관리 관련 업무에 5년 이상 종사한 사람
>   4. 위험물로 인한 사고의 원인·피해 조사 및 위험물 안전관리 관련 업무 등에 관한 학식과 경험이 풍부한 사람
> ③ 제2항 제2호부터 제4호까지의 규정에 따라 위촉되는 민간위원의 임기는 2년으로 하며, 한 차례만 연임할 수 있다.
> ④ 위원회에 출석한 위원에게는 예산의 범위에서 수당, 여비, 그 밖에 필요한 경비를 지급할 수 있다. 다만, 공무원인 위원이 그 소관 업무와 직접적으로 관련되어 위원회에 출석하는 경우에는 지급하지 않는다.
> ⑤ 제1항부터 제4항까지에서 규정한 사항 외에 위원회의 구성 및 운영에 필요한 사항은 소방청장이 정하여 고시할 수 있다.

memo

● 위원회등 인원 정리

법	분류	구성
소방기본법	소방박물관 운영위원회	7인 이내의 위원
	소방기술민원센터	센터장 포함 18명 이내
	한국소방안전원 교육평가심의위원회	위원장 1명을 포함하여 9명 이하
	한국소방안전원	원장 1명을 포함한 9명 이내의 이사와 1명의 감사
	손실보상심의 위원회	위원장 1명을 포함하여 5명 이상 7명 이하 100만 원 이하 - 소속 소방공무원 3명 가능

법	분류	구성
소방시설법	성능위주설계 평가단	평가단장 1포함하여 50명 이내
	성능위주설계 평가단 회의	평가단장과 평가단장이 회의마다 지명하는 6명 이상 8명 이하의 평가단원 (변경신고의 경우 5명 이상 가능)
	중앙소방기술심의위원회	위원장을 포함한 60명 이내
	중앙소방기술심의위원회 회의	위원장과 위원장이 회의마다 지정하는 6명 이상 12명 이하
	지방소방기술심의위원회	위원장을 포함하여 5명 이상 9명 이하

법	분류	구성
화재예방법	중앙화재안전조사단 및 지방화재안전조사단	단장을 포함하여 50명 이내
	화재안전조사위원회	위원장 1명을 포함한 7명 이내
	화재안전영향평가심의회	위원장 1명을 포함한 12명 이내

법	분류	구성
공사업법	하도급계약심사위원회의	위원장 1명과 부위원장 1명을 포함하여 10명 이내
	소방시설업자협회의 설립인가	소방시설업자 10명 이상이 발기

법	분류	구성
위험물법	사고조사위원회	위원장 1명을 포함하여 7명 이내의 위원

04
「위험물안전관리법」상 탱크시험자에 대한 명령권자가 아닌 것은?

① 소방청장
② 소방본부장
③ 소방서장
④ 시·도지사

05
「위험물안전관리법」상 무허가장소의 위험물에 대한 조치명령 중 잘못된 것은?

① 명령권자는 시·도지사, 소방본부장 또는 소방서장이다.
② 위험물의 재해 방지를 위해 명령할 수 있다.
③ 명령 대상은 허가를 받지 아니하고 지정수량 미만의 위험물을 저장 또는 취급하는 자이다.
④ 조치명령 내용은 당해 위험물 및 시설의 제거조치명령

3 탱크시험자에 대한 명령(위험물안전관리법 제23조)

① 명령권자는 **시·도지사, 소방본부장** 또는 **소방서장**이다.
② 탱크시험자에 대하여 당해 업무를 적정하게 실시하기 위해 필요한 때 감독상 필요한 명령할 수 있다.
③ 명령 대상 : 탱크시험자

행정형벌

법 제36조 [벌칙]

다음 각 호의 어느 하나에 해당하는 자는 <u>1천500만 원 이하의 벌금</u>에 처한다.
13. 제23조의 규정에 따른 탱크시험자에 대한 감독상 명령에 따르지 아니한 자

4 무허가장소의 위험물에 대한 조치명령(위험물안전관리법 제24조)

① 명령권자는 **시·도지사, 소방본부장** 또는 **소방서장**이다.
② 위험물에 의한 재해를 방지하기 위하여 명령할 수 있다.
③ 명령 대상 : 허가를 받지 아니하고 지정수량 이상의 위험물을 저장 또는 취급하는 자
④ 조치명령 내용 : 그 위험물 및 시설의 제거 등 필요한 조치명령

행정형벌

법 제36조 [벌칙]

다음 각 호의 어느 하나에 해당하는 자는 <u>1천500만 원 이하의 벌금</u>에 처한다.
14. 제24조의 규정에 따른 무허가장소의 위험물에 대한 조치명령에 따르지 아니한 자

정답 04. ① 05. ③

5 제조소등에 대한 긴급 사용정지명령 등(위험물안전관리법 제25조)

① 명령권자는 **시·도지사, 소방본부장** 또는 **소방서장**이다.
② 공공의 안전을 유지하거나 재해의 발생을 방지하기 위하여 명령할 수 있다.
③ 명령 대상 : 긴급한 필요가 있다고 인정하는 때에는 제조소등의 관계인
④ 당해 제조소등의 사용을 일시정지하거나 그 사용을 제한할 것을 명할 수 있다.

> **행정형벌**
> 제35조 [벌칙]
> 다음 각 호의 어느 하나에 해당하는 자는 <u>1년 이하의 징역 또는 1천만 원 이하의 벌금</u>에 처한다.
> 9. 제25조의 규정에 따른 제조소등에 대한 긴급 사용정지·제한명령을 위반한 자

6 저장·취급기준 준수명령 등(위험물안전관리법 제26조)

① 명령권자는 **시·도지사, 소방본부장** 또는 **소방서장**이다.(법 제26조 제1항)
② 제조소등에서의 위험물의 저장 또는 취급이 규정에 위반된다고 인정하는 때에는 당해 제조소등의 관계인에 대하여 동항의 기준에 따라 위험물을 저장 또는 취급하도록 명할 수 있다.(법 제26조 제1항)
③ 관할하는 구역에 있는 이동탱크저장소에서의 위험물의 저장 또는 취급이 규정에 위반된다고 인정하는 때에는 당해 이동탱크저장소의 관계인에 대하여 동항의 기준에 따라 위험물을 저장 또는 취급하도록 명할 수 있다.(법 제26조 제2항)
④ 시·도지사, 소방본부장 또는 소방서장은 이동탱크저장소의 관계인에 대하여 명령을 한 경우에는 **행정안전부령**이 정하는 바에 따라 당해 이동탱크저장소의 허가를 한 시·도지사, 소방본부장 또는 소방서장에게 신속히 그 취지를 통지하여야 한다.(법 제26조 제3항)
　㉠ 이동탱크저장소에 관한 통보사항(규칙 제77조)
　　시·도지사, 소방본부장 또는 소방서장은 이동탱크저장소의 관계인에 대하여 위험물의 저장 또는 취급기준 준수명령을 한 때에는 다음 각호의 사항을 당해 이동탱크저장소의 **허가를 한 소방서장**에게 통보하여야 한다.
　　　ⓐ 명령을 한 시·도지사, 소방본부장 또는 소방서장
　　　ⓑ 명령을 받은 자의 성명·명칭 및 주소

ⓒ 명령에 관계된 이동탱크저장소의 설치자, 상치장소 및 설치 또는 변경의 허가번호

ⓓ 위반내용

ⓔ 명령의 내용 및 그 이행사항

ⓕ 그 밖에 명령을 한 시·도지사, 소방본부장 또는 소방서장이 통보할 필요가 있다고 인정하는 사항

행정형벌

법 제36조 [벌칙]

다음 각 호의 어느 하나에 해당하는 자는 <u>1천500만 원 이하의 벌금</u>에 처한다.
15. 제26조제1항·제2항의 규정에 따른 저장·취급기준 준수명령 또는 응급조치명령을 위반한 자

관련법규

위험물안전관리법 시행규칙

제77조 [이동탱크저장소에 관한 통보사항]

시·도지사, 소방본부장 또는 소방서장은 법 제26조제3항의 규정에 의하여 이동탱크저장소의 관계인에 대하여 위험물의 저장 또는 취급기준 준수명령을 한 때에는 다음 각호의 사항을 당해 이동탱크저장소의 허가를 한 소방서장에게 통보하여야 한다.

1. 명령을 한 시·도지사, 소방본부장 또는 소방서장
2. 명령을 받은 자의 성명·명칭 및 주소
3. 명령에 관계된 이동탱크저장소의 설치자, 상치장소 및 설치 또는 변경의 허가번호
4. 위반내용
5. 명령의 내용 및 그 이행사항
6. 그 밖에 명령을 한 시·도지사, 소방본부장 또는 소방서장이 통보할 필요가 있다고 인정하는 사항

7 응급조치 · 통보 및 조치명령(위험물안전관리법 제27조)

(1) 응급조치 · 통보
① 제조소등의 **관계인**은 당해 제조소등에서 위험물의 유출 그 밖의 사고가 발생한 때에는 즉시 그리고 지속적으로 위험물의 유출 및 확산의 방지, 유출된 위험물의 제거 그 밖에 재해의 발생방지를 위한 **응급조치**를 강구하여야 한다.
(법 제27조 제1항)

② 사태를 발견한 자는 즉시 그 사실을 **소방서, 경찰서** 또는 그 밖의 **관계기관**에 **통보**하여야 한다.(법 제27조 제2항)

(2) 응급조치 명령
① **소방본부장 또는 소방서장**은 제조소등의 **관계인**이 응급조치를 강구하지 아니하였다고 인정하는 때에는 응급조치를 강구하도록 명할 수 있다.
(법 제27조 제3항)

② **소방본부장 또는 소방서장**은 그 관할하는 구역에 있는 이동탱크저장소의 **관계인**에 대하여 응급조치를 강구하도록 명할 수 있다.(법 제27조 제4항)

행정형벌

제36조 [벌칙]
다음 각 호의 어느 하나에 해당하는 자는 1천500만 원 이하의 벌금에 처한다.
15. 제27의 규정에 따른 저장·취급기준 준수명령 또는 응급조치명령을 위반한 자

CHAPTER 05 O·X 문제

01 ⭕

01 위험물 제조소등의 출입·검사권자는 소방청장, 시·도지사, 소방본부장 또는 소방서장이다.

02 ⭕

02 출입·검사 등은 그 장소의 공개시간이나 근무시간 내 또는 해가 뜬 후부터 해가 지기 전까지의 시간 내에 행하여야 한다. 다만, 건축물 그 밖의 공작물의 관계인의 승낙을 얻은 경우 또는 화재발생의 우려가 커서 긴급한 필요가 있는 경우에는 그러하지 아니하다.

03 ❌ 명령권자는 시·도지사, 소방본부장 또는 소방서장이다.
(법 제23조)

03 탱크시험자에 대한 명령권자는 소방청장, 시·도지사, 소방본부장 또는 소방서장이다.

04 ⭕

04 소방청장, 소방본부장 또는 소방서장은 위험물의 누출·화재·폭발 등의 사고가 발생한 경우 사고의 원인 및 피해 등을 조사하여야 한다.

05 ❌ 소방청장, 소방본부장 또는 소방서장은 제1항에 따른 사고 조사에 필요한 경우 자문을 하기 위하여 관련 분야에 전문지식이 있는 사람으로 구성된 사고조사위원회를 둘 수 있다.
(법 제22조의2 제3항)

05 시·도지사는 사고 조사에 필요한 경우 자문을 하기 위하여 관련 분야에 전문지식이 있는 사람으로 구성된 사고조사위원회를 둘 수 있다.

MEMO

CHAPTER 06 보칙

1 안전교육(위험물안전관리법 제28조)

(1) 안전교육

① 안전교육 실시권자 : **소방청장** (법 제28조 제1항)

안전관리자・탱크시험자・위험물운반자・위험물운송자 등 위험물의 안전관리와 관련된 업무를 수행하는 자로서 **대통령령**이 정하는 자는 해당 업무에 관한 능력의 습득 또는 향상을 위하여 **소방청장**이 실시하는 교육을 받아야 한다. (법 제28조 제1항)

② 안전교육 종류(규칙 제78조) : **강습교육, 실무교육**

③ 안전교육 대상자(영 제20조) [기출 11 공채]

  ㉠ **안전관리자**로 선임된 자
  ㉡ **탱크시험자**의 기술인력으로 종사하는 자
  ㉢ **위험물운반자**로 종사하는 자
  ㉣ **위험물운송자**로 종사하는 자

④ 제조소등의 **관계인**은 ②의 규정에 따른 **교육대상자**에 대하여 필요한 안전교육을 받게 하여야 한다.(법 제28조 제2항)

⑤ 교육의 과정 및 기간과 그 밖에 교육의 실시에 관하여 필요한 사항은 **행정안전부령**으로 정한다.(법 제28조 제3항)

  ㉠ 안전교육의 과정・기간과 그 밖의 교육의 실시에 관한 사항은 별표 24와 같다.
  ㉡ **기술원 또는 한국소방안전원**은 **매년** 교육실시계획을 수립하여 교육을 실시하는 해의 **전년도 말**까지 소방청장의 **승인**을 받아야 하고, 해당 연도 교육실시결과를 교육을 실시한 해의 다음 연도 **1월 31일**까지 소방청장에게 **보고**하여야 한다.
  ㉢ **소방본부장**은 매년 **10월말**까지 관할구역 안의 실무교육대상자 현황을 **안전원**에 **통보**하고 관할구역 안에서 안전원이 실시하는 안전교육에 관하여 **지도・감독**하여야 한다

⑥ **시・도지사, 소방본부장** 또는 **소방서장**은 교육대상자가 **교육을 받지 아니한 때**에는 그 교육대상자가 교육을 받을 때까지 이 법의 규정에 따라 그 자격으로 행하는 행위를 **제한할 수 있다**.(법 제28조 제4항)

---

01 ● 1 2 3

「위험물안전관리법」 및 같은 법 시행령상 안전교육에 대한 다음 설명 중 가장 타당하지 않은 것은?

① 소방청장은 교육대상자에 대하여 필요한 안전교육을 받게 하여야 한다.
② 안전관리자로 선임된 자는 해당 업무에 관한 능력의 습득 또는 향상을 위하여 소방청장이 실시하는 교육을 받아야 한다.
③ 탱크시험자의 기술인력으로 종사하는 자는 해당 업무에 관한 능력의 습득 또는 향상을 위하여 소방청장이 실시하는 교육을 받아야 한다.
④ 위험물운송자로 종사하는 자는 해당 업무에 관한 능력의 습득 또는 향상을 위하여 소방청장이 실시하는 교육을 받아야 한다.

정답 01. ①

관련법규

위험물안전관리법 시행규칙

제78조 [안전교육]

① 안전교육은 법 제28조제1항 및 영 제20조 각 호의 사람을 대상으로 하는 교육(이하 "실무교육"이라 한다)과 영 제22조제1항제1호가목·나목의 사람을 대상으로 하는 교육(이하 "강습교육"이라 한다)으로 구분한다.
② 제1항에 따른 안전교육의 과정·기간과 그 밖의 교육의 실시에 관한 사항은 별표 24와 같다.
③ 기술원 또는 「소방기본법」 제40조에 따른 한국소방안전원(이하 "안전원"이라 한다)은 매년 교육실시계획을 수립하여 교육을 실시하는 해의 전년도 말까지 소방청장의 승인을 받아야 하고, 해당 연도 교육실시결과를 교육을 실시한 해의 다음 연도 1월 31일까지 소방청장에게 보고하여야 한다.
④ 소방본부장은 매년 10월말까지 관할구역 안의 실무교육대상자 현황을 안전원에 통보하고 관할구역 안에서 안전원이 실시하는 안전교육에 관하여 지도·감독하여야 한다.

【안전교육의 과정·기간과 그 밖의 교육의 실시에 관한 사항 등】 시행규칙 별표24

1. 교육과정·교육대상자·교육시간·교육시기 및 교육기관

교육과정	교육대상자	교육시간	교육시기	교육기관
강습교육	안전관리자가 되려는 사람	24시간	최초 선임되기 전	안전원
	위험물운반자가 되려는 사람	8시간	최초 종사하기 전	안전원
	위험물운송자가 되려는 사람	16시간	최초 종사하기 전	안전원
실무교육	안전관리자	8시간	가. 제조소등의 안전관리자로 선임된 날부터 6개월 이내 나. 가목에 따른 교육을 받은 후 2년마다 1회	안전원
	위험물운반자	4시간	가. 위험물운반자로 종사한 날부터 6개월 이내 나. 가목에 따른 교육을 받은 후 3년마다 1회	안전원
	위험물운송자	8시간	가. 이동탱크저장소의 위험물운송자로 종사한 날부터 6개월 이내 나. 가목에 따른 교육을 받은 후 3년마다 1회	안전원
	탱크시험자의 기술인력	8시간	가. 탱크시험자의 기술인력으로 등록한 날부터 6개월 이내 나. 가목에 따른 교육을 받은 후 2년마다 1회	기술원

비고

1. 안전관리자, 위험물운반자 및 위험물운송자 강습교육의 공통과목에 대하여 어느 하나의 강습교육 과정에서 교육을 받은 경우에는 나머지 강습교육 과정에서도 교육을 받은 것으로 본다.

2. 안전관리자, 위험물운반자 및 위험물운송자 실무교육의 공통과목에 대하여 어느 하나의 실무교육 과정에서 교육을 받은 경우에는 나머지 실무교육 과정에서도 교육을 받은 것으로 본다.
3. 안전관리자 및 위험물운송자의 실무교육 시간 중 일부(4시간 이내)를 사이버교육의 방법으로 실시할 수 있다. 다만, 교육대상자가 사이버교육의 방법으로 수강하는 것에 동의하는 경우에 한정한다.

2. 교육계획의 공고 등
  가. 안전원의 원장은 강습교육을 하고자 하는 때에는 매년 1월 5일까지 일시, 장소, 그 밖에 강습의 실시에 관한 사항을 공고할 것
  나. 기술원 또는 안전원은 실무교육을 하고자 하는 때에는 교육실시 10일 전까지 교육대상자에게 그 내용을 통보할 것

3. 교육신청
  가. 강습교육을 받고자 하는 자는 안전원이 지정하는 교육일정 전에 교육수강을 신청할 것
  나. 실무교육 대상자는 교육일정 전까지 교육수강을 신청할 것

4. 교육일시 통보
  기술원 또는 안전원은 제3호에 따라 교육신청이 있는 때에는 교육실시 전까지 교육대상자에게 교육장소와 교육일시를 통보하여야 한다.

5. 기타
  기술원 또는 안전원은 교육대상자별 교육의 과목·시간·실습 및 평가, 강사의 자격, 교육의 신청, 교육수료증의 교부·재교부, 교육수료증의 기재사항, 교육수료자명부의 작성·보관 등 교육의 실시에 관하여 필요한 세부사항을 정하여 소방청장의 승인을 받아야 한다. 이 경우 안전관리자, 위험물운반자 및 위험물운송자 강습교육의 과목에는 각 강습교육별로 다음 표에 정한 사항을 포함하여야 한다.

교육과정	교육내용	
안전관리자 강습교육	• 제4류 위험물의 품명별 일반성질, 화재예방 및 소화의 방법	• 연소 및 소화에 관한 기초이론 • 모든 위험물의 유별 공통성질과 화재예방 및 소화의 방법 • 위험물안전관리법령 및 위험물의 안전관리에 관계된 법령
위험물운반자 강습교육	• 위험물운반에 관한 안전기준	
위험물운송자 강습교육	• 이동탱크저장소의 구조 및 설비작동법 • 위험물운송에 관한 안전기준	

2　청문(위험물안전관리법 제29조)

(1) 청문
① 실시권자 : **시·도지사, 소방본부장** 또는 **소방서장**
② 청문 대상 : **제조소등의 설치허가 취소, 탱크시험자의 등록취소**

	소방시설법	화재조사법	화재예방법	소방시설 공사업법	위험물 안전관리법
청문 권자	소방청장 또는 시·도지사	소방청장	소방청장 또는 시·도지사		시·도지사, 소방본부장 또는 소방서장
대상	1. 소방시설관리사 자격의 취소 및 정지 2. 소방시설관리업의 등록취소 및 영업정지 3. 소방용품의 형식승인 취소 및 제품검사 중지 4. 성능인증의 취소 5. 우수품질인증의 취소 6. 제품검사 전문기관의 지정취소 및 업무정지	1. 화재감정 기관의 지정 취소	1. 소방안전 관리자의 자격 취소 2. 진단기관의 지정 취소	1. 소방시설업 등록취소 처분 2. 소방시설업 영업정지 처분 3. 소방기술 인정 자격 취소 처분	1. 제조소등의 설치허가 취소 2. 탱크시험 자의 등록 취소

02
「위험물안전관리법」상 청문권자로 옳지 않은 것은?
① 시·도지사
② 소방본부장
③ 소방서장
④ 소방청장

03
「위험물안전관리법」상 다음 설명 중 옳지 않은 것은?
① 시·도지사는 제조소등 설치허가의 취소처분을 할 수 있다.
② 시·도지사는 탱크시험자의 등록취소의 처분을 할 수 있다.
③ 시·도지사, 소방본부장 또는 소방서장이 제조소등 설치허가의 취소처분을 하고자 할 경우 청문절차를 밟아야 한다.
④ 시·도지사, 소방본부장 또는 소방서장이 탱크시험자의 등록취소의 처분을 할 경우에는 청문절차를 거치지 아니할 수 있다.

정답 02. ④　03. ④

3 위험물 안전관리에 관한 협회(위험물안전관리법 제29조의2)

(1) 위험물 안전관리에 관한 협회(법 제29조의2)

① 제조소등의 관계인, 위험물운송자, 탱크시험자 및 안전관리자의 업무를 위탁받아 수행할 수 있는 **안전관리대행기관으로 소방청장의 지정을 받은 자**는 위험물의 안전관리, 사고 예방을 위한 안전기술 개발, 그 밖에 위험물 안전관리의 건전한 발전을 도모하기 위하여 위험물 안전관리에 관한 **협회**를 설립할 수 있다.

② 협회는 법인으로 한다.

③ 협회는 **소방청장의 인가**를 받아 주된 사무소의 소재지에 설립등기를 함으로써 성립한다.

④ 협회의 설립인가 절차 및 정관의 기재사항 등에 관하여 필요한 사항은 **대통령령**으로 정한다.

⑤ 협회의 업무는 정관으로 정한다.

⑥ 협회에 관하여 이 법에서 규정한 것 외에는 「민법」 중 **사단법인**에 관한 규정을 준용한다.

✓ 법인비교

사단법인	• 한국119청소년단 (소방기본법) • 소방시설업자협회 (공사업법) • 위험물 안전관리에 관한 협회(위험물법)
재단법인	• 한국소방안전원 (소방기본법)

memo

4 권한의 위임·위탁(위험물안전관리법 제30조)

(1) 권한의 위임
① 소방청장 또는 시·도지사는 이 법에 따른 권한의 일부를 **대통령령**이 정하는 바에 따라 시·도지사, 소방본부장 또는 소방서장에게 위임할 수 있다. (법 제30조 제1항)

㉠ **시·도지사**는 다음 각 호의 권한을 **소방서장**에게 위임한다. 다만, 동일한 시·도에 있는 둘 이상의 소방서장의 관할구역에 걸쳐 설치되는 이송취급소에 관련된 권한을 제외한다.(영 제21조)

ⓐ 제조소등의 설치허가 또는 변경허가
ⓑ 위험물의 품명·수량 또는 지정수량의 배수의 변경신고의 수리
ⓒ 군사목적 또는 군부대시설을 위한 제조소등을 설치하거나 그 위치·구조 또는 설비의 변경에 관한 군부대의 장과의 협의
ⓓ 탱크안전성능검사(기술원에 위탁하는 것 제외)
ⓔ 완공검사(기술원에 위탁하는 것 제외)
ⓕ 제조소등의 설치자의 지위승계신고의 수리
ⓖ 제조소등의 용도폐지신고의 수리
ⓗ 제조소등의 사용 중지신고 또는 재개신고의 수리
ⓘ 안전조치의 이행명령
ⓙ 제조소등의 설치허가의 취소와 사용정지
ⓚ 과징금처분
ⓛ 예방규정의 수리·반려 및 변경명령
ⓜ 정기점검 결과의 수리

(2) 업무의 위탁(영 제22조)

① 소방청장, 시·도지사, 소방본부장 또는 소방서장은 이 법에 따른 업무의 일부를 **대통령령**이 정하는 바에 따라 **한국소방안전원 또는 기술원**에 위탁할 수 있다.

업무	위탁
• 위험물운반자 또는 위험물운송자의 요건을 갖추려는 사람에 대한 안전교육 • 위험물취급자격자의 자격을 갖추려는 사람에 대한 안전교육 • 안전관리자로 선임된 자에 대한 안전교육 • 위험물운반자로 종사하는 자에 대한 안전교육 • 위험물운송자로 종사하는 자에 대한 안전교육	소방청장 → 안전원
• 탱크시험자에 대한 안전교육	소방청장 → 기술원

㉠ 다음의 탱크에 대한 탱크안전성능검사
  • 용량이 100만리터 이상인 액체위험물을 저장하는 탱크
  • 암반탱크
  • 지하탱크저장소의 위험물탱크 중 이중벽탱크
㉡ 다음의 완공검사
  • 지정수량의 1천배 이상의 위험물을 취급하는 제조소 또는 일반취급소의 설치 또는 변경(사용 중인 제조소 또는 일반취급소의 보수 또는 부분적인 증설은 제외한다)에 따른 완공검사
  • 옥외탱크저장소(저장용량이 50만 리터 이상인 것만 해당한다) 또는 암반탱크저장소의 설치 또는 변경에 따른 완공검사
㉢ 운반용기 검사
	시·도지사 → 기술원

정기검사	소방본부장 또는 소방서장 → 기술원

> **관련법규**
>
> **위험물안전관리법 시행령**
>
> **제21조 [권한의 위임]**
>
> 시·도지사는 법 제30조제1항에 따라 다음 각 호의 권한을 소방서장에게 위임한다. 다만, 동일한 시·도에 있는 둘 이상의 소방서장의 관할구역에 걸쳐 설치되는 이송취급소에 관련된 권한을 제외한다.
>
> 1. 법 제6조제1항의 규정에 의한 제조소등의 설치허가 또는 변경허가
> 2. 법 제6조제2항의 규정에 의한 위험물의 품명·수량 또는 지정수량의 배수의 변경신고의 수리
> 3. 법 제7조제1항의 규정에 의하여 군사목적 또는 군부대시설을 위한 제조소등을 설치하거나 그 위치·구조 또는 설비의 변경에 관한 군부대의 장과의 협의

4. 법 제8조제1항에 따른 탱크안전성능검사(제22조제2항제1호에 따라 기술원에 위탁하는 것을 제외한다)
5. 법 제9조에 따른 완공검사(제22조제2항제2호에 따라 기술원에 위탁하는 것을 제외한다)
6. 법 제10조제3항의 규정에 의한 제조소등의 설치자의 지위승계신고의 수리
7. 법 제11조의 규정에 의한 제조소등의 용도폐지신고의 수리
7의2. 법 제11조의2제2항에 따른 제조소등의 사용 중지신고 또는 재개신고의 수리
7의3. 법 제11조의2제3항에 따른 안전조치의 이행명령
8. 법 제12조의 규정에 의한 제조소등의 설치허가의 취소와 사용정지
9. 법 제13조의 규정에 의한 과징금처분
10. 법 제17조의 규정에 의한 예방규정의 수리·반려 및 변경명령
11. 법 제18조제2항에 따른 정기점검 결과의 수리

제22조 [업무의 위탁]

① 소방청장은 법 제30조제2항에 따라 다음 각 호의 구분에 따른 안전교육에 관한 업무를 안전원 또는 기술원에 위탁한다.
  1. 안전원: 다음 각 목의 어느 하나에 해당하는 사람에 대한 안전교육
    가. 법 제20조제2항제2호 및 제21조제1항에 따라 위험물운반자 또는 위험물운송자의 요건을 갖추려는 사람
    나. 제11조제1항 및 별표 5 제2호에 따라 위험물취급자격자의 자격을 갖추려는 사람
    다. 제20조제1호, 제3호 및 제4호에 해당하는 사람
  2. 기술원: 제20조제2호에 해당하는 사람에 대한 안전교육
② 시·도지사는 법 제30조제2항에 따라 다음 각 호의 업무를 기술원에 위탁한다.
  1. 법 제8조제1항에 따른 탱크안전성능검사 중 다음 각 목의 탱크에 대한 탱크안전성능검사
    가. 용량이 100만리터 이상인 액체위험물을 저장하는 탱크
    나. 암반탱크
    다. 지하탱크저장소의 위험물탱크 중 행정안전부령으로 정하는 액체위험물탱크
  2. 법 제9조제1항에 따른 완공검사 중 다음 각 목의 완공검사
    가. 지정수량의 1천배 이상의 위험물을 취급하는 제조소 또는 일반취급소의 설치 또는 변경(사용 중인 제조소 또는 일반취급소의 보수 또는 부분적인 증설은 제외한다)에 따른 완공검사
    나. 옥외탱크저장소(저장용량이 50만 리터 이상인 것만 해당한다) 또는 암반탱크저장소의 설치 또는 변경에 따른 완공검사
  3. 법 제20조제3항에 따른 운반용기 검사
③ 소방본부장 또는 소방서장은 법 제30조제2항에 따라 법 제18조제3항에 따른 정기검사를 기술원에 위탁한다.

5 수수료 등(위험물안전관리법 제31조)

다음 각 호의 어느 하나에 해당하는 승인·허가·검사 또는 교육 등을 받으려는 자나 등록 또는 신고를 하려는 자는 **행정안전부령**으로 정하는 바에 따라 수수료 또는 교육비를 납부하여야 한다.

① 임시저장·취급의 승인
② 제조소등의 설치 또는 변경의 허가
③ 제조소등의 탱크안전성능검사
④ 제조소등의 완공검사
⑤ 설치자의 지위승계신고
⑥ 탱크시험자의 등록
⑦ 탱크시험자의 등록사항 변경신고
⑧ 정기검사
⑨ 운반용기의 검사
⑩ 안전교육

6 벌칙적용에 있어서의 공무원 의제(위험물안전관리법 제32조)

- 형법 제129조(수뢰, 사전수뢰)
- 형법 제130조(제3자 뇌물제공)
- 형법 제131조(수뢰후 부정처사, 사후수뢰)
- 형법 제132조(알선수뢰)

다음 각 호의 자는 형법 제129조 내지 제132조의 적용에 있어서는 이를 공무원으로 본다.

① 검사업무에 종사하는 기술원의 담당 임원 및 직원
② 탱크시험자의 업무에 종사하는 자
③ 위탁받은 업무에 종사하는 안전원 및 기술원의 담당 임원 및 직원

CHAPTER 06 O·X 문제

01 안전관리자·탱크시험자·위험물운반자·위험물운송자 등 위험물의 안전관리와 관련된 업무를 수행하는 자로서 대통령령이 정하는 자는 해당 업무에 관한 능력의 습득 또는 향상을 위하여 시·도지사가 실시하는 교육을 받아야 한다.

01 ☒ 안전관리자·탱크시험자·위험물운반자·위험물운송자 등 위험물의 안전관리와 관련된 업무를 수행하는 자로서 대통령령이 정하는 자는 해당 업무에 관한 능력의 습득 또는 향상을 위하여 <u>소방청장이</u> 실시하는 교육을 받아야 한다. (법 제28조 제1항)

02 위험물안전관리법상 청문대상에는 제조소등의 설치허가 취소, 탱크시험자의 등록 취소가 있다.

02 ☉

03 탱크시험자의 기술인력으로 종사하는 자는 해당 업무에 관한 능력의 습득 또는 향상을 위하여 소방청장이 실시하는 교육을 받아야 한다.

03 ☉

04 소방청장 또는 시·도지사는 이 법에 따른 권한의 전부를 대통령령이 정하는 바에 따라 시·도지사, 소방본부장 또는 소방서장에게 위임할 수 있다.

04 ☒ 소방청장 또는 시·도지사는 이 법에 따른 권한의 <u>일부</u>를 대통령령이 정하는 바에 따라 시·도지사, 소방본부장 또는 소방서장에게 위임할 수 있다.(법 제30조 제1항)

05 위험물안전관리법상 청문의 실시권자는 소방청장이다.

05 ☒ 실시권자 : 시·도지사, 소방본부장 또는 소방서장(법 제29조)

CHAPTER 07 벌칙

01
「위험물안전관리법」상 가장 중하게 처벌되는 것은?

① 위험물을 유출·방출 또는 확산시켜 사람의 생명·신체 또는 재산에 대하여 위험을 발생시킨 자
② 업무상 과실로 제조소등에서 위험물을 유출·방출 또는 확산시켜 사람의 생명·신체 또는 재산에 대하여 위험을 발생시킨 자
③ 저장소 또는 제조소등이 아닌 장소에서 지정수량 이상의 위험물을 저장 또는 취급한 자
④ 탱크시험자로 등록하지 아니하고 탱크시험자의 업무를 한 자

02
「위험물안전관리법」상 5년 이하의 징역 또는 1억 원 이하의 벌금에 해당되는 경우는?

① 제조소등에서 위험물을 유출·방출 또는 확산시켜 사람을 상해에 이르게 한 자
② 업무상 과실로 제조소등에서 위험물을 유출·방출 또는 확산시켜 사람의 생명·신체 또는 재산에 대하여 위험을 발생시킨 자
③ 업무상 과실로 제조소등에서 위험물을 유출·방출 또는 확산시켜 사람을 사상에 이르게 한 자
④ 제조소등의 설치허가를 받지 아니하고 제조소등을 설치한 자

정답 01. ① 02. ④

기출 11, 20 공채

내 용	벌 칙
① 제조소등 또는 허가를 받지 않고 지정수량 이상의 위험물을 저장 또는 취급하는 장소에서 위험물을 유출·방출 또는 확산시켜 사람의 생명·신체 또는 재산에 대하여 위험을 발생시킨 자 ▶【법 제33조 제1항】	1년 이상 10년 이하의 징역
① 위험물을 유출·방출 또는 확산시켜 사람을 상해에 이르게 한 때 ▶【법 제33조 제2항】	무기 또는 3년 이상의 징역
① 위험물을 유출·방출 또는 확산시켜 사람을 사망에 이르게 한 때 ▶【법 제33조 제2항】	무기 또는 5년 이상의 징역
① 업무상 과실로 제조소등 또는 허가를 받지 않고 지정수량 이상의 위험물을 저장 또는 취급하는 장소에서 위험물을 유출·방출 또는 확산시켜 사람의 생명·신체 또는 재산에 대하여 위험을 발생시킨 자 ▶【법 제34조 제1항】	7년 이하의 금고 또는 7천만 원 이하의 벌금
① 업무상 과실로 제조소 등에서 위험물을 유출·방출 또는 확산시켜 사람을 사상에 이르게 한 자 ▶【법 제34조 제2항】	10년 이하의 징역 또는 금고나 1억 원 이하의 벌금
① 제조소 등의 설치허가를 받지 아니하고 제조소 등을 설치한 자 ▶【법 제34조의2】	5년 이하의 징역 또는 1억 원 이하의 벌금
① 저장소 또는 제조소 등이 아닌 장소에서 지정수량 이상의 위험물을 저장 또는 취급한 자 ▶【법 제34조의3】	3년 이하의 징역 또는 3천만 원 이하의 벌금
① 탱크시험자로 등록하지 아니하고 탱크시험자의 업무를 한 자 ② 정기점검을 하지 아니하거나 점검기록을 허위로 작성한 관계인 ③ 정기검사를 받지 아니한 관계인 ④ 자체소방대를 두지 아니한 관계인 ⑤ 운반용기에 대한 검사를 받지 아니하고 운반용기를 사용하거나 유통시킨 자 ⑥ 명령을 위반하여 보고 또는 자료제출을 하지 아니하거나 허위의 보고 또는 자료제출을 한 자 또는 관계공무원의 출입·검사 또는 수거를 거부·방해 또는 기피한 자(위험물 저장·취급 장소의 관계인) ⑦ 제조소 등에 대한 긴급 사용정지·제한명령을 위반한 자 ▶【법 제35조】	1년 이하의 징역 또는 1천만 원 이하의 벌금
① 위험물의 저장 또는 취급에 관한 중요기준에 따르지 아니한 자 ② 변경허가를 받지 아니하고 제조소 등을 변경한 자 ③ 제조소 등의 완공검사를 받지 아니하고 위험물을 저장·취급한 자 ④ 안전조치 이행명령을 따르지 아니한 자 ⑤ 제조소 등의 사용정지명령을 위반한 자 ⑥ 수리·개조 또는 이전의 명령에 따르지 아니한 자	1천 500만 원 이하의 벌금

⑦ 안전관리자를 선임하지 아니한 관계인 ⑧ 대리자를 지정하지 아니한 관계인 ⑨ 업무정지명령을 위반한 자 ⑩ 탱크안전성능시험 또는 점검에 관한 업무를 허위로 하거나 그 결과를 증명하는 서류를 허위로 교부한 자 ⑪ 예방규정을 제출하지 아니하거나 변경명령을 위반한 관계인 ⑫ 정지지시를 거부하거나 국가기술자격증 또는 교육수료증·신원확인을 위한 증명서의 제시요구 또는 신원확인을 위한 질문에 응하지 아니한 사람 ⑬ 명령을 위반하여 보고 또는 자료제출을 하지 아니하거나 허위의 보고 또는 자료제출을 한 자 또는 관계공무원의 출입 또는 조사·검사를 거부·방해 또는 기피한 자(탱크시험자) ⑭ 탱크시험자에 대한 감독상 명령에 따르지 아니한 자 ⑮ 무허가장소의 위험물에 대한 조치명령에 따르지 아니한 자 ⑯ 저장·취급기준 준수명령 또는 응급조치명령을 위반한 자 ▶ 【법 제36조】	
① 위험물의 취급에 관한 안전관리와 감독을 하지 아니한 자 ② 안전관리자 또는 그 대리자가 참여하지 아니한 상태에서 위험물을 취급한 자 ③ 변경한 예방규정을 제출하지 아니한 관계인 ④ 위험물의 운반에 관한 중요기준에 따르지 아니한 자 ⑤ 위험물분야의 자격을 취득 또는 안전교육 수료의 요건을 갖추지 아니하거나 운송책임자의 감독·지원을 받지 아니한 위험물운송자 ⑥ 관계인의 정당한 업무를 방해하거나 출입·검사 등을 수행하면서 알게 된 비밀을 누설한 자 ⑦ 위험물분야의 자격을 취득 또는 안전교육 수료의 요건을 갖추지 아니한 위험물운반자 ▶ 【법 제37조】	1천만 원 이하의 벌금
① 법인의 대표자나 법인 또는 개인의 대리인, 사용인, 그 밖의 종업원이 그 법인 또는 개인의 업무에 관하여 제33조 제1항의 위반행위를 하면 그 행위자를 벌하는 외에 그 법인 또는 개인을 5천만 원 이하의 벌금에 처하고, 같은 조 제2항의 위반행위를 하면 그 행위자를 벌하는 외에 그 법인 또는 개인을 1억 원 이하의 벌금에 처한다. 다만, 법인 또는 개인이 그 위반행위를 방지하기 위하여 해당 업무에 관하여 상당한 주의와 감독을 게을리하지 아니한 경우에는 그러하지 아니하다. ② 법인의 대표자나 법인 또는 개인의 대리인, 사용인, 그 밖의 종업원이 그 법인 또는 개인의 업무에 관하여 제34조부터 제37조까지의 어느 하나에 해당하는 위반행위를 하면 그 행위자를 벌하는 외에 그 법인 또는 개인에게도 해당 조문의 벌금형을 과한다. 다만, 법인 또는 개인이 그 위반행위를 방지하기 위하여 해당 업무에 관하여 상당한 주의와 감독을 게을리하지 아니한 경우에는 그러하지 아니하다. ▶ 【법 제38조】	양벌규정

03
「위험물안전관리법」상 행위자에 대한 처벌 중 처벌의 성질이 다른 것은?
① 품명 등의 변경신고를 기간 이내에 하지 아니하거나 허위로 한 자
② 지위승계신고를 기간 이내에 하지 아니하거나 허위로 한 자
③ 등록사항의 변경신고를 기간 이내에 하지 아니하거나 허위로 한 자
④ 위험물의 취급에 관한 안전관리와 감독을 하지 아니한 자

04
「위험물안전관리법」상 벌칙 기준이 다른 것은? • 20. 공채
① 제조소등의 사용정지명령을 위반한 자
② 변경허가를 받지 아니하고 제조소등을 변경한 자
③ 위험물의 저장 또는 취급에 관한 중요기준에 따르지 아니한 자
④ 위험물안전관리자 또는 그 대리자가 참여하지 아니한 상태에서 위험물을 취급한 자

정답 03. ④ 04. ④

05 ① ② ③

「위험물안전관리법」상 500만 원 이하의 과태료로 옳지 않은 것은?

① 위험물의 저장 또는 취급에 관한 세부기준을 위반한 자
② 품명 등의 변경신고를 기간 이내에 하지 아니하거나 허위로 한 자
③ 지위승계신고를 기간 이내에 하지 아니하거나 허위로 한 자
④ 자체소방대를 두지 아니한 관계인

① 관할 소방서장의 승인을 받아 지정수량 이상의 위험물을 90일 이내의 기간동안 임시로 저장 또는 취급하는 경우의 규정에 따른 승인을 받지 아니한 자 〈250, 400, 500〉 ② 위험물의 저장 또는 취급에 관한 세부기준을 위반한 자 〈250, 400, 500〉 ③ 품명 등의 변경신고를 기간 이내에 하지 아니하거나 허위로 한 자 〈250, 350, 500, 500〉 ④ 지위승계신고를 기간 이내에 하지 아니하거나 허위로 한 자 〈250, 350, 500, 500〉 ⑤ 제조소등의 폐지신고 또는 안전관리자의 선임신고를 기간 이내에 하지 아니하거나 허위로 한 자 〈250, 350, 500, 500〉 ⑥ 사용 중지신고 또는 재개신고를 기간 이내에 하지 아니하거나 거짓으로 한 자 〈250, 350, 500, 500〉 ⑦ 등록사항의 변경신고를 기간 이내에 하지 아니하거나 허위로 한 자 〈250, 350, 500, 500〉 ⑧ 예방규정을 준수하지 아니한 자 〈250, 400, 500〉 ⑨ 점검결과를 기록·보존하지 아니한 자 〈250, 400, 500〉 ⑩ 기간 이내에 점검결과를 제출하지 아니한 자 〈250, 400, 500〉 ⑪ 제조소등에서의 흡연 금지 규정을 위반하여 흡연을 한 자 ⑫ 금연구역임을 알리는 표지의 설치·보완에 대한 시정명령을 따르지 아니한 제조소등의 관계인 ⑬ 위험물의 운반에 관한 세부기준을 위반한 자 〈250, 400, 500〉 ⑭ 위험물의 운송에 관한 기준을 따르지 아니한 자 〈250, 400, 500〉 ▶【법 제39조】	과태료 부과권자 : 시·도지사, 소방본부장 또는 소방서장 과태료 500만 원 이하
제4조(지정수량 미만인 위험물의 저장·취급) 및 제5조(지정수량 이상의 위험물을 제조소등이 아닌 장소에 임시 저장 또는 취급하는 경우의 기준)의 규정에 따른 조례에는 200만 원 이하의 과태료를 정할 수 있다. ▶【법 제39조】	과태료 부과권자 : 시·도지사, 소방본부장 또는 소방서장 과태료 200만 원 이하

❗ 유출·방출·확산 (위험물안전관리법)

	징역, 벌금
허가X 설치	5년 or 1억
위험	1년~10년
상해	3년~무기
사망	5년~무기

	금고, 징역, 벌금
위험 (업무상과실)	7년 (금고) or 7천
상해 (업무상과실)	10년(금고 or 징역) or 1억
사망 (업무상과실)	

❗ 폐쇄·차단 (소방시설법)

	징역, 벌금
행위	5년, 5천
상해	7년, 7천
사망	10년, 1억

정답 05. ④

❶ 비밀 누설

소방시설법	
관계공무원의 감독 업무	1년, 1천
평가단의 업무	300벌
위탁 업무	300벌

화재예방법	
관계공무원 및 전문가의 화재안전조사 업무	1년, 1천
화재예방안전진단 업무	300벌
위탁 업무	300벌

화재조사법		공사업법		위험물법	
화재조사관의 업무	300벌	관계공무원의 감독 업무	300벌	관계공무원의 감독 업무	1천벌

❷ 제조소등

설치허가 X	5년, 1억
변경허가 X	1,500벌
변경신고 X	500과

❸ 중요기준 vs 세부기준

	중요기준	세부기준	기준
저장 or 취급	1,500벌	500과	
운반	1,000벌	500과	
운송			500과

❹ 과태료 부과권자

• 소방기본법 • 공사업법 • 위험물법	시·도지사, 소방본부장 또는 소방서장
• 소방시설법 • 화재예방법	소방청장, 시·도지사, 소방본부장 또는 소방서장
• 소방기본법 中 20과(오인 우려)	소방본부장 또는 소방서장
• 화재조사법	소방관서장 또는 경찰서장

CHAPTER 07 O·X 문제

01 ⊙	**01** 제조소등에서 위험물을 유출·방출 또는 확산시켜 사람의 생명·신체 또는 재산에 대하여 위험을 발생시킨 자는 1년 이상 10년 이하의 징역에 처한다.
02 ☒ 제조소등의 설치허가를 받지 아니하고 제조소등을 설치한 자는 5년 이하의 징역 또는 1억 원 이하의 벌금에 처한다.(법 제34조의2)	**02** 제조소등의 설치허가를 받지 아니하고 제조소등을 설치한 자는 5년 이하의 징역 또는 5천만 원 이하의 벌금에 처한다.
03 ☒ 탱크시험자로 등록하지 아니하고 탱크시험자의 업무를 한 자는 1년 이하의 징역 또는 1천만 원 이하의 벌금에 처한다.(법 제35조 제3호)	**03** 탱크시험자로 등록하지 아니하고 탱크시험자의 업무를 한 자는 3년 이하의 징역 또는 3천만 원 이하의 벌금에 처한다.
04 ☒ 관계인의 정당한 업무를 방해하거나 출입·검사 등을 수행하면서 알게 된 비밀을 누설한 자는 1천만 원 이하의 벌금에 처한다. (법 제37조 제6호)	**04** 관계인의 정당한 업무를 방해하거나 출입·검사 등을 수행하면서 알게 된 비밀을 누설한 자는 300만 원 이하의 벌금에 처한다.
05 ⊙	**05** 정기검사를 받지 아니한 관계인은 1년 이하의 징역 또는 1천만 원 이하의 벌금에 처한다.
06 ☒ 위험물을 유출·방출 또는 확산시켜 사람을 사망에 이르게 한 자는 무기 또는 5년 이상의 징역에 처한다. (법 제33조 제2항)	**06** 위험물을 유출·방출 또는 확산시켜 사람을 사망에 이르게 한 자는 무기 또는 3년 이상의 징역에 처한다.

시험 전 소방관계법규 필수 체크리스트

시험 전 체크 후, 모르는 내용은 복습해보시기 바랍니다.

번호	「위험물안전관리법」 필수 점검 사항	체크 안다	체크 모른다
1	「위험물안전관리법」의 목적	☐	☐
2	위험물의 정의	☐	☐
3	취급소 및 제조소의 정의	☐	☐
4	저장소 및 취급소의 종류	☐	☐
5	위험물의 분류 및 지정수량	☐	☐
6	위험물의 저장·취급	☐	☐
7	위험물시설의 설치 및 변경	☐	☐
8	군용위험물시설의 설치 및 변경에 대한 특례	☐	☐
9	탱크안전성능검사	☐	☐
10	완공검사	☐	☐
11	제조소등 설치자의 지위승계	☐	☐
12	과징금의 처분	☐	☐
13	제조소의 위치·구조 및 설비의 기준	☐	☐
14	옥내저장소 및 옥외탱크저장소의 위치·구조 및 설비의 기준	☐	☐
15	지하탱크저장소 및 간이탱크저장소의 위치·구조 및 설비의 기준	☐	☐
16	이동탱크저장소 위치·구조 및 설비의 기준	☐	☐
17	주유취급소 및 판매취급소 위치·구조 및 설비의 기준	☐	☐
18	이송취급소 위치·구조 및 설비의 기준	☐	☐
19	소화설비 설치기준	☐	☐
20	위험물 별 운반용기 외부에 표시하는 주의사항	☐	☐
21	유별을 달리하는 위험물의 혼재기준	☐	☐
22	1인의 안전관리자를 중복하여 선임할 수 있는 저장소 등	☐	☐
23	탱크시험자의 등록	☐	☐
24	관계인이 예방규정을 정하여야 하는 제조소등	☐	☐
25	정기점검 및 정기검사	☐	☐
26	자체소방대	☐	☐

시험 전 소방관계법규 필수 체크리스트

시험 전 체크 후, 모르는 내용은 복습해보시기 바랍니다.

번호	「위험물안전관리법」 필수 점검 사항	체크 안다	체크 모른다
27	위험물 별 운반용기 외부에 표시하는 주의사항	☐	☐
28	유별을 달리하는 위험물의 혼재기준	☐	☐
29	운송책임자의 감독 또는 지원을 받아 이를 운송하는 위험물	☐	☐
30	사고조사위원회의 구성 등	☐	☐
31	위험물 안전교육을 받아야 하는 안전교육대상자	☐	☐
32	위험물안전관리법에서 청문대상	☐	☐

memo

용어 출처(기본서 기준)

번호	「위험물안전관리법」 필수 점검 사항	복습페이지 (기본서 기준)
1	「위험물안전관리법」의 목적	기본서 2권 p.335
2	위험물의 정의	기본서 2권 p.337
3	취급소 및 제조소의 정의	기본서 2권 p.337
4	저장소 및 취급소의 종류	기본서 2권 p.340~342
5	위험물의 분류 및 지정수량	기본서 2권 p.343
6	위험물의 저장·취급	기본서 2권 p.351~352
7	위험물시설의 설치 및 변경	기본서 2권 p.368
8	군용위험물시설의 설치 및 변경에 대한 특례	기본서 2권 p.378
9	탱크안전성능검사	기본서 2권 p.380~382
10	완공검사	기본서 2권 p.386~387
11	제조소등 설치자의 지위승계	기본서 2권 p.390
12	과징금의 처분	기본서 2권 p.398
13	제조소의 위치·구조 및 설비의 기준	기본서 2권 p.409~415
14	옥내저장소 및 옥외탱크저장소의 위치·구조 및 설비의 기준	기본서 2권 p.416~427
15	지하탱크저장소 및 간이탱크저장소의 위치·구조 및 설비의 기준	기본서 2권 p.430~435
16	이동탱크저장소 위치·구조 및 설비의 기준	기본서 2권 p.436~438
17	주유취급소 및 판매취급소 위치·구조 및 설비의 기준	기본서 2권 p.441~449
18	이송취급소 위치·구조 및 설비의 기준	기본서 2권 p.450~453
19	소화설비 설치기준	기본서 2권 p.459~460
20	위험물 별 운반용기 외부에 표시하는 주의사항	기본서 2권 p.
21	유별을 달리하는 위험물의 혼재기준	기본서 2권 p.
22	1인의 안전관리자를 중복하여 선임할 수 있는 저장소 등	기본서 2권 p.469
23	탱크시험자의 등록	기본서 2권 p.482~483
24	관계인이 예방규정을 정하여야 하는 제조소등	기본서 2권 p.488
25	정기점검 및 정기검사	기본서 2권 p.491~497
26	자체소방대	기본서 2권 p.503~504

용어 출처(기본서 기준)

번호	「위험물안전관리법」 필수 점검 사항	복습페이지 (기본서 기준)
27	위험물 별 운반용기 외부에 표시하는 주의사항	기본서 2권 p.517
28	유별을 달리하는 위험물의 혼재기준	기본서 2권 p.520
29	운송책임자의 감독 또는 지원을 받아 이를 운송하는 위험물	기본서 2권 p.521
30	사고조사위원회의 구성 등	기본서 2권 p.529
31	위험물 안전교육을 받아야 하는 안전교육대상자	기본서 2권 p.538
32	위험물안전관리법에서 청문대상	기본서 2권 p.541

memo

MEMO

# 김동준 소방관계법규 2

sobang.conects.com

정답 및 해설

제1편 화재의 예방 및 안전관리에 관한 법률

제2편 소방시설공사업법

제3편 위험물안전관리법

PART 01 화재의 예방 및 안전관리에 관한 법률

제1장 총칙

01 정답 ③

해설 ※ 화재예방법 제1조(목적)
이 법은 화재의 예방과 <u>안전관리</u>에 필요한 사항을 규정함으로써 화재로부터 국민의 생명·신체 및 재산을 보호하고 <u>공공의 안전</u>과 복리 증진에 이바지함을 목적으로 한다.

02 정답 ④

해설 ④ "화재안전조사"란 소방청장, 소방본부장 또는 소방서장이 화재원인, 피해상황, 대응활동 등을 파악하기 위하여 자료의 수집, 관계인등에 대한 질문, 현장 확인, 감식, 감정 및 실험 등을 하는 일련의 행위를 말한다. (화재조사법 제2조)

※ 화재예방법 제2조(정의)
3. "화재안전조사"란 소방청장, 소방본부장 또는 소방서장(이하 "소방관서장"이라 한다)이 소방대상물, 관계지역 또는 관계인에 대하여 소방시설등(「소방시설 설치 및 관리에 관한 법률」 제2조제1항제2호에 따른 소방시설등을 말한다. 이하 같다)이 소방 관계 법령에 적합하게 설치·관리되고 있는지, 소방대상물에 화재의 발생 위험이 있는지 등을 확인하기 위하여 실시하는 현장조사·문서열람·보고요구 등을 하는 활동을 말한다.

제2장 화재의 예방 및 안전관리 기본계획의 수립·시행

01 정답 ④

해설 ※ 화재예방법 제4조 제8항
⑧ 제1항부터 제7항까지에서 규정한 사항 외에 기본계획, 시행계획 및 세부시행계획의 수립·시행에 필요한 사항은 <u>대통령령</u>으로 정한다.

02 정답 ①

해설 ① 소방청장은 화재예방정책을 체계적·효율적으로 추진하고 이에 필요한 기반 확충을 위하여 화재의 예방 및 안전관리에 관한 기본계획을 ~~10년~~마다 수립·시행하여야 한다.(법 제4조 제1항)
→ 5년마다

03 정답 ②

해설 ② 소방청장은 관계 중앙행정기관의 장과 특별시장·광역시장·특별자치시장·도지사·특별자치도지사에게 기본계획 및 시행계획을 각각 계획 시행 전년도 <u>10월 31일</u>까지 통보하여야 한다. (영 제5조 제1항)

04 정답 ①

해설 ② 소방본부장은 기본계획을 시행하기 위하여 매년 시행계획을 수립·시행하여야 한다.
(법 제4조 제4항)
→ 소방청장
③ 기본계획은 행정안전부령으로 정하는 바에 따라 소방본부장이 관계 중앙행정기관의 장과 협의하여 수립한다.(법 제4조 제2항)
→ 대통령령, 소방청장
④ 국가는 화재예방정책을 체계적·효율적으로 추진하고 이에 필요한 기반 확충을 위하여 화재의 예방 및 안전관리에 관한 기본계획을 10년마다 수립·시행하여야 한다.(법 제4조 제1항)
→ 소방청장은, 5년마다

05 정답 ④

해설 ④ 소방업무에 필요한 체계의 구축, 소방기술의 연구·개발 및 보급
→ 소방기본법상 종합계획에 포함되어야하는 사항이다.(소방기본법 제6조 제2항)

06 정답 ②

해설 ② 소방대상물의 화재의 경계 및 안전관리 현황 (법 제5조 제1항)
→ 예방

07 정답 ②

해설 ② 소방청장은 실태조사를 실시하려는 경우 실태조사 시작 7일 전까지 조사 일시, 조사 사유 및 조사 내용 등 조사계획을 조사대상자에게 구두 또는 우편 등의 방법으로 미리 알려야 한다.
(규칙 제2조 제2항)
→ 서면 또는 전자우편

08 정답 ③

해설 ① 소방청장은 화재의 예방 및 안전관리에 관한 통계를 5년마다 작성·관리하여야 한다.
(법 제6조 제1항)
→ 매년
② 소방청장은 통계자료의 작성·관리에 관한 업무의 전부 또는 일부를 행정안전부령으로 정하는 바에 따라 전문성이 있는 기관을 지정하여 수행하게 하여야 한다.(법 제6조 제3항)
→ 할 수 있다.
④ 소방본부장 또는 소방서장은 통계를 체계적으로 작성·관리하고 분석할 수 있는 전산시스템을 구축·운용할 수 있다.(영 제6조 제1항)
→ 소방청장

09 정답 ①

해설 통계의 작성·관리 업무를 수행하게 할 수 있는 기관(규칙 제3조)
1. 한국소방안전원
2. 정부출연연구기관
3. 통계작성지정기관

제3장 화재안전조사

01 정답 ①

해설 소방관서장
(소방청장, 소방본부장 또는 소방서장)

※ 화재예방법 제7조 제1항
① 소방관서장은 다음 각 호의 어느 하나에 해당하는 경우 <u>화재안전조사를 실시할 수 있다</u>. 다만, 개인의 주거(실제 주거용도로 사용되는 경우에 한정한다)에 대한 화재안전조사는 관계인의 승낙이 있거나 화재발생의 우려가 뚜렷하여 긴급한 필요가 있는 때에 한정한다.

02 정답 ③

해설 법 제50조 제3항(벌칙)
화재안전조사를 정당한 사유 없이 거부·방해 또는 기피한 자는 <u>300만 원 이하의 벌금</u>에 처한다.

03 정답 ③

해설 ③ 「위험물안전관리법」에 따른 특수가연물의 ~~저장·취급에 관한 사항~~(영 제7조)
→ 위험물안전관리에 관한 사항

04 정답 ④

해설 소방관서장은 화재안전조사를 실시하려는 경우 사전에 관계인에게 <u>조사대상, 조사기간 및 조사사유</u> 등을 우편, 전화, 전자메일 또는 문자전송 등을 통하여 통지하고 이를 대통령령으로 정하는 바에 따라 인터넷 홈페이지나 전산시스템 등을 통하여 공개하여야 한다.(법 제8조 제2항)

05 정답 ②

해설 ㉠ 소방관서장은 화재안전조사를 실시하려할 때 화재가 ~~발생할 우려가 뚜렷하여 긴급하게 조사할 필요가 있는 경우~~ 사전에 관계인에게 조사대상, 조사기간 및 조사사유 등을 우편, 전화, 전자메일 또는 문자전송 등을 통하여 통지하고, 인터넷 홈페이지에 공개하여야 한다. (X) (법 제8조 제2항)
→ 화재가 발생할 우려가 뚜렷하여 긴급하게 조사할 필요가 있는 경우에는 그러하지 아니하다.
㉡ 원칙적으로 화재안전조사는 관계인의 승낙 없이 소방대상물의 공개시간 또는 근무시간 이외에는 할 수 없다. (O) (법 제8조 제3항)
㉢ 화재안전조사의 연기를 신청하려는 관계인은 화재안전조사 시작 7일 전까지 화재안전조사 연기신청서(전자문서를 포함한다)에 화재안전조사를 받기 곤란함을 증명할 수 있는 서류(전자문서를 포함한다)를 첨부하여 소방청장, 소방본부장 또는 소방서장에게 제출해야 한다. (X) (규칙 제4조 제1항)
→ 3일
㉣ 소방관서장은 화재안전조사를 실시하고자 하는 경우 조사대상, 조사기간 및 조사사유 등 조사계획을 인터넷 홈페이지나 전산시스템 등을 통해 사전에 공개하여야 한다. 이 경우 공개기간은 7일 이상으로 한다. (O) (영 제8조 제2항)

06 정답 ③

해설 ※ 화재예방법 시행령 제8조 제5항
⑤ 소방관서장은 화재안전조사를 효율적으로 실시하기 위하여 필요한 경우 다음 각 호의 기관의 장과 합동으로 조사반을 편성하여 화재안전조사를 할 수 있다.
1. 관계 중앙행정기관 또는 지방자치단체
2. 「소방기본법」 제40조에 따른 한국소방안전원
3. 「소방산업의 진흥에 관한 법률」 제14조에 따른 한국소방산업기술원
4. 「화재로 인한 재해보상과 보험가입에 관한 법률」 제11조에 따른 한국화재보험협회
5. 「고압가스 안전관리법」 제28조에 따른 한국가스안전공사

6. 「전기안전관리법」제30조에 따른 한국전기안전공사
7. 그 밖에 소방청장이 정하여 고시하는 소방 관련 법인 또는 단체

07 정답 ②

해설 ② 소방관서장은 화재안전조사를 효율적으로 수행하기 위하여 대통령령으로 정하는 바에 따라 소방청에는 중앙화재안전조사단을, 소방본부 및 소방서에는 지방화재안전조사단을 편성하여 운영하여야 한다.(법 제9조 제1항)
→ 운영할 수 있다.

08 정답 ①

해설 ① 소방관서장은 소방본부에는 중앙화재안전조사단을, 소방서에는 지방화재안전조사단을 편성하여 운영할 수 있다.(법 제9조 제1항)
→ 소방청에는 중앙화재안전조사단을, 소방본부 및 소방서에는 지방화재안전조사단

09 정답 ③

해설 ① 화재안전조사위원회는 위원장 1명을 포함한 9명 이내의 위원으로 성별을 고려하여 구성하고, 위원장은 소방관서장이 된다.(영 제11조 제1항)
→ 7명
② 화재안전조사위원회의 구성·운영 등에 필요한 사항은 행정안전부령으로 정한다.(법 제10조 제2항)
→ 대통령령
④ 위촉위원의 임기는 3년으로 하고, 한 차례만 연임할 수 있다.(영 제11조 제4항)
→ 2년

10 정답 ②

해설 (소방관서장)은/는 화재안전조사의 대상을 객관적이고 공정하게 선정하기 위하여 필요한 경우 화재안전조사위원회를 구성하여 화재안전조사의 대상을 선정할 수 있다.(법 제10조 제1항)
※ 소방관서장 : 소방청장, 소방본부장 또는 소방서장

11 정답 ③

해설 소방관서장은 화재안전조사를 마친 때에는 그 조사 결과를 관계인에게 서면으로 통지하여야 한다. 다만, 화재안전조사의 현장에서 관계인에게 조사의 결과를 설명하고 화재안전조사 결과서의 부본을 교부한 경우에는 그러하지 아니하다.(법 제13조)

12 정답 ①

해설 ① 소방관서장은 화재안전조사를 마친 때에는 그 조사결과를 관계인에게 서면으로 통지하여야 한다.(법 제13조)

13 정답 ③

해설 ③ 화재안전조사 결과에 따른 소방대상물의 규모·구조·용도 또는 관리의 상황이 화재예방을 위하여 보완될 필요가 있거나 화재가 발생하면 인명 또는 재산의 피해가 클 것으로 예상되는 때에는 행정안전부령으로 정하는 바에 따라 관계인에게 그 소방대상물의 개수·이전·제거, 사용의 금지 또는 제한, 사용폐쇄, 공사의 정지 또는 중지, 그 밖에 필요한 조치를 명할 수 있다.(법 제14조 제1항)
→ 위치, 설비

14 정답 ②

해설 ② 보상금의 지급 또는 공탁의 통지에 불복하는 자는 지급 또는 공탁의 통지를 받은 날부터 60일 이내에 「공익사업을 위한 토지 등의 취득 및 보상에 관한 법률」에 따른 중앙토지수용위원회 또는 관할 지방토지수용위원회에 재결(裁決)을 신청할 수 있다.(영 제14조 제4항)
→ 30일

15 정답 ②

해설 화재안전조사 결과에 따른 조치명령으로 소방청장 또는 시·도지사가 손실을 보상하는 경우에는 시가(時價)의 2배로 보상해야 한다.(영 제14조)
→ 시가로

16 정답 ①

해설
㉠ 소방관서장은 화재안전조사를 실시한 경우 소방시설등의 설치 및 관리 현황을 전부 또는 일부를 인터넷 홈페이지나 전산시스템 등을 통하여 공개할 수 있다. (O) (법 제16조 제1항)
㉡ 소방관서장은 화재안전조사 결과를 공개하는 경우 ~~10일~~ 이상 해당 소방관서 인터넷 홈페이지나 전산시스템을 통해 공개해야 한다. (X)
(영 제15조 제2항)
→ 30일
㉢ 소방대상물의 관계인은 공개 내용 등을 통보받은 날부터 ~~30일~~ 이내에 소방관서장에게 이의신청을 할 수 있다. (X) (영 제15조 제4항)
→ 10일
㉣ 소방관서장은 이의신청을 받은 날부터 ~~30일~~ 이내에 심사·결정하여 그 결과를 지체 없이 신청인에게 알려야 한다. (X) (영 제15조 제5항)
→ 10일
㉤ 화재안전조사 결과의 공개가 제3자의 법익을 침해하는 경우에는 ~~결과를 공개하지 아니한다.~~ (X)
(영 제15조 제6항)
→ 제3자와 관련된 사실을 제외하고 공개해야 한다.

제4장 화재의 예방조치 등

01 정답 ②

해설 ② ~~「화재의 예방 및 안전관리에 관한 법률」에 따른 특수가연물을 방치하는 행위~~
→ 「위험물안전관리법」에 따른 위험물을 방치하는 행위 (영 제16조 제2항)

02 정답 ②

해설 옮긴 물건 등에 대한 보관기간은 소방관서 홈페이지 또는 게시판에 공고하는 기간의 종료일 다음 날부터 7일로 한다.(영 제17조 제2항)

03 정답 ④

해설 ④ ~~시·도지사는~~ 매각되거나 폐기된 옮긴 물건의 소유자가 보상을 요구하는 경우에는 보상금액에 대하여 소유자와 협의를 거쳐 이를 보상해야 한다. (영 제17조 제5항)
→ 소방관서장

04 정답 ③

해설 ※ 화재예방법 시행령 제18조 제3항
③ 제1항 및 제2항에서 규정한 사항 외에 화재 발생 우려가 있는 설비 또는 기구의 종류, 해당 설비 또는 기구의 위치·구조 및 관리와 화재 예방을 위하여 불을 사용할 때 지켜야 하는 사항은 시·도의 조례로 정한다.

05 정답 ①

해설 ① 연료탱크는 보일러본체로부터 보행거리 1미터 이상의 간격을 두어 설치하여야 한다.
(영 별표1)
→ 수평거리

06 정답 ③

해설 ※ 시행령 별표 1
① 경유·등유 등 액체 연료탱크는 보일러 본체로부터 <u>수평거리 1미터 이상</u>의 간격을 두어 설치한다.
② 화목(火木) 등 고체연료를 사용하는 연통의 배출구는 보일러 본체보다 <u>2미터 이상</u> 높게 설치한다.
④ 대통령령에서 규정한 사항 외에 화재 발생 우려가 있는 설비 또는 기구의 종류, 해당 설비 또는 기구의 위치·구조 및 관리와 화재 예방을 위하여 불을 사용할 때 지켜야 하는 사항은 <u>시·도의 조례</u>로 정한다.

07 정답 ①

해설 ① 고체연료는 별도의 실 또는 보일러와 수평거리 ~~1미터~~ 이상 이격하여 보관할 것(영 별표1)
→ 2미터

08 정답 ③

해설 ③ 건조설비 : 실내에 설치하는 경우에 벽·천장 및 바닥은 ~~준불연재료~~로 해야 한다.(영 별표1)
→ 불연재료

09 정답 ①

해설 ※ 화재예방법 시행령 별표1
• 용접 또는 용단 작업자로부터 (반경 5m) 이내에 소화기를 갖추어 둘 것
• 용접 또는 용단 작업장 주변 (반경 10m) 이내에는 가연물을 쌓아두거나 놓아두지 말 것. 다만, 가연물의 제거가 곤란하여 방화포 등으로 방호조치를 한 경우는 제외한다.

10 정답 ①

해설 ① 시간당 열량이 30만 킬로칼로리 이상인 노를 설치하는 경우에는 주요구조부는 ~~난연재료~~로 한다.(영 별표1)
→ 불연재료

11 정답 ②

해설 ※ 화재예방법 시행령 별표1
• 보일러 : 보일러와 벽·천장 사이의 거리는 (가 : 0.6)미터 이상이어야 한다.
• 난로 : 연통은 천장으로부터 (나 : 0.6)미터 이상 떨어지고, 건물 밖으로 0.6미터 이상 나오게 설치해야 한다.
• 건조설비 : 건조설비와 벽·천장 사이의 거리는 (다 : 0.5) 미터 이상이어야 한다.
• 음식조리를 위하여 설치하는 설비 : 열을 발생하는 조리기구는 반자 또는 선반으로부터 (라 : 0.6)미터 이상 떨어지게 해야 한다.

12 정답 ④

해설 ※ 화재예방법 시행령 별표2
① 넝마 및 종이부스러기는 불연성 또는 난연성이 아닌 것(동식물유가 깊이 스며들어 있는 옷감·종이 및 이들의 제품을 <u>제외한다</u>)에 한한다.
→ 포함한다.
② "사류"라 함은 불연성 또는 난연성인 실(실부스러기와 솜털을 포함한다)과 누에고치를 말한다.
→ 난연성이 아닌
③ "볏짚류"라 함은 <u>젖은</u> 볏짚·북더기와 이들의 제품 및 건초를 말한다. 다만, 축산용도로 사용하는 것은 제외한다.
→ 마른

13 정답 ③

해설 ※ 화재예방법 시행령 별표2
③ ~~350kg~~인 나무껍질
→ 나무껍질은 400kg 이상이여야 한다.

14 정답 ①

해설 ※ 화재예방법 시행령 별표2
① 넝마 및 종이부스러기 : ~~400킬로그램~~ 이상
→ 1,000킬로그램

15 정답 ④

해설 ④ 쌓는 부분 바닥면적의 사이는 실내의 경우 1.2미터 또는 쌓는 높이의 1/2 중 큰 값 이상으로 간격을 두어야 하며, 실외의 경우 2미터 또는 쌓는 높이 중 큰 값 이상으로 간격을 둘 것
→ 3미터

16 정답 ③

해설 ※ 화재예방법 시행령 별표3
살수설비를 설치하거나 방사능력 범위에 해당 특수가연물이 포함되도록 대형수동식소화기를 설치하는 경우에는 쌓는 높이를 (가 : 15)미터 이하, 쌓는 부분의 바닥면적을 (나 : 200)제곱미터 이하, 석탄·목탄류의 경우에는 (다 : 300)제곱미터) 이하로 할 수 있다.

17 정답 ①

해설 ※ 시행령 별표 3
② 실내에 쌓아 저장하는 경우 주요구조부는 내화구조이면서 불연재료여야 하고, 다른 종류의 특수가연물과 같은 공간에 보관하지 않을 것. 다만, 내화구조의 벽으로 분리하는 경우는 그렇지 않다.
③ 쌓는 부분 바닥면적의 사이는 실내의 경우 1.2미터 또는 쌓는 높이의 1/2 중 큰 값 이상으로 간격을 둘 것
④ 쌓는 부분 바닥면적의 사이는 실외의 경우 3미터 또는 쌓는 높이 중 큰 값 이상으로 간격을 둘 것

18 정답 ④

해설 ④ 특수가연물 표지 중 화기엄금 표시 부분의 바탕은 백색으로, 문자는 붉은색으로 해야 한다. (영 별표 3)
→ 붉은색, 백색

19 정답 ③

해설 ※ 화재의 예방 및 안전관리에 관한 법률 시행령 [별표 3]
2) 특수가연물 표지의 바탕은 흰색으로, 문자는 검은색으로 할 것. 다만, "화기엄금" 표시 부분은 제외한다.

20 정답 ①

해설 ① 상가지역은 화재예방강화지구 지정관리대상지역이 아니다.(법 제18조 제1항)

21 정답 ③

해설 ㄷ - 해당사항 없음
※ 화재예방법 제18조(화재예방강화지구의 지정 등)
① 시·도지사는 다음 각 호의 어느 하나에 해당하는 지역을 화재예방강화지구로 지정하여 관리할 수 있다.
1. 시장지역
2. 공장·창고가 밀집한 지역
3. 목조건물이 밀집한 지역
4. 노후·불량건축물이 밀집한 지역
5. 위험물의 저장 및 처리 시설이 밀집한 지역
6. 석유화학제품을 생산하는 공장이 있는 지
7. 「산업입지 및 개발에 관한 법률」 제2조제8호에 따른 산업단
8. 소방시설·소방용수시설 또는 소방출동로가 없는 지역
9. 「물류시설의 개발 및 운영에 관한 법률」 제2조제6호에 따른 물류단지
10. 그 밖에 제1호부터 제9호까지에 준하는 지역으로서 소방관서장이 화재예방강화지구로 지정할 필요가 있다고 인정하는 지역

22 정답 ④

해설 소방관서장은 화재예방강화지구 안의 소방대상물의 위치·구조 및 설비 등에 대한 화재안전조사를 연 1회 이상 실시해야 한다.(영 제20조 제1항)

23 정답 ④

해설 시·도지사가 화재예방강화지구로 지정할 필요가 있는 지역을 화재예방강화지구로 지정하지 아니하는 경우 소방청장은 해당 시·도지사에게 해당 지역의 화재예방강화지구 지정을 요청할 수 있다. (법 제18조 제2항)

24 정답 ②

해설 ① 소방관서장은 화재예방강화지구 안의 소방대상물의 위치·구조 및 설비 등에 대한 화재안전조사를 월 1화 이상 실시해야 한다.(영 제20조 제1항)
→ 연 1회
③ 소방관서장은 소방에 필요한 훈련 및 교육을 실시하려는 경우에는 화재예방강화지구 안의 관계인에게 훈련 또는 교육 30일 전까지 그 사실을 통보하여야 한다.(영 제20조 제3항)
→ 10일
④ 소방청장은 화재예방강화지구의 지정 현황 등을 화재예방강화지구 관리대장에 작성하고 관리하여야 한다.(영 제20조 제4항)
→ 시·도지사는

25 정답 ①

해설 ① 시·도지사는 화재안전조사의 결과 등을 대통령령으로 정하는 화재예방강화지구 관리대장에 작성하고 관리하여야 한다.(영 제20조 제4항)
→ 행정안전부령

26 정답 ②

해설
- 소방관서장은 화재예방강화지구 안의 소방대상물의 위치·구조 및 설비 등에 대한 화재안전조사를 연 (1)회 이상 실시해야 한다.
  (영 제20조 제1항)
- 소방관서장은 화재예방강화지구 안의 관계인에 대하여 소방에 필요한 훈련 및 교육을 연 (1)회 이상 실시할 수 있다.(영 제20조 제2항)
- 소방관서장은 소방에 필요한 훈련 및 교육을 실시하려는 경우에는 화재예방강화지구 안의 관계인에게 훈련 또는 교육 (10)일 전까지 그 사실을 통보하여야 한다.(영 제20조 제3항)

27 정답 ③

해설 소방관서장은 「기상법」 제13조에 따른 기상현상 및 기상영향에 대한 예보·특보에 따라 화재의 발생 위험이 높다고 분석·판단되는 경우에는 행정안전부령으로 정하는 바에 따라 화재에 관한 위험경보를 발령하고 그에 따른 필요한 조치를 할 수 있다.(법 제20조)

28 정답 ①

해설 ① 소방관서장은 화재발생 원인 및 연소과정을 조사·분석하는 등의 과정에서 법령이나 정책의 개선이 필요하다고 인정되는 경우 그 법령이나 정책에 대한 화재 위험성의 유발요인 및 완화 방안에 대한 평가를 실시할 수 있다.(법 제21조 제1항)
→ 소방청장

29 정답 ④

해설 ④ 화재의 예방조치 등에 관한 사항
→ 화재안전조사의 항목에 해당한다.(영 제7조)

30 정답 ①

해설 ① 심의회는 위원장 1명을 포함한 12명 이내의 위원으로 구성(법 제22조 제2항)

31 정답 ②

해설 ② 위촉위원의 임기는 3년으로 하며 한 차례만 연임할 수 있다.(영 제22조 제3항)
→ 2년

제5장 소방대상물의 소방안전관리

01 정답 ③

해설 ※ 화재예방법 시행령 별표4
① 소방설비기사 또는 소방설비산업기사의 자격이 있는 사람
→ 1급 소방안전관리자 선임자격이다.
→ 특급 소방안전관리자 : 소방기술사 또는 소방시설관리사의 자격이 있는 사람
② 소방공무원으로 ~~15년~~ 이상 근무한 경력이 있는 사람
→ 20년
④ 소방설비기사의 자격을 취득한 후 ~~3년~~ 이상 1급 소방안전관리대상물의 소방안전관리자로 근무한 실무경력(소방안전관리자로 선임되어 근무한 경력은 제외)이 있는 사람
→ 5년

02 정답 ②

해설 ② 소방공무원으로 ~~10년~~ 이상 근무한 경력이 있는 사람(영 별표4)
→ 20년

03 정답 ①

해설 소방공무원으로 9년간 근무한 경력자가 발급받을 수 있는 최상위의 소방안전관리자 자격은 <u>1급 소방안전관리대상물의 소방안전관리자</u> 자격이다.
※ 시행령 별표 4
② 특급 소방안전관리대상물
③ 특급 소방안전관리대상물
④ 특급 소방안전관리대상물

04 정답 ①

해설 ① 가연성 가스를 100톤 이상 1천 톤 미만 저장·취급하는 시설
→ 2급 소방안전관리대상물에 해당한다.
→ 1급 소방안전관리대상물 : 가연성 가스를 1천 톤 이상 저장·취급하는 시설

05 정답 ④

해설 ① 지하가
→ 지하구
② 연면적이 10만m² 이상인 특정소방대상물 (아파트는 제외)
→ 특급 소방안전관리대상물
③ 가연성 가스를 1천 톤 이상 저장·취급하는 시설
→ 1급 소방안전관리대상물

06 정답 ④

해설 ※ 화재예방법 시행령 별표5
• 「건축법 시행령」 별표 1 제2호가목에 따른 아파트 (가 : 300)세대 이상인 아파트만 해당한다)
• 아파트를 제외한 연면적이 (나 : 1만 5천 제곱미터) 이상인 특정소방 대상물

07 정답 ③

해설 소방안전관리대상물의 관계인은 소방안전관리업무를 대행하는 관리업자(소방시설관리업의 등록을 한 자를 말한다)를 감독할 수 있는 사람을 지정하여 소방안전관리자로 선임할 수 있다. 이 경우 소방안전관리자로 선임된 자는 선임된 날부터 <u>3개월</u> 이내에 소방안전관리자 등에 대한 교육을 받아야 한다.(법 제24조 제3항)

08 정답 ①

해설 ① 소방계획서의 작성 및 시행(법 제24조 제5항)
→ 소방안전관리대상물의 경우만 해당한다.

09 정답 ④

해설 ④ 자체소방대 조직과 대원의 임무에 관한 사항
→ 포함되지 않는 사항이다.

10 정답 ③

해설 ③ 가연성 가스를 100톤 이상 1천 톤 미만 저장·취급하는 시설
→ 2급 소방안전관리대상물이기 때문에 소방안전관리업무를 대행하게 할 수 있는 소방안전관리대상물이 맞다.
① 11층 이상 ~~아파트~~
→ 11층 이상인 1급 소방안전관리대상물(연면적 1만 5천 제곱미터 이상인 특정소방대상물과 아파트는 제외한다)
② 연면적이 10만 제곱미터 이상인 특정소방대상물
→ 특급 소방안전관리대상물은 아니다.
④ 연면적 1만 5천 제곱미터 이상인 특정소방대상물
→ 1급 소방안전관리대상물 중에서는 11층 이상인 1급 소방안전관리대상물만 해당한다.

11 정답 ②

해설 소방안전관리대상물의 관계인이 소방안전관리자 또는 소방안전관리보조자를 선임한 경우에는 행정안전부령으로 정하는 바에 따라 선임한 날부터 14일 이내에 소방본부장 또는 소방서장에게 신고하고, 소방안전관리대상물의 출입자가 쉽게 알 수 있도록 소방안전관리자의 성명과 그 밖에 행정안전부령으로 정하는 사항을 게시하여야 한다.(법 제26조 제1항)

12 정답 ③

해설 ③ 해당사항 없음
※ 시행규칙 제15조(소방안전관리자 정보의 게시)
① 법 제26조제1항에서 "행정안전부령으로 정하는 사항"이란 다음 각 호의 사항을 말한다.
1. 소방안전관리대상물의 명칭 및 등급
2. 소방안전관리자의 성명 및 선임일자
3. 소방안전관리자의 연락처
4. 소방안전관리자의 근무 위치(화재 수신기 또는 종합방재실을 말한다)

13 정답 ①

해설
• 소방안전관리대상물의 관계인이 소방안전관리자를 선임한 경우에는 선임한 날부터 (ㄱ : 14)일 이내에 선임사실을 소방본부장 또는 소방서장에게 신고하여야 한다.(법 제26조)
• 소방안전관리대상물의 관계인은 소방안전관리자를 선임 사유가 발생한 날부터 (ㄴ : 30)일 이내에 선임해야 한다.(규칙 제14조)

14 정답 ④

해설 ④ 증축을 하려는 부분의 연면적이 5천제곱미터이고, 지상층의 층수가 ~~10층~~인 업무시설 (영 제29조)
→ 11층 이상

15 정답 ④

해설 ④ 건설현장 작업자를 ~~제외한~~ 책임자에 대한 소방안전 교육 및 훈련(예방법 제29조)
→ 건설현장의 작업자에 대한 소방안전 교육 및 훈련

16 정답 ②

해설 ※ 시행령 제29조(건설현장 소방안전관리대상물)
법 제29조제1항에서 "대통령령으로 정하는 특정소방대상물"이란 다음 각 호의 어느 하나에 해당하는 특정소방대상물을 말한다.
1. 신축·증축·개축·재축·이전·용도변경 또는 대수선을 하려는 부분의 연면적의 합계가 1만 5천제곱미터 이상인 것
2. 신축·증축·개축·재축·이전·용도변경 또는 대수선을 하려는 부분의 연면적이 5천제곱미터 이상인 것으로서 다음 각 목의 어느 하나에 해당하는 것
   가. 지하층의 층수가 2개 층 이상인 것
   나. 지상층의 층수가 11층 이상인 것
   다. 냉동창고, 냉장창고 또는 냉동·냉장창고

17 정답 ④

해설 ④ 소방안전관리자 자격증을 다른 사람에게 빌려 주거나 빌리거나 이를 알선한 자는 3년 이하의 징역 또는 3천만 원 이하의 벌금에 처한다. (법 제50조 제2항 제2호)
→ 1년 이하, 1천만 원 이하

18 정답 ③

해설 ①, ②, ④의 경우에는 그 자격을 취소하거나 1년 이하의 기간을 정하여 그 자격을 정지시킬 수 있다.(법 제31조 제1항)

19 정답 ②

해설 ② 특급 소방안전관리대상물의 소방안전관리보조자로 5년 이상 근무한 실무경력이 있는 사람(영 별표6)
→ 10년

20 정답 ②

해설 ※ 화재예방법 시행령 별표6
① 대학에서 소방안전관리학과를 전공하고 졸업한 사람으로서 해당 학과를 졸업한 후 1년 이상 2급 소방안전관리대상물 또는 3급 소방안전관리대상물의 소방안전관리자로 근무한 실무경력이 있는 사람
→ 2년
③ 소방행정학(소방학, 소방방재학을 포함) 또는 소방안전공학(소방방재공학, 안전공학을 포함) 분야에서 학사학위 이상을 취득한 사람
→ 석사학위
④ 소방공무원으로 7년 이상 근무한 경력이 있는 사람
→ 1급 시험 응시자격이 아니라 1급 소방안전관리자 선임자격에 해당한다.

21 정답 ④

해설 ④ 자체소방대의 소방대원으로 1년 이상 근무한 경력이 있는 사람(영 별표6)
→ 3년

22 정답 ③

해설 시행규칙 제20조【자격시험의 방법】
① 소방청장은 소방안전관리자 자격시험을 다음 각 호와 같이 실시하는 것을 원칙으로 한다.
  1. 특급 소방안전관리자 자격시험 : 연 2회 이상
  2. 1급・2급・3급 소방안전관리자 자격시험 : 월 1회 이상

23 정답 ②

해설 ② 소방청장은 강습교육을 실시하려는 경우에는 강습교육 실시 10일 전까지 일시・장소, 그 밖에 강습교육 실시에 필요한 사항을 인터넷 홈페이지에 공고해야 한다.(규칙 제25조 제2항)
→ 20일

24 정답 ①

해설 소방안전관리자는 그 선임된 날부터 (가 : 6개월) 이내에 실무교육을 받아야 하며, 그 후에는 (나 : 2년)마다 1회 이상 실무교육을 받아야 한다.(규칙 제29조 제2항)

25 정답 ②

해설 ② 복합건축물(지하층을 포함한 층수가 11층 이상인 건축물)(법 제35조 제1항)
→ 제외한

26 정답 ②

해설 ※ 화재예방법 시행령 제37조
② 총괄소방안전관리자등은 법 제35조제4항에 따라 다음 각 호의 공동소방안전관리 업무를 협의회의 협의를 거쳐 공동으로 수행한다.
  1. 특정소방대상물 전체의 소방계획 수립 및 시행에 관한 사항
  2. 특정소방대상물 전체의 소방훈련・교육의 실시에 관한 사항
  3. 공용 부분의 소방시설 및 피난・방화시설의 유지・관리에 관한 사항
  4. 그 밖에 공동으로 소방안전관리를 할 필요가 있는 사항

27 정답 ②

해설 ② 피난계획의 수립·시행, 피난유도 안내정보 제공에 필요한 사항은 ~~대통령령으로~~ 정한다.
(법 제36조 제4항)
→ 행정안전부령

28 정답 ①

해설 ① 연 ~~1회~~ 피난안내 교육을 실시하는 방법 (규칙 제35조 제1항)
→ 연 2회

29 정답 ③

해설 소방안전관리대상물의 관계인은 그 장소에 근무하거나 거주하는 사람 등에게 소방훈련과 소방안전관리에 필요한 교육을 하여야 한다.
(법 제37조 제1항)

30 정답 ④

해설 훈련 등 내용(법 제37조 제1항)
㉠ 소화·통보·피난 등의 훈련
㉡ 소방안전관리에 필요한 교육
㉢ 피난훈련은 그 소방대상물에 출입하는 사람을 안전한 장소로 대피시키고 유도하는 훈련

31 정답 ④

해설 ④ 소방안전관리대상물의 관계인은 소방훈련과 교육을 실시했을 때에는 그 실시 결과를 소방훈련·교육 실시 결과 기록부에 기록하고, 이를 소방훈련 및 교육을 실시한 날부터 2년간 보관해야 한다.(시행규칙 제36조)

32 정답 ③

해설 소방본부장 또는 소방서장은 소방안전교육을 실시하려는 경우에는 교육일 10일 전까지 특정소방대상물 관계인 소방안전교육 계획서를 작성하여 통보해야 한다.(규칙 제40조 제2항)

제6장 특별관리시설물의 소방안전관리

01 정답 ①

해설 ① 「위험물안전관리법」의 제조소는 해당하지 않는다.

02 정답 ③

해설 ③ 물류창고로서 연면적 ~~3만m²~~ 이상인 것
(영 제41조 제2항 제2호)
→ 10만

03 정답 ④

해설 ④ ~~소방본부장 또는 소방서장은~~ 특별관리기본계획을 시행하기 위하여 매년 소방안전 특별관리시행계획을 수립·시행하고, 그 시행 결과를 계획 시행 다음 연도 1월 31일까지 소방청장에게 통보하여야 한다.(영 제42조 제3항)
→ 시·도지사는

04 정답 ③

해설 ③ 발전소 중 연면적이 ~~3천제곱미터~~ 이상인 발전소(영 제43조)
→ 5천제곱미터

05 정답 ②

해설 안전등급이 양호·보통인 경우: 안전등급을 통보받은 날부터 5년이 경과한 날이 속하는 해
(영 제44조 제2항)

06 정답 ④

해설 ④ 가스공급시설 중 가연성 가스 탱크의 저장용량의 합계가 100톤 이상이거나 저장용량이 30톤 이상인 가연성 가스 탱크가 있는 가스공급시설 (영 제43조)

07 정답 ④

해설 • 미흡(D) : 화재예방안전진단 실시 결과 광범위한 문제점이 발견되어 대상물의 화재안전을 위해 조치명령의 즉각적인 이행이 필요하고 대상물의 사용 제한을 권고할 필요가 있는 상태(영 별표7)

08 정답 ④

해설 모두 옳은 지문이다.(법 제41조)

09 정답 ①

해설 ※ 화재예방법 제42조 제2항
㉠ 거짓이나 그 밖의 부정한 방법으로 지정을 받은 경우
→ 취소하여야 한다.
㉡ 업무정지 기간에 화재예방안전진단 업무를 한 경우
→ 취소하여야 한다.
㉢ 지정기준에 미달하게 된 경우
→ 취소하거나 6개월 이내의 기간을 정하여 업무의 전부 또는 일부의 정지
㉣ 화재예방안전진단 결과를 소방본부장 또는 소방서장, 관계인에게 제출하지 아니한 경우
→ 취소하거나 6개월 이내의 기간을 정하여 업무의 전부 또는 일부의 정지

제7장 보칙

01 정답 ④

해설 <u>국가와 지방자치단체</u>는 지방자치단체 또는 그 밖의 기관·단체에서 추진하는 화재의 예방과 안전문화활동을 위하여 필요한 예산을 지원할 수 있다. (법 제43조 제4항)

02 정답 ②

해설 ①, ③, ④은 모두 소방시설법상 청문 사유에 해당한다.(소방시설법 제49조)

제8장 벌칙

01 정답 ③

해설 소방안전관리자, 총괄소방안전관리자 또는 소방안전관리보조자를 선임하지 아니한 자는 300만 원 이하의 벌금에 처한다.(법 제50조 제3항)

02 정답 ④

해설 ④는 300만 원 이하의 벌금(법 제50조 제3항)
①, ②, ③은 1년 이하의 징역 또는 1천만 원 이하의 벌금(법 제50조 제2항)

03 정답 ④

해설 ① 소방안전관리업무의 지도·감독을 하지 아니한 자
→ 300만 원 이하의 과태료
② 건설현장 소방안전관리대상물의 소방안전관리자를 기간 내에 선임신고를 하지 아니한 자
→ 200만 원 이하의 과태료
③ 불을 사용할 때 지켜야 하는 사항 및 특수가연물의 저장 및 취급 기준을 위반한 자
→ 200만 원 이하의 과태료

PART 02 소방시설공사업법

제1장 총칙

01 정답 ④

해설 이 법은 소방시설공사 및 소방기술의 관리에 필요한 사항을 규정함으로써 소방시설업을 건전하게 발전시키고 소방기술을 진흥시켜 화재로부터 공공의 안전을 확보하고 국민경제에 이바지함을 목적으로 한다.

02 정답 ③

해설 제2조(정의)
1. "소방시설업"이란 다음 각 목의 영업을 말한다.
   가. 소방시설설계업: 소방시설공사에 기본이 되는 공사계획, 설계도면, 설계 설명서, 기술계산서 및 이와 관련된 서류(이하 "설계도서"라 한다)를 작성(이하 "설계"라 한다)하는 영업
   나. 소방시설공사업: 설계도서에 따라 소방시설을 신설, 증설, 개설, 이전 및 정비(이하 "시공"이라 한다)하는 영업
   다. 소방공사감리업: 소방시설공사에 관한 발주자의 권한을 대행하여 소방시설공사가 설계도서와 관계 법령에 따라 적법하게 시공되는지를 확인하고, 품질·시공 관리에 대한 기술지도를 하는(이하 "감리"라 한다) 영업
   라. 방염처리업: 「소방시설 설치 및 관리에 관한 법률」 제20조 제1항에 따른 방염대상물품에 대하여 방염처리(이하 "방염"이라 한다)하는 영업

03 정답 ③

해설 "소방시설업"이란 다음 각 목의 영업을 말한다.
가. 소방시설설계업: 소방시설공사에 기본이 되는 공사계획, 설계도면, 설계 설명서, 기술계산서 및 이와 관련된 서류(이하 "설계도서"라 한다)를 작성(이하 "설계"라 한다)하는 영업
나. 소방시설공사업: 설계도서에 따라 소방시설을 신설, 증설, 개설, 이전 및 정비(이하 "시공"이라 한다)하는 영업
다. 소방공사감리업: 소방시설공사에 관한 발주자의 권한을 대행하여 소방시설공사가 설계도서와 관계 법령에 따라 적법하게 시공되는지를 확인하고, 품질·시공 관리에 대한 기술지도를 하는(이하 "감리"라 한다) 영업
라. 방염처리업: 「소방시설 설치 및 관리에 관한 법률」 제20조 제1항에 따른 방염대상물품에 대하여 방염처리(이하 "방염"이라 한다)하는 영업.

04 정답 ③

해설 ③ "발주자"란 소방시설의 설계, 시공, 감리 및 방염을 소방시설업자에게 도급한 자 및 ~~도급받은 공사를 하도급하는~~ 자를 말한다.
→ 수급인으로서 도급받은 공사를 하도급하는 자는 제외

"발주자"란 소방시설의 설계, 시공, 감리 및 방염을 소방시설업자에게 도급하는 자를 말한다. 다만, 수급인으로서 도급받은 공사를 하도급하는 자는 제외한다.

제2장 소방시설업

01 정답 ①

해설 특정소방대상물의 소방시설공사등을 하려는 자는 업종별로 자본금(개인인 경우에는 자산 평가액을 말한다), 기술인력 등 대통령령으로 정하는 요건을 갖추어 특별시장·광역시장·특별자치시장·도지사 또는 특별자치도지사(이하 "시·도지사"라 한다)에게 소방시설업을 등록하여야 한다.
(소방시설공사업법 제4조)

02 정답 ①

해설 시·도지사는 접수일부터 15일 이내에 협회를 경유하여 소방시설업 등록증 및 소방시설업 등록수첩을 신청인에게 발급해 주어야 한다.(규칙 제3조)

03 정답 ①

해설 전문소방시설설계업의 보조기술인력은 1명 이상이다.(소방시설공사업법 시행령 별표1)

04 정답 ②

해설 소방시설공사업의 등록기준은 기술인력과 자본금(자산평가액)에 해당한다.(영 별표1)

05 정답 ④

해설 근린생활시설은 소방전기분야에 해당되지 않는다.

06 정답 ④

해설 소방본부장이 고시하는 소방기술관련 자격을 갖춘 자가 아니라 행정안전부령이 정하는 자격을 갖춘 자이다.

07 정답 ④

해설 기계분야 상급감리원 1인 이상은 해당되지 않는다.

08 정답 ①

해설 일반소방공사감리업에 있어서 전기분야에 해당하지 않는 것은 실내장식물이다.

09 정답 ④

해설 단독경보형감지기는 전기분야에 해당한다.

10 정답 ④

해설 방염처리업의 종류는 섬유류 방염업, 합성수지류 방염업, 합판·목재류 방염업이 있다.
(소방시설공사업법 시행령 별표 1)

11 정답 ②

해설 시·도지사는 제2항에 따른 재발급신청서 [전자문서로 된 소방시설업 등록증(등록수첩) 재발급신청서를 포함한다]를 제출받은 경우에는 3일 이내에 협회를 경유하여 소방시설업 등록증 또는 등록수첩을 재발급하여야 한다.(규칙 제4조 제3항)

12 정답 ②

해설 ② 등록하려는 소방시설업 등록이 취소된 날부터 ~~3년이 지난 사람~~
→ 2년이 지나지 아니한 자

13 정답 ③

해설 시행규칙 제5조(등록사항의 변경신고사항)
법 제6조에서 "행정안전부령으로 정하는 중요 사항"이란 다음 각 호의 어느 하나에 해당하는 사항을 말한다.
1. 상호(명칭) 또는 영업소 소재지
2. 대표자
3. 기술인력

14 정답 ④

해설 시행규칙 제6조(등록사항의 변경신고 등)
① 소방시설업자는 제5조 각 호의 어느 하나에 해당하는 등록사항이 변경된 경우에는 변경일부터 30일 이내에 소방시설업 등록사항 변경신고서(전자문서로 된 소방시설업 등록사항 변경신고서를 포함한다)에 변경사항별로 서류(전자문서를 포함한다)를 첨부하여 협회에 제출하여야 한다. 다만, 「전자정부법」에 따른 행정정보의 공동이용을 통하여 첨부서류에 대한 정보를 확인할 수 있는 경우에는 그 확인으로 첨부서류를 갈음할 수 있다.(규칙 제6조 제1항)
③ 변경신고 서류를 제출받은 협회는 등록사항의 변경신고 내용을 확인하고 5일 이내에 ③에 따라 제출된 소방시설업 등록증·등록수첩 및 기술인력 증빙서류에 그 변경된 사항을 기재하여 발급하여야 한다.(규칙 제6조 제3항)

15 정답 ②

해설 영업소 소재지가 등록된 특별시·광역시·특별자치시·도 및 특별자치도(이하 "시·도"라 한다)에서 다른 시·도로 변경된 경우에는 제1항에 따라 제출받은 변경신고 서류를 접수일로부터 7일 이내에 해당 시·도지사에게 보내야 한다. 이 경우 해당 시·도지사는 소방시설업 등록증 및 등록수첩을 협회를 경유하여 신고인에게 새로 발급하여야 한다.(규칙 제6조 4항)

16 정답 ③

해설 폐업신고를 받은 시·도지사는 소방시설업 등록을 말소하고 그 사실을 행정안전부령으로 정하는 바에 따라 공고하여야 한다.(법 제6조의2 제2항)

17 정답 ③

해설 소방시설업 지위승계는 30일 이내에 해야 한다.

18 정답 ②

해설 협회는 소방시설업 지위승계신고를 접수일로부터 7일 이내에 확인해야 한다.

19 정답 ①

해설
① 특정소방대상물의 소방시설공사등을 하려는 자는 업종별로 자본금, 기술인력 등 행정안전부령으로 정하는 요건을 갖추어 시·도지사에게 소방시설업을 등록하여야 한다.
→ 대통령령

20 정답 ④

해설 지위승계에 관하여는 등록의 결격사유를 준용한다. 다만, 상속인이 등록의 결격사유 각 호의 어느 하나에 해당하는 경우 상속받은 날부터 3개월 동안은 그러하지 아니하다.(법 제7조 제4항)

21 정답 ④

해설 소방시설업자는 다음 각 호의 어느 하나에 해당하는 경우에는 소방시설공사등을 맡긴 특정소방대상물의 관계인에게 지체 없이 그 사실을 알려야 한다.
1. 제7조에 따라 소방시설업자의 지위를 승계한 경우
2. 제9조 제1항에 따라 소방시설업의 등록취소처분 또는 영업정지처분을 받은 경우
3. 휴업하거나 폐업한 경우

22 정답 ④

해설 제8조(소방시설업의 운영)
③ 소방시설업자는 다음 각 호의 어느 하나에 해당하는 경우에는 소방시설공사등을 맡긴 특정소방대상물의 관계인에게 지체 없이 그 사실을 알려야 한다.
1. 제7조에 따라 소방시설업자의 지위를 승계한 경우
2. 제9조제1항에 따라 소방시설업의 등록취소처분 또는 영업정지처분을 받은 경우
3. 휴업하거나 폐업한 경우

23 정답 ②

해설 등록 취소와 영업정지 명령권자는 시·도지사이다.(법 제9조 제1항)

24 정답 ②

해설 취소사유는 거짓이나 그 밖의 부정한 방법으로 등록한 경우, 제5조 각 호의 등록 결격사유에 해당하게 된 경우, 제8조 제2항을 위반하여 영업정지 기간 중에 소방시설공사등을 한 경우이다.

25 정답 ③

해설 소방시설업자의 지위를 승계한 상속인이 제5조 각 호의 어느 하나에 해당할 때에는 상속을 개시한 날부터 6개월 동안은 제1항 제3호를 적용하지 아니한다.

26 정답 ④

해설 시·도지사는 제9조 제1항 각 호의 어느 하나에 해당하는 경우로서 영업정지가 그 이용자에게 불편을 주거나 그 밖에 공익을 해칠 우려가 있을 때에는 영업정지처분을 갈음하여 2억 원 이하의 과징금을 부과할 수 있다.

27 정답 ④

해설 제10조(과징금처분)
① 시·도지사는 제9조 제1항 각 호의 어느 하나에 해당하는 경우로서 영업정지가 그 이용자에게 불편을 주거나 그 밖에 공익을 해칠 우려가 있을 때에는 영업정지처분을 갈음하여 2억 원 이하의 과징금을 부과할 수 있다.

28 정답 ②

해설 영업정지 1개월은 30일로 계산한다.

29 정답 ①

해설 2억 원 초과 3억 원 이하가 3등급이다.

제3장 소방시설공사 등

01 정답 ②

해설

성능위주설계자의 자격	기술인력	설계범위
① 법 제4조에 따라 전문 소방시설설계업을 등록한 자 ② 전문 소방시설설계업 등록기준에 따른 기술인력을 갖춘 자로서 소방청장이 정하여 고시하는 연구기관 또는 단체	소방기술사 2명 이상	「소방시설 설치 및 관리에 관한 법률 시행령」 제9조에 따라 성능위주설계를 하여야 하는 특정소방대상물

02 정답 ②

해설 ② <u>중앙소방기술심의위원회의 심의</u>를 거쳐 소방시설의 구조와 원리 등에서 특수한 특정소방대상물로 인정된 경우는 화재안전기준을 따르지 아니할 수 있다.

※ 소방시설공사업법 제11조(설계)

① 제4조제1항에 따라 소방시설설계업을 등록한 자(이하 "설계업자"라 한다)는 이 법이나 이 법에 따른 명령과 화재안전기준에 맞게 소방시설을 설계하여야 한다. 다만, 「소방시설 설치 및 관리에 관한 법률」 제18조제1항에 따른 <u>중앙소방기술심의위원회의 심의</u>를 거쳐 소방시설의 구조와 원리 등에서 특수한 설계로 인정된 경우는 화재안전기준을 따르지 아니할 수 있다.

03 정답 ④

해설

소방기술자의 배치기준	소방시설공사 현장의 기준
1. 특급기술자인 소방기술자 (기계분야 및 전기분야)	가. 연면적 20만m² 이상인 특정소방대상물의 공사 현장 나. 지하층을 포함한 층수가 40층 이상인 특정소방대상물의 공사 현장
2. 고급기술자 이상의 소방기술자 (기계분야 및 전기분야)	가. 연면적 3만m² 이상 20만m² 미만인 특정소방대상물(아파트는 제외한다)의 공사 현장 나. 지하층을 포함한 층수가 16층 이상 40층 미만인 특정소방대상물의 공사 현장
3. 중급기술자 이상의 소방기술자 (기계분야 및 전기분야)	가. 물분무등소화설비(호스릴 방식의 소화설비는 제외한다) 또는 제연설비가 설치되는 특정소방대상물의 공사 현장 나. 연면적 5천m² 이상 3만m² 미만인 특정소방대상물(아파트는 제외한다)의 공사 현장 다. 연면적 1만m² 이상 20만m² 미만인 아파트의 공사 현장
4. 초급기술자 이상의 소방기술자 (기계분야 및 전기분야)	가. 연면적 1천m² 이상 5천m² 미만인 특정소방대상물(아파트는 제외한다)의 공사 현장 나. 연면적 1천m² 이상 1만m² 미만인 아파트의 공사 현장 다. 지하구(地下溝)의 공사 현장
5. 자격수첩을 발급받은 소방기술자	연면적 1천m² 미만인 특정소방대상물의 공사 현장

04 정답 ④

해설 ④ 물분무등소화설비(호스릴 방식의 소화설비는 제외) 또는 제연설비가 설치되는 특정소방대상물의 공사 현장에는 행정안전부령으로 정하는 초급기술자 이상의 소방기술자(기계분야 및 전기분야)를 배치하여야 한다.(영 별표4)
→ 중급기술자

05 정답 ④

해설 착공신고대상에는 부대공사는 해당되지 않는다.

06 정답 ①

해설 착공신고 또는 변경신고 받은 날부터 2일 이내에 신고수리여부를 신고인에게 통지하여야 한다.

07 정답 ③

해설 소방시설공사업자가 착공 전까지 소방본부장이나 소방서장에게 신고하여야 한다.

08 정답 ③

해설 ③ 위험물 제조소에 할로겐화합물 및 불활성기체 소화설비를 신설하는 공사
→ 제조소등은 제외

09 정답 ②

해설 ② 자동화재속보설비는 착공신고대상이 아니다. 신축, 증축, 개축, 재축(再築), 대수선(大修繕) 또는 구조변경·용도변경되는 특정소방대상물인 자동화재탐지설비를 신설하는 공사(시행령 제4조)

10 정답 ③

해설 수신반, 소화펌프, 동력제어반은 일부 또는 전부를 개설, 이전, 정비 시 착공신고를 해야 한다.

11 정답 ③

해설 ③ 아파트는 제외한다.
소방시설공사업법 시행령
제5조(완공검사를 위한 현장확인 대상 특정소방대상물의 범위)
법 제14조 제1항 단서에서 "대통령령으로 정하는 특정소방대상물"이란 특정소방대상물 중 다음 각 호의 대상물을 말한다.
1. 문화 및 집회시설, 종교시설, 판매시설, 노유자(老幼者)시설, 수련시설, 운동시설, 숙박시설, 창고시설, 지하상가 및 「다중이용업소의 안전관리에 관한 특별법」에 따른 다중이용업소
2. 다음 각 목의 어느 하나에 해당하는 설비가 설치되는 특정소방대상물
   가. 스프링클러설비등
   나. 물분무등소화설비(호스릴 방식의 소화설비는 제외한다)

3. 연면적 1만 제곱미터 이상이거나 11층 이상인 특정소방대상물(아파트는 제외한다)
4. 가연성가스를 제조·저장 또는 취급하는 시설 중 지상에 노출된 가연성가스탱크의 저장용량 합계가 1천 톤 이상인 시설

12 정답 ①

해설 ② 호스릴방식의 소화설비는 제외한다.
③ 아파트는 제외한다.
④ 가연성 가스를 제조·저장 또는 취급하는 시설 중 지상에 노출된 가연성 가스탱크의 저장용량 합계가 1천 톤 이상인 시설

제5조(완공검사를 위한 현장확인 대상 특정소방대상물의 범위)
법 제14조 제1항 단서에서 "대통령령으로 정하는 특정소방대상물"이란 특정소방대상물 중 다음 각 호의 대상물을 말한다.
1. 문화 및 집회시설, 종교시설, 판매시설, 노유자(老幼者)시설, 수련시설, 운동시설, 숙박시설, 창고 시설, 지하상가 및 「다중이용업소의 안전관리에 관한 특별법」에 따른 다중이용업소
2. 다음 각 목의 어느 하나에 해당하는 설비가 설치되는 특정소방대상물
   가. 스프링클러설비등
   나. 물분무등소화설비(호스릴 방식의 소화설비는 제외한다)
3. 연면적 1만 제곱미터 이상이거나 11층 이상인 특정소방대상물(아파트는 제외한다)
4. 가연성가스를 제조·저장 또는 취급하는 시설 중 지상에 노출된 가연성가스탱크의 저장용량 합계가 1천 톤 이상인 시설

13 정답 ④

해설 ④ 연면적 1만제곱미터 이상이거나 11층 이상인 특정소방대상물(아파트는 제외) (영 제5조)

14 정답 ②

해설 지하상가는 해당되지만, 지하구는 해당되지 않는다.

15 정답 ④

해설 ※ 소방시설공사업법 제15조(공사의 하자보수 등)
③ 관계인은 제1항에 따른 기간에 소방시설의 하자가 발생하였을 때에는 공사업자에게 그 사실을 알려야 하며, 통보를 받은 공사업자는 3일 이내에 하자를 보수하거나 보수 일정을 기록한 하자보수계획을 관계인에게 서면으로 알려야 한다.

16 정답 ③

해설 ③ 관계인은 하자보수기간에 소방시설의 하자가 발생하였을 때에는 공사업자에게 그 사실을 알려야 하며, 통보를 받은 공사업자는 7일 이내에 하자를 보수하거나 보수 일정을 기록한 하자보수계획을 관계인에게 서면으로 알려야 한다. → 3일

17 정답 ③

해설 소방공사감리업자의 업무는 소방시설등의 설치계획표 적법성검토, 완공된 소방시설등의 성능시험, 실내장식물의 불연화 및 방염물품의 적법성 검토이다.

18 정답 ④

해설 ④ 설계업자가 작성한 시공 상세 도면의 적합성 검토 → 공사업자

19 정답 ①

해설 지하층을 포함한 층수가 16층 이상으로서 500세대 이상인 아파트에 대한 소방시설의 공사이다.

20 정답 ②

해설 ※ 소방시설공사업법 시행령 [별표 3]
- 상주 공사감리 대상
1. 연면적 3만제곱미터 이상의 특정소방대상물(아파트는 제외한다)에 대한 소방시설의 공사
2. 지하층을 포함한 층수가 16층 이상으로서 500세대 이상인 아파트에 대한 소방시설의 공사

21 정답 ①

해설 ※ 소방시설공사업법 시행령 별표 3
상주공사감리
1. 연면적 3만 제곱미터 이상의 특정소방대상물(아파트는 제외한다)에 대한 소방시설의 공사
2. 지하층을 포함한 층수가 16층 이상으로서 500세대 이상인 아파트에 대한 소방시설의 공사

22 정답 ①

해설 공사감리업의 종류로 알맞게 짝지어 진 것은 상주공사감리와 일반공사감리이다.

23 정답 ③

해설 ※ 소방시설공사업법 시행령 별표3
상주공사감리의 대상
1. 연면적 3만 제곱미터 이상의 특정소방대상물(아파트는 제외한다)에 대한 소방시설의 공사
2. 지하층을 포함한 층수가 16층 이상으로서 500세대 이상인 아파트에 대한 소방시설의 공사

24 정답 ③

해설 공사감리자의 신고기간은 착공 전까지이며, 변경신고는 30일 이내 해야 하며, 신고처리는 2일 이내이다.

25 정답 ③

해설 소방공사감리용역계약서 원본은 해당되지 않는다.

26 정답 ①

해설 소방공사감리자변경신고는 30일 이내에 한다.

27 정답 ③

해설

| 3. 고급감리원 이상의 소방공사 감리원 (기계분야 및 전기분야) | 초급감리원 이상의 소방공사 감리원 (기계분야 및 전기분야) | 가. 물분무등소화설비(호스릴 방식의 소화설비는 제외한다) 또는 제연설비가 설치되는 특정소방대상물의 공사 현장
나. 연면적 3만m² 이상 20만m² 미만인 아파트의 공사 현장 |

28 정답 ①

해설
① 특급감리원 중 소방기술사
1. 복합건축물(지하 5층, 지상35층 규모)인 → 지하층을 포함한 층수가 40층 이상인 특정소방대상물의 공사 현장

| 가. 행정안전부령으로 정하는 특급감리원 중 소방기술사 | 행정안전부령으로 정하는 초급감리원 이상의 소방공사 감리원(기계분야 및 전기분야) | 1) 연면적 20만제곱미터 이상인 특정소방대상물의 공사 현장
2) 지하층을 포함한 층수가 40층 이상인 특정소방대상물의 공사 현장 |

29 정답 ②

해설 ② 소방공사감리원이 공사 중단을 요청하는 경우 → 해당하지 않는다.
(소방시설공사업법 시행령 별표4)
감리업자는 가목에도 불구하고 시공관리, 품질 및 안전에 지장이 없는 경우로서 다음의 어느 하나에 해당하여 발주자가 서면으로 승낙하는 경우에는 해당 공사가 중단된 기간 동안 감리원을 공사현장에 배치하지 않을 수 있다.
1) 민원 또는 계절적 요인 등으로 해당 공정의 공사가 일정 기간 중단된 경우
2) 예산의 부족 등 발주자(하도급의 경우에는 수급인을 포함한다. 이하 이 목에서 같다)의 책임 있는 사유 또는 천재지변 등 불가항력으로 공사가 일정기간 중단된 경우
3) 발주자가 공사의 중단을 요청하는 경우

30 정답 ②

해설 감리원의 세부 배치 기준 등
(소방시설공사업법 시행규칙 제16조 제1항 제2호)
① 법 제18조 제3항에 따른 감리원의 세부적인 배치 기준은 다음 각 호의 구분에 따른다.
2. 영 별표 3에 따른 일반 공사감리 대상인 경우
가. 기계분야의 감리원 자격을 취득한 사람과 전기분야의 감리원 자격을 취득한 사람 각 1명 이상을 감리원으로 배치할 것. 다만, 기계분야 및 전기분야의 감리원 자격을 함께 취득한 사람이 있는 경우에는 그에 해당하는 사람 1명 이상을 배치할 수 있다.
나. 별표 3에 따른 기간 동안 감리원을 배치할 것
다. 감리원은 주 1회 이상 소방공사감리현장에 배치되어 감리할 것
라. 1명의 감리원이 담당하는 소방공사감리현장은 5개 이하(자동화재탐지설비 또는 옥내소화전설비 중 어느 하나만 설치하는 2개의 소방공사감리현장이 최단 차량주행거리로 30킬로미터 이내에 있는 경우에는 1개의 소방공사감리현장으로 본다)로서 감리현장 연면적의 총 합계가 10만 제곱미터 이하일 것. 다만, 일반 공사감리 대상인 아파트의 경우에는 연면적의 합계에 관계없이 1명의 감리원이 5개 이내의 공사현장을 감리할 수 있다.

31 정답 ④

해설 1명의 책임감리원이 담당하는 소방공사감리현장은 5개 이하로 연면적 총 합계가 10만 제곱미터 이하이다.

32 정답 ④

해설 ① 감리업자가 감리원을 배치하였을 때에는 소방본부장 또는 소방서장의 동의를 받아야 한다.
→ 감리업자는 소속 감리원을 배치하였을 때에는 행정안전부령으로 정하는 바에 따라 소방본부장이나 소방서장에게 통보하여야 한다. 감리원의 배치를 변경하였을 때에도 또한 같다.

② 소방본부장 또는 소방서장은 특정소방대상물에 대해서 감리업자를 공사감리자로 지정하여야 한다.
→ 대통령령으로 정하는 특정소방대상물의 관계인이 특정소방대상물에 대하여 자동화재탐지설비, 옥내소화전설비 등 대통령령으로 정하는 소방시설을 시공할 때에는 소방시설공사의 감리를 위하여 감리업자를 공사감리자로 지정하여야 한다.
③ 지하층을 포함한 층수가 16층 이상으로서 300세대 이상인 아파트에 대한 소방시설공사는 상주공사감리 대상이다.
→ 500세대

33 정답 ③

해설 증폭기의 접속은 해당되지 않는다.

34 정답 ③

해설 피난기구의 경우: 고정금속구를 설치하는 기간이다.

35 정답 ③

해설 통보방법은 감리결과를 그 특정소방대상물의 관계인, 소방시설공사의 도급인 및 그 특정소방대상물의 공사를 감리한 건축사에게 서면으로 알리고, 소방본부장 또는 소방서장에게 공사감리결과보고서를 제출한다.

36 정답 ③

해설 감리업자가 소방공사의 감리를 마쳤을 때에는 별지 제29호서식의 소방공사감리 결과보고(통보)서[전자문서로 된 소방공사감리 결과보고(통보)서를 포함한다]에 다음 각 호의 서류(전자문서를 포함한다)를 첨부하여 공사가 완료된 날부터 7일 이내에 특정소방대상물의 관계인, 소방시설공사의 도급인 및 특정소방대상물의 공사를 감리한 건축사에게 알리고, 소방본부장 또는 소방서장에게 보고하여야 한다(시행규칙 제19조).

37 정답 ①

해설 ① 착공신고 후 변경된 소방시설설계도면 1부 (규칙 제19조)

38 정답 ①

해설 제19조(위반사항에 대한 조치)
① 감리업자는 감리를 할 때 소방시설공사가 설계도서나 화재안전기준에 맞지 아니할 때에는 관계인에게 알리고, 공사업자에게 그 공사의 시정 또는 보완 등을 요구하여야 한다.

39 정답 ①

해설 특정소방대상물의 관계인 또는 발주자는 소방시설공사등을 도급할 때에는 해당 소방시설업자에게 도급하여야 한다.

40 정답 ②

해설 ※ 소방시설공사업법 시행령 제11조의2
ⓒ 연면적 3천제곱미터 ~~
→ 1천제곱미터
ⓔ ~~ 원안입찰 또는 일부입찰
→ 대안입찰 또는 일괄입찰
ⓗ ~~ 시·도지사가 인정하는 경우
→ 소방청장

41 정답 ③

해설 ③ 도급받은 소방시설공사의 일부를 다른 공사업자에게 하도급할 수 있다.(법 제22조 제1항)

42 정답 ③

해설 제23조(도급계약의 해지) 특정소방대상물의 관계인 또는 발주자는 해당 도급계약의 수급인이 다음 각 호의 어느 하나에 해당하는 경우에는 도급계약을 해지할 수 있다.
  1. 소방시설업이 등록취소되거나 영업정지된 경우
  2. 소방시설업을 휴업하거나 폐업한 경우
  3. 정당한 사유 없이 30일 이상 소방시설공사를 계속하지 아니하는 경우
  4. 제22조의2제2항에 따른 요구에 정당한 사유 없이 따르지 아니하는 경우

43 정답 ①

해설 소방시설설계업과 소방공사감리업을 같이 하는 경우는 제한 사유가 아니다.

44 정답 ②

해설 시공능력평가항목 중 인력평가액은 해당되지 않는다.

45 정답 ②

해설 시공능력평가방법은 실적평가액 + 자본금평가액 + 기술력평가액 + 경력평가액 ± 신인도평가액이다.

46 정답 ②

해설 공사업을 한 기간이 산정일을 기준으로 3년 이상인 경우에는 최근 3년간의 공사실적을 합산하여 3으로 나눈 금액을 연평균공사실적액으로 한다.

47 정답 ②

해설 최근 1년간 국가기관 지방자치단체 및 공공기관으로부터 공사업과 관련한 표창을 받은 경우이다.

48 정답 ③

해설 최근 1년간 법 제40조에 따라 사유로 과태료처분을 받은 사실이 있는 경우이다.

제4장 소방기술자

01 정답 ④
해설 위험물법의 명령에 따른 업무는 소방기술자의 의무가 아니다.

02 정답 ④
해설 소방기술경력 인정자격의 취소권자는 소방청장이다.

03 정답 ①
해설 소방기술경력 자격 취소사유는 거짓·부정한 방법으로 발급과 소방기술 인정 자격수첩과 경력수첩을 다른 사람에게 빌려준 때이다.

04 정답 ④
해설
① 소방청장은 소방기술의 효율적인 활용과 소방기술의 향상을 위하여 소방기술과 관련된 자격·학력 및 경력을 가진 사람을 소방기술자로 인정할 수 있다.(법 제28조)
② 소방청장은 소방기술과 관련된 자격·학력 및 경력을 인정받은 사람에게 소방기술 인정 자격수첩과 경력수첩을 발급할 수 있다.(법 제28조)
③ 소방기술과 관련된 자격·학력 및 경력의 인정 범위와 자격수첩 및 경력수첩의 발급 절차 등에 관하여 필요한 사항은 행정안전부령으로 정한다. (법 제28조)

05 정답 ④
해설 자격정지처분을 받고도 같은 기간 내에 자격증을 사용한 경우는 3차 취소이다.

06 정답 ④
해설 ① 소방공무원으로서 3년간 근무한 경력이 있는 사람은 중급감리원의 업무를 수행할 수 있다.
→ 초급감리원
② 학사학위를 취득한 후 소방 관련 업무를 10년간 수행한 사람은 특급기술자 업무를 수행할 수 있다.
→ 12년 이상
③ 소방시설관리사 자격을 취득한 후 소방 관련 업무를 3년간 수행한 사람은 특급기술자 업무를 수행할 수 있다. → 5년 이상

07 정답 ③
해설 ③ 전국 4개 이상의 시·도에 이론교육과 실습교육이 가능한 교육·훈련장을 갖출 것
(규칙 제25조의2)

08 정답 ①
해설 소방기술자 실무교육에 관한 업무를 위탁받은 실무교육기관 또는 한국소방안전원의 장("실무교육기관등의 장"이라 한다)은 소방기술자에 대한 실무교육을 실시하려면 교육일정 등 교육에 필요한 계획을 수립하여 소방청장에게 보고한 후 교육 10일 전까지 교육대상자에게 알려야 한다.(규칙 제26조 제2항)

09 정답 ②
해설 소방기술사 실무교육은 2년마다 1회이다.

10 정답 ④
해설 실무교육기관을 하고자 하는 자는 지정신청서를 첨부하여 소방청장에게 제출하여야 한다.

11 정답 ①
해설 소방관련학의 박사학위를 가진 자이다.

12 정답 ①
해설 사무실 바닥면적이 60제곱미터 이상이다.

13 정답 ④

해설 인원 강사 4인 및 교무요원 2인 이상을 확보해야 한다.

14 정답 ④

해설 실무교육기관으로 지정된 기관은 다음 각 호의 어느 하나에 해당하는 사항을 변경하려면 변경일부터 10일 이내에 소방청장에게 보고하여야 한다.
1. 대표자 또는 각 지부의 책임임원
2. 기술인력 또는 시설장비 등 지정기준
3. 교육기관의 명칭 또는 소재지

15 정답 ③

해설 교육계획을 변경하는 경우에는 변경한 날부터 10일 이내에 이를 일간신문에 공고하고 소방본부장 또는 소방서장에게 보고하여야 한다.

제5장 소방시설업자협회

01 정답 ①

해설 협회는 소방청장의 인가를 받아 주된 사무소의 소재지에 설립등기를 함으로써 성립한다.
(법 제30조의2 제3항)

02 정답 ④

해설 협회의 업무(소방시설공사업법 제30조의3)
1. 소방시설업의 기술발전과 소방기술의 진흥을 위한 조사·연구·분석 및 평가
2. 소방산업의 발전 및 소방기술의 향상을 위한 지원
3. 소방시설업의 기술발전과 관련된 국제교류·활동 및 행사의 유치
4. 이 법에 따른 위탁 업무의 수행

제6장 보칙

01 정답 ①

해설 감독권자는 소방청장, 시·도지사, 소방본부장 또는 소방서장이다.

02 정답 ③

해설 청문대상은 소방시설업 등록취소 및 영업정지와 소방기술 인정 자격취소의 처분이다.

03 정답 ④

해설 ④ 소방기술 인정 자격정지 처분은 없다.
제32조(청문)
제9조제1항에 따른 소방시설업 등록취소처분이나 영업정지처분 또는 제28조 제4항에 따른 소방기술 인정 자격취소처분을 하려면 청문을 하여야 한다.

04 정답 ④

해설 ④ 소방청장은 소방기술자 실무교육에 관한 업무를 소방청장이 지정하는 실무교육기관 또는 한국소방안전원에 위탁한다. (시행령 제20조)

05 정답 ①

해설 ※ 소방시설공사업법 시행령 제20조(업무의 위탁)
① 소방청장은 법 제33조제2항에 따라 법 제29조에 따른 소방기술자 실무교육에 관한 업무를 법 제29조제3항에 따라 소방청장이 지정하는 실무교육기관 또는 「소방기본법」 제40조에 따른 한국소방안전원에 위탁한다.
② 소방청장은 법 제33조제3항에 따라 다음 각 호의 업무를 협회에 위탁한다.
  1. 법 제20조의3에 따른 방염처리능력 평가 및 공시에 관한 업무
  2. 법 제26조에 따른 시공능력 평가 및 공시에 관한 업무

3. 법 제26조의3제1항에 따른 소방시설업 종합 정보시스템의 구축·운영

③ 시·도지사는 법 제33조제3항에 따라 다음 각 호의 업무를 협회에 위탁한다.
1. 법 제4조제1항에 따른 소방시설업 등록신청의 접수 및 신청내용의 확인
2. 법 제6조에 따른 소방시설업 등록사항 변경신고의 접수 및 신고내용의 확인
2의2. 법 제6조의2에 따른 소방시설업 휴업·폐업 또는 재개업 신고의 접수 및 신고내용의 확인
3. 법 제7조제3항에 따른 소방시설업자의 지위 승계 신고의 접수 및 신고내용의 확인

06 정답 ④

해설 전문 소방시설설계업은 4만 원이다.

제7장 벌칙

01 정답 ①

해설 소방시설업의 등록을 하지 아니하고 영업을 한 자는 3년 이하의 징역 또는 3천만 원 이하의 벌금이고, 나머지는 1년 이하의 징역 또는 1천만 원 이하의 벌금이다.

02 정답 ①

해설 ① 3년 이하의 징역 또는 3천만 원 이하의 벌금

03 정답 ①

해설 위반 정당한 사유 없이 관계공무원의 출입 또는 검사 및 조사를 기피한 자는 100만 원 이하 벌금에 처한다. 나머지는 300만 원 이하의 벌금이다.

04 정답 ①

해설 규정을 위반하여 공사감리자를 지정하지 아니한 자의 행정벌은 1년 이하의 징역 또는 1천만 원 이하의 벌금이다.

05 정답 ④

해설 규정을 위반하여 소방기술자를 공사현장에 배치하지 아니한 자의 행정벌은 과태료 200만 원 이하이다.

06 정답 ②

해설 위반행위의 차수에 의한 행정처분기준은 최근 1년간 같은 위반행위로 행정처분을 받은 경우에 적용한다.

07 정답 ②

해설 1차 취소에 해당하는 경우
1. 거짓이나 그 밖의 부정한 방법으로 등록한 경우
2. 등록 결격사유에 해당하게 된 경우
3. 영업정지 기간 중에 소방시설공사등을 한 경우

08 정답 ①

해설 시공과 감리를 함께 한 경우는 3차 등록취소가 아니라 2차의 등록취소에 해당한다.

09 정답 ①

해설 다른 자에게 소방시설업의 등록증을 빌려준 경우는 2차 취소 사유이다.

PART 03 위험물안전관리법

제1장 총칙

01 정답 ①

해설 이 법은 위험물의 (저장)·(취급) 및 (운반)과 이에 따른 안전관리에 관한 사항을 규정함으로써 위험물로 인한 위해를 방지하여 공공의 안전을 확보함을 목적으로 한다.(법 제1조)

02 정답 ②

해설 제2조(정의)
① 이 법에서 사용하는 용어의 정의는 다음과 같다.
1. "위험물"이라 함은 인화성 또는 발화성 등의 성질을 가지는 것으로서 대통령령이 정하는 물품을 말한다.

03 정답 ②

해설 ② "지정수량"이라 함은 위험물의 종류별로 위험성을 고려하여 대통령령이 정하는 수량으로서 제조소등의 설치허가 등에 있어서 최저의 기준이 되는 수량을 말한다.

04 정답 ③

해설 "취급소"라 함은 위험물을 제조 외의 목적으로 취급하기 위한 대통령령이 정하는 장소로서 규정에 따른 허가를 받은 장소를 말한다.
(위험물안전관리법 제2조)

05 정답 ④

해설 암반탱크저장소는 암반 내의 공간을 이용한 탱크에 액체의 위험물을 저장하는 장소이다.

06 정답 ③

해설 일반저장소는 저장소에 해당되지 않는다.
※ 위험물안전관리법 시행령 별표 2
지정수량 이상의 위험물을 저장하기 위한 장소와 그에 따른 저장소의 구분
1. 옥내저장소
2. 옥외탱크저장소
3. 옥내탱크저장소
4. 지하탱크저장소
5. 간이탱크저장소
6. 이동탱크저장소
7. 옥외저장소
8. 암반탱크저장소

07 정답 ①

해설 관리취급소는 위험물취급소의 종류에 해당되지 않는다.(위험물안전관리법 시행령 별표 3)

08 정답 ④

해설 ※ 위험물안전관리법 시행령 [별표 1]
① 질산 – 6류
② 과염소산 – 6류
③ 과산화수소 - 6류
④ 과염소산염류 – 1류

09 정답 ①

해설 ※ 위험물안전관리법 시행령 [별표 1]
① 유기과산화물 : 10 kg
② 아염소산염류 : 50kg
③ 황린 : 20kg
④ 황 : 100kg

10 정답 ④

해설 ① 질산염류 - 제1류 위험물(산화성 고체)
② 인화성고체 - 2류 위험물(가연성 고체)
③ 유기과산화물 - 제5류 위험물(자기반응성 물질)

11 정답 ④

해설 ④ 자연발화성 및 금수성 물질 : 황린, ~~아조화합물~~ → 아조화합물 제5류 위험물 자기반응성물질

12 정답 ③

해설 ③ 염소화규소화합물 - 제3류 위험물(규칙 제3조)

① 과아이오딘산염류 - 제1류 위험물(규칙 제3조)
② 과아이오딘산 - 제1류 위험물(규칙 제3조)
④ 차아염소산염류 - 제1류 위험물(규칙 제3조)

13 정답 ③

해설 ③ 질산구아니딘 - 제5류 위험물(규칙 제3조)

① 과아이오딘산 - 제1류 위험물(규칙 제3조)
② 염소화규소화합물 - 제3류 위험물(규칙 제3조)
④ 할로젠간화합물 - 제6류 위험물(규칙 제3조)

14 정답 ①

해설 ① 할로젠간화합물 - 제6류 위험물(규칙 제3조)

② 퍼옥소이황산염류 - 제1류 위험물(규칙 제3조)
③ 질산구아니딘 - 제5류 위험물(규칙 제3조)
④ 염소화아이소사이아누르산 - 제1류 위험물 (규칙 제3조)

15 정답 ④

해설 이황화탄소는 특수인화물이다.

16 정답 ③

해설 ③ 철분 : 철의 분말로서 53마이크로미터의 표준체를 통과하는 것이 50중량퍼센트 미만인 ~~것을 말한다~~. → 것은 제외한다.

17 정답 ④

해설 제1석유류는 아세톤, 휘발유 그 밖에 1기압에서 인화점이 섭씨 21도 미만인 것이다.

18 정답 ②

해설 "제1석유류"라 함은 아세톤, 휘발유 그 밖에 1기압에서 인화점이 섭씨 21도 미만인 것을 말한다. (시행령 별표1)

19 정답 ③

해설 황린은 물에 저장 및 보관하는 위험물로서 화기엄금 및 공기접촉엄금이 맞다.

20 정답 ①

해설 아세톤은 제1석유류 이다.

21 정답 ④

해설 이 법은 항공기·선박(「선박법」 제1조의2 제1항의 규정에 따른 선박을 말한다)·철도 및 궤도에 의한 위험물의 저장·취급 및 운반에 있어서는 이를 적용하지 아니한다(위험물안전관리법 제3조)

22 정답 ④

해설 소방기본법상의 국가의 책무 사항에 해당한다. (국가의 책무) 국가는 소방산업(소방용 기계·기구의 제조, 연구·개발 및 판매 등에 관한 일련의 산업을 말한다. 이하 같다)의 육성·진흥을 위하여 필요한 계획의 수립 등 행정상·재정상의 지원시책을 마련하여야 한다(소방기본법 제39조의3).

23 정답 ③

해설 지정수량 미만인 위험물의 저장 또는 취급에 관한 기술상의 기준은 시·도의 조례로 정한다. (법 제4조)

24 정답 ①

해설 관할소방서장의 승인을 받아 지정수량 이상의 위험물을 90일 이내의 기간 동안 임시로 저장 또는 취급하는 경우

제2장 위험물시설의 설치 및 변경

01 정답 ②

해설 위험물시설의 설치 및 변경 등
(위험물안전관리법 제6조)
① 제조소등을 설치하고자 하는 자는 대통령령이 정하는 바에 따라 그 설치장소를 관할하는 특별시장·광역시장·특별자치시장·도지사 또는 특별자치도지사(이하 "시·도지사"라 한다)의 허가를 받아야 한다. 제조소등의 위치·구조 또는 설비 가운데 행정안전부령이 정하는 사항을 변경하고자 하는 때에도 또한 같다.

02 정답 ②

해설
① 농예용으로 필요한 건조시설을 위한 지정수량 20배 이하의 저장소
③ 수산용으로 필요한 건조시설을 위한 지정수량 20배 이하의 저장소
④ 공동주택의 중앙난방시설은 제외한다.

제6조(위험물시설의 설치 및 변경 등)
③ 제1항 및 제2항의 규정에 불구하고 다음 각 호의 어느 하나에 해당하는 제조소등의 경우에는 허가를 받지 아니하고 당해 제조소등을 설치하거나 그 위치·구조 또는 설비를 변경할 수 있으며, 신고를 하지 아니하고 위험물의 품명·수량 또는 지정수량의 배수를 변경할 수 있다
1. 주택의 난방시설(공동주택의 중앙난방시설을 제외한다)을 위한 저장소 또는 취급소
2. 농예용·축산용 또는 수산용으로 필요한 난방시설 또는 건조시설을 위한 지정수량 20배 이하의 저장소

03 정답 ②

해설 제조소등을 설치하고자 하는 자는 대통령령에 정하는 바에 따라 시·도지사의 허가를 받아야 한다. (법 제6조 제1항)

04 정답 ②

해설 50만리터 이상의 옥외탱크저장소의 경우에는 당해 옥외탱크저장소의 탱크의 기초·지반 및 탱크 본체의 설계도서, 공사계획서, 공사공정표, 지질조사자료 등 기초·지반에 관하여 필요한 자료와 용접부에 관한 설명서 등 탱크에 관한 자료(규칙 제6조)

05 정답 ④

해설 소화설비 중 소화기구는 제외한다.

06 정답 ④

해설 완공검사를 자체적으로 실시한 군부대의 장은 지체 없이 행정안전부령이 정하는 사항을 시·도지사에게 통보하여야 한다.

07 정답 ③

해설 완공검사의 실시계획은 통보사항이 아니다.

08 정답 ③

해설 ①②④ 외에 암반탱크검사가 있다.
(위험물안전관리법 시행규칙 제18조)

09 정답 ①

해설 옥외탱크저장소의 액체위험물탱크 중 그 용량이 100만L 이상인 탱크이다.
(위험물안전관리법 시행령 제8조)

10 정답 ③

해설 용접부검사는 탱크의 배관 및 그 밖의 부속설비를 부착하기 전에 확인한다.

11 정답 ①

해설 탱크안전성능검사의 실시권자는 시·도지사이다.

12 정답 ②

해설 충수·수압검사의 면제사유이다.

13 정답 ④

해설 "행정안전부령으로 정하는 탱크"라 함은 지중탱크 및 해상탱크(이하 "특수액체위험물탱크"라 한다)를 말한다.

14 정답 ②

해설 탱크안전성능시험검사를 실시하려는 자는 신청서를 위험물탱크의 설치 장소를 관할하는 소방서장 또는 기술원에 제출한다.

15 정답 ④

해설 위험물구조명세서 1부를 첨부하여 기술원 또는 탱크시험자에게 신청할 수 있다.

16 정답 ③

해설 용접부검사 : 탱크 본체에 관한 공사의 개시 전에 실시한다.

17 정답 ①

해설 제조소등에 대한 완공검사권자는 시·도지사이다.

18 정답 ④

해설 재교부 대상 : 분실, 훼손, 멸실, 파손시

19 정답 ②

해설 이동탱크저장소의 경우 : 이동저장탱크를 완공하고 상치장소를 확보한 후

20 정답 ④

해설 완공검사합격확인증을 잃어버려 재교부를 받은 자는 잃어버린 완공검사합격확인증을 발견하는 경우에는 이를 10일 이내에 완공검사합격확인증을 재교부한 시·도지사에게 제출하여야 한다.

21 정답 ④

해설 기술원은 완공검사를 실시한 경우에는 완공검사결과서를 소방서장에게 송부하고, 검사대상명·접수일시·검사일·검사번호·검사자·검사결과 및 검사결과서 발송일 등을 기재한 완공검사업무대장을 작성하여 10년 간 보관하여야 한다.

22 정답 ④

해설 경매, 환가, 압류재산의 매각 등 : 제조소등 시설의 전부를 인수한 자

23 정답 ②

해설 제조소등의 용도를 폐지한 때에는 14일 이내에 시·도지사에게 신고하여야 한다.
(위험물안전관리법 제11조)

24 정답 ④

해설 제조소등의 용도폐지신고를 하고자 하는 자는 별지 제29호 서식의 신고서(전자문서로 된 신고서를 포함한다)에 제조소등의 완공검사합격확인증을 첨부하여 시·도지사 또는 소방서장에게 제출하여야 한다.

25 정답 ③

해설 시·도지사는 제조소등 설치허가 취소와 6개월 이내의 제조소등의 전부 또는 일부의 사용정지를 할 수 있다.

26 정답 ④

해설 제조소등의 변경허가시 신청서의 첨부서류에 흠이 있는 경우는 없다.
(위험물안전관리법 제12조 제1항)

27 정답 ④

해설 과징금은 영업정지처분에 갈음하여 2억 원 이하를 부과할 수 있다.

28 정답 ①

해설 과징금의 징수절차에 관하여는 「국고금관리법 시행규칙」을 준용한다.

제3장 위험물시설의 안전관리

01 정답 ②

해설 시·도지사, 소방본부장, 소방서장이 기준에 따른 유지·관리 상황이 부적합하다고 인정되는 때에는 기술기준에 적합하도록 제조소등의 위치·구조 및 설비의 수리·개조 또는 이전을 명령한다.
(법 제14조 제2항)

02 정답 ②

해설 경보설비 - 자동화재탐지설비, 자동화재속보설비, 비상경보장치(비상벨장치 또는 경종 포함), 확성장치(휴대용 확성기 포함), 비상방송설비

03 정답 ④

해설 제42조 제2항(경보설비의 기준)
② 제1항의 규정에 의한 경보설비는 자동화재탐지설비·자동화재속보설비·비상경보설비(비상벨장치 또는 경종을 포함한다)·확성장치(휴대용확성기를 포함한다) 및 비상방송설비로 구분하되, 제조소등별로 설치하여야 하는 경보설비의 종류 및 설치기준은 별표 17과 같다.

04 정답 ②

해설 ② 제조소등에는 화재발생시 소방공무원이 화재를 진압하거나 인명구조 활동을 할 수 있도록 소화활동설비를 설치하여야 한다. → 해당되지 않는다.
제41조(소화설비의 기준)
① 법 제5조제4항의 규정에 의하여 제조소등에는 화재발생시 소화가 곤란한 정도에 따라 그 소화에 적응성이 있는 소화설비를 설치하여야 한다.
제43조(피난설비의 기준)
① 법 제5조제4항의 규정에 의하여 주유취급소 중 건축물의 2층 이상의 부분을 점포·휴게음식점 또는 전시장의 용도로 사용하는 것과 옥내주유취급소에는 피난설비를 설치하여야 한다

제42조(경보설비의 기준)
① 법 제5조제4항의 규정에 의하여 영 별표 1의 규정에 의한 지정수량의 10배 이상의 위험물을 저장 또는 취급하는 제조소등(이동탱크저장소를 제외한다)에는 화재발생시 이를 알릴 수 있는 경보설비를 설치하여야 한다.

05 정답 ④

해설 안전성 평가의 신청을 받은 기술원은 소방기술사, 위험물기능장 등 해당 분야의 전문가가 참여하는 위원회(이하 이 조에서 "안전성평가위원회"라 한다)의 심의를 거쳐 안전성 평가 결과를 30일 이내에 신청인에게 통보하여야 한다.

06 정답 ③

해설 안전성 평가의 신청을 받은 기술원은 소방기술사, 위험물기능장 등 해당 분야의 전문가가 참여하는 위원회(이하 이 조에서 "안전성평가위원회"라 한다)의 심의를 거쳐 안전성 평가 결과를 30일 이내에 신청인에게 통보하여야 한다.

07 정답 ②

해설 주거용으로 사용되는 것에 있어서는 10m 이상 (위험물안전관리법 시행규칙 별표 4)

08 정답 ②

해설 제4류 위험물은 화기엄금 적색바탕에 백색문자이다.

09 정답 ④

해설 ※ 위험물안전관리법 시행규칙 [별표 4]

취급하는 위험물의 최대수량	공지의 너비
지정수량의 10배 이하	3m 이상
지정수량의 10배 초과	5m 이상

10 정답 ③

해설 ③ "위험물 제조소"라는 표시를 한 표지의 바탕은 백색으로, 문자는 흑색으로 하여야 한다.

11 정답 ④

해설 ④ 인화성고체에 있어서는 적색바탕에 백색문자로, "화기주의"를 표시한다.
→ 화기엄금
※ 제2류 위험물(인화성고체를 제외한다)에 있어서는 "화기주의"

12 정답 ①

해설 ① 제1류 위험물 중 알칼리금속의 과산화물
- 물기주의 → 물기엄금

위험물안전관리법 시행규칙 [별표 4]
Ⅲ. 표지 및 게시판
2. 제조소에는 보기 쉬운 곳에 다음 각목의 기준에 따라 방화에 관하여 필요한 사항을 게시한 게시판을 설치하여야 한다.
  라. 나목의 게시판 외에 저장 또는 취급하는 위험물에 따라 다음의 규정에 의한 주의사항을 표시한 게시판을 설치할 것
    1) 제1류 위험물 중 알칼리금속의 과산화물과 이를 함유한 것 또는 제3류 위험물 중 금수성물질에있어서는 "물기엄금"
    2) 제2류 위험물(인화성고체를 제외한다)에 있어서는 "화기주의"
    3) 제2류 위험물 중 인화성고체, 제3류 위험물 중 자연발화성물질, 제4류 위험물 또는 제5류 위험물에있어서는 "화기엄금"
  마. 라목의 게시판의 색은 "물기엄금"을 표시하는 것에 있어서는 청색바탕에 백색문자로, "화기주의" 또는"화기엄금"을 표시하는 것에 있어서는 적색바탕에 백색문자로 할 것

13 정답 ④

해설 급기구는 낮은 곳에 설치하고 가는 눈의 구리망 등으로 인화방지망을 설치할 것

14 정답 ①

해설 ① 환기는 ~~기계배기방식~~으로 할 것
→ 자연배기방식

15 정답 ②

해설 〈위험물안전관리법 시행규칙 제조소의 위치·구조 및 설비의 기준 별표4〉
XI. 고인화점 위험물의 제조소의 특례 인화점이 100℃ 이상인 제4류 위험물(이하 "고인화점위험물"이라 한다)만을 100℃ 미만의 온도에서 취급하는 제조소로서 그 위치 및 구조가 다음 각호의 기준에 모두 적합한 제조소에 대하여는 Ⅰ, Ⅱ, Ⅳ제1호, Ⅳ제3호 내지 제5호, Ⅷ제6호·제7호 및 Ⅸ제1호나목2)에 의하여 준용되는 별표 6 Ⅸ제1호 나목의 규정을 적용하지 아니한다.

16 정답 ④

해설 〈위험물안전관리법 시행규칙 별표4〉
아세트알데하이드등을 취급하는 제조소의 특례는 다음 각목과 같다.
  가. 아세트알데하이드등을 취급하는 설비는 은·수은·동·마그네슘 또는 이들을 성분으로 하는 합금으로 만들지 아니할 것

17 정답 ②

해설 옥내저장소에 저장 또는 취급하는 위험물의 최대수량이 50배 초과하여 200배 이하 경우 내화구조 건축물보유공지는 5m 이상이다.

18 정답 ③

해설 ③ 옥내저장소의 용도에 사용되는 부분의 출입구에는 수시로 열 수 있는 자동폐쇄방식의 60분+방화문 또는 60분방화문 ~~또는 30분방화문~~을 설치하여야 한다.(규칙 별표5)

19 정답 ①

해설 ① 저장 또는 취급하는 위험물의 최대수량이 지정수량의 500배 이하인 경우 보유 공지너비는 5m 이상으로 해야 한다.
→ 3m

20 정답 ①

해설 ① 제1류 위험물 중 염소산염류
→ 해당 없음(영 별표2)

21 정답 ③

해설
가. 지정수량의 650배를 저장하는 옥외탱크저장소의 보유공지는 (5)m 이상이다.
나. 펌프설비의 주위에는 너비 (3)m 이상의 공지를 보유해야 한다. 다만 방화상 유효한 격벽을 설치하는 경우와 제6류 위험물 또는 지정수량의 (10)배 이하 위험물의 옥외저장탱크의 펌프설비에 있어서는 그러하지 아니하다.

22 정답 ③

해설 ③ 옥외저장탱크의 배수관은 탱크의 옆판에 설치하여야 한다. 다만, 탱크와 배수관과의 결합부분이 지진 등에 의하여 손상을 받을 우려가 없는 방법으로 배수관을 설치하는 경우에는 탱크의 밑판에 설치할 수 있다.

〈위험물안전관리법 시행규칙 옥외탱크저장소의 위치·구조 및 설비의 기준 별표 6〉

23 정답 ④

해설 ④ 높이가 1m를 넘는 방유제 및 간막이 둑의 안팎에는 방유제 내에 출입하기 위한 계단 또는 경사로를 약 50m마다 설치할 것(규칙 별표6)

24 정답 ①

해설 ① 방유제는 높이 ~~0.3m 이상 3m 이하~~로 할 것
→ 0.5m 이상 3m 이하

위험물안전관리법 시행규칙 [별표6]
Ⅸ. 방유제
1. 제3류, 제4류 및 제5류 위험물 중 인화성이 있는 액체(이황화탄소를 제외한다)의 옥외탱크저장소의 탱크 주위에는 다음 각목의 기준에 의하여 방유제를 설치하여야 한다.
    나. 방유제는 높이 0.5m 이상 3m 이하, 두께 0.2m 이상, 지하매설깊이가 1m 이상으로 할 것. 다만, 방유제와 옥외저장탱크 사이의 지반면 아래에 불침윤성(不浸潤性: 수분 흡수를 막는 성질) 구조물을 설치하는 경우에는 지하매설깊이를 해당 불침윤성 구조물까지로 할 수 있다.

25 정답 ③

해설 ③ 지하저장탱크의 윗부분은 지면으로부터 0.6m 이상 아래에 있어야 한다.

26 정답 ④

해설 상부는 물이 침투하지 아니하는 구조로 하고, 뚜껑은 검사 시에 쉽게 열 수 있도록 할 것

27 정답 ④

해설 ※ 위험물안전관리법 시행규칙 [별표10]
Ⅱ. 이동저장탱크의 구조
2. 이동저장탱크는 그 내부에 4,000ℓ 이하마다 3.2㎜ 이상의 강철판 또는 이와 동등 이상의 강도·내열성 및 내식성이 있는 금속성의 것으로 칸막이를 설치하여야 한다. 다만, 고체인 위험물을 저장하거나 고체인 위험물을 가열하여 액체상태로 저장하는 경우에는 그러하지 아니하다.

28 정답 ②

해설 주유취급소의 게시판은 황색바탕에 흑색문자로 "주유 중 엔진 정지"라고 표시를 한다.(규칙 별표13)

29 정답 ②

해설 주유취급소에 있는 고정주유설비의 주위에는 주유를 받으려는 자동차 등이 출입할 수 있도록 너비 15m 이상, 길이 몇 6m 이상의 콘크리트 등으로 포장한 공지를 보유하여야 한다.(규칙 별표13)

30 정답 ④

해설 ※ 위험물안전관리법 시행규칙 [별표13]
Ⅳ. 고정주유설비 등
4. 고정주유설비 또는 고정급유설비는 다음 각목의 기준에 적합한 위치에 설치하여야 한다.
    가. 고정주유설비의 중심선을 기점으로 하여 도로경계선까지 4m 이상, 부지경계선·담 및 건축물의 벽까지 2m(개구부가 없는 벽까지는 1m) 이상의 거리를 유지하고, 고정급유설비의 중심선을 기점으로 하여 도로경계선까지 4m 이상, 부지경계선 및 담까지 1m 이상, 건축물의 벽까지 2m(개구부가 없는 벽까지는 1m) 이상의 거리를 유지할 것

31 정답 ①

해설 ① 주유노즐은 자동차 등의 연료탱크가 가득 찬 경우 자동적으로 정지시키는 구조이어야 한다(규칙 별표 13 참조).

32 정답 ②

해설
① 제1종 판매취급소는 20배 이하인 판매취급소 제2종 판매취급소는 40배 이하인 판매취급소
③ 출입구의 문턱의 높이는 바닥면으로부터 0.1m 이상으로 설치한다.
④ 위험물 배합실의 바닥면적은 6㎡ 이상 15㎡ 이하로 한다.

33 정답 ②

해설 ② 저장소의 건축물은 외벽이 내화구조인 것은 연면적 ~~100 m²~~ 소요단위로 할 것
→ 150m²

※ 시행규칙 별표17
5. 소화설비의 설치기준
다. 소요단위의 계산방법

건축물 그 밖의 공작물 또는 위험물의 소요단위의 계산방법은 다음의 기준에 의할 것

1) 제조소 또는 취급소의 건축물은 외벽이 내화구조인 것은 연면적(제조소등의 용도로 사용되는 부분외의 부분이 있는 건축물에 설치된 제조소등에 있어서는 당해 건축물중 제조소등에 사용되는 부분의 바닥면적의 합계를 말한다. 이하 같다) 100㎡를 1소요단위로 하며, 외벽이 내화구조가 아닌 것은 연면적 50㎡를 1소요단위로 할 것

2) 저장소의 건축물은 외벽이 내화구조인 것은 연면적 150㎡를 1소요단위로 하고, 외벽이 내화구조가 아닌 것은 연면적 75㎡를 1소요단위로 할 것

3) 제조소등의 옥외에 설치된 공작물은 외벽이 내화구조인 것으로 간주하고 공작물의 최대수평투영면적을 연면적으로 간주하여 1) 및 2)의 규정에 의하여 소요단위를 산정할 것

4) 위험물은 지정수량의 10배를 1소요단위로 할 것

34 정답 ③

해설 ③ 옥외저장소에서 위험물을 수납한 용기를 선반에 저장하는 경우에는 ~~10m~~ 이하의 높이로 저장하여야 한다.
→ 6m

위험물안전관리법 시행규칙 [별표18]
Ⅲ. 저장의 기준
19. 옥외저장소에서 위험물을 수납한 용기를 선반에 저장하는 경우에는 6m를 초과하여 저장하지 아니하여야 한다.

35 정답 ①

해설 → 6m

※ 위험물안전관리법 시행규칙 [별표18]

② 제2류 위험물 중 자연발화성물질에 있어서는 불티·불꽃 또는 고온체와의 접근·과열 또는 공기와의 접촉을 피하고, 금수성물질에 있어서는 물과의 접촉을 피하여야 한다. → 제3류

③ ~~제3류~~ 위험물은 산화제와의 접촉·혼합이나 불티·불꽃·고온체와의 접근 또는 과열을 피하는 한편, 철분·금속분·마그네슘 및 이를 함유한 것에 있어서는 물이나 산과의 접촉을 피하고 인화성 고체에 있어서는 함부로 증기를 발생시키지 아니하여야 한다. → 제2류

④ ~~제4류~~ 위험물은 가연물과의 접촉·혼합이나 분해를 촉진하는 물품과의 접근 또는 과열을 피하여야 한다. → 제1류

36 정답 ③

해설 위험물안전관리자의 선임과 신고는 가 : 30, 나 : 14에 해당된다.(위험물안전관리법 제15조)

37 정답 ③

해설 제15조 제2항, 제3항(위험물안전관리자)

ㅇ 위험물안전관리자를 선임한 제조소등의 관계인은 그 위험물안전관리자를 해임하거나 위험물안전관리자가 퇴직한 때에는 해임하거나 퇴직한 날부터 (30)일 이내에 다시 위험물안전관리자를 선임하여야 한다.

ㅇ 제조소등의 관계인은 위험물안전관리자를 선임한 경우에는 선임한 날부터 (14)일 이내에 행정안전 부령으로 정하는 바에 따라 소방본부장 또는 소방서장에게 신고하여야 한다.

38 정답 ①

해설 보일러·버너 또는 이와 비슷한 것으로서 위험물을 소비하는 장치로 이루어진 7개 이하의 일반취급소와 그 일반취급소에 공급하기 위한 위험물을 저장하는 저장소[일반취급소 및 저장소가 모두 동일구내(같은 건물 안 또는 같은 울 안을 말한다. 이하 같다)에 있는 경우에 한한다. 이하 제2호에서 같대를 동일인이 설치한 경우

39 정답 ①

해설 다음 각목의 기준에 모두 적합한 5개 이하의 제조소등을 동일인이 설치한 경우
가. 각 제조소등이 동일구내에 위치하거나 상호 100미터 이내의 거리에 있을 것
나. 각 제조소등에서 저장 또는 취급하는 위험물의 최대수량이 지정수량의 3천 배 미만일 것. 다만, 저장소의 경우에는 그러하지 아니하다.

40 정답 ③

해설 제조소등의 관계인은 법 제15조 제3항에 따라 안전관리자(「기업활동 규제완화에 관한 특별조치법」제29조 제1항·제3항 및 제32조 제1항에 따른 안전관리자와 제57조 제1항에 따른 안전관리대행기관을 포함한다)의 선임을 신고하려는 경우에는 별지 제32호서식의 신고서(전자문서로 된 신고서를 포함한다)에 다음 각 호의 해당 서류(전자문서를 포함한다)를 첨부하여 소방본부장 또는 소방서장에게 제출하여야 한다.(규칙 제53조 제1항)

41 정답 ①

해설 10개 이하의 옥내저장소

42 정답 ②

해설 30개 이하의 옥외탱크저장소

43 정답 ②

해설 소방청장은 안전관리대행기관에 대하여 필요한 지도·감독을 해야 한다.

44 정답 ②

해설 1. 허위 그 밖의 부정한 방법으로 지정을 받은 때
2. 탱크시험자의 등록 또는 다른 법령에 의하여 안전관리업무를 대행하는 기관의 지정·승인 등이 취소된 때
3. 다른 사람에게 지정서를 대여한 때에는 지정을 취소하여야 한다.

45 정답 ④

해설 제조소등의 수가 25개를 초과하지 아니하도록 지정하고, 지정수량의 20배 이하를 저장하는 저장소는 제외한다.

46 정답 ①

해설 탱크시험자가 부정한 방법으로 등록·결격·등록증을 빌려준 때에는 취소사유이다.

47 정답 ③

해설 중요사항을 변경한 경우에는 그 날부터 30일 이내에 시·도지사에게 신고한다.(법 제16조 제3항)

48 정답 ③

해설 ③ 해당하지 않음
※ 시행규칙 제61조(변경사항의 신고 등)
① 탱크시험자는 법 제16조제3항의 규정에 의하여 다음 각호의 1에 해당하는 중요사항을 변경한 경우에는 별지 제38호서식의 신고서(전자문서로 된 신고서를 포함한다)에 다음 각호의 구분에 따른 서류(전자문서를 포함한다)를 첨부하여 시·도지사에게 제출하여야 한다.
1. 영업소 소재지의 변경 : 사무소의 사용을 증명하는 서류와 위험물탱크안전성능시험자등록증
2. 기술능력의 변경 : 변경하는 기술인력의 자격증과 위험물탱크안전성능시험자등록증
3. 대표자의 변경 : 위험물탱크안전성능시험자등록증
4. 상호 또는 명칭의 변경 : 위험물탱크안전성능시험자등록증

49 정답 ①

해설 자본금 내역서는 필요서류가 아니다.

50 정답 ①

해설 탱크시험자로 등록하고자 하는 자는 등록신청서에 행정안전부령이 정하는 서류를 첨부하여 시·도지사에게 제출하여야 한다.

51 정답 ②

해설 기술능력의 변경 : 변경하는 기술인력의 자격증과 위험물탱크안전성능시험자등록증

52 정답 ①

해설 지정수량의 150배 이상의 위험물을 저장하는 옥내저장소(위험물안전관리법 시행령 제15조)

53 정답 ③

해설 관계인이 예방규정을 정하여야 하는 제조소등 (위험물안전관리법 시행령 제15조)
① 지정수량 10배 이상의 위험물 취급하는 제조소, 일반취급소
② 지정수량 100배 이상의 위험물 저장하는 옥외저장소
③ 지정수량 150배 이상의 위험물 저장하는 옥내저장소
④ 지정수량 200배 이상의 위험물 저장하는 옥외탱크저장소
⑤ 암반탱크저장소
⑥ 이송취급소

54 정답 ②

해설 지정수량의 100배 이상의 위험물을 저장하는 옥외저장소(시행령 제15조)

55 정답 ①

해설
• 지정수량의 (ㄱ: 10)배 이상의 위험물을 취급하는 제조소
• 지정수량의 (ㄴ: 150)배 이상의 위험물을 저장하는 옥내저장소
• 지정수량의 (ㄷ: 100)배 이상의 위험물을 저장하는 옥외저장소
• 지정수량의 (ㄹ: 200)배 이상의 위험물을 저장하는 옥외탱크저장소

56 정답 ④

해설 ① 알코올 400L
지정수량의 10배 이상의 위험물을 취급하는 제조소
→ 4,000L 이상

② 황 100Kg
지정수량의 100배 이상의 위험물을 저장하는 옥외저장소
→ 10,000kg 이상

③ 질산에스터류 10kg
지정수량의 150배 이상의 위험물을 저장하는 옥내저장소
→ 1,500kg 이상

④ 경유(제2석유류-비수용성액체) - 1,000L
지정수량의 200배 이상의 위험물을 저장하는 옥외탱크저장소
→ 200,000L 이상

57 정답 ③

해설 위험물의 안전에 관계된 작업에 종사하는 자에 대한 안전교육 및 훈련에 관한 사항

58 정답 ①

해설 대통령령이 정하는 제조소등의 관계인은 그 제조소등에 대하여 행정안전부령이 정하는 바에 따라 제5조 제4항의 규정에 따른 기술기준에 적합한지의 여부를 정기적으로 점검하고 점검결과를 기록하여 보존하여야 한다.

59 정답 ①

해설 정기점검의 대상(영 제16조)
㉠ 예방규정을 정해야 하는 제조소등
㉡ 지하탱크저장소
㉢ 이동탱크저장소
㉣ 위험물을 취급하는 탱크로서 지하에 매설된 탱크가 있는 제조소·주유취급소 또는 일반취급소

60 정답 ①

해설 제64조(정기점검의 횟수)
법 제18조 제1항의 규정에 의하여 제조소등의 관계인은 당해 제조소등에 대하여 연 1회 이상 정기점검을 실시하여야 한다.

61 정답 ③

해설 정기점검 및 정기검사(위험물안전관리법 제18조)
① 대통령령이 정하는 제조소등의 관계인은 그 제조소등에 대하여 행정안전부령이 정하는 바에 따라 제5조 제4항의 규정에 따른 기술기준에 적합한지의 여부를 정기적으로 점검하고 점검결과를 기록하여 보존하여야 한다.
② 제1항의 규정에 따른 정기점검의 대상이 되는 제조소등의 관계인 가운데 대통령령이 정하는 제조소등의 관계인은 행정안전부령이 정하는 바에 따라 소방본부장 또는 소방서장으로부터 당해 제조소등이 제5조 제4항의 규정에 따른 기술기준에 적합하게 유지되고 있는지의 여부에 대하여 정기적으로 검사를 받아야 한다.

62 정답 ①

해설 제16조(정기점검의 대상인 제조소등)
법 제18조제1항에서 "대통령령이 정하는 제조소등"이라 함은 다음 각호의 1에 해당하는 제조소등을 말한다.
1. 제15조 각호의 1에 해당하는 제조소등
2. 지하탱크저장소
3. 이동탱크저장소
4. 위험물을 취급하는 탱크로서 지하에 매설된 탱크가 있는 제조소·주유취급소 또는 일반취급소

63 정답 ④

해설 소방서장은 1년(특정·준특정옥외저장탱크의 사용을 중지한 경우에는 사용중지기간)의 범위 내에서 당해 기간을 연장할 수 있다.

64 정답 ③

해설 특정옥외저장탱크의 에뉼러 판 및 밑판 외면의 부식을 방지하는 조치

65 정답 ①

해설 제조소등의 위치·구조 및 설비가 법 제5조 제4항의 기술 기준에 적합한지를 점검하는데 필요한 정기점검의 내용·방법 등에 관한 기술상의 기준과 그 밖의 점검에 관하여 필요한 사항은 소방청장이 정하여 고시한다.(위험물안전관리법 시행규칙 제66조)

66 정답 ①

해설 저장했던 위험물의 종류와 수량은 기록·유지 사항이 아니다.

67 정답 ④

해설 옥외저장탱크의 구조안전점검에 관한 기록 : 25년(규정한 기간의 적용을 받는 경우에는 30년) 이에 해당하지 아니하는 정기점검의 기록 : 3년

68 정답 ①

해설 구조설비명세표, 제조소등의 위치·구조 및 설비에 관한 도면, 밑판, 옆판, 지붕판 및 개구부의 보수이력에 관한 서류, 완공검사합격확인증 등이다.

69 정답 ②

해설 특정·준특정옥외탱크저장소의 관계인이 구조안전점검 시에 규정에 의한 사항을 미리 점검한 후에 정밀정기검사를 신청하는 때에는 그 사항에 대한 정밀정기검사는 전체의 검사 범위 중 임의의 부위를 발췌하여 검사하는 방법으로 실시한다.

70 정답 ③

해설 최대수량의 합이 지정수량 24만 배 이상 48만 배 미만인 사업소의 자체 소방대에 두는 화학소방자동차의 수는 3대, 자체 소방대원 수는 15인이다. (위험물안전관리법 시행령 별표 8)

71 정답 ②

해설 대통령령이 정하는 수량(지정수량 3,000배) 이상의 위험물을 저장 또는 취급하는 경우 당해 사업소 관계인이 설치해야 하는 것은 자체 소방대에 해당된다. (위험물안전관리법 제19조)

72 정답 ③

해설 ③ 최대수량이 지정수량의 50만배 이상인 제4류 위험물을 저장하는 옥내탱크저장소
→ 옥외탱크저장소

73 정답 ①

해설 자동차의 연료를 생산하는 제조소는 설치 제외 대상이 아니다.

74 정답 ③

해설 ※ 위험물안전관리법 시행규칙 [별표 23]
① 포수용액 방사차 : 포수용액의 방사능력이 매분 2,000ℓ 이상일 것
② 분말 방사차 : 1,400kg 이상의 분말을 비치할 것
④ 이산화탄소 방사차 : 3,000kg 이상의 이산화탄소를 비치할 것

75 정답 ②

해설 포수용액을 방사하는 화학자동차의 대수는 규정에 의한 화학자동차 대수의 2/3 이상으로 한다.

제4장 위험물의 운반 등

01 정답 ④

해설 위험물 운반용기의 검사자는 시·도지사이다.

02 정답 ④

해설 ④ 자연발화성물질 중 알킬알루미늄 등은 운반용기의 내용적의 90% 이하의 수납율로 수납하되, 50℃의 온도에서 5% 이상의 공간용적을 유지하도록 할 것(규칙 별표 19)

03 정답 ②

해설 ※ 위험물안전관리법 시행규칙 [별표 19]
2. 위험등급Ⅱ의 위험물
가. 제1류 위험물 중 브로민산염류, 질산염류, 아이오딘산염류, 그 밖에 지정수량이 300kg인 위험물
나. 제2류 위험물 중 황화인, 적린, 황, 그 밖에 지정수량이 100kg인 위험물
다. 제3류 위험물 중 알칼리금속(칼륨 및 나트륨을 제외한다) 및 알칼리토금속, 유기금속화합물(알킬알루미늄 및 알킬리튬을 제외한다) 그 밖에 지정수량이 50kg인 위험물
라. 제4류 위험물 중 제1석유류 및 알코올류
마. 제5류 위험물 중 제1호 라목에 정하는 위험물 외의 것

04 정답 ①

해설 시행령 제19조(운송책임자의 감독·지원을 받아 운송하여야 하는 위험물)
법 제21조제2항에서 "대통령령이 정하는 위험물"이라 함은 다음 각호의 1에 해당하는 위험물을 말한다.
1. 알킬알루미늄
2. 알킬리튬
3. 제1호 또는 제2호의 물질을 함유하는 위험물

05 정답 ②

해설 운송책임자의 감독·지원을 받아 운송하여야 하는 위험물은 알킬알루미늄, 알킬리튬, 알킬알루미늄과 알킬리튬을 함유하는 물질이다.
(위험물안전관리법 시행령 제19조)

06 정답 ③

해설 위험물 취급에 관한 국가자격증을 취득한 후 관련 업무에 1년 이상 근무한 사람

07 정답 ③

해설 ※ 시행령 제19조(운송책임자의 감독·지원을 받아 운송하여야 하는 위험물)
법 제21조제2항에서 "대통령령이 정하는 위험물"이라 함은 다음 각호의 1에 해당하는 위험물을 말한다.
1. 알킬알루미늄
2. 알킬리튬
3. 제1호 또는 제2호의 물질을 함유하는 위험물

제5장 감독 및 조치명령

01 정답 ①

해설 위험물 제조소등에의 출입·검사권자는 소방청장, 시·도지사, 소방본부장, 소방서장이다.

02 정답 ③

해설 시험에 필요한 최소한의 위험물 또는 위험물로 의심되는 물품을 수거

03 정답 ①

해설 법 제22조의2(위험물 누출 등의 사고 조사)
① 소방청장, 소방본부장 또는 소방서장은 위험물의 누출·화재·폭발 등의 사고가 발생한 경우 사고의 원인 및 피해 등을 조사하여야 한다.

04 정답 ①

해설 소방청장은 탱크시험자에 대한 명령권자가 아니다.

05 정답 ③

해설 명령대상은 허가를 받지 아니하고 지정수량 이상의 위험물을 저장 또는 취급하는 자이다.

제6장 보 칙

01 정답 ①

해설 제조소등의 관계인은 제1항의 규정에 따른 교육대상자에 대하여 필요한 안전교육을 받게 하여야 한다.

02 정답 ④

해설 제29조(청문) 시·도지사, 소방본부장 또는 소방서장은 다음 각 호의 1에 해당하는 처분을 하고자 하는 경우에는 청문을 실시하여야 한다.
1. 제12조의 규정에 따른 제조소등 설치허가의 취소
2. 제16조제5항의 규정에 따른 탱크시험자의 등록 취소

03 정답 ④

해설 제29조(청문) 시·도지사, 소방본부장 또는 소방서장은 다음 각 호의 1에 해당하는 처분을 하고자 하는 경우에는 청문을 실시하여야 한다.
1. 제12조의 규정에 따른 제조소등 설치허가의 취소
2. 제16조 제5항의 규정에 따른 탱크시험자의 등록 취소

제7장 벌칙

01 정답 ①

해설 제33조(벌칙)

① 제조소등에서 위험물을 유출·방출 또는 확산시켜 사람의 생명·신체 또는 재산에 대하여 위험을 발생시킨 자는 1년 이상 10년 이하의 징역에 처한다.

② 제1항의 규정에 따른 죄를 범하여 사람을 상해(傷害)에 이르게 한 때에는 무기 또는 3년 이상의 징역에 처하며, 사망에 이르게 한 때에는 무기 또는 5년 이상의 징역에 처한다.

제34조(벌칙)

① 업무상 과실로 제조소등에서 위험물을 유출·방출 또는 확산시켜 사람의 생명·신체 또는 재산에 대하여 위험을 발생시킨 자는 7년 이하의 금고 또는 7천만 원 이하의 벌금에 처한다.

② 제1항의 죄를 범하여 사람을 사상(死傷)에 이르게 한 자는 10년 이하의 징역 또는 금고나 1억 원 이하의 벌금에 처한다.

제35조(벌칙)

다음 각 호의 1에 해당하는 자는 1년 이하의 징역 또는 1천만 원 이하의 벌금에 처한다.

1. 제5조 제1항의 규정을 위반하여 저장소 또는 제조소등이 아닌 장소에서 지정수량 이상의 위험물을 저장 또는 취급한 자(3년 이하의 징역 또는 3천만 원 이하의 벌금)
2. 제6조 제1항 전단의 규정을 위반하여 제조소등의 설치허가를 받지 아니하고 제조소등을 설치한 자(5년 이하의 징역 또는 1억 원 이하의 벌금)
3. 제16조 제2항의 규정에 따른 탱크시험자로 등록하지 아니하고 탱크시험자의 업무를 한 자
4. 제18조 제1항의 규정을 위반하여 정기점검을 하지 아니하거나 점검기록을 허위로 작성한 관계인으로서 제6조 제1항의 규정에 따른 허가(제6조 제3항의 규정에 따라 허가가 면제된 경우 및 제7조 제2항의 규정에 따라 협의로써 허가를 받은 것으로 보는 경우를 포함한다. 이하 제5호·제6호, 제36조 제6호·제7호·제10호 및 제37조 제3호에서 같다)를 받은 자
5. 제18조 제2항의 규정을 위반하여 정기검사를 받지 아니한 관계인으로서 제6조 제1항의 규정에 따른 허가를 받은 자
6. 제19조의 규정을 위반하여 자체 소방대를 두지 아니한 관계인으로서 제6조 제1항의 규정에 따른 허가를 받은 자
7. 제20조 제2항 단서의 규정을 위반하여 운반용기에 대한 검사를 받지 아니하고 운반용기를 사용하거나 유통시킨 자
8. 제22조 제1항의 규정에 따른 명령을 위반하여 보고 또는 자료 제출을 하지 아니하거나 허위의 보고 또는 자료 제출을 한 자 또는 관계공무원의 출입·검사 또는 수거를 거부·방해 또는 기피한 자
9. 제25조의 규정에 따른 제조소등에 대한 긴급 사용정지·제한명령을 위반한 자

02 정답 ④

해설 제조소등의 설치허가를 받지 아니하고 제조소등을 설치한 자는 5년 이하의 징역 또는 1억 원 이하의 벌금에 처한다.

03 정답 ④

해설 ④는 형벌로 처벌되는 경우이며, 나머지는 과태료로 처벌되는 경우이다.

04 정답 ④

해설 ④ 1천만 원 이하의 벌금
(위험물안전관리법 제37조)
①②③ 은 1천 500만 원 이하의 벌금
(위험물안전관리법 제36조)

05 정답 ④

해설 자체소방대를 두지 아니한 관계인은 1년 이하의 징역 또는 1천만 원 이하의 벌금에 처한다.

MEMO

김동준 소방 & 방재 아카데미와 함께하는

소방체력 Family

소방단기 김동준선생님과 전국의 체력학원들과 협업하여 수험생여러분들에게 조금이나마 도움이 되자고 소방체력 Family를 결정하였습니다.

본 할인권을 가지고 지정된 체력학원으로 가시면 준비된 혜택과 최고의 체력교육을 받으실 수 있습니다.

할인 coupon

학원내방시 필참

2025년 소방공무원 시험대비
소방체력 Family
학원전용 할인쿠폰

25년 대비 김동준 소방&방재 아카데미와 함께하는 소방체력 Family

체력학원명	지역	주소	상담대표전화
에듀스포츠 체대입시(수원)	경기도	경기도 수원시 장안구 장안로 92 태범B/D	031-252-7678
맥스체대입시(강릉시)	강원도	강원도 강릉시 임영로120 3층 맥스체대입시	033-651-2673
맥스체대입시(동해시)	강원도	강원도 동해시 동해대로 5033 4층	033-521-2673
맥스체대입시(천안)	충남	충청남도 천안시 서북구 두정동 2036	041-522-0207
트윈 에이치(청주)	충북	충청북도 청주시 흥덕구 천석로 73	010-8253-1912
맥시멈체대입시(창원)	경남	경남창원시 마산합포구 동서동3길39 새롬미리내 아파트 101동 자하상가 제1호	055-245-1789
엘리트 체대 입시(전주)	전북	전라북도 전주시 완산구 우전로 255 4층	010-6336-4565
엘리트 체대 입시 덕진점(전주)	전북	전라북도 전주시 덕진구 조경단로100 3층	0507-1417-4565
한국 맥시멈 공무원체력학원	대구	대구광역시 중구 중앙대로 390 지하1층	053-255-1129
PSSA 경찰소방체력	부산	1관 : 부산광역시 부산진구 동천로55 ck빌딩 3층	051-806-9666
		2관 : 부산광역시 부산진구 동천로55 구슬빌딩 4층	
맥스체대입시(관악교육원)	서울	서울 관악구 난곡로63가길 60 로얄빌딩	0507-1323-0794
맥스체대입시(서초교육원)		서울시 동작구 동작대로 27가길 44 영지빌딩 지하1층 (4호선 7호선 이수역 바로앞 걸어서 30초 거리)	02-595-7406, 010-4556-0794
맥스체대입시(춘천교육원)	춘천	강원 춘천시 경춘로 2215 어썸빌딩 3층	033-251-9731
맥스체대입시(원주교육원)	원주	강원 원주시 능라동길 26 메인스퀘어 3층 305호	010-9211-6332

*현 교재에 포함된 쿠폰 제출시 각 학원과 협업되어있는 할인 프로모션에 참여가 가능합니다. *자세한 할인율 및 할인금액은 해당되는 지역의 체력학원에 문의하여 주시기 바랍니다.

소방관련교재 판매율·점유율 1위

동영상 강의
소방단기

김동준
소방관계법규

② 3단 비교표

화재의 예방 및 안전관리에 관한 법률·시행령·시행규칙

화재의 예방 및 안전관리에 관한 법률	화재의 예방 및 안전관리에 관한 법률 시행령	화재의 예방 및 안전관리에 관한 법률 시행규칙

제1장 총칙
 	
제1조(목적)
이 법은 화재의 예방과 안전관리에 필요한 사항을 규정함으로써 화재로부터 국민의 생명·신체 및 재산을 보호하고 ❶ 과 ❷ 에 이바지함을 목적으로 한다.
 	
제2조(정의) ☑기출 24 경채
① 이 법에서 사용하는 용어의 뜻은 다음과 같다.
  1. "예방"이란 화재의 위험으로부터 사람의 생명·신체 및 재산을 보호하기 위하여 화재발생을 사전에 제거하거나 방지하기 위한 모든 활동을 말한다.
  2. "❸ "란 화재로 인한 피해를 최소화하기 위한 예방, 대비, 대응 등의 활동을 말한다.
  3. "화재안전조사"란 소방청장, 소방본부장 또는 소방서장(이하 "소방관서장"이라 한다)이 소방대상물, 관계지역 또는 관계인에 대하여 소방시설등(「소방시설 설치 및 관리에 관한 법률」 제2조제1항제2호에 따른 소방시설등을 말한다. 이하 같다)이 소방 관계 법령에 적합하게 설치·관리되고 있는지, 소방대상물에 화재의 발생 위험이 있는지 등을 확인하기 위하여 실시하는 현장조사·문서열람·보고요구 등을 하는 활동을 말한다.
	제1조(목적)
	이 영은 「화재의 예방 및 안전관리에 관한 법률」에서 위임된 사항과 그 시행에 필요한 사항을 규정함을 목적으로 한다.
		제1조(목적)
		이 규칙은 「화재의 예방 및 안전관리에 관한 법률」 및 같은 법 시행령에서 위임된 사항과 그 시행에 필요한 사항을 규정함을 목적으로 한다.

4. "❹   "란 특별시장·광역시장·특별자치시장·도지사 또는 특별자치도지사(이하 "시·도지사"라 한다)가 화재발생 우려가 크거나 화재가 발생할 경우 피해가 클 것으로 예상되는 지역에 대하여 화재의 예방 및 안전관리를 강화하기 위해 지정·관리하는 지역을 말한다.
5. "❺   "이란 화재가 발생할 경우 사회·경제적으로 피해 규모가 클 것으로 예상되는 소방대상물에 대하여 화재위험요인을 조사하고 그 위험성을 평가하여 개선대책을 수립하는 것을 말한다.

② 이 법에서 사용하는 용어의 뜻은 제1항에서 규정하는 것을 제외하고는 「소방기본법」, 「소방시설 설치 및 관리에 관한 법률」, 「소방시설공사업법」, 「위험물안전관리법」 및 「건축법」에서 정하는 바에 따른다.

제3조(국가와 지방자치단체 등의 책무)

① 국가는 화재로부터 국민의 생명과 재산을 보호할 수 있도록 화재의 예방 및 안전관리에 관한 정책(이하 "화재예방정책"이라 한다)을 수립·시행하여야 한다.
② 지방자치단체는 국가의 화재예방정책에 맞추어 지역의 실정에 부합하는 화재예방정책을 수립·시행하여야 한다.
③ ❻   은 국가와 지방자치단체의 화재예방정책에 적극적으로 협조하여야 한다.

법률
⟨제1조⟩ ❶ 공공의 안전   ❷ 복리 증진
⟨제2조⟩ ❸ 안전관리   ❹ 화재예방강화지구
         ❺ 화재예방안전진단
⟨제3조⟩ ❻ 관계인

제2장 화재의 예방 및 안전관리 기본계획의 수립·시행

제4조(화재의 예방 및 안전관리 기본계획 등의 수립·시행)

① 소방청장은 화재예방정책을 체계적·효율적으로 추진하고 이에 필요한 기반 확충을 위하여 화재의 예방 및 안전관리에 관한 기본계획(이하 "기본계획"이라 한다)을 ❶   마다 수립·시행하여야 한다.

② 기본계획은 대통령령으로 정하는 바에 따라 소방청장이 관계 중앙행정기관의 장과 협의하여 수립한다.

③ 기본계획에는 다음 각 호의 사항이 포함되어야 한다.
 1. 화재예방정책의 기본목표 및 추진방향
 2. 화재의 예방과 안전관리를 위한 법령·제도의 마련 등 기반 조성
 3. 화재의 예방과 안전관리를 위한 대국민 교육·홍보
 4. 화재의 예방과 안전관리 관련 기술의 개발·보급
 5. 화재의 예방과 안전관리 관련 전문인력의 육성·지원 및 관리
 6. 화재의 예방과 안전관리 관련 산업의 ❷   향상
 7. 그 밖에 대통령령으로 정하는 화재의 예방과 안전관리에 필요한 사항

④ 소방청장은 기본계획을 시행하기 위하여 ❸   시행계획을 수립·시행하여야 한다.

⑤ 소방청장은 제1항 및 제4항에 따라 수립된 기본계획과 시행계획을 관계 중앙행정기관의 장과 ❹   에게 통보하여야 한다.

제2조(화재의 예방 및 안전관리 기본계획의 협의 및 수립)

소방청장은 「화재의 예방 및 안전관리에 관한 법률」(이하 "법"이라 한다) 제4조제1항에 따른 화재의 예방 및 안전관리에 관한 기본계획(이하 "기본계획"이라 한다)을 계획 시행 전년도 ❶   까지 관계 중앙행정기관의 장과 협의한 후 계획 시행 전년도 ❷   까지 수립해야 한다.

제3조(기본계획의 내용)

법 제4조제3항제7호에서 "대통령령으로 정하는 화재의 예방과 안전관리에 필요한 사항"이란 다음 각 호의 사항을 말한다.
 1. 화재발생 현황
 2. 소방대상물의 환경 및 화재위험특성 변화 추세 등 화재예방정책의 여건 변화에 관한 사항
 3. 소방시설의 설치·관리 및 화재안전기준의 개선에 관한 사항
 4. 계절별·시기별·소방대상물별 화재예방대책의 추진 및 평가 등에 관한 사항
 5. 그 밖에 화재의 예방 및 안전관리와 관련하여 소방청장이 필요하다고 인정하는 사항

제4조(시행계획의 수립·시행)

① 소방청장은 법 제4조제4항에 따라 기본계획을 시행하기 위한 계획(이하 "시행계획"이라 한다)을 계획 시행 전년도 ❸   까지 수립해야 한다.

② 시행계획에는 다음 각 호의 사항이 포함되어야 한다.
 1. 기본계획의 시행을 위하여 필요한 사항

⑥ 제5항에 따라 기본계획과 시행계획을 통보받은 관계 중앙행정기관의 장과 시·도지사는 소관 사무의 특성을 반영한 세부시행계획을 수립·시행하고 그 결과를 ❺ _____ 에게 통보하여야 한다.

⑦ 소방청장은 기본계획 및 시행계획을 수립하기 위하여 필요한 경우에는 관계 중앙행정기관의 장 또는 ❻ _____ 에게 관련 자료의 제출을 요청할 수 있다. 이 경우 자료 제출을 요청받은 관계 중앙행정기관의 장 또는 시·도지사는 특별한 사유가 없으면 이에 따라야 한다.

⑧ 제1항부터 제7항까지에서 규정한 사항 외에 기본계획, 시행계획 및 세부시행계획의 수립·시행에 필요한 사항은 대통령령으로 정한다.

2. 그 밖에 화재의 예방 및 안전관리와 관련하여 소방청장이 필요하다고 인정하는 사항

제5조(세부시행계획의 수립·시행)

① 소방청장은 법 제4조제5항에 따라 관계 중앙행정기관의 장과 특별시장·광역시장·특별자치시장·도지사 또는 특별자치도지사(이하 "시·도지사"라 한다)에게 기본계획 및 시행계획을 각각 계획 시행 전년도 ❹ _____ 까지 통보해야 한다.

② 제1항에 따라 통보를 받은 관계 중앙행정기관의 장 및 시·도지사는 법 제4조제6항에 따른 세부시행계획(이하 "세부시행계획"이라 한다)을 수립하여 계획 시행 전년도 ❺ _____ 까지 소방청장에게 통보해야 한다.

③ 세부시행계획에는 다음 각 호의 사항이 포함되어야 한다.

1. 기본계획 및 시행계획에 대한 관계 중앙행정기관 또는 특별시·광역시·특별자치시·도·특별자치도(이하 "시·도"라 한다)의 세부 집행계획
2. 직전 세부시행계획의 시행 결과
3. 그 밖에 화재안전과 관련하여 관계 중앙행정기관의 장 또는 시·도지사가 필요하다고 결정한 사항

법률 ✓

〈제4조〉 ❶ 5년
❷ 국제경쟁력
❸ 매년
❹ 시·도지사
❺ 소방청장
❻ 시·도지사

시행령 ✓

〈제2조〉 ❶ 8월 31일
❷ 9월 30일
〈제4조〉 ❸ 10월 31일
〈제5조〉 ❹ 10월 31일
❺ 12월 31일

시행규칙 ✓

제5조(실태조사)

① ❶ 　　　 은 기본계획 및 시행계획의 수립·시행에 필요한 기초자료를 확보하기 위하여 다음 각 호의 사항에 대하여 실태조사를 할 수 있다. 이 경우 관계 중앙행정기관의 장의 요청이 있는 때에는 합동으로 실태조사를 할 수 있다.
1. 소방대상물의 ❷ 　　　 현황
2. 소방대상물의 화재의 예방 및 안전관리 현황
3. 소방대상물의 소방시설등 설치·관리 현황
4. 그 밖에 기본계획 및 시행계획의 수립·시행을 위하여 필요한 사항

② 소방청장은 소방대상물의 현황 등 관련 정보를 보유·운용하고 있는 관계 중앙행정기관의 장, 지방자치단체의 장, 「공공기관의 운영에 관한 법률」 제4조에 따른 공공기관(이하 "공공기관"이라 한다)의 장 또는 관계인 등에게 제1항에 따른 실태조사에 필요한 자료의 제출을 요청할 수 있다. 이 경우 자료 제출을 요청받은 자는 특별한 사유가 없으면 이에 따라야 한다.

③ 제1항에 따른 실태조사의 방법 및 절차 등에 필요한 사항은 행정안전부령으로 정한다.

제6조(통계의 작성 및 관리)

① 소방청장은 화재의 예방 및 안전관리에 관한 통계를 ❸ 　　　 작성·관리하여야 한다.

② ❹ 　　　 은 제1항의 통계자료를 작성·관리하기 위하여 관계 중앙행정기관의 장, 지방자치단체의 장, 공공기관의 장 또는 관계인 등에게 필요한 자료와 정보의 제공을 요청할 수 있다. 이 경우 자료와 정보의 제공을 요청받은 자는 특별한 사정이 없으면 이에 따라야 한다.

제6조(통계의 작성·관리)

① 법 제6조제1항에 따른 통계의 작성·관리 항목은 다음 각 호와 같다.
1. 소방대상물의 현황 및 안전관리에 관한 사항
2. 소방시설등의 설치 및 관리에 관한 사항
3. 「다중이용업소의 안전관리에 관한 특별법」 제2조제1항제1호에 따른 다중이용업 현황 및 안전관리에 관한 사항
4. 「위험물안전관리법」 제2조제1항제6호에 따른 제조소등(이하 "제조소등"이라 한다) 현황

제2조(실태조사의 방법 및 절차 등)

① 「화재의 예방 및 안전관리에 관한 법률」(이하 "법"이라 한다) 제5조제1항에 따른 실태조사는 통계조사, 문헌조사 또는 현장조사의 방법으로 하며, 정보통신망 또는 전자적인 방식을 사용할 수 있다.

② 소방청장은 제1항에 따른 실태조사를 실시하려는 경우 실태조사 시작 ❶ 　　　 전까지 조사 일시, 조사 사유 및 조사 내용 등을 포함한 조사계획을 조사대상자에게 서면 또는 전자우편 등의 방법으로 미리 알려야 한다.

③ 관계 공무원 및 제4항에 따라 실태조사를 의뢰받은 관계 전문가 등이 실태조사를 위하여 소방대상물에 출입할 때에는 그 권한 또는 자격을 표시하는 증표를 지니고 이를 관계인에게 내보여야 한다.

④ 소방청장은 실태조사를 전문연구기관·단체나 관계 전문가에게 의뢰하여 실시할 수 있다.

⑤ 소방청장은 실태조사의 결과를 ❷ 　　　 등에 공표할 수 있다.

⑥ 제1항부터 제5항까지에서 규정한 사항 외에 실태조사 방법 및 절차 등에 관하여 필요한 사항은 ❸ 　　　 이 정한다.

제3조(통계의 작성·관리)

소방청장은 법 제6조제3항에 따라 다음 각 호의 기관으로 하여금 통계자료의 작성·관리에 관한 업무를 수행하게 할 수 있다.
1. 「소방기본법」 제40조제1항에 따라 설립된 ❹ 　　　 (이하 "안전원"이라 한다)
2. 「정부출연연구기관 등의 설립·운영 및 육성에 관한 법률」 제8조에 따라 설립된 정부출연연구기관
3. 「통계법」 제15조에 따라 지정된 ❺

③ 소방청장은 제1항에 따른 통계자료의 작성·관리에 관한 업무의 전부 또는 일부를 행정안전부령으로 정하는 바에 따라 전문성이 있는 기관을 지정하여 수행하게 할 수 있다.

④ 제1항에 따른 통계의 작성·관리 등에 필요한 사항은 대통령령으로 정한다.

5. 화재발생 이력 및 화재안전조사 등 화재예방 활동에 관한 사항
6. 법 제5조에 따른 실태조사 결과
7. 화재예방강화지구의 현황 및 안전관리에 관한 사항
8. 법 제23조에 따른 어린이, 노인, 장애인 등 화재의 예방 및 안전관리에 취약한 자에 대한 지역별·성별·연령별 지원 현황
9. 법 제24조제1항에 따른 소방안전관리자 자격증 발급 및 선임 관련 지역별·성별·연령별 현황
10. 화재예방안전진단 대상의 현황 및 그 실시 결과
11. 소방시설업자, 소방기술자 및 「소방시설 설치 및 관리에 관한 법률」 제29조에 따른 소방시설관리업 등록을 한 자의 지역별·성별·연령별 현황
12. 그 밖에 화재의 예방 및 안전관리에 관한 자료로서 소방청장이 작성·관리가 필요하다고 인정하는 사항

② ❶ 은 법 제6조제1항에 따라 통계를 체계적으로 작성·관리하고 분석하기 위하여 전산시스템을 구축·운영할 수 있다.

③ 소방청장은 제2항에 따른 전산시스템을 구축·운영하는 경우 빅데이터(대용량의 정형 또는 비정형의 데이터 세트를 말한다. 이하 같다)를 활용하여 화재발생 동향 분석 및 전망 등을 할 수 있다.

④ 제3항에 따른 빅데이터를 활용하기 위한 방법·절차 등에 관하여 필요한 사항은 소방청장이 정한다.

법률
〈제5조〉 ❶ 소방청장
　　　　 ❷ 용도별·규모별
〈제6조〉 ❸ 매년
　　　　 ❹ 소방청장

시행령
〈제6조〉 ❶ 소방청장

시행규칙
〈제2조〉 ❶ 7일
　　　　 ❷ 인터넷홈페이지
　　　　 ❸ 소방청장
〈제3조〉 ❹ 한국소방안전원
　　　　 ❺ 통계작성지정기관

제3장 화재안전조사

제7조(화재안전조사)

① ❶ 　　　은 다음 각 호의 어느 하나에 해당하는 경우 화재안전조사를 실시할 수 있다. 다만, 개인의 주거(실제 주거용도로 사용되는 경우에 한정한다)에 대한 화재안전조사는 관계인의 승낙이 있거나 화재발생의 우려가 뚜렷하여 긴급한 필요가 있는 때에 한정한다.
1. 「소방시설 설치 및 관리에 관한 법률」 제22조에 따른 자체점검이 불성실하거나 불완전하다고 인정되는 경우
2. 화재예방강화지구 등 법령에서 화재안전조사를 하도록 규정되어 있는 경우
3. 화재예방안전진단이 불성실하거나 불완전하다고 인정되는 경우
4. 국가적 행사 등 주요 행사가 개최되는 장소 및 그 주변의 관계 지역에 대하여 소방안전관리 실태를 조사할 필요가 있는 경우
5. 화재가 자주 발생하였거나 발생할 우려가 뚜렷한 곳에 대한 조사가 필요한 경우
6. 재난예측정보, 기상예보 등을 분석한 결과 소방대상물에 화재의 발생 위험이 크다고 판단되는 경우
7. 제1호부터 제6호까지에서 규정한 경우 외에 화재, 그 밖의 긴급한 상황이 발생할 경우 인명 또는 재산 피해의 우려가 현저하다고 판단되는 경우

② 화재안전조사의 항목은 대통령령으로 정한다. 이 경우 화재안전조사의 항목에는 화재의 예방조치 상황, 소방시설등의 관리 상황 및 소방대상물의 화재 등의 발생 위험과 관련된 사항이 포함되어야 한다.

제7조(화재안전조사의 항목)

소방청장, 소방본부장 또는 소방서장(이하 "소방관서장"이라 한다)은 법 제7조제1항에 따라 다음 각 호의 항목에 대하여 화재안전조사를 실시한다.
1. 법 제17조에 따른 화재의 예방조치 등에 관한 사항
2. 법 제24조, 제25조, 제27조 및 제29조에 따른 소방안전관리 업무 수행에 관한 사항
3. 법 제36조에 따른 ❶ 　　　의 수립 및 시행에 관한 사항
4. 법 제37조에 따른 소화·통보·피난 등의 훈련 및 소방안전관리에 필요한 교육(이하 "소방훈련·교육"이라 한다)에 관한 사항
5. 「소방기본법」 제21조의2에 따른 ❷ 　　　에 관한 사항
6. 「소방시설공사업법」 제12조에 따른 시공, 같은 법 제16조에 따른 감리 및 같은 법 제18조에 따른 감리원의 배치에 관한 사항
7. 「소방시설 설치 및 관리에 관한 법률」 제12조에 따른 소방시설의 설치 및 관리에 관한 사항
8. 「소방시설 설치 및 관리에 관한 법률」 제15조에 따른 건설현장 임시소방시설의 설치 및 관리에 관한 사항
9. 「소방시설 설치 및 관리에 관한 법률」 제16조에 따른 피난시설, 방화구획(防火區劃) 및 방화시설의 관리에 관한 사항
10. 「소방시설 설치 및 관리에 관한 법률」 제20조에 따른 방염(防炎)에 관한 사항
11. 「소방시설 설치 및 관리에 관한 법률」 제22조에 따른 소방시설등의 ❸ 　　　에 관한 사항

③ 소방관서장은 화재안전조사를 실시하는 경우 다른 목적을 위하여 조사권을 남용하여서는 아니 된다.

12. 「다중이용업소의 안전관리에 관한 특별법」 제8조, 제9조, 제9조의2, 제10조, 제10조의2 및 제11조부터 제13조까지의 규정에 따른 안전관리에 관한 사항
13. 「위험물안전관리법」 제5조, 제6조, 제14조, 제15조 및 제18조에 따른 위험물 안전관리에 관한 사항
14. 「초고층 및 지하연계 복합건축물 재난관리에 관한 특별법」 제9조, 제11조, 제12조, 제14조, 제16조 및 제22조에 따른 초고층 및 지하연계 복합건축물의 안전관리에 관한 사항
15. 그 밖에 소방대상물에 화재의 발생 위험이 있는지 등을 확인하기 위해 소방관서장이 화재안전조사가 필요하다고 인정하는 사항

법률
〈제7조〉 ❶ 소방관서장

시행령
〈제7조〉 ❶ 피난계획
❷ 소방자동차 전용구역의 설치
❸ 자체점검

시행규칙

제8조(화재안전조사의 방법·절차 등)	제8조(화재안전조사의 방법·절차 등)

① 소방관서장은 화재안전조사를 조사의 목적에 따라 제7조제2항에 따른 화재안전조사의 항목 전체에 대하여 종합적으로 실시하거나 특정 항목에 한정하여 실시할 수 있다.
② 소방관서장은 화재안전조사를 실시하려는 경우 사전에 관계인에게 조사대상, 조사기간 및 조사사유 등을 우편, 전화, 전자메일 또는 문자전송 등을 통하여 통지하고 이를 대통령령으로 정하는 바에 따라 인터넷 홈페이지나 제16조제3항의 전산시스템 등을 통하여 공개하여야 한다. 다만, 다음 각 호의 어느 하나에 해당하는 경우에는 그러하지 아니하다.
  1. 화재가 발생할 우려가 뚜렷하여 긴급하게 조사할 필요가 있는 경우
  2. 제1호 외에 화재안전조사의 실시를 사전에 통지하거나 공개하면 조사목적을 달성할 수 없다고 인정되는 경우
③ 화재안전조사는 ❶   의 승낙 없이 소방대상물의 공개시간 또는 근무시간 이외에는 할 수 없다. 다만, 제2항제1호에 해당하는 경우에는 그러하지 아니하다.
④ 제2항에 따른 통지를 받은 관계인은 천재지변이나 그 밖에 대통령령으로 정하는 사유로 화재안전조사를 받기 곤란한 경우에는 화재안전조사를 통지한 소방관서장에게 대통령령으로 정하는 바에 따라 화재안전조사를 연기하여 줄 것을 신청할 수 있다. 이 경우 소방관서장은 연기신청 승인 여부를 결정하고 그 결과를 ❷   까지 관계인에게 알려 주어야 한다.
⑤ 제1항부터 제4항까지에서 규정한 사항 외에 화재안전조사의 방법 및 절차 등에 필요한 사항은 대통령령으로 정한다.
	① 소방관서장은 화재안전조사의 목적에 따라 다음 각 호의 어느 하나에 해당하는 방법으로 화재안전조사를 실시할 수 있다.
	  1. ❶ : 제7조의 화재안전조사 항목 전부를 확인하는 조사
	  2. ❷ : 제7조의 화재안전조사 항목 중 일부를 확인하는 조사
	② 소방관서장은 화재안전조사를 실시하려는 경우 사전에 법 제8조제2항 각 호 외의 부분 본문에 따라 조사대상, 조사기간 및 조사사유 등 조사계획을 소방청, 소방본부 또는 소방서(이하 "소방관서"라 한다)의 ❸ 나 법 제16조제3항에 따른 전산시스템을 통해 7일 이상 공개해야 한다.
	③ 소방관서장은 법 제8조제2항 각 호 외의 부분 단서에 따라 사전 통지 없이 화재안전조사를 실시하는 경우에는 화재안전조사를 실시하기 전에 관계인에게 조사사유 및 조사범위 등을 현장에서 설명해야 한다.
	④ 소방관서장은 화재안전조사를 위하여 소속 공무원으로 하여금 관계인에게 보고 또는 자료의 제출을 요구하거나 소방대상물의 위치·구조·설비 또는 관리 상황에 대한 조사·질문을 하게 할 수 있다.
	⑤ 소방관서장은 화재안전조사를 효율적으로 실시하기 위하여 필요한 경우 다음 각 호의 기관의 장과 합동으로 조사반을 편성하여 화재안전조사를 할 수 있다.
	  1. 관계 중앙행정기관 또는 지방자치단체
	  2. 「소방기본법」 제40조에 따른 ❹ (이하 "안전원"이라 한다)

3. 「소방산업의 진흥에 관한 법률」 제14조에 따른 ❺ (이하 "기술원"이라 한다)
4. 「화재로 인한 재해보상과 보험가입에 관한 법률」 제11조에 따른 ❻ (이하 "화재보험협회"라 한다)
5. 「고압가스 안전관리법」 제28조에 따른 ❼ (이하 "가스안전공사"라 한다)
6. 「전기안전관리법」 제30조에 따른 ❽ (이하 "전기안전공사"라 한다)
7. 그 밖에 소방청장이 정하여 고시하는 소방 관련 법인 또는 단체

⑥ 제1항부터 제5항까지에서 규정한 사항 외에 화재안전조사 계획의 수립 등 화재안전조사에 필요한 사항은 소방청장이 정한다.

법률

〈제8조〉
❶ 관계인
❷ 조사 시작 전

시행령

〈제8조〉
❶ 종합조사
❷ 부분조사
❸ 인터넷 홈페이지
❹ 한국소방안전원
❺ 한국소방산업기술원
❻ 한국화재보험협회
❼ 한국가스안전공사
❽ 한국전기안전공사

시행규칙

	제9조(화재안전조사의 연기) ① 법 제8조제4항 전단에서 "대통령령으로 정하는 사유"란 다음 각 호의 어느 하나에 해당하는 사유를 말한다. 　1.「재난 및 안전관리 기본법」 제3조제1호에 해당하는 재난이 발생한 경우 　2. 관계인의 질병, 사고, 장기출장의 경우 　3. 권한 있는 기관에 자체점검기록부, 교육·훈련일지 등 화재안전조사에 필요한 장부·서류 등이 ❶　　되거나 ❷　　(領置)되어 있는 경우 　4. 소방대상물의 증축·용도변경 또는 대수선 등의 공사로 화재안전조사를 실시하기 어려운 경우 ② 법 제8조제4항 전단에 따라 화재안전조사의 연기를 신청하려는 관계인은 행정안전부령으로 정하는 바에 따라 연기신청서에 연기의 사유 및 기간 등을 적어 소방관서장에게 제출해야 한다. ③ 소방관서장은 법 제8조제4항 후단에 따라 화재안전조사의 연기를 승인한 경우라도 연기기간이 끝나기 전에 연기사유가 없어졌거나 긴급히 조사를 해야 할 사유가 발생하였을 때는 관계인에게 미리 알리고 화재안전조사를 할 수 있다.	**제4조(화재안전조사의 연기신청 등)** ①「화재의 예방 및 안전관리에 관한 법률 시행령」(이하 "영"이라 한다) 제9조제2항에 따라 화재안전조사의 연기를 신청하려는 관계인은 화재안전조사 시작 3일 전까지 별지 제1호서식의 화재안전조사 연기신청서(전자문서를 포함한다)에 화재안전조사를 받기 곤란함을 증명할 수 있는 서류(전자문서를 포함한다)를 첨부하여 소방청장, 소방본부장 또는 소방서장(이하 "소방관서장"이라 한다)에게 제출해야 한다. ② 제1항에 따른 신청서를 제출받은 소방관서장은 3일 이내에 연기신청의 승인 여부를 결정하여 별지 제2호서식의 화재안전조사 연기신청 결과 통지서를 연기신청을 한 자에게 통지해야 하며 연기기간이 종료되면 ❶　　화재안전조사를 시작해야 한다.
제9조(화재안전조사단 편성·운영) ① 소방관서장은 화재안전조사를 효율적으로 수행하기 위하여 대통령령으로 정하는 바에 따라 ❶　　에는 중앙화재안전조사단을, ❷　　에는 지방화재안전조사단을 편성하여 운영할 수 있다. ② 소방관서장은 제1항에 따른 중앙화재안전조사단 및 지방화재안전조사단의 업무 수행을 위하여 필요한 경우에는 관계 기관의 장에게 그 소속 공무원 또는 직원의 파견을 요청할 수 있다. 이 경우 공무원 또는 직원의 파견 요청을 받은 관계 기관의 장은 특별한 사유가 없으면 이에 협조하여야 한다.	**제10조(화재안전조사단 편성·운영)** ① 법 제9조제1항에 따른 중앙화재안전조사단 및 지방화재안전조사단(이하 "조사단"이라 한다)은 각각 단장을 포함하여 ❸　　이내의 단원으로 성별을 고려하여 구성한다. ② 조사단의 단원은 다음 각 호의 어느 하나에 해당하는 사람 중에서 소방관서장이 임명하거나 위촉하고, 단장은 단원 중에서 소방관서장이 임명하거나 위촉한다. 　1. 소방공무원	

2. 소방업무와 관련된 단체 또는 연구기관 등의 임직원
3. 소방 관련 분야에서 전문적인 지식이나 경험이 풍부한 사람

제10조(화재안전조사위원회 구성·운영)
① 소방관서장은 화재안전조사의 대상을 객관적이고 공정하게 선정하기 위하여 필요한 경우 화재안전조사위원회를 구성하여 화재안전조사의 대상을 선정할 수 있다.
② 화재안전조사위원회의 구성·운영 등에 필요한 사항은 대통령령으로 정한다.

제11조(화재안전조사위원회의 구성·운영 등)
① 법 제10조제1항에 따른 화재안전조사위원회(이하 "위원회"라 한다)는 위원장 1명을 포함하여 ❹ 이내의 위원으로 성별을 고려하여 구성한다.
② 위원회의 위원장은 ❺ 이 된다.
③ 위원회의 위원은 다음 각 호의 어느 하나에 해당하는 사람 중에서 소방관서장이 임명하거나 위촉한다.
  1. ❻ 직위 이상의 소방공무원
  2. 소방기술사
  3. 소방시설관리사
  4. 소방 관련 분야의 ❼ 이상 학위를 취득한 사람
  5. 소방 관련 법인 또는 단체에서 소방 관련 업무에 ❽ 이상 종사한 사람
  6. 「소방공무원 교육훈련규정」 제3조제2항에 따른 소방공무원 교육훈련기관, 「고등교육법」 제2조의 학교 또는 연구소에서 소방과 관련한 교육 또는 연구에 ❾ 이상 종사한 사람

법률
〈제9조〉 ❶ 소방청
       ❷ 소방본부 및 소방서

시행령
〈제9조〉 ❶ 압수 ❷ 영치
〈제10조〉 ❸ 50명
〈제11조〉 ❹ 7명 ❺ 소방관서장
        ❻ 과장급 ❼ 석사
        ❽ 5년 ❾ 5년

시행규칙
〈제4조〉 ❶ 지체없이

④ 위촉위원의 임기는 ❶   으로 하며, 한 차례만 연임할 수 있다.
⑤ 소방관서장은 위원회의 위원이 다음 각 호의 어느 하나에 해당하는 경우에는 해당 위원을 해임하거나 해촉(解囑)할 수 있다.
  1. ❷   로 직무를 수행할 수 없게 된 경우
  2. 직무와 관련된 비위사실이 있는 경우
  3. 직무태만, 품위손상이나 그 밖의 사유로 위원으로 적합하지 않다고 인정되는 경우
  4. 제12조제1항 각 호의 어느 하나에 해당함에도 불구하고 회피하지 않은 경우
  5. 위원 스스로 직무를 수행하기 어렵다는 의사를 밝히는 경우
⑥ 위원회에 출석한 위원에게는 예산의 범위에서 수당, 여비, 그 밖에 필요한 경비를 지급할 수 있다. 다만, 공무원인 위원이 소관 업무와 직접 관련하여 위원회에 출석하는 경우에는 그렇지 않다.

제12조(위원의 제척・기피・회피)
① 위원회의 위원이 다음 각 호의 어느 하나에 해당하는 경우에는 위원회의 심의・의결에서 제척(除斥)된다.
  1. 위원, 그 배우자나 배우자였던 사람 또는 위원의 친족이거나 친족이었던 사람이 다음 각 목의 어느 하나에 해당하는 경우
    가. 해당 소방대상물의 관계인이거나 그 관계인과 공동권리자 또는 공동의무자인 경우
    나. 해당 소방대상물의 설계, 공사, 감리 또는 자체점검 등을 수행한 경우
    다. 해당 소방대상물에 대하여 제7조 각 호의 업무를 수행한 경우 등 소방대상물과 직접적인 이해관계가 있는 경우

2. 위원이 해당 소방대상물에 관하여 자문, 연구, 용역(하도급을 포함한다), 감정 또는 조사를 한 경우
3. 위원이 임원 또는 직원으로 재직하고 있거나 최근 3년 내에 재직하였던 기업 등이 해당 소방대상물에 관하여 자문, 연구, 용역(하도급을 포함한다), 감정 또는 조사를 한 경우

② 당사자는 제1항에 따른 제척사유가 있거나 위원에게 공정한 심의·의결을 기대하기 어려운 사정이 있는 경우에는 위원회에 기피 신청을 할 수 있고, 위원회는 의결로 기피 여부를 결정한다. 이 경우 기피 신청의 대상인 위원은 그 의결에 참여하지 못한다.

③ 위원이 제1항 또는 제2항의 사유에 해당하는 경우에는 스스로 해당 안건의 심의·의결에서 회피(回避)해야 한다.

제13조(위원회 운영 세칙)
제11조 및 제12조에서 규정한 사항 외에 위원회의 구성 및 운영에 필요한 사항은 소방청장이 정한다.

시행령

〈제11조〉 ❶ 2년
❷ 심신장애

제11조(화재안전조사 전문가 참여)
① 소방관서장은 필요한 경우에는 소방기술사, 소방시설관리사, 그 밖에 화재안전 분야에 전문지식을 갖춘 사람을 화재안전조사에 참여하게 할 수 있다.
② 제1항에 따라 조사에 참여하는 외부 전문가에게는 예산의 범위에서 수당, 여비, 그 밖에 필요한 경비를 지급할 수 있다.

제12조(증표의 제시 및 비밀유지 의무 등)
① 화재안전조사 업무를 수행하는 관계 공무원 및 관계 전문가는 그 권한 또는 자격을 표시하는 증표를 지니고 이를 ❶ 　 에게 내보여야 한다.
② 화재안전조사 업무를 수행하는 관계 공무원 및 관계 전문가는 관계인의 정당한 업무를 방해하여서는 아니 되며, 조사업무를 수행하면서 취득한 자료나 알게 된 비밀을 다른 사람 또는 기관에 제공 또는 누설하거나 목적 외의 용도로 사용하여서는 아니 된다.

제13조(화재안전조사 결과 통보)
소방관서장은 화재안전조사를 마친 때에는 그 조사결과를 관계인에게 ❷ 　 으로 통지하여야 한다. 다만, 화재안전조사의 현장에서 관계인에게 조사의 결과를 설명하고 화재안전조사 결과서의 부본을 교부한 경우에는 그러하지 아니하다.

제14조(화재안전조사 결과에 따른 조치명령)
① ❸ 　 은 화재안전조사 결과에 따른 소방대상물의 위치·구조·설비 또는 관리의 상황이 화재예방을 위하여 보완될 필요가 있거나 화재가 발생하면 인명 또는 재산의 피해가 클 것으로 예상되는 때에는 행정안전부령으로 정하는 바에 따라 관계인에게 그 소방대상물의 개수(改修)·이전·제거, 사용의 금지 또는 제한, 사용폐쇄, 공사의 정지 또는 중지, 그 밖에 필요한 조치를 명할 수 있다.

제5조(화재안전조사에 따른 조치명령 등의 절차)
① 소방관서장은 법 제14조에 따라 소방대상물의 개수(改修)·이전·제거, 사용의 금지 또는 제한, 사용폐쇄, 공사의 정지 또는 중지, 그 밖에 필요한 조치를 명할 때에는 별지 제3호서식의 화재안전조사 조치명령서를 해당 소방대상물의 관계인에게 발급하고, 별지 제4호서식의 화재안전조사 조치명령 대장에 이를 기록하여 관리해야 한다.

② 소방관서장은 화재안전조사 결과 소방대상물이 법령을 위반하여 건축 또는 설비되었거나 소방시설등, 피난시설·방화구획, 방화시설 등이 법령에 적합하게 설치 또는 관리되고 있지 아니한 경우에는 관계인에게 제1항에 따른 조치를 명하거나 관계 행정기관의 장에게 필요한 조치를 하여 줄 것을 요청할 수 있다.

② 소방관서장은 법 제14조에 따른 명령으로 인하여 손실을 입은 자가 있는 경우에는 별지 제5호서식의 화재안전조사 조치명령 손실확인서를 작성하여 관련 사진 및 그 밖의 증명자료와 함께 보관해야 한다.

제6조(손실보상 청구자가 제출해야 하는 서류 등)

① 법 제14조에 따른 명령으로 인하여 손실을 입은 자가 손실보상을 청구하려는 경우에는 별지 제6호서식의 손실보상 청구서(전자문서를 포함한다)에 다음 각 호의 서류(전자문서를 포함한다)를 첨부하여 소방청장, 특별시장·광역시장·특별자치시장·도지사 또는 특별자치도지사(이하 "시·도지사"라 한다)에게 제출해야 한다. 이 경우 담당 공무원은 「전자정부법」 제36조제1항에 따른 행정정보의 공동이용을 통하여 건축물대장(소방대상물의 관계인임을 증명할 수 있는 서류가 건축물대장인 경우만 해당한다)을 확인해야 한다.

  1. 소방대상물의 관계인임을 증명할 수 있는 서류(건축물대장은 제외한다)
  2. 손실을 증명할 수 있는 사진 및 그 밖의 증빙자료

② 소방청장 또는 시·도지사는 영 제14조제2항에 따라 손실보상에 관하여 협의가 이루어진 경우에는 손실보상을 청구한 자와 연명으로 별지 제7호서식의 손실보상 합의서를 작성하고 이를 보관해야 한다.

법률
- 〈제12조〉 ❶ 관계인
- 〈제13조〉 ❷ 서면
- 〈제14조〉 ❸ 소방관서장

제15조(손실보상)

소방청장 또는 시·도지사는 제14조제1항에 따른 명령으로 인하여 손실을 입은 자가 있는 경우에는 대통령령으로 정하는 바에 따라 보상하여야 한다.

제14조(손실보상) ☑기출 23 경채

① 법 제15조에 따라 소방청장 또는 시·도지사가 손실을 보상하는 경우에는 ❶ (時價)로 보상해야 한다.

② 제1항에 따른 손실보상에 관하여는 ❷ 와 손실을 입은 자가 협의해야 한다.

③ 소방청장 또는 시·도지사는 제2항에 따른 보상금액에 관한 협의가 성립되지 않은 경우에는 그 보상금액을 지급하거나 공탁하고 이를 상대방에게 알려야 한다.

④ 제3항에 따른 보상금의 지급 또는 공탁의 통지에 불복하는 자는 지급 또는 공탁의 통지를 받은 날부터 ❸ 이내에 「공익사업을 위한 토지 등의 취득 및 보상에 관한 법률」 제49조에 따른 ❹ 에 재결(裁決)을 신청할 수 있다.

제16조(화재안전조사 결과 공개)

① ❶ 은 화재안전조사를 실시한 경우 다음 각 호의 전부 또는 일부를 인터넷 홈페이지나 제3항의 전산시스템 등을 통하여 공개할 수 있다.

1. 소방대상물의 위치, 연면적, 용도 등 현황
2. 소방시설등의 설치 및 관리 현황
3. 피난시설, 방화구획 및 방화시설의 설치 및 관리 현황
4. 그 밖에 대통령령으로 정하는 사항

② 제1항에 따라 화재안전조사 결과를 공개하는 경우 공개 절차, 공개 기간 및 공개 방법 등에 필요한 사항은 대통령령으로 정한다.

③ 소방청장은 제1항에 따른 화재안전조사 결과를 체계적으로 관리하고 활용하기 위하여 전산시스템을 구축·운영하여야 한다.

제15조(화재안전조사 결과 공개)

① 법 제16조제1항제4호에서 "대통령령으로 정하는 사항"이란 다음 각 호의 사항을 말한다.

1. ❺
2. 소방안전관리자 선임 현황
3. 화재예방안전진단 실시 결과

② 소방관서장은 법 제16조제1항에 따라 화재안전조사 결과를 공개하는 경우 ❻ 이상 해당 소방관서 인터넷 홈페이지나 같은 조 제3항에 따른 전산시스템을 통해 공개해야 한다.

③ 소방관서장은 제2항에 따라 화재안전조사 결과를 공개하려는 경우 공개 기간, 공개 내용 및 공개 방법을 해당 소방대상물의 관계인에게 ❼ 알려야 한다.

④ ❷ 은 건축, 전기 및 가스 등 화재안전과 관련된 정보를 소방활동 등에 활용하기 위하여 제3항에 따른 전산시스템과 관계 중앙행정기관, 지방자치단체 및 공공기관 등에서 구축·운용하고 있는 전산시스템을 연계하여 구축할 수 있다.

④ 소방대상물의 관계인은 제3항에 따른 공개 내용 등을 통보받은 날부터 ❽ 이내에 소방관서장에게 이의신청을 할 수 있다.
⑤ 소방관서장은 제4항에 따라 이의신청을 받은 날부터 ❾ 이내에 심사·결정하여 그 결과를 지체 없이 신청인에게 알려야 한다.
⑥ 화재안전조사 결과의 공개가 제3자의 법익을 침해하는 경우에는 제3자와 관련된 사실을 ❿

법률
〈제16조〉 ❶ 소방관서장
❷ 소방청장

시행령
〈제14조〉 ❶ 시가
❷ 소방청장 또는 시·도지사
❸ 30일
❹ 중앙토지수용위원회 또는 관할 지방토지수용위원회
〈제15조〉 ❺ 제조소등 설치 현황
❻ 30일
❼ 미리
❽ 10일
❾ 10일
❿ 제외하고 공개해야 한다.

시행규칙

제4장 화재의 예방조치 등

제17조(화재의 예방조치 등)

① 누구든지 화재예방강화지구 및 이에 준하는 대통령령으로 정하는 장소에서는 다음 각 호의 어느 하나에 해당하는 행위를 하여서는 아니 된다. 다만, 행정안전부령으로 정하는 바에 따라 안전조치를 한 경우에는 그러하지 아니한다.
1. 모닥불, 흡연 등 화기의 취급
2. ❶
3. 용접·용단 등 불꽃을 발생시키는 행위
4. 그 밖에 대통령령으로 정하는 화재 발생 위험이 있는 행위

② 소방관서장은 화재 발생 위험이 크거나 소화 활동에 지장을 줄 수 있다고 인정되는 행위나 물건에 대하여 행위 당사자나 그 물건의 소유자, 관리자 또는 점유자에게 다음 각 호의 명령을 할 수 있다. 다만, 제2호 및 제3호에 해당하는 물건의 소유자, 관리자 또는 점유자를 알 수 없는 경우 소속 공무원으로 하여금 그 물건을 옮기거나 보관하는 등 필요한 조치를 하게 할 수 있다.
1. 제1항 각 호의 어느 하나에 해당하는 행위의 금지 또는 제한
2. 목재, 플라스틱 등 가연성이 큰 물건의 제거, 이격, 적재 금지 등
3. 소방차량의 통행이나 소화 활동에 지장을 줄 수 있는 물건의 이동

③ 제2항 단서에 따라 옮긴 물건 등에 대한 보관기간 및 보관기간 경과 후 처리 등에 필요한 사항은 대통령령으로 정한다.

제16조(화재의 예방조치 등)

① 법 제17조제1항 각 호 외의 부분 본문에서 "대통령령으로 정하는 장소"란 다음 각 호의 장소를 말한다.
1. ❶
2. 「고압가스 안전관리법」 제3조제1호에 따른 저장소
3. 「액화석유가스의 안전관리 및 사업법」 제2조제1호에 따른 액화석유가스의 ❷
4. 「수소경제 육성 및 수소 안전관리에 관한 법률」 제2조제7호에 따른 수소연료공급시설 및 같은 조 제9호에 따른 수소연료사용시설
5. 「총포·도검·화약류 등의 안전관리에 관한 법률」 제2조제3항에 따른 화약류를 저장하는 장소

② 법 제17조제1항제4호에서 "대통령령으로 정하는 화재 발생 위험이 있는 행위"란 「위험물안전관리법」 제2조제1항제1호에 따른 위험물을 방치하는 행위를 말한다.

제17조(옮긴 물건 등의 보관기간 및 보관기간 경과 후 처리)

① 소방관서장은 법 제17조제2항 각 호 외의 부분 단서에 따라 옮긴 물건 등(이하 "옮긴물건등"이라 한다)을 보관하는 경우에는 그날부터 ❸ 동안 해당 소방서의 인터넷 홈페이지에 그 사실을 공고해야 한다.

② 옮긴물건등의 보관기간은 제1항에 따른 공고기간의 종료일 다음 날부터 ❹ 까지로 한다.

제7조(화재예방 안전조치 등)

① 화재예방강화지구 및 영 제16조제1항 각 호의 장소에서는 다음 각 호의 안전조치를 한 경우에 법 제17조제1항 각 호의 행위를 할 수 있다.
1. 「국민건강증진법」 제9조제4항 각 호 외의 부분 후단에 따라 설치한 흡연실 등 법령에 따라 지정된 장소에서 화기 등을 취급하는 경우
2. 소화기 등 소방시설을 비치 또는 설치한 장소에서 화기 등을 취급하는 경우
3. 「산업안전보건기준에 관한 규칙」 제241조의2 제1항에 따른 화재감시자 등 안전요원이 배치된 장소에서 화기 등을 취급하는 경우
4. 그 밖에 소방관서장과 사전 협의하여 안전조치를 한 경우

② 제1항제4호에 따라 소방관서장과 사전 협의하여 안전조치를 하려는 자는 별지 제8호서식의 화재예방 안전조치 협의 신청서를 작성하여 소방관서장에게 제출해야 한다.

③ 소방관서장은 제2항에 따라 협의 신청서를 받은 경우에는 화재예방 안전조치의 적절성을 검토하고 ❶ 이내에 별지 제9호서식의 화재예방 안전조치 협의 결과 통보서를 협의를 신청한 자에게 통보해야 한다.

④ 소방관서장은 법 제17조제2항 각 호의 명령을 할 때에는 별지 제10호서식의 화재예방 조치명령서를 해당 관계인에게 발급해야 한다.

④ 보일러, 난로, 건조설비, 가스·전기시설, 그 밖에 화재 발생 우려가 있는 대통령령으로 정하는 설비 또는 기구 등의 위치·구조 및 관리와 화재 예방을 위하여 불을 사용할 때 지켜야 하는 사항은 대통령령으로 정한다.

⑤ 화재가 발생하는 경우 불길이 빠르게 번지는 고무류·플라스틱류·석탄 및 목탄 등 대통령령으로 정하는 특수가연물(特殊可燃物)의 저장 및 취급 기준은 대통령령으로 정한다.

③ 소방관서장은 제2항에 따른 보관기간이 종료된 때에는 보관하고 있는 옮긴물건등을 매각해야 한다. 다만, 보관하고 있는 옮긴물건등이 부패·파손 또는 이와 유사한 사유로 정해진 용도로 계속 사용할 수 없는 경우에는 폐기할 수 있다.

④ 소방관서장은 보관하던 옮긴물건등을 제3항 본문에 따라 매각한 경우에는 지체 없이 「국가재정법」에 따라 세입조치를 해야 한다.

⑤ 소방관서장은 제3항에 따라 매각되거나 폐기된 옮긴물건등의 소유자가 보상을 요구하는 경우에는 보상금액에 대하여 소유자와의 협의를 거쳐 이를 보상해야 한다.

⑥ 제5항의 손실보상의 방법 및 절차 등에 관하여는 제14조를 준용한다.

법률
〈제17조〉 ❶ 풍등 등 소형열기구 날리기

시행령
〈제16조〉 ❶ 제조소등
❷ 저장소·판매소
〈제17조〉 ❸ 14일
❹ 7일

시행규칙
〈제7조〉 ❶ 5일

제18조(불을 사용하는 설비의 관리기준 등)

① 법 제17조제4항에서 "대통령령으로 정하는 설비 또는 기구 등"이란 다음 각 호의 설비 또는 기구를 말한다.

1. 보일러
2. 난로
3. 건조설비
4. ❶
5. 불꽃을 사용하는 ❷
6. 노(爐)·화덕설비
7. 음식조리를 위하여 설치하는 설비

② 제1항 각 호에 따른 설비 또는 기구의 위치·구조 및 관리와 화재 예방을 위하여 불을 사용할 때 지켜야 하는 사항은 별표 1과 같다.

③ 제1항 및 제2항에서 규정한 사항 외에 화재 발생 우려가 있는 설비 또는 기구의 종류, 해당 설비 또는 기구의 위치·구조 및 관리와 화재 예방을 위하여 불을 사용할 때 지켜야 하는 사항은 시·도의 조례로 정한다.

제19조(화재의 확대가 빠른 특수가연물)

① 법 제17조제5항에서 "고무류·플라스틱류·석탄 및 목탄 등 대통령령으로 정하는 특수가연물(特殊可燃物)"이란 별표 2에서 정하는 품명별 수량 이상의 가연물을 말한다.

② 법 제17조제5항에 따른 특수가연물의 저장 및 취급 기준은 별표 3과 같다.

제18조(화재예방강화지구의 지정 등) ✅기출 24 경채

① 시·도지사는 다음 각 호의 어느 하나에 해당하는 지역을 화재예방강화지구로 지정하여 관리할 수 있다.
1. ❶ 지역
2. 공장·창고가 밀집한 지역
3. ❷ 이 밀집한 지역
4. 노후·불량건축물이 밀집한 지역
5. 위험물의 저장 및 처리 시설이 밀집한 지역
6. ❸ 제품을 생산하는 공장이 있는 지역
7. 「산업입지 및 개발에 관한 법률」 제2조제8호에 따른 산업단지
8. 소방시설·소방용수시설 또는 ❹ 가 없는 지역
9. 「물류시설의 개발 및 운영에 관한 법률」 제2조제6호에 따른 ❺
10. 그 밖에 제1호부터 제8호까지에 준하는 지역으로서 소방관서장이 화재예방강화지구로 지정할 필요가 있다고 인정하는 지역

제20조(화재예방강화지구의 관리)

① 소방관서장은 법 제18조제3항에 따라 화재예방강화지구 안의 소방대상물의 위치·구조 및 설비 등에 대한 화재안전조사를 ❸ 이상 실시해야 한다.
② 소방관서장은 법 제18조제5항에 따라 화재예방강화지구 안의 관계인에 대하여 소방에 필요한 훈련 및 교육을 ❹ 이상 실시할 수 있다.
③ 소방관서장은 제2항에 따라 훈련 및 교육을 실시하려는 경우에는 화재예방강화지구 안의 관계인에게 훈련 또는 교육 ❺ 전까지 그 사실을 통보해야 한다.
④ ❻ 는 법 제18조제6항에 따라 다음 각 호의 사항을 행정안전부령으로 정하는 화재예방강화지구 관리대장에 작성하고 관리해야 한다.
1. 화재예방강화지구의 지정 현황
2. 화재안전조사의 결과
3. 법 제18조제4항에 따른 소화기구, 소방용수시설 또는 그 밖에 소방에 필요한 설비(이하 "소방설비등"이라 한다)의 설치(보수, 보강을 포함한다) 명령 현황
4. 법 제18조제5항에 따른 소방훈련 및 교육의 실시 현황
5. 그 밖에 화재예방 강화를 위하여 필요한 사항

제8조(화재예방강화지구 관리대장)

영 제20조제4항 각 호 외의 부분에 따른 화재예방강화지구 관리대장은 별지 제11호서식에 따른다.

법률 ✅
〈제18조〉 ❶ 시장 ❷ 목조건물
 ❸ 석유화학 ❹ 소방출동로
 ❺ 물류단지

시행령 ✅
〈제18조〉 ❶ 가스·전기시설 ❷ 용접·용단 기구
〈제20조〉 ❸ 연 1회 ❹ 연 1회
 ❺ 10일 ❻ 시·도지사

시행규칙 ✅

② 제1항에도 불구하고 시·도지사가 화재예방강화지구로 지정할 필요가 있는 지역을 화재예방강화지구로 지정하지 아니하는 경우 ❶   은 해당 시·도지사에게 해당 지역의 화재예방강화지구 지정을 요청할 수 있다.

③ 소방관서장은 대통령령으로 정하는 바에 따라 제1항에 따른 화재예방강화지구 안의 소방대상물의 위치·구조 및 설비 등에 대하여 화재안전조사를 하여야 한다.

④ ❷   은 제3항에 따른 화재안전조사를 한 결과 화재의 예방강화를 위하여 필요하다고 인정할 때에는 관계인에게 소화기구, 소방용수시설 또는 그 밖에 소방에 필요한 설비(이하 "소방설비등"이라 한다)의 설치(보수, 보강을 포함한다. 이하 같다)를 명할 수 있다.

⑤ ❸   은 화재예방강화지구 안의 관계인에 대하여 대통령령으로 정하는 바에 따라 소방에 필요한 훈련 및 교육을 실시할 수 있다.

⑥ ❹   는 대통령령으로 정하는 바에 따라 제1항에 따른 화재예방강화지구의 지정 현황, 제3항에 따른 화재안전조사의 결과, 제4항에 따른 소방설비등의 설치 명령 현황, 제5항에 따른 소방훈련 및 교육 현황 등이 포함된 화재예방강화지구에서의 화재예방에 필요한 자료를 매년 작성·관리하여야 한다.

제19조(화재의 예방 등에 대한 지원)

① ❺   은 제18조제4항에 따라 소방설비등의 설치를 명하는 경우 해당 관계인에게 소방설비등의 설치에 필요한 지원을 할 수 있다.

② 소방청장은 관계 중앙행정기관의 장 및 ❻   에게 제1항에 따른 지원에 필요한 협조를 요청할 수 있다.

③ 시·도지사는 제2항에 따라 소방청장의 요청이 있거나 화재예방강화지구 안의 소방대상물의 화재안전성능 향상을 위하여 필요한 경우 특별시·광역시·특별자치시·도 또는 특별자치도(이하 "시·도"라 한다)의 ❼ 로 정하는 바에 따라 소방설비등의 설치에 필요한 비용을 지원할 수 있다.

제20조(화재 위험경보)
소방관서장은 「기상법」 제13조, 제13조의2 및 제13조의4에 따른 기상현상 및 기상영향에 대한 ❽ 에 따라 화재의 발생 위험이 높다고 분석·판단되는 경우에는 행정안전부령으로 정하는 바에 따라 화재에 관한 위험경보를 발령하고 그에 따른 필요한 조치를 할 수 있다.

제9조(화재 위험경보)
① 소방관서장은 「기상법」 제13조에 따른 기상현상 및 기상영향에 대한 예보·특보에 따라 화재의 발생 위험이 높다고 분석·판단되는 경우에는 법 제20조에 따라 화재 위험경보를 발령하고, 보도기관을 이용하거나 정보통신망에 게재하는 등 적절한 방법을 통하여 이를 일반인에게 알려야 한다.
② 제1항에 따른 화재 위험경보 발령 절차 및 조치사항에 관하여 필요한 사항은 ❶ 이 정한다.

법률
⟨제18조⟩ ❶ 소방청장
❷ 소방관서장
❸ 소방관서장
❹ 시·도지사
⟨제19조⟩ ❺ 소방청장
❻ 시·도지사
❼ 조례
⟨제20조⟩ ❽ 예보·특보·태풍예보

시행규칙
⟨제9조⟩ ❶ 소방청장

제21조(화재안전영향평가)

① ❶　　　은 화재발생 원인 및 연소과정을 조사·분석하는 등의 과정에서 법령이나 정책의 개선이 필요하다고 인정되는 경우 그 법령이나 정책에 대한 화재 위험성의 유발요인 및 완화 방안에 대한 평가(이하 "화재안전영향평가"라 한다)를 실시할 수 있다.

② 소방청장은 제1항에 따라 화재안전영향평가를 실시한 경우 그 결과를 해당 법령이나 정책의 ❷　　　에게 통보하여야 한다.

③ 제2항에 따라 결과를 통보받은 소관 기관의 장은 특별한 사정이 없는 한 이를 해당 법령이나 정책에 반영하도록 노력하여야 한다.

④ 화재안전영향평가의 방법·절차·기준 등에 필요한 사항은 대통령령으로 정한다.

제22조(화재안전영향평가심의회)

① 소방청장은 화재안전영향평가에 관한 업무를 수행하기 위하여 화재안전영향평가심의회(이하 "심의회"라 한다)를 구성·운영할 수 있다.

② 심의회는 위원장 1명을 포함한 ❸　　　이내의 위원으로 구성한다.

제21조(화재안전영향평가의 방법·절차·기준 등)

① 소방청장은 법 제21조제1항에 따른 화재안전영향평가(이하 "화재안전영향평가"라 한다)를 하는 경우 화재현장 및 자료 조사 등을 기초로 화재·피난 모의실험 등 ❶　　　　　　　으로 실시할 수 있다.

② 소방청장은 화재안전영향평가를 위하여 필요한 경우 해당 법령이나 정책의 소관 기관의 장에게 관련 자료의 제출을 요청할 수 있다. 이 경우 자료 제출을 요청받은 소관 기관의 장은 특별한 사유가 없으면 이에 따라야 한다.

③ 소방청장은 다음 각 호의 사항이 포함된 화재안전영향평가의 기준을 법 제22조에 따른 ❷　　　　　(이하 "심의회"라 한다)의 심의를 거쳐 정한다.

1. 법령이나 정책의 화재위험 유발요인
2. 법령이나 정책이 소방대상물의 재료, 공간, 이용자 특성 및 화재 확산 경로에 미치는 영향
3. 법령이나 정책이 화재피해에 미치는 영향 등 사회경제적 파급 효과
4. 화재위험 유발요인을 제어 또는 관리할 수 있는 법령이나 정책의 개선 방안

④ 제1항부터 제3항까지에서 규정한 사항 외에 화재안전영향평가의 방법·절차·기준 등에 관하여 필요한 사항은 소방청장이 정한다.

제22조(심의회의 구성)

① 법 제22조제3항제1호에서 "대통령령으로 정하는 사람"이란 다음 각 호의 사람을 말한다.
1. 다음 각 목의 중앙행정기관에서 화재안전 관련 법령이나 정책을 담당하는 고위공무원단에 속하는 일반직공무원(이에 상당하는 특정직공무원 및 별정직공무원을 포함한다) 중에서 해당 중앙행정기관의 장이 지명하는 사람 각 1명

③ 위원장은 위원 중에서 호선하고, 위원은 다음 각 호의 사람으로 한다.
  1. 화재안전과 관련되는 법령이나 정책을 담당하는 관계 기관의 소속 직원으로서 대통령령으로 정하는 사람
  2. 소방기술사 등 대통령령으로 정하는 화재안전과 관련된 분야의 학식과 경험이 풍부한 전문가로서 소방청장이 위촉한 사람
④ 제2항 및 제3항에서 규정한 사항 외에 심의회의 구성·운영 등에 필요한 사항은 대통령령으로 정한다.

  가. 행정안전부·산업통상자원부·보건복지부·❸
  나. 그 밖에 심의회의 심의에 부치는 안건과 관련된 중앙행정기관
 2. 소방청에서 화재안전 관련 업무를 수행하는 소방준감 이상의 소방공무원 중에서 소방청장이 지명하는 사람
② 법 제22조제3항제2호에서 "소방기술사 등 대통령령으로 정하는 화재안전과 관련된 분야의 학식과 경험이 풍부한 전문가"란 다음 각 호의 어느 하나에 해당하는 사람을 말한다.
 1. 소방기술사
 2. 다음 각 목의 기관이나 법인 또는 단체에서 화재안전 관련 업무를 수행하는 사람으로서 해당 기관이나 법인 또는 단체의 장이 추천하는 사람
  가. 안전원
  나. 기술원
  다. ❹
  라. 가스안전공사
  마. 전기안전공사
 3. 「고등교육법」 제2조에 따른 학교 또는 이에 준하는 학교나 공인된 연구기관에서 부교수 이상의 직(職) 또는 이에 상당하는 직에 있거나 있었던 사람으로서 화재안전 또는 관련 법령이나 정책에 전문성이 있는 사람

법률 ✓
〈제21조〉 ❶ 소방청장
         ❷ 소관 기관의 장
〈제22조〉 ❸ 12명

시행령 ✓
〈제21조〉 ❶ 과학적인 예측·분석 방법
         ❷ 화재안전영향평가심의회
〈제22조〉 ❸ 고용노동부·국토교통부
         ❹ 화재보험협회

시행규칙 ✓

③ 법 제22조제3항제2호에 따른 위촉위원의 임기는 ❶ 으로 하며 한 차례만 연임할 수 있다.

④ 심의회의 위원장은 심의회를 대표하고 심의회 업무를 총괄한다.

⑤ 위원장이 부득이한 사유로 직무를 수행할 수 없을 때에는 ❷ 이 그 직무를 대행한다.

⑥ 소방청장은 심의회의 위원이 다음 각 호의 어느 하나에 해당하는 경우에는 해당 위원을 해촉할 수 있다.
1. ❸ 로 직무를 수행할 수 없게 된 경우
2. 직무와 관련된 비위사실이 있는 경우
3. 직무태만, 품위손상이나 그 밖의 사유로 위원으로 적합하지 않다고 인정되는 경우
4. 위원 스스로 직무를 수행하기 어렵다는 의사를 밝히는 경우

제23조(심의회의 운영)

① 심의회의 업무를 효율적으로 수행하기 위하여 심의회에 분야별로 전문위원회를 둘 수 있다.

② 심의회 및 전문위원회에 출석한 위원 및 전문위원회의 위원에게는 예산의 범위에서 수당, 여비, 그 밖에 필요한 경비를 지급할 수 있다. 다만, 공무원인 위원 또는 전문위원회의 위원이 소관 업무와 직접 관련하여 심의회에 출석하는 경우는 그렇지 않다.

③ 제1항 및 제2항에서 규정한 사항 외에 심의회의 운영 등에 필요한 사항은 소방청장이 정한다.

제23조(화재안전취약자에 대한 지원)

① 소방관서장은 어린이, 노인, 장애인 등 화재의 예방 및 안전관리에 취약한 자(이하 "화재안전취약자"라 한다)의 안전한 생활환경을 조성하기 위하여 소방용품의 제공 및 소방시설의 개선 등 필요한 사항을 지원하기 위하여 노력하여야 한다.

제24조(화재안전취약자 지원 대상 및 방법 등)

① 법 제23조제1항에 따른 어린이, 노인, 장애인 등 화재의 예방 및 안전관리에 취약한 자(이하 "화재안전취약자"라 한다)에 대한 지원의 대상은 다음 각 호와 같다.

② 제1항에 따른 화재안전취약자에 대한 지원의 대상・범위・방법 및 절차 등에 필요한 사항은 대통령령으로 정한다.

③ 소방관서장은 관계 행정기관의 장에게 제1항에 따른 지원이 원활히 수행되는 데 필요한 협력을 요청할 수 있다. 이 경우 요청받은 관계 행정기관의 장은 특별한 사정이 없으면 요청에 따라야 한다.

1. 「국민기초생활 보장법」 제2조제2호에 따른 수급자
2. 「장애인복지법」 제6조에 따른 ❹
3. 「한부모가족지원법」 제5조에 따른 지원대상자
4. 「노인복지법」 제27조의2에 따른 ❺
5. 「다문화가족지원법」 제2조제1호에 따른 다문화가족의 구성원
6. 그 밖에 화재안전에 취약하다고 소방관서장이 인정하는 사람

② 소방관서장은 법 제23조제1항에 따라 제1항 각 호의 사람에게 다음 각 호의 사항을 지원할 수 있다.
1. 소방시설등의 설치 및 개선
2. 소방시설등의 ❻
3. ❼ 의 제공
4. 전기・가스 등 화재위험 설비의 점검 및 개선
5. 그 밖에 화재안전을 위하여 필요하다고 인정되는 사항

③ 제1항 및 제2항에서 규정한 사항 외에 지원의 방법 및 절차 등에 관하여 필요한 사항은 소방청장이 정한다.

시행령

〈제22조〉 ❶ 2년　❷ 위원장이 지명한 위원
　　　　　❸ 심신장애
〈제24조〉 ❹ 중증장애인　❺ 홀로 사는 노인
　　　　　❻ 안전점검　❼ 소방용품

제5장 소방대상물의 소방안전관리

제24조(특정소방대상물의 소방안전관리)

① 특정소방대상물 중 전문적인 안전관리가 요구되는 대통령령으로 정하는 특정소방대상물(이하 "소방안전관리대상물"이라 한다)의 ❶ 은 소방안전관리업무를 수행하기 위하여 제30조제1항에 따른 소방안전관리자 자격증을 발급받은 사람을 소방안전관리자로 선임하여야 한다. 이 경우 소방안전관리자의 업무에 대하여 보조가 필요한 대통령령으로 정하는 소방안전관리대상물의 경우에는 소방안전관리자 외에 소방안전관리보조자를 추가로 선임하여야 한다.

② 다른 안전관리자(다른 법령에 따라 전기·가스·위험물 등의 안전관리 업무에 종사하는 자를 말한다. 이하 같다)는 소방안전관리대상물 중 소방안전관리업무의 전담이 필요한 대통령령으로 정하는 소방안전관리대상물의 소방안전관리자를 겸할 수 없다. 다만, 다른 법령에 특별한 규정이 있는 경우에는 그러하지 아니하다.

③ 제1항에도 불구하고 제25조제1항에 따른 소방안전관리대상물의 관계인은 소방안전관리업무를 대행하는 관리업자(「소방시설 설치 및 관리에 관한 법률」 제29조제1항에 따른 소방시설관리업의 등록을 한 자를 말한다. 이하 "관리업자"라 한다)를 감독할 수 있는 사람을 지정하여 소방안전관리자로 선임할 수 있다. 이 경우 소방안전관리자로 선임된 자는 선임된 날부터 ❷ 이내에 제34조에 따른 교육을 받아야 한다.

④ 소방안전관리자 및 소방안전관리보조자의 선임 대상별 자격 및 인원기준은 대통령령으로 정하고, 선임 절차 등 그 밖에 필요한 사항은 행정안전부령으로 정한다.

제25조(소방안전관리자 및 소방안전관리보조자를 두어야 하는 특정소방대상물)

① 법 제24조제1항 전단에 따라 특정소방대상물 중 전문적인 안전관리가 요구되는 특정소방대상물(이하 "소방안전관리대상물"이라 한다)의 범위와 같은 조 제4항에 따른 소방안전관리자의 선임 대상별 자격 및 인원기준은 별표 4와 같다.

② 법 제24조제1항 후단에 따라 소방안전관리보조자를 추가로 선임해야 하는 소방안전관리대상물의 범위와 같은 조 제4항에 따른 소방안전관리보조자의 선임 대상별 자격 및 인원기준은 별표 5와 같다.

③ 제1항에도 불구하고 건축물대장의 건축물현황도에 표시된 대지경계선 안의 지역 또는 인접한 2개 이상의 대지에 제1항에 따라 소방안전관리자를 두어야 하는 특정소방대상물이 둘 이상 있고, 그 관리에 관한 권원(權原)을 가진 자가 동일인인 경우에는 이를 하나의 특정소방대상물로 본다. 이 경우 해당 특정소방대상물이 별표 4에 따른 등급 중 둘 이상에 해당하면 그중에서 ❶ 특정소방대상물로 본다.

제26조(소방안전관리업무 전담 대상물)

법 제24조제2항 본문에서 "대통령령으로 정하는 소방안전관리대상물"이란 다음 각 호의 소방안전관리대상물을 말한다.

1. 별표 4 제1호에 따른 특급 소방안전관리대상물
2. 별표 4 제2호에 따른 1급 소방안전관리대상물

제27조(소방안전관리대상물의 소방계획서 작성 등)

① 법 제24조제5항제1호에서 "대통령령으로 정하는 사항"이란 다음 각 호의 사항을 말한다.

제10조(소방안전관리업무 수행에 관한 기록·유지)

① 영 제25조제1항의 소방안전관리대상물(이하 "소방안전관리대상물"이라 한다)의 소방안전관리자는 법 제24조제5항제7호에 따른 소방안전관리업무 수행에 관한 기록을 별지 제12호서식에 따라 ❶ 이상 작성·관리해야 한다.

② 소방안전관리자는 소방안전관리업무 수행 중 보수 또는 정비가 필요한 사항을 발견한 경우에는 이를 지체 없이 ❷ 에게 알리고, 별지 제12호서식에 기록해야 한다.

③ 소방안전관리자는 제1항에 따른 업무 수행에 관한 기록을 작성한 날부터 2년간 보관해야 한다.

⑤ 특정소방대상물(소방안전관리대상물은 제외한다)의 관계인과 소방안전관리대상물의 소방안전관리자는 다음 각 호의 업무를 수행한다. 다만, 제1호·제2호·제5호 및 제7호의 업무는 소방안전관리대상물의 경우에만 해당한다.
  1. 제36조에 따른 피난계획에 관한 사항과 대통령령으로 정하는 사항이 포함된 ❸ 　 의 작성 및 시행
  2. ❹ 　 (自衛消防隊) 및 초기대응체계의 구성, 운영 및 교육
  3. 「소방시설 설치 및 관리에 관한 법률」 제16조에 따른 피난시설, 방화구획 및 방화시설의 관리
  4. 소방시설이나 그 밖의 소방 관련 시설의 관리
  5. 제37조에 따른 소방훈련 및 교육
  6. ❺ 　 (火氣) 취급의 감독
  7. 행정안전부령으로 정하는 바에 따른 소방안전관리에 관한 업무수행에 관한 기록·유지(제3호·제4호 및 제6호의 업무를 말한다)
  8. 화재발생 시 초기대응
  9. 그 밖에 소방안전관리에 필요한 업무
⑥ 제5항제2호에 따른 자위소방대와 초기대응체계의 구성, 운영 및 교육 등에 필요한 사항은 행정안전부령으로 정한다.

1. 소방안전관리대상물의 위치·구조·연면적(「건축법 시행령」 제119조제1항제4호에 따라 산정된 면적을 말한다. 이하 같다)·용도 및 수용인원 등 일반 현황
2. 소방안전관리대상물에 설치한 소방시설, 방화시설, 전기시설, 가스시설 및 위험물시설의 현황
3. 화재 예방을 위한 ❷ 　
4. 소방시설·피난시설 및 방화시설의 점검·정비계획
5. 피난층 및 피난시설의 위치와 피난경로의 설정, 화재안전취약자의 피난계획 등을 포함한 피난계획
6. 방화구획, 제연구획(除煙區劃), 건축물의 내부 마감재료 및 방염대상물품의 사용 현황과 그 밖의 방화구조 및 설비의 유지·관리계획
7. 법 제35조제1항에 따른 관리의 권원이 분리된 특정소방대상물의 소방안전관리에 관한 사항
8. 소방훈련·교육에 관한 계획
9. 법 제37조를 적용받는 소방안전관리대상물의 근무자 및 거주자의 자위소방대 조직과 대원의 임무(화재안전취약자의 피난 보조 임무를 포함한다)에 관한 사항
10. 화기 취급 작업에 대한 사전 안전조치 및 감독 등 공사 중 소방안전관리에 관한 사항

제11조(자위소방대 및 초기대응체계의 구성·운영 및 교육 등)
① 소방안전관리대상물의 소방안전관리자는 법 제24조제5항제2호에 따른 자위소방대를 다음 각 호의 기능을 효율적으로 수행할 수 있도록 편성·운영하되, 소방안전관리대상물의 규모·용도 등의 특성을 고려하여 ❸ 　 및 ❹ 　 등을 추가하여 수행할 수 있도록 편성할 수 있다.
  1. 화재 발생 시 비상연락, 초기소화 및 피난유도
  2. 화재 발생 시 인명·재산피해 최소화를 위한 조치
② 제1항에 따른 자위소방대에는 대장과 부대장 ❺ 　 을 각각 두며, 편성 조직의 인원은 해당 소방안전관리대상물의 수용인원 등을 고려하여 구성한다. 이 경우 자위소방대의 대장·부대장 및 편성 조직의 임무는 다음 각 호와 같다.
  1. 대장은 자위소방대를 총괄 지휘한다.
  2. 부대장은 대장을 보좌하고 대장이 부득이한 사유로 임무를 수행할 수 없는 때에는 그 임무를 대행한다.
  3. ❻ 　 은 화재사실의 전파 및 신고 업무를 수행한다.
  4. ❼ 　 은 화재 발생 시 초기화재 진압 활동을 수행한다.

법률 ✅
〈제24조〉 ❶ 관계인　❷ 3개월
　　　　　❸ 소방계획서　❹ 자위소방대
　　　　　❺ 화기

시행령 ✅
〈제25조〉 ❶ 등급이 높은
〈제27조〉 ❷ 자체점검계획 및 대응대책

시행규칙 ✅
〈제10조〉 ❶ 월 1회　❷ 관계인
〈제11조〉 ❸ 응급구조　❹ 방호안전기능
　　　　　❺ 1명　　❻ 비상연락팀
　　　　　❼ 초기소화팀

	11. 소화에 관한 사항과 연소 방지에 관한 사항 12. 위험물의 저장·취급에 관한 사항(「위험물안전관리법」 제17조에 따라 예방규정을 정하는 제조소등은 제외한다) 13. 소방안전관리에 대한 업무수행에 관한 기록 및 유지에 관한 사항 14. 화재발생 시 화재경보, 초기소화 및 피난유도 등 초기대응에 관한 사항 15. 그 밖에 소방본부장 또는 소방서장이 소방안전관리대상물의 위치·구조·설비 또는 관리 상황 등을 고려하여 소방안전관리에 필요하여 요청하는 사항 ② ❶ _____ 은 소방안전관리대상물의 소방계획서의 작성 및 그 실시에 관하여 지도·감독한다.	5. ❶ _____ 은 재실자(在室者) 및 장애인, 노인, 임산부, 영유아 및 어린이 등 이동이 어려운 사람(이하 "피난약자"라 한다)을 안전한 장소로 대피시키는 업무를 수행한다. 6. ❷ _____ 은 인명을 구조하고, 부상자에 대한 응급조치를 수행한다. 7. ❸ _____ 은 화재확산방지 및 위험시설의 비상정지 등 방호안전 업무를 수행한다. ③ 소방안전관리대상물의 소방안전관리자는 법 제24조제5항제2호에 따른 초기대응체계를 제1항에 따른 자위소방대에 포함하여 편성하되, 화재 발생 시 초기에 신속하게 대처할 수 있도록 해당 소방안전관리대상물에 근무하는 사람의 근무위치, 근무인원 등을 고려한다. ④ 소방안전관리대상물의 소방안전관리자는 해당 소방안전관리대상물이 이용되고 있는 동안 제3항에 따른 초기대응체계를 상시적으로 운영해야 한다. ⑤ 소방안전관리대상물의 소방안전관리자는 ❹ _____ 이상 자위소방대를 소집하여 그 편성 상태 및 초기대응체계를 점검하고, 편성된 근무자에 대한 소방교육을 실시해야 한다. 이 경우 초기대응체계에 편성된 근무자 등에 대해서는 화재 발생 초기대응에 필요한 기본 요령을 숙지할 수 있도록 소방교육을 실시해야 한다. ⑥ 소방안전관리대상물의 소방안전관리자는 제5항에 따른 소방교육을 제36조제1항에 따른 소방훈련과 병행하여 실시할 수 있다. ⑦ 소방안전관리대상물의 소방안전관리자는 제5항에 따른 소방교육을 실시하였을 때는 그 실시 결과를 별지 제13호서식의 자위소방대 및 초기대응체계 교육·훈련 실시 결과 기록부에 기록하고, 교육을 실시한 날부터 ❺ _____ 간 보관해야 한다.

⑧ **❻** 은 자위소방대의 구성·운영 및 교육, 초기대응체계의 편성·운영 등에 필요한 지침을 작성하여 배포할 수 있으며, **❼** 은 소방안전관리대상물의 소방안전관리자가 해당 지침을 준수하도록 지도할 수 있다.

시행령 ✓

〈제27조〉 ❶ 소방본부장 또는 소방서장

시행규칙 ✓

〈제11조〉 ❶ 피난유도팀
❷ 응급구조팀
❸ 방호안전팀
❹ 연 1회
❺ 2년
❻ 소방청장
❼ 소방본부장 또는 소방서장

제25조(소방안전관리업무의 대행)

① 소방안전관리대상물 중 연면적 등이 일정규모 미만인 대통령령으로 정하는 소방안전관리대상물의 관계인은 제24조제1항에도 불구하고 관리업자로 하여금 같은 조 제5항에 따른 소방안전관리업무 중 대통령령으로 정하는 업무를 대행하게 할 수 있다. 이 경우 제24조제3항에 따라 선임된 소방안전관리자는 관리업자의 대행업무 수행을 감독하고 대행업무 외의 소방안전관리업무는 직접 수행하여야 한다.

② 제1항 전단에 따라 소방안전관리업무를 대행하는 자는 대행인력의 배치기준·자격·방법 등 행정안전부령으로 정하는 준수사항을 지켜야 한다.

③ 제1항에 따라 소방안전관리업무를 관리업자에게 대행하게 하는 경우의 대가(代價)는 「엔지니어링산업 진흥법」 제31조에 따른 엔지니어링사업의 대가 기준 가운데 행정안전부령으로 정하는 방식에 따라 산정한다.

☑기출 23 공채 / 23 경채

제26조(소방안전관리자 선임신고 등)

① 소방안전관리대상물의 관계인이 제24조에 따라 소방안전관리자 또는 소방안전관리보조자를 선임한 경우에는 행정안전부령으로 정하는 바에 따라 선임한 날부터 ❶ 이내에 소방본부장 또는 소방서장에게 신고하고, 소방안전관리대상물의 출입자가 쉽게 알 수 있도록 소방안전관리자의 성명과 그 밖에 행정안전부령으로 정하는 사항을 게시하여야 한다.

제28조(소방안전관리 업무의 대행 대상 및 업무)

① 법 제25조제1항 전단에서 "대통령령으로 정하는 소방안전관리대상물"이란 다음 각 호의 소방안전관리대상물을 말한다.
 1. 별표 4 제2호가목3)에 따른 지상층의 층수가 ❶ 이상인 1급 소방안전관리대상물(연면적 ❷ 제곱미터 이상인 특정소방대상물과 ❸ 는 제외한다)
 2. 별표 4 제3호에 따른 2급 소방안전관리대상물
 3. 별표 4 제4호에 따른 3급 소방안전관리대상물

② 법 제25조제1항 전단에서 "대통령령으로 정하는 업무"란 다음 각 호의 업무를 말한다.
 1. 법 제24조제5항제3호에 따른 피난시설, 방화구획 및 방화시설의 관리
 2. 법 제24조제5항제4호에 따른 소방시설이나 그 밖의 소방 관련 시설의 관리

제12조(소방안전관리업무 대행 기준)

법 제25조제2항에 따른 소방안전관리업무 대행인력의 배치기준·자격·방법 등 준수사항은 별표 1과 같다.

제13조(소방안전관리업무 대행의 대가)

법 제25조제3항에서 "행정안전부령으로 정하는 방식"이란 「엔지니어링산업 진흥법」 제31조에 따라 산업통상자원부장관이 고시한 엔지니어링사업 대가의 기준 중 ❶ 을 말한다.

☑기출 23 공채 / 23 경채

제14조(소방안전관리자의 선임신고 등)

① 소방안전관리대상물의 관계인은 법 제24조 및 제35조에 따라 소방안전관리자를 다음 각 호의 구분에 따라 해당 호에서 정하는 날부터 ❷ 이내에 선임해야 한다.
 1. 신축·증축·개축·재축·대수선 또는 용도변경으로 해당 특정소방대상물의 소방안전관리자를 신규로 선임해야 하는 경우: 해당 특정소방대상물의 사용승인일(건축물의 경우에는 「건축법」 제22조에 따라 건축물을 사용할 수 있게 된 날을 말한다. 이하 이 조 및 제16조에서 같다)

② 소방안전관리대상물의 관계인이 소방안전관리자 또는 소방안전관리보조자를 해임한 경우에는 그 관계인 또는 해임된 소방안전관리자 또는 소방안전관리보조자는 ❷   에게 그 사실을 알려 해임한 사실의 확인을 받을 수 있다.

2. 증축 또는 용도변경으로 인하여 특정소방대상물이 영 제25조제1항에 따른 소방안전관리대상물로 된 경우 또는 특정소방대상물의 소방안전관리 등급이 변경된 경우: 증축공사의 사용승인일 또는 용도변경 사실을 건축물관리대장에 기재한 날
3. 특정소방대상물을 양수하거나 「민사집행법」에 따른 경매, 「채무자 회생 및 파산에 관한 법률」에 따른 환가(換價), 「국세징수법」·「관세법」 또는 「지방세기본법」에 따른 압류재산의 매각이나 그 밖에 이에 준하는 절차에 따라 관계인의 권리를 취득한 경우: 해당 권리를 취득한 날 또는 관할 소방서장으로부터 소방안전관리자 선임 안내를 받은 날. 다만, 새로 권리를 취득한 관계인이 종전의 특정소방대상물의 관계인이 선임신고한 소방안전관리자를 해임하지 않는 경우는 제외한다.
4. 법 제35조에 따른 특정소방대상물의 경우: 관리의 권원이 분리되거나 소방본부장 또는 소방서장이 관리의 권원을 조정한 날
5. 소방안전관리자의 해임, 퇴직 등으로 해당 소방안전관리자의 업무가 종료된 경우: 소방안전관리자가 해임된 날, 퇴직한 날 등 근무를 종료한 날

법률
〈제26조〉 ❶ 14일
❷ 소방본부장이나 소방서장

시행령
〈제28조〉 ❶ 11층
❷ 1만5천
❸ 아파트

시행규칙
〈제13조〉 ❶ 실비정액가산방식
〈제14조〉 ❷ 30일

6. 법 제24조제3항에 따라 소방안전관리업무를 대행하는 자를 감독할 수 있는 사람을 소방안전관리자로 선임한 경우로서 그 업무대행 계약이 해지 또는 종료된 경우: 소방안전관리업무 대행이 끝난 날
7. 법 제31조제1항에 따라 소방안전관리자 자격이 정지 또는 취소된 경우: 소방안전관리자 자격이 정지 또는 취소된 날

② 영 별표 4 제3호 및 제4호에 따른 2급 또는 3급 소방안전관리대상물의 관계인은 제20조에 따른 소방안전관리자 자격시험이나 제25조에 따른 소방안전관리자에 대한 강습교육이 제1항에 따른 소방안전관리자 선임기간 내에 있지 않아 소방안전관리자를 선임할 수 없는 경우에는 소방안전관리자 선임의 연기를 신청할 수 있다.

③ 제2항에 따라 소방안전관리자 선임의 연기를 신청하려는 2급 또는 3급 소방안전관리대상물의 관계인은 별지 제14호서식의 소방안전관리자·소방안전관리보조자 선임 연기 신청서를 작성하여 소방본부장 또는 소방서장에게 제출해야 한다. 이 경우 소방본부장 또는 소방서장은 법 제33조에 따른 종합정보망(이하 "종합정보망"이라 한다)에서 강습교육의 접수 또는 시험응시 여부를 확인해야 하며, 2급 또는 3급 소방안전관리대상물의 관계인은 소방안전관리자가 선임될 때까지 법 제24조제5항의 소방안전관리업무를 수행해야 한다.

④ 소방본부장 또는 소방서장은 제3항에 따라 선임 연기 신청서를 제출받은 경우에는 3일 이내에 소방안전관리자 선임기간을 정하여 2급 또는 3급 소방안전관리대상물의 관계인에게 통보해야 한다.

⑤ 소방안전관리대상물의 관계인은 법 제24조 또는 제35조에 따라 소방안전관리자 또는 총괄소방안전관리자(「기업활동 규제완화에 관한 특별조치법」 제29조제2항·제3항, 제30조제2항 또는 제32조제2항에 따라 소방안전관리자를 겸임하거나 공동으로 선임되는 사람을 포함한다)를 선임한 경우에는 법 제26조제1항에 따라 별지 제15호서식의 소방안전관리자 선임신고서(전자문서를 포함한다)에 다음 각 호의 어느 하나에 해당하는 서류(전자문서를 포함한다)를 첨부하여 소방본부장 또는 소방서장에게 제출해야 한다. 이 경우 소방안전관리대상물의 관계인은 종합정보망을 이용하여 선임신고를 할 수 있다.

1. 제18조에 따른 소방안전관리자 자격증

2. 소방안전관리대상물의 소방안전관리에 관한 업무를 감독할 수 있는 직위에 있는 사람임을 증명하는 서류 및 소방안전관리업무의 대행 계약서 사본(법 제24조제3항에 따라 소방안전관리대상물의 관계인이 소방안전관리업무를 대행하게 하는 경우만 해당한다)

3. 「기업활동 규제완화에 관한 특별조치법」 제29조제2항·제3항, 제30조제2항 또는 제32조제2항에 따라 해당 소방안전관리대상물의 소방안전관리자를 겸임할 수 있는 안전관리자로 선임된 사실을 증명할 수 있는 서류 또는 선임사항이 기록된 자격증(자격수첩을 포함한다)

4. 계약서 또는 권원이 분리됨을 증명하는 관련 서류(법 제35조에 따른 권원별 소방안전관리자를 선임한 경우만 해당한다)

⑥ 소방본부장 또는 소방서장은 소방안전관리대상물의 관계인이 제5항에 따라 소방안전관리자 등을 선임하여 신고하는 경우에는 신고인에게 별지 제16호서식의 선임증을 발급해야 한다. 이 경우 소방본부장 또는 소방서장은 신고인이 종전의 선임 이력에 관한 확인을 신청하는 경우에는 별지 제17호서식의 소방안전관리자 선임 이력 확인서를 발급해야 한다.

⑦ ❶ _____ 은 소방안전관리자의 선임신고를 접수하거나 해임 사실을 확인한 경우에는 지체 없이 관련 사실을 종합정보망에 입력해야 한다.

⑧ 소방본부장 또는 소방서장은 선임신고의 효율적 처리를 위하여 소방안전관리대상물이 완공된 경우에는 지체 없이 해당 소방안전관리대상물의 위치, 연면적 등의 정보를 종합정보망에 입력해야 한다.

✅기출 24 공채 / 24 경채

제15조(소방안전관리자 정보의 게시)

① 법 제26조제1항에서 "행정안전부령으로 정하는 사항"이란 다음 각 호의 사항을 말한다.
 1. 소방안전관리대상물의 명칭 및 등급
 2. 소방안전관리자의 ❷ _____
 3. 소방안전관리자의 ❸ _____
 4. 소방안전관리자의 근무 위치(화재 수신기 또는 종합방재실을 말한다)

② 제1항에 따른 소방안전관리자 성명 등의 게시는 별표 2의 소방안전관리자 현황표에 따른다. 이 경우 「소방시설 설치 및 관리에 관한 법률 시행규칙」 별표 5에 따른 소방시설등 자체점검기록표를 함께 게시할 수 있다.

제16조(소방안전관리보조자의 선임신고 등)
① 소방안전관리대상물의 관계인은 법 제24조제1항 후단에 따라 소방안전관리자보조자를 다음 각 호의 구분에 따라 해당 호에서 정하는 날부터 ❹   이내에 선임해야 한다.

1. 신축·증축·개축·재축·대수선 또는 용도변경으로 해당 소방안전관리대상물의 소방안전관리보조자를 신규로 선임해야 하는 경우: 해당 소방안전관리대상물의 사용승인일

2. 소방안전관리대상물을 양수하거나 「민사집행법」에 따른 경매, 「채무자 회생 및 파산에 관한 법률」에 따른 환가, 「국세징수법」·「관세법」 또는 「지방세기본법」에 따른 압류재산의 매각이나 그 밖에 이에 준하는 절차에 따라 관계인의 권리를 취득한 경우: 해당 권리를 취득한 날 또는 관할 소방서장으로부터 소방안전관리보조자 선임 안내를 받은 날. 다만, 새로 권리를 취득한 관계인이 종전의 소방안전관리대상물의 관계인이 선임신고한 소방안전관리보조자를 해임하지 않는 경우는 제외한다.

3. 소방안전관리보조자의 해임, 퇴직 등으로 해당 소방안전관리보조자의 업무가 종료된 경우: 소방안전관리보조자가 해임된 날, 퇴직한 날 등 근무를 종료한 날

시행규칙 ✓

⟨제14조⟩ ❶ 소방본부장 또는 소방서장
⟨제15조⟩ ❷ 성명 및 선임일자
         ❸ 연락처
⟨제16조⟩ ❹ 30일

② 법 제24조제1항 후단에 따라 소방안전관리보조자를 선임해야 하는 소방안전관리대상물(이하 "보조자선임대상 소방안전관리대상물"이라 한다)의 관계인은 제25조에 따른 강습교육이 제1항에 따른 소방안전관리보조자 선임기간 내에 있지 않아 소방안전관리보조자를 선임할 수 없는 경우에는 소방안전관리보조자 선임의 연기를 신청할 수 있다.

③ 제2항에 따라 소방안전관리보조자 선임의 연기를 신청하려는 보조자선임대상 소방안전관리대상물의 관계인은 별지 제14호서식의 선임 연기 신청서를 작성하여 소방본부장 또는 소방서장에게 제출해야 한다. 이 경우 ❶   은 종합정보망에서 강습교육의 접수 여부를 확인해야 한다.

④ 소방본부장 또는 소방서장은 제3항에 따라 선임 연기 신청서를 제출받은 경우에는 ❷   이내에 소방안전관리보조자 선임기간을 정하여 보조자선임대상 소방안전관리대상물의 관계인에게 통보해야 한다.

⑤ 보조자선임대상 소방안전관리대상물의 관계인은 법 제24조제1항에 따른 소방안전관리보조자를 선임한 경우에는 법 제26조제1항에 따라 별지 제18호서식의 소방안전관리보조자 선임신고서(전자문서를 포함한다)에 다음 각 호의 어느 하나에 해당하는 서류(영 별표 5 제2호의 자격요건 중 해당 자격을 증명할 수 있는 서류를 말하며, 전자문서를 포함한다)를 첨부하여 소방본부장 또는 소방서장에게 제출해야 한다. 이 경우 보조자선임대상 소방안전관리대상물의 관계인은 종합정보망을 이용하여 선임신고를 할 수 있다.

1. 제18조에 따른 소방안전관리자 자격증
2. 영 별표 4에 따른 특급, 1급, 2급 또는 3급 소방안전관리대상물의 소방안전관리자가 되려는 사람에 대한 강습교육 수료증

3. 소방안전관리대상물의 소방안전 관련 업무에 ❸ 이상 근무한 경력이 있는 사람임을 증명할 수 있는 서류

⑥ 소방본부장 또는 소방서장은 제5항에 따라 보조자선임대상 소방안전관리대상물의 관계인이 선임신고를 하는 경우 「전자정부법」 제36조제1항에 따른 행정정보의 공동이용을 통하여 선임된 소방안전관리보조자의 국가기술자격증(영 별표 5 제2호 나목에 해당하는 사람만 해당한다)을 확인해야 한다. 이 경우 선임된 소방안전관리보조자가 확인에 동의하지 않으면 국가기술자격증의 사본을 제출하도록 해야 한다.

⑦ 소방본부장 또는 소방서장은 보조자선임대상 소방안전관리대상물의 관계인이 법 제26조제1항에 따른 소방안전관리보조자를 선임하고 제5항에 따라 신고하는 경우에는 신고인에게 별지 제16호서식의 소방안전관리보조자 선임증을 발급해야 한다. 이 경우 소방본부장 또는 소방서장은 신고인이 종전의 선임이력에 관한 확인을 신청하는 경우에는 별지 제17호서식의 소방안전관리보조자 선임이력 확인서를 발급해야 한다.

⑧ 소방본부장 또는 소방서장은 소방안전관리보조자의 선임신고를 접수하거나 해임 사실을 확인한 경우에는 지체 없이 관련 사실을 종합정보망에 입력해야 한다.

시행규칙
〈제16조〉 ❶ 소방본부장 또는 소방서장
❷ 3일
❸ 2년

제27조(관계인 등의 의무)

① 특정소방대상물의 관계인은 그 특정소방대상물에 대하여 제24조제5항에 따른 소방안전관리업무를 수행하여야 한다.

② ❶ [   ]은 소방안전관리자가 소방안전관리업무를 성실하게 수행할 수 있도록 지도·감독하여야 한다.

③ 소방안전관리자는 인명과 재산을 보호하기 위하여 소방시설·피난시설·방화시설 및 방화구획 등이 법령에 위반된 것을 발견한 때에는 지체 없이 소방안전관리대상물의 관계인에게 소방대상물의 개수·이전·제거·수리 등 필요한 조치를 할 것을 요구하여야 하며, 관계인이 시정하지 아니하는 경우 ❷ [   ]에게 그 사실을 알려야 한다. 이 경우 소방안전관리자는 공정하고 객관적으로 그 업무를 수행하여야 한다.

④ 소방안전관리자로부터 제3항에 따른 조치요구 등을 받은 소방안전관리대상물의 관계인은 지체 없이 이에 따라야 하며, 이를 이유로 소방안전관리자를 해임하거나 보수(報酬)의 지급을 거부하는 등 불이익한 처우를 하여서는 아니 된다.

제28조(소방안전관리자 선임명령 등)

① ❸ [   ]은 제24조제1항에 따른 소방안전관리자 또는 소방안전관리보조자를 선임하지 아니한 소방안전관리대상물의 관계인에게 소방안전관리자 또는 소방안전관리보조자를 선임하도록 명할 수 있다.

② 소방본부장 또는 소방서장은 제24조제5항에 따른 업무를 다하지 아니하는 특정소방대상물의 관계인 또는 소방안전관리자에게 그 업무의 이행을 명할 수 있다.

✅기출 23 공채 / 23 경채

제29조(건설현장 소방안전관리)

① 「소방시설 설치 및 관리에 관한 법률」제15조제1항에 따른 공사시공자가 화재발생 및 화재피해의 우려가 큰 대통령령으로 정하는 특정소방대상물(이하 "건설현장 소방안전관리대상물"이라 한다)을 신축·증축·개축·재축·이전·용도변경 또는 대수선 하는 경우에는 제24조제1항에 따른 소방안전관리자로서 제34조에 따른 교육을 받은 사람을 소방시설공사 착공 신고일부터 건축물 사용승인일(「건축법」제22조에 따라 건축물을 사용할 수 있게 된 날을 말한다)까지 소방안전관리자로 선임하고 행정안전부령으로 정하는 바에 따라 ❹ 　　　에게 신고하여야 한다.

② 제1항에 따른 건설현장 소방안전관리대상물의 소방안전관리자의 업무는 다음 각 호와 같다.
  1. 건설현장의 ❺ 　　　 의 작성
  2. 「소방시설 설치 및 관리에 관한 법률」제15조제1항에 따른 임시소방시설의 설치 및 관리에 대한 감독
  3. 공사진행 단계별 피난안전구역, 피난로 등의 확보와 관리
  4. ❻

✅기출 23, 24 공채 / 23, 24 경채

제29조(건설현장 소방안전관리대상물)

법 제29조제1항에서 "대통령령으로 정하는 특정소방대상물"이란 다음 각 호의 어느 하나에 해당하는 특정소방대상물을 말한다.
  1. 신축·증축·개축·재축·이전·용도변경 또는 대수선을 하려는 부분의 연면적의 합계가 ❶ 　　　 제곱미터 이상인 것
  2. 신축·증축·개축·재축·이전·용도변경 또는 대수선을 하려는 부분의 연면적이 ❷ 　　　 제곱미터 이상인 것으로서 다음 각 목의 어느 하나에 해당하는 것
    가. 지하층의 층수가 ❸ 　　　 층 이상인 것
    나. 지상층의 층수가 ❹ 　　　 이상인 것
    다. 냉동창고, 냉장창고 또는 냉동·냉장창고

제17조(건설현장 소방안전관리자의 선임신고)

① 법 제29조제1항에 따른 건설현장 소방안전관리대상물(이하 "건설현장 소방안전관리대상물"이라 한다)의 공사시공자는 같은 항에 따라 소방안전관리자를 선임한 경우에는 선임한 날부터 ❶ 　　　 이내에 별지 제19호서식의 건설현장 소방안전관리자 선임신고서(전자문서를 포함한다)에 다음 각 호의 서류(전자문서를 포함한다)를 첨부하여 소방본부장 또는 소방서장에게 신고해야 한다. 이 경우 건설현장 소방안전관리대상물의 공사시공자는 종합정보망을 이용하여 선임신고를 할 수 있다.
  1. 제18조에 따른 소방안전관리자 자격증
  2. 건설현장 소방안전관리자가 되려는 사람에 대한 강습교육 수료증
  3. 건설현장 소방안전관리대상물의 공사 계약서 사본

② 소방본부장 또는 소방서장은 건설현장 소방안전관리대상물의 공사시공자가 소방안전관리자를 선임하고 제1항에 따라 신고하는 경우에는 신고인에게 별지 제16호서식의 건설현장 소방안전관리자 선임증을 발급해야 한다. 이 경우 소방본부장 또는 소방서장은 신고인이 종전의 선임이력에 관한 확인을 신청하는 경우 별지 제17호서식의 건설현장 소방안전관리자 선임 이력 확인서를 발급해야 한다.

법률

⟨제27조⟩ ❶ 소방안전관리대상물의 관계인
　　　　　❷ 소방본부장 또는 소방서장
⟨제28조⟩ ❸ 소방본부장 또는 소방서장
⟨제29조⟩ ❹ 소방본부장 또는 소방서장
　　　　　❺ 소방계획서
　　　　　❻ 건설현장의 작업자에 대한 소방안전 교육 및 훈련

시행령

⟨제29조⟩ ❶ 1만5천
　　　　　❷ 5천
　　　　　❸ 2개
　　　　　❹ 11층

시행규칙

⟨제17조⟩ ❶ 14일

5. 초기대응체계의 구성·운영 및 교육
6. 화기취급의 감독, 화재위험작업의 허가 및 관리
7. 그 밖에 건설현장의 소방안전관리와 관련하여 소방청장이 고시하는 업무

③ 그 밖에 건설현장 소방안전관리대상물의 소방안전관리에 관하여는 제26조부터 제28조까지의 규정을 준용한다. 이 경우 "소방안전관리대상물의 관계인" 또는 "특정소방대상물의 관계인"은 "공사시공자"로 본다.

제30조(소방안전관리자 자격 및 자격증의 발급 등)

① 제24조제1항에 따른 소방안전관리자의 자격은 다음 각 호의 어느 하나에 해당하는 사람으로서 소방청장으로부터 소방안전관리자 자격증을 발급받은 사람으로 한다.
1. 소방청장이 실시하는 소방안전관리자 자격시험에 합격한 사람
2. 다음 각 목에 해당하는 사람으로서 대통령령으로 정하는 사람
   가. 소방안전과 관련한 국가기술자격증을 소지한 사람
   나. 가목에 해당하는 국가기술자격증 중 일정 자격증을 소지한 사람으로서 소방안전관리자로 근무한 실무경력이 있는 사람
   다. 소방공무원 경력자
   라. 「기업활동 규제완화에 관한 특별조치법」에 따라 소방안전관리자로 선임된 사람(소방안전관리자로 선임된 기간에 한정한다)

② ❶ 은 제1항 각 호에 따른 자격을 갖춘 사람이 소방안전관리자 자격증 발급을 신청하는 경우 행정안전부령으로 정하는 바에 따라 자격증을 발급하여야 한다.

제30조(소방안전관리자 자격증의 발급 등)

법 제30조제1항제2호 각 목 외의 부분에서 "대통령령으로 정하는 사람"이란 별표 4 각 호의 소방안전관리대상물별로 선임해야 하는 소방안전관리자의 자격을 갖춘 사람(법 제30조제1항제1호에 해당하는 사람은 제외한다)을 말한다.

③ ❶ 은 건설현장 소방안전관리자의 선임신고를 접수하거나 해임 사실을 확인한 경우에는 지체 없이 관련 사실을 종합정보망에 입력해야 한다.

④ 소방본부장 또는 소방서장은 건설현장 소방안전관리대상물 선임신고의 효율적 처리를 위하여 「소방시설 설치 및 안전관리에 관한 법률」 제6조제1항에 따라 건축허가등의 동의를 하는 경우에는 지체 없이 해당 소방안전관리대상물의 위치, 연면적 등의 정보를 종합정보망에 입력해야 한다.

제18조(소방안전관리자 자격증의 발급 및 재발급 등)

① 소방안전관리자 자격증을 발급받으려는 사람은 법 제30조제2항에 따라 별지 제20호서식의 소방안전관리자 자격증 발급 신청서(전자문서를 포함한다)에 다음 각 호의 서류(전자문서를 포함한다)를 첨부하여 소방청장에게 제출해야 한다. 이 경우 소방청장은 「전자정부법」 제36조제1항에 따른 행정정보의 공동이용을 통하여 소방안전관리자 자격증의 발급 요건인 국가기술자격증(자격증 발급을 위하여 필요한 경우만 해당한다)을 확인할 수 있으며, 신청인이 확인에 동의하지 않는 경우에는 그 사본을 제출하도록 해야 한다.
1. 법 제30조제1항 각 호의 어느 하나에 해당하는 사람임을 증명하는 서류
2. 신분증 사본
3. 사진(가로 3.5센티미터 × 세로 4.5센티미터)

② 제1항에 따라 소방안전관리자 자격증의 발급을 신청받은 소방청장은 ❷ 이내에 법 제30조제1항 각 호에 따른 자격을 갖춘 사람에게 별지 제21호서식의 소방안전관리자 자격증을 발급해야 한다. 이 경우 소방청장은 별지 제22호서식의 소방안전관리자 자격증 발급대장에 등급별로 기록하고 관리해야 한다.

③ 제2항에 따라 소방안전관리자 자격증을 발급받은 사람이 소방안전관리자 자격증을 잃어버렸거나 못 쓰게 된 경우에는 행정안전부령으로 정하는 바에 따라 소방안전관리자 자격증을 재발급 받을 수 있다.

④ 제2항 또는 제3항에 따라 발급 또는 재발급 받은 소방안전관리자 자격증을 다른 사람에게 빌려 주거나 빌려서는 아니 되며, 이를 알선하여서도 아니 된다.

③ 제2항에 따라 소방안전관리자 자격증을 발급받은 사람이 그 자격증을 잃어버렸거나 자격증이 못 쓰게 된 경우에는 별지 제20호서식의 소방안전관리자 자격증 재발급 신청서(전자문서를 포함한다)를 작성하여 소방청장에게 자격증의 재발급을 신청할 수 있다. 이 경우 소방청장은 신청자에게 자격증을 3일 이내에 재발급하고 별지 제22호서식의 소방안전관리자 자격증 재발급대장에 재발급 사항을 기록하고 관리해야 한다.

④ ❸_____은 별지 제22호서식의 소방안전관리자 자격증 (재)발급대장을 종합정보망에서 전자적 처리가 가능한 방법으로 작성·관리해야 한다.

법률
〈제30조〉 ❶ 소방청장

시행령

시행규칙
〈제17조〉 ❶ 소방본부장 또는 소방서장
〈제18조〉 ❷ 3일
❸ 소방청장

제31조(소방안전관리자 자격의 정지 및 취소)

① 소방청장은 제30조제2항에 따라 소방안전관리자 자격증을 발급받은 사람이 다음 각 호의 어느 하나에 해당하는 경우에는 행정안전부령으로 정하는 바에 따라 그 자격을 취소하거나 ❶ 이하의 기간을 정하여 그 자격을 정지시킬 수 있다. 다만, 제1호 또는 제3호에 해당하는 경우에는 그 자격을 취소하여야 한다.
 1. 거짓이나 그 밖의 부정한 방법으로 소방안전관리자 자격증을 발급받은 경우
 2. 제24조제5항에 따른 소방안전관리업무를 게을리한 경우
 3. 제30조제4항을 위반하여 소방안전관리자 자격증을 다른 사람에게 빌려준 경우
 4. 제34조에 따른 실무교육을 받지 아니한 경우
 5. 이 법 또는 이 법에 따른 명령을 위반한 경우
② 제1항에 따라 소방안전관리자 자격이 취소된 사람은 취소된 날부터 ❷ 간 소방안전관리자 자격증을 발급받을 수 없다.

제19조(소방안전관리자 자격의 정지 및 취소 기준)

법 제31조제1항에 따른 소방안전관리자 자격의 정지 및 취소 기준은 별표 3과 같다.

제32조(소방안전관리자 자격시험)

① 제30조제1항제1호에 따른 소방안전관리자 자격시험에 응시할 수 있는 사람의 자격은 대통령령으로 정한다.
② 제1항에 따른 소방안전관리자 자격의 시험방법, 시험의 공고 및 합격자 결정 등 소방안전관리자의 자격시험에 필요한 사항은 행정안전부령으로 정한다.

제31조(소방안전관리자 자격시험 응시자격)

법 제32조제1항에 따라 소방안전관리자 자격시험에 응시할 수 있는 사람의 자격은 별표 6과 같다.

제20조(소방안전관리자 자격시험의 방법)

① 소방청장은 법 제30조제1항제1호에 따른 소방안전관리자 자격시험(이하 "소방안전관리자 자격시험"이라 한다)을 다음 각 호와 같이 실시한다. 이 경우 특급 소방안전관리자 자격시험은 제1차시험과 제2차시험으로 나누어 실시한다.
 1. 특급 소방안전관리자 자격시험: ❶ 이상
 2. 1급·2급·3급 소방안전관리자 자격시험
  : ❷ 이상

② 소방안전관리자 자격시험에 응시하려는 사람은 별지 제23호서식의 소방안전관리자 자격시험 응시원서(전자문서를 포함한다)에 다음 각 호의 서류(전자문서를 포함한다)를 첨부하여 소방청장에게 제출해야 한다.
1. 사진(가로 3.5센티미터 × 세로 4.5센티미터)
2. 응시자격 증명서류

③ 소방청장은 제2항에 따라 소방안전관리자 자격시험 응시원서를 접수한 경우에는 시험응시표를 발급해야 한다.

제21조(소방안전관리자 자격시험의 공고)
소방청장은 특급, 1급, 2급 또는 3급 소방안전관리자 자격시험을 실시하려는 경우에는 응시자격·시험과목·일시·장소 및 응시절차를 모든 응시 희망자가 알 수 있도록 시험 시행일 ❸ 전에 인터넷 홈페이지에 공고해야 한다.

법률
〈제31조〉 ❶ 1년
❷ 2년

시행령

시행규칙
〈제20조〉 ❶ 연 2회
❷ 월 1회
〈제21조〉 ❸ 30일

제22조(소방안전관리자 자격시험의 합격자 결정 등)

① 특급, 1급, 2급 및 3급 소방안전관리자 자격시험은 매과목을 100점 만점으로 하여 매과목 40점 이상, 전과목 평균 ❶   이상 득점한 사람을 합격자로 한다.

② 소방안전관리자 자격시험은 다음 각 호의 방법으로 채점한다. 이 경우 특급 소방안전관리자 자격시험의 제2차시험 채점은 제1차시험 합격자의 답안지에 대해서만 실시한다.

1. 선택형 문제: 답안지 기재사항을 전산으로 판독하여 채점
2. 주관식 서술형 문제: 제23조제2항에 따라 임명·위촉된 시험위원이 채점. 이 경우 ❷   이상의 채점자가 문항별 배점과 채점 기준표에 따라 별도로 채점하고 그 평균 점수를 해당 문제의 점수로 한다.

③ 특급 소방안전관리자 자격시험의 제1차시험에 합격한 사람은 제1차시험에 합격한 날부터 ❸   간 제1차시험을 면제한다.

④ 소방청장은 소방안전관리자 자격시험을 종료한 날부터 ❹   (특급 소방안전관리 자격시험의 경우에는 ❺   ) 이내에 인터넷 홈페이지에 합격자를 공고하고, 응시자에게 휴대전화 문자 메시지로 합격 여부를 알려 줄 수 있다.

제23조(소방안전관리자 자격시험 과목 및 시험위원 위촉 등)

① 소방안전관리자 자격시험 과목 및 시험방법은 별표 4와 같다.

② 소방청장은 소방안전관리자 자격시험의 시험문제 출제, 검토 및 채점을 위하여 다음 각 호의 어느 하나에 해당하는 사람 중에서 시험 위원을 임명 또는 위촉해야 한다.

1. 소방 관련 분야에서 ❻ 이상의 학위를 취득한 사람
2. 「고등교육법」 제2조제1호부터 제6호까지에 해당하는 학교에서 소방안전 관련 학과의 ❼ 이상으로 2년 이상 재직한 사람
3. ❽ 이상의 소방공무원
4. 소방기술사
5. 소방시설관리사
6. 그 밖에 화재안전 또는 소방 관련 법령이나 정책에 전문성이 있는 사람

③ 제2항에 따라 위촉된 시험위원에게는 예산의 범위에서 수당, 여비 및 그 밖에 필요한 경비를 지급할 수 있다.

④ 제1항부터 제3항까지에서 규정한 사항 외에 소방안전관리자 자격시험의 운영 등에 필요한 세부적인 사항은 ❾ 이 정한다.

시행규칙

〈제22조〉 ❶ 70점
❷ 3명
❸ 2년
❹ 30일
❺ 60일

〈제23조〉 ❻ 석사
❼ 조교수
❽ 소방위
❾ 소방청장

제24조(부정행위 기준 등)

① 소방안전관리자 자격시험에서의 부정행위는 다음 각 호와 같다.
1. 대리시험을 의뢰하거나 대리로 시험에 응시한 행위
2. 다른 수험자의 답안지 또는 문제지를 엿보거나, 다른 수험자에게 이를 알려주는 행위
3. 다른 수험자와 답안지 또는 문제지를 교환하는 행위
4. 시험 중 다른 수험자와 시험과 관련된 대화를 하는 행위
5. 시험 중 시험문제 내용과 관련된 물건을 휴대하여 사용하거나 이를 주고받는 행위(해당 물건의 휴대 여부를 확인하기 위한 검색 요구에 따르지 않는 행위를 포함한다)
6. 시험장 안이나 밖의 사람으로부터 도움을 받아 답안지를 작성하는 행위
7. 다른 수험자와 성명 또는 수험번호를 바꾸어 제출하는 행위
8. 수험자가 시험시간에 통신기기 및 전자기기 등을 사용하여 답안지를 작성하거나 다른 수험자를 위하여 답안을 송신하는 행위(해당 물건의 휴대 여부를 확인하기 위한 검색 요구에 따르지 않는 행위를 포함한다)
9. 감독관의 본인 확인 요구에 따르지 않는 행위
10. 시험 종료 후에도 계속해서 답안을 작성하거나 수정하는 행위
11. 그 밖의 부정 또는 불공정한 방법으로 시험을 치르는 행위

② 제1항 각 호에 따른 부정행위를 하는 응시자를 적발한 경우에는 해당 시험을 정지하고 무효로 처리한다.

제33조(소방안전관리자 등 종합정보망의 구축·운영)

① ❶   은 소방안전관리자 및 소방안전관리보조자에 대한 다음 각 호의 정보를 효율적으로 관리하기 위하여 종합정보망을 구축·운영할 수 있다.

1. 제26조제1항에 따른 소방안전관리자 및 소방안전관리보조자의 선임신고 현황
2. 제26조제2항에 따른 소방안전관리자 및 소방안전관리보조자의 해임 사실의 확인 현황
3. 제29조제1항에 따른 건설현장 소방안전관리자 선임신고 현황
4. 제30조제1항 및 제2항에 따른 소방안전관리자 자격시험 합격자 및 자격증의 발급 현황
5. 제31조제1항에 따른 소방안전관리자 자격증의 정지·취소 처분 현황
6. 제34조에 따른 소방안전관리자 및 소방안전관리보조자의 교육 실시현황

② 제1항에 따른 종합정보망의 구축·운영 등에 필요한 사항은 대통령령으로 정한다.

제32조(종합정보망의 구축·운영)

소방청장은 법 제33조제1항에 따른 종합정보망(이하 "종합정보망"이라 한다)의 효율적인 운영을 위해 필요한 경우 다음 각 호의 업무를 수행할 수 있다.

1. 종합정보망과 유관 정보시스템의 연계·운영
2. 법 제33조제1항 각 호의 정보를 저장·가공 및 제공하기 위한 시스템의 구축·운영

법률 ✓
〈제33조〉 ❶ 소방청장

제34조(소방안전관리자 등에 대한 교육)

① 소방안전관리자가 되려고 하는 사람 또는 소방안전관리자(소방안전관리보조자를 포함한다)로 선임된 사람은 소방안전관리업무에 관한 능력의 습득 또는 향상을 위하여 행정안전부령으로 정하는 바에 따라 소방청장이 실시하는 다음 각 호의 강습교육 또는 실무교육을 받아야 한다.

1. 강습교육
   가. 소방안전관리자의 자격을 인정받으려는 사람으로서 대통령령으로 정하는 사람
   나. 제24조제3항에 따른 소방안전관리자로 선임되고자 하는 사람
   다. 제29조에 따른 소방안전관리자로 선임되고자 하는 사람
2. 실무교육
   가. 제24조제1항에 따라 선임된 소방안전관리자 및 소방안전관리보조자
   나. 제24조제3항에 따라 선임된 소방안전관리자

② 제1항에 따른 교육실시방법은 다음 각 호와 같다. 다만, 「감염병의 예방 및 관리에 관한 법률」 제2조에 따른 감염병 등 불가피한 사유가 있는 경우에는 행정안전부령으로 정하는 바에 따라 제1호 또는 제3호의 교육을 제2호의 교육으로 실시할 수 있다.

1. ❶
2. 정보통신매체를 이용한 ❷
3. 제1호 및 제2호를 혼용한 교육

제33조(소방안전관리자의 자격을 인정받으려는 사람)

법 제34조제1항제1호가목에서 "대통령령으로 정하는 사람"이란 다음 각 호의 사람을 말한다.

1. 특급 소방안전관리대상물의 소방안전관리자가 되려는 사람
2. 1급 소방안전관리대상물의 소방안전관리자가 되려는 사람
3. 2급 소방안전관리대상물의 소방안전관리자가 되려는 사람
4. 3급 소방안전관리대상물의 소방안전관리자가 되려는 사람
5. 「공공기관의 소방안전관리에 관한 규정」 제2조에 따른 공공기관의 소방안전관리자가 되려는 사람

제25조(강습교육의 실시)

① 소방청장은 법 제34조제1항제1호에 따른 강습교육(이하 "강습교육"이라 한다)의 대상·일정·횟수 등을 포함한 강습교육의 실시계획을 ❶ 수립·시행해야 한다.

② 소방청장은 강습교육을 실시하려는 경우에는 강습교육 실시 20일 전까지 일시·장소, 그 밖에 강습교육 실시에 필요한 사항을 인터넷 홈페이지에 공고해야 한다.

③ 소방청장은 강습교육을 실시한 경우에는 수료자에게 별지 제24호서식의 수료증(전자문서를 포함한다)을 발급하고 강습교육의 과정별로 별지 제25호서식의 강습교육수료자 명부대장(전자문서를 포함한다)을 작성·보관해야 한다.

제26조(강습교육 수강신청 등)

① 강습교육을 받으려는 사람은 강습교육의 과정별로 별지 제26호서식의 강습교육 수강신청서(전자문서를 포함한다)에 다음 각 호의 서류(전자문서를 포함한다)를 첨부하여 ❷ 에게 제출해야 한다.

1. 사진(가로 3.5센티미터 × 세로 4.5센티미터)
2. 재직증명서(법 제39조제1항에 따른 공공기관에 재직하는 사람만 해당한다)

② 소방청장은 강습교육 수강신청서를 접수한 경우에는 수강증을 발급해야 한다.

제27조(강습교육의 강사)

강습교육을 담당할 강사는 과목별로 다음 각 호의 어느 하나에 해당하는 사람 중에서 소방에 관한 학식·경험·능력 등을 고려하여 소방청장이 임명 또는 위촉한다.

	1. ❸ 　　　 직원 2. 소방기술사 3. 소방시설관리사 4. 소방안전 관련 학과에서 ❹ 　　 이상의 직(職)에 재직 중이거나 재직한 사람 5. 소방안전 관련 분야에서 ❺ 　　 이상의 학위를 취득한 사람 6. 소방공무원으로 ❻ 　　 이상 근무한 사람 **제28조(강습교육의 과목, 시간 및 운영방법)** 강습교육의 과목, 시간 및 운영방법은 별표 5와 같다.

법률	시행령	시행규칙
〈제34조〉 ❶ 집합교육 　　　　　 ❷ 원격교육		〈제25조〉 ❶ 매년 〈제26조〉 ❷ 소방청장 〈제27조〉 ❸ 안전원 　　　　　 ❹ 부교수 　　　　　 ❺ 석사 　　　　　 ❻ 5년

제29조(실무교육의 실시)

① 소방청장은 법 제34조제1항제2호에 따른 실무교육(이하 "실무교육"이라 한다)의 대상·일정·횟수 등을 포함한 실무교육의 실시 계획을 ❶ 수립·시행해야 한다.

② 소방청장은 실무교육을 실시하려는 경우에는 실무교육 실시 30일 전까지 일시·장소, 그 밖에 실무교육 실시에 필요한 사항을 인터넷 홈페이지에 공고하고 교육대상자에게 통보해야 한다.

③ 소방안전관리자는 소방안전관리자로 선임된 날부터 6개월 이내에 실무교육을 받아야 하며, 그 이후에는 2년마다(최초 실무교육을 받은 날을 기준일로 하여 ❷ 이 되는 해의 기준일과 같은 날 전까지를 말한다) ❸ 이상 실무교육을 받아야 한다. 다만, 소방안전관리 강습교육 또는 실무교육을 받은 후 ❹ 이내에 소방안전관리자로 선임된 사람은 해당 강습교육을 수료하거나 실무교육을 이수한 날에 실무교육을 이수한 것으로 본다.

④ 소방안전관리보조자는 그 선임된 날부터 ❺ (영 별표 5 제2호마목에 따라 소방안전관리보조자로 지정된 사람의 경우 3개월을 말한다) 이내에 실무교육을 받아야 하며, 그 이후에는 ❻ 마다(최초 실무교육을 받은 날을 기준일로 하여 매 2년이 되는 해의 기준일과 같은 날 전까지를 말한다) 1회 이상 실무교육을 받아야 한다. 다만, 소방안전관리자 강습교육 또는 실무교육이나 소방안전관리보조자 실무교육을 받은 후 ❼ 이내에 소방안전관리보조자로 선임된 사람은 해당 강습교육을 수료하거나 실무교육을 이수한 날에 실무교육을 이수한 것으로 본다.

제30조(실무교육의 강사)

실무교육을 담당할 강사는 다음 각 호의 어느 하나에 해당하는 사람 중에서 소방에 관한 학식·경험·능력 등을 종합적으로 고려하여 소방청장이 임명 또는 위촉한다.

1. ❽ 직원
2. 소방기술사
3. 소방시설관리사
4. 소방안전 관련 학과에서 ❾ 이상의 직에 재직 중이거나 재직한 사람
5. 소방안전 관련 분야에서 ❿ 이상의 학위를 취득한 사람
6. 소방공무원으로 ⓫ 이상 근무한 사람

제31조(실무교육의 과목, 시간 및 운영방법)

실무교육의 과목, 시간 및 운영방법은 별표 6과 같다.

시행규칙 ✓

〈제29조〉 ❶ 매년
❷ 매 2년
❸ 1회
❹ 1년
❺ 6개월
❻ 2년
❼ 1년

〈제30조〉 ❽ 안전원
❾ 부교수
❿ 석사
⓫ 5년

제35조(관리의 권원이 분리된 특정소방대상물의 소방안전관리)

① 다음 각 호의 어느 하나에 해당하는 특정소방대상물로서 그 관리의 권원(權原)이 분리되어 있는 특정소방대상물의 경우 그 관리의 권원별 관계인은 대통령령으로 정하는 바에 따라 제24조제1항에 따른 소방안전관리자를 선임하여야 한다. 다만, 소방본부장 또는 소방서장은 관리의 권원이 많아 효율적인 소방안전관리가 이루어지지 아니한다고 판단되는 경우 대통령령으로 정하는 바에 따라 관리의 권원을 조정하여 소방안전관리자를 선임하도록 할 수 있다.

1. 복합건축물(지하층을 제외한 층수가 ❶ 이상 또는 연면적 ❷ 제곱미터 이상인 건축물)
2. ❸ (지하의 인공구조물 안에 설치된 상점 및 사무실, 그 밖에 이와 비슷한 시설이 연속하여 지하도에 접하여 설치된 것과 그 지하도를 합한 것을 말한다)
3. 그 밖에 대통령령으로 정하는 특정소방대상물

제34조(관리의 권원별 소방안전관리자 선임 및 조정 기준)

① 법 제35조제1항 본문에 따라 관리의 권원이 분리되어 있는 특정소방대상물의 관계인은 소유권, 관리권 및 점유권에 따라 각각 소방안전관리자를 선임해야 한다. 다만, 둘 이상의 소유권, 관리권 또는 점유권이 동일인에게 귀속된 경우에는 하나의 관리 권원으로 보아 소방안전관리자를 선임할 수 있다.

② 제1항에도 불구하고 다음 각 호의 어느 하나에 해당하는 경우에는 해당 호에서 정하는 바에 따라 소방안전관리자를 선임할 수 있다.

1. 법령 또는 계약 등에 따라 ❶ 하는 경우: 하나의 관리 권원으로 보아 소방안전관리자 1명 선임
2. 화재 ❷ (가압송수장치를 포함한다. 이하 이 항에서 같다)가 별도로 설치되어 있는 경우: 설치된 화재 수신기 또는 소화펌프가 화재를 감지·소화 또는 경보할 수 있는 부분을 각각 하나의 관리 권원으로 보아 각각 소방안전관리자 선임

제32조(실무교육 수료증 발급 및 실무교육 결과의 통보)

① 소방청장은 실무교육을 수료한 사람에게 실무교육 수료증(전자문서를 포함한다)을 발급하고, 별지 제27호서식의 실무교육 수료자명부(전자문서를 포함한다)에 작성·관리해야 한다.
② 소방청장은 해당 연도의 실무교육이 끝난 날부터 ❶ 이내에 그 결과를 소방본부장 또는 소방서장에게 통보해야 한다.

제33조(원격교육 실시방법)

법 제34조제2항제2호에 따른 원격교육은 실시간 양방향 교육, 인터넷을 통한 영상강의 등 정보통신매체를 이용하여 실시한다.

② 제1항에 따른 관리의 권원별 관계인은 상호 협의하여 특정소방대상물의 전체에 걸쳐 소방안전관리상 필요한 업무를 총괄하는 소방안전관리자(이하 "총괄소방안전관리자"라 한다)를 제1항에 따라 선임된 소방안전관리자 중에서 선임하거나 별도로 선임하여야 한다. 이 경우 총괄소방안전관리자의 자격은 대통령령으로 정하고 업무수행 등에 필요한 사항은 행정안전부령으로 정한다.

③ 제2항에 따른 총괄소방안전관리자에 대하여는 제24조, 제26조부터 제28조까지 및 제30조부터 제34조까지에서 규정한 사항 중 소방안전관리자에 관한 사항을 준용한다.

④ 제1항 및 제2항에 따라 선임된 소방안전관리자 및 총괄소방안전관리자는 해당 특정소방대상물의 소방안전관리를 효율적으로 수행하기 위하여 공동소방안전관리협의회를 구성하고, 해당 특정소방대상물에 대한 소방안전관리를 공동으로 수행하여야 한다. 이 경우 공동소방안전관리협의회의 구성·운영 및 공동소방안전관리의 수행 등에 필요한 사항은 대통령령으로 정한다.

3. 하나의 화재 수신기 및 소화펌프가 설치된 경우: 하나의 관리 권원으로 보아 소방안전관리자 1명 선임

③ 제1항 및 제2항에도 불구하고 소방본부장 또는 소방서장은 법 제35조제1항 각 호 외의 부분 단서에 따라 관리의 권원이 많아 효율적인 소방안전관리가 이루어지지 않는다고 판단되는 경우 제1항 각 호의 기준 및 해당 특정소방대상물의 화재위험성 등을 고려하여 관리의 권원이 분리되어 있는 특정소방대상물의 관리의 권원을 조정하여 소방안전관리자를 선임하도록 할 수 있다.

제35조(관리의 권원이 분리된 특정소방대상물)
법 제35조제1항제3호에서 "대통령령으로 정하는 특정소방대상물"이란 「소방시설 설치 및 관리에 관한 법률 시행령」 별표 2에 따른 판매시설 중 ❸　　, ❹　　 및 ❺　　 을 말한다.

법률
⟨제35조⟩ ❶ 11층
❷ 3만
❸ 지하가

시행령
⟨제34조⟩ ❶ 공동으로 관리
❷ 수신기 또는 소화펌프
⟨제35조⟩ ❸ 도매시장
❹ 소매시장
❺ 전통시장

시행규칙
⟨제32조⟩ ❶ 30일

제36조(총괄소방안전관리자 선임자격)

법 제35조제2항에 따른 특정소방대상물의 전체에 걸쳐 소방안전관리상 필요한 업무를 총괄하는 소방안전관리자(이하 "총괄소방안전관리자"라 한다)는 별표 4에 따른 소방안전관리대상물의 등급별 선임자격을 갖춰야 한다. 이 경우 관리의 권원이 분리되어 있는 특정소방대상물에 대하여 소방안전관리대상물의 등급을 결정할 때에는 해당 특정소방대상물 전체를 기준으로 한다.

제37조(공동소방안전관리협의회의 구성·운영 등)

① 법 제35조제4항에 따른 공동소방안전관리협의회(이하 "협의회"라 한다)는 같은 조제1항 및 제2항에 따라 선임된 소방안전관리자 및 총괄소방안전관리자(이하 이 조에서 "총괄소방안전관리자등"이라 한다)로 구성한다.

② 총괄소방안전관리자등은 법 제35조제4항에 따라 다음 각 호의 공동소방안전관리 업무를 협의회의 협의를 거쳐 공동으로 수행한다.

  1. 특정소방대상물 ❶   에 관한 사항
  2. 특정소방대상물 전체의 소방훈련·교육의 실시에 관한 사항
  3. 공용 부분의 소방시설 및 피난·방화시설의 유지·관리에 관한 사항
  4. 그 밖에 공동으로 소방안전관리를 할 필요가 있는 사항

③ 협의회는 공동소방안전관리 업무의 수행에 필요한 기준을 정하여 운영할 수 있다.

제36조(피난계획의 수립 및 시행)

① ❶ 소방안전관리대상물의 관계인 은 그 장소에 근무하거나 거주 또는 출입하는 사람들이 화재가 발생한 경우에 안전하게 피난할 수 있도록 피난계획을 수립·시행하여야 한다.

② 제1항의 피난계획에는 그 소방안전관리대상물의 구조, 피난시설 등을 고려하여 설정한 피난경로가 포함되어야 한다.

③ 소방안전관리대상물의 관계인은 피난시설의 위치, 피난경로 또는 대피요령이 포함된 피난유도 안내정보를 근무자 또는 거주자에게 정기적으로 제공하여야 한다.

④ 제1항에 따른 피난계획의 수립·시행, 제3항에 따른 피난유도 안내정보 제공에 필요한 사항은 행정안전부령으로 정한다.

제34조(피난계획의 수립·시행)

① 법 제36조제1항에 따른 피난계획(이하 "피난계획"이라 한다)에는 다음 각 호의 사항이 포함되어야 한다.
1. 화재경보의 수단 및 방식
2. 층별, 구역별 피난대상 인원의 연령별·성별 현황
3. ❶ 피난약자 의 현황
4. 각 거실에서 옥외(옥상 또는 피난안전구역을 포함한다)로 이르는 피난경로
5. 피난약자 및 피난약자를 동반한 사람의 피난동선과 피난방법
6. 피난시설, 방화구획, 그 밖에 피난에 영향을 줄 수 있는 제반 사항

② 소방안전관리대상물의 관계인은 해당 소방안전관리대상물의 구조·위치, 소방시설 등을 고려하여 피난계획을 수립해야 한다.

③ 소방안전관리대상물의 관계인은 해당 소방안전관리대상물의 피난시설이 변경된 경우에는 그 변경사항을 반영하여 피난계획을 정비해야 한다.

④ 제1항부터 제3항까지에서 규정한 사항 외에 피난계획의 수립·시행에 필요한 세부 사항은 소방청장이 정하여 고시한다.

법률 〈제36조〉 ❶ 소방안전관리대상물의 관계인

시행령 〈제37조〉 ❶ 전체의 소방계획 수립 및 시행

시행규칙 〈제34조〉 ❶ 피난약자

제37조(소방안전관리대상물 근무자 및 거주자 등에 대한 소방훈련 등)

① 소방안전관리대상물의 관계인은 그 장소에 근무하거나 거주하는 사람 등(이하 이 조에서 "근무자 등"이라 한다)에게 소화·통보·피난 등의 훈련(이하 "소방훈련"이라 한다)과 소방안전관리에 필요한 교육을 하여야 하고, 피난훈련은 그 소방대상물에 출입하는 사람을 안전한 장소로 대피시키고 유도하는 훈련을 포함하여야 한다. 이 경우 소방훈련과 교육의 횟수 및 방법 등에 관하여 필요한 사항은 행정안전부령으로 정한다.

② 소방안전관리대상물 중 소방안전관리업무의 전담이 필요한 대통령령으로 정하는 소방안전관리대상물의 관계인은 제1항에 따른 소방훈련 및 교육을 한 날부터 ❶ 이내에 소방훈련 및 교육 결과를 행정안전부령으로 정하는 바에 따라 소방본부장 또는 소방서장에게 제출하여야 한다.

제38조(소방훈련·교육 결과 제출의 대상)

법 제37조제2항에서 "대통령령으로 정하는 소방안전관리대상물"이란 다음 각 호의 소방안전관리대상물을 말한다.
1. 별표4 제1호에 따른 특급 소방안전관리대상물
2. 별표4 제2호에 따른 1급 소방안전관리대상물

제39조(불시 소방훈련·교육의 대상)

법 제37조제4항에서 "대통령령으로 정하는 특정소방대상물"이란 소방안전관리대상물 중 다음 각 호의 특정소방대상물을 말한다.
1. 「소방시설 설치 및 관리에 관한 법률 시행령」 별표 2 제7호에 따른 의료시설
2. 「소방시설 설치 및 관리에 관한 법률 시행령」 별표 2 제8호에 따른 교육연구시설
3. 「소방시설 설치 및 관리에 관한 법률 시행령」 별표 2 제9호에 따른 노유자 시설

제35조(피난유도 안내정보의 제공)

① 법 제36조제3항에 따른 피난유도 안내정보는 다음 각 호의 어느 하나의 방법으로 제공한다.
   1. ❶ 피난안내 교육을 실시하는 방법
   2. ❷ 이상 피난안내방송을 실시하는 방법
   3. 피난안내도를 층마다 보기 쉬운 위치에 게시하는 방법
   4. 엘리베이터, 출입구 등 시청이 용이한 장소에 ❸ 을 제공하는 방법

② 제1항에서 규정한 사항 외에 피난유도 안내정보의 제공에 필요한 세부 사항은 소방청장이 정하여 고시한다.

✅ 기출 24 경채

제36조(근무자 및 거주자에 대한 소방훈련과 교육)

① 소방안전관리대상물의 관계인은 법 제37조제1항에 따른 소방훈련과 교육을 ❹ 이상 실시해야 한다. 다만, 소방본부장 또는 소방서장이 화재예방을 위하여 필요하다고 인정하여 2회의 범위에서 추가로 실시할 것을 요청하는 경우에는 소방훈련과 교육을 추가로 실시해야 한다.

② ❺ 은 특급 및 1급 소방안전관리대상물의 관계인으로 하여금 제1항에 따른 소방훈련과 교육을 소방기관과 합동으로 실시하게 할 수 있다.

③ 소방안전관리대상물의 관계인은 소방훈련과 교육을 실시하는 경우 소방훈련 및 교육에 필요한 장비 및 교재 등을 갖추어야 한다.

④ 소방안전관리대상물의 관계인은 제1항에 따라 소방훈련과 교육을 실시했을 때에는 그 실시 결과를 별지 제28호서식의 소방훈련·교육 실시 결과 기록부에 기록하고, 이를 소방훈련 및 교육을 실시한 날부터 ❻ 간 보관해야 한다.

③ ❷ _____ 은 제1항에 따라 소방안전관리대상물의 관계인이 실시하는 소방훈련과 교육을 지도·감독할 수 있다.

④ 소방본부장 또는 소방서장은 소방안전관리대상물 중 불특정 다수인이 이용하는 대통령령으로 정하는 특정소방대상물의 근무자등에게 불시에 소방훈련과 교육을 실시할 수 있다. 이 경우 소방본부장 또는 소방서장은 그 특정소방대상물 근무자등의 불편을 최소화하고 안전 등을 확보하는 대책을 마련하여야 하며, 소방훈련과 교육의 내용, 방법 및 절차 등은 행정안전부령으로 정하는 바에 따라 관계인에게 사전에 통지하여야 한다.

⑤ 소방본부장 또는 소방서장은 제4항에 따라 소방훈련과 교육을 실시한 경우에는 그 결과를 평가할 수 있다. 이 경우 소방훈련과 교육의 평가방법 및 절차 등에 필요한 사항은 행정안전부령으로 정한다.

4. 그 밖에 화재 발생 시 불특정 다수의 인명피해가 예상되어 소방본부장 또는 소방서장이 소방훈련·교육이 필요하다고 인정하는 특정소방대상물

제37조(소방훈련 및 교육 실시 결과의 제출)
영 제38조 각 호에 따른 소방안전관리대상물의 관계인은 제36조제1항에 따라 소방훈련 및 교육을 실시한 날부터 ❼ _____ 이내에 별지 제29호서식의 소방훈련·교육 실시 결과서를 작성하여 소방본부장 또는 소방서장에게 제출해야 한다.

제38조(불시 소방훈련 및 교육 사전통지)
소방본부장 또는 소방서장은 법 제37조제4항에 따라 불시 소방훈련과 교육(이하 "불시 소방훈련·교육"이라 한다)을 실시하려는 경우에는 소방안전관리대상물의 관계인에게 불시 소방훈련·교육 실시 ❽ _____ 전까지 별지 제30호서식의 불시 소방훈련·교육 계획서를 통지해야 한다.

법률
〈제37조〉 ❶ 30일
❷ 소방본부장 또는 소방서장

시행령

시행규칙
〈제35조〉 ❶ 연 2회
❷ 분기별 1회
❸ 피난안내영상
〈제36조〉 ❹ 연 1회
❺ 소방본부장 또는 소방서장
❻ 2년
〈제37조〉 ❼ 30일
〈제38조〉 ❽ 10일

제38조(특정소방대상물의 관계인에 대한 소방안전교육)

① ❶   은 제37조를 적용받지 아니하는 특정소방대상물의 관계인에 대하여 특정소방대상물의 화재예방과 소방안전을 위하여 행정안전부령으로 정하는 바에 따라 소방안전교육을 할 수 있다.

② 제1항에 따른 교육대상자 및 특정소방대상물의 범위 등에 필요한 사항은 행정안전부령으로 정한다.

제39조(불시 소방훈련·교육의 평가 방법 및 절차)

① ❶   은 법 제37조제5항 전단에 따라 불시 소방훈련·교육 실시 결과에 대한 평가를 실시하려는 경우에는 평가 계획을 사전에 수립해야 한다.

② 제1항에 따른 평가의 기준은 다음 각 호와 같다.
   1. 불시 소방훈련·교육 내용의 ❷
   2. 불시 소방훈련·교육 유형 및 방법의 ❸
   3. 불시 소방훈련·교육 참여인력, 시설 및 장비 등의 ❹
   4. 불시 소방훈련·교육 여건 및 ❺

③ 제1항에 따른 평가는 현장평가를 원칙으로 하되, 필요에 따라 서면평가 등을 병행할 수 있다. 이 경우 불시 소방훈련·교육 참가자에 대한 설문조사 또는 면접조사 등을 함께 실시할 수 있다.

④ 소방본부장 또는 소방서장은 제1항에 따른 평가를 실시한 경우 소방안전관리대상물의 관계인에게 불시 소방훈련·교육 종료일부터 10일 이내에 별지 제31호서식의 불시 소방훈련·교육 평가 결과서를 통지해야 한다.

제40조(소방안전교육 대상자 등)

① 법 제38조제1항에 따른 소방안전교육의 교육대상자는 법 제37조를 적용받지 않는 특정소방대상물 중 다음 각 호의 어느 하나에 해당하는 특정소방대상물의 관계인으로서 관할 소방서장이 소방안전교육이 필요하다고 인정하는 사람으로 한다.
   1. ❻   또는 ❼   가 설치된 공장·창고 등의 특정소방대상물
   2. 그 밖에 관할 소방본부장 또는 소방서장이 화재에 대한 취약성이 높다고 인정하는 특정소방대상물

② 소방본부장 또는 소방서장은 법 제38조제1항에 따른 소방안전교육을 실시하려는 경우에는 교육일 10일 전까지 별지 제32호서식의 특정소방대상물 관계인 소방안전교육 계획서를 작성하여 통보해야 한다.

제39조(공공기관의 소방안전관리)

① 국가, 지방자치단체, 국공립학교 등 대통령령으로 정하는 공공기관의 장은 소관 기관의 근무자 등의 생명·신체와 건축물·인공구조물 및 물품 등을 화재로부터 보호하기 위하여 화재예방, 자위소방대의 조직 및 편성, 소방시설등의 자체점검과 소방훈련 등의 소방안전관리를 하여야 한다.

② 제1항에 따른 공공기관에 대한 다음 각 호의 사항에 관하여는 제24조부터 제38조까지의 규정에도 불구하고 대통령령으로 정하는 바에 따른다.
1. 소방안전관리자의 자격·책임 및 선임 등
2. 소방안전관리의 ❷
3. 자위소방대의 구성·운영 및 교육
4. 근무자 등에 대한 소방훈련 및 교육
5. 그 밖에 소방안전관리에 필요한 사항

제40조(공공기관의 소방안전관리)

법 제39조에 따른 공공기관의 소방안전관리에 관하여는 「공공기관의 소방안전관리에 관한 규정」으로 정한다.

법률
⟨제38조⟩ ❶ 소방본부장이나 소방서장
⟨제39조⟩ ❷ 업무대행

시행령

시행규칙
⟨제39조⟩ ❶ 소방본부장 또는 소방서장
❷ 적절성
❸ 적합성
❹ 적정성
❺ 참여도
⟨제40조⟩ ❻ 소화기
❼ 비상경보설비

제6장 특별관리시설물의 소방안전관리

제40조(소방안전 특별관리시설물의 안전관리)

① ❶　　　은 화재 등 재난이 발생할 경우 사회·경제적으로 피해가 큰 다음 각 호의 시설(이하 "소방안전 특별관리시설물"이라 한다)에 대하여 소방안전 특별관리를 하여야 한다.
1. 「공항시설법」 제2조제7호의 공항시설
2. 「철도산업발전기본법」 제3조제2호의 철도시설
3. 「도시철도법」 제2조제3호의 도시철도시설
4. 「항만법」 제2조제5호의 항만시설
5. 「문화유산의 보존 및 활용에 관한 법률」 제2조제3항의 ❷　　　 및 「자연유산의 보존 및 활용에 관한 법률」 제2조제5호에 따른 ❸　　　인 시설(시설이 아닌 지정문화유산 및 천연기념물등을 보호하거나 소장하고 있는 시설을 포함한다)
6. 「산업기술단지 지원에 관한 특례법」 제2조제1호의 산업기술단지
7. 「산업입지 및 개발에 관한 법률」 제2조제8호의 산업단지
8. 「초고층 및 지하연계 복합건축물 재난관리에 관한 특별법」 제2조제1호·제2호의 초고층 건축물 및 지하연계 복합건축물
9. 「영화 및 비디오물의 진흥에 관한 법률」 제2조제10호의 영화상영관 중 수용인원 ❹　　　명 이상인 영화상영관
10. 전력용 및 통신용 ❺
11. 「한국석유공사법」 제10조제1항제3호의 석유비축시설
12. 「한국가스공사법」 제11조제1항제2호의 천연가스 인수기지 및 공급망

제41조(소방안전 특별관리시설물)

① 법 제40조제1항제13호에서 "대통령령으로 정하는 전통시장"이란 점포가 ❶　　　이상인 전통시장을 말한다.
② 법 제40조제1항제14호에서 "대통령령으로 정하는 시설물"이란 다음 각 호의 시설물을 말한다.
1. 「전기사업법」 제2조제4호에 따른 발전사업자가 가동 중인 발전소(「발전소주변지역 지원에 관한 법률 시행령」 제2조제2항에 따른 발전소는 제외한다)
2. 「물류시설의 개발 및 운영에 관한 법률」 제2조제5호의2에 따른 물류창고로서 연면적 ❷　　　제곱미터 이상인 것
3. 「도시가스사업법」 제2조제5호에 따른 ❸

제42조(소방안전 특별관리기본계획·시행계획의 수립·시행)

① 소방청장은 법 제40조제2항에 따른 소방안전 특별관리기본계획(이하 "특별관리기본계획"이라 한다)을 ❹　　　마다 수립하여 시·도에 통보해야 한다.
② 특별관리기본계획에는 다음 각 호의 사항이 포함되어야 한다.
1. 화재예방을 위한 중기·장기 안전관리정책
2. 화재예방을 위한 교육·홍보 및 점검·진단
3. ❺　　　을 위한 훈련
4. 화재대응과 사후 조치에 관한 역할 및 공조체계
5. 그 밖에 화재 등의 안전관리를 위하여 필요한 사항

13. 「전통시장 및 상점가 육성을 위한 특별법」 제2조제1호의 전통시장으로서 대통령령으로 정하는 전통시장
14. 그 밖에 대통령령으로 정하는 시설물

② 소방청장은 제1항에 따른 특별관리를 체계적이고 효율적으로 하기 위하여 시·도지사와 협의하여 소방안전 특별관리기본계획을 제4조제1항에 따른 기본계획에 포함하여 수립 및 시행하여야 한다.

③ ❻ 는 제2항에 따른 소방안전 특별관리기본계획에 저촉되지 아니하는 범위에서 관할 구역에 있는 소방안전 특별관리시설물의 안전관리에 적합한 소방안전 특별관리시행계획을 제4조제6항에 따른 세부시행계획에 포함하여 수립 및 시행하여야 한다.

④ 그 밖에 제2항 및 제3항에 따른 소방안전 특별관리기본계획 및 소방안전 특별관리시행계획의 수립·시행에 필요한 사항은 대통령령으로 정한다.

③ 시·도지사는 특별관리기본계획을 시행하기 위하여 매년 법 제40조제3항에 따른 소방안전 특별관리시행계획(이하 "특별관리시행계획"이라 한다)을 수립·시행하고, 그 결과를 다음 연도 ❻ 까지 소방청장에게 통보해야 한다.

④ 특별관리시행계획에는 다음 각 호의 사항이 포함되어야 한다.
1. 특별관리기본계획의 집행을 위하여 필요한 사항
2. 시·도에서 화재 등의 안전관리를 위하여 필요한 사항

⑤ ❼ 는 특별관리기본계획 또는 특별관리시행계획을 수립하는 경우 성별, 연령별, 화재안전취약자별 화재 피해현황 및 실태 등을 고려해야 한다.

법률
〈제40조〉
❶ 소방청장
❷ 지정문화유산
❸ 천연기념물등
❹ 1천
❺ 지하구
❻ 시·도지사

시행령
〈제41조〉
❶ 500개
❷ 10만
❸ 가스공급시설
〈제42조〉
❹ 5년
❺ 화재대응
❻ 1월 31일
❼ 소방청장 및 시·도지사

시행규칙

제41조(화재예방안전진단)

✅기출 23 공채 / 23 경채

① 대통령령으로 정하는 소방안전 특별관리시설물의 관계인은 화재의 예방 및 안전관리를 체계적·효율적으로 수행하기 위하여 대통령령으로 정하는 바에 따라「소방기본법」제40조에 따른 한국소방안전원(이하 "안전원"이라 한다) 또는 소방청장이 지정하는 화재예방안전진단기관(이하 "진단기관"이라 한다)으로부터 정기적으로 화재예방안전진단을 받아야 한다.

② 제1항에 따른 화재예방안전진단의 범위는 다음 각 호와 같다.
 1. 화재위험요인의 조사에 관한 사항
 2. 소방계획 및 피난계획 수립에 관한 사항
 3. 소방시설등의 유지·관리에 관한 사항
 4. 비상대응조직 및 교육훈련에 관한 사항
 5. 화재 위험성 평가에 관한 사항
 6. 그 밖에 화재예방진단을 위하여 대통령령으로 정하는 사항

③ 제1항에 따라 안전원 또는 진단기관의 화재예방안전진단을 받은 연도에는 제37조에 따른 소방훈련과 교육 및「소방시설 설치 및 관리에 관한 법률」제22조에 따른 자체점검을 받은 것으로 본다.

④ 안전원 또는 진단기관은 제1항에 따른 화재예방안전진단 결과를 행정안전부령으로 정하는 바에 따라 소방본부장 또는 소방서장, 관계인에게 제출하여야 한다.

⑤ ❶ 은 제4항에 따라 제출받은 화재예방안전진단 결과에 따라 보수·보강 등의 조치가 필요하다고 인정하는 경우에는 해당 소방안전 특별관리시설물의 관계인에게 보수·보강 등의 조치를 취할 것을 명할 수 있다.

제43조(화재예방안전진단의 대상)

✅기출 24 공채 / 24 경채

법 제41조제1항에서 "대통령령으로 정하는 소방안전 특별관리시설물"이란 다음 각 호의 시설을 말한다.
 1. 법 제40조제1항제1호에 따른 공항시설 중 여객터미널의 연면적이 ❶ 제곱미터 이상인 공항시설
 2. 법 제40조제1항제2호에 따른 철도시설 중 역 시설의 연면적이 ❷ 제곱미터 이상인 철도시설
 3. 법 제40조제1항제3호에 따른 도시철도시설 중 역사 및 역 시설의 연면적이 5천제곱미터 이상인 도시철도시설
 4. 법 제40조제1항제4호에 따른 항만시설 중 여객 이용시설 및 지원시설의 연면적이 ❸ 제곱미터 이상인 항만시설
 5. 법 제40조제1항제10호에 따른 전력용 및 통신용 지하구 중「국토의 계획 및 이용에 관한 법률」제2조제9호에 따른 ❹
 6. 법 제40조제1항제12호에 따른 천연가스 인수기지 및 공급망 중「소방시설 설치 및 관리에 관한 법률 시행령」별표 2 제17호나목에 따른 가스시설
 7. 제41조제2항제1호에 따른 발전소 중 연면적이 ❺ 제곱미터 이상인 발전소
 8. 제41조제2항제3호에 따른 가스공급시설 중 가연성 가스 탱크의 저장용량의 합계가 ❻ 톤 이상이거나 저장용량이 ❼ 톤 이상인 가연성 가스 탱크가 있는 가스공급시설

제41조(화재예방안전진단의 절차 및 방법)

① 법 제41조제1항에 따라 화재예방안전진단을 받아야 하는 소방안전 특별관리시설물(이하 "소방안전 특별관리시설물"이라 한다)의 관계인은 별지 제33호서식을 안전원 또는 소방청장이 지정하는 화재예방안전진단기관(이하 "진단기관"이라 한다)에 신청해야 한다.

② 제1항에 따라 화재예방안전진단 신청을 받은 안전원 또는 진단기관은 다음 각 호의 절차에 따라 화재예방안전진단을 실시한다.
 1. 위험요인 조사
 2. ❶
 3. 위험성 감소대책의 수립

③ 화재예방안전진단은 다음 각 호의 방법으로 실시한다.
 1. 준공도면, 시설 현황, 소방계획서 등 자료수집 및 분석
 2. 화재위험요인 조사, 소방시설등의 성능점검 등 현장조사 및 점검
 3. 정성적·정량적 방법을 통한 화재위험성 평가
 4. 불시·무각본 훈련에 의한 비상대응훈련 평가
 5. 그 밖에 지진 등 외부 환경 위험요인에 대한 예방·대비·대응태세 평가

④ 제1항에 따라 화재예방안전진단을 신청한 소방안전 특별관리시설물의 관계인은 화재예방안전진단에 필요한 자료의 열람 및 화재예방안전진단에 적극 협조해야 한다.

⑤ 제1항부터 제4항까지에서 규정한 사항 외에 화재예방안전진단의 세부 절차 및 평가방법 등에 관하여 필요한 사항은 소방청장이 정하여 고시한다.

⑥ 화재예방안전진단 업무에 종사하고 있거나 종사하였던 사람은 업무를 수행하면서 알게 된 비밀을 이 법에서 정한 목적 외의 용도로 사용하거나 다른 사람 또는 기관에 제공하거나 누설하여서는 아니 된다.

제44조(화재예방안전진단의 실시 절차 등)
① 소방안전관리대상물이 건축되어 제43조 각 호의 소방안전 특별관리시설물에 해당하게 된 경우 해당 소방안전 특별관리시설물의 관계인은 「건축법」 제22조에 따른 사용승인 또는 「소방시설공사업법」 제14조에 따른 완공검사를 받은 날부터 ❽ 이 경과한 날이 속하는 해에 법 제41조제1항에 따라 최초의 화재예방안전진단을 받아야 한다.
② 화재예방안전진단을 받은 소방안전 특별관리시설물의 관계인은 제3항에 따른 안전등급(이하 "안전등급"이라 한다)에 따라 정기적으로 다음 각 호의 기간에 법 제41조제1항에 따라 화재예방안전진단을 받아야 한다.
  1. 안전등급이 우수인 경우: 안전등급을 통보받은 날부터 ❾ 이 경과한 날이 속하는 해
  2. 안전등급이 양호·보통인 경우: 안전등급을 통보받은 날부터 ❿ 이 경과한 날이 속하는 해
  3. 안전등급이 미흡·불량인 경우: 안전등급을 통보받은 날부터 ⓫ 이 경과한 날이 속하는 해
③ 화재예방안전진단 결과는 우수, 양호, 보통, 미흡 및 불량의 안전등급으로 구분하며, 안전등급의 기준은 별표 7과 같다.
④ 제1항부터 제3항까지에서 규정한 사항 외에 화재예방안전진단 절차 및 방법 등에 관하여 필요한 사항은 행정안전부령으로 정한다.

제42조(화재예방안전진단 결과 제출)
① 화재예방안전진단을 실시한 안전원 또는 진단기관은 법 제41조제4항에 따라 화재예방안전진단이 완료된 날부터 ❷ 이내에 소방본부장 또는 소방서장, 관계인에게 별지 제34호서식의 화재예방안전진단 결과 보고서(전자문서를 포함한다)에 다음 각 호의 서류(전자문서를 포함한다)를 첨부하여 제출해야 한다.
  1. 화재예방안전진단 결과 세부 보고서
  2. 화재예방안전진단기관 지정서
② 제1항에 따른 화재예방안전진단 결과 보고서에는 다음 각 호의 사항이 포함되어야 한다.
  1. 해당 소방안전 특별관리시설물 현황
  2. 화재예방안전진단 실시 기관 및 참여인력
  3. 화재예방안전진단 범위 및 내용
  4. 화재위험요인의 조사·분석 및 평가 결과
  5. 영 제44조제2항에 따른 안전등급 및 위험성 감소대책
  6. 그 밖에 소방안전 특별관리시설물의 화재예방 강화를 위하여 소방청장이 정하는 사항

법률
〈제41조〉 ❶ 소방본부장 또는 소방서장

시행령
〈제43조〉 ❶ 1천 ❷ 5천 ❸ 5천 ❹ 공동구
        ❺ 5천 ❻ 100 ❼ 30
〈제44조〉 ❽ 5년 ❾ 6년
        ❿ 5년 ⓫ 4년

시행규칙
〈제41조〉 ❶ 위험성 평가
〈제42조〉 ❷ 60일

제42조(진단기관의 지정 및 취소)

① 제41조제1항에 따라 소방청장으로부터 진단기관으로 지정을 받으려는 자는 대통령령으로 정하는 시설과 전문인력 등 지정기준을 갖추어 ❶   에게 지정을 신청하여야 한다.

② 소방청장은 진단기관으로 지정받은 자가 다음 각 호의 어느 하나에 해당하는 경우에는 그 지정을 취소하거나 ❷   이내의 기간을 정하여 업무의 전부 또는 일부의 정지를 명할 수 있다. 다만, 제1호 또는 제4호에 해당하는 경우에는 그 지정을 취소하여야 한다.
1. 거짓이나 그 밖의 부정한 방법으로 지정을 받은 경우
2. 제41조제4항에 따른 화재예방안전진단 결과를 소방본부장 또는 소방서장, 관계인에게 제출하지 아니한 경우
3. 제1항에 따른 지정기준에 미달하게 된 경우
4. 업무정지기간에 화재예방안전진단 업무를 한 경우

③ 진단기관의 지정절차, 지정취소 또는 업무정지의 처분 등에 필요한 사항은 행정안전부령으로 정한다.

제45조(화재예방안전진단의 범위)

법 제41조제2항제6호에서 "대통령령으로 정하는 사항"이란 다음 각 호의 사항을 말한다.
1. 화재 등의 재난 발생 후 재발방지 대책의 수립 및 그 이행에 관한 사항
2. 지진 등 외부 환경 위험요인 등에 대한 예방·대비·대응에 관한 사항
3. 화재예방안전진단 결과 보수·보강 등 개선 요구 사항 등에 대한 이행 여부

제46조(화재예방안전진단기관의 지정기준)

법 제42조제1항에서 "대통령령으로 정하는 시설과 전문인력 등 지정기준"이란 별표 8에서 정하는 기준을 말한다.

제43조(진단기관의 장비기준)

영 별표 8 제3호에서 "행정안전부령으로 정하는 장비"란 별표 7의 장비를 말한다.

제44조(진단기관의 지정신청)

① 진단기관으로 지정받으려는 자는 법 제42조제1항에 따라 별지 제35호서식의 화재예방안전진단기관 지정신청서(전자문서를 포함한다)에 다음 각 호의 서류(전자문서를 포함한다)를 첨부하여 소방청장에게 제출해야 한다.
1. 정관 사본
2. 시설 요건을 증명하는 서류 및 장비 명세서
3. 경력증명서 또는 재직증명서 등 기술인력의 자격요건을 증명하는 서류

② 제1항에 따른 화재예방안전진단기관 지정신청서를 제출받은 담당 공무원은 「전자정부법」 제36조제1항에 따른 행정정보의 공동이용을 통하여 법인등기부 등본(법인인 경우만 해당한다) 및 국가기술자격증을 확인해야 한다. 다만, 신청인이 확인에 동의하지 않는 경우에는 이를 제출하도록 해야 한다.

제45조(진단기관의 지정 절차)

① 소방청장은 제44조제1항에 따라 지정신청서를 접수한 경우에는 지정기준 등에 적합한지를 검토하여 ❶   이내에 진단기관 지정 여부를 결정해야 한다.

| | | ② 소방청장은 제1항에 따라 진단기관의 지정을 결정한 경우에는 별지 제36호서식의 화재예방안전진단기관 지정서를 발급하고, 별지 제37호서식의 화재예방안전진단기관 관리대장에 기록하고 관리해야 한다.
③ 소방청장은 제2항에 따라 지정서를 발급한 경우에는 그 내용을 ❷ _____ 에 공고해야 한다.
제46조(진단기관의 지정취소)
법 제42조제2항에 따른 진단기관의 지정취소 및 업무정지의 처분기준은 별표 8과 같다. |

법률
〈제42조〉 ❶ 소방청장
❷ 6개월

시행령

시행규칙
〈제45조〉 ❶ 60일
❷ 소방청 인터넷 홈페이지

제7장 보칙

제43조(화재의 예방과 안전문화 진흥을 위한 시책의 추진)

① 소방관서장은 국민의 화재 예방과 안전에 관한 의식을 높이고 화재의 예방과 안전문화를 진흥시키기 위한 다음 각 호의 활동을 적극 추진하여야 한다.
　1. 화재의 예방 및 안전관리에 관한 의식을 높이기 위한 활동 및 홍보
　2. 소방대상물 특성별 화재의 예방과 안전관리에 필요한 행동요령의 개발·보급
　3. 화재의 예방과 안전문화 우수사례의 발굴 및 확산
　4. 화재 관련 통계 현황의 관리·활용 및 공개
　5. 화재의 예방과 안전관리 취약계층에 대한 화재의 예방 및 안전관리 강화
　6. 그 밖에 화재의 예방과 안전문화를 진흥하기 위한 활동

② ❶　　은 화재의 예방과 안전문화 활동에 국민 또는 주민이 참여할 수 있는 제도를 마련하여 시행할 수 있다.

③ ❷　　은 국민이 화재의 예방과 안전문화를 실천하고 체험할 수 있는 체험시설을 설치·운영할 수 있다.

④ 국가와 지방자치단체는 지방자치단체 또는 그 밖의 기관·단체에서 추진하는 화재의 예방과 안전문화활동을 위하여 필요한 예산을 지원할 수 있다.

제44조(우수 소방대상물 관계인에 대한 포상 등)

① ❸　　은 소방대상물의 자율적인 안전관리를 유도하기 위하여 안전관리 상태가 우수한 소방대상물을 선정하여 우수 소방대상물 표지를 발급하고, 소방대상물의 관계인을 포상할 수 있다.

제47조(우수 소방대상물의 선정 등)

① 소방청장은 법 제44조제1항에 따른 우수 소방대상물의 선정 및 관계인에 대한 포상을 위하여 우수 소방대상물의 선정방법, 평가 대상물의 범위 및 평가 절차 등에 관한 내용이 포함된 시행계획(이하 "시행계획"이라 한다)을 ❶　　수립·시행해야 한다.

② 제1항에 따른 우수 소방대상물의 선정 방법, 평가 대상물의 범위 및 평가 절차 등에 필요한 사항은 행정안전부령으로 정한다.

② 소방청장은 우수 소방대상물 선정을 위하여 필요한 경우에는 소방대상물을 직접 방문하여 필요한 사항을 확인할 수 있다.

③ 소방청장은 우수 소방대상물 선정의 객관성 및 전문성을 확보하기 위하여 필요한 경우에는 다음 각 호의 어느 하나에 해당하는 사람이 ❷ 이상 포함된 평가위원회(이하 이 조에서 "평가위원회"라 한다)를 성별을 고려하여 구성·운영할 수 있다. 이 경우 평가위원회의 위원에게는 예산의 범위에서 수당, 여비 등 필요한 경비를 지급할 수 있다.

1. 소방기술사(소방안전관리자로 선임된 사람은 제외한다)
2. 소방시설관리사
3. 소방 관련 ❸ 이상의 학위를 취득한 사람
4. 소방 관련 법인 또는 단체에서 소방 관련 업무에 ❹ 이상 종사한 사람
5. 소방공무원 교육기관, 대학 또는 연구소에서 소방과 관련한 교육 또는 연구에 ❺ 이상 종사한 사람

④ 제1항부터 제3항까지에서 규정한 사항 외에 우수 소방대상물의 평가, 평가위원회 구성·운영, 포상의 종류·명칭 및 우수 소방대상물 표지 등에 관하여 필요한 사항은 소방청장이 정하여 고시한다

법률
⟨제43조⟩ ❶ 소방관서장
　　　　　❷ 소방청장
⟨제44조⟩ ❸ 소방청장

시행령

시행규칙
⟨제47조⟩ ❶ 매년
　　　　　❷ 2명
　　　　　❸ 석사
　　　　　❹ 5년
　　　　　❺ 5년

제45조(조치명령 등의 기간연장)

① 다음 각 호에 따른 조치명령·선임명령 또는 이행명령(이하 "조치명령등"이라 한다)을 받은 관계인 등은 천재지변이나 그 밖에 대통령령으로 정하는 사유로 조치명령등을 그 기간 내에 이행할 수 없는 경우에는 조치명령등을 명령한 소방관서장에게 대통령령으로 정하는 바에 따라 조치명령등의 이행시기를 연장하여 줄 것을 신청할 수 있다.
  1. 제14조에 따른 소방대상물의 개수·이전·제거, 사용의 금지 또는 제한, 사용폐쇄, 공사의 정지 또는 중지, 그 밖의 필요한 조치명령
  2. 제28조제1항에 따른 소방안전관리자 또는 소방안전관리보조자 선임명령
  3. 제28조제2항에 따른 소방안전관리업무 이행명령

② 제1항에 따라 연장신청을 받은 소방관서장은 연장신청 승인 여부를 결정하고 그 결과를 조치명령 등의 이행 기간 내에 ❶   등에게 알려 주어야 한다.

제46조(청문)

소방청장 또는 시·도지사는 다음 각 호의 어느 하나에 해당하는 처분을 하려면 청문을 하여야 한다.
  1. 제31조제1항에 따른 소방안전관리자의 ❷
  2. 제42조제2항에 따른 진단기관의 ❸

제47조(조치명령등의 기간연장)

① 법 제45조제1항 각 호 외의 부분에서 "대통령령으로 정하는 사유"란 다음 각 호의 어느 하나에 해당하는 사유를 말한다.
  1. 「재난 및 안전관리 기본법」 제3조제1호에 해당하는 ❶   이 발생한 경우
  2. 경매 등의 사유로 ❷   이 변동 중이거나 변동된 경우
  3. 관계인의 ❸   의 경우
  4. 시장·상가·복합건축물 등 소방대상물의 관계인이 여러 명으로 구성되어 법 제45조제1항 각 호에 따른 조치명령·선임명령 또는 이행명령(이하 "조치명령등"이라 한다)의 이행에 대한 의견을 조정하기 어려운 경우
  5. 그 밖에 관계인이 운영하는 사업에 부도 또는 도산 등 중대한 위기가 발생하여 조치명령등을 그 기간 내에 이행할 수 없는 경우

② 법 제45조제1항에 따라 조치명령등의 이행시기 연장을 신청하려는 관계인 등은 행정안전부령으로 정하는 바에 따라 연장신청서에 기간연장의 사유 및 기간 등을 적어 소방관서장에게 제출해야 한다.

③ 제2항에 따른 기간연장의 신청 및 연장신청서의 처리에 필요한 사항은 행정안전부령으로 정한다.

제48조(조치명령등의 기간연장)

① 법 제45조제1항에 따른 조치명령·선임명령 또는 이행명령(이하 "조치명령등"이라 한다)의 기간연장을 신청하려는 관계인 등은 영 제47조제2항에 따라 별지 제38호서식에 따른 조치명령등의 기간연장 신청서(전자문서를 포함한다)에 조치명령등을 이행할 수 없음을 증명할 수 있는 서류(전자문서를 포함한다)를 첨부하여 ❶   에게 제출해야 한다.

② 제1항에 따른 신청서를 제출받은 소방관서장은 신청받은 날부터 3일 이내에 조치명령등의 기간연장 여부를 결정하여 별지 제39호서식의 조치명령등의 기간연장 신청 결과 통지서를 관계인 등에게 통지해야 한다.

제47조(수수료 등)		제49조(수수료 및 교육비)
다음 각 호의 어느 하나에 해당하는 자는 행정안전부령으로 정하는 수수료 또는 교육비를 내야 한다. 1. 제30조제1항에 따른 소방안전관리자 자격시험에 응시하려는 사람 2. 제30조제2항 및 제3항에 따른 소방안전관리자 자격증을 발급 또는 재발급 받으려는 사람 3. 제34조에 따른 강습교육 또는 실무교육을 받으려는 사람 4. 제41조제1항에 따라 화재예방안전진단을 받으려는 관계인		① 법 제47조에 따른 수수료 및 교육비는 별표 9와 같다. ② 별표 9에 따른 수수료 또는 교육비를 반환하는 경우에는 다음 각 호의 구분에 따라 반환해야 한다. 1. 수수료 또는 교육비를 과오납한 경우: 그 과오납한 금액의 전부 2. 시험시행기관 또는 교육실시기관에 책임이 있는 사유로 시험에 응시하지 못하거나 교육을 받지 못한 경우: 납입한 수수료 또는 교육비의 전부 3. 직계가족의 사망, 본인의 사고 또는 질병, 격리가 필요한 감염병이나 예견할 수 없는 기상상황 등으로 인해 시험에 응시하지 못하거나 교육을 받지 못한 경우(해당 사실을 증명하는 서류 등을 제출한 경우로 한정한다): 납입한 수수료 또는 교육비의 전부 4. 원서접수기간 또는 교육신청기간에 접수를 철회한 경우: 납입한 수수료 또는 교육비의 전부 5. 시험시행일 또는 교육실시일 20일 전까지 접수를 취소한 경우: 납입한 수수료 또는 교육비의 전부 6. 시험시행일 또는 교육실시일 10일 전까지 접수를 취소한 경우: 납입한 수수료 또는 교육비의 100분의 50

법률
〈제45조〉 ❶ 관계인
〈제46조〉 ❷ 자격 취소
❸ 지정 취소

시행령
〈제47조〉 ❶ 재난
❷ 소유권
❸ 질병, 사고, 장기출장

시행규칙
〈제48조〉 ❶ 소방관서장

제48조(권한의 위임·위탁 등)

① 이 법에 따른 소방청장 또는 시·도지사의 권한은 그 일부를 대통령령으로 정하는 바에 따라 시·도지사, 소방본부장 또는 소방서장에게 위임할 수 있다.

② 소방관서장은 다음 각 호에 해당하는 업무를 ❶   에 위탁할 수 있다.

1. 제26조제1항에 따른 소방안전관리자 또는 소방안전관리보조자 선임신고의 접수
2. 제26조제2항에 따른 소방안전관리자 또는 소방안전관리보조자 해임 사실의 확인
3. 제29조제1항에 따른 건설현장 소방안전관리자 선임신고의 접수
4. 제30조제1항제1호에 따른 소방안전관리자 자격시험
5. 제30조제2항 및 제3항에 따른 소방안전관리자 자격증의 발급 및 재발급
6. 제33조에 따른 소방안전관리 등에 관한 종합정보망의 구축·운영
7. 제34조에 따른 강습교육 및 실무교육

③ 제2항에 따라 위탁받은 업무에 종사하고 있거나 종사하였던 사람은 업무를 수행하면서 알게 된 비밀을 이 법에서 정한 목적 외의 용도로 사용하거나 다른 사람 또는 기관에 제공하거나 누설하여서는 아니 된다.

제48조(권한의 위임·위탁 등)

소방청장은 법 제48조제1항에 따라 법 제31조에 따른 소방안전관리자 자격의 정지 및 취소에 관한 업무를 ❶   에게 위임한다.

제49조(고유식별정보의 처리)

소방관서장(제48조 및 법 제48조제2항에 따라 소방관서장의 권한 또는 업무를 위임받거나 위탁받은 자를 포함한다) 또는 시·도지사(해당 권한 또는 업무가 위임되거나 위탁된 경우에는 그 권한 또는 업무를 위임받거나 위탁받은 자를 포함한다)는 다음 각 호의 사무를 수행하기 위하여 불가피한 경우 「개인정보 보호법 시행령」 제19조제1호 또는 제4호에 따른 주민등록번호 또는 외국인등록번호가 포함된 자료를 처리할 수 있다.

1. 법 제7조 및 제8조에 따른 화재안전조사에 관한 사무
2. 법 제14조에 따른 화재안전조사 결과에 따른 조치명령에 관한 사무
3. 법 제15조에 따른 손실보상에 관한 사무
4. 법 제17조에 따른 화재의 예방조치 등에 관한 사무
5. 법 제19조에 따른 화재의 예방 등에 대한 지원에 관한 사무
6. 법 제23조에 따른 화재안전취약자 지원에 관한 사무
7. 법 제24조, 제26조, 제28조 및 제29조에 따른 소방안전관리자, 소방안전관리보조자 및 건설현장 소방안전관리자의 선임신고 등에 관한 사무
8. 법 제30조에 따른 소방안전관리자 자격증의 발급·재발급 및 법 제31조에 따른 자격의 정지·취소에 관한 사무
9. 법 제32조에 따른 소방안전관리자 자격시험에 관한 사무

제50조(안전원이 갖춰야 하는 시설 기준 등)

① 안전원의 장은 화재예방안전진단을 원활하게 수행하기 위하여 영 별표 8에 따른 진단기관이 갖춰야 하는 시설, 전문인력 및 장비를 갖춰야 한다.

② 안전원은 법 제48조제2항제7호에 따른 업무를 위탁받은 경우 별표 10의 시설기준을 갖춰야 한다.

제49조(벌칙 적용에서 공무원 의제)

다음 각 호의 어느 하나에 해당하는 자 중 공무원이 아닌 사람은 「형법」 제129조부터 제132조까지의 규정을 적용할 때에는 공무원으로 본다.

1. 제9조에 따른 화재안전조사단의 구성원
2. 제10조에 따른 화재안전조사위원회의 위원
3. 제11조에 따라 화재안전조사에 참여하는 자
4. 제22조에 따른 화재안전영향평가심의회 위원
5. 제41조제1항에 따른 화재예방안전진단업무 수행 기관의 임원 및 직원
6. 제48조제2항에 따라 위탁받은 업무에 종사하는 안전원의 담당 임원 및 직원

10. 법 제33조에 따른 소방안전관리 등에 관한 종합정보망의 구축·운영에 관한 사무
11. 법 제34조에 따른 소방안전관리자 등에 대한 교육에 관한 사무
12. 법 제42조에 따른 화재예방안전진단기관의 지정 및 취소
13. 법 제44조에 따른 우수 소방대상물 관계인에 대한 포상 등에 관한 사무
14. 법 제45조에 따른 조치명령등의 기간연장에 관한 사무
15. 법 제46조에 따른 청문에 관한 사무
16. 법 제47조에 따른 수수료 징수에 관한 사무

제50조(규제의 재검토)

소방청장은 다음 각 호의 사항에 대하여 해당 호에서 정하는 날을 기준일로 하여 3년마다(매 3년이 되는 해의 기준일과 같은 날 전까지를 말한다) 그 타당성을 검토하여 개선 등의 조치를 해야 한다.

1. 제25조에 따른 소방안전관리자를 두어야 하는 특정소방대상물: 2022년 12월 1일
2. 제25조에 따른 소방안전관리보조자를 두어야 하는 특정소방대상물: 2022년 12월 1일
3. 제25조에 따른 소방안전관리자 및 소방안전관리보조자의 선임 대상별 자격 및 선임인원: 2022년 12월 1일
4. 제28조에 따른 소방안전관리 업무의 대행 대상 및 업무: 2022년 12월 1일

법률
〈제48조〉 ❶ 안전원

시행령
〈제48조〉 ❶ 소방서장

시행규칙

제8장 벌칙

제50조(벌칙)

① 다음 각 호의 어느 하나에 해당하는 자는 ❶ ▨▨▨▨▨ 에 처한다.
1. 제14조제1항 및 제2항에 따른 조치명령을 정당한 사유 없이 위반한 자
2. 제28조제1항 및 제2항에 따른 명령을 정당한 사유 없이 위반한 자
3. 제41조제5항에 따른 보수·보강 등의 조치명령을 정당한 사유 없이 위반한 자
4. 거짓이나 그 밖의 부정한 방법으로 제42조제1항에 따른 진단기관으로 지정을 받은 자

② 다음 각 호의 어느 하나에 해당하는 자는 ❷ ▨▨▨▨▨ 에 처한다.
1. 제12조제2항을 위반하여 관계인의 정당한 업무를 방해하거나, 조사업무를 수행하면서 취득한 자료나 알게 된 비밀을 다른 사람 또는 기관에게 제공 또는 누설하거나 목적 외의 용도로 사용한 자
2. 제30조제4항을 위반하여 자격증을 다른 사람에게 빌려 주거나 빌리거나 이를 알선한 자
3. 제41조제1항을 위반하여 진단기관으로부터 화재예방안전진단을 받지 아니한 자

③ 다음 각 호의 어느 하나에 해당하는 자는 ❸ ▨▨▨▨▨ 에 처한다.
1. 제7조제1항에 따른 화재안전조사를 정당한 사유 없이 거부·방해 또는 기피한 자
2. 제17조제2항 각 호의 어느 하나에 따른 명령을 정당한 사유 없이 따르지 아니하거나 방해한 자

3. 제24조제1항·제3항, 제29조제1항 및 제35조제1항·제2항을 위반하여 소방안전관리자, 총괄소방안전관리자 또는 소방안전관리보조자를 선임하지 아니한 자
4. 제27조제3항을 위반하여 소방시설·피난시설·방화시설 및 방화구획 등이 법령에 위반된 것을 발견하였음에도 필요한 조치를 할 것을 요구하지 아니한 소방안전관리자
5. 제27조제4항을 위반하여 소방안전관리자에게 불이익한 처우를 한 관계인
6. 제41조제6항 및 제48조제3항을 위반하여 업무를 수행하면서 알게 된 비밀을 이 법에서 정한 목적 외의 용도로 사용하거나 다른 사람 또는 기관에 제공하거나 누설한 자

제51조(양벌규정)
법인의 대표자나 법인 또는 개인의 대리인, 사용인, 그 밖의 종업원이 그 법인 또는 개인의 업무에 관하여 제50조에 해당하는 위반행위를 하면 그 행위자를 벌하는 외에 그 법인 또는 개인에게도 해당 조문의 벌금형을 과(科)한다. 다만, 법인 또는 개인이 그 위반행위를 방지하기 위하여 해당 업무에 관하여 상당한 주의와 감독을 게을리하지 아니한 경우에는 그러하지 아니하다.

법률
〈제50조〉 ❶ 3년 이하의 징역 또는 3천만 원 이하의 벌금
❷ 1년 이하의 징역 또는 1천만 원 이하의 벌금
❸ 300만 원 이하의 벌금

제52조(과태료)	제51조(과태료의 부과기준)
① 다음 각 호의 어느 하나에 해당하는 자에게는 ❶ _____ 를 부과한다. 1. 정당한 사유 없이 제17조제1항 각 호의 어느 하나에 해당하는 행위를 한 자 2. 제24조제2항을 위반하여 소방안전관리자를 겸한 자 3. 제24조제5항에 따른 소방안전관리업무를 하지 아니한 특정소방대상물의 관계인 또는 소방안전관리대상물의 소방안전관리자 4. 제27조제2항을 위반하여 소방안전관리업무의 지도·감독을 하지 아니한 자 5. 제29조제2항에 따른 건설현장 소방안전관리대상물의 소방안전관리자의 업무를 하지 아니한 소방안전관리자 6. 제36조제3항을 위반하여 피난유도 안내정보를 제공하지 아니한 자 7. 제37조제1항을 위반하여 소방훈련 및 교육을 하지 아니한 자 8. 제41조제4항을 위반하여 화재예방안전진단 결과를 제출하지 아니한 자 ② 다음 각 호의 어느 하나에 해당하는 자에게는 ❷ _____ 를 부과한다. 1. 제17조제4항에 따른 불을 사용할 때 지켜야 하는 사항 및 같은 조 제5항에 따른 특수가연물의 저장 및 취급 기준을 위반한 자 2. 제18조제4항에 따른 소방설비등의 설치 명령을 정당한 사유 없이 따르지 아니한 자 3. 제26조제1항을 위반하여 기간 내에 선임신고를 하지 아니하거나 소방안전관리자의 성명 등을 게시하지 아니한 자	법 제52조제1항부터 제3항까지의 규정에 따른 과태료의 부과기준은 별표 9와 같다.

4. 제29조제1항을 위반하여 기간 내에 선임신고를 하지 아니한 자
5. 제37조제2항을 위반하여 기간 내에 소방훈련 및 교육 결과를 제출하지 아니한 자

③ 제34조제1항제2호를 위반하여 실무교육을 받지 아니한 소방안전관리자 및 소방안전관리보조자에게는 ❸_____를 부과한다.

④ 제1항부터 제3항까지에 따른 과태료는 대통령령으로 정하는 바에 따라 ❹_____이 부과·징수한다.

법률

〈제52조〉
❶ 300만 원 이하의 과태료
❷ 200만 원 이하의 과태료
❸ 100만 원 이하의 과태료
❹ 소방청장, 시·도지사, 소방본부장 또는 소방서장

소방시설공사업법 · 시행령 · 시행규칙

소방시설공사업법	소방시설공사업법 시행령	소방시설공사업법 시행규칙
제1장 총칙 **제1조(목적)** 이 법은 소방시설공사 및 소방기술의 관리에 필요한 사항을 규정함으로써 소방시설업을 건전하게 발전시키고 소방기술을 진흥시켜 화재로부터 ❶ 을 확보하고 ❷ 에 이바지함을 목적으로 한다. **제2조(정의)** ① 이 법에서 사용하는 용어의 뜻은 다음과 같다. 　1. "소방시설업"이란 다음 각 목의 영업을 말한다. 　　가. ❸ : 소방시설공사에 기본이 되는 공사계획, 설계도면, 설계 설명서, 기술계산서 및 이와 관련된 서류(이하 "설계도서"라 한다)를 작성(이하 "설계"라 한다)하는 영업 　　나. ❹ : 설계도서에 따라 소방시설을 신설, 증설, 개설, 이전 및 정비(이하 "시공"이라 한다)하는 영업 　　다. ❺ : 소방시설공사에 관한 발주자의 권한을 대행하여 소방시설공사가 설계도서와 관계 법령에 따라 적법하게 시공되는지를 확인하고, 품질·시공 관리에 대한 기술지도를 하는(이하 "감리"라 한다) 영업 　　라. ❻ : 「소방시설 설치 및 관리에 관한 법률」 제20조제1항에 따른 방염대상물품에 대하여 방염처리(이하 "방염"이라 한다)하는 영업	**제1조(목적)** 이 영은 「소방시설공사업법」에서 위임된 사항과 그 시행에 필요한 사항을 규정함을 목적으로 한다.	**제1조(목적)** 이 규칙은 「소방시설공사업법」 및 같은 법 시행령에서 위임된 사항과 그 시행에 필요한 사항을 규정함을 목적으로 한다.

2. "소방시설업자"란 소방시설업을 경영하기 위하여 제4조에 따라 소방시설업을 등록한 자를 말한다.
3. "❼   "이란 소방공사감리업자에 소속된 소방기술자로서 해당 소방시설공사를 감리하는 사람을 말한다.
4. "소방기술자"란 제28조에 따라 소방기술 경력 등을 인정받은 사람과 다음 각 목의 어느 하나에 해당하는 사람으로서 소방시설업과 「소방시설 설치 및 관리에 관한 법률」에 따른 소방시설관리업의 기술인력으로 등록된 사람을 말한다.
   가. 「소방시설 설치 및 관리에 관한 법률」에 따른 소방시설관리사
   나. 국가기술자격 법령에 따른 소방기술사, 소방설비기사, 소방설비산업기사, 위험물기능장, 위험물산업기사, 위험물기능사
5. "❽   "란 소방시설의 설계, 시공, 감리 및 방염(이하 "소방시설공사등"이라 한다)을 소방시설업자에게 도급하는 자를 말한다. 다만, 수급인으로서 도급받은 공사를 하도급하는 자는 ❾
② 이 법에서 사용하는 용어의 뜻은 제1항에서 규정하는 것을 제외하고는 「소방기본법」, 「화재의 예방 및 안전관리에 관한 법률」, 「소방시설 설치 및 관리에 관한 법률」, 「위험물안전관리법」 및 「건설산업기본법」에서 정하는 바에 따른다.

법률
〈제1조〉 ❶ 공공의 안전   ❷ 국민경제
〈제2조〉 ❸ 소방시설설계업 ❹ 소방시설공사업
        ❺ 소방공사감리업 ❻ 방염처리업
        ❼ 감리원   ❽ 발주자
        ❾ 제외한다.

시행령

시행규칙

제2조의2(소방시설공사등 관련 주체의 책무)

① ❶ 은 소방시설공사등의 품질과 안전이 확보되도록 소방시설공사등에 관한 기준 등을 정하여 보급하여야 한다.

② ❷ 는 소방시설이 공공의 안전과 복리에 적합하게 시공되도록 공정한 기준과 절차에 따라 능력 있는 소방시설업자를 선정하여야 하고, 소방시설공사등이 적정하게 수행되도록 노력하여야 한다.

③ ❸ 는 소방시설공사등의 품질과 안전이 확보되도록 소방시설공사등에 관한 법령을 준수하고, 설계도서·시방서(示方書) 및 도급계약의 내용 등에 따라 성실하게 소방시설공사등을 수행하여야 한다.

제3조(다른 법률과의 관계)

소방시설공사 및 소방기술의 관리에 관하여 이 법에서 규정하지 아니한 사항에 대하여는 「화재의 예방 및 안전관리에 관한 법률」, 「소방시설 설치 및 관리에 관한 법률」과 「위험물안전관리법」을 적용한다.

제2장 소방시설업

제4조(소방시설업의 등록)

① 특정소방대상물의 소방시설공사등을 하려는 자는 업종별로 자본금(개인인 경우에는 자산 평가액을 말한다), 기술인력 등 대통령령으로 정하는 요건을 갖추어 특별시장·광역시장·특별자치시장·도지사 또는 특별자치도지사(이하 "❹ "라 한다)에게 소방시설업을 등록하여야 한다.

② 제1항에 따른 소방시설업의 업종별 영업범위는 ❺ 으로 정한다.

③ 제1항에 따른 소방시설업의 등록신청과 등록증·등록수첩의 발급·재발급 신청, 그 밖에 소방시설업 등록에 필요한 사항은 ❻ 으로 정한다.

제2조(소방시설업의 등록기준 및 영업범위)

① 「소방시설공사업법」(이하 "법"이라 한다) 제4조제1항 및 제2항에 따른 소방시설업의 업종별 등록기준 및 영업범위는 별표 1과 같다.

② 소방시설공사업의 등록을 하려는 자는 별표 1의 기준을 갖추어 소방청장이 지정하는 금융회사 또는 「소방산업의 진흥에 관한 법률」 제23조에 따른 소방산업공제조합이 별표 1에 따른 자본금 기준금액의 ❶ 이상에 해당하는 금액의 담보를 제공받거나 현금의 예치 또는 출자를 받은 사실을 증명하여 발행하는 확인서를 특별시장·광역시장·특별자치시장·도지사 또는 특별자치도지사

제2조(소방시설업의 등록신청)

① 「소방시설공사업법」(이하 "법"이라 한다) 제4조제1항에 따라 소방시설업을 등록하려는 자는 별지 제1호서식의 소방시설업 등록신청서(전자문서로 된 소방시설업 등록신청서를 포함한다)에 다음 각 호의 서류(전자문서를 포함한다)를 첨부하여 「소방시설공사업법 시행령」(이하 "영"이라 한다) 제20조제3항에 따라 법 제30조의2에 따른 소방시설업자협회(이하 "협회"라 한다)에 제출해야 한다. 다만, 「전자정부법」 제36조제1항에 따른 행정정보의 공동이용을 통하여 첨부서류에 대한 정보를 확인할 수 있는 경우에는 그 확인으로 첨부서류를 갈음할 수 있다.

④ 제1항에도 불구하고 「공공기관의 운영에 관한 법률」 제5조에 따른 공기업·준정부기관 및 「지방공기업법」 제49조에 따라 설립된 지방공사나 같은 법 제76조에 따라 설립된 지방공단이 다음 각 호의 요건을 모두 갖춘 경우에는 시·도지사에게 등록을 하지 아니하고 자체 기술인력을 활용하여 설계·감리를 할 수 있다. 이 경우 대통령령으로 정하는 기술인력을 보유하여야 한다.

1. ❼ 의 건설·공급을 목적으로 설립되었을 것
2. ❽ 업무를 주요 업무로 규정하고 있을 것

(이하 "❷ "라 한다)에게 제출하여야 한다.

③ 시·도지사는 법 제4조제1항에 따른 등록신청이 다음 각 호의 어느 하나에 해당되는 경우를 제외하고는 등록을 해주어야 한다.

1. 제1항에 따른 등록기준을 갖추지 못한 경우
2. 제2항에 따른 확인서를 제출하지 아니한 경우
3. 등록을 신청한 자가 법 제5조 각 호의 어느 하나에 해당하는 경우
4. 그 밖에 법, 이 영 또는 다른 법령에 따른 제한에 위반되는 경우

제2조의2(일시적인 등록기준 미달에 관한 예외)
법 제9조제1항제2호 단서에서 "「채무자 회생 및 파산에 관한 법률」에 따라 법원이 회생절차의 개시의 결정을 하고 그 절차가 진행 중인 경우 등 대통령령으로 정하는 경우"란 다음 각 호의 어느 하나에 해당하는 경우를 말한다.

1. 「상법」 제542조의8제1항 단서의 적용 대상인 상장회사가 최근 사업연도 말 현재의 자산 총액 감소에 따라 등록기준에 미달하는 기간이 ❸ 일 이내인 경우
2. 제2조제1항에 따른 업종별 등록기준 중 자본금 기준에 미달하는 경우로서 다음 각 목의 어느 하나에 해당하는 경우

1. 신청인(외국인을 포함하되, 법인의 경우에는 대표자를 포함한 임원을 말한다)의 성명, 주민등록번호 및 주소지 등의 인적사항이 적힌 서류
2. 등록기준 중 기술인력에 관한 사항을 확인할 수 있는 다음 각 목의 어느 하나에 해당하는 서류(이하 "기술인력 증빙서류"라 한다)
   가. 국가기술자격증
   나. 법 제28조제2항에 따라 발급된 소방기술 인정 자격수첩(이하 "자격수첩"이라 한다) 또는 소방기술자 경력수첩(이하 "경력수첩"이라 한다)
3. 영 제2조제2항에 따라 소방청장이 지정하는 금융회사 또는 소방산업공제조합에 출자·예치·담보한 금액 확인서(이하 "출자·예치·담보 금액 확인서"라 한다) 1부(소방시설공사업만 해당한다). 다만, 소방청장이 지정하는 금융회사 또는 소방산업공제조합에 해당 금액을 확인할 수 있는 경우에는 그 확인으로 갈음할 수 있다.
4. 다음 각 목의 어느 하나에 해당하는 자가 신청일 전 최근 90일 이내에 작성한 자산평가액 또는 소방청장이 정하여 고시하는 바에 따라 작성된 기업진단 보고서(소방시설공사업만 해당한다)

법률
⟨제2조의2⟩ ❶ 소방청장 ❷ 발주자
          ❸ 소방시설업자
⟨제4조⟩ ❹ 시·도지사 ❺ 대통령령
        ❻ 행정안전부령 ❼ 주택
        ❽ 설계·감리

시행령
⟨제2조⟩ ❶ 100분의 20
        ❷ 시·도지사
⟨제2조의2⟩ ❸ 50

시행규칙

가. 「채무자 회생 및 파산에 관한 법률」에 따라 법원이 ❶ 개시의 결정을 하고, 그 절차가 진행 중인 경우
나. 「채무자 회생 및 파산에 관한 법률」에 따라 법원이 회생계획의 수행에 지장이 없다고 인정하여 해당 소방시설업자에 대한 ❷ 의 결정을 하고, 그 회생계획을 수행 중인 경우
다. 「기업구조조정 촉진법」에 따라 금융채권자협의회가 금융채권자협의회에 의한 ❸ 개시의 의결을 하고, 그 절차가 진행 중인 경우

제2조의3(성능위주설계를 할 수 있는 자의 자격 등)
법 제11조제3항에 따른 성능위주설계를 할 수 있는 자의 자격·기술인력 및 자격에 따른 설계범위는 별표 1의2와 같다.

제3조(소방기술자의 배치기준 및 배치기간)
법 제4조제1항에 따라 소방시설공사업을 등록한 자(이하 "공사업자"라 한다)는 법 제12조제2항에 따라 별표 2의 배치기준 및 배치기간에 맞게 소속 소방기술자를 소방시설공사 현장에 배치하여야 한다.

가. 「공인회계사법」 제7조에 따라 금융위원회에 등록한 공인회계사
나. 「세무사법」 제6조에 따라 기획재정부에 등록한 세무사
다. 「건설산업기본법」 제49조제2항에 따른 전문경영진단기관
5. 신청인(법인인 경우에는 대표자)이 외국인인 경우에는 법 제5조 각 호의 어느 하나에 해당하는 사유와 같거나 비슷한 사유에 해당하지 않음을 확인할 수 있는 서류로서 다음 각 목의 어느 하나에 해당하는 서류
가. 해당 국가의 정부나 공증인(법률에 따른 공증인의 자격을 가진 자만 해당한다), 그 밖의 권한이 있는 기관이 발행한 서류로서 해당 국가에 주재하는 우리나라 영사가 확인한 서류
나. 「외국공문서에 대한 인증의 요구를 폐지하는 협약」을 체결한 국가의 경우에는 해당 국가의 정부나 공증인(법률에 따른 공증인의 자격을 가진 자만 해당한다), 그 밖의 권한이 있는 기관이 발행한 서류로서 해당 국가의 아포스티유(Apostille: 외국 공문서에 대한 인증 요구 폐지 협약) 확인서 발급 권한이 있는 기관이 그 확인서를 발급한 서류
② 제1항에 따른 신청서류는 업종별로 제출하여야 한다.
③ 제1항에 따라 등록신청을 받은 협회는 「전자정부법」 제36조제1항에 따른 행정정보의 공동이용을 통하여 다음 각 호의 서류를 확인하여야 한다. 다만, 신청인이 제2호부터 제4호까지의 서류의 확인에 동의하지 아니하는 경우에는 해당 서류를 제출하도록 하여야 한다.
1. 법인등기사항 전부증명서(법인인 경우만 해당한다)

2. 사업자등록증(개인인 경우만 해당한다)
3. 「출입국관리법」 제88조제2항에 따른 외국인 등록 사실증명(외국인인 경우만 해당한다)
4. 「국민연금법」 제16조에 따른 국민연금가입자 증명서(이하 "국민연금가입자 증명서"라 한다) 또는 「국민건강보험법」 제11조에 따라 건강보험의 가입자로서 자격을 취득하고 있다는 사실을 확인할 수 있는 증명서("건강보험자격취득 확인서"라 한다)

제2조의2(등록신청 서류의 보완)

협회는 제2조에 따라 받은 소방시설업의 등록신청 서류가 다음 각 호의 어느 하나에 해당되는 경우에는 ❶ 이내의 기간을 정하여 이를 보완하게 할 수 있다.

1. 첨부서류(전자문서를 포함한다)가 첨부되지 아니한 경우
2. 신청서(전자문서로 된 소방시설업 등록신청서를 포함한다) 및 첨부서류(전자문서를 포함한다)에 기재되어야 할 내용이 기재되어 있지 아니하거나 명확하지 아니한 경우

시행령
〈제2조의2〉 ❶ 회생절차
❷ 회생절차 종결
❸ 공동관리절차

시행규칙
〈제2조의2〉 ❶ 10일

제2조의3(등록신청 서류의 검토·확인 및 송부)

① ❶ 는 제2조에 따라 소방시설업 등록신청 서류를 받았을 때에는 영 제2조 및 영 별표 1에 따른 등록기준에 맞는지를 검토·확인하여야 한다.

② 협회는 제1항에 따른 검토·확인을 마쳤을 때에는 제2조에 따라 받은 소방시설업 등록신청 서류에 그 결과를 기재한 별지 제1호의2서식에 따른 소방시설업 등록신청서 서면심사 및 확인 결과를 첨부하여 접수일(제2조의2에 따라 신청서류의 보완을 요구한 경우에는 그 보완이 완료된 날을 말한다. 이하 같다)부터 ❷ 이내에 신청인의 주된 영업소 소재지(법인의 경우에는 등기사항전부증명서상 본점소재지, 개인사업자의 경우에는 사업자 등록상의 사업장 소재지를 말한다)를 관할하는 특별시장·광역시장·특별자치시장·도지사 또는 특별자치도지사(이하 "시·도지사"라 한다)에게 보내야 한다.

제3조(소방시설업 등록증 및 등록수첩의 발급)

시·도지사는 제2조에 따른 접수일부터 ❸ 이내에 협회를 경유하여 별지 제3호서식에 따른 소방시설업 등록증 및 별지 제4호서식에 따른 소방시설업 등록수첩을 신청인에게 발급해 주어야 한다.

제4조(소방시설업 등록증 또는 등록수첩의 재발급 및 반납)

① 법 제4조제3항에 따라 소방시설업자는 소방시설업 등록증 또는 등록수첩을 잃어버리거나 소방시설업 등록증 또는 등록수첩이 헐어 못 쓰게 된 경우에는 ❹ 에게 소방시설업 등록증 또는 등록수첩의 재발급을 신청할 수 있다.

② 소방시설업자는 제1항에 따라 재발급을 신청하는 경우에는 별지 제6호서식의 소방시설업 등록증(등록수첩) 재발급신청서 [전자문서로 된 소방시설업 등록증(등록수첩) 재발급신청서를 포함한다] 를 협회를 경유하여 시·도지사에게 제출하여야 한다.

③ 시·도지사는 제2항에 따른 재발급신청서 [전자문서로 된 소방시설업 등록증(등록수첩) 재발급신청서를 포함한다] 를 제출받은 경우에는 ❺ 이내에 협회를 경유하여 소방시설업 등록증 또는 등록수첩을 재발급하여야 한다.

④ 소방시설업자는 다음 각 호의 어느 하나에 해당하는 경우에는 ❻ 협회를 경유하여 시·도지사에게 그 소방시설업 등록증 및 등록수첩을 반납하여야 한다.

1. 법 제9조에 따라 소방시설업 등록이 ❼ 된 경우
2. 삭제
3. 제1항에 따라 재발급을 받은 경우. 다만, 소방시설업 등록증 또는 등록수첩을 잃어버리고 재발급을 받은 경우에는 이를 다시 찾은 경우에만 해당한다.

시행규칙
〈제2조의3〉 ❶ 협회
❷ 7일
〈제3조〉 ❸ 15일
〈제4조〉 ❹ 시·도지사
❺ 3일
❻ 지체 없이
❼ 취소

제4조의2(등록관리)

① ❶　　는 제3조에 따라 소방시설업 등록증 및 등록수첩을 발급(제4조에 따른 재발급, 제6조제4항 단서 및 제7조제5항에 따른 발급을 포함한다)하였을 때에는 별지 제4호의2서식에 따른 소방시설업 등록증 및 등록수첩 발급(재발급)대장에 그 사실을 일련번호 순으로 작성하고 이를 관리(전자문서를 포함한다)하여야 한다.

② ❷　　는 제1항에 따라 발급한 사항에 대하여 별지 제5호서식에 따른 소방시설업 등록대장에 등록사항을 작성하여 관리(전자문서를 포함한다)하여야 한다. 이 경우 협회는 다음 각 호의 사항을 협회 인터넷 홈페이지를 통하여 공시하여야 한다.
1. 등록업종 및 등록번호
2. 등록 연월일
3. 상호(명칭) 및 성명(법인의 경우에는 대표자의 성명을 말한다)
4. ❸

제5조(등록의 결격사유)
다음 각 호의 어느 하나에 해당하는 자는 소방시설업을 등록할 수 없다.
1. ❶
2. 삭제
3. 이 법, 「소방기본법」, 「화재의 예방 및 안전관리에 관한 법률」, 「소방시설 설치 및 관리에 관한 법률」 또는 「위험물안전관리법」에 따른 금고 이상의 실형을 선고받고 그 집행이 끝나거나(집행이 끝난 것으로 보는 경우를 포함한다) 면제된 날부터 ❷　　이 지나지 아니한 사람

4. 이 법, 「소방기본법」, 「화재의 예방 및 안전관리에 관한 법률」, 「소방시설 설치 및 관리에 관한 법률」 또는 「위험물안전관리법」에 따른 금고 이상의 형의 집행유예를 선고받고 그 유예기간 중에 있는 사람
5. 등록하려는 소방시설업 등록이 취소(제1호에 해당하여 등록이 취소된 경우는 제외한다)된 날부터 ❸ 이 지나지 아니한 자
6. 법인의 ❹ 가 제1호 또는 제3호부터 제5호까지에 해당하는 경우 그 법인
7. 법인의 ❺ 이 제3호부터 제5호까지의 규정에 해당하는 경우 그 법인

제6조(등록사항의 변경신고)
소방시설업자는 제4조에 따라 등록한 사항 중 행정안전부령으로 정하는 중요 사항을 변경할 때에는 행정안전부령으로 정하는 바에 따라 ❻ 에게 신고하여야 한다.

제5조(등록사항의 변경신고사항)
법 제6조에서 "행정안전부령으로 정하는 중요 사항"이란 다음 각 호의 어느 하나에 해당하는 사항을 말한다.
1. 상호(명칭) 또는 영업소 소재지
2. ❹
3. ❺

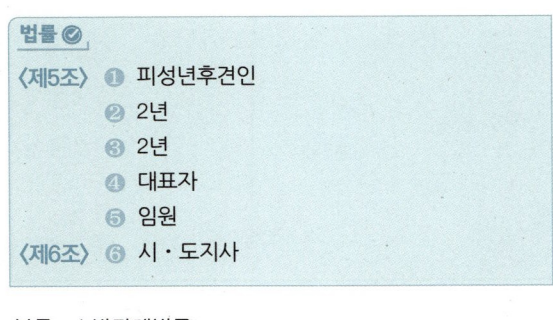

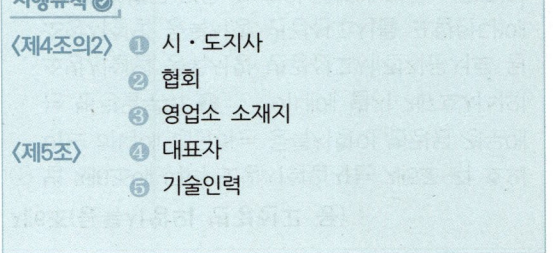

제6조(등록사항의 변경신고 등)

① 법 제6조에 따라 소방시설업자는 제5조 각 호의 어느 하나에 해당하는 등록사항이 변경된 경우에는 변경일부터 ❶ _____ 이내에 별지 제7호서식의 소방시설업 등록사항 변경신고서(전자문서로 된 소방시설업 등록사항 변경신고서를 포함한다)에 변경사항별로 다음 각 호의 구분에 따른 서류(전자문서를 포함한다)를 첨부하여 협회에 제출하여야 한다. 다만, 「전자정부법」 제36조제1항에 따른 행정정보의 공동이용을 통하여 첨부서류에 대한 정보를 확인할 수 있는 경우에는 그 확인으로 첨부서류를 갈음할 수 있다.

1. 상호(명칭) 또는 영업소 소재지가 변경된 경우: ❷ _____

2. 대표자가 변경된 경우: 다음 각 목의 서류
   가. 소방시설업 등록증 및 등록수첩
   나. 변경된 대표자의 성명, 주민등록번호 및 주소지 등의 인적사항이 적힌 서류
   다. 외국인인 경우에는 제2조제1항제5호 각 목의 어느 하나에 해당하는 서류

3. 기술인력이 변경된 경우: 다음 각 목의 서류
   가. ❸ _____
   나. 기술인력 증빙서류
   다. 삭제

② 제1항에 따른 신고서를 제출받은 협회는 「전자정부법」 제36조제1항에 따라 행정정보의 공동이용을 통하여 다음 각 호의 서류를 확인하여야 한다. 다만, 신청인이 제2호부터 제4호까지의 서류의 확인에 동의하지 아니하는 경우에는 해당 서류를 제출하도록 하여야 한다.

1. 법인등기사항 전부증명서(법인인 경우만 해당한다)

2. 사업자등록증(개인인 경우만 해당한다)
3. 「출입국관리법」 제88조제2항에 따른 외국인등록 사실증명(외국인인 경우만 해당한다)
4. 국민연금가입자 증명서 또는 건강보험자격취득 확인서(기술인력을 변경하는 경우에만 해당한다)

③ 제1항에 따라 변경신고 서류를 제출받은 협회는 등록사항의 변경신고 내용을 확인하고 ❹ 이내에 제1항에 따라 제출된 소방시설업 등록증·등록수첩 및 기술인력 증빙서류에 그 변경된 사항을 기재하여 발급하여야 한다.

④ 제3항에도 불구하고 영업소 소재지가 등록된 특별시·광역시·특별자치시·도 및 특별자치도 (이하 "시·도"라 한다)에서 다른 시·도로 변경된 경우에는 제1항에 따라 제출받은 변경신고 서류를 접수일로부터 ❺ 이내에 해당 시·도지사에게 보내야 한다. 이 경우 해당 시·도지사는 소방시설업 등록증 및 등록수첩을 협회를 경유하여 신고인에게 새로 발급하여야 한다.

시행규칙

〈제6조〉
❶ 30일
❷ 소방시설업 등록증 및 등록수첩
❸ 소방시설업 등록수첩
❹ 5일
❺ 7일

⑤ 제1항에 따라 변경신고 서류를 제출받은 협회는 별지 제5호서식의 소방시설업 등록대장에 변경사항을 작성하여 관리(전자문서를 포함한다)하여야 한다.
⑥ 협회는 등록사항의 변경신고 접수현황을 매월 말일을 기준으로 작성하여 다음 달 ❶ 까지 별지 제7호의2서식에 따라 시·도지사에게 알려야 한다.
⑦ 변경신고 서류의 보완에 관하여는 제2조의2를 준용한다. 이 경우 "소방시설업의 등록신청 서류"는 "소방시설업의 등록사항 변경신고 서류"로 본다.

제6조의2(소방시설업의 휴업·폐업 등의 신고)
① 소방시설업자는 법 제6조의2제1항에 따라 휴업·폐업 또는 재개업 신고를 하려면 휴업·폐업 또는 재개업일부터 ❷ 이내에 별지 제7호의3서식의 소방시설업 휴업·폐업·재개업 신고서(전자문서로 된 신고서를 포함한다)에 다음 각 호의 구분에 따른 서류(전자문서를 포함한다)를 첨부하여 협회를 경유하여 시·도지사에게 제출하여야 한다. 다만, 「전자정부법」 제36조제1항에 따른 행정정보의 공동이용을 통하여 첨부서류에 대한 정보를 확인할 수 있는 경우에는 그 확인으로 첨부서류를 갈음할 수 있다.
  1. 휴업·폐업의 경우: ❸
  2. 재개업의 경우: 제2조제1항제2호 및 제3호에 해당하는 서류
② 제1항에 따른 신고서를 제출받은 협회는 「전자정부법」 제36조제1항에 따라 행정정보의 공동이용을 통하여 국민연금가입자 증명서 또는 건강보험 자격취득 확인서를 확인하여야 한다. 다만, 신고인이 서류의 확인에 동의하지 아니하는 경우에는 해당 서류를 제출하도록 하여야 한다.

제6조의2(휴업·폐업 신고 등)
① 소방시설업자는 소방시설업을 휴업·폐업 또는 재개업하는 때에는 행정안전부령으로 정하는 바에 따라 ❶ 에게 신고하여야 한다.
② 제1항에 따른 폐업신고를 받은 시·도지사는 소방시설업 등록을 말소하고 그 사실을 행정안전부령으로 정하는 바에 따라 공고하여야 한다.
③ 제1항에 따른 폐업신고를 한 자가 제2항에 따라 소방시설업 등록이 말소된 후 ❷ 이내에 같은 업종의 소방시설업을 다시 제4조에 따라 등록한 경우 해당 소방시설업자는 폐업신고 전 소방시설업자의 지위를 승계한다.
④ 제3항에 따라 소방시설업자의 지위를 승계한 자에 대해서는 폐업신고 전의 소방시설업자에 대한 행정처분의 효과가 승계된다.

③ 제1항에 따른 신고서를 제출받은 협회는 법 제6조의2제2항에 따라 다음 각 호의 사항을 ❹ _____ 에 공고하여야 한다.
1. 등록업종 및 등록번호
2. 휴업・폐업 또는 재개업 연월일
3. 상호(명칭) 및 성명(법인의 경우에는 대표자의 성명을 말한다)
4. 영업소 소재지

법률
〈제6조의2〉 ❶ 시・도지사
❷ 6개월

시행령

시행규칙
〈제6조〉 ❶ 10일
〈제6조의2〉 ❷ 30일
❸ 등록증 및 등록수첩
❹ 협회 인터넷 홈페이지

제7조(소방시설업자의 지위승계)

① 다음 각 호의 어느 하나에 해당하는 자가 종전의 소방시설업자의 지위를 승계하려는 경우에는 그 상속일, 양수일 또는 합병일부터 30일 이내에 행정안전부령으로 정하는 바에 따라 그 사실을 시·도지사에게 신고하여야 한다.
1. 소방시설업자가 사망한 경우 그 ❶
2. 소방시설업자가 그 영업을 양도한 경우 그 ❷
3. 법인인 소방시설업자가 다른 법인과 합병한 경우 합병 후 존속하는 법인이나 합병으로 설립되는 법인
4. 삭제

② 다음 각 호의 어느 하나에 해당하는 절차에 따라 소방시설업자의 소방시설의 전부를 인수한 자가 종전의 소방시설업자의 지위를 승계하려는 경우에는 그 인수일부터 ❸ 이내에 행정안전부령으로 정하는 바에 따라 그 사실을 시·도지사에게 신고하여야 한다.
1. 「민사집행법」에 따른 경매
2. 「채무자 회생 및 파산에 관한 법률」에 따른 환가(換價)
3. 「국세징수법」, 「관세법」 또는 「지방세징수법」에 따른 압류재산의 매각
4. 그 밖에 제1호부터 제3호까지의 규정에 준하는 절차

③ 시·도지사는 제1항 또는 제2항에 따른 신고를 받은 경우 그 내용을 검토하여 이 법에 적합하면 신고를 수리하여야 한다.

④ 제1항이나 제2항에 따른 지위승계에 관하여는 제5조를 준용한다. 다만, 상속인이 제5조 각 호의 어느 하나에 해당하는 경우 상속받은 날부터 ❹ 동안은 그러하지 아니하다.

제7조(지위승계 신고 등)

① 법 제7조제1항 및 제2항에 따라 소방시설업자 지위 승계를 신고하려는 자는 그 상속일, 양수일, 합병일 또는 인수일부터 ❶ 이내에 다음 각 호의 구분에 따른 서류(전자문서를 포함한다)를 협회에 제출해야 한다.
1. 양도·양수의 경우(분할 또는 분할합병에 따른 양도·양수의 경우를 포함한다. 이하 이 조에서 같다): 다음 각 목의 서류
   가. 별지 제8호서식에 따른 소방시설업 지위승계신고서
   나. 양도인 또는 합병 전 법인의 소방시설업 등록증 및 등록수첩
   다. 양도·양수 계약서 사본, 분할계획서 사본 또는 분할합병계약서 사본(법인의 경우 양도·양수에 관한 사항을 의결한 주주총회 등의 결의서 사본을 포함한다)
   라. 제2조제1항 각 호에 해당하는 서류. 이 경우 같은 항 제1호 및 제5호의 "신청인"은 "신고인"으로 본다.
   마. 양도·양수 공고문 사본
2. 상속의 경우: 다음 각 목의 서류
   가. 별지 제8호서식에 따른 소방시설업 지위승계신고서
   나. 피상속인의 소방시설업 등록증 및 등록수첩
   다. 제2조제1항 각 호에 해당하는 서류. 이 경우 같은 항 제1호 및 제5호의 "신청인"은 "신고인"으로 본다.
   라. 상속인임을 증명하는 서류
3. 합병의 경우: 다음 각 목의 서류
   가. 별지 제9호서식에 따른 소방시설 합병신고서

⑤ 제1항 또는 제2항에 따른 신고가 수리된 경우에는 제1항 각 호에 해당하는 자 또는 소방시설업자의 소방시설의 전부를 인수한 자는 그 상속일, 양수일, 합병일 또는 인수일부터 종전의 소방시설업자의 지위를 승계한다.

나. 합병 전 법인의 소방시설업 등록증 및 등록수첩
다. 합병계약서 사본(합병에 관한 사항을 의결한 총회 또는 창립총회 결의서 사본을 포함한다)
라. 제2조제1항 각 호에 해당하는 서류. 이 경우 같은 항 제1호 및 제5호의 "신청인"은 "신고인"으로 본다.
마. 합병공고문 사본

② 제1항에 따라 소방시설업자 지위 승계를 신고하려는 상속인이 법 제6조의2제1항에 따른 폐업 신고를 함께 하려는 경우에는 제1항제2호다목 전단의 서류 중 제2조제1항제1호 및 제5호의 서류만을 첨부하여 제출할 수 있다. 이 경우 같은 항 제1호 및 제5호의 "신청인"은 "신고인"으로 본다.

③ 제1항에 따른 신고서를 제출받은 협회는 「전자정부법」 제36조제1항에 따라 행정정보의 공동이용을 통하여 다음 각 호의 서류를 확인하여야 하며, 신고인이 제2호부터 제4호까지의 서류의 확인에 동의하지 아니하는 경우에는 해당 서류를 첨부하게 하여야 한다.
1. 법인등기사항 전부증명서(지위승계인이 법인인 경우에만 해당한다)
2. 사업자등록증(지위승계인이 개인인 경우에만 해당한다)

법률
〈제7조〉 ❶ 상속인
❷ 양수인
❸ 30일
❹ 3개월

시행규칙
〈제7조〉 ❶ 30일

3. 「출입국관리법」 제88조제2항에 따른 외국인 등록 사실증명(지위승계인이 외국인인 경우에만 해당한다)
4. 국민연금가입자 증명서 또는 건강보험자격 취득 확인서

④ 제1항에 따른 지위승계 신고 서류를 제출받은 협회는 접수일부터 ❶ 이내에 지위를 승계한 사실을 확인한 후 그 결과를 시·도지사에게 보고하여야 한다.

⑤ 시·도지사는 제4항에 따라 소방시설업의 지위승계 신고의 확인 사실을 보고받은 날부터 ❷ 이내에 협회를 경유하여 법 제7조제1항에 따른 지위승계인에게 등록증 및 등록수첩을 발급하여야 한다.

⑥ 제1항에 따라 지위승계 신고 서류를 제출받은 협회는 별지 제5호서식에 따른 소방시설업 등록대장에 지위승계에 관한 사항을 작성하여 관리(전자문서를 포함한다)하여야 한다.

⑦ 지위승계 신고 서류의 보완에 관하여는 제2조의2를 준용한다. 이 경우 "소방시설업의 등록신청 서류"는 "소방시설업의 지위승계 신고 서류"로 본다.

제8조(소방시설업의 운영)
① 소방시설업자는 다른 자에게 자기의 성명이나 상호를 사용하여 소방시설공사등을 수급 또는 시공하게 하거나 소방시설업의 등록증 또는 등록수첩을 빌려 주어서는 아니 된다.
② 제9조제1항에 따라 영업정지처분이나 등록취소처분을 받은 소방시설업자는 그 날부터 소방시설공사등을 하여서는 아니 된다. 다만, 소방시설의 착공신고가 수리(受理)되어 공사를 하고 있는 자로서 도급계약이 해지되지 아니한 소방시설공사업자 또는 소방공사감리업자가 그 공사를 하는 동안

제8조(소방시설업자가 보관하여야 하는 관계 서류)
법 제8조제4항에서 "행정안전부령으로 정하는 관계 서류"란 다음 각 호의 구분에 따른 해당 서류(전자문서를 포함한다)를 말한다.
1. 소방시설설계업: 별지 제10호서식의 소방시설 설계기록부 및 소방시설 설계도서
2. 소방시설공사업: 별지 제11호서식의 소방시설 공사 기록부
3. 소방공사감리업: 별지 제12호서식의 소방공사 감리기록부, 별지 제13호서식의 소방공사 감리일지 및 소방시설의 완공 당시 설계도서

이나 제4조제1항에 따라 방염처리업을 등록한 자 (이하 "방염처리업자"라 한다)가 도급을 받아 방염 중인 것으로서 도급계약이 해지되지 아니한 상태에서 그 방염을 하는 동안에는 그러하지 아니하다.

③ 소방시설업자는 다음 각 호의 어느 하나에 해당하는 경우에는 소방시설공사등을 맡긴 특정소방대상물의 관계인에게 지체 없이 그 사실을 알려야 한다.
1. 제7조에 따라 소방시설업자의 지위를 승계한 경우
2. 제9조제1항에 따라 소방시설업의 ❶   또는 ❷   을 받은 경우
3. ❸   하거나 ❹   한 경우

④ 소방시설업자는 행정안전부령으로 정하는 관계 서류를 제15조제1항에 따른 하자보수 보증기간 동안 보관하여야 한다.

법률
〈제8조〉 ❶ 등록취소처분
❷ 영업정지처분
❸ 휴업
❹ 폐업

시행령

시행규칙
〈제7조〉 ❶ 7일
❷ 3일

제9조(등록취소와 영업정지 등)	제2조의2(일시적인 등록기준 미달에 관한 예외)	제9조(소방시설업의 행정처분기준)
① 시·도지사는 소방시설업자가 다음 각 호의 어느 하나에 해당하면 행정안전부령으로 정하는 바에 따라 그 등록을 취소하거나 6개월 이내의 기간을 정하여 시정이나 그 영업의 정지를 명할 수 있다. 다만, 제1호·제3호 또는 제7호에 해당하는 경우에는 그 등록을 취소하여야 한다. 1. 거짓이나 그 밖의 부정한 방법으로 등록한 경우 2. 제4조제1항에 따른 등록기준에 미달하게 된 후 ❶ 이 경과한 경우. 다만, 자본금기준에 미달한 경우 중 「채무자 회생 및 파산에 관한 법률」에 따라 법원이 회생절차의 개시의 결정을 하고 그 절차가 진행 중인 경우 등 대통령령으로 정하는 경우는 30일이 경과한 경우에도 예외로 한다. 3. 제5조 각 호의 등록 결격사유에 해당하게 된 경우. 다만, 제5조제6호 또는 제7호에 해당하게 된 법인이 그 사유가 발생한 날부터 ❷ 이내에 그 사유를 해소한 경우는 제외한다. 4. 등록을 한 후 정당한 사유 없이 1년이 지날 때까지 영업을 시작하지 아니하거나 계속하여 ❸ 이상 휴업한 때 5. 삭제 6. 제8조제1항을 위반하여 다른 자에게 자기의 성명이나 상호를 사용하여 소방시설공사등을 수급 또는 시공하게 하거나 소방시설업의 등록증 또는 등록수첩을 빌려준 경우 7. 제8조제2항을 위반하여 영업정지 기간 중에 소방시설공사등을 한 경우 8. 제8조제3항 또는 제4항을 위반하여 통지를 하지 아니하거나 관계서류를 보관하지 아니한 경우	법 제9조제1항제2호 단서에서 "「채무자 회생 및 파산에 관한 법률」에 따라 법원이 회생절차의 개시의 결정을 하고 그 절차가 진행 중인 경우 등 대통령령으로 정하는 경우"란 다음 각 호의 어느 하나에 해당하는 경우를 말한다. 1. 「상법」 제542조의8제1항 단서의 적용 대상인 상장회사가 최근 사업연도 말 현재의 자산 총액 감소에 따라 등록기준에 미달하는 기간이 ❶ 이내인 경우 2. 제2조제1항에 따른 업종별 등록기준 중 자본금 기준에 미달하는 경우로서 다음 각 목의 어느 하나에 해당하는 경우 　가. 「채무자 회생 및 파산에 관한 법률」에 따라 법원이 회생절차 개시의 결정을 하고, 그 절차가 진행 중인 경우 　나. 「채무자 회생 및 파산에 관한 법률」에 따라 법원이 회생계획의 수행에 지장이 없다고 인정하여 해당 소방시설업자에 대한 회생절차 종결의 결정을 하고, 그 회생계획을 수행 중인 경우 　다. 「기업구조조정 촉진법」에 따라 금융채권자협의회가 금융채권자협의회에 의한 공동관리절차 개시의 의결을 하고, 그 절차가 진행 중인 경우	법 제9조제1항에 따른 소방시설업의 등록취소 등의 행정처분에 대한 기준은 별표 1과 같다.

9. 제11조나 제12조제1항을 위반하여 「소방시설 설치 및 관리에 관한 법률」 제2조제1항제6호에 따른 화재안전기준(이하 "화재안전기준"이라 한다) 등에 적합하게 설계·시공을 하지 아니하거나, 제16조제1항에 따라 적합하게 감리를 하지 아니한 경우
10. 제11조, 제12조제1항, 제16조제1항 또는 제20조의2에 따른 소방시설공사등의 업무수행 의무 등을 고의 또는 과실로 위반하여 다른 자에게 상해를 입히거나 재산피해를 입힌 경우
11. 제12조제2항을 위반하여 소속 소방기술자를 공사현장에 배치하지 아니하거나 거짓으로 한 경우
12. 제13조나 제14조를 위반하여 착공신고(변경신고를 포함한다)를 하지 아니하거나 거짓으로 한 때 또는 완공검사(부분완공검사를 포함한다)를 받지 아니한 경우
13. 제13조제2항 후단을 위반하여 착공신고사항 중 중요한 사항에 해당하지 아니하는 변경사항을 같은 항 각 호의 어느 하나에 해당하는 서류에 포함하여 보고하지 아니한 경우
14. 제15조제3항을 위반하여 하자보수 기간 내에 하자보수를 하지 아니하거나 하자보수계획을 통보하지 아니한 경우
14의2. 제16조제3항에 따른 감리의 방법을 위반한 경우

법률
〈제9조〉 ❶ 30일
❷ 3개월
❸ 1년

시행령
〈제2조의2〉 ❶ 50일

시행규칙

15. 제17조제3항을 위반하여 인수·인계를 거부·방해·기피한 경우		
16. 제18조제1항을 위반하여 소속 감리원을 공사현장에 배치하지 아니하거나 거짓으로 한 경우		
17. 제18조제3항의 감리원 배치기준을 위반한 경우		
18. 제19조제1항에 따른 요구에 따르지 아니한 경우		
19. 제19조제3항을 위반하여 보고하지 아니한 경우		
20. 제20조를 위반하여 감리 결과를 알리지 아니하거나 거짓으로 알린 경우 또는 공사감리 결과보고서를 제출하지 아니하거나 거짓으로 제출한 경우		
20의2. 제20조의2를 위반하여 방염을 한 경우		
20의3. 제20조의3제2항에 따른 방염처리능력 평가에 관한 서류를 거짓으로 제출한 경우		
20의4. 제21조의3제4항을 위반하여 하도급 등에 관한 사항을 관계인과 발주자에게 알리지 아니하거나 거짓으로 알린 경우		
20의5. 제21조의5제1항 또는 제3항을 위반하여 부정한 청탁을 받고 재물 또는 재산상의 이익을 취득하거나 부정한 청탁을 하면서 재물 또는 재산상의 이익을 제공한 경우		
21. 제22조제1항 본문을 위반하여 도급받은 소방시설의 설계, 시공, 감리를 하도급한 경우		
21의2. 제22조제2항을 위반하여 하도급받은 소방시설공사를 다시 하도급한 경우		
22. [제22호는 제20호의4로 이동 〈2020. 6. 9.〉]		
23. 제22조의2제2항을 위반하여 정당한 사유 없이 하수급인 또는 하도급 계약내용의 변경요구에 따르지 아니한 경우		
23의2. 제22조의3을 위반하여 하수급인에게 대금을 지급하지 아니한 경우		

24. 제24조를 위반하여 시공과 감리를 함께 한 경우

24의2. 제26조제2항에 따른 시공능력 평가에 관한 서류를 거짓으로 제출한 경우

24의3. 제26조의2제1항 후단에 따른 사업수행능력 평가에 관한 서류를 위조하거나 변조하는 등 거짓이나 그 밖의 부정한 방법으로 입찰에 참여한 경우

25. 제31조에 따른 명령을 위반하여 보고 또는 자료 제출을 하지 아니하거나 거짓으로 보고 또는 자료 제출을 한 경우

26. 정당한 사유 없이 제31조에 따른 관계 공무원의 출입 또는 검사·조사를 거부·방해 또는 기피한 경우

② 제7조에 따라 소방시설업자의 지위를 승계한 상속인이 제5조 각 호의 어느 하나에 해당할 때에는 상속을 개시한 날부터 6개월 동안은 제1항제3호를 적용하지 아니한다.

③ 발주자는 소방시설업자가 제1항 각 호의 어느 하나에 해당하는 경우 그 사실을 시·도지사에게 통보하여야 한다.

④ 시·도지사는 제1항 또는 제10조제1항에 따라 등록취소, 영업정지 또는 과징금 부과 등의 처분을 하는 경우 해당 발주자에게 그 내용을 통보하여야 한다.

제10조(과징금처분)

① 시·도지사는 제9조제1항 각 호의 어느 하나에 해당하는 경우로서 영업정지가 그 이용자에게 불편을 주거나 그 밖에 공익을 해칠 우려가 있을 때에는 영업정지처분을 갈음하여 ❶ 이하의 과징금을 부과할 수 있다.

② 제1항에 따른 과징금을 부과하는 위반행위의 종류와 위반 정도 등에 따른 과징금과 그 밖에 필요한 사항은 행정안전부령으로 정한다.

③ 시·도지사는 제1항에 따른 과징금을 내야 할 자가 납부기한까지 과징금을 내지 아니하면 ❷ 에 따라 징수한다.

제10조(과징금을 부과하는 위반행위의 종류와 과징금의 부과기준)

법 제10조제2항에 따라 과징금을 부과하는 위반행위의 종류와 그에 대한 과징금의 금액은 다음 각 호의 기준에 따라 산정한다.

1. 2021년 6월 10일부터 2023년 12월 31일까지의 기간 중에 위반행위를 한 경우: 별표 2
2. 2024년 1월 1일 이후에 위반행위를 한 경우: 별표 2의2

제11조(과징금 징수절차)

법 제10조제2항에 따른 과징금의 징수절차는 ❶ 을 준용한다.

제11조의2(소방시설업자 등의 처분통지)

소방청장 또는 시·도지사는 다음 각 호의 경우에는 처분일부터 ❷ 이내에 협회에 그 사실을 알려주어야 한다.

1. 법 제9조제1항에 따라 등록취소·시정명령 또는 영업정지를 하는 경우
2. 법 제10조제1항에 따라 과징금을 부과하는 경우
3. 법 제28조제4항에 따라 자격을 취소하거나 정지하는 경우

제3장 소방시설공사등

제1절 설계

제11조(설계) ☑기출 24 경채

① 제4조제1항에 따라 소방시설설계업을 등록한 자(이하 "설계업자"라 한다)는 이 법이나 이 법에 따른 명령과 화재안전기준에 맞게 소방시설을 설계하여야 한다. 다만, 「소방시설 설치 및 관리에 관한 법률」 제18조제1항에 따른 중앙소방기술심의위원회의 심의를 거쳐 소방시설의 구조와 원리 등에서 특수한 설계로 인정된 경우는 화재안전기준을 따르지 아니할 수 있다.

② 제1항 본문에도 불구하고 「소방시설 설치 및 관리에 관한 법률」 제8조제1항에 따른 특정소방대상물(신축하는 것만 해당한다)에 대해서는 그 용도, 위치, 구조, 수용 인원, 가연물(可燃物)의 종류 및 양 등을 고려하여 설계(이하 "성능위주설계"라 한다)하여야 한다.

③ 성능위주설계를 할 수 있는 자의 자격, 기술인력 및 자격에 따른 설계의 범위와 그 밖에 필요한 사항은 대통령령으로 정한다.

④ 삭제

제2조의3(성능위주설계를 할 수 있는 자의 자격 등)
법 제11조제3항에 따른 성능위주설계를 할 수 있는 자의 자격·기술인력 및 자격에 따른 설계범위는 별표 1의2와 같다.

법률
〈제10조〉 ❶ 2억 원
❷ 「지방행정제재·부과금의 징수 등에 관한 법률」

시행령

시행규칙
〈제11조〉 ❶ 「국고금관리법 시행규칙」
〈제11조의2〉 ❷ 7일

제2절 시공

제12조(시공)

① 제4조제1항에 따라 소방시설공사업을 등록한 자(이하 "공사업자"라 한다)는 이 법이나 이 법에 따른 명령과 화재안전기준에 맞게 시공하여야 한다. 이 경우 소방시설의 구조와 원리 등에서 그 공법이 특수한 시공에 관하여는 제11조제1항 단서를 준용한다.

② ❶ 　 는 소방시설공사의 책임시공 및 기술관리를 위하여 대통령령으로 정하는 바에 따라 소속 소방기술자를 공사 현장에 배치하여야 한다.

제13조(착공신고)

① 공사업자는 대통령령으로 정하는 소방시설공사를 하려면 행정안전부령으로 정하는 바에 따라 그 공사의 내용, 시공 장소, 그 밖에 필요한 사항을 ❷ 　 에게 신고하여야 한다.

② 공사업자가 제1항에 따라 신고한 사항 가운데 행정안전부령으로 정하는 중요한 사항을 변경하였을 때에는 행정안전부령으로 정하는 바에 따라 변경신고를 하여야 한다. 이 경우 중요한 사항에 해당하지 아니하는 변경 사항은 다음 각 호의 어느 하나에 해당하는 서류에 포함하여 소방본부장이나 소방서장에게 보고하여야 한다.

1. 제14조제1항 또는 제2항에 따른 완공검사 또는 부분완공검사를 신청하는 서류
2. 제20조에 따른 공사감리 결과보고서

③ 소방본부장 또는 소방서장은 제1항 또는 제2항 전단에 따른 착공신고 또는 변경신고를 받은 날부터 ❸ 　 이내에 신고수리 여부를 신고인에게 통지하여야 한다.

제3조(소방기술자의 배치기준 및 배치기간)

법 제4조제1항에 따라 소방시설공사업을 등록한 자(이하 "공사업자"라 한다)는 법 제12조제2항에 따라 별표 2의 배치기준 및 배치기간에 맞게 소속 소방기술자를 소방시설공사 현장에 배치하여야 한다.

제4조(소방시설공사의 착공신고 대상)

법 제13조제1항에서 "대통령령으로 정하는 소방시설공사"란 다음 각 호의 어느 하나에 해당하는 소방시설공사를 말한다. 다만, 「위험물안전관리법」 제2조제1항제6호에 따른 ❶ 　 또는 「다중이용업소의 안전관리에 관한 특별법」 제2조제1항제4호에 따른 ❷ 　 에서의 소방시설공사는 제외한다.

1. 특정소방대상물에 다음 각 목의 어느 하나에 해당하는 설비를 신설하는 공사
   가. 옥내소화전설비(호스릴옥내소화전설비를 포함한다. 이하 같다), ❸ 　 · 간이스프링클러설비(캐비닛형 간이스프링클러설비를 포함한다. 이하 같다) 및 화재조기진압용 스프링클러설비(이하 "스프링클러설비등"이라 한다), 물분무소화설비·포소화설비·이산화탄소소화설비·할론소화설비·할로겐화합물 및 불활성기체 소화설비·미분무소화설비·강화액소화설비 및 분말소화설비(이하 "물분무등소화설비"라 한다), 연결송수관설비, 연결살수설비, 제연설비(소방용 외의

제12조(착공신고 등)

① 법 제4조제1항에 따라 소방시설공사업을 등록한 자(이하 "공사업자"라 한다)는 소방시설공사를 하려면 법 제13조제1항에 따라 해당 소방시설공사의 착공 전까지 별지 제14호서식의 소방시설공사 착공(변경)신고서[전자문서로 된 소방시설공사 착공(변경)신고서를 포함한다]에 다음 각 호의 서류(전자문서를 포함한다)를 첨부하여 소방본부장 또는 소방서장에게 신고해야 한다. 다만, 「전자정부법」 제36조제1항에 따른 행정정보의 공동이용을 통하여 첨부서류에 대한 정보를 확인할 수 있는 경우에는 그 확인으로 첨부서류를 갈음할 수 있다.

1. 공사업자의 소방시설공사업 등록증 사본 1부 및 등록수첩 사본 1부
2. 해당 소방시설공사의 책임시공 및 기술관리를 하는 기술인력의 기술등급을 증명하는 서류 사본 1부
3. 법 제21조의3제2항에 따라 체결한 ❶

④ 소방본부장 또는 소방서장이 제3항에서 정한 기간 내에 신고수리 여부 또는 민원 처리 관련 법령에 따른 처리기간의 연장을 신고인에게 통지하지 아니하면 그 기간(민원처리 관련 법령에 따라 처리기간이 연장 또는 재연장된 경우에는 해당 처리기간을 말한다)이 끝난 날의 다음 날에 신고를 수리한 것으로 본다.

용도와 겸용되는 제연설비를 「건설산업기본법 시행령」 별표 1에 따른 기계설비·가스공사업자가 공사하는 경우는 제외한다), 소화용수설비(소화용수설비를 「건설산업기본법 시행령」 별표 1에 따른 기계설비·가스공사업자 또는 상·하수도설비공사업자가 공사하는 경우는 제외한다) 또는 연소방지설비

나. ❹ _____, ❺ _____, 비상방송설비(소방용 외의 용도와 겸용되는 비상방송설비를 「정보통신공사업법」에 따른 정보통신공사업자가 공사하는 경우는 제외한다), 비상콘센트설비(비상콘센트설비를 「전기공사법」에 따른 전기공사업자가 공사하는 경우는 제외한다) 또는 무선통신보조설비(소방용 외의 용도와 겸용되는 무선통신보조설비를 「정보통신공사업법」에 따른 정보통신공사업자가 공사하는 경우는 제외한다)

4. 설계도서(설계설명서를 포함한다) 1부. 다만, 영 제4조제3호에 해당하는 소방시설공사인 경우 또는 「소방시설 설치 및 관리에 관한 법률 시행규칙」 제3조제2항에 따라 건축허가등의 동의요구서에 첨부된 서류 중 설계도서가 변경되지 않은 경우에는 설계도서를 첨부하지 않을 수 있다.
5. 소방시설공사를 하도급하는 경우 다음 각 목의 서류
   가. 제20조제1항 및 별지 제31호서식에 따른 소방시설공사등의 하도급통지서 사본 1부
   나. 하도급대금 지급에 관한 다음의 어느 하나에 해당하는 서류
      1) 「하도급거래 공정화에 관한 법률」 제13조의2에 따라 공사대금 지급을 보증한 경우에는 하도급대금 지급보증서 사본 1부
      2) 「하도급거래 공정화에 관한 법률」 제13조의2제1항 각 호 외의 부분 단서 및 같은 법 시행령 제8조제1항에 따라 보증이 필요하지 않거나 보증이 적합하지 않다고 인정되는 경우에는 이를 증빙하는 서류 사본 1부

법률
〈제12조〉 ❶ 공사업자
〈제13조〉 ❷ 소방본부장이나 소방서장
❸ 2일

시행령
〈제4조〉 ❶ 제조소등
❷ 다중이용업소
❸ 옥외소화전설비, 스프링클러설비
❹ 자동화재탐지설비
❺ 비상경보설비

시행규칙
〈제12조〉 ❶ 소방시설공사 계약서 사본 1부

2. 특정소방대상물에 다음 각 목의 어느 하나에 해당하는 설비 또는 구역 등을 증설하는 공사
   가. ❶
   나. 스프링클러설비·간이스프링클러설비 또는 물분무등소화설비의 방호구역, 자동화재탐지설비의 경계구역, 제연설비의 제연구역(소방용 외의 용도와 겸용되는 제연설비를 「건설산업기본법 시행령」 별표 1에 따른 기계설비·가스공사업자가 공사하는 경우는 제외한다), 연결살수설비의 살수구역, 연결송수관설비의 송수구역, 비상콘센트설비의 전용회로, 연소방지설비의 살수구역
3. 특정소방대상물에 설치된 소방시설등을 구성하는 다음 각 목의 어느 하나에 해당하는 것의 전부 또는 일부를 개설(改設), 이전(移轉) 또는 정비(整備)하는 공사. 다만, 고장 또는 파손 등으로 인하여 작동시킬 수 없는 소방시설을 긴급히 교체하거나 보수하여야 하는 경우에는 신고하지 않을 수 있다.
   가. 수신반(受信盤)
   나. ❷
   다. ❸

② 법 제13조제2항에서 "행정안전부령으로 정하는 중요한 사항"이란 다음 각 호의 어느 하나에 해당하는 사항을 말한다.
1. 시공자
2. 설치되는 소방시설의 종류
3. 책임시공 및 기술관리 소방기술자

③ 법 제13조제2항에 따라 공사업자는 제2항 각 호의 어느 하나에 해당하는 사항이 변경된 경우에는 변경일부터 30일 이내에 별지 제14호서식의 소방시설공사 착공(변경)신고서[전자문서로 된 소방시설공사 착공(변경)신고서를 포함한다]에 제1항 각 호의 서류(전자문서를 포함한다) 중 변경된 해당 서류를 첨부하여 소방본부장 또는 소방서장에게 신고하여야 한다.

④ 소방본부장 또는 소방서장은 소방시설공사 착공신고 또는 변경신고를 받은 경우에는 2일 이내에 처리하고 그 결과를 신고인에게 통보하며, 소방시설공사현장에 배치되는 소방기술자의 성명, 자격증 번호·등급, 시공현장의 명칭·소재지·면적 및 현장 배치기간을 법 제26조의3제1항에 따른 소방시설업 종합정보시스템에 입력해야 한다. 이 경우 소방본부장 또는 소방서장은 별지 제15호서식의 소방시설 착공 및 완공대장에 필요한 사항을 기록하여 관리하여야 한다.

⑤ 소방본부장 또는 소방서장은 소방시설공사 착공신고 또는 변경신고를 받은 경우에는 공사업자에게 별지 제16호서식의 소방시설공사현황 표지에 따른 소방시설공사현황의 게시를 요청할 수 있다.

제14조(완공검사)

① 공사업자는 소방시설공사를 완공하면 소방본부장 또는 소방서장의 완공검사를 받아야 한다. 다만, 제17조제1항에 따라 공사감리자가 지정되어 있는 경우에는 공사감리 결과보고서로 완공검사를 갈음하되, 대통령령으로 정하는 특정소방대상물의 경우에는 소방본부장이나 소방서장이 소방시설공사가 공사감리 결과보고서대로 완공되었는지를 현장에서 확인할 수 있다.

② 공사업자가 소방대상물 일부분의 소방시설공사를 마친 경우로서 전체 시설이 준공되기 전에 부분적으로 사용할 필요가 있는 경우에는 그 일부분에 대하여 소방본부장이나 소방서장에게 완공검사(이하 "부분완공검사"라 한다)를 신청할 수 있다. 이 경우 소방본부장이나 소방서장은 그 일부분의 공사가 완공되었는지를 확인하여야 한다.

③ 소방본부장이나 소방서장은 제1항에 따른 완공검사나 제2항에 따른 부분완공검사를 하였을 때에는 ❶   를 발급하여야 한다.

④ 제1항부터 제3항까지의 규정에 따른 완공검사 및 부분완공검사의 신청과 검사증명서의 발급, 그 밖에 완공검사 및 부분완공검사에 필요한 사항은 행정안전부령으로 정한다.

제5조(완공검사를 위한 현장확인 대상 특정소방대상물의 범위) ☑기출 24 공채 / 24 경채

법 제14조제1항 단서에서 "대통령령으로 정하는 특정소방대상물"이란 특정소방대상물 중 다음 각 호의 대상물을 말한다.

1. ❹   , 종교시설, 판매시설, 노유자(老幼者)시설, 수련시설, 운동시설, 숙박시설, 창고시설, 지하상가 및 「다중이용업소의 안전관리에 관한 특별법」에 따른 다중이용업소
2. 다음 각 목의 어느 하나에 해당하는 설비가 설치되는 특정소방대상물
   가. ❺
   나. 물분무등소화설비(호스릴 방식의 소화설비는 제외한다)
3. 연면적 ❻   제곱미터 이상이거나 11층 이상인 특정소방대상물(아파트는 제외한다)
4. 가연성가스를 제조·저장 또는 취급하는 시설 중 지상에 노출된 가연성가스탱크의 저장용량 합계가 ❼   이상인 시설

제13조(소방시설의 완공검사 신청 등)

① 공사업자는 소방시설공사의 완공검사 또는 부분완공검사를 받으려면 법 제14조제4항에 따라 별지 제17호서식의 소방시설공사 완공검사신청서(전자문서로 된 소방시설공사 완공검사신청서를 포함한다) 또는 별지 제18호서식의 소방시설 부분완공검사신청서(전자문서로 된 소방시설 부분완공검사신청서를 포함한다)를 소방본부장 또는 소방서장에게 제출하여야 한다. 다만, 「전자정부법」 제36조제1항에 따른 행정정보의 공동이용을 통하여 첨부서류에 대한 정보를 확인할 수 있는 경우에는 그 확인으로 첨부서류를 갈음할 수 있다.

② 제1항에 따라 소방시설 완공검사신청 또는 부분완공검사신청을 받은 소방본부장 또는 소방서장은 법 제14조제1항 및 제2항에 따른 현장 확인 결과 또는 감리 결과보고서를 검토한 결과 해당 소방시설공사가 법령과 화재안전기준에 적합하다고 인정하면 별지 제19호서식의 소방시설 완공검사증명서 또는 별지 제20호서식의 소방시설 부분완공검사증명서를 공사업자에게 발급하여야 한다.

법률 ✓
〈제14조〉 ❶ 완공검사증명서나 부분완공검사증명서

시행령 ✓
〈제4조〉 ❶ 옥내·옥외소화전설비
       ❷ 소화펌프
       ❸ 동력(감시)제어반
〈제5조〉 ❹ 문화 및 집회시설   ❺ 스프링클러설비등
       ❻ 1만   ❼ 1천 톤

시행규칙 ✓

✅기출 24 경채

제15조(공사의 하자보수 등)

① 공사업자는 소방시설공사 결과 자동화재탐지설비 등 대통령령으로 정하는 소방시설에 하자가 있을 때에는 대통령령으로 정하는 기간 동안 그 하자를 보수하여야 한다.

② 삭제

③ 관계인은 제1항에 따른 기간에 소방시설의 하자가 발생하였을 때에는 공사업자에게 그 사실을 알려야 하며, 통보를 받은 공사업자는 3일 이내에 하자를 보수하거나 보수 일정을 기록한 하자보수계획을 관계인에게 서면으로 알려야 한다.

④ 관계인은 공사업자가 다음 각 호의 어느 하나에 해당하는 경우에는 소방본부장이나 소방서장에게 그 사실을 알릴 수 있다.

　1. 제3항에 따른 기간에 하자보수를 이행하지 아니한 경우

　2. 제3항에 따른 기간에 하자보수계획을 서면으로 알리지 아니한 경우

　3. 하자보수계획이 불합리하다고 인정되는 경우

⑤ 소방본부장이나 소방서장은 제4항에 따른 통보를 받았을 때에는 「소방시설 설치 및 관리에 관한 법률」 제18조제2항에 따른 지방소방기술심의위원회에 심의를 요청하여야 하며, 그 심의 결과 제4항 각 호의 어느 하나에 해당하는 것으로 인정할 때에는 시공자에게 기간을 정하여 하자보수를 명하여야 한다.

⑥ 삭제

✅기출 23 경채

제6조(하자보수 대상 소방시설과 하자보수 보증기간)

법 제15조제1항에 따라 하자를 보수하여야 하는 소방시설과 소방시설별 하자보수 보증기간은 다음 각 호의 구분과 같다.

　1. 피난기구, 유도등, 유도표지, 비상경보설비, 비상조명등, 비상방송설비 및 ❶ _____ : 2년

　2. 자동소화장치, 옥내소화전설비, 스프링클러설비, 간이스프링클러설비, 물분무등소화설비, 옥외소화전설비, 자동화재탐지설비, 상수도소화용수설비 및 소화활동설비(무선통신보조설비는 제외한다): ❷ _____

제3절 감리

제16조(감리)

① 제4조제1항에 따라 소방공사감리업을 등록한 자(이하 "감리업자"라 한다)는 소방공사를 감리할 때 다음 각 호의 업무를 수행하여야 한다.

1. 소방시설등의 설치계획표의 ❶ 　　　 검토
2. 소방시설등 설계도서의 적합성(적법성과 기술상의 합리성을 말한다. 이하 같다) 검토
3. 소방시설등 설계 변경 사항의 적합성 검토
4. 「소방시설 설치 및 관리에 관한 법률」 제2조제1항제7호의 소방용품의 위치·규격 및 사용 자재의 ❷ 　　　 검토
5. 공사업자가 한 소방시설등의 시공이 설계도서와 화재안전기준에 맞는지에 대한 ❸ 　　　
6. 완공된 소방시설등의 성능시험
7. 공사업자가 작성한 시공 상세 도면의 적합성 검토
8. 피난시설 및 방화시설의 ❹ 　　　 검토
9. 실내장식물의 불연화(不燃化)와 방염 물품의 적법성 검토

제8조(감리업자가 아닌 자가 감리할 수 있는 보안성 등이 요구되는 소방대상물의 시공 장소)

법 제16조제2항에서 "대통령령으로 정하는 장소"란 「원자력안전법」 제2조제10호에 따른 관계시설이 설치되는 장소를 말한다.

제9조(소방공사감리의 종류와 방법 및 대상)

법 제16조제3항에 따른 소방공사감리의 종류, 방법 및 대상은 별표 3과 같다.

법률 ✓
⟨제16조⟩ ❶ 적법성
❷ 적합성
❸ 지도·감독
❹ 적법성

시행령 ✓
⟨제6조⟩ ❶ 무선통신보조설비
❷ 3년

② 용도와 구조에서 특별히 안전성과 보안성이 요구되는 소방대상물로서 대통령령으로 정하는 장소에서 시공되는 소방시설물에 대한 감리는 감리업자가 아닌 자도 할 수 있다.
③ 감리업자는 제1항 각 호의 업무를 수행할 때에는 대통령령으로 정하는 감리의 종류 및 대상에 따라 공사기간 동안 소방시설공사 현장에 소속 감리원을 배치하고 업무수행 내용을 감리일지에 기록하는 등 대통령령으로 정하는 감리의 방법에 따라야 한다.

제17조(공사감리자의 지정 등)
① 대통령령으로 정하는 특정소방대상물의 관계인이 특정소방대상물에 대하여 자동화재탐지설비, 옥내소화전설비 등 대통령령으로 정하는 소방시설을 시공할 때에는 소방시설공사의 감리를 위하여 감리업자를 공사감리자로 지정하여야 한다. 다만, 제26조의2제2항에 따라 시·도지사가 감리업자를 선정한 경우에는 그 감리업자를 공사감리자로 지정한다.
② 관계인은 제1항에 따라 공사감리자를 지정하였을 때에는 행정안전부령으로 정하는 바에 따라 소방본부장이나 소방서장에게 신고하여야 한다. 공사감리자를 변경하였을 때에도 또한 같다.
③ 관계인이 제1항에 따른 공사감리자를 변경하였을 때에는 새로 지정된 공사감리자와 종전의 공사감리자는 감리 업무 수행에 관한 사항과 관계 서류를 인수·인계하여야 한다.
④ 소방본부장 또는 소방서장은 제2항에 따른 공사감리자 지정신고 또는 변경신고를 받은 날부터 2일 이내에 신고수리 여부를 신고인에게 통지하여야 한다.

제10조(공사감리자 지정대상 특정소방대상물의 범위)
① 법 제17조제1항에서 "대통령령으로 정하는 특정소방대상물"이란 「소방시설 설치 및 관리에 관한 법률」 제2조제1항제3호의 특정소방대상물을 말한다.
② 법 제17조제1항에서 "자동화재탐지설비, 옥내소화전설비 등 대통령령으로 정하는 소방시설을 시공할 때"란 다음 각 호의 어느 하나에 해당하는 소방시설을 시공할 때를 말한다.
1. 옥내소화전설비를 ❶   할 때
2. 스프링클러설비등(캐비닛형 간이스프링클러설비는 제외한다)을 신설·개설하거나 방호·방수 구역을 증설할 때
3. 물분무등소화설비(호스릴 방식의 소화설비는 제외한다)를 신설·개설하거나 ❷   을 증설할 때
4. 옥외소화전설비를 신설·개설 또는 증설할 때
5. 자동화재탐지설비를 ❸   할 때
5의2. 비상방송설비를 신설 또는 개설할 때
6. 통합감시시설을 신설 또는 개설할 때
7. 소화용수설비를 신설 또는 개설할 때

제15조(소방공사감리자의 지정신고 등)
① 법 제17조제2항에 따라 특정소방대상물의 관계인은 공사감리자를 지정한 경우에는 해당 소방시설공사의 착공 전까지 별지 제21호서식의 소방공사감리자 지정신고서에 다음 각 호의 서류(전자문서를 포함한다)를 첨부하여 소방본부장 또는 소방서장에게 제출해야 한다. 다만, 「전자정부법」 제36조제1항에 따른 행정정보의 공동이용을 통하여 첨부서류에 대한 정보를 확인할 수 있는 경우에는 그 확인으로 첨부서류를 갈음할 수 있다.
1. 소방공사감리업 등록증 사본 1부 및 등록수첩 사본 1부
2. 해당 소방시설공사를 감리하는 소속 감리원의 감리원 등급을 증명하는 서류(전자문서를 포함한다) 각 1부
3. 별지 제22호서식의 소방공사감리계획서 1부
4. 법 제21조의3제2항에 따라 체결한 소방시설설계 계약서 사본(「소방시설 설치 및 관리에 관한 법률 시행규칙」 제3조제2항에 따라 건축허가 등의 동의요구서에 소방시설설계 계약서가 첨부되지 않았거나 첨부된 서류 중 소방시설설계 계약서가 변경된 경우에만 첨부한다) 1부 및 소방공사감리 계약서 사본 1부

⑤ 소방본부장 또는 소방서장이 제4항에서 정한 기간 내에 신고수리 여부 또는 민원 처리 관련 법령에 따른 처리기간의 연장을 신고인에게 통지하지 아니하면 그 기간(민원처리 관련 법령에 따라 처리기간이 연장 또는 재연장된 경우에는 해당 처리기간을 말한다)이 끝난 날의 다음 날에 신고를 수리한 것으로 본다.

8. 다음 각 목에 따른 소화활동설비에 대하여 각 목에 따른 시공을 할 때
   가. 제연설비를 신설·개설하거나 제연구역을 증설할 때
   나. 연결송수관설비를 신설 또는 개설할 때
   다. 연결살수설비를 신설·개설하거나 ❹ 을 증설할 때
   라. 비상콘센트설비를 신설·개설하거나 ❺ 를 증설할 때
   마. 무선통신보조설비를 신설 또는 개설할 때
   바. 연소방지설비를 신설·개설하거나 ❻ 을 증설할 때
9. 삭제

② 특정소방대상물의 관계인은 공사감리자가 변경된 경우에는 법 제17조제2항 후단에 따라 변경일부터 ❶ 이내에 별지 제23호서식의 소방공사감리자 변경신고서(전자문서로 된 소방공사감리자 변경신고서를 포함한다)에 제1항 각 호의 서류(전자문서를 포함한다)를 첨부하여 소방본부장 또는 소방서장에게 제출하여야 한다. 다만, 「전자정부법」 제36조제1항에 따른 행정정보의 공동이용을 통하여 첨부서류에 대한 정보를 확인할 수 있는 경우에는 그 확인으로 첨부서류를 갈음할 수 있다.

③ 소방본부장 또는 소방서장은 제1항 및 제2항에 따라 공사감리자의 지정신고 또는 변경신고를 받은 경우에는 ❷ 이내에 처리하고 그 결과를 신고인에게 통보해야 한다.

시행령

〈제10조〉 ❶ 신설·개설 또는 증설
❷ 방호·방수 구역
❸ 신설 또는 개설
❹ 송수구역
❺ 전용회로
❻ 살수구역

시행규칙

〈제15조〉 ❶ 30일
❷ 2일

제18조(감리원의 배치 등)	제11조(소방공사 감리원의 배치기준 및 배치기간)	제16조(감리원의 세부 배치 기준 등)

① ❶ 는 소방시설공사의 감리를 위하여 소속 감리원을 대통령령으로 정하는 바에 따라 소방시설공사 현장에 배치하여야 한다.
② 감리업자는 제1항에 따라 소속 감리원을 배치하였을 때에는 행정안전부령으로 정하는 바에 따라 소방본부장이나 소방서장에게 통보하여야 한다. 감리원의 배치를 변경하였을 때에도 또한 같다.
③ 제1항에 따른 감리원의 세부적인 배치 기준은 행정안전부령으로 정한다.
	법 제18조제1항에 따라 감리업자는 별표 4의 배치기준 및 배치기간에 맞게 소속 감리원을 소방시설공사 현장에 배치하여야 한다.	① 법 제18조제3항에 따른 감리원의 세부적인 배치 기준은 다음 각 호의 구분에 따른다.
		1. 영 별표 3에 따른 상주 공사감리 대상인 경우
		  가. 기계분야의 감리원 자격을 취득한 사람과 전기분야의 감리원 자격을 취득한 사람 각 ❶ 이상을 감리원으로 배치할 것. 다만, 기계분야 및 전기분야의 감리원 자격을 함께 취득한 사람이 있는 경우에는 그에 해당하는 사람 1명 이상을 배치할 수 있다.
		  나. ❷ (전선관을 포함한다. 이하 같다)을 설치하거나 매립하는 때부터 소방시설 ❸ 를 발급받을 때까지 소방공사감리현장에 감리원을 배치할 것
		2. 영 별표 3에 따른 일반 공사감리 대상인 경우
		  가. 기계분야의 감리원 자격을 취득한 사람과 전기분야의 감리원 자격을 취득한 사람 각 ❹ 이상을 감리원으로 배치할 것. 다만, 기계분야 및 전기분야의 감리원 자격을 함께 취득한 사람이 있는 경우에는 그에 해당하는 사람 1명 이상을 배치할 수 있다.
		  나. 별표 3에 따른 기간 동안 감리원을 배치할 것
		  다. 감리원은 ❺ 이상 소방공사감리현장에 배치되어 감리할 것

라. 1명의 감리원이 담당하는 소방공사감리현장은 ❻ 이하(자동화재탐지설비 또는 옥내소화전설비 중 어느 하나만 설치하는 2개의 소방공사감리현장이 최단 차량주행거리로 ❼ 킬로미터 이내에 있는 경우에는 1개의 소방공사감리현장으로 본다)로서 감리현장 연면적의 총 합계가 ❽ 제곱미터 이하일 것. 다만, 일반공사감리 대상인 아파트의 경우에는 연면적의 합계에 관계없이 1명의 감리원이 ❾ 이내의 공사현장을 감리할 수 있다.

② 영 별표 3 상주 공사감리의 방법란 각 호에서 "행정안전부령으로 정하는 기간"이란 소방시설용 배관을 설치하거나 매립하는 때부터 소방시설 완공검사증명서를 발급받을 때까지를 말한다.

③ 영 별표 3 일반공사감리의 방법란 제1호 및 제2호에서 "행정안전부령으로 정하는 기간"이란 별표 3에 따른 기간을 말한다.

법률

〈제18조〉 ❶ 감리업자

시행령

시행규칙

〈제16조〉 ❶ 1명
❷ 소방시설용 배관
❸ 완공검사증명서
❹ 1명
❺ 주 1회
❻ 5개
❼ 30
❽ 10만
❾ 5개

제17조(감리원 배치통보 등)

① 소방공사감리업자는 법 제18조제2항에 따라 감리원을 소방공사감리현장에 배치하는 경우에는 별지 제24호서식의 소방공사감리원 배치통보서(전자문서로 된 소방공사감리원 배치통보서를 포함한다)에, 배치한 감리원이 변경된 경우에는 별지 제25호서식의 소방공사감리원 배치변경통보서(전자문서로 된 소방공사감리원 배치변경통보서를 포함한다)에 다음 각 호의 구분에 따른 해당 서류(전자문서를 포함한다)를 첨부하여 감리원 배치일부터 ❶ 이내에 소방본부장 또는 소방서장에게 알려야 한다. 이 경우 소방본부장 또는 소방서장은 배치되는 감리원의 성명, 자격증 번호·등급, 감리현장의 명칭·소재지·면적 및 현장 배치기간을 법 제26조의3제1항에 따른 ❷ 에 입력해야 한다.

1. 소방공사감리원 배치통보서에 첨부하는 서류(전자문서를 포함한다)
   가. 별표 4의2 제3호나목에 따른 감리원의 등급을 증명하는 서류
   나. 법 제21조의3제2항에 따라 체결한 소방공사 감리계약서 사본 1부
   다. 삭제
2. 소방공사감리원 배치변경통보서에 첨부하는 서류(전자문서를 포함한다)
   가. 변경된 감리원의 등급을 증명하는 서류(감리원을 배치하는 경우에만 첨부한다)
   나. 변경 전 감리원의 등급을 증명하는 서류
   다. 삭제

② 삭제

③ 삭제

④ 삭제

제19조(위반사항에 대한 조치)

① 감리업자는 감리를 할 때 소방시설공사가 설계도서나 화재안전기준에 맞지 아니할 때에는 ❶   에게 알리고, 공사업자에게 그 공사의 시정 또는 보완 등을 요구하여야 한다.

② 공사업자가 제1항에 따른 요구를 받았을 때에는 그 요구에 따라야 한다.

③ 감리업자는 공사업자가 제1항에 따른 요구를 이행하지 아니하고 그 공사를 계속할 때에는 행정안전부령으로 정하는 바에 따라 ❷   에게 그 사실을 보고하여야 한다.

④ 관계인은 감리업자가 제3항에 따라 소방본부장이나 소방서장에게 보고한 것을 이유로 감리계약을 해지하거나 감리의 대가 지급을 거부하거나 지연시키거나 그 밖의 불이익을 주어서는 아니 된다.

제18조(위반사항의 보고 등)

소방공사감리업자는 법 제19조제1항에 따라 공사업자에게 해당 공사의 시정 또는 보완을 요구하였으나 이행하지 아니하고 그 공사를 계속할 때에는 법 제19조제3항에 따라 시정 또는 보완을 이행하지 아니하고 공사를 계속하는 날부터 ❸   이내에 별지 제28호서식의 소방시설공사 위반사항보고서(전자문서로 된 소방시설공사 위반사항보고서를 포함한다)를 소방본부장 또는 소방서장에게 제출하여야 한다. 이 경우 공사업자의 위반사항을 확인할 수 있는 사진 등 증명서류(전자문서를 포함한다)가 있으면 이를 소방시설공사 위반사항보고서(전자문서로 된 소방시설공사 위반사항보고서를 포함한다)에 첨부하여 제출하여야 한다. 다만, 「전자정부법」 제36조제1항에 따른 행정정보의 공동이용을 통하여 첨부서류에 대한 정보를 확인할 수 있는 경우에는 그 확인으로 첨부서류를 갈음할 수 있다.

법률
〈제19조〉 ❶ 관계인
❷ 소방본부장이나 소방서장

시행규칙
〈제17조〉 ❶ 7일
❷ 소방시설업 종합정보시스템
〈제18조〉 ❸ 3일

제20조(공사감리 결과의 통보 등)
감리업자는 소방공사의 감리를 마쳤을 때에는 행정안전부령으로 정하는 바에 따라 그 감리 결과를 그 특정소방대상물의 ❶　　, 소방시설공사의 ❷　　, 그 특정소방대상물의 공사를 감리한 ❸　　에게 서면으로 알리고, ❹　　　　에게 공사감리 결과보고서를 제출하여야 한다.

제3절의2 방염

제20조의2(방염)
방염처리업자는 「소방시설 설치 및 관리에 관한 법률」 제20조제3항에 따른 방염성능기준 이상이 되도록 방염을 하여야 한다.

제19조(감리결과의 통보 등) ☑기출 23 공채 / 23 경채
법 제20조에 따라 감리업자가 소방공사의 감리를 마쳤을 때에는 별지 제29호서식의 소방공사감리 결과보고(통보)서[전자문서로 된 소방공사감리 결과보고(통보)서를 포함한다]에 다음 각 호의 서류(전자문서를 포함한다)를 첨부하여 공사가 완료된 날부터 ❶　　 이내에 특정소방대상물의 관계인, 소방시설공사의 도급인 및 특정소방대상물의 공사를 감리한 건축사에게 알리고, 소방본부장 또는 소방서장에게 보고해야 한다.

1. 소방청장이 정하여 고시하는 소방시설 성능시험조사표 1부
2. 착공신고 후 변경된 ❷　　　　(변경사항이 있는 경우에만 첨부하되, 법 제11조에 따른 설계업자가 설계한 도면만 해당된다) 1부
3. 별지 제13호서식의 소방공사 감리일지(소방본부장 또는 소방서장에게 보고하는 경우에만 첨부한다) 1부
4. 특정소방대상물의 사용승인(「건축법」 제22조에 따른 사용승인으로서 「주택법」 제49조에 따른 사용검사 또는 「학교시설사업 촉진법」 제13조에 따른 사용승인을 포함한다. 이하 같다) 신청서 등 사용승인 신청을 증빙할 수 있는 서류 1부

제20조의3(방염처리능력 평가 및 공시)

① **❺** 은 방염처리업자의 방염처리능력 평가 요청이 있는 경우 해당 방염처리업자의 방염처리 실적 등에 따라 방염처리능력을 평가하여 공시 **❻**

② 제1항에 따른 평가를 받으려는 방염처리업자는 전년도 방염처리 실적이나 그 밖에 행정안전부령으로 정하는 서류를 소방청장에게 제출하여야 한다.

③ 제1항 및 제2항에 따른 방염처리능력 평가신청 절차, 평가방법 및 공시방법 등에 필요한 사항은 행정안전부령으로 정한다.

제19조의2(방염처리능력 평가의 신청)

① 법 제4조제1항에 따라 방염처리업을 등록한 자(이하 "방염처리업자"라 한다)는 법 제20조의3제2항에 따라 방염처리능력을 평가받으려는 경우에는 별지 제30호의2서식의 방염처리능력 평가 신청서(전자문서를 포함한다)를 협회에 매년 **❸** 까지 제출해야 한다. 다만, 제2항제4호의 서류의 경우에는 법인은 매년 **❹**, 개인은 매년 **❺** (「소득세법」 제70조의2제1항에 따른 성실신고확인대상사업자는 매년 **❻**)까지 제출해야 한다.

② 별지 제30호의2서식의 방염처리능력 평가 신청서에는 다음 각 호의 서류(전자문서를 포함한다)를 첨부해야 하며, 협회는 방염처리업자가 첨부해야 할 서류를 갖추지 못한 경우에는 **❼** 의 보완기간을 부여하여 보완하게 해야 한다. 이 경우 「전자정부법」 제36조제1항에 따른 행정정보의 공동이용을 통하여 첨부서류에 대한 정보를 확인할 수 있는 경우에는 그 확인으로 첨부서류를 갈음할 수 있다.

법률

〈제20조〉
- ❶ 관계인
- ❷ 도급인
- ❸ 건축사
- ❹ 소방본부장이나 소방서장

〈제20조의3〉
- ❺ 소방청장
- ❻ 할 수 있다.

시행규칙

〈제19조〉
- ❶ 7일
- ❷ 소방시설설계도면

〈제19조의2〉
- ❸ 2월 15일
- ❹ 4월 15일
- ❺ 6월 10일
- ❻ 7월 10일
- ❼ 15일

		1. 방염처리 실적을 증명하는 다음 각 목의 구분에 따른 서류 가. 제조·가공 공정에서의 방염처리 실적 　1) 「소방시설 설치 및 관리에 관한 법률」 제21조제1항에 따른 방염성능검사 결과를 증명하는 서류 사본 　2) 부가가치세법령에 따른 세금계산서(공급자 보관용) 사본 또는 소득세법령에 따른 계산서(공급자 보관용) 사본 나. 현장에서의 방염처리 실적 　1) 「소방용품의 품질관리 등에 관한 규칙」 제5조 및 별지 제4호서식에 따라 시·도지사가 발급한 현장처리물품의 방염성능검사 성적서 사본 　2) 부가가치세법령에 따른 세금계산서(공급자 보관용) 사본 또는 소득세법령에 따른 계산서(공급자 보관용) 사본 다. 가목 및 나목 외의 방염처리 실적 　1) 별지 제30호의3서식의 방염처리 실적증명서 　2) 부가가치세법령에 따른 세금계산서(공급자 보관용) 사본 또는 소득세법령에 따른 계산서(공급자 보관용) 사본 라. 해외 수출 물품에 대한 제조·가공 공정에서의 방염처리 실적 및 해외 현장에서의 방염처리 실적: 방염처리 계약서 사본 및 외국환은행이 발행한 외화입금증명서 마. 주한국제연합군 또는 그 밖의 외국군의 기관으로부터 도급받은 방염처리 실적: 방염처리 계약서 사본 및 외국환은행이 발행한 외화입금증명서

		2. 별지 제30호의4서식의 방염처리업 분야 기술개발투자비 확인서(해당하는 경우만 제출한다) 및 증빙서류 3. 별지 제30호의5서식의 방염처리업 신인도평가신고서(다음 각 목의 어느 하나에 해당하는 경우만 제출한다) 및 증빙서류 　가. 품질경영인증(ISO 9000) 취득 　나. 우수방염처리업자 지정 　다. 방염처리 표창 수상 4. 경영상태 확인을 위한 다음 각 목의 어느 하나에 해당하는 서류 　가. 「법인세법」 또는 「소득세법」에 따라 관할 세무서장에게 제출한 조세에 관한 신고서(「세무사법」 제6조에 따라 등록한 세무사가 확인한 것으로서 재무상태표 및 손익계산서가 포함된 것을 말한다) 　나. 「주식회사 등의 외부감사에 관한 법률」에 따라 외부감사인의 회계감사를 받은 재무제표 　다. 「공인회계사법」 제7조에 따라 등록한 공인회계사 또는 같은 법 제24조에 따라 등록한 회계법인이 감사한 회계서류

③ 제1항에 따른 기간 내에 방염처리능력 평가를 신청하지 못한 방염처리업자가 다음 각 호의 어느 하나에 해당하는 경우에는 제1항의 신청 기간에도 불구하고 다음 각 호의 어느 하나의 경우에 해당하게 된 날부터 6개월 이내에 방염처리능력 평가를 신청할 수 있다.
1. 법 제4조제1항에 따라 방염처리업을 등록한 경우
2. 법 제7조제1항 또는 제2항에 따라 방염처리업을 상속·양수·합병하거나 소방시설 전부를 인수한 경우
3. 법 제9조에 따른 방염처리업 등록취소 처분의 취소 또는 집행정지 결정을 받은 경우

④ 제1항부터 제3항까지에서 규정한 사항 외에 방염처리능력 평가 신청에 필요한 세부규정은 협회가 정하되, ❶ 을 받아야 한다.

제19조의3(방염처리능력의 평가 및 공시 등)
① 법 제20조의3제1항에 따른 방염처리능력 평가의 방법은 별표 3의2와 같다.
② 협회는 방염처리능력을 평가한 경우에는 그 사실을 해당 방염처리업자의 등록수첩에 기재하여 발급해야 한다.
③ 협회는 제19조의2에 따라 제출된 서류가 거짓으로 확인된 경우에는 확인된 날부터 ❷ 이내에 해당 방염처리업자의 방염처리능력을 새로 평가하고 해당 방염처리업자의 등록수첩에 그 사실을 기재하여 발급해야 한다.
④ 협회는 방염처리능력을 평가한 경우에는 법 제20조의3제1항에 따라 다음 각 호의 사항을 매년 ❸ 까지 협회의 인터넷 홈페이지에 공시해야 한다. 다만, 제19조의2제3항 또는 제3항에 따라 방염처리능력을 평가한 경우에는 평가완료일부터 ❹ 이내에 공시해야 한다.

1. 상호 및 성명(법인인 경우에는 대표자의 성명을 말한다)
2. ❺
3. 업종 및 등록번호
4. 방염처리능력 평가 결과

⑤ 방염처리능력 평가의 유효기간은 공시일부터 ❻ 간으로 한다. 다만, 제19조의2제3항 또는 제3항에 따라 방염처리능력을 평가한 경우에는 해당 방염처리능력 평가 결과의 공시일부터 다음 해의 정기 공시일(제4항 본문에 따라 공시한 날을 말한다)의 전날까지로 한다.

⑥ 제1항부터 제5항까지에서 규정한 사항 외에 방염처리능력 평가 및 공시에 필요한 세부규정은 협회가 정하되, ❼ 을 받아야 한다.

시행규칙

〈제19조의2〉 ❶ 소방청장의 승인
〈제19조의3〉 ❷ 10일
❸ 7월 31일
❹ 10일
❺ 주된 영업소의 소재지
❻ 1년
❼ 소방청장의 승인

제4절 도급

제21조(소방시설공사등의 도급)
① 특정소방대상물의 관계인 또는 발주자는 소방시설공사등을 도급할 때에는 해당 소방시설업자에게 도급하여야 한다.
② 소방시설공사는 다른 업종의 공사와 분리하여 도급하여야 한다. 다만, 공사의 성질상 또는 기술관리상 분리하여 도급하는 것이 곤란한 경우로서 대통령령으로 정하는 경우에는 다른 업종의 공사와 분리하지 아니하고 도급할 수 있다.

✅기출 23 공채 / 23 경채

제11조의2(소방시설공사 분리 도급의 예외)
법 제21조제2항 단서에서 "대통령령으로 정하는 경우"란 다음 각 호의 어느 하나에 해당하는 경우를 말한다.
1. 「재난 및 안전관리 기본법」 제3조제1호에 따른 ❶   의 발생으로 긴급하게 착공해야 하는 공사인 경우
2. 국방 및 국가안보 등과 관련하여 ❷   을 유지해야 하는 공사인 경우
3. 제4조 각 호에 따른 소방시설공사에 해당하지 않는 공사인 경우
4. 연면적이 ❸   제곱미터 이하인 특정소방대상물에 ❹   를 설치하는 공사인 경우
5. 다음 각 목의 어느 하나에 해당하는 입찰로 시행되는 공사인 경우
   가. 「국가를 당사자로 하는 계약에 관한 법률 시행령」 제79조제1항제4호 또는 제5호 및 「지방자치단체를 당사자로 하는 계약에 관한 법률 시행령」 제95조제4호 또는 제5호에 따른 ❺   또는 ❻
   나. 「국가를 당사자로 하는 계약에 관한 법률 시행령」 제98조제2호 또는 제3호 및 「지방자치단체를 당사자로 하는 계약에 관한 법률 시행령」 제127조제2호 또는 제3호에 따른 ❼   기술제안입찰 또는 ❽   기술제안입찰
5의2. 「국가첨단전략산업 경쟁력 강화 및 보호에 관한 특별조치법」 제2조제1호에 따른 ❾   관련 연구시설·개발시설 또는 그 기술을 이용하여 제품을 생산하는 시설 공사인 경우

6. 그 밖에 국가유산수리 및 재개발·재건축 등의 공사로서 공사의 성질상 분리하여 도급하는 것이 곤란하다고 ❿ 이 인정하는 경우

제21조의2(임금에 대한 압류의 금지)
① 공사업자가 도급받은 소방시설공사의 도급금액 중 그 공사(하도급한 공사를 포함한다)의 근로자에게 지급하여야 할 ❶ 에 해당하는 금액은 압류할 수 없다.
② 제1항의 임금에 해당하는 금액의 범위와 산정방법은 대통령령으로 정한다.

제11조의3(압류대상에서 제외되는 노임)
법 제21조의2에 따라 압류할 수 없는 노임(勞賃)에 해당하는 금액은 해당 소방시설공사의 도급 또는 하도급 금액 중 설계도서에 기재된 노임을 합산하여 산정한다.

법률
〈제21조의2〉 ❶ 임금

시행령
〈제11조의2〉 ❶ 재난
❷ 기밀
❸ 1천
❹ 비상경보설비
❺ 대안입찰
❻ 일괄입찰
❼ 실시설계
❽ 기본설계
❾ 국가첨단전략기술
❿ 소방청장

시행규칙

제21조의3(도급의 원칙 등)

① 소방시설공사등의 도급 또는 하도급의 계약당사자는 서로 대등한 입장에서 합의에 따라 공정하게 계약을 체결하고, 신의에 따라 성실하게 계약을 이행하여야 한다.

② 소방시설공사등의 도급 또는 하도급의 계약당사자는 그 계약을 체결할 때 도급 또는 하도급 금액, 공사기간, 그 밖에 대통령령으로 정하는 사항을 계약서에 분명히 밝혀야 하며, 서명날인한 계약서를 서로 내주고 보관하여야 한다.

③ 수급인은 하수급인에게 하도급과 관련하여 자재 구입처의 지정 등 하수급인에게 불리하다고 인정되는 행위를 강요하여서는 아니 된다.

④ 제21조에 따라 도급을 받은 자가 해당 소방시설공사등을 하도급할 때에는 행정안전부령으로 정하는 바에 따라 미리 ❶_____ 에게 알려야 한다. 하수급인을 변경하거나 하도급 계약을 해지할 때에도 또한 같다.

⑤ 하도급에 관하여 이 법에서 규정하는 것을 제외하고는 그 성질에 반하지 아니하는 범위에서 「하도급거래 공정화에 관한 법률」의 해당 규정을 준용한다.

제11조의4(도급계약서의 내용)

① 법 제21조의3제2항에서 "그 밖에 대통령령으로 정하는 사항"이란 다음 각 호의 사항을 말한다.
1. 소방시설의 설계, 시공, 감리 및 방염(이하 "소방시설공사등"이라 한다)의 내용
2. 도급(하도급을 포함한다. 이하 이 항에서 같다) 금액 중 노임(勞賃)에 해당하는 금액
3. 소방시설공사등의 착수 및 완성 시기
4. 도급금액의 선급금이나 기성금 지급을 약정한 경우에는 각각 그 지급의 시기·방법 및 금액
5. 도급계약당사자 어느 한쪽에서 설계변경, 공사중지 또는 도급계약의 해제를 요청하는 경우 손해부담에 관한 사항
6. 천재지변이나 그 밖의 불가항력으로 인한 면책의 범위에 관한 사항
7. 설계변경, 물가변동 등에 따른 도급금액 또는 소방시설공사등의 내용 변경에 관한 사항
8. 「하도급거래 공정화에 관한 법률」 제13조의2에 따른 하도급대금 지급보증서의 발급에 관한 사항(하도급계약의 경우만 해당한다)
9. 「하도급거래 공정화에 관한 법률」 제14조에 따른 하도급대금의 직접 지급 사유와 그 절차(하도급계약의 경우만 해당한다)
10. 「산업안전보건법」 제72조에 따른 산업안전보건관리비 지급에 관한 사항(소방시설공사업의 경우만 해당한다)
11. 해당 공사와 관련하여 「고용보험 및 산업재해보상보험의 보험료징수 등에 관한 법률」, 「국민연금법」 및 「국민건강보험법」에 따른 보험료 등 관계 법령에 따라 부담하는 비용에 관한 사항(소방시설공사업의 경우만 해당한다)

제20조(하도급의 통지)

① 소방시설업자는 소방시설의 설계, 시공, 감리 및 방염(이하 "소방시설공사등"이라 한다)을 하도급하려고 하거나 하수급인을 변경하는 경우에는 법 제21조의3제4항에 따라 별지 제31호서식의 소방시설공사등의 하도급통지서(전자문서로 된 소방시설공사등의 하도급통지서를 포함한다)에 다음 각 호의 서류(전자문서를 포함한다)를 첨부하여 미리 관계인 및 발주자에게 알려야 한다.
1. 하도급계약서(안) 1부
2. 예정공정표 1부
3. 하도급내역서 1부
4. 하수급인의 소방시설업 등록증 사본 1부

② 제1항에 따라 하도급을 하려는 소방시설업자는 관계인 및 발주자에게 통지한 소방시설공사등의 하도급통지서(전자문서로 된 소방시설공사등의 하도급통지서를 포함한다) 사본을 ❶_____ 에게 주어야 한다.

③ 소방시설업자는 하도급계약을 해지하는 경우에는 법 제21조의3제4항에 따라 하도급계약 해지사실을 증명할 수 있는 서류(전자문서를 포함한다)를 ❷_____ 에게 알려야 한다.

12. 도급목적물의 인도를 위한 검사 및 인도 시기
13. 소방시설공사등이 완성된 후 도급금액의 지급 시기
14. 계약 이행이 지체되는 경우의 위약금 및 지연이자 지급 등 손해배상에 관한 사항
15. 하자보수 대상 소방시설과 하자보수 보증기간 및 하자담보 방법(소방시설공사업의 경우만 해당한다)
16. 해당 공사에서 발생된 폐기물의 처리방법과 재활용에 관한 사항(소방시설공사업의 경우만 해당한다)
17. 그 밖에 다른 법령 또는 계약 당사자 양쪽의 합의에 따라 명시되는 사항

② 소방청장은 계약 당사자가 대등한 입장에서 공정하게 계약을 체결하도록 하기 위하여 소방시설공사등의 도급 또는 하도급에 관한 표준계약서(하도급의 경우에는 「하도급거래 공정화에 관한 법률」에 따라 공정거래위원회가 권장하는 소방시설공사업종 표준하도급계약서를 말한다)를 정하여 보급할 수 있다.

법률
〈제21조의3〉 ❶ 관계인과 발주자

시행령

시행규칙
〈제20조〉 ❶ 하수급자
❷ 관계인 및 발주자

제21조의4(공사대금의 지급보증 등)

① 수급인이 국가, 지방자치단체 또는 대통령령으로 정하는 공공기관 외의 자가 발주하는 공사를 도급받은 경우로서 수급인이 발주자에게 계약의 이행을 보증하는 때에는 발주자도 수급인에게 공사대금의 지급을 보증하거나 담보를 제공하여야 한다. 다만, 발주자는 공사대금의 지급보증 또는 담보 제공을 하기 곤란한 경우에는 수급인이 그에 상응하는 보험 또는 공제에 가입할 수 있도록 계약의 이행보증을 받은 날부터 ❶ 이내에 보험료 또는 공제료(이하 "보험료등"이라 한다)를 지급하여야 한다.

② 발주자 및 수급인은 소규모공사 등 대통령령으로 정하는 소방시설공사의 경우 제1항에 따른 계약 이행의 보증이나 공사대금의 지급보증, 담보의 제공 또는 보험료등의 지급을 아니할 수 있다.

③ 발주자가 제1항에 따른 공사대금의 지급보증, 담보의 제공 또는 보험료등의 지급을 하지 아니한 때에는 수급인은 ❷ 이내 기간을 정하여 발주자에게 그 이행을 촉구하고 공사를 중지할 수 있다. 발주자가 촉구한 기간 내에 그 이행을 하지 아니한 때에는 수급인은 도급계약을 해지할 수 있다.

④ 제3항에 따라 수급인이 공사를 중지하거나 도급계약을 해지한 경우에는 ❸ 는 수급인에게 공사 중지나 도급계약의 해지에 따라 발생하는 손해배상을 청구하지 못한다.

⑤ 제1항에 따른 공사대금의 지급보증, 담보의 제공 또는 보험료등의 지급 방법이나 절차 및 제3항에 따른 촉구의 방법 등에 필요한 사항은 행정안전부령으로 정한다.

제11조의5(공사대금의 지급보증 등의 예외가 되는 공공기관의 범위)

법 제21조의4제1항 본문에서 "대통령령으로 정하는 공공기관"이란 다음 각 호의 공공기관을 말한다.

1. 「공공기관의 운영에 관한 법률」 제5조에 따른 ❶ 및 ❷
2. 「지방공기업법」 제49조에 따른 지방공사 및 같은 법 제76조에 따른 ❸

제11조의6(공사대금의 지급보증 등의 예외가 되는 소방시설공사의 범위)

법 제21조의4제2항에서 "소규모공사 등 대통령령으로 정하는 소방시설공사"란 다음 각 호의 소방시설공사를 말한다.

1. 공사 1건의 도급금액이 ❹ 미만인 소규모 소방시설공사
2. 공사기간이 ❺ 이내인 단기의 소방시설공사

제20조의2(공사대금의 지급보증 등의 방법 및 절차)

① 법 제21조의4제1항 본문에 따라 발주자가 수급인에게 공사대금의 지급을 보증하거나 담보를 제공해야 하는 금액은 다음 각 호의 구분에 따른 금액으로 한다.

1. 공사기간이 4개월 이내인 경우: 도급금액에서 계약상 ❶ 을 제외한 금액
2. 공사기간이 4개월을 초과하는 경우로서 기성부분에 대한 대가를 지급하지 않기로 약정하거나 그 대가의 지급주기가 ❷ 이내인 경우: 다음의 계산식에 따라 산출된 금액

$$\frac{도급금액 - 계약상 선급금}{공사기간(월)} \times 4$$

3. 공사기간이 4개월을 초과하는 경우로서 기성부분에 대한 대가의 지급주기가 2개월을 초과하는 경우: 다음의 계산식에 따라 산출된 금액

$$\frac{도급금액 - 계약상 선급금}{공사기간(월)} \times \frac{기성부분에 대한 대가의 지급주기(월수)}{} \times 2$$

② 제1항에 따른 공사대금의 지급 보증 또는 담보의 제공은 수급인이 발주자에게 계약의 이행을 보증한 날부터 ❸ 이내에 해야 한다.

③ 공사대금의 지급 보증은 현금(체신관서 또는 「은행법」에 따른 은행이 발행한 자기앞수표를 포함한다)의 지급 또는 다음 각 호의 기관이 발행하는 보증서의 교부에 따른다.

1. 「소방산업의 진흥에 관한 법률」에 따른 소방산업공제조합
2. 「보험업법」에 따른 보험회사
3. 「신용보증기금법」에 따른 신용보증기금

4. 「은행법」에 따른 은행
5. 「주택도시기금법」에 따른 주택도시보증공사

④ 법 제21조의4제1항 단서에 따라 발주자가 공사대금의 지급을 보증하거나 담보를 제공하기 곤란한 경우에 지급하는 보험료 또는 공제료는 제1항에 따라 산정된 금액을 기초로 발주자의 신용도 등을 고려하여 제3항 각 호의 기관이 정하는 금액으로 한다.

⑤ 법 제21조의4제3항 전단에 따른 이행촉구의 통지는 다음 각 호의 어느 하나에 해당하는 방법으로 한다.
  1. 「우편법 시행규칙」 제25조제1항제4호가목의 내용증명
  2. 「전자문서 및 전자거래 기본법」에 따른 전자문서로서 다음 각 목의 어느 하나에 해당하는 요건을 갖춘 것
     가. 「전자서명법」에 따른 전자서명(서명자의 실지명의를 확인할 수 있는 것으로 한정한다)이 있을 것
     나. 「전자문서 및 전자거래 기본법」에 따른 공인전자주소를 이용할 것
  3. 그 밖에 이행촉구의 내용 및 수신 여부를 객관적으로 확인할 수 있는 방법

법률 〈제21조의4〉 ❶ 30일 ❷ 10일 ❸ 발주자

시행령 〈제11조의6〉 ❶ 공기업 ❷ 준정부기관 ❸ 지방공단 ❶ 1천만 원 ❷ 3개월

시행규칙 〈제20조의2〉 ❶ 선급금 ❷ 2개월 ❸ 30일

제21조의5(부정한 청탁에 의한 재물 등의 취득 및 제공 금지)

① ❶　　　　　　(발주자, 수급인 또는 하수급인이 법인인 경우 해당 법인의 임원 또는 직원을 포함한다) 또는 이해관계인은 도급계약의 체결 또는 소방시설공사등의 시공 및 수행과 관련하여 부정한 청탁을 받고 재물 또는 재산상의 이익을 취득하거나 부정한 청탁을 하면서 재물 또는 재산상의 이익을 제공하여서는 아니 된다.

② 국가, 지방자치단체 또는 대통령령으로 정하는 공공기관이 발주한 소방시설공사등의 업체 선정에 심사위원으로 참여한 사람은 그 직무와 관련하여 부정한 청탁을 받고 재물 또는 재산상의 이익을 취득하여서는 아니 된다.

③ 국가, 지방자치단체 또는 대통령령으로 정하는 공공기관이 발주한 소방시설공사등의 업체 선정에 참여한 법인, 해당 법인의 대표자, 상업사용인, 그 밖의 임원 또는 직원은 그 직무와 관련하여 부정한 청탁을 받고 재물 또는 재산상의 이익을 취득하거나 부정한 청탁을 하면서 재물 또는 재산상의 이익을 제공하여서는 아니 된다.

제21조의6(위반사실의 통보)

국가, 지방자치단체 또는 대통령령으로 정하는 공공기관은 소방시설업자가 제21조의5를 위반한 사실을 발견하면 시·도지사가 제9조제1항에 따라 그 등록을 취소하거나 ❷　　　 이내의 기간을 정하여 그 영업의 정지를 명할 수 있도록 그 사실을 ❸　　　 에게 통보하여야 한다.

제11조의7(부정한 청탁에 의한 재물 등의 취득 및 제공 금지 대상 공공기관의 범위)

법 제21조의5제2항 및 제3항에서 "대통령령으로 정하는 공공기관"이란 각각 제11조의5 각 호의 공공기관을 말한다.

제11조의8(위반사실 통보 대상 공공기관의 범위)

법 제21조의6에서 "대통령령으로 정하는 공공기관"이란 제11조의5 각 호의 공공기관을 말한다.

> **제11조의5(공사대금의 지급보증 등의 예외가 되는 공공기관의 범위)**
> 법 제21조의4제1항 본문에서 "대통령령으로 정하는 공공기관"이란 다음 각 호의 공공기관을 말한다.
> 1. 「공공기관의 운영에 관한 법률」 제5조에 따른 공기업 및 준정부기관
> 2. 「지방공기업법」 제49조에 따른 지방공사 및 같은 법 제76조에 따른 지방공단

제22조(하도급의 제한)

① 제21조에 따라 도급을 받은 자는 소방시설의 설계, 시공, 감리를 제3자에게 하도급할 수 없다. 다만, ❹ 　　 의 경우에는 대통령령으로 정하는 바에 따라 도급받은 소방시설공사의 일부를 다른 공사업자에게 하도급할 수 있다.

② 하수급인은 제1항 단서에 따라 하도급받은 소방시설공사를 제3자에게 다시 하도급할 수 없다.

③ 삭제

제12조(소방시설공사의 시공을 하도급할 수 있는 경우)

① 소방시설공사업과 다음 각 호의 어느 하나에 해당하는 사업을 함께 하는 공사업자가 소방시설공사와 해당 사업의 공사를 함께 도급받은 경우에는 법 제22조제1항 단서에 따라 도급받은 소방시설공사의 일부를 다른 공사업자에게 하도급할 수 있다.

1. 「주택법」 제4조에 따른 주택건설사업
2. 「건설산업기본법」 제9조에 따른 건설업
3. 「전기공사업법」 제4조에 따른 전기공사업
4. 「정보통신공사업법」 제14조에 따른 정보통신공사업

② 공사업자가 제1항에 따라 다른 공사업자에게 그 일부를 하도급할 수 있는 소방시설공사는 제4조제1호 각 목의 소방설비 중 하나 이상의 소방설비를 설치하는 공사로 한다.

법률 ✓

〈제21조의5〉 ❶ 발주자·수급인·하수급인
〈제21조의6〉 ❷ 6개월
　　　　　　 ❸ 시·도지사
〈제22조〉　　 ❹ 시공

시행령 ✓

시행규칙 ✓

제22조의2(하도급계약의 적정성 심사 등)	제12조의2(하도급계약의 적정성 심사 등)

① ❶ 는 하수급인이 계약내용을 수행하기에 현저하게 부적당하다고 인정되거나 하도급계약금액이 대통령령으로 정하는 비율에 따른 금액에 미달하는 경우에는 하수급인의 시공 및 수행능력, 하도급계약 내용의 적정성 등을 심사할 수 있다. 이 경우, 국가, 지방자치단체 또는 대통령령으로 정하는 공공기관이 발주자인 때에는 ❷ 를 실시하여야 한다.
② 발주자는 제1항에 따라 심사한 결과 하수급인의 시공 및 수행능력 또는 하도급계약 내용이 적정하지 아니한 경우에는 그 사유를 분명하게 밝혀 수급인에게 하수급인 또는 하도급계약 내용의 변경을 요구할 수 있다. 이 경우 제1항 후단에 따라 적정성 심사를 하였을 때에는 하수급인 또는 하도급계약 내용의 변경을 요구하여야 한다.
③ 발주자는 수급인이 정당한 사유 없이 제2항에 따른 요구에 따르지 아니하여 공사 등의 결과에 중대한 영향을 끼칠 우려가 있는 경우에는 해당 소방시설공사등의 도급계약을 해지할 수 있다.
④ 제1항 후단에 따른 발주자는 하수급인의 시공 및 수행능력, 하도급계약 내용의 적정성 등을 심사하기 위하여 ❸ 를 두어야 한다.
⑤ 제1항 및 제2항에 따른 하도급계약의 적정성 심사기준, 하수급인 또는 하도급계약 내용의 변경 요구 절차, 그 밖에 필요한 사항 및 제4항에 따른 하도급계약심사위원회의 설치·구성 및 심사방법 등에 관하여 필요한 사항은 대통령령으로 정한다.
	① 법 제22조의2제1항 전단에서 "하도급계약금액이 대통령령으로 정하는 비율에 따른 금액에 미달하는 경우"란 다음 각 호의 어느 하나에 해당하는 경우를 말한다.
	  1. 하도급계약금액이 도급금액 중 하도급부분에 상당하는 금액[하도급하려는 소방시설공사등에 대하여 수급인의 도급금액 산출내역서의 계약단가(직접·간접 노무비, 재료비 및 경비를 포함한다)를 기준으로 산출한 금액에 일반관리비, 이윤 및 부가가치세를 포함한 금액을 말하며, 수급인이 하수급인에게 직접 지급하는 자재의 비용 등 관계 법령에 따라 수급인이 부담하는 금액은 제외한다]의 ❶ 에 해당하는 금액에 미달하는 경우
	  2. 하도급계약금액이 소방시설공사등에 대한 발주자의 예정가격의 ❷ 에 해당하는 금액에 미달하는 경우
	② 법 제22조의2제1항 후단에서 "대통령령으로 정하는 공공기관"이란 제11조의5 각 호의 공공기관을 말한다.
	  1. 삭제
	  2. 삭제
	③ 소방청장은 법 제22조의2제1항에 따라 하수급인의 시공 및 수행능력, 하도급계약 내용의 적정성 등을 심사하는 경우에 활용할 수 있는 기준을 정하여 고시하여야 한다.
	④ 발주자는 법 제22조의2제2항에 따라 하수급인 또는 하도급계약 내용의 변경을 요구하려는 경우에는 법 제21조의3제4항에 따라 하도급에 관한 사항을 통보받은 날 또는 그 사유가 있음을 안 날부터 ❸ 이내에 서면으로 하여야 한다.

제12조의3(하도급계약심사위원회의 구성 및 운영)
① 법 제22조의2제4항에 따른 하도급계약심사위원회(이하 "위원회"라 한다)는 위원장 1명과 부위원장 1명을 포함하여 ❹   이내의 위원으로 구성한다.
② 위원회의 위원장(이하 "위원장"이라 한다)은 발주기관의 장(발주기관이 특별시·광역시·특별자치시·도 및 특별자치도인 경우에는 해당 기관 소속 2급 또는 3급 공무원 중에서, 발주기관이 제11조의5 각 호의 공공기관인 경우에는 1급 이상 임직원 중에서 발주기관의 장이 지명하는 사람을 각각 말한다)이 되고, 부위원장과 위원은 다음 각 호의 어느 하나에 해당하는 사람 중에서 위원장이 임명하거나 성별을 고려하여 위촉한다.
 1. 해당 발주기관의 과장급 이상 공무원(제11조의5 각 호의 공공기관의 경우에는 2급 이상의 임직원을 말한다)
 2. 소방 분야 연구기관의 연구위원급 이상인 사람
 3. 소방 분야의 박사학위를 취득하고 그 분야에서 ❺   이상 연구 또는 실무경험이 있는 사람
 4. 대학(소방 분야로 한정한다)의 조교수 이상인 사람
 5. 「국가기술자격법」에 따른 소방기술사 자격을 취득한 사람

법률 ✅

〈제22조의2〉 ❶ 발주자
❷ 적정성 심사
❸ 하도급계약심사위원회

시행령 ✅

〈제12조의2〉 ❶ 100분의 82
❷ 100분의 60
❸ 30일
〈제12조의3〉 ❹ 10명
❺ 3년

시행규칙 ✅

제22조의3(하도급대금의 지급 등)

① 수급인은 발주자로부터 도급받은 소방시설공사등에 대한 준공금(竣工金)을 받은 경우에는 하도급대금의 전부를, 기성금(旣成金)을 받은 경우에는 하수급인이 시공하거나 수행한 부분에 상당한 금액을 각각 지급받은 날(수급인이 발주자로부터 대금을 어음으로 받은 경우에는 그 어음만기일을 말한다)부터 ❶ 　　 이내에 하수급인에게 현금으로 지급하여야 한다.

② 수급인은 발주자로부터 선급금을 받은 경우에는 하수급인이 자재의 구입, 현장근로자의 고용, 그 밖에 하도급 공사 등을 시작할 수 있도록 그가 받은 선급금의 내용과 비율에 따라 하수급인에게 선금을 받은 날(하도급 계약을 체결하기 전에 선급금을 받은 경우에는 하도급 계약을 체결한 날을 말한다)부터 ❷ 　　 이내에 선급금을 지급하여야 한다. 이 경우 수급인은 하수급인이 선급금을 반환하여야 할 경우에 대비하여 하수급인에게 보증을 요구할 수 있다.

③ 수급인은 하도급을 한 후 설계변경 또는 물가변동 등의 사정으로 도급금액이 조정되는 경우에는 조정된 금액과 비율에 따라 하수급인에게 하도급 금액을 증액하거나 감액하여 지급할 수 있다.

③ 제2항제2호부터 제5호까지의 규정에 해당하는 위원의 임기는 ❶ 　　 으로 하며, 한 차례만 연임할 수 있다.

④ 위원회의 회의는 재적위원 과반수의 출석으로 개의(開議)하고, 출석위원 과반수의 찬성으로 의결한다.

⑤ 제1항부터 제4항까지에서 규정한 사항 외에 위원회의 운영에 필요한 사항은 위원회의 의결을 거쳐 ❷ 　　 이 정한다.

제12조의4(위원회 위원의 제척 · 기피 · 회피)

① 위원회의 위원은 다음 각 호의 어느 하나에 해당하는 경우에는 해당 하도급계약심사에서 제척(除斥)된다.
 1. 위원 또는 그 배우자나 배우자이었던 사람이 해당 안건의 당사자(당사자가 법인·단체 등인 경우에는 그 임원을 포함한다. 이하 이 호 및 제2호에서 같다)가 되거나 그 안건의 당사자와 공동권리자 또는 공동의무자인 경우
 2. 위원이 해당 안건의 당사자와 ❸ 　　 이거나 ❹ 　　 이었던 경우
 3. 위원이 해당 안건에 대하여 ❺ 　　 이나 ❻ 　　 을 한 경우
 4. 위원이나 위원이 속한 법인·단체 등이 해당 안건의 당사자의 대리인이거나 대리인이었던 경우
 5. 위원이 해당 안건의 원인이 된 처분 또는 부작위에 관여한 경우

② 해당 안건의 당사자는 위원에게 공정한 심사를 기대하기 어려운 사정이 있는 경우에는 위원회에 기피 신청을 할 수 있으며, 위원회는 의결로 이를 결정한다. 이 경우 기피 신청의 대상인 위원은 그 의결에 참여하지 못한다.

제22조의4(하도급계약 자료의 공개)
① 국가・지방자치단체 또는 대통령령으로 정하는 공공기관이 발주하는 소방시설공사등을 하도급한 경우 해당 발주자는 다음 각 호의 사항을 누구나 볼 수 있는 방법으로 공개하여야 한다.
  1. 공사명
  2. 예정가격 및 수급인의 도급금액 및 낙찰률
  3. 수급인(상호 및 대표자, 영업소 소재지, 하도급 사유)
  4. 하수급인(상호 및 대표자, 업종 및 등록번호, 영업소 소재지)
  5. 하도급 공사업종
  6. 하도급 내용(도급금액 대비 하도급 금액 비교명세, 하도급률)
  7. 선급금 지급 방법 및 비율
  8. 기성금 지급 방법(지급 주기, 현금지급 비율)
  9. 설계변경 및 물가변동에 따른 대금 조정 여부
  10. 하자담보 책임기간

③ 위원이 제1항 각 호에 따른 제척 사유에 해당하는 경우에는 스스로 해당 안건의 심사에서 회피(回避)하여야 한다.

제12조의5(하도급계약 자료의 공개)
① 법 제22조의4제1항 각 호 외의 부분에서 "대통령령으로 정하는 공공기관"이란 제11조의5 각 호의 공공기관을 말한다.
② 법 제22조의4제1항에 따른 소방시설공사등의 하도급계약 자료의 공개는 법 제21조3제4항에 따라 하도급에 관한 사항을 통보받은 날부터 ❼ 이내에 해당 소방시설공사등을 발주한 기관의 인터넷 홈페이지에 게재하는 방법으로 하여야 한다.
③ 법 제22조의4제1항에 따른 소방시설공사등의 하도급계약 자료의 공개대상 계약규모는 하도급계약금액[하수급인의 하도급금액 산출내역서의 계약단가(직접・간접 노무비, 재료비 및 경비를 포함한다)를 기준으로 산출한 금액에 일반관리비, 이윤 및 부가가치세를 포함한 금액을 말하며, 수급인이 하수급인에게 직접 지급하는 자재의 비용 등 관계 법령에 따라 수급인이 부담하는 금액은 제외한다]이 ❽ 이상인 경우로 한다.

법률
⟨제22조의3⟩ ❶ 15일
❷ 15일

시행령
⟨제12조의3⟩ ❶ 3년 ❷ 위원장
⟨제12조의4⟩ ❸ 친족 ❹ 친족
❺ 진술 ❻ 감정
⟨제12조의5⟩ ❼ 30일 ❽ 1천만 원

시행규칙

11. 하도급대금 지급보증서 발급 여부(발급하지 아니한 경우에는 그 사유를 말한다)
12. 표준하도급계약서 사용 유무
13. 하도급계약 적정성 심사 결과

② 제1항에 따른 하도급계약 자료의 공개와 관련된 절차 및 방법, 공개대상 계약규모 등에 관하여 필요한 사항은 대통령령으로 정한다.

제23조(도급계약의 해지)
특정소방대상물의 관계인 또는 발주자는 해당 도급계약의 수급인이 다음 각 호의 어느 하나에 해당하는 경우에는 도급계약을 해지할 수 있다.

1. 소방시설업이 등록취소 되거나 영업정지 된 경우
2. 소방시설업을 ❶   하거나 ❷   한 경우
3. 정당한 사유 없이 ❸   이상 소방시설공사를 계속하지 아니하는 경우
4. 제22조의2제2항에 따른 요구에 정당한 사유 없이 따르지 아니하는 경우

제24조(공사업자의 감리 제한)
다음 각 호의 어느 하나에 해당되면 동일한 특정소방대상물의 소방시설에 대한 시공과 감리를 함께 할 수 없다.

1. 공사업자(법인인 경우 법인의 대표자 또는 임원을 말한다. 이하 제4호에서 같다)와 감리업자(법인인 경우 법인의 대표자 또는 임원을 말한다. 이하 제4호에서 같다)가 같은 자인 경우
2. 「독점규제 및 공정거래에 관한 법률」 제2조제11호에 따른 기업집단의 관계인 경우
3. 법인과 그 법인의 임직원의 관계인 경우
4. ❹   와 ❺   가 「민법」 제777조에 따른 친족관계인 경우

제25조(소방 기술용역의 대가 기준)
소방시설공사의 설계와 감리에 관한 약정을 할 때 그 대가는 「엔지니어링산업 진흥법」 제31조에 따른 엔지니어링사업의 대가 기준 가운데 행정안전부령으로 정하는 방식에 따라 산정한다.

제21조(소방기술용역의 대가 기준 산정방식)
법 제25조에서 "행정안전부령으로 정하는 방식"이란 「엔지니어링산업 진흥법」 제31조제2항에 따라 산업통상자원부장관이 고시한 엔지니어링사업대가의 기준 중 다음 각 호에 따른 방식을 말한다.
1. 소방시설설계의 대가: 통신부문에 적용하는 공사비 요율에 따른 방식
2. 소방공사감리의 대가: ❶

법률
⟨제23조⟩ ❶ 휴업
❷ 폐업
❸ 30일
⟨제24조⟩ ❹ 공사업자
❺ 감리업자

시행령

시행규칙
⟨제21조⟩ ❶ 실비정액 가산방식

제26조(시공능력 평가 및 공시)

① 소방청장은 관계인 또는 발주자가 적절한 공사업자를 선정할 수 있도록 하기 위하여 공사업자의 신청이 있으면 그 공사업자의 소방시설공사 실적, 자본금 등에 따라 시공능력을 평가하여 공시할 수 있다.

② 제1항에 따른 평가를 받으려는 공사업자는 전년도 소방시설공사 실적, 자본금, 그 밖에 행정안전부령으로 정하는 사항을 ❶ 에게 제출하여야 한다.

③ 제1항 및 제2항에 따른 시공능력 평가신청 절차, 평가방법 및 공시방법 등에 필요한 사항은 행정안전부령으로 정한다.

제22조(소방시설공사 시공능력 평가의 신청)

① 법 제26조제1항에 따라 소방시설공사의 시공능력을 평가받으려는 공사업자는 법 제26조제2항에 따라 별지 제32호서식의 소방시설공사 시공능력평가신청서(전자문서로 된 소방시설공사 시공능력평가신청서를 포함한다)에 다음 각 호의 서류(전자문서를 포함한다)를 첨부하여 협회에 매년 2월 15일[제5호의 서류는 법인의 경우에는 매년 4월 15일, 개인의 경우에는 매년 6월 10일(「소득세법」 제70조의2제1항에 따른 성실신고확인대상사업자는 매년 7월 10일)]까지 제출해야 하며, 이 경우 협회는 공사업자가 첨부해야 할 서류를 갖추지 못하였을 때에는 ❶ 의 보완기간을 부여하여 보완하게 해야 한다. 다만, 「전자정부법」 제36조제1항에 따른 행정정보의 공동이용을 통하여 첨부서류에 대한 정보를 확인할 수 있는 경우에는 그 확인으로 첨부서류를 갈음할 수 있다.

1. 소방공사실적을 증명하는 다음 각 목의 구분에 따른 해당 서류(전자문서를 포함한다)

    가. 국가, 지방자치단체, 「공공기관의 운영에 관한 법률」 제5조에 따른 공기업・준정부기관 또는 「지방공기업법」 제49조에 따라 설립된 지방공사나 같은 법 제76조에 따라 설립된 지방공단(이하 "국가등"이라 한다. 이하 같다)이 발주한 국내 소방시설공사의 경우: 해당 발주자가 발행한 별지 제33호서식의 소방시설공사 실적증명서

    나. 가목, 라목 또는 마목 외의 국내 소방시설공사와 하도급공사의 경우: 해당 소방시설공사의 발주자 또는 수급인이 발행한 별지 제33호서식의 소방시설공사 실적증명서 및 부가가치세법령에 따른 세금계산서(공급자 보관용) 사본이나 소득세법령에 따른

계산서(공급자 보관용) 사본. 다만, 유지·보수공사는 공사시공명세서로 갈음할 수 있다.
다. 해외 소방시설공사의 경우: 재외공관장이 발행한 해외공사 실적증명서 또는 공사계약서 사본이 첨부된 외국환은행이 발행한 외화입금증명서
라. 주한국제연합군 또는 그 밖의 외국군의 기관으로부터 도급받은 소방시설공사의 경우: 거래하는 외국환은행이 발행한 외화입금증명서 및 도급계약서 사본
마. 공사업자의 자기수요에 따른 소방시설공사의 경우: 그 공사의 감리자가 확인한 별지 제33호서식의 소방시설공사 실적증명서
2. 평가를 받는 해의 전년도 말일 현재의 소방시설업 등록수첩 사본
3. 별지 제35호서식의 소방기술자보유현황
4. 별지 제36호서식의 신인도평가신고서(다음 각 목의 어느 하나에 해당하는 사실이 있는 경우에만 해당된다)
가. 품질경영인증(ISO 9000) 취득
나. 우수소방시설공사업자 지정
다. 소방시설공사 표창 수상

법률 〈제26조〉 ❶ 소방청장

시행규칙 〈제22조〉 ❶ 15일

5. 다음 각 목의 어느 하나에 해당하는 서류
   가. 「법인세법」 및 「소득세법」에 따라 관할 세무서장에게 제출한 조세에 관한 신고서(「세무사법」 제6조에 따라 등록한 세무사가 확인한 것으로서 재무상태표 및 손익계산서가 포함된 것)
   나. 「주식회사의 외부감사에 관한 법률」에 따라 외부감사인의 회계감사를 받은 재무제표
   다. 「공인회계사법」 제7조에 따라 등록한 공인회계사 또는 같은 법 제24조에 따라 등록한 회계법인이 감사한 회계서류
   라. 출자·예치·담보 금액 확인서(다만, 소방청장이 지정하는 금융회사 또는 소방산업공제조합에서 통보하는 경우에는 생략할 수 있다)

② 제1항에서 규정한 사항 외에 시공능력 평가 등 업무수행에 필요한 세부규정은 협회가 정하되, 소방청장의 승인을 받아야 한다.

제23조(시공능력의 평가)

① 법 제26조제3항에 따른 시공능력 평가의 방법은 별표 4와 같다.

② 제1항에 따라 평가된 시공능력은 공사업자가 도급받을 수 있는 1건의 공사도급금액으로 하고, 시공능력 평가의 유효기간은 공시일부터 ❶   간으로 한다. 다만, 다음 각 호의 어느 하나에 해당하는 사유로 평가된 시공능력의 유효기간은 그 시공능력 평가 결과의 공시일부터 다음 해의 정기공시일(제3항 본문에 따라 공시한 날을 말한다)의 전날까지로 한다.

1. 법 제4조에 따라 소방시설공사업을 등록한 경우

2. 법 제7조제1항이나 제2항에 따라 소방시설공사업을 상속·양수·합병하거나 소방시설 전부를 인수한 경우
3. 제22조제1항 각 호의 서류가 거짓으로 확인되어 제4항에 따라 새로 평가한 경우

③ 협회는 시공능력을 평가한 경우에는 그 사실을 해당 공사업자의 등록수첩에 기재하여 발급하고, 매년 7월 31일까지 각 공사업자의 시공능력을 ❷ ▇▇▇(「신문 등의 진흥에 관한 법률」 제2조제1호가목 또는 나목에 해당하는 일간신문으로서 같은 법 제9조제1항에 따른 등록 시 전국을 보급지역으로 등록한 일간신문을 말한다. 이하 같다) 또는 ❸ ▇▇▇를 통하여 공시하여야 한다. 다만, 제2항 각 호의 어느 하나에 해당하는 사유로 시공능력을 평가한 경우에는 인터넷 홈페이지를 통하여 공시하여야 한다.

④ 협회는 시공능력평가 및 공시를 위하여 제22조에 따라 제출된 자료가 거짓으로 확인된 경우에는 그 확인된 날부터 ❹ ▇▇ 이내에 제3항에 따라 공시된 해당 공사업자의 시공능력을 새로 평가하고 해당 공사업자의 등록수첩에 그 사실을 기재하여 발급하여야 한다.

시행규칙 ✓

〈제23조〉 ❶ 1년
❷ 일간신문
❸ 인터넷 홈페이지
❹ 10일

제26조의2(설계·감리업자의 선정)

① 국가, 지방자치단체 또는 대통령령으로 정하는 공공기관은 그가 발주하는 소방시설의 설계·공사 감리 용역 중 ❶   이 정하여 고시하는 금액 이상의 사업에 대하여는 대통령령으로 정하는 바에 따라 집행 계획을 작성하여 공고하여야 한다. 이 경우 공고된 사업을 하려면 기술능력, 경영능력, 그 밖에 대통령령으로 정하는 사업수행능력 평가기준에 적합한 설계·감리업자를 선정하여야 한다.

② ❷   가 「주택법」 제15조제1항에 따라 주택건설사업계획을 승인하거나 특별자치시장, 특별자치도지사, 시장, 군수 또는 ❸   이 「도시 및 주거환경정비법」 제50조제1항에 따라 사업시행계획을 인가할 때에는 그 주택건설공사에서 소방시설공사의 감리를 할 감리업자를 제1항 후단에 따른 사업수행능력 평가기준에 따라 선정하여야 한다. 이 경우 감리업자를 선정하는 주택건설공사의 규모 및 대상 등에 관하여 필요한 사항은 대통령령으로 정한다.

③ 제1항 및 제2항에 따른 설계·감리업자의 선정 절차 등에 필요한 사항은 대통령령으로 정한다.

제12조의6(설계 및 공사 감리 용역사업의 집행 계획 작성·공고 대상자)

법 제26조의2제1항 전단에서 "대통령령으로 정하는 공공기관"이란 제11조의5 각 호의 공공기관을 말한다.

제12조의7(설계 및 공사 감리 용역사업의 집행 계획의 내용 등)

① 법 제26조의2제1항 전단에 따른 집행 계획에는 다음 각 호의 사항이 포함되어야 한다.
1. 설계·공사 감리 용역명
2. 설계·공사 감리 용역사업 ❶
3. 설계·공사 감리 용역사업의 주요 내용
4. 총사업비 및 해당 연도 ❷
5. 입찰 예정시기
6. 그 밖에 입찰 참가에 필요한 사항

② 법 제26조의2제1항 전단에 따른 집행 계획의 공고는 입찰공고와 함께 할 수 있다.

제12조의8(설계·감리업자의 선정 절차 등)

① 법 제26조의2제1항 후단에서 "대통령령으로 정하는 사업수행능력 평가기준"이란 다음 각 호의 사항에 대한 평가기준을 말한다.
1. 참여하는 소방기술자의 ❸
2. 입찰참가 제한, 영업정지 등의 처분 유무 또는 재정상태 건실도 등에 따라 평가한 ❹
3. 기술개발 및 투자 실적
4. 참여하는 소방기술자의 업무 중첩도
5. 그 밖에 행정안전부령으로 정하는 사항

제23조의2(설계업자 또는 감리업자의 선정 등)

① 영 제12조의8제4항에 따른 사업수행능력 평가의 세부기준은 다음 각 호의 평가기준을 말한다.
1. 설계용역의 경우: 별표 4의3의 사업수행능력 평가기준
2. 공사감리용역의 경우: 별표 4의4의 사업수행능력 평가기준

② 소방청장은 영 제12조의8에 따라 설계업자 또는 감리업자가 사업수행능력을 평가받을 때 제출하는 서류 등의 표준서식을 정하여 국가등이 이를 이용하게 할 수 있다.

③ 설계업자 및 감리업자는 그가 수행하거나 수행한 설계용역 또는 공사감리용역의 실적관리를 위하여 협회에 설계용역 또는 공사감리용역의 실적 현황을 제출할 수 있다.

④ ❶   는 제3항에 따라 설계용역 또는 공사감리용역의 현황을 접수받았을 때에는 그 내용을 기록·관리하여야 하며, 설계업자 또는 감리업자가 요청하면 별지 제36호의2서식의 설계용역 수행현황확인서 또는 별지 제36호의3서식의 공사감리용역 수행현황확인서를 발급하여야 한다.

⑤ 협회는 제4항에 따라 설계용역 또는 공사감리용역의 기록·관리를 하는 경우나 설계용역 수행현황확인서, 공사감리용역 수행현황확인서를 발급할 때에는 그 신청인으로부터 실비(實費)의 범위에서 소방청장의 승인을 받아 정한 수수료를 받을 수 있다.

제23조의3(기술능력 평가기준·방법)

① 국가등은 법 제26조의2 및 영 제12조의8제3항에 따라 기술과 가격을 분리하여 낙찰자를 선정하려는 경우에는 다음 각 호의 기준에 따라야 한다.

② 국가, 지방자치단체 또는 제12조의6에 따른 공공기관(이하 "국가등"이라 한다. 이하 이 조에서 같다)은 법 제26조의2제1항 전단에 따라 공고된 소방시설의 설계·공사감리 용역을 발주하는 경우(시·도지사가 제12조의9제2항에 따라 감리업자를 선정하기 위하여 모집공고를 하는 경우를 포함한다)에는 입찰에 참가하려는 자를 제1항에 따른 사업수행능력 평가기준에 따라 평가하여 입찰에 참가할 자를 선정해야 한다.

③ 국가등이 소방시설의 설계·공사감리 용역을 발주할 때 특별히 기술이 뛰어난 자를 낙찰자로 선정하려는 경우에는 제2항에 따라 선정된 입찰에 참가할 자에게 기술과 가격을 분리하여 입찰하게 하여 기술능력을 우선적으로 평가한 후 기술능력 평가점수가 높은 업체의 순서로 협상하여 낙찰자를 선정할 수 있다.

④ 제1항부터 제3항까지의 규정에 따른 사업수행능력 평가의 세부 기준 및 방법, 기술능력 평가 기준 및 방법, 협상 방법 등 설계·감리업자의 선정에 필요한 세부적인 사항은 행정안전부령으로 정한다.

1. ❷ _____ 의 경우: 별표 4의3의 평가기준에 따른 평가 결과 국가등이 정하는 일정 점수 이상을 얻은 자를 입찰참가자로 선정한 후 기술제안서(입찰금액이 적힌 것을 말한다. 이하 이 조에서 같다)를 제출하게 하고, 기술제안서를 제출한 자를 별표 4의5의 평가기준에 따라 평가한 결과 그 점수가 가장 높은 업체부터 순서대로 기술제안서에 기재된 입찰금액이 예정가격 이내인 경우 그 업체와 협상하여 낙찰자를 선정한다.

2. ❸ _____ 의 경우: 별표 4의4의 평가기준에 따른 평가 결과 국가등이 정하는 일정 점수 이상을 얻은 자를 입찰참가자로 선정한 후 기술제안서를 제출하게 하고, 기술제안서를 제출한 자를 별표 4의6의 평가기준에 따라 평가한 결과 그 점수가 가장 높은 업체부터 순서대로 기술제안서에 기재된 입찰금액이 예정가격 이내인 경우 그 업체와 협상하여 낙찰자를 선정한다.

② 국가등은 낙찰된 업체의 기술제안서를 설계용역 또는 감리용역 계약문서에 포함시켜야 한다.

법률
〈제26조의2〉 ❶ 소방청장
❷ 시·도지사 또는 시장·군수
❸ 자치구의 구청장

시행령
〈제12조의7〉 ❶ 시행 기관명
❷ 예산 규모
〈제12조의8〉 ❸ 실적 및 경력
❹ 신용도

시행규칙
〈제23조의2〉 ❶ 협회
〈제23조의3〉 ❷ 설계용역
❸ 공사감리용역

제12조의9(감리업자를 선정하는 주택건설공사의 규모 및 대상 등)

① 법 제26조의2제2항 전단에 따라 시·도지사가 감리업자를 선정해야 하는 주택건설공사의 규모 및 대상은 「주택법」에 따른 공동주택(기숙사는 제외한다)으로서 ❶   이상인 것으로 한다.

② 시·도지사는 법 제26조의2제2항 전단에 따라 감리업자를 선정하려는 경우에는 주택건설사업계획을 승인한 날부터 ❷   이내에 다른 공사와는 별도로 소방시설공사의 감리를 할 감리업자의 모집공고를 해야 한다.

③ 시·도지사는 제2항에도 불구하고 「주택법 시행령」 제31조에 따른 공사 착수기간의 연장 등 부득이한 사유가 있어 사업주체가 요청하는 경우에는 그 사유가 없어진 날부터 ❸   이내에 제2항에 따른 모집공고를 할 수 있다.

④ 제2항에 따른 모집공고에는 다음 각 호의 사항이 포함되어야 한다.

1. 접수기간
2. ❹
3. 사업내용 및 제출서류
4. 감리원 응모자격 기준시점(신청접수 마감일을 원칙으로 한다)
5. 감리업자 실적과 감리원 경력의 기준시점(모집공고일을 원칙으로 한다)
6. 입찰의 전자적 처리에 관한 사항
7. 그 밖에 감리업자 모집에 필요한 사항

⑤ 제2항에 따른 모집공고는 일간신문에 싣거나 해당 특별시·광역시·특별자치시·도 또는 특별자치도의 ❺   과 인터넷 홈페이지에 ❻   이상 게시하는 등의 방법으로 한다.

제26조의3(소방시설업 종합정보시스템의 구축 등)
① ❶　　　은 다음 각 호의 정보를 종합적이고 체계적으로 관리·제공하기 위하여 소방시설업 종합정보시스템을 구축·운영할 수 있다.
1. 소방시설업자의 자본금·기술인력 보유 현황, 소방시설공사등 수행상황, 행정처분 사항 등 소방시설업자에 관한 정보
2. 소방시설공사등의 착공 및 완공에 관한 사항, 소방기술자 및 감리원의 배치 현황 등 소방시설공사등과 관련된 정보
② 소방청장은 제1항에 따른 정보의 종합관리를 위하여 ❷　　　, ❸　　　, 관련 기관 및 단체 등에게 필요한 자료의 제출을 요청할 수 있다. 이 경우 요청을 받은 자는 특별한 사유가 없으면 이에 따라야 한다.
③ 소방청장은 제1항에 따른 정보를 필요로 하는 관련 기관 또는 단체에 해당 정보를 제공할 수 있다.
④ 제1항에 따른 소방시설업 종합정보시스템의 구축 및 운영 등에 필요한 사항은 행정안전부령으로 정한다.

제23조의4(소방시설업 종합정보시스템의 구축·운영)
① 소방청장은 법 제26조의3제1항에 따른 소방시설업 종합정보시스템(이하 "소방시설업 종합정보시스템"이라 한다)의 구축 및 운영 등을 위하여 다음 각 호의 업무를 수행할 수 있다.
1. 소방시설업 종합정보시스템의 구축 및 운영에 관한 연구개발
2. 법 제26조의3제1항 각 호의 정보에 대한 수집·분석 및 공유
3. 소방시설업 종합정보시스템의 표준화 및 공동활용 촉진
② 소방청장은 소방시설업 종합정보시스템의 효율적인 구축과 운영을 위하여 협회, 소방기술과 관련된 법인 또는 단체와 협의체를 구성·운영할 수 있다.
③ 소방청장은 법 제26조의3제2항 전단에 따라 필요한 자료의 제출을 요청하는 경우에는 그 범위, 사용 목적, 제출기한 및 제출방법 등을 명시한 ❶　　　으로 해야 한다.
④ 법 제26조의3제3항에 따른 관련 기관 또는 단체는 소방청장에게 필요한 정보의 제공을 요청하는 경우에는 그 범위, 사용 목적 및 제공방법 등을 명시한 ❷　　　으로 해야 한다.

법률 〈제26조의3〉
❶ 소방청장
❷ 소방시설업자
❸ 발주자

시행령 〈제12조의9〉
❶ 300세대　❷ 7일
❸ 7일　❹ 낙찰자 결정방법
❺ 게시판　❻ 7일

시행규칙 〈제23조의4〉
❶ 서면
❷ 서면

제4장 소방기술자

제27조(소방기술자의 의무)

① 소방기술자는 이 법과 이 법에 따른 명령과 「소방시설 설치 및 관리에 관한 법률」 및 같은 법에 따른 명령에 따라 업무를 수행하여야 한다.

② 소방기술자는 다른 사람에게 자격증[제28조에 따라 소방기술 경력 등을 인정받은 사람의 경우에는 소방기술 인정 자격수첩(이하 "자격수첩"이라 한다)과 소방기술자 경력수첩(이하 "경력수첩"이라 한다)을 말한다]을 빌려 주어서는 아니 된다.

③ 소방기술자는 동시에 둘 이상의 업체에 취업하여서는 아니 된다. 다만, 제1항에 따른 소방기술자 업무에 영향을 미치지 아니하는 범위에서 근무시간 외에 소방시설업이 아닌 다른 업종에 종사하는 경우는 제외한다.

✅기출 23 공채 / 23 경채

제28조(소방기술 경력 등의 인정 등)

① ❶ 은 소방기술의 효율적인 활용과 소방기술의 향상을 위하여 소방기술과 관련된 자격·학력 및 경력을 가진 사람을 소방기술자로 인정할 수 있다.

② 소방청장은 제1항에 따라 자격·학력 및 경력을 인정받은 사람에게 소방기술 인정 자격수첩과 경력수첩을 발급할 수 있다.

③ 제1항에 따른 소방기술과 관련된 자격·학력 및 경력의 인정 범위와 제2항에 따른 자격수첩 및 경력수첩의 발급 절차 등에 관하여 필요한 사항은 행정안전부령으로 정한다.

제24조(소방기술과 관련된 자격·학력 및 경력의 인정 범위 등)

① 법 제28조제3항에 따른 소방기술과 관련된 자격·학력 및 경력의 인정 범위는 별표 4의2와 같다.
1. 삭제
2. 삭제
3. 삭제

④ 소방청장은 제2항에 따라 자격수첩 또는 경력수첩을 발급받은 사람이 다음 각 호의 어느 하나에 해당하는 경우에는 행정안전부령으로 정하는 바에 따라 그 자격을 취소하거나 ❷ 이상 ❸ 이하의 기간을 정하여 그 자격을 정지시킬 수 있다. 다만, 제1호와 제2호에 해당하는 경우에는 그 자격을 취소하여야 한다.〉
1. 거짓이나 그 밖의 부정한 방법으로 자격수첩 또는 경력수첩을 발급받은 경우
2. 제27조제2항을 위반하여 자격수첩 또는 경력수첩을 다른 사람에게 빌려준 경우
3. 제27조제3항을 위반하여 동시에 둘 이상의 업체에 취업한 경우
4. 이 법 또는 이 법에 따른 명령을 위반한 경우

⑤ 제4항에 따라 자격이 취소된 사람은 취소된 날부터 ❹ 간 자격수첩 또는 경력수첩을 발급받을 수 없다.

② ❶, 영 제20조제4항에 따라 소방기술과 관련된 자격·학력 및 경력의 인정업무를 위탁받은 소방기술과 관련된 법인 또는 단체는 법 제28조제1항에 따라 소방기술과 관련된 자격·학력 및 경력을 가진 사람을 소방기술자로 인정하려는 경우에는 법 제28조의2제1항에 따른 소방기술자 양성·인정 교육훈련(이하 "소방기술자 양성·인정 교육훈련"이라 한다)의 수료 여부를 확인하고 별지 제39호서식의 소방기술 인정 자격수첩과 별지 제39호의2서식에 따른 소방기술자 경력수첩을 발급해야 한다.

③ 제1항 및 제2항에서 규정한 사항 외에 자격수첩과 경력수첩의 발급절차 수수료 등에 관하여 필요한 사항은 ❷ 이 정하여 고시한다.

제25조(자격의 정지 및 취소에 관한 기준)
법 제28조제4항에 따른 자격의 정지 및 취소기준은 별표 5와 같다.

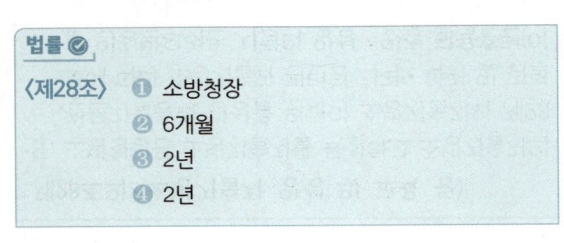

법률 〈제28조〉
❶ 소방청장
❷ 6개월
❸ 2년
❹ 2년

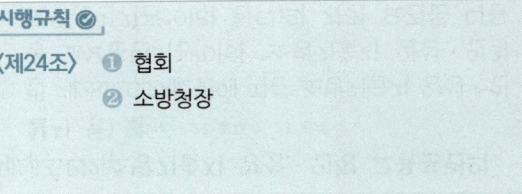

시행규칙 〈제24조〉
❶ 협회
❷ 소방청장

제28조의2(소방기술자 양성 및 교육 등)

① 소방청장은 소방기술자를 육성하고 소방기술자의 전문기술능력 향상을 위하여 소방기술자와 제28조에 따라 소방기술과 관련된 자격·학력 및 경력을 인정받으려는 사람의 양성·인정 교육훈련(이하 "소방기술자 양성·인정 교육훈련"이라 한다)을 ❶

② ❷ 은 전문적이고 체계적인 소방기술자 양성·인정 교육훈련을 위하여 소방기술자 양성·인정 교육훈련기관을 지정할 수 있다.

③ 제2항에 따라 지정된 소방기술자 양성·인정 교육훈련기관의 지정취소, 업무정지 및 청문에 관하여는 「소방시설 설치 및 관리에 관한 법률」 제47조 및 제49조를 준용한다.

④ 제1항 및 제2항에 따른 소방기술자 양성·인정 교육훈련 및 교육훈련기관 지정 등에 필요한 사항은 행정안전부령으로 정한다.

제29조(소방기술자의 실무교육)

① 화재 예방, 안전관리의 효율화, 새로운 기술 등 소방에 관한 지식의 보급을 위하여 소방시설업 또는 「소방시설 설치 및 관리에 관한 법률」 제29조에 따른 소방시설관리업의 기술인력으로 등록된 소방기술자는 행정안전부령으로 정하는 바에 따라 실무교육을 받아야 한다.

제25조의2(소방기술자 양성·인정 교육훈련의 실시 등) ✅기출 23 공채 / 23 경채

① 법 제28조의2제2항에 따른 소방기술자 양성·인정 교육훈련기관(이하 "소방기술자 양성·인정 교육훈련기관"이라 한다)의 지정 요건은 다음 각 호와 같다.
  1. 전국 ❶ 이상의 시·도에 이론교육과 실습교육이 가능한 교육·훈련장을 갖출 것
  2. 소방기술자 양성·인정 교육훈련을 실시할 수 있는 전담인력을 ❷ 이상 갖출 것
  3. 교육과목별 교재 및 강사 매뉴얼을 갖출 것
  4. 교육훈련의 신청·수료, 성과측정, 경력관리 등에 필요한 교육훈련 관리시스템을 구축·운영할 것

② 소방기술자 양성·인정 교육훈련기관은 다음 각 호의 사항이 포함된 다음 연도 교육훈련계획을 수립하여 해당 연도 ❸ 까지 소방청장의 승인을 받아야 한다.
  1. 교육운영계획
  2. 교육 과정 및 과목
  3. 교육방법
  4. 그 밖에 소방기술자 양성·인정 교육훈련의 실시에 필요한 사항

③ 소방기술자 양성·인정 교육훈련기관은 교육 이수 사항을 기록·관리해야 한다.

제26조(소방기술자의 실무교육)

① 소방기술자는 법 제29조제1항에 따른 실무교육을 ❹ 마다 1회 이상 받아야 한다. 다만, 실무교육을 받아야 할 기간 내에 소방기술자 양성·인정 교육훈련을 받은 경우에는 해당 실무교육을 받은 것으로 본다.

② 제1항에 따른 소방기술자가 정하여진 교육을 받지 아니하면 그 교육을 이수할 때까지 그 소방기술자는 소방시설업 또는 「소방시설 설치 및 관리에 관한 법률」 제29조에 따른 소방시설관리업의 기술인력으로 등록된 사람으로 보지 아니한다.

③ ❸ 은 제1항에 따른 소방기술자에 대한 실무교육을 효율적으로 하기 위하여 실무교육기관을 지정할 수 있다.

④ 제3항에 따른 실무교육기관의 지정방법·절차·기준 등에 관하여 필요한 사항은 행정안전부령으로 정한다.

⑤ 제3항에 따라 지정된 실무교육기관의 지정취소, 업무정지 및 청문에 관하여는 「소방시설 설치 및 관리에 관한 법률」 제47조 및 제49조를 준용한다.

② 영 제20조제1항에 따라 소방기술자 실무교육에 관한 업무를 위탁받은 실무교육기관 또는 「소방기본법」 제40조에 따른 한국소방안전원의 장(이하 "실무교육기관등의 장"이라 한다)은 소방기술자에 대한 실무교육을 실시하려면 교육일정 등 교육에 필요한 계획을 수립하여 소방청장에게 보고한 후 교육 ❺ 전까지 교육대상자에게 알려야 한다.

③ 제1항에 따른 실무교육의 시간, 교육과목, 수수료, 그 밖에 실무교육에 관하여 필요한 사항은 소방청장이 정하여 고시한다.

제27조(교육수료 사항의 기록 등)

① ❻ 은 실무교육을 수료한 소방기술자의 기술자격증(자격수첩)에 교육수료 사항을 기재·날인하여 발급하여야 한다.

② 실무교육기관등의 장은 별지 제40호서식의 소방기술자 실무교육수료자 명단을 교육대상자가 소속된 소방시설업의 업종별로 작성하고 필요한 사항을 기록하여 갖춰 두어야 한다.

법률

〈제28조의2〉 ❶ 실시할 수 있다.
❷ 소방청장
〈제29조〉 ❸ 소방청장

시행령

시행규칙

〈제25조의2〉 ❶ 4개
❷ 6명
❸ 11월 30일
〈제26조〉 ❹ 2년
❺ 10일
〈제27조〉 ❻ 실무교육기관등의 장

제28조(감독)

❶ 　　은 실무교육기관등의 장이 실시하는 소방기술자 실무교육의 계획·실시 및 결과에 대하여 지도·감독하여야 한다.

제29조(소방기술자 실무교육기관의 지정기준)

① 법 제29조제4항에 따라 소방기술자에 대한 실무교육기관의 지정을 받으려는 자가 갖추어야 하는 실무교육에 필요한 기술인력 및 시설장비는 별표 6과 같다.

② 제1항에 따라 실무교육기관의 지정을 받으려는 자는 ❷ 　　법인이어야 한다.

제30조(지정신청)

① 법 제29조제4항에 따라 실무교육기관의 지정을 받으려는 자는 별지 제41호서식의 실무교육기관 지정신청서(전자문서로 된 실무교육기관 지정신청서를 포함한다)에 다음 각 호의 서류(전자문서를 포함한다)를 첨부하여 소방청장에게 제출하여야 한다. 다만, 「전자정부법」 제36조제1항에 따른 행정정보의 공동이용을 통하여 첨부서류에 대한 정보를 확인할 수 있는 경우에는 그 확인으로 첨부서류를 갈음할 수 있다.

1. ❸ 　　사본 1부
2. 대표자, 각 지부의 책임임원 및 기술인력의 자격을 증명할 수 있는 서류(전자문서를 포함한다)와 기술인력의 명단 및 이력서 각 1부
3. 건물의 소유자가 아닌 경우 건물임대차계약서 사본 및 그 밖에 사무실 보유를 증명할 수 있는 서류(전자문서를 포함한다) 각 1부
4. 교육장 도면 1부
5. 시설 및 장비명세서 1부

② 제1항에 따른 신청서를 제출받은 담당 공무원은 「전자정부법」 제36조제1항에 따라 행정정보의 공동이용을 통하여 다음 각 호의 서류를 확인하여야 한다.
1. 법인등기사항 전부증명서 1부
2. 건물등기사항 전부증명서(건물의 소유자인 경우에만 첨부한다)

제31조(서류심사 등)

① 제30조에 따라 실무교육기관의 지정신청을 받은 소방청장은 제29조의 지정기준을 충족하였는지를 현장 확인하여야 한다. 이 경우 소방청장은 「소방기본법」 제40조에 따른 ❹_____ 에 소속된 사람을 현장 확인에 참여시킬 수 있다.

② 소방청장은 신청자가 제출한 신청서(전자문서로 된 신청서를 포함한다) 및 첨부서류(전자문서를 포함한다)가 미비되거나 현장 확인 결과 제29조에 따른 지정기준을 충족하지 못하였을 때에는 ❺____ 이내의 기간을 정하여 이를 보완하게 할 수 있다. 이 경우 보완기간 내에 보완하지 않으면 신청서를 되돌려 보내야 한다.

시행규칙

〈제28조〉 ❶ 소방청장
〈제29조〉 ❷ 비영리
〈제30조〉 ❸ 정관
〈제31조〉 ❹ 한국소방안전원
　　　　　 ❺ 15일

제32조(지정서 발급 등)
① 소방청장은 제30조에 따라 제출된 서류(전자문서를 포함한다)를 심사하고 현장 확인한 결과 제29조의 지정기준을 충족한 경우에는 신청일부터 ❶ 　　 이내에 별지 제42호서식의 실무교육기관 지정서(전자문서로 된 실무교육기관 지정서를 포함한다)를 발급하여야 한다.
② 제1항에 따라 실무교육기관을 지정한 소방청장은 지정한 실무교육기관의 명칭, 대표자, 소재지, 교육실시 범위 및 교육업무 개시일 등 교육에 필요한 사항을 관보에 공고하여야 한다.

제33조(지정사항의 변경)
제32조제1항에 따라 실무교육기관으로 지정된 기관은 다음 각 호의 어느 하나에 해당하는 사항을 변경하려면 변경일부터 ❷ 　　 이내에 소방청장에게 보고하여야 한다.
　1. 대표자 또는 각 지부의 책임임원
　2. 기술인력 또는 시설장비 등 지정기준
　3. 교육기관의 ❸ 　　

제34조(휴업·재개업 및 폐업 신고 등)
① 제32조제1항에 따라 지정을 받은 실무교육기관은 휴업·재개업 또는 폐업을 하려면 그 휴업 또는 재개업을 하려는 날의 ❹ 　　 전까지 별지 제43호서식의 휴업·재개업·폐업 보고서에 실무교육기관 지정서 1부를 첨부(폐업하는 경우에만 첨부한다)하여 소방청장에게 보고하여야 한다.
② 제1항에 따른 보고는 방문·전화·팩스 또는 컴퓨터통신으로 할 수 있다.
③ 소방청장은 제1항에 따라 휴업보고를 받은 경우에는 실무교육기관 지정서에 휴업기간을 기재하여 발급하고, 폐업보고를 받은 경우에는 실무교육

기관 지정서를 회수하여야 한다. 이 경우 소방청장은 휴업·재개업·폐업 사실을 인터넷 등을 통하여 널리 알려야 한다.

제35조(교육계획의 수립·공고 등)

① 실무교육기관등의 장은 매년 ❺   까지 다음 해 교육계획을 실무교육의 종류별·대상자별·지역별로 수립하여 이를 ❻   또는 ❼   에 공고하고 소방본부장 또는 소방서장에게 보고해야 한다.

② 제1항에 따른 교육계획을 변경하는 경우에는 변경한 날부터 ❽   일 이내에 이를 ❾   또는 ❿   에 공고하고 소방본부장 또는 소방서장에게 보고해야 한다.

제36조(교육대상자 관리 및 교육실적 보고)

① 실무교육기관등의 장은 그 해의 교육이 끝난 후 직능별·지역별 교육수료자 명부를 작성하여 소방본부장 또는 소방서장에게 다음 해 ⓫   말까지 알려야 한다.

② 실무교육기관등의 장은 매년 ⓬   말까지 전년도 교육 횟수·인원 및 대상자 등 교육실적을 소방청장에게 보고하여야 한다.

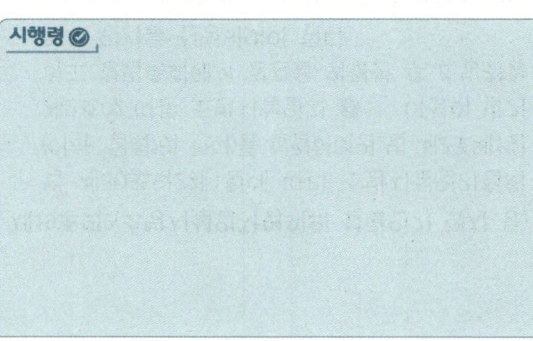

시행규칙

⟨제32조⟩ ❶ 30일

⟨제33조⟩ ❷ 10일   ❸ 명칭 또는 소재지

⟨제34조⟩ ❹ 14일

⟨제35조⟩ ❺ 12월 31일   ❻ 일간신문
         ❼ 인터넷 홈페이지   ❽ 10
         ❾ 일간신문   ❿ 인터넷 홈페이지

⟨제36조⟩ ⓫ 1월   ⓬ 1월

제5장 소방시설업자협회

제30조 삭제

제30조의2(소방시설업자협회의 설립)
① ❶   는 소방시설업자의 권익보호와 소방기술의 개발 등 소방시설업의 건전한 발전을 위하여 소방시설업자협회(이하 "협회"라 한다)를 설립할 수 있다.
② 협회는 법인으로 한다.
③ 협회는 소방청장의 인가를 받아 주된 사무소의 소재지에 ❷   를 함으로써 성립한다.
④ 협회의 설립인가 절차, 정관의 기재사항 및 협회에 대한 감독에 관하여 필요한 사항은 대통령령으로 정한다.

제19조의2(소방시설업자협회의 설립인가 절차 등)
① 법 제30조의2제1항에 따라 소방시설업자협회(이하 "협회"라 한다)를 설립하려면 법 제2조제1항제2호에 따른 소방시설업자 ❶   이상이 발기하고 창립총회에서 정관을 의결한 후 소방청장에게 인가를 신청하여야 한다.
② 소방청장은 제1항에 따른 ❷   를 하였을 때에는 그 사실을 공고하여야 한다.

제19조의3(정관의 기재사항)
협회의 정관에는 다음 각 호의 사항이 포함되어야 한다.
  1. ❸
  2. 명칭
  3. 주된 사무소의 소재지
  4. 사업에 관한 사항
  5. 회원의 가입 및 탈퇴에 관한 사항
  6. 회비에 관한 사항
  7. 자산과 회계에 관한 사항
  8. 임원의 ❹
  9. 기구와 조직에 관한 사항
  10. 총회와 이사회에 관한 사항
  11. 정관의 변경에 관한 사항

제19조의4(감독)
① ❺   은 법 제30조의2제4항에 따라 협회에 다음 각 호의 사항을 보고하게 할 수 있다.
  1. 총회 또는 이사회의 ❻   사항
  2. 회원의 가입·탈퇴와 ❼   에 관한 사항
  3. 그 밖에 협회 및 회원에 관계되는 중요한 사항

제30조의3(협회의 업무)

협회의 업무는 다음 각 호와 같다.

1. 소방시설업의 기술발전과 소방기술의 진흥을 위한 ❸
2. 소방산업의 발전 및 소방기술의 향상을 위한 지원
3. 소방시설업의 기술발전과 관련된 국제교류·활동 및 행사의 유치
4. 이 법에 따른 위탁 업무의 수행

제30조의4(「민법」의 준용)

협회에 관하여 이 법에 규정되지 아니한 사항은 「민법」 중 ❹ 에 관한 규정을 준용한다.

제6장 보칙

제31조(감독)

① ❺   은 소방시설업의 감독을 위하여 필요할 때에는 소방시설업자나 관계인에게 필요한 보고나 자료 제출을 명할 수 있고, 관계 공무원으로 하여금 소방시설업체나 특정소방대상물에 출입하여 관계 서류와 시설 등을 검사하거나 소방시설업자 및 관계인에게 질문하게 할 수 있다.

법률

⟨제30조의2⟩ ❶ 소방시설업자
❷ 설립등기
⟨제30조의3⟩ ❸ 조사·연구·분석 및 평가
⟨제30조의4⟩ ❹ 사단법인
⟨제31조⟩ ❺ 시·도지사, 소방본부장 또는 소방서장

시행령

⟨제19조의2⟩ ❶ 10명
❷ 인가
⟨제19조의3⟩ ❸ 목적
❹ 정원·임기 및 선출방법
⟨제19조의4⟩ ❺ 소방청장
❻ 중요 의결
❼ 회비

시행규칙

② ❶   은 제33조제2항부터 제4항까지의 규정에 따라 소방청장의 업무를 위탁받은 제29조제3항에 따른 실무교육기관(이하 "실무교육기관"이라 한다) 또는 「소방기본법」 제40조에 따른 한국소방안전원, 협회, 법인 또는 단체에 필요한 보고나 자료 제출을 명할 수 있고, 관계 공무원으로 하여금 실무교육기관, 한국소방안전원, 협회, 법인 또는 단체의 사무실에 출입하여 관계 서류 등을 검사하거나 관계인에게 질문하게 할 수 있다.

③ 제1항과 제2항에 따라 출입·검사를 하는 ❷   은 그 권한을 표시하는 증표를 지니고 이를 관계인에게 보여주어야 한다.

④ 제1항과 제2항에 따라 출입·검사업무를 수행하는 관계 공무원은 관계인의 정당한 업무를 방해하거나 출입·검사업무를 수행하면서 알게 된 비밀을 다른 자에게 누설하여서는 아니 된다.

제32조(청문)

제9조제1항에 따른 소방시설업 ❸   처분이나 ❹   처분 또는 제28조제4항에 따른 소방기술 인정 자격취소처분을 하려면 청문을 하여야 한다.

제33조(권한의 위임·위탁 등)

① 소방청장은 이 법에 따른 권한의 일부를 대통령령으로 정하는 바에 따라 ❺   에게 위임할 수 있다.

② 소방청장은 제29조에 따른 실무교육에 관한 업무를 대통령령으로 정하는 바에 따라 실무교육기관 또는 ❻   에 위탁할 수 있다.

③ 소방청장 또는 시·도지사는 다음 각 호의 업무를 대통령령으로 정하는 바에 따라 ❼   에 위탁할 수 있다.

제20조(업무의 위탁) ☑기출 24 공채 / 24 경채

① 소방청장은 법 제33조제2항에 따라 법 제29조에 따른 소방기술자 실무교육에 관한 업무를 법 제29조제3항에 따라 소방청장이 지정하는 실무교육기관 또는 「소방기본법」 제40조에 따른 ❶   에 위탁한다.

② ❷   은 법 제33조제3항에 따라 다음 각 호의 업무를 협회에 위탁한다.

1. 법 제20조의3에 따른 방염처리능력 평가 및 공시에 관한 업무

1. 제4조제1항에 따른 소방시설업 등록신청의 접수 및 신청내용의 확인
2. 제6조에 따른 소방시설업 등록사항 변경신고의 접수 및 신고내용의 확인

2의2. 제6조의2에 따른 소방시설업 휴업·폐업 등 신고의 접수 및 신고내용의 확인

3. 제7조제3항에 따른 소방시설업자의 지위승계 신고의 접수 및 신고내용의 확인
4. 제20조의3에 따른 방염처리능력 평가 및 공시
5. 제26조에 따른 시공능력 평가 및 공시
6. 제26조의3제1항에 따른 소방시설업 종합정보시스템의 구축·운영

④ 소방청장은 다음 각 호의 업무를 대통령령으로 정하는 바에 따라 ❽   , 소방기술과 관련된 법인 또는 단체에 위탁할 수 있다.
 1. 제28조에 따른 소방기술과 관련된 자격·학력 및 경력의 인정 업무
 2. 제28조의2에 따른 소방기술자 양성·인정 교육훈련 업무

⑤ 삭제

2. 법 제26조에 따른 시공능력 평가 및 공시에 관한 업무
3. 법 제26조의3제1항에 따른 소방시설업 종합정보시스템의 구축·운영

③ ❸   는 법 제33조제3항에 따라 다음 각 호의 업무를 협회에 위탁한다.
 1. 법 제4조제1항에 따른 소방시설업 등록신청의 접수 및 신청내용의 확인
 2. 법 제6조에 따른 소방시설업 등록사항 변경신고의 접수 및 신고내용의 확인

 2의2. 법 제6조의2에 따른 소방시설업 휴업·폐업 또는 재개업 신고의 접수 및 신고내용의 확인

 3. 법 제7조제3항에 따른 소방시설업자의 지위승계 신고의 접수 및 신고내용의 확인

④ 소방청장은 법 제33조제4항에 따라 다음 각 호의 업무를 ❹   , 소방기술과 관련된 법인 또는 단체에 위탁한다. 이 경우 소방청장은 수탁기관을 지정하여 고시해야 한다.
 1. 법 제28조에 따른 소방기술과 관련된 자격·학력 및 경력의 인정 업무
 2. 법 제28조의2에 따른 소방기술자 양성·인정 교육훈련 업무

법률
〈제31조〉 ❶ 소방청장   ❷ 관계 공무원
〈제32조〉 ❸ 등록취소   ❹ 영업정지
〈제33조〉 ❺ 시·도지사   ❻ 한국소방안전원
        ❼ 협회   ❽ 협회

시행령
〈제20조〉 ❶ 한국소방안전원
        ❷ 소방청장
        ❸ 시·도지사
        ❹ 협회

시행규칙

제20조의2(고유식별정보의 처리)

소방청장(제20조에 따라 소방청장의 업무를 위탁받은 자를 포함한다), 시·도지사(해당 권한이 위임·위탁된 경우에는 그 권한을 위임·위탁받은 자를 포함한다), 소방본부장 또는 소방서장은 다음 각 호의 사무를 수행하기 위하여 불가피한 경우 「개인정보 보호법 시행령」 제19조제1호 또는 제4호에 따른 주민등록번호 또는 외국인등록번호가 포함된 자료를 처리할 수 있다.

1. 법 제4조제1항에 따른 소방시설업의 등록에 관한 사무
1의2. 법 제5조에 따른 등록의 결격사유 확인에 관한 사무
1의3. 법 제6조에 따른 소방시설업의 등록사항 변경신고에 관한 사무
1의4. 법 제7조에 따른 소방시설업자의 지위승계 신고에 관한 사무
2. 법 제9조제1항에 따른 등록의 취소와 영업정지 등에 관한 사무
3. 법 제10조에 따른 과징금처분에 관한 사무
3의2. 법 제26조에 따른 시공능력 평가 및 공시에 관한 사무
4. 법 제28조제1항에 따른 소방기술과 관련된 자격·학력 및 경력의 인정 등에 관한 사무
4의2. 법 제28조의2제1항에 따른 소방기술자 양성·인정 교육훈련에 관한 사무
5. 법 제29조제1항에 따른 소방기술자의 실무교육에 관한 사무
6. 법 제31조에 따른 감독에 관한 사무

제34조(수수료 등)

다음 각 호의 어느 하나에 해당하는 자는 행정안전부령으로 정하는 바에 따라 수수료나 교육비를 내야 한다.

1. 제4조제1항에 따라 소방시설업을 등록하려는 자
2. 제4조제3항에 따라 소방시설업 등록증 또는 등록수첩을 재발급 받으려는 자
3. 제7조제3항에 따라 소방시설업자의 지위승계 신고를 하려는 자
4. 제20조의3제2항에 따라 방염처리능력 평가를 받으려는 자
5. 제26조제2항에 따라 시공능력 평가를 받으려는 자
6. 제28조제2항에 따라 자격수첩 또는 경력수첩을 발급받으려는 사람

6의2. 제28조의2제1항에 따른 소방기술자 양성·인정 교육훈련을 받으려는 사람

7. 제29조제1항에 따라 실무교육을 받으려는 사람

제37조(수수료 기준)

① 법 제34조에 따른 수수료 또는 교육비는 별표 7과 같다.

② 제1항에 따른 수수료는 다음 각 호의 어느 하나에 해당하는 방법으로 납부하여야 한다. 다만, 소방청장 또는 시·도지사(영 제20조제2항 또는 제3항에 따라 업무가 위탁된 경우에는 위탁받은 기관을 말한다)는 정보통신망을 이용한 전자화폐·전자결제 등의 방법으로 이를 납부하게 할 수 있다.

1. 법 제34조제1호부터 제3호에 따른 수수료: 해당 지방자치단체의 수입증지
2. 법 제34조제4호부터 제7호까지의 규정에 따른 수수료: 현금

제34조의2(벌칙 적용 시의 공무원 의제)

다음 각 호의 어느 하나에 해당하는 사람은 「형법」 제129조부터 제132조까지의 규정을 적용할 때에는 공무원으로 본다.

1. 제16조, 제19조 및 제20조에 따라 그 업무를 수행하는 감리원
2. 제33조제2항부터 제4항까지의 규정에 따라 위탁받은 업무를 수행하는 실무교육기관, 한국소방안전원, 협회 및 소방기술과 관련된 법인 또는 단체의 담당 임원 및 직원

제7장 벌칙

제35조(벌칙)

다음 각 호의 어느 하나에 해당하는 자는 ❶ _____ 에 처한다.

1. 제4조제1항을 위반하여 소방시설업 등록을 하지 아니하고 영업을 한 자
2. 제21조의5를 위반하여 부정한 청탁을 받고 재물 또는 재산상의 이익을 취득하거나 부정한 청탁을 하면서 재물 또는 재산상의 이익을 제공한 자

제20조의3(규제의 재검토)

소방청장은 다음 각 호의 사항에 대하여 다음 각 호의 기준일을 기준으로 3년마다(매 3년이 되는 해의 기준일과 같은 날 전까지를 말한다) 그 타당성을 검토하여 개선 등의 조치를 해야 한다.

1. 제2조제1항 및 별표 1에 따른 소방시설업의 업종별 등록기준 및 영업범위: 2014년 1월 1일
2. 삭제
3. 삭제
4. 삭제
5. 삭제
6. 삭제
7. 삭제
8. 삭제
9. 삭제
10. 삭제
11. 삭제
12. 제12조에 따른 소방시설공사의 시공을 하도급할 수 있는 경우: 2015년 1월 1일

12의2. 삭제

13. 삭제

제36조(벌칙)

다음 각 호의 어느 하나에 해당하는 자는 ❷ ▓▓▓▓▓▓▓▓▓ 에 처한다.

1. 제9조제1항을 위반하여 영업정지처분을 받고 그 영업정지 기간에 영업을 한 자
2. 제11조나 제12조제1항을 위반하여 설계나 시공을 한 자
3. 제16조제1항을 위반하여 감리를 하거나 거짓으로 감리한 자
4. 제17조제1항을 위반하여 공사감리자를 지정하지 아니한 자

4의2. 제19조제3항에 따른 보고를 거짓으로 한 자

4의3. 제20조에 따른 공사감리 결과의 통보 또는 공사감리 결과보고서의 제출을 거짓으로 한 자

5. 제21조제1항을 위반하여 해당 소방시설업자가 아닌 자에게 소방시설공사등을 도급한 자
6. 제22조제1항 본문을 위반하여 도급받은 소방시설의 설계, 시공, 감리를 하도급한 자

6의2. 제22조제2항을 위반하여 하도급받은 소방시설공사를 다시 하도급한 자

7. 제27조제1항을 위반하여 같은 항에 따른 법 또는 명령을 따르지 아니하고 업무를 수행한 자

법률

〈제35조〉 ❶ 3년 이하의 징역 또는 3천만 원 이하의 벌금
〈제36조〉 ❷ 1년 이하의 징역 또는 1천만 원 이하의 벌금

제37조(벌칙)

다음 각 호의 어느 하나에 해당하는 자는 ❶ ____ 에 처한다.

1. 제8조제1항을 위반하여 다른 자에게 자기의 성명이나 상호를 사용하여 소방시설공사등을 수급 또는 시공하게 하거나 소방시설업의 등록증이나 등록수첩을 빌려준 자
2. 제18조제1항을 위반하여 소방시설공사 현장에 감리원을 배치하지 아니한 자
3. 제19조제2항을 위반하여 감리업자의 보완 요구에 따르지 아니한 자
4. 제19조제4항을 위반하여 공사감리 계약을 해지하거나 대가 지급을 거부하거나 지연시키거나 불이익을 준 자
4의2. 제21조제2항 본문을 위반하여 소방시설공사를 다른 업종의 공사와 분리하여 도급하지 아니한 자
5. 제27조제2항을 위반하여 자격수첩 또는 경력수첩을 빌려 준 사람
6. 제27조제3항을 위반하여 동시에 둘 이상의 업체에 취업한 사람
7. 제31조제4항을 위반하여 관계인의 정당한 업무를 방해하거나 업무상 알게 된 비밀을 누설한 사람

제38조(벌칙)

다음 각 호의 어느 하나에 해당하는 자는 ❷ ____ 에 처한다.

1. 제31조제2항에 따른 명령을 위반하여 보고 또는 자료 제출을 하지 아니하거나 거짓으로 한 자
2. 제31조제1항 및 제2항을 위반하여 정당한 사유 없이 관계 공무원의 출입 또는 검사·조사를 거부·방해 또는 기피한 자

제39조(양벌규정)

법인의 대표자나 법인 또는 개인의 대리인, 사용인, 그 밖의 종업원이 그 법인 또는 개인의 업무에 관하여 제35조부터 제38조까지의 어느 하나에 해당하는 위반행위를 하면 그 행위자를 벌하는 외에 그 법인 또는 개인에게도 해당 조문의 벌금형을 과(科)한다. 다만, 법인 또는 개인이 그 위반행위를 방지하기 위하여 해당 업무에 관하여 상당한 주의와 감독을 게을리하지 아니한 경우에는 그러하지 아니하다.

법률
〈제37조〉 ❶ 300만 원 이하의 벌금
〈제38조〉 ❷ 100만 원 이하의 벌금

제40조(과태료)	제21조(과태료의 부과기준)	
① 다음 각 호의 어느 하나에 해당하는 자에게는 ❶ 를 부과한다. 1. 제6조, 제6조의2제1항, 제7조제1항 및 제2항, 제13조제1항 및 제2항 전단, 제17조제2항을 위반하여 신고를 하지 아니하거나 거짓으로 신고한 자 2. 제8조제3항을 위반하여 관계인에게 지위승계, 행정처분 또는 휴업·폐업의 사실을 거짓으로 알린 자 3. 제8조제4항을 위반하여 관계 서류를 보관하지 아니한 자 4. 제12조제2항을 위반하여 소방기술자를 공사현장에 배치하지 아니한 자 5. 제14조제1항을 위반하여 완공검사를 받지 아니한 자 6. 제15조제3항을 위반하여 3일 이내에 하자를 보수하지 아니하거나 하자보수계획을 관계인에게 거짓으로 알린 자 7. 삭제 8. 제17조제3항을 위반하여 감리 관계 서류를 인수·인계하지 아니한 자 8의2. 제18조제2항에 따른 배치통보 및 변경통보를 하지 아니하거나 거짓으로 통보한 자 9. 제20조의2를 위반하여 방염성능기준 미만으로 방염을 한 자 10. 제20조의3제2항에 따른 방염처리능력 평가에 관한 서류를 거짓으로 제출한 자 10의2. 삭제	법 제40조제1항에 따른 과태료의 부과기준은 별표 5와 같다.	

10의3. 제21조의3제2항에 따른 도급계약 체결 시 의무를 이행하지 아니한 자(하도급 계약의 경우에는 하도급 받은 소방시설업자는 제외한다)

11. 제21조의3제4항에 따른 하도급 등의 통지를 하지 아니한 자

11의2. 제21조의4제1항에 따른 공사대금의 지급 보증, 담보의 제공 또는 보험료등의 지급을 정당한 사유 없이 이행하지 아니한 자

12. 삭제

13. 삭제

13의2. 제26조제2항에 따른 시공능력 평가에 관한 서류를 거짓으로 제출한 자

13의3. 제26조의2제1항 후단에 따른 사업수행능력 평가에 관한 서류를 위조하거나 변조하는 등 거짓이나 그 밖의 부정한 방법으로 입찰에 참여한 자

14. 제31조제1항에 따른 명령을 위반하여 보고 또는 자료 제출을 하지 아니하거나 거짓으로 보고 또는 자료 제출을 한 자

② 제1항에 따른 과태료는 대통령령으로 정하는 바에 따라 ❷ , ❸ 또는 ❹ 이 부과·징수한다.

법률
〈제40조〉 ❶ 200만 원 이하의 과태료
❷ 관할 시·도지사
❸ 소방본부장
❹ 소방서장

위험물안전관리법 · 시행령 · 시행규칙

위험물안전관리법	위험물안전관리법 시행령	위험물안전관리법 시행규칙
제1장 총칙 **제1조(목적)** 이 법은 위험물의 저장·취급 및 운반과 이에 따른 안전관리에 관한 사항을 규정함으로써 위험물로 인한 위해를 방지하여 ❶ 을 확보함을 목적으로 한다. **제2조(정의)** ① 이 법에서 사용하는 용어의 정의는 다음과 같다. 1. "위험물"이라 함은 ❷ 또는 ❸ 등의 성질을 가지는 것으로서 ❹ 이 정하는 물품을 말한다. 2. "지정수량"이라 함은 위험물의 종류별로 위험성을 고려하여 대통령령이 정하는 수량으로서 제6호의 규정에 의한 제조소등의 설치허가 등에 있어서 ❺ 의 기준이 되는 수량을 말한다. 3. "제조소"라 함은 위험물을 제조할 목적으로 지정수량 이상의 위험물을 취급하기 위하여 제6조제1항의 규정에 따른 허가(동조제3항의 규정에 따라 허가가 면제된 경우 및 제7조제2항의 규정에 따라 협의로써 허가를 받은 것으로 보는 경우를 포함한다. 이하 제4호 및 제5호에서 같다)를 받은 장소를 말한다. 4. "저장소"라 함은 지정수량 이상의 위험물을 저장하기 위한 대통령령이 정하는 장소로서 제6조제1항의 규정에 따른 허가를 받은 장소를 말한다.	**제1조(목적)** 이 영은 「위험물안전관리법」에서 위임된 사항과 그 시행에 관하여 필요한 사항을 규정함을 목적으로 한다. **제2조(위험물)** 「위험물안전관리법」(이하 "법"이라 한다) 제2조제1항제1호에서 "대통령령이 정하는 물품"이라 함은 별표 1에 규정된 위험물을 말한다. **제3조(위험물의 지정수량)** 법 제2조제1항제2호에서 "대통령령이 정하는 수량"이라 함은 별표 1의 위험물별로 지정수량란에 규정된 수량을 말한다. **제4조(위험물을 저장하기 위한 장소 등)** 법 제2조제1항제4호의 규정에 의한 지정수량 이상의 위험물을 저장하기 위한 장소와 그에 따른 저장소의 구분은 별표 2와 같다. **제5조(위험물을 취급하기 위한 장소 등)** 법 제2조제1항제5호의 규정에 의한 지정수량 이상의 위험물을 제조 외의 목적으로 취급하기 위한 장소와 그에 따른 취급소의 구분은 별표 3과 같다.	**제1조(목적)** 이 규칙은 「위험물안전관리법」 및 동법 시행령에서 위임된 사항과 그 시행에 관하여 필요한 사항을 규정함을 목적으로 한다. **제2조(정의)** 이 규칙에서 사용하는 용어의 뜻은 다음과 같다. 1. "고속국도"란 「도로법」 제10조제1호에 따른 고속국도를 말한다. 2. "도로"란 다음 각 목의 어느 하나에 해당하는 것을 말한다. 가. 「도로법」 제2조제1호에 따른 도로 나. 「항만법」 제2조제5호에 따른 항만시설 중 임항교통시설에 해당하는 도로 다. 「사도법」 제2조의 규정에 의한 사도 라. 그 밖에 일반교통에 이용되는 너비 2미터 이상의 도로로서 자동차의 통행이 가능한 것 3. "하천"이란 「하천법」 제2조제1호에 따른 하천을 말한다. 4. "내화구조"란 「건축법 시행령」 제2조제7호에 따른 내화구조를 말한다. 5. "불연재료"란 「건축법 시행령」 제2조제10호에 따른 불연재료 중 유리 외의 것을 말한다.

5. "❻ 취급소"라 함은 지정수량 이상의 위험물을 제조외의 목적으로 취급하기 위한 대통령령이 정하는 장소로서 제6조제1항의 규정에 따른 허가를 받은 장소를 말한다.
6. "제조소등"이라 함은 제3호 내지 제5호의 제조소·저장소 및 취급소를 말한다.

② 이 법에서 사용하는 용어의 정의는 제1항에서 규정하는 것을 제외하고는 「소방기본법」, 「화재의 예방 및 안전관리에 관한 법률」, 「소방시설 설치 및 관리에 관한 법률」 및 「소방시설공사업법」에서 정하는 바에 따른다.

제3조(위험물 품명의 지정)

① 「위험물안전관리법 시행령」(이하 "영"이라 한다) 별표 1 제1류의 품명란 제10호에서 "행정안전부령으로 정하는 것"이라 함은 다음 각호의 1에 해당하는 것을 말한다.
1. 과아이오딘산염류
2. 과아이오딘산
3. 크로뮴, 납 또는 아이오딘의 산화물
4. ❶ 아질산염류
5. 차아염소산염류
6. 염소화아이소사이아누르산
7. 퍼옥소이황산염류
8. 퍼옥소붕산염류

② 영 별표 1 제3류의 품명란 제11호에서 "행정안전부령으로 정하는 것"이라 함은 ❷ 염소화규소화합물 을 말한다.

③ 영 별표 1 제5류의 품명란 제10호에서 "행정안전부령으로 정하는 것"이라 함은 다음 각호의 1에 해당하는 것을 말한다.
1. 금속의 아지화합물
2. ❸ 질산구아니딘

④ 영 별표 1 제6류의 품명란 제4호에서 "행정안전부령으로 정하는 것"이라 함은 ❹ 할로젠간화합물 을 말한다.

법률
⟨제1조⟩ ❶ 공공의 안전
⟨제2조⟩ ❷ 인화성 ❸ 발화성
　　　　❹ 대통령령 ❺ 최저
　　　　❻ 취급소

시행령

시행규칙
⟨제3조⟩ ❶ 아질산염류
　　　　❷ 염소화규소화합물
　　　　❸ 질산구아니딘
　　　　❹ 할로젠간화합물

제3조(적용제외)

이 법은 항공기·선박(선박법 제1조의2제1항의 규정에 따른 선박을 말한다)· ❶   에 의한 위험물의 저장·취급 및 운반에 있어서는 이를 적용하지 아니한다.

제4조(위험물의 품명)

① 제3조제1항 및 제3항 각호의 1에 해당하는 위험물은 각각 다른 품명의 위험물로 본다.

② 영 별표 1 제1류의 품명란 제11호, 동표 제2류의 품명란 제8호, 동표 제3류의 품명란 제12호, 동표 제5류의 품명란 제11호 또는 동표 제6류의 품명란 제5호의 위험물로서 당해 위험물에 함유된 위험물의 품명이 다른 것은 각각 다른 품명의 위험물로 본다.

제5조(탱크 용적의 산정기준)

① 위험물을 저장 또는 취급하는 탱크의 용량은 해당 탱크의 내용적에서 공간용적을 뺀 용적으로 한다. 이 경우 위험물을 저장 또는 취급하는 영 별표 2 제6호에 따른 차량에 고정된 탱크(이하 "이동저장탱크"라 한다)의 용량은 「자동차 및 자동차부품의 성능과 기준에 관한 규칙」에 따른 최대적재량 이하로 하여야 한다.

② 제1항의 규정에 의한 탱크의 내용적 및 공간용적의 계산방법은 소방청장이 정하여 고시한다.

③ 제1항의 규정에 불구하고 제조소 또는 일반취급소의 위험물을 취급하는 탱크 중 특수한 구조 또는 설비를 이용함에 따라 당해 탱크내의 위험물의 최대량이 제1항의 규정에 의한 용량 이하인 경우에는 당해 최대량을 용량으로 한다.

제3조의2(국가의 책무)
① 국가는 위험물에 의한 사고를 예방하기 위하여 다음 각 호의 사항을 포함하는 시책을 수립·시행하여야 한다.
  1. 위험물의 유통실태 분석
  2. 위험물에 의한 사고 유형의 분석
  3. 사고 예방을 위한 안전기술 개발
  4. ❷
  5. 그 밖에 사고 예방을 위하여 필요한 사항
② 국가는 지방자치단체가 위험물에 의한 사고의 예방·대비 및 대응을 위한 시책을 추진하는 데에 필요한 행정적·재정적 지원을 하여야 한다.

제4조(지정수량 미만인 위험물의 저장·취급)
지정수량 미만인 위험물의 저장 또는 취급에 관한 기술상의 기준은 특별시·광역시·특별자치시·도 및 특별자치도(이하 "시·도"라 한다)의 ❸ 로 정한다.

법률
〈제3조〉 ❶ 철도 및 궤도
〈제3조의2〉 ❷ 전문인력 양성
〈제4조〉 ❸ 조례

제5조(위험물의 저장 및 취급의 제한)

① 지정수량 이상의 위험물을 저장소가 아닌 장소에서 저장하거나 제조소등이 아닌 장소에서 취급하여서는 아니된다.

② 제1항의 규정에 불구하고 다음 각 호의 어느 하나에 해당하는 경우에는 제조소등이 아닌 장소에서 지정수량 이상의 위험물을 취급할 수 있다. 이 경우 임시로 저장 또는 취급하는 장소에서의 저장 또는 취급의 기준과 임시로 저장 또는 취급하는 장소의 위치·구조 및 설비의 기준은 ❶   로 정한다.

1. 시·도의 조례가 정하는 바에 따라 관할소방서장의 승인을 받아 지정수량 이상의 위험물을 ❷   이내의 기간동안 임시로 저장 또는 취급하는 경우
2. 군부대가 지정수량 이상의 위험물을 군사목적으로 임시로 저장 또는 취급하는 경우

③ 제조소등에서의 위험물의 저장 또는 취급에 관하여는 다음 각 호의 중요기준 및 세부기준에 따라야 한다.

1. ❸ : 화재 등 위해의 예방과 응급조치에 있어서 큰 영향을 미치거나 그 기준을 위반하는 경우 직접적으로 화재를 일으킬 가능성이 큰 기준으로서 행정안전부령이 정하는 기준
2. ❹ : 화재 등 위해의 예방과 응급조치에 있어서 중요기준보다 상대적으로 적은 영향을 미치거나 그 기준을 위반하는 경우 간접적으로 화재를 일으킬 수 있는 기준 및 위험물의 안전관리에 필요한 표시와 서류·기구 등의 비치에 관한 기준으로서 행정안전부령이 정하는 기준

④ 제1항의 규정에 따른 제조소등의 위치·구조 및 설비의 기술기준은 행정안전부령으로 정한다.

제28조(제조소의 기준)
법 제5조제4항의 규정에 의한 제조소등의 위치·구조 및 설비의 기준 중 제조소에 관한 것은 별표 4와 같다.

제29조(옥내저장소의 기준)
법 제5조제4항의 규정에 의한 제조소등의 위치·구조 및 설비의 기준 중 옥내저장소에 관한 것은 별표 5와 같다.

제30조(옥외탱크저장소의 기준)
법 제5조제4항의 규정에 의한 제조소등의 위치·구조 및 설비의 기준 중 옥외탱크저장소에 관한 것은 별표 6과 같다.

제31조(옥내탱크저장소의 기준)
법 제5조제4항의 규정에 의한 제조소등의 위치·구조 및 설비의 기준 중 옥내탱크저장소에 관한 것은 별표 7과 같다.

제32조(지하탱크저장소의 기준)
법 제5조제4항의 규정에 의한 제조소등의 위치·구조 및 설비의 기준 중 지하탱크저장소에 관한 것은 별표 8과 같다.

제33조(간이탱크저장소의 기준)
법 제5조제4항의 규정에 의한 제조소등의 위치·구조 및 설비의 기준 중 간이탱크저장소에 관한 것은 별표 9와 같다.

제34조(이동탱크저장소의 기준)
법 제5조제4항의 규정에 의한 제조소등의 위치·구조 및 설비의 기준 중 이동탱크저장소에 관한 것은 별표 10과 같다.

⑤ 둘 이상의 위험물을 같은 장소에서 저장 또는 취급하는 경우에 있어서 당해 장소에서 저장 또는 취급하는 각 위험물의 수량을 그 위험물의 지정수량으로 각각 나누어 얻은 수의 합계가 ❺ 이상인 경우 당해 위험물은 지정수량 이상의 위험물로 본다.

제35조(옥외저장소의 기준)
법 제5조제4항의 규정에 의한 제조소등의 위치·구조 및 설비의 기준 중 옥외저장소에 관한 것은 별표 11과 같다.

제36조(암반탱크저장소의 기준)
법 제5조제4항의 규정에 의한 제조소등의 위치·구조 및 설비의 기준 중 암반탱크저장소에 관한 것은 별표 12와 같다.

제37조(주유취급소의 기준)
법 제5조제4항의 규정에 의한 제조소등의 위치·구조 및 설비의 기준 중 주유취급소에 관한 것은 별표 13과 같다.

제38조(판매취급소의 기준)
법 제5조제4항의 규정에 의한 제조소등의 위치·구조 및 설비의 기준 중 판매취급소에 관한 것은 별표 14와 같다.

제39조(이송취급소의 기준)
법 제5조제4항의 규정에 의한 제조소등의 위치·구조 및 설비의 기준 중 이송취급소에 관한 것은 별표 15와 같다.

법률
〈제5조〉 ❶ 시·도의 조례
❷ 90일
❸ 중요기준
❹ 세부기준
❺ 1

제40조(일반취급소의 기준)

법 제5조제4항의 규정에 의한 제조소등의 위치·구조 및 설비의 기준 중 일반취급소에 관한 것은 별표 16과 같다.

제41조(소화설비의 기준)

① 법 제5조제4항의 규정에 의하여 제조소등에는 화재발생시 소화가 곤란한 정도에 따라 그 소화에 적응성이 있는 소화설비를 설치하여야 한다.

② 제1항의 규정에 의한 소화가 곤란한 정도에 따른 소화난이도는 소화난이도등급Ⅰ, 소화난이도등급Ⅱ 및 소화난이도등급Ⅲ으로 구분하되, 각 소화난이도등급에 해당하는 제조소등의 규모, 저장 또는 취급하는 위험물의 품명 및 최대수량 등과 그에 따라 제조소등별로 설치하여야 하는 소화설비의 종류, 각 소화설비의 적응성 및 소화설비의 설치기준은 별표 17과 같다.

제42조(경보설비의 기준)

① 법 제5조제4항의 규정에 의하여 영 별표 1의 규정에 의한 지정수량의 ❶   이상의 위험물을 저장 또는 취급하는 제조소등(이동탱크저장소를 제외한다)에는 화재발생시 이를 알릴 수 있는 경보설비를 설치하여야 한다.

② 제1항에 따른 경보설비는 ❷   (비상벨장치 또는 경종을 포함한다)·❸   (휴대용확성기를 포함한다) 및 ❹   로 구분하되, 제조소등별로 설치하여야 하는 경보설비의 종류 및 설치기준은 별표 17과 같다.

③ 자동신호장치를 갖춘 스프링클러설비 또는 물분무등소화설비를 설치한 제조소등에 있어서는 제2항의 규정에 의한 ❺   를 설치한 것으로 본다.

제43조(피난설비의 기준)

① 법 제5조제4항의 규정에 의하여 주유취급소 중 건축물의 2층 이상의 부분을 점포·휴게음식점 또는 전시장의 용도로 사용하는 것과 ❻ 에는 피난설비를 설치하여야 한다.

② 제1항의 규정에 의한 피난설비의 설치기준은 별표 17과 같다.

제44조(소화설비 등의 설치에 관한 세부기준)

제41조 내지 제43조의 규정에 의한 기준 외에 소화설비·경보설비 및 피난설비의 설치에 관하여 필요한 세부기준은 ❼ 이 정하여 고시한다.

제45조(소화설비 등의 형식)

소화설비·경보설비 및 피난설비는 「소방시설 설치 및 관리에 관한 법률」제37조에 따라 소방청장의 ❽ 을 받은 것이어야 한다.

시행규칙

〈제42조〉
❶ 10배
❷ 자동화재탐지설비·자동화재속보설비·비상경보설비
❸ 확성장치
❹ 비상방송설비
❺ 자동화재탐지설비

〈제43조〉 ❻ 옥내주유취급소
〈제44조〉 ❼ 소방청장
〈제45조〉 ❽ 형식승인

제46조(화재안전기준 등의 적용)

제조소등에 설치하는 소화설비·경보설비 및 피난설비의 설치 기준 등에 관하여 제41조부터 제44조까지의 규정에 따른 기준 외에는 「소방시설 설치 및 관리에 관한 법률」 제2조제6호에 따른 화재안전기준 및 같은 법 제7조에 따른 ❶   에 따른다.

제47조(제조소등의 기준의 특례)

① ❷   또는 ❸   은 다음 각호의 1에 해당하는 경우에는 이 장의 규정을 적용하지 아니한다.
 1. 위험물의 품명 및 ❹   , ❺   , 위험물의 저장 또는 취급의 방법 및 제조소등의 주위의 지형 그 밖의 상황 등에 비추어 볼 때 화재의 발생 및 연소의 정도나 화재 등의 재난에 의한 피해가 이 장의 규정에 의한 제조소등의 위치·구조 및 설비의 기준에 의한 경우와 동등 이하가 된다고 인정되는 경우
 2. 예상하지 아니한 특수한 구조나 설비를 이용하는 것으로서 이 장의 규정에 의한 제조소등의 위치·구조 및 설비의 기준에 의한 경우와 동등 이상의 효력이 있다고 인정되는 경우

② ❻   또는 ❼   은 제조소등의 기준의 특례 적용 여부를 심사함에 있어서 전문기술적인 판단이 필요하다고 인정하는 사항에 대해서는 기술원이 실시한 해당 제조소등의 안전성에 관한 평가(이하 이 조에서 "안전성 평가"라 한다)를 참작할 수 있다.

③ 안전성 평가를 받으려는 자는 제6조제1호부터 제4호까지 및 같은 조 제7호부터 제9호까지의 규정에 따른 서류 중 해당 서류를 기술원에 제출하여 안전성 평가를 신청할 수 있다.

④ 안전성 평가의 신청을 받은 기술원은 소방기술사, 위험물기능장 등 해당분야의 전문가가 참여하는 위원회(이하 이 조에서 "안전성평가위원회"라 한다)의 심의를 거쳐 안전성 평가 결과를 ❽ 일 이내에 신청인에게 통보하여야 한다.
⑤ 그 밖에 안전성평가위원회의 구성 및 운영과 신청 절차 등 안전성 평가에 관하여 필요한 사항은 ❾ 이 정한다.

제48조(화약류에 해당하는 위험물의 특례)

염소산염류·과염소산염류·질산염류·황·철분·금속분·마그네슘·질산에스터류·나이트로화합물 중 「총포·도검·화약류 등의 안전관리에 관한 법률」에 따른 화약류에 해당하는 위험물을 저장 또는 취급하는 제조소 등에 대해서는 별표 4 Ⅱ·Ⅳ·Ⅸ·Ⅹ 및 별표 5 Ⅰ 제1호·제2호·제4호부터 제8호까지·제14호·제16호·Ⅱ·Ⅲ을 적용하지 않는다.

제49조(제조소등에서의 위험물의 저장 및 취급의 기준)

법 제5조제3항의 규정에 의한 제조소등에서의 위험물의 저장 및 취급에 관한 기준은 별표 18과 같다.

시행규칙

〈제46조〉 ❶ 내진설계기준
〈제47조〉 ❷ 시·도지사
❸ 소방서장
❹ 최대수량
❺ 지정수량의 배수
❻ 시·도지사
❼ 소방서장
❽ 30
❾ 기술원의 원장

제2장 위험물시설의 설치 및 변경

제6조(위험물시설의 설치 및 변경 등)

① 제조소등을 설치하고자 하는 자는 대통령령이 정하는 바에 따라 그 설치장소를 관할하는 특별시장·광역시장·특별자치시장·도지사 또는 특별자치도지사(이하 "시·도지사"라 한다)의 ❶ 를 받아야 한다. 제조소등의 위치·구조 또는 설비 가운데 행정안전부령이 정하는 사항을 변경하고자 하는 때에도 또한 같다.

② 제조소등의 위치·구조 또는 설비의 변경없이 당해 제조소등에서 저장하거나 취급하는 위험물의 품명·수량 또는 지정수량의 배수를 변경하고자 하는 자는 변경하고자 하는 날의 ❷ 전까지 행정안전부령이 정하는 바에 따라 시·도지사에게 신고하여야 한다.

③ 제1항 및 제2항의 규정에 불구하고 다음 각 호의 어느 하나에 해당하는 제조소등의 경우에는 허가를 받지 아니하고 당해 제조소등을 설치하거나 그 위치·구조 또는 설비를 변경할 수 있으며, 신고를 하지 아니하고 위험물의 품명·수량 또는 지정수량의 배수를 변경할 수 있다.
1. ❸ 의 난방시설(공동주택의 중앙난방시설을 제외한다)을 위한 저장소 또는 취급소
2. 농예용·축산용 또는 수산용으로 필요한 난방시설 또는 건조시설을 위한 지정수량 ❹ 이하의 저장소

제6조(제조소등의 설치 및 변경의 허가)

① 법 제6조제1항에 따라 제조소등의 설치허가 또는 변경허가를 받으려는 자는 설치허가 또는 변경허가신청서에 행정안전부령으로 정하는 서류를 첨부하여 특별시장·광역시장·특별자치시장·도지사 또는 특별자치도지사(이하 "❶ "라 한다)에게 제출하여야 한다.

② 시·도지사는 제1항에 따른 제조소등의 설치허가 또는 변경허가 신청 내용이 다음 각 호의 기준에 적합하다고 인정하는 경우에는 허가를 하여야 한다.
1. 제조소등의 위치·구조 및 설비가 법 제5조제4항의 규정에 의한 기술기준에 적합할 것
2. 제조소등에서의 위험물의 저장 또는 취급이 공공의 안전유지 또는 재해의 발생방지에 지장을 줄 우려가 없다고 인정될 것
3. 다음 각 목의 제조소등은 해당 목에서 정한 사항에 대하여 「소방산업의 진흥에 관한 법률」 제14조에 따른 한국소방산업기술원(이하 "기술원"이라 한다)의 기술검토를 받고 그 결과가 행정안전부령으로 정하는 기준에 적합한 것으로 인정될 것. 다만, 보수 등을 위한 부분적인 변경으로서 소방청장이 정하여 고시하는 사항에 대해서는 기술원의 기술검토를 받지 않을 수 있으나 행정안전부령으로 정하는 기준에는 적합해야 한다.
   가. 지정수량의 ❷ 이상의 위험물을 취급하는 제조소 또는 일반취급소 : 구조·설비에 관한 사항

제6조(제조소등의 설치허가의 신청)

「위험물안전관리법」(이하 "법"이라 한다) 제6조제1항 전단 및 영 제6조제1항에 따라 제조소등의 설치허가를 받으려는 자는 별지 제1호서식 또는 별지 제2호서식의 신청서(전자문서로 된 신청서를 포함한다)에 다음 각 호의 서류(전자문서를 포함한다)를 첨부하여 특별시장·광역시장·특별자치시장·도지사 또는 특별자치도지사(이하 "시·도지사"라 한다)나 소방서장에게 제출하여야 한다. 다만, 「전자정부법」 제36조제1항에 따른 행정정보의 공동이용을 통하여 첨부서류에 대한 정보를 확인할 수 있는 경우에는 그 확인으로 첨부서류에 갈음할 수 있다.

1. 다음 각목의 사항을 기재한 제조소등의 위치·구조 및 설비에 관한 도면
   가. 당해 제조소등을 포함하는 사업소 안 및 주위의 주요 건축물과 공작물의 배치
   나. 당해 제조소등이 설치된 건축물 안에 제조소등의 용도로 사용되지 아니하는 부분이 있는 경우 그 부분의 배치 및 구조
   다. 당해 제조소등을 구성하는 건축물, 공작물 및 기계·기구 그 밖의 설비의 배치(제조소 또는 일반취급소의 경우에는 공정의 개요를 포함한다)
   라. 당해 제조소등에서 위험물을 저장 또는 취급하는 건축물, 공작물 및 기계·기구 그 밖의 설비의 구조(주유취급소의 경우에는 별표 13 Ⅴ 제1호 각목의 규정에 의한 건축물 및 공작물의 구조를 포함한다)
   마. 당해 제조소등에 설치하는 전기설비, 피뢰설비, 소화설비, 경보설비 및 피난설비의 개요

나. 옥외탱크저장소(저장용량이 ❸ 리터 이상인 것만 해당한다) 또는 암반탱크저장소 : 위험물탱크의 기초·지반, 탱크본체 및 소화설비에 관한 사항

③ 제2항제3호 각 목의 어느 하나에 해당하는 제조소등에 관한 설치허가 또는 변경허가를 신청하는 자는 그 시설의 설치계획에 관하여 미리 ❹ 의 기술검토를 받아 그 결과를 설치허가 또는 변경허가신청서류와 함께 제출할 수 있다.

바. 압력안전장치·누설점검장치 및 긴급차단밸브 등 긴급대책에 관계된 설비를 설치하는 제조소등의 경우에는 당해 설비의 개요

2. 당해 제조소등에 해당하는 별지 제3호서식 내지 별지 제15호서식에 의한 구조설비명세표
3. 소화설비(소화기구를 제외한다)를 설치하는 제조소등의 경우에는 당해 설비의 설계도서
4. ❶ 를 설치하는 제조소등의 경우에는 당해 설비의 설계도서
5. ❷ 리터 이상의 옥외탱크저장소의 경우에는 당해 옥외탱크저장소의 탱크(이하 "옥외저장탱크"라 한다)의 기초·지반 및 탱크본체의 설계도서, 공사계획서, 공사공정표, 지질조사자료 등 기초·지반에 관하여 필요한 자료와 용접부에 관한 설명서 등 탱크에 관한 자료
6. 암반탱크저장소의 경우에는 당해 암반탱크의 탱크본체·갱도(坑道) 및 배관 그 밖의 설비의 설계도서, 공사계획서, 공사공정표 및 지질·수리(水理)조사서
7. 옥외저장탱크가 지중탱크(저부가 지반면 아래에 있고 상부가 지반면 이상에 있으며 탱크내 위험물의 최고액면이 지반면 아래에 있는 원통세로형식의 위험물탱크를 말한다. 이하 같다)인 경우에는 해당 지중탱크의 지반 및 탱크본체의 설계도서, 공사계획서, 공사공정표 및 지질조사자료 등 지반에 관한 자료

법률

〈제6조〉 ❶ 허가
❷ 1일
❸ 주택
❹ 20배

시행령

〈제6조〉 ❶ 시·도지사
❷ 1천배
❸ 50만
❹ 기술원

시행규칙

〈제6조〉 ❶ 화재탐지설비
❷ 50만

8. 옥외저장탱크가 해상탱크[해상의 동일장소에 정치(定置)되어 육상에 설치된 설비와 배관 등에 의하여 접속된 위험물탱크를 말한다. 이하 같다]인 경우에는 당해 해상탱크의 탱크본체・정치설비(해상탱크를 동일장소에 정치하기 위한 설비를 말한다. 이하 같다) 그 밖의 설비의 설계도서, 공사계획서 및 공사공정표
9. 이송취급소의 경우에는 공사계획서, 공사공정표 및 별표 1의 규정에 의한 서류
10. 「소방산업의 진흥에 관한 법률」 제14조에 따른 ❶ _____ (이하 "기술원"라 한다)이 발급한 기술검토서(영 제6조제3항의 규정에 의하여 기술원의 기술검토를 미리 받은 경우에 한한다)

제7조(제조소등의 변경허가의 신청)

법 제6조제1항 후단 및 영 제6조제1항에 따라 제조소등의 위치・구조 또는 설비의 변경허가를 받으려는 자는 별지 제16호서식 또는 별지 제17호서식의 신청서(전자문서로 된 신청서를 포함한다)에 다음 각 호의 서류(전자문서를 포함한다)를 첨부하여 설치허가를 한 시・도지사 또는 소방서장에게 제출해야 한다. 다만, 「전자정부법」 제36조제1항에 따른 행정정보의 공동이용을 통하여 첨부서류에 대한 정보를 확인할 수 있는 경우에는 그 확인으로 첨부서류를 갈음할 수 있다.

1. 제조소등의 ❷ _____
2. 제6조제1호의 규정에 의한 서류(라목 내지 바목의 서류는 변경에 관계된 것에 한한다)
3. 제6조제2호 내지 제10호의 규정에 의한 서류 중 변경에 관계된 서류
4. 법 제9조제1항 단서의 규정에 의한 화재예방에 관한 조치사항을 기재한 서류(변경공사와 관계가 없는 부분을 완공검사 전에 사용하고자 하는 경우에 한한다)

제8조(제조소등의 변경허가를 받아야 하는 경우)

법 제6조제1항 후단에서 "행정안전부령이 정하는 사항"이라 함은 별표 1의2에 따른 사항을 말한다.

제9조(기술검토의 신청 등)

① 영 제6조제3항에 따라 기술검토를 미리 받으려는 자는 다음 각 호의 구분에 따른 신청서(전자문서로 된 신청서를 포함한다)와 서류(전자문서를 포함한다)를 기술원에 제출하여야 한다. 다만, 「전자정부법」 제36조제1항에 따른 행정정보의 공동이용을 통하여 제출하여야 하는 서류에 대한 정보를 확인할 수 있는 경우에는 그 확인으로 서류의 제출을 갈음할 수 있다.

1. 영 제6조제2항제3호가목의 사항에 대한 기술검토 신청 : 별지 제17호의2서식의 신청서와 제6조제1호(가목은 제외한다)부터 제4호까지의 서류 중 해당 서류(변경허가와 관련된 경우에는 변경에 관계된 서류로 한정한다)
2. 영 제6조제2항제3호나목의 사항에 대한 기술검토 신청 : 별지 제18호서식의 신청서와 제6조제3호 및 같은 조 제5호부터 제8호까지의 서류 중 해당 서류(변경허가와 관련된 경우에는 변경에 관계된 서류로 한정한다)

시행규칙
〈제6조〉 ❶ 한국소방산업기술원
〈제7조〉 ❷ 완공검사합격확인증

② 기술원은 제1항에 따른 신청의 내용이 다음 각 호의 구분에 따른 기준에 적합하다고 인정되는 경우에는 기술검토서를 교부하고, 적합하지 아니하다고 인정되는 경우에는 신청인에게 서면으로 그 사유를 통보하고 보완을 요구하여야 한다.
1. 영 제6조제2항제3호가목의 사항에 대한 기술검토 신청 : 별표 4 Ⅳ부터 ⅩⅡ까지의 기준, 별표 16 Ⅰ·Ⅵ·ⅩⅠ·ⅩⅡ의 기준 및 별표 17의 관련 규정
2. 영 제6조제2항제3호나목의 사항에 대한 기술검토 신청 : 별표 6 Ⅳ부터 Ⅷ까지, ⅩⅡ 및 ⅩⅢ의 기준과 별표 12 및 별표 17 Ⅰ. 소화설비의 관련 규정

제10조(품명 등의 변경신고서)

법 제6조제2항에 따라 저장 또는 취급하는 위험물의 품명·수량 또는 지정수량의 배수에 관한 변경신고를 하려는 자는 별지 제19호서식의 신고서(전자문서로 된 신고서를 포함한다)에 제조소등의 완공검사합격확인증을 첨부하여 ❶ 　　　　　 에게 제출해야 한다.

제7조(군용위험물시설의 설치 및 변경에 대한 특례)

① 군사목적 또는 군부대시설을 위한 제조소등을 설치하거나 그 위치·구조 또는 설비를 변경하고자 하는 군부대의 장은 대통령령이 정하는 바에 따라 미리 제조소등의 소재지를 관할하는 ❶ 　　　 와 협의하여야 한다.
② 군부대의 장이 제1항의 규정에 따라 제조소등의 소재지를 관할하는 ❷ 　　　 와 협의한 경우에는 제6조제1항의 규정에 따른 허가를 받은 것으로 본다.

제7조(군용위험물시설의 설치 및 변경에 대한 특례)

① 군부대의 장은 법 제7조제1항의 규정에 의하여 군사목적 또는 군부대시설을 위한 제조소등을 설치하거나 그 위치·구조 또는 설비를 변경하고자 하는 경우에는 당해 제조소등의 설치공사 또는 변경공사를 착수하기 전에 그 공사의 설계도서와 행정안전부령이 정하는 서류를 시·도지사에게 제출하여야 한다. 다만, 국가안보상 중요하거나 국가기밀에 속하는 제조소등을 설치 또는 변경하는 경우에는 당해 ❶ 　　　 의 제출을 생략할 수 있다.

제11조(군용위험물시설의 설치 등에 관한 서류 등)

① 영 제7조제1항 본문에서 "행정안전부령이 정하는 서류"라 함은 군사목적 또는 군부대시설을 위한 제조소등의 설치공사 또는 변경공사에 관한 제6조 또는 제7조의 규정에 의한 서류를 말한다.
② 법 제7조제3항 후단에서 "행정안전부령이 정하는 사항"이라 함은 다음 각호의 사항을 말한다.
1. 제조소등의 완공일 및 사용개시일
2. 탱크안전성능검사의 결과(영 제8조제1항의 규정에 의한 탱크안전성능검사의 대상이 되는 위험물탱크가 있는 경우에 한한다)

③ 군부대의 장은 제1항의 규정에 따라 협의한 제조소등에 대하여는 제8조 및 제9조의 규정에 불구하고 탱크안전성능검사와 완공검사를 자체적으로 실시할 수 있다. 이 경우 완공검사를 자체적으로 실시한 군부대의 장은 지체없이 행정안전부령이 정하는 사항을 ❸_____ 에게 통보하여야 한다.

② 시·도지사는 제1항의 규정에 의하여 제출받은 설계도서와 관계서류를 검토한 후 그 결과를 당해 군부대의 장에게 통지하여야 한다. 이 경우 시·도지사는 검토결과를 통지하기 전에 설계도서와 관계서류의 보완요청을 할 수 있고, 보완요청을 받은 군부대의 장은 특별한 사유가 없는 한 이에 응하여야 한다.

3. 완공검사의 결과
4. ❷_____
5. 예방규정(영 제15조 각호의 1에 해당하는 제조소등의 경우에 한한다)

법률 ✓
〈제7조〉 ❶ 시·도지사
　　　　 ❷ 시·도지사
　　　　 ❸ 시·도지사

시행령 ✓
〈제7조〉 ❶ 공사의 설계도서

시행규칙 ✓
〈제10조〉 ❶ 시·도지사 또는 소방서장
〈제11조〉 ❷ 안전관리자 선임계획

제8조(탱크안전성능검사)

① 위험물을 저장 또는 취급하는 탱크로서 대통령령이 정하는 탱크(이하 "위험물탱크"라 한다)가 있는 제조소등의 설치 또는 그 위치·구조 또는 설비의 변경에 관하여 제6조제1항의 규정에 따른 허가를 받은 자가 위험물탱크의 설치 또는 그 위치·구조 또는 설비의 변경공사를 하는 때에는 제9조제1항의 규정에 따른 완공검사를 받기 전에 제5조제4항의 규정에 따른 기술기준에 적합한지의 여부를 확인하기 위하여 시·도지사가 실시하는 탱크안전성능검사를 받아야 한다. 이 경우 시·도지사는 제6조제1항의 규정에 따른 허가를 받은 자가 제16조제1항의 규정에 따른 탱크안전성능시험자 또는 「소방산업의 진흥에 관한 법률」 제14조에 따른 한국소방산업기술원(이하 "기술원"이라 한다)로부터 탱크안전성능시험을 받은 경우에는 대통령령이 정하는 바에 따라 당해 탱크안전성능검사의 ❶   를 면제할 수 있다.

② 제1항의 규정에 따른 탱크안전성능검사의 내용은 대통령령으로 정하고, 탱크안전성능검사의 실시 등에 관하여 필요한 사항은 ❷   으로 정한다.

제8조(탱크안전성능검사의 대상이 되는 탱크 등)

① 법 제8조제1항 전단에 따라 탱크안전성능검사를 받아야 하는 위험물탱크는 제2항에 따른 탱크안전성능검사별로 다음 각 호의 어느 하나에 해당하는 탱크로 한다.

1. ❶   : 옥외탱크저장소의 액체위험물탱크 중 그 용량이 100만리터 이상인 탱크
2. ❷   : 액체위험물을 저장 또는 취급하는 탱크. 다만, 다음 각 목의 어느 하나에 해당하는 탱크는 제외한다.
   가. 제조소 또는 일반취급소에 설치된 탱크로서 용량이 지정수량 미만인 것
   나. 「고압가스 안전관리법」 제17조제1항에 따른 특정설비에 관한 검사에 합격한 탱크
   다. 「산업안전보건법」 제84조제1항에 따른 안전인증을 받은 탱크
   라. 삭제
3. ❸   : 제1호에 따른 탱크. 다만, 탱크의 저부에 관계된 변경공사(탱크의 옆판과 관련되는 공사를 포함하는 것을 제외한다)시에 행하여진 법 제18조제3항에 따른 정기검사에 의하여 용접부에 관한 사항이 행정안전부령으로 정하는 기준에 적합하다고 인정된 탱크를 제외한다.
4. ❹   : 액체위험물을 저장 또는 취급하는 암반내의 공간을 이용한 탱크

② 법 제8조제1항에 따른 탱크안전성능검사는 기초·지반검사, 충수·수압검사, 용접부검사 및 암반탱크검사로 구분하되, 그 내용은 별표 4와 같다.

제12조(기초·지반검사에 관한 기준 등)

① 영 별표 4 제1호 가목에서 "행정안전부령으로 정하는 기준"이라 함은 당해 위험물탱크의 구조 및 설비에 관한 사항 중 별표 6 Ⅳ 및 Ⅴ의 규정에 의한 기초 및 지반에 관한 기준을 말한다.

② 영 별표 4 제1호 나목에서 "행정안전부령으로 정하는 탱크"라 함은 지중탱크 및 해상탱크(이하 "특수액체위험물탱크"라 한다)를 말한다.

③ 영 별표 4 제1호 나목에서 "행정안전부령으로 정하는 공사"라 함은 지중탱크의 경우에는 지반에 관한 공사를 말하고, 해상탱크의 경우에는 정치설비의 지반에 관한 공사를 말한다.

④ 영 별표 4 제1호 나목에서 "행정안전부령으로 정하는 기준"이라 함은 지중탱크의 경우에는 별표 6 ⅩⅡ 제2호 라목의 규정에 의한 기준을 말하고, 해상탱크의 경우에는 별표 6 ⅩⅢ 제3호 라목의 규정에 의한 기준을 말한다.

⑤ 법 제8조제2항에 따라 기술원은 ❶   리터 이상 옥외탱크저장소의 기초·지반검사를 「엔지니어링산업 진흥법」에 따른 엔지니어링사업자가 실시하는 기초·지반에 관한 시험의 과정 및 결과를 확인하는 방법으로 할 수 있다.

제13조(충수·수압검사에 관한 기준 등)

① 영 별표 4 제2호에서 "행정안전부령으로 정하는 기준"이라 함은 다음 각호의 1에 해당하는 기준을 말한다.

1. ❷   리터 이상의 액체위험물탱크의 경우 별표 6 Ⅵ 제1호의 규정에 의한 기준[충수시험(물 외의 적당한 액체를 채워서 실시하는 시험을 포함한다. 이하 같다) 또는 수압시험에 관한 부분에 한한다]

제9조(탱크안전성능검사의 면제)

① 법 제8조제1항 후단의 규정에 의하여 시·도지사가 면제할 수 있는 탱크안전성능검사는 제8조제2항 및 별표 4의 규정에 의한 ❺ _____ 로 한다.

② 위험물탱크에 대한 충수·수압검사를 면제받고자 하는 자는 법 제16조제1항에 따른 ❻ _____ (이하 "탱크시험자"라 한다) 또는 ❼ _____ 으로부터 충수·수압검사에 관한 탱크안전성능시험을 받아 법 제9조제1항에 따른 완공검사를 받기 전(지하에 매설하는 위험물탱크에 있어서는 지하에 매설하기 전)에 해당 시험에 합격하였음을 증명하는 서류(이하 "탱크시험합격확인증"이라 한다)를 ❽ _____ 에게 제출해야 한다.

③ 시·도지사는 제2항에 따라 제출받은 탱크시험합격확인증과 해당 위험물탱크를 확인한 결과 법 제5조제4항에 따른 기술기준에 적합하다고 인정되는 때에는 해당 ❾ _____ 를 면제한다.

2. ❸ _____ 리터 미만의 액체위험물탱크의 경우 별표 4 IX 제1호 가목, 별표 6 VI 제1호, 별표 7 I 제1호 마목, 별표 8 I 제6호·II 제1호·제4호·제6호·III, 별표 9 제6호, 별표 10 II 제1호·X제1호 가목, 별표 13 III 제3호, 별표 16 I 제1호의 규정에 의한 기준(충수시험·수압시험 및 그 밖의 탱크의 누설·변형에 대한 안전성에 관련된 탱크안전성능시험의 부분에 한한다)

② 법 제8조제2항의 규정에 의하여 기술원은 제18조제6항의 규정에 의한 이중벽탱크에 대하여 제1항 제2호의 규정에 의한 수압검사를 법 제16조제1항의 규정에 의한 탱크안전성능시험자(이하 "탱크시험자"라 한다)가 실시하는 수압시험의 과정 및 결과를 확인하는 방법으로 할 수 있다.

법률

⟨제8조⟩ ❶ 전부 또는 일부
❷ 행정안전부령

시행령

⟨제8조⟩ ❶ 기초·지반검사
❷ 충수(充水)·수압검사
❸ 용접부검사
❹ 암반탱크검사
⟨제9조⟩ ❺ 충수·수압검사
❻ 탱크안전성능시험자
❼ 기술원
❽ 시·도지사
❾ 충수·수압검사

시행규칙

⟨제12조⟩ ❶ 100만
⟨제13조⟩ ❷ 100만
❸ 100만

제14조(용접부검사에 관한 기준 등)
① 영 별표 4 제3호에서 "행정안전부령으로 정하는 기준"이라 함은 다음 각호의 1에 해당하는 기준을 말한다.
　1. 특수액체위험물탱크 외의 위험물탱크의 경우 : 별표 6 Ⅵ 제2호의 규정에 의한 기준
　2. 지중탱크의 경우 : 별표 6 ⅩⅡ 제2호 마목4)라)의 규정에 의한 기준(용접부에 관련된 부분에 한한다)
② 법 제8조제2항의 규정에 의하여 기술원은 용접부검사를 탱크시험자가 실시하는 용접부에 관한 시험의 과정 및 결과를 확인하는 방법으로 할 수 있다.

제15조(암반탱크검사에 관한 기준 등)
① 영 별표 4 제4호에서 "행정안전부령으로 정하는 기준"이라 함은 별표 12 Ⅰ의 규정에 의한 기준을 말한다.
② 법 제8조제2항에 따라 기술원은 암반탱크검사를 「엔지니어링산업 진흥법」에 따른 엔지니어링사업자가 실시하는 암반탱크에 관한 시험의 과정 및 결과를 확인하는 방법으로 할 수 있다.

제16조(탱크안전성능검사에 관한 세부기준 등)
제13조부터 제15조까지에서 정한 사항 외에 탱크안전성능검사의 세부기준·방법·절차 및 탱크시험자 또는 엔지니어링사업자가 실시하는 탱크안전성능시험에 대한 기술원의 확인 등에 관하여 필요한 사항은 ❶_____ 이 정하여 고시한다.

제17조(용접부검사의 제외기준)
① 삭제
② 영 제8조제1항제3호 단서의 규정에 의하여 용접부검사 대상에서 제외되는 탱크로 인정되기 위한 기준은 별표 6 Ⅵ 제2호의 규정에 의한 기준으로 한다.

제18조(탱크안전성능검사의 신청 등)

① 법 제8조제1항에 따라 탱크안전성능검사를 받아야 하는 자는 별지 제20호서식의 신청서(전자문서로 된 신청서를 포함한다)를 해당 위험물탱크의 설치장소를 관할하는 소방서장 또는 기술원에 제출하여야 한다. 다만, 설치장소에서 제작하지 아니하는 위험물탱크에 대한 탱크안전성능검사(충수·수압검사에 한한다)의 경우에는 별지 제20호서식의 신청서(전자문서로 된 신청서를 포함한다)에 해당 위험물탱크의 구조명세서 1부를 첨부하여 해당 위험물탱크의 제작지를 관할하는 ❷ 에게 신청할 수 있다.

② 법 제8조제1항 후단에 따른 탱크안전성능시험을 받고자 하는 자는 별지 제20호서식의 신청서에 해당 위험물탱크의 구조명세서 1부를 첨부하여 기술원 또는 탱크시험자에게 신청할 수 있다.

③ 영 제9조제2항에 따라 충수·수압검사를 면제받으려는 자는 별지 제21호서식의 탱크시험합격확인증에 탱크시험성적서를 첨부하여 ❸ 에게 제출해야 한다.

시행규칙

〈제16조〉 ❶ 소방청장
〈제18조〉 ❷ 소방서장
　　　　　 ❸ 소방서장

④ 제1항의 규정에 의한 탱크안전성능검사의 신청시기는 다음 각호의 구분에 의한다.
  1. 기초·지반검사 : 위험물탱크의 기초 및 지반에 관한 ❶
  2. 충수·수압검사 : 위험물을 저장 또는 취급하는 탱크에 배관 그 밖의 부속설비를 ❷
  3. 용접부검사 : 탱크본체에 관한 ❸
  4. 암반탱크검사 : 암반탱크의 본체에 관한 ❹

⑤ 소방서장 또는 기술원은 탱크안전성능검사를 실시한 결과 제12조제1항·제4항, 제13조제1항, 제14조제1항 및 제15조제1항에 따른 기준에 적합하다고 인정되는 때에는 해당 탱크안전성능검사를 신청한 자에게 별지 제21호서식의 탱크검사합격확인증을 교부하고, 적합하지 않다고 인정되는 때에는 신청인에게 서면으로 그 사유를 통보해야 한다.

⑥ 영 제22조제2항제1호다목에서 "행정안전부령으로 정하는 액체위험물탱크"란 별표 8 II에 따른 이중벽탱크를 말한다.

제9조(완공검사)

① 제6조제1항의 규정에 따른 허가를 받은 자가 제조소등의 설치를 마쳤거나 그 위치·구조 또는 설비의 변경을 마친 때에는 당해 제조소등마다 ❶   가 행하는 완공검사를 받아 제5조제4항의 규정에 따른 기술기준에 적합하다고 인정받은 후가 아니면 이를 사용하여서는 아니된다. 다만, 제조소등의 위치·구조 또는 설비를 변경함에 있어서 제6조제1항 후단의 규정에 따른 변경허가를 신청하는 때에 화재예방에 관한 조치사항을 기재한 서류를 제출하는 경우에는 당해 변경공사와 관계가 없는 부분은 완공검사를 받기 전에 미리 사용할 수 있다.

제10조(완공검사의 신청 등)

① 법 제9조의 규정에 의한 제조소등에 대한 완공검사를 받고자 하는 자는 이를 ❶   에게 신청하여야 한다.

② 제1항에 따른 신청을 받은 시·도지사는 제조소등에 대하여 완공검사를 실시하고, 완공검사를 실시한 결과 해당 제조소등이 법 제5조제4항에 따른 기술기준(탱크안전성능검사에 관련된 것을 제외한다)에 적합하다고 인정하는 때에는 ❷   을 교부해야 한다.

제19조(완공검사의 신청 등)

① 법 제9조에 따라 제조소등에 대한 완공검사를 받으려는 자는 별지 제22호서식 또는 별지 제23호서식의 신청서(전자문서로 된 신청서를 포함한다)에 다음 각 호의 서류(전자문서를 포함한다)를 첨부하여 ❺   (영 제22조제2항제2호에 따라 완공검사를 기술원에 위탁하는 제조소등의 경우에는 기술원)에게 제출해야 한다. 다만, 첨부서류는 완공검사를 실시할 때까지 제출할 수 있되, 「전자정부법」 제36조제1항에 따른 행정정보의 공동이용을 통하여 첨부서류에 대한 정보를 확인할 수 있는 경우에는 그 확인으로 첨부서류를 갈음할 수 있다.

② 제1항 본문의 규정에 따른 완공검사를 받고자 하는 자가 제조소등의 일부에 대한 설치 또는 변경을 마친 후 그 일부를 미리 사용하고자 하는 경우에는 당해 제조소등의 일부에 대하여 완공검사를 받을 수 있다.

③ 제2항의 완공검사합격확인증을 교부받은 자는 완공검사합격확인증을 잃어버리거나 멸실·훼손 또는 파손한 경우에는 이를 교부한 시·도지사에게 재교부를 신청할 수 있다.

④ 완공검사합격확인증을 훼손 또는 파손하여 제3항에 따른 신청을 하는 경우에는 신청서에 해당 완공검사합격확인증을 첨부하여 제출해야 한다.

⑤ 제2항의 완공검사합격확인증을 잃어버려 재교부를 받은 자는 잃어버린 완공검사합격확인증을 발견하는 경우에는 이를 ❸   이내에 완공검사합격확인증을 재교부한 시·도지사에게 제출해야 한다.

1. 배관에 관한 내압시험, 비파괴시험 등에 합격하였음을 증명하는 서류(내압시험 등을 하여야 하는 배관이 있는 경우에 한한다)
2. 소방서장, 기술원 또는 탱크시험자가 교부한 탱크검사합격확인증 또는 탱크시험합격확인증(해당 위험물탱크의 완공검사를 실시하는 소방서장 또는 기술원이 그 위험물탱크의 탱크안전성능검사를 실시한 경우는 제외한다)
3. 재료의 성능을 증명하는 서류(이중벽탱크에 한한다)

② 기술원은 영 제22조제2항제2호에 따라 완공검사를 실시한 경우에는 완공검사결과서를 소방서장에게 송부하고, 검사대상명·접수일시·검사일·검사번호·검사자·검사결과 및 검사결과서 발송일 등을 기재한 완공검사업무대장을 작성하여 ❻   년간 보관하여야 한다.

③ 영 제10조제2항의 완공검사합격확인증은 별지 제24호서식 또는 별지 제25호서식에 따른다.

④ 영 제10조제3항에 따른 완공검사합격확인증의 재교부신청은 별지 제26호서식의 신청서에 따른다.

법률
〈제9조〉 ❶ 시·도지사

시행령
〈제10조〉 ❶ 시·도지사
❷ 완공검사합격확인증
❸ 10일

시행규칙
〈제18조〉 ❶ 공사의 개시 전
❷ 부착하기 전
❸ 공사의 개시 전
❹ 공사의 개시 전
〈제19조〉 ❺ 시·도지사 또는 소방서장
❻ 10

제20조(완공검사의 신청시기)

법 제9조제1항에 따른 제조소등의 완공검사 신청시기는 다음 각 호의 구분에 따른다.

1. 지하탱크가 있는 제조소등의 경우 : 당해 지하탱크를 ❶
2. 이동탱크저장소의 경우 : 이동저장탱크를 완공하고 ❷ 를 확보한 후
3. 이송취급소의 경우 : 이송배관 공사의 전체 또는 일부를 완료한 후. 다만, 지하·하천 등에 매설하는 이송배관의 공사의 경우에는 ❸
4. 전체 공사가 완료된 후에는 완공검사를 실시하기 곤란한 경우 : 다음 각목에서 정하는 시기
   가. 위험물설비 또는 배관의 설치가 완료되어 기밀시험 또는 내압시험을 실시하는 시기
   나. 배관을 지하에 설치하는 경우에는 시·도지사, 소방서장 또는 기술원이 지정하는 부분을 ❹
   다. 기술원이 지정하는 부분의 비파괴시험을 실시하는 시기
5. 제1호 내지 제4호에 해당하지 아니하는 제조소등의 경우 : 제조소등의 ❺

제21조(변경공사 중 가사용의 신청)

법 제9조제1항 단서의 규정에 의하여 제조소등의 변경공사 중에 변경공사와 관계없는 부분을 사용하고자 하는 자는 별지 제16호 서식 또는 별지 제17호서식의 신청서(전자문서로 된 신청서를 포함한다) 또는 별지 제27호서식의 신청서(전자문서로 된 신청서를 포함한다)에 변경공사에 따른 화재예방에 관한 조치사항을 기재한 서류(전자문서를 포함한다)를 첨부하여 ❻ 에게 신청하여야 한다.

제10조(제조소등 설치자의 지위승계)

① 제조소등의 설치자(제6조제1항의 규정에 따라 허가를 받아 제조소등을 설치한 자를 말한다. 이하 같다)가 사망하거나 그 제조소등을 양도·인도한 때 또는 법인인 제조소등의 설치자의 합병이 있는 때에는 그 상속인, 제조소등을 양수·인수한 자 또는 합병후 존속하는 법인이나 합병에 의하여 설립되는 법인은 그 설치자의 지위를 승계한다.

② 민사집행법에 의한 ❶   , 「채무자 회생 및 파산에 관한 법률」에 의한 환가, 국세징수법·관세법 또는 「지방세징수법」에 따른 압류재산의 매각과 그 밖에 이에 준하는 절차에 따라 제조소등의 시설의 전부를 인수한 자는 그 ❷   한다.

③ 제1항 또는 제2항의 규정에 따라 제조소등의 설치자의 지위를 승계한 자는 행정안전부령이 정하는 바에 따라 승계한 날부터 ❸   이내에 ❹   에게 그 사실을 신고하여야 한다.

제22조(지위승계의 신고)

법 제10조제3항에 따라 제조소등의 설치자의 지위승계를 신고하려는 자는 별지 제28호서식의 신고서(전자문서로 된 신고서를 포함한다)에 제조소등의 완공검사합격확인증과 지위승계를 증명하는 서류(전자문서를 포함한다)를 첨부하여 시·도지사 또는 소방서장에게 제출해야 한다.

법률

〈제10조〉
❶ 경매
❷ 설치자의 지위를 승계
❸ 30일
❹ 시·도지사

시행령

시행규칙

〈제20조〉
❶ 매설하기 전
❷ 상시 설치 장소(상치장소)
❸ 이송배관을 매설하기 전
❹ 매몰하기 직전
❺ 공사를 완료한 후
〈제21조〉 ❻ 시·도지사 또는 소방서장

제11조(제조소등의 폐지)

제조소등의 관계인(소유자・점유자 또는 관리자를 말한다. 이하 같다)은 당해 제조소등의 용도를 폐지(장래에 대하여 위험물시설로서의 기능을 완전히 상실시키는 것을 말한다)한 때에는 행정안전부령이 정하는 바에 따라 제조소등의 용도를 폐지한 날부터 ❶ 　　　 이내에 시・도지사에게 신고하여야 한다.

제11조의2(제조소등의 사용 중지 등)

① 제조소등의 관계인은 제조소등의 사용을 중지(경영상 형편, 대규모 공사 등의 사유로 ❷ 　　　 이상 위험물을 저장하지 아니하거나 취급하지 아니하는 것을 말한다. 이하 같다)하려는 경우에는 위험물의 제거 및 제조소등에의 출입통제 등 행정안전부령으로 정하는 안전조치를 하여야 한다. 다만, 제조소등의 사용을 중지하는 기간에도 제15조제1항 본문에 따른 위험물안전관리자가 계속하여 직무를 수행하는 경우에는 안전조치를 아니할 수 있다.

② 제조소등의 관계인은 제조소등의 사용을 중지하거나 중지한 제조소등의 사용을 재개하려는 경우에는 해당 제조소등의 사용을 중지하려는 날 또는 재개하려는 날의 ❸ 　　　 전까지 행정안전부령으로 정하는 바에 따라 제조소등의 사용 중지 또는 재개를 시・도지사에게 신고하여야 한다.

제23조(용도폐지의 신고)

① 법 제11조에 따라 제조소등의 용도폐지신고를 하려는 자는 별지 제29호서식의 신고서(전자문서로 된 신고서를 포함한다)에 제조소등의 완공검사합격확인증을 첨부하여 시・도지사 또는 소방서장에게 제출해야 한다.

② 제1항의 규정에 의한 신고서를 접수한 시・도지사 또는 소방서장은 당해 제조소 등을 확인하여 위험물시설의 철거 등 용도폐지에 필요한 안전조치를 한 것으로 인정하는 경우에는 당해 신고서의 사본에 수리사실을 표시하여 용도폐지신고를 한 자에게 통보하여야 한다.

제23조의2(사용 중지신고 또는 재개신고 등)

① 법 제11조의2제1항에서 "위험물의 제거 및 제조소등에의 출입통제 등 행정안전부령으로 정하는 안전조치"란 다음 각 호의 조치를 말한다.
  1. 탱크・배관 등 위험물을 저장 또는 취급하는 설비에서 ❶ 　　　
  2. 관계인이 아닌 사람에 대한 해당 제조소등에의 출입금지 조치
  3. 해당 제조소등의 사용중지 사실의 게시
  4. 그 밖에 위험물의 사고 예방에 필요한 조치

② 법 제11조의2제2항에 따라 제조소등의 사용 중지신고 또는 재개신고를 하려는 자는 별지 제29호의2서식의 신고서(전자문서로 된 신고서를 포함한다)에 해당 제조소등의 완공검사합격확인증을 첨부하여 ❷ 　　　 에게 제출해야 한다.

③ 제2항에 따라 사용중지 신고서를 접수한 시・도지사 또는 소방서장은 해당 제조소등에 대한 법 제11조의2제1항 본문에 따른 안전조치 또는 같은 항 단서에 따른 위험물안전관리자의 직무수행이 적합하다고 인정되면 해당 신고서의 사본에 수리사실을 표시하여 신고를 한 자에게 통보해야 한다.

③ ❹_____는 제2항에 따라 신고를 받으면 제조소등의 관계인이 제1항 본문에 따른 안전조치를 적합하게 하였는지 또는 제15조제1항 본문에 따른 위험물안전관리자가 직무를 적합하게 수행하는지를 확인하고 위해 방지를 위하여 필요한 안전조치의 이행을 명할 수 있다.

④ ❺_____은 제2항의 사용 중지신고에 따라 제조소등의 사용을 중지하는 기간 동안에는 제15조제1항 본문에도 불구하고 위험물안전관리자를 선임하지 아니할 수 있다.

제24조(처리결과의 통보)

① 시·도지사가 영 제7조제1항의 설치·변경 관련 서류제출, 제6조의 설치허가신청, 제7조의 변경허가신청, 제10조의 품명 등의 변경신고, 제19조제1항의 완공검사신청, 제21조의 가사용승인신청, 제22조의 지위승계신고, 제23조제1항의 용도폐지신고 또는 제23조의2제2항의 사용 중지신고 또는 재개신고를 각각 접수하고 처리한 경우 그 신청서 또는 신고서와 첨부서류의 사본 및 처리결과를 ❸_____에게 송부해야 한다.

② 시·도지사 또는 소방서장이 영 제7조제1항의 설치·변경 관련 서류제출, 제6조의 설치허가신청, 제7조의 변경허가신청, 제10조의 품명 등의 변경신고, 제19조제1항의 완공검사신청, 제22조의 지위승계신고, 제23조제1항의 용도폐지신고 또는 제23조의2제2항의 사용 중지신고 또는 재개신고를 각각 접수하고 처리한 경우 그 신청서 또는 신고서와 구조설비명세표(설치허가신청 또는 변경허가신청에 한한다)의 사본 및 처리결과를 ❹_____에게 송부해야 한다.

법률
⟨제11조⟩ ❶ 14일
⟨제11조의2⟩ ❷ 3개월
❸ 14일
❹ 시·도지사
❺ 제조소등의 관계인

시행령

시행규칙
⟨제23조의2⟩ ❶ 위험물 및 가연성 증기 등의 제거
❷ 시·도지사 또는 소방서장
⟨제24조⟩ ❸ 관할 소방서장
❹ 관할 시장·군수·구청장

제12조(제조소등 설치허가의 취소와 사용정지 등)

시·도지사는 제조소등의 관계인이 다음 각 호의 어느 하나에 해당하는 때에는 행정안전부령이 정하는 바에 따라 제6조제1항에 따른 허가를 취소하거나 ❶   이내의 기간을 정하여 제조소등의 전부 또는 일부의 사용정지를 명할 수 있다.

1. 제6조제1항 후단의 규정에 따른 변경허가를 받지 아니하고 제조소등의 위치·구조 또는 설비를 변경한 때
2. 제9조의 규정에 따른 완공검사를 받지 아니하고 제조소등을 사용한 때
2의2. 제11조의2제3항에 따른 안전조치 이행명령을 따르지 아니한 때
3. 제14조제2항의 규정에 따른 수리·개조 또는 이전의 명령을 위반한 때
4. 제15조제1항 및 제2항의 규정에 따른 위험물안전관리자를 선임하지 아니한 때
5. 제15조제5항을 위반하여 대리자를 지정하지 아니한 때
6. 제18조제1항의 규정에 따른 정기점검을 하지 아니한 때
7. 제18조제3항에 따른 정기검사를 받지 아니한 때
8. 제26조의 규정에 따른 저장·취급기준 준수명령을 위반한 때

제13조(과징금처분)

① 시·도지사는 제12조 각 호의 어느 하나에 해당하는 경우로서 제조소등에 대한 사용의 정지가 그 이용자에게 심한 불편을 주거나 그 밖에 공익을 해칠 우려가 있는 때에는 사용정지처분에 갈음하여 2억 원 이하의 과징금을 부과할 수 있다.

제25조(허가취소 등의 처분기준)

법 제12조의 규정에 의한 제조소등에 대한 허가취소 및 사용정지의 처분기준은 별표 2와 같다.

제26조(과징금의 금액)

법 제13조제1항에 따라 과징금을 부과하는 위반행위의 종류와 위반 정도 등에 따른 과징금의 금액은 다음 각 호의 구분에 따른 기준에 따라 산정한다.

1. 2016년 2월 1일부터 2018년 12월 31일까지의 기간 중에 위반행위를 한 경우: 별표 3

② 제1항의 규정에 따른 과징금을 부과하는 위반행위의 종별·정도 등에 따른 과징금의 금액 그 밖의 필요한 사항은 ❷ 〔행정안전부령〕 으로 정한다.
③ 시·도지사는 제1항의 규정에 따른 과징금을 납부하여야 하는 자가 납부기한까지 이를 납부하지 아니한 때에는 ❸ 〔「지방행정제재·부과금의 징수 등에 관한 법률」〕 에 따라 징수한다.

제3장 위험물시설의 안전관리

제14조(위험물시설의 유지·관리)
① 제조소등의 관계인은 당해 제조소등의 위치·구조 및 설비가 제5조제4항의 규정에 따른 기술기준에 적합하도록 유지·관리하여야 한다.
② ❹ 〔시·도지사, 소방본부장 또는 소방서장〕 은 제1항의 규정에 따른 유지·관리의 상황이 제5조제4항의 규정에 따른 기술기준에 부적합하다고 인정하는 때에는 그 기술기준에 적합하도록 제조소등의 위치·구조 및 설비의 수리·개조 또는 이전을 명할 수 있다.

2. 2019년 1월 1일 이후에 위반행위를 한 경우: 별표 3의2

제27조(과징금 징수절차)
법 제13조제2항에 따른 과징금의 징수절차에 관하여는 ❶ 〔「국고금 관리법 시행규칙」〕 을 준용한다.

법률 ✓
〈제12조〉 ❶ 6월
〈제13조〉 ❷ 행정안전부령
❸ 「지방행정제재·부과금의 징수 등에 관한 법률」
〈제14조〉 ❹ 시·도지사, 소방본부장 또는 소방서장

시행령 ✓

시행규칙 ✓
〈제27조〉 ❶ 「국고금 관리법 시행규칙」

제15조(위험물안전관리자)

① 제조소등[제6조제3항의 규정에 따라 허가를 받지 아니하는 제조소등과 이동탱크저장소(차량에 고정된 탱크에 위험물을 저장 또는 취급하는 저장소를 말한다)를 제외한다. 이하 이 조에서 같다]의 관계인은 위험물의 안전관리에 관한 직무를 수행하게 하기 위하여 제조소등마다 대통령령이 정하는 위험물의 취급에 관한 자격이 있는 자(이하 "위험물취급자격자"라 한다)를 위험물안전관리자(이하 "안전관리자"라 한다)로 선임하여야 한다. 다만, 제조소등에서 저장·취급하는 위험물이 「화학물질관리법」에 따른 유독물질에 해당하는 경우 등 대통령령이 정하는 경우에는 당해 제조소등을 설치한 자는 다른 법률에 의하여 안전관리업무를 하는 자로 선임된 자 가운데 대통령령이 정하는 자를 안전관리자로 선임할 수 있다.

② 제1항의 규정에 따라 안전관리자를 선임한 제조소등의 관계인은 그 안전관리자를 해임하거나 안전관리자가 퇴직한 때에는 해임하거나 퇴직한 날부터 ❶ _____ 이내에 다시 안전관리자를 선임하여야 한다.

③ 제조소등의 관계인은 제1항 및 제2항에 따라 안전관리자를 선임한 경우에는 선임한 날부터 ❷ _____ 이내에 행정안전부령으로 정하는 바에 따라 소방본부장 또는 소방서장에게 신고하여야 한다.

④ 제조소등의 관계인이 안전관리자를 해임하거나 안전관리자가 퇴직한 경우 그 관계인 또는 안전관리자는 ❸ _____ 에게 그 사실을 알려 해임되거나 퇴직한 사실을 확인받을 수 있다.

제11조(위험물안전관리자로 선임할 수 있는 위험물취급자격자 등)

① 법 제15조제1항 본문에서 "대통령령이 정하는 위험물의 취급에 관한 자격이 있는 자"라 함은 별표 5에 규정된 자를 말한다.

② 법 제15조제1항 단서에서 "대통령령이 정하는 경우"란 다음 각 호의 어느 하나에 해당하는 경우를 말한다
1. 제조소등에서 저장·취급하는 위험물이 「화학물질관리법」 제2조제2호에 따른 유독물질에 해당하는 경우
2. 「소방시설 설치 및 관리에 관한 법률」 제2조제1항제3호에 따른 특정소방대상물의 난방·비상발전 또는 자가발전에 필요한 위험물을 저장·취급하기 위하여 설치된 저장소 또는 일반취급소가 해당 특정소방대상물 안에 있거나 인접하여 있는 경우

③ 법 제15조제1항 단서에서 "대통령령이 정하는 자"란 다음 각 호의 어느 하나에 해당하는 자를 말한다.
1. 제2항제1호의 경우 : 「화학물질관리법」 제32조제1항에 따라 해당 제조소등의 유해화학물질관리자로 선임된 자로서 법 제28조 또는 「화학물질관리법」 제33조에 따라 유해화학물질 안전교육을 받은 자
2. 제2항제2호의 경우 : 「화재의 예방 및 안전관리에 관한 법률」 제24조제1항 또는 「공공기관의 소방안전관리에 관한 규정」 제5조에 따라 소방안전관리자로 선임된 자로서 법 제15조제9항에 따른 위험물안전관리자(이하 "안전관리자"라 한다)의 자격이 있는 자

제53조(안전관리자의 선임신고 등)

① 제조소 등의 관계인은 법 제15조제3항에 따라 안전관리자(「기업활동 규제완화에 관한 특별조치법」 제29조제1항·제3항 및 제32조제1항에 따른 안전관리자와 제57조제1항에 따른 안전관리대행기관을 포함한다)의 선임을 신고하려는 경우에는 별지 제32호서식의 신고서(전자문서로 된 신고서를 포함한다)에 다음 각 호의 해당 서류(전자문서를 포함한다)를 첨부하여 소방본부장 또는 소방서장에게 제출하여야 한다.
1. 위험물안전관리업무대행계약서(제57조제1항에 따른 안전관리대행기관에 한한다)
2. 위험물안전관리교육 수료증(제78조제1항 및 별표 24에 따른 안전관리자 강습교육을 받은 자에 한한다)
3. 위험물안전관리자를 겸직할 수 있는 관련 안전관리자로 선임된 사실을 증명할 수 있는 서류(「기업활동 규제완화에 관한 특별조치법」 제29조제1항제1호부터 제3호까지 및 제3항에 해당하는 안전관리자 또는 영 제11조제3항 각 호의 어느 하나에 해당하는 사람으로서 위험물의 취급에 관한 국가기술자격자가 아닌 사람으로 한정한다)
4. 소방공무원 경력증명서(소방공무원 경력자에 한한다)

② 제1항에 따라 신고를 받은 담당 공무원은 「전자정부법」 제36조제1항에 따른 행정정보의 공동이용을 통하여 다음 각 호의 행정정보를 확인하여야 한다. 다만, 신고인이 확인에 동의하지 아니하는 경우에는 그 서류(국가기술자격증의 경우에는 그 사본을 말한다)를 제출하도록 하여야한다.

⑤ 제1항의 규정에 따라 안전관리자를 선임한 제조소 등의 관계인은 안전관리자가 여행·질병 그 밖의 사유로 인하여 일시적으로 직무를 수행할 수 없거나 안전관리자의 해임 또는 퇴직과 동시에 다른 안전관리자를 선임하지 못하는 경우에는 국가기술자격법에 따른 위험물의 취급에 관한 자격취득자 또는 위험물안전에 관한 기본지식과 경험이 있는 자로서 행정안전부령이 정하는 자를 대리자(代理者)로 지정하여 그 직무를 대행하게 하여야 한다. 이 경우 대리자가 안전관리자의 직무를 대행하는 기간은 ❹ 을 초과할 수 없다.

⑥ 안전관리자는 위험물을 취급하는 작업을 하는 때에는 작업자에게 안전관리에 관한 필요한 지시를 하는 등 행정안전부령이 정하는 바에 따라 위험물의 취급에 관한 안전관리와 감독을 하여야 하고, 제조소등의 관계인과 그 종사자는 안전관리자의 위험물 안전관리에 관한 의견을 존중하고 그 권고에 따라야 한다.

⑦ 제조소등에 있어서 위험물취급자격자가 아닌 자는 안전관리자 또는 제5항에 따른 대리자가 참여한 상태에서 위험물을 취급하여야 한다.

1. 국가기술자격증(위험물의 취급에 관한 국가기술자격자에 한한다)
2. 국가기술자격증(「기업활동 규제완화에 관한 특별조치법」 제29조제1항 및 제3항에 해당하는 자로서 국가기술자격자에 한한다)

제54조(안전관리자의 대리자)

법 제15조제5항 전단에서 "행정안전부령이 정하는 자"란 다음 각 호의 어느 하나에 해당하는 사람을 말한다.

1. 법 제28조제1항에 따른 안전교육을 받은 자
2. 삭제
3. 제조소등의 위험물 안전관리업무에 있어서 안전관리자를 지휘·감독하는 직위에 있는 자

법률
〈제15조〉 ❶ 30일
❷ 14일
❸ 소방본부장이나 소방서장
❹ 30일

⑧ 다수의 제조소등을 동일인이 설치한 경우에는 제1항의 규정에 불구하고 관계인은 대통령령이 정하는 바에 따라 1인의 안전관리자를 중복하여 선임할 수 있다. 이 경우 대통령령이 정하는 제조소등의 관계인은 제5항에 따른 대리자의 자격이 있는 자를 각 제조소등별로 지정하여 안전관리자를 보조하게 하여야 한다.

⑨ 제조소등의 종류 및 규모에 따라 선임하여야 하는 안전관리자의 자격은 대통령령으로 정한다.

제55조(안전관리자의 책무)

법 제15조제6항에 따라 안전관리자는 위험물의 취급에 관한 안전관리와 감독에 관한 다음 각 호의 업무를 성실하게 수행하여야 한다.

1. 위험물의 취급작업에 참여하여 당해 작업이 법 제5조제3항의 규정에 의한 저장 또는 취급에 관한 기술기준과 법 제17조의 규정에 의한 예방규정에 적합하도록 해당 작업자(당해 작업에 참여하는 위험물취급자격자를 포함한다)에 대하여 지시 및 감독하는 업무

2. 화재 등의 재난이 발생한 경우 응급조치 및 소방관서 등에 대한 연락업무

3. 위험물시설의 안전을 담당하는 자를 따로 두는 제조소등의 경우에는 그 담당자에게 다음 각목의 규정에 의한 업무의 지시, 그 밖의 제조소등의 경우에는 다음 각목의 규정에 의한 업무

    가. 제조소등의 위치·구조 및 설비를 법 제5조제4항의 기술기준에 적합하도록 유지하기 위한 점검과 점검상황의 기록·보존

    나. 제조소등의 구조 또는 설비의 이상을 발견한 경우 관계자에 대한 연락 및 응급조치

    다. 화재가 발생하거나 화재발생의 위험성이 현저한 경우 소방관서 등에 대한 연락 및 응급조치

    라. 제조소등의 계측장치·제어장치 및 안전장치 등의 적정한 유지·관리

    마. 제조소등의 위치·구조 및 설비에 관한 설계도서 등의 정비·보존 및 제조소등의 구조 및 설비의 안전에 관한 사무의 관리

		4. 화재 등의 재해의 방지와 응급조치에 관하여 인접하는 제조소등과 그 밖의 관련되는 시설의 관계자와 협조체제의 유지 5. 위험물의 취급에 관한 일지의 작성·기록 6. 그 밖에 위험물을 수납한 용기를 차량에 적재하는 작업, 위험물설비를 보수하는 작업 등 위험물의 취급과 관련된 작업의 안전에 관하여 필요한 감독의 수행

제12조(1인의 안전관리자를 중복하여 선임할 수 있는 경우 등)

① 법 제15조제8항 전단에 따라 다수의 제조소등을 설치한 자가 1인의 안전관리자를 중복하여 선임할 수 있는 경우는 다음 각 호의 어느 하나와 같다.

1. 보일러·버너 또는 이와 비슷한 것으로서 위험물을 소비하는 장치로 이루어진 ❶ 이하의 일반취급소와 그 일반취급소에 공급하기 위한 위험물을 저장하는 저장소[일반취급소 및 저장소가 모두 동일구내(같은 건물 안 또는 같은 울 안을 말한다. 이하 같다)에 있는 경우에 한한다. 이하 제2호에서 같다]를 동일인이 설치한 경우
2. 위험물을 차량에 고정된 탱크 또는 운반용기에 옮겨 담기 위한 ❷ 이하의 일반취급소[일반취급소간의 거리(보행거리를 말한다. 제3호 및 제4호에서 같다)가 ❸ 이내인 경우에 한한다]와 그 일반취급소에 공급하기 위한 위험물을 저장하는 저장소를 동일인이 설치한 경우
3. 동일구내에 있거나 상호 ❹ 이내의 거리에 있는 저장소로서 저장소의 규모, 저장하는 위험물의 종류 등을 고려하여 행정안전부령이 정하는 저장소를 동일인이 설치한 경우
4. 다음 각목의 기준에 모두 적합한 5개 이하의 제조소등을 동일인이 설치한 경우
   가. 각 제조소등이 동일구내에 위치하거나 상호 ❺ 이내의 거리에 있을 것
   나. 각 제조소등에서 저장 또는 취급하는 위험물의 최대수량이 지정수량의 ❻ 미만일 것. 다만, 저장소의 경우에는 그러하지 아니하다.

제56조(1인의 안전관리자를 중복하여 선임할 수 있는 저장소 등)

① 영 제12조제1항제3호에서 "행정안전부령이 정하는 저장소"라 함은 다음 각호의 1에 해당하는 저장소를 말한다.

1. ❶ 이하의 옥내저장소
2. ❷ 이하의 옥외탱크저장소
3. 옥내탱크저장소
4. ❸ 탱크저장소
5. 간이탱크저장소
6. ❹ 이하의 옥외저장소
7. ❺ 이하의 암반탱크저장소

② 영 제12조제1항제5호에서 "행정안전부령이 정하는 제조소등"이라 함은 ❻ 의 고정주유설비에 공급하기 위한 위험물을 저장하는 저장소와 당해 선박주유취급소를 말한다.

제57조(안전관리대행기관의 지정 등)

① 「기업활동 규제완화에 관한 특별조치법」 제40조제1항제3호의 규정에 의하여 위험물안전관리자의 업무를 위탁받아 수행할 수 있는 관리대행기관(이하 "안전관리대행기관"이라 한다)은 다음 각 호의 1에 해당하는 기관으로서 별표 22의 안전관리대행기관의 지정기준을 갖추어 소방청장의 지정을 받아야 한다.

1. 법 제16조제2항의 규정에 의한 탱크시험자로 등록한 법인
2. 다른 법령에 의하여 안전관리업무를 대행하는 기관으로 지정·승인 등을 받은 법인

5. 그 밖에 제1호 또는 제2호의 규정에 의한 제조소등과 비슷한 것으로서 행정안전부령이 정하는 제조소등을 동일인이 설치한 경우

② 법 제15조제8항 후단에서 "대통령령이 정하는 제조소등"이란 다음 각 호의 어느 하나에 해당하는 제조소등을 말한다.
1. 제조소
2. 이송취급소
3. 일반취급소. 다만, 인화점이 ❼ 이상인 제4류 위험물만을 지정수량의 ❽ 이하로 취급하는 일반취급소로서 다음 각목의 1에 해당하는 일반취급소를 제외한다.
   가. 보일러·버너 또는 이와 비슷한 것으로서 위험물을 소비하는 장치로 이루어진 일반취급소
   나. 위험물을 용기에 옮겨 담거나 차량에 고정된 탱크에 주입하는 일반취급소

제13조(위험물안전관리자의 자격)
법 제15조제9항에 따라 제조소등의 종류 및 규모에 따라 선임하여야 하는 안전관리자의 자격은 별표 6과 같다.

② 안전관리대행기관으로 지정받고자 하는 자는 별지 제33호서식의 신청서(전자문서로 된 신청서를 포함한다)에 다음 각호의 서류(전자문서를 포함한다)를 첨부하여 소방청장에게 제출하여야 한다.
1. 삭제 〈2006. 8. 3.〉
2. 기술인력 연명부 및 기술자격증
3. 사무실의 확보를 증명할 수 있는 서류
4. 장비보유명세서

③ 제2항의 규정에 의한 지정신청을 받은 소방청장은 자격요건·기술인력 및 시설·장비보유현황 등을 검토하여 적합하다고 인정하는 때에는 별지 제34호서식의 위험물안전관리대행기관지정서를 발급하고, 제2항제2호의 규정에 의하여 제출된 기술인력의 기술자격증에는 그 자격자가 안전관리대행기관의 기술인력자임을 기재하여 교부하여야 한다.

④ 소방청장은 안전관리대행기관에 대하여 필요한 지도·감독을 하여야 한다.

⑤ 안전관리대행기관은 지정받은 사항의 변경이 있는 경우에는 그 사유가 있는 날부터 ❼ 일 이내에 별지 제35호서식의 위험물안전관리대행기관변경신고서(전자문서로 된 신고서를 포함한다)에 다음 각 호의 구분에 따른 서류(전자문서를 포함한다)를 첨부하여 ❽ 에게 제출해야 한다.

법률 ✓

시행령 ✓
〈제12조〉 ❶ 7개 ❷ 5개
❸ 300미터 ❹ 100미터
❺ 100미터 ❻ 3천배
❼ 38도 ❽ 30배

시행규칙 ✓
〈제56조〉 ❶ 10개 ❷ 30개
❸ 지하 ❹ 10개
❺ 10개 ❻ 선박주유취급소
〈제57조〉 ❼ 14 ❽ 소방청장

1. 영업소의 소재지, 법인명칭 또는 대표자를 변경하는 경우
   가. 삭제 〈2006. 8. 3.〉
   나. 위험물안전관리대행기관지정서
2. 기술인력을 변경하는 경우
   가. 기술인력자의 연명부
   나. 변경된 기술인력자의 기술자격증
3. 삭제

⑥ 안전관리대행기관은 휴업·재개업 또는 폐업을 하려는 경우에는 휴업·재개업 또는 폐업하려는 날 1일 전까지 별지 제35호의2서식의 위험물안전관리대행기관 휴업·재개업·폐업 신고서(전자문서로 된 신고서를 포함한다)에 위험물안전관리대행기관지정서(전자문서를 포함한다)를 첨부하여 소방청장에게 제출해야 한다.

⑦ 제2항에 따른 신청서 또는 제5항제1호에 따른 신고서를 제출받은 경우에 담당공무원은 법인 등기사항증명서를 제출받는 것에 갈음하여 그 내용을 「전자정부법」 제36조제1항에 따른 행정정보의 공동이용을 통하여 확인하여야 한다.

제58조(안전관리대행기관의 지정취소 등)

① 「기업활동 규제완화에 관한 특별조치법」 제40조제3항의 규정에 의하여 소방청장은 안전관리대행기관이 다음 각 호의 어느 하나에 해당하는 때에는 별표 2의 기준에 따라 그 지정을 취소하거나 ❶ 이내의 기간을 정하여 그 업무의 정지를 명하거나 시정하게 할 수 있다. 다만, 제1호부터 제3호까지의 규정 중 어느 하나에 해당하는 때에는 그 지정을 취소하여야 한다.
1. 허위 그 밖의 부정한 방법으로 지정을 받은 때

2. 탱크시험자의 등록 또는 다른 법령에 의하여 안전관리업무를 대행하는 기관의 지정·승인 등이 취소된 때
3. 다른 사람에게 지정서를 대여한 때
4. 별표 22의 안전관리대행기관의 지정기준에 미달되는 때
5. 제57조제4항의 규정에 의한 소방청장의 지도·감독에 정당한 이유 없이 따르지 아니하는 때
6. 제57조제5항에 따른 변경 신고를 연간 2회 이상 하지 아니한 때
6의2. 제57조제6항에 따른 휴업 또는 재개업 신고를 연간 2회 이상 하지 아니한 때
7. 안전관리대행기관의 기술인력이 제59조의 규정에 의한 안전관리업무를 성실하게 수행하지 아니한 때

② 소방청장은 안전관리대행기관의 지정·업무정지 또는 지정취소를 한 때에는 이를 ❷ 에 공고하여야 한다.
③ 안전관리대행기관의 지정을 취소한 때에는 지정서를 회수하여야 한다.

제59조(안전관리대행기관의 업무수행)
① 안전관리대행기관은 안전관리자의 업무를 위탁받는 경우에는 영 제13조 및 영 별표 6의 규정에 적합한 기술인력을 당해 제조소등의 안전관리자로 지정하여 안전관리자의 업무를 하게 하여야 한다.

〈제58조〉 ❶ 6월
❷ 관보

② 안전관리대행기관은 제1항의 규정에 의하여 기술인력을 안전관리자로 지정함에 있어서 1인의 기술인력을 다수의 제조소등의 안전관리자로 중복하여 지정하는 경우에는 영 제12조제1항 및 이 규칙 제56조의 규정에 적합하게 지정하거나 안전관리자의 업무를 성실히 대행할 수 있는 범위내에서 관리하는 제조소등의 수가 ❶ 를 초과하지 아니하도록 지정하여야 한다. 이 경우 각 제조소등(지정수량의 ❷ 배 이하를 저장하는 저장소는 제외한다)의 관계인은 당해 제조소등마다 위험물의 취급에 관한 국가기술자격자 또는 법 제28조제1항에 따른 안전교육을 받은 자를 안전관리원으로 지정하여 대행기관이 지정한 안전관리자의 업무를 보조하게 하여야 한다.

③ 제1항에 따라 안전관리자로 지정된 안전관리대행기관의 기술인력(이하 이항에서 "기술인력"이라 한다) 또는 제2항에 따라 안전관리원으로 지정된 자는 위험물의 취급작업에 참여하여 법 제15조 및 이 규칙 제55조에 따른 안전관리자의 책무를 성실히 수행하여야 하며, 기술인력이 위험물의 취급작업에 참여하지 아니하는 경우에 기술인력은 제55조제3호 가목에 따른 점검 및 동조제6호에 따른 감독을 ❸   (저장소의 경우에는 ❹   ) 이상 실시하여야 한다.

④ 안전관리대행기관은 제1항의 규정에 의하여 안전관리자로 지정된 안전관리대행기관의 기술인력이 여행·질병 그 밖의 사유로 인하여 일시적으로 직무를 수행할 수 없는 경우에는 안전관리대행기관에 소속된 다른 기술인력을 안전관리자로 지정하여 안전관리자의 책무를 계속 수행하게 하여야 한다.

제16조(탱크시험자의 등록 등)

① ❶   또는 ❷   은 안전관리업무를 전문적이고 효율적으로 수행하기 위하여 탱크안전성능시험자(이하 "탱크시험자"라 한다)로 하여금 이 법에 의한 검사 또는 점검의 일부를 실시하게 할 수 있다.

② 탱크시험자가 되고자 하는 자는 대통령령이 정하는 기술능력·시설 및 장비를 갖추어 ❸   에게 등록하여야 한다.

③ 제2항의 규정에 따라 등록한 사항 가운데 행정안전부령이 정하는 중요사항을 변경한 경우에는 그 날부터 ❹   이내에 시·도지사에게 변경신고를 하여야 한다.

④ 다음 각 호의 어느 하나에 해당하는 자는 탱크시험자로 등록하거나 탱크시험자의 업무에 종사할 수 없다.
  1. 피성년후견인
  2. 삭제
  3. 이 법, 「소방기본법」, 「화재의 예방 및 안전관리에 관한 법률」, 「소방시설 설치 및 관리에 관한 법률」 또는 「소방시설공사업법」에 따른 금고 이상의 실형의 선고를 받고 그 집행이 종료(집행이 종료된 것으로 보는 경우를 포함한다)되거나 집행이 면제된 날부터 ❺   이 지나지 아니한 자

제14조(탱크시험자의 등록기준 등)

① 법 제16조제2항의 규정에 의하여 탱크시험자가 갖추어야 하는 기술능력·시설 및 장비는 별표 7과 같다.

② 탱크시험자로 등록하고자 하는 자는 등록신청서에 행정안전부령이 정하는 서류를 첨부하여 ❶   에게 제출하여야 한다.

③ 시·도지사는 제2항에 따른 등록신청을 접수한 경우에 다음 각 호의 어느 하나에 해당하는 경우를 제외하고는 등록을 해 주어야 한다.
  1. 제1항에 따른 기술능력·시설 및 장비 기준을 갖추지 못한 경우
  2. 등록을 신청한 자가 법 제16조제4항 각 호의 어느 하나에 해당하는 경우
  3. 그 밖에 법, 이 영 또는 다른 법령에 따른 제한에 위반되는 경우

제60조(탱크시험자의 등록신청 등)

① 법 제16조제2항에 따라 탱크시험자로 등록하려는 자는 별지 제36호서식의 신청서(전자문서로 된 신청서를 포함한다)에 다음 각 호의 서류(전자문서를 포함한다)를 첨부하여 시·도지사에게 제출하여야 한다.
  1. 삭제
  2. 기술능력자 연명부 및 기술자격증
  3. 안전성능시험장비의 명세서
  4. 보유장비 및 시험방법에 대한 기술검토를 기술원으로부터 받은 경우에는 그에 대한 자료
  5. 「원자력안전법」에 따른 방사성동위원소이동사용허가증 또는 방사선발생장치이동사용허가증의 사본 1부
  6. 사무실의 확보를 증명할 수 있는 서류

② 제1항에 따른 신청서를 제출받은 경우에 담당공무원은 법인 등기사항증명서를 제출받는 것에 갈음하여 그 내용을 「전자정부법」 제36조제1항에 따른 행정정보의 공동이용을 통하여 확인하여야 한다.

법률 〈제16조〉 ❶ 시·도지사 ❷ 제조소등의 관계인 ❸ 시·도지사 ❹ 30일 ❺ 2년

시행령 〈제14조〉 ❶ 시·도지사

시행규칙 〈제59조〉 ❶ 25 ❷ 20 ❸ 매월 4회 ❹ 매월 2회

4. 이 법, 「소방기본법」, 「화재의 예방 및 안전관리에 관한 법률」, 「소방시설 설치 및 관리에 관한 법률」 또는 「소방시설공사업법」에 따른 금고 이상의 형의 집행유예 선고를 받고 그 유예기간 중에 있는 자
5. 제5항의 규정에 따라 탱크시험자의 등록이 취소(제1호에 해당하여 자격이 취소된 경우는 제외한다)된 날부터 ❶ 이 지나지 아니한 자
6. 법인으로서 그 ❷ 가 제1호 내지 제5호의 1에 해당하는 경우

⑤ 시·도지사는 탱크시험자가 다음 각 호의 어느 하나에 해당하는 경우에는 행정안전부령으로 정하는 바에 따라 그 등록을 취소하거나 6월 이내의 기간을 정하여 업무의 정지를 명할 수 있다. 다만, 제1호 내지 제3호에 해당하는 경우에는 그 등록을 취소하여야 한다.
1. 허위 그 밖의 부정한 방법으로 등록을 한 경우
2. 제4항 각 호의 어느 하나의 등록의 결격사유에 해당하게 된 경우
3. 등록증을 다른 자에게 빌려준 경우
4. 제2항의 규정에 따른 등록기준에 미달하게 된 경우
5. 탱크안전성능시험 또는 점검을 허위로 하거나 이 법에 의한 기준에 맞지 아니하게 탱크안전성능시험 또는 점검을 실시하는 경우 등 탱크시험자로서 적합하지 아니하다고 인정하는 경우

⑥ 탱크시험자는 이 법 또는 이 법에 의한 명령에 따라 탱크안전성능시험 또는 점검에 관한 업무를 성실히 수행하여야 한다.

③ 시·도지사는 제1항의 신청서를 접수한 때에는 ❶ 이내에 그 신청이 영 제14조제1항의 규정에 의한 등록기준에 적합하다고 인정하는 때에는 별지 제37호서식의 위험물탱크안전성능시험자등록증을 교부하고, 제1항의 규정에 의하여 제출된 기술인력자의 기술자격증에 그 기술인력자가 당해 탱크시험기관의 기술인력자임을 기재하여 교부하여야 한다.

제61조(변경사항의 신고 등) ☑기출 24 경채
① 탱크시험자는 법 제16조제3항의 규정에 의하여 다음 각호의 1에 해당하는 중요사항을 변경한 경우에는 별지 제38호서식의 신고서(전자문서로 된 신고서를 포함한다)에 다음 각호의 구분에 따른 서류(전자문서를 포함한다)를 첨부하여 시·도지사에게 제출하여야 한다.
1. ❷ 의 변경 : 사무소의 사용을 증명하는 서류와 위험물탱크안전성능시험자등록증
2. ❸ 의 변경 : 변경하는 기술인력의 자격증과 위험물탱크안전성능시험자등록증
3. ❹ 의 변경 : 위험물탱크안전성능시험자등록증
4. ❺ 의 변경 : 위험물탱크안전성능시험자등록증

② 제1항에 따른 신고서를 제출받은 경우에 담당공무원은 법인 등기사항증명서를 제출받는 것에 갈음하여 그 내용을 「전자정부법」 제36조제1항에 따른 행정정보의 공동이용을 통하여 확인하여야 한다.
③ 시·도지사는 제1항의 신고서를 수리한 때에는 등록증을 새로 교부하거나 제출된 등록증에 변경사항을 기재하여 교부하고, 기술자격증에는 그 변경된 사항을 기재하여 교부하여야 한다.

제62조(등록의 취소 등)

① 법 제16조제5항의 규정에 의한 탱크시험자의 등록 취소 및 업무정지의 기준은 별표 2와 같다.

② 시·도지사는 법 제16조제2항에 따라 탱크시험자의 등록을 받거나 법 제16조제5항에 따라 등록의 취소 또는 업무의 정지를 한 때에는 이를 특별시·광역시·특별자치시·도 또는 특별자치도(이하 "시·도"라 한다)의 공보에 공고하여야 한다.

③ 시·도지사는 탱크시험자의 등록을 취소한 때에는 등록증을 회수하여야 한다.

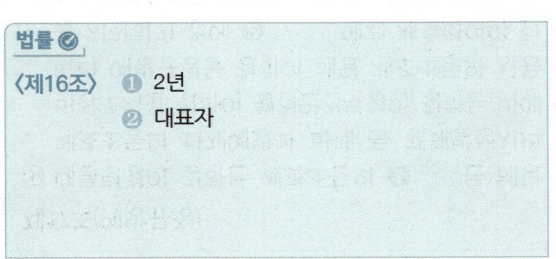

법률
〈제16조〉 ❶ 2년
❷ 대표자

시행규칙
〈제60조〉 ❶ 15일
〈제61조〉 ❷ 영업소 소재지
❸ 기술능력
❹ 대표자
❺ 상호 또는 명칭

제17조(예방규정)

① 대통령령이 정하는 제조소등의 ❶ 은 해당 제조소등의 화재예방과 화재 등 재해발생시의 비상조치를 위하여 행정안전부령이 정하는 바에 따라 예방규정을 정하여 해당 제조소등의 사용을 시작하기 전에 ❷ 에게 제출하여야 한다. 예방규정을 변경한 때에도 또한 같다.

② ❸ 는 제1항에 따라 제출한 예방규정이 제5조제3항에 따른 기준에 적합하지 아니하거나 화재예방이나 재해발생시의 비상조치를 위하여 필요하다고 인정하는 때에는 이를 반려하거나 그 변경을 명할 수 있다.

③ 제1항에 따른 제조소등의 관계인과 그 종업원은 예방규정을 충분히 잘 익히고 준수하여야 한다.

④ ❹ 은 대통령령으로 정하는 제조소등에 대하여 행정안전부령으로 정하는 바에 따라 예방규정의 이행 실태를 정기적으로 평가할 수 있다.

제15조(관계인이 예방규정을 정하여야 하는 제조소등) ✅기출 23 경채 / 23 공채

법 제17조제1항에서 "대통령령이 정하는 제조소등"이라 함은 다음 각호의 1에 해당하는 제조소등을 말한다.

1. 지정수량의 ❶ 이상의 위험물을 취급하는 제조소
2. 지정수량의 ❷ 이상의 위험물을 저장하는 옥외저장소
3. 지정수량의 ❸ 이상의 위험물을 저장하는 옥내저장소
4. 지정수량의 ❹ 이상의 위험물을 저장하는 옥외탱크저장소
5. 암반탱크저장소
6. 이송취급소
7. 지정수량의 ❺ 이상의 위험물을 취급하는 일반취급소. 다만, 제4류 위험물(특수인화물을 제외한다)만을 지정수량의 ❻ 이하로 취급하는 일반취급소(제1석유류·알코올류의 취급량이 지정수량의 10배 이하인 경우에 한한다)로서 다음 각목의 어느 하나에 해당하는 것을 제외한다.
   가. ❼ 또는 이와 비슷한 것으로서 위험물을 소비하는 장치로 이루어진 일반취급소
   나. 위험물을 용기에 옮겨 담거나 차량에 고정된 탱크에 주입하는 일반취급소

제63조(예방규정의 작성 등)

① 법 제17조제1항에 따라 영 제15조 각 호의 어느 하나에 해당하는 제조소등의 관계인은 다음 각 호의 사항이 포함된 예방규정을 작성하여야 한다.

1. 위험물의 안전관리업무를 담당하는 자의 직무 및 조직에 관한 사항
2. 안전관리자가 여행·질병 등으로 인하여 그 직무를 수행할 수 없을 경우 그 직무의 대리자에 관한 사항
3. 영 제18조의 규정에 의하여 자체소방대를 설치하여야 하는 경우에는 자체소방대의 편성과 화학소방자동차의 배치에 관한 사항
4. 위험물의 안전에 관계된 작업에 종사하는 자에 대한 안전교육 및 훈련에 관한 사항
5. 위험물시설 및 작업장에 대한 안전순찰에 관한 사항
6. 위험물시설·소방시설 그 밖의 관련시설에 대한 점검 및 정비에 관한 사항
7. 위험물시설의 운전 또는 조작에 관한 사항
8. 위험물 취급작업의 기준에 관한 사항
9. 이송취급소에 있어서는 배관공사 현장책임자의 조건 등 배관공사 현장에 대한 감독체제에 관한 사항과 배관주위에 있는 이송취급소 시설 외의 공사를 하는 경우 배관의 안전확보에 관한 사항
10. 재난 그 밖의 비상시의 경우에 취하여야 하는 조치에 관한 사항
11. 위험물의 안전에 관한 기록에 관한 사항
12. 제조소등의 위치·구조 및 설비를 명시한 서류와 도면의 정비에 관한 사항
13. 그 밖에 위험물의 안전관리에 관하여 필요한 사항

		② 예방규정은 「산업안전보건법」 제25조에 따른 안전보건관리규정과 통합하여 작성할 수 있다. ③ 영 제15조 각 호의 어느 하나에 해당하는 제조소등의 관계인은 예방규정을 제정하거나 변경한 경우에는 별지 제39호서식의 예방규정제출서에 제정 또는 변경한 예방규정 1부를 첨부하여 시·도지사 또는 소방서장에게 제출하여야 한다.

법률
〈제17조〉
① 관계인
② 시·도지사
③ 시·도지사
④ 소방청장

시행령
〈제15조〉
① 10배
② 100배
③ 150배
④ 200배
⑤ 10배
⑥ 50배
⑦ 보일러·버너

시행규칙

제18조(정기점검 및 정기검사)

① 대통령령이 정하는 제조소등의 관계인은 그 제조소등에 대하여 행정안전부령이 정하는 바에 따라 제5조제4항의 규정에 따른 기술기준에 적합한지의 여부를 정기적으로 점검하고 점검결과를 기록하여 보존하여야 한다.

② 제1항에 따라 정기점검을 한 제조소등의 관계인은 점검을 한 날부터 ❶ 이내에 점검결과를 시·도지사에게 제출하여야 한다.

③ 제1항에 따른 정기점검의 대상이 되는 제조소등의 관계인 가운데 대통령령으로 정하는 제조소등의 관계인은 행정안전부령으로 정하는 바에 따라 소방본부장 또는 소방서장으로부터 해당 제조소등이 제5조제4항에 따른 기술기준에 적합하게 유지되고 있는지의 여부에 대하여 정기적으로 검사를 받아야 한다.

제16조(정기점검의 대상인 제조소등)

법 제18조제1항에서 "대통령령이 정하는 제조소등"이라 함은 다음 각호의 1에 해당하는 제조소등을 말한다.

1. 제15조 각호의 1에 해당하는 제조소등
2. ❶ 탱크저장소
3. ❷ 탱크저장소
4. 위험물을 취급하는 탱크로서 지하에 매설된 탱크가 있는 제조소·주유취급소 또는 일반취급소

제17조(정기검사의 대상인 제조소등)

법 제18조제3항에서 "대통령령으로 정하는 제조소등"이란 액체위험물을 저장 또는 취급하는 50만리터 이상의 옥외탱크저장소를 말한다.

제64조(정기점검의 횟수)

법 제18조제1항의 규정에 의하여 제조소등의 관계인은 당해 제조소등에 대하여 ❶ 이상 정기점검을 실시하여야 한다.

제65조(특정·준특정옥외탱크저장소의 정기점검)

① 법 제18조제1항에 따라 옥외탱크저장소 중 저장 또는 취급하는 액체위험물의 최대수량이 ❷ 리터 이상인 것(이하 "특정·준특정옥외탱크저장소"라 한다)에 대해서는 제64조에 따른 정기점검 외에 다음 각 호의 어느 하나에 해당하는 기간 이내에 1회 이상 특정·준특정옥외저장탱크(특정·준특정옥외탱크저장소의 탱크)의 구조 등에 관한 안전점검(이하 "구조안전점검"이라 한다)을 해야 한다. 다만, 해당 기간 이내에 특정·준특정옥외저장탱크의 사용중단 등으로 구조안전점검을 실시하기가 곤란한 경우에는 별지 제39호의2서식에 따라 관할소방서장에게 구조안전점검의 실시기간 연장신청(전자문서에 의한 신청을 포함한다)을 할 수 있으며, 그 신청을 받은 소방서장은 1년(특정·준특정옥외저장탱크의 사용을 중지한 경우에는 사용중지기간)의 범위에서 실시기간을 연장할 수 있다.

1. 특정·준특정옥외탱크저장소의 설치허가에 따른 완공검사합격확인증을 발급받은 날부터 ❸
2. 제70조제1항제1호에 따른 최근의 정밀정기검사를 받은 날부터 ❹
3. 제2항에 따라 특정·준특정옥외저장탱크에 안전조치를 한 후 제71조제2항에 따라 구조안전점검시기 연장신청을 하여 해당 안전조치가 적정한 것으로 인정받은 경우에는 제70조제1항제1호에 따른 최근의 정밀정기검사를 받은 날부터 ❺

② 제1항제3호에 따른 특정·준특정옥외저장탱크의 안전조치는 특정·준특정옥외저장탱크의 부식 등에 대한 안전성을 확보하는 데 필요한 다음 각 호의 어느 하나의 조치로 한다.
1. 특정·준특정옥외저장탱크의 부식방지 등을 위한 다음 각 목의 조치
  가. 특정·준특정옥외저장탱크의 내부의 부식을 방지하기 위한 코팅[유리입자(글래스플레이크)코팅 또는 유리섬유강화플라스틱 라이닝(lining: 침식 및 부식 방지를 위해 재료의 접촉면에 약품재 등을 대는 일)에 한한다] 또는 이와 동등 이상의 조치
  나. 특정·준특정옥외저장탱크의 애뉼러 판(annular plate) 및 밑판 외면의 부식을 방지하는 조치
  다. 특정·준특정옥외저장탱크의 애뉼러 판 및 밑판의 두께가 적정하게 유지되도록 하는 조치
  라. 특정·준특정옥외저장탱크에 구조상의 영향을 줄 우려가 있는 보수를 하지 아니하거나 변형이 없도록 하는 조치

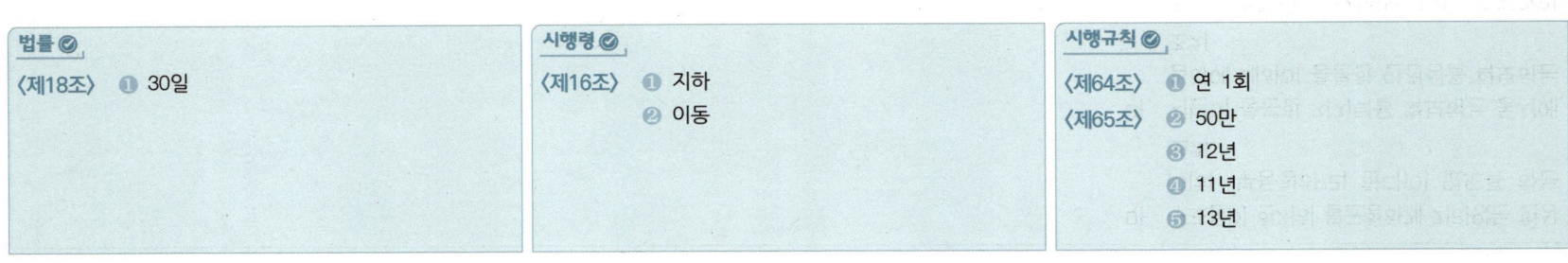

마. 구조물이 현저히 불균형하게 가라앉는 현상(이하 "부등침하"라 한다)이 없도록 하는 조치

바. 지반이 충분한 지지력을 확보하는 동시에 침하에 대하여 충분한 안전성을 확보하는 조치

사. 특정·준특정옥외저장탱크의 유지관리 체제의 적정 유지

2. 위험물의 저장관리 등에 관한 다음 각 목의 조치

가. 부식의 발생에 영향을 주는 물 등의 성분의 적절한 관리

나. 특정·준특정옥외저장탱크에 대하여 현저한 부식성이 있는 위험물을 저장하지 아니하도록 하는 조치

다. 부식의 발생에 현저한 영향을 미치는 저장 조건의 변경을 하지 아니하도록 하는 조치

라. 특정·준특정옥외저장탱크의 애뉼러 판 및 밑판의 부식율(애뉼러 판 및 밑판이 부식에 의하여 감소한 값을 판의 경과연수로 나누어 얻은 값)이 연간 0.05밀리미터 이하일 것 한한대 또는 이와 동등 이상의 조치

마. 특정·준특정옥외저장탱크의 애뉼러 판 및 밑판 외면의 부식을 방지하는 조치

바. 특정·준특정옥외저장탱크의 애뉼러 판 및 밑판의 두께가 적정하게 유지되도록 하는 조치

사. 특정·준특정옥외저장탱크에 구조상의 영향을 줄 우려가 있는 보수를 하지 아니하거나 변형이 없도록 하는 조치

아. 현저한 부등침하가 없도록 하는 조치

| | | 자. 지반이 충분한 지지력을 확보하는 동시에 침하에 대하여 충분한 안전성을 확보하는 조치
차. 특정·준특정옥외저장탱크의 유지관리체제의 적정 유지
③ 제1항제3호의 규정에 의한 신청은 별지 제40호서식 또는 별지 제41호서식의 신청서에 의한다.
제66조(정기점검의 내용 등)
제조소등의 위치·구조 및 설비가 법 제5조제4항의 기술기준에 적합한지를 점검하는데 필요한 정기점검의 내용·방법 등에 관한 기술상의 기준과 그 밖의 점검에 관하여 필요한 사항은 소방청장이 정하여 고시한다. |

제67조(정기점검의 실시자)

① 제조소등의 관계인은 법 제18조제1항의 규정에 의하여 당해 제조소등의 정기점검을 안전관리자(제65조의 규정에 의한 정기점검에 있어서는 제66조의 규정에 의하여 소방청장이 정하여 고시하는 점검방법에 관한 지식 및 기능이 있는 자에 한한다) 또는 위험물운송자(이동탱크저장소의 경우에 한한다)로 하여금 실시하도록 하여야 한다. 이 경우 옥외탱크저장소에 대한 구조안전점검을 위험물안전관리자가 직접 실시하는 경우에는 점검에 필요한 영 별표 7의 인력 및 장비를 갖춘 후 이를 실시하여야 한다.

② 제1항에도 불구하고 제조소등의 관계인은 안전관리대행기관(제65조에 따른 특정·준특정옥외탱크저장소의 정기점검은 제외한다) 또는 탱크시험자에게 정기점검을 의뢰하여 실시할 수 있다. 이 경우 해당 제조소등의 안전관리자는 안전관리대행기관 또는 탱크시험자의 점검현장에 참관해야 한다.

제68조(정기점검의 기록·유지)

① 법 제18조제1항에 따라 제조소등의 관계인은 정기점검 후 다음 각 호의 사항을 기록해야 한다.
 1. 점검을 실시한 제조소등의 명칭
 2. 점검의 방법 및 결과
 3. 점검연월일
 4. 점검을 한 안전관리자 또는 점검을 한 탱크시험자와 점검에 참관한 안전관리자의 성명

② 제1항의 규정에 의한 정기점검기록은 다음 각호의 구분에 의한 기간 동안 이를 보존하여야 한다.
 1. 제65조제1항의 규정에 의한 옥외저장탱크의 구조안전점검에 관한 기록 : 25년(동항제3호에 규정한 기간의 적용을 받는 경우에는 30년)
 2. 제1호에 해당하지 아니하는 정기점검의 기록 : 3년

제69조(정기점검의 의뢰 등)

① ❶_____은 법 제18조제1항의 정기점검을 제67조제2항의 규정에 의하여 탱크시험자에게 실시하게 하는 경우에는 별지 제42호서식의 정기점검의뢰서를 탱크시험자에게 제출하여야 한다.

② 탱크시험자는 정기점검을 실시한 결과 그 탱크 등의 유지관리상황이 적합하다고 인정되는 때에는 점검을 완료한 날부터 ❷_____ 이내에 별지 제43호서식의 정기점검결과서에 위험물탱크안전성능시험자등록증 사본 및 시험성적서를 첨부하여 제조소등의 관계인에게 교부하고, 적합하지 아니한 경우에는 개선하여야 하는 사항을 통보하여야 한다.

③ 제2항의 규정에 의하여 개선하여야 하는 사항을 통보 받은 제조소등의 관계인은 이를 개선한 후 다시 점검을 의뢰하여야 한다. 이 경우 탱크시험자는 정기점검결과서에 개선하게 한 사항(탱크시험자가 직접 보수한 경우에는 그 보수한 사항을 포함한다)을 기재하여야 한다.

④ 탱크시험자는 제2항의 규정에 의한 정기점검결과서를 교부한 때에는 그 내용을 정기점검대장에 기록하고 이를 제68조제2항 각호의 규정에 의한 기간동안 보관하여야 한다.

〈제69조〉 ❶ 제조소등의 관계인
❷ 10일

제70조(정기검사의 시기)

① 법 제18조제3항에 따른 정기검사(이하 "정기검사"라 한다)를 받아야 하는 특정·준특정옥외탱크저장소의 관계인은 다음 각 호의 구분에 따라 정밀정기검사 및 중간정기검사를 받아야 한다. 다만, 재난 그 밖의 비상사태의 발생, 안전유지상의 필요 또는 사용상황 등의 변경으로 해당 시기에 정기검사를 실시하는 것이 적당하지 않다고 인정되는 때에는 ❶   또는 ❷   에 따라 소방서장이 따로 지정하는 시기에 정기검사를 받을 수 있다.

1. 정밀정기검사 : 다음 각 목의 어느 하나에 해당하는 기간 내에 1회
   가. 특정·준특정옥외탱크저장소의 설치허가에 따른 완공검사합격확인증을 발급받은 날부터 ❸ 년
   나. 최근의 정밀정기검사를 받은 날부터 ❹ 년

2. 중간정기검사 : 다음 각 목의 어느 하나에 해당하는 기간 내에 1회
   가. 특정·준특정옥외탱크저장소의 설치허가에 따른 완공검사합격확인증을 발급받은 날부터 ❺ 년
   나. 최근의 정밀정기검사 또는 중간정기검사를 받은 날부터 ❻ 년

② 삭제

③ 제1항제1호에 따른 정밀정기검사(이하 "정밀정기검사"라 한다)를 받아야 하는 특정·준특정옥외탱크저장소의 관계인은 제1항에도 불구하고 정밀정기검사를 제65조제1항에 따른 구조안전점검을 실시하는 때에 함께 받을 수 있다.

제71조(정기검사의 신청 등)

① 정기검사를 받아야 하는 특정·준특정옥외탱크저장소의 관계인은 별지 제44호서식의 신청서(전자문서로 된 신청서를 포함한다)에 다음 각 호의 서류(전자문서를 포함한다)를 첨부하여 기술원에 제출하고 별표 25 제8호에 따른 수수료를 기술원에 납부해야 한다. 다만, 제2호 및 제4호의 서류는 정기검사를 실시하는 때에 제출할 수 있다.

1. 별지 제5호서식의 구조설비명세표
2. 제조소등의 위치·구조 및 설비에 관한 도면
3. 완공검사합격확인증
4. 밑판, 옆판, 지붕판 및 개구부의 보수이력에 관한 서류

② 제65조제1항제3호에 따른 기간 이내에 구조안전점검을 받으려는 자는 별지 제40호서식 또는 별지 제41호서식의 신청서(전자문서로 된 신청서를 포함한다)를 제1항 각 호 외의 부분 본문에 따라 정기검사를 신청하는 때에 함께 기술원에 제출해야 한다.

③ 제70조제1항 각 호 외의 부분 단서에 따라 정기검사 시기를 변경하려는 자는 별지 제45호서식의 신청서(전자문서로 된 신청서를 포함한다)에 정기검사 시기의 변경을 필요로 하는 사유를 기재한 서류(전자문서를 포함한다)를 첨부하여 소방서장에게 제출해야 한다.

시행규칙

〈제70조〉
❶ 소방서장의 직권
❷ 관계인의 신청
❸ 12
❹ 11
❺ 4
❻ 4

④ ❶ 은 제72조제4항의 소방청장이 정하여 고시하는 기준에 따라 정기검사를 실시한 결과 다음 각 호의 구분에 따른 사항이 적합하다고 인정되면 검사종료일부터 ❷ 일 이내에 별지 제46호서식의 정기검사합격확인증을 관계인에게 발급하고, 그 결과보고서를 작성하여 소방서장에게 제출해야 한다.

1. 정밀정기검사 대상인 경우: 특정·준특정옥외저장탱크에 대한 다음 각 목의 사항
   가. 수직도·수평도에 관한 사항(지중탱크에 대한 것은 제외한다)
   나. 밑판(지중탱크의 경우에는 누액방지판을 말한다)의 두께에 관한 사항
   다. 용접부에 관한 사항
   라. 구조·설비의 외관에 관한 사항
2. 제70조제1항제2호에 따른 중간정기검사 대상인 경우: 특정·준특정옥외저장탱크의 구조·설비의 외관에 관한 사항

⑤ 기술원은 정기검사를 실시한 결과 부적합한 경우에는 개선해야 하는 사항을 신청자 및 소방서장에게 통보하고 개선할 사항을 통보받은 관계인은 개선을 완료한 후 별지 제44호서식의 신청서를 기술원에 다시 제출해야 한다.

⑥ 정기검사를 받은 제조소등의 관계인과 정기검사를 실시한 기술원은 정기검사합격확인증 등 정기검사에 관한 서류를 해당 제조소등에 대한 차기 정기검사시까지 보관해야 한다.

제72조(정기검사의 방법 등)

① 정기검사는 특정·준특정옥외탱크저장소의 위치·구조 및 설비의 특성을 고려하여 안전성 확인에 적합한 검사방법으로 실시해야 한다.

② 특정·준특정옥외탱크저장소의 관계인이 제65조제1항에 따른 구조안전점검 시에 제71조제4항제1호 각 목에 따른 사항을 미리 점검한 후에 정밀정기검사를 신청하는 때에는 그 사항에 대한 정밀정기검사는 전체의 검사범위 중 임의의 부위를 발췌하여 검사하는 방법으로 실시한다.

③ 특정옥외탱크저장소의 변경허가에 따른 탱크안전성능검사를 하는 때에 정밀정기검사를 같이 실시하는 경우 검사범위가 중복되면 해당 검사범위에 대한 어느 하나의 검사를 생략한다.

④ 제1항부터 제3항까지의 규정에 따른 검사방법과 판정기준 그 밖의 정기검사의 실시에 관하여 필요한 사항은 ❸ 　　　 이 정하여 고시한다.

시행규칙 ✓

〈제71조〉 ❶ 기술원
❷ 10
〈제72조〉 ❸ 소방청장

제19조(자체소방대)

다량의 위험물을 저장·취급하는 제조소등으로서 대통령령이 정하는 제조소등이 있는 동일한 사업소에서 대통령령이 정하는 수량 이상의 위험물을 저장 또는 취급하는 경우 당해 사업소의 관계인은 대통령령이 정하는 바에 따라 당해 사업소에 ❶ 를 설치하여야 한다.

제18조(자체소방대를 설치하여야 하는 사업소)

① 법 제19조에서 "대통령령이 정하는 제조소등"이란 다음 각 호의 어느 하나에 해당하는 제조소등을 말한다.
1. ❶ 위험물을 취급하는 제조소 또는 일반취급소. 다만, 보일러로 위험물을 소비하는 일반취급소 등 행정안전부령으로 정하는 일반취급소는 제외한다.
2. 제4류 위험물을 저장하는 옥외탱크저장소

② 법 제19조에서 "대통령령이 정하는 수량 이상"이란 다음 각 호의 구분에 따른 수량을 말한다.
1. 제1항제1호에 해당하는 경우: 제조소 또는 일반취급소에서 취급하는 제4류 위험물의 최대수량의 합이 지정수량의 ❷ 배 이상
2. 제1항제2호에 해당하는 경우: 옥외탱크저장소에 저장하는 제4류 위험물의 최대수량이 지정수량의 50만배 이상

③ 법 제19조의 규정에 의하여 자체소방대를 설치하는 사업소의 관계인은 별표 8의 규정에 의하여 자체소방대에 화학소방자동차 및 자체소방대원을 두어야 한다. 다만, 화재 그 밖의 재난발생시 다른 사업소 등과 상호응원에 관한 협정을 체결하고 있는 사업소에 있어서는 행정안전부령이 정하는 바에 따라 별표 8의 범위 안에서 화학소방자동차 및 인원의 수를 달리할 수 있다.

제73조(자체소방대의 설치 제외대상인 일반취급소)

영 제18조제1항제1호 단서에서 "행정안전부령으로 정하는 일반취급소"란 다음 각 호의 어느 하나에 해당하는 일반취급소를 말한다.
1. ❶ 그 밖에 이와 유사한 장치로 위험물을 소비하는 일반취급소
2. ❷ 그 밖에 이와 유사한 것에 위험물을 주입하는 일반취급소
3. 용기에 위험물을 옮겨 담는 일반취급소
4. 유압장치, 윤활유순환장치 그 밖에 이와 유사한 장치로 위험물을 취급하는 일반취급소
5. 「❸ 」의 적용을 받는 일반취급소

제74조(자체소방대 편성의 특례)

영 제18조제3항 단서의 규정에 의하여 2 이상의 사업소가 상호응원에 관한 협정을 체결하고 있는 경우에는 당해 모든 사업소를 하나의 사업소로 보고 제조소 또는 취급소에서 취급하는 제4류 위험물을 합산한 양을 하나의 사업소에서 취급하는 제4류 위험물의 최대수량으로 간주하여 동항 본문의 규정에 의한 화학소방자동차의 대수 및 자체소방대원을 정할 수 있다. 이 경우 상호응원에 관한 협정을 체결하고 있는 각 사업소의 자체소방대에는 영 제18조제3항 본문의 규정에 의한 화학소방차 대수의 ❹ 이상의 대수와 화학소방자동차마다 ❺ 이상의 자체소방대원을 두어야 한다.

제19조의2(제조소등에서의 흡연 금지)
① 누구든지 제조소등에서는 지정된 장소가 아닌 곳에서 ❷ 을 하여서는 아니 된다.
② 제조소등의 ❸ 은 해당 제조소등이 금연구역임을 알리는 표지를 설치하여야 한다.
③ ❹ 는 제조소등의 관계인이 제2항을 위반하여 금연구역임을 알리는 표지를 설치하지 아니하거나 보완이 필요한 경우 일정한 기간을 정하여 그 시정을 명할 수 있다.
④ 제1항에 따른 지정 기준·방법 등은 대통령령으로 정하고, 제2항에 따른 표지를 설치하는 기준·방법 등은 행정안전부령으로 정한다.

제75조(화학소방차의 기준 등)
① 영 별표 8 비고의 규정에 의하여 화학소방자동차(내폭화학차 및 제독차를 포함한다)에 갖추어야 하는 소화능력 및 설비의 기준은 별표 23과 같다.
② 포수용액을 방사하는 화학소방자동차의 대수는 영 제18조제3항의 규정에 의한 화학소방자동차의 대수의 ❻ 이상으로 하여야 한다.

법률
⟨제19조⟩ ❶ 자체소방대
⟨제19조의2⟩ ❷ 흡연
❸ 관계인
❹ 시·도지사

시행령
⟨제18조⟩ ❶ 제4류
❷ 3천

시행규칙
⟨제73조⟩ ❶ 보일러, 버너
❷ 이동저장탱크
❸ 광산안전법
⟨제74조⟩ ❹ 2분의 1
❺ 5인
⟨제75조⟩ ❻ 3분의 2

제4장 위험물의 운반 등

제20조(위험물의 운반)

① 위험물의 운반은 그 용기·적재방법 및 운반방법에 관한 다음 각 호의 중요기준과 세부기준에 따라 행하여야 한다.

1. ❶ : 화재 등 위해의 예방과 응급조치에 있어서 큰 영향을 미치거나 그 기준을 위반하는 경우 직접적으로 화재를 일으킬 가능성이 큰 기준으로서 행정안전부령이 정하는 기준
2. ❷ : 화재 등 위해의 예방과 응급조치에 있어서 중요기준보다 상대적으로 적은 영향을 미치거나 그 기준을 위반하는 경우 간접적으로 화재를 일으킬 수 있는 기준 및 위험물의 안전관리에 필요한 표시와 서류·기구 등의 비치에 관한 기준으로서 행정안전부령이 정하는 기준

② 제1항에 따라 운반용기에 수납된 위험물을 지정수량 이상으로 차량에 적재하여 운반하는 차량의 운전자(이하 "❸ "라 한다)는 다음 각 호의 어느 하나에 해당하는 요건을 갖추어야 한다.

1. 「국가기술자격법」에 따른 ❹ 의 자격을 취득할 것
2. 제28조제1항에 따른 교육을 수료할 것

③ ❺ 는 운반용기를 제작하거나 수입한 자 등의 신청에 따라 제1항의 규정에 따른 운반용기를 검사할 수 있다. 다만, 기계에 의하여 하역하는 구조로 된 대형의 운반용기로서 행정안전부령이 정하는 것을 제작하거나 수입한 자 등은 행정안전부령이 정하는 바에 따라 당해 용기를 사용하거나 유통시키기 전에 시·도지사가 실시하는 운반용기에 대한 검사를 받아야 한다.

제50조(위험물의 운반기준)

법 제20조제1항의 규정에 의한 위험물의 운반에 관한 기준은 별표 19와 같다.

제51조(운반용기의 검사)

① 법 제20조제3항 단서에서 "행정안전부령이 정하는 것"이란 별표 20에 따른 운반용기를 말한다.

② 법 제20조제3항에 따라 운반용기의 검사를 받고자 하는 자는 별지 제30호서식의 신청서(전자문서로 된 신청서를 포함한다)에 용기의 설계도면과 재료에 관한 설명서를 첨부하여 기술원에 제출해야 한다. 다만, ❶ (RTDG, Recommendations on the Transport of Dangerous Goods)에서 정한 기준에 따라 관련 검사기관으로부터 검사를 받은 때에는 그렇지 않다.

③ 기술원은 제2항에 따른 검사신청을 한 운반용기가 별표 19 Ⅰ에 따른 기준에 적합하고 위험물의 운반상 지장이 없다고 인정되는 때에는 별지 제31호서식의 용기검사합격확인증을 교부해야 한다.

④ 기술원의 원장은 운반용기 검사업무의 처리절차와 방법을 정하여 운용해야 한다.

⑤ 기술원의 원장은 전년도의 운반용기 검사업무 처리결과를 매년 ❷ 까지 시·도지사에게 보고해야 하고, 시·도지사는 기술원으로부터 보고받은 운반용기 검사업무 처리결과를 매년 ❸ 말까지 소방청장에게 제출해야 한다.

제21조(위험물의 운송)

① 이동탱크저장소에 의하여 위험물을 운송하는 자(운송책임자 및 이동탱크저장소운전자를 말하며, 이하 "위험물운송자"라 한다)는 제20조제2항 각 호의 어느 하나에 해당하는 요건을 갖추어야 한다.

② 대통령령이 정하는 위험물의 운송에 있어서는 운송책임자(위험물 운송의 감독 또는 지원을 하는 자를 말한다. 이하 같다)의 감독 또는 지원을 받아 이를 운송하여야 한다. 운송책임자의 범위, 감독 또는 지원의 방법 등에 관한 구체적인 기준은 행정안전부령으로 정한다.

③ 위험물운송자는 이동탱크저장소에 의하여 위험물을 운송하는 때에는 행정안전부령으로 정하는 기준을 준수하는 등 당해 위험물의 안전확보를 위하여 세심한 주의를 기울여야 한다.

제19조(운송책임자의 감독·지원을 받아 운송하여야 하는 위험물) ✅기출 24 공채 / 24 경채

법 제21조제2항에서 "대통령령이 정하는 위험물"이라 함은 다음 각호의 1에 해당하는 위험물을 말한다.

1. ❶
2. ❷
3. 제1호 또는 제2호의 물질을 함유하는 위험물

제52조(위험물의 운송기준)

① 법 제21조제2항의 규정에 의한 위험물 운송책임자는 다음 각호의 1에 해당하는 자로 한다.
  1. 당해 위험물의 취급에 관한 국가기술자격을 취득하고 관련 업무에 1년 이상 종사한 경력이 있는 자
  2. 법 제28조제1항의 규정에 의한 위험물의 운송에 관한 안전교육을 수료하고 관련 업무에 2년 이상 종사한 경력이 있는 자

② 법 제21조제2항의 규정에 의한 위험물 운송책임자의 감독 또는 지원의 방법과 법제21조제3항의 규정에 의한 위험물의 운송시에 준수하여야 하는 사항은 별표 21과 같다.

법률 ✅
⟨제20조⟩ ❶ 중요기준
❷ 세부기준
❸ 위험물운반자
❹ 위험물 분야
❺ 시·도지사

시행령 ✅
⟨제19조⟩ ❶ 알킬알루미늄
❷ 알킬리튬

시행규칙 ✅
⟨제51조⟩ ❶ UN의 위험물 운송에 관한 권고
❷ 1월 31일
❸ 2월

제5장 감독 및 조치명령

제22조(출입·검사 등)

① ❶   (중앙119구조본부장 및 그 소속 기관의 장을 포함한다. 이하 제22조의2에서 같다), ❷   또는 ❸   은 위험물의 저장 또는 취급에 따른 화재의 예방 또는 진압대책을 위하여 필요한 때에는 위험물을 저장 또는 취급하고 있다고 인정되는 장소의 관계인에 대하여 필요한 보고 또는 자료제출을 명할 수 있으며, 관계공무원으로 하여금 당해 장소에 출입하여 그 장소의 위치·구조·설비 및 위험물의 저장·취급상황에 대하여 검사하게 하거나 관계인에게 질문하게 하고 시험에 필요한 최소한의 위험물 또는 위험물로 의심되는 물품을 수거하게 할 수 있다. 다만, 개인의 주거는 관계인의 승낙을 얻은 경우 또는 화재발생의 우려가 커서 긴급한 필요가 있는 경우가 아니면 출입할 수 없다.

② ❹   또는 ❺   은 위험물운반자 또는 위험물운송자의 요건을 확인하기 위하여 필요하다고 인정하는 경우에는 주행 중인 위험물 운반 차량 또는 이동탱크저장소를 정지시켜 해당 위험물운반자 또는 위험물운송자에게 그 자격을 증명할 수 있는 국가기술자격증 또는 교육수료증의 제시를 요구할 수 있으며, 이를 제시하지 아니한 경우에는 주민등록증(모바일 주민등록증을 포함한다), 여권, 운전면허증 등 신원확인을 위한 증명서를 제시할 것을 요구하거나 신원확인을 위한 질문을 할 수 있다. 이 직무를 수행하는 경우에 있어서 ❻   과 ❼   은 긴밀히 협력하여야 한다.

제76조(소방검사서)

법 제22조제1항의 규정에 의한 출입·검사 등을 행하는 ❶   은 법 또는 법에 근거한 명령 또는 조례의 규정에 적합하지 아니한 사항을 발견한 때에는 그 내용을 기재한 별지 제47호서식의 위험물제조소등 소방검사서의 사본을 검사현장에서 제조소등의 관계인에게 교부하여야 한다. 다만, 도로상에서 주행중인 이동탱크저장소를 정지시켜 검사를 한 경우에는 그러하지 아니하다.

③ 제1항의 규정에 따른 출입·검사 등은 그 장소의 공개시간이나 근무시간내 또는 ❽   까지의 시간내에 행하여야 한다. 다만, 건축물 그 밖의 공작물의 관계인의 승낙을 얻은 경우 또는 화재발생의 우려가 커서 긴급한 필요가 있는 경우에는 그러하지 아니하다.

④ 제1항 및 제2항의 규정에 의하여 출입·검사 등을 행하는 관계공무원은 관계인의 정당한 업무를 방해하거나 출입·검사 등을 수행하면서 알게 된 비밀을 다른 자에게 누설하여서는 아니된다.

⑤ ❾   은 탱크시험자에게 탱크시험자의 등록 또는 그 업무에 관하여 필요한 보고 또는 자료제출을 명하거나 관계공무원으로 하여금 당해 사무소에 출입하여 업무의 상황·시험기구·장부·서류와 그 밖의 물건을 검사하게 하거나 관계인에게 질문하게 할 수 있다.

⑥ 제1항·제2항 및 제5항의 규정에 따라 출입·검사 등을 하는 관계공무원은 그 권한을 표시하는 증표를 지니고 관계인에게 이를 내보여야 한다.

법률

〈제22조〉
❶ 소방청장
❷ 시·도지사, 소방본부장
❸ 소방서장
❹ 소방공무원
❺ 경찰공무원
❻ 소방공무원
❼ 경찰공무원
❽ 해가 뜬 후부터 해가 지기 전
❾ 시·도지사, 소방본부장 또는 소방서장

시행규칙

〈제76조〉 ❶ 관계공무원

제22조의2(위험물 누출 등의 사고 조사)

① ❶ _____ 은 위험물의 누출·화재·폭발 등의 사고가 발생한 경우 사고의 원인 및 피해 등을 조사하여야 한다.
② 제1항에 따른 조사에 관하여는 제22조제1항·제3항·제4항 및 제6항을 준용한다.
③ 소방청장, 소방본부장 또는 소방서장은 제1항에 따른 사고 조사에 필요한 경우 자문을 하기 위하여 관련 분야에 전문지식이 있는 사람으로 구성된 사고조사위원회를 둘 수 있다.
④ 제3항에 따른 사고조사위원회의 구성과 운영 등에 필요한 사항은 대통령령으로 정한다.

제19조의2(사고조사위원회의 구성 등)

① 법 제22조의2제3항에 따른 사고조사위원회(이하 이 조에서 "위원회"라 한다)는 위원장 1명을 포함하여 ❶ ____ 이내의 위원으로 구성한다.
② 위원회의 위원은 다음 각 호의 어느 하나에 해당하는 사람 중에서 소방청장, 소방본부장 또는 소방서장이 임명하거나 위촉하고, 위원장은 위원 중에서 소방청장, 소방본부장 또는 소방서장이 임명하거나 위촉한다.
  1. ❷ _____
  2. 기술원의 임직원 중 위험물 안전관리 관련 업무에 ❸ ____ 이상 종사한 사람
  3. 「소방기본법」 제40조에 따른 한국소방안전원(이하 "안전원"이라 한다)의 임직원 중 위험물 안전관리 관련 업무에 ❹ ____ 이상 종사한 사람
  4. 위험물로 인한 사고의 원인·피해 조사 및 위험물 안전관리 관련 업무 등에 관한 학식과 경험이 풍부한 사람
③ 제2항제2호부터 제4호까지의 규정에 따라 위촉되는 민간위원의 임기는 ❺ ____ 으로 하며, 한 차례만 연임할 수 있다.
④ 위원회에 출석한 위원에게는 예산의 범위에서 수당, 여비, 그 밖에 필요한 경비를 지급할 수 있다. 다만, 공무원인 위원이 그 소관 업무와 직접적으로 관련되어 위원회에 출석하는 경우에는 지급하지 않는다.
⑤ 제1항부터 제4항까지에서 규정한 사항 외에 위원회의 구성 및 운영에 필요한 사항은 ❻ ____ 이 정하여 고시할 수 있다.

제23조(탱크시험자에 대한 명령)
❷ _____은 탱크시험자에 대하여 당해 업무를 적정하게 실시하게 하기 위하여 필요하다고 인정하는 때에는 감독상 필요한 명령을 할 수 있다.

제24조(무허가장소의 위험물에 대한 조치명령)
❸ _____은 위험물에 의한 재해를 방지하기 위하여 제6조제1항의 규정에 따른 허가를 받지 아니하고 지정수량 이상의 위험물을 저장 또는 취급하는 자(제6조제3항의 규정에 따라 허가를 받지 아니하는 자를 제외한다)에 대하여 그 위험물 및 시설의 제거 등 필요한 조치를 명할 수 있다.

제25조(제조소등에 대한 긴급 사용정지명령 등)
❹ _____은 공공의 안전을 유지하거나 재해의 발생을 방지하기 위하여 긴급한 필요가 있다고 인정하는 때에는 제조소등의 관계인에 대하여 당해 제조소등의 사용을 일시정지하거나 그 사용을 제한할 것을 명할 수 있다.

법률
〈제22조의2〉 ❶ 소방청장, 소방본부장 또는 소방서장
〈제23조〉 ❷ 시·도지사, 소방본부장 또는 소방서장
〈제24조〉 ❸ 시·도지사, 소방본부장 또는 소방서장
〈제25조〉 ❹ 시·도지사, 소방본부장 또는 소방서장

시행령
〈제19조의2〉 ❶ 7명
❷ 소속 소방공무원
❸ 5년
❹ 5년
❺ 2년
❻ 소방청장

제26조(저장·취급기준 준수명령 등)

① ❶　　　　　　　　은 제조소등에서의 위험물의 저장 또는 취급이 제5조제3항의 규정에 위반된다고 인정하는 때에는 당해 제조소등의 관계인에 대하여 동항의 기준에 따라 위험물을 저장 또는 취급하도록 명할 수 있다.

② ❷　　　　　　　　은 관할하는 구역에 있는 이동탱크저장소에서의 위험물의 저장 또는 취급이 제5조제3항의 규정에 위반된다고 인정하는 때에는 당해 이동탱크저장소의 관계인에 대하여 동항의 기준에 따라 위험물을 저장 또는 취급하도록 명할 수 있다.

③ 시·도지사, 소방본부장 또는 소방서장은 제2항의 규정에 따라 이동탱크저장소의 관계인에 대하여 명령을 한 경우에는 행정안전부령이 정하는 바에 따라 제6조제1항의 규정에 따라 당해 이동탱크저장소의 허가를 한 시·도지사, 소방본부장 또는 소방서장에게 신속히 그 취지를 통지하여야 한다.

제27조(응급조치·통보 및 조치명령)

① ❸　　　　　　　은 당해 제조소등에서 위험물의 유출 그 밖의 사고가 발생한 때에는 즉시 그리고 지속적으로 위험물의 유출 및 확산의 방지, 유출된 위험물의 제거 그 밖에 재해의 발생방지를 위한 응급조치를 강구하여야 한다.

② 제1항의 사태를 발견한 자는 즉시 그 사실을 소방서, 경찰서 또는 그 밖의 관계기관에 통보하여야 한다.

③ ❹　　　　　　　은 제조소등의 관계인이 제1항의 응급조치를 강구하지 아니하였다고 인정하는 때에는 제1항의 응급조치를 강구하도록 명할 수 있다.

제77조(이동탱크저장소에 관한 통보사항)

시·도지사, 소방본부장 또는 소방서장은 법 제26조제3항의 규정에 의하여 이동탱크저장소의 관계인에 대하여 위험물의 저장 또는 취급기준 준수명령을 한 때에는 다음 각호의 사항을 당해 이동탱크저장소의 허가를 한 소방서장에게 통보하여야 한다.

1. 명령을 한 시·도지사, 소방본부장 또는 소방서장
2. 명령을 받은 자의 성명·명칭 및 주소
3. 명령에 관계된 이동탱크저장소의 설치자, 상치장소 및 설치 또는 변경의 허가번호
4. 위반내용
5. 명령의 내용 및 그 이행사항
6. 그 밖에 명령을 한 시·도지사, 소방본부장 또는 소방서장이 통보할 필요가 있다고 인정하는 사항

제6장 보칙

제28조(안전교육)

① 안전관리자·탱크시험자·위험물운반자·위험물운송자 등 위험물의 안전관리와 관련된 업무를 수행하는 자로서 대통령령이 정하는 자는 해당 업무에 관한 능력의 습득 또는 향상을 위하여 ❺   이 실시하는 교육을 받아야 한다.

② 제조소등의 관계인은 제1항의 규정에 따른 교육대상자에 대하여 필요한 안전교육을 받게 하여야 한다.

③ 제1항의 규정에 따른 교육의 과정 및 기간과 그 밖에 교육의 실시에 관하여 필요한 사항은 행정안전부령으로 정한다.

④ ❻   은 제1항의 규정에 따른 교육대상자가 교육을 받지 아니한 때에는 그 교육대상자가 교육을 받을 때까지 이 법의 규정에 따라 그 자격으로 행하는 행위를 제한할 수 있다.

제20조(안전교육대상자)

법 제28조제1항에서 "대통령령이 정하는 자"란 다음 각 호의 자를 말한다.

1. ❶   로 선임된 자
2. ❷   의 기술인력으로 종사하는 자
3. 법 제20조제2항에 따른 위험물운반자로 종사하는 자
4. 법 제21조제1항에 따른 ❸   로 종사하는 자

제78조(안전교육)

① 안전교육은 법 제28조제1항 및 영 제20조 각 호의 사람을 대상으로 하는 교육(이하 "실무교육"이라 한다)과 영 제22조제1항제1호가목·나목의 사람을 대상으로 하는 교육(이하 "강습교육"이라 한다)으로 구분한다.

② 제1항에 따른 안전교육의 과정·기간과 그 밖의 교육의 실시에 관한 사항은 별표 24와 같다.

③ 기술원 또는 「소방기본법」 제40조에 따른 한국소방안전원(이하 "안전원"이라 한다)은 ❶   교육실시계획을 수립하여 교육을 실시하는 해의 전년도 말까지 소방청장의 승인을 받아야 하고, 해당 연도 교육실시결과를 교육을 실시한 해의 다음 연도 ❷   까지 소방청장에게 보고하여야 한다.

④ ❸   은 매년 10월말까지 관할구역 안의 실무교육대상자 현황을 안전원에 통보하고 관할구역 안에서 안전원이 실시하는 안전교육에 관하여 지도·감독하여야 한다.

법률 ✓

⟨제26조⟩ ❶ 시·도지사, 소방본부장 또는 소방서장
❷ 시·도지사, 소방본부장 또는 소방서장
⟨제27조⟩ ❸ 제조소등의 관계인
❹ 소방본부장 또는 소방서장
⟨제28조⟩ ❺ 소방청장
❻ 시·도지사, 소방본부장 또는 소방서장

시행령 ✓

⟨제20조⟩ ❶ 안전관리자
❷ 탱크시험자
❸ 위험물운송자

시행규칙 ✓

⟨제78조⟩ ❶ 매년
❷ 1월 31일
❸ 소방본부장

제29조(청문)

시·도지사, 소방본부장 또는 소방서장은 다음 각 호의 어느 하나에 해당하는 처분을 하고자 하는 경우에는 청문을 실시하여야 한다.
  1. 제12조의 규정에 따른 ❶
  2. 제16조제5항의 규정에 따른 ❷

제29조의2(위험물 안전관리에 관한 협회)

① 제조소등의 관계인, 위험물운송자, 탱크시험자 및 안전관리자의 업무를 위탁받아 수행할 수 있는 안전관리대행기관으로 소방청장의 지정을 받은 자는 위험물의 안전관리, 사고 예방을 위한 안전기술 개발, 그 밖에 위험물 안전관리의 건전한 발전을 도모하기 위하여 위험물 안전관리에 관한 협회(이하 "협회"라 한다)를 설립할 수 있다.
② 협회는 ❸ 으로 한다.
③ 협회는 ❹ 의 인가를 받아 주된 사무소의 소재지에 설립등기를 함으로써 성립한다.
④ 협회의 설립인가 절차 및 정관의 기재사항 등에 관하여 필요한 사항은 ❺ 으로 정한다.
⑤ 협회의 업무는 ❻ 으로 정한다.
⑥ 협회에 관하여 이 법에서 규정한 것 외에는 「민법」 중 ❼ 에 관한 규정을 준용한다.

제30조(권한의 위임·위탁)

① 소방청장 또는 시·도지사는 이 법에 따른 권한의 일부를 대통령령이 정하는 바에 따라 시·도지사, 소방본부장 또는 소방서장에게 위임할 수 있다.
② 소방청장, 시·도지사, 소방본부장 또는 소방서장은 이 법에 따른 업무의 일부를 대통령령이 정하는 바에 따라 소방기본법 제40조의 규정에 의한 ❽ (이하 "안전원"이라 한다) 또는 ❾ 에 위탁할 수 있다.

제21조(권한의 위임)

시·도지사는 법 제30조제1항에 따라 다음 각 호의 권한을 ❶ 에게 위임한다. 다만, 동일한 시·도에 있는 둘 이상의 소방서장의 관할구역에 걸쳐 설치되는 이송취급소에 관련된 권한을 제외한다.
  1. 법 제6조제1항의 규정에 의한 제조소등의 설치허가 또는 변경허가
  2. 법 제6조제2항의 규정에 의한 위험물의 품명·수량 또는 지정수량의 배수의 변경신고의 수리

3. 법 제7조제1항의 규정에 의하여 군사목적 또는 군부대시설을 위한 제조소등을 설치하거나 그 위치·구조 또는 설비의 변경에 관한 군부대의 장과의 협의
4. 법 제8조제1항에 따른 탱크안전성능검사(제22조제2항제1호에 따라 기술원에 위탁하는 것을 제외한다)
5. 법 제9조에 따른 완공검사(제22조제2항제2호에 따라 기술원에 위탁하는 것을 제외한다)
6. 법 제10조제3항의 규정에 의한 제조소등의 설치자의 지위승계신고의 수리
7. 법 제11조의 규정에 의한 제조소등의 용도폐지 신고의 수리
7의2. 법 제11조의2제2항에 따른 제조소등의 사용 중지신고 또는 재개신고의 수리
7의3. 법 제11조의2제3항에 따른 안전조치의 이행명령
7의3. 법 제11조의2제3항에 따른 안전조치의 이행명령
8. 법 제12조의 규정에 의한 제조소등의 설치허가의 취소와 사용정지
9. 법 제13조의 규정에 의한 과징금처분
10. 법 제17조의 규정에 의한 예방규정의 수리·반려 및 변경명령

법률
⟨제29조⟩ ❶ 제조소등 설치허가의 취소
　　　　 ❷ 탱크시험자의 등록취소
⟨제29조의2⟩ ❸ 법인　　　❹ 소방청장
　　　　 ❺ 대통령령　❻ 정관
　　　　 ❼ 사단법인
⟨제30조⟩ ❽ 한국소방안전원　❾ 기술원

시행령
⟨제21조⟩ ❶ 소방서장

시행규칙

제31조(수수료 등)

다음 각 호의 어느 하나에 해당하는 승인·허가·검사 또는 교육 등을 받으려는 자나 등록 또는 신고를 하려는 자는 행정안전부령으로 정하는 바에 따라 수수료 또는 교육비를 납부하여야 한다.

1. 제5조제2항제1호의 규정에 따른 임시저장·취급의 승인
2. 제6조제1항의 규정에 따른 제조소등의 설치 또는 변경의 허가
3. 제8조의 규정에 따른 제조소등의 탱크안전성능검사
4. 제9조의 규정에 따른 제조소등의 완공검사
5. 제10조제3항의 규정에 따른 설치자의 지위승계신고
6. 제16조제2항의 규정에 따른 탱크시험자의 등록
7. 제16조제3항의 규정에 따른 탱크시험자의 등록사항 변경신고
8. 제18조제3항에 따른 정기검사
9. 제20조제3항에 따른 운반용기의 검사
10. 제28조의 규정에 따른 안전교육

제32조(벌칙적용에 있어서의 공무원 의제)

다음 각 호의 자는 형법 제129조 내지 제132조의 적용에 있어서는 이를 공무원으로 본다.

1. 제8조제1항 후단의 규정에 따른 검사업무에 종사하는 기술원의 담당 임원 및 직원
2. 제16조제1항의 규정에 따른 탱크시험자의 업무에 종사하는 자
3. 제30조제2항의 규정에 따라 위탁받은 업무에 종사하는 안전원 및 기술원의 담당 임원 및 직원

11. 법 제18조제2항에 따른 정기점검 결과의 수리 군부대시설을 위한 제조소등을 설치하거나 그 위치·구조 또는 설비의 변경에 관한 군부대의 장과의 협의

제22조(업무의 위탁)

① **❶** 은 법 제30조제2항에 따라 다음 각 호의 구분에 따른 안전교육에 관한 업무를 안전원 또는 기술원에 위탁한다.

1. **❷** : 다음 각 목의 어느 하나에 해당하는 사람에 대한 안전교육
   가. 법 제20조제2항제2호 및 제21조제1항에 따라 위험물운반자 또는 위험물운송자의 요건을 갖추려는 사람
   나. 제11조제1항 및 별표 5 제2호에 따라 위험물취급자격자의 자격을 갖추려는 사람
   다. 제20조제1호, 제3호 및 제4호에 해당하는 사람
2. **❸** : 제20조제2호에 해당하는 사람에 대한 안전교육

② **❹** 는 법 제30조제2항에 따라 다음 각 호의 업무를 기술원에 위탁한다.

1. 법 제8조제1항에 따른 탱크안전성능검사 중 다음 각 목의 탱크에 대한 탱크안전성능검사
   가. 용량이 **❺** 리터 이상인 액체위험물을 저장하는 탱크
   나. **❻** 탱크
   다. 지하탱크저장소의 위험물탱크 중 행정안전부령으로 정하는 **❼**

제79조(수수료 등)

① 법 제31조의 규정에 의한 수수료 및 교육비는 별표 25와 같다.

② 제1항의 규정에 의한 수수료 또는 교육비는 당해 허가 등의 신청 또는 신고시에 당해 허가 등의 업무를 직접 행하는 기관에 납부하되, 시·도지사 또는 소방서장에게 납부하는 수수료는 당해 시·도의 수입증지로 납부하여야 한다. 다만, 시·도지사 또는 소방서장은 정보통신망을 이용하여 전자화폐·전자결제 등의 방법으로 이를 납부하게 할 수 있다.

2. 법 제9조제1항에 따른 완공검사 중 다음 각 목의 완공검사
　　가. 지정수량의 ❽ 배 이상의 위험물을 취급하는 제조소 또는 일반취급소의 설치 또는 변경(사용 중인 제조소 또는 일반취급소의 보수 또는 부분적인 증설은 제외한다)에 따른 완공검사
　　나. 옥외탱크저장소(저장용량이 ❾ 리터 이상인 것만 해당한다) 또는 암반탱크저장소의 설치 또는 변경에 따른 완공검사
3. 법 제20조제3항에 따른 ❿ 검사
③ 소방본부장 또는 소방서장은 법 제30조제2항에 따라 법 제18조제3항에 따른 정기검사를 ⓫ 에 위탁한다.

시행령

〈제22조〉
❶ 소방청장
❷ 안전원
❸ 기술원
❹ 시·도지사
❺ 100만
❻ 암반
❼ 액체위험물탱크
❽ 1천
❾ 50만
❿ 운반용기
⓫ 기술원

제7장 벌칙

제33조(벌칙)

① 제조소등 또는 제6조제1항에 따른 허가를 받지 않고 지정수량 이상의 위험물을 저장 또는 취급하는 장소에서 위험물을 유출·방출 또는 확산시켜 사람의 생명·신체 또는 재산에 대하여 위험을 발생시킨 자는 ❶ 　　　　에 처한다.

② 제1항의 규정에 따른 죄를 범하여 사람을 상해(傷害)에 이르게 한 때에는 ❷ 　　　　에 처하며, 사망에 이르게 한 때에는 ❸ 　　　　에 처한다.

제34조(벌칙)

① 업무상 과실로 제33조제1항의 죄를 범한 자는 ❹ 　　　　에 처한다.

② 제1항의 죄를 범하여 사람을 사상(死傷)에 이르게 한 자는 ❺ 　　　　에 처한다.

제34조의2(벌칙)

제6조제1항 전단을 위반하여 제조소등의 설치허가를 받지 아니하고 제조소등을 설치한 자는 ❻ 　　　　에 처한다.

제34조의3(벌칙)

제5조제1항을 위반하여 저장소 또는 제조소등이 아닌 장소에서 지정수량 이상의 위험물을 저장 또는 취급한 자는 ❼ 　　　　에 처한다.

제35조(벌칙)

다음 각 호의 어느 하나에 해당하는 자는 ❽ 　　　　에 처한다.

1. 삭제
2. 삭제

3. 제16조제2항의 규정에 따른 탱크시험자로 등록하지 아니하고 탱크시험자의 업무를 한 자
4. 제18조제1항의 규정을 위반하여 정기점검을 하지 아니하거나 점검기록을 허위로 작성한 관계인으로서 제6조제1항의 규정에 따른 허가(제6조제3항의 규정에 따라 허가가 면제된 경우 및 제7조제2항의 규정에 따라 협의로써 허가를 받은 것으로 보는 경우를 포함한다. 이하 제5호·제6호, 제36조제6호·제7호·제10호 및 제37조제3호에서 같다)를 받은 자
5. 제18조제3항을 위반하여 정기검사를 받지 아니한 관계인으로서 제6조제1항에 따른 허가를 받은 자
6. 제19조의 규정을 위반하여 자체소방대를 두지 아니한 관계인으로서 제6조제1항의 규정에 따른 허가를 받은 자

법률

⟨제33조⟩
❶ 1년 이상 10년 이하의 징역
❷ 무기 또는 3년 이상의 징역
❸ 무기 또는 5년 이상의 징역

⟨제34조⟩
❹ 7년 이하의 금고 또는 7천만 원 이하의 벌금
❺ 10년 이하의 징역 또는 금고나 1억 원 이하의 벌금

⟨제34조의2⟩
❻ 5년 이하의 징역 또는 1억 원 이하의 벌금

⟨제34조의3⟩
❼ 3년 이하의 징역 또는 3천만 원 이하의 벌금

⟨제35조⟩
❽ 1년 이하의 징역 또는 1천만 원 이하의 벌금

시행령

시행규칙

7. 제20조제3항 단서를 위반하여 운반용기에 대한 검사를 받지 아니하고 운반용기를 사용하거나 유통시킨 자
8. 제22조제1항(제22조의2제2항에서 준용하는 경우를 포함한다)의 규정에 따른 명령을 위반하여 보고 또는 자료제출을 하지 아니하거나 허위의 보고 또는 자료제출을 한 자 또는 관계공무원의 출입·검사 또는 수거를 거부·방해 또는 기피한 자
9. 제25조의 규정에 따른 제조소등에 대한 긴급 사용정지·제한명령을 위반한 자

제36조(벌칙)

다음 각 호의 어느 하나에 해당하는 자는 ❶   에 처한다.

1. 제5조제3항제1호의 규정에 따른 위험물의 저장 또는 취급에 관한 중요기준에 따르지 아니한 자
2. 제6조제1항 후단의 규정을 위반하여 변경허가를 받지 아니하고 제조소등을 변경한 자
3. 제9조제1항의 규정을 위반하여 제조소등의 완공검사를 받지 아니하고 위험물을 저장·취급한 자
3의2. 제11조의2제3항에 따른 안전조치 이행명령을 따르지 아니한 자
4. 제12조의 규정에 따른 제조소등의 사용정지명령을 위반한 자
5. 제14조제2항의 규정에 따른 수리·개조 또는 이전의 명령에 따르지 아니한 자
6. 제15조제1항 또는 제2항의 규정을 위반하여 안전관리자를 선임하지 아니한 관계인으로서 제6조제1항의 규정에 따른 허가를 받은 자

7. 제15조제5항을 위반하여 대리자를 지정하지 아니한 관계인으로서 제6조제1항의 규정에 따른 허가를 받은 자 8. 제16조제5항의 규정에 따른 업무정지명령을 위반한 자 9. 제16조제6항의 규정을 위반하여 탱크안전성능 시험 또는 점검에 관한 업무를 허위로 하거나 그 결과를 증명하는 서류를 허위로 교부한 자 10. 제17조제1항 전단의 규정을 위반하여 예방규정을 제출하지 아니하거나 동조제2항의 규정에 따른 변경명령을 위반한 관계인으로서 제6조제1항의 규정에 따른 허가를 받은 자 11. 제22조제2항에 따른 정지지시를 거부하거나 국가기술자격증, 교육수료증·신원확인을 위한 증명서의 제시 요구 또는 신원확인을 위한 질문에 응하지 아니한 사람 12. 제22조제5항의 규정에 따른 명령을 위반하여 보고 또는 자료제출을 하지 아니하거나 허위의 보고 또는 자료제출을 한 자 및 관계공무원의 출입 또는 조사·검사를 거부·방해 또는 기피한 자 13. 제23조의 규정에 따른 탱크시험자에 대한 감독상 명령에 따르지 아니한 자 14. 제24조의 규정에 따른 무허가장소의 위험물에 대한 조치명령에 따르지 아니한 자 15. 제26조제1항·제2항 또는 제27조의 규정에 따른 저장·취급기준 준수명령 또는 응급조치명령을 위반한 자		

법률	시행령	시행규칙
〈제36조〉 ❶ 1천500만 원 이하의 벌금		

제37조(벌칙)

다음 각 호의 어느 하나에 해당하는 자는 ❶ 　　　 에 처한다.

1. 제15조제6항을 위반하여 위험물의 취급에 관한 안전관리와 감독을 하지 아니한 자
2. 제15조제7항을 위반하여 안전관리자 또는 그 대리자가 참여하지 아니한 상태에서 위험물을 취급한 자
3. 제17조제1항 후단의 규정을 위반하여 변경한 예방규정을 제출하지 아니한 관계인으로서 제6조제1항의 규정에 따른 허가를 받은 자
4. 제20조제1항제1호의 규정을 위반하여 위험물의 운반에 관한 중요기준에 따르지 아니한 자
4의2. 제20조제2항을 위반하여 요건을 갖추지 아니한 위험물운반자
5. 제21조제1항 또는 제2항의 규정을 위반한 위험물운송자
6. 제22조제4항(제22조의2제2항에서 준용하는 경우를 포함한다)의 규정을 위반하여 관계인의 정당한 업무를 방해하거나 출입·검사 등을 수행하면서 알게 된 비밀을 누설한 자

제38조(양벌규정)

① 법인의 대표자나 법인 또는 개인의 대리인, 사용인, 그 밖의 종업원이 그 법인 또는 개인의 업무에 관하여 제33조제1항의 위반행위를 하면 그 행위자를 벌하는 외에 그 법인 또는 개인을 ❷ 　　　 이하의 벌금에 처하고, 같은 조 제2항의 위반행위를 하면 그 행위자를 벌하는 외에 그 법인 또는 개인을 ❸ 　　　 이하의 벌금에 처한다. 다만, 법인 또는 개인이 그 위반행위를 방지하기 위하여 해당 업무에 관하여 상당한 주의와 감독을 게을리하지 아니한 경우에는 그러하지 아니하다.

② 법인의 대표자나 법인 또는 개인의 대리인, 사용인, 그 밖의 종업원이 그 법인 또는 개인의 업무에 관하여 제34조부터 제37조까지의 어느 하나에 해당하는 위반행위를 하면 그 행위자를 벌하는 외에 그 법인 또는 개인에게도 해당 조문의 벌금형을 과(科)한다. 다만, 법인 또는 개인이 그 위반행위를 방지하기 위하여 해당 업무에 관하여 상당한 주의와 감독을 게을리하지 아니한 경우에는 그러하지 아니하다.

법률

〈제37조〉 ❶ 1천만 원 이하의 벌금
〈제38조〉 ❷ 5천만 원
❸ 1억 원

제39조(과태료)	제23조(과태료 부과기준)	
① 다음 각 호의 어느 하나에 해당하는 자에게는 ❶ [　　　　]를 부과한다. 1. 제5조제2항제1호의 규정에 따른 승인을 받지 아니한 자 2. 제5조제3항제2호의 규정에 따른 위험물의 저장 또는 취급에 관한 세부기준을 위반한 자 3. 제6조제2항의 규정에 따른 품명 등의 변경신고를 기간 이내에 하지 아니하거나 허위로 한 자 4. 제10조제3항의 규정에 따른 지위승계신고를 기간 이내에 하지 아니하거나 허위로 한 자 5. 제11조의 규정에 따른 제조소등의 폐지신고 또는 제15조제3항의 규정에 따른 안전관리자의 선임신고를 기간 이내에 하지 아니하거나 허위로 한 자 5의2. 제11조의2제2항을 위반하여 사용 중지신고 또는 재개신고를 기간 이내에 하지 아니하거나 거짓으로 한 자 6. 제16조제3항의 규정을 위반하여 등록사항의 변경신고를 기간 이내에 하지 아니하거나 허위로 한 자 6의2. 제17조제3항을 위반하여 예방규정을 준수하지 아니한 자 7. 제18조제1항의 규정을 위반하여 점검결과를 기록·보존하지 아니한 자 7의2. 제18조제2항을 위반하여 기간 이내에 점검결과를 제출하지 아니한 자 7의3. 제19조의2제1항을 위반하여 흡연을 한 자 7의4. 제19조의2제3항에 따른 시정명령을 따르지 아니한 자 8. 제20조제1항제2호의 규정에 따른 위험물의 운반에 관한 세부기준을 위반한 자	법 제39조제1항에 따른 과태료의 부과기준은 별표 9와 같다.	

9. 제21조제3항의 규정을 위반하여 위험물의 운송에 관한 기준을 따르지 아니한 자

② 제1항의 규정에 따른 과태료는 대통령령이 정하는 바에 따라 ❷ _____ (이하 "부과권자"라 한다)이 부과·징수한다.

③ 삭제

④ 삭제

⑤ 삭제

⑥ 제4조 및 제5조제2항 각 호 외의 부분 후단의 규정에 따른 조례에는 200만 원 이하의 과태료를 정할 수 있다. 이 경우 과태료는 부과권자가 부과·징수한다.

⑦ 삭제

법률

〈제39조〉 ❶ 500만 원 이하의 과태료
❷ 시·도지사, 소방본부장 또는 소방서장

화재예방법 · 시행령

■ 화재의 예방 및 안전관리에 관한 법률 시행령 [별표 1]

보일러 등의 설비 또는 기구 등의 위치·구조 및 관리와 화재예방을 위하여 불을 사용할 때 지켜야 하는 사항 (제18조제2항 관련) ✅기출 24 공채 / 경채

1. 보일러
   가. 가연성 벽·바닥 또는 천장과 접촉하는 증기기관 또는 연통의 부분은 규조토 등 ❶ _____ 단열재로 덮어씌워야 한다.
   나. 경유·등유 등 액체연료를 사용할 때에는 다음 사항을 지켜야 한다.
      1) 연료탱크는 보일러 본체로부터 수평거리 ❷ ____ 미터 이상의 간격을 두어 설치할 것
      2) 연료탱크에는 화재 등 긴급상황이 발생하는 경우 연료를 차단할 수 있는 개폐밸브를 연료탱크로부터 ❸ ____ 이내에 설치할 것
      3) 연료탱크 또는 보일러 등에 연료를 공급하는 배관에는 ❹ _____ 를 설치할 것
      4) 사용이 허용된 연료 외의 것을 사용하지 않을 것
      5) 연료탱크가 넘어지지 않도록 받침대를 설치하고, 연료탱크 및 연료탱크 받침대는 「건축법 시행령」 제2조제10호에 따른 불연재료(이하 "불연재료"라 한다)로 할 것
   다. 기체연료를 사용할 때에는 다음 사항을 지켜야 한다.
      1) 보일러를 설치하는 장소에는 환기구를 설치하는 등 가연성 가스가 머무르지 않도록 할 것
      2) 연료를 공급하는 배관은 ❺ _____ 으로 할 것
      3) 화재 등 긴급 시 연료를 차단할 수 있는 개폐밸브를 연료용기 등으로부터 ❻ ____ 미터 이내에 설치할 것
      4) 보일러가 설치된 장소에는 ❼ _____ 를 설치할 것
   라. 화목(火木) 등 고체연료를 사용할 때에는 다음 사항을 지켜야 한다.
      1) 고체연료는 보일러 본체와 수평거리 ❽ ____ 미터 이상 간격을 두어 보관하거나 불연재료로 된 별도의 구획된 공간에 보관할 것
      2) 연통은 천장으로부터 ❾ ____ 미터 떨어지고, 연통의 배출구는 건물 밖으로 ❿ ____ 미터 이상 나오도록 설치할 것
      3) 연통의 배출구는 보일러 본체보다 ⓫ ____ 미터 이상 높게 설치할 것
      4) 연통이 관통하는 벽면, 지붕 등은 ⓬ _____ 로 처리할 것
      5) 연통재질은 불연재료로 사용하고 연결부에 청소구를 설치할 것

마. 보일러 본체와 벽·천장 사이의 거리는 ⓭ 미터 이상이어야 한다.

바. 보일러를 실내에 설치하는 경우에는 콘크리트바닥 또는 ⓮ 로 된 바닥 위에 설치해야 한다.

2. 난로

가. 연통은 천장으로부터 ⓯ 미터 이상 떨어지고, 연통의 배출구는 건물 밖으로 ⓰ 미터 이상 나오게 설치해야 한다.

나. 가연성 벽·바닥 또는 천장과 접촉하는 연통의 부분은 규조토 등 난연성 또는 불연성의 단열재로 덮어씌워야 한다.

다. 이동식난로는 다음의 장소에서 사용해서는 안 된다. 다만, 난로가 쓰러지지 않도록 받침대를 두어 고정시키거나 쓰러지는 경우 즉시 소화되고 연료의 누출을 차단할 수 있는 장치가 부착된 경우에는 그렇지 않다.

　1) 「다중이용업소의 안전관리에 관한 특별법」 제2조제1항제4호에 따른 다중이용업소

　2) 「학원의 설립·운영 및 과외교습에 관한 법률」 제2조제1호에 따른 학원

　3) 「학원의 설립·운영 및 과외교습에 관한 법률 시행령」 제2조제1항제4호에 따른 ⓱

　4) 「공중위생관리법」 제2조제1항제2호에 따른 숙박업, 같은 항 제3호에 따른 목욕장업 및 같은 항 제6호에 따른 세탁업의 영업장

　5) 「의료법」 제3조제2항제1호에 따른 의원·치과의원·한의원, 같은 항 제2호에 따른 조산원 및 같은 항 제3호에 따른 병원·치과병원·한방병원·요양병원·정신병원·종합병원

　6) 「식품위생법 시행령」 제21조제8호에 따른 ⓲

　7) 「영화 및 비디오물의 진흥에 관한 법률」 제2조제10호에 따른 영화상영관

　8) 「공연법」 제2조제4호에 따른 공연장

　9) 「박물관 및 미술관 진흥법」 제2조제1호에 따른 박물관 및 같은 조 제2호에 따른 ⓳

　10) 「유통산업발전법」 제2조제7호에 따른 상점가

　11) 「건축법」 제20조에 따른 ⓴

　12) ㉑

시행령

❶ 난연성 또는 불연성
❷ 1
❸ 0.5미터
❹ 여과장치
❺ 금속관
❻ 0.5
❼ 가스누설경보기
❽ 2
❾ 0.6
❿ 0.6
⓫ 2
⓬ 불연재료
⓭ 0.6
⓮ 금속 외의 불연재료
⓯ 0.6
⓰ 0.6
⓱ 독서실
⓲ 식품접객업의 영업장
⓳ 미술관
⓴ 가설건축물
㉑ 역·터미널

3. 건조설비

　가. 건조설비와 벽·천장 사이의 거리는 ❶　　 미터 이상이어야 한다.

　나. 건조물품이 열원과 직접 접촉하지 않도록 해야 한다.

　다. 실내에 설치하는 경우에 벽·천장 및 바닥은 불연재료로 해야 한다.

4. 가스·전기시설

　가. 가스시설의 경우 「고압가스 안전관리법」, 「도시가스사업법」 및 「액화석유가스의 안전관리 및 사업법」에서 정하는 바에 따른다.

　나. 전기시설의 경우 「전기사업법」 및 「전기안전관리법」에서 정하는 바에 따른다.

5. 불꽃을 사용하는 용접·용단 기구

　용접 또는 용단 작업장에서는 다음 각 목의 사항을 지켜야 한다. 다만, 「산업안전보건법」 제38조의 적용을 받는 사업장에는 적용하지 않는다.

　가. 용접 또는 용단 작업장 주변 ❷　　 미터 이내에 소화기를 갖추어 둘 것

　나. 용접 또는 용단 작업장 주변 ❸　　　 미터 이내에는 가연물을 쌓아두거나 놓아두지 말 것. 다만, 가연물의 제거가 곤란하여 방화포 등으로 방호조치를 한 경우는 제외한다.

6. 노·화덕설비

　가. 실내에 설치하는 경우에는 ❹　　　 또는 ❺　　　　　 로 된 바닥에 설치해야 한다.

　나. 노 또는 화덕을 설치하는 장소의 벽·천장은 불연재료로 된 것이어야 한다.

　다. 노 또는 화덕의 주위에는 녹는 물질이 확산되지 않도록 높이 ❻　　 미터 이상의 턱을 설치해야 한다.

　라. 시간당 열량이 ❼　　 만킬로칼로리 이상인 노를 설치하는 경우에는 다음의 사항을 지켜야 한다.

　　1) 「건축법」 제2조제1항제7호에 따른 주요구조부(이하 "주요구조부"라 한다)는 불연재료 이상으로 할 것

　　2) 창문과 출입구는 「건축법 시행령」 제64조에 따른 ❽　　　　 또는 ❾　　　　　 으로 설치할 것

　　3) 노 주위에는 ❿　 미터 이상 공간을 확보할 것

7. 음식조리를 위하여 설치하는 설비

「식품위생법 시행령」 제21조제8호에 따른 식품접객업 중 일반음식점 주방에서 조리를 위하여 불을 사용하는 설비를 설치하는 경우에는 다음 각 목의 사항을 지켜야 한다.

  가. 주방설비에 부속된 배출덕트(공기 배출통로)는 ⑪___ 밀리미터 이상의 ⑫_____ 또는 이와 같거나 그 이상의 내식성 불연재료로 설치할 것
  나. 주방시설에는 동물 또는 식물의 기름을 제거할 수 있는 필터 등을 설치할 것
  다. 열을 발생하는 조리기구는 반자 또는 선반으로부터 ⑬___ 미터 이상 떨어지게 할 것
  라. 열을 발생하는 조리기구로부터 ⑭___ 미터 이내의 거리에 있는 가연성 주요구조부는 단열성이 있는 불연재료로 덮어 씌울 것

비고

1. "보일러"란 사업장 또는 영업장 등에서 사용하는 것을 말하며, 주택에서 사용하는 ⑮_____는 제외한다.
2. "건조설비"란 산업용 건조설비를 말하며, 주택에서 사용하는 건조설비는 제외한다.
3. "노·화덕설비"란 제조업·가공업에서 사용되는 것을 말하며, 주택에서 조리용도로 사용되는 화덕은 제외한다.
4. 보일러, ⑯___, ⑰_____ 불꽃을 사용하는 용접·용단기구 및 노·화덕설비가 설치된 장소에는 소화기 1개 이상을 갖추어 두어야 한다.

시행령

① 0.5
② 반경 5
③ 반경 10
④ 흙바닥
⑤ 금속 외의 불연재료
⑥ 0.1
⑦ 30
⑧ 60분+ 방화문
⑨ 60분 방화문
⑩ 1
⑪ 0.5
⑫ 아연도금강판
⑬ 0.6
⑭ 0.15
⑮ 가정용 보일러
⑯ 난로
⑰ 건조설비

■ 화재의 예방 및 안전관리에 관한 법률 시행령 [별표 2]

특수가연물 (제19조제1항 관련)

품명		수량
면화류		❶ 킬로그램 이상
나무껍질 및 대팻밥		❷ 킬로그램 이상
넝마 및 종이부스러기		❸ 킬로그램 이상
사류(絲類)		❹ 킬로그램 이상
볏짚류		❺ 킬로그램 이상
가연성 고체류		❻ 킬로그램 이상
석탄·목탄류		❼ 킬로그램 이상
가연성 액체류		❽ 세제곱미터 이상
목재가공품 및 나무부스러기		❾ 세제곱미터 이상
고무류·플라스틱류	발포시킨 것	❿ 세제곱미터 이상
	그 밖의 것	⓫ 킬로그램 이상

비고

1. "⓬_____"란 불연성 또는 난연성이 아닌 면상(綿狀) 또는 팽이모양의 섬유와 마사(麻絲) 원료를 말한다.
2. 넝마 및 종이부스러기는 불연성 또는 난연성이 아닌 것(동물 또는 식물의 기름이 깊이 스며들어 있는 옷감·종이 및 이들의 제품을 포함한다)으로 한정한다.
3. "⓭___"란 불연성 또는 난연성이 아닌 실(실부스러기와 솜털을 포함한다)과 누에고치를 말한다.
4. "볏짚류"란 마른 볏짚·북데기와 이들의 제품 및 건초를 말한다. 다만, 축산용도로 사용하는 것은 제외한다.
5. "가연성 고체류"란 고체로서 다음 각 목에 해당하는 것을 말한다.
   가. 인화점이 섭씨 ⓮__도 이상 ⓯__도 미만인 것
   나. 인화점이 섭씨 ⓰__도 이상 ⓱__도 미만이고, 연소열량이 1그램당 8킬로칼로리 이상인 것
   다. 인화점이 섭씨 ⓲__도 이상이고 연소열량이 1그램당 8킬로칼로리 이상인 것으로서 녹는점(융점)이 ⓳__도 미만인 것
   라. 1기압과 섭씨 20도 초과 40도 이하에서 액상인 것으로서 인화점이 섭씨 ⓴__도 이상 섭씨 ㉑__도 미만이거나 나목 또는 다목에 해당하는 것

6. 석탄·목탄류에는 코크스, 석탄가루를 물에 갠 것, 마세크탄(조개탄), 연탄, 석유코크스, 활성탄 및 이와 유사한 것을 포함한다.

7. "가연성 액체류"란 다음 각 목의 것을 말한다.

　가. 1기압과 섭씨 20도 이하에서 액상인 것으로서 가연성 액체량이 ㉒ 　 중량퍼센트 이하이면서 인화점이 섭씨 ㉓ 　 도 이상 섭씨 ㉔ 　 도 미만이고 연소점이 섭씨 ㉕ 　 도 이상인 것

　나. 1기압과 섭씨 20도에서 액상인 것으로서 가연성 액체량이 ㉖ 　 중량퍼센트 이하이고 인화점이 섭씨 ㉗ 　 도 이상 섭씨 ㉘ 　 도 미만인 것

　다. 동물의 기름과 살코기 또는 식물의 씨나 과일의 살에서 추출한 것으로서 다음의 어느 하나에 해당하는 것

　　1) 1기압과 섭씨 20도에서 액상이고 인화점이 ㉙ 　 도 미만인 것으로서 「위험물안전관리법」 제20조제1항에 따른 용기기준과 수납·저장기준에 적합하고 용기외부에 물품명·수량 및 "㉚ 　 " 등의 표시를 한 것

　　2) 1기압과 섭씨 20도에서 액상이고 인화점이 섭씨 ㉛ 　 도 이상인 것

8. "㉜ 　 "란 불연성 또는 난연성이 아닌 고체의 합성수지제품, 합성수지반제품, 원료합성수지 및 합성수지 부스러기(불연성 또는 난연성이 아닌 고무제품, 고무반제품, 원료고무 및 고무 부스러기를 포함한다)를 말한다. 다만, 합성수지의 섬유·옷감·종이 및 실과 이들의 넝마와 부스러기는 제외한다.

시행령 ✓

① 200　　　　⑨ 10　　　　　⑰ 200　　　　㉕ 60
② 400　　　　⑩ 20　　　　　⑱ 200　　　　㉖ 40
③ 1,000　　　⑪ 3,000　　　 ⑲ 100　　　　㉗ 70
④ 1,000　　　⑫ 면화류　　　 ⑳ 70　　　　 ㉘ 250
⑤ 1,000　　　⑬ 사류　　　　 ㉑ 200　　　　㉙ 250
⑥ 3,000　　　⑭ 40　　　　　㉒ 40　　　　 ㉚ 화기엄금
⑦ 10,000　　 ⑮ 100　　　　 ㉓ 40　　　　 ㉛ 250
⑧ 2　　　　　⑯ 100　　　　 ㉔ 70　　　　 ㉜ 고무류·플라스틱류

■ 화재의 예방 및 안전관리에 관한 법률 시행령 [별표 3]

특수가연물의 저장 및 취급 기준 (제19조제2항 관련) ☑기출 24 경채

1. 특수가연물의 저장·취급 기준

  특수가연물은 다음 각 목의 기준에 따라 쌓아 저장해야 한다. 다만, 석탄·목탄류를 발전용(發電用)으로 저장하는 경우는 제외한다.

  가. ❶ 　 별로 구분하여 쌓을 것
  나. 다음의 기준에 맞게 쌓을 것

구분	살수설비를 설치하거나 방사능력 범위에 해당 특수가연물이 포함되도록 대형수동식소화기를 설치하는 경우	그 밖의 경우
높이	❷ 　 미터 이하	❸ 　 미터 이하
쌓는 부분의 바닥면적	❹ 　 제곱미터(석탄·목탄류의 경우에는 ❺ 　 제곱미터) 이하	❻ 　 제곱미터(석탄·목탄류의 경우에는 ❼ 　 제곱미터) 이하

  다. 실외에 쌓아 저장하는 경우 쌓는 부분이 대지경계선, 도로 및 인접 건축물과 최소 ❽ 　 미터 이상 간격을 둘 것. 다만, 쌓는 높이보다 ❾ 　 미터 이상 높은 「건축법 시행령」 제2조제7호에 따른 내화구조(이하 "내화구조"라 한다) 벽체를 설치한 경우는 그렇지 않다.

  라. 실내에 쌓아 저장하는 경우 주요구조부는 내화구조이면서 불연재료여야 하고, 다른 종류의 특수가연물과 같은 공간에 보관하지 않을 것. 다만, 내화구조의 벽으로 분리하는 경우는 그렇지 않다.

  마. 쌓는 부분 바닥면적의 사이는 실내의 경우 ❿ 　 미터 또는 쌓는 높이의 ⓫ 　 중 큰 값 이상으로 간격을 두어야 하며, 실외의 경우 ⓬ 　 미터 또는 쌓는 높이 중 큰 값 이상으로 간격을 둘 것

2. 특수가연물 표지

  가. 특수가연물을 저장 또는 취급하는 장소에는 품명, ⓭ 　 , 단위부피당 질량 또는 ⓮ 　 관리책임자 성명·직책, 연락처 및 화기취급의 ⓯ 　 가 포함된 특수가연물 표지를 설치해야 한다.

나. 특수가연물 표지의 규격은 다음과 같다.

특수가연물	
화기엄금	
품 명	합성수지류
최대저장수량 (배수)	000톤(00배)
단위부피당 질량 (단위체적당 질량)	000kg/㎥
관리책임자 (직 책)	홍길동 팀장
연락처	02 - 000 - 0000

1) 특수가연물 표지는 한 변의 길이가 ⓰   미터 이상, 다른 한 변의 길이가 ⓱   미터 이상인 직사각형으로 할 것
2) 특수가연물 표지의 바탕은 ⓲   으로, 문자는 ⓳   으로 할 것. 다만, "⓴   " 표시 부분은 제외한다.
3) 특수가연물 표지 중 화기엄금 표시 부분의 바탕은 ㉑   으로, 문자는 ㉒   으로 할 것

다. 특수가연물 표지는 특수가연물을 저장하거나 취급하는 장소 중 보기 쉬운 곳에 설치해야 한다.

시행령

❶ 품명
❷ 15
❸ 10
❹ 200
❺ 300
❻ 50
❼ 200
❽ 6
❾ 0.9
❿ 1.2
⓫ 1/2
⓬ 3
⓭ 최대저장수량
⓮ 단위체적당 질량
⓯ 금지표시
⓰ 0.3
⓱ 0.6
⓲ 흰색
⓳ 검은색
⓴ 화기엄금
㉑ 붉은색
㉒ 백색

■ 화재의 예방 및 안전관리에 관한 법률 시행령 [별표 4]

소방안전관리자를 선임해야 하는 소방안전관리대상물의 범위와 소방안전관리자의 선임 대상별 자격 및 인원기준 (제25조제1항 관련) ☑기출 24 공채 / 경채

1. 특급 소방안전관리대상물

   가. 특급 소방안전관리대상물의 범위

   「소방시설 설치 및 관리에 관한 법률 시행령」 별표 2의 특정소방대상물 중 다음의 어느 하나에 해당하는 것

   1) ❶ 층 이상(지하층은 제외한다)이거나 지상으로부터 높이가 ❷ 미터 이상인 아파트
   2) ❸ 층 이상(지하층을 ❹ 한다)이거나 지상으로부터 높이가 ❺ 미터 이상인 특정소방대상물(아파트는 제외한다)
   3) 2)에 해당하지 않는 특정소방대상물로서 연면적이 ❻ 제곱미터 이상인 특정소방대상물(아파트는 제외한다)

   나. 특급 소방안전관리대상물에 선임해야 하는 소방안전관리자의 자격

   다음의 어느 하나에 해당하는 사람으로서 특급 소방안전관리자 자격증을 발급받은 사람

   1) 소방기술사 또는 소방시설관리사의 자격이 있는 사람
   2) 소방설비기사의 자격을 취득한 후 ❼ 년 이상 1급 소방안전관리대상물의 소방안전관리자로 근무한 실무경력(법 제24조제3항에 따라 소방안전관리자로 선임되어 근무한 경력은 제외한다. 이하 이 표에서 같다)이 있는 사람
   3) 소방설비산업기사의 자격을 취득한 후 ❽ 년 이상 1급 소방안전관리대상물의 소방안전관리자로 근무한 실무경력이 있는 사람
   4) 소방공무원으로 ❾ 년 이상 근무한 경력이 있는 사람
   5) 소방청장이 실시하는 특급 소방안전관리대상물의 소방안전관리에 관한 시험에 합격한 사람

   다. 선임인원: ❿ 명 이상

2. 1급 소방안전관리대상물

   가. 1급 소방안전관리대상물의 범위

   「소방시설 설치 및 관리에 관한 법률 시행령」 별표 2의 특정소방대상물 중 다음의 어느 하나에 해당하는 것(제1호에 따른 특급 소방안전관리대상물은 제외한다)

   1) ⓫ 층 이상(지하층은 ⓬ 한다)이거나 지상으로부터 높이가 ⓭ 미터 이상인 아파트
   2) 연면적 ⓮ 제곱미터 이상인 특정소방대상물(아파트 및 연립주택은 제외한다)
   3) 2)에 해당하지 않는 특정소방대상물로서 지상층의 층수가 ⓯ 층 이상인 특정소방대상물(아파트는 제외한다)
   4) 가연성 가스를 ⓰ 톤 이상 저장·취급하는 시설

나. 1급 소방안전관리대상물에 선임해야 하는 소방안전관리자의 자격

다음의 어느 하나에 해당하는 사람으로서 1급 소방안전관리자 자격증을 발급받은 사람 또는 제1호에 따른 특급 소방안전관리대상물의 소방안전관리자 자격증을 발급받은 사람

1) 소방설비기사 또는 ⓱   의 자격이 있는 사람

2) 소방공무원으로 ⓲   년 이상 근무한 경력이 있는 사람

3) 소방청장이 실시하는 1급 소방안전관리대상물의 소방안전관리에 관한 시험에 합격한 사람

다. 선임인원: ⓳   명 이상

3. 2급 소방안전관리대상물

가. 2급 소방안전관리대상물의 범위

「소방시설 설치 및 관리에 관한 법률 시행령」 별표 2의 특정소방대상물 중 다음의 어느 하나에 해당하는 것(제1호에 따른 특급 소방안전관리대상물 및 제2호에 따른 1급 소방안전관리대상물은 제외한다)

1) 「소방시설 설치 및 관리에 관한 법률 시행령」 별표 4 제1호다목에 따라 ⓴   를 설치해야 하는 특정소방대상물, 같은 호 라목에 따라 ㉑   를 설치해야 하는 특정소방대상물 또는 같은 호 바목에 따라 ㉒   [화재안전기준에 따라 호스릴(hose reel) 방식의 물분무등소화설비만을 설치할 수 있는 특정소방대상물은 제외한다]를 설치해야 하는 특정소방대상물

2) 가스 제조설비를 갖추고 도시가스사업의 허가를 받아야 하는 시설 또는 가연성 가스를 ㉓   톤 이상 ㉔   톤 미만 저장·취급하는 시설

3) 지하구

4) 「공동주택관리법」 제2조제1항제2호의 어느 하나에 해당하는 공동주택(「소방시설 설치 및 관리에 관한 법률 시행령」 별표 4 제1호다목 또는 라목에 따른 ㉕   또는 ㉖   가 설치된 공동주택으로 한정한다)

5) 「문화유산의 보존 및 활용에 관한 법률」 제23조에 따라 보물 또는 국보로 지정된 ㉗

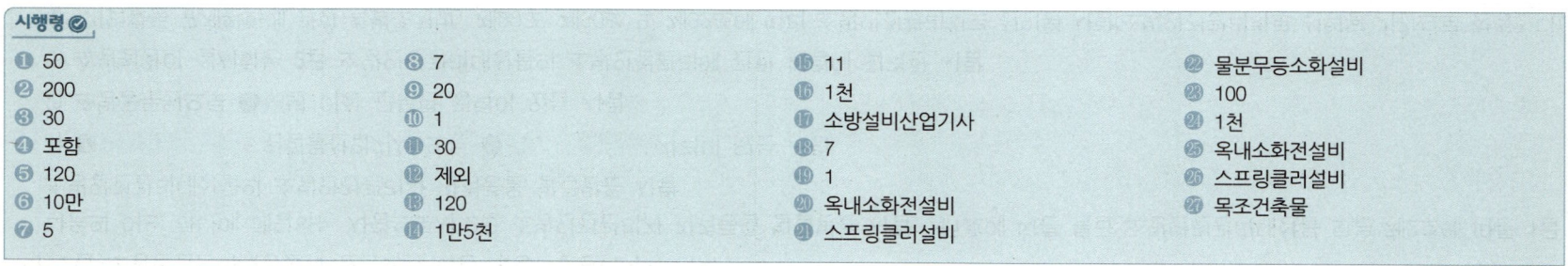

나. 2급 소방안전관리대상물에 선임해야 하는 소방안전관리자의 자격

다음의 어느 하나에 해당하는 사람으로서 2급 소방안전관리자 자격증을 발급받은 사람, 제1호에 따른 특급 소방안전관리대상물 또는 제2호에 따른 1급 소방안전관리대상물의 소방안전관리자 자격증을 발급받은 사람

1) ❶   · 위험물산업기사 또는 ❷   자격이 있는 사람
2) 소방공무원으로 ❸   년 이상 근무한 경력이 있는 사람
3) 소방청장이 실시하는 2급 소방안전관리대상물의 소방안전관리에 관한 시험에 합격한 사람
4) 「기업활동 규제완화에 관한 특별조치법」 제29조, 제30조 및 제32조에 따라 소방안전관리자로 선임된 사람(소방안전관리자로 선임된 기간으로 한정한다)

다. 선임인원: ❹   명 이상

4. 3급 소방안전관리대상물

가. 3급 소방안전관리대상물의 범위

「소방시설 설치 및 관리에 관한 법률 시행령」 별표 2의 특정소방대상물 중 다음의 어느 하나에 해당하는 것(제1호에 따른 특급 소방안전관리대상물, 제2호에 따른 1급 소방안전관리대상물 및 제3호에 따른 2급 소방안전관리대상물은 제외한다)

1) 「소방시설 설치 및 관리에 관한 법률 시행령」 별표 4 제1호마목에 따라 ❺   (주택전용 간이스프링클러설비는 제외한다)를 설치해야 하는 특정소방대상물
2) 「소방시설 설치 및 관리에 관한 법률 시행령」 별표 4 제2호다목에 따른 ❻   를 설치해야 하는 특정소방대상물

나. 3급 소방안전관리대상물에 선임해야 하는 소방안전관리자의 자격

다음의 어느 하나에 해당하는 사람으로서 3급 소방안전관리자 자격증을 발급받은 사람 또는 제1호부터 제3호까지의 규정에 따라 특급 소방안전관리대상물, 1급 소방안전관리대상물 또는 2급 소방안전관리대상물의 소방안전관리자 자격증을 발급받은 사람

1) 소방공무원으로 ❼   년 이상 근무한 경력이 있는 사람
2) 소방청장이 실시하는 3급 소방안전관리대상물의 소방안전관리에 관한 시험에 합격한 사람
3) 「기업활동 규제완화에 관한 특별조치법」 제29조, 제30조 및 제32조에 따라 소방안전관리자로 선임된 사람(소방안전관리자로 선임된 기간으로 한정한다)

다. 선임인원: ❽   명 이상

비고

1. 동·식물원, 철강 등 불연성 물품을 저장·취급하는 창고, 위험물 저장 및 처리 시설 중 제조소등과 지하구는 ❾ 　　　 소방안전관리대상물 및 ❿ 　　　 소방안전관리대상물에서 제외한다.
2. 이 표 제1호에 따른 특급 소방안전관리대상물에 선임해야 하는 소방안전관리자의 자격을 산정할 때에는 동일한 기간에 수행한 경력이 두 가지 이상의 자격기준에 해당하는 경우 하나의 자격기준에 대해서만 그 기간을 인정하고 기간이 중복되지 않는 소방안전관리자 실무경력의 경우에는 각각의 기간을 실무경력으로 인정한다. 이 경우 자격기준별 실무경력 기간을 해당 실무경력 기준기간으로 나누어 합한 값이 1 이상이면 선임자격을 갖춘 것으로 본다.

시행령

❶ 위험물기능장
❷ 위험물기능사
❸ 3
❹ 1
❺ 간이스프링클러설비
❻ 자동화재탐지설비
❼ 1
❽ 1
❾ 특급
❿ 1급

■ 화재의 예방 및 안전관리에 관한 법률 시행령 [별표 5]

소방안전관리보조자를 선임해야 하는 소방안전관리대상물의 범위와
선임 대상별 자격 및 인원기준 (제25조제2항 관련)

1. 소방안전관리보조자를 선임해야 하는 소방안전관리대상물의 범위

    별표 4에 따라 소방안전관리자를 선임해야 하는 소방안전관리대상물 중 다음 각 목의 어느 하나에 해당하는 소방안전관리대상물

    가. 「건축법 시행령」 별표 1 제2호가목에 따른 아파트 중 ❶   세대 이상인 아파트
    나. 연면적이 ❷   제곱미터 이상인 특정소방대상물(아파트 및 ❸   은 제외한다)
    다. 가목 및 나목에 따른 특정소방대상물을 제외한 특정소방대상물 중 다음의 어느 하나에 해당하는 특정소방대상물
      1) 공동주택 중 ❹
      2) 의료시설
      3) ❺
      4) 수련시설
      5) 숙박시설(숙박시설로 사용되는 바닥면적의 합계가 ❻   제곱미터 미만이고 관계인이 24시간 상시 근무하고 있는 숙박시설은 제외한다)

2. 소방안전관리보조자의 자격

    가. 별표 4에 따른 특급 소방안전관리대상물, 1급 소방안전관리대상물, 2급 소방안전관리대상물 또는 3급 소방안전관리대상물의 소방안전관리자 자격이 있는 사람
    나. 「국가기술자격법」 제2조제3호에 따른 국가기술자격의 직무분야 중 건축, 기계제작, 기계장비설비·설치, 화공, 위험물, 전기, 전자 및 안전관리에 해당하는 국가기술자격이 있는 사람
    다. 「공공기관의 소방안전관리에 관한 규정」 제5조제1항제2호나목에 따른 강습교육을 수료한 사람
    라. 법 제34조제1항제1호에 따른 강습교육 중 이 영 제33조제1호부터 제4호까지에 해당하는 사람을 대상으로 하는 강습교육을 수료한 사람
    마. 소방안전관리대상물에서 소방안전 관련 업무에 ❼   년 이상 근무한 경력이 있는 사람

3. 선임인원

가. 제1호가목에 따른 소방안전관리대상물의 경우에는 1명. 다만, 초과되는 ❽ 　　　 세대마다 1명 이상을 추가로 선임해야 한다.

나. 제1호나목에 따른 소방안전관리대상물의 경우에는 1명. 다만, 초과되는 연면적 ❾ 　　　 제곱미터(특정소방대상물의 방재실에 자위소방대가 24시간 상시 근무하고 「소방장비관리법 시행령」 별표 1 제1호가목에 따른 소방자동차 중 소방펌프차, 소방물탱크차, 소방화학차 또는 무인방수차를 운용하는 경우에는 ❿ 　　　 제곱미터로 한다)마다 1명 이상을 추가로 선임해야 한다.

다. 제1호다목에 따른 소방안전관리대상물의 경우에는 1명. 다만, 해당 특정소방대상물이 소재하는 지역을 관할하는 소방서장이 야간이나 휴일에 해당 특정소방대상물이 이용되지 않는다는 것을 확인한 경우에는 소방안전관리보조자를 선임하지 않을 수 있다.

시행령
❶ 300
❷ 1만5천
❸ 연립주택
❹ 기숙사
❺ 노유자 시설
❻ 1천500
❼ 2
❽ 300
❾ 1만5천
❿ 3만

■ 화재의 예방 및 안전관리에 관한 법률 시행령 [별표 6]

소방안전관리자 자격시험에 응시할 수 있는 사람의 자격 (제31조 관련)

1. 특급 소방안전관리자
    가. 1급 소방안전관리대상물의 소방안전관리자로 ❶ 년(소방설비기사의 경우에는 자격 취득 후 ❷ 년, 소방설비산업기사의 경우에는 자격 취득 후 ❸ 년) 이상 근무한 실무경력(법 제24조제3항에 따라 소방안전관리자로 선임되어 근무한 경력은 제외한다. 이하 이 표에서 같다)이 있는 사람
    나. 1급 소방안전관리대상물의 소방안전관리자로 선임될 수 있는 자격을 갖춘 후 특급 또는 1급 소방안전관리대상물의 소방안전관리보조자로 ❹ 년 이상 근무한 실무경력이 있는 사람
    다. 소방공무원으로 ❺ 년 이상 근무한 경력이 있는 사람
    라. 「고등교육법」 제2조제1호부터 제6호까지 규정 중 어느 하나에 해당하는 학교(이하 "대학"이라 한다) 또는 「초·중등교육법 시행령」 제90조제1항제10호 및 제91조에 따른 고등학교(이하 "고등학교"라 한다)에서 소방안전관리학과(소방청장이 정하여 고시하는 학과를 말한다. 이하 이 표에서 같다)를 전공하고 졸업한 사람(법령에 따라 이와 같은 수준의 학력이 있다고 인정되는 사람을 포함한다)으로서 해당 학과를 졸업한 후 ❻ 년 이상 1급 소방안전관리대상물의 소방안전관리자로 근무한 실무경력이 있는 사람
    마. 다음의 어느 하나에 해당하는 요건을 갖춘 후 ❼ 년 이상 1급 소방안전관리대상물의 소방안전관리자로 근무한 실무경력이 있는 사람
        1) 대학 또는 고등학교에서 소방안전 관련 교과목(소방청장이 정하여 고시하는 교과목을 말한다. 이하 이 표에서 같다)을 ❽ 학점 이상 이수하고 졸업한 사람
        2) 법령에 따라 1)에 해당하는 사람과 같은 수준의 학력이 있다고 인정되는 사람으로서 해당 학력 취득 과정에서 소방안전 관련 교과목을 ❾ 학점 이상 이수한 사람
        3) 대학 또는 고등학교에서 소방안전 관련 학과(소방청장이 정하여 고시하는 학과를 말한다. 이하 이 표에서 같다)를 전공하고 졸업한 사람(법령에 따라 이와 같은 수준의 학력이 있다고 인정되는 사람을 포함한다)
    바. 소방행정학(소방학 및 소방방재학을 포함한다) 또는 소방안전공학(소방방재공학 및 안전공학을 포함한다) 분야에서 석사 이상 학위를 취득한 후 ❿ 년 이상 1급 소방안전관리대상물의 소방안전관리자로 근무한 실무경력이 있는 사람
    사. 특급 소방안전관리대상물의 소방안전관리보조자로 ⓫ 년 이상 근무한 실무경력이 있는 사람
    아. 법 제34조제1항제1호에 따른 강습교육 중 이 영 제33조제1호에 해당하는 사람을 대상으로 하는 강습교육을 수료한 사람
    자. 「초고층 및 지하연계 복합건축물 재난관리에 관한 특별법」 제12조제1항 각 호 외의 부분 본문에 따라 총괄재난관리자로 지정되어 ⓬ 년 이상 근무한 경력이 있는 사람

2. 1급 소방안전관리자

　가. 대학 또는 고등학교에서 소방안전관리학과를 전공하고 졸업한 사람(법령에 따라 이와 같은 수준의 학력이 있다고 인정되는 사람을 포함한다)으로서 해당 학과를 졸업한 후 ❸ 년 이상 2급 소방안전관리대상물 또는 3급 소방안전관리대상물의 소방안전관리자로 근무한 실무경력이 있는 사람

　나. 다음의 어느 하나에 해당하는 요건을 갖춘 후 ❹ 년 이상 2급 소방안전관리대상물 또는 3급 소방안전관리대상물의 소방안전관리자로 근무한 실무경력이 있는 사람

　　1) 대학 또는 고등학교에서 소방안전 관련 교과목을 ❺ 학점 이상 이수하고 졸업한 사람

　　2) 법령에 따라 1)에 해당하는 사람과 같은 수준의 학력이 있다고 인정되는 사람으로서 해당 학력 취득 과정에서 소방안전 관련 교과목을 ❻ 학점 이상 이수한 사람

　　3) 대학 또는 고등학교에서 소방안전 관련 학과를 전공하고 졸업한 사람(법령에 따라 이와 같은 수준의 학력이 있다고 인정되는 사람을 포함한다)

　다. 소방행정학(소방학 및 소방방재학을 포함한다) 또는 소방안전공학(소방방재공학 및 안전공학을 포함한다) 분야에서 ❼ 이상 학위를 취득한 사람

　라. 5년 이상 2급 소방안전관리대상물의 소방안전관리자로 근무한 실무경력이 있는 사람

　마. 법 제34조제1항제1호에 따른 강습교육 중 이 영 제33조제1호 및 제2호에 해당하는 사람을 대상으로 하는 강습교육을 수료한 사람

　바. 2급 소방안전관리대상물의 소방안전관리자로 선임될 수 있는 자격을 갖춘 후 특급 또는 1급 소방안전관리대상물의 소방안전관리보조자로 ❽ 년 이상 근무한 실무경력이 있는 사람

　사. 2급 소방안전관리대상물의 소방안전관리자로 선임될 수 있는 자격을 갖춘 후 2급 소방안전관리대상물의 소방안전관리보조자로 ❾ 년 이상 근무한 실무경력(특급 또는 1급 소방안전관리대상물의 소방안전관리보조자로 근무한 실무경력이 있는 경우에는 이를 포함하여 합산한다)이 있는 사람

　아. 산업안전기사 또는 산업안전산업기사의 자격을 취득한 후 ❿ 년 이상 2급 소방안전관리대상물 또는 3급 소방안전관리대상물의 소방안전관리자로 근무한 실무경력이 있는 사람

　자. 제1호에 따라 특급 소방안전관리대상물의 소방안전관리자 시험응시 자격이 인정되는 사람

시행령 ✓

❶ 5	❻ 2	⓫ 10	⓰ 12
❷ 2	❼ 3	⓬ 1	⓱ 석사
❸ 3	❽ 12	⓭ 2	⓲ 5
❹ 7	❾ 12	⓮ 3	⓳ 7
❺ 10	❿ 2	⓯ 12	⓴ 2

3. 2급 소방안전관리자

   가. 대학 또는 고등학교에서 소방안전관리학과를 전공하고 졸업한 사람(법령에 따라 이와 같은 수준의 학력이 있다고 인정되는 사람을 포함한다)

   나. 다음의 어느 하나에 해당하는 사람

   　1) 대학 또는 고등학교에서 소방안전 관련 교과목을 ❶ 학점 이상 이수하고 졸업한 사람

   　2) 법령에 따라 1)에 해당하는 사람과 같은 수준의 학력이 있다고 인정되는 사람으로서 해당 학력 취득 과정에서 소방안전 관련 교과목을 ❷ 학점 이상 이수한 사람

   　3) 대학 또는 고등학교에서 소방안전 관련 학과를 전공하고 졸업한 사람(법령에 따라 이와 같은 수준의 학력이 있다고 인정되는 사람을 포함한다)

   다. 소방본부 또는 소방서에서 ❸ 년 이상 화재진압 또는 그 보조 업무에 종사한 경력이 있는 사람

   라. 「의용소방대 설치 및 운영에 관한 법률」 제3조에 따라 의용소방대원으로 임명되어 ❹ 년 이상 근무한 경력이 있는 사람

   마. 군부대(주한 외국군부대를 포함한다) 및 의무소방대의 소방대원으로 ❺ 년 이상 근무한 경력이 있는 사람

   바. 「위험물안전관리법」 제19조에 따른 자체소방대의 소방대원으로 ❻ 년 이상 근무한 경력이 있는 사람

   사. 「대통령 등의 경호에 관한 법률」에 따른 경호공무원 또는 별정직공무원으로서 ❼ 년 이상 안전검측 업무에 종사한 경력이 있는 사람

   아. 경찰공무원으로 3년 이상 근무한 경력이 있는 사람

   자. 법 제34조제1항제1호에 따른 강습교육 중 이 영 제33조제1호부터 제3호까지에 해당하는 사람을 대상으로 하는 강습교육을 수료한 사람

   차. 「공공기관의 소방안전관리에 관한 규정」 제5조제1항제2호나목에 따른 강습교육을 수료한 사람

   카. 특급 소방안전관리대상물, 1급 소방안전관리대상물, 2급 소방안전관리대상물 또는 3급 소방안전관리대상물의 소방안전관리보조자로 ❽ 년 이상 근무한 실무경력이 있는 사람

   타. 3급 소방안전관리대상물의 소방안전관리자로 ❾ 년 이상 근무한 실무경력이 있는 사람

   파. 건축사・산업안전기사・산업안전산업기사・건축기사・건축산업기사・일반기계기사・전기기능장・전기기사・전기산업기사・전기공사기사・전기공사산업기사・건설안전기사 또는 건설안전산업기사 자격을 가진 사람

   하. 제1호 및 제2호에 따라 특급 또는 1급 소방안전관리대상물의 소방안전관리자 시험응시 자격이 인정되는 사람

4. 3급 소방안전관리자

　가. 「의용소방대 설치 및 운영에 관한 법률」 제3조에 따라 의용소방대원으로 임명되어 의용소방대원으로 ❿ 년 이상 근무한 경력이 있는 사람

　나. 「위험물안전관리법」 제19조에 따른 자체소방대의 소방대원으로⓫ 년 이상 근무한 경력이 있는 사람

　다. 「대통령 등의 경호에 관한 법률」에 따른 경호공무원 또는 별정직공무원으로 ⓬ 년 이상 안전검측 업무에 종사한 경력이 있는 사람

　라. 경찰공무원으로 ⓭ 년 이상 근무한 경력이 있는 사람

　마. 법 제34조제1항제1호에 따른 강습교육 중 이 영 제33조제1호부터 제4호까지에 해당하는 사람을 대상으로 하는 강습교육을 수료한 사람

　바. 「공공기관의 소방안전관리에 관한 규정」 제5조제1항제2호나목에 따른 강습교육을 수료한 사람

　사. 특급 소방안전관리대상물, 1급 소방안전관리대상물, 2급 소방안전관리대상물 또는 3급 소방안전관리대상물의 소방안전관리보조자로 ⓮ 년 이상 근무한 실무경력이 있는 사람

　아. 제1호부터 제3호까지의 규정에 따라 특급 소방안전관리대상물, 1급 소방안전관리대상물 또는 2급 소방안전관리대상물의 소방안전관리자 시험응시 자격이 인정되는 사람

시행령

❶ 6　　❻ 3　　⓫ 1
❷ 6　　❼ 2　　⓬ 1
❸ 1　　❽ 3　　⓭ 2
❹ 3　　❾ 2　　⓮ 2
❺ 1　　❿ 2

■ 화재의 예방 및 안전관리에 관한 법률 시행령 [별표 7]

화재예방안전진단 결과에 따른 안전등급 기준 (제44조제3항 관련)

안전등급	화재예방안전진단 대상물의 상태
우수(A)	화재예방안전진단 실시 결과 문제점이 발견되지 않은 상태
양호(B)	화재예방안전진단 실시 결과 문제점이 일부 발견되었으나 대상물의 화재안전에는 이상이 없으며 대상물 ❶ 에 대해 법 제41조제5항에 따른 보수·보강 등의 조치명령(이하 이 표에서 "조치명령"이라 한다)이 필요한 상태
❷ (C)	화재예방안전진단 실시 결과 문제점이 다수 발견되었으나 대상물의 전반적인 화재안전에는 이상이 없으며 대상물에 대한 ❸ 의 조치명령이 필요한 상태
❹ (D)	화재예방안전진단 실시 결과 광범위한 문제점이 발견되어 대상물의 화재안전을 위해 조치명령의 즉각적인 이행이 필요하고 대상물의 ❺ 을 권고할 필요가 있는 상태
불량(E)	화재예방안전진단 실시 결과 중대한 문제점이 발견되어 대상물의 화재안전을 위해 조치명령의 즉각적인 이행이 필요하고 대상물의 ❻ 을 권고할 필요가 있는 상태

비고

안전등급의 세부적인 기준은 ❼ 이 정하여 고시한다.

■ 화재의 예방 및 안전관리에 관한 법률 시행령 [별표 8]

화재예방안전진단기관의 시설, 전문인력 등 지정기준 (제46조 관련)

1. 시설

    화재예방안전진단을 목적으로 설립된 비영리법인·단체로서 제2호에 따른 전문인력이 근무할 수 있는 사무실과 제3호에 따른 장비를 보관할 수 있는 창고를 갖출 것. 이 경우 사무실과 창고를 임차하여 사용하는 경우도 사무실과 창고를 갖춘 것으로 본다.

2. 전문인력

    다음 각 목의 전문인력을 모두 갖출 것. 이 경우 전문인력은 해당 화재예방안전진단기관의 상근 직원이어야 하며, 한 사람이 다음 각 목의 자격 요건 중 둘 이상을 충족하는 경우에도 한 명의 전문인력으로 본다.

    가. 다음에 해당하는 사람

    1) 소방기술사: ❽ 명 이상
    2) 소방시설관리사: ❾ 명 이상
    3) 전기안전기술사·화공안전기술사·가스기술사·위험물기능장 또는 건축사: ❿ 명 이상

시행령 ✓

❶ 일부
❷ 보통
❸ 다수
❹ 미흡
❺ 사용 제한
❻ 사용 중단
❼ 소방청장
❽ 1
❾ 1
❿ 1

나. 다음의 분야별로 각 1명 이상

분야	자격 요건
소방	1) 소방기술사 2) 소방시설관리사 3) ❶　　　　　(❷　　　를 포함한다) 자격 취득 후 소방 관련 업무경력이 ❸　년(소방설비산업기사의 경우 ❹　년) 이상인 사람
전기	1) 전기안전기술사 2) 전기기사(산업기사를 포함한다) 자격 취득 후 소방 관련 업무 경력이 ❺　년(전기산업기사의 경우 ❻　년) 이상인 사람
화공	1) 화공안전기술사 2) 화공기사(산업기사를 포함한다) 자격 취득 후 소방 관련 업무 경력이 ❼　년(화공산업기사의 경우 ❽　년) 이상인 사람
가스	1) 가스기술사 2) 가스기사(산업기사를 포함한다) 자격 취득 후 소방 관련 업무 경력이 ❾　년(가스산업기사의 경우 ❿　년) 이상인 사람
위험물	1) ⓫ 2) 위험물산업기사 자격 취득 후 소방 관련 업무 경력이 ⓬　년 이상인 사람
건축	1) 건축사 2) 건축기사(산업기사를 포함한다) 자격 취득 후 소방 관련 업무 경력이 ⓭　년(건축산업기사의 경우 ⓮　년) 이상인 사람
교육훈련	⓯

비고 소방 관련 업무 경력은 소방청장이 정하여 고시하는 기준에 따른다.

3. 장비

　소방, 전기, 가스, 위험물, 건축 분야별로 행정안전부령으로 정하는 장비를 갖출 것

■ 화재의 예방 및 안전관리에 관한 법률 시행령 [별표 9]

과태료의 부과기준 (제51조 관련)

1. 일반기준

    가. 위반행위의 횟수에 따른 과태료의 가중된 부과기준은 최근 ⓰ 년간 같은 위반행위로 과태료 부과처분을 받은 경우에 적용한다. 이 경우 기간의 계산은 위반행위에 대하여 과태료 부과처분을 받은 날과 그 처분 후 다시 같은 위반행위를 하여 적발된 날을 기준으로 한다.

    나. 가목에 따라 가중된 부과처분을 하는 경우 가중처분의 적용 차수는 그 위반행위 전 부과처분 차수(가목에 따른 기간 내에 과태료 부과처분이 둘 이상 있었던 경우에는 높은 차수를 말한다)의 다음 차수로 한다.

    다. 부과권자는 다음의 어느 하나에 해당하는 경우에는 제2호의 개별기준에 따른 과태료의 ⓱ 범위에서 그 금액을 줄여 부과할 수 있다. 다만, 과태료를 체납하고 있는 위반행위자에 대해서는 그렇지 않다.

    1) 위반행위가 사소한 부주의나 오류로 인한 것으로 인정되는 경우
    2) 위반행위자가 법 위반상태를 시정하거나 해소하기 위하여 노력한 사실이 인정되는 경우
    3) 위반행위자가 처음 위반행위를 한 경우로서 ⓲ 년 이상 해당 업종을 모범적으로 영위한 사실이 인정되는 경우
    4) 위반행위자가 화재 등 재난으로 재산에 현저한 손실을 입거나 사업 여건의 악화로 그 사업이 중대한 위기에 처하는 등 사정이 있는 경우
    5) 위반행위자가 같은 위반행위로 다른 법률에 따라 과태료·벌금·영업정지 등의 처분을 받은 경우
    6) 그 밖에 위반행위의 정도, 위반행위의 동기와 그 결과 등을 고려하여 과태료 금액을 줄일 필요가 있다고 인정되는 경우

시행령

❶ 소방설비기사
❷ 산업기사
❸ 3
❹ 5
❺ 3
❻ 5
❼ 3
❽ 5
❾ 3
❿ 5
⓫ 위험물기능장
⓬ 5
⓭ 3
⓮ 5
⓯ 소방안전교육사
⓰ 1
⓱ 2분의 1
⓲ 3

2. 개별기준

위반행위	근거 법조문	과태료 금액 (단위: 만 원)		
		1차 위반	2차 위반	3차 이상 위반
가. 정당한 사유 없이 법 제17조제1항 각 호의 어느 하나에 해당하는 행위를 한 경우	법 제52조 제1항제1호	300		
나. 법 제17조제4항에 따른 불을 사용할 때 지켜야 하는 사항 및 같은 조 제5항에 따른 특수가연물의 저장 및 취급 기준을 위반한 경우	법 제52조 제2항제1호	❶		
다. 법 제18조제4항에 따른 소방설비등의 설치 명령을 정당한 사유 없이 따르지 않은 경우	법 제52조 제2항제2호	200		
라. 법 제24조제2항을 위반하여 소방안전관리자를 겸한 경우	법 제52조 제1항제2호	300		
마. 법 제24조제5항에 따른 소방안전관리업무를 하지 않은 경우	법 제52조 제1항제3호	❷	❸	❹
바. 법 제26조제1항을 위반하여 기간 내에 선임신고를 하지 않거나 소방안전관리자의 성명 등을 게시하지 않은 경우 　1) 지연 신고기간이 1개월 미만인 경우 　2) 지연 신고기간이 1개월 이상 3개월 미만인 경우 　3) 지연 신고기간이 3개월 이상이거나 신고하지 않은 경우 　4) 소방안전관리자의 성명 등을 게시하지 않은 경우	법 제52조 제2항제3호	 50 100 200 ❺	 ❻	 ❼
사. 법 제27조제2항을 위반하여 소방안전관리업무의 지도·감독을 하지 않은 경우	법 제52조 제1항제4호	300		
아. 법 제29조제1항을 위반하여 기간 내에 선임신고를 하지 않은 경우 　1) 지연 신고기간이 1개월 미만인 경우 　2) 지연 신고기간이 1개월 이상 3개월 미만인 경우 　3) 지연 신고기간이 3개월 이상이거나 신고하지 않은 경우	법 제52조 제2항제4호	 50 100 ❽		

위반행위	근거 법조문	과태료(만원)		
자. 법 제29조제2항에 따른 건설현장 소방안전관리대상물의 소방안전관리자의 업무를 하지 않은 경우	법 제52조 제1항제5호	❾	❿	⓫
차. 법 제34조제1항제2호를 위반하여 실무교육을 받지 않은 경우	법 제52조 제3항	⓬		
카. 법 제36조제3항을 위반하여 피난유도 안내정보를 제공하지 않은 경우	법 제52조 제1항제6호	⓭	⓮	⓯
타. 법 제37조제1항을 위반하여 소방훈련 및 교육을 하지 않은 경우	법 제52조 제1항제7호	⓰	⓱	⓲
파. 법 제37조제2항을 위반하여 기간 내에 소방훈련 및 교육 결과를 제출하지 않은 경우 　1) 지연제출기간이 1개월 미만인 경우 　2) 지연제출기간이 1개월 이상 3개월 미만인 경우 　3) 지연제출기간이 3개월 이상이거나 제출을 하지 않은 경우	법 제52조 제2항제5호	50 100 200		
하. 법 제41조제4항을 위반하여 화재예방안전진단 결과를 제출하지 않은 경우 　1) 지연제출기간이 1개월 미만인 경우 　2) 지연제출기간이 1개월 이상 3개월 미만인 경우 　3) 지연제출기간이 3개월 이상이거나 제출을 하지 않은 경우	법 제52조 제1항제8호	100 200 ⓳		

시행령 ✅

❶ 200
❷ 100
❸ 200
❹ 300
❺ 50
❻ 100
❼ 200
❽ 200
❾ 100
❿ 200
⓫ 300
⓬ 50
⓭ 100
⓮ 200
⓯ 300
⓰ 100
⓱ 200
⓲ 300
⓳ 300

화재예방법 · 시행규칙

■ 화재의 예방 및 안전관리에 관한 법률 시행규칙 [별표 1]

소방안전관리업무 대행인력의 배치기준 · 자격 및 방법 등 준수사항 (제12조 관련)

1. 업무대행 인력의 배치기준

「소방시설 설치 및 관리에 관한 법률」 제29조에 따라 소방시설관리업을 등록한 소방시설관리업자가 법 제25조제1항에 따라 영 제28조제2항 각 호의 소방안전관리업무를 대행하는 경우에는 다음 각 목에 따른 소방안전관리업무 대행인력(이하 "대행인력"이라 한다)을 배치해야 한다.

가. 소방안전관리대상물의 등급 및 소방시설의 종류에 따른 대행인력의 배치기준

[표 1] 소방안전관리등급 및 설치된 소방시설에 따른 대행인력의 배치 등급

소방안전관리대상물의 등급	설치된 소방시설의 종류	대행인력의 기술등급
1급 또는 2급	스프링클러설비, ❶ 또는 ❷	❸ 점검자 이상 1명 이상
	옥내소화전설비 또는 ❹	❺ 점검자 이상 1명 이상
3급	❻ 또는 간이스프링클러설비	❼ 점검자 이상 1명 이상

비고

1. 소방안전관리대상물의 등급은 영 별표 4에 따른 소방안전관리대상물의 등급을 말한다.
2. 대행인력의 기술등급은 「소방시설공사업법 시행규칙」 별표 4의2에 따른 소방기술자의 자격 등급에 따른다.
3. 연면적 ❽   제곱미터 미만으로서 스프링클러설비가 설치된 1급 또는 2급 소방안전관리대상물의 경우에는 ❾   점검자를 배치할 수 있다. 다만, 스프링클러설비 외에 제연설비 또는 물분무등소화설비가 설치된 경우에는 그렇지 않다
4. 스프링클러설비에는 화재조기진압용 스프링클러설비를 포함하고, 물분무등소화설비에는 ❿   은 제외한다.

나. 대행인력 1명의 1일 소방안전관리업무 대행 업무량은 [표 2] 및 [표 3]에 따라 산정한 배점을 합산하여 산정하며, 이 합산점수는 8점(이하 "1일 한도점수"라 한다)을 초과할 수 없다.

[표 2] 하나의 소방안전관리대상물의 면적별 배점기준표(아파트는 제외한다)

소방안전관리 대상물의 등급	연면적	대행인력 등급별 배점		
		초급점검자	중급점검자	고급점검자 이상
3급	전체		0.7	
1급 또는 2급	1,500㎡ 미만	0.8	0.7	0.6
	1,500㎡ 이상 3,000㎡ 미만	1.0	0.8	0.7
	3,000㎡ 이상 5,000㎡ 미만	1.2	1.0	0.8
	5,000㎡ 이상 10,000㎡ 이하	1.9	1.3	1.1
	10,000㎡ 초과 15,000㎡ 이하	–	1.6	1.4

비고

주상복합아파트의 경우 세대부를 제외한 연면적과 세대수에 「소방시설 설치 및 관리에 관한 법률 시행규칙」 별표 3의 종합점검 대상의 경우 32, 작동점검 대상의 경우 40을 곱하여 계산된 값을 더하여 연면적을 산정한다. 다만, 환산한 연면적이 1만5천제곱미터를 초과한 경우에는 1만5천제곱미터로 본다.

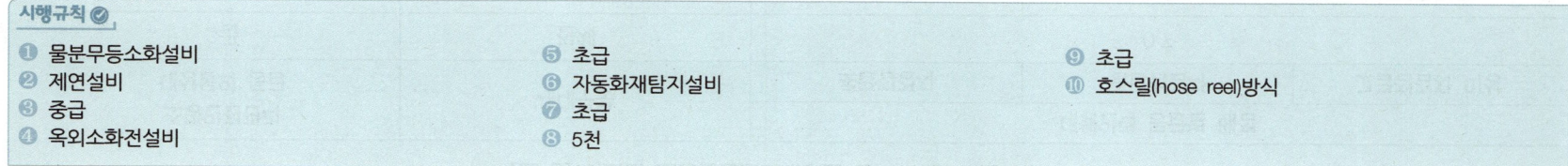

시행규칙

① 물분무등소화설비
② 제연설비
③ 중급
④ 옥외소화전설비
⑤ 초급
⑥ 자동화재탐지설비
⑦ 초급
⑧ 5천
⑨ 초급
⑩ 호스릴(hose reel)방식

[표 3] 하나의 소방안전관리대상물 중 아파트 배점기준표

소방안전관리 대상물의 등급	세대구분	대행인력 등급별 배점		
		초급점검자	중급점검자	고급점검자 이상
3급	전체		0.7	
1급 또는 2급	30세대 미만	0.8	0.7	0.6
	30세대 이상 50세대 미만	1.0	0.8	0.7
	50세대 이상 150세대 미만	1.2	1.0	0.8
	150세대 이상 300세대 미만	1.9	1.3	1.1
	300세대 이상 500세대 미만	-	1.6	1.4
	500세대 이상 1,000세대 미만	-	2.0	1.8
	1,000세대 초과	-	2.3	2.1

다. 하루에 2개 이상의 대행 업무를 수행하는 경우에는 소방안전관리대상물 간의 이동거리(좌표거리를 말한다) 5킬로미터 마다 1일 한도점수에 0.01를 곱하여 계산된 값을 1일 한도점수에서 뺀다. 다만, 육지와 도서지역 간에 차량 출입이 가능한 교량으로 연결되지 않은 지역 또는 소방시설관리업자가 없는 시·군 지역은 제외한다.

라. 2명 이상의 대행인력이 함께 대행업무를 수행하는 경우 [표 2] 및 [표 3]의 배점을 인원수로 나누어 적용하되, 소수점 둘째자리에서 절사한다.

마. 영 별표 4 제2호가목3)에 해당하는 1급 소방안전관리대상물은 [표 2]의 배점에 10%를 할증하여 적용한다.

2. 대행인력의 자격기준 및 점검표

　가. 대행인력은 「소방시설 설치 및 관리에 관한 법률」 제29조에 따라 소방시설관리업에 등록된 기술인력을 말한다.

　나. 대행인력의 기술등급은 「소방시설공사업법 시행규칙」 별표 4의2 제3호다목의 소방시설 자체점검 점검자의 기술등급 자격에 따른다.

　다. 대행인력은 소방안전관리업무 대행 시 [표 4]에 따른 소방안전관리업무 대행 점검표를 작성하고 관계인에게 제출해야 한다.

[표 4] 소방안전관리업무 대행 점검표

건물명			점검일	년 월 일(요일)
주 소				
점검업체명			건물등급	급
설비명	점검결과 세부 내용			
소방시설				
피난시설				
방화시설				
방화구획				
기타				

확인자	관계인 (서명)
기술인력	대행인력의 기술등급: 대행인력: (서명)

비고

1. 소방시설 점검 시 공용부 점검을 원칙으로 한다. 다만, 단독경보형 감지기 등이 동작(오동작)한 경우에는 단독경보형 감지기 등이 동작한 장소도 점검을 실시한다.
2. 방문 시 리모델링 또는 내부 구획변경 등이 있는 경우에는 해당 부분을 점검하여 점검표에 그 결과를 기재한다.
3. 계단, 통로 등 피난통로 상에 피난에 장애가 되는 물건 등이 쌓여 있는 경우에는 즉시 이동조치 하도록 관계인에게 설명한다.
4. 방화문은 항시 닫힘 상태를 유지하거나 정상 작동될 수 있도록 관계인에게 설명한다.
5. 점검 완료 시 해당 소방안전관리자(또는 관계인)에게 점검결과를 설명하고 점검표에 기재한다.

■ 화재의 예방 및 안전관리에 관한 법률 시행규칙 [별표 2]

소방안전관리자 현황표 (제15조제2항 관련)

소방안전관리자 현황표(대상명:)

이 건축물의 소방안전관리자는 다음과 같습니다.

☐ 소방안전관리자: (선임일자: 년   월   일)

☐ 소방안전관리대상물 등급: 급

☐ 소방안전관리자 근무 위치(화재 수신기 위치):

「화재의 예방 및 안전관리에 관한 법률」 제26조제1항에 따라 이 표지를 붙입니다.

소방안전관리자 연락처:

> **비고**

이 현황표의 규격은 다음과 같이 한다. 다만, 소방안전관리대상물의 특성을 고려하여 크기, 재질, 글씨체를 정할 수 있다.

1. 크기: A3 용지(가로 ❶ 420 밀리미터 × 세로 ❷ 297 밀리미터)
2. 재질: 아트지(스티커) 또는 종이
3. 글씨체
   가. 소방안전관리자 현황표: 나눔고딕Extra Bold 46포인트(흰색)
   나. 대상명: 나눔고딕Extra Bold 35포인트(흰색)
   다. 본문 제목 및 내용: 나눔바른고딕 30포인트(검정색)
   라. 하단내용: 나눔바른고딕 24포인트(검정색)
   마. 연락처: 나눔고딕Extra Bold 30포인트(흰색)
4. 바탕색: 남색(RGB: 28,61,98), 회색(RGB: 242,242,242)

> **시행규칙** ✓
>
> ❶ 420   ❷ 297

■ 화재의 예방 및 안전관리에 관한 법률 시행규칙 [별표 3]

소방안전관리자 자격의 정지 및 취소 기준 (제19조 관련)

1. 일반기준

 가. 위반행위가 둘 이상인 경우로서 그에 해당하는 각각의 처분기준이 다른 경우에는 그 중 무거운 처분기준에 따른다.

 나. 위반행위의 횟수에 따른 행정처분 기준은 최근 3년간 같은 위반행위로 행정처분을 받은 경우에 적용한다. 이 경우 기준 적용일은 위반행위에 대한 행정처분일과 그 처분 후에 한 위반행위가 다시 적발된 날을 기준으로 한다.

 다. 나목에 따라 가중된 부과처분을 하는 경우 가중처분의 적용 차수는 그 위반행위 전 부과처분 차수(나목에 따른 기간 내에 처분이 둘 이상 있었던 경우에는 높은 차수를 말한다)의 다음 차수로 한다.

 라. 처분권자는 위반행위의 동기·내용·횟수 및 위반 정도 등 다음의 감경 사유에 해당하는 경우 그 처분기준의 ❶   의 범위에서 감경할 수 있다.

 1) 위반행위가 사소한 부주의나 오류 등으로 인한 것으로 인정되는 경우

 2) 위반행위를 바로 정정하거나 시정하여 해소한 경우

 3) 그 밖에 위반행위의 정도, 위반행위의 동기와 그 결과 등을 고려하여 처분을 줄일 필요가 있다고 인정되는 경우

2. 개별기준

위반사항	근거법령	행정처분기준		
		1차 위반	2차 위반	3차 이상 위반
가. 거짓이나 그 밖의 부정한 방법으로 소방안전관리자 자격증을 발급받은 경우	법 제31조 제1항제1호	자격취소		
나. 법 제24조제5항에 따른 소방안전관리업무를 게을리한 경우	법 제31조 제1항제2호	❷	❸	❹
다. 법 제30조제4항을 위반하여 소방안전관리자 자격증을 다른 사람에게 빌려준 경우	법 제31조 제1항제3호	자격취소		
라. 제34조에 따른 실무교육을 받지 않는 경우	법 제31조 제1항제4호	❺	❻	❼

시행규칙

❶ 2분의 1
❷ 경고 (시정명령)
❸ 자격정지 (3개월)
❹ 자격정지 (6개월)
❺ 경고 (시정명령)
❻ 자격정지 (3개월)
❼ 자격정지 (6개월)

■ 화재의 예방 및 안전관리에 관한 법률 시행규칙 [별표 4]

소방안전관리자 자격시험 과목 및 시험방법 (제23조제1항 관련)

1. 특급 소방안전관리자

구분	과목	시험 내용	문항수	시험 방법	시험 시간
제1차 시험	제1과목	소방안전관리자 제도 화재통계 및 피해분석 위험물안전관리 법령 및 안전관리 직업윤리 및 리더십 소방 관계 법령 건축·전기·가스 관계 법령 및 안전관리 재난관리 일반 및 관련 법령 초고층재난관리 법령 화재예방 사례 및 홍보	50문항	❶ 형	❷ 분
	제2과목	소방기초이론 연소·방화·방폭공학 고층건축물 소방시설 적용기준 공사장 안전관리 계획 및 감독 화기취급감독 및 화재위험작업 허가·관리 종합방재실 운용 고층건축물 화재 등 재난사례 및 대응방법 화재원인 조사실무 소방시설의 종류 및 기준 피난안전구역 운영 위험성 평가기법 및 성능위주 설계 화재피해 복구	50문항		

제2차 시험	제1과목	소방시설(소화·경보·피난구조·소화용수·소화활동설비)의 구조 점검·실습·평가	10문항	❸ _____ 형 (단답형, 기입형 또는 계산형 문제를 포함할 수 있다)	❹ 분
	제2과목	피난시설, 방화구획 및 방화시설의 관리	10문항		
		통합안전점검 실시(가스, 전기, 승강기 등)			
		소방계획 수립 이론·실습·평가(피난약자의 피난계획 등 포함)			
		방재계획 수립 이론·실습·평가			
		자체점검서식의 작성 실습·평가			
		구조 및 응급처치 이론·실습·평가			
		소방안전 교육 및 훈련 이론·실습·평가			
		화재 시 초기대응 및 피난 실습·평가			
		재난예방 및 피해경감계획 수립 이론·실습·평가			
		자위소방대 및 초기대응체계 구성 등 이론·실습·평가			
		업무 수행기록의 작성·유지 및 실습·평가			

시행규칙 ✓
❶ 선택
❷ 120
❸ 주관식서술
❹ 90

2. 1급 소방안전관리자

구분	시험 내용	문항수	시험 방법	시험 시간
제1과목	소방안전관리자 제도	25문항	❶____형 (❷____형을 포함할 수 있다)	❸____분
	소방 관계 법령			
	건축 관계 법령			
	소방학개론			
	화기취급감독 및 화재위험작업 허가·관리			
	공사장 안전관리 계획 및 감독			
	위험물·전기·가스 안전관리			
	종합방재실 운영			
	피난시설, 방화구획 및 방화시설의 관리			
	소방시설의 종류 및 기준			
	소방시설(소화·경보·피난구조·소화용수·소화활동설비)의 구조			
제2과목	소방시설(소화·경보·피난구조·소화용수·소화활동설비)의 점검·실습·평가	25문항		
	소방계획 수립 이론·실습·평가(피난약자의 피난계획 등 포함)			
	자위소방대 및 초기대응체계 구성 등 이론·실습·평가			
	작동기능점검표 작성 실습·평가			
	업무 수행기록의 작성·유지 및 실습·평가			
	구조 및 응급처치 이론·실습·평가			
	소방안전 교육 및 훈련 이론·실습·평가			
	화재 시 초기대응 및 피난 실습·평가			

3. 2급 소방안전관리자

구분	시험 내용	문항수	시험 방법	시험시간
제1과목	소방안전관리자 제도	25문항	선택형 (기입형을 포함할 수 있다)	60분
	소방 관계 법령(건축 관계 법령 포함)			
	소방학개론			
	화기취급감독 및 화재위험작업 허가·관리			
	위험물·전기·가스 안전관리			
	피난시설, 방화구획 및 방화시설의 관리			
	소방시설의 종류 및 기준			
	소방시설(소화설비, 경보설비, 피난구조설비)의 구조			
제2과목	소방시설(소화설비, 경보설비, 피난구조설비)의 점검·실습·평가	25문항		
	소방계획 수립 이론·실습·평가(피난약자의 피난계획 등 포함)			
	자위소방대 및 초기대응체계 구성 등 이론·실습·평가			
	작동기능점검표 작성 실습·평가			
	응급처치 이론·실습·평가			
	소방안전 교육 및 훈련 이론·실습·평가			
	화재 시 초기대응 및 피난 실습·평가			
	업무 수행기록의 작성·유지 실습·평가			

시행규칙
❶ 선택　　❷ 기입　　❸ 60

4. 3급 소방안전관리자

구분	시험 내용	문항수	시험 방법	시험 시간
제1과목	소방 관계 법령	25문항	선택형 (기입형을 포함할 수 있다)	60분
	화재일반			
	화기취급감독 및 화재위험작업 허가·관리			
	위험물·전기·가스 안전관리			
	소방시설(소화설비, 경보설비, 피난구조설비)의 구조			
제2과목	소방시설(소화설비, 경보설비, 피난구조설비)의 점검·실습·평가	25문항		
	소방계획 수립 이론·실습·평가(업무 수행기록의 작성·유지 실습·평가, 피난약자의 피난계획 등 포함)			
	작동기능점검표 작성 실습·평가			
	응급처치 이론·실습·평가			
	소방안전 교육 및 훈련 이론·실습·평가			
	화재 시 초기대응 및 피난 실습·평가			

■ 화재의 예방 및 안전관리에 관한 법률 시행규칙 [별표 5]

강습교육 과목, 시간 및 운영방법 (제28조 관련)

1. 교육과정별 과목 및 시간

교육대상	교육과목	교육시간
가. 영 별표 4의 특급 소방안전관리대상물에 소방안전관리자가 되려는 사람	소방안전관리자 제도	❶ 시간
	화재통계 및 피해분석	
	직업윤리 및 리더십	
	소방 관계 법령	
	건축·전기·가스 관계 법령 및 안전관리	
	위험물안전관계 법령 및 안전관리	
	재난관리 일반 및 관련 법령	
	초고층재난관리 법령	
	소방기초이론	
	연소·방화·방폭공학	
	화재예방 사례 및 홍보	
	고층건축물 소방시설 적용기준	
	소방시설의 종류 및 기준	
	소방시설(소화설비, 경보설비, 피난구조설비, 소화용수설비, 소화활동설비)의 구조·점검·실습·평가	
	공사장 안전관리 계획 및 감독	
	화기취급감독 및 화재위험작업 허가·관리	
	종합방재실 운용	
	피난안전구역 운영	

시행규칙
❶ 160

가. 영 별표 4의 특급 　소방안전관리대상물에 　소방안전관리자가 되려는 사람	고층건축물 화재 등 재난사례 및 대응방법
	화재원인 조사실무
	위험성 평가기법 및 성능위주 설계
	소방계획의 수립 이론·실습·평가(피난약자의 피난계획 등 포함)
	자위소방대 및 초기대응체계 구성 등 이론·실습·평가
	방재계획 수립 이론·실습·평가
	재난예방 및 피해경감계획 수립 이론·실습·평가
	자체점검 서식의 작성 실습·평가
	통합안전점검 실시(가스, 전기, 승강기 등)
	피난시설, 방화구획 및 방화시설의 관리
	구조 및 응급처치 이론·실습·평가
	소방안전 교육 및 훈련 이론·실습·평가
	화재 시 초기대응 및 피난 실습·평가
	업무 수행기록의 작성·유지 실습·평가
	화재피해 복구
	초고층 건축물 안전관리 우수사례 토의
	소방신기술 동향
	시청각 교육

나. 영 별표 4의 1급 소방안전관리대상물에 소방안전관리자가 되려는 사람	소방안전관리자 제도	❶ 시간
	소방 관계 법령	
	건축 관계 법령	
	소방학개론	
	화기취급감독 및 화재위험작업 허가·관리	
	공사장 안전관리 계획 및 감독	
	위험물·전기·가스 안전관리	
	종합방재실 운영	
	소방시설의 종류 및 기준	
	소방시설(소화설비, 경보설비, 피난구조설비, 소화용수설비, 소화활동설비)의 구조·점검·실습·평가	
	소방계획의 수립 이론·실습·평가(피난약자의 피난계획 등 포함)	
	자위소방대 및 초기대응체계 구성 등 이론·실습·평가	
	작동기능점검표 작성 실습·평가	
	피난시설, 방화구획 및 방화시설의 관리	
	구조 및 응급처치 이론·실습·평가	
	소방안전 교육 및 훈련 이론·실습·평가	
	화재 시 초기대응 및 피난 실습·평가	
	업무 수행기록의 작성·유지 실습·평가	
	형성평가(시험)	

시행규칙
❶ 80

다. 영 별표 4의 2급 소방안전관리대상물에 소방안전관리자가 되려는 사람	소방안전관리자 제도	❶ 시간
	소방 관계 법령(건축 관계 법령 포함)	
	소방학개론	
	화기취급감독 및 화재위험작업 허가·관리	
	위험물·전기·가스 안전관리	
	소방시설의 종류 및 기준	
	소방시설(소화설비, 경보설비, 피난구조설비)의 구조·점검·실습·평가	
	소방계획의 수립 이론·실습·평가(피난약자의 피난계획 등 포함)	
	자위소방대 및 초기대응체계 구성 등 이론·실습·평가	
	작동기능점검표 작성 실습·평가	
	피난시설, 방화구획 및 방화시설의 관리	
	응급처치 이론·실습·평가	
	소방안전 교육 및 훈련 이론·실습·평가	
	화재 시 초기대응 및 피난 실습·평가	
	업무 수행기록의 작성·유지 실습·평가	
	형성평가(시험)	
라. 영 별표 4의 3급 소방안전관리대상물에 소방안전관리자가 되려는 사람	소방 관계 법령	❷ 시간
	화재일반	
	화기취급감독 및 화재위험작업 허가·관리	
	위험물·전기·가스 안전관리	
	소방시설(소화설비, 경보설비, 피난구조설비)의 구조·점검·실습·평가	
	소방계획의 수립 이론·실습·평가(업무 수행기록의 작성·유지 실습·평가 및 피난약자의 피난계획 등 포함)	
	작동기능점검표 작성 실습·평가	
	응급처치 이론·실습·평가	
	소방안전 교육 및 훈련 이론·실습·평가	
	화재 시 초기대응 및 피난 실습·평가	
	형성평가(시험)	

	소방안전관리자 제도	
	직업윤리 및 리더십	
	소방 관계 법령	
	건축 관계 법령	
	공공기관 소방안전규정의 이해	
	소방학개론	
	소방시설의 종류 및 기준	
	소방시설(소화설비, 경보설비, 피난구조설비, 소화용수설비, 소화활동설비)의 구조·점검·실습·평가	
	소방안전관리업무 대행 감독	
마. 영 제40조의 공공기관에 소방안전관리자가 되려는 사람	공사장 안전관리 계획 및 감독	❸ 시간
	화기취급감독 및 화재위험작업 허가·관리	
	위험물·전기·가스 안전관리	
	소방계획의 수립 이론·실습·평가(피난약자의 피난계획 등 포함)	
	자위소방대 및 초기대응체계 구성 등 이론·실습·평가	
	작동기능점검표 및 외관점검표 작성 실습·평가	
	피난시설, 방화구획 및 방화시설의 관리	
	응급처치 이론·실습·평가	
	소방안전 교육 및 훈련 이론·실습·평가	
	화재 시 초기대응 및 피난 실습·평가	
	업무 수행기록의 작성·유지 실습·평가	
	공공기관 소방안전관리 우수사례 토의	
	형성평가(수료)	

시행규칙

❶ 40 ❷ 24 ❸ 40

	소방 관계 법령	
	소방안전관리업무대행 감독	
	소방시설 유지·관리	
	화기취급감독 및 위험물·전기·가스 안전관리	
바. 법 제24조제3항에 따른 업무대행 감독 소방안전관리자가 되려는 사람	소방계획의 수립 이론·실습·평가(업무 수행기록의 작성·유지 및 피난약자의 피난계획 등 포함)	❶ 시간
	자위소방대 구성운영 등 이론·실습·평가	
	응급처치 이론·실습·평가	
	소방안전 교육 및 훈련 이론·실습·평가	
	화재 시 초기대응 및 피난 실습·평가	
	형성평가(수료)	
	소방 관계 법령	
	건설현장 관련 법령	
	건설현장 화재일반	
	건설현장 위험물·전기·가스 안전관리	
	임시소방시설의 구조·점검·실습·평가	
사. 법 제29조제1항에 따른 건설현장 소방안전관리자가 되려는 사람	화기취급감독 및 화재위험작업 허가·관리	❷ 시간
	건설현장 소방계획 이론·실습·평가	
	초기대응체계 구성·운영 이론·실습·평가	
	건설현장 피난계획 수립	
	건설현장 작업자 교육훈련 이론·실습·평가	
	응급처치 이론·실습·평가	
	형성평가(수료)	

2. 교육운영방법

가. 교육과정별 교육시간 편성기준

교육대상	시간 합계	이론 (30%)	실무(70%)	
			일반 (30%)	실습 및 평가 (40%)
특급 소방안전관리자	❸	48시간	48시간	64시간
1급 소방안전관리자	❹	24시간	24시간	32시간
2급 및 공공기관 소방안전관리자	❺	12시간	12시간	16시간
3급 소방안전관리자	❻	7시간	7시간	10시간
업무 대행감독 소방안전관리자	❼	5시간	5시간	6시간
건설현장 소방안전관리자	❽	7시간	7시간	10시간

나. 가목에 따른 평가는 서식작성, 설비운용(소방시설에 대한 점검능력을 포함한다) 및 비상대응 등 실습내용에 대한 평가를 말한다.

다. 교육과정을 수료하려는 사람은 가목에 따른 교육시간 합계의 90퍼센트 이상을 출석하고, 나목에 따른 실습내용 평가에 합격(해당 평가항목을 이수하거나 평가기준을 충족한 경우를 말한다)해야 한다. 다만, 결강시간은 1일 최대 3시간을 초과할 수 없다.

라. 공공기관 소방안전관리업무에 관한 강습과목 중 일부 과목은 16시간 범위에서 원격교육으로 실시할 수 있다.

마. 구조 및 응급처치과목에는 「응급의료에 관한 법률 시행규칙」 제6조제1항에 따른 구조 및 응급처치에 관한 교육의 내용과 시간이 포함되어야 한다.

시행규칙
❶ 16
❷ 24
❸ 160시간
❹ 80시간
❺ 40시간
❻ 24시간
❼ 16시간
❽ 24시간

■ 화재의 예방 및 안전관리에 관한 법률 시행규칙 [별표 6]

소방안전관리자 및 소방안전관리보조자에 대한 실무교육의 과목, 시간 및 운영방법 (제31조 관련)

1. 소방안전관리자에 대한 실무교육의 과목 및 시간

교육과목	교육시간
가. 소방 관계 법규 및 화재 사례 나. 소방시설의 구조원리 및 현장실습 다. 소방시설의 유지·관리요령 라. 소방계획서의 작성 및 운영 마. 업무 수행 기록·유지에 관한 사항 바. 자위소방대의 조직과 소방 훈련 및 교육 사. 피난시설 및 방화시설의 유지·관리 아. 화재 시 초기대응 및 인명 대피 요령 자. 소방 관련 질의회신 등	❶ 시간 이내

비고
교육과목 중 이론 과목 및 서식작성 등은 4시간 이내에서 원격교육으로 실시할 수 있다.

2. 소방안전관리보조자에 대한 실무교육의 과목 및 시간

교육과목	교육시간
가. 소방 관계 법규 및 화재 사례 나. 화재의 예방·대비 다. 소방시설 유지관리 실습 라. 초기대응체계 교육 및 훈련 실습 마. 화재발생 시 대응 실습 등	❷ 시간

3. 교육운영 방법

　가. 실무교육은 이론·실습 또는 실습·평가로 구분하여 실시할 수 있다. 이 경우 실습·평가는 교육시간을 달리 정할 수 있다.

　나. 실무교육의 수료를 위한 출석기준은 제1호 및 제2호에 따른 교육시간의 90퍼센트 이상으로 한다. 다만, 실습·평가의 경우에는 가목 후단에 따라 달리 정한 시간의 100퍼센트로 한다.

시행규칙

❶ 8　　❷ 4

■ 화재의 예방 및 안전관리에 관한 법률 시행규칙 [별표 7]

화재예방안전진단기관의 장비기준 (제43조 관련)

다음의 분야별 장비를 모두 갖출 것. 다만, 해당 장비의 기능을 2개 이상 갖춘 복합기능 장비를 갖춘 경우에는 개별 장비를 갖춘 것으로 본다.

분야	장비

❶	1) 방수압력측정계, 절연저항계, 전류전압측정계
	2) 저울
	3) 소화전밸브압력계
	4) 헤드결합렌치
	5) 검량계, 기동관누설시험기, 그 밖에 소화약제의 저장량을측정할 수 있는 점검기구
	6) 열감지기시험기, 연(煙)감지기시험기, 공기주입시험기, 감지기시험기연결폴대, 음량계
	7) 누전계(누전전류 측정용)
	8) 무선기(통화시험용)
	9) 풍속풍압계, 폐쇄력측정기, 차압계(압력차 측정기)
	10) 조도계(최소눈금이 0.1럭스 이하인 것)
	11) 화재 및 피난 모의시험이 가능한 컴퓨터
	12) 화재 모의시험을 위한 프로그램
	13) 피난 모의시험을 위한 프로그램
	14) 교육·훈련 평가 기자재
	  가) 연기발생기
	  나) 초시계

❷	1) 정전기 전하량 측정기 2) 적외선 열화상 카메라 3) 검전기 4) 클램프미터 5) 절연안전모 6) 고압절연장갑 7) 절연장화

❸	1) 가스누출검출기 2) 가스농도측정기 3) 일산화탄소농도측정기 4) 가스누출 검지액
❹	1) 접지저항측정기(최소눈금 0.1옴 이하) 2) 가스농도측정기(탄화수소계 가스의 농도측정 가능할 것) 3) 정전기 전위측정기 4) 토크렌치(torque wrench: 볼트와 너트를 규정된 회전력에 맞춰 조이는데 사용하는 도구) 5) 진동시험기 6) 표면온도계(섭씨 영하 10도 ~ 300도) 7) 두께측정기 8) 소화전밸브압력계 9) 방수압력측정계 10) 포콜렉터 11) 헤드렌치 12) 포콘테이너
❺	1) 거리측정기 2) 건축 관계 도면 검토가 가능한 프로그램(AUTO CAD 등) 3) 도막(도료, 도포막) 두께측정장비(측정범위가 0.1밀리미터 이하일 것)

시행규칙
❶ 소방
❷ 전기
❸ 가스
❹ 위험물
❺ 건축

■ 화재의 예방 및 안전관리에 관한 법률 시행규칙 [별표 8]

화재예방안전진단기관의 지정취소 및 업무정지의 처분기준 (제46조 관련)

1. 일반기준

　가. 위반행위가 둘 이상인 경우에는 각 위반행위에 따라 ❶　　　 처분한다.

　나. 위반행위의 횟수에 따른 행정처분 기준은 최근 ❷　 년간 같은 위반행위로 행정처분을 받은 경우에 적용한다. 이 경우 기준 적용일은 위반행위에 대한 행정처분일과 그 처분 후에 한 위반행위가 다시 적발된 날을 기준으로 한다.

　다. 나목에 따라 가중된 부과처분을 하는 경우 가중처분의 적용 차수는 그 위반행위 전 부과처분 차수(나목에 따른 기간 내에 처분이 둘 이상 있었던 경우에는 높은 차수를 말한다)의 다음 차수로 한다.

　라. 처분권자는 위반행위의 동기·내용·횟수 및 위반 정도 등 다음의 감경 사유에 해당하는 경우 그 처분기준의 ❸　　　　　의 범위에서 감경할 수 있다.

　　1) 위반행위가 ❹　　　　　나 ❺　　　로 인한 것으로 인정되는 경우

　　2) 위반의 내용 및 정도가 경미하여 화재예방안전진단등의 업무를 수행하는데 문제가 발생하지 않는 경우

　　3) 그 밖에 위반행위의 정도, 위반행위의 동기와 그 결과 등을 고려하여 감경할 필요가 있다고 인정되는 경우

2. 개별기준

위반 내용	근거 법조문	처분기준		
		1차 위반	2차 위반	3차 이상 위반
가. 거짓이나 그 밖의 부정한 방법으로 안전진단기관으로 지정을 받은 경우	법 제42조 제2항제1호	지정취소		
나. 법 제41조제4항에 따른 화재예방안전진단 결과를 소방본부장 또는 소방서장, 관계인에게 제출하지 않은 경우	법 제42조 제2항제2호	❻	❼	❽
다. 법 제42조제1항에 따른 지정기준에 미달하게 된 경우	법 제42조 제2항제3호	❾	❿	⓫
라. 업무정지기간에 화재예방안전진단 업무를 한 경우	법 제42조 제2항제4호	지정취소		

■ 화재의 예방 및 안전관리에 관한 법률 시행규칙 [별표 9]

수수료 및 교육비 (제49조제1항 관련)

1. 자격증 발급 및 시험응시 수수료

납부 대상자	수수료 금액
가. 법 제30조제1항에 따른 소방안전관리자 자격시험에 응시하려는 사람	특급 제1차시험 : ❷ 특급 제2차시험 : 2만4천원 1·2·3급시험 : 1만2천원
나. 법 제30조제2항 및 제3항에 따른 소방안전관리자 자격증(수첩형)을 발급 또는 재발급받으려는 사람	1만원

2. 교육비

납부 대상자	납부 금액
가. 영 별표 4의 특급 소방안전관리대상물에 대한 소방안전관리업무 강습교육을 받으려는 사람	96만원
나. 영 별표 4의 1급 소방안전관리대상물에 대한 소방안전관리업무 강습교육을 받으려는 사람	48만원
다. 영 별표 4의 2급 소방안전관리대상물에 대한 소방안전관리업무 강습교육 및 공공기관 소방안전관리 강습교육을 받으려는 사람	24만원
라. 영 별표 4의 3급 소방안전관리대상물에 대한 소방안전관리업무 강습교육을 받으려는 사람	14만4천원
마. 법 제24조제3항에 따라 선임된 소방안전관리자 업무대행 감독자에 대한 강습교육을 받으려는 사람	9만6천원
바. 법 제29조제1항에 따른 건설현장에 대한 소방안전관리업무 강습교육을 받으려는 사람	14만4천원
사. 법 제34조제1항제2호에 따른 소방안전관리자에 대한 실무교육을 받으려는 사람	5만5천원
아. 법 제34조제1항제2호에 따른 소방안전관리보조자에 대한 실무교육을 받으려는 사람	3만원

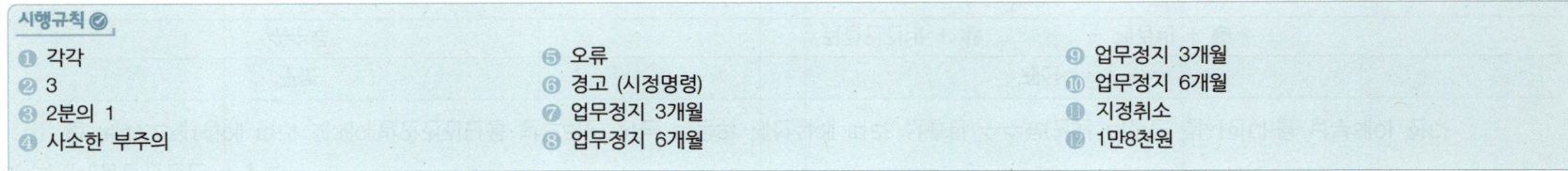

시행규칙
- ❶ 각각
- ❷ 3
- ❸ 2분의 1
- ❹ 사소한 부주의
- ❺ 오류
- ❻ 경고 (시정명령)
- ❼ 업무정지 3개월
- ❽ 업무정지 6개월
- ❾ 업무정지 3개월
- ❿ 업무정지 6개월
- ⓫ 지정취소
- ⓬ 1만8천원

3. 화재예방안전진단 수수료

가. 법 제41조제1항에 따라 화재예방안전진단을 받으려는 자는 다음의 계산식에 따라 산출한 수수료(천원 미만은 절사한다)를 납부해야 한다.

구분	계산식
수수료	직접인건비 + ❶ + 제경비 + ❷

나. 가목의 계산식에서 직접인건비, 직접경비, 제경비 및 기술료는 다음의 값으로 한다.

구분	내용
직접인건비	1) 직접인건비는 진단단계별 각 공사량에 진단단계별 투입인력의 노임단가를 곱하여 산출한 금액의 합계 금액으로 한다. 2) 1)에서 진단단계별 각 공사량은 현장시설진단의 용도별 공사량에 보정계수1을 곱하고 사전조사의 공사량, 비상대응훈련의 공사량 및 보고서작성의 공사량에 보정계수2를 곱한 값으로 한다. 3) 1)에서 노임단가는 「엔지니어링산업 진흥법」 제31조에 따른 엔지니어링사업대가의 기준 중 기타부분의 노임단가로 한다. 4) 노임단가 산정 시 투입인력의 등급은 「엔지니어링산업 진흥법 시행령」제4조에 따른다.
직접경비	직접인건비에 0.1을 곱하여 산출한 금액으로 한다.
제 경 비	직접인건비에 1.1을 곱하여 산출한 금액으로 한다.
기 술 료	직접인건비와 제경비의 합에 0.2를 곱하여 산출한 금액으로 한다.

다. 나목에서 진단단계별 분야별 공사량은 다음과 같다.

구분		공사량									
		영 별표 8 제2호가목에 따른 전문인력				영 별표 8 제2호나목에 따른 분야별 전문인력					
진단단계	용도별	합계	소방기술사	소방시설 관리사	그 밖의 기술사 등	소방	전기	건축	가스	화공	위험물
사전조사	전체	1.0									
현장시설 진단	공항	4.5	0.5	0.5	0.5	1.0	0.4	0.7	0.2	0.2	0.5
	철도, 도시철도, 항만	3.0	0.5	0.5	0.2	0.7	0.3	0.4	0.1	0.1	0.2
	공동구	3.0	0.5	0.5	0.2	0.5	0.5	0.4	0.2	0.1	0.1
	천연가스인수기지, 가스공급시설	5.0	0.5	0.5	0.5	1.0	0.3	0.7	1.0	0.2	0.3
	발전소	5.0	0.7	0.5	0.5	1.0	0.5	0.7	0.3	0.5	0.3
비상대응훈련		4.0(소방안전교육사1명 포함)									
보고서 작성 (시뮬레이션 포함)		4.0									

라. 나목에서 보정계수 값은 다음과 같이 한다.

연면적의 합계(㎡)	보정계수1 (현장진단)	보정계수2 (사전조사, 비상대응훈련 및 보고서작성)
10,000이하	1.0	0.25
10,000 초과 ~ 15,000 이하	1.5	0.50
15,000 초과 ~ 20,000 이하	2.0	0.50
20,000 초과 ~ 25,000 이하	2.5	1.00
25,000 초과 ~ 30,000 이하	3.0	1.00
30,000 초과 ~ 35,000 이하	3.5	1.50
35,000 초과 ~ 40,000 이하	4.0	1.50
40,000 초과 ~ 45,000 이하	4.5	1.50
45,000 초과 ~ 50,000 이하	5.0	1.50
50,000 초과 ~ 60,000 이하	6.0	2.00
60,000 초과 ~ 70,000 이하	7.0	2.00
70,000 초과 ~ 80,000 이하	8.0	2.00
80,000 초과 ~ 90,000 이하	9.0	2.00
90,000 초과 ~ 100,000 이하	10.0	2.00
100,000 초과	11.0으로 하되 10,000 초과 시 마다 1.0을 더한 수치	2.10으로 하되 100,000 초과 시 마다 0.1을 더한 수치

비고

1. 수수료 및 교육비는 계좌입금의 방식 또는 현금으로 납부하거나 신용카드로 결제해야 한다. 다만, 정보통신망을 이용하여 전자화폐·전자결제 등의 방법으로 결제할 수 있다.
2. 제1호가목에도 불구하고 영 별표 4 제2호부터 제4호까지에 해당하는 소방안전관리대상물의 소방안전관리자가 되려는 사람이 강습교육 마지막일(원격 교육과정의 경우 수료 후 처음 시험에 응시하는 경우를 말한다)에 실시하는 소방안전관리자 자격시험에 응시하는 경우에는 응시 수수료를 납부한 것으로 본다.
3. 강습교육을 받으려는 사람은 강습교육 수강신청 시 교육비를 납부해야 한다.

시행규칙

❶ 직접경비   ❷ 기술료

■ 화재의 예방 및 안전관리에 관한 법률 시행규칙 [별표 10]

한국소방안전원이 갖추어야 하는 시설기준 (제50조제2항 관련)

1. 사무실: 바닥면적 ❶   제곱미터 이상일 것
2. 강의실: 바닥면적 ❷   제곱미터 이상이고 책상·의자, 음향시설, 컴퓨터 및 빔프로젝터 등 교육에 필요한 비품을 갖출 것
3. 실습실: 바닥면적 ❸   제곱미터 이상이고, 교육과정별 실습·평가를 위한 교육기자재 등을 갖출 것
4. 교육용기자재 등

교육 대상	교육용기자재 등	수량
공통 (특급·1급·2급·3급 소방안전관리자, 소방안전관리보조자, 업무대행감독 소방안전관리자, 건설현장 소방안전관리자)	1. 소화기(분말, 이산화탄소, 할로겐화합물 및 불활성기체)	각 1개
	2. 소화기 실습·평가설비	1식
	3. 자동화재탐지설비(P형) 실습·평가설비	3식
	4. 응급처치 실습·평가장비(마네킹, 심장충격기)	각 1개
	5. 피난구조설비(유도등, 완강기)	각 1식
	6. 「소방시설 설치 및 관리에 관한 법률 시행규칙」 별표 4에 따른 소방시설별 점검 장비	각 1개 1식
	7. 원격교육을 위한 스튜디오, 영상장비 및 콘텐츠	1식
	8. 가상체험(VR 등) 장비 및 기기	1식
특급 소방안전관리자	1. 옥내소화전설비 실습·평가설비	1식
	2. 스프링클러설비 실습·평가설비	1식
	3. 가스계소화설비 실습·평가설비	1식
	4. 자동화재탐지설비(R형) 실습·평가설비	1식
	5. ❹ 실습·평가설비	1식
1급 소방안전관리자	1. 옥내소화전설비 실습·평가설비	1식
	2. 스프링클러설비 실습·평가설비	1식
	3. 자동화재탐지설비(R형) 실습·평가설비	1식
2급 소방안전관리자, 「공공기관의 소방안전관리에 관한 규정」 제2조에 따른 공공기관의 소방안전관리자	1. 옥내소화전설비 실습·평가설비	1식
	2. ❺ 실습·평가설비	1식
건설현장 소방안전관리자	1. 임시소방시설 실습·평가설비	1식
	2. 화기취급작업 안전장비	1식

소방시설공사업법·시행령

■ 소방시설공사업법 시행령 [별표 1]

소방시설업의 업종별 등록기준 및 영업범위 (제2조제1항 관련)

1. 소방시설설계업

업종별	항목	기술인력	영업범위
전문 소방시설 설계업		가. 주된 기술인력: ❻　　　　　　1명 이상 나. 보조기술인력: 1명 이상	모든 특정소방대상물에 설치되는 소방시설의 설계
일반 소방 시설 설계업	기계 분야	가. 주된 기술인력: 소방기술사 또는 기계분야 ❼　　　　1명 이상 나. 보조기술인력: 1명 이상	가. 아파트에 설치되는 기계분야 소방시설(❽　　　는 제외한다)의 설계 나. 연면적 ❾　　제곱미터(공장의 경우에는 ❿　제곱미터) 미만의 특정소방대상물(제연설비가 설치되는 특정소방대상물은 제외한다)에 설치되는 기계분야 소방시설의 설계 다. ⓫　　　　　　에 설치되는 기계분야 소방시설의 설계
	전기 분야	가. 주된 기술인력: 소방기술사 또는 전기분야 소방설비기사 1명 이상 나. 보조기술인력: 1명 이상	가. 아파트에 설치되는 전기분야 소방시설의 설계 나. 연면적 3만제곱미터(공장의 경우에는 1만제곱미터) 미만의 특정소방대상물에 설치되는 전기분야 소방시설의 설계 다. 위험물제조소등에 설치되는 전기분야 소방시설의 설계

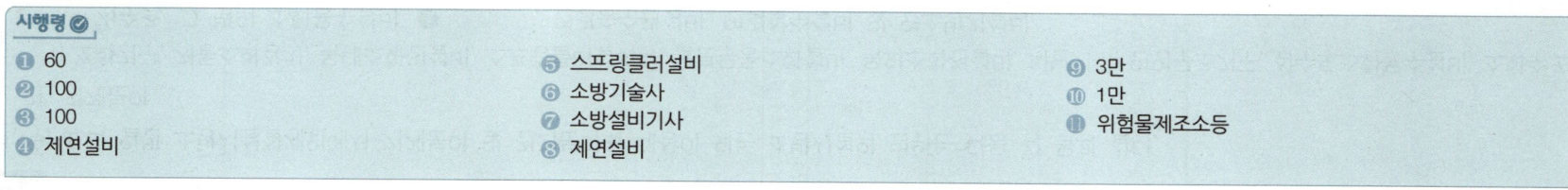

시행령
❶ 60
❷ 100
❸ 100
❹ 제연설비
❺ 스프링클러설비
❻ 소방기술사
❼ 소방설비기사
❽ 제연설비
❾ 3만
❿ 1만
⓫ 위험물제조소등

비고

1. 위 표의 일반 소방시설설계업에서 기계분야 및 전기분야의 대상이 되는 소방시설의 범위는 다음 각 목과 같다.

   가. 기계분야

   1) 소화기구, 자동소화장치, 옥내소화전설비, 스프링클러설비등, 물분무등소화설비, 옥외소화전설비, 피난기구, 인명구조기구, 상수도소화용수설비, 소화수조·저수조, 그 밖의 소화용수설비, ❶   , 연결송수관설비, 연결살수설비 및 연소방지설비

   2) 기계분야 소방시설에 부설되는 전기시설. 다만, 비상전원, 동력회로, 제어회로, 기계분야 소방시설을 작동하기 위하여 설치하는 화재감지기에 의한 화재감지장치 및 전기신호에 의한 소방시설의 작동장치는 제외한다.

   나. 전기분야

   1) 단독경보형감지기, 비상경보설비, 비상방송설비, 누전경보기, 자동화재탐지설비, 시각경보기, ❷   , 자동화재속보설비, 가스누설경보기, 통합감시시설, 유도등, 비상조명등, 휴대용비상조명등, 비상콘센트설비 및 무선통신보조설비

   2) 기계분야 소방시설에 부설되는 전기시설 중 가목2) 단서의 전기시설

2. 일반 소방시설설계업의 기계분야 및 전기분야를 함께 하는 경우 주된 기술인력은 소방기술사 1명 또는 기계분야 소방설비기사와 전기분야 소방설비기사 자격을 함께 취득한 사람 1명 이상으로 할 수 있다.

3. 소방시설설계업을 하려는 자가 소방시설공사업, 「소방시설 설치 및 관리에 관한 법률」 제29조제1항에 따른 소방시설관리업(이하 "소방시설관리업"이라 한다) 또는 「다중이용업소의 안전관리에 관한 특별법」 제16조에 따른 화재위험평가 대행 업무(이하 "화재위험평가 대행업"이라 한다) 중 어느 하나를 함께 하려는 경우 소방시설공사업, 소방시설관리업 또는 화재위험평가 대행업 기술인력으로 등록된 기술인력은 다음 각 목의 기준에 따라 소방시설설계업 등록 시 갖추어야 하는 해당 자격을 가진 기술인력으로 볼 수 있다.

   가. 전문 소방시설설계업과 소방시설관리업을 함께 하는 경우: 소방기술사 자격과 소방시설관리사 자격을 함께 취득한 사람

   나. 전문 소방시설설계업과 전문 소방시설공사업을 함께 하는 경우: 소방기술사 자격을 취득한 사람

   다. 전문 소방시설설계업과 화재위험평가 대행업을 함께 하는 경우: 소방기술사 자격을 취득한 사람

   라. 일반 소방시설설계업과 소방시설관리업을 함께 하는 경우 다음의 어느 하나에 해당하는 사람

   1) 소방기술사 자격과 소방시설관리사 자격을 함께 취득한 사람

   2) 기계분야 소방설비기사 또는 전기분야 소방설비기사 자격을 취득한 사람 중 소방시설관리사 자격을 취득한 사람

   마. 일반 소방시설설계업과 일반 소방시설공사업을 함께 하는 경우: 소방기술사 자격을 취득하거나 기계분야 또는 전기분야 소방설비기사 자격을 취득한 사람

   바. 일반 소방시설설계업과 전문 소방시설공사업을 함께 하는 경우: 소방기술사 자격을 취득하거나 기계분야 및 전기분야 소방설비기사 자격을 함께 취득한 사람

   사. 전문 소방시설설계업과 일반 소방시설공사업을 함께하는 경우: 소방기술사 자격을 취득한 사람

4. "보조기술인력"이란 다음 각 목의 어느 하나에 해당하는 사람을 말한다.

　　가. 소방기술사, 소방설비기사 또는 소방설비산업기사 자격을 취득한 사람

　　나. 소방공무원으로 재직한 경력이 ❸　년 이상인 사람으로서 자격수첩을 발급받은 사람

　　다. 법 제28조제3항에 따라 행정안전부령으로 정하는 소방기술과 관련된 자격·경력 및 학력을 갖춘 사람으로서 자격수첩을 발급받은 사람

5. 위 표 및 제2호에도 불구하고 다음 각 목의 어느 하나에 해당하는 자가 소방시설설계업을 등록하는 경우 「엔지니어링산업 진흥법」, 「건축사법」, 「기술사법」 및 「전력기술관리법」에 따른 신고 또는 등록기준을 충족하는 기술인력을 확보한 경우로서 해당 기술인력이 위 표의 기술인력(주된 기술인력만 해당한다)의 기준을 충족하는 경우에는 위 표의 등록기준을 충족한 것으로 본다.

　　가. 「엔지니어링산업 진흥법」 제21조제1항에 따라 엔지니어링사업자 신고를 한 자

　　나. 「건축사법」 제23조에 따른 건축사업무신고를 한 자

　　다. 「기술사법」 제6조제1항에 따른 기술사사무소 등록을 한 자

　　라. 「전력기술관리법」 제14조제1항에 따른 설계업 등록을 한 자

6. 가스계소화설비의 경우에는 해당 설비의 설계프로그램 제조사가 참여하여 설계(변경을 포함한다)할 수 있다.

시행령

❶ 제연설비　　❷ 화재알림설비　　❸ 3

2. 소방시설공사업

업종별		항목	기술인력	자본금 (자산평가액)	영업범위
전문 소방시설 공사업			가. 주된 기술인력: 소방기술사 또는 기계분야와 전기분야의 소방설비기사 각 1명(기계분야 및 전기분야의 자격을 함께 취득한 사람 1명) 이상 나. 보조기술인력: ❶ 명 이상	가. 법인: ❷ 이상 나. 개인: 자산평가액 ❸ 이상	특정소방대상물에 설치되는 기계분야 및 전기분야 소방시설의 공사·개설·이전 및 정비
일반 소방시설공사업	기계 분야		가. 주된 기술인력: 소방기술사 또는 기계분야 소방설비기사 1명 이상 나. 보조기술인력: 1명 이상	가. 법인: 1억원 이상 나. 개인: 자산평가액 1억원 이상	가. 연면적 ❹ 제곱미터 미만의 특정소방대상물에 설치되는 기계분야 소방시설의 공사·개설·이전 및 정비 나. ❺ 에 설치되는 기계분야 소방시설의 공사·개설·이전 및 정비
	전기 분야		가. 주된 기술인력: 소방기술사 또는 전기분야 소방설비 기사 1명 이상 나. 보조기술인력: 1명 이상	가. 법인: 1억원 이상 나. 개인: 자산평가액 1억원 이상	가. 연면적 1만제곱미터 미만의 특정소방대상물에 설치되는 전기분야 소방시설의 공사·개설·이전·정비 나. 위험물제조소등에 설치되는 전기분야 소방시설의 공사·개설·이전·정비

비고

1. 위 표의 일반 소방시설공사업에서 기계분야 및 전기분야의 대상이 되는 소방시설의 범위는 이 표 제1호 비고 제1호 각 목과 같다.
2. 기계분야 및 전기분야의 일반 소방시설공사업을 함께 하는 경우 주된 기술인력은 소방기술사 1명 또는 기계분야 및 전기분야의 자격을 함께 취득한 소방설비기사 1명으로 한다.
3. 자본금(자산평가액)은 해당 소방시설공사업의 최근 결산일 현재(새로 등록 한 자는 등록을 위한 기업진단기준일 현재)의 총자산에서 총부채를 뺀 금액을 말하고, 소방시설공사업 외의 다른 업(業)을 함께 하는 경우에는 자본금에서 겸업 비율에 해당하는 금액을 뺀 금액을 말한다.
4. "보조기술인력"이란 소방시설설계업의 등록기준 및 영업범위의 비고란 제4호 각 목의 어느 하나에 해당하는 사람을 말한다.

5. 소방시설공사업을 하려는 자가 소방시설설계업 또는 소방시설관리업 중 어느 하나를 함께 하려는 경우 소방시설설계업 또는 소방시설관리업 기술인력으로 등록된 기술인력은 다음 각 목의 기준에 따라 소방시설공사업 등록 시 갖추어야 하는 해당 자격을 가진 기술인력으로 볼 수 있다.

    가. 전문 소방시설공사업과 전문 소방시설설계업을 함께 하는 경우: 소방기술사 자격을 취득한 사람

    나. 전문 소방시설공사업과 일반 소방시설설계업을 함께 하는 경우: 소방기술사 자격을 취득하거나 기계분야 및 전기분야 소방설비기사 자격을 함께 취득한 사람

    다. 일반 소방시설공사업과 전문 소방시설설계업을 함께 하는 경우: 소방기술사 자격을 취득한 사람

    라. 일반 소방시설공사업과 일반 소방시설설계업을 함께 하는 경우: 소방기술사 자격을 취득하거나 기계분야 또는 전기분야 소방설비기사 자격을 취득한 사람

    마. 전문 소방시설공사업과 소방시설관리업을 함께 하는 경우: 소방시설관리사와 소방설비기사(기계분야 및 전기분야의 자격을 함께 취득한 사람) 또는 소방기술사 자격을 함께 취득한 사람

    바. 일반 소방시설공사업 기계분야와 소방시설관리업을 함께 하는 경우: 소방기술사 또는 기계분야 소방설비기사와 소방시설관리사 자격을 함께 취득한 사람

    사. 일반 소방시설공사업 전기분야와 소방시설관리업을 함께 하는 경우: 소방기술사 또는 전기분야 소방설비기사와 소방시설관리사 자격을 함께 취득한 사람

6. "개설"이란 이미 특정소방대상물에 설치된 소방시설등의 전부 또는 일부를 철거하고 새로 설치하는 것을 말한다.
7. "이전"이란 이미 설치된 소방시설등을 현재 설치된 장소에서 다른 장소로 옮겨 설치하는 것을 말한다.
8. "정비"란 이미 설치된 소방시설등을 구성하고 있는 기계·기구를 교체하거나 보수하는 것을 말한다.

시행령

❶ 2
❷ 1억 원
❸ 1억 원
❹ 1만
❺ 위험물제조소등

3. 소방공사감리업

업종별	항목	기술인력	영업범위
전문 소방공사감리업		가. ❶ 1명 이상 나. 기계분야 및 전기분야의 특급 감리원 각 1명(기계분야 및 전기분야의 자격을 함께 가지고 있는 사람이 있는 경우에는 그에 해당하는 사람 1명. 이하 다목부터 마목까지에서 같다) 이상 다. 기계분야 및 전기분야의 고급 감리원 이상의 감리원 각 1명 이상 라. 기계분야 및 전기분야의 중급 감리원 이상의 감리원 각 1명 이상 마. 기계분야 및 전기분야의 초급 감리원 이상의 감리원 각 1명 이상	모든 특정소방대상물에 설치되는 소방시설공사 감리
일반 소방공사 감리업	기계분야	가. 기계분야 특급 감리원 1명 이상 나. 기계분야 고급 감리원 또는 중급 감리원 이상의 감리원 1명 이상 다. 기계분야 초급 감리원 이상의 감리원 1명 이상	가. 연면적 ❷ 제곱미터(공장의 경우에는 ❸ 제곱미터) 미만의 특정소방대상물(제연설비가 설치되는 특정소방대상물은 제외한다)에 설치되는 기계분야 소방시설의 감리 나. ❹ 에 설치되는 기계분야 소방시설(제연설비는 제외한다)의 감리 다. ❺ 에 설치되는 기계분야 소방시설의 감리
	전기분야	가. 전기분야 특급 감리원 1명 이상 나. 전기분야 고급 감리원 또는 중급 감리원 이상의 감리원 1명 이상 다. 전기분야 초급 감리원 이상의 감리원 1명 이상	가. 연면적 ❻ 제곱미터(공장의 경우에는 ❼ 제곱미터) 미만의 특정소방대상물에 설치되는 전기분야 소방시설의 감리 나. ❽ 에 설치되는 전기분야 소방시설의 감리 다. ❾ 에 설치되는 전기분야 소방시설의 감리

비고

1. 위 표의 일반 소방공사감리업에서 기계분야 및 전기분야의 대상이 되는 소방시설의 범위는 다음 각 목과 같다.

    가. 기계분야

    1) 이 표 제1호 비고 제1호가목에 따른 기계분야 소방시설

    2) 실내장식물 및 방염대상물품

    나. 전기분야: 이 표 제1호 비고 제1호나목에 따른 전기분야 소방시설

2. 위 표에서 "특급 감리원", "고급 감리원", "중급 감리원" 및 "초급 감리원"은 행정안전부령으로 정하는 소방기술과 관련된 자격·경력 및 학력을 갖춘 사람으로서 소방공사감리원의 기술등급 자격에 따른 경력수첩을 발급받은 사람을 말한다.

3. 일반 소방공사감리업의 기계분야 및 전기분야를 함께 하는 경우 기계분야 및 전기분야의 자격을 함께 취득한 감리원 각 1명 이상 또는 기계분야 및 전기분야 일반 소방공사감리업의 등록기준 중 각각의 분야에 해당하는 기술인력을 두어야 한다.

4. 소방공사감리업을 하려는 자가 「엔지니어링산업 진흥법」제21조제1항에 따른 엔지니어링사업, 「건축사법」제23조에 따른 건축사사무소 운영, 「건설기술 진흥법」제26조제1항에 따른 건설엔지니어링업, 「전력기술관리법」제14조제1항에 따른 전력시설물공사감리업, 「기술사법」제6조제1항에 따른 기술사사무소 운영 또는 화재위험평가 대행업(이하 "엔지니어링사업등"이라 한다) 중 어느 하나를 함께 하려는 경우 엔지니어링사업등의 보유 기술인력으로 신고나 등록된 소방기술사는 전문 소방공사감리업 등록 시 갖추어야 하는 기술인력으로 볼 수 있고, 특급 감리원은 일반 소방공사감리업의 등록 시 갖추어야 하는 기술인력으로 볼 수 있다.

5. 기술인력 등록기준에서 기준등급보다 초과하여 상위등급의 기술인력을 보유하고 있는 경우 기준등급을 보유한 것으로 간주한다.

4. 방염처리업

시행령
❶ 소방기술사
❷ 3만
❸ 1만
❹ 아파트
❺ 위험물제조소등
❻ 3만
❼ 1만
❽ 아파트
❾ 위험물제조소등

4. 방염처리업

항목 업종별	실험실	방염처리시설 및 시험기기	영업범위
❶ 방염업	1개 이상 갖출 것	부표에 따른 섬유류 방염업의 방염처리시설 및 시험기기를 모두 갖추어야 한다.	커튼·카펫 등 섬유류를 주된 원료로 하는 방염대상물품을 제조 또는 가공 공정에서 방염처리
❷ 방염업		부표에 따른 합성수지류 방염업의 방염처리시설 및 시험기기를 모두 갖추어야 한다.	합성수지류를 주된 원료로 하는 방염대상물품을 제조 또는 가공 공정에서 방염처리
❸ 방염업		부표에 따른 합판·목재류 방염업의 방염처리시설 및 시험기기를 모두 갖추어야 한다.	합판 또는 목재류를 제조·가공 공정 또는 설치 현장에서 방염처리

비고

1. 방염처리업자가 2개 이상의 방염업을 함께 하는 경우 갖춰야 하는 실험실은 1개 이상으로 한다.
2. 방염처리업자가 2개 이상의 방염업을 함께 하는 경우 공통되는 방염처리시설 및 시험기기는 중복하여 갖추지 않을 수 있다.
3. 방염처리업자가 실험실·방염처리시설 및 시험기기에 대하여 임차계약을 체결하고 공증을 받은 경우에는 해당 실험실·방염처리시설 및 시험기기를 갖춘 것으로 본다.

■ 소방시설공사업법 시행령 [부표]

방염처리업의 방염처리시설 및 시험기기 기준

업종별	방염처리시설	시험기기
섬유류 방염업	1. 커튼 등 섬유류(벽포지를 포함한다)를 방염처리하는 시설: 200℃ 이상의 온도로 1분 이상 열처리가 가능한 가공기를 갖출 것 2. 카펫을 방염처리하는 시설: 다음 중 하나 이상의 설비를 갖출 것 　가. 카펫의 라텍스 코팅설비 　나. 카펫 직조설비 　다. 타일카펫 가공설비	1. 다음의 어느 하나에 해당하는 연소시험기 1개 이상 　가. 카펫 방염처리업: 연소시험함, 에어믹스버너, 가열시간계, 잔염시간계, 가스압력계, 전기불꽃발생장치가 부착된 연소시험기 　나. 그 밖의 방염처리업: 연소시험함, 마이크로버너, 맥켈버너, 가열시간계, 잔염시간계, 잔신시간계, 착염후초가열시간계, 전기불꽃발생장치가 부착된 연소시험기 2. 항온기 1개 이상: 열풍순환식으로서 상온부터 107℃ 이상으로 온도조절이 가능하고, 최소눈금이 1℃ 이하일 것 3. 데시케이터(물질 건조, 흡습성 시료 보존을 위한 유리 건조기를 말한다. 이하 같다) 1개 이상: 지름이 36cm 이상일 것 4. 세탁기 1대 이상(커튼만 해당한다): 커튼의 방염성능시험에 적합할 것 5. 건조기 1대 이상(커튼만 해당한다): 커튼의 방염성능시험에 적합할 것 6. 카펫세탁기 1대 이상(카펫만 해당한다): 카펫의 방염성능시험에 적합할 것
합성수지류 방염업	다음 중 하나 이상의 설비를 갖출 것 1. 제조설비 2. 가공설비 3. 성형설비	섬유류 방염업과 같음
합판·목재류 방염업	1. 섬유판 외의 합판·목재류를 방염처리하는 경우: 다음 중 하나 이상의 설비를 갖출 것 　가. 합판의 제조설비 　나. 감압설비(300mmHg 이하) 및 가압설비(7kg/㎠ 이상) 　다. 합판·목재 도장설비 2. 섬유판을 방염처리하는 경우: 제조설비 또는 가공설비를 갖출 것	1. 연소시험기: 방염성능시험에 적합하도록 연소시험함, 마이크로버너, 맥켈버너, 가열시간계, 잔염시간계, 잔신시간계, 착염후초가열시간계, 전기불꽃발생장치가 부착되어 있는 것 2. 항온기: 열풍순환식이며 상온부터 42℃ 이상으로 온도조절이 가능하고, 최소눈금이 1℃ 이하일 것 3. 데시케이터: 지름이 36cm 이상일 것

시행령
❶ 섬유류　　❷ 합성수지류　　❸ 합판·목재류

■ 소방시설공사업법 시행령 [별표 1의2]

성능위주설계를 할 수 있는 자의 자격·기술인력 및 자격에 따른 설계범위 (제2조의3 관련)

성능위주설계자의 자격	기술인력	설계범위
1. 법 제4조에 따라 전문 소방시설설계업을 등록한 자 2. 전문 소방시설설계업 등록기준에 따른 기술인력을 갖춘 자로서 ❶ 　　　 이 정하여 고시하는 연구기관 또는 단체	소방기술사 ❷ 명 이상	「소방시설 설치 및 관리에 관한 법률 시행령」제9조에 따라 성능위주설계를 하여야 하는 특정소방대상물

■ 소방시설공사업법 시행령 [별표 2]

소방기술자의 배치기준 및 배치기간 (제3조 관련)

1. 소방기술자의 배치기준

소방기술자의 배치기준	소방시설공사 현장의 기준
가. 행정안전부령으로 정하는 특급기술자인 소방기술자(기계분야 및 전기분야)	1) 연면적 ❸ 제곱미터 이상인 특정소방대상물의 공사 현장 2) 지하층을 포함한 층수가 ❹ 층 이상인 특정소방대상물의 공사 현장
나. 행정안전부령으로 정하는 고급기술자 이상의 소방기술자(기계분야 및 전기분야)	1) 연면적 ❺ 제곱미터 이상 ❻ 제곱미터 미만인 특정소방대상물(아파트는 제외한다)의 공사 현장 2) 지하층을 포함한 층수가 ❼ 층 이상 ❽ 층 미만인 특정소방대상물의 공사 현장
다. 행정안전부령으로 정하는 중급기술자 이상의 소방기술자(기계분야 및 전기분야)	1) ❾ (호스릴 방식의 소화설비는 제외한다) 또는 ❿ 가 설치되는 특정소방대상물의 공사 현장 2) 연면적 ⓫ 제곱미터 이상 ⓬ 제곱미터 미만인 특정소방대상물(아파트는 제외한다)의 공사 현장 3) 연면적 ⓭ 제곱미터 이상 ⓮ 제곱미터 미만인 아파트의 공사 현장
라. 행정안전부령으로 정하는 초급기술자 이상의 소방기술자(기계분야 및 전기분야)	1) 연면적 ⓯ 제곱미터 이상 ⓰ 제곱미터 미만인 특정소방대상물(아파트는 제외한다)의 공사 현장 2) 연면적 ⓱ 제곱미터 이상 ⓲ 제곱미터 미만인 아파트의 공사 현장 3) ⓳ 의 공사 현장
마. 법 제28조제2항에 따라 자격수첩을 발급받은 소방기술자	연면적 ⓴ 제곱미터 미만인 특정소방대상물의 공사 현장

시행령

❶ 소방청장
❷ 2
❸ 20만
❹ 40
❺ 3만
❻ 20만
❼ 16
❽ 40
❾ 물분무등소화설비
❿ 제연설비
⓫ 5천
⓬ 3만
⓭ 1만
⓮ 20만
⓯ 1천
⓰ 5천
⓱ 1천
⓲ 1만
⓳ 지하구
⓴ 1천

비고

가. 다음의 어느 하나에 해당하는 기계분야 소방시설공사의 경우에는 소방기술자의 배치기준에 따른 기계분야의 소방기술자를 공사 현장에 배치해야 한다.
   1) 옥내소화전설비, 스프링클러설비등, 물분무등소화설비 또는 옥외소화전설비의 공사
   2) 상수도소화용수설비, 소화수조·저수조 또는 그 밖의 소화용수설비의 공사
   3) 제연설비, 연결송수관설비, 연결살수설비 또는 연소방지설비의 공사
   4) 기계분야 소방시설에 부설되는 전기시설의 공사. 다만, 비상전원, 동력회로, 제어회로, 기계분야의 소방시설을 작동하기 위해 설치하는 화재감지기에 의한 화재감지장치 및 전기신호에 의한 소방시설의 작동장치의 공사는 제외한다.

나. 다음의 어느 하나에 해당하는 전기분야 소방시설공사의 경우에는 소방기술자의 배치기준에 따른 전기분야의 소방기술자를 공사 현장에 배치해야 한다.
   1) 비상경보설비, 시각경보기, 자동화재탐지설비, 비상방송설비, 자동화재속보설비 또는 통합감시시설의 공사
   2) 비상콘센트설비 또는 무선통신보조설비의 공사
   3) 기계분야 소방시설에 부설되는 전기시설 중 가목4) 단서의 전기시설 공사

다. 가목 및 나목에도 불구하고 기계분야 및 전기분야의 자격을 모두 갖춘 소방기술자가 있는 경우에는 소방시설공사를 분야별로 구분하지 않고 그 소방기술자를 배치할 수 있다.

라. 가목 및 나목에도 불구하고 소방공사감리업자가 감리하는 소방시설공사가 다음의 어느 하나에 해당하는 경우에는 소방기술자를 소방시설공사 현장에 배치하지 않을 수 있다.
   1) 소방시설의 비상전원을 「전기공사업법」에 따른 전기공사업자가 공사하는 경우
   2) 상수도소화용수설비, 소화수조·저수조 또는 그 밖의 소화용수설비를 「건설산업기본법 시행령」 별표 1에 따른 기계설비·가스공사업자 또는 상·하수도설비 공사업자가 공사하는 경우
   3) 소방 외의 용도와 겸용되는 제연설비를 「건설산업기본법 시행령」 별표 1에 따른 기계설비·가스공사업자가 공사하는 경우
   4) 소방 외의 용도와 겸용되는 비상방송설비 또는 무선통신보조설비를 「정보통신공사업법」에 따른 정보통신공사업자가 공사하는 경우

마. 공사업자는 다음의 경우를 제외하고는 1명의 소방기술자를 2개의 공사 현장을 초과하여 배치해서는 안 된다. 다만, 연면적 ❶ 제곱미터 이상의 특정소방대상물(아파트는 제외한다)이거나 지하층을 포함한 층수가 ❷ 층 이상으로서 ❸ 세대 이상인 아파트에 대한 소방시설 공사의 경우에는 1개의 공사 현장에만 배치해야 한다.
   1) 건축물의 연면적이 5천제곱미터 미만인 공사 현장에만 배치하는 경우. 다만, 그 연면적의 합계는 ❹ 제곱미터를 초과해서는 안 된다.
   2) 건축물의 연면적이 5천제곱미터 이상인 공사 현장 ❺ 개 이하와 5천제곱미터 미만인 공사 현장에 같이 배치하는 경우. 다만, 5천제곱미터 미만의 공사 현장의 연면적의 합계는 ❻ 제곱미터를 초과해서는 안 된다.

바. 특정 공사 현장이 2개 이상의 공사 현장 기준에 해당하는 경우에는 해당 공사 현장 기준에 따라 배치해야 하는 소방기술자를 각각 배치하지 않고 그 중 상위 등급 이상의 소방기술자를 배치할 수 있다.

2. 소방기술자의 배치기간
   가. 공사업자는 제1호에 따른 소방기술자를 ❼   부터 ❽   까지 배치한다.
   나. 공사업자는 가목에도 불구하고 시공관리, 품질 및 안전에 지장이 없는 경우로서 다음의 어느 하나에 해당하여 발주자가 서면으로 승낙하는 경우에는 해당 공사가 중단된 기간 동안 소방기술자를 공사 현장에 배치하지 않을 수 있다.
      1) 민원 또는 계절적 요인 등으로 해당 공정의 공사가 일정 기간 중단된 경우
      2) 예산의 부족 등 발주자(하도급의 경우에는 수급인을 포함한다. 이하 이 목에서 같다)의 책임 있는 사유 또는 천재지변 등 불가항력으로 공사가 일정기간 중단된 경우
      3) 발주자가 공사의 중단을 요청하는 경우

시행령
- ❶ 3만
- ❷ 16
- ❸ 500
- ❹ 2만
- ❺ 2
- ❻ 1만
- ❼ 소방시설공사의 착공일
- ❽ 소방시설 완공검사증명서 발급일

■ 소방시설공사업법 시행령 [별표 3]

소방공사 감리의 종류, 방법 및 대상 (제9조 관련) 24 공채 / 경채

종류	대상	방법
상주 공사감리	1. 연면적 ❶ 제곱미터 이상의 특정소방대상물(아파트는 제외한다)에 대한 소방시설의 공사 2. 지하층을 포함한 층수가 ❷ 층 이상으로서 ❸ 세대 이상인 아파트에 대한 소방시설의 공사	1. 감리원은 행정안전부령으로 정하는 기간 동안 공사 현장에 상주하여 법 제16조제1항 각 호에 따른 업무를 수행하고 감리일지에 기록해야 한다. 다만, 법 제16조제1항제9호에 따른 업무는 행정안전부령으로 정하는 기간 동안 공사가 이루어지는 경우만 해당한다. 2. 감리원이 행정안전부령으로 정하는 기간 중 부득이한 사유로 ❹ 일 이상 현장을 이탈하는 경우에는 감리일지 등에 기록하여 발주청 또는 발주자의 확인을 받아야 한다. 이 경우 감리업자는 감리원의 업무를 대행할 사람을 감리현장에 배치하여 감리업무에 지장이 없도록 해야 한다. 3. ❺ 는 감리원이 행정안전부령으로 정하는 기간 중 법에 따른 교육이나 「민방위기본법」 또는 「예비군법」에 따른 교육을 받는 경우나 「근로기준법」에 따른 유급휴가로 현장을 이탈하게 되는 경우에는 감리업무에 지장이 없도록 감리원의 업무를 대행할 사람을 감리현장에 배치해야 한다. 이 경우 감리원은 새로 배치되는 업무대행자에게 업무 인수·인계 등의 필요한 조치를 해야 한다.
일반 공사감리	상주 공사감리에 해당하지 않는 소방시설의 공사	1. 감리원은 공사 현장에 배치되어 법 제16조제1항 각 호에 따른 업무를 수행한다. 다만, 법 제16조제1항제9호에 따른 업무는 행정안전부령으로 정하는 기간 동안 공사가 이루어지는 경우만 해당한다. 2. 감리원은 행정안전부령으로 정하는 기간 중에는 ❻ 이상 공사 현장에 배치되어 제1호의 업무를 수행하고 감리일지에 기록해야 한다. 3. 감리업자는 감리원이 부득이한 사유로 ❼ 일 이내의 범위에서 제2호의 업무를 수행할 수 없는 경우에는 업무대행자를 지정하여 그 업무를 수행하게 해야 한다. 4. 제3호에 따라 지정된 업무대행자는 ❽ 이상 공사 현장에 배치되어 제1호의 업무를 수행하며, 그 업무수행 내용을 감리원에게 통보하고 감리일지에 기록해야 한다.

비고

감리업자는 제연설비 등 소방시설의 공사 감리를 위해 소방시설 성능시험(확인, 측정 및 조정을 포함한다)에 관한 전문성을 갖춘 기관·단체 또는 업체에 성능시험을 의뢰할 수 있다. 이 경우 해당 소방시설공사의 감리를 위해 별표 4에 따라 배치된 감리원(책임감리원을 배치해야 하는 소방시설공사의 경우에는 책임감리원을 말한다)은 성능시험 현장에 참석하여 성능시험이 적정하게 실시되는지 확인해야 한다.

■ 소방시설공사업법 시행령 [별표 4]

소방공사 감리원의 배치기준 및 배치기간 (제11조 관련)

1. 소방공사 감리원의 배치기준

감리원의 배치기준		소방시설공사 현장의 기준
책임감리원	보조감리원	
가. 행정안전부령으로 정하는 특급감리원 중 소방기술사	행정안전부령으로 정하는 초급감리원 이상의 소방공사 감리원(기계분야 및 전기분야)	1) 연면적 ❾ 제곱미터 이상인 특정소방대상물의 공사 현장 2) 지하층을 포함한 층수가 ❿ 층 이상인 특정소방대상물의 공사 현장
나. 행정안전부령으로 정하는 특급감리원 이상의 소방공사 감리원(기계분야 및 전기분야)	행정안전부령으로 정하는 초급감리원 이상의 소방공사 감리원(기계분야 및 전기분야)	1) 연면적 ⑪ 제곱미터 이상 ⑫ 제곱미터 미만인 특정소방대상물(아파트는 제외한다)의 공사 현장 2) 지하층을 포함한 층수가 ⑬ 층 이상 ⑭ 층 미만인 특정소방대상물의 공사 현장
다. 행정안전부령으로 정하는 고급감리원 이상의 소방공사 감리원(기계분야 및 전기분야)	행정안전부령으로 정하는 초급감리원 이상의 소방공사 감리원(기계분야 및 전기분야)	1) ⑮ (호스릴 방식의 소화설비는 제외한다) 또는 ⑯ 가 설치되는 특정소방대상물의 공사 현장 2) 연면적 ⑰ 제곱미터 이상 ⑱ 제곱미터 미만인 아파트의 공사 현장
라. 행정안전부령으로 정하는 중급감리원 이상의 소방공사 감리원(기계분야 및 전기분야)		연면적 ⑲ 제곱미터 이상 3만제곱미터미만인 특정소방대상물의 공사 현장
마. 행정안전부령으로 정하는 초급감리원 이상의 소방공사 감리원(기계분야 및 전기분야)		1) 연면적 ⑳ 제곱미터 미만인 특정소방대상물의 공사 현장 2) 지하구의 공사 현장

시행령

❶ 3만
❷ 16
❸ 500
❹ 1
❺ 감리업자
❻ 주 1회
❼ 14
❽ 주 2회
❾ 20만
❿ 40
⑪ 3만
⑫ 20만
⑬ 16
⑭ 40
⑮ 물분무등소화설비
⑯ 제연설비
⑰ 3만
⑱ 20만
⑲ 5천
⑳ 5천

비고

가. "책임감리원"이란 해당 공사 전반에 관한 감리업무를 총괄하는 사람을 말한다.

나. "보조감리원"이란 책임감리원을 보좌하고 책임감리원의 지시를 받아 감리업무를 수행하는 사람을 말한다.

다. 소방시설공사 현장의 연면적 합계가 20만제곱미터 이상인 경우에는 20만제곱미터를 초과하는 연면적에 대하여 ❶ 제곱미터(20만제곱미터를 초과하는 연면적이 10만제곱미터에 미달하는 경우에는 10만제곱미터로 본다)마다 보조감리원 1명 이상을 추가로 배치해야 한다.

라. 위 표에도 불구하고 ❷ 에 해당하지 않는 소방시설의 공사에는 보조감리원을 배치하지 않을 수 있다.

마. 특정 공사 현장이 2개 이상의 공사 현장 기준에 해당하는 경우에는 해당 공사 현장 기준에 따라 배치해야 하는 감리원을 각각 배치하지 않고 그 중 상위 등급 이상의 감리원을 배치할 수 있다.

2. 소방공사 감리원의 배치기간

　가. 감리업자는 제1호의 기준에 따른 소방공사 감리원을 상주 공사감리 및 일반 공사감리로 구분하여 소방시설공사의 착공일부터 소방시설 완공검사증명서 발급일까지의 기간 중 행정안전부령으로 정하는 기간 동안 배치한다.

　나. 감리업자는 가목에도 불구하고 시공관리, 품질 및 안전에 지장이 없는 경우로서 다음의 어느 하나에 해당하여 발주자가 서면으로 승낙하는 경우에는 해당 공사가 중단된 기간 동안 감리원을 공사현장에 배치하지 않을 수 있다.

　　1) 민원 또는 계절적 요인 등으로 해당 공정의 공사가 일정 기간 중단된 경우

　　2) 예산의 부족 등 발주자(하도급의 경우에는 수급인을 포함한다. 이하 이 목에서 같다)의 책임 있는 사유 또는 천재지변 등 불가항력으로 공사가 일정기간 중단된 경우

　　3) ❸ 가 공사의 중단을 요청하는 경우

■ 소방시설공사업법 시행령 [별표 5]

과태료의 부과기준 (제21조 관련)

1. 일반기준

   가. 위반행위의 횟수에 따른 과태료의 가중된 부과기준은 최근 ❹ 년간 같은 위반행위로 과태료 부과처분을 받은 경우에 적용한다. 이 경우 기간의 계산은 위반행위에 대하여 과태료 부과처분을 받은 날과 그 처분 후 다시 같은 위반행위를 하여 적발된 날을 기준으로 한다.

   나. 가목에 따라 가중된 부과처분을 하는 경우 가중처분의 적용 차수는 그 위반행위 전 부과처분 차수(가목에 따른 기간 내에 과태료 부과처분이 둘 이상 있었던 경우에는 높은 차수를 말한다)의 다음 차수로 한다. 다만, 적발된 날부터 소급하여 ❺ 년이 되는 날 전에 한 부과처분은 가중처분의 차수 산정 대상에서 제외한다.

   다. 과태료 부과권자는 위반행위자가 다음의 어느 하나에 해당하는 경우에는 제2호에 따른 과태료 금액의 ❻ 의 범위에서 그 금액을 줄여 부과할 수 있다. 다만, 과태료를 체납하고 있는 위반행위자에 대해서는 그렇지 않다.

   1) 위반행위자가「질서위반행위규제법 시행령」제2조의2제1항 각 호의 어느 하나에 해당하는 경우
   2) 위반행위자가 처음 위반행위를 한 경우로서 ❼ 년 이상 해당 업종을 모범적으로 영위한 사실이 인정되는 경우
   3) 위반행위자가 화재 등 재난으로 재산에 현저한 손실이 발생하거나 사업여건의 악화로 사업이 중대한 위기에 처하는 등의 사정이 있는 경우
   4) 위반행위가 사소한 부주의나 오류 등 과실로 인한 것으로 인정되는 경우
   5) 위반행위자가 같은 위반행위로 다른 법률에 따라 과태료·벌금 또는 영업정지 등의 처분을 받은 경우
   6) 위반행위자가 위법행위로 인한 결과를 시정하거나 해소한 경우
   7) 그 밖에 위반행위의 정도, 위반행위의 동기와 그 결과 등을 고려하여 과태료 금액을 줄일 필요가 있다고 인정되는 경우

시행령

❶ 10만
❷ 상주 공사감리
❸ 발주자
❹ 1
❺ 1
❻ 2분의 1
❼ 3

2.개별기준

위반행위	근거 법조문	과태료 금액(단위: 만원)		
		1차 위반	2차 위반	3차 이상 위반
가. 법 제6조, 제6조의2제1항, 제7조제3항, 제13조제1항 및 제2항 전단, 제17조제2항을 위반하여 신고를 하지 않거나 거짓으로 신고한 경우	법 제40조제1항제1호	❶	❷	❸
나. 법 제8조제3항을 위반하여 관계인에게 지위승계, 행정처분 또는 휴업·폐업의 사실을 거짓으로 알린 경우	법 제40조제1항제2호	60	100	200
다. 법 제8조제4항을 위반하여 관계 서류를 보관하지 않은 경우	법 제40조제1항제3호	200		
라. 법 제12조제2항을 위반하여 소방기술자를 공사 현장에 배치하지 않은 경우	법 제40조제1항제4호	200		
마. 법 제14조제1항을 위반하여 완공검사를 받지 않은 경우	법 제40조제1항제5호	200		
바. 법 제15조제3항을 위반하여 3일 이내에 하자를 보수하지 않거나 하자보수계획을 관계인에게 거짓으로 알린 경우	법 제40조제1항제6호			
1) 4일 이상 30일 이내에 보수하지 않은 경우		❹		
2) 30일을 초과하도록 보수하지 않은 경우		❺		
3) 거짓으로 알린 경우		❻		
사. 법 제17조제3항을 위반하여 감리 관계 서류를 인수·인계하지 않은 경우	법 제40조제1항제8호	200		
아. 법 제18조제2항에 따른 배치통보 및 변경통보를 하지 않거나 거짓으로 통보한 경우	법 제40조제1항제8호의2	60	100	200
자. 법 제20조의2를 위반하여 방염성능기준 미만으로 방염을 한 경우	법 제40조제1항제9호	200		
차. 법 제20조의3제2항에 따른 방염처리능력 평가에 관한 서류를 거짓으로 제출한 경우	법 제40조제1항제10호	200		
카. 법 제21조의3제2항에 따른 도급계약 체결 시 의무를 이행하지 않은 경우(하도급 계약의 경우에는 하도급 받은 소방시설업자는 제외한다)	법 제40조제1항제10호의3	200		
타. 법 제21조의3제4항에 따른 하도급 등의 통지를 하지 않은 경우	법 제40조제1항제11호	❼	❽	❾
파. 법 제21조의4제1항에 따른 공사대금의 지급보증, 담보의 제공 또는 보험료 등의 지급을 정당한 사유 없이 이행하지 않은 경우	법 제40조제1항제11호의2	200		
하. 법 제26조제2항에 따른 시공능력 평가에 관한 서류를 거짓으로 제출한 경우	법 제40조제1항제13호의2	200		
거. 법 제26조의2제1항 후단에 따른 사업수행능력 평가에 관한 서류를 위조하거나 변조하는 등 거짓이나 그 밖의 부정한 방법으로 입찰에 참여한 경우	법 제40조제1항제13호의3	200		
너. 법 제31조제1항에 따른 명령을 위반하여 보고 또는 자료 제출을 하지 않거나 거짓으로 보고 또는 자료 제출을 한 경우	법 제40조제1항제14호	❿	⓫	⓬

소방시설공사업법 · 시행규칙

■ 소방시설공사업법 시행규칙 [별표 1]

소방시설업에 대한 행정처분기준 (제9조 관련)

1. 일반기준

  가. 위반행위가 동시에 둘 이상 발생한 경우에는 그 중 중한 처분기준(중한 처분기준이 동일한 경우에는 그 중 하나의 처분기준을 말한다. 이하 같다)에 따르되, 둘 이상의 처분기준이 동일한 영업정지인 경우에는 중한 처분의 ❸ 까지 가중하여 처분할 수 있다.

  나. 영업정지 처분기간 중 영업정지에 해당하는 위반사항이 있는 경우에는 종전의 처분기간 만료일의 다음날부터 새로운 위반사항에 대한 영업정지의 행정처분을 한다.

  다. 위반행위의 차수에 따른 행정처분기준은 최근 ❹ 년간 같은 위반행위로 행정처분을 받은 경우에 적용하되, 제2호처목에 따른 위반행위의 차수는 재물 또는 재산상의 이익을 취득하거나 제공한 횟수로 산정한다. 이 경우 기준 적용일은 위반사항에 대한 행정처분일과 그 처분 후 다시 적발한 날을 기준으로 한다.

  라. 다목에 따라 가중된 행정처분을 하는 경우 가중처분의 적용차수는 그 위반행위 전 행정처분 차수(다목에 따른 기간 내에 행정처분이 둘 이상 있었던 경우에는 높은 차수를 말한다)의 다음 차수로 한다. 다만, 적발된 날부터 소급하여 ❺ 년이 되는 날 전에 한 행정처분은 가중처분의 차수 산정 대상에서 제외한다.

  마. 영업정지 등에 해당하는 위반사항으로서 위반행위의 동기·내용·횟수·사유 또는 그 결과를 고려하여 다음 각 목에 해당하는 경우 그 처분을 가중하거나 감경할 수 있다. 이 경우 그 처분이 영업정지일 때에는 그 처분기준의 ❻ 의 범위에서 가중하거나 감경할 수 있고, 그 처분이 등록취소(법 제9조제1항제1호, 제3호, 제6호 및 제7호를 위반하여 등록취소가 된 경우는 제외한다)인 경우에는 등록취소 전 차수의 행정처분이 영업정지일 경우 처분기준의 ❼ 배 이상의 영업정지처분으로 감경할 수 있다.

    1) 가중사유

      가) 위반행위가 ❽ 나 ❾ 가 아닌 고의나 중대한 과실에 의한 것으로 인정되는 경우

      나) 위반의 내용·정도가 중대하여 관계인에게 미치는 피해가 크다고 인정되는 경우

시행규칙				
❶ 60	❺ 100	❾ 200	⓭ 2분의 1	⓱ 2
❷ 100	❻ 200	❿ 60	⓮ 1	⓲ 사소한 부주의
❸ 200	❼ 60	⓫ 100	⓯ 1	⓳ 오류
❹ 60	❽ 100	⓬ 200	⓰ 2분의 1	

2) 감경 사유

　　가) 위반행위가 고의나 중대한 과실이 아닌 사소한 부주의나 오류로 인한 것으로 인정되는 경우

　　나) 위반의 내용·정도가 경미하여 관계인에게 미치는 피해가 적다고 인정되는 경우

　　다) 위반행위자의 위반행위가 처음이며 ❶ 년 이상 소방시설업을 모범적으로 해 온 사실이 인정되는 경우

　　라) 위반행위자가 그 위반행위로 인하여 검사로부터 기소유예 처분을 받거나 법원으로부터 선고유예 판결을 받은 경우

바. 시·도지사는 고의 또는 중과실이 없는 위반행위자가 「소상공인기본법」 제2조에 따른 소상공인인 경우에는 다음의 사항을 고려하여 제2호의 개별기준에 따른 처분을 감경할 수 있다. 이 경우 그 처분이 영업정지인 경우에는 그 처분기준의 ❷ 범위에서 감경할 수 있고, 그 처분이 등록취소(법 제9조제1항제1호, 제3호, 제6호 및 제7호를 위반하여 등록취소가 된 경우는 제외한다)인 경우에는 등록취소 전 차수의 행정처분이 영업정지일 경우 그 처분기준의 영업정지 처분으로 감경할 수 있다. 다만, 마목에 따른 감경과 중복하여 적용하지 않는다.

　1) 해당 행정처분으로 위반행위자가 더 이상 영업을 영위하기 어렵다고 객관적으로 인정되는지 여부

　2) 경제위기 등으로 위반행위자가 속한 시장·산업 여건이 현저하게 변동되거나 지속적으로 악화된 상태인지 여부

2. 개별기준

위반사항	근거법령	행정처분 기준		
		1차	2차	3차
가. 거짓이나 그 밖의 부정한 방법으로 등록한 경우	법 제9조	등록취소		
나. 법 제4조제1항에 따른 등록기준에 미달하게 된 후 30일이 경과한 경우(법 제9조제1항제2호 단서에 해당하는 경우는 제외한다)	법 제9조	❸	❹	❺
다. 법 제5조 각 호의 등록 결격사유에 해당하게 된 경우	법 제9조	등록취소		
라. 등록을 한 후 정당한 사유 없이 1년이 지날 때까지 영업을 시작하지 아니하거나 계속하여 1년 이상 휴업한 때	법 제9조	경고(시정명령)	등록취소	
마. 법 제8조제1항을 위반하여 다른 자에게 자기의 성명이나 상호를 사용하여 소방시설공사등을 수급 또는 시공하게 하거나 소방시설업의 등록증 또는 등록수첩을 빌려준 경우	법 제9조	영업정지 6개월	등록취소	
바. 법 제8조제2항을 위반하여 영업정지 기간 중에 소방시설공사등을 한 경우	법 제9조	등록취소		
사. 법 제8조제3항 또는 제4항을 위반하여 통지를 하지 아니하거나 관계서류를 보관하지 아니한 경우	법 제9조	❻	❼	❽

위반사항	근거법령	1차	2차	3차
아. 법 제11조 또는 제12조제1항을 위반하여 화재안전기준 등에 적합하게 설계·시공을 하지 아니하거나, 법 제16조제1항에 따라 적합하게 감리를 하지 아니한 경우	법 제9조	❾	❿	⓫
자. 법 제11조, 제12조제1항, 제16조제1항 또는 제20조의2에 따른 소방시설공사 등의 업무수행의무 등을 고의 또는 과실로 위반하여 다른 자에게 상해를 입히거나 재산피해를 입힌 경우	법 제9조	영업정지 6개월	등록취소	
차. 법 제12조제2항을 위반하여 소속 소방기술자를 공사현장에 배치하지 아니하거나 거짓으로 한 경우	법 제9조	경고 (시정명령)	영업정지 1개월	등록취소
카. 법 제13조 또는 제14조를 위반하여 착공신고(변경신고를 포함한다)를 하지 아니하거나 거짓으로 한 때 또는 완공검사(부분완공검사를 포함한다)를 받지 아니한 경우	법 제9조	경고 (시정명령)	영업정지 3개월	등록취소
타. 법 제13조제2항 후단을 위반하여 착공신고사항 중 중요한 사항에 해당하지 아니하는 변경사항을 같은 항 각 호의 어느 하나에 해당하는 서류에 포함하여 보고하지 아니한 경우	법 제9조	경고 (시정명령)	영업정지 1개월	등록취소
파. 법 제15조제3항을 위반하여 하자보수 기간 내에 하자보수를 하지 아니하거나 하자보수계획을 통보하지 아니한 경우	법 제9조	⓬	⓭	⓮

시행규칙

❶ 5
❷ 100분의 70
❸ 경고 (시정명령)
❹ 영업정지 3개월
❺ 등록취소
❻ 경고 (시정명령)
❼ 영업정지 1개월
❽ 등록취소
❾ 영업정지 1개월
❿ 영업정지 3개월
⓫ 등록취소
⓬ 경고 (시정명령)
⓭ 영업정지 1개월
⓮ 등록취소

하. 법 제16조제3항에 따른 감리의 방법을 위반한 경우	법 제9조	경고 (시정명령)	영업정지 1개월	등록취소
거. 법 제17조제3항을 위반하여 인수·인계를 거부·방해·기피한 경우	법 제9조	영업정지 1개월	영업정지 3개월	등록취소
너. 법 제18조제1항을 위반하여 소속 감리원을 공사현장에 배치하지 아니하거나 거짓으로 한 경우	법 제9조	영업정지 1개월	영업정지 3개월	등록취소
더. 법 제18조제3항의 감리원 배치기준을 위반한 경우	법 제9조	경고 (시정명령)	영업정지 1개월	등록취소
러. 법 제19조제1항에 따른 요구에 따르지 아니한 경우	법 제9조	영업정지 1개월	영업정지 3개월	등록취소
머. 법 제19조제3항을 위반하여 보고하지 아니한 경우	법 제9조	경고 (시정명령)	영업정지 1개월	등록취소
버. 법 제20조를 위반하여 감리 결과를 알리지 아니하거나 거짓으로 알린 경우 또는 공사감리 결과보고서를 제출하지 아니하거나 거짓으로 제출한 경우	법 제9조	경고 (시정명령)	영업정지 3개월	등록취소
서. 법 제20조의2를 위반하여 방염을 한 경우	법 제9조	❶	❷	❸
어. 법 제20조의3제2항에 따른 방염처리능력 평가에 관한 서류를 거짓으로 제출한 경우	법 제9조	영업정지 3개월	영업정지 6개월	등록취소
저. 법 제21조의3제4항을 위반하여 하도급 등에 관한 사항을 관계인과 발주자에게 알리지 아니하거나 거짓으로 알린 경우	법 제9조	경고 (시정명령)	영업정지 1개월	등록취소
처. 법 제21조의5제1항 또는 제3항을 위반하여 부정한 청탁을 받고 재물 또는 재산상의 이익을 취득하거나 부정한 청탁을 하면서 재물 또는 재산상의 이익을 제공한 경우	법 제9조			
1) 취득하거나 제공한 재물 또는 재산상 이익의 가액(價額)이 1천만원 이상인 경우		영업정지 3개월	영업정지 6개월	등록취소
2) 취득하거나 제공한 재물 또는 재산상 이익의 가액이 1백만원 이상 1천만원 미만인 경우		영업정지 2개월	영업정지 5개월	등록취소
3) 취득하거나 제공한 재물 또는 재산상 이익의 가액이 1백만원 미만인 경우		영업정지 1개월	영업정지 4개월	등록취소

위반사항	근거법령	1차	2차	3차
커. 법 제22조제1항 본문을 위반하여 도급받은 소방시설의 설계, 시공, 감리를 하도급한 경우	법 제9조	영업정지 3개월	영업정지 6개월	등록취소
터. 법 제22조제2항을 위반하여 하도급받은 소방시설공사를 다시 하도급한 경우	법 제9조	영업정지 3개월	영업정지 6개월	등록취소
퍼. 법 제22조의2제2항을 위반하여 정당한 사유 없이 하수급인 또는 하도급 계약내용의 변경요구에 따르지 아니한 경우	법 제9조	❹	❺	❻
허. 제22조의3을 위반하여 하수급인에게 대금을 지급하지 아니한 경우	법 제9조	❼	❽	❾
고. 법 제24조를 위반하여 시공과 감리를 함께 한 경우	법 제9조	영업정지 3개월	등록취소	
노. 법 제26조제2항에 따른 시공능력 평가에 관한 서류를 거짓으로 제출한 경우	법 제9조	영업정지 3개월	영업정지 6개월	등록취소
도. 법 제26조의2제1항 후단에 따른 사업수행능력 평가에 관한 서류를 위조하거나 변조하는 등 거짓이나 그 밖의 부정한 방법으로 입찰에 참여한 경우	법 제9조	영업정지 3개월	영업정지 6개월	등록취소
로. 법 제31조에 따른 명령을 위반하여 보고 또는 자료 제출을 하지 아니하거나 거짓으로 보고 또는 자료 제출을 한 경우	법 제9조	영업정지 3개월	영업정지 6개월	등록취소
모. 정당한 사유 없이 법 제31조에 따른 관계 공무원의 출입 또는 검사·조사를 거부·방해 또는 기피한 경우	법 제9조	영업정지 3개월	영업정지 6개월	등록취소

시행규칙
❶ 영업정지 3개월
❷ 영업정지 6개월
❸ 등록취소
❹ 경고 (시정명령)
❺ 영업정지 1개월
❻ 등록취소
❼ 영업정지 1개월
❽ 영업정지 3개월
❾ 등록취소

■ 소방시설공사업법 시행규칙 [별표 2]

과징금의 부과기준 (제10조제1호 관련)
〈2021년 6월 10일부터 2023년 12월 31일까지의 기간 중에 위반행위를 한 경우〉

1. 일반기준

   가. 영업정지 1개월은 ❶ 　　　 일로 계산한다.

   나. 과징금 산정은 별표 1 제2호의 영업정기기간(일)에 제2호에 따른 1일 과징금 금액을 곱하여 얻은 금액으로 한다.

   다. 위반행위가 둘 이상 발생한 경우 과징금 부과에 따른 영업정지기간(일) 산정은 별표 1 제2호의 개별기준에 따른 각각의 영업정지처분기간을 합산한 기간으로 한다.

   라. 영업정지에 해당하는 위반사항으로서 위반행위의 동기·내용·횟수 또는 그 결과를 고려하여 그 처분기준의 ❷ 　　　 까지 감경한 경우 과징금 부과에 따른 영업정지기간(일) 산정은 감경한 영업정지기간으로 한다.

   마. 제2호에 따른 연간 매출액은 해당 업체에 대한 행정처분일이 속한 연도의 전년도 ❸ 년간 총 매출액을 기준으로 하며, 신규사업·휴업 등에 따라 전년도 1년간의 총매출액을 산출할 수 없는 경우에는 분기별·월별 또는 일별 매출액을 기준으로 하여 연간 매출액을 산정한다.

   바. 별표 1 제2호 행정처분 개별기준 중 나목·바목·거목·노목·도목 및 로목의 위반사항에는 법 제10조제1항에 따른 영업정지를 갈음하여 과징금을 부과할 수 없다.

등급	연간 매출액	1일 과징금 금액(단위: 원)
1	1억원 이하	❹
2	1억원 초과 ~ 2억원 이하	❺
3	2억원 초과 ~ 3억원 이하	34,000
4	3억원 초과 ~ 5억원 이하	55,000
5	5억원 초과 ~ 7억원 이하	80,000
6	7억원 초과 ~ 10억원 이하	100,000
7	10억원 초과 ~ 13억원 이하	120,000
8	13억원 초과 ~ 16억원 이하	140,000
9	16억원 초과 ~ 20억원 이하	160,000
10	20억원 초과 ~ 25억원 이하	180,000

11	25억원 초과 ~ 30억원 이하	200,000
12	30억원 초과 ~ 40억원 이하	220,000
13	40억원 초과 ~ 50억원 이하	240,000
14	50억원 초과 ~ 70억원 이하	260,000
15	70억원 초과 ~ 100억원 이하	280,000
16	100억원 초과 ~ 150억원 이하	370,000
17	150억원 초과 ~ 200억원 이하	515,000
18	200억원 초과 ~ 300억원 이하	736,000
19	300억원 초과 ~ 500억원 이하	1,030,000
20	500억원 초과 ~ 1,000억원 이하	1,058,000
21	1,000억원 초과 ~ 5,000억원 이하	1,068,000
22	5,000억원 초과	1,100,000

시행규칙

❶ 30
❷ 2분의 1
❸ 1
❹ 10,000
❺ 20,500

■ 소방시설공사업법 시행규칙 [별표 2의2]

과징금의 부과기준 (제10조제2호 관련)
〈2024년 1월 1일 이후에 위반행위를 한 경우〉

1. 일반기준

   가. 영업정지 1개월은 ❶   로 계산한다.

   나. 과징금 산정은 별표 1 제2호의 영업정지기간(일)에 1일 평균 매출액을 기준으로 제2호 각 목의 기준에 따라 산정한다.

   다. 위반행위가 둘 이상 발생한 경우 과징금 부과에 따른 영업정지기간(일) 산정은 별표 1 제2호의 개별기준에 따른 각각의 영업정지처분기간을 합산한 기간으로 한다.

   라. 영업정지에 해당하는 위반사항으로서 위반행위의 동기·내용·횟수 또는 그 결과를 고려하여 그 처분기준의 ❷   까지 감경한 경우 과징금 부과에 따른 영업정지기간(일) 산정은 감경한 영업정지기간으로 한다.

   마. 제2호에 따른 1일 평균 매출액은 해당 업체에 대한 행정처분일이 속한 연도의 전년도 1년간 총 매출액을 365로 나눈 금액으로 한다. 다만, 신규사업·휴업 등에 따라 전년도 1년간의 총매출액을 산출할 수 없는 경우에는 분기별·월별 또는 일별 매출액을 기준으로 하여 1일 평균 매출액을 산정한다.

   바. 별표 1 제2호 행정처분 개별기준 중 나목·바목·거목·너목·도목 및 로목의 위반사항에는 법 제10조제1항에 따른 영업정지를 갈음하여 과징금을 부과할 수 없다.

2. 개별기준

   가. 소방시설설계업 및 소방공사감리업의 과징금 산정기준

   － 과징금 부과금액 = 1일 평균 매출액 × 영업정지 일수 × ❸

   나. 소방시설공사업 및 방염처리업의 과징금 산정기준

   － 과징금 부과금액 = 1일 평균 매출액 × 영업정지 일수 × ❹

■ 소방시설공사업법 시행규칙 [별표 3]

일반 공사감리기간 (제16조 관련)

1. 옥내소화전설비·스프링클러설비·포소화설비·물분무소화설비·연결살수설비 및 연소방지설비의 경우: 가압송수장치의 설치, 가지배관의 설치, 개폐밸브·유수검지장치·체크밸브·템퍼스위치의 설치, 앵글밸브·소화전함의 매립, 스프링클러헤드·포헤드·포방출구·포노즐·포호스릴·물분무헤드·연결살수헤드·방수구의 설치, 포소화약제 탱크 및 포혼합기의 설치, 포소화약제의 충전, 입상배관과 옥상탱크의 접속, 옥외 연결송수구의 설치, 제어반의 설치, 동력전원 및 각종 제어회로의 접속, 음향장치의 설치 및 수동조작함의 설치를 하는 기간
2. 이산화탄소소화설비·할로겐화합물소화설비·청정소화약제소화설비 및 분말소화설비의 경우: 소화약제 저장용기와 집합관의 접속, 기동용기 등 작동장치의 설치, 제어반·화재표시반의 설치, 동력전원 및 각종 제어회로의 접속, 가지배관의 설치, 선택밸브의 설치, 분사헤드의 설치, 수동기동장치의 설치 및 음향경보장치의 설치를 하는 기간
3. 자동화재탐지설비·시각경보기·비상경보설비·비상방송설비·통합감시시설·유도등·비상콘센트설비 및 무선통신보조설비의 경우: 전선관의 매립, 감지기·유도등·조명등 및 비상콘센트의 설치, 증폭기의 접속, 누설동축케이블 등의 부설, 무선기기의 접속단자·분배기·증폭기의 설치 및 동력전원의 접속공사를 하는 기간
4. 피난기구의 경우: ❺   를 설치하는 기간
5. 제연설비의 경우: 가동식 제연경계벽·배출구·공기유입구의 설치, 각종 댐퍼 및 유입구 폐쇄장치의 설치, 배출기 및 공기유입기의 설치 및 풍도와의 접속, 배출풍도 및 유입풍도의 설치·단열조치, 동력전원 및 제어회로의 접속, 제어반의 설치를 하는 기간
6. 비상전원이 설치되는 소방시설의 경우: 비상전원의 설치 및 ❻   과의 접속을 하는 기간

비고
위 각 호에 따른 소방시설의 일반공사 감리기간은 소방시설의 성능시험, 소방시설 완공검사증명서의 발급·인수인계 및 소방공사의 정산을 하는 기간을 포함한다.

시행규칙
❶ 30일
❷ 2분의 1
❸ 0.0205
❹ 0.0423
❺ 고정금속구
❻ 소방시설

■ 소방시설공사업법 시행규칙 [별표 3의2]

방염처리능력 평가의 방법 (제19조의3제1항 관련)

1. 방염처리업자의 방염처리능력은 다음 계산식으로 산정하되, 10만원 미만의 숫자는 버린다. 이 경우 산정기준일은 평가를 하는 해의 전년도 ❶ 로 한다.

   방염처리능력평가액 = 실적평가액 + 자본금평가액 + 기술력평가액 + 경력평가액 ± ❷

   가. 방염처리능력평가액은 영 별표 1 제4호에 따른 방염처리업의 업종별로 산정해야 한다.

2. 실적평가액은 다음 계산식으로 산정한다.

   실적평가액 = 연평균 ❸

   가. 방염처리 실적은 제19조의2제2항제1호의 구분에 따른 실적을 말하며, 영 별표 1 제4호에 따른 방염처리업 업종별로 산정해야 한다.
   나. 제조・가공 공정에서 방염처리한 물품을 수입한 경우에는 방염처리 실적에 포함되지 않는다.
   다. 방염처리실적액(발주자가 공급하는 자재비를 제외한다)은 해당 업체의 수급금액 중 하수급금액은 포함하고 하도급금액은 제외한다.
   라. 방염물품의 종류 및 처리방법에 따른 실적인정 비율은 ❹ 이 정하여 고시한다.
   마. 방염처리업을 한 기간이 산정일을 기준으로 ❺ 년 이상인 경우에는 최근 3년간의 방염처리실적을 합산하여 3으로 나눈 금액을 연평균 방염처리실적액으로 한다.
   바. 방염처리업을 한 기간이 산정일을 기준으로 1년 이상 ❻ 년 미만인 경우에는 그 기간의 방염처리실적을 합산한 금액을 그 기간의 개월수로 나눈 금액에 12를 곱한 금액을 연평균 방염처리실적액으로 한다.
   사. 방염처리업을 한 기간이 산정일을 기준으로 1년 미만인 경우에는 그 기간의 방염처리실적액을 연평균방염처리실적액으로 한다.
   아. 다음의 어느 하나에 해당하는 경우의 실적은 종전 방염처리업자의 실적과 방염처리업을 승계한 자의 실적을 합산한다.
     1) 방염처리업자인 법인이 분할에 의하여 설립되거나 분할합병한 회사에 그가 경영하는 방염처리업 전부를 양도하는 경우
     2) 개인이 경영하던 방염처리업을 법인사업으로 전환하기 위하여 방염처리업을 양도하는 경우(방염처리업의 등록을 한 개인이 당해 법인의 대표자가 되는 경우에만 해당한다)
     3) 합명회사와 합자회사 간, 주식회사와 유한회사 간의 전환을 위하여 방염처리업을 양도하는 경우
     4) 방염처리업자인 법인 간에 합병을 하는 경우 또는 방염처리업자인 법인과 방염처리업자가 아닌 법인이 합병을 하는 경우
     5) 법 제6조의2에 따른 폐업신고로 방염처리업의 등록이 말소된 후 ❼ 이내에 다시 같은 업종의 방염처리업을 등록하는 경우

3. 자본금평가액은 다음 계산식으로 산정한다.

> 자본금평가액 = ❽

가. 실질자본금은 해당 방염처리업체 최근 결산일 현재의 총자산에서 총부채를 뺀 금액을 말하며, 방염처리업 외의 다른 업을 겸업하는 경우에는 실질자본금에서 겸업비율에 해당하는 금액을 공제한다.

4. 기술력평가액은 다음 계산식으로 산정한다.

> 기술력평가액 = 전년도 연구·인력개발비 + 전년도 방염처리시설 및 시험기기 구입비용

가. 전년도 연구·인력개발비는 연구개발 및 인력개발을 위한 비용으로서 「조세특례제한법 시행령」 별표 6에 따른 비용 중 방염처리업 분야에 실제로 사용된 금액으로 한다.

나. 전년도 방염처리시설 및 시험기기 구입비용은 방염처리능력 평가 전년도에 기술개발 등을 위하여 추가로 구입한 방염처리시설 및 시험기기 구입비용으로 한다. 다만, 법 제4조제1항에 따라 방염처리업을 등록한 자 또는 법 제7조1항 및 제2항에 따라 소방시설업자의 지위를 승계한 자가 영 별표 1 제4호에 따른 방염처리업 등록기준 요건을 갖추기 위하여 새로 구입한 방염처리시설 및 시험기기 구입비용은 구입 후 최초로 평가를 신청하는 경우에는 포함한다.

5. 경력평가액은 다음 계산식으로 산정한다.

> 경력평가액 = 실적평가액 × 방염처리업 경영기간 평점 × ❾

가. 방염처리업 경영기간은 등록일·양도신고일 또는 합병신고일부터 산정기준일까지로 한다.

나. 종전 방염처리업자의 방염처리업 경영기간과 방염처리업을 승계한 자의 방염처리업 경영기간의 합산에 관해서는 제2호아목을 준용한다.

시행규칙 ✓

❶ 12월 31일
❷ 신인도평가액
❸ 방염처리실적액
❹ 소방청장
❺ 3
❻ 3
❼ 6개월
❽ 실질자본금
❾ 20/100

다. 방염처리업 경영기간 평점은 다음 표에 따른다.

방염처리업 경영기간	2년 미만	2년 이상 4년 미만	4년 이상 6년 미만	6년 이상 8년 미만	8년 이상 10년 미만
평점	1.0	1.1	1.2	1.3	1.4

10년 이상 12년 미만	12년 이상 14년 미만	14년 이상 16년 미만	16년 이상 18년 미만	18년 이상 20년 미만	20년 이상
1.5	1.6	1.7	1.8	1.9	2.0

6. 신인도평가액은 다음 계산식으로 산정하되, 신인도평가액은 실적평가액·자본금평가액·기술력평가액·경력평가액을 합친 금액의 ±10퍼센트의 범위를 초과할 수 없으며, 가점요소와 감점요소가 있는 경우에는 이를 상계한다.

> 신인도평가액 = (실적평가액 + 자본금평가액 + 기술력평가액 + 경력평가액) × 신인도 반영비율 합계

가. 신인도 반영비율 가점요소는 다음과 같다.

  1) 최근 1년간 국가기관·지방자치단체·공공기관으로부터 우수방염처리업자로 선정된 경우: +❶

  2) 최근 1년간 국가기관·지방자치단체 및 공공기관으로부터 방염처리업과 관련한 표창을 받은 경우

   가) 대통령 표창: +3퍼센트

   나) 그 밖의 표창: +2퍼센트

  3) 방염처리업자의 방염처리 상 환경관리 및 방염처리폐기물의 처리실태가 우수하여 환경부장관으로부터 방염처리능력의 증액 요청이 있는 경우: +2퍼센트

  4) 방염처리업에 관한 국제품질경영인증(ISO)을 받은 경우: +❷

나. 신인도 반영비율 감점요소는 다음과 같다.

  1) 최근 1년간 국가기관·지방자치단체·공공기관으로부터 부정당업자로 제재처분을 받은 사실이 있는 경우: −3퍼센트

  2) 최근 1년간 부도가 발생한 사실이 있는 경우: −2퍼센트

  3) 최근 1년간 법 제9조 또는 제10조에 따라 영업정지 처분 및 과징금 처분을 받은 사실이 있는 경우

   가) 1개월 이상 3개월 이하: −2퍼센트

   나) 3개월 초과: −3퍼센트

  4) 최근 1년간 법 제40조제1항에 따라 과태료 처분을 받은 사실이 있는 경우: −2퍼센트

  5) 최근 1년간 「폐기물관리법」등 환경관리법령을 위반하여 과태료 처분, 영업정지 처분 및 과징금 처분을 받은 사실이 있는 경우: −2퍼센트

■ 소방시설공사업법 시행규칙 [별표 4]

시공능력 평가의 방법 (제23조 관련)

소방시설공사업자의 시공능력 평가는 다음 계산식으로 산정하되, ❸   원 미만의 숫자는 버린다. 이 경우 산정기준일은 평가를 하는 해의 전년도 말일로 한다.

> 시공능력평가액 = 실적평가액 + 자본금평가액 + 기술력평가액 + 경력평가액 ± ❹

1. 실적평가액은 다음 계산식으로 산정한다.

> 실적평가액 = ❺

가. 공사실적액(발주자가 공급하는 자재비를 제외한다)은 해당 업체의 수급금액중 하수급금액은 포함하고 하도급금액은 제외한다.
나. 공사업을 한 기간이 산정일을 기준으로 ❻ 년 이상인 경우에는 최근 3년간의 공사실적을 합산하여 ❼ 으로 나눈 금액을 연평균공사실적액으로 한다.
다. 공사업을 한 기간이 산정일을 기준으로 1년 이상 3년 미만인 경우에는 그 기간의 공사실적을 합산한 금액을 그 기간의 개월수로 나눈 금액에 12를 곱한 금액을 연평균공사실적액으로 한다.
라. 공사업을 한 기간이 산정일을 기준으로 1년 미만인 경우에는 그 기간의 공사실적액을 연평균공사실적액으로 한다.
마. 다음의 어느 하나에 해당하는 경우에 실적은 종전 공사업자의 실적과 공사업을 승계한 자의 실적을 합산한다.
  1) 공사업자인 법인이 분할에 의하여 설립되거나 분할합병한 회사에 그가 경영하는 소방시설공사업 전부를 양도하는 경우
  2) 개인이 경영하던 소방시설공사업을 법인사업으로 전환하기 위하여 소방시설공사업을 양도하는 경우(소방시설공사업의 등록을 한 개인이 당해 법인의 대표자가 되는 경우에만 해당한다)
  3) 합명회사와 합자회사 간, 주식회사와 유한회사 간의 전환을 위하여 소방시설공사업을 양도하는 경우
  4) 공사업자는 법인 간에 합병을 하는 경우 또는 공사업자인 법인과 공사업자가 아닌 법인이 합병을 하는 경우
  5) 공사업자가 영 제2조 별표 1 제2호에 따른 소방시설공사업의 업종 중 일반 소방시설공사업에서 전문 소방시설공사업으로 전환하거나 전문 소방시설공사업에서 일반 소방시설공사업으로 전환하는 경우
  6) 법 제6조의2에 따른 폐업신고로 소방시설공사업의 등록이 말소된 후 6개월 이내에 다시 소방시설공사업을 등록하는 경우

2. 자본금평가액은 다음 계산식으로 산정한다.

> 자본금평가액 = (실질자본금 × 실질자본금의 평점 + 소방청장이 지정한 금융회사 또는 소방산업공제조합에 출자·예치·담보한 금액) × ❽

시행규칙
❶ 3퍼센트
❷ 2퍼센트
❸ 10만
❹ 신인도평가액
❺ 연평균공사실적액
❻ 3
❼ 3
❽ 70/100

가. 실질자본금은 해당 공사업체 최근 결산일 현재(새로 등록한 자는 등록을 위한 기업진단기준일 현재)의 총자산에서 총부채를 뺀 금액을 말하며, 소방시설공사업 외의 다른 업을 겸업하는 경우에는 실질자본금에서 겸업비율에 해당하는 금액을 공제한다.

나. 실질자본금의 평점은 다음 표에 따른다.

실질 자본금의 규모	등록기준 자본금의 2배 미만	등록기준 자본금의 2배 이상 3배 미만	등록기준 자본금의 3배 이상 4배 미만	등록기준 자본금의 4배 이상 5배 미만	등록기준 자본금의 5배 이상
평점	1.2	1.5	1.8	2.1	2.4

다. 출자금액은 평가연도의 직전연도 말 현재 출자한 좌수에 소방청장이 지정한 금융회사 또는 소방산업공제조합이 평가한 지분액을 곱한 금액으로 한다. 다만, 제23조제2항 각 호의 어느 하나의 사유로 시공능력을 평가하는 경우에는 시공능력 평가의 신청일을 기준으로 한다.

3. 기술력평가액은 다음 계산식으로 산정한다.

> 기술력평가액 = 전년도 공사업계의 기술자1인당 평균생산액 × 보유기술인력 가중치합계 × 30/100 + 전년도 기술개발투자액

가. 전년도 공사업계의 기술자 1인당 평균생산액은 공사업계의 국내 총기성액을 공사업계에 종사하는 기술자의 총수로 나눈 금액으로 하되, 이 경우 국내 총기성액 및 기술자 총수는 협회가 관리하고 있는 정보를 기준으로 한다(전년도 공사업계 기술자 1인당 평균생산액이 산출되지 아니하는 경우에는 전전년도 공사업계의 기술자 1인당 평균생산액을 적용한다)

나. 보유기술인력 가중치의 계산은 다음의 방법에 따른다.

  1) 보유기술인력은 해당 공사업체의 소방시설공사업 기술인력으로 등록되어 6개월 이상 근무한 사람(신규등록·신규양도·합병 후 공사업을 한 기간이 6개월 미만인 경우에는 등록신청서·양도신고서·합병신고서에 적혀 있는 기술인력자로 한다)만 해당한다.
  2) 보유기술인력의 등급은 특급기술자, 고급기술자, 중급기술자 및 초급기술자로 구분하되, 등급구분의 기준은 별표4의2 제3호가목과 같다.
  3) 보유기술인력의 등급별 가중치는 다음 표와 같다.

보유기술인력	특급기술자	고급기술자	중급기술자	초급기술자
가중치	2.5	2	1.5	1

  4) 보유기술인력 1명이 기계분야 기술과 전기분야 기술을 함께 보유한 경우에는 3)의 가중치에 0.5를 가산한다.

다. 전년도 기술개발투자액은 「조세특례제한법 시행령」 별표 6에 규정된 비용 중 소방시설공사업 분야에 실제로 사용된 금액으로 한다.

4. 경력평가액은 다음 계산식으로 산정한다.

> 경력평가액 = 실적평가액 × 공사업 경영기간 평점 × 20/100

가. 공사업경영기간은 등록일·양도신고일 또는 합병신고일부터 산정기준일까지로 한다.
나. 종전 공사업자의 공사업 경영기간과 공사업을 승계한 자의 공사업 경영기간의 합산에 관해서는 제1호마목을 준용한다.
다. 공사업경영기간 평점은 다음 표에 따른다.

공사업 경영기간	2년 미만	2년 이상 4년 미만	4년 이상 6년 미만	6년 이상 8년 미만	8년 이상 10년 미만
평점	1.0	1.1	1.2	1.3	1.4

10년 이상 12년 미만	12년 이상 14년 미만	14년 이상 16년 미만	16년 이상 18년 미만	18년 이상 20년 미만	20년 이상
1.5	1.6	1.7	1.8	1.9	2.0

5. 신인도평가액은 다음 계산식으로 산정하되, 신인도평가액은 실적평가액·자본금평가액·기술력평가액·경력평가액을 합친 금액의 ±10%의 범위를 초과할 수 없으며, 가점요소와 감점요소가 있는 경우에는 이를 상계한다.

> 신인도평가액 = (실적평가액 + 자본금평가액 + 기술력평가액 + 경력평가액) × 신인도 반영비율 합계

가. 신인도 반영비율 가점요소는 다음과 같다.
  1) 최근 1년간 국가기관·지방자치단체·공공기관으로부터 우수시공업자로 선정된 경우(+3%)
  2) 최근 1년간 국가기관·지방자치단체 및 공공기관으로부터 공사업과 관련한 표창을 받은 경우
    － 대통령 표창(+3%)   － 그 밖의 표창(+2%)
  3) 공사업자의 공사 시공 상 환경관리 및 공사폐기물의 처리실태가 우수하여 환경부장관으로부터 시공능력의 증액 요청이 있는 경우(+2%)
  4) 소방시설공사업에 관한 국제품질경영인증(ISO)을 받은 경우(+2%)

나. 신인도 반영비율 감점요소는 아래와 같다.
  1) 최근 1년간 국가기관·지방자치단체·공공기관으로부터 부정당업자로 제재처분을 받은 사실이 있는 경우(-3%)
  2) 최근 1년간 부도가 발생한 사실이 있는 경우(-2%)
  3) 최근 1년간 법 제9조 또는 제10조에 따라 영업정지처분 및 과징금처분을 받은 사실이 있는 경우
    － 1개월 이상 3개월 이하(-2%)   － 3개월 초과(-3%)
  4) 최근 1년간 법 제40조에 따라 사유로 과태료처분을 받은 사실이 있는 경우(-2%)
  5) 최근 1년간 환경관리법령에 따른 과태료 처분, 영업정지 처분 및 과징금 처분을 받은 사실이 있는 경우(-2%)

[부표] 삭제 〈2015.8.4.〉

■ 소방시설공사업법 시행규칙 [별표 4의2]

소방기술과 관련된 자격·학력 및 경력의 인정 범위 (제24조제1항 관련)

1. 공통기준

　가.「소방시설 설치 및 관리에 관한 법률 시행령」별표 9 비고 제2호,「소방시설공사업법 시행령」별표 1 제1호 비고 제4호다목 및 같은 표 제3호 비고 제2호에서 "소방기술과 관련된 자격"이란 다음 어느 하나에 해당하는 자격을 말한다.

　　1) 소방기술사, 소방시설관리사, 소방설비기사, 소방설비산업기사

　　2) 건축사, 건축기사, 건축산업기사

　　3) 건축기계설비기술사, 건축설비기사, 건축설비산업기사

　　4) 건설기계기술사, 건설기계설비기사, 건설기계설비산업기사, 일반기계기사

　　5) 공조냉동기계기술사, 공조냉동기계기사, 공조냉동기계산업기사

　　6) 화공기술사, 화공기사, 화공산업기사

　　7) 가스기술사, 가스기능장, 가스기사, 가스산업기사

　　8) 건축전기설비기술사, 전기기능장, 전기기사, 전기산업기사, 전기공사기사, 전기공사산업기사

　　9) 산업안전기사, 산업안전산업기사

　　10) 위험물기능장, 위험물산업기사, 위험물기능사

　나.「소방시설 설치 및 관리에 관한 법률 시행령」별표 9 비고 제2호,「소방시설공사업법 시행령」별표 1 제1호 비고 제4호다목 및 같은 표 제3호 비고 제2호에서 "소방기술과 관련된 학력"이란 다음 어느 하나에 해당하는 학과를 졸업한 경우를 말한다.

　　1) 소방안전관리학과(소방안전관리과, 소방시스템과, 소방학과, 소방환경관리과, 소방공학과 및 소방행정학과를 포함한다)

　　2) 전기공학과(전기과, 전기설비과, 전자공학과, 전기전자과, 전기전자공학과, 전기제어공학과를 포함한다)

　　3) 산업안전공학과(산업안전과, 산업공학과, 안전공학과, 안전시스템공학과를 포함한다)

　　4) 기계공학과(기계과, 기계학과, 기계설계학과, 기계설계공학과, 정밀기계공학과를 포함한다)

　　5) 건축공학과(건축과, 건축학과, 건축설비학과, 건축설계학과를 포함한다)

　　6) 화학공학과(공업화학과, 화학공업과를 포함한다)

　　7) 학군 또는 학부제로 운영되는 대학의 경우에는 1)부터 6)까지에 해당하는 학과

다. 「소방시설 설치 및 관리에 관한 법률 시행령」 별표 9 비고 제2호, 「소방시설공사업법 시행령」 별표 1 제1호 비고 제4호다목 및 같은 표 제3호 비고 제2호에서 "소방기술과 관련된 경력(이하 "소방 관련 업무"라 한다)"이란 다음 어느 하나에 해당하는 경력을 말한다.

  1) 소방시설공사업, 소방시설설계업, 소방공사감리업, 소방시설관리업에서 소방시설의 설계·시공·감리 또는 소방시설의 점검 및 유지관리업무를 수행한 경력
  2) 소방공무원으로서 다음 어느 하나에 해당하는 업무를 수행한 경력
     가) 건축허가등의 동의 관련 업무
     나) 소방시설 착공·감리·완공검사 관련 업무
     다) 위험물 설치허가 및 완공검사 관련 업무
     라) 다중이용업소 완비증명서 발급 및 방염 관련 업무
     마) 소방시설점검 및 화재안전조사 관련 업무
     바) 가)부터 마)까지의 업무와 관련된 법령의 제도개선 및 지도·감독 관련 업무
  3) 국가, 지방자치단체, 「공공기관의 운영에 관한 법률」 제4조에 따른 공공기관, 「지방공기업법」 제49조에 따른 지방공사 또는 같은 법 제76조에 따른 지방공단에서 소방시설의 공사감독 업무를 수행한 경력
  4) 한국소방안전원, 한국소방산업기술원, 협회, 「화재로 인한 재해보상과 보험가입에 관한 법률」에 따른 한국화재보험협회 또는 「소방시설 설치 및 관리에 관한 법률 시행령」 제48조제3항에 따라 소방청장이 고시한 법인·단체에서 소방 관련 법령에 따라 소방시설과 관련된 정부 위탁 업무를 수행한 경력
  5) 소방기술사, 소방시설관리사, 소방설비기사 또는 소방설비산업기사 자격을 취득한 사람이 다음의 어느 하나에 해당하는 업무를 수행한 경력
     가) 「화재의 예방 및 안전관리에 관한 법률」 제24조제1항 또는 제3항에 따라 소방안전관리자 또는 소방안전관리보조자로 선임되어 소방안전관리 업무를 수행한 경력
     나) 「초고층 및 지하연계 복합건축물 재난관리에 관한 특별법」 제12조제1항에 따라 총괄재난관리자로 지정되어 소방안전관리 업무를 수행한 경력
     다) 「공공기관의 소방안전관리에 관한 규정」 제5조제1항에 따라 소방안전관리자로 선임되어 소방안전관리 업무를 수행한 경력
  6) 「위험물안전관리법 시행규칙」 제57조에 따른 안전관리대행기관에서 위험물안전관리 업무를 수행하거나 위험물기능장, 위험물산업기사, 위험물기능사 자격을 취득한 사람이 「위험물안전관리법」 제15조제1항에 따른 위험물안전관리자로 선임되어 위험물안전관리 업무를 수행한 경력
  7) 법 제4조제4항에 따른 요건을 모두 갖춘 기관에서 자체 기술인력으로서 소방시설의 설계 또는 감리 업무를 수행한 경력
  8) 「초·중등교육법 시행령」 제90조에 따른 특수목적고등학교 및 같은 영 제91조에 따른 특성화고등학교에서 「초·중등교육법」 제19조제1항에 따른 교원 또는 「고등교육법」 제2조제1호부터 제6호까지에 따른 학교에서 같은 법 제14조제2항에 따른 교원으로서 나목1)에 해당하는 학과에 소속되어 소방 관련 교과목 강의를 담당한 경력

라. 나목 및 다목의 소방기술분야는 다음 표에 따르되, 해당 학과를 포함하는 학군 또는 학부제로 운영되는 대학의 경우에는 해당 학과의 학력·경력을 인정하고, 해당 학과가 두 가지 이상의 소방기술분야에 해당하는 경우에는 다음 표의 소방기술분야(기계, 전기)를 모두 인정한다.

구분				소방기술분야	
				기계	전기
학과·학위	1) 소방안전관리학과(소방안전관리과, 소방시스템과, 소방학과, 소방환경관리과, 소방공학과, 소방행정학과)			○	○
	2) 전기공학과(전기과, 전기설비과, 전자공학과, 전기전자과, 전기전자공학과, 전기제어공학과)			×	○
	3) 산업안전공학과(산업안전과, 산업공학과, 안전공학과, 안전시스템공학과)			○	×
	4) 기계공학과(기계과, 기계학과, 기계설계학과, 기계설계공학과, 정밀기계공학과)				
	5) 건축공학과(건축과, 건축학과, 건축설비학과, 건축설계학과)				
	6) 화학공학과(공업화학과, 화학공업과)				
경력	1) 소방업체에서 소방관련 업무를 수행한 경력	소방시설설계업 소방시설공사업 소방공사감리업	전문	○	○
			일반전기	×	○
			일반기계	○	×
		소방시설관리업		○	○
	2) 소방공무원으로서 다음 어느 하나에 해당하는 업무를 수행한 경력 　가) 건축허가등의 동의 관련 업무 　나) 소방시설 착공·감리·완공검사 관련 업무 　다) 위험물 설치허가 및 완공검사 관련 업무 　라) 다중이용업소 완비증명서 발급 및 방염 관련 업무 　마) 소방시설점검 및 화재안전조사 관련 업무 　바) 가)부터 마)까지의 업무와 관련된 법령의 제도개선 및 지도·감독 관련 업무			○	○
	3) 국가, 지방자치단체, 「공공기관의 운영에 관한 법률」 제4조에 따른 공공기관, 「지방공기업법」 제49조에 따른 지방공사 또는 같은 법 제76조에 따른 지방공단에서 소방시설의 공사감독 업무를 수행한 경력			○	○
	4) 한국소방안전원, 한국소방산업기술원, 협회, 「화재로 인한 재해보상과 보험가입에 관한 법률」에 따른 한국화재보험협회 또는 「소방시설 설치 및 관리에 관한 법률 시행령」 제48조제3항에 따라 소방청장이 고시한 법인·단체에서 소방 관련 법령에 따라 소방시설과 관련된 정부 위탁 업무를 수행한 경력			○	○
	5) 소방기술사, 소방시설관리사, 소방설비기사 또는 소방설비산업기사 자격을 취득한 사람이 다음의 어느 하나에 해당하는 업무를 수행한 경력 　가) 「화재의 예방 및 안전관리에 관한 법률」 제24조제1항 또는 제3항에 따라 소방안전관리자 또는 소방안전관리보조자로 선임되어 소방안전관리 업무를 수행한 경력 　나) 「초고층 및 지하연계 복합건축물 재난관리에 관한 특별법」 제12조제1항에 따라 총괄재난관리자로 지정되어 소방안전관리 업무를 수행한 경력 　다) 「공공기관의 소방안전관리에 관한 규정」 제5조제1항에 따라 소방안전관리자로 선임되어 소방안전관리 업무를 수행한 경력			○	○

경력	6) 「위험물안전관리법 시행규칙」 제57조에 따른 안전관리대행기관에서 위험물안전관리 업무를 수행하거나 위험물기능장, 위험물산업기사, 위험물기능사 자격을 취득한 사람이 「위험물안전관리법」 제15조제1항에 따른 위험물안전관리자로 선임되어 위험물안전관리 업무를 수행한 경력	○	×
	7) 법 제4조제4항에 따른 요건을 모두 갖춘 기관에서 자체 기술인력으로서 소방시설의 설계 또는 감리 업무를 수행한 경력	○	○
	8) 「초·중등교육법 시행령」 제90조에 따른 특수목적고등학교 및 같은 영 제91조에 따른 특성화고등학교에서 「초·중등교육법」 제19조제1항에 따른 교원 또는 「고등교육법」 제2조제1호부터 제6호까지에 따른 학교에서 같은 법 제14조제2항에 따른 교원으로서 나목1)에 해당하는 학과에 소속되어 소방 관련 교과목 강의를 담당한 경력	○	○

2. 소방기술 인정 자격수첩의 자격 구분

구분		자격·학력·경력 인정기준	
소방시설 공사업 소방시설 설계업	기계 분야 보조 인력	가. 소방기술과 관련된 자격 제1호가목1)부터 7)까지, 9) 및 10)의 자격을 취득한 사람 나. 소방기술과 관련된 학력 「고등교육법」 제2조제1호부터 제6호까지에 해당하는 학교에서 제1호나목3)부터 6)까지를 졸업한 사람	기계·전기 분야 공통 가. 「고등교육법」 제2조제1호부터 제6호까지에 해당하는 학교에서 제1호나목1)에 해당하는 학과를 졸업한 사람 나. 4년제 대학 이상 또는 이와 같은 수준 이상의 교육기관을 졸업한 후 1년 이상 제1호다목에 해당하는 경력이 있는 사람 다. 전문대학 또는 이와 같은 수준 이상의 교육기관을 졸업한 후 3년 이상 제1호다목에 해당하는 경력이 있는 사람 라. 5년 이상 제1호다목에 해당하는 경력이 있는 사람 마. 3년 이상 제1호다목2)에 해당하는 경력이 있는 사람 바. 제1호가목에 해당하는 자격으로 1년 이상 같은 호 다목에 해당하는 경력이 있는 사람 사. 「초·중등교육법 시행령」 제90조 및 제91조에 따른 학교에서 제1호나목1)에 해당하는 학과(이하 "고등학교 소방학과"라 한다)를 졸업한 사람
	전기 분야 보조 인력	가. 소방기술과 관련된 자격 제1호가목1) 및 8)의 자격을 취득한 사람 나. 소방기술과 관련된 학력 「고등교육법」 제2조제1호부터 제6호까지에 해당하는 학교에서 제1호나목2)를 졸업한 사람	

3. 소방기술자 경력수첩의 자격 구분

　가. 소방기술자의 기술등급

　　1) 기술자격에 따른 기술등급

구 분	기계분야	전기분야
특 급 기술자	・소방기술사 ・소방시설관리사 자격을 취득한 후 ❶ 년 이상 소방 관련 업무를 수행한 사람	
	・건축사, 건축기계설비기술사, 건설기계기술사, 공조냉동기계기술사, 화공기술사, 가스기술사 자격을 취득한 후 ❷ 년 이상 소방 관련 업무를 수행한 사람	・건축전기설비기술사 자격을 취득한 후 ❸ 년 이상 소방 관련 업무를 수행한 사람
	・소방설비기사 기계분야의 자격을 취득한 후 ❹ 년 이상 소방 관련 업무를 수행한 사람	・소방설비기사 전기분야의 자격을 취득한 후 ❺ 년 이상 소방 관련 업무를 수행한 사람
	・소방설비산업기사 기계분야의 자격을 취득한 후 ❻ 년 이상 소방 관련 업무를 수행한 사람	・소방설비산업기사 전기분야의 자격을 취득한 후 ❼ 년 이상 소방 관련 업무를 수행한 사람
	・건축기사, 건축설비기사, 건설기계설비기사, 일반기계기사, 공조냉동기계기사, 화공기사, 가스기능장, 가스기사, 산업안전기사, 위험물기능장 자격을 취득한 후 ❽ 년 이상 소방 관련 업무를 수행한 사람	・전기기능장, 전기기사, 전기공사기사 자격을 취득한 후 ❾ 년 이상 소방 관련 업무를 수행한 사람
고 급 기술자	・소방시설관리사	
	・건축사, 건축기계설비기술사, 건설기계기술사, 공조냉동기계기술사, 화공기술사, 가스기술사 자격을 취득한 후 ❿ 년 이상 소방 관련 업무를 수행한 사람	・건축전기설비기술사 자격을 취득한 후 ⓫ 년 이상 소방 관련 업무를 수행한 사람
	・소방설비기사 기계분야의 자격을 취득한 후 ⓬ 년 이상 소방 관련 업무를 수행한 사람	・소방설비기사 전기분야의 자격을 취득한 후 ⓭ 년 이상 소방 관련 업무를 수행한 사람
	・소방설비산업기사 기계분야의 자격을 취득한 후 ⓮ 년 이상 소방 관련 업무를 수행한 사람	・소방설비산업기사 전기분야의 자격을 취득한 후 ⓯ 년 이상 소방 관련 업무를 수행한 사람
	・건축기사, 건축설비기사, 건설기계설비기사, 일반기계기사, 공조냉동기계기사, 화공기사, 가스기능장, 가스기사, 산업안전기사, 위험물기능장 자격을 취득한 후 ⓰ 년 이상 소방 관련 업무를 수행한 사람	・전기기능장, 전기기사, 전기공사기사 자격을 취득한 후 ⓱ 년 이상 소방 관련 업무를 수행한 사람
	・건축산업기사, 건축설비산업기사, 건설기계설비산업기사, 공조냉동기계산업기사, 화공산업기사, 가스산업기사, 산업안전산업기사, 위험물산업기사 자격을 취득한 후 ⓲ 년 이상 소방 관련 업무를 수행한 사람	・전기산업기사, 전기공사산업기사 자격을 취득한 후 ⓳ 년 이상 소방 관련 업무를 수행한 사람

중급 기술자	· 건축사, 건축기계설비기술사, 건설기계기술사, 공조냉동기계기술사, 화공기술사, 가스기술사 · 소방설비기사(기계분야) · 소방설비산업기사 기계분야의 자격을 취득한 후 ⑳ 년 이상 소방 관련 업무를 수행한 사람 · 건축기사, 건축설비기사, 건설기계설비기사, 일반기계기사, 공조냉동기계기사, 화공기사, 가스기능장, 가스기사, 산업안전기사, 위험물기능장 자격을 취득한 후 ㉒ 년 이상 소방 관련 업무를 수행한 사람 · 건축산업기사, 건축설비산업기사, 건설기계설비산업기사, 공조냉동기계산업기사, 화공산업기사, 가스산업기사, 산업안전산업기사, 위험물산업기사 자격을 취득한 후 ㉔ 년 이상 소방 관련 업무를 수행한 사람	· 건축전기설비기술사 · 소방설비기사(전기분야) · 소방설비산업기사 전기분야의 자격을 취득한 후 ㉑ 년 이상 소방 관련 업무를 수행한 사람 · 전기기능장, 전기기사, 전기공사기사 자격을 취득한 후 ㉓ 년 이상 소방 관련 업무를 수행한 사람 · 전기산업기사, 전기공사산업기사 자격을 취득한 후 ㉕ 년 이상 소방 관련 업무를 수행한 사람
초급 기술자	· 소방설비산업기사(기계분야) · 건축기사, 건축설비기사, 건설기계설비기사, 일반기계기사, 공조냉동기계기사, 화공기사, 가스기능장, 가스기사, 산업안전기사, 위험물기능장 자격을 취득한 후 ㉖ 년 이상 소방 관련 업무를 수행한 사람 · 건축산업기사, 건축설비산업기사, 건설기계설비산업기사, 공조냉동기계산업기사, 화공산업기사, 가스산업기사, 산업안전산업기사, 위험물산업기사 자격을 취득한 후 ㉘ 년 이상 소방 관련 업무를 수행한 사람 · 위험물기능사 자격을 취득한 후 ㉚ 년 이상 소방 관련 업무를 수행한 사람	· 소방설비산업기사(전기분야) · 전기기능장, 전기기사, 전기공사기사 자격을 취득한 후 ㉗ 년 이상 소방 관련 업무를 수행한 사람 · 전기산업기사, 전기공사산업기사 자격을 취득한 후 ㉙ 년 이상 소방 관련 업무를 수행한 사람

시행규칙

❶ 5　❷ 5　❸ 5　❹ 8　❺ 8　❻ 11
❼ 11　❽ 13　❾ 13　❿ 3　⓫ 3　⓬ 5
⓭ 5　⓮ 8　⓯ 8　⓰ 11　⓱ 11　⓲ 13
⓳ 13　⓴ 3　㉑ 3　㉒ 5　㉓ 5　㉔ 8
㉕ 8　㉖ 2　㉗ 2　㉘ 4　㉙ 4　㉚ 6

2) 학력·경력 등에 따른 기술등급

구 분	학력·경력자	경력자
특급 기술자	· 박사학위를 취득한 후 ❶ 년 이상 소방 관련 업무를 수행한 사람 · 석사학위를 취득한 후 ❷ 년 이상 소방 관련 업무를 수행한 사람 · 학사학위를 취득한 후 ❸ 년 이상 소방 관련 업무를 수행한 사람 · 전문학사학위를 취득한 후 ❹ 년 이상 소방 관련 업무를 수행한 사람	
고급 기술자	· 박사학위를 취득한 후 ❺ 년 이상 소방 관련 업무를 수행한 사람 · 석사학위를 취득한 후 ❼ 년 이상 소방 관련 업무를 수행한 사람 · 학사학위를 취득한 후 ❾ 년 이상 소방 관련 업무를 수행한 사람 · 전문학사학위를 취득한 후 ⓫ 년 이상 소방 관련 업무를 수행한 사람 · 고등학교 소방학과를 졸업한 후 ⓭ 년 이상 소방 관련 업무를 수행한 사람 · 고등학교[제1호나목 2)부터 6)까지에 해당하는 학과]를 졸업한 후 ⓮ 년 이상 소방 관련 업무를 수행한 사람	· 학사 이상의 학위를 취득한 후 ❻ 년 이상 소방 관련 업무를 수행한 사람 · 전문학사학위를 취득한 후 ❽ 년 이상 소방 관련 업무를 수행한 사람 · 고등학교를 졸업한 후 ❿ 년 이상 소방 관련 업무를 수행한 사람 · ⓬ 년 이상 소방 관련 업무를 수행한 사람
중급 기술자	· 박사학위를 취득한 사람 · 석사학위를 취득한 후 ⓯ 년 이상 소방 관련 업무를 수행한 사람 · 학사학위를 취득한 후 ⓱ 년 이상 소방 관련 업무를 수행한 사람 · 전문학사학위를 취득한 후 ⓳ 년 이상 소방 관련 업무를 수행한 사람 · 고등학교 소방학과를 졸업한 후 ㉑ 년 이상 소방 관련 업무를 수행한 사람 · 고등학교[제1호나목 2)부터 6)까지에 해당하는 학과]를 졸업한 후 ㉒ 년 이상 소방 관련 업무를 수행한 사람	· 학사 이상의 학위를 취득한 후 ⓰ 년 이상 소방 관련 업무를 수행한 사람 · 전문학사학위를 취득한 후 ⓲ 년 이상 소방 관련 업무를 수행한 사람 · 고등학교를 졸업한 후 ⓴ 년 이상 소방 관련 업무를 수행한 사람 · ㉓ 년 이상 소방 관련 업무를 수행한 사람

초급 기술자	· ㉔_____ 또는 ㉕_____ 학위를 취득한 사람 · 「고등교육법」 제2조제1호부터 제6호까지에 해당하는 학교에서 제1호나목1)에 해당하는 학과를 졸업한 사람 · 전문학사학위를 취득한 후 ㉖___ 년 이상 소방 관련 업무를 수행한 사람 · 고등학교 소방학과를 졸업 후 ㉗___ 년 이상 소방 관련 업무를 수행한 사람 · 고등학교[제1호나목 2)부터 6)까지에 해당하는 학과]를 졸업한 후 ㉘___ 년 이상 소방 관련 업무를 수행한 사람	· 학사 이상의 학위를 취득한 후 ㉙___ 년 이상 소방 관련 업무를 수행한 사람 · 전문학사학위를 취득한 후 ㉚___ 년 이상 소방 관련 업무를 수행한 사람 · 고등학교를 졸업한 후 ㉛___ 년 이상 소방 관련 업무를 수행한 사람 · ㉜___ 년 이상 소방 관련 업무를 수행한 사람

비고

1. 동일한 기간에 수행한 경력이 두 가지 이상의 자격 기준에 해당하는 경우에는 하나의 자격 기준에 대해서만 그 기간을 인정하고 기간이 중복되지 아니하는 경우에는 각각의 기간을 경력으로 인정한다. 이 경우 동일 기술등급의 자격 기준별 경력기간을 해당 경력기준기간으로 나누어 합한 값이 1 이상이면 해당 기술등급의 자격 기준을 갖춘 것으로 본다.
2. 위 표에서 "학력·경력자"란 제1호나목의 학과를 졸업하고 소방 관련 업무를 수행한 사람을 말한다.
3. 위 표에서 "경력자"란 제1호나목의 학과 외의 학과를 졸업하고 소방 관련 업무를 수행한 사람을 말한다.

시행규칙

❶ 3
❷ 7
❸ 11
❹ 15
❺ 1
❻ 12
❼ 4
❽ 15
❾ 7
❿ 18
⓫ 10
⓬ 22
⓭ 13
⓮ 15
⓯ 2
⓰ 9
⓱ 5
⓲ 12
⓳ 8
⓴ 15
㉑ 10
㉒ 12
㉓ 18
㉔ 석사
㉕ 학사
㉖ 2
㉗ 3
㉘ 5
㉙ 3
㉚ 5
㉛ 7
㉜ 9

나. 소방공사감리원의 기술등급

구 분	기계분야	전기분야
특급 감리원	• 소방기술사 자격을 취득한 사람 • 소방설비기사 기계분야 자격을 취득한 후 ❶ 년 이상 소방 관련 업무를 수행한 사람 • 소방설비산업기사 기계분야 자격을 취득한 후 ❷ 년 이상 소방 관련 업무를 수행한 사람	• 소방설비기사 전기분야 자격을 취득한 후 ❸ 년 이상 소방 관련 업무를 수행한 사람 • 소방설비산업기사 전기분야 자격을 취득한 후 ❹ 년 이상 소방 관련 업무를 수행한 사람
고급 감리원	• 소방설비기사 기계분야 자격을 취득한 후 ❺ 년 이상 소방 관련 업무를 수행한 사람 • 소방설비산업기사 기계분야 자격을 취득한 후 ❻ 년 이상 소방 관련 업무를 수행한 사람	• 소방설비기사 전기분야 자격을 취득한 후 ❼ 년 이상 소방 관련 업무를 수행한 사람 • 소방설비산업기사 전기분야 자격을 취득한 후 ❽ 년 이상 소방 관련 업무를 수행한 사람
중급 감리원	• 소방설비기사 기계분야 자격을 취득한 후 ❾ 년 이상 소방 관련 업무를 수행한 사람 • 소방설비산업기사 기계분야 자격을 취득한 후 ❿ 년 이상 소방 관련 업무를 수행한 사람 • 초급감리원을 취득한 후 ⓫ 년 이상 기계분야 소방감리업무를 수행한 사람	• 소방설비기사 전기분야 자격을 취득한 후 ⓬ 년 이상 소방 관련 업무를 수행한 사람 • 소방설비산업기사 전기분야 자격을 취득한 후 ⓭ 년 이상 소방 관련 업무를 수행한 사람 • 초급감리원을 취득한 후 ⓮ 년 이상 전기분야 소방감리업무를 수행한 사람
초급 감리원	• 제1호나목1)에 해당하는 학사 이상의 학위를 취득한 후 ⓯ 년 이상 소방 관련 업무를 수행한 사람 • 「고등교육법」 제2조제1호부터 제6호까지에 해당하는 학교에서 제1호나목1)에 해당하는 학과의 전문학사학위를 취득한 후 ⓰ 년 이상 소방 관련 업무를 수행한 사람 • 고등학교 소방학과를 졸업한 후 ⓱ 년 이상 소방 관련 업무를 수행한 사람 • ⓲ 년 이상 제1호다목2)에 해당하는 경력이 있는 사람 • ⓳ 년 이상 소방 관련 업무를 수행한 사람	
	• 소방설비기사 기계분야 자격을 취득한 후 ⓴ 년 이상 소방 관련 업무를 수행한 사람 • 소방설비산업기사 기계분야 자격을 취득한 후 ㉑ 년 이상 소방 관련 업무를 수행한 사람 • 제1호나목3)부터 6)까지에 해당하는 학과의 학사 이상의 학위를 취득한 후 ㉒ 년 이상 소방 관련 업무를 수행한 사람 • 「고등교육법」 제2조제1호부터 제6호까지에 해당하는 학교에서 제1호나목3)부터 6)까지에 해당하는 학과의 전문학사학위를 취득한 후 ㉓ 년 이상 소방 관련 업무를 수행한 사람	• 소방설비기사 전기분야 자격을 취득한 후 ㉔ 년 이상 소방 관련 업무를 수행한 사람 • 소방설비산업기사 전기분야 자격을 취득한 후 ㉕ 년 이상 소방 관련 업무를 수행한 사람 • 제1호나목2)에 해당하는 학과의 학사 이상의 학위를 취득한 후 ㉖ 년 이상 소방 관련 업무를 수행한 사람 • 「고등교육법」 제2조제1호부터 제6호까지에 해당하는 학교에서 제1호나목2)에 해당하는 학과의 전문학사학위를 취득한 후 ㉗ 년 이상 소방 관련 업무를 수행한 사람

비고

1. 동일한 기간에 수행한 경력이 두 가지 이상의 자격 기준에 해당하는 경우에는 하나의 자격 기준에 대해서만 그 기간을 인정하고 기간이 중복되지 아니하는 경우에는 각각의 기간을 경력으로 인정한다. 이 경우 동일 기술등급의 자격 기준별 경력기간을 해당 경력기준기간으로 나누어 합한 값이 1 이상이면 해당 기술등급의 자격 기준을 갖춘 것으로 본다.
2. 소방 관련 업무를 수행한 경력으로서 위 표에서 정한 국가기술자격 취득 전의 경력은 그 경력의 ㉘   퍼센트만 인정한다.

시행규칙

- ❶ 8
- ❷ 12
- ❸ 8
- ❹ 12
- ❺ 5
- ❻ 8
- ❼ 5
- ❽ 8
- ❾ 3
- ❿ 6
- ⑪ 5
- ⑫ 3
- ⑬ 6
- ⑭ 5
- ⑮ 1
- ⑯ 3
- ⑰ 4
- ⑱ 3
- ⑲ 5
- ⑳ 1
- ㉑ 2
- ㉒ 1
- ㉓ 3
- ㉔ 1
- ㉕ 2
- ㉖ 1
- ㉗ 3
- ㉘ 50

다. 소방시설 자체점검 점검자의 기술등급

1) 기술자격에 따른 기술등급

구분		기술자격
보조 기술 인력	특급 점검자	• ❶▒▒▒▒▒, 소방기술사 • 소방설비기사 자격을 취득한 후 ❷▒▒ 년 이상 소방 관련 업무를 수행한 사람 • 소방설비산업기사 자격을 취득한 후 소방시설관리업체에서 ❸▒▒ 년 이상 점검업무를 수행한 사람
	고급 점검자	• 소방설비기사 자격을 취득한 후 ❹▒▒ 년 이상 소방 관련 업무를 수행한 사람 • 소방설비산업기사 자격을 취득한 후 ❺▒▒ 년 이상 소방 관련 업무를 수행한 사람 • 건축설비기사, 건축기사, 공조냉동기계기사, 일반기계기사, 위험물기능장 자격을 취득한 후 ❻▒▒ 년 이상 소방 관련 업무를 수행한 사람
	중급 점검자	• 소방설비기사 자격을 취득한 사람 • 소방설비산업기사 자격을 취득한 후 ❼▒▒ 년 이상 소방 관련 업무를 수행한 사람 • 건축설비기사, 건축기사, 공조냉동기계기사, 일반기계기사, 위험물기능장, 전기기사, 전기공사기사, 전파통신기사, 정보통신기사자 자격을 취득한 후 ❽▒▒ 년 이상 소방 관련 업무를 수행한 사람
	초급 점검자	• 소방설비산업기사 자격을 취득한 사람 • 가스기능장, 전기기능장, 위험물기능장 자격을 취득한 사람 • 건축기사, 건축설비기사, 건설기계설비기사, 일반기계기사, 공조냉동기계기사, 화공기사, 가스기사, 전기기사, 전기공사기사, 산업안전기사, 위험물산업기사 자격을 취득한 사람 • 건축산업기사, 건축설비산업기사, 건설기계설비산업기사, 공조냉동기계산업기사, 화공산업기사, 가스산업기사, 전기산업기사, 전기공사산업기사, 산업안전산업기사, 위험물기능사 자격을 취득한 사람

2) 학력·경력 등에 따른 기술등급

구분		학력·경력자	경력자
보조 기술 인력	고급 점검자	• 학사 이상의 학위를 취득한 후 ❾▒▒ 년 이상 소방 관련 업무를 수행한 사람 • 전문학사학위를 취득한 후 ❿▒▒ 년 이상 소방 관련 업무를 수행한 사람	• 학사 이상의 학위를 취득한 후 ⓫▒▒ 년 이상 소방 관련 업무를 수행한 사람 • 전문학사학위를 취득한 후 ⓬▒▒ 년 이상 소방 관련 업무를 수행한 사람 • ⓭▒▒ 년 이상 소방 관련 업무를 수행한 사람

보조 기술 인력	중급 점검자	• 학사 이상의 학위를 취득한 후 ⑭ 년 이상 소방 관련 업무를 수행한 사람 • 전문학사학위를 취득한 후 ⑮ 년 이상 소방 관련 업무를 수행한 사람 • 고등학교를 졸업한 후 ⑯ 년 이상 소방 관련 업무를 수행한 사람	• 학사 이상의 학위를 취득한 후 ⑰ 년 이상 소방 관련 업무를 수행한 사람 • 전문학사학위를 취득한 후 ⑱ 년 이상 소방 관련 업무를 수행한 사람 • 고등학교를 졸업한 후 ⑲ 년 이상 소방 관련 업무를 수행한 사람 • ⑳ 년 이상 소방 관련 업무를 수행한 사람
	초급 점검자	• 「고등교육법」 제2조제1호부터 제6호까지에 해당하는 학교에서 제1호나목에 해당하는 학과 또는 고등학교 소방학과를 졸업한 사람	• 4년제 대학 이상 또는 이와 같은 수준 이상의 교육기관을 졸업한 후 ㉑ 년 이상 소방 관련 업무를 수행한 사람 • 전문대학 또는 이와 같은 수준 이상의 교육기관을 졸업한 후 ㉒ 년 이상 소방 관련 업무를 수행한 사람 • ㉓ 년 이상 소방 관련 업무를 수행한 사람 • ㉔ 년 이상 제1호다목2)에 해당하는 경력이 있는 사람

비고

1. 동일한 기간에 수행한 경력이 두 가지 이상의 자격 기준에 해당하는 경우에는 하나의 자격 기준에 대해서만 그 기간을 인정하고 기간이 중복되지 않는 경우에는 각각의 기간을 경력으로 인정한다. 이 경우 동일 기술등급의 자격 기준별 경력기간을 해당 경력기준기간으로 나누어 합한 값이 1 이상이면 해당 기술등급의 자격 기준을 갖춘 것으로 본다.
2. 위 표에서 "학력·경력자"란 고등학교·대학 또는 이와 같은 수준 이상의 교육기관에서 제1호나목에 해당하는 학과의 정해진 교육과정을 이수하고 졸업하거나 그 밖의 관계 법령에 따라 국내 또는 외국에서 이와 같은 수준 이상의 학력이 있다고 인정되는 사람을 말한다.
3. 위 표에서 "경력자"란 제1호나목의 학과 외의 학과를 졸업하고 소방 관련 업무를 수행한 사람을 말한다.
4. 소방시설 자체점검 점검자의 경력 산정 시에는 소방시설관리업에서 소방시설의 점검 및 유지·관리 업무를 수행한 경력에 1.2를 곱하여 계산된 값을 소방 관련 업무 경력에 산입한다.

시행규칙

❶ 소방시설관리사
❷ 8
❸ 10
❹ 5
❺ 8
❻ 15
❼ 3
❽ 10
❾ 9
❿ 12
⓫ 12
⓬ 15
⓭ 22
⓮ 6
⓯ 9
⓰ 12
⓱ 9
⓲ 12
⓳ 15
⓴ 18
㉑ 1
㉒ 3
㉓ 5
㉔ 3

■ 소방시설공사업법 시행규칙 [별표 4의3]

설계업자의 사업수행능력 평가기준 (제23조의2제1항제1호 관련)

평가항목	배점범위	평가방법
1. ❶	50	참여한 소방기술자의 등급·실적 및 경력 등에 따라 평가
2. ❷	15	업체의 수행 실적에 따라 평가
3. ❸	10	관계 법령에 따른 입찰참가 제한, 영업정지 등의 처분내용에 따라 평가 및 재정상태 건실도(健實度)에 따라 평가
4. ❹	15	기술개발 실적, 투자 실적 및 교육 실적에 따라 평가
5. ❺	10	참여소방기술자의 업무 중첩 정도에 따라 평가

비고

1. 위 표에 따른 평가항목·배점범위·평가방법 등에 관한 세부 사항은 소방청장이 정하여 고시한다.
2. 법 제26조의2제1항에 따라 설계·감리 용역을 발주하는 자(이하 이 표에서 "발주자"라 한다)는 설계용역의 특성에 맞도록 평가항목·배점범위·평가방법 등을 보완하여 설계용역 사업 수행능력 평가기준(이하 이 표에서 "설계용역평가기준"이라 한다)을 작성하여 적용할 수 있다. 이 경우 평가항목별 배점범위는 위 표의 배점에서 ±10% 범위에서 조정하여 적용할 수 있다.
3. 삭제 〈2024. 1. 4.〉
4. 발주자는 설계용역평가기준을 입찰공고와 함께 공고할 수 있으며 입찰공고기간 중에 배부하거나 공람하도록 해야 한다.
5. 공동도급으로 설계용역을 수행하는 경우에는 공동수급체 구성원별로 설계용역평가기준 또는 평가항목별 배점에 용역참여 지분율을 곱하여 배점을 산정한 후 이를 합산한다.

■ 소방시설공사업법 시행규칙 [별표 4의4]

감리업자의 사업수행능력 평가기준 (제23조의2제1항제2호 관련)

평가항목	배점범위	평가방법
1. ❻	50	참여감리원의 등급·실적 및 경력 등에 따라 평가
2. 유사용역 수행 실적	10	참여업체의 공사감리용역 수행 실적에 따라 평가
3. ❼	10	관계 법령에 따른 입찰참가 제한, 영업정지 등의 처분내용에 따라 평가 및 재정상태 건실도(健實度)에 따라 평가
4. 기술개발 및 투자 실적 등	10	기술개발 실적, 투자 실적 및 교육 실적에 따라 평가
5. ❽	10	참여감리원의 업무 중첩 정도에 따라 평가
6. 교체 빈도	5	감리원의 교체 빈도에 따라 평가
7. ❾	5	공사감리 업무수행계획의 적정성 등에 따라 평가

비고

1. 위 표에 따른 평가항목·배점범위·평가방법 등에 관한 세부 사항은 ❿   이 정하여 고시한다.
2. 법 제26조의2제1항에 따라 설계·감리 용역을 발주하는 자(이하 이 표에서 "발주자"라 한다)는 공사감리용역의 특성에 맞도록 평가항목·배점범위·평가방법 등을 보완하여 공사감리용역사업 수행능력 평가기준(이하 이 표에서 "공사감리용역평가기준"이라 한다)을 작성하여 적용할 수 있다. 이 경우 평가항목별 배점범위는 ±10% 범위에서 조정하여 적용할 수 있다.
3. 발주자는 다음 각 목에 해당하는 경우 2점의 범위에서 가점을 줄 수 있다. 이 경우 이 표에 따른 평가 점수와 가점을 준 점수의 합이 ⓫   점을 초과할 수 없다.
   가. 해당 지역에 주된 사무소가 등록된 경우
   나. 책임감리원이 「국가기술자격법」에 따른 안전관리 분야 중 소방분야 자격자인 경우
4. 발주자는 공사감리용역평가기준 등을 입찰공고 또는 모집공고와 함께 공고할 수 있으며 입찰공고 또는 모집공고기간 중에 배부하거나 공람하도록 해야 한다.
5. 공동도급으로 공사감리용역을 수행하는 경우에는 공동수급체 구성원별로 공사감리용역평가기준 또는 평가항목별 배점 및 지역가산 등에 용역참여 지분율을 곱하여 배점을 산정한 후 이를 합산한다.

시행규칙

❶ 참여소방기술자　　❹ 기술개발 및 투자 실적 등　　❼ 신용도　　❿ 소방청장
❷ 유사용역 수행 실적　❺ 업무 중첩도　　　　　　　❽ 업무 중첩도　⓫ 100
❸ 신용도　　　　　　❻ 참여감리원　　　　　　　　❾ 작업계획 및 기법

■ 소방시설공사업법 시행규칙 [별표 4의5]

설계업자의 기술능력 평가기준 (제23조의3제1항제1호 관련)

평가항목	세부사항	배점범위	평가방법
1. ❶	사업수행 능력평가	30	별표 4의3의 평가 결과를 배점비율에 따라 환산하여 적용
2. ❷		70	
	수행계획 및 기법	(25)	과업수행 세부 계획, 인원 투입, 공정계획을 포함한 각종 계획 및 작업수행 기법, 사전조사 및 작업방법 등
	작성기준	(30)	인명과 재산에 대한 안전성, 자재 및 기기 선정의 적정성, 소방 관련 법령 및 발주자의 요구사항 수용 여부, 운전 및 유지·보수의 편리성, 환경요인에 대한 검토, 예상 문제점 및 대책 등
	신기술·신공법 등 도입	(8)	신기술·신공법의 도입과 그 활용성의 검토 정도 및 관련 기술자료 등
	기술자료 활용 및 설계 기술 향상	(7)	보유장비, 설계개선 방안, 시설물의 생애주기 비용을 고려한 설계기법 등

비고

1. 법 제26조의2제1항에 따라 설계·감리 용역을 발주하는 자(이하 이 표에서 "발주자"라 한다)는 설계용역의 특성에 맞도록 평가항목·배점범위·평가방법 등을 보완하여 세부평가기준(이하 이 표에서 "세부평가기준"이라 한다)을 작성하여 적용할 수 있다. 이 경우 평가항목별 세부 사항에 대한 배점범위는 ±20% 범위에서 조정하여 적용할 수 있다.
2. 발주자는 입찰에 참가한 자에게 세부평가기준을 배부하거나 공람하도록 해야 한다.
3. 발주자는 입찰에 참가한 자에게 기술제안서 작성에 필요한 충분한 시간을 주어야 한다.
4. 발주자는 기술제안서의 작성분량과 작성방법 등을 제한할 수 있으며, 제한사항을 위반한 경우에는 1점의 범위에서 감점을 줄 수 있다.

■ 소방시설공사업법 시행규칙 [별표 4의6]

감리업자의 기술능력 평가기준 (제23조의3제1항제2호 관련)

평가항목	세부사항	배점범위	평가방법
1. ❸		15	
	과업수행 환경분석의 적정성	(5)	사업 추진 현황과 같은 사업의 특성 및 배경을 세밀히 파악하여 위 업무에 대한 이해도 표현
	예상 문제점 및 대책수립의 적정성	(5)	예상되는 문제점 및 개선이 필요한 사항이 있을 경우 이에 대한 대책 제시
	기술제안서 발표	(5)	책임감리원의 기술제안서 발표를 통한 업무내용에 대한 이해도 및 책임자 자질의 적정성 평가
2. ❹		15	
	조직 구성의 적정성	(5)	조직구성원의 자질 및 업무 분장의 적정성 평가
	인원투입 계획의 적정성	(10)	사업의 특성 및 주요 공사 종류를 고려한 배치인력의 적정성 평가

시행규칙
❶ 사업수행 능력평가
❷ 작업계획 및 기법
❸ 과업내용 이해도
❹ 과업수행 조직

			55	
3. ❶		시공계획 및 설계도서의 검토사항	(20)	해당 사업의 특성을 고려하여 시공계획 및 설계도서의 검토사항 제시
		품질관리 및 품질보증 방안	(10)	세부적인 품질관리·품질보증 방안 제시(필요한 경우 주요 공사 종류별 체크리스트 제시)
		안전관리 방안	(10)	재해 예방 및 비상사태 발생 시 조속한 조치를 위한 안전관리 방안 제시
		공사관리 방안	(10)	공사의 품질 확보 및 효율적인 추진을 위한 공사 종류별 검사, 주요 기자재의 검수 및 관리 방안 수립
		공정관리 방안	(5)	주변공사(해당 용역과 관련된 공구 또는 공사 종류)와 연계하여 관리하는 방안 제시
4. ❷			15	
		관련 기관과의 협력체계	(5)	발주자 및 시공자, 관련 용역회사, 유관기관과의 긴밀한 협조체계(주요 공사 종류별 보고·협의체계) 구축 방안
		본사의 지원체계	(5)	상주(常住)하는 감리원에 대한 현장업무 지원 방안(전산장비, 상주하지 않는 감리원의 지원계획, 국내외 전문가 활용 등), 감리원의 능력 배양을 위한 교육계획 등
		기술자료 활용 및 정보 관리 체계	(5)	법령정보 및 기술자료, 절차서, 전산프로그램 등을 활용한 효율적 업무수행체계의 수준 평가

비고

1. 법 제26조의2제1항에 따라 설계·감리 용역을 발주하는 자(이하 이 표에서 "발주자"라 한다)는 공사감리용역의 특성에 맞도록 평가항목·배점범위·평가방법 등을 보완하여 세부 평가기준(이하 이 표에서 "세부평가기준"이라 한다)을 작성하여 적용할 수 있다. 이 경우 평가항목별 세부 사항에 대한 배점범위는 배점에 ±20% 범위에서 조정하여 적용할 수 있다.
2. 발주자는 입찰에 참가한 자에게 세부평가기준과 기술제안서 작성에 필요한 설계도서를 배부하거나 공람하도록 해야 한다.
3. 발주자는 입찰에 참가한 자에게 기술제안서 작성에 필요한 충분한 시간을 주어야 한다.
4. 발주자는 기술제안서의 작성분량과 작성방법 등을 제한할 수 있으며, 제한사항을 위반한 경우에는 1점의 범위에서 감점을 줄 수 있다.

■ 소방시설공사업법 시행규칙 [별표 5]

소방기술자의 자격의 정지 및 취소에 관한 기준 (제25조 관련)

위반사항	근거법령	행정처분기준		
		1차	2차	3차
가. 거짓이나 그 밖의 부정한 방법으로 자격수첩 또는 경력수첩을 발급받은 경우	법 제28조제4항	자격취소		
나. 법 제27조제2항을 위반하여 자격수첩 또는 경력수첩을 다른 자에게 빌려준 경우	법 제28조제4항	자격취소		
다. 법 제27조제3항을 위반하여 동시에 둘 이상의 업체에 취업한 경우	법 제28조제4항	❸	자격취소	
라. 법 또는 법에 따른 명령을 위반한 경우 1) 법 제27조제1항의 업무수행 중 해당 자격과 관련하여 고의 또는 중대한 과실로 다른 자에게 손해를 입히고 형의 선고를 받은 경우	법 제28조제4항	자격취소		
2) 법 제28조제4항에 따라 자격정지처분을 받고도 같은 기간 내에 자격증을 사용한 경우		❹	❺	자격취소

시행규칙
❶ 과업수행 세부계획
❷ 과업수행 지원체계
❸ 자격정지 1년
❹ 자격정지 1년
❺ 자격정지 2년

■ 소방시설공사업법 시행규칙 [별표 6]

소방기술자 실무교육에 필요한 기술인력 및 시설장비 (제29조 관련)

1. 조직구성
   가. 수도권(서울, 인천, 경기), 중부권(대전, 세종, 강원, 충남, 충북), 호남권(광주, 전남, 전북, 제주), 영남권(부산, 대구, 울산, 경남, 경북) 등 권역별로 1개 이상의 지부를 설치할 것
   나. 각 지부에는 법인에 선임된 임원 ❶   명 이상을 책임자로 지정할 것
   다. 각 지부에는 기술인력 및 시설·장비 등 교육에 필요한 시설을 갖출 것
2. 기술인력
   가. 인원: 강사 ❷   명 및 교무요원 ❸   명 이상을 확보할 것
   나. 자격요건
      1) 강사
         가) 소방 관련학의 ❹   학위를 가진 사람
         나) 전문대학 또는 이와 같은 수준 이상의 교육기관에서 소방안전 관련학과 전임 강사 이상으로 재직한 사람
         다) 소방기술사, 소방시설관리사, 위험물기능장 자격을 소지한 사람
         라) 소방설비기사 및 위험물산업기사 자격을 소지한 사람으로서 소방 관련 기관(단체)에서 ❺   년 이상 강의경력이 있는 사람
         마) 소방설비산업기사 및 위험물기능사 자격을 소지한 사람으로서 소방 관련 기관(단체)에서 ❻   년 이상 강의경력이 있는 사람
         바) 대학 또는 이와 같은 수준 이상의 교육기관에서 소방안전 관련학과를 졸업하고 소방 관련 기관(단체)에서 ❼   년 이상 강의경력이 있는 사람
         사) 소방 관련 기관(단체)에서 ❽   년 이상 실무경력이 있는 사람으로서 5년 이상 강의 경력이 있는 사람
         아) 소방경 이상의 소방공무원이나 소방설비기사 자격을 소지한 소방위 이상의 소방공무원
      2) 외래 초빙강사: 강사의 자격요건에 해당하는 사람일 것
3. 시설 및 장비
   가. 사무실: 바닥면적이 ❾   ㎡ 이상일 것
   나. 강의실: 바닥면적이 ❿   ㎡ 이상이고, 의자·탁자 및 교육용 비품을 갖출 것
   다. 실습실·실험실·제도실: 각 바닥면적이 ⓫   ㎡ 이상(실습실은 소방안전관리자만 해당되고, 실험실은 위험물안전관리자만 해당되며, 제도실은 설계 및 시공자만 해당된다)

라. 교육용 기자재

기자재명	규격	수량(단위: 개)
빔 프로젝터(Beam Projector)		1
소화기(단면절개: 斷面切開)	3종	각 1
경보설비시스템		1
스프링클러모형		1
자동화재탐지설비 세트		1
소화설비 계통도		1
소화기 시뮬레이터		1
소화기 충전장치		1
방출포량 시험기		1
열감지기 시험기		1
수압기	20kgf/㎠	1
할론 농도 측정기		1

시행규칙

❶ 1
❷ 4
❸ 2
❹ 박사
❺ 2
❻ 5
❼ 5
❽ 10
❾ 60
❿ 100
⓫ 100

기자재명	규격	수량(단위: 개)
이산화탄소농도 측정기		1
전류전압 측정기		1
검량계	200kgf	1
풍압풍속계(기압측정이 가능한 것)	1~10㎜Hg	1
차압계(압력차 측정기)		1
음량계		1
초시계		1
방수압력측정기		1
봉인렌치		1
포채집기		1
전기절연저항 시험기(최소눈금이 0.1㏁이하인 것)	DC 500V	1
연기감지기 시험기		1

■ 소방시설공사업법 시행규칙 [별표 7]

수수료 및 교육비 (제37조 관련)

1. 법 제4조제1항에 따라 소방시설업을 등록하려는 자
    가. 전문 소방시설설계업: ❶   원
    나. 일반 소방시설설계업: 분야별 ❷   원
    다. 전문 소방시설공사업: 4만원
    라. 일반 소방시설공사업: 분야별 2만원
    마. 전문 소방공사감리업: 4만원
    바. 일반 소방공사감리업: 분야별 2만원
    사. 방염처리업: 업종별 4만원
2. 법 제4조제3항에 따라 소방시설업 등록증 또는 등록수첩을 재발급 받으려는 자: 소방시설업 등록증 또는 등록수첩별 각각 ❸   원
3. 법 제7조제3항에 따라 소방시설업자의 지위승계 신고를 하려는 자: 2만원
4. 법 제20조의3제2항에 따라 방염처리능력 평가를 받으려는 자: 소방청장이 정하여 고시하는 금액
5. 법 제26조제2항에 따라 시공능력 평가를 받으려는 자: 소방청장이 정하여 고시하는 금액
6. 법 제28조제2항에 따라 자격수첩 또는 경력수첩을 발급받으려는 자: 소방청장이 정하여 고시하는 금액
7. 법 제28조의2제1항에 따라 소방기술자 양성·인정 교육을 받으려는 사람: 소방청장이 정하여 고시하는 금액
8. 법 제29조제1항에 따라 실무교육을 받으려는 사람: 소방청장이 정하여 고시하는 금액

시행규칙
❶ 4만   ❷ 2만   ❸ 1만

위험물안전관리법·시행령

■ 위험물안전관리법 시행령 [별표 1]

위험물 및 지정수량 (제2조 및 제3조 관련)

위험물			지정수량
유별	성질	품명	
제1류	산화성고체	1. 아염소산염류	❶ 킬로그램
		2. 염소산염류	50킬로그램
		3. 과염소산염류	50킬로그램
		4. 무기과산화물	50킬로그램
		5. 브로민산염류	❷ 킬로그램
		6. 질산염류	❸ 킬로그램
		7. 아이오딘산염류	❹ 킬로그램
		8. 과망가니즈산염류	❺ 킬로그램
		9. 다이크로뮴산염류	❻ 킬로그램
		10. 그 밖에 행정안전부령으로 정하는 것 11. 제1호부터 제10호까지의 어느 하나에 해당하는 위험물을 하나 이상 함유한 것	50킬로그램, 300킬로그램 또는 1,000킬로그램
제2류	가연성고체	1. 황화인	❼ 킬로그램
		2. 적린	100킬로그램
		3. 황	❽ 킬로그램
		4. 철분	500킬로그램
		5. 금속분	500킬로그램
		6. 마그네슘	❾ 킬로그램
		7. 그 밖에 행정안전부령으로 정하는 것 8. 제1호부터 제7호까지의 어느 하나에 해당하는 위험물을 하나 이상 함유한 것	100킬로그램 또는 500킬로그램
		9. 인화성고체	❿ 킬로그램

류별	품명			지정수량
제3류	자연발화성물질 및 금수성물질	1. 칼륨		10킬로그램
		2. 나트륨		10킬로그램
		3. 알킬알루미늄		⑪ 킬로그램
		4. 알킬리튬		10킬로그램
		5. 황린		⑫ 킬로그램
		6. 알칼리금속(칼륨 및 나트륨을 제외한다) 및 알칼리토금속		50킬로그램
		7. 유기금속화합물(알킬알루미늄 및 알킬리튬을 제외한다)		50킬로그램
		8. 금속의 수소화물		⑬ 킬로그램
		9. 금속의 인화물		300킬로그램
		10. 칼슘 또는 알루미늄의 탄화물		300킬로그램
		11. 그 밖에 행정안전부령으로 정하는 것 12. 제1호 내지 제11호의 1에 해당하는 어느 하나 이상을 함유한 것		10킬로그램, 20킬로그램, 50킬로그램 또는 300킬로그램
제4류	인화성액체	1. 특수인화물		⑭ 리터
		2. 제1석유류	비수용성액체	200리터
			수용성액체	⑮ 리터
		3. 알코올류		400리터
		4. 제2석유류	비수용성액체	⑯ 리터
			수용성액체	2,000리터
		5. 제3석유류	비수용성액체	⑰ 리터
			수용성액체	4,000리터
		6. 제4석유류		⑱ 리터
		7. 동식물유류		10,000리터

시행령

① 50
② 300
③ 300
④ 300
⑤ 1,000
⑥ 1,000
⑦ 100
⑧ 100
⑨ 500
⑩ 1,000
⑪ 10
⑫ 20
⑬ 300
⑭ 50
⑮ 400
⑯ 1,000
⑰ 2,000
⑱ 6,000

제5류	자기반응성물질	1. 유기과산화물	제1종: ❶ 킬로그램 제2종: ❷ 킬로그램
		2. 질산에스터류	
		3. 나이트로화합물	
		4. 나이트로소화합물	
		5. 아조화합물	
		6. 다이아조화합물	
		7. 하이드라진 유도체	
		8. 하이드록실아민	
		9. 하이드록실아민염류	
		10. 그 밖에 행정안전부령으로 정하는 것	
		11. 제1호부터 제10호까지의 어느 하나에 해당하는 위험물을 하나 이상 함유한 것	
제6류	산화성액체	1. 과염소산	300킬로그램
		2. 과산화수소	❸ 킬로그램
		3. 질산	❹ 킬로그램
		4. 그 밖에 행정안전부령으로 정하는 것	300킬로그램
		5. 제1호 내지 제4호의 1에 해당하는 어느 하나 이상을 함유한 것	300킬로그램

비고

1. "❺   "라 함은 고체[액체(1기압 및 섭씨 20도에서 액상인 것 또는 섭씨 20도 초과 섭씨 40도 이하에서 액상인 것을 말한다. 이하 같다)또는 기체(1기압 및 섭씨 20도에서 기상인 것을 말한다)외의 것을 말한다. 이하 같다]로서 산화력의 잠재적인 위험성 또는 충격에 대한 민감성을 판단하기 위하여 소방청장이 정하여 고시(이하 "고시"라 한다)하는 시험에서 고시로 정하는 성질과 상태를 나타내는 것을 말한다. 이 경우 "액상"이라 함은 수직으로 된 시험관(안지름 30밀리미터, 높이 120밀리미터의 원통형유리관을 말한다)에 시료를 55밀리미터까지 채운 다음 당해 시험관을 수평으로 하였을 때 시료액면의 선단이 30밀리미터를 이동하는데 걸리는 시간이 90초 이내에 있는 것을 말한다.
2. "❻   "라 함은 고체로서 화염에 의한 발화의 위험성 또는 인화의 위험성을 판단하기 위하여 고시로 정하는 시험에서 고시로 정하는 성질과 상태를 나타내는 것을 말한다.
3. 황은 순도가 ❼   중량퍼센트 이상인 것을 말하며, 순도측정을 하는 경우 불순물은 활석 등 불연성물질과 수분으로 한정한다.
4. "철분"이라 함은 철의 분말로서 ❽   마이크로미터의 표준체를 통과하는 것이 ❾   중량퍼센트 미만인 것은 제외한다.
5. "금속분"이라 함은 알칼리금속·알칼리토류금속·철 및 마그네슘외의 금속의 분말을 말하고, 구리분·니켈분 및 ❿   마이크로미터의 체를 통과하는 것이 ⓫   중량퍼센트 미만인 것은 제외한다.

6. 마그네슘 및 제2류제8호의 물품중 마그네슘을 함유한 것에 있어서는 다음 각목의 1에 해당하는 것은 제외한다.

　가. ⑫ 밀리미터의 체를 통과하지 아니하는 덩어리 상태의 것

　나. 지름 ⑬ 밀리미터 이상의 막대 모양의 것

7. 황화인·적린·황 및 철분은 제2호에 따른 성질과 상태가 있는 것으로 본다.

8. "⑭_____"라 함은 고형알코올 그 밖에 1기압에서 인화점이 섭씨 40도 미만인 고체를 말한다.

9. "⑮_____"이라 함은 고체 또는 액체로서 공기 중에서 발화의 위험성이 있거나 물과 접촉하여 발화하거나 가연성가스를 발생하는 위험성이 있는 것을 말한다.

10. 칼륨·나트륨·알킬알루미늄·알킬리튬 및 황린은 제9호의 규정에 의한 성상이 있는 것으로 본다.

11. "⑯_____"라 함은 액체(제3석유류, 제4석유류 및 동식물유류의 경우 1기압과 섭씨 20도에서 액체인 것만 해당한다)로서 인화의 위험성이 있는 것을 말한다. 다만, 다음 각 목의 어느 하나에 해당하는 것을 법 제20조제1항의 중요기준과 세부기준에 따른 운반용기를 사용하여 운반하거나 저장(진열 및 판매를 포함한다)하는 경우는 제외한다.

　가. 「화장품법」 제2조제1호에 따른 화장품 중 인화성액체를 포함하고 있는 것

　나. 「약사법」 제2조제4호에 따른 의약품 중 인화성액체를 포함하고 있는 것

　다. 「약사법」 제2조제7호에 따른 의약외품(알코올류에 해당하는 것은 제외한다) 중 수용성인 인화성액체를 50부피퍼센트 이하로 포함하고 있는 것

　라. 「의료기기법」에 따른 체외진단용 의료기기 중 인화성액체를 포함하고 있는 것

　마. 「생활화학제품 및 살생물제의 안전관리에 관한 법률」 제3조제4호에 따른 안전확인대상생활화학제품(알코올류에 해당하는 것은 제외한다) 중 수용성인 인화성액체를 50부피퍼센트 이하로 포함하고 있는 것

시행령

① 10　　　　⑤ 산화성고체　　⑨ 50　　　⑬ 2
② 100　　　⑥ 가연성고체　　⑩ 150　　⑭ 인화성고체
③ 300　　　⑦ 60　　　　　　⑪ 50　　　⑮ 자연발화성물질 및 금수성물질
④ 300　　　⑧ 53　　　　　　⑫ 2　　　　⑯ 인화성액체

12. "❶   "이라 함은 이황화탄소, 디에틸에테르 그 밖에 1기압에서 발화점이 섭씨 100도 이하인 것 또는 인화점이 섭씨 영하 20도 이하이고 비점이 섭씨 40도 이하인 것을 말한다.
13. "제1석유류"라 함은 ❷   그 밖에 1기압에서 인화점이 섭씨 21도 미만인 것을 말한다.
14. "알코올류"라 함은 1분자를 구성하는 탄소원자의 수가 1개부터 3개까지인 포화1가 알코올(변성알코올을 포함한다)을 말한다. 다만, 다음 각목의 1에 해당하는 것은 제외한다.
    가. 1분자를 구성하는 탄소원자의 수가 1개 내지 3개의 포화1가 알코올의 함유량이 ❸   중량퍼센트 미만인 수용액
    나. 가연성액체량이 ❹   중량퍼센트 미만이고 인화점 및 연소점(태그개방식인화점측정기에 의한 연소점을 말한다. 이하 같다)이 에틸알코올 ❺   중량퍼센트 수용액의 인화점 및 연소점을 초과하는 것
15. "제2석유류"라 함은 ❻   그 밖에 1기압에서 인화점이 섭씨 21도 이상 70도 미만인 것을 말한다. 다만, 도료류 그 밖의 물품에 있어서 가연성액체량이 40중량퍼센트 이하이면서 인화점이 섭씨 40도 이상인 동시에 연소점이 섭씨 60도 이상인 것은 제외한다.
16. "제3석유류"란 ❼   , 그 밖에 1기압에서 인화점이 섭씨 70도 이상 섭씨 200도 미만인 것을 말한다. 다만, 도료류 그 밖의 물품은 가연성액체량이 40중량퍼센트 이하인 것은 제외한다.
17. "제4석유류"라 함은 ❽   그 밖에 1기압에서 인화점이 섭씨 200도 이상 섭씨 250도 미만의 것을 말한다. 다만 도료류 그 밖의 물품은 가연성액체량이 40중량퍼센트 이하인 것은 제외한다.
18. "❾   "라 함은 동물의 지육(枝肉: 머리, 내장, 다리를 잘라 내고 아직 부위별로 나누지 않은 고기를 말한다) 등 또는 식물의 종자나 과육으로부터 추출한 것으로서 1기압에서 인화점이 섭씨 250도 미만인 것을 말한다. 다만, 법 제20조제1항의 규정에 의하여 행정안전부령으로 정하는 용기기준과 수납·저장기준에 따라 수납되어 저장·보관되고 용기의 외부에 물품의 통칭명, 수량 및 화기엄금(화기엄금과 동일한 의미를 갖는 표시를 포함한다)의 표시가 있는 경우를 제외한다.
19. "❿   "이란 고체 또는 액체로서 폭발의 위험성 또는 가열분해의 격렬함을 판단하기 위하여 고시로 정하는 시험에서 고시로 정하는 성질과 상태를 나타내는 것을 말하며, 위험성 유무와 등급에 따라 제1종 또는 제2종으로 분류한다.
20. 제5류제11호의 물품에 있어서는 유기과산화물을 함유하는 것 중에서 불활성고체를 함유하는 것으로서 다음 각목의 1에 해당하는 것은 제외한다.
    가. 과산화벤조일의 함유량이 35.5중량퍼센트 미만인 것으로서 전분가루, 황산칼슘2수화물 또는 인산수소칼슘2수화물과의 혼합물
    나. 비스(4-클로로벤조일)퍼옥사이드의 함유량이 30중량퍼센트 미만인 것으로서 불활성고체와의 혼합물
    다. 과산화다이쿠밀의 함유량이 40중량퍼센트 미만인 것으로서 불활성고체와의 혼합물
    라. 1·4비스(2-터셔리뷰틸퍼옥시아이소프로필)벤젠의 함유량이 40중량퍼센트 미만인 것으로서 불활성고체와의 혼합물
    마. 사이클로헥산온퍼옥사이드의 함유량이 30중량퍼센트 미만인 것으로서 불활성고체와의 혼합물
21. "산화성액체"라 함은 액체로서 산화력의 잠재적인 위험성을 판단하기 위하여 고시로 정하는 시험에서 고시로 정하는 성질과 상태를 나타내는 것을 말한다.
22. 과산화수소는 그 농도가 ⓫   중량퍼센트 이상인 것에 한하며, 제21호의 성상이 있는 것으로 본다.

23. 질산은 그 비중이 ❶ⓘ⓫ 이상인 것에 한하며, 제21호의 성상이 있는 것으로 본다.
24. 위 표의 성질란에 규정된 성상을 2가지 이상 포함하는 물품(이하 이 호에서 "복수성상물품"이라 한다)이 속하는 품명은 다음 각목의 1에 의한다.
   가. 복수성상물품이 산화성고체의 성상 및 가연성고체의 성상을 가지는 경우 : 제2류제8호의 규정에 의한 품명
   나. 복수성상물품이 산화성고체의 성상 및 자기반응성물질의 성상을 가지는 경우 : 제5류제11호의 규정에 의한 품명
   다. 복수성상물품이 가연성고체의 성상과 자연발화성물질의 성상 및 금수성물질의 성상을 가지는 경우 : 제3류제12호의 규정에 의한 품명
   라. 복수성상물품이 자연발화성물질의 성상, 금수성물질의 성상 및 인화성액체의 성상을 가지는 경우 : 제3류제12호의 규정에 의한 품명
   마. 복수성상물품이 인화성액체의 성상 및 자기반응성물질의 성상을 가지는 경우 : 제5류제11호의 규정에 의한 품명
25. 위 표의 지정수량란에 정하는 수량이 복수로 있는 품명에 있어서는 당해 품명이 속하는 유(類)의 품명 가운데 위험성의 정도가 가장 유사한 품명의 지정수량란에 정하는 수량과 같은 수량을 당해 품명의 지정수량으로 한다. 이 경우 위험물의 위험성을 실험·비교하기 위한 기준은 고시로 정할 수 있다.
26. 위 표의 기준에 따라 위험물을 판정하고 지정수량을 결정하기 위하여 필요한 실험은 「국가표준기본법」 제23조에 따라 인정을 받은 시험·검사기관, 기술원, 국립소방연구원 또는 소방청장이 지정하는 기관에서 실시할 수 있다. 이 경우 실험 결과에는 실험한 위험물에 해당하는 품명과 지정수량이 포함되어야 한다.

시행령
❶ 특수인화물
❷ 아세톤, 휘발유
❸ 60
❹ 60
❺ 60
❻ 등유, 경유
❼ 중유, 크레오소트유
❽ 기어유, 실린더유
❾ 동식물유류
❿ 자기반응성물질
⓫ 36
⓬ 1.49

■ 위험물안전관리법 시행령 [별표 2]

지정수량 이상의 위험물을 저장하기 위한 장소와 그에 따른 저장소의 구분 (제4조 관련)

지정수량 이상의 위험물을 저장하기 위한 장소	저장소의 구분
1. 옥내(지붕과 기둥 또는 벽 등에 의하여 둘러싸인 곳을 말한다. 이하 같다)에 저장(위험물을 저장하는데 따르는 취급을 포함한다. 이하 이 표에서 같다)하는 장소. 다만, 제3호의 장소를 제외한다.	❶
2. 옥외에 있는 탱크(제4호 내지 제6호 및 제8호에 규정된 탱크를 제외한다. 이하 제3호에서 같다)에 위험물을 저장하는 장소	옥외탱크저장소
3. 옥내에 있는 탱크에 위험물을 저장하는 장소	옥내탱크저장소
4. 지하에 매설한 탱크에 위험물을 저장하는 장소	❷
5. 간이탱크에 위험물을 저장하는 장소	간이탱크저장소
6. 차량(피견인자동차에 있어서는 앞차축을 갖지 아니하는 것으로서 당해 피견인자동차의 일부가 견인자동차에 적재되고 당해 피견인자동차와 그 적재물의 중량의 상당부분이 견인자동차에 의하여 지탱되는 구조의 것에 한한다)에 고정된 탱크에 위험물을 저장하는 장소	이동탱크저장소
7. 옥외에 다음 각목의 1에 해당하는 위험물을 저장하는 장소. 다만, 제2호의 장소를 제외한다. 　가. 제2류 위험물 중 ❸ 　 또는 ❹ 　　(인화점이 섭씨 0도 이상인 것에 한한다) 　나. 제4류 위험물중 제1석유류(인화점이 섭씨 0도 이상인 것에 한한다)·알코올류·제2석유류·제3석유류·제4석유류 및 동식물유류 　다. ❺ 　 위험물 　라. 제2류 위험물 및 제4류 위험물 중 특별시·광역시·특별자치시·도 또는 특별자치도의 조례로 정하는 위험물(「관세법」 제154조에 따른 보세구역 안에 저장하는 경우로 한정한다) 　마. 「국제해사기구에 관한 협약」에 의하여 설치된 국제해사기구가 채택한 「국제해상위험물규칙」(IMDG Code)에 적합한 용기에 수납된 위험물	옥외저장소
8. 암반내의 공간을 이용한 탱크에 액체의 위험물을 저장하는 장소	암반탱크저장소

■ 위험물안전관리법 시행령 [별표 3]

위험물을 제조외의 목적으로 취급하기 위한 장소와 그에 따른 취급소의 구분 (제5조 관련)

위험물을 제조외의 목적으로 취급하기 위한 장소	취급소의 구분
1. 고정된 주유설비(항공기에 주유하는 경우에는 차량에 설치된 주유설비를 포함한다)에 의하여 자동차・항공기 또는 선박 등의 연료탱크에 직접 주유하기 위하여 위험물(「석유 및 석유대체연료 사업법」제29조의 규정에 의한 가짜석유제품에 해당하는 물품을 제외한다. 이하 제2호에서 같다)을 취급하는 장소(위험물을 용기에 옮겨 담거나 차량에 고정된 5천리터 이하의 탱크에 주입하기 위하여 고정된 급유설비를 병설한 장소를 포함한다)	❻
2. 점포에서 위험물을 용기에 담아 판매하기 위하여 지정수량의 ❼ 배 이하의 위험물을 취급하는 장소	판매취급소
3. 배관 및 이에 부속된 설비에 의하여 위험물을 이송하는 장소. 다만, 다음 각목의 1에 해당하는 경우의 장소를 제외한다. 　가.「송유관 안전관리법」에 의한 송유관에 의하여 위험물을 이송하는 경우 　나. 제조소등에 관계된 시설(배관을 제외한다) 및 그 부지가 같은 사업소안에 있고 당해 사업소안에서만 위험물을 이송하는 경우 　다. 사업소와 사업소의 사이에 도로(폭 ❽ 미터 이상의 일반교통에 이용되는 도로로서 자동차의 통행이 가능한 것을 말한다)만 있고 사업소와 사업소 사이의 이송배관이 그 도로를 횡단하는 경우 　라. 사업소와 사업소 사이의 이송배관이 제3자(당해 사업소와 관련이 있거나 유사한 사업을 하는 자에 한한다)의 토지만을 통과하는 경우로서 당해 배관의 길이가 ❾ 미터 이하인 경우 　마. 해상구조물에 설치된 배관(이송되는 위험물이 별표 1의 제4류 위험물중 제1석유류인 경우에는 배관의 안지름이 30센티미터 미만인 것에 한한다)으로서 해당 해상구조물에 설치된 배관이 길이가 ❿ 미터 이하인 경우 　바. 사업소와 사업소 사이의 이송배관이 다목 내지 마목의 규정에 의한 경우중 2이상에 해당하는 경우 　사.「농어촌 전기공급사업 촉진법」에 따라 설치된 ⓫ 에 사용되는 위험물을 이송하는 경우	이송취급소
4. 제1호 내지 제3호외의 장소(「석유 및 석유대체연료 사업법」제29조의 규정에 의한 가짜석유제품에 해당하는 위험물을 취급하는 경우의 장소를 제외한다)	⓬

시행령
❶ 옥내저장소
❷ 지하탱크저장소
❸ 황
❹ 인화성 고체
❺ 제6류
❻ 주유취급소
❼ 40
❽ 2
❾ 100
❿ 30
⓫ 자가발전시설
⓬ 일반취급소

■ 위험물안전관리법 시행령 [별표 4]

탱크안전성능검사의 내용 (제8조제2항 관련)

구분	검사내용
1. ❶ 　　　검사	가. 제8조제1항제1호의 규정에 의한 탱크중 나목외의 탱크 : 탱크의 기초 및 지반에 관한 공사에 있어서 당해 탱크의 기초 및 지반이 행정안전부령으로 정하는 기준에 적합한지 여부를 확인함 나. 제8조제1항제1호의 규정에 의한 탱크중 행정안전부령으로 정하는 탱크 : 탱크의 기초 및 지반에 관한 공사에 상당한 것으로서 행정안전부령으로 정하는 공사에 있어서 당해 탱크의 기초 및 지반에 상당하는 부분이 행정안전부령으로 정하는 기준에 적합한지 여부를 확인함
2. ❷ 　　　검사	탱크에 배관 그 밖의 부속설비를 부착하기 전에 당해 탱크 본체의 누설 및 변형에 대한 안전성이 행정안전부령으로 정하는 기준에 적합한지 여부를 확인함
3. ❸ 　　　검사	탱크의 배관 그 밖의 부속설비를 부착하기 전에 행하는 당해 탱크의 본체에 관한 공사에 있어서 탱크의 용접부가 행정안전부령으로 정하는 기준에 적합한지 여부를 확인함
4. ❹ 　　　검사	탱크의 본체에 관한 공사에 있어서 탱크의 구조가 행정안전부령으로 정하는 기준에 적합한지 여부를 확인함

■ 위험물안전관리법 시행령 [별표 5]

위험물취급자격자의 자격 (제11조제1항 관련)

위험물취급자격자의 구분	취급할 수 있는 위험물
1. 「국가기술자격법」에 따라 위험물기능장, ❺위험물산업기사, ❻위험물기능사 의 자격을 취득한 사람	별표 1의 모든 위험물
2. 안전관리자교육이수자(법 28조제1항에 따라 소방청장이 실시하는 안전관리자교육을 이수한 자를 말한다. 이하 별표 6에서 같다)	별표 1의 위험물 중 ❼제4류 위험물
3. 소방공무원 경력자(소방공무원으로 근무한 경력이 ❽3 년 이상인 자를 말한다. 이하 별표 6에서 같다)	별표 1의 위험물 중 제4류 위험물

시행령
❶ 기초·지반
❷ 충수·수압
❸ 용접부
❹ 암반탱크
❺ 위험물산업기사
❻ 위험물기능사
❼ 제4류
❽ 3

■ 위험물안전관리법 시행령 [별표 6] 〈개정 2012.1.6〉

제조소등의 종류 및 규모에 따라 선임하여야 하는 안전관리자의 자격 (제13조 관련)

제조소등의 종류 및 규모			안전관리자의 자격
제조소	1. 제4류 위험물만을 취급하는 것으로서 지정수량 ❶ 배 이하의 것		위험물기능장, 위험물산업기사, 위험물기능사, 안전관리자교육이수자 또는 소방공무원경력자
	2. 제1호에 해당하지 아니하는 것		위험물기능장, 위험물산업기사 또는 ❷ 년 이상의 실무경력이 있는 위험물기능사
저장소	1. 옥내저장소	제4류 위험물만을 저장하는 것으로서 지정수량 5배 이하의 것	위험물기능장, 위험물산업기사, 위험물기능사, 안전관리자교육이수자 또는 소방공무원경력자
		제4류 위험물 중 알코올류·제2석유류·제3석유류·제4석유류·동식물유류만을 저장하는 것으로서 지정수량 ❸ 배 이하의 것	
	2. 옥외탱크저장소	제4류 위험물만 저장하는 것으로서 지정수량 5배 이하의 것	
		제4류 위험물 중 제2석유류·제3석유류·제4석유류·동식물유류만을 저장하는 것으로서 지정수량 ❹ 배 이하의 것	
	3. 옥내탱크저장소	제4류 위험물만을 저장하는 것으로서 지정수량 5배 이하의 것	
		제4류 위험물 중 제2석유류·제3석유류·제4석유류·동식물유류만을 저장하는 것	
	4. 지하탱크저장소	제4류 위험물만을 저장하는 것으로서 지정수량 ❺ 배 이하의 것	
		제4류 위험물 중 제1석유류·알코올류·제2석유류·제3석유류·제4석유류·동식물유류만을 저장하는 것으로서 지정수량 ❻ 배 이하의 것	
	5. 간이탱크저장소로서 제4류 위험물만을 저장하는 것		
	6. 옥외저장소 중 제4류 위험물만을 저장하는 것으로서 지정수량의 ❼ 배 이하의 것		
	7. 보일러, 버너 그 밖에 이와 유사한 장치에 공급하기 위한 위험물을 저장하는 탱크저장소		
	8. 선박주유취급소, 철도주유취급소 또는 항공기주유취급소의 고정주유설비에 공급하기 위한 위험물을 저장하는 탱크저장소로서 지정수량의 ❽ 배(제1석유류의 경우에는 지정수량의 100배)이하의 것		
	9. 제1호 내지 제8호에 해당하지 아니하는 저장소		위험물기능장, 위험물산업기사 또는 ❾ 년 이상의 실무경력이 있는 위험물기능사

취급소	1. 주유취급소		위험물기능장, 위험물산업기사, 위험물기능사, 안전관리자교육이수자 또는 소방공무원경력자
	2. 판매취급소	제4류 위험물만을 취급하는 것으로서 지정수량 ❿ 배 이하의 것	
		제4류 위험물 중 제1석유류·알코올류·제2석유류·제3석유류·제4석유류·동식물유류만을 취급하는 것	
	3. 제4류 위험물 중 제1류 석유류·알코올류·제2석유류·제3석유류·제4석유류·동식물유류만을 지정수량 50배 이하로 취급하는 일반취급소(제1석유류·알코올류의 취급량이 지정수량의 10배 이하인 경우에 한한다)로서 다음 각목의 어느 하나에 해당하는 것 가. 보일러, 버너 그 밖에 이와 유사한 장치에 의하여 위험물을 소비하는 것 나. 위험물을 용기 또는 차량에 고정된 탱크에 주입하는 것		
	4. 제4류 위험물만을 취급하는 일반취급소로서 지정수량 ⓫ 배 이하의 것		
	5. 제4류 위험물 중 제2석유류·제3석유류·제4석유류·동식물유류만을 취급하는 일반취급소로서 지정수량 ⓬ 배 이하의 것		
	6. 「농어촌 전기공급사업 촉진법」에 따라 설치된 자가발전시설에 사용되는 위험물을 취급하는 일반취급소		
	7. 제1호 내지 제6호에 해당하지 아니하는 취급소		위험물기능장, 위험물산업기사 또는 ⓭ 년 이상의 실무경력이 있는 위험물기능사

비고

1. 왼쪽란의 제조소등의 종류 및 규모에 따라 오른쪽란에 규정된 안전관리자의 자격이 있는 위험물취급자격자는 별표 5에 따라 해당 제조소등에서 저장 또는 취급하는 위험물을 취급할 수 있는 자격이 있어야 한다.
2. 위험물기능사의 실무경력 기간은 위험물기능사 자격을 취득한 이후「위험물안전관리법」제15조에 따른 위험물안전관리자로 선임된 기간 또는 위험물안전관리자를 보조한 기간을 말한다.

시행령

❶ 5
❷ 2
❸ 40
❹ 40
❺ 40
❻ 250
❼ 40
❽ 250
❾ 2
❿ 5
⓫ 10
⓬ 20
⓭ 2

■ 위험물안전관리법 시행령 [별표 7]

탱크시험자의 기술능력·시설 및 장비 (제14조제1항 관련)

1. 기술능력
    가. 필수인력
        1) ❶_____ · ❷_____ 또는 ❸_____ 중 1명 이상
        2) 비파괴검사기술사 1명 이상 또는 초음파비파괴검사·자기비파괴검사 및 침투비파괴검사별로 기사 또는 산업기사 각 1명 이상
    나. 필요한 경우에 두는 인력
        1) 충·수압시험, 진공시험, 기밀시험 또는 내압시험의 경우: 누설비파괴검사 기사, 산업기사 또는 기능사
        2) 수직·수평도시험의 경우: 측량 및 지형공간정보 기술사, 기사, 산업기사 또는 측량기능사
        3) 방사선투과시험의 경우: 방사선비파괴검사 기사 또는 산업기사
        4) 필수 인력의 보조: 방사선비파괴검사·초음파비파괴검사·자기비파괴검사 또는 침투비파괴검사 기능사

2. 시설: 전용사무실

3. 장비
    가. 필수장비: 자기탐상시험기, 초음파두께측정기 및 다음 1) 또는 2) 중 어느 하나
        1) 영상초음파시험기
        2) 방사선투과시험기 및 초음파시험기
    나. 필요한 경우에 두는 장비
        1) 충·수압시험, 진공시험, 기밀시험 또는 내압시험의 경우
            가) 진공능력 ❹_____ KPa 이상의 진공누설시험기
            나) 기밀시험장치(안전장치가 부착된 것으로서 가압능력 200KPa 이상, 감압의 경우에는 감압능력 10KPa 이상·감도 10Pa 이하의 것으로서 각각의 압력 변화를 스스로 기록할 수 있는 것)
        2) 수직·수평도 시험의 경우: 수직·수평도 측정기

비고 둘 이상의 기능을 함께 가지고 있는 장비를 갖춘 경우에는 각각의 장비를 갖춘 것으로 본다.

■ 위험물안전관리법 시행령 [별표 8]

자체소방대에 두는 화학소방자동차 및 인원(제18조제3항관련)

사업소의 구분	화학소방자동차	자체소방대원의 수
1. 제조소 또는 일반취급소에서 취급하는 제4류 위험물의 최대수량의 합이 지정수량의 3천배 이상 12만배 미만인 사업소	❺ 대	❻ 인
2. 제조소 또는 일반취급소에서 취급하는 제4류 위험물의 최대수량의 합이 지정수량의 12만배 이상 24만배 미만인 사업소	❼ 대	❽ 인
3. 제조소 또는 일반취급소에서 취급하는 제4류 위험물의 최대수량의 합이 지정수량의 24만배 이상 48만배 미만인 사업소	❾ 대	❿ 인
4. 제조소 또는 일반취급소에서 취급하는 제4류 위험물의 최대수량의 합이 지정수량의 48만배 이상인 사업소	⓫ 대	⓬ 인
5. 옥외탱크저장소에 저장하는 제4류 위험물의 최대수량이 지정수량의 50만배 이상인 사업소	⓭ 대	⓮ 인

비고

화학소방자동차에는 행정안전부령으로 정하는 소화능력 및 설비를 갖추어야 하고, 소화활동에 필요한 소화약제 및 기구(방열복 등 개인장구를 포함한다)를 비치하여야 한다.

시행령

❶ 위험물기능장
❷ 위험물산업기사
❸ 위험물기능사
❹ 53
❺ 1
❻ 5
❼ 2
❽ 10
❾ 3
❿ 15
⓫ 4
⓬ 20
⓭ 2
⓮ 10

■ 위험물안전관리법 시행령 [별표 9]

과태료의 부과기준 (제23조 관련)

1. 일반기준

   가. 과태료 부과권자는 다음의 어느 하나에 해당하는 경우에는 제2호의 개별기준에 따른 과태료 금액의 ❶ 까지 그 금액을 줄일 수 있다. 다만, 과태료를 체납하고 있는 위반행위자에 대해서는 그러하지 아니하다.

   1) 위반행위자가 「질서위반행위규제법 시행령」 제2조의2제1항 각 호의 어느 하나에 해당하는 경우
   2) 위반행위자가 처음 위반행위를 한 경우로서 ❷ 년 이상 해당 업종을 모범적으로 경영한 사실이 인정되는 경우
   3) 위반행위가 ❸ 나 오류 등 과실로 인한 것으로 인정되는 경우
   4) 위반행위자가 같은 위반행위로 다른 법률에 따라 과태료·벌금·❹ 등의 처분을 받은 경우
   5) 위반행위자가 위법행위로 인한 결과를 시정하거나 해소한 경우
   6) 그 밖에 위반행위의 정도, 위반행위의 동기와 그 결과 등을 고려하여 과태료를 줄일 필요가 있다고 인정되는 경우

   나. 부과권자는 고의 또는 중과실이 없는 위반행위자가 「소상공인기본법」 제2조에 따른 소상공인에 해당하고, 과태료를 체납하고 있지 않은 경우에는 다음의 사항을 고려하여 제2호의 개별기준에 따른 과태료의 ❺ 범위에서 그 금액을 줄여 부과할 수 있다. 다만, 가목에 따른 감경과 중복하여 적용하지 않는다.

   1) 위반행위자의 현실적인 ❻
   2) 경제위기 등으로 위반행위자가 속한 시장·산업 여건이 현저하게 변동되거나 지속적으로 악화된 상태인지 여부

   다. 위반행위의 횟수에 따른 과태료의 부과기준은 최근 ❼ 년간 같은 위반행위로 과태료 부과처분을 받은 경우에 적용한다. 이 경우 기간의 계산은 위반행위에 대하여 과태료 부과처분을 받은 날과 그 처분 후 다시 같은 위반행위를 하여 적발된 날을 기준으로 한다.

   라. 다목에 따라 가중된 부과처분을 하는 경우 가중처분의 적용 차수는 그 위반행위 전 부과처분 차수(다목에 따른 기간 내에 과태료 부과처분이 둘 이상 있었던 경우에는 높은 차수를 말한다)의 다음 차수로 한다.

2. 개별기준

(단위 : 만원)

위반행위	근거 법조문	과태료 금액
가. 법 제5조제2항제1호에 따른 승인을 받지 않은 경우	법 제39조제1항제1호	
1) 승인기한(임시저장 또는 취급개시일의 전날)의 다음날을 기산일로 하여 30일 이내에 승인을 신청한 경우		250
2) 승인기한(임시저장 또는 취급개시일의 전날)의 다음날을 기산일로 하여 31일 이후에 승인을 신청한 경우		400
3) 승인을 받지 않은 경우		500
나. 법 제5조제3항제2호에 따른 위험물의 저장 또는 취급에 관한 세부기준을 위반한 경우	법 제39조제1항제2호	
1) 1차 위반 시		❽
2) 2차 위반 시		❾
3) 3차 이상 위반 시		❿
다. 법 제6조제2항에 따른 품명 등의 변경신고를 기간 이내에 하지 않거나 허위로 한 경우	법 제39조제1항제3호	
1) 신고기한(변경한 날의 1일 전날)의 다음날을 기산일로 하여 30일 이내에 신고한 경우		250
2) 신고기한(변경한 날의 1일 전날)의 다음날을 기산일로 하여 31일 이후에 신고한 경우		350
3) 허위로 신고한 경우		500
4) 신고를 하지 않은 경우		500

시행령
❶ 2분의 1
❷ 3
❸ 사소한 부주의
❹ 영업정지
❺ 100분의 70
❻ 부담능력
❼ 1
❽ 250
❾ 400
❿ 500

라. 법 제10조제3항에 따른 지위승계신고를 기간 이내에 하지 않거나 허위로 한 경우	법 제39조제1항제4호	
1) 신고기한(지위승계일의 다음날을 기산일로 하여 30일이 되는 날)의 다음날을 기산일로 하여 30일 이내에 신고한 경우		❶
2) 신고기한(지위승계일의 다음날을 기산일로 하여 30일이 되는 날)의 다음날을 기산일로 하여 31일 이후에 신고한 경우		❷
3) 허위로 신고한 경우		❸
4) 신고를 하지 않은 경우		❹
마. 법 제11조에 따른 제조소등의 폐지신고를 기간 이내에 하지 않거나 허위로 한 경우	법 제39조제1항제5호	
1) 신고기한(폐지일의 다음날을 기산일로 하여 14일이 되는 날)의 다음날을 기산일로 하여 30일 이내에 신고한 경우		250
2) 신고기한(폐지일의 다음날을 기산일로 하여 14일이 되는 날)의 다음날을 기산일로 하여 31일 이후에 신고한 경우		350
3) 허위로 신고한 경우		500
4) 신고를 하지 않은 경우		500
바. 법 제11조의2제2항을 위반하여 사용 중지신고 또는 재개신고를 기간 이내에 하지 않거나 거짓으로 한 경우	법 제39조제1항제5호의2	
1) 신고기한(중지 또는 재개한 날의 14일 전날)의 다음날을 기산일로 하여 30일 이내에 신고한 경우		250
2) 신고기한(중지 또는 재개한 날의 14일 전날)의 다음날을 기산일로 하여 31일 이후에 신고한 경우		350
3) 거짓으로 신고한 경우		500
4) 신고를 하지 않은 경우		500
사. 법 제15조제3항에 따른 안전관리자의 선임신고를 기간 이내에 하지 않거나 허위로 한 경우	법 제39조제1항제5호	
1) 신고기한(선임한 날의 다음날을 기산일로 하여 14일이 되는 날)의 다음날을 기산일로 하여 30일 이내에 신고한 경우		250
2) 신고기한(선임한 날의 다음날을 기산일로 하여 14일이 되는 날)의 다음날을 기산일로 하여 31일 이후에 신고한 경우		350
3) 허위로 신고한 경우		500
4) 신고를 하지 않은 경우		500

아. 법 제16조제3항을 위반하여 등록사항의 변경신고를 기간 이내에 하지 않거나 허위로 한 경우	법 제39조제1항제6호	
1) 신고기한(변경일의 다음날을 기산일로 하여 30일이 되는 날)의 다음날을 기산일로 하여 30일 이내에 신고한 경우		250
2) 신고기한(변경일의 다음날을 기산일로 하여 30일이 되는 날)의 다음날을 기산일로 하여 31일 이후에 신고한 경우		350
3) 허위로 신고한 경우		500
4) 신고를 하지 않은 경우		500
자. 법 제17조제3항을 위반하여 예방규정을 준수하지 않은 경우	법 제39조 제1항제6호의2	
1) 1차 위반 시		❺
2) 2차 위반 시		❻
3) 3차 이상 위반 시		❼
차. 법 제18조제1항을 위반하여 점검결과를 기록하지 않거나 보존하지 않은 경우	법 제39조 제1항제7호	
1) 1차 위반 시		250
2) 2차 위반 시		400
3) 3차 이상 위반 시		500

시행령 ✓
❶ 250
❷ 350
❸ 500
❹ 500
❺ 250
❻ 400
❼ 500

카. 법 제18조제2항을 위반하여 기간 이내에 점검 결과를 제출하지 않은 경우	법 제39조 제1항제7호의2	
1) 제출기한(점검일의 다음날을 기산일로 하여 30일이 되는 날)의 다음날을 기산일로 하여 30일 이내에 제출한 경우		250
2) 제출기한(점검일의 다음날을 기산일로 하여 30일이 되는 날)의 다음날을 기산일로 하여 31일 이후에 제출한 경우		400
3) 제출하지 않은 경우		500
타. 법 제20조제1항제2호에 따른 위험물의 운반에 관한 세부기준을 위반한 경우	법 제39조제1항제8호	
1) 1차 위반 시		❶
2) 2차 위반 시		❷
3) 3차 이상 위반 시		❸
파. 법 제21조제3항을 위반하여 위험물의 운송에 관한 기준을 따르지 않은 경우	법 제39조제1항제9호	
1) 1차 위반 시		❹
2) 2차 위반 시		❺
3) 3차 이상 위반 시		❻

위험물안전관리법·시행규칙

■ 위험물안전관리법 시행규칙 [별표 1]

이송취급소 허가신청의 첨부서류 (제6조제9호 관련)

구조 및 설비	첨부서류
1. ❼	1. 위치도(축척 : 50,000분의 1 이상, 배관의 경로 및 이송기지의 위치를 기재할 것) 2. 평면도[축척 : 3,000분의 1 이상, 배관의 중심선에서 좌우 300m 이내의 지형, 부근의 도로·하천·철도 및 건축물 그 밖의 시설의 위치, 배관의 중심선·신축구조·지진감지장치·배관계내의 압력을 측정하여 자동적으로 위험물의 누설을 감지할 수 있는 장치의 압력계·방호장치 및 밸브의 위치, 시가지·별표 15 Ⅰ제1호 각목의 규정에 의한 장소 그리고 행정구역의 경계를 기재하고 배관의 중심선에는 200m마다 누계거리를 기재할 것] 3. 종단도면(축척 : 가로는 3,000분의 1·세로는 300분의 1 이상, 지표면으로부터 배관의 깊이·배관의 경사도·주요한 공작물의 종류 및 위치를 기재할 것) 4. 횡단도면(축척 : 200분의 1 이상, 배관을 부설한 도로·철도 등의 횡단면에 배관의 중심과 지상 및 지하의 공작물의 위치를 기재할 것 5. 도로·하천·수로 또는 철도의 지하를 횡단하는 금속관 또는 방호구조물안에 배관을 설치하거나 배관을 가공횡단(架空橫斷: 공중에 가로지름)하여 설치하는 경우에는 당해 횡단 개소의 상세도면 6. 강도계산서 7. 접합부의 구조도 8. 용접에 관한 설명서 9. 접합방법에 관하여 기재한 서류 10. 배관의 기점·분기점 및 종점의 위치에 관하여 기재한 서류 11. 연장에 관하여 기재한 서류(도로밑·철도밑·해저·하천 밑·지상·해상 등의 위치에 따라 구별하여 기재할 것) 12. 배관내의 최대상용 압력에 관하여 기재한 서류 13. 주요 규격 및 재료에 관하여 기재한 서류 14. 그 밖에 배관에 대한 설비 등에 관한 설명도서

시행규칙
❶ 250　　❸ 500　　❺ 400　　❼ 배관
❷ 400　　❹ 250　　❻ 500

2. 긴급차단밸브 및 차단밸브	1. 구조설명서(부대설비를 포함한다) 2. 기능설명서 3. 강도에 관한 설명서 4. 제어계통도 5. 밸브의 종류·형식 및 재료에 관하여 기재한 서류
3. ❶	
1) 배관계내의 위험물의 유량측정에 의하여 자동적으로 위험물의 누설을 검지할 수 있는 장치 또는 이와 동등 이상의 성능이 있는 장치	1. 누설검지능력에 관한 설명서 2. 누설검지에 관한 흐름도 3. 연산처리장치의 처리능력에 관한 설명서 4. 누설의 검지능력에 관하여 기재한 서류 5. 유량계의 종류·형식·정밀도 및 측정범위에 관하여 기재한 서류 6. 연산처리장치의 종류 및 형식에 관하여 기재한서류
2) 배관계내의 압력을 측정하여 자동적으로 위험물의 누설을 검지할 수 있는 장치 또는 이와 동등 이상의 성능이 있는 장치	1. 누설검지능력에 관한 설명서 2. 누설검지에 관한 흐름도 3. 수신부의 구조에 관한 설명서 4. 누설검지능력에 관하여 기재한 서류 5. 압력계의 종류·형식·정밀도 및 측정범위에 관하여 기재한 서류
3) 배관계내의 압력을 일정하게 유지하고 당해 압력을 측정하여 위험물의 누설을 검지할 수 있는 장치 또는 이와 동등 이상의 성능이 있는 장치	1. 누설검지능력에 관한 설명서 2. 누설검지능력에 관하여 기재한 서류 3. 압력계의 종류·형식·정밀도 및 측정범위에 관하여 기재한 서류
4. ❷	구조설명도 또는 압력제어방식에 관한 설명서
5. 지진감지장치 및 강진계	1. 구조설명도 2. 지진검지에 관한 흐름도 3. 종류 및 형식에 관하여 기재한 서류

6. ❸ [펌프]	1. 구조설명도 2. 강도에 관한 설명서 3. 용적식펌프의 압력상승방지장치에 관한 설명서 4. 고압판넬·변압기 등 전기설비의 계통도(원동기를 움직이기 위한 전기설비에 한한다) 5. 종류·형식·용량·양정(揚程: 펌프가 물을 퍼 올리는 높이)·회전수 및 상용·예비의 구별에 관하여 기재한 서류 6. 실린더 등의 주요 규격 및 재료에 관하여 기재한 서류 7. 원동기의 종류 및 출력에 관하여 기재한 서류 8. 고압판넬의 용량에 관하여 기재한 서류 9. 변압기용량에 관하여 기재한 서류
7. 피그(pig)취급장치(배관 내의 이물질 제거 및 이상 유무 파악 등을 위한 장치)	구조설명도
8. 전기방식설비, 가열·보온설비, 지지물, 누설확산방지설비, 운전상태감시장치, 안전제어장치, 경보설비, 비상전원, 위험물주입·취출구, 금속관, 방호구조물, 보호설비, 신축흡수장치, 위험물제거장치, 통보설비, 가연성증기체류방지설비, 부등침하측정설비, 기자재창고, 점검상자, 표지 그 밖에 이송취급소에 관한 설비	1. 설비의 설치에 관하여 필요한 설명서 및 도면 2. 설비의 종류·형식·재료·강도 및 그 밖의 기능·성능 등에 관하여 기재한 서류

시행규칙
❶ 누설탐지설비　　❷ 압력안전장치　　❸ 펌프

■ 위험물안전관리법 시행규칙 [별표 1의2] 〈개정 2021. 7. 13.〉

제조소등의 변경허가를 받아야 하는 경우 (제8조 관련)

제조소등의 구분	변경허가를 받아야 하는 경우
1. 제조소 또는 일반취급소	가. 제조소 또는 일반취급소의 위치를 이전하는 경우 나. 건축물의 벽·기둥·바닥·보 또는 지붕을 증설 또는 철거하는 경우 다. 배출설비를 신설하는 경우 라. 위험물취급탱크를 신설·교체·철거 또는 보수(탱크의 본체를 절개하는 경우에 한한다)하는 경우 마. 위험물취급탱크의 노즐 또는 맨홀을 신설하는 경우(노즐 또는 맨홀의 지름이 ❶____ ㎜를 초과하는 경우에 한한다) 바. 위험물취급탱크의 방유제의 높이 또는 방유제 내의 면적을 변경하는 경우 사. 위험물취급탱크의 탱크전용실을 증설 또는 교체하는 경우 아. ❷____ m(지상에 설치하지 아니하는 배관의 경우에는 30m)를 초과하는 위험물배관을 신설·교체·철거 또는 보수(배관을 절개하는 경우에 한한다)하는 경우 자. 불활성기체(다른 원소와 화학 반응을 일으키기 어려운 기체)의 봉입장치를 신설하는 경우 차. 별표 4 XII제2호가목에 따른 누설범위를 국한하기 위한 설비를 신설하는 경우 카. 별표 4 XII제3호다목에 따른 냉각장치 또는 보냉장치를 신설하는 경우 타. 별표 4 XII제3호마목에 따른 탱크전용실을 증설 또는 교체하는 경우 파. 별표 4 XII제4호나목에 따른 담 또는 토제를 신설·철거 또는 이설하는 경우 하. 별표 4 XII제4호다목에 따른 온도 및 농도의 상승에 의한 위험한 반응을 방지하기 위한 설비를 신설하는 경우 거. 별표 4 XII제4호라목에 따른 철 이온 등의 혼입에 의한 위험한 반응을 방지하기 위한 설비를 신설하는 경우 너. 방화상 유효한 담을 신설·철거 또는 이설하는 경우 더. 위험물의 제조설비 또는 취급설비를 증설하는 경우. 다만, 펌프설비 또는 1일 취급량이 지정수량의 5분의 1 미만인 설비를 증설하는 경우는 제외한다. 러. 옥내소화전설비·옥외소화전설비·스프링클러설비·물분무등소화설비를 신설·교체(배관·밸브·압력계·소화전본체·소화약제탱크·포헤드·포방출구 등의 교체는 제외한다) 또는 철거하는 경우 머. 자동화재탐지설비를 신설 또는 철거하는 경우
2. 옥내저장소	가. 건축물의 벽·기둥·바닥·보 또는 지붕을 증설 또는 철거하는 경우 나. 배출설비를 신설하는 경우 다. 별표 5 VIII제3호가목에 따른 누설범위를 국한하기 위한 설비를 신설하는 경우 라. 별표 5 VIII제4호에 따른 온도의 상승에 의한 위험한 반응을 방지하기 위한 설비를 신설하는 경우 마. 별표 5 부표 1 비고 제1호 또는 같은 별표 부표 2 비고 제1호에 따른 담 또는 토제를 신설·철거 또는 이설하는 경우 바. 옥외소화전설비·스프링클러설비·물분무등소화설비를 신설·교체(배관·밸브·압력계·소화전본체·소화약제탱크·포헤드·포방출구 등의 교체는 제외한다) 또는 철거하는 경우 사. 자동화재탐지설비를 신설 또는 철거하는 경우

3. 옥외탱크 저장소	가. 옥외저장탱크의 위치를 이전하는 경우 나. 옥외탱크저장소의 기초·지반을 정비하는 경우 다. 별표 6 II제5호에 따른 물분무설비를 신설 또는 철거하는 경우 라. 주입구의 위치를 이전하거나 신설하는 경우 마. 300m(지상에 설치하지 아니하는 배관의 경우에는 30m)를 초과하는 위험물배관을 신설·교체·철거 또는 보수(배관을 절개하는 경우에 한한다)하는 경우 바. 별표 6 VI제20호에 따른 수조를 교체하는 경우 사. 방유제(간막이 둑을 포함한다)의 높이 또는 방유제 내의 면적을 변경하는 경우 아. 옥외저장탱크의 밑판 또는 옆판을 교체하는 경우 자. 옥외저장탱크의 노즐 또는 맨홀을 신설하는 경우(노즐 또는 맨홀의 지름이 250㎜를 초과하는 경우에 한한다) 차. 옥외저장탱크의 밑판 또는 옆판의 표면적의 20%를 초과하는 겹침보수공사 또는 육성보수공사를 하는 경우 카. 옥외저장탱크의 애뉼러 판의 겹침보수공사 또는 육성보수공사를 하는 경우 타. 옥외저장탱크의 애뉼러 판 또는 밑판이 옆판과 접하는 용접이음부의 겹침보수공사 또는 육성보수공사를 하는 경우(용접길이가 300㎜를 초과하는 경우에 한한다) 파. 옥외저장탱크의 옆판 또는 밑판(애뉼러 판을 포함한다) 용접부의 절개보수공사를 하는 경우 하. 옥외저장탱크의 지붕판 표면적 30% 이상을 교체하거나 구조·재질 또는 두께를 변경하는 경우 거. 별표 6 XI제1호가목에 따른 누설범위를 국한하기 위한 설비를 신설하는 경우 너. 별표 6 XI제2호나목에 따른 냉각장치 또는 보냉장치를 신설하는 경우 더. 별표 6 XI제3호가목에 따른 온도의 상승에 의한 위험한 반응을 방지하기 위한 설비를 신설하는 경우 러. 별표 6 XI제3호나목에 따른 철 이온 등의 혼입에 의한 위험한 반응을 방지하기 위한 설비를 신설하는 경우 머. 불활성기체의 봉입장치를 신설하는 경우 버. 지중탱크의 누액방지판을 교체하는 경우 서. 해상탱크의 정치설비를 교체하는 경우 어. 물분무등소화설비를 신설·교체(배관·밸브·압력계·소화전본체·소화약제탱크·포헤드·포방출구 등의 교체는 제외한다) 또는 철거하는 경우 저. 자동화재탐지설비를 신설 또는 철거하는 경우

시행규칙
❶ 250　　　❷ 300

4. 옥내탱크 저장소		가. 옥내저장탱크의 위치를 이전하는 경우 나. 주입구의 위치를 이전하거나 신설하는 경우 다. ❶ m(지상에 설치하지 아니하는 배관의 경우에는 30m)를 초과하는 위험물배관을 신설·교체·철거 또는 보수(배관을 절개하는 경우에 한한다)하는 경우 라. 옥내저장탱크를 신설·교체 또는 철거하는 경우 마. 옥내저장탱크를 보수(탱크본체를 절개하는 경우에 한한다)하는 경우 바. 옥내저장탱크의 노즐 또는 맨홀을 신설하는 경우(노즐 또는 맨홀의 지름이 ❷ ㎜를 초과하는 경우에 한한다) 사. 건축물의 벽·기둥·바닥·보 또는 지붕을 증설 또는 철거하는 경우 아. 배출설비를 신설하는 경우 자. 별표 7 Ⅱ에 따른 누설범위를 국한하기 위한 설비·냉각장치·보냉장치·온도의 상승에 의한 위험한 반응을 방지하기 위한 설비 또는 철 이온 등의 혼입에 의한 위험한 반응을 방지하기 위한 설비를 신설하는 경우 차. 불활성기체의 봉입장치를 신설하는 경우 카. 물분무등소화설비를 신설·교체(배관·밸브·압력계·소화전본체·소화약제탱크·포헤드·포방출구 등의 교체는 제외한다) 또는 철거하는 경우 타. 자동화재탐지설비를 신설 또는 철거하는 경우
5. 지하탱크 저장소		가. 지하저장탱크의 위치를 이전하는 경우 나. 탱크전용실을 ❸ 하는 경우 다. 지하저장탱크를 신설·교체 또는 철거하는 경우 라. 지하저장탱크를 보수(탱크본체를 절개하는 경우에 한한다)하는 경우 마. 지하저장탱크의 노즐 또는 맨홀을 신설하는 경우(노즐 또는 맨홀의 지름이 250㎜를 초과하는 경우에 한한다) 바. 주입구의 위치를 이전하거나 신설하는 경우 사. 300m(지상에 설치하지 아니하는 배관의 경우에는 30m)를 초과하는 위험물배관을 신설·교체·철거 또는 보수(배관을 절개하는 경우에 한한다)하는 경우 아. 특수누설방지구조를 보수하는 경우 자. 별표 8 Ⅳ제2호나목 및 같은 항 제3호에 따른 냉각장치·보냉장치·온도의 상승에 의한 위험한 반응을 방지하기 위한설비 또는 철 이온 등의 혼입에 의한 위험한 반응을 방지하기 위한 설비를 신설하는 경우 차. 불활성기체의 봉입장치를 신설하는 경우 카. 자동화재탐지설비를 신설 또는 철거하는 경우 타. 지하저장탱크의 내부에 탱크를 추가로 설치하거나 철판 등을 이용하여 탱크 내부를 구획하는 경우
6. 간이탱크 저장소		가. 간이저장탱크의 위치를 이전하는 경우 나. 건축물의 벽·기둥·바닥·보 또는 지붕을 증설 또는 철거하는 경우 다. 간이저장탱크를 신설·교체 또는 철거하는 경우 라. 간이저장탱크를 보수(탱크본체를 절개하는 경우에 한한다)하는 경우 마. 간이저장탱크의 노즐 또는 맨홀을 신설하는 경우(노즐 또는 맨홀의 지름이 250㎜를 초과하는 경우에 한한다)

7. 이동탱크 저장소	가. 상치장소의 위치를 이전하는 경우(같은 사업장 또는 같은 울안에서 이전하는 경우는 제외한다) 나. 이동저장탱크를 보수(탱크본체를 절개하는 경우에 한한다)하는 경우 다. 이동저장탱크의 노즐 또는 맨홀을 신설하는 경우(노즐 또는 맨홀의 지름이 250㎜를 초과하는 경우에 한한다) 라. 이동저장탱크의 내용적을 변경하기 위하여 구조를 변경하는 경우 마. 별표 10 Ⅳ제3호에 따른 주입설비를 설치 또는 철거하는 경우 바. 펌프설비를 신설하는 경우
8. 옥외 저장소	가. 옥외저장소의 ❹ 　　 을 변경하는 경우 나. 별표 11 Ⅲ제1호에 따른 살수설비 등을 신설 또는 철거하는 경우 다. 옥외소화전설비・스프링클러설비・물분무등소화설비를 신설・교체(배관・밸브・압력계・소화전본체・소화약제탱크・포헤드・포방출구 등의 교체는 제외한다) 또는 철거하는 경우
9. 암반탱크 저장소	가. 암반탱크저장소의 ❺ 　　　　 을 변경하는 경우 나. 암반탱크의 내벽을 정비하는 경우 다. 배수시설・압력계 또는 안전장치를 신설하는 경우 라. 주입구의 위치를 이전하거나 신설하는 경우 마. ❻ 　　 m(지상에 설치하지 아니하는 배관의 경우에는 30m)를 초과하는 위험물배관을 신설・교체・철거 또는 보수(배관을 절개하는 경우에 한한다)하는 경우 바. 물분무등소화설비를 신설・교체(배관・밸브・압력계・소화전본체・소화약제탱크・포헤드・포방출구 등의 교체는 제외한다) 또는 철거하는 경우 사. 자동화재탐지설비를 신설 또는 철거하는 경우

시행규칙 ✓

❶ 300　　　　　❸ 증설 또는 교체　　　　　❺ 내용적
❷ 250　　　　　❹ 면적　　　　　　　　　　❻ 300

10. 주유 취급소	가. 지하에 매설하는 탱크의 변경 중 다음의 어느 하나에 해당하는 경우 　1) 탱크의 위치를 이전하는 경우 　2) 탱크전용실을 보수하는 경우 　3) 탱크를 신설·교체 또는 철거하는 경우 　4) 탱크를 보수(탱크본체를 절개하는 경우에 한한다)하는 경우 　5) 탱크의 노즐 또는 맨홀을 신설하는 경우(노즐 또는 맨홀의 지름이 250㎜를 초과하는 경우에 한한다) 　6) 특수누설방지구조를 보수하는 경우 나. 옥내에 설치하는 탱크의 변경 중 다음의 어느 하나에 해당하는 경우 　1) 탱크의 위치를 이전하는 경우 　2) 탱크를 신설·교체 또는 철거하는 경우 　3) 탱크를 보수(탱크본체를 절개하는 경우에 한한다)하는 경우 　4) 탱크의 노즐 또는 맨홀을 신설하는 경우(노즐 또는 맨홀의 지름이 250㎜를 초과하는 경우에 한한다) 다. 고정주유설비 또는 고정급유설비를 신설 또는 철거하는 경우 라. 고정주유설비 또는 고정급유설비의 위치를 이전하는 경우 마. 건축물의 벽·기둥·바닥·보 또는 지붕을 증설 또는 철거하는 경우 바. 담 또는 캐노피(기둥으로 받치거나 매달아 놓은 덮개)를 신설 또는 철거(유리를 부착하기 위하여 담의 일부를 철거하는 경우를 포함한다)하는 경우 사. 주입구의 위치를 이전하거나 신설하는 경우 아. 별표 13 Ⅴ제1호 각 목에 따른 시설과 관계된 공작물(바닥면적이 4㎡ 이상인 것에 한한다)을 신설 또는 증축하는 경우 자. 별표 13 XⅥ에 따른 개질장치(改質裝置: 탄화수소의 구조를 변화시켜 제품의 품질을 높이는 조작 장치), 압축기(壓縮機), 충전설비, 축압기(압력흡수저장장치) 또는 수입설비(受入設備)를 신설하는 경우 차. 자동화재탐지설비를 신설 또는 철거하는 경우 카. 셀프용이 아닌 고정주유설비를 셀프용 고정주유설비로 변경하는 경우 타. 주유취급소 부지의 면적 또는 위치를 변경하는 경우 파. 300m(지상에 설치하지 않는 배관의 경우에는 30m)를 초과하는 위험물의 배관을 신설·교체·철거 또는 보수(배관을 자르는 경우만 해당한다)하는 경우 하. 탱크의 내부에 탱크를 추가로 설치하거나 철판 등을 이용하여 탱크 내부를 구획하는 경우	
11. 판매 취급소	가. 건축물의 벽·기둥·바닥·보 또는 지붕을 증설 또는 철거하는 경우 나. 자동화재탐지설비를 신설 또는 철거하는 경우	

12. 이송취급소	가. 이송취급소의 위치를 이전하는 경우 나. 300m(지상에 설치하지 아니하는 배관의 경우에는 30m)를 초과하는 위험물배관을 신설·교체·철거 또는 보수(배관을 절개하는 경우에 한한다)하는 경우 다. ❶ 방호구조물 을 신설 또는 철거하는 경우 라. 누설확산방지조치·운전상태의 감시장치·안전제어장치·압력안전장치·누설검지장치를 신설하는 경우 마. 주입구·배출구 또는 펌프설비의 위치를 이전하거나 신설하는 경우 바. 옥내소화전설비·옥외소화전설비·스프링클러설비·물분무등소화설비를 신설·교체(배관·밸브·압력계·소화전본체·소화약제탱크·포헤드·포방출구 등의 교체는 제외한다) 또는 철거하는 경우 사. 자동화재탐지설비를 신설 또는 철거하는 경우

시행규칙
❶ 방호구조물

■ 위험물안전관리법 시행규칙 [별표 2]

행정처분기준 (제25조, 제58조제1항 및 제62조제1항 관련)

1. 일반기준

  가. 위반행위가 2 이상인 때에는 그 중 중한 처분기준(중한 처분기준이 동일한 때에는 그 중 하나의 처분기준을 말한다. 이하 이 호에서 같다)에 의하되, 2 이상의 처분기준이 동일한 사용정지이거나 업무정지인 경우에는 중한 처분의 ❶   까지 가중처분할 수 있다.

  나. 사용정지 또는 업무정지의 처분기간 중에 사용정지 또는 업무정지에 해당하는 새로운 위반행위가 있는 때에는 종전의 처분기간 만료일의 다음 날부터 새로운 위반행위에 따른 사용정지 또는 업무정지의 행정처분을 한다.

  다. 위반행위의 횟수에 따른 행정처분기준은 최근 ❷   년간 같은 위반행위로 행정처분을 받은 경우에 적용한다. 이 경우 기간의 계산은 위반행위에 대하여 행정처분을 받은 날과 그 처분 후 다시 같은 위반행위를 하여 적발된 날을 기준으로 한다.

  라. 다목에 따라 가중된 행정처분을 하는 경우 가중처분의 적용 차수는 그 위반행위 전 행정처분 차수(다목에 따른 기간 내에 행정처분이 둘 이상 있었던 경우에는 높은 차수를 말한다)의 다음 차수로 한다.

  마. 사용정지 또는 업무정지의 처분기간이 완료될 때까지 위반행위가 계속되는 경우에는 사용정지 또는 업무정지의 행정처분을 다시 한다.

  바. 처분권자는 다음의 사항을 고려하여 제2호의 개별기준에 따른 처분을 감경할 수 있다. 이 경우 그 처분이 사용정지 또는 업무정지인 경우에는 그 처분기준의 ❸   범위에서 처분기간을 감경할 수 있고, 그 처분이 지정취소(제58조제1항제1호부터 제3호까지에 해당하는 경우는 제외한다) 또는 등록취소(법 제16조제5항제1호부터 제3호까지에 해당하는 경우는 제외한다)인 경우에는 ❹   의 업무정지 처분으로 감경할 수 있다.

  1) 위반행위의 동기·내용·횟수 또는 그 결과 등을 고려할 때 제2호 각 목의 기준을 적용하는 것이 불합리하다고 인정되는 경우

  2) 고의 또는 중과실이 없는 위반행위자가 「소상공인기본법」 제2조에 따른 소상공인인 경우로서 해당 행정처분으로 위반행위자가 더 이상 영업을 영위하기 어렵다고 객관적으로 인정되는지 여부, 경제위기 등으로 위반행위자가 속한 시장·산업 여건이 현저하게 변동되거나 지속적으로 악화된 상태인지 여부 등을 종합적으로 고려할 때 행정처분을 감경할 필요가 있다고 인정되는 경우2. 개별기준

2. 개별기준

가. 제조소등에 대한 행정처분기준

위반행위	근거 법조문	행정처분기준		
		1차	2차	3차
(1) 법 제6조제1항의 후단에 따른 변경허가를 받지 않고, 제조소 등의 위치·구조 또는 설비를 변경한 경우	법 제12조제1호	경고 또는 사용정지 15일	사용정지 60일	허가취소
(2) 법 제9조에 따른 완공검사를 받지 않고 제조소등을 사용한 경우	법 제12조제2호	사용정지 15일	사용정지 60일	허가취소
(3) 법 제11조의2제3항에 따른 안전조치 이행명령을 따르지 않은 경우	법 제12조제2호의2	경고	허가취소	—
(4) 법 제14조제2항에 따른 수리·개조 또는 이전의 명령을 위반한 경우	법 제12조제3호	❺	❻	허가취소
(5) 법 제15조제1항 및 제2항에 따른 위험물안전관리자를 선임하지 않은 경우	법 제12조제4호	❼	❽	허가취소
(6) 법 제15조제5항을 위반하여 대리자를 지정하지 않은 경우	법 제12조제5호	❾	❿	허가취소
(7) 법 제18조제1항에 따른 정기점검을 하지 않은 경우	법 제12조제6호	사용정지 10일	사용정지 30일	허가취소
(8) 법 제18조제3항에 따른 정기검사를 받지 않은 경우	법 제12조제7호	사용정지 10일	사용정지 30일	허가취소
(9) 법 제26조에 따른 저장·취급기준 준수명령을 위반한 경우	법 제12조제8호	⓫	⓬	허가취소

시행령
❶ 2분의 1
❷ 2
❸ 2분의 1
❹ 6개월
❺ 사용정지 30일
❻ 사용정지 90일
❼ 사용정지 15일
❽ 사용정지 60일
❾ 사용정지 10일
❿ 사용정지 30일
⓫ 사용정지 30일
⓬ 사용정지 60일

나. 안전관리대행기관에 대한 행정처분기준

위반사항	근거법규	행정처분기준		
		1차	2차	3차
(1) 허위 그 밖의 부정한 방법으로 등록을 한 때	제58조	지정취소		
(2) 탱크시험자의 등록 또는 다른 법령에 의한 안전관리업무대행기관의 지정·승인 등이 취소된 때	제58조	지정취소		
(3) 다른 사람에게 지정서를 대여한 때	제58조	지정취소		
(4) 별표 22의 규정에 의한 안전관리대행기관의 지정기준에 미달되는 때	제58조	업무정지 30일	업무정지 60일	지정취소
(5) 제57조제4항의 규정에 의한 소방청장의 지도·감독에 정당한 이유없이 따르지 아니한 때	제58조	❶	❷	지정취소
(6) 제57조제5항에 따른 변경 신고를 연간 2회 이상 하지 아니한 때	제58조	경고 또는 업무정지 30일	업무정지 90일	지정취소
(7) 제57조제6항에 따른 휴업 또는 재개업 신고를 연간 2회 이상 하지 아니한 때	제58조	❸	❹	지정취소
(8) 안전관리대행기관의 기술인력이 제59조의 규정에 의한 안전관리업무를 성실하게 수행하지 아니한 때	제58조	❺	❻	지정취소

다. 탱크시험자에 대한 행정처분기준

위반사항	근거법령	행정처분기준		
		1차	2차	3차
(1) 허위 그 밖의 부정한 방법으로 등록을 한 경우	법 제16조제5항	등록취소		
(2) 법 제16조제4항 각호의 1의 등록의 결격사유에 해당하게 된 경우	법 제16조제5항	등록취소		
(3) 다른 자에게 등록증을 빌려준 경우	법 제16조제5항	등록취소		
(4) 법 제16조제2항의 규정에 의한 등록기준에 미달하게 된 경우	법 제16조제5항	업무정지 30일	업무정지 60일	등록취소
(5) 탱크안전성능시험 또는 점검을 허위로 하거나 이 법에 의한 기준에 맞지 아니하게 탱크안전성능시험 또는 점검을 실시하는 경우 등 탱크시험자로서 적합하지 아니하다고 인정되는 경우	법 제16조제5항	업무정지 30일	업무정지 90일	등록취소

■ 위험물안전관리법 시행규칙 [별표 3]

과징금의 금액 (제26조제1호 관련)
〈2019년 1월 1일 이후에 위반행위를 한 경우〉

1. 일반기준
   가. 과징금을 부과하는 위반행위의 종별에 따른 과징금의 금액은 제25조 및 별표 2의 규정에 의한 사용정지의 기간에 나목 또는 다목에 의하여 산정한 1일당 과징금의 금액을 곱하여 얻은 금액으로 한다.
   나. 1일당 과징금의 금액은 당해 제조소등의 연간 매출액을 기준으로 하여 제2호가목의 기준에 의하여 산정한다. 이 경우 연간 매출액은 전년도의 ❼ 년간의 총 매출액을 기준으로 하되, 신규사업·휴업 등으로 인하여 1년간의 총 매출액을 산출할 수 없는 경우에는 분기별·월별 또는 일별 매출액을 기준으로 하여 연간 매출액을 환산한다.
   다. 연간 매출액이 없거나 연간 매출액의 산출이 곤란한 제조소등의 경우에는 당해 제조소등에서 저장 또는 취급하는 위험물의 허가수량(지정수량의 배수)을 기준으로 하여 제2호 나목의 기준에 의하여 산정한다.

시행규칙 ✓

❶ 업무정지 30일
❷ 업무정지 60일
❸ 경고 또는 업무정지 30일
❹ 업무정지 90일
❺ 경고
❻ 업무정지 90일
❼ 1

2. 과징금 산정기준

 가. 연간 매출액을 기준으로 한 과징금 산정기준

등급	연간 매출액	1일당 과징금의 금액(단위: 원)
1	5천만원 이하	❶
2	5천만원 초과 ~ 1억원 이하	❷
3	1억원 초과 ~ 2억원 이하	41,000
4	2억원 초과 ~ 3억원 이하	68,000
5	3억원 초과 ~ 5억원 이하	110,000
6	5억원 초과 ~ 7억원 이하	160,000
7	7억원 초과 ~ 10억원 이하	200,000
8	10억원 초과 ~ 13억원 이하	240,000
9	13억원 초과 ~ 16억원 이하	280,000
10	16억원 초과 ~ 20억원 이하	320,000
11	20억원 초과 ~ 25억원 이하	360,000
12	25억원 초과 ~ 30억원 이하	400,000
13	30억원 초과 ~ 40억원 이하	440,000
14	40억원 초과 ~ 50억원 이하	480,000
15	50억원 초과 ~ 70억원 이하	520,000
16	70억원 초과 ~ 100억원 이하	560,000
17	100억원 초과 ~ 150억원 이하	737,000
18	150억원 초과 ~ 200억원 이하	1,031,000
19	200억원 초과 ~ 300억원 이하	1,473,000
20	300억원 초과 ~ 400억원 이하	2,062,000
21	400억원 초과 ~ 500억원 이하	2,115,000
22	500억원 초과 ~ 600억원 이하	2,168,000
23	600억원 초과	2,222,000

나. 저장 또는 취급하는 위험물의 허가수량을 기준으로 한 과징금 산정기준

등급	저장 또는 취급하는 위험물의 허가수량(지정수량의 배수)		1일당 과징금의 금액 (단위 : 천원)
	저장량	취급량	
1	50배 이하	30배 이하	30
2	50배 초과 ~ 100배 이하	30배 초과 ~ 100배 이하	100
3	100배 초과 ~ 1,000배 이하	100배 초과 ~ 500배 이하	400
4	1,000배 초과 ~ 10,000배 이하	500배 초과 ~ 1,000배 이하	600
5	10,000배 초과 ~ 100,000배 이하	1,000배 초과 ~ 2,000배 이하	800
6	100,000배 초과	2,000배 초과	1000

비고

1. 저장량과 취급량이 다른 경우에는 둘중 많은 수량을 기준으로 한다.
2. 자가발전, 자가난방 그 밖의 이와 유사한 목적의 제조소등에 있어서는 이표에 의한 금액의 2분의 1을 과징금의 금액으로 한다.

시행규칙

❶ 7,000   ❷ 20,000

■ 위험물안전관리법 시행규칙 [별표 3의2]

과징금의 금액 (제26조제2호 관련)
〈2016년 2월 1일부터 2018년 12월 31일까지의 기간 중에 위반행위를 한 경우〉

1. 일반기준

    가. 위반행위의 종류에 따른 과징금의 금액은 제25조 및 별표 2에 따른 해당 위반행위에 대한 사용정지의 기간에 따라 나목 또는 다목의 기준에 따라 산정한다.

    나. 과징금 금액은 해당 제조소등의 1일 평균 매출액을 기준으로 하여 제2호가목의 기준에 따라 산정한다. 이 경우 1일 평균 매출액은 전년도의 1년간의 총 매출액의 1일 평균 매출액을 기준으로 하되, 신규사업·휴업 등으로 인하여 1년간의 총 매출액을 산출할 수 없는 경우에는 분기별·월별 또는 일별 매출액을 기준으로 하여 1년간의 총 매출액을 환산한다.

    다. 1년간의 총 매출액이 없거나 산출하기 곤란한 제조소등의 경우에는 해당 제조소등에서 저장 또는 취급하는 위험물의 허가수량(지정수량의 배수)을 기준으로 하여 제2호나목의 기준에 따라 산정한다.

2. 과징금 산정기준

    가. 1일 평균 매출액을 기준으로 한 과징금 산정기준

    > 과징금 금액 = 1일 평균 매출액 × 사용정지 일수 × ❶

    나. 저장 또는 취급하는 위험물의 허가수량을 기준으로 한 과징금 산정기준

등급	저장 또는 취급하는 위험물의 허가수량(지정수량의 배수)		1일당 과징금 금액 (단위: 원)
	저장량	취급량	
1	50배 이하	30배 이하	❷
2	50배 초과 ~ 100배 이하	30배 초과 ~ 100배 이하	❸
3	100배 초과 ~ 1,000배 이하	100배 초과 ~ 500배 이하	400,000
4	1,000배 초과 ~ 10,000배 이하	500배 초과 ~ 1,000배 이하	600,000
5	10,000배 초과 ~ 100,000배 이하	1,000배 초과 ~ 2,000배 이하	800,000
6	100,000배 초과	2,000배 초과	1,000,000

비고

1. 저장량과 취급량이 다른 경우에는 둘 중 많은 수량을 기준으로 한다.
2. 자가발전, 자가난방, 그 밖의 이와 유사한 목적의 제조소등에 대해서는 이 목에 따른 금액의 ❹   을 과징금 금액으로 한다.

■ 위험물안전관리법 시행규칙 [별표 4]

제조소의 위치·구조 및 설비의 기준 (제28조 관련) ✅기출 24 공채 / 경채

I 안전거리

1. 제조소(제6류 위험물을 취급하는 제조소를 제외한다)는 다음 각목의 규정에 의한 건축물의 외벽 또는 이에 상당하는 공작물의 외측으로부터 당해 제조소의 외벽 또는 이에 상당하는 공작물의 외측까지의 사이에 다음 각목의 규정에 의한 수평거리(이하 "안전거리"라 한다)를 두어야 한다.

   가. 나목 내지 라목의 규정에 의한 것 외의 건축물 그 밖의 공작물로서 주거용으로 사용되는 것(제조소가 설치된 부지내에 있는 것을 제외한다)에 있어서는 ❺   m 이상

   나. 학교·병원·극장 그 밖에 다수인을 수용하는 시설로서 다음의 1에 해당하는 것에 있어서는 ❻   m 이상

   1) 「초·중등교육법」 제2조 및 「고등교육법」제2조에 정하는 학교
   2) 「의료법」 제3조제2항제3호에 따른 병원급 의료기관
   3) 「공연법」 제2조제4호에 따른 공연장, 「영화 및 비디오물의 진흥에 관한 법률」 제2조제10호에 따른 영화상영관 및 그 밖에 이와 유사한 시설로서 3백명 이상의 인원을 수용할 수 있는 것
   4) 「아동복지법」 제3조제10호에 따른 아동복지시설, 「노인복지법」 제31조제1호부터 제3호까지에 해당하는 노인복지시설, 「장애인복지법」 제58조제1항에 따른 장애인복지시설, 「한부모가족지원법」 제19조제1항에 따른 한부모가족복지시설, 「영유아보육법」 제2조제3호에 따른 어린이집, 「성매매 방지 및 피해자보호 등에 관한 법률」 제9조제1항에 따른 성매매피해자등을 위한 지원시설, 「정신건강증진 및 정신질환자 복지서비스 지원에 관한 법률」 제3조제4호에 따른 정신건강증진시설, 「가정폭력방지 및 피해자보호 등에 관한 법률」 제7조의2제1항에 따른 보호시설 및 그 밖에 이와 유사한 시설로서 20명 이상의 인원을 수용할 수 있는 것

시행규칙 ✅
❶ 0.0574
❷ 30,000
❸ 100,000
❹ 2분의 1
❺ 10
❻ 30

다. 「문화재보호법」의 규정에 의한 유형문화재와 기념물 중 지정문화재에 있어서는 ❶　　m 이상
라. 고압가스, 액화석유가스 또는 도시가스를 저장 또는 취급하는 시설로서 다음의 1에 해당하는 것에 있어서는 ❷　　m 이상. 다만, 당해 시설의 배관 중 제조소가 설치된 부지 내에 있는 것은 제외한다.
   1) 「고압가스 안전관리법」의 규정에 의하여 허가를 받거나 신고를 하여야 하는 고압가스제조시설(용기에 충전하는 것을 포함한다) 또는 고압가스 사용시설로서 1일 30㎥ 이상의 용적을 취급하는 시설이 있는 것
   2) 「고압가스 안전관리법」의 규정에 의하여 허가를 받거나 신고를 하여야 하는 고압가스저장시설
   3) 「고압가스 안전관리법」의 규정에 의하여 허가를 받거나 신고를 하여야 하는 액화산소를 소비하는 시설
   4) 「액화석유가스의 안전관리 및 사업법」의 규정에 의하여 허가를 받아야 하는 액화석유가스제조시설 및 액화석유가스저장시설
   5) 「도시가스사업법」제2조제5호의 규정에 의한 가스공급시설
마. 사용전압이 7,000V 초과 35,000V 이하의 특고압가공전선에 있어서는 ❸　　m 이상
바. 사용전압이 35,000V를 초과하는 특고압가공전선에 있어서는 ❹　　m 이상
2. 제1호가목 내지 다목의 규정에 의한 건축물 등은 부표의 기준에 의하여 불연재료로 된 방화상 유효한 담 또는 벽을 설치하는 경우에는 동표의 기준에 의하여 안전거리를 단축할 수 있다.

Ⅱ 보유공지

1. 위험물을 취급하는 건축물 그 밖의 시설(위험물을 이송하기 위한 배관 그 밖에 이와 유사한 시설을 제외한다)의 주위에는 그 취급하는 위험물의 최대수량에 따라 다음 표에 의한 너비의 공지를 보유하여야 한다.

취급하는 위험물의 최대수량	공지의 너비
지정수량의 10배 이하	❺　　m 이상
지정수량의 10배 초과	❻　　m 이상

2. 제조소의 작업공정이 다른 작업장의 작업공정과 연속되어 있어, 제조소의 건축물 그 밖의 공작물의 주위에 공지를 두게 되면 그 제조소의 작업에 현저한 지장이 생길 우려가 있는 경우 당해 제조소와 다른 작업장 사이에 다음 각목의 기준에 따라 방화상 유효한 격벽(隔壁)을 설치한 때에는 당해 제조소와 다른 작업장 사이에 제1호의 규정에 의한 공지를 보유하지 아니할 수 있다.
   가. 방화벽은 ❼　　　　로 할 것, 다만 취급하는 위험물이 제6류 위험물인 경우에는 불연재료로 할 수 있다.
   나. 방화벽에 설치하는 출입구 및 창 등의 개구부는 가능한 한 ❽　　로 하고, 출입구 및 창에는 자동폐쇄식의 ❾　　　　　　　　을 설치할 것
   다. 방화벽의 양단 및 상단이 외벽 또는 지붕으로부터 ❿　　cm 이상 돌출하도록 할 것

Ⅲ 표지 및 게시판

1. 제조소에는 보기 쉬운 곳에 다음 각목의 기준에 따라 "위험물 제조소"라는 표시를 한 표지를 설치하여야 한다.

   가. 표지는 한변의 길이가 ⑪ m 이상, 다른 한변의 길이가 ⑫ m 이상인 직사각형으로 할 것

   나. 표지의 바탕은 ⑬ 으로, 문자는 ⑭ 으로 할 것

2. 제조소에는 보기 쉬운 곳에 다음 각목의 기준에 따라 방화에 관하여 필요한 사항을 게시한 게시판을 설치하여야 한다.

   가. 게시판은 한변의 길이가 ⑮ m 이상, 다른 한변의 길이가 ⑯ m 이상인 직사각형으로 할 것

   나. 게시판에는 저장 또는 취급하는 위험물의 유별·품명 및 저장최대수량 또는 ⑰   , ⑱   및 안전관리자의 성명 또는 직명을 기재할 것

   다. 나목의 게시판의 바탕은 ⑲ 으로, 문자는 ⑳ 으로 할 것

   라. 나목의 게시판 외에 저장 또는 취급하는 위험물에 따라 다음의 규정에 의한 주의사항을 표시한 게시판을 설치할 것

       1) 제1류 위험물 중 알칼리금속의 과산화물과 이를 함유한 것 또는 제3류 위험물 중 금수성물질에 있어서는 "㉑   "

       2) 제2류 위험물(인화성고체를 제외한다)에 있어서는 "㉒   "

       3) 제2류 위험물 중 인화성고체, 제3류 위험물 중 자연발화성물질, 제4류 위험물 또는 제5류 위험물에 있어서는 "㉓   "

   마. 라목의 게시판의 색은 "물기엄금"을 표시하는 것에 있어서는 ㉔ 바탕에 ㉕ 문자로, "화기주의" 또는 "화기엄금"을 표시하는 것에 있어서는 ㉖ 바탕에 ㉗ 문자로 할 것

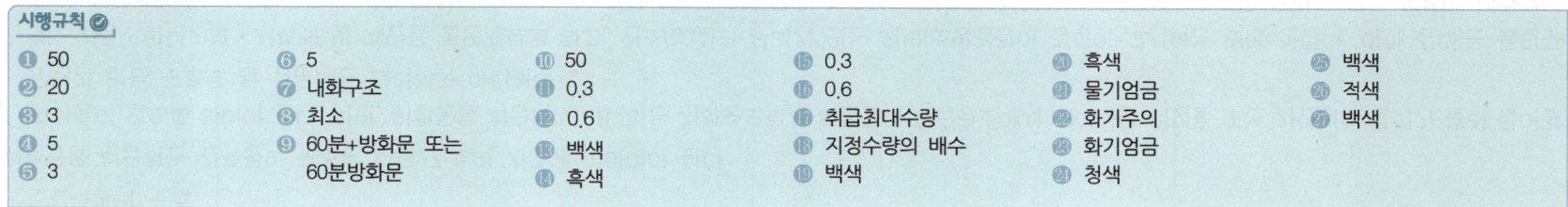

시행규칙 ✓

- ❶ 50
- ❷ 20
- ❸ 3
- ❹ 5
- ❺ 3
- ❻ 5
- ❼ 내화구조
- ❽ 최소
- ❾ 60분+방화문 또는 60분방화문
- ❿ 50
- ⑪ 0.3
- ⑫ 0.6
- ⑬ 백색
- ⑭ 흑색
- ⑮ 0.3
- ⑯ 0.6
- ⑰ 취급최대수량
- ⑱ 지정수량의 배수
- ⑲ 백색
- ⑳ 흑색
- ㉑ 물기엄금
- ㉒ 화기주의
- ㉓ 화기엄금
- ㉔ 청색
- ㉕ 백색
- ㉖ 적색
- ㉗ 백색

Ⅳ 건축물의 구조

위험물을 취급하는 건축물의 구조는 다음 각호의 기준에 의하여야 한다.

1. 지하층이 없도록 하여야 한다. 다만, 위험물을 취급하지 아니하는 지하층으로서 위험물의 취급장소에서 새어나온 위험물 또는 가연성의 증기가 흘러 들어갈 우려가 없는 구조로 된 경우에는 그러하지 아니하다.
2. 벽·기둥·바닥·보·서까래 및 계단을 불연재료로 하고, 연소(延燒)의 우려가 있는 외벽(소방청장이 정하여 고시하는 것에 한한다. 이하 같다)은 출입구 외의 개구부가 없는 내화구조의 벽으로 하여야 한다. 이 경우 제6류 위험물을 취급하는 건축물에 있어서 위험물이 스며들 우려가 있는 부분에 대하여는 아스팔트 그 밖에 부식되지 아니하는 재료로 피복하여야 한다.
3. 지붕(작업공정상 제조기계시설 등이 2층 이상에 연결되어 설치된 경우에는 최상층의 지붕을 말한다)은 폭발력이 위로 방출될 정도의 가벼운 불연재료로 덮어야 한다. 다만, 위험물을 취급하는 건축물이 다음 각목의 1에 해당하는 경우에는 그 지붕을 내화구조로 할 수 있다.
   가. 제2류 위험물(분말상태의 것과 인화성고체를 제외한다), 제4류 위험물 중 ❶   ·❷   또는 제6류 위험물을 취급하는 건축물인 경우
   나. 다음의 기준에 적합한 밀폐형 구조의 건축물인 경우
      1) 발생할 수 있는 내부의 과압(過壓) 또는 부압(負壓)에 견딜 수 있는 ❸   일 것
      2) 외부화재에 ❹   분 이상 견딜 수 있는 구조일 것
4. 출입구와 「산업안전보건기준에 관한 규칙」 제17조에 따라 설치하여야 하는 비상구에는 ❺   또는 ❻   을 설치하되, 연소의 우려가 있는 외벽에 설치하는 출입구에는 수시로 열 수 있는 자동폐쇄식의 60분+방화문 또는 60분방화문을 설치하여야 한다.
5. 위험물을 취급하는 건축물의 창 및 출입구에 유리를 이용하는 경우에는 망입유리(두꺼운 판유리에 철망을 넣은 것)로 하여야 한다.
6. 액체의 위험물을 취급하는 건축물의 바닥은 위험물이 스며들지 못하는 재료를 사용하고, 적당한 경사를 두어 그 최저부에 ❼   를 하여야 한다.

Ⅴ 채광·조명 및 환기설비

1. 위험물을 취급하는 건축물에는 다음 각목의 기준에 의하여 위험물을 취급하는데 필요한 채광·조명 및 환기의 설비를 설치하여야 한다.
   가. 채광설비는 불연재료로 하고, 연소의 우려가 없는 장소에 설치하되 채광면적을 최소로 할 것
   나. 조명설비는 다음의 기준에 적합하게 설치할 것
      1) 가연성가스 등이 체류할 우려가 있는 장소의 조명등은 ❽   (防爆燈)으로 할 것
      2) 전선은 ❾   전선으로 할 것
      3) 점멸스위치는 출입구 ❿   부분에 설치할 것. 다만, 스위치의 스파크로 인한 화재·폭발의 우려가 없을 경우에는 그러하지 아니하다.
   다. 환기설비는 다음의 기준에 의할 것
      1) 환기는 자연배기방식으로 할 것
      2) 급기구는 당해 급기구가 설치된 실의 바닥면적 ⓫   ㎡마다 1개 이상으로 하되, 급기구의 크기는 ⓬   ㎠ 이상으로 할 것. 다만 바닥면적이 150㎡ 미만인 경우에는 다음의 크기로 하여야 한다.

바닥면적	급기구의 면적
60㎡ 미만	⑬_____ ㎠ 이상
60㎡ 이상 90㎡ 미만	300㎠ 이상
90㎡ 이상 120㎡ 미만	450㎠ 이상
120㎡ 이상 150㎡ 미만	600㎠ 이상

3) 급기구는 ⑭_____ 곳에 설치하고 가는 눈의 구리망 등으로 ⑮_____ 을 설치할 것

4) 환기구는 지붕위 또는 지상 ⑯___ m 이상의 높이에 회전식 ⑰_____ 또는 루프팬 방식(roof fan: 지붕에 설치하는 배기장치)으로 설치할 것

2. 배출설비가 설치되어 유효하게 환기가 되는 건축물에는 환기설비를 하지 아니 할 수 있고, 조명설비가 설치되어 유효하게 조도(밝기)가 확보되는 건축물에는 채광설비를 하지 아니할 수 있다.

Ⅵ 배출설비

가연성의 증기 또는 미분이 체류할 우려가 있는 건축물에는 그 증기 또는 미분을 옥외의 높은 곳으로 배출할 수 있도록 다음 각호의 기준에 의하여 배출설비를 설치하여야 한다.

1. 배출설비는 ⑱_____ 방식으로 하여야 한다. 다만, 다음 각목의 1에 해당하는 경우에는 전역방식으로 할 수 있다.
    가. 위험물취급설비가 배관이음 등으로만 된 경우
    나. 건축물의 구조·작업장소의 분포 등의 조건에 의하여 전역방식이 유효한 경우
2. 배출설비는 배풍기(오염된 공기를 뽑아내는 통풍기)·배출 덕트(공기 배출통로)·후드 등을 이용하여 ⑲_____ 적으로 배출하는 것으로 해야 한다.
3. 배출능력은 1시간당 배출장소 용적의 ⑳_____ 배 이상인 것으로 하여야 한다. 다만, 전역방식의 경우에는 바닥면적 1㎡당 ㉑_____ ㎥ 이상으로 할 수 있다.

시행규칙

❶ 제4석유류
❷ 동식물유류
❸ 철근콘크리트조
❹ 90
❺ 60분+방화문·60분방화문
❻ 30분방화문
❼ 집유설비
❽ 방폭등
❾ 내화·내열
❿ 바깥
⓫ 150
⓬ 800
⓭ 150
⓮ 낮은
⓯ 인화방지망
⓰ 2
⓱ 고정벤티레이터
⓲ 국소
⓳ 강제
⓴ 20
㉑ 18

4. 배출설비의 급기구 및 배출구는 다음 각목의 기준에 의하여야 한다.
   가. 급기구는 ❶ 곳에 설치하고, 가는 눈의 구리망 등으로 ❷ 을 설치할 것
   나. 배출구는 지상 ❸ m 이상으로서 연소의 우려가 없는 장소에 설치하고, 배출 덕트가 관통하는 벽부분의 바로 가까이에 화재시 자동으로 폐쇄되는 방화댐퍼(화재 시 연기 등을 차단하는 장치)를 설치할 것
5. 배풍기는 ❹ 방식으로 하고, 옥내 덕트의 내압이 대기압 이상이 되지 아니하는 위치에 설치하여야 한다.

VII 옥외설비의 바닥

옥외에서 액체위험물을 취급하는 설비의 바닥은 다음 각호의 기준에 의하여야 한다.
1. 바닥의 둘레에 높이 ❺ m 이상의 턱을 설치하는 등 위험물이 외부로 흘러나가지 아니하도록 하여야 한다.
2. 바닥은 콘크리트 등 위험물이 스며들지 아니하는 재료로 하고, 제1호의 턱이 있는 쪽이 ❻ 경사지게 하여야 한다.
3. 바닥의 최저부에 ❼ 를 하여야 한다.
4. 위험물(온도 20℃의 물 100g에 용해되는 양이 1g 미만인 것에 한한다)을 취급하는 설비에 있어서는 당해 위험물이 직접 배수구에 흘러들어가지 아니하도록 집유설비에 유분리장치를 설치하여야 한다.

VIII 기타설비

1. 위험물의 누출·비산방지

   위험물을 취급하는 기계·기구 그 밖의 설비는 위험물이 새거나 넘치거나 비산(飛散)하는 것을 방지할 수 있는 구조로 하여야 한다. 다만, 당해 설비에 위험물의 누출 등으로 인한 재해를 방지할 수 있는 부대설비(되돌림관·수막 등)를 한 때에는 그러하지 아니하다.

2. 가열·냉각설비 등의 온도측정장치

   위험물을 가열하거나 냉각하는 설비 또는 위험물의 취급에 수반하여 온도변화가 생기는 설비에는 온도측정장치를 설치하여야 한다.

3. 가열건조설비

   위험물을 가열 또는 건조하는 설비는 직접 불을 사용하지 아니하는 구조로 하여야 한다. 다만, 당해 설비가 방화상 안전한 장소에 설치되어 있거나 화재를 방지할 수 있는 부대설비를 한 때에는 그러하지 아니하다.

4. 압력계 및 안전장치

   위험물을 가압하는 설비 또는 그 취급하는 위험물의 압력이 상승할 우려가 있는 설비에는 압력계 및 다음 각목의 1에 해당하는 안전장치를 설치하여야 한다. 다만, 라목의 파괴판은 위험물의 성질에 따라 안전밸브의 작동이 곤란한 가압설비에 한한다.
   가. 자동적으로 압력의 상승을 정지시키는 장치
   나. 감압측에 안전밸브를 부착한 감압밸브

다. 안전밸브를 겸하는 경보장치

라. 파괴판

5. 전기설비

제조소에 설치하는 전기설비는 「전기사업법」에 의한 전기설비기술기준에 의하여야 한다.

6. 정전기 제거설비

위험물을 취급함에 있어서 정전기가 발생할 우려가 있는 설비에는 다음 각목의 1에 해당하는 방법으로 정전기를 유효하게 제거할 수 있는 설비를 설치하여야 한다.

가. ❽   에 의한 방법

나. 공기 중의 상대습도를 ❾   % 이상으로 하는 방법

다. 공기를 ❿   하는 방법

7. 피뢰설비

지정수량의 ⓫   배 이상의 위험물을 취급하는 제조소(제6류 위험물을 취급하는 위험물제조소를 제외한다)에는 피뢰침(「산업표준화법」 제12조에 따른 한국산업표준 중 피뢰설비 표준에 적합한 것을 말한다. 이하 같다)을 설치하여야 한다. 다만, 제조소의 주위의 상황에 따라 안전상 지장이 없는 경우에는 피뢰침을 설치하지 아니할 수 있다.

8. 전동기 등

전동기 및 위험물을 취급하는 설비의 펌프·밸브·스위치 등은 화재예방상 지장이 없는 위치에 부착하여야 한다.

시행규칙 ✓

❶ 높은
❷ 인화방지망
❸ 2
❹ 강제배기
❺ 0.15
❻ 낮게
❼ 집유설비
❽ 접지
❾ 70
❿ 이온화
⓫ 10

IX 위험물 취급탱크

1. 위험물제조소의 옥외에 있는 위험물취급탱크(용량이 지정수량의 5분의 1 미만인 것을 제외한다)는 다음 각목의 기준에 의하여 설치하여야 한다.

    가. 옥외에 있는 위험물취급탱크의 구조 및 설비는 별표 6 Ⅵ제1호(특정옥외저장탱크 및 준특정옥외저장탱크와 관련되는 부분을 제외한다)·제3호 내지 제9호·제11호 내지 제14호 및 XIV의 규정에 의한 옥외탱크저장소의 탱크의 구조 및 설비의 기준을 준용할 것

    나. 옥외에 있는 위험물취급탱크로서 액체위험물(이황화탄소를 제외한다)을 취급하는 것의 주위에는 다음의 기준에 의하여 방유제를 설치할 것

    1) 하나의 취급탱크 주위에 설치하는 방유제의 용량은 당해 탱크용량의 ❶   % 이상으로 하고, 2 이상의 취급탱크 주위에 하나의 방유제를 설치하는 경우 그 방유제의 용량은 당해 탱크 중 용량이 최대인 것의 50%에 나머지 탱크용량 합계의 ❷   %를 가산한 양 이상이 되게 할 것. 이 경우 방유제의 용량은 당해 방유제의 내용적에서 용량이 최대인 탱크 외의 탱크의 방유제 높이 이하 부분의 용적, 당해 방유제 내에 있는 모든 탱크의 지반면 이상 부분의 기초의 체적, 간막이 둑의 체적 및 당해 방유제 내에 있는 배관 등의 체적을 뺀 것으로 한다.

    2) 방유제의 구조 및 설비는 별표 6 IX제1호 나목·사목·차목·카목 및 파목의 규정에 의한 옥외저장탱크의 방유제의 기준에 적합하게 할 것

2. 위험물제조소의 옥내에 있는 위험물취급탱크(용량이 지정수량의 5분의 1 미만인 것을 제외한다)는 다음 각목의 기준에 의하여 설치하여야 한다.

    가. 탱크의 구조 및 설비는 별표 7 I제1호 마목 내지 자목 및 카목 내지 파목의 규정에 의한 옥내탱크저장소의 위험물을 저장 또는 취급하는 탱크의 구조 및 설비의 기준을 준용할 것

    나. 위험물취급탱크의 주위에는 턱(이하 "방유턱"이라고 한다)을 설치하는 등 위험물이 누설된 경우에 그 유출을 방지하기 위한 조치를 할 것. 이 경우 당해조치는 탱크에 수납하는 위험물의 양(하나의 방유턱안에 2 이상의 탱크가 있는 경우는 당해 탱크 중 실제로 수납하는 위험물의 양이 최대인 탱크의 양)을 전부 수용할 수 있도록 하여야 한다.

3. 위험물제조소의 지하에 있는 위험물취급탱크의 위치·구조 및 설비는 별표 8 I(제5호·제11호 및 제14호를 제외한다), II(I 제5호·제11호 및 제14호의 규정을 적용하도록 하는 부분을 제외한다) 또는 III(I 제5호·제11호 및 제14호의 규정을 적용하도록 하는 부분을 제외한다)의 규정에 의한 지하탱크저장소의 위험물을 저장 또는 취급하는 탱크의 위치·구조 및 설비의 기준에 준하여 설치하여야 한다.

X 배관

위험물제조소내의 위험물을 취급하는 배관은 다음 각호의 기준에 의하여 설치하여야 한다.

1. 배관의 재질은 강관 그 밖에 이와 유사한 ❸   으로 하여야 한다. 다만, 다음 각 목의 기준에 적합한 경우에는 그러하지 아니하다.

    가. 배관의 재질은 한국산업규격의 유리섬유강화플라스틱·고밀도폴리에틸렌 또는 폴리우레탄으로 할 것

    나. 배관의 구조는 내관 및 외관의 이중으로 하고, 내관과 외관의 사이에는 틈새공간을 두어 누설여부를 외부에서 쉽게 확인할 수 있도록 할 것. 다만, 배관의 재질이 취급하는 위험물에 의해 쉽게 열화될 우려가 없는 경우에는 그러하지 아니하다.

    다. 국내 또는 국외의 관련공인시험기관으로부터 안전성에 대한 시험 또는 인증을 받을 것

    라. 배관은 지하에 매설할 것. 다만, 화재 등 열에 의하여 쉽게 변형될 우려가 없는 재질이거나 화재 등 열에 의한 악영향을 받을 우려가 없는 장소에 설치되는 경우에는 그러하지 아니하다.

2. 배관은 다음 각 목의 구분에 따른 압력으로 내압시험을 실시하여 누설 또는 그 밖의 이상이 없는 것으로 해야 한다.

　가. 불연성 액체를 이용하는 경우에는 최대상용압력의 ❹   배 이상

　나. 불연성 기체를 이용하는 경우에는 최대상용압력의 ❺   배 이상

3. 배관을 지상에 설치하는 경우에는 지진·풍압·지반침하 및 온도변화에 안전한 구조의 지지물에 설치하되, 지면에 닿지 아니하도록 하고 배관의 외면에 부식방지를 위한 도장을 하여야 한다. 다만, 불변강관 또는 부식의 우려가 없는 재질의 배관의 경우에는 부식방지를 위한 도장을 아니할 수 있다.

4. 배관을 지하에 매설하는 경우에는 다음 각목의 기준에 적합하게 하여야 한다.

　가. 금속성 배관의 외면에는 부식방지를 위하여 도장·복장·코팅 또는 전기방식등의 필요한 조치를 할 것

　나. 배관의 접합부분(용접에 의한 접합부 또는 위험물의 누설의 우려가 없다고 인정되는 방법에 의하여 접합된 부분을 제외한다)에는 위험물의 누설여부를 점검할 수 있는 점검구를 설치할 것

　다. 지면에 미치는 중량이 당해 배관에 미치지 아니하도록 보호할 것

5. 배관에 가열 또는 보온을 위한 설비를 설치하는 경우에는 화재예방상 안전한 구조로 하여야 한다.

XI 고인화점 위험물의 제조소의 특례

인화점이 100℃ 이상인 제4류 위험물(이하 "❻   "이라 한다)만을 100℃ 미만의 온도에서 취급하는 제조소로서 그 위치 및 구조가 다음 각호의 기준에 모두 적합한 제조소에 대하여는 Ⅰ, Ⅱ, Ⅳ제1호, Ⅳ제3호 내지 제5호, Ⅷ제6호·제7호 및 Ⅸ제1호나목2)에 의하여 준용되는 별표 6 Ⅸ제1호 나목의 규정을 적용하지 아니한다.

1. 다음 각목의 규정에 의한 건축물의 외벽 또는 이에 상당하는 공작물의 외측으로부터 당해 제조소의 외벽 또는 이에 상당하는 공작물의 외측까지의 사이에 다음 각목의 규정에 의한 안전거리를 두어야 한다. 다만, 가목 내지 다목의 규정에 의한 건축물 등에 부표의 기준에 의하여 불연재료로 된 방화상 유효한 담 또는 벽을 설치하여 소방본부장 또는 소방서장이 안전하다고 인정하는 거리로 할 수 있다.

　가. 나목 내지 라목 외의 건축물 그 밖의 공작물로서 주거용으로 제공하는 것(제조소가 있는 부지와 동일한 부지내에 있는 것을 제외한다)에 있어서는 10m 이상

　나. Ⅰ제1호 나목1) 내지 4)의 규정에 의한 시설에 있어서는 30m 이상

　다. 「문화재보호법」의 규정에 의한 유형문화재와 기념물 중 지정문화재에 있어서는 50m 이상

　라. Ⅰ제1호 라목1) 내지 5)의 규정에 의한 시설(불활성 가스만을 저장 또는 취급하는 것을 제외한다)에 있어서는 20m 이상

시행규칙

❶ 50　　　　　　　　　　❸ 금속성　　　　　　　　　　❺ 1.1
❷ 10　　　　　　　　　　❹ 1.5　　　　　　　　　　　❻ 고인화점위험물

2. 위험물을 취급하는 건축물 그 밖의 공작물(위험물을 이송하기 위한 배관 그 밖에 이에 준하는 공작물을 제외한다)의 주위에 ❶   m 이상의 너비의 공지를 보유하여야 한다. 다만, Ⅱ제2호 각목의 규정에 의하여 방화상 유효한 격벽을 설치하는 경우에는 그러하지 아니하다.
3. 위험물을 취급하는 건축물은 그 지붕을 ❷   로 하여야 한다.
4. 위험물을 취급하는 건축물의 창 및 출입구에는 60분+방화문·60분방화문·30분방화문 또는 불연재료나 유리로 만든 문을 달고, 연소의 우려가 있는 외벽에 두는 출입구에는 수시로 열 수 있는 자동폐쇄식의 60분+방화문 또는 60분방화문을 설치하여야 한다.
5. 위험물을 취급하는 건축물의 연소의 우려가 있는 외벽에 두는 출입구에 유리를 이용하는 경우에는 ❸   로 하여야 한다.

Ⅻ 위험물의 성질에 따른 제조소의 특례

1. 다음 각목의 1에 해당하는 위험물을 취급하는 제조소에 있어서는 Ⅰ 내지 Ⅷ의 규정에 의한 기준에 의하는 외에 당해 위험물의 성질에 따라 제2호 내지 제4조의 기준에 의하여야 한다.
    가. 제3류 위험물 중 알킬알루미늄·알킬리튬 또는 이중 어느 하나 이상을 함유하는 것(이하 "알킬알루미늄등"이라 한다)
    나. 제4류 위험물 중 특수인화물의 아세트알데하이드·산화프로필렌 또는 이 중 어느 하나 이상을 함유하는 것(이하 "아세트알데하이드등"이라 한다)
    다. 제5류 위험물 중 하이드록실아민·하이드록실아민염류 또는 이 중 어느 하나 이상을 함유하는 것(이하 "하이드록실아민등"이라 한다)
2. 알킬알루미늄등을 취급하는 제조소의 특례는 다음 각목과 같다.
    가. 알킬알루미늄등을 취급하는 설비의 주위에는 누설범위를 국한하기 위한 설비와 누설된 알킬알루미늄등을 안전한 장소에 설치된 저장실에 유입시킬 수 있는 설비를 갖출 것
    나. 알킬알루미늄등을 취급하는 설비에는 불활성기체를 봉입하는 장치를 갖출 것
3. 아세트알데하이드등을 취급하는 제조소의 특례는 다음 각 목과 같다.
    가. 아세트알데하이드등을 취급하는 설비는 은·수은·동·마그네슘 또는 이들을 성분으로 하는 합금으로 만들지 아니할 것
    나. 아세트알데하이드등을 취급하는 설비에는 연소성 혼합기체의 생성에 의한 폭발을 방지하기 위한 불활성기체 또는 수증기를 봉입하는 장치를 갖출 것
    다. 아세트알데하이드등을 취급하는 탱크(옥외에 있는 탱크 또는 옥내에 있는 탱크로서 그 용량이 지정수량의 5분의 1 미만의 것을 제외한다)에는 냉각장치 또는 저온을 유지하기 위한 장치(이하 "보냉장치"라 한다) 및 연소성 혼합기체의 생성에 의한 폭발을 방지하기 위한 불활성기체를 봉입하는 장치를 갖출 것. 다만, 지하에 있는 탱크가 아세트알데하이드등의 온도를 저온으로 유지할 수 있는 구조인 경우에는 냉각장치 및 보냉장치를 갖추지 아니할 수 있다.
    라. 다목에 따른 냉각장치 또는 보냉장치는 둘 이상 설치하여 하나의 냉각장치 또는 보냉장치가 고장난 때에도 일정 온도를 유지할 수 있도록 하고, 다음의 기준에 적합한 비상전원을 갖출 것
        1) 상용전력원이 고장인 경우에 자동으로 비상전원으로 전환되어 가동되도록 할 것
        2) 비상전원의 용량은 냉각장치 또는 보냉장치를 유효하게 작동할 수 있는 정도일 것
    마. 아세트알데하이드등을 취급하는 탱크를 지하에 매설하는 경우에는 Ⅸ 제3호에 따라 적용되는 별표 8 Ⅰ 제1호 단서에도 불구하고 해당 탱크를 탱크전용실에 설치할 것

4. 하이드록실아민등을 취급하는 제조소의 특례는 다음 각 목과 같다.
　가. Ⅰ제1호가목부터 라목까지의 규정에도 불구하고 지정수량 이상의 하이드록실아민등을 취급하는 제조소의 위치는 Ⅰ제1호가목부터 라목까지의 규정에 따른 건축물의 벽 또는 이에 상당하는 공작물의 외측으로부터 해당 제조소의 외벽 또는 이에 상당하는 공작물의 외측까지의 사이에 다음 식에 의하여 요구되는 거리 이상의 안전거리를 둘 것

$$D = 51.1\sqrt[3]{N}$$

　　D : 거리(m)
　　N : 해당 제조소에서 취급하는 하이드록실아민등의 지정수량의 배수

　나. 가목의 제조소의 주위에는 다음에 정하는 기준에 적합한 담 도는 토제(土堤)를 설치할 것
　　1) 담 또는 토제는 당해 제조소의 외벽 또는 이에 상당하는 공작물의 외측으로부터 ❹ m 이상 떨어진 장소에 설치할 것
　　2) 담 또는 토제의 높이는 당해 제조소에 있어서 하이드록실아민등을 취급하는 부분의 높이 이상으로 할 것
　　3) 담은 두께 ❺ ㎝ 이상의 철근콘크리트조·철골철근콘크리트조 또는 두께 ❻ ㎝ 이상의 보강콘크리트블록조로 할 것
　　4) 토제의 경사면의 경사도는 ❼ 도 미만으로 할 것
　다. 하이드록실아민등을 취급하는 설비에는 하이드록실아민등의 온도 및 농도의 상승에 의한 위험한 반응을 방지하기 위한 조치를 강구할 것
　라. 하이드록실아민등을 취급하는 설비에는 철 이온 등의 혼입에 의한 위험한 반응을 방지하기 위한 조치를 강구할 것

시행규칙
❶ 3
❷ 불연재료
❸ 망입유리
❹ 2
❺ 15
❻ 20
❼ 60

■ 위험물안전관리법 시행규칙 [부표]

제조소등의 안전거리의 단축기준 (별표4 관련)

1. 방화상 유효한 담을 설치한 경우의 안전거리는 다음 표와 같다.

(단위 : m)

구분	취급하는 위험물의 최대수량(지정수량의 배수)	안전거리(이상)		
		주거용건축물	학교·유치원등	문화재
제조소·일반취급소(취급하는 위험물의 양이 주거지역에 있어서는 30배, 상업지역에 있어서는 35배, 공업지역에 있어서는 50배 이상인 것을 제외한다)	10배 미만	6.5	20	35
	10배 이상	7.0	22	38
옥내저장소(취급하는 위험물의 양이 주거지역에 있어서는 지정수량의 120배, 상업지역에 있어서는 150배, 공업지역에 있어서는 200배 이상인 것을 제외한다)	5배 미만	4.0	12.0	23.0
	5배 이상 10배 미만	4.5	12.0	23.0
	10배 이상 20배 미만	5.0	14.0	26.0
	20배 이상 50배 미만	6.0	18.0	32.0
	50배 이상 200배 미만	7.0	22.0	38.0
옥외탱크저장소(취급하는 위험물의 양이 주거지역에 있어서는 지정수량의 600배, 상업지역에 있어서는 700배, 공업지역에 있어서는 1,000배 이상인 것을 제외한다)	500배 미만	6.0	18.0	32.0
	500배 이상 1,000배 미만	7.0	22.0	38.0
옥외저장소(취급하는 위험물의 양이 주거지역에 있어서는 지정수량의 10배, 상업지역에 있어서는 15배, 공업지역에 있어서는 20배 이상인 것을 제외한다)	10배 미만	6.0	18.0	32.0
	10배 이상 20배 미만	8.5	25.0	44.0

2. 방화상 유효한 담의 높이는 다음에 의하여 산정한 높이 이상으로 한다.

　가.　$H \leq pD^2 + \alpha$ 인 경우

　　　$h = 2$

　나.　$H > pD^2 + \alpha$ 인 경우

　　　$h = H - p(D^2 - d^2)$

　다.　가목 및 나목에서 D, H, a, d, h 및 p는 다음과 같다.

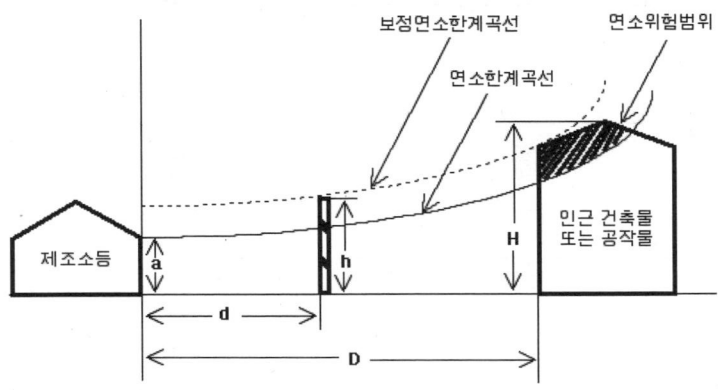

　　　D : 제조소등과 인근 건축물 또는 공작물과의 거리(m)
　　　H : 인근 건축물 또는 공작물의 높이(m)
　　　a : 제조소등의 외벽의 높이(m)
　　　d : 제조소등과 방화상 유효한 담과의 거리(m)
　　　h : 방화상 유효한 담의 높이(m)
　　　p : 상수

비고

1. 제조소등의 외벽의 높이(a)는 다음 각 호의 구분에 따른 그림에 따라 측정한다.

    가. 제조소·일반취급소·옥내저장소의 경우

구분	제조소등의 외벽의 높이(a)
1) 벽체가 내화구조이고, 인접측에 면한 개구부가 없거나, 개구부에 60분+방화문 또는 60분방화문이 있는 경우	
2) 벽체가 내화구조이고, 개구부에 60분+방화문 또는 60분방화문이 없는 경우	
3) 벽체가 내화구조 외의 것인 경우	
4) 옮겨 담는 작업장에 공작물이 있는 경우	

    나. 옥외탱크저장소의 경우

구분	제조소등의 외벽의 높이(a)
1) 옥외에 있는 세로형탱크	
2) 옥외에 있는 가로형탱크. 다만, 탱크내의 증기를 상부로 방출하는 구조로 된 것은 탱크의 최상단까지의 높이로 한다.	

다. 옥외저장소의 경우

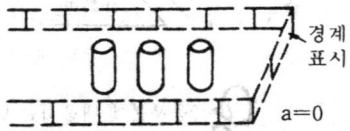

2. 상수(p)는 다음 각 목의 구분에 따라 정한다.

　가. p=0.04

　　1) 학교·주택·문화재 등의 건축물 또는 공작물이 목조인 경우

　　2) 학교·주택·문화재 등의 건축물 또는 공작물이 방화구조 또는 내화구조이고, 제조소등에 면한 부분의 개구부에 60분+방화문·60분방화문 또는 30분방화문이 설치되지 않은 경우

　나. p=0.15

　　1) 학교·주택·문화재 등의 건축물 또는 공작물이 방화구조인 경우

　　2) 학교·주택·문화재 등의 건축물 또는 공작물이 방화구조 또는 내화구조이고, 제조소등에 면한 부분의 개구부에 30분방화문이 설치된 경우

　다. p=∞: 학교·주택·문화재 등의 건축물 또는 공작물이 내화구조이고, 제조소등에 면한 개구부에 60분+방화문 또는 60분방화문이 설치된 경우

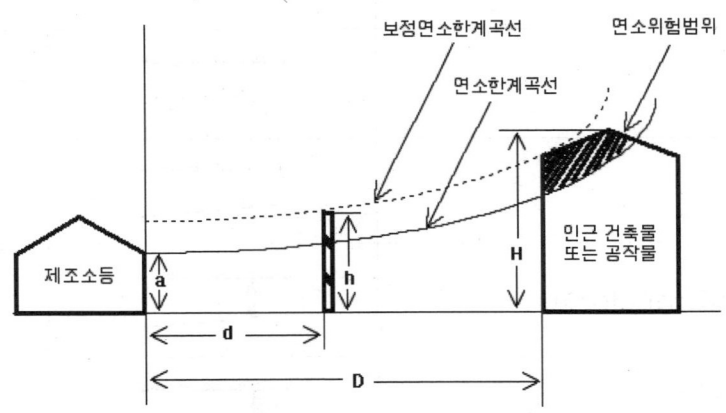

D : 제조소등과 인근 건축물 또는 공작물과의 거리(m)
H : 인근 건축물 또는 공작물의 높이(m)
a : 제조소등의 외벽의 높이(m)
d : 제조소등과 방화상 유효한 담과의 거리(m)
h : 방화상 유효한 담의 높이(m)
p : 상수

구분	제조소등의 높이(a)	비고
제조소 · 일반취급소 · 옥내저장소		벽체가 내화구조로 되어 있고, 인접축에 면한 개구부가 없거나, 개구부에 60분+방화문 또는 60분방화문이 있는 경우
		벽체가 내화구조이고, 개구부에 60분+방화문 또는 60분방화문이 없는 경우
		벽체가 내화구조외의 것으로 된 경우
		옮겨 담는 작업장 그 밖의 공작물
옥외탱크저장소		옥외에 있는 세로형탱크
		옥외에 있는 가로형탱크. 다만, 탱크내의 증기를 상부로 방출하는 구조로 된 것은 탱크의 최상단까지의 높이로 한다.
옥외저장소		

인근 건축물 또는 공작물의 구분	P의 값
• 학교·주택·문화재 등의 건축물 또는 공작물이 목조인 경우 • 학교·주택·문화재 등의 건축물 또는 공작물이 방화구조 또는 내화구조이고, 제조소등에 면한 부분의 개구부에 방화문이 설치되지 아니한 경우	0.04
• 학교·주택·문화재 등의 건축물 또는 공작물이 방화구조인 경우 • 학교·주택·문화재 등의 건축물 또는 공작물이 방화구조 또는 내화구조이고, 제조소등에 면한 부분의 개구부에 을종방화문이 설치된 경우	0.15
• 학교·주택·문화재 등의 건축물 또는 공작물이 내화구조이고, 제조소등에 면한 개구부에 60분+방화문 또는 60분방화문이 설치된 경우	∞

라. 가목 내지 다목에 의하여 산출된 수치가 2 미만일 때에는 담의 높이를 2m로, 4 이상일 때에는 담의 높이를 4m로 하되, 다음의 소화설비를 보강하여야 한다.

　　1) 당해 제조소등의 소형소화기 설치대상인 것에 있어서는 대형소화기를 1개 이상 증설을 할 것

　　2) 해당 제조소등이 대형소화기 설치대상인 것에 있어서는 대형소화기 대신 옥내소화전설비·옥외소화전설비·스프링클러설비·물분무소화설비·포소화설비·불활성가스소화설비·할로젠화합물소화설비·분말소화설비 중 적응소화설비를 설치할 것

　　3) 해당 제조소등이 옥내소화전설비·옥외소화전설비·스프링클러설비·물분무소화설비·포소화설비·불활성가스소화설비·할로젠화합물소화설비 또는 분말소화설비 설치대상인 것에 있어서는 반경 30m마다 대형소화기 1개 이상을 증설할 것

3. 방화상 유효한 담의 길이는 제조소등의 외벽의 양단(a1, a2)을 중심으로 Ⅰ제1호 각목에 정한 인근 건축물 또는 공작물(이 호에서 "인근 건축물등"이라 한다)에 따른 안전거리를 반지름으로 한 원을 그려서 당해 원의 내부에 들어오는 인근 건축물등의 부분중 최외측 양단(p1, p2)을 구한 다음, a1과 p1을 연결한 선분(l 1)과 a2와 p2을 연결한 선분(l 2) 상호간의 간격(L)으로 한다.

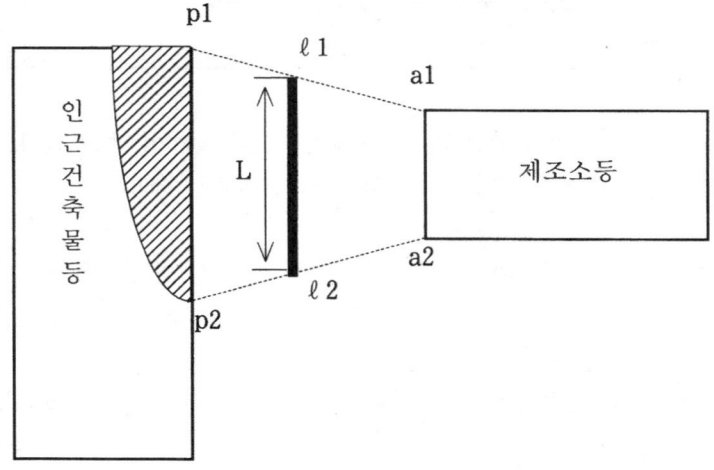

4. 방화상 유효한 담은 제조소등으로부터 5m 미만의 거리에 설치하는 경우에는 내화구조로, 5m 이상의 거리에 설치하는 경우에는 불연재료로 하고, 제조소등의 벽을 높게 하여 방화상 유효한 담을 갈음하는 경우에는 그 벽을 내화구조로 하고 개구부를 설치하여서는 아니된다.

■ 위험물안전관리법 시행규칙 [별표 5]

옥내저장소의 위치·구조 및 설비의 기준 (제29조 관련)

Ⅰ 옥내저장소의 기준(Ⅱ 및 Ⅲ의 규정에 의한 것을 제외한다)

1. 옥내저장소는 별표 4 Ⅰ의 규정에 준하여 안전거리를 두어야 한다. 다만, 다음 각목의 1에 해당하는 옥내저장소는 안전거리를 두지 아니할 수 있다.
   가. 제4석유류 또는 동식물유류의 위험물을 저장 또는 취급하는 옥내저장소로서 그 최대수량이 지정수량의 ❶　　　배 미만인 것
   나. ❷　　　위험물을 저장 또는 취급하는 옥내저장소
   다. 지정수량의 ❸　　　배(하나의 저장창고의 바닥면적이 ❹　　　㎡ 이하인 경우에는 ❺　　　배) 이하의 위험물을 저장 또는 취급하는 옥내저장소로서 다음의 기준에 적합한 것
      1) 저장창고의 벽·기둥·바닥·보 및 지붕이 ❻　　　인 것
      2) 저장창고의 출입구에 수시로 열 수 있는 자동폐쇄방식의 ❼　　　이 설치되어 있을 것
      3) 저장창고에 창을 설치하지 아니할 것

2. 옥내저장소의 주위에는 그 저장 또는 취급하는 위험물의 최대수량에 따라 다음 표에 의한 너비의 공지를 보유하여야 한다. 다만, 지정수량의 20배를 초과하는 옥내저장소와 동일한 부지내에 있는 다른 옥내저장소와의 사이에는 동표에 정하는 공지의 너비의 ❽　　　(당해 수치가 3m 미만인 경우에는 3m)의 공지를 보유할 수 있다.

저장 또는 취급하는 위험물의 최대수량	공지의 너비	
	벽·기둥 및 바닥이 내화구조로 된 건축물	그 밖의 건축물
지정수량의 5배 이하		0.5m 이상
지정수량의 5배 초과 10배 이하	1m 이상	1.5m 이상
지정수량의 10배 초과 20배 이하	2m 이상	3m 이상
지정수량의 20배 초과 50배 이하	3m 이상	5m 이상
지정수량의 50배 초과 200배 이하	5m 이상	10m 이상
지정수량의 200배 초과	10m 이상	15m 이상

3. 옥내저장소에는 별표 4 Ⅲ제1호의 기준에 따라 보기 쉬운 곳에 "위험물 옥내저장소"라는 표시를 한 표지와 동표 Ⅲ제2호의 기준에 따라 방화에 관하여 필요한 사항을 게시한 게시판을 설치하여야 한다.
4. 저장창고는 위험물의 저장을 전용으로 하는 독립된 건축물로 하여야 한다.
5. 저장창고는 지면에서 처마까지의 높이(이하 "처마높이"라 한다)가 ❾ m 미만인 단층건물로 하고 그 바닥을 지반면보다 높게 하여야 한다. 다만, 제2류 또는 제4류의 위험물만을 저장하는 창고로서 다음 각목의 기준에 적합한 창고의 경우에는 ❿ m 이하로 할 수 있다.

　가. 벽·기둥·보 및 바닥을 내화구조로 할 것
　나. 출입구에 60분+방화문 또는 60분방화문을 설치할 것
　다. 피뢰침을 설치할 것. 다만, 주위상황에 의하여 안전상 지장이 없는 경우에는 그러하지 아니하다.

6. 하나의 저장창고의 바닥면적(2 이상의 구획된 실이 있는 경우에는 각 실의 바닥면적의 합계)은 다음 각목의 구분에 의한 면적 이하로 하여야 한다. 이 경우 가목의 위험물과 나목의 위험물을 같은 저장창고에 저장하는 때에는 가목의 위험물을 저장하는 것으로 보아 그에 따른 바닥면적을 적용한다.

　가. 다음의 위험물을 저장하는 창고 : ⓫ ㎡

　　1) 제1류 위험물 중 아염소산염류, 염소산염류, 과염소산염류, 무기과산화물 그 밖에 지정수량이 50㎏인 위험물
　　2) 제3류 위험물 중 칼륨, 나트륨, 알킬알루미늄, 알킬리튬 그 밖에 지정수량이 10㎏인 위험물 및 황린
　　3) 제4류 위험물 중 특수인화물, 제1석유류 및 알코올류
　　4) 제5류 위험물 중 유기과산화물, 질산에스터류 그 밖에 지정수량이 10㎏인 위험물
　　5) 제6류 위험물

　나. 가목의 위험물 외의 위험물을 저장하는 창고 : ⓬ ㎡
　다. 가목의 위험물과 나목의 위험물을 내화구조의 격벽으로 완전히 구획된 실에 각각 저장하는 창고 : ⓭ ㎡(가목의 위험물을 저장하는 실의 면적은 500㎡를 초과할 수 없다)

7. 저장창고의 벽·기둥 및 바닥은 내화구조로 하고, 보와 서까래는 불연재료로 하여야 한다. 다만, 지정수량의 ⓮ 배 이하의 위험물의 저장창고 또는 제2류 위험물(인화성고체는 제외한다)과 ⓯ 의 위험물(인화점이 70℃ 미만인 것은 제외한다)만의 저장창고에 있어서는 연소의 우려가 없는 벽·기둥 및 바닥은 불연재료로 할 수 있다.

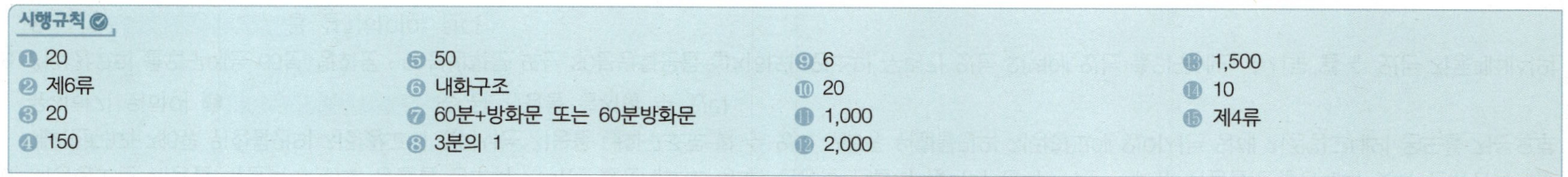

시행규칙

❶ 20
❷ 제6류
❸ 20
❹ 150
❺ 50
❻ 내화구조
❼ 60분+방화문 또는 60분방화문
❽ 3분의 1
❾ 6
❿ 20
⓫ 1,000
⓬ 2,000
⓭ 1,500
⓮ 10
⓯ 제4류

8. 저장창고는 지붕을 폭발력이 위로 방출될 정도의 가벼운 불연재료로 하고, 천장을 만들지 않아야 한다. 다만, 제2류 위험물(분말상태의 것과 인화성고체를 제외한다)과 제6류 위험물만의 저장창고에 있어서는 지붕을 내화구조로 할 수 있고, 제5류 위험물만의 저장창고에 있어서는 당해 저장창고내의 온도를 저온으로 유지하기 위하여 ❶   로 된 천장을 설치할 수 있다.

9. 저장창고의 출입구에는 60분+방화문·60분방화문 또는 30분방화문을 설치하되, 연소의 우려가 있는 외벽에 있는 출입구에는 수시로 열 수 있는 자동폐쇄식의 ❷   을 설치하여야 한다.

10. 저장창고의 창 또는 출입구에 유리를 이용하는 경우에는 ❸   로 하여야 한다.

11. 제1류 위험물 중 ❹   또는 이를 함유하는 것, 제2류 위험물 중 철분·금속분·마그네슘 또는 이중 어느 하나 이상을 함유하는 것, 제3류 위험물 중 ❺   또는 제4류 위험물의 저장창고의 바닥은 물이 스며 나오거나 스며들지 아니하는 구조로 하여야 한다.

12. 액상의 위험물의 저장창고의 바닥은 위험물이 스며들지 아니하는 구조로 하고, 적당하게 경사지게 하여 그 최저부에 ❻   를 하여야 한다.

13. 저장창고에 선반 등의 수납장을 설치하는 경우에는 다음 각목의 기준에 적합하게 하여야 한다.

　　가. 수납장은 불연재료로 만들어 견고한 기초 위에 고정할 것

　　나. 수납장은 당해 수납장 및 그 부속설비의 자중, 저장하는 위험물의 중량 등의 하중에 의하여 생기는 응력(변형력)에 대하여 안전한 것으로 할 것

　　다. 수납장에는 위험물을 수납한 용기가 쉽게 떨어지지 아니하게 하는 조치를 할 것

14. 저장창고에는 별표 4 Ⅴ 및 Ⅵ의 규정에 준하여 채광·조명 및 환기의 설비를 갖추어야 하고, 인화점이 ❼   ℃ 미만인 위험물의 저장창고에 있어서는 내부에 체류한 가연성의 증기를 지붕 위로 배출하는 설비를 갖추어야 한다.

15. 저장창고에 설치하는 전기설비는 「전기사업법」에 의한 전기설비기술기준에 의하여야 한다.

16. 지정수량의 10배 이상의 저장창고(제6류 위험물의 저장창고를 제외한다)에는 피뢰침을 설치하여야 한다. 다만, 저장창고의 주위의 상황에 따라 안전상 지장이 없는 경우에는 피뢰침을 설치하지 아니할 수 있다.

17. 제5류 위험물 중 셀룰로이드 그 밖에 온도의 상승에 의하여 분해·발화할 우려가 있는 것의 저장창고는 당해 위험물이 발화하는 온도에 달하지 아니하는 온도를 유지하는 구조로 하거나 다음 각목의 기준에 적합한 비상전원을 갖춘 통풍장치 또는 냉방장치 등의 설비를 2 이상 설치하여야 한다.

　　가. 상용전력원이 고장인 경우에 자동으로 비상전원으로 전환되어 가동되도록 할 것

　　나. 비상전원의 용량은 통풍장치 또는 냉방장치 등의 설비를 유효하게 작동할 수 있는 정도일 것

Ⅱ 다층건물의 옥내저장소의 기준

옥내저장소중 제2류의 위험물(인화성고체는 제외한다) 또는 제4류의 위험물(인화점이 70℃ 미만인 것은 제외한다)만을 저장 또는 취급하는 저장창고가 다층건물인 옥내저장소의 위치·구조 및 설비의 기술기준은 Ⅰ제1호 내지 제4호 및 제8호 내지 제16호의 규정에 의하는 외에 다음 각호의 기준에 의하여야 한다.

1. 저장창고는 각층의 바닥을 지면보다 높게 하고, 바닥면으로부터 상층의 바닥(상층이 없는 경우에는 처마)까지의 높이(이하 "층고"라 한다)를 ❽ m 미만으로 하여야 한다.

2. 하나의 저장창고의 바닥면적 합계는 ❾ ㎡ 이하로 하여야 한다.
3. 저장창고의 벽·기둥·바닥 및 보를 내화구조로 하고, 계단을 불연재료로 하며, 연소의 우려가 있는 외벽은 출입구외의 개구부를 갖지 아니하는 벽으로 하여야 한다.
4. 2층 이상의 층의 바닥에는 개구부를 두지 아니하여야 한다. 다만, 내화구조의 벽과 60분+방화문·60분방화문 또는 30분방화문으로 구획된 계단실에 있어서는 그러하지 아니하다.

Ⅲ 복합용도 건축물의 옥내저장소의 기준

옥내저장소중 지정수량의 ❿ 배 이하의 것(옥내저장소외의 용도로 사용하는 부분이 있는 건축물에 설치하는 것에 한한다)의 위치·구조 및 설비의 기술기준은 Ⅰ제3호, 제11호 내지 제17호의 규정에 의하는 외에 다음 각호의 기준에 의하여야 한다.

1. 옥내저장소는 벽·기둥·바닥 및 보가 내화구조인 건축물의 ⓫ 층 또는 ⓬ 층의 어느 하나의 층에 설치하여야 한다.
2. 옥내저장소의 용도에 사용되는 부분의 바닥은 지면보다 높게 설치하고 그 층고를 ⓭ m 미만으로 하여야 한다.
3. 옥내저장소의 용도에 사용되는 부분의 바닥면적은 ⓮ ㎡ 이하로 하여야 한다.
4. 옥내저장소의 용도에 사용되는 부분은 벽·기둥·바닥·보 및 지붕(상층이 있는 경우에는 상층의 바닥)을 내화구조로 하고, 출입구외의 개구부가 없는 두께 ⓯ ㎜ 이상의 철근콘크리트조 또는 이와 동등 이상의 강도가 있는 구조의 바닥 또는 벽으로 당해 건축물의 다른 부분과 구획되도록 하여야 한다.
5. 옥내저장소의 용도에 사용되는 부분의 출입구에는 수시로 열 수 있는 자동폐쇄방식의 60분+방화문 또는 60분방화문을 설치하여야 한다.
6. 옥내저장소의 용도에 사용되는 부분에는 창을 설치하지 아니하여야 한다.
7. 옥내저장소의 용도에 사용되는 부분의 환기설비 및 배출설비에는 방화상 유효한 댐퍼 등을 설치하여야 한다..

시행규칙

❶ 난연재료 또는 불연재료
❷ 60분+방화문 또는 60분방화문
❸ 망입유리
❹ 알칼리금속의 과산화물
❺ 금수성물질
❻ 집유설비
❼ 70
❽ 6
❾ 1,000
❿ 20
⓫ 1
⓬ 2
⓭ 6
⓮ 75
⓯ 70

IV 소규모 옥내저장소의 특례

1. 지정수량의 50배 이하인 소규모의 옥내저장소중 저장창고의 처마높이가 6m 미만인 것으로서 저장창고가 다음 각목에 정하는 기준에 적합한 것에 대하여는 I 제1호·제2호 및 제6호 내지 제9호의 규정은 적용하지 아니한다.

　가. 저장창고의 주위에는 다음 표에 정하는 너비의 공지를 보유할 것

저장 또는 취급하는 위험물의 최대수량	공지의 너비
지정수량의 5배 이하	
지정수량의 5배 초과 20배 이하	❶ m 이상
지정수량의 20배 초과 50배 이하	❷ m 이상

　나. 하나의 저장창고 바닥면적은 ❸ ㎡ 이하로 할 것
　다. 저장창고는 벽·기둥·바닥·보 및 지붕을 내화구조로 할 것
　라. 저장창고의 출입구에는 수시로 개방할 수 있는 자동폐쇄방식의 60분+방화문 또는 60분방화문을 설치할 것
　마. 저장창고에는 창을 설치하지 아니할 것

2. 지정수량의 50배 이하인 소규모의 옥내저장소중 저장창고의 처마높이가 ❹ m 이상인 것으로서 저장창고가 제1호 나목 내지 마목의 규정에 의한 기준에 적합한 것에 대하여는 I 제1호 및 제6호 내지 제9호의 규정은 적용하지 아니한다.

V 고인화점 위험물의 단층건물 옥내저장소의 특례

1. 고인화점 위험물만을 저장 또는 취급하는 단층건물의 옥내저장소중 저장창고의 처마높이가 6m 미만인 것으로서 위치 및 구조가 다음 각목의 규정에 적합한 것은 I 제1호·제2호·제8호 내지 제10호 및 제16호의 규정은 적용하지 아니한다.

　가. 지정수량의 20배를 초과하는 옥내저장소에 있어서는 별표 4 XI제1호의 규정에 준하여 안전거리를 둘 것
　나. 저장창고의 주위에는 다음 표에 정하는 너비의 공지를 보유할 것

저장 또는 취급하는 위험물의 최대수량	공지의 너비	
	당해 건축물의 벽·기둥 및 바닥이 내화구조로 된 경우	왼쪽란에 정하는 경우외의 경우
20배 이하		0.5m 이상
20배 초과 50배 이하	❺ m 이상	1.5m 이상
50배 초과 200배 이하	❻ m 이상	3m 이상
200배 초과	❼ m 이상	5m 이상

다. 저장창고는 지붕을 ❽_____ 로 할 것

라. 저장창고의 창 및 출입구에는 방화문 또는 불연재료나 유리로 된 문을 달고, 연소의 우려가 있는 외벽에 두는 출입구에는 수시로 열 수 있는 자동폐쇄방식의 60분+방화문 또는 60분방화문을 설치할 것

마. 저장창고의 연소의 우려가 있는 외벽에 설치하는 출입구에 유리를 이용하는 경우에는 망입유리로 할 것

2. 고인화점 위험물만을 저장 또는 취급하는 단층건물의 옥내저장소중 저장창고의 처마높이가 ❾__ m 이상인 것으로서 위치가 제1호가목의 규정에 의한 기준에 적합한 것은 Ⅰ제1호의 규정은 적용하지 아니한다.

Ⅵ 고인화점 위험물의 다층건물 옥내저장소의 특례

1. 고인화점 위험물만을 저장 또는 취급하는 다층건물의 옥내저장소중 그 위치 및 구조가 다음 각목의 규정에 의한 기준에 적합한 것에 대하여는 Ⅰ제1호·제2호·제8호 내지 제10호 및 제16호와 Ⅱ제3호의 규정은 적용하지 아니한다.

가. Ⅴ제1호 각목의 기준에 적합할 것

나. 저장창고는 벽·기둥·바닥·보 및 계단을 불연재료로 만들고, 연소의 우려가 있는 외벽은 출입구외의 개구부가 없는 내화구조의 벽으로 할 것

Ⅶ 고인화점 위험물의 소규모 옥내저장소의 특례

1. 고인화점 위험물만을 지정수량의 50배 이하로 저장 또는 취급하는 옥내저장소중 저장창고의 처마높이가 ❿__ m 미만인 것으로서 Ⅳ제1호 나목 내지 마목의 규정에 의한 기준에 적합한 것에 대하여는 Ⅰ제1호·제2호 및 제6호 내지 제9호 및 제16호의 규정은 적용하지 아니한다.

2. 고인화점 위험물만을 지정수량의 50배 이하로 저장 또는 취급하는 옥내저장소중 처마높이가 ⓫__ m 이상인 것으로서 저장창고가 Ⅳ제1호 각목의 규정에 의한 기준에 적합한 것에 대하여는 Ⅰ제1호·제2호 및 제6호 내지 제9호의 규정은 적용하지 아니한다.

시행규칙 ✅

❶ 1
❷ 2
❸ 150
❹ 6
❺ 1
❻ 2
❼ 3
❽ 불연재료
❾ 6
❿ 6
⓫ 6

Ⅷ 위험물의 성질에 따른 옥내저장소의 특례

1. 다음 각목의 1에 해당하는 위험물을 저장 또는 취급하는 옥내저장소에 있어서는 Ⅰ 내지 Ⅳ의 규정에 의하되, 당해 위험물의 성질에 따라 강화되는 기준은 제2호 내지 제4호에 의하여야 한다.
   가. 제5류 위험물중 유기과산화물 또는 이를 함유하는 것으로서 지정수량이 10㎏인 것(이하 "지정과산화물"이라 한다)
   나. 알킬알루미늄등
   다. 하이드록실아민등

2. 지정과산화물을 저장 또는 취급하는 옥내저장소에 대하여 강화되는 기준은 다음 각목과 같다.
   가. 옥내저장소는 당해 옥내저장소의 외벽으로부터 별표 4 Ⅰ제1호 가목 내지 다목의 규정에 의한 건축물의 외벽 또는 이에 상당하는 공작물의 외측까지의 사이에 부표 1에 정하는 안전거리를 두어야 한다.
   나. 옥내저장소의 저장창고 주위에는 부표 2에 정하는 너비의 공지를 보유하여야 한다. 다만, 2 이상의 옥내저장소를 동일한 부지내에 인접하여 설치하는 때에는 당해 옥내저장소의 상호간 공지의 너비를 동표에 정하는 공지 너비의 3분의 2로 할 수 있다.
   다. 옥내저장소의 저장창고의 기준은 다음과 같다.
      1) 저장창고는 ❶　　㎡ 이내마다 격벽으로 완전하게 구획할 것. 이 경우 당해 격벽은 두께 ❷　　㎝ 이상의 철근콘크리트조 또는 철골철근콘크리트조로 하거나 두께 ❸　　㎝ 이상의 보강콘크리트블록조로 하고, 당해 저장창고의 양측의 외벽으로부터 1m 이상, 상부의 지붕으로부터 50㎝ 이상 돌출하게 하여야 한다.
      2) 저장창고의 외벽은 두께 ❹　　㎝ 이상의 철근콘크리트조나 철골철근콘크리트조 또는 두께 ❺　　㎝ 이상의 보강콘크리트블록조로 할 것
      3) 저장창고의 지붕은 다음 각목의 1에 적합할 것
         가) 중도리(서까래 중간을 받치는 수평의 도리) 또는 서까래의 간격은 ❻　　㎝ 이하로 할 것
         나) 지붕의 아래쪽 면에는 한 변의 길이가 ❼　　㎝ 이하의 환강(丸鋼)·경량형강(輕量形鋼) 등으로 된 강제(鋼製)의 격자를 설치할 것
         다) 지붕의 아래쪽 면에 철망을 쳐서 불연재료의 도리(서까래를 받치기 위해 기둥과 기둥사이에 설치한 부재)·보 또는 서까래에 단단히 결합할 것
         라) 두께 ❽　㎝ 이상, 너비 ❾　　㎝ 이상의 목재로 만든 받침대를 설치할 것
      4) 저장창고의 출입구에는 60분+방화문 또는 60분방화문을 설치할 것
      5) 저장창고의 창은 바닥면으로부터 ❿　m 이상의 높이에 두되, 하나의 벽면에 두는 창의 면적의 합계를 당해 벽면의 면적의 80분의 1 이내로 하고, 하나의 창의 면적을 ⓫　　㎡ 이내로 할 것
   라. Ⅱ 내지 Ⅳ의 규정은 적용하지 아니한다.

3. 알킬알루미늄등을 저장 또는 취급하는 옥내저장소에 대하여 강화되는 기준은 다음 각목과 같다.
   가. 옥내저장소에는 누설범위를 국한하기 위한 설비 및 누설한 알킬알루미늄등을 안전한 장소에 설치된 조(槽)로 끌어들일 수 있는 설비를 설치하여야 한다.
   나. Ⅱ 내지 Ⅳ의 규정은 적용하지 아니한다.
4. 하이드록실아민등을 저장 또는 취급하는 옥내저장소에 대하여 강화되는 기준은 하이드록실아민등의 온도의 상승에 의한 위험한 반응을 방지하기 위한 조치를 강구하는 것으로 한다.

Ⅸ 수출입 하역장소의 옥내저장소의 특례

「관세법」제154조에 따른 보세구역, 「항만법」제2조제1호에 따른 항만 또는 같은 조 제7호에 따른 항만배후단지 내에서 수출입을 위한 위험물을 저장 또는 취급하는 옥내저장소 중 Ⅰ(제2호는 제외한다)의 규정에 적합한 것은 다음 표에 정하는 너비의 공지(空地)를 보유할 수 있다.

저장 또는 취급하는 위험물의 최대수량	공지의 너비	
	벽·기둥 및 바닥이 내화구조로 된 건축물	그 밖의 건축물
지정수량의 5배 이하		0.5m 이상
지정수량의 5배 초과 10배 이하	1m 이상	1.5m 이상
지정수량의 10배 초과 20배 이하	2m 이상	3m 이상
지정수량의 20배 초과 50배 이하	3m 이상	3.3m 이상
지정수량의 50배 초과 200배 이하	⑫ m 이상	3.5m 이상
지정수량의 200배 초과	⑬ m 이상	5m 이상

시행규칙
① 150
② 30
③ 40
④ 20
⑤ 30
⑥ 30
⑦ 45
⑧ 5
⑨ 30
⑩ 2
⑪ 0.4
⑫ 3.3
⑬ 3.5

[부표 1]

지정과산화물의 옥내저장소의 안전거리 (별표 5 관련)

저장 또는 취급하는 위험물의 최대수량	안전거리					
	별표 4 Ⅰ제1호 가목에 정하는 것		별표 4 Ⅰ제1호 나목에 정하는 것		별표 4 Ⅰ제1호 다목에 정하는 것	
	저장창고의 주위에 비고 제1호에 정하는 담 또는 토제를 설치한 경우	왼쪽란에 정하는 경우 외의 경우	저장창고의 주위에 비고 제1호에 정하는 담 또는 토제를 설치한 경우	왼쪽란에 정하는 경우 외의 경우	저장창고의 주위에 비고 제1호에 정하는 담 또는 토제를 설치한 경우	왼쪽란에 정하는 경우 외의 경우
10배 이하	20m 이상	40m 이상	30m 이상	50m 이상	50m 이상	60m 이상
10배 초과 20배 이하	22m 이상	45m 이상	33m 이상	55m 이상	54m 이상	65m 이상
20배 초과 40배 이하	24m 이상	50m 이상	36m 이상	60m 이상	58m 이상	70m 이상
40배 초과 60배 이하	27m 이상	55m 이상	39m 이상	65m 이상	62m 이상	75m 이상
60배 초과 90배 이하	32m 이상	65m 이상	45m 이상	75m 이상	70m 이상	85m 이상
90배 초과 150배 이하	37m 이상	75m 이상	51m 이상	85m 이상	79m 이상	95m 이상
150배 초과 300배 이하	42m 이상	85m 이상	57m 이상	95m 이상	87m 이상	105m 이상
300배 초과	47m 이상	95m 이상	66m 이상	110m 이상	100m 이상	120m 이상

비고

1. 담 또는 토제는 다음 각목에 적합한 것으로 하여야 한다. 다만, 지정수량의 5배 이하인 지정과산화물의 옥내저장소에 대하여는 당해 옥내저장소의 저장창고의 외벽을 두께 30㎝ 이상의 철근콘크리트조 또는 철골철근콘크리트조로 만드는 것으로서 담 또는 토제에 대신할 수 있다.

   가. 담 또는 토제는 저장창고의 외벽으로부터 2m 이상 떨어진 장소에 설치할 것. 다만, 담 또는 토제와 당해 저장창고와의 간격은 당해 옥내저장소의 공지의 너비의 5분의 1을 초과할 수 없다.

   나. 담 또는 토제의 높이는 저장창고의 처마높이 이상으로 할 것

다. 담은 두께 15㎝ 이상의 철근콘크리트조나 철골철근콘크리트조 또는 두께 20㎝ 이상의 보강콘크리트블록조로 할 것
라. 토제의 경사면의 경사도는 60도 미만으로 할 것
2. 지정수량의 5배 이하인 지정과산화물의 옥내저장소에 당해 옥내저장소의 저장창고의 외벽을 제1호 단서의 규정에 의한 구조로 하고 주위에 제1호 각목의 규정에 의한 담 또는 토제를 설치하는 때에는 별표 4 Ⅰ제1호 가목에 정하는 건축물 등까지의 사이의 거리를 10m 이상으로 할 수 있다.

[부표 2]

지정과산화물의 옥내저장소의 보유공지 (별표 5 관련)

저장 또는 취급하는 위험물의 최대수량	공지의 너비	
	저장창고의 주위에 비고 제1호에 담 또는 토제를 설치하는 경우	왼쪽란에 정하는 경우 외의 경우
5배 이하	3.0m 이상	10m 이상
5배 초과 10배 이하	5.0m 이상	15m 이상
10배 초과 20배 이하	6.5m 이상	20m 이상
20배 초과 40배 이하	8.0m 이상	25m 이상
40배 초과 60배 이하	10.0m 이상	30m 이상
60배 초과 90배 이하	11.5m 이상	35m 이상
90배 초과 150배 이하	13.0m 이상	40m 이상
150배 초과 300배 이하	15.0m 이상	45m 이상
300배 초과	16.5m 이상	50m 이상

비고

1. 담 또는 토제는 다음 각목에 적합한 것으로 하여야 한다. 다만, 지정수량의 5배 이하인 지정과산화물의 옥내저장소에 대하여는 당해 옥내저장소의 저장창고의 외벽을 두께 30㎝ 이상의 철근콘크리트조 또는 철골철근콘크리트조로 만드는 것으로서 담 또는 토제에 대신할 수 있다.
   가. 담 또는 토제는 저장창고의 외벽으로부터 2m 이상 떨어진 장소에 설치할 것. 다만, 담 또는 토제와 당해 저장창고와의 간격은 당해 옥내저장소의 공지의 너비의 5분의 1을 초과할 수 없다.
   나. 담 또는 토제의 높이는 저장창고의 처마높이 이상으로 할 것
   다. 담은 두께 15㎝ 이상의 철근콘크리트조나 철골철근콘크리트조 또는 두께 20㎝ 이상의 보강콘크리트블록조로 할 것
   라. 토제의 경사면의 경사도는 60도 미만으로 할 것
2. 지정수량의 5배 이하인 지정과산화물의 옥내저장소에 당해 옥내저장소의 저장창고의 외벽을 제1호 단서의 규정에 의한 구조로 하고 주위에 제1호 각목의 규정에 의한 담 또는 토제를 설치하는 때에는 그 공지의 너비를 2m 이상으로 할 수 있다.

■ 위험물안전관리법 시행규칙 [별표 6]

옥외탱크저장소의 위치·구조 및 설비의 기준 (제30조 관련) ✅기출 24 공채 / 경채

I 안전거리
옥외저장탱크의 안전거리는 별표 4 I을 준용한다.

II 보유공지

1. 옥외저장탱크(위험물을 이송하기 위한 배관 그 밖에 이에 준하는 공작물을 제외한다)의 주위에는 그 저장 또는 취급하는 위험물의 최대수량에 따라 옥외저장탱크의 측면으로부터 다음 표에 의한 너비의 공지를 보유하여야 한다.

저장 또는 취급하는 위험물의 최대수량	공지의 너비
지정수량의 500배 이하	❶ m 이상
지정수량의 500배 초과 1,000배 이하	❷ m 이상
지정수량의 1,000배 초과 2,000배 이하	❸ m 이상
지정수량의 2,000배 초과 3,000배 이하	12m 이상
지정수량의 3,000배 초과 4,000배 이하	15m 이상
지정수량의 4,000배 초과	당해 탱크의 수평단면의 최대지름(가로형인 경우에는 긴 변)과 높이 중 큰 것과 같은 거리 이상. 다만, 30m 초과의 경우에는 30m 이상으로 할 수 있고, 15m 미만의 경우에는 15m 이상으로 하여야 한다.

2. 제6류 위험물 외의 위험물을 저장 또는 취급하는 옥외저장탱크(지정수량의 4,000배를 초과하여 저장 또는 취급하는 옥외저장탱크를 제외한다)를 동일한 방유제안에 2개 이상 인접하여 설치하는 경우 그 인접하는 방향의 보유공지는 제1호의 규정에 의한 보유공지의 3분의 1 이상의 너비로 할 수 있다. 이 경우 보유공지의 너비는 ❹ m 이상이 되어야 한다.
3. 제6류 위험물을 저장 또는 취급하는 옥외저장탱크는 제1호의 규정에 의한 보유공지의 3분의 1 이상의 너비로 할 수 있다. 이 경우 보유공지의 너비는 1.5m 이상이 되어야 한다.
4. 제6류 위험물을 저장 또는 취급하는 옥외저장탱크를 동일구내에 2개 이상 인접하여 설치하는 경우 그 인접하는 방향의 보유공지는 제3호의 규정에 의하여 산출된 너비의 3분의 1 이상의 너비로 할 수 있다. 이 경우 보유공지의 너비는 ❺ m 이상이 되어야 한다.

5. 제1호의 규정에도 불구하고 옥외저장탱크(이하 이호에서 "공지단축 옥외저장탱크"라 한다)에 다음 각목의 기준에 적합한 물분무설비로 방호조치를 하는 경우에는 그 보유공지를 제1호의 규정에 의한 보유공지의 2분의 1 이상의 너비(최소 3m 이상)로 할 수 있다. 이 경우 공지단축 옥외저장탱크의 화재시 1㎡당 20㎾ 이상의 복사열에 노출되는 표면을 갖는 인접한 옥외저장탱크가 있으면 당해 표면에도 다음 각목의 기준에 적합한 물분무설비로 방호조치를 함께하여야 한다.

  가. 탱크의 표면에 방사하는 물의 양은 탱크의 원주길이 1m에 대하여 분당 ❻ ___ ℓ 이상으로 할 것

  나. 수원의 양은 가목의 규정에 의한 수량으로 ❼ ___ 분 이상 방사할 수 있는 수량으로 할 것

  다. 탱크에 보강링이 설치된 경우에는 보강링의 아래에 분무헤드를 설치하되, 분무헤드는 탱크의 높이 및 구조를 고려하여 분무가 적정하게 이루어 질 수 있도록 배치할 것

  라. ❽ ___ 의 설치기준에 준할 것

Ⅲ 표지 및 게시판

1. 옥외탱크저장소에는 별표 4 Ⅲ제1호의 기준에 따라 보기 쉬운 곳에 "위험물 옥외탱크저장소"라는 표시를 한 표지와 동표 Ⅲ제2호의 기준에 따라 방화에 관하여 필요한 사항을 게시한 게시판을 설치하여야 한다.

2. 탱크의 군(群)에 있어서는 제1호의 표지 및 게시판을 그 의미 전달에 지장이 없는 범위 안에서 보기 쉬운 곳에 일괄하여 설치할 수 있다. 이 경우 게시판과 각 탱크가 대응될 수 있도록 하는 조치를 강구하여야 한다.

시행규칙

❶ 3
❷ 5
❸ 9
❹ 3
❺ 1.5
❻ 37
❼ 20
❽ 물분무소화설비

Ⅳ 특정옥외저장탱크의 기초 및 지반

1. 옥외탱크저장소 중 그 저장 또는 취급하는 액체위험물의 최대수량이 ❶   ℓ 이상의 것(이하 "특정옥외탱크저장소"라 한다)의 옥외저장탱크(이하 "특정옥외저장탱크"라 한다)의 기초 및 지반은 당해 기초 및 지반상에 설치하는 특정옥외저장탱크 및 그 부속설비의 자중, 저장하는 위험물의 중량 등의 하중(이하 "탱크하중"이라 한다)에 의하여 발생하는 응력에 대하여 안전한 것으로 하여야 한다.
2. 기초 및 지반은 다음 각목에 정하는 기준에 적합하여야 한다.
    가. 지반은 암반의 단층, 절토(땅깎기) 및 성토(흙쌓기)걸쳐 있는 등 활동(滑動: 미끄러져 움직임)을 일으킬 우려가 있는 경우가 아닐 것
    나. 지반은 다음 1에 적합할 것
        1) 소방청장이 정하여 고시하는 범위내에 있는 지반이 표준관입시험(標準貫入試驗) 및 평판재하시험(평평한 재하판에 하중을 가하고, 그 하중의 크기와 재하면의 변위 관계를 통해 지반의 지지력 등을 구하는 시험)에 의하여 각각 표준관입시험치가 20 이상 및 평판재하시험값[5㎜ 침하 시의 시험치(K30치)로 한다. 제4호에서 같다]이 1㎡당 100MN 이상의 값일 것
        2) 소방청장이 정하여 고시하는 범위내에 있는 지반이 다음의 기준에 적합할 것
            가) 탱크하중에 대한 지지력 계산에 있어서의 지지력안전율 및 침하량 계산에 있어서의 계산침하량이 소방청장이 정하여 고시하는 값일 것
            나) 기초(소방청장이 정하여 고시하는 것에 한한다. 이하 이 호에서 같다)의 표면으로부터 3m 이내의 기초직하의 지반부분이 기초와 동등 이상의 견고성이 있고, 지표면으로부터의 깊이가 15m까지의 지질(기초의 표면으로부터 3m 이내의 기초직하의 지반부분을 제외한다)이 소방청장이 정하여 고시하는 것외의 것일 것
            다) 점성토(찰기가 있는 흙) 지반은 압밀도시험에서, 사질토(砂質土) 지반은 표준관입시험에서 각각 압밀하중에 대하여 압밀도가 90%[미소한 침하가 장기간 계속되는 경우에는 10일간(이하 이 호에서 "미소침하측정기간"이라 한다) 계속하여 측정한 침하량의 합의 1일당 평균침하량이 침하의 측정을 개시한 날부터 미소침하측정기간의 최종일까지의 총침하량의 0.3% 이하인 때에는 당해 지반에서의 압밀도가 90%인 것으로 본다] 이상 또는 표준관입시험치가 평균 15 이상의 값일 것
        3) 1) 또는 2)와 동등 이상의 견고함이 있을 것
    다. 지반이 바다, 하천, 호수와 늪 등에 접하고 있는 경우에는 활동에 관하여 소방청장이 정하여 고시하는 안전율이 있을 것
    라. 기초는 사질토 또는 이와 동등 이상의 견고성이 있는 것을 이용하여 소방청장이 정하여 고시하는 바에 따라 만드는 것으로서 평판재하시험의 평판재하시험값이 1㎡당 100MN 이상의 값을 나타내는 것(이하 "성토"라 한다) 또는 이와 동등 이상의 견고함이 있는 것으로 할 것
    마. 기초(성토인 것에 한한다. 이하 바목에서 같다)는 그 윗면이 특정옥외저장탱크를 설치하는 장소의 지하수위와 2m 이상의 간격을 확보할 것
    바. 기초 또는 기초의 주위에는 소방청장이 정하여 고시하는 바에 따라 당해 기초를 보강하기 위한 조치를 강구할 것
3. 제1호 및 제2호에 규정하는 것외에 기초 및 지반에 관하여 필요한 사항은 소방청장이 정하여 고시한다.
4. 특정옥외저장탱크의 기초 및 지반은 제2호 나목1)의 규정에 의한 표준관입시험 및 평판재하시험, 동목2)다)의 규정에 의한 압밀도시험 또는 표준관입시험, 동호 라목의 규정에 의한 평판재하시험 및 그 밖에 소방청장이 정하여 고시하는 시험을 실시하였을 때 당해 시험과 관련되는 규정에 의한 기준에 적합하여야 한다.

Ⅴ 준특정옥외저장탱크의 기초 및 지반

1. 옥외탱크저장소중 그 저장 또는 취급하는 액체위험물의 최대수량이 50만ℓ 이상 100만ℓ 미만의 것(이하 "준특정옥외탱크저장소"라 한다)의 옥외저장탱크(이하 "준특정옥외저장탱크"라 한다)의 기초 및 지반은 제2호 및 제3호에서 정하는 바에 따라 견고하게 하여야 한다.
2. 기초 및 지반은 탱크하중에 의하여 발생하는 응력에 대하여 안전한 것으로 하여야 한다.
3. 기초 및 지반은 다음의 각목에 정하는 기준에 적합하여야 한다.
   가. 지반은 암반의 단층, 절토 및 성토에 걸쳐 있는 등 활동을 일으킬 우려가 없을 것
   나. 지반은 다음의 1에 적합할 것
      1) 소방청장이 정하여 고시하는 범위내에 있는 지반이 암반 그 밖의 견고한 것일 것
      2) 소방청장이 정하여 고시하는 범위내에 있는 지반이 다음의 기준에 적합할 것
         가) 당해 지반에 설치하는 준특정옥외저장탱크의 탱크하중에 대한 지지력 계산에 있어서의 지지력안전율 및 침하량 계산에 있어서의 계산침하량이 소방청장이 정하여 고시하는 값일 것
         나) 소방청장이 정하여 고시하는 지질 외의 것일 것(기초가 소방청장이 정하여 고시하는 구조인 경우를 제외한다)
      3) 2)와 동등 이상의 견고함이 있을 것
   다. 지반이 바다, 하천, 호수와 늪 등에 접하고 있는 경우에는 활동에 관하여 소방청장이 정하여 고시하는 안전율이 있을 것
   라. 기초는 사질토 또는 이와 동등 이상의 견고성이 있는 것을 이용하여 소방청장이 정하여 고시하는 바에 따라 만들거나 이와 동등 이상의 견고함이 있는 것으로 할 것
   마. 기초(사질토 또는 이와 동등 이상의 견고성이 있는 것을 이용하여 소방청장이 정하여 고시하는 바에 따라 만드는 것에 한한다)는 그 윗면이 준특정옥외저장탱크를 설치하는 장소의 지하수위와 2m 이상의 간격을 확보할 것
4. 제2호 및 제3호에 규정하는 것 외에 기초 및 지반에 관하여 필요한 사항은 소방청장이 정하여 고시한다.

시행령
❶ 100만

Ⅵ 옥외저장탱크의 외부구조 및 설비

1. 옥외저장탱크는 특정옥외저장탱크 및 준특정옥외저장탱크 외에는 두께 3.2㎜ 이상의 강철판 또는 소방청장이 정하여 고시하는 규격에 적합한 재료로, 특정옥외저장탱크 및 준특정옥외저장탱크는 Ⅶ 및 Ⅷ에 의하여 소방청장이 정하여 고시하는 규격에 적합한 강철판 또는 이와 동등 이상의 기계적 성질 및 용접성이 있는 재료로 틈이 없도록 제작하여야 하고, 압력탱크(최대상용압력이 대기압을 초과하는 탱크를 말한다)외의 탱크는 충수시험, 압력탱크는 최대상용압력의 1.5배의 압력으로 10분간 실시하는 수압시험에서 각각 새거나 변형되지 아니하여야 한다.
2. 특정옥외저장탱크의 용접부는 소방청장이 정하여 고시하는 바에 따라 실시하는 방사선투과시험, 진공시험 등의 비파괴시험에 있어서 소방청장이 정하여 고시하는 기준에 적합한 것이어야 한다.
3. 특정옥외저장탱크 및 준특정옥외저장탱크외의 탱크는 다음 각목에 정하는 바에 따라, 특정옥외저장탱크 및 준특정옥외저장탱크는 Ⅶ 및 Ⅷ의 규정에 의한 바에 따라 지진 및 풍압에 견딜 수 있는 구조로 하고 그 기둥은 철근콘크리트조, 철골콘크리트조 그 밖에 이와 동등 이상의 내화성능(불에 견디는 성능)이 있는 것이어야 한다.
   가. 지진동에 의한 관성력 또는 풍하중(바람으로 인하여 구조물에 발생하는 하중)에 대한 응력이 옥외저장탱크의 옆판 또는 기둥의 특정한 점에 집중하지 아니하도록 당해 탱크를 견고한 기초 및 지반 위에 고정할 것
   나. 가목의 지진동에 의한 관성력 및 풍하중의 계산방법은 소방청장이 정하여 고시하는 바에 의할 것
4. 옥외저장탱크는 위험물의 폭발 등에 의하여 탱크내의 압력이 비정상적으로 상승하는 경우에 내부의 가스 또는 증기를 상부로 방출할 수 있는 구조로 하여야 한다.
5. 옥외저장탱크의 외면에는 녹을 방지하기 위한 도장을 하여야 한다. 다만, 탱크의 재질이 부식의 우려가 없는 스테인레스 강판 등인 경우에는 그러하지 아니하다.
6. 옥외저장탱크의 밑판[애뉼러 판(특정옥외저장탱크의 옆판의 최하단 두께가 15㎜를 초과하는 경우, 안지름이 30m를 초과하는 경우 또는 옆판을 고장력강으로 사용하는 경우에 옆판의 직하에 설치하여야 하는 판을 말한다. 이하 같다)을 설치하는 특정옥외저장탱크에 있어서는 애뉼러 판을 포함한다. 이하 이 호에서 같대]을 지반면에 접하게 설치하는 경우에는 다음 각목의 1의 기준에 따라 밑판 외면의 부식을 방지하기 위한 조치를 강구하여야 한다.
   가. 탱크의 밑판 아래에 밑판의 부식을 유효하게 방지할 수 있도록 아스팔트샌드 등의 방식재료를 댈 것
   나. 탱크의 밑판에 전기방식의 조치를 강구할 것
   다. 가목 또는 나목의 규정에 의한 것과 동등 이상으로 밑판의 부식을 방지할 수 있는 조치를 강구할 것
7. 옥외저장탱크중 압력탱크(최대상용압력이 부압 또는 정압 5㎪을 초과하는 탱크를 말한다)외의 탱크(제4류 위험물의 옥외저장탱크에 한한다)에 있어서는 밸브없는 통기관 또는 대기밸브부착 통기관을 다음 각목에 정하는 바에 의하여 설치하여야 하고, 압력탱크에 있어서는 별표 4 Ⅷ제4호의 규정에 의한 안전장치를 설치하여야 한다.
   가. 밸브없는 통기관
      1) 지름은 30㎜ 이상일 것
      2) 끝부분은 수평면보다 45도 이상 구부려 빗물 등의 침투를 막는 구조로 할 것

3) 인화점이 38℃ 미만인 위험물만을 저장 또는 취급하는 탱크에 설치하는 통기관에는 화염방지장치를 설치하고, 그 외의 탱크에 설치하는 통기관에는 40메쉬(mesh) 이상의 구리망 또는 동등 이상의 성능을 가진 인화방지장치를 설치할 것. 다만, 인화점이 70℃ 이상인 위험물만을 해당 위험물의 인화점 미만의 온도로 저장 또는 취급하는 탱크에 설치하는 통기관에는 인화방지장치를 설치하지 않을 수 있다.

4) 가연성의 증기를 회수하기 위한 밸브를 통기관에 설치하는 경우에 있어서는 당해 통기관의 밸브는 저장탱크에 위험물을 주입하는 경우를 제외하고는 항상 개방되어 있는 구조로 하는 한편, 폐쇄하였을 경우에 있어서는 10㎪ 이하의 압력에서 개방되는 구조로 할 것. 이 경우 개방된 부분의 유효단면적은 777.15㎟ 이상이어야 한다.

나. 대기밸브부착 통기관

1) 5㎪ 이하의 압력차이로 작동할 수 있을 것
2) 가목3)의 기준에 적합할 것

8. 액체위험물의 옥외저장탱크에는 위험물의 양을 자동적으로 표시할 수 있도록 기밀부유식(밀폐되어 부상하는 방식) 계량장치, 증기가 비산하지 아니하는 구조의 부유식 계량장치, 전기압력자동방식이나 방사성동위원소를 이용한 방식에 의한 자동계량장치 또는 유리측정기(Gauge Glass: 수면이나 유면의 높이를 측정하는 유리로 된 기구를 말하며, 금속관으로 보호된 경질유리 등으로 되어 있고 게이지가 파손되었을 때 위험물의 유출을 자동적으로 정지할 수 있는 장치가 되어 있는 것으로 한정한다)를 설치하여야 한다.

9. 액체위험물의 옥외저장탱크의 주입구는 다음 각목의 기준에 의하여야 한다.

가. 화재예방상 지장이 없는 장소에 설치할 것
나. 주입호스 또는 주입관과 결합할 수 있고, 결합하였을 때 위험물이 새지 아니할 것
다. 주입구에는 밸브 또는 뚜껑을 설치할 것
라. 휘발유, 벤젠 그 밖에 정전기에 의한 재해가 발생할 우려가 있는 액체위험물의 옥외저장탱크의 주입구 부근에는 정전기를 유효하게 제거하기 위한 접지전극을 설치할 것
마. 인화점이 21℃ 미만인 위험물의 옥외저장탱크의 주입구에는 보기 쉬운 곳에 다음의 기준에 의한 게시판을 설치할 것. 다만, 소방본부장 또는 소방서장이 화재예방상 당해 게시판을 설치할 필요가 없다고 인정하는 경우에는 그러하지 아니하다.

1) 게시판은 한변이 ❶ m 이상, 다른 한변이 ❷ m 이상인 직사각형으로 할 것
2) 게시판에는 "옥외저장탱크 주입구"라고 표시하는 것외에 취급하는 위험물의 유별, 품명 및 별표 4 Ⅲ제2호 라목의 규정에 준하여 주의사항을 표시할 것
3) 게시판은 백색바탕에 흑색문자(별표 4 Ⅲ제2호 라목의 주의사항은 적색문자)로 할 것

바. 주입구 주위에는 새어나온 기름 등 액체가 외부로 유출되지 아니하도록 방유턱을 설치하거나 집유설비 등의 장치를 설치할 것

❶ 0.3　　❷ 0.6

10. 옥외저장탱크의 펌프설비(펌프 및 이에 부속하는 전동기를 말하며, 당해 펌프 및 전동기를 위한 건축물 그 밖의 공작물을 설치하는 경우에는 당해 공작물을 포함한다. 이하 같다)는 다음 각목에 의하여야 한다.
   가. 펌프설비의 주위에는 너비 ❶ m 이상의 공지를 보유할 것. 다만, 방화상 유효한 격벽을 설치하는 경우와 제6류 위험물 또는 지정수량의 10배 이하 위험물의 옥외저장탱크의 펌프설비에 있어서는 그러하지 아니하다.
   나. 펌프설비로부터 옥외저장탱크까지의 사이에는 당해 옥외저장탱크의 보유공지 너비의 ❷ 이상의 거리를 유지할 것
   다. 펌프설비는 견고한 기초 위에 고정할 것
   라. 펌프 및 이에 부속하는 전동기를 위한 건축물 그 밖의 공작물(이하 "펌프실"이라 한다)의 벽·기둥·바닥 및 보는 불연재료로 할 것
   마. 펌프실의 지붕을 폭발력이 위로 방출될 정도의 가벼운 불연재료로 할 것
   바. 펌프실의 창 및 출입구에는 ❸ 또는 ❹ 을 설치할 것
   사. 펌프실의 창 및 출입구에 유리를 이용하는 경우에는 망입유리로 할 것
   아. 펌프실의 바닥의 주위에는 높이 ❺ m 이상의 턱을 만들고 바닥은 콘크리트 등 위험물이 스며들지 아니하는 재료로 적당히 경사지게 하여 그 최저부에는 집유설비를 설치할 것
   자. 펌프실에는 위험물을 취급하는데 필요한 채광, 조명 및 환기의 설비를 설치할 것
   차. 가연성 증기가 체류할 우려가 있는 펌프실에는 그 증기를 옥외의 높은 곳으로 배출하는 설비를 설치할 것
   카. 펌프실외의 장소에 설치하는 펌프설비에는 그 직하의 지반면의 주위에 높이 ❻ m 이상의 턱을 만들고 당해 지반면은 콘크리트 등 위험물이 스며들지 아니하는 재료로 적당히 경사지게 하여 그 최저부에는 집유설비를 할 것. 이 경우 제4류 위험물(온도 20℃의 물 100g에 용해되는 양이 1g 미만인 것에 한한다)을 취급하는 펌프설비에 있어서는 당해 위험물이 직접 배수구에 유입하지 아니하도록 집유설비에 ❼ 를 설치하여야 한다.
   타. 인화점이 21℃ 미만인 위험물을 취급하는 펌프설비에는 보기 쉬운 곳에 제9호 마목의 규정에 준하여 "옥외저장탱크 펌프설비"라는 표시를 한 게시판과 방화에 관하여 필요한 사항을 게시한 게시판을 설치할 것. 다만, 소방본부장 또는 소방서장이 화재예방상 당해 게시판을 설치할 필요가 없다고 인정하는 경우에는 그러하지 아니하다.
11. 옥외저장탱크의 밸브는 주강 또는 이와 동등 이상의 기계적 성질이 있는 재료로 되어 있고, 위험물이 새지 아니하여야 한다.
12. 옥외저장탱크의 배수관은 탱크의 옆판에 설치하여야 한다. 다만, 탱크와 배수관과의 결합부분이 지진 등에 의하여 손상을 받을 우려가 없는 방법으로 배수관을 설치하는 경우에는 탱크의 밑판에 설치할 수 있다.
13. 부상지붕이 있는 옥외저장탱크의 옆판 또는 부상지붕에 설치하는 설비는 지진 등에 의하여 부상지붕 또는 옆판에 손상을 주지 아니하게 설치하여야 한다. 다만, 당해 옥외저장탱크에 저장하는 위험물의 안전관리에 필요한 가동(可動)사다리, 회전방지기구, 검척관(檢尺管), 샘플링(sampling)설비 및 이에 부속하는 설비에 있어서는 그러하지 아니하다.
14. 옥외저장탱크의 배관의 위치·구조 및 설비는 제15호의 규정에 의한 것 외에 별표 4 X의 규정에 의한 제조소의 배관의 기준을 준용하여야 한다.
15. 액체위험물을 이송하기 위한 옥외저장탱크의 배관은 지진 등에 의하여 당해 배관과 탱크와의 결합부분에 손상을 주지 아니하게 설치하여야 한다.
16. 옥외저장탱크에 설치하는 전기설비는 전기사업법에 의한 전기설비기술기준에 의하여야 한다.

17. 지정수량의 10배 이상인 옥외탱크저장소(제6류 위험물의 옥외탱크저장소를 제외한다)에는 별표 4 Ⅷ제7호의 규정에 준하여 피뢰침을 설치하여야 한다. 다만, 탱크에 저항이 5Ω 이하인 접지시설을 설치하거나 인근 피뢰설비의 보호범위 내에 들어가는 등 주위의 상황에 따라 안전상 지장이 없는 경우에는 피뢰침을 설치하지 아니할 수 있다.
18. 액체위험물의 옥외저장탱크의 주위에는 Ⅸ의 기준에 따라 위험물이 새었을 경우에 그 유출을 방지하기 위한 방유제를 설치하여야 한다.
19. 제3류 위험물 중 금수성물질(고체에 한한다)의 옥외저장탱크에는 방수성의 불연재료로 만든 피복설비를 설치하여야 한다.
20. 이황화탄소의 옥외저장탱크는 벽 및 바닥의 두께가 0.2m 이상이고 누수가 되지 아니하는 철근콘크리트의 수조에 넣어 보관하여야 한다. 이 경우 보유공지·통기관 및 자동계량장치는 생략할 수 있다.
21. 옥외저장탱크에 부착되는 부속설비[교반기(휘저어 섞는 장치), 밸브, 폼챔버(foam chamber), 화염방지장치, 통기관대기밸브, 비상압력배출장치]는 기술원 또는 소방청장이 정하여 고시하는 국내·외 공인시험기관에서 시험 또는 인증 받은 제품을 사용하여야 한다.

Ⅶ 특정옥외저장탱크의 구조

1. 특정옥외저장탱크는 주하중(탱크하중, 탱크와 관련되는 내압, 온도변화의 영향 등에 의한 것을 말한다. 이하 같다) 및 종하중(적설하중, 풍하중, 지진의 영향 등에 의한 것을 말한다. 이하 같다)에 의하여 발생하는 응력 및 변형에 대하여 안전한 것으로 하여야 한다.
2. 특정옥외저장탱크의 구조는 다음 각목에 정하는 기준에 적합하여야 한다.
   가. 주하중과 주하중 및 종하중의 조합에 의하여 특정옥외저장탱크의 본체에 발생하는 응력은 소방청장이 정하여 고시하는 허용응력 이하일 것
   나. 특정옥외저장탱크의 보유수평내력(保有水平耐力)은 지진의 영향에 의한 필요보유수평내력(必要保有水平耐力) 이상일 것, 이 경우에 있어서의 보유수평내력 및 필요보수수평내력의 계산방법은 소방청장이 정하여 고시한다.
   다. 옆판, 밑판 및 지붕의 최소두께와 애뉼러 판의 너비(옆판외면에서 바깥으로 연장하는 최소길이, 옆판내면에서 탱크중심부로 연장하는 최소길이를 말한다) 및 최소두께는 소방청장이 정하여 고시하는 기준에 적합할 것

시행령

❶ 3
❷ 3분의 1
❸ 60분+방화문·60분방화문
❹ 30분방화문
❺ 0.2
❻ 0.15
❼ 유분리장치

3. 특정옥외저장탱크의 용접(겹침보수 및 육성보수와 관련되는 것을 제외한다)방법은 다음 각목에 정하는 바에 의한다. 이러한 용접방법은 소방청장이 정하여 고시하는 용접시공방법확인시험의 방법 및 기준에 적합한 것이거나 이와 동등 이상의 것임이 미리 확인되어 있어야 한다.
   가. 옆판의 용접은 다음에 의할 것
      1) 세로이음 및 가로이음은 완전용입 맞대기용접으로 할 것
      2) 옆판의 세로이음은 단을 달리하는 옆판의 각각의 세로이음과 동일선상에 위치하지 아니하도록 할 것. 이 경우 당해 세로이음간의 간격은 서로 접하는 옆판중 두꺼운 쪽 옆판의 5배 이상으로 하여야 한다.
   나. 옆판과 애뉼러 판(애뉼러 판이 없는 경우에는 밑판)과의 용접은 부분용입그룹용접 또는 이와 동등 이상의 용접강도가 있는 용접방법으로 용접할 것. 이 경우에 있어서 용접 비드(bead)는 매끄러운 형상을 가져야 한다.
   다. 애뉼러 판과 애뉼러 판은 뒷면에 재료를 댄 맞대기용접으로 하고, 애뉼러 판과 밑판 및 밑판과 밑판의 용접은 뒷면에 재료를 댄 맞대기용접 또는 겹치기용접으로 용접할 것. 이 경우에 애뉼러 판과 밑판의 용접부의 강도 및 밑판과 밑판의 용접부의 강도에 유해한 영향을 주는 흠이 있어서는 아니된다.
   라. 필렛용접(모서리 용접)의 사이즈(부등사이즈가 되는 경우에는 작은 쪽의 사이즈를 말한다)는 다음 식에 의하여 구한 값으로 할 것

$$t_1 \geq S \geq \sqrt{2t_2} \quad (단, S \geq 4.5)$$

t_1 : 얇은 쪽의 강판의 두께(mm)
t_2 : 두꺼운 쪽의 강판의 두께(mm)
S : 사이즈(mm)

4. 제1호 내지 제3호의 규정하는 것 외의 특정옥외저장탱크의 구조에 관하여 필요한 사항은 소방청장이 정하여 고시한다.

Ⅷ 준특정옥외저장탱크의 구조

1. 준특정옥외저장탱크는 주하중 및 종하중에 의하여 발생하는 응력 및 변형에 대하여 안전한 것으로 하여야 한다.
2. 준특정옥외저장탱크의 구조는 다음 각목에 정하는 기준에 적합하여야 한다.
   가. 두께가 ❶ ㎜ 이상일 것
   나. 준특정옥외저장탱크의 옆판에 발생하는 상시의 원주방향인장응력은 소방청장이 정하여 고시하는 허용응력 이하일 것
   다. 준특정옥외저장탱크의 옆판에 발생하는 지진시의 축방향압축응력은 소방청장이 정하여 고시하는 허용응력 이하일 것
3. 준특정옥외저장탱크의 보유수평내력은 지진의 영향에 의한 필요보유수평내력 이상이어야 한다. 이 경우에 있어서의 보유수평내력 및 필요보수수평내력의 계산방법은 소방청장이 정하여 고시한다.
4. 제2호 및 제3호에 규정하는 것 외의 준특정옥외저장탱크의 구조에 관하여 필요한 사항은 소방청장이 정하여 고시한다.

IX 방유제

1. 제3류, 제4류 및 제5류 위험물 중 인화성이 있는 액체(이황화탄소를 제외한다)의 옥외탱크저장소의 탱크 주위에는 다음 각목의 기준에 의하여 방유제를 설치하여야 한다.

    가. 방유제의 용량은 방유제안에 설치된 탱크가 하나인 때에는 그 탱크 용량의 ❷   % 이상, 2기 이상인 때에는 그 탱크 중 용량이 최대인 것의 용량의 ❸   % 이상으로 할 것. 이 경우 방유제의 용량은 당해 방유제의 내용적에서 용량이 최대인 탱크 외의 탱크의 방유제 높이 이하 부분의 용적, 당해 방유제내에 있는 모든 탱크의 지반면 이상 부분의 기초의 체적, 간막이 둑의 체적 및 당해 방유제 내에 있는 배관 등의 체적을 뺀 것으로 한다.

    나. 방유제는 높이 ❹   m 이상 ❺   m 이하, 두께 ❻   m 이상, 지하매설깊이 ❼   m 이상으로 할 것. 다만, 방유제와 옥외저장탱크 사이의 지반면 아래에 불침윤성(不浸潤性: 수분 흡수를 막는 성질) 구조물을 설치하는 경우에는 지하매설깊이를 해당 불침윤성 구조물까지로 할 수 있다.

    다. 방유제내의 면적은 ❽   m² 이하로 할 것

    라. 방유제내의 설치하는 옥외저장탱크의 수는 10(방유제내에 설치하는 모든 옥외저장탱크의 용량이 20만 l 이하이고, 당해 옥외저장탱크에 저장 또는 취급하는 위험물의 인화점이 70℃ 이상 200℃ 미만인 경우에는 20) 이하로 할 것. 다만, 인화점이 200℃ 이상인 위험물을 저장 또는 취급하는 옥외저장탱크에 있어서는 그러하지 아니하다.

    마. 방유제 외면의 2분의 1 이상은 자동차 등이 통행할 수 있는 ❾   m 이상의 노면폭을 확보한 구내도로(옥외저장탱크가 있는 부지내의 도로를 말한다. 이하 같다)에 직접 접하도록 할 것. 다만, 방유제내에 설치하는 옥외저장탱크의 용량합계가 ❿   l 이하인 경우에는 소화활동에 지장이 없다고 인정되는 ⓫   m 이상의 노면폭을 확보한 도로 또는 공지에 접하는 것으로 할 수 있다.

    바. 방유제는 옥외저장탱크의 지름에 따라 그 탱크의 옆판으로부터 다음에 정하는 거리를 유지할 것. 다만, 인화점이 200℃ 이상인 위험물을 저장 또는 취급하는 것에 있어서는 그러하지 아니하다.

    1) 지름이 15m 미만인 경우에는 탱크 높이의 ⓬   이상
    2) 지름이 15m 이상인 경우에는 탱크 높이의 ⓭   이상

시행규칙

- ❶ 3.2
- ❷ 110
- ❸ 110
- ❹ 0.5
- ❺ 3
- ❻ 0.2
- ❼ 1
- ❽ 8만
- ❾ 3
- ❿ 20만
- ⓫ 3
- ⓬ 3분의 1
- ⓭ 2분의 1

사. 방유제는 철근콘크리트로 하고, 방유제와 옥외저장탱크 사이의 지표면은 불연성과 불침윤성이 있는 구조(철근콘크리트 등)로 할 것. 다만, 누출된 위험물을 수용할 수 있는 전용유조(專用油槽) 및 펌프 등의 설비를 갖춘 경우에는 방유제와 옥외저장탱크 사이의 지표면을 흙으로 할 수 있다.

아. 용량이 1,000만ℓ 이상인 옥외저장탱크의 주위에 설치하는 방유제에는 다음의 규정에 따라 당해 탱크마다 간막이 둑을 설치할 것

  1) 간막이 둑의 높이는 ❶   m(방유제내에 설치되는 옥외저장탱크의 용량의 합계가 2억ℓ를 넘는 방유제에 있어서는 1m)이상으로 하되, 방유제의 높이보다 ❷   m 이상 낮게 할 것

  2) 간막이 둑은 ❸   또는 ❹   로 할 것

  3) 간막이 둑의 용량은 간막이 둑안에 설치된 탱크의 용량의 ❺ % 이상일 것

자. 방유제내에는 당해 방유제내에 설치하는 옥외저장탱크를 위한 배관(당해 옥외저장탱크의 소화설비를 위한 배관을 포함한다), 조명설비 및 계기시스템과 이들에 부속하는 설비 그 밖의 안전확보에 지장이 없는 부속설비 외에는 다른 설비를 설치하지 아니할 것

차. 방유제 또는 간막이 둑에는 해당 방유제를 관통하는 배관을 설치하지 아니할 것. 다만, 위험물을 이송하는 배관의 경우에는 배관이 관통하는 지점의 좌우방향으로 각 ❻ m 이상까지의 방유제 또는 간막이 둑의 외면에 두께 ❼ m 이상, 지하매설깊이 ❽ m 이상의 구조물을 설치하여 방유제 또는 간막이 둑을 이중구조로 하고, 그 사이에 토사를 채운 후, 관통하는 부분을 완충재 등으로 마감하는 방식으로 설치할 수 있다.

카. 방유제에는 그 내부에 고인 물을 외부로 배출하기 위한 배수구를 설치하고 이를 개폐하는 밸브 등을 방유제의 ❾ 에 설치할 것

타. 용량이 ❿ ℓ 이상인 위험물을 저장하는 옥외저장탱크에 있어서는 카목의 밸브 등에 그 개폐상황을 쉽게 확인할 수 있는 장치를 설치할 것

파. 높이가 ⓫ m를 넘는 방유제 및 간막이 둑의 안팎에는 방유제내에 출입하기 위한 계단 또는 경사로를 약 ⓬ m마다 설치할 것

하. 용량이 ⓭ 리터 이상인 옥외탱크저장소가 해안 또는 강변에 설치되어 방유제 외부로 누출된 위험물이 바다 또는 강으로 유입될 우려가 있는 경우에는 해당 옥외탱크저장소가 설치된 부지 내에 전용유조(專用油槽) 등 누출위험물 수용설비를 설치할 것

2. 제1호 가목·나목·사목 내지 파목의 규정은 인화성이 없는 액체위험물의 옥외저장탱크의 주위에 설치하는 방유제의 기술기준에 대하여 준용한다. 이 경우에 있어서 제1호 가목 중 "110%"는 "⓮ %"로 본다.

3. 그 밖에 방유제의 기술기준에 관하여 필요한 사항은 소방청장이 정하여 고시한다.

<u>X</u> 고인화점 위험물의 옥외탱크저장소의 특례

고인화점 위험물만을 100℃ 미만의 온도로 저장 또는 취급하는 옥외탱크저장소중 그 위치·구조 및 설비가 다음 각목에 정하는 기준에 적합한 경우에는 Ⅰ·Ⅱ·Ⅵ 제3호(기둥과 관련되는 부분에 한한다)·제10호·제17호 및 제18호의 규정은 적용하지 아니한다.

  가. 옥외탱크저장소는 별표 4 ⅩⅠ제1호의 규정에 준하여 안전거리를 둘 것

  나. 옥외저장탱크(위험물을 이송하기 위한 배관 그 밖에 이에 준하는 공작물을 제외한다)의 주위에 다음의 표에 정하는 너비의 공지를 보유할 것

저장 또는 취급하는 위험물의 최대수량	공지의 너비
지정수량의 2,000배 이하	⓯ m 이상
지정수량의 2,000배 초과 4,000배 이하	⓰ m 이상
지정수량의 4,000배 초과	당해 탱크의 수평단면의 최대지름(가로형인 경우에는 긴 변)과 높이 중 큰 것의 3분의 1과 같은 거리 이상. 다만, 5m 미만으로 하여서는 아니된다.

다. 옥외저장탱크의 기둥은 철근콘크리트조, 철골콘크리트구조 그 밖에 이들과 동등 이상의 내화성능이 있을 것. 다만, 하나의 방유제안에 설치하는 모든 옥외저장탱크가 고인화점 위험물만을 ⓱ ℃ 미만의 온도로 저장 또는 취급하는 경우에는 기둥을 불연재료로 할 수 있다.

라. 옥외저장탱크의 펌프설비는 Ⅵ제10호(가목·바목 및 사목을 제외한다)의 규정에 준하는 것외에 다음의 기준에 의할 것

    1) 펌프설비의 주위에 ⓲ m 이상의 너비의 공지를 보유할 것. 다만, 내화구조로 된 방화상 유효한 격벽을 설치하는 경우 또는 지정수량의 10배 이하의 위험물을 저장하는 옥외저장탱크의 펌프설비에 있어서는 그러하지 아니하다.

    2) 펌프실의 창 및 출입구에는 ⓳ 또는 ⓴ 을 설치할 것. 다만, 연소의 우려가 없는 외벽에 설치하는 창 및 출입구에는 불연재료 또는 유리로 만든 문을 달 수 있다.

    3) 펌프실의 연소의 우려가 있는 외벽에 설치하는 창 및 출입구에 유리를 이용하는 경우는 ㉑ 를 이용할 것

마. 옥외저장탱크의 주위에는 위험물이 새었을 경우에 그 유출을 방지하기 위한 ㉒ 를 설치할 것

바. Ⅸ제1호 가목 내지 다목 및 사목 내지 파목의 규정은 마목의 방유제의 기준에 대하여 준용한다. 이 경우에 있어서 동호 가목중 "110%"는 "㉓ %"로 본다.

Ⅺ 알킬알루미늄등, 아세트알데하이드등 및 하이드록실아민등을 저장 또는 취급하는 옥외탱크저장소는 Ⅰ부터 Ⅸ까지의 규정에 따른 기준 외에 해당 위험물의 성질에 따라 다음 각 호에서 정하는 기준에 따라야 한다.

1. 알킬알루미늄등의 옥외탱크저장소

    가. 옥외저장탱크의 주위에는 누설범위를 국한하기 위한 설비 및 누설된 알킬알루미늄등을 안전한 장소에 설치된 조에 이끌어 들일 수 있는 설비를 설치할 것

    나. 옥외저장탱크에는 불활성의 기체를 봉입하는 장치를 설치할 것

시행규칙

- ❶ 0.3
- ❷ 0.2
- ❸ 흙
- ❹ 철근콘크리트
- ❺ 10
- ❻ 1
- ❼ 0.1
- ❽ 0.1
- ❾ 외부
- ❿ 100만
- ⓫ 1
- ⓬ 50
- ⓭ 50만
- ⓮ 100
- ⓯ 3
- ⓰ 5
- ⓱ 100
- ⓲ 1
- ⓳ 60분+방화문·60분방화문
- ⓴ 30분방화문
- ㉑ 망입유리
- ㉒ 방유제
- ㉓ 100

2. 아세트알데하이드등의 옥외탱크저장소

　가. 옥외저장탱크의 설비는 동·마그네슘·은·수은 또는 이들을 성분으로 하는 합금으로 만들지 아니할 것

　나. 옥외저장탱크에는 냉각장치 또는 보냉장치, 그리고 연소성 혼합기체의 생성에 의한 폭발을 방지하기 위한 불활성의 기체를 봉입하는 장치를 설치할 것

3. 하이드록실아민등의 옥외탱크저장소

　가. 옥외탱크저장소에는 하이드록실아민등의 온도의 상승에 의한 위험한 반응을 방지하기 위한 조치를 강구할 것

　나. 옥외탱크저장소에는 철 이온 등의 혼입에 의한 위험한 반응을 방지하기 위한 조치를 강구할 것

XII 지중탱크에 관계된 옥외탱크저장소의 특례

1. 제4류 위험물을 지중탱크에 저장 또는 취급하는 옥외탱크저장소는 I 내지 IX의 기준중 I·II·IV·V·VI제1호(충수시험 또는 수압시험에 관한 부분을 제외한다)·제2호·제3호·제5호·제6호·제10호·제12호·제16호 및 제18호의 규정은 적용하지 아니한다.

2. 제1호에 정하는 것외에 다음 각목에 정하는 기준에 적합하여야 한다.

　가. 지중탱크의 옥외탱크저장소는 다음에 정하는 장소와 그 밖에 소방청장이 정하여 고시하는 장소에 설치하지 아니할 것

　　1) 급경사지 등으로서 지반붕괴, 산사태 등의 위험이 있는 장소

　　2) 융기, 침강 등의 지반변동이 생기고 있거나 지중탱크의 구조에 지장을 미치는 지반변동이 발생할 우려가 있는 장소

　나. 지중탱크의 옥외탱크저장소의 위치는 I의 규정에 의하는 것외에 당해 옥외탱크저장소가 보유하는 부지의 경계선에서 지중탱크의 지반면의 옆판까지의 사이에, 당해 지중탱크 수평단면의 안지름의 수치에 0.5를 곱하여 얻은 수치(당해 수치가 지중탱크의 밑판표면에서 지반면까지 높이의 수치보다 작은 경우에는 당해 높이의 수치)또는 50m(당해 지중탱크에 저장 또는 취급하는 위험물의 인화점이 21℃ 이상 70℃ 미만의 경우에 있어서는 40m, 70℃ 이상의 경우에 있어서는 30m)중 큰 것과 동일한 거리 이상의 거리를 유지할 것

　다. 지중탱크(위험물을 이송하기 위한 배관 그 밖의 이에 준하는 공작물을 제외한다)의 주위에는 당해 지중탱크 수평단면의 안지름의 수치에 0.5를 곱하여 얻은 수치 또는 지중탱크의 밑판표면에서 지반면까지 높이의 수치중 큰 것과 동일한 거리 이상의 너비의 공지를 보유할 것

　라. 지중탱크의 지반은 다음에 의할 것

　　1) 지반은 당해 지반에 설치하는 지중탱크 및 그 부속설비의 자중, 저장하는 위험물의 중량 등의 하중(이하 "지중탱크하중"이라 한다)에 의하여 발생하는 응력에 대하여 안전할 것

　　2) 지반은 다음에 정하는 기준에 적합할 것

　　　가) 지반은 IV제2호 가목의 기준에 적합할 것

　　　나) 소방청장이 정하여 고시하는 범위내의 지반은 지중탱크하중에 대한 지지력계산에서의 지지력안전율 및 침하량계산에서의 계산침하량이 소방청장이 정하여 고시하는 수치에 적합하고, IV제2호 나목2)다)의 기준에 적합할 것

다) 지중탱크 하부의 지반(마목3)에 정하는 양수설비를 설치하는 경우에는 당해 양수설비의 배수층하의 지반의 표면의 평판재하시험에 있어서 평판재하시험값(극한 지지력의 값으로 한다)이 지중탱크하중에 나)의 안전율을 곱하여 얻은 값 이상의 값일 것

라) 소방청장이 정하여 고시하는 범위내의 지반의 지질이 소방청장이 정하여 고시하는 것외의 것일 것

마) 지반이 바다·하천·호소(湖沼: 호수와 늪)·늪 등에 접하고 있는 경우 또는 인공지반을 조성하는 경우에는 활동과 관련하여 소방청장이 정하여 고시하는 기준에 적합할 것

바) 인공지반에 있어서는 가) 내지 마)에 정하는 것외에 소방청장이 정하여 고시하는 기준에 적합할

마. 지중탱크의 구조는 다음에 의할 것

  1) 지중탱크는 옆판 및 밑판을 철근콘크리트 또는 프리스트레스트 콘크리트(콘크리트에 미리 압축응력을 주어 인장강도를 높인 것) 만들고 지붕을 강철판으로 만들며, 옆판 및 밑판의 안쪽에는 누액방지판을 설치하여 틈이 없도록 할 것

  2) 지중탱크의 재료는 소방청장이 정하여 고시하는 규격에 적합한 것 또는 이와 동등 이상의 강도 등이 있을 것

  3) 지중탱크는 당해 지중탱크 및 그 부속설비의 자중, 저장하는 위험물의 중량, 토압(土壓), 지하수압, 양압력(揚壓力), 콘크리트의 건조수축 및 크립(creep)의 영향, 온도변화의 영향, 지진의 영향 등의 하중에 의하여 발생하는 응력 및 변형에 대해서 안전하게 하고, 유해한 침하 및 부상(浮上)을 일으키지 아니하도록 할 것. 다만, 소방청장이 정하여 고시하는 기준에 적합한 양수설비를 설치하는 경우는 양압력을 고려하지 아니할 수 있다.

  4) 지중탱크의 구조는 1) 내지 3)에 의하는 외에 다음에 정하는 기준에 적합할 것

    가) 하중에 의하여 지중탱크본체(지붕 및 누액방지판을 포함한다)에 발생하는 응력은 소방청장이 정하여 고시하는 허용응력 이하일 것

    나) 옆판 및 밑판의 최소두께는 소방청장이 정하여 고시하는 기준에 적합한 것으로 할 것

    다) 지붕은 2매판 구조의 부상지붕으로 하고, 그 외면에는 녹 방지를 위한 도장을 하는 동시에 소방청장이 정하여 고시하는 기준에 적합하게 할 것

    라) 누액방지판은 소방청장이 정하여 고시하는 바에 따라 강철판으로 만들고, 그 용접부는 소방청장이 정하여 고시하는 바에 따라 실시한 자분탐상시험 등의 시험에 있어서 소방청장이 정하여 고시하는 기준에 적합하도록 한 것

바. 지중탱크의 펌프설비는 다음의 기준에 적합한 것으로 할 것

  1) 위험물 중에 설치하는 펌프설비는 그 전동기의 내부에 냉각수를 순환시키는 동시에 금속제의 보호관내에 설치할 것

  2) 1)에 해당하지 아니하는 펌프설비는 Ⅵ제10호(갱도에 설치하는 것에 있어서는 가목·나목·마목 및 카목을 제외한다)의 규정에 의한 옥외저장탱크의 펌프설비의 기준을 준용할 것

사. 지중탱크에는 당해 지중탱크내의 물을 적절히 배수할 수 있는 설비를 설치할 것

아. 지중탱크의 옥외탱크저장소에 갱도를 설치하는 경우에 있어서는 다음에 의할 것

  1) 갱도의 출입구는 지중탱크내의 위험물의 최고액면보다 높은 위치에 설치할 것. 다만, 최고액면을 넘는 위치를 경유하는 경우에 있어서는 그러하지 아니하다.

  2) 가연성의 증기가 체류할 우려가 있는 갱도에는 가연성의 증기를 외부에 배출할 수 있는 설비를 설치할 것

차. 지중탱크는 그 주위가 소방청장이 정하여 고시하는 구내도로에 직접 면하도록 설치할 것. 다만, 2기 이상의 지중탱크를 인접하여 설치하는 경우에는 당해 지중탱크 전체가 포위될 수 있도록 하되, 각 탱크의 2 방향 이상이 구내도로에 직접 면하도록 하는 것으로 할 수 있다.

차. 지중탱크의 옥외탱크저장소에는 소방청장이 정하여 고시하는 바에 따라 위험물 또는 가연성 증기의 누설을 자동적으로 검지하는 설비 및 지하수위의 변동을 감시하는 설비를 설치할 것

카. 지중탱크의 옥외탱크저장소에는 소방청장이 정하여 고시하는 바에 따라 지중벽을 설치할 것. 다만, 주위의 지반상황 등에 의하여 누설된 위험물이 확산할 우려가 없는 경우에는 그러하지 아니하다.

3. 제1호 및 제2호에 규정하는 것외에 지중탱크의 옥외탱크저장소에 관한 세부기준은 소방청장이 정하여 고시한다.

XIII 해상탱크에 관계된 옥외탱크저장소의 특례

1. 원유·등유·경유 또는 중유를 해상탱크에 저장 또는 취급하는 옥외탱크저장소중 해상탱크를 용량 10만 l 이하마다 물로 채운 이중의 격벽으로 완전하게 구분하고, 해상탱크의 옆부분 및 밑부분을 물로 채운 이중벽의 구조로 한 것은 I 내지 IX의 규정에 불구하고 제2호 및 제3호의 규정에 의할 수 있다.

2. 제1호의 옥외탱크저장소에 대하여는 II·IV·V·VI제1호 내지 제7호 및 제10호 내지 제18호의 규정은 적용하지 아니한다.

3. 제2호에 정하는 것외에 해상탱크에 관계된 옥외탱크저장소의 특례는 다음 각목과 같다.

　가. 해상탱크의 위치는 다음에 의할 것

　　1) 해상탱크는 자연적 또는 인공적으로 거의 폐쇄된 평온한 해역에 설치할 것

　　2) 해상탱크의 위치는 육지, 해저 또는 당해 해상탱크에 관계된 옥외탱크저장소와 관련되는 공작물외의 해양 공작물로부터 당해 해상탱크의 외면까지의 사이에 안전을 확보하는데 필요하다고 인정되는 거리를 유지할 것

　나. 해상탱크의 구조는 선박안전법에 정하는 바에 의할 것

　다. 해상탱크의 정치(定置)설비는 다음에 의할 것

　　1) 정치설비는 해상탱크를 안전하게 보존·유지할 수 있도록 배치할 것

　　2) 정치설비는 당해 정치설비에 작용하는 하중에 의하여 발생하는 응력 및 변형에 대하여 안전한 구조로 할 것

　라. 정치설비의 직하의 해저면으로부터 정치설비의 자중 및 정치설비에 작용하는 하중에 의한 응력에 대하여 정치설비를 안전하게 지지하는데 필요한 깊이까지의 지반은 표준관입시험에서의 표준관입시험치가 평균적으로 15 이상의 값을 나타내는 동시에 정치설비의 자중 및 정치설비에 작용하는 하중에 의한 응력에 대하여 안전할 것

　마. 해상탱크의 펌프설비는 VI제10호의 규정에 의한 옥외저장탱크의 펌프설비의 기준을 준용하되, 현장상황에 따라 동 규정의 기준에 의하는 것이 곤란한 경우에는 안전조치를 강구하여 동 규정의 기준 중 일부를 적용하지 아니 할 수 있다.

바. 위험물을 취급하는 배관은 다음의 기준에 의할 것

    1) 해상탱크의 배관의 위치·구조 및 설비는 Ⅵ제14호의 규정에 의한 옥외저장탱크의 배관의 기준을 준용할 것. 다만, 현장상황에 따라 동 규정의 기준에 의하는 것이 곤란한 경우에는 안전조치를 강구하여 동 규정의 기준 중 일부를 적용하지 아니할 수 있다.

    2) 해상탱크에 설치하는 배관과 그 밖의 배관과의 결합부분은 파도 등에 의하여 당해 부분에 손상을 주지 아니하도록 조치할 것

사. 전기설비는 「전기사업법」에 의한 전기설비기술기준의 규정에 의하는 외에, 열 및 부식에 대하여 내구성이 있는 동시에 기후의 변화에 내성이 있을 것

아. 마목 내지 사목의 규정에 불구하고 해상탱크에 설치하는 펌프설비, 배관 및 전기설비(차목에 정하는 설비와 관련되는 전기설비 및 소화설비와 관련되는 전기설비를 제외한다)에 있어서는 「선박안전법」에 정하는 바에 의할 것

자. 해상탱크의 주위에는 위험물이 새었을 경우에 그 유출을 방지하기 위한 방유제(부유식의 것을 포함한다)를 설치할 것

차. 해상탱크에 관계된 옥외탱크저장소에는 위험물 또는 가연성 증기의 누설 또는 위험물의 폭발 등의 재해의 발생 또는 확대를 방지하는 설비를 설치할 것

ⅩⅣ 옥외탱크저장소의 충수시험의 특례

옥외탱크저장소의 구조 또는 설비에 관한 변경공사(탱크의 옆판 또는 밑판의 교체공사를 제외한다) 중 탱크본체에 관한 공사를 포함하는 변경공사로서 당해 탱크본체에 관한 공사가 다음 각호(특정옥외탱크저장소 외의 옥외탱크저장소에 있어서는 제1호·제2호·제3호·제5호·제6호 및 제8호)에 정하는 변경공사에 해당하는 경우에는 당해 변경공사에 관계된 옥외탱크저장소에 대하여 Ⅵ제1호의 규정(충수시험에 관한 기준과 관련되는 부분에 한한다)은 적용하지 아니한다.

1. 노즐·맨홀 등의 설치공사
2. 노즐·맨홀 등과 관련되는 용접부의 보수공사
3. 지붕에 관련되는 공사[고정지붕식으로 된 옥외탱크저장소에 내부부상지붕(탱크내부 저장물질 위에 떠있는 지붕)을 설치하는 공사를 포함한다]
4. 옆판과 관련되는 겹침보수공사
5. 옆판과 관련되는 육성보수공사(용접부에 대한 열영향이 경미한 것에 한한다)
6. 최대저장높이 이상의 옆판에 관련되는 용접부의 보수공사
7. 애뉼러 판 또는 밑판의 겹침보수공사 중 옆판으로부터 600㎜ 범위 외의 부분에 관련된 것으로서 당해 겹침보수부분이 저부면적(애뉼러 판 및 밑판의 면적을 말한다)의 2분의 1 미만인 것
8. 애뉼러 판 또는 밑판에 관한 육성보수공사(용접부에 대한 열영향이 경미한 것에 한한다)
9. 밑판 또는 애뉼러 판이 옆판과 접하는 용접이음부의 겹침보수공사 또는 육성보수공사(용접부에 대한 열영향이 경미한 것에 한한다)

■ 위험물안전관리법 시행규칙 [별표 7]

옥내탱크저장소의 위치·구조 및 설비의 기준 (제31조 관련)

I 옥내탱크저장소의 기준

1. 옥내탱크저장소(제2호에 정하는 것을 제외한다)의 위치·구조 및 설비의 기술기준은 다음 각목과 같다.

   가. 위험물을 저장 또는 취급하는 옥내탱크(이하 "옥내저장탱크"라 한다)는 단층건축물에 설치된 탱크전용실에 설치할 것

   나. 옥내저장탱크와 탱크전용실의 벽과의 사이 및 옥내저장탱크의 상호간에는 ❶ m 이상의 간격을 유지할 것. 다만, 탱크의 점검 및 보수에 지장이 없는 경우에는 그러하지 아니하다.

   다. 옥내탱크저장소에는 별표 4 Ⅲ제1호의 기준에 따라 보기 쉬운 곳에 "위험물 옥내탱크저장소"라는 표시를 한 표지와 동표 Ⅲ제2호의 기준에 따라 방화에 관하여 필요한 사항을 게시한 게시판을 설치하여야 한다.

   라. 옥내저장탱크의 용량(동일한 탱크전용실에 옥내저장탱크를 2 이상 설치하는 경우에는 각 탱크의 용량의 합계를 말한다)은 지정수량의 40배(제4석유류 및 동식물유류 외의 제4류 위험물에 있어서 당해 수량이 20,000 l 를 초과할 때에는 20,000 l) 이하일 것

   마. 옥내저장탱크의 구조는 별표 6 Ⅵ제1호 및 ⅩⅣ의 규정에 의한 옥외저장탱크의 구조의 기준을 준용할 것

   바. 옥내저장탱크의 외면에는 녹을 방지하기 위한 도장을 할 것. 다만, 탱크의 재질이 부식의 우려가 없는 스테인레스 강판 등인 경우에는 그러하지 아니하다.

   사. 옥내저장탱크 중 압력탱크(최대상용압력이 부압 또는 정압 5KPa을 초과하는 탱크를 말한다)외의 탱크(제4류 위험물의 옥내저장탱크로 한정한다)에 있어서는 밸브 없는 통기관 또는 대기밸브 부착 통기관을 다음의 기준에 따라 설치하고, 압력탱크에 있어서는 별표 4 Ⅷ제4호에 따른 안전장치를 설치할 것

     1) 밸브 없는 통기관

        가) 통기관의 끝부분은 건축물의 창·출입구 등의 개구부로부터 ❷ m 이상 떨어진 옥외의 장소에 지면으로부터 ❸ m 이상의 높이로 설치하되, 인화점이 40℃ 미만인 위험물의 탱크에 설치하는 통기관에 있어서는 부지경계선으로부터 1.5m 이상 거리를 둘 것. 다만, 고인화점 위험물만을 100℃ 미만의 온도로 저장 또는 취급하는 탱크에 설치하는 통기관은 그 끝부분을 탱크전용실 내에 설치할 수 있다.

        나) 통기관은 가스 등이 체류할 우려가 있는 ❹ 이 없도록 할 것

        다) 별표 6 Ⅵ제7호가목의 기준에 적합할 것

     2) 대기밸브 부착 통기관

        가) 1)가) 및 나)의 기준에 적합할 것

        나) 별표 6 Ⅵ제7호나목의 기준에 적합할 것

   아. 액체위험물의 옥내저장탱크에는 위험물의 양을 자동적으로 표시하는 장치를 설치할 것

   자. 액체위험물의 옥내저장탱크의 주입구는 별표 6 Ⅵ 제9호의 규정에 의한 옥외저장탱크의 주입구의 기준을 준용할 것

차. 옥내저장탱크의 펌프설비 중 탱크전용실이 있는 건축물 외의 장소에 설치하는 펌프설비에 있어서는 별표 6 Ⅵ제10호(가목 및 나목을 제외한다)의 규정에 의한 옥외저장탱크의 펌프설비의 기준을 준용하고, 탱크전용실이 있는 건축물에 설치하는 펌프설비에 있어서는 다음의 1에 정하는 바에 의할 것
    1) 탱크전용실외의 장소에 설치하는 경우에는 별표 6 Ⅵ제10호 다목 내지 차목 및 타목의 규정에 의할 것. 다만 펌프실의 지붕은 내화구조 또는 불연재료로 할 수 있다.
    2) 탱크전용실에 설치하는 경우에는 펌프설비를 견고한 기초 위에 고정시킨다음 그 주위에 불연재료로 된 턱을 탱크전용실의 문턱높이 이상으로 설치할 것. 다만, 펌프설비의 기초를 탱크전용실의 문턱높이 이상으로 하는 경우를 제외한다.

카. 옥내저장탱크의 밸브는 별표 6 Ⅵ제11호의 규정에 의한 옥외저장탱크의 밸브의 기준을 준용할 것
타. 옥내저장탱크의 배수관은 별표 6 Ⅵ제12호의 규정에 의한 옥외저장탱크의 배수관의 기준을 준용할 것
파. 옥내저장탱크의 배관의 위치·구조 및 설비는 하목의 규정에 의하는 외에 별표 4 X의 규정에 의한 제조소의 위험물을 취급하는 배관의 기준을 준용할 것
하. 액체위험물을 이송하기 위한 옥내저장탱크의 배관은 별표 6 Ⅵ제15호의 규정에 의한 옥외저장탱크의 배관의 기준을 준용할 것
거. 탱크전용실은 벽·기둥 및 바닥을 내화구조로 하고, 보를 불연재료로 하며, 연소의 우려가 있는 외벽은 출입구외에는 개구부가 없도록 할 것. 다만, 인화점이 70℃ 이상인 제4류 위험물만의 옥내저장탱크를 설치하는 탱크전용실에 있어서는 연소의 우려가 없는 외벽·기둥 및 바닥을 불연재료로 할 수 있다.
너. 탱크전용실은 지붕을 불연재료로 하고, 천장을 설치하지 아니할 것
더. 탱크전용실의 창 및 출입구에는 60분+방화문·60분방화문 또는 30분방화문을 설치하는 동시에, 연소의 우려가 있는 외벽에 두는 출입구에는 수시로 열 수 있는 자동폐쇄식의 60분+방화문 또는 60분방화문을 설치할 것
러. 탱크전용실의 창 또는 출입구에 유리를 이용하는 경우에는 망입유리로 할 것
머. 액상의 위험물의 옥내저장탱크를 설치하는 탱크전용실의 바닥은 위험물이 침투하지 아니하는 구조로 하고, 적당한 경사를 두는 한편, 집유설비를 설치할 것
버. 탱크전용실의 출입구의 턱의 높이를 당해 탱크전용실내의 옥내저장탱크(옥내저장탱크가 2 이상인 경우에는 최대용량의 탱크)의 용량을 수용할 수 있는 높이 이상으로 하거나 옥내저장탱크로부터 누설된 위험물이 탱크전용실외의 부분으로 유출하지 아니하는 구조로 할 것
서. 탱크전용실의 채광·조명·환기 및 배출의 설비는 별표 5 Ⅰ제14조의 규정에 의한 옥내저장소의 채광·조명·환기 및 배출의 설비의 기준을 준용할 것
어. 전기설비는 「전기사업법」에 의한 전기설비기술기준에 의하여야 한다.

시행규칙
❶ 0.5
❷ 1
❸ 4
❹ 굴곡

2. 옥내탱크저장소 중 탱크전용실을 단층건물 외의 건축물에 설치하는 것(제2류 위험물 중 황화인·적린 및 덩어리 황, 제3류 위험물 중 황린, 제6류 위험물 중 질산 및 제4류 위험물 중 인화점이 38℃ 이상인 위험물만을 저장 또는 취급하는 것에 한한다)의 위치·구조 및 설비의 기술기준은 제1호나목·다목·마목·내지 자목·차목(탱크전용실이 있는 건축물 외의 장소에 설치하는 펌프설비에 관한 기준과 관련되는 부분에 한한다)·카목 내지 하목·머목·서목 및 어목의 규정을 준용하는 외에 다음 각목의 기준에 의하여야 한다.

   가. 옥내저장탱크는 탱크전용실에 설치할 것. 이 경우 제2류 위험물 중 황화인·적린 및 덩어리 황, 제3류 위험물 중 황린, 제6류 위험물 중 질산의 탱크전용실은 건축물의 1층 또는 지하층에 설치하여야 한다.

   나. 옥내저장탱크의 주입구 부근에는 당해 옥내저장탱크의 위험물의 양을 표시하는 장치를 설치할 것. 다만, 당해 위험물의 양을 쉽게 확인할 수 있는 경우에는 그러하지 아니하다.

   다. 탱크전용실이 있는 건축물에 설치하는 옥내저장탱크의 펌프설비는 다음의 1에 정하는 바에 의할 것

     1) 탱크전용실외의 장소에 설치하는 경우에는 다음의 기준에 의할 것

       가) 이 펌프실은 벽·기둥·바닥 및 보를 내화구조로 할 것

       나) 펌프실은 상층이 있는 경우에 있어서는 상층의 바닥을 내화구조로 하고, 상층이 없는 경우에 있어서는 지붕을 불연재료로 하며, 천장을 설치하지 아니할 것

       다) 펌프실에는 창을 설치하지 아니할 것. 다만, 제6류 위험물의 탱크전용실에 있어서는 60분+방화문·60분방화문 또는 30분방화문이 있는 창을 설치할 수 있다.

       라) 펌프실의 출입구에는 60분+방화문 또는 60분방화문을 설치할 것. 다만, 제6류 위험물의 탱크전용실에 있어서는 30분방화문을 설치할 수 있다.

       마) 펌프실의 환기 및 배출의 설비에는 방화상 유효한 댐퍼 등을 설치할 것

       바) 그 밖의 기준은 별표 6 Ⅵ제10호다목·아목 내지 차목 및 타목의 규정을 준용할 것

     2) 탱크전용실에 펌프설비를 설치하는 경우에는 견고한 기초 위에 고정한 다음 그 주위에는 불연재료로 된 턱을 ❶ m 이상의 높이로 설치하는 등 누설된 위험물이 유출되거나 유입되지 아니하도록 하는 조치를 할 것

라. 탱크전용실은 벽·기둥·바닥 및 보를 ❷ [내화구조]로 할 것

마. 탱크전용실은 상층이 있는 경우에 있어서는 상층의 바닥을 내화구조로 하고, 상층이 없는 경우에 있어서는 지붕을 불연재료로 하며, 천장을 설치하지 아니할 것

바. 탱크전용실에는 ❸ [창]을 설치하지 아니할 것

사. 탱크전용실의 출입구에는 수시로 열 수 있는 자동폐쇄식의 ❹ [60분+방화문 또는 60분방화문]을 설치할 것

아. 탱크전용실의 환기 및 배출의 설비에는 방화상 유효한 ❺ [댐퍼] 등을 설치할 것

자. 탱크전용실의 출입구의 턱의 높이를 당해 탱크전용실내의 옥내저장탱크(옥내저장탱크가 2 이상인 경우에는 모든 탱크)의 용량을 수용할 수 있는 높이 이상으로 하거나 옥내저장탱크로부터 누설된 위험물이 탱크전용실 외의 부분으로 유출하지 아니하는 구조로 할 것

차. 옥내저장탱크의 용량(동일한 탱크전용실에 옥내저장탱크를 2 이상 설치하는 경우에는 각 탱크의 용량의 합계를 말한다)은 1층 이하의 층에 있어서는 지정수량의 40배(제4석유류 및 동식물유류 외의 제4류 위험물에 있어서 당해 수량이 2만 l를 초과할 때에는 2만 l) 이하, 2층 이상의 층에 있어서는 지정수량의 10배(제4석유류 및 동식물유류 외의 제4류 위험물에 있어서 당해 수량이 5천 l를 초과할 때에는 5천 l) 이하일 것

II 위험물의 성질에 따른 옥내탱크저장소의 특례

알킬알루미늄등, 아세트알데하이드등 및 하이드록실아민등을 저장 또는 취급하는 옥내탱크저장소에 있어서는 I 제1호에 따른 기준 외에 별표 6 XI 각호의 규정에 의한 알킬알루미늄등의 옥외탱크저장소, 아세트알데하이드등의 옥외탱크저장소 및 하이드록실아민등의 옥외탱크저장소의 규정을 준용하여야 한다.

시행규칙
- ❶ 0.2
- ❷ 내화구조
- ❸ 창
- ❹ 60분+방화문 또는 60분방화문
- ❺ 댐퍼

■ 위험물안전관리법 시행규칙 [별표 8]

지하탱크저장소의 위치·구조 및 설비의 기준 (제32조 관련)

Ⅰ 지하탱크저장소의 기준(Ⅱ 및 Ⅲ에 정하는 것을 제외한다)

1. 위험물을 저장 또는 취급하는 지하탱크(이하 Ⅰ, 별표 13 Ⅲ 및 별표 18 Ⅲ에서 "지하저장탱크"라 한다)는 지면하에 설치된 탱크전용실에 설치하여야 한다. 다만, 제4류 위험물의 지하저장탱크가 다음 가목 내지 마목의 기준에 적합한 때에는 그러하지 아니하다.

   가. 당해 탱크를 지하철·지하가 또는 지하터널로부터 수평거리 ❶ m 이내의 장소 또는 지하건축물내의 장소에 설치하지 아니할 것

   나. 당해 탱크를 그 수평투영의 세로 및 가로보다 각각 ❷ m 이상 크고 두께가 0.3m 이상인 철근콘크리트조의 뚜껑으로 덮을 것

   다. 뚜껑에 걸리는 중량이 직접 당해 탱크에 걸리지 아니하는 구조일 것

   라. 당해 탱크를 견고한 기초 위에 고정할 것

   마. 당해 탱크를 지하의 가장 가까운 벽·피트(pit: 인공지하구조물)·가스관 등의 시설물 및 대지경계선으로부터 ❸ m 이상 떨어진 곳에 매설할 것

2. 탱크전용실은 지하의 가장 가까운 벽·피트·가스관 등의 시설물 및 대지경계선으로부터 ❹ m 이상 떨어진 곳에 설치하고, 지하저장탱크와 탱크전용실의 안쪽과의 사이는 ❺ m 이상의 간격을 유지하도록 하며, 당해 탱크의 주위에 마른 모래 또는 습기 등에 의하여 응고되지 아니하는 입자지름 5㎜ 이하의 마른 자갈분을 채워야 한다.

3. 지하저장탱크의 윗부분은 지면으로부터 ❻ m 이상 아래에 있어야 한다.

4. 지하저장탱크를 2 이상 인접해 설치하는 경우에는 그 상호간에 ❼ m(당해 2 이상의 지하저장탱크의 용량의 합계가 지정수량의 100배 이하인 때에는 0.5m) 이상의 간격을 유지하여야 한다. 다만, 그 사이에 탱크전용실의 벽이나 두께 ❽ ㎝ 이상의 콘크리트 구조물이 있는 경우에는 그러하지 아니하다.

5. 지하탱크저장소에는 별표 4 Ⅲ제1호의 기준에 따라 보기 쉬운 곳에 "위험물 지하탱크저장소"라는 표시를 한 표지와 동표 Ⅲ제2호의 기준에 따라 방화에 관하여 필요한 사항을 게시한 게시판을 설치하여야 한다.

6. 지하저장탱크는 용량에 따라 다음 표에 정하는 기준에 적합하게 강철판 또는 동등 이상의 성능이 있는 금속재질로 완전용입용접 또는 양면겹침이음용접으로 틈이 없도록 만드는 동시에, 압력탱크(최대상용압력이 46.7kPa 이상인 탱크를 말한다) 외의 탱크에 있어서는 70kPa의 압력으로, 압력탱크에 있어서는 최대상용압력의 1.5배의 압력으로 각각 10분간 수압시험을 실시하여 새거나 변형되지 아니하여야 한다. 이 경우 수압시험은 소방청장이 정하여 고시하는 기밀시험과 비파괴시험을 동시에 실시하는 방법으로 대신할 수 있다.

탱크용량(단위 ℓ)	탱크의 최대지름(단위 mm)	강철판의 최소두께(단위 mm)
1,000 이하	1,067	3.20
1,000 초과 2,000 이하	1,219	3.20
2,000 초과 4,000 이하	1,625	3.20
4,000 초과 15,000 이하	2,450	4.24
15,000 초과 45,000 이하	3,200	6.10
45,000 초과 75,000 이하	3,657	7.67
75,000 초과 189,000 이하	3,657	9.27
189,000 초과	-	10.00

7. 지하저장탱크의 외면은 다음 각목에 정하는 바에 따라 보호하여야 한다. 다만, 지하저장탱크의 재질이 부식의 우려가 없는 스테인레스 강판 등인 경우에는 부식방지도장을 하지 않을 수 있다.

　가. 탱크전용실에 설치하는 지하저장탱크의 외면은 다음의 어느 하나에 해당하는 방법으로 보호할 것

　　1) 탱크의 외면에 부식방지도장을 할 것

　　2) 탱크의 외면에 부식방지제 및 아스팔트 프라이머(표면의 부식을 방지하기 위한 도장)의 순으로 도장을 한 후 아스팔트 루핑 및 철망의 순으로 탱크를 피복하고, 그 표면에 두께가 2㎝ 이상에 이를 때까지 모르타르를 도장할 것. 이 경우에 있어서 다음에 정하는 기준에 적합하여야 한다.

　　　가) 아스팔트루핑은 아스팔트루핑(KS F 4902)(35㎏)의 규격에 의한 것 이상의 성능이 있을 것

　　　나) 철망은 와이어라스(KS F 4551)의 규격에 의한 것 이상의 성능이 있을 것

　　　다) 모르타르에는 방수제를 혼합할 것. 다만, 모르타르를 도장한 표면에 방수제를 도장하는 경우에는 그러하지 아니하다.

　　3) 탱크의 외면에 부식방지도장을 실시하고, 그 표면에 아스팔트 및 아스팔트루핑에 의한 피복을 두께 1㎝에 이를때 까지 교대로 실시할 것. 이 경우 아스팔트루핑은 2)가)의 기준에 적합하여야 한다.

시행규칙

❶ 10　　　　❹ 0.1　　　　❼ 1
❷ 0.6　　　　❺ 0.1　　　　❽ 20
❸ 0.6　　　　❻ 0.6

4) 탱크의 외면에 프라이머를 도장하고, 그 표면에 복장재를 휘감은 후 에폭시수지 또는 타르에폭시수지에 의한 피복을 탱크의 외면으로부터 두께 2㎜ 이상에 이를 때까지 실시할 것. 이 경우에 있어서 복장재는 수도용 강관아스팔트도복장방법(KS D 8306)으로 정하는 비닐론클로스 또는 헤시안클로스에 적합하여야 한다.

5) 탱크의 외면에 프라이머를 도장하고, 그 표면에 유리섬유 등을 강화재로한 강화플라스틱에 의한 피복을 두께 3㎜ 이상에 이를 때까지 실시할 것

나. 탱크전용실 외의 장소에 설치하는 지하저장탱크의 외면은 가목2) 내지 4)의 1에 해당하는 방법으로 보호할 것

8. 지하저장탱크 중 압력탱크(최대상용압력이 부압 또는 정압 5KPa을 초과하는 탱크를 말한다)외의 제4류 위험물의 탱크에 있어서는 밸브 없는 통기관 또는 대기밸브 부착 통기관을 다음 각 목의 구분에 따른 기준에 적합하게 설치하고, 압력탱크에 있어서는 별표 4 Ⅷ제4호에 따른 제조소의 안전장치의 기준을 준용하여야 한다.

   가. 밸브 없는 통기관

   1) 통기관은 지하저장탱크의 윗부분에 연결할 것

   2) 통기관 중 지하의 부분은 그 상부의 지면에 걸리는 중량이 직접 해당 부분에 미치지 아니하도록 보호하고, 해당 통기관의 접합부분(용접, 그 밖의 위험물 누설의 우려가 없다고 인정되는 방법에 의하여 접합된 것은 제외한다)에 대하여는 해당 접합부분의 손상유무를 점검할 수 있는 조치를 할 것

   3) 별표 7 Ⅰ제1호사목1)의 기준에 적합할 것

   나. 대기밸브 부착 통기관

   1) 가목1) 및 2)의 기준에 적합할 것

   2) 별표 6 Ⅵ제7호나목의 기준에 적합할 것. 다만, 제4류제1석유류를 저장하는 탱크는 다음의 압력 차이에서 작동하여야 한다.

   가) 정압: ❶ ____ kPa 이상 ❷ ____ kPa 이하

   나) 부압: ❸ ____ kPa 이상 ❹ ____ kPa 이하

   3) 별표 7 Ⅰ제1호사목1)가) 및 나)의 기준에 적합할 것

9. 액체위험물의 지하저장탱크에는 위험물의 양을 자동적으로 표시하는 장치 및 계량구를 설치하고, 계량구 직하에 있는 탱크의 밑판에 그 손상을 방지하기 위한 조치를 하여야 한다.

10. 액체위험물의 지하저장탱크의 주입구는 별표 6 Ⅵ제9호의 규정에 의한 옥외저장탱크의 주입구의 기준을 준용하여 옥외에 설치하여야 한다.

11. 지하저장탱크의 펌프설비는 펌프 및 전동기를 지하저장탱크밖에 설치하는 펌프설비에 있어서는 별표 6 Ⅵ제10호(가목 및 나목을 제외한다)의 규정에 의한 옥외저장탱크의 펌프설비의 기준에 준하여 설치하고, 펌프 또는 전동기를 지하저장탱크안에 설치하는 펌프설비(이하 "액중펌프설비"라 한다)에 있어서는 다음 각목의 기준에 따라 설치하여야 한다.

   가. 액중펌프설비의 전동기의 구조는 다음에 정하는 기준에 의할 것

   1) 고정자는 위험물에 침투되지 아니하는 수지가 충전된 금속제의 용기에 수납되어 있을 것

   2) 운전 중에 고정자가 냉각되는 구조로 할 것

   3) 전동기의 내부에 공기가 체류하지 아니하는 구조로 할 것

나. 전동기에 접속되는 전선은 위험물이 침투되지 아니하는 것으로 하고, 직접 위험물에 접하지 아니하도록 보호할 것
다. 액중펌프설비는 체절운전에 의한 전동기의 온도상승을 방지하기 위한 조치가 강구될 것
라. 액중펌프설비는 다음의 경우에 있어서 전동기를 정지하는 조치가 강구될 것
   1) 전동기의 온도가 현저하게 상승한 경우
   2) 펌프의 흡입구가 노출된 경우
마. 액중펌프설비는 다음에 의하여 설치할 것
   1) 액중펌프설비는 지하저장탱크와 플랜지접합으로 할 것
   2) 액중펌프설비중 지하저장탱크내에 설치되는 부분은 보호관내에 설치할 것. 다만, 당해 부분이 충분한 강도가 잇는 외장에 의하여 보호되어 있는 경우에 있어서는 그러하지 아니하다.
   3) 액중펌프설비중 지하저장탱크의 상부에 설치되는 부분은 위험물의 누설을 점검할 수 있는 조치가 강구된 안전상 필요한 강도가 있는 피트내에 설치할 것

12. 지하저장탱크의 배관은 제13호의 규정에 의한 것외에 별표 4 Ⅹ의 규정에 의한 제조소의 배관의 기준을 준용하여야 한다.
13. 지하저장탱크의 배관은 당해 탱크의 윗부분에 설치하여야 한다. 다만, 제4류 위험물 중 제2석유류(인화점이 40℃ 이상인 것에 한한다), 제3석유류, 제4석유류 및 동식물유류의 탱크에 있어서 그 직근에 유효한 제어밸브를 설치한 경우에는 그러하지 아니하다.
14. 지하저장탱크에 설치하는 전기설비는 「전기사업법」에 의한 전기설비기술기준에 의하여야 한다.
15. 지하저장탱크의 주위에는 당해 탱크로부터의 액체위험물의 누설을 검사하기 위한 관을 다음의 각목의 기준에 따라 4개소 이상 적당한 위치에 설치하여야 한다.
  가. ❺_____으로 할 것. 다만, 소공이 없는 상부는 ❻_____으로 할 수 있다.
  나. 재료는 ❼_____ 또는 경질합성수지관으로 할 것
  다. 관은 탱크전용실의 바닥 또는 탱크의 기초까지 닿게 할 것
  라. 관의 밑부분으로부터 탱크의 중심 높이까지의 부분에는 소공이 뚫려 있을 것. 다만, 지하수위가 높은 장소에 있어서는 지하수위 높이까지의 부분에 소공이 뚫려 있어야 한다.
  마. 상부는 물이 침투하지 아니하는 구조로 하고, 뚜껑은 검사시에 쉽게 열 수 있도록 할 것

시행규칙
❶ 0.6
❷ 1.5
❸ 1.5
❹ 3
❺ 이중관
❻ 단관
❼ 금속관

16. 탱크전용실은 벽·바닥 및 뚜껑을 다음 각 목에 정한 기준에 적합한 철근콘크리트구조 또는 이와 동등 이상의 강도가 있는 구조로 설치하여야 한다.

    가. 벽·바닥 및 뚜껑의 두께는 ❶　　 m 이상일 것

    나. 벽·바닥 및 뚜껑의 내부에는 지름 ❷　㎜부터 ❸　　㎜까지의 철근을 가로 및 세로로 ❹　㎝부터 ❺　　㎝까지의 간격으로 배치할 것

    다. 벽·바닥 및 뚜껑의 재료에 수밀(액체가 새지 않도록 밀봉되어 있는 상태)콘크리트를 혼입하거나 벽·바닥 및 뚜껑의 중간에 아스팔트층을 만드는 방법으로 적정한 방수조치를 할 것

17. 지하저장탱크에는 다음 각목의 1에 해당하는 방법으로 과충전을 방지하는 장치를 설치하여야 한다.

    가. 탱크용량을 초과하는 위험물이 주입될 때 자동으로 그 주입구를 폐쇄하거나 위험물의 공급을 자동으로 차단하는 방법

    나. 탱크용량의 ❻　　%가 찰 때 경보음을 울리는 방법

18. 지하탱크저장소에는 다음 각목의 기준에 의하여 맨홀을 설치하여야 한다.

    가. 맨홀은 지면까지 올라오지 아니하도록 하되, 가급적 낮게 할 것

    나. 보호틀을 다음 각목에 정하는 기준에 따라 설치할 것

        1) 보호틀을 탱크에 완전히 용접하는 등 보호틀과 탱크를 기밀하게 접합할 것

        2) 보호틀의 뚜껑에 걸리는 하중이 직접 보호틀에 미치지 아니하도록 설치하고, 빗물 등이 침투하지 아니하도록 할 것

    다. 배관이 보호틀을 관통하는 경우에는 당해 부분을 용접하는 등 침수를 방지하는 조치를 할 것

Ⅱ 이중벽탱크의 지하탱크저장소의 기준

1. 지하탱크저장소[지하탱크저장소의 외면에 누설을 감지할 수 있는 틈(이하 "감지층"이라 한다)이 생기도록 강판 또는 강화플라스틱 등으로 피복한 것을 설치하는 지하탱크저장소에 한한다]의 위치·구조 및 설비의 기술기준은 Ⅰ제3호 내지 제5호·제6호(수압시험과 관련되는 부분에 한한다)·제8호 내지 제14호·제17호·제18호 및 다음 각목의 1의 규정에 의한 기준을 준용하는 외에 Ⅱ에 정하는 바에 의한다.

    가. Ⅰ제1호 나목 내지 마목(당해 지하저장탱크를 탱크전용실외의 장소에 설치하는 경우에 한한다)

    나. Ⅰ제2호 및 제16호(당해 지하저장탱크를 지반면하에 설치된 탱크전용실에 설치하는 경우에 한한다)

2. 지하저장탱크는 다음 각목의 1 이상의 조치를 하여 지반면하에 설치하여야 한다.

    가. 지하저장탱크(제3호 가목의 규정에 의한 재료로 만든 것에 한한다)에 다음에 정하는 바에 따라 강판을 피복하고, 위험물의 누설을 상시 감지하기 위한 설비를 갖출 것

        1) 지하저장탱크에 당해 탱크의 저부로부터 위험물의 최고액면을 넘는 부분까지의 외측에 감지층이 생기도록 두께 ❼ ㎜ 이상의 강판을 피복할 것

        2) 1)의 규정에 따라 피복된 강판과 지하저장탱크 사이의 감지층에는 적당한 액체를 채우고 채워진 액체의 누설을 감지할 수 있는 설비를 갖출 것. 이 경우 감지층에 채워진 액체는 강판의 부식을 방지하는 조치를 강구한 것이어야 한다.

    나. 지하저장탱크에 다음에 정하는 바에 따라 강화플라스틱 또는 고밀도폴리에틸렌을 피복하고, 위험물의 누설을 상시 감지하기 위한 설비를 갖출 것

        1) 지하저장탱크는 다음에 정하는 바에 따라 피복할 것

            가) 제3호 가목에 정하는 재료로 만든 지하저장탱크 : 당해 탱크의 저부로부터 위험물의 최고액면을 넘는 부분까지의 외측에 감지층이 생기도록 두께 ❽ ㎜ 이상의 유리섬유강화플라스틱 또는 고밀도폴리에틸렌을 피복할 것. 이 경우 유리섬유강화플라스틱 또는 고밀도폴리에틸렌의 휨강도, 인장강도 등은 소방청장이 정하여 고시하는 성능이 있어야 한다.

            나) 제3호나목에 정하는 재료로 만든 지하저장탱크 : 당해 탱크의 외측에 감지층이 생기도록 유리섬유강화플라스틱을 피복할 것

        2) 1)의 규정에 따라 피복된 강화플라스틱 또는 고밀도폴리에틸렌과 지하저장탱크의 사이의 감지층에는 누설한 위험물을 감지할 수 있는 설비를 갖출 것

시행규칙

❶ 0.3
❷ 9
❸ 13
❹ 5
❺ 20
❻ 90
❼ 3.2
❽ 3

3. 지하저장탱크는 다음 각목의 1의 재료로 기밀하게 만들어야 한다.
    가. 두께 ❶ ▓▓ ㎜ 이상의 강판
    나. 저장 또는 취급하는 위험물의 종류에 대응하여 다음 표에 정하는 수지 및 강화재로 만들어진 강화플라스틱

저장 또는 취급하는 위험물의 종류	수지		강화재
	위험물과 접하는 부분	그 밖의 부분	
휘발유(KS M 2612에 규정한 자동차용가솔린), 등유, 경유 또는 중유(KS M 2614에 규정한 것중 1종에 한한다)	KS M 3305(섬유강화플라스틱용액상불포화폴리에스터수지)(UP-CM, UP-CE 또는 UP-CEE에 관한 규격에 한한다)에 적합한 수지 또는 이와 동등 이상의 내약품성이 있는 바이닐에스터수지	제2호 나목1)가)에 정하는 수지	제2호 나목1)나)에 정하는 강화재

4. 제3호 나목에 정하는 재료로 만든 지하저장탱크에 제2호 나목에 정하는 조치를 강구한 것(이하 이 호에서 "강화플라스틱제 이중벽탱크"라 한다)은 다음 각목에 정하는 하중이 작용하는 경우에 있어서 변형이 당해 지하저장탱크의 지름의 3% 이하이고, 휨응력(휨변형력)도비(휨응력을 허용휨응력으로 나눈 것을 말한다)의 절대치와 축방향 응력도비(인장응력 또는 압축응력을 허용축방향응력으로 나눈 것을 말한다)의 절대치의 합이 1 이하인 구조이어야 한다. 이 경우 허용응력을 산정하는 때의 안전율은 4 이상의 값으로 한다.
    가. 강화플라스틱제 이중벽탱크의 윗부분이 수면으로부터 ❷ ▓▓ m 아래에 있는 경우에 당해 탱크에 작용하는 압력
    나. 탱크의 종류에 대응하여 다음에 정하는 압력의 내수압
        1) 압력탱크(최대상용압력이 46.7$_{KPa}$ 이상인 탱크를 말한다)외의 탱크: 70$_{KPa}$
        2) 압력탱크 : 최대상용압력의 ❸ ▓▓ 배의 압력
5. 제3호 가목의 규정에 의한 재료로 만든 지하저장탱크 또는 동목의 규정에 의한 재료로 만든 지하저장탱크에 제2호 가목의 규정에 의한 조치를 강구한 것(이하 나목 및 다목에서 "강제이중벽탱크"라 한다)의 외면은 다음 각목에 정하는 바에 따라 보호하여야 한다.
    가. 제3호 가목에 정하는 재료로 만든 지하저장탱크에 제2호 나목에 정하는 조치를 강구한 것의 지하저장탱크의 외면은 제2호 나목1)가)의 규정에 따라 강화플라스틱을 피복한 부분에 있어서는 Ⅰ제7호 가목1)에 정하는 방법에 따라, 그 밖의 부분에 있어서는 동목5)에 정하는 방법에 따라 보호할 것
    나. 탱크전용실외의 장소에 설치된 강제이중벽탱크의 외면은 Ⅰ제7호 가목2) 내지 5)에 정하는 어느 하나 이상의 방법에 따라 보호할 것
    다. 탱크전용실에 설치된 강제이중벽탱크의 외면은 Ⅰ제7호 가목1) 내지 5)에 정하는 어느 하나의 방법에 따라 보호할 것
6. 제1호 내지 제5호의 규정에 의한 기준 외에 이중벽탱크의 구조(재질 및 강도를 포함한다)·성능시험·표시사항·운반 및 설치 등에 관한 기준은 소방청장이 정하여 고시한다.

Ⅲ 특수누설방지구조의 지하탱크저장소의 기준

지하탱크저장소[지하저장탱크를 위험물의 누설을 방지할 수 있도록 두께 15㎝(측방 및 하부에 있어서는 30㎝) 이상의 콘크리트로 피복하는 구조로 하여 지면하에 설치하는 것에 한한다]의 위치·구조 및 설비의 기술기준은 Ⅰ제1호나목 내지 마목·제3호·제5호·제6호·제8호 내지 제15호·제17호 및 제18호의 규정을 준용하는 외에 지하저장탱크의 외면을 Ⅰ제7호 가목2) 내지 5)의 어느 하나에 해당하는 방법으로 보호하여야 한다.

Ⅳ 위험물의 성질에 따른 지하탱크저장소의 특례

1. 아세트알데하이드등 및 하이드록실아민등을 저장 또는 취급하는 지하탱크저장소는 해당 위험물의 성질에 따라 Ⅰ부터 Ⅲ까지의 규정에 따른 기준을 적용하되, 강화되는 기준은 제2호 및 제3호에 따라야 한다.
2. 아세트알데하이드등을 저장 또는 취급하는 지하탱크저장소에 대하여 강화되는 기준은 다음 각목과 같다.
   가. Ⅰ제1호 단서의 규정에 불구하고 지하저장탱크는 지반면하에 설치된 탱크전용실에 설치할 것
   나. 지하저장탱크의 설비는 별표 6 Ⅺ에 따른 아세트알데하이드등의 옥외저장탱크의 설비의 기준을 준용할 것. 다만, 지하저장탱크가 아세트알데하이드등의 온도를 적당한 온도로 유지할 수 있는 구조인 경우에는 냉각장치 또는 보냉장치를 설치하지 아니할 수 있다.
3. 하이드록실아민등을 저장 또는 취급하는 지하탱크저장소에 대하여 강화되는 기준은 별표 6 Ⅺ에 따른 하이드록실아민등을 저장 또는 취급하는 옥외탱크저장소의 규정을 준용한다.

시행규칙
❶ 3.2   ❷ 0.5   ❸ 1.5

■ 위험물안전관리법 시행규칙 [별표 9]

간이탱크저장소의 위치·구조 및 설비의 기준 (제33조 관련)

1. 위험물을 저장 또는 취급하는 간이탱크(이하 Ⅰ, 별표 13 Ⅲ 및 별표 18 Ⅲ에서 "간이저장탱크"라 한다)는 옥외에 설치하여야 한다. 다만, 다음 각목의 기준에 적합한 전용실안에 설치하는 경우에는 그러하지 아니하다.
    가. 전용실의 구조는 별표 7 Ⅰ제1호 거목 및 너목의 규정에 의한 옥내탱크저장소의 탱크전용실의 구조의 기준에 적합할 것
    나. 전용실의 창 및 출입구는 별표 7 Ⅰ제1호 더목 및 러목의 규정에 의한 옥내탱크저장소의 창 및 출입구의 기준에 적합할 것
    다. 전용실의 바닥은 별표 7 Ⅰ제1호 머목의 규정에 의한 옥내탱크저장소의 탱크전용실의 바닥의 구조의 기준에 적합할 것
    라. 전용실의 채광·조명·환기 및 배출의 설비는 별표 5 Ⅰ제14호의 규정에 의한 옥내저장소의 채광·조명·환기 및 배출의 설비의 기준에 적합할 것
2. 하나의 간이탱크저장소에 설치하는 간이저장탱크는 그 수를 3 이하로 하고, 동일한 품질의 위험물의 간이저장탱크를 2 이상 설치하지 아니하여야 한다.
3. 간이탱크저장소에는 별표 4 Ⅲ제1호의 기준에 따라 보기 쉬운 곳에 "위험물 간이탱크저장소"라는 표시를 한 표지와 동표 Ⅲ제2호의 기준에 따라 방화에 관하여 필요한 사항을 게시한 게시판을 설치하여야 한다.
4. 간이저장탱크는 움직이거나 넘어지지 아니하도록 지면 또는 가설대에 고정시키되, 옥외에 설치하는 경우에는 그 탱크의 주위에 너비 1m 이상의 공지를 두고, 전용실안에 설치하는 경우에는 탱크와 전용실의 벽과의 사이에 0.5m 이상의 간격을 유지하여야 한다.
5. 간이저장탱크의 용량은 ❶   ℓ 이하이어야 한다.
6. 간이저장탱크는 두께 ❷   ㎜ 이상의 강판으로 흠이 없도록 제작하여야 하며, 70kPa의 압력으로 ❸   분간의 수압시험을 실시하여 새거나 변형되지 아니하여야 한다.
7. 간이저장탱크의 외면에는 녹을 방지하기 위한 도장을 하여야 한다. 다만, 탱크의 재질이 부식의 우려가 없는 스테인레스 강판 등인 경우에는 그러하지 아니하다.
8. 간이저장탱크에는 다음 각 목의 구분에 따른 기준에 적합한 밸브 없는 통기관 또는 대기밸브부착 통기관을 설치하여야 한다.
    가. 밸브 없는 통기관
        1) 통기관의 지름은 ❹   ㎜ 이상으로 할 것
        2) 통기관은 옥외에 설치하되, 그 끝부분의 높이는 지상 1.5m 이상으로 할 것
        3) 통기관의 끝부분은 수평면에 대하여 아래로 45° 이상 구부려 빗물 등이 침투하지 아니하도록 할 것
        4) 가는 눈의 구리망 등으로 인화방지장치를 할 것. 다만, 인화점 ❺   ℃ 이상의 위험물만을 해당 위험물의 인화점 미만의 온도로 저장 또는 취급하는 탱크에 설치하는 통기관에 있어서는 그러하지 아니하다.
    나. 대기밸브 부착 통기관
        1) 가목2) 및 4)의 기준에 적합할 것
        2) 별표 6 Ⅵ제7호나목1)의 기준에 적합할 것
9. 간이저장탱크에 고정주유설비 또는 고정급유설비를 설치하는 경우에는 별표 13Ⅳ의 규정에 의한 고정주유설비 또는 고정급유설비의 기준에 적합하여야 한다.

■ 위험물안전관리법 시행규칙 [별표 10]

이동탱크저장소의 위치·구조 및 설비의 기준 (제34조 관련) ☑기출 24 공채 / 경채

I 상치장소

이동탱크저장소의 상치장소는 다음 각호의 기준에 적합하여야 한다.

1. 옥외에 있는 상치장소는 화기를 취급하는 장소 또는 인근의 건축물로부터 ❻ m 이상(인근의 건축물이 1층인 경우에는 ❼ m 이상)의 거리를 확보하여야 한다. 다만, 하천의 공지나 수면, 내화구조 또는 불연재료의 담 또는 벽 그 밖에 이와 유사한 것에 접하는 경우를 제외한다.
2. 옥내에 있는 상치장소는 벽·바닥·보·서까래 및 지붕이 내화구조 또는 불연재료로 된 건축물의 ❽ 층에 설치하여야 한다.

II 이동저장탱크의 구조

1. 이동저장탱크의 구조는 다음 각목의 기준에 의하여야 한다.
   가. 탱크(맨홀 및 주입관의 뚜껑을 포함한다)는 두께 ❾ ㎜ 이상의 강철판 또는 이와 동등 이상의 강도·내식성 및 내열성이 있다고 인정하여 소방청장이 정하여 고시하는 재료 및 구조로 위험물이 새지 아니하게 제작할 것
   나. 압력탱크(최대상용압력이 46.7㎪ 이상인 탱크를 말한다) 외의 탱크는 70㎪의 압력으로, 압력탱크는 최대상용압력의 1.5배의 압력으로 각각 10분간의 수압시험을 실시하여 새거나 변형되지 아니할 것. 이 경우 수압시험은 용접부에 대한 비파괴시험과 기밀시험으로 대신할 수 있다.
2. 이동저장탱크는 그 내부에 ❿ ℓ 이하마다 ⓫ ㎜ 이상의 강철판 또는 이와 동등 이상의 강도·내열성 및 내식성이 있는 금속성의 것으로 칸막이를 설치하여야 한다. 다만, 고체인 위험물을 저장하거나 고체인 위험물을 가열하여 액체 상태로 저장하는 경우에는 그러하지 아니하다.

시행규칙 ✓
❶ 600
❷ 3.2
❸ 10
❹ 25
❺ 70
❻ 5
❼ 3
❽ 1
❾ 3.2
❿ 4,000
⓫ 3.2

3. 제2호의 규정에 의한 칸막이로 구획된 각 부분마다 맨홀과 다음 각목의 기준에 의한 안전장치 및 방파판을 설치하여야 한다. 다만, 칸막이로 구획된 부분의 용량이 ❶   l 미만인 부분에는 방파판을 설치하지 아니할 수 있다.

   가. 안전장치

   　　상용압력이 20㎪ 이하인 탱크에 있어서는 20㎪ 이상 ❷   ㎪ 이하의 압력에서, 상용압력이 20㎪를 초과하는 탱크에 있어서는 상용압력의 ❸   배 이하의 압력에서 작동하는 것으로 할 것

   나. 방파판

   　　1) 두께 ❹   mm 이상의 강철판 또는 이와 동등 이상의 강도·내열성 및 내식성이 있는 금속성의 것으로 할 것

   　　2) 하나의 구획부분에 2개 이상의 방파판을 이동탱크저장소의 진행방향과 평행으로 설치하되, 각 방파판은 그 높이 및 칸막이로부터의 거리를 다르게 할 것

   　　3) 하나의 구획부분에 설치하는 각 방파판의 면적의 합계는 당해 구획부분의 최대 수직단면적의 ❺   % 이상으로 할 것. 다만, 수직단면이 원형이거나 짧은 지름이 1m 이하의 타원형일 경우에는 ❻   % 이상으로 할 수 있다.

4. 맨홀·주입구 및 안전장치 등이 탱크의 상부에 돌출되어 있는 탱크에 있어서는 다음 각목의 기준에 의하여 부속장치의 손상을 방지하기 위한 측면틀 및 방호틀을 설치하여야 한다. 다만, 피견인자동차에 고정된 탱크에는 측면틀을 설치하지 아니할 수 있다.

   가. 측면틀

   　　1) 탱크 뒷부분의 입면도에 있어서 측면틀의 최외측과 탱크의 최외측을 연결하는 직선(이하 II에서 "최외측선"이라 한다)의 수평면에 대한 내각이 ❼   도 이상이 되도록 하고, 최대수량의 위험물을 저장한 상태에 있을 때의 당해 탱크중량의 중심점과 측면틀의 최외측을 연결하는 직선과 그 중심점을 지나는 직선중 최외측선과 직각을 이루는 직선과의 내각이 ❽   도 이상이 되도록 할 것

   　　2) 외부로부터 하중에 견딜 수 있는 구조로 할 것

   　　3) 탱크상부의 네 모퉁이에 당해 탱크의 전단 또는 후단으로부터 각각 ❾   m 이내의 위치에 설치할 것

   　　4) 측면틀에 걸리는 하중에 의하여 탱크가 손상되지 아니하도록 측면틀의 부착부분에 받침판을 설치할 것

   나. 방호틀

   　　1) 두께 ❿   mm 이상의 강철판 또는 이와 동등 이상의 기계적 성질이 있는 재료로써 산모양의 형상으로 하거나 이와 동등 이상의 강도가 있는 형상으로 할 것

   　　2) 정상부분은 부속장치보다 ⓫   mm 이상 높게 하거나 이와 동등 이상의 성능이 있는 것으로 할 것

5. 탱크의 외면에는 부식방지도장을 하여야 한다. 다만, 탱크의 재질이 부식의 우려가 없는 스테인레스 강판 등인 경우에는 그러하지 아니하다.

Ⅲ 배출밸브 및 폐쇄장치

1. 이동저장탱크의 아랫부분에 배출구를 설치하는 경우에는 당해 탱크의 배출구에 밸브(이하 Ⅲ에서 "배출밸브"라 한다)를 설치하고 비상시에 직접 당해 배출밸브를 폐쇄할 수 있는 수동폐쇄장치 또는 자동폐쇄장치를 설치하여야 한다.
2. 제1호에 따른 수동폐쇄장치를 설치하는 경우에는 수동폐쇄장치를 작동시킬 수 있는 레버 또는 이와 유사한 기능을 하는 것을 설치하고, 그 바로 옆에 해당 장치의 작동방식을 표시하여야 한다. 이 경우 레버를 설치하는 경우에는 다음 각 목의 기준에 따라 설치하여야 한다.
    가. 손으로 잡아당겨 수동폐쇄장치를 작동시킬 수 있도록 할 것
    나. 길이는 ⑫ ㎝ 이상으로 할 것
3. 제1호의 규정에 의하여 배출밸브를 설치하는 경우, 그 배출밸브에 대하여 외부로부터의 충격으로 인한 손상을 방지하기 위하여 필요한 장치를 하여야 한다.
4. 탱크의 배관이 끝부분에는 개폐밸브를 설치하여야 한다.

Ⅳ 결합금속구 등

1. 액체위험물의 이동탱크저장소의 주입호스(이동저장탱크로부터 위험물을 저장 또는 취급하는 다른 탱크로 위험물을 공급하는 호스를 말한다. 제2호 및 제3호에서 같다)는 위험물을 저장 또는 취급하는 탱크의 주입구와 결합할 수 있는 금속구를 사용하되, 그 결합금속구(제6류 위험물의 탱크의 것을 제외한다)는 놋쇠 그 밖에 마찰 등에 의하여 불꽃이 생기지 아니하는 재료로 하여야 한다.
2. 제1호의 규정에 의한 주입호스의 재질과 규격 및 결합금속구의 규격은 소방청장이 정하여 고시한다.
3. 이동탱크저장소에 주입설비(주입호스의 끝부분에 개폐밸브를 설치한 것을 말한다)를 설치하는 경우에는 다음 각목의 기준에 의하여야 한다.
    가. 위험물이 샐 우려가 없고 화재예방상 안전한 구조로 할 것
    나. 주입설비의 길이는 ⑬ m 이내로 하고, 그 끝부분에 축적되는 정전기를 유효하게 제거할 수 있는 장치를 할 것
    다. 분당 배출량은 ⑭ ℓ 이하로 할 것

시행규칙

① 2,000
② 24
③ 1.1
④ 1.6
⑤ 50
⑥ 40
⑦ 75
⑧ 35
⑨ 1
⑩ 2.3
⑪ 50
⑫ 15
⑬ 50
⑭ 200

Ⅴ 표지 및 상치장소 표시

1. 이동탱크저장소에는 소방청장이 정하여 고시하는 바에 따라 저장하는 위험물의 위험성을 알리는 표지를 설치하여야 한다.
2. 이동탱크저장소의 탱크외부에는 소방청장이 정하여 고시하는 바에 따라 도장 등을 하여 쉽게 식별할 수 있도록 하고, 보기 쉬운 곳에 Ⅰ의 규정에 의한 상치장소의 위치를 표시하여야 한다.

Ⅵ 펌프설비

1. 이동탱크저장소에 설치하는 펌프설비는 당해 이동탱크저장소의 차량구동용엔진(피견인식 이동탱크저장소의 견인부분에 설치된 것은 제외한다)의 동력원을 이용하여 위험물을 이송하여야 한다. 다만, 다음 각목의 기준에 의하여 외부로부터 전원을 공급받는 방식의 모터펌프를 설치할 수 있다.
    가. 저장 또는 취급가능한 위험물은 인화점 40℃ 이상의 것 또는 비인화성의 것에 한할 것
    나. 화재예방상 지장이 없는 위치에 고정하여 설치할 것
2. 피견인식 이동탱크저장소의 견인부분에 설치된 차량구동용 엔진의 동력원을 이용하여 위험물을 이송하는 경우에는 다음 각목의 기준에 적합하여야 한다.
    가. 견인부분에 작동유탱크 및 유압펌프를 설치하고, 피견인부분에 오일모터 및 펌프를 설치할 것
    나. 트랜스미션(Transmission)으로부터 동력전동축을 경유하여 견인부분의 유압펌프를 작동시키고 그 유압에 의하여 피견인부분의 오일모터를 경유하여 펌프를 작동시키는 구조일 것
3. 이동탱크저장소에 설치하는 펌프설비는 당해 이동저장탱크로부터 위험물을 배출하는 용도에 한한다. 다만, 폐유의 회수 등의 용도에 사용되는 이동탱크저장소에는 다음의 각목의 기준에 의하여 진공흡입방식의 펌프를 설치할 수 있다.
    가. 저장 또는 취급가능한 위험물은 인화점이 70℃ 이상인 폐유 또는 비인화성의 것에 한할 것
    나. 감압장치의 배관 및 배관의 이음은 금속제일 것. 다만, 완충용이음은 내압 및 내유성이 있는 고무제품을, 배기통의 최상부는 합성수지제품을 사용할 수 있다.
    다. 호스 끝부분에는 돌 등의 고형물이 혼입되지 아니하도록 망 등을 설치할 것
    라. 이동저장탱크로부터 위험물을 다른 저장소로 옮겨 담는 경우에는 당해 저장소의 펌프 또는 자연하류의 방식에 의하는 구조일 것

Ⅶ 접지도선

제4류 위험물중 특수인화물, 제1석유류 또는 제2석유류의 이동탱크저장소에는 다음의 각호의 기준에 의하여 접지도선을 설치하여야 한다.
1. 양도체(良導體)의 도선에 비닐 등의 전열(電熱)차단재료로 피복하여 끝부분에 접지전극등을 결착시킬 수 있는 클립(clip) 등을 부착할 것
2. 도선이 손상되지 아니하도록 도선을 수납할 수 있는 장치를 부착할 것

Ⅷ 컨테이너식 이동탱크저장소의 특례

1. 이동저장탱크를 차량 등에 옮겨 싣는 구조로 된 이동탱크저장소(이하 "컨테이너식 이동탱크저장소"라 한다)에 대하여는 Ⅳ의 규정을 적용하지 아니하되, 다음 각목의 기준에 적합하여야 한다.

   가. 이동저장탱크는 옮겨 싣는 때에 이동저장탱크하중에 의하여 생기는 응력 및 변형에 대하여 안전한 구조로 할 것

   나. 컨테이너식 이동탱크저장소에는 이동저장탱크하중의 4배의 전단하중에 견디는 걸고리체결금속구 및 모서리체결금속구를 설치할 것. 다만, 용량이 ❶ 6,000 ℓ 이하인 이동저장탱크를 싣는 이동탱크저장소의 경우에는 이동저장탱크를 차량의 섀시프레임(차대 고정틀)에 체결하도록 만든 구조의 유(U)자볼트를 설치할 수 있다.

   다. 컨테이너식 이동탱크저장소에 주입호스를 설치하는 경우에는 Ⅳ의 기준에 의할 것

2. 다음 각목의 기준에 적합한 이동저장탱크로 된 컨테이너식 이동탱크저장소에 대하여는 Ⅱ제2호 내지 제4호의 규정을 적용하지 아니한다.

   가. 이동저장탱크 및 부속장치(맨홀·주입구 및 안전장치 등을 말한다)는 강재로 된 상자형태의 틀(이하 "상자틀"이라 한다)에 수납할 것

   나. 상자틀의 구조물중 이동저장탱크의 이동방향과 평행한 것과 수직인 것은 당해 이동저장탱크·부속장치 및 상자틀의 자중과 저장하는 위험물의 무게를 합한 하중(이하 "이동저장탱크하중"이라 한다)의 2배 이상의 하중에, 그 외 이동저장탱크의 이동방향과 직각인 것은 이동저장탱크하중 이상의 하중에 각각 견딜 수 있는 강도가 있는 구조로 할 것

   다. 이동저장탱크·맨홀 및 주입구의 뚜껑은 두께 ❷ 6 ㎜[당해 탱크의 지름 또는 장축(긴지름)이 1.8m 이하인 것은 5㎜] 이상의 강판 또는 이와 동등 이상의 기계적 성질이 있는 재료로 할 것

   라. 이동저장탱크에 칸막이를 설치하는 경우에는 당해 탱크의 내부를 완전히 구획하는 구조로 하고, 두께 ❸ 3.2 ㎜ 이상의 강판 또는 이와 동등 이상의 기계적 성질이 있는 재료로 할 것

   마. 이동저장탱크에는 맨홀 및 안전장치를 할 것

   바. 부속장치는 상자틀의 최외측과 ❹ 50 ㎜ 이상의 간격을 유지할 것

3. 컨테이너식 이동탱크저장소에 대하여는 Ⅴ제2호를 적용하지 아니하되, 이동저장탱크의 보기 쉬운 곳에 가로 ❺ 0.4 m 이상, 세로 ❻ 0.15 m 이상의 백색 바탕에 흑색 문자로 허가청의 명칭 및 완공검사번호를 표시하여야 한다.

시행규칙
- ❶ 6,000
- ❷ 6
- ❸ 3.2
- ❹ 50
- ❺ 0.4
- ❻ 0.15

IX 주유탱크차의 특례

1. 항공기주유취급소(별표 13 X의 규정에 의한 항공기주유취급소를 말한다. 이하 같다)에 있어서 항공기의 연료탱크에 직접 주유하기 위한 주유설비를 갖춘 이동탱크저장소(이하 "주유탱크차"라 한다)에 대하여는 IV 및 VII을 적용하지 아니하되, 다음 각목의 기준에 적합하여야 한다.

    가. 주유탱크차에는 엔진배기통의 끝부분에 화염의 분출을 방지하는 장치를 설치할 것

    나. 주유탱크차에는 주유호스 등이 적정하게 격납되지 아니하면 발진되지 아니하는 장치를 설치할 것

    다. 주유설비는 다음의 기준에 적합한 구조로 할 것

    　　1) 배관은 금속제로서 최대상용압력의 1.5배 이상의 압력으로 ❶ 　　 분간 수압시험을 실시하였을 때 누설 그 밖의 이상이 없는 것으로 할 것

    　　2) 주유호스의 끝부분에 설치하는 밸브는 위험물의 누설을 방지할 수 있는 구조로 할 것

    　　3) 외장은 ❷ 　　 이 있는 재료로 할 것

    라. 주유설비에는 당해 주유설비의 펌프기기를 정지하는 등의 방법에 의하여 이동저장탱크로부터의 위험물 이송을 긴급히 정지할 수 있는 장치를 설치할 것

    마. 주유설비에는 개방조작시에만 개방하는 자동폐쇄식의 개폐장치를 설치하고, 주유호스의 끝부분에는 연료탱크의 주입구에 연결하는 결합금속구를 설치할 것. 다만, 주유호스의 끝부분에 수동개폐장치를 설치한 주유노즐(수동개폐장치를 개방상태에서 고정하는 장치를 설치한 것을 제외한다)을 설치한 경우에는 그러하지 아니하다.

    바. 주유설비에는 항공기와 전기적으로 접속하기 위한 도선을 설치하고, 주유호스의 끝부분에 축적된 정전기를 유효하게 제거하는 장치를 설치할 것

    사. 주유호스는 최대상용압력의 2배 이상의 압력으로 수압시험을 실시하여 누설 그 밖의 이상이 없는 것으로 할 것

2. 공항에서 시속 40km 이하로 운행하도록 된 주유탱크차에는 II제2호와 제3호(방파판에 관한 부분으로 한정한다)의 규정을 적용하지 아니하되, 다음 각 목의 기준에 적합하여야 한다.

    가. 이동저장탱크는 그 내부에 길이 ❸ 　　 m 이하 또는 부피 ❹ 　　 ℓ 이하마다 ❺ 　　 ㎜ 이상의 강철판 또는 이와 같은 수준 이상의 강도·내열성 및 내식성이 있는 금속성의 것으로 칸막이를 설치할 것

    나. 가목에 따른 칸막이에 구멍을 낼 수 있되, 그 지름이 ❻ 　　 ㎝ 이내 일 것

X 위험물의 성질에 따른 이동탱크저장소의 특례

1. 알킬알루미늄등을 저장 또는 취급하는 이동탱크저장소는 I 내지 Ⅷ의 규정에 의한 기준에 의하되, 당해 위험물의 성질에 따라 강화되는 기준은 다음 각 목에 의하여야 한다.

    가. Ⅱ제1호의 규정에 불구하고 이동저장탱크는 두께 ❼ ㎜ 이상의 강판 또는 이와 동등 이상의 기계적 성질이 있는 재료로 기밀하게 제작되고 1MPa 이상의 압력으로 ❽ 분간 실시하는 수압시험에서 새거나 변형하지 아니하는 것일 것

    나. 이동저장탱크의 용량은 ❾ ℓ 미만일 것

    다. Ⅱ제3호 가목의 규정에 불구하고, 안전장치는 이동저장탱크의 수압시험의 압력의 ❿ 를 초과하고 ⓫ 를 넘지 아니하는 범위의 압력으로 작동할 것

    라. Ⅱ제1호 가목의 규정에 불구하고, 이동저장탱크의 맨홀 및 주입구의 뚜껑은 두께 ⓬ ㎜ 이상의 강판 또는 이와 동등 이상의 기계적 성질이 있는 재료로 할 것

    마. Ⅲ제1호의 규정에 불구하고, 이동저장탱크의 배관 및 밸브 등은 당해 탱크의 윗부분에 설치할 것

    바. Ⅷ제1호 나목의 규정에 불구하고, 이동탱크저장소에는 이동저장탱크하중의 4배의 전단하중에 견딜 수 있는 걸고리체결금속구 및 모서리체결금속구를 설치할 것

    사. 이동저장탱크는 불활성의 기체를 봉입할 수 있는 구조로 할 것

    아. 이동저장탱크는 그 외면을 ⓭ 으로 도장하는 한편, ⓮ 문자로서 동판(胴板)의 양측면 및 경판(동체의 양 끝부분에 부착하는 판)에 별표 4 Ⅲ제2호 라목의 규정에 의한 주의사항을 표시할 것

2. 아세트알데하이드등을 저장 또는 취급하는 이동탱크저장소는 I부터 Ⅷ까지의 규정에 따르되, 해당 위험물의 성질에 따라 강화되는 기준은 다음 각 목에 따라야 한다.

    가. 이동저장탱크는 불활성의 기체를 봉입할 수 있는 구조로 할 것

    나. 이동저장탱크 및 그 설비는 은·수은·동·마그네슘 또는 이들을 성분으로 하는 합금으로 만들지 아니할 것

3. 하이드록실아민등을 저장 또는 취급하는 이동탱크저장소는 I부터 Ⅷ까지의 규정에 따르되, 강화되는 기준은 별표 6 ⅩⅠ 제3호에 따른 하이드록실아민등을 저장 또는 취급하는 옥외탱크저장소의 규정을 준용해야 한다.

시행규칙 ✓

- ❶ 10
- ❷ 난연성
- ❸ 1.5
- ❹ 4천
- ❺ 3.2
- ❻ 40
- ❼ 10
- ❽ 10
- ❾ 1,900
- ❿ 3분의 2
- ⓫ 5분의 4
- ⓬ 10
- ⓭ 적색
- ⓮ 백색

■ 위험물안전관리법 시행규칙 [별표 11]

옥외저장소의 위치·구조 및 설비의 기준 (제35조 관련)

Ⅰ 옥외저장소의 기준

1. 옥외저장소 중 위험물을 용기에 수납하여 저장 또는 취급하는 것의 위치·구조 및 설비의 기술기준은 다음 각목과 같다.

    가. 옥외저장소는 별표 4 Ⅰ의 규정에 준하여 안전거리를 둘 것

    나. 옥외저장소는 습기가 없고 배수가 잘 되는 장소에 설치할 것

    다. 위험물을 저장 또는 취급하는 장소의 주위에는 경계표시(울타리의 기능이 있는 것에 한한다. 이와 같다)를 하여 명확하게 구분할 것

    라. 다목의 경계표시의 주위에는 그 저장 또는 취급하는 위험물의 최대수량에 따라 다음 표에 의한 너비의 공지를 보유할 것. 다만, 제4류 위험물 중 제4석유류와 제6류 위험물을 저장 또는 취급하는 옥외저장소의 보유공지는 다음 표에 의한 공지의 너비의 3분의 1 이상의 너비로 할 수 있다.

저장 또는 취급하는 위험물의 최대수량	공지의 너비
지정수량의 10배 이하	❶ m 이상
지정수량의 10배 초과 20배 이하	❷ m 이상
지정수량의 20배 초과 50배 이하	❸ m 이상
지정수량의 50배 초과 200배 이하	12m 이상
지정수량의 200배 초과	15m 이상

    마. 옥외저장소에는 별표 4 Ⅲ제1호의 기준에 따라 보기 쉬운 곳에 "위험물 옥외저장소"라는 표시를 한 표지와 동표 Ⅲ제2호의 기준에 따라 방화에 관하여 필요한 사항을 게시한 게시판을 설치하여야 한다.

    바. 옥외저장소에 선반을 설치하는 경우에는 다음의 기준에 의할 것

        1) 선반은 불연재료로 만들고 견고한 지반면에 고정할 것

        2) 선반은 당해 선반 및 그 부속설비의 자중·저장하는 위험물의 중량·풍하중·지진의 영향 등에 의하여 생기는 응력에 대하여 안전할 것

        3) 선반의 높이는 ❹ m를 초과하지 아니할 것

        4) 선반에는 위험물을 수납한 용기가 쉽게 낙하하지 아니하는 조치를 강구할 것

사. ❺_____ 또는 ❻_____을 저장하는 옥외저장소에는 불연성 또는 난연성의 천막 등을 설치하여 햇빛을 가릴 것

아. 눈·비 등을 피하거나 차광 등을 위하여 옥외저장소에 캐노피 또는 지붕을 설치하는 경우에는 환기 및 소화활동에 지장을 주지 아니하는 구조로 할 것. 이 경우 기둥은 내화구조로 하고, 캐노피 또는 지붕을 불연재료로 하며, 벽을 설치하지 아니하여야 한다.

2. 옥외저장소 중 덩어리 상태의 황만을 지반면에 설치한 경계표시의 안쪽에서 저장 또는 취급하는 것(제1호에 정하는 것을 제외한다)의 위치·구조 및 설비의 기술기준은 제1호 각목의 기준 및 다음 각목과 같다.

   가. 하나의 경계표시의 내부의 면적은 ❼_____ ㎡ 이하일 것

   나. 2 이상의 경계표시를 설치하는 경우에 있어서는 각각의 경계표시 내부의 면적을 합산한 면적은 ❽_____ ㎡ 이하로 하고, 인접하는 경계표시와 경계표시와의 간격을 제1호 라목의 규정에 의한 공지의 너비의 2분의 1 이상으로 할 것. 다만, 저장 또는 취급하는 위험물의 최대수량이 지정수량의 200배 이상인 경우에는 ❾_____ m 이상으로 하여야 한다.

   다. 경계표시는 불연재료로 만드는 동시에 황이 새지 아니하는 구조로 할 것

   라. 경계표시의 높이는 ❿_____ m 이하로 할 것

   마. 경계표시에는 황이 넘치거나 비산하는 것을 방지하기 위한 천막 등을 고정하는 장치를 설치하되, 천막 등을 고정하는 장치는 경계표시의 길이 ⓫_____ m마다 한 개 이상 설치할 것

   바. 황을 저장 또는 취급하는 장소의 주위에는 배수구와 분리장치를 설치할 것

시행규칙

❶ 3
❷ 5
❸ 9
❹ 6
❺ 과산화수소
❻ 과염소산
❼ 100
❽ 1,000
❾ 10
❿ 1.5
⓫ 2

Ⅱ 고인화점 위험물의 옥외저장소의 특례

1. 고인화점 위험물만을 저장 또는 취급하는 옥외저장소 중 그 위치가 다음 각목에 정하는 기준에 적합한 것에 대하여는 Ⅰ제1호 가목 및 라목의 규정을 적용하지 아니한다.

    가. 옥외저장소는 별표 4 Ⅺ제1호의 규정에 준하여 안전거리를 둘 것

    나. Ⅰ제1호 다목의 경계표시의 주위에는 다음 표에 정하는 너비의 공지를 보유할 것

저장 또는 취급하는 위험물의 최대수량	공지의 너비
지정수량의 50배 이하	❶ m 이상
지정수량의 50배 초과 200배 이하	❷ m 이상
지정수량의 200배 초과	❸ m 이상

Ⅲ 인화성고체, 제1석유류 또는 알코올류의 옥외저장소의 특례

제2류 위험물 중 인화성고체(인화점이 21℃ 미만인 것에 한한다. 이하 Ⅲ에서 같다) 또는 제4류 위험물 중 제1석유류 또는 알코올류를 저장 또는 취급하는 옥외저장소에 있어서는 Ⅰ제1호의 규정에 의한 기준에 의하는 외에 당해 위험물의 성질에 따라 다음 각호에 정하는 기준에 의한다.

1. 인화성고체, 제1석유류 또는 알코올류를 저장 또는 취급하는 장소에는 당해 위험물을 적당한 온도로 유지하기 위한 살수설비 등을 설치하여야 한다.
2. 제1석유류 또는 알코올류를 저장 또는 취급하는 장소의 주위에는 배수구 및 집유설비를 설치하여야 한다. 이 경우 제1석유류(온도 20℃의 물 100g에 용해되는 양이 1g 미만인 것에 한한다)를 저장 또는 취급하는 장소에 있어서는 집유설비에 유분리장치를 설치하여야 한다.

Ⅳ 수출입 하역장소의 옥외저장소의 특례

「관세법」 제154조에 따른 보세구역, 「항만법」 제2조제1호에 따른 항만 또는 같은 조 제7호에 따른 항만배후단지 내에서 수출입을 위한 위험물을 저장 또는 취급하는 옥외저장소 중 Ⅰ제1호(라목은 제외한다)의 규정에 적합한 것은 다음 표에 정하는 너비의 공지(空地)를 보유할 수 있다.

저장 또는 취급하는 위험물의 최대수량	공지의 너비
지정수량의 50배 이하	❹ m 이상
지정수량의 50배 초과 200배 이하	❺ m 이상
지정수량의 200배 초과	❻ m 이상

■ 위험물안전관리법 시행규칙 [별표 12]

암반탱크저장소의 위치·구조 및 설비의 기준 (제36조 관련)

I 암반탱크

1. 암반탱크저장소의 암반탱크는 다음 각목의 기준에 의하여 설치하여야 한다.
   가. 암반탱크는 암반투수계수가 1초당 ❼▨▨▨ m 이하인 천연암반내에 설치할 것
   나. 암반탱크는 저장할 위험물의 증기압을 억제할 수 있는 ❽▨▨▨ 에 설치할 것
   다. 암반탱크의 내벽은 암반균열에 의한 낙반(落磐: 갱내 천장이나 벽의 암석이 떨어지는 것)을 방지할 수 있도록 ❾▨▨▨ 등으로 보강할 것

2. 암반탱크는 다음 각목의 기준에 적합한 수리조건을 갖추어야 한다.
   가. 암반탱크내로 유입되는 지하수의 양은 암반내의 지하수 충전량보다 ❿▨ 것
   나. 암반탱크의 상부로 물을 주입하여 수압을 유지할 필요가 있는 경우에는 수벽공을 설치할 것
   다. 암반탱크에 가해지는 지하수압은 저장소의 최대운영압보다 항상 ⓫▨ 유지할 것

II 지하수위 관측공의 설치

암반탱크저장소 주위에는 지하수위 및 지하수의 흐름 등을 확인·통제할 수 있는 ⓬▨▨▨ 을 설치하여야 한다.

III 계량장치

암반탱크저장소에는 위험물의 양과 내부로 유입되는 지하수의 양을 측정할 수 있는 계량구와 자동측정이 가능한 계량장치를 설치하여야 한다.

시행규칙 ✓

❶ 3
❷ 6
❸ 10
❹ 3
❺ 4
❻ 5
❼ 10만분의 1
❽ 지하수면하
❾ 볼트·콘크리트
❿ 적을
⓫ 크게
⓬ 관측공

Ⅳ 배수시설

암반탱크저장소에는 주변 암반으로부터 유입되는 침출수를 자동으로 배출할 수 있는 시설을 설치하고 침출수에 섞인 위험물이 직접 배수구로 흘러 들어가지 아니하도록 ❶   를 설치하여야 한다.

Ⅴ 펌프설비

암반탱크저장소의 펌프설비는 점검 및 보수를 위하여 사람의 출입이 용이한 구조의 ❷   에 설치하여야 한다. 다만, 액중펌프(펌프 또는 전동기를 저장탱크 또는 암반탱크안에 설치하는 것을 말한다. 이하 같다)를 설치한 경우에는 그러하지 아니하다.

Ⅵ 위험물제조소 및 옥외탱크저장소에 관한 기준의 준용

1. 암반탱크저장소에는 별표 4 Ⅲ제1호의 기준에 따라 보기 쉬운 곳에 "위험물 암반탱크저장소"라는 표시를 한 표지와 동표 Ⅲ제2호의 기준에 따라 방화에 관하여 필요한 사항을 게시한 게시판을 설치하여야 한다.
2. 별표 4 Ⅷ제4호·제6호, 동표 Ⅹ 및 별표 6 Ⅵ제9호의 규정은 암반탱크저장소의 압력계·안전장치, 정전기 제거설비, 배관 및 주입구의 설치에 관하여 이를 준용한다.

■ 위험물안전관리법 시행규칙 [별표 13]

주유취급소의 위치·구조 및 설비의 기준 (제37조 관련) ☑기출 24 경채

I 주유공지 및 급유공지

1. 주유취급소의 고정주유설비[펌프기기 및 호스기기로 되어 위험물을 자동차등에 직접 주유하기 위한 설비로서 현수식(매닮식)의 것을 포함한다. 이하 같다]의 주위에는 주유를 받으려는 자동차 등이 출입할 수 있도록 너비 ❸   m 이상, 길이 ❹   m 이상의 콘크리트 등으로 포장한 공지(이하 "주유공지"라 한다)를 보유하여야 하고, 고정급유설비(펌프기기 및 호스기기로 되어 위험물을 용기에 옮겨 담거나 이동저장탱크에 주입하기 위한 설비로서 현수식의 것을 포함한다. 이하 같다)를 설치하는 경우에는 고정급유설비의 호스기기의 주위에 필요한 공지(이하 "급유공지"라 한다)를 보유하여야 한다.
2. 제1호의 규정에 의한 공지의 바닥은 주위 지면보다 높게 하고, 그 표면을 적당하게 경사지게 하여 새어나온 기름 그 밖의 액체가 공지의 외부로 유출되지 아니하도록 배수구·❺   및 ❻   를 하여야 한다.

II 표지 및 게시판

주유취급소에는 별표 4 Ⅲ제1호의 기준에 준하여 보기 쉬운 곳에 "위험물 주유취급소"라는 표시를 한 표지, 동표 Ⅲ제2호의 기준에 준하여 방화에 관하여 필요한 사항을 게시한 게시판 및 ❼   바탕에 ❽   문자로 "주유중엔진정지"라는 표시를 한 게시판을 설치하여야 한다.

시행규칙 ✓
- ❶ 유분리장치
- ❷ 전용공동
- ❸ 15
- ❹ 6
- ❺ 집유설비
- ❻ 유분리장치
- ❼ 황색
- ❽ 흑색

Ⅲ 탱크

1. 주유취급소에는 다음 각목의 탱크 외에는 위험물을 저장 또는 취급하는 탱크를 설치할 수 없다. 다만, 별표 10 Ⅰ의 규정에 의한 이동탱크저장소의 상시주차장소를 주유공지 또는 급유공지 외의 장소에 확보하여 이동탱크저장소(당해주유취급소의 위험물의 저장 또는 취급에 관계된 것에 한한다)를 설치하는 경우에는 그러하지 아니하다.

   가. 자동차 등에 주유하기 위한 고정주유설비에 직접 접속하는 전용탱크로서 ❶＿＿＿ l 이하의 것

   나. 고정급유설비에 직접 접속하는 전용탱크로서 ❷＿＿＿ l 이하의 것

   다. 보일러 등에 직접 접속하는 전용탱크로서 ❸＿＿＿ l 이하의 것

   라. 자동차 등을 점검·정비하는 작업장 등(주유취급소안에 설치된 것에 한한다)에서 사용하는 폐유·윤활유 등의 위험물을 저장하는 탱크로서 용량(2 이상 설치하는 경우에는 각 용량의 합계를 말한다)이 ❹＿＿＿ l 이하인 탱크(이하 "폐유탱크등"이라 한다)

   마. 고정주유설비 또는 고정급유설비에 직접 접속하는 3기 이하의 간이탱크. 다만, 「국토의 계획 및 이용에 관한 법률」에 의한 방화지구안에 위치하는 주유취급소의 경우를 제외한다.

2. 제1호가목 내지 라목의 규정에 의한 탱크(다목 및 라목의 규정에 의한 탱크는 용량이 ❺＿＿＿ l 를 초과하는 것에 한한다)는 옥외의 지하 또는 캐노피 아래의 지하(캐노피 기둥의 하부를 제외한다)에 매설하여야 한다.

3. 제Ⅰ호의 규정에 의하여 설치하는 전용탱크·폐유탱크등 또는 간이탱크의 위치·구조 및 설비의 기준은 다음 각목과 같다.

   가. 지하에 매설하는 전용탱크 또는 폐유탱크등의 위치·구조 및 설비는 별표 8 Ⅰ[제5호·제10호(게시판에 관한 부분에 한한다)·제11호(액중펌프설비에 관한 부분을 제외한다)·제14호 및 용량 ❻＿＿＿ l 를 넘는 탱크를 설치하는 경우에 있어서는 제1호 단서를 제외한다]·별표 8 Ⅱ[별표 8 Ⅰ제5호·제10호(게시판에 관한 부분에 한한다)·제11호(액중펌프설비에 관한 부분을 제외한다)·제14호를 제외한다] 또는 별표 8 Ⅲ[별표 8 Ⅰ제5호·제10호(게시판에 관한 부분에 한한다)·제11호(액중펌프설비에 관한 부분을 제외한다)·제14호를 제외한다]의 규정에 의한 지하저장탱크의 위치·구조 및 설비의 기준을 준용할 것

   나. 지하에 매설하지 아니하는 폐유탱크등의 위치·구조 및 설비는 별표 7 Ⅰ(제1호 다목을 제외한다)의 규정에 의한 옥내저장탱크의 위치·구조·설비 또는 시·도의 조례에 정하는 지정수량 미만인 탱크의 위치·구조 및 설비의 기준을 준용할 것

   다. 간이탱크의 구조 및 설비는 별표 9 제4호 내지 제8호의 규정에 의한 간이저장탱크의 구조 및 설비의 기준을 준용하되, 자동차 등과 충돌할 우려가 없도록 설치할 것

Ⅳ 고정주유설비 등

1. 주유취급소에는 자동차 등의 연료탱크에 직접 주유하기 위한 고정주유설비를 설치하여야 한다.
2. 주유취급소의 고정주유설비 또는 고정급유설비는 Ⅲ제1호 가목·나목 또는 마목의 규정에 의한 탱크중 하나의 탱크만으로부터 위험물을 공급받을 수 있도록 하고, 다음 각목의 기준에 적합한 구조로 하여야 한다.

    가. 펌프기기는 주유관 끝부분에서의 최대배출량이 제1석유류의 경우에는 분당 ❼ l 이하, 경유의 경우에는 분당 ❽ l 이하, 등유의 경우에는 분당 ❾ l 이하인 것으로 할 것. 다만, 이동저장탱크에 주입하기 위한 고정급유설비의 펌프기기는 최대배출량이 분당 ❿ l 이하인 것으로 할 수 있으며, 분당 배출량이 ⓫ l 이상인 것의 경우에는 주유설비에 관계된 모든 배관의 안지름을 ⓬ mm 이상으로 하여야 한다.

    나. 이동저장탱크의 상부를 통하여 주입하는 고정급유설비의 주유관에는 당해 탱크의 밑부분에 달하는 주입관을 설치하고, 그 배출량이 분당 ⓭ l 를 초과하는 것은 이동저장탱크에 주입하는 용도로만 사용할 것

    다. 고정주유설비 또는 고정급유설비는 난연성 재료로 만들어진 외장을 설치할 것. 다만, Ⅸ의 규정에 의한 기준에 적합한 펌프실에 설치하는 펌프기기 또는 액중펌프에 있어서는 그러하지 아니하다.

    라. 고정주유설비 또는 고정급유설비의 본체 또는 노즐 손잡이에 주유작업자의 인체에 축적되는 정전기를 유효하게 제거할 수 있는 장치를 설치할 것

3. 고정주유설비 또는 고정급유설비의 주유관의 길이(끝부분의 개폐밸브를 포함한다)는 ⓮ m(현수식의 경우에는 지면위 ⓯ m의 수평면에 수직으로 내려 만나는 점을 중심으로 반경 ⓰ m) 이내로 하고 그 끝부분에는 축적된 정전기를 유효하게 제거할 수 있는 장치를 설치하여야 한다.

4. 고정주유설비 또는 고정급유설비는 다음 각목의 기준에 적합한 위치에 설치하여야 한다.

    가. 고정주유설비의 중심선을 기점으로 하여 도로경계선까지 ⓱ m 이상, 부지경계선·담 및 건축물의 벽까지 ⓲ m(개구부가 없는 벽까지는 1m) 이상의 거리를 유지하고, 고정급유설비의 중심선을 기점으로 하여 도로경계선까지 ⓳ m 이상, 부지경계선 및 담까지 ⓴ m 이상, 건축물의 벽까지 ㉑ m(개구부가 없는 벽까지는 1m) 이상의 거리를 유지할 것

    나. 고정주유설비와 고정급유설비의 사이에는 ㉒ m 이상의 거리를 유지할 것

시행규칙

❶ 50,000　　❻ 10,000　　⓫ 200　　⓰ 3　　㉑ 2
❷ 50,000　　❼ 50　　　　⓬ 40　　 ⓱ 4　　㉒ 4
❸ 10,000　　❽ 180　　　 ⓭ 80　　 ⓲ 2
❹ 2,000　　 ❾ 80　　　　⓮ 5　　　⓳ 4
❺ 1,000　　 ❿ 300　　　 ⓯ 0.5　　⓴ 1

Ⅴ 건축물 등의 제한 등

1. 주유취급소에는 주유 또는 그에 부대하는 업무를 위하여 사용되는 다음 각목의 건축물 또는 시설 외에는 다른 건축물 그 밖의 공작물을 설치할 수 없다.
    가. 주유 또는 등유·경유를 옮겨 담기 위한 작업장
    나. 주유취급소의 업무를 행하기 위한 사무소
    다. 자동차 등의 ❶   및 ❷   를 위한 작업장
    라. 자동차 등의 ❸   을 위한 작업장
    마. 주유취급소에 출입하는 사람을 대상으로 한 점포·❹   또는 ❺
    바. 주유취급소의 관계자가 거주하는 주거시설
    사. 전기자동차용 충전설비(전기를 동력원으로 하는 자동차에 직접 전기를 공급하는 설비를 말한다. 이하 같다)
    아. 그 밖의 소방청장이 정하여 고시하는 건축물 또는 시설

2. 제1호 각목의 건축물 중 주유취급소의 직원 외의 자가 출입하는 나목·다목 및 마목의 용도에 제공하는 부분의 면적의 합은 ❻   ㎡를 초과할 수 없다.

3. 다음 각목의 1에 해당하는 주유취급소(이하 "옥내주유취급소"라 한다)는 소방청장이 정하여 고시하는 용도로 사용하는 부분이 없는 건축물(옥내주유취급소에서 발생한 화재를 옥내주유취급소의 용도로 사용하는 부분 외의 부분에 자동적으로 유효하게 알릴 수 있는 자동화재탐지설비 등을 설치한 건축물에 한한다)에 설치할 수 있다.
    가. 건축물안에 설치하는 주유취급소
    나. 캐노피·처마·차양·부연·발코니 및 루버(louver: 통풍이나 빛가림을 위해 폭이 좁은 판을 빗대는 창살)의 수평투영면적이 주유취급소의 공지면적(주유취급소의 부지면적에서 건축물 중 벽 및 바닥으로 구획된 부분의 수평투영면적을 뺀 면적을 말한다)의 ❼   을 초과하는 주유취급소

Ⅵ 건축물 등의 구조

1. 주유취급소에 설치하는 건축물 등은 다음 각목의 규정에 의한 위치 및 구조의 기준에 적합하여야 한다.
    가. 건축물, 창 및 출입구의 구조는 다음의 기준에 적합하게 할 것
        1) 건축물의 벽·기둥·바닥·보 및 지붕을 내화구조 또는 불연재료로 할 것. 다만, Ⅴ제2호에 따른 면적의 합이 ❽   ㎡를 초과하는 경우에는 건축물의 벽을 내화구조로 하여야 한다.
        2) 창 및 출입구(Ⅴ제1호 다목 및 라목의 용도에 사용하는 부분에 설치한 자동차 등의 출입구를 제외한다)에는 60분+방화문·60분방화문·30분방화문 또는 불연재료로 된 문을 설치할 것. 이 경우 Ⅴ제2호에 따른 면적의 합이 ❾   ㎡를 초과하는 주유취급소로서 하나의 구획실의 면적이 ❿   ㎡를 초과하거나 2층 이상의 층에 설치하는 경우에는 해당 구획실 또는 해당 층의 2면 이상의 벽에 각각 출입구를 설치하여야 한다.

나. V제1호 바목의 용도에 사용하는 부분은 개구부가 없는 내화구조의 바닥 또는 벽으로 당해 건축물의 다른 부분과 구획하고 주유를 위한 작업장 등 위험물취급장소에 면한 쪽의 벽에는 출입구를 설치하지 아니할 것

다. 사무실 등의 창 및 출입구에 유리를 사용하는 경우에는 망입유리 또는 강화유리로 할 것. 이 경우 강화유리의 두께는 창에는 ⓫ ㎜ 이상, 출입구에는 ⓬ ㎜ 이상으로 하여야 한다.

라. 건축물 중 사무실 그 밖의 화기를 사용하는 곳(V제1호 다목 및 라목의 용도에 사용하는 부분을 제외한다)은 누설한 가연성의 증기가 그 내부에 유입되지 아니하도록 다음의 기준에 적합한 구조로 할 것

    1) 출입구는 건축물의 안에서 밖으로 수시로 개방할 수 있는 ⓭ 의 것으로 할 것

    2) 출입구 또는 사이통로의 문턱의 높이를 ⓮ ㎝ 이상으로 할 것

    3) 높이 ⓯ m 이하의 부분에 있는 창 등은 밀폐시킬 것

마. 자동차 등의 점검·정비를 행하는 설비는 다음의 기준에 적합하게 할 것

    1) 고정주유설비로부터 ⓰ m 이상, 도로경계선으로부터 ⓱ m 이상 떨어지게 할 것. 다만, V제1호 다목의 규정에 의한 작업장 중 바닥 및 벽으로 구획된 옥내의 작업장에 설치하는 경우에는 그러하지 아니하다.

    2) 위험물을 취급하는 설비는 위험물의 ⓲ · ⓳ 또는 ⓴ 을 방지할 수 있는 구조로 할 것

바. 자동차 등의 세정을 행하는 설비는 다음의 기준에 적합하게 할 것

    1) 증기세차기를 설치하는 경우에는 그 주위의 불연재료로 된 높이 ㉑ m 이상의 담을 설치하고 출입구가 고정주유설비에 면하지 아니하도록 할 것. 이 경우 담은 고정주유설비로부터 ㉒ m 이상 떨어지게 하여야 한다.

    2) 증기세차기 외의 세차기를 설치하는 경우에는 고정주유설비로부터 4m 이상, 도로경계선으로부터 ㉓ m 이상 떨어지게 할 것. 다만, V제1호 라목의 규정에 의한 작업장 중 바닥 및 벽으로 구획된 옥내의 작업장에 설치하는 경우에는 그러하지 아니하다.

시행규칙

❶ 점검
❷ 간이정비
❸ 세정
❹ 휴게음식점
❺ 전시장
❻ 1,000
❼ 3분의 1
❽ 500
❾ 500
❿ 500
⓫ 8
⓬ 12
⓭ 자동폐쇄식
⓮ 15
⓯ 1
⓰ 4
⓱ 2
⓲ 누설
⓳ 넘침
⓴ 비산
㉑ 1
㉒ 4
㉓ 2

사. 주유원간이대기실은 다음의 기준에 적합할 것
  1) ❶ [____]로 할 것
  2) 바퀴가 부착되지 아니한 고정식일 것
  3) 차량의 출입 및 주유작업에 장애를 주지 아니하는 위치에 설치할 것
  4) 바닥면적이 ❷ [____] ㎡ 이하일 것. 다만, 주유공지 및 급유공지 외의 장소에 설치하는 것은 그러하지 아니하다.
아. 전기자동차용 충전설비는 다음의 기준에 적합할 것
  1) 충전기기(충전케이블로 전기자동차에 전기를 직접 공급하는 기기를 말한다. 이하 같다)의 주위에 전기자동차 충전을 위한 전용 공지(주유공지 또는 급유공지 외의 장소를 말하며, 이하 "충전공지"라 한다)를 확보하고, 충전공지 주위를 페인트 등으로 표시하여 그 범위를 알아보기 쉽게 할 것
  2) 전기자동차용 충전설비를 Ⅴ. 건축물 등의 제한 등의 제1호 각 목의 건축물 밖에 설치하는 경우 충전공지는 폭발위험장소(「산업표준화법」 제12조에 따른 한국산업표준에서 정한 폭발성 가스에 의한 폭발위험장소의 범위를 말한다. 이하 이 목에서 같다) 외의 장소에 둘 것
  3) 전기자동차용 충전설비를 Ⅴ. 건축물 등의 제한 등의 제1호 각 목의 건축물 안에 설치하는 경우에는 다음의 기준에 적합할 것
    가) 해당 건축물의 ❸ [____] 층에 설치할 것
    나) 해당 건축물에 가연성 증기가 남아 있을 우려가 없도록 별표 4 Ⅴ 제1호다목에 따른 환기설비 또는 별표 4 Ⅵ에 따른 배출설비를 설치할 것
  4) 전기자동차용 충전설비의 전력공급설비[전기자동차에 전원을 공급하기 위한 전기설비로서 전력량계, 인입구(引入口) 배선, 분전반 및 배선용 차단기 등을 말한다]는 다음의 기준에 적합할 것
    가) 분전반은 ❹ [____]을 갖출 것. 다만, 분전반을 폭발위험장소 외의 장소에 설치하는 경우에는 방폭성능을 갖추지 않을 수 있다.
    나) 전력량계, 누전차단기 및 배선용 차단기는 분전반 내에 설치할 것
    다) 인입구 배선은 지하에 설치할 것
    라) 「전기사업법」에 따른 전기설비의 기술기준에 적합할 것
  5) 충전기기와 인터페이스[충전기기에서 전기자동차에 전기를 공급하기 위하여 연결하는 커넥터(connector), 케이블 등을 말한다. 이하 같다]는 다음의 기준에 적합할 것
    가) 충전기기는 ❺ [____]을 갖출 것. 다만, 다음의 기준을 모두 갖춘 경우에는 방폭성능을 갖추지 않을 수 있다.
      ⑴ 충전기기의 전원공급을 긴급히 차단할 수 있는 장치를 사무소 ❻ [____] 또는 충전기기 ❼ [____]에 설치할 것
      ⑵ 충전기기를 폭발위험장소 외의 장소에 설치할 것
    나) 인터페이스의 구성 부품은 「전기용품 및 생활용품 안전관리법」에 따른 기준에 적합할 것

6) 충전작업에 필요한 주차장을 설치하는 경우에는 다음의 기준에 적합할 것
　가) 주유공지, 급유공지 및 충전공지 외의 장소로서 주유를 위한 자동차 등의 진입·출입에 지장을 주지 않는 장소에 설치할 것
　나) 주차장의 주위를 페인트 등으로 표시하여 그 범위를 알아보기 쉽게 할 것
　다) ❽ㅤㅤ에 직접 주차하는 구조로 할 것

2. Ⅴ제3호의 규정에 의한 옥내주유취급소는 제1호의 기준에 의하는 외에 다음 각목에 정하는 기준에 적합한 구조로 하여야 한다.
　가. 건축물에서 옥내주유취급소의 용도에 사용하는 부분은 벽·기둥·바닥·보 및 지붕을 내화구조로 하고, 개구부가 없는 내화구조의 바닥 또는 벽으로 당해 건축물의 다른 부분과 구획할 것. 다만, 건축물의 옥내주유취급소의 용도에 사용하는 부분의 상부에 상층이 없는 경우에는 지붕을 불연재료로 할 수 있다.
　나. 건축물에서 옥내주유취급소(건축물안에 설치하는 것에 한한다)의 용도에 사용하는 부분의 ❾ㅤㅤ이상의 방면은 자동차 등이 출입하는 측 또는 통풍 및 피난상 필요한 공지에 접하도록 하고 벽을 설치하지 아니할 것
　다. 건축물에서 옥내주유취급소의 용도에 사용하는 부분에는 가연성증기가 체류할 우려가 있는 구멍·구덩이 등이 없도록 할 것
　라. 건축물에서 옥내주유취급소의 용도에 사용하는 부분에 상층이 있는 경우에는 상층으로의 연소를 방지하기 위하여 다음의 기준에 적합하게 내화구조로 된 캔틸레버를 설치할 것
　　1) 옥내주유취급소의 용도에 사용하는 부분(고정주유설비와 접하는 방향 및 나목의 규정에 의하여 벽이 개방된 부분에 한한다)의 바로 위층의 바닥에 이어서 ❿ㅤㅤm 이상 내어 붙일 것. 다만, 바로 위층의 바닥으로부터 높이 ⓫ㅤㅤm 이내에 있는 위층의 외벽에 개구부가 없는 경우에는 그러하지 아니하다.
　　2) 캔틸레버 끝부분과 위층의 개구부(열지 못하게 만든 방화문과 연소방지상 필요한 조치를 한 것을 제외한다)까지의 사이에는 ⓬ㅤㅤm에서 당해 캔틸레버의 내어 붙인 거리를 뺀 길이 이상의 거리를 보유할 것
　마. 건축물중 옥내주유취급소의 용도에 사용하는 부분외에는 주유를 위한 작업장 등 위험물취급장소와 접하는 외벽에 창(망입유리로 된 붙박이 창을 제외한다) 및 출입구를 설치하지 아니할 것

시행규칙 ✅

❶ 불연재료　　　　❺ 방폭성능　　　　❾ 2
❷ 2.5　　　　　　 ❻ 내부　　　　　　❿ 1.5
❸ 1　　　　　　　 ❼ 주변　　　　　　⓫ 7
❹ 방폭성능　　　　❽ 지면　　　　　　⓬ 7

Ⅶ 담 또는 벽

1. 주유취급소의 주위에는 자동차 등이 출입하는 쪽외의 부분에 높이 ❶ m 이상의 내화구조 또는 불연재료의 담 또는 벽을 설치하되, 주유취급소의 인근에 연소의 우려가 있는 건축물이 있는 경우에는 소방청장이 정하여 고시하는 바에 따라 방화상 유효한 높이로 하여야 한다.
2. 제1호에도 불구하고 다음 각 목의 기준에 모두 적합한 경우에는 담 또는 벽의 일부분에 방화상 유효한 구조의 유리를 부착할 수 있다.
    가. 유리를 부착하는 위치는 주입구, 고정주유설비 및 고정급유설비로부터 ❷ m 이상 거리를 둘 것
    나. 유리를 부착하는 방법은 다음의 기준에 모두 적합할 것
        1) 주유취급소 내의 지반면으로부터 ❸ ㎝를 초과하는 부분에 한하여 유리를 부착할 것
        2) 하나의 유리판의 가로의 길이는 ❹ m 이내일 것
        3) 유리판의 테두리를 금속제의 구조물에 견고하게 고정하고 해당 구조물을 담 또는 벽에 견고하게 부착할 것
        4) 유리의 구조는 접합유리(두장의 유리를 두께 0.76㎜ 이상의 폴리바이닐뷰티랄 필름으로 접합한 구조를 말한다)로 하되, 「유리구획 부분의 내화시험방법(KS F 2845)」에 따라 시험하여 비차열 ❺ 분 이상의 방화성능이 인정될 것
    다. 유리를 부착하는 범위는 전체의 담 또는 벽의 길이의 ❻ 를 초과하지 아니할 것

Ⅷ 캐노피

주유취급소에 캐노피를 설치하는 경우에는 다음 각목의 기준에 의하여야 한다.
    가. 배관이 캐노피 내부를 통과할 경우에는 ❼ 개 이상의 점검구를 설치할 것
    나. 캐노피 외부의 점검이 곤란한 장소에 배관을 설치하는 경우에는 용접이음으로 할 것
    다. 캐노피 외부의 배관이 일광열의 영향을 받을 우려가 있는 경우에는 단열재로 피복할 것

Ⅸ 펌프실 등의 구조

주유취급소 펌프실 그 밖에 위험물을 취급하는 실(이하 Ⅸ에서 "펌프실등"이라 한다)을 설치하는 경우에는 다음 각목의 기준에 적합하게 하여야 한다.
    가. 바닥은 위험물이 침투하지 아니하는 구조로 하고 적당한 ❽ 를 두어 집유설비를 설치할 것
    나. 펌프실등에는 위험물을 취급하는데 필요한 채광·조명 및 환기의 설비를 할 것
    다. 가연성 증기가 체류할 우려가 있는 펌프실등에는 그 증기를 옥외에 배출하는 설비를 설치할 것
    라. 고정주유설비 또는 고정급유설비중 펌프기기를 호스기기와 분리하여 설치하는 경우에는 펌프실의 출입구를 주유공지 또는 급유공지에 접하도록 하고, 자동폐쇄식의 60분+방화문 또는 60분방화문을 설치할 것
    마. 펌프실등에는 별표 4 Ⅲ제1호의 기준에 따라 보기 쉬운 곳에 "위험물 펌프실", "위험물 취급실" 등의 표시를 한 표지와 동표 Ⅲ제2호의 기준에 따라 방화에 관하여 필요한 사항을 게시한 게시판을 설치하여야 한다.
    바. 출입구에는 바닥으로부터 ❾ m 이상의 턱을 설치할 것

X 항공기주유취급소의 특례

1. 비행장에서 항공기, 비행장에 소속된 차량 등에 주유하는 주유취급소에 대하여는 Ⅰ, Ⅱ, Ⅲ제1호·제2호, Ⅳ제2호·제3호(주유관의 길이에 관한 규정에 한한다), Ⅶ 및 Ⅷ의 규정을 적용하지 아니한다.
2. 제1호에서 규정한 것외의 항공기주유취급소에 대한 특례는 다음 각목과 같다.
    가. 항공기주유취급소에는 항공기 등에 직접 주유하는데 필요한 공지를 보유할 것
    나. 제1호의 규정에 의한 공지는 그 지면을 콘크리트 등으로 포장할 것
    다. 제1호의 규정에 의한 공지에는 누설한 위험물 그 밖의 액체가 공지의 외부로 유출되지 아니하도록 ❿_____ 및 ⓫_____를 설치할 것. 다만, 누설한 위험물 등의 유출을 방지하기 위한 조치를 한 경우에는 그러하지 아니하다.
    라. 지하식(호스기기가 지하의 상자에 설치된 형식을 말한다. 이하 같다)의 고정주유설비를 사용하여 주유하는 항공기주유취급소의 경우에는 다음의 기준에 의할 것
        1) 호스기기를 설치한 상자에는 적당한 방수조치를 할 것
        2) 고정주유설비의 펌프기기와 호스기기를 분리하여 설치한 항공기주유취급소의 경우에는 당해 고정주유설비의 펌프기기를 정지하는 등의 방법에 의하여 위험물저장탱크로부터 위험물의 이송을 긴급히 정지할 수 있는 장치를 설치할 것
    마. 연료를 이송하기 위한 배관(이하 "주유배관"이란 한다) 및 당해 주유배관의 끝부분에 접속하는 호스기기를 사용하여 주유하는 항공기주유취급소의 경우에는 다음의 기준에 의할 것
        1) 주유배관의 끝부분에는 ⓬____를 설치할 것
        2) 주유배관의 끝부분을 지면 아래의 상자에 설치한 경우에는 당해 상자에 대하여 적당한 ⓭_____를 할 것
        3) 주유배관의 끝부분에 접속하는 호스기기는 누설우려가 없도록 하는 등 화재예방상 안전한 구조로 할 것
        4) 주유배관의 끝부분에 접속하는 호스기기에는 주유호스의 끝부분에 축적되는 정전기를 유효하게 제거하는 장치를 설치할 것
        5) 항공기주유취급소에는 펌프기기를 정지하는 등의 방법에 의하여 위험물저장탱크로부터 위험물의 이송을 긴급히 정지할 수 있는 장치를 설치할 것

시행규칙
❶ 2
❷ 4
❸ 70
❹ 2
❺ 30
❻ 10분의 2
❼ 1
❽ 경사
❾ 0.1
❿ 배수구
⓫ 유분리장치
⓬ 밸브
⓭ 방수조치

바. 주유배관의 끝부분에 접속하는 호스기기를 적재한 차량(이하 "주유호스차"라 한다)을 사용하여 주유하는 항공기주유취급소의 경우에는 마목1)·2) 및 5)의 규정에 의하는 외에 다음의 기준에 의할 것

    1) 주유호스차는 화재예방상 안전한 장소에 ❶ 할 것

    2) 주유호스차에는 별표 10 IX제1호 가목 및 나목의 규정에 의한 장치를 설치할 것

    3) 주유호스차의 호스기기는 별표 10 IX제1호 다목, 마목 본문 및 사목의 규정에 의한 주유탱크차의 주유설비의 기준을 준용할 것

    4) 주유호스차의 호스기기에는 항공기와 ❷ 하기 위한 도선을 설치하고 주유호스의 끝부분에 축적되는 정전기를 유효하게 제거할 수 있는 장치를 설치할 것

    5) 항공기주유취급소에는 ❸ 를 유효하게 제거할 수 있는 접지전극을 설치할 것

사. 주유탱크차를 사용하여 주유하는 항공기주유취급소에는 정전기를 유효하게 제거할 수 있는 접지전극을 설치할 것

XI 철도주유취급소의 특례

1. 철도 또는 궤도에 의하여 운행하는 차량에 주유하는 주유취급소에 대하여는 I 내지 VIII의 규정을 적용하지 아니한다.
2. 제1호에서 규정한 것외의 철도주유취급소에 대한 특례는 다음 각목과 같다.

    가. 철도 또는 궤도에 의하여 운행하는 차량에 직접 주유하는데 필요한 공지를 보유할 것

    나. 가목의 규정에 의한 공지중 위험물이 누설할 우려가 있는 부분과 고정주유설비 또는 주유배관의 끝부분 주위에 있어서는 그 지면을 ❹ 등으로 포장할 것

    다. 나목의 규정에 의하여 포장한 부분에는 누설한 위험물 그 밖의 액체가 외부로 유출되지 아니하도록 ❺ 및 ❻ 를 설치할 것

    라. 지하식의 고정주유설비를 이용하여 주유하는 경우에는 X제2호 라목의 규정을 준용할 것

    마. 주유배관의 끝부분에 접속한 호스기기를 이용하여 주유하는 경우에는 X제2호 마목의 규정을 준용할 것

XII 고속국도주유취급소의 특례

고속국도의 도로변에 설치된 주유취급소에 있어서는 III제1호가목 및 나목의 규정에 의한 탱크의 용량을 ❼ *l* 까지 할 수 있다.

XIII 자가용주유취급소의 특례

주유취급소의 관계인이 소유·관리 또는 점유한 자동차 등에 대하여만 주유하기 위하여 설치하는 자가용주유취급소에 대하여는 I 제1호의 규정을 적용하지 아니한다.

XIV 선박주유취급소의 특례

선박에 주유하는 주유취급소에 대하여는 Ⅰ제1호, Ⅲ제1호 및 제2호, Ⅳ제3호(주유관의 길이에 관한 규정에 한한다) 및 Ⅶ의 규정을 적용하지 아니한다.

2. 제1호에서 규정한 것외의 선박주유취급소(고정주유설비를 수상의 구조물에 설치하는 선박주유취급소는 제외한다)에 대한 특례는 다음 각목과 같다.

   가. 선박주유취급소에는 선박에 직접 주유하기 위한 ❽ 와 ❾ 을 보유할 것

   나. 가목의 규정에 의한 공지, 고정주유설비 및 주유배관의 끝부분 주위에는 그 지반면을 콘크리트 등으로 포장할 것

   다. 나목의 규정에 의하여 포장된 부분에는 누설한 위험물 그 밖의 액체가 공지의 외부로 유출되지 아니하도록 ❿ 및 ⓫ 를 설치할 것. 다만, 누설한 위험물 등의 유출을 방지하기 위한 조치를 한 경우에는 그러하지 아니하다.

   라. 지하식의 고정주유설비를 이용하여 주유하는 경우에는 X제2호 라목의 규정을 준용할 것

   마. 주유배관의 끝부분에 접속한 호스기기를 이용하여 주유하는 경우에는 X제2호 마목의 규정을 준용할 것

   바. 선박주유취급소에서는 위험물이 유출될 경우 회수 등의 응급조치를 강구할 수 있는 설비를 설치할 것

3. 제1호에서 규정한 것 외의 고정주유설비를 수상의 구조물에 설치하는 선박주유취급소에 대한 특례는 다음 각 목과 같다.

   가. Ⅰ제2호 및 Ⅳ제4호를 적용하지 않을 것

   나. 선박주유취급소에는 선박에 직접 주유하는 주유작업과 선박의 계류를 위한 수상구조물을 다음의 기준에 따라 설치할 것

      1) 수상구조물은 철재·목재 등의 견고한 재질이어야 하며, 그 기둥을 해저 또는 하저에 견고하게 고정시킬 것

      2) 선박의 충돌로부터 수상구초물의 손상을 방지할 수 있는 철재로 된 보호구조물을 해저 또는 하저에 견고하게 고정시킬 것

   다. 수상구조물에 설치하는 고정주유설비의 주유작업 장소의 바닥은 불침윤성·불연성의 재료로 포장을 하고, 그 주위에 새어나온 위험물이 외부로 유출되지 않도록 집유설비를 다음의 기준에 따라 설치할 것

      1) 새어나온 위험물을 직접 또는 배수구를 통하여 집유설비로 수용할 수 있는 구조로 할 것

      2) 집유설비는 수시로 용이하게 개방하여 고여 있는 빗물과 위험물을 제거할 수 있는 구조로 할 것

시행규칙 ✅

❶ 상시주차
❷ 전기적으로 접속
❸ 정전기
❹ 콘크리트
❺ 배수구
❻ 유분리장치
❼ 60,000
❽ 공지
❾ 계류시설
❿ 배수구
⓫ 유분리장치

라. 수상구조물에 설치하는 고정주유설비는 다음의 기준에 따라 설치할 것
   1) 주유호스의 끝부분에 ❶   를 부착한 주유노즐을 설치하고, 개방한 상태로 고정시키는 장치를 부착하지 않을 것
   2) 주유노즐은 선박의 연료탱크가 가득 찬 경우 ❷   적으로 정지시키는 구조일 것
   3) 주유호스는 ❸   ㎏중 이하의 하중에 의하여 깨져 분리되거나 이탈되어야 하고, 깨져 분리되거나 이탈된 부분으로부터의 위험물 누출을 방지할 수 있는 구조일 것
마. 수상구조물에 설치하는 고정주유설비에 위험물을 공급하는 배관계에 위험물 차단밸브를 다음의 기준에 따라 설치할 것. 다만, 위험물을 공급하는 탱크의 최고 액표면의 높이가 해당 배관계의 높이보다 낮은 경우에는 그렇지 않다.
   1) 고정주유설비의 인근에서 주유작업자가 직접 위험물의 공급을 차단할 수 있는 ❹   식의 차단밸브를 설치할 것
   2) 배관 경로 중 육지 내의 지점에서 위험물의 공급을 차단할 수 있는 수동식의 차단밸브를 설치할 것
바. 긴급한 경우에 고정주유설비의 펌프를 정지시킬 수 있는 긴급제어장치를 설치할 것
사. 지하식의 고정주유설비를 이용하여 주유하는 경우에는 X제2호라목을 준용할 것
아. 주유배관의 끝부분에 접속하는 호스기기를 이용하여 주유하는 경우에는 X제2호마목을 준용할 것
자. 선박주유취급소에는 위험물이 유출될 경우 회수 등의 응급조치를 강구할 수 있는 설비를 다음의 기준에 따라 준비하여 둘 것
   1) 오일펜스(기름막이): 수면 위로 20㎝ 이상 30㎝ 미만으로 노출되고, 수면 아래로 30㎝ 이상 40㎝ 미만으로 잠기는 것으로서, 60m 이상의 길이일 것
   2) 유처리제, 유흡착제 또는 유겔화제(기름을 굳게 하는 물질): 다음의 계산식을 충족하는 양 이상일 것

   $20X + 50Y + 15Z = 10,000$

   X: 유처리제의 양(l)
   Y: 유흡착제의 양(kg)
   Z: 유겔화제의 양[액상(l), 분말(kg)]

XV 고객이 직접 주유하는 주유취급소의 특례

1. 고객이 직접 자동차 등의 연료탱크 또는 용기에 위험물을 주입하는 고정주유설비 또는 고정급유설비(이하 "셀프용고정주유설비" 또는 "셀프용고정급유설비"라 한다)를 설치하는 주유취급소의 특례는 제2호 내지 제5호와 같다.
2. 셀프용고정주유설비의 기준은 다음의 각목과 같다.
   가. 주유호스의 끝부분에 수동개폐장치를 부착한 주유노즐을 설치할 것. 다만, 수동개폐장치를 개방한 상태로 고정시키는 장치가 부착된 경우에는 다음의 기준에 적합하여야 한다.
      1) 주유작업을 개시함에 있어서 주유노즐의 수동개폐장치가 개방상태에 있는 때에는 당해 수동개폐장치를 일단 폐쇄시켜야만 다시 주유를 개시할 수 있는 구조로 할 것
      2) 주유노즐이 자동차 등의 주유구로부터 이탈된 경우 주유를 자동적으로 정지시키는 구조일 것

나. 주유노즐은 자동차 등의 연료탱크가 가득 찬 경우 자동적으로 정지시키는 구조일 것

다. 주유호스는 ❺ ____ kg중 이하의 하중에 의하여 깨져 분리되거나 이탈되어야 하고, 깨져 분리되거나 이탈된 부분으로부터의 위험물 누출을 방지할 수 있는 구조일 것

라. 휘발유와 경유 상호간의 오인에 의한 주유를 방지할 수 있는 구조일 것

마. 1회의 연속주유량 및 주유시간의 상한을 미리 설정할 수 있는 구조일 것. 이 경우 연속주유량 및 주유시간의 상한은 다음과 같다.
   1) 휘발유는 ❻ ____ *l* 이하, ❼ ____ 분 이하로 할 것
   2) 경유는 ❽ ____ *l* 이하, ❾ ____ 분 이하로 할 것

3. 셀프용고정급유설비의 기준은 다음 각목과 같다.

   가. 급유호스의 끝부분에 수동개폐장치를 부착한 급유노즐을 설치할 것

   나. 급유노즐은 용기가 가득찬 경우에 자동적으로 정지시키는 구조일 것

   다. 1회의 연속급유량 및 급유시간의 상한을 미리 설정할 수 있는 구조일 것 이 경우 급유량의 상한은 ❿ ____ *l* 이하, 급유시간의 상한은 ⓫ ____ 분 이하로 한다.

4. 셀프용고정주유설비 또는 셀프용고정급유설비의 주위에는 다음 각목에 의하여 표시를 하여야 한다.

   가. 셀프용고정주유설비 또는 셀프용고정급유설비의 주위의 보기 쉬운 곳에 고객이 직접 주유할 수 있다는 의미의 표시를 하고 자동차의 정차위치 또는 용기를 놓는 위치를 표시할 것

   나. 주유호스 등의 직근에 호스기기 등의 사용방법 및 위험물의 품목을 표시할 것

   다. 셀프용고정주유설비 또는 셀프용고정급유설비와 셀프용이 아닌 고정주유설비 또는 고정급유설비를 함께 설치하는 경우에는 셀프용이 아닌 것의 주위에 고객이 직접 사용할 수 없다는 의미의 표시를 할 것

5. 고객에 의한 주유작업을 감시·제어하고 고객에 대한 필요한 지시를 하기 위한 감시대와 필요한 설비를 다음 각목의 기준에 의하여 설치하여야 한다.

   가. 감시대는 모든 셀프용고정주유설비 또는 셀프용고정급유설비에서의 고객의 취급작업을 직접 볼 수 있는 위치에 설치할 것

   나. 주유 중인 자동차 등에 의하여 고객의 취급작업을 직접 볼 수 없는 부분이 있는 경우에는 당해 부분의 감시를 위한 카메라를 설치할 것

   다. 감시대에는 모든 셀프용고정주유설비 또는 셀프용고정급유설비로의 위험물 공급을 정지시킬 수 있는 제어장치를 설치할 것

   라. 감시대에는 고객에게 필요한 지시를 할 수 있는 ⓬ ____ 를 설치할 것

시행규칙 ✓

❶ 수동개폐장치 ❺ 200 ❾ 12
❷ 자동 ❻ 100 ❿ 100
❸ 200 ❼ 4 ⓫ 6
❹ 수동 ❽ 600 ⓬ 방송설비

XVI 수소충전설비를 설치한 주유취급소의 특례

1. 전기를 원동력으로 하는 자동차등에 수소를 충전하기 위한 설비(압축수소를 충전하는 설비에 한정한다)를 설치하는 주유취급소(옥내주유취급소 외의 주유취급소에 한정하며, 이하 "압축수소충전설비 설치 주유취급소"라 한다)의 특례는 제2호부터 제5호까지와 같다.
2. 압축수소충전설비 설치 주유취급소에는 Ⅲ 제1호의 규정에 불구하고 인화성 액체를 원료로 하여 수소를 제조하기 위한 개질장치(改質裝置)(이하 "개질장치"라 한다)에 접속하는 원료탱크(50,000ℓ 이하의 것에 한정한다)를 설치할 수 있다. 이 경우 원료탱크는 지하에 매설하되, 그 위치, 구조 및 설비는 Ⅲ 제3호가목을 준용한다.
3. 압축수소충전설비 설치 주유취급소에 설치하는 설비의 기술기준은 다음의 각목과 같다.

    가. 개질장치의 위치, 구조 및 설비는 별표 4 Ⅶ, 같은 표 Ⅷ 제1호부터 제4호까지, 제6호 및 제8호와 같은 표 Ⅹ에서 정하는 사항 외에 다음의 기준에 적합하여야 한다.
       1) 개질장치는 자동차등이 충돌할 우려가 없는 옥외에 설치할 것
       2) 개질원료 및 수소가 누출된 경우에 개질장치의 운전을 자동으로 정지시키는 장치를 설치할 것
       3) 펌프설비에는 개질원료의 배출압력이 최대상용압력을 초과하여 상승하는 것을 방지하기 위한 장치를 설치할 것
       4) 개질장치의 위험물 취급량은 지정수량의 ❶   배 미만일 것

    나. 압축기(壓縮機)는 다음의 기준에 적합하여야 한다.
       1) 가스의 배출압력이 최대상용압력을 초과하여 상승하는 경우에 압축기의 운전을 자동으로 정지시키는 장치를 설치할 것
       2) 배출쪽과 가장 가까운 배관에 ❷   를 설치할 것
       3) 자동차등의 충돌을 방지하는 조치를 마련할 것

    다. 충전설비는 다음의 기준에 적합하여야 한다.
       1) 위치는 주유공지 또는 급유공지 외의 장소로 하되, 주유공지 또는 급유공지에서 압축수소를 충전하는 것이 불가능한 장소로 할 것
       2) 충전호스는 자동차등의 가스충전구와 정상적으로 접속하지 않는 경우에는 가스가 공급되지 않는 구조로 하고, ❸   kg중 이하의 하중에 의하여 깨져 분리되거나 이탈되어야 하며, 깨져 분리되거나 이탈된 부분으로부터 가스 누출을 방지할 수 있는 구조일 것
       3) 자동차등의 충돌을 방지하는 조치를 마련할 것
       4) 자동차등의 충돌을 감지하여 운전을 자동으로 정지시키는 구조일 것

라. 가스배관은 다음의 기준에 적합하여야 한다.
　　1) 위치는 주유공지 또는 급유공지 외의 장소로 하되, 자동차등이 충돌할 우려가 없는 장소로 하거나 자동차등의 충돌을 방지하는 조치를 마련할 것
　　2) 가스배관으로부터 화재가 발생한 경우에 주유공지·급유공지 및 전용탱크·폐유탱크등·간이탱크의 주입구로의 연소확대를 방지하는 조치를 마련할 것
　　3) 누출된 가스가 체류할 우려가 있는 장소에 설치하는 경우에는 접속부를 용접할 것. 다만, 당해 접속부의 주위에 ❹   를 설치한 경우에는 그러하지 아니하다.
　　4) 축압기(蓄壓器)로부터 충전설비로의 가스 공급을 긴급히 정지시킬 수 있는 장치를 설치할 것. 이 경우 당해 장치의 기동장치는 화재발생 시 신속히 조작할 수 있는 장소에 두어야 한다.
마. 압축수소의 수입설비(受入設備)는 다음의 기준에 적합하여야 한다.
　　1) 위치는 주유공지 또는 급유공지 외의 장소로 하되, 주유공지 또는 급유공지에서 가스를 수입하는 것이 불가능한 장소로 할 것
　　2) 자동차등의 충돌을 방지하는 조치를 마련할 것
4. 압축수소충전설비 설치 주유취급소의 기타 안전조치의 기술기준은 다음 각 목과 같다
　가. 압축기, 축압기 및 개질장치가 설치된 장소와 주유공지, 급유공지 및 전용탱크·폐유탱크등·간이탱크의 주입구가 설치된 장소 사이에는 화재가 발생한 경우에 상호 연소확대를 방지하기 위하여 높이 ❺   m 정도의 불연재료의 담을 설치할 것
　나. 고정주유설비·고정급유설비 및 전용탱크·폐유탱크등·간이탱크의 주입구로부터 누출된 위험물이 충전설비·축압기·개질장치에 도달하지 않도록 깊이 ❻   ㎝, 폭 ❼   ㎝의 집유 구조물을 설치할 것
　다. 고정주유설비(현수식의 것을 제외한다)·고정급유설비(현수식의 것을 제외한다) 및 간이탱크의 주위에는 자동차등의 충돌을 방지하는 조치를 마련할 것
5. 압축수소충전설비와 관련된 설비의 기술기준은 제2호부터 제4호까지에서 규정한 사항 외에 「고압가스 안전관리법 시행규칙」 별표 5에서 정하는 바에 따른다.

시행규칙 ✓
❶ 10
❷ 역류방지밸브
❸ 200
❹ 가스누출 검지설비
❺ 1.5
❻ 30
❼ 10

■ 위험물안전관리법 시행규칙 [별표 14]

판매취급소의 위치·구조 및 설비의 기준 (제38조 관련)

I 판매취급소의 기준

1. 저장 또는 취급하는 위험물의 수량이 지정수량의 ❶ 배 이하인 판매취급소(이하 "제1종 판매취급소"라 한다)의 위치·구조 및 설비의 기준은 다음 각목과 같다.

   가. 제1종 판매취급소는 건축물의 ❷ 층에 설치할 것

   나. 제1종 판매취급소에는 별표 4 Ⅲ제1호의 기준에 따라 보기 쉬운 곳에 "위험물 판매취급소(제1종)"라는 표시를 한 표지와 동표 Ⅲ제2호의 기준에 따라 방화에 관하여 필요한 사항을 게시한 게시판을 설치하여야 한다.

   다. 제1종 판매취급소의 용도로 사용되는 건축물의 부분은 ❸ 또는 ❹ 로 하고, 판매취급소로 사용되는 부분과 다른 부분과의 격벽은 내화구조로 할 것

   라. 제1종 판매취급소의 용도로 사용하는 건축물의 부분은 보를 불연재료로 하고, 천장을 설치하는 경우에는 천장을 ❺ 로 할 것

   마. 제1종 판매취급소의 용도로 사용하는 부분에 상층이 있는 경우에 있어서는 그 상층의 바닥을 ❻ 로 하고, 상층이 없는 경우에 있어서는 지붕을 내화구조 또는 불연재료로 할 것

   바. 제1종 판매취급소의 용도로 사용하는 부분의 창 및 출입구에는 ❼ 또는 ❽ 을 설치할 것

   사. 제1종 판매취급소의 용도로 사용하는 부분의 창 또는 출입구에 유리를 이용하는 경우에는 망입유리로 할 것

   아. 제1종 판매취급소의 용도로 사용하는 건축물에 설치하는 전기설비는 전기사업법에 의한 전기설비기술기준에 의할 것

자. 위험물을 배합하는 실은 다음에 의할 것
    1) 바닥면적은 ❾ ㎡ 이상 ❿ ㎡ 이하로 할 것
    2) 내화구조 또는 ⓫ 로 된 벽으로 구획할 것
    3) 바닥은 위험물이 침투하지 아니하는 구조로 하여 적당한 경사를 두고 집유설비를 할 것
    4) 출입구에는 수시로 열 수 있는 자동폐쇄식의 ⓬ 을 설치할 것
    5) 출입구 문턱의 높이는 바닥면으로부터 ⓭ m 이상으로 할 것
    6) 내부에 체류한 가연성의 증기 또는 가연성의 미분을 지붕 위로 방출하는 설비를 할 것

2. 저장 또는 취급하는 위험물의 수량이 지정수량의 ⓮ 배 이하인 판매취급소(이하 "제2종 판매취급소"라 한다)의 위치·구조 및 설비의 기준은 제1호가목·나목 및 사목 내지 자목의 규정을 준용하는 외에 다음 각목의 기준에 의한다.
    가. 제2종 판매취급소의 용도로 사용하는 부분은 벽·기둥·바닥 및 보를 ⓯ 로 하고, 천장이 있는 경우에는 이를 ⓰ 로 하며, 판매취급소로 사용되는 부분과 다른 부분과의 격벽은 내화구조로 할 것
    나. 제2종 판매취급소의 용도로 사용하는 부분에 상층이 있는 경우에 있어서는 상층의 바닥을 내화구조로 하는 동시에 상층으로의 연소를 방지하기 위한 조치를 강구하고, 상층이 없는 경우에는 지붕을 내화구조로 할 것
    다. 제2종 판매취급소의 용도로 사용하는 부분중 연소의 우려가 없는 부분에 한하여 창을 두되, 해당 창에는 ⓱ 또는 ⓲ 을 설치할 것
    라. 제2종 판매취급소의 용도로 사용하는 부분의 출입구에는 60분+방화문·60분방화문 또는 30분방화문을 설치할 것. 다만, 해당 부분 중 연소의 우려가 있는 벽에 설치하는 출입구에는 수시로 열 수 있는 ⓳ 을 설치해야 한다.

시행규칙

❶ 20
❷ 1
❸ 내화구조
❹ 불연재료
❺ 불연재료
❻ 내화구조
❼ 60분+방화문·60분방화문
❽ 30분방화문
❾ 6
❿ 15
⓫ 불연재료
⓬ 60분+방화문 또는 60분방화문
⓭ 0.1
⓮ 40
⓯ 내화구조
⓰ 불연재료
⓱ 60분+방화문·60분방화문
⓲ 30분방화문
⓳ 자동폐쇄식의 60분+방화문 또는 60분방화문

■ 위험물안전관리법 시행규칙 [별표 15]

이송취급소의 위치·구조 및 설비의 기준 (제39조 관련)

I 설치장소

1. 이송취급소는 다음 각목의 장소 외의 장소에 설치하여야 한다.
   가. 철도 및 도로의 ❶
   나. 고속국도 및 자동차전용도로(「도로법」 제48조제1항에 따라 지정된 도로를 말한다)의 차도·갓길 및 ❷
   다. 호수·저수지 등으로서 수리의 ❸ 이 되는 곳
   라. 급경사지역으로서 ❹ 의 위험이 있는 지역

2. 제1호의 규정에 불구하고 다음 각목의 1에 해당하는 경우에는 제1호 각목의 장소에 이송취급소를 설치할 수 있다.
   가. 지형상황 등 부득이한 사유가 있고 안전에 필요한 조치를 하는 경우
   나. 제1호 나목 또는 다목의 장소에 횡단하여 설치하는 경우

II 배관 등의 재료 및 구조

1. 배관·관이음쇠 및 밸브(이하 "배관등"이라 한다)의 재료는 다음 각목의 규격에 적합한 것으로 하거나 이와 동등 이상의 기계적 성질이 있는 것으로 하여야 한다.
   가. ❺ : 고압배관용 탄소강관(KS D 3564), 압력배관용 탄소강관(KS D 3562), 고온배관용 탄소강관(KS D 3570) 또는 배관용 스테인레스강관(KS D 3576))
   나. ❻ : 배관용강제 맞대기용접식 관이음쇠(KS B 1541), 철강재 관플랜지 압력단계(KS B 1501), 관플랜지의 치수허용차(KS B 1502), 강제 용접식 관플랜지(KS B 1503), 철강재 관플랜지의 기본치수(KS B 1511)또는 관플랜지의 개스킷자리치수(KS B 1519)
   다. ❼ : 주강 플랜지형 밸브(KS B 2361)

2. 배관등의 구조는 다음 각목의 하중에 의하여 생기는 응력에 대한 안전성이 있어야 한다.
   가. 위험물의 중량, 배관등의 내압, 배관등과 그 부속설비의 자중, 토압, 수압, 열차하중, 자동차하중 및 부력 등의 주하중
   나. 풍하중, 설하중, 온도변화의 영향, 진동의 영향, 지진의 영향, 배의 닻에 의한 충격의 영향, 파도와 조류의 영향, 설치공정상의 영향 및 다른 공사에 의한 영향 등의 종하중

3. 교량에 설치하는 배관은 교량의 굴곡·신축·진동 등에 대하여 안전한 구조로 하여야 한다.

4. 배관의 두께는 배관의 외경에 따라 다음 표에 정한 것 이상으로 하여야 한다.

배관의 외경(단위 ㎜)	배관의 두께(단위 ㎜)
114.3 미만	4.5
114.3 이상 139.8 미만	4.9
139.8 이상 165.2 미만	5.1
165.2 이상 216.3 미만	5.5
216.3 이상 355.6 미만	6.4
356.6 이상 508.0 미만	7.9
508.0 이상	9.5

5. 제2호 내지 제4호의 규정한 것 외에 배관등의 구조에 관하여 필요한 사항은 소방청장이 정하여 고시한다.
6. 배관의 안전에 영향을 미칠 수 있는 신축이 생길 우려가 있는 부분에는 그 신축을 흡수하는 조치를 강구하여야 한다.
7. 배관등의 이음은 아크용접(방전 시 발생하는 불꽃을 이용한 용접) 또는 이와 동등 이상의 효과를 갖는 용접방법에 의하여야 한다. 다만, 용접에 의하는 것이 적당하지 아니한 경우는 안전상 필요한 강도가 있는 플랜지이음으로 할 수 있다.
8. 플랜지이음을 하는 경우에는 당해 이음부분의 점검을 하고 위험물의 누설확산을 방지하기 위한 조치를 하여야 한다. 다만, 해저 입하배관의 경우에는 누설확산방지조치를 아니할 수 있다.
9. 지하 또는 해저에 설치한 배관등에 다음의 각목의 기준에 내구성이 있고 전기전열차단저항이 큰 도장·복장 재료를 사용하여 외면부식을 방지하기 위한 조치를 하여야 한다.

    가) 도장재(塗裝材) 및 복장재(覆裝材)는 다음의 기준 또는 이와 동등 이상의 방식효과를 갖는 것으로 할 것

    1) 도장재는 수도용강관아스팔트도복장방법(KS D 8306)에 정한 아스팔트 에나멜, 수도용강관콜타르에나멜도복장방법(KS D 8307)에 정한 콜타르 에나멜

    2) 복장재는 수도용강관아스팔트도복장방법(KS D 8306)에 정한 비니론크로즈, 글라스크로즈, 글라스매트 또는 폴리에틸렌, 헤시안크로즈, 타르에폭시, 페트로라튬테이프, 경질염화비닐라이닝강관, 폴리에틸렌열수축튜브, 나이론12수지

    나) 방식피복의 방법은 수도용강관아스팔트도복장방법(KS D 8306)에 정한 방법, 수도용강관콜타르에나멜도복장방법(KS D 8307)에 정한 방법 또는 이와 동등 이상의 부식방지효과가 있는 방법에 의할 것

10. 지상 또는 해상에 설치한 배관등에는 외면부식을 방지하기 위한 도장을 실시하여야 한다.
11. 지하 또는 해저에 설치한 배관등에는 다음의 각목의 기준에 의하여 전기방식조치를 하여야 한다. 이 경우 근접한 매설물 그 밖의 구조물에 대하여 영향을 미치지 아니하도록 필요한 조치를 하여야 한다.
    가. 방식전위(부식 방지에 필요한 최소 전위)는 포화황산동전극 기준으로 마이너스 0.8V 이하로 할 것
    나. 적절한 간격(❶   m 내지 ❷   m)으로 전위측정단자를 설치할 것
    다. 전기철로 부지 등 전류의 영향을 받는 장소에 배관등을 매설하는 경우에는 강제배류법(지하에 매설된 금속에서 누설된 전류로부터 부식을 방지하는 전기 방식법) 등에 의한 조치를 할 것
12. 배관등에 가열 또는 보온하기 위한 설비를 설치하는 경우에는 화재예방상 안전하고 다른 시설물에 영향을 주지 아니하는 구조로 하여야 한다.

Ⅲ 배관설치의 기준

1. 지하매설

    배관을 지하에 매설하는 경우에는 다음 각목의 기준에 의하여야 한다.

    가. 배관은 그 외면으로부터 건축물·지하가·터널 또는 수도시설까지 각각 다음의 규정에 의한 안전거리를 둘 것. 다만, 2) 또는 3)의 공작물에 있어서는 적절한 누설확산방지조치를 하는 경우에 그 안전거리를 2분의 1의 범위 안에서 단축할 수 있다.
        1) 건축물(지하가내의 건축물을 제외한다) : ❸   m 이상
        2) 지하가 및 터널 : ❹   m 이상
        3) 「수도법」에 의한 수도시설(위험물의 유입우려가 있는 것에 한한다) : ❺   m 이상
    나. 배관은 그 외면으로부터 다른 공작물에 대하여 ❻   m 이상의 거리를 보유 할 것. 다만, 0.3m 이상의 거리를 보유하기 곤란한 경우로서 당해 공작물의 보전을 위하여 필요한 조치를 하는 경우에는 그러하지 아니하다.
    다. 배관의 외면과 지표면과의 거리는 산이나 들에 있어서는 ❼   m 이상, 그 밖의 지역에 있어서는 ❽   m 이상으로 할 것. 다만, 당해 배관을 각각의 깊이로 매설하는 경우와 동등 이상의 안전성이 확보되는 견고하고 내구성이 있는 구조물(이하 "방호구조물"이라 한다)안에 설치하는 경우에는 그러하지 아니하다.
    라. 배관은 지반의 동결로 인한 손상을 받지 아니하는 적절한 깊이로 매설할 것
    마. 성토 또는 절토를 한 경사면의 부근에 배관을 매설하는 경우에는 경사면의 붕괴에 의한 피해가 발생하지 아니하도록 매설할 것
    바. 배관의 입상부, 지반의 급변부 등 지지조건이 급변하는 장소에 있어서는 굽은관을 사용하거나 지반개량 그 밖에 필요한 조치를 강구할 것
    사. 배관의 하부에는 사질토 또는 모래로 ❾   ㎝(자동차 등의 하중이 없는 경우에는 10㎝) 이상, 배관의 상부에는 사질토 또는 모래로 ❿   ㎝(자동차 등의 하중에 없는 경우에는 20㎝) 이상 채울 것

2. 도로 밑 매설

배관을 도로 밑에 매설하는 경우에는 제1호(나목 및 다목을 제외한다)의 규정에 의하는 외에 다음 각목의 기준에 의하여야 한다.

가. 배관은 원칙적으로 자동차하중의 영향이 적은 장소에 매설할 것

나. 배관은 그 외면으로부터 도로의 경계에 대하여 ⑪ m 이상의 안전거리를 둘 것

다. 시가지(「국토의 계획 및 이용에 관한 법률」 제6조제1호의 규정에 의한 도시지역을 말한다. 다만, 동법 제36조제1항제1호 다목의 규정에 의한 공업지역을 제외한다. 이하 같다) 도로의 밑에 매설하는 경우에는 배관의 외경보다 ⑫ cm 이상 넓은 견고하고 내구성이 있는 재질의 판(이하 "보호판"이라 한다)을 배관의 상부로부터 ⑬ cm 이상 위에 설치할 것. 다만, 방호구조물 안에 설치하는 경우에는 그러하지 아니하다.

라. 배관(보호판 또는 방호구조물에 의하여 배관을 보호하는 경우에는 당해 보호판 또는 방호구조물을 말한다. 이하 바목 및 사목에서 같다)은 그 외면으로부터 다른 공작물에 대하여 ⑭ m 이상의 거리를 보유할 것. 다만, 배관의 외면에서 다른 공작물에 대하여 ⑮ m 이상의 거리를 보유하기 곤란한 경우로서 당해 공작물의 보전을 위하여 필요한 조치를 하는 경우에는 그러하지 아니하다.

마. 시가지 도로의 노면 아래에 매설하는 경우에는 배관(방호구조물의 안에 설치된 것을 제외한다)의 외면과 노면과의 거리는 ⑯ m 이상, 보호판 또는 방호구조물의 외면과 노면과의 거리는 ⑰ m 이상으로 할 것

바. 시가지 외의 도로의 노면 아래에 매설하는 경우에는 배관의 외면과 노면과의 거리는 ⑱ m 이상으로 할 것

사. 포장된 차도에 매설하는 경우에는 포장부분의 토대(차단층이 있는 경우는 당해 차단층을 말한다. 이하 같다)의 밑에 매설하고, 배관의 외면과 토대의 최하부와의 거리는 ⑲ m 이상으로 할 것

아. 노면 밑외의 도로 밑에 매설하는 경우에는 배관의 외면과 지표면과의 거리는 ⑳ m[보호판 또는 방호구조물에 의하여 보호된 배관에 있어서는 0.6m(시가지의 도로 밑에 매설하는 경우에는 ㉑ m)] 이상으로 할 것

자. 전선·수도관·하수도관·가스관 또는 이와 유사한 것이 매설되어 있거나 매설할 계획이 있는 도로에 매설하는 경우에는 이들의 상부에 매설하지 아니할 것. 다만, 다른 매설물의 깊이가 2m 이상인 때에는 그러하지 아니하다.

시행규칙

① 200
② 500
③ 1.5
④ 10
⑤ 300
⑥ 0.3
⑦ 0.9
⑧ 1.2
⑨ 20
⑩ 30
⑪ 1
⑫ 10
⑬ 30
⑭ 0.3
⑮ 0.3
⑯ 1.5
⑰ 1.2
⑱ 1.2
⑲ 0.5
⑳ 1.2
㉑ 0.9

3. 철도부지 밑 매설

배관을 철도부지(철도차량을 운행하기 위한 궤도와 이를 받치는 토대 또는 공작물로 구성된 시설을 설치하거나 설치하기 위한 용지를 말한다. 이하 같다)에 인접하여 매설하는 경우에는 제1호(다목을 제외한다)의 규정에 의하는 외에 다음 각목의 기준에 의하여야 한다.

가. 배관은 그 외면으로부터 철도 중심선에 대하여는 ❶ m 이상, 당해 철도부지(도로에 인접한 경우를 제외한다)의 용지경계에 대하여는 ❷ m 이상의 거리를 유지할 것. 다만, 열차하중의 영향을 받지 아니하도록 매설하거나 배관의 구조가 열차하중에 견딜 수 있도록 된 경우에는 그러하지 아니하다.

나. 배관의 외면과 지표면과의 거리는 ❸ m 이상으로 할 것

4. 하천 홍수관리구역 내 매설

배관을 「하천법」 제12조에 따라 지정된 홍수관리구역 내에 매설하는 경우에는 제1호의 규정을 준용하는 것 외에 둑 또는 호안(기슭·둑 침식 방지시설)이 하천 홍수관리구역의 지반면과 접하는 부분으로부터 하천관리상 필요한 거리를 유지하여야 한다.

5. 지상설치

배관을 지상에 설치하는 경우에는 다음 각목의 기준에 의하여야 한다.

가. 배관이 지표면에 접하지 아니하도록 할 것

나. 배관[이송기지(펌프에 의하여 위험물을 보내거나 받는 작업을 행하는 장소를 말한다. 이하 같다)의 구내에 설치되어진 것을 제외한다]은 다음의 기준에 의한 안전거리를 둘 것

1) 철도(화물수송용으로만 쓰이는 것을 제외한다) 또는 도로 (「국토의 계획 및 이용에 관한 법률」에 의한 공업지역 또는 전용공업지역에 있는 것을 제외한다)의 경계선으로부터 25m 이상

2) 별표 4 Ⅰ제1호 나목1)·2)·3) 또는 4)의 규정에 의한 시설로부터 45m 이상

3) 별표 4 Ⅰ제1호 다목의 규정에 의한 시설로부터 65m 이상

4) 별표 4 Ⅰ제1호 라목1)·2)·3)·4) 또는 5)의 규정에 의한 시설로부터 35m 이상

5) 「국토의 계획 및 이용에 관한 법률」에 의한 공공공지 또는 「도시공원법」에 의한 도시공원으로부터 45m 이상

6) 판매시설·숙박시설·위락시설 등 불특정다중을 수용하는 시설 중 연면적 1,000㎡ 이상인 것으로부터 ❹ m 이상

7) 1일 평균 20,000명 이상 이용하는 기차역 또는 버스터미널로부터 ❺ m 이상

8) 「수도법」에 의한 수도시설 중 위험물이 유입될 가능성이 있는 것으로부터 ❻ m 이상

9) 주택 또는 1) 내지 8)과 유사한 시설 중 다수의 사람이 출입하거나 근무하는 것으로부터 ❼ m 이상

다. 배관(이송기지의 구내에 설치된 것을 제외한다)의 양측면으로부터 당해 배관의 최대상용압력에 따라 다음 표에 의한 너비(「국토의 계획 및 이용에 관한 법률」에 의한 공업지역 또는 전용공업지역에 설치한 배관에 있어서는 그 너비의 3분의 1)의 공지를 보유할 것. 다만, 양단을 폐쇄한 밀폐구조의 방호구조물 안에 배관을 설치하거나 위험물의 유출확산을 방지할 수 있는 방화상 유효한 담을 설치하는 등 안전상 필요한 조치를 하는 경우에는 그러하지 아니하다.

배관의 최대상용압력	공지의 너비
0.3MPa 미만	❽ m 이상
0.3MPa 이상 1MPa 미만	❾ m 이상
1MPa 이상	❿ m 이상

라. 배관은 지진·풍압·지반침하·온도변화에 의한 신축 등에 대하여 안전성이 있는 철근콘크리트조 또는 이와 동등 이상의 내화성이 있는 지지물에 의하여 지지되도록 할 것. 다만, 화재에 의하여 당해 구조물이 변형될 우려가 없는 지지물에 의하여 지지되는 경우에는 그러하지 아니하다.

마. 자동차·선박 등의 충돌에 의하여 배관 또는 그 지지물이 손상을 받을 우려가 있는 경우에는 견고하고 내구성이 있는 보호설비를 설치 할 것. 이 경우 보호설비는 소방청장이 정하여 고시하는 계산방법에 따른 충격강도로부터 손상을 받을 우려가 없어야 한다.

바. 배관은 다른 공작물(당해 배관의 지지물을 제외한다)에 대하여 배관의 유지관리상 필요한 간격을 가질 것

사. 단열재 등으로 배관을 감싸는 경우에는 일정구간마다 점검구를 두거나 단열재 등을 쉽게 떼고 붙일 수 있도록 하는 등 점검이 쉬운 구조로 할 것

6. 해저설치

배관을 해저에 설치하는 경우에는 다음 각목의 기준에 의하여야 한다.

가. 배관은 해저면 밑에 매설할 것. 다만, 선박의 닻 내림 등에 의하여 배관이 손상을 받을 우려가 없거나 그 밖에 부득이한 경우에는 그러하지 아니하다.

나. 배관은 이미 설치된 배관과 교차하지 말 것. 다만, 교차가 불가피한 경우로서 배관의 손상을 방지하기 위한 방호조치를 하는 경우에는 그러하지 아니하다.

다. 배관은 원칙적으로 이미 설치된 배관에 대하여 ⓫ m 이상의 안전거리를 둘 것

라. 2본 이상의 배관을 동시에 설치하는 경우에는 배관이 상호 접촉하지 아니하도록 필요한 조치를 할 것

마. 배관의 입상부에는 방호시설물을 설치할 것. 다만, 계선부표(繫船浮標)에 도달하는 입상배관이 강제 외의 재질인 경우에는 그러하지 아니하다.

바. 배관을 매설하는 경우에는 배관외면과 해저면(당해 배관을 매설하는 해저에 대한 준설계획이 있는 경우에는 그 계획에 의한 준설 후 해저면의 0.6m 아래를 말한다)과의 거리는 닻 내림의 충격, 토질, 매설하는 재료, 선박교통사정 등을 고려하여 안전한 거리로 할 것

사. 패일 우려가 있는 해저면 아래에 매설하는 경우에는 배관의 노출을 방지하기 위한 조치를 할 것

아. 배관을 매설하지 아니하고 설치하는 경우에는 배관이 연속적으로 지지되도록 해저면을 고를 것

자. 배관이 부양 또는 이동할 우려가 있는 경우에는 이를 방지하기 위한 조치를 할 것

시행규칙

❶ 4
❷ 1
❸ 1.2
❹ 45
❺ 45
❻ 300
❼ 25
❽ 5
❾ 9
❿ 15
⓫ 30

7. 해상설치

    배관을 해상에 설치하는 경우에는 다음 각목의 기준에 의하여야 한다.

    가. 배관은 지진·풍압·파도 등에 대하여 안전한 구조의 지지물에 의하여 지지할 것

    나. 배관은 선박 등의 항행에 의하여 손상을 받지 아니하도록 해면과의 사이에 필요한 공간을 확보하여 설치할 것

    다. 선박의 충돌 등에 의해서 배관 또는 그 지지물이 손상을 받을 우려가 있는 경우에는 견고하고 내구력이 있는 보호설비를 설치할 것

    라. 배관은 다른 공작물(당해 배관의 지지물을 제외한다)에 대하여 배관의 유지관리상 필요한 간격을 보유할 것

8. 도로횡단설치

    도로를 횡단하여 배관을 설치하는 경우에는 다음 각목의 기준에 의하여야 한다.

    가. 배관을 도로 아래에 매설할 것. 다만, 지형의 상황 그 밖에 특별한 사유에 의하여 도로 상공 외의 적당한 장소가 없는 경우에는 안전상 적절한 조치를 강구하여 도로상공을 횡단하여 설치할 수 있다.

    나. 배관을 매설하는 경우에는 제2호(가목 및 나목을 제외한다)의 규정을 준용하되, 배관을 금속관 또는 방호구조물 안에 설치할 것

    다. 배관을 도로상공을 횡단하여 설치하는 경우에는 제5호(가목을 제외한다)의 규정을 준용하되, 배관 및 당해 배관에 관계된 부속설비는 그 아래의 노면과 ❶ m 이상의 수직거리를 유지할 것

9. 철도 밑 횡단매설

    철도부지를 횡단하여 배관을 매설하는 경우에는 제3호(가목을 제외한다) 및 제8호 나목의 규정을 준용한다.

10. 하천 등 횡단설치

    하천 또는 수로를 횡단하여 배관을 설치하는 경우에는 다음 각목의 기준에 의하여야 한다.

    가. 하천 또는 수로를 횡단하여 배관을 설치하는 경우에는 배관에 과대한 응력이 생기지 아니하도록 필요한 조치를 하여 교량에 설치할 것. 다만, 교량에 설치하는 것이 적당하지 아니한 경우에는 하천 또는 수로의 밑에 매설할 수 있다.

    나. 하천 또는 수로를 횡단하여 배관을 매설하는 경우에는 배관을 금속관 또는 방호구조물 안에 설치하고, 당해 금속관 또는 방호구조물의 부양이나 선박의 닻 내림 등에 의한 손상을 방지하기 위한 조치를 할 것

    다. 하천 또는 수로의 밑에 배관을 매설하는 경우에는 배관의 외면과 계획하상[계획하상이 최심하상(하천의 가장 깊은 곳)보다 높은 경우에는 최심하상]과의 거리는 다음의 규정에 의한 거리 이상으로 하되, 호안 그 밖에 하천관리시설의 기초에 영향을 주지 아니하고 하천바닥의 변동·패임 등에 의한 영향을 받지 아니하는 깊이로 매설하여야 한다.

        1) 하천을 횡단하는 경우 : ❷ m

        2) 수로를 횡단하는 경우

            가)「하수도법」제2조제3호에 따른 하수도(상부가 개방되는 구조로 된 것에 한한다) 또는 운하 : ❸ m

            나) 가)의 규정에 의한 수로에 해당되지 아니하는 좁은 수로(용수로 그 밖에 유사한 것을 제외한다) : ❹ m

    라. 하천 또는 수로를 횡단하여 배관을 설치하는 경우에는 가목 내지 다목의 규정에 의하는 외에 제2호(나목·다목 및 사목을 제외한다) 및 제5호(가목을 제외한다)의 규정을 준용할 것

Ⅳ 기타 설비 등

1. 누설확산방지조치

    배관을 시가지·하천·수로·터널·도로·철도 또는 투수성(透水性) 지반에 설치하는 경우에는 누설된 위험물의 확산을 방지할 수 있는 강철제의 관·철근콘크리트조의 방호구조물 등 견고하고 내구성이 있는 구조물의 안에 설치하여야 한다.

2. 가연성증기의 체류방지조치

    배관을 설치하기 위하여 설치하는 터널(높이 ❺ ___ m 이상인 것에 한한다)에는 가연성 증기의 체류를 방지하는 조치를 하여야 한다.

3. 부등침하 등의 우려가 있는 장소에 설치하는 배관부등침하 등 지반의 변동이 발생할 우려가 있는 장소에 배관을 설치하는 경우에는 배관이 손상을 받지 아니하도록 필요한 조치를 하여야 한다.

4. 굴착(땅파기)에 의하여 주위가 노출된 배관의 보호

    굴착(땅파기)에 의하여 주위가 일시 노출되는 배관은 손상되지 아니하도록 적절한 보호조치를 하여야 한다.

5. 비파괴시험

    가. 배관등의 용접부는 비파괴시험을 실시하여 합격할 것. 이 경우 이송기지내의 지상에 설치된 배관등은 전체 용접부의 20% 이상을 발췌하여 시험할 수 있다.

    나. 가목의 규정에 의한 비파괴시험의 방법, 판정기준 등은 소방청장이 정하여 고시하는 바에 의할 것

6. 내압시험

    가. 배관등은 최대상용압력의 ❻ ___ 배 이상의 압력으로 ❼ ___ 시간 이상 수압을 가하여 누설 그 밖의 이상이 없을 것. 다만, 수압시험을 실시한 배관등의 시험구간 상호간을 연결하는 부분 또는 수압시험을 위하여 배관등의 내부공기를 뽑아낸 후 폐쇄한 곳의 용접부는 제5호의 비파괴시험으로 갈음할 수 있다.

    나. 가목의 규정에 의한 내압시험의 방법, 판정기준 등은 소방청장이 정하여 고시하는 바에 의할 것

시행규칙 ✓

❶ 5
❷ 4.0
❸ 2.5
❹ 1.2
❺ 1.5
❻ 1.25
❼ 4

7. 운전상태의 감시장치

   가. 배관계(배관등 및 위험물 이송에 사용되는 일체의 부속설비를 말한다. 이하 같다)에는 펌프 및 밸브의 작동상황 등 배관계의 운전상태를 감시하는 장치를 설치할 것

   나. 배관계에는 압력 또는 유량의 이상변동 등 이상한 상태가 발생하는 경우에 그 상황을 경보하는 장치를 설치할 것

8. 안전제어장치

   배관계에는 다음 각목에 정한 제어기능이 있는 안전제어장치를 설치하여야 한다.

   가. 압력안전장치·누설검지장치·긴급차단밸브 그 밖의 안전설비의 제어회로가 정상으로 있지 아니하면 펌프가 작동하지 아니하도록 하는 제어기능

   나. 안전상 이상상태가 발생한 경우에 펌프·긴급차단밸브 등이 자동 또는 수동으로 연동하여 신속히 정지 또는 폐쇄되도록 하는 제어기능

9. 압력안전장치

   가. 배관계에는 배관내의 압력이 최대상용압력을 초과하거나 유격작용 등에 의하여 생긴 압력이 최대상용압력의 1.1배를 초과하지 아니하도록 제어하는 장치(이하 "압력안전장치"라 한다)를 설치할 것

   나. 압력안전장치의 재료 및 구조는 Ⅱ제1호 내지 제5호의 기준에 의할 것

   다. 압력안전장치는 배관계의 압력변동을 충분히 흡수할 수 있는 용량을 가질 것

10. 누설검지장치 등

    가. 배관계에는 다음의 기준에 적합한 누설검지장치를 설치할 것

        1) 가연성증기를 발생하는 위험물을 이송하는 배관계의 점검상자에는 가연성증기를 검지하는 장치

        2) 배관계내의 위험물의 양을 측정하는 방법에 의하여 자동적으로 위험물의 누설을 검지하는 장치 또는 이와 동등 이상의 성능이 있는 장치

        3) 배관계내의 압력을 측정하는 방법에 의하여 위험물의 누설을 자동적으로 검지하는 장치 또는 이와 동등 이상의 성능이 있는 장치

        4) 배관계내의 압력을 일정하게 정지시키고 당해 압력을 측정하는 방법에 의하여 위험물의 누설을 검지하는 장치 또는 이와 동등 이상의 성능이 있는 장치

    나. 배관을 지하에 매설한 경우에는 안전상 필요한 장소(하천 등의 아래에 매설한 경우에는 금속관 또는 방호구조물의 안을 말한다)에 누설검지구를 설치할 것. 다만, 배관을 따라 일정한 간격으로 누설을 검지할 수 있는 장치를 설치하는 경우에는 그러하지 아니하다.

11. 긴급차단밸브

    가. 배관에는 다음의 기준에 의하여 긴급차단밸브를 설치할 것. 다만, 2) 또는 3)에 해당하는 경우로서 당해 지역을 횡단하는 부분의 양단의 높이 차이로 인하여 하류측으로부터 상류측으로 역류될 우려가 없는 때에는 하류측에는 설치하지 아니할 수 있으며, 4) 또는 5)에 해당하는 경우로서 방호구조물을 설치하는 등 안전상 필요한 조치를 하는 경우에는 설치하지 아니할 수 있다.

        1) 시가지에 설치하는 경우에는 약 ❶ km의 간격

        2) 하천·호소 등을 횡단하여 설치하는 경우에는 횡단하는 부분의 양 끝

        3) 해상 또는 해저를 통과하여 설치하는 경우에는 통과하는 부분의 양 끝

4) 산림지역에 설치하는 경우에는 약 ❷ ㎞의 간격

5) 도로 또는 철도를 횡단하여 설치하는 경우에는 횡단하는 부분의 양 끝

나. 긴급차단밸브는 다음의 기능이 있을 것

1) 원격조작 및 현지조작에 의하여 폐쇄되는 기능

2) 제10호의 규정에 의한 누설검지장치에 의하여 이상이 검지된 경우에 자동으로 폐쇄되는 기능

다. 긴급차단밸브는 그 개폐상태가 당해 긴급차단밸브의 설치장소에서 용이하게 확인될 수 있을 것

라. 긴급차단밸브를 지하에 설치하는 경우에는 긴급차단밸브를 점검상자 안에 유지할 것. 다만, 긴급차단밸브를 도로외의 장소에 설치하고 당해 긴급차단밸브의 점검이 가능하도록 조치하는 경우에는 그러하지 아니하다.

마. 긴급차단밸브는 당해 긴급차단밸브의 관리에 관계하는 자외의 자가 수동으로 개폐할 수 없도록 할 것

12. 위험물 제거조치

배관에는 서로 인접하는 2개의 긴급차단밸브 사이의 구간마다 당해 배관안의 위험물을 안전하게 물 또는 불연성기체로 치환할 수 있는 조치를 하여야 한다.

13. 지진감지장치 등

배관의 경로에는 안전상 필요한 장소와 ❸ ㎞의 거리마다 지진감지장치 및 강진계를 설치하여야 한다.

14. 경보설비

이송취급소에는 다음 각목의 기준에 의하여 경보설비를 설치하여야 한다.

가. 이송기지에는 비상벨장치 및 확성장치를 설치할 것

나. 가연성증기를 발생하는 위험물을 취급하는 펌프실등에는 가연성증기 경보설비를 설치할 것

시행규칙 ✅

❶ 4   ❷ 10   ❸ 25

15. 순찰차 등

    배관의 경로에는 다음 각목의 기준에 따라 순찰차를 배치하고 기자재창고를 설치하여야 한다.

    가. 순찰차

        1) 배관계의 안전관리상 필요한 장소에 둘 것

        2) 평면도·종횡단면도 그 밖에 배관등의 설치상황을 표시한 도면, 가스탐지기, 통신장비, 휴대용조명기구, 응급누설방지기구, 확성기, 방화복(또는 방열복), 소화기, 경계로프, 삽, 곡괭이 등 점검·정비에 필요한 기자재를 비치할 것

    나. 기자재창고

        1) 이송기지, 배관경로(5㎞ 이하인 것을 제외한다)의 5㎞ 이내마다의 방재상 유효한 장소 및 주요한 하천·호소·해상·해저를 횡단하는 장소의 근처에 각각 설치할 것. 다만, 특정이송취급소 외의 이송취급소에 있어서는 배관경로에는 설치하지 아니할 수 있다.

        2) 기자재창고에는 다음의 기자재를 비치할 것

            가) 3%로 희석하여 사용하는 포소화약제 ❶ _ l 이상, 방화복(또는 방열복) ❷ _ 벌 이상, 삽 및 곡괭이 각 ❸ _ 개 이상

            나) 유출한 위험물을 처리하기 위한 기자재 및 응급조치를 위한 기자재

16. 비상전원

    운전상태의 감시장치·안전제어장치·압력안전장치·누설검지장치·긴급차단밸브·소화설비 및 경보설비에는 상용전원이 고장인 경우에 자동적으로 작동할 수 있는 비상전원을 설치하여야 한다.

17. 접지 등

    가. 배관계에는 안전상 필요에 따라 접지 등의 설비를 할 것

    나. 배관계는 안전상 필요에 따라 지지물 그 밖의 구조물로부터 전열을 차단할 것

    다. 배관계에는 안전상 필요에 따라 전열차단용 접속을 할 것

    라. 피뢰설비의 접지장소에 근접하여 배관을 설치하는 경우에는 전열차단을 위하여 필요한 조치를 할 것

18. 피뢰설비

    이송취급소(위험물을 이송하는 배관등의 부분을 제외한다)에는 피뢰설비를 설치하여야 한다. 다만, 주위의 상황에 의하여 안전상 지장이 없는 경우에는 그러하지 아니하다.

19. 전기설비

    이송취급소에 설치하는 전기설비는 「전기사업법」에 의한 전기설비기술기준에 의하여야 한다.

20. 표지 및 게시판

    가. 이송취급소(위험물을 이송하는 배관등의 부분을 제외한다)에는 별표 4 Ⅲ제1호의 기준에 따라 보기 쉬운 곳에 "위험물 이송취급소"라는 표시를 한 표지와 동표 Ⅲ제2호의 기준에 따라 방화에 관하여 필요한 사항을 게시한 게시판을 설치하여야 한다.

    나. 배관의 경로에는 소방청장이 정하여 고시하는 바에 따라 위치표지·주의표시 및 주의표지를 설치하여야 한다.

21. 안전설비의 작동시험

    안전설비로서 소방청장이 정하여 고시하는 것은 소방청장이 정하여 고시하는 방법에 따라 시험을 실시하여 정상으로 작동하는 것이어야 한다.

22. 선박에 관계된 배관계의 안전설비 등

    위험물을 선박으로부터 이송하거나 선박에 이송하는 경우의 배관계의 안전설비 등에 있어서 제7호 내지 제21호의 규정에 의하는 것이 현저히 곤란한 경우에는 다른 안전조치를 강구할 수 있다.

23. 펌프 등

    펌프 및 그 부속설비(이하 "펌프등"이라 한다)를 설치하는 경우에는 다음 각목의 기준에 의하여야 한다.

    가. 펌프등(펌프를 펌프실 내에 설치한 경우에는 당해 펌프실을 말한다. 이하 나목에서 같다)은 그 주위에 다음 표에 의한 공지를 보유할 것. 다만, 벽·기둥 및 보를 내화구조로 하고 지붕을 폭발력이 위로 방출될 정도의 가벼운 불연재료로 한 펌프실에 펌프를 설치한 경우에는 다음 표에 의한 공지의 너비의 3분의 1로 할 수 있다.

펌프등의 최대상용압력	공지의 너비
1MPa 미만	❹ m 이상
1MPa 이상 3MPa 미만	❺ m 이상
3MPa 이상	❻ m 이상

    나. 펌프등은 Ⅲ제5호나목의 규정에 준하여 그 주변에 안전거리를 둘 것. 다만, 위험물의 유출확산을 방지할 수 있는 방화상 유효한 담 등의 공작물을 주위상황에 따라 설치하는 등 안전상 필요한 조치를 하는 경우에는 그러하지 아니하다.

    다. 펌프는 견고한 기초 위에 고정하여 설치할 것

시행규칙

❶ 400　　❸ 5　　❺ 5
❷ 5　　❹ 3　　❻ 15

라. 펌프를 설치하는 펌프실은 다음의 기준에 적합하게 할 것
    1) 불연재료의 구조로 할 것. 이 경우 지붕은 폭발력이 위로 방출될 정도의 가벼운 불연재료이어야 한다.
    2) 창 또는 출입구를 설치하는 경우에는 ❶ 　　　　 또는 ❷ 　　　　 으로 할 것
    3) 창 또는 출입구에 유리를 이용하는 경우에는 망입유리로 할 것
    4) 바닥은 위험물이 침투하지 아니하는 구조로 하고 그 주변에 높이 ❸ 　　 ㎝ 이상의 턱을 설치할 것
    5) 누설한 위험물이 외부로 유출되지 아니하도록 바닥은 적당한 경사를 두고 그 최저부에 집유설비를 할 것
    6) 가연성증기가 체류할 우려가 있는 펌프실에는 배출설비를 할 것
    7) 펌프실에는 위험물을 취급하는데 필요한 채광·조명 및 환기 설비를 할 것
마. 펌프등을 옥외에 설치하는 경우에는 다음의 기준에 의할 것
    1) 펌프등을 설치하는 부분의 지반은 위험물이 침투하지 아니하는 구조로 하고 그 주위에는 높이 ❹ 　　 ㎝ 이상의 턱을 설치할 것
    2) 누설한 위험물이 외부로 유출되지 아니하도록 배수구 및 집유설비를 설치할 것

24. 피그장치
피그장치를 설치하는 경우에는 다음 각목의 기준에 의하여야 한다.
가. 피그장치는 배관의 강도와 동등 이상의 강도를 가질 것
나. 피그장치는 당해 장치의 내부압력을 안전하게 방출할 수 있고 내부압력을 방출한 후가 아니면 피그를 삽입하거나 배출할 수 없는 구조로 할 것
다. 피그장치는 배관 내에 이상응력이 발생하지 아니하도록 설치할 것
라. 피그장치를 설치한 장소의 바닥은 위험물이 침투하지 아니하는 구조로 하고 누설한 위험물이 외부로 유출되지 아니하도록 배수구 및 집유설비를 설치할 것
마. 피그장치의 주변에는 너비 ❺ 　　 m 이상의 공지를 보유할 것. 다만, 펌프실내에 설치하는 경우에는 그러하지 아니하다.

25. 밸브
교체밸브·제어밸브 등은 다음 각목의 기준에 의하여 설치하여야 한다.
가. 밸브는 원칙적으로 이송기지 또는 전용부지내에 설치할 것
나. 밸브는 그 개폐상태가 당해 밸브의 설치장소에서 쉽게 확인할 수 있도록 할 것
다. 밸브를 지하에 설치하는 경우에는 점검상자 안에 설치할 것
라. 밸브는 당해 밸브의 관리에 관계하는 자가 아니면 수동으로 개폐할 수 없도록 할 것

26. 위험물의 주입구 및 배출구

위험물의 주입구 및 배출구는 다음 각목의 기준에 의하여야 한다.

가. 위험물의 주입구 및 배출구는 화재예방상 지장이 없는 장소에 설치할 것

나. 위험물의 주입구 및 배출구는 위험물을 주입하거나 배출하는 호스 또는 배관과 결합이 가능하고 위험물의 유출이 없도록 할 것

다. 위험물의 주입구 및 배출구에는 위험물의 주입구 또는 배출구가 있다는 내용과 화재예방과 관련된 주의사항을 표시한 게시판을 설치할 것

라. 위험물의 주입구 및 배출구에는 개폐가 가능한 밸브를 설치할 것

27. 이송기지의 안전조치

가. 이송기지의 구내에는 관계자 외의 자가 함부로 출입할 수 없도록 경계표시를 할 것. 다만, 주위의 상황에 의하여 관계자 외의 자가 출입할 우려가 없는 경우에는 그러하지 아니하다.

나. 이송기지에는 다음의 기준에 의하여 당해 이송기지 밖으로 위험물이 유출되는 것을 방지할 수 있는 조치를 할 것

1) 위험물을 취급하는 시설(지하에 설치된 것을 제외한다)은 이송기지의 부지경계선으로부터 당해 배관의 최대상용압력에 따라 다음 표에 정한 거리(「국토의 계획 및 이용에 관한 법률」에 의한 전용공업지역 또는 공업지역에 설치하는 경우에는 당해 거리의 3분의 1의 거리)를 둘 것

배관의 최대상용압력	거리
0.3MPa 미만	❻ m 이상
0.3MPa 이상 1MPa 미만	❼ m 이상
1MPa 이상	❽ m 이상

2) 제4류 위험물(온도 20℃의 물 100g에 용해되는 양이 1g미만인 것에 한한다)을 취급하는 장소에는 누설한 위험물이 외부로 유출되지 아니하도록 유분리장치를 설치할 것

3) 이송기지의 부지경계선에 높이 ❾ ㎝ 이상의 방유제를 설치할 것

시행규칙 ✓

❶ 60분+방화문·60분방화문
❷ 30분방화문
❸ 20
❹ 15
❺ 3
❻ 5
❼ 9
❽ 15
❾ 50

Ⅴ 이송취급소의 기준의 특례

1. 위험물을 이송하기 위한 배관의 연장(당해 배관의 기점 또는 종점이 2 이상인 경우에는 임의의 기점에서 임의의 종점까지의 당해 배관의 연장 중 최대의 것을 말한다. 이하 같다)이 ❶　　　㎞를 초과하거나 위험물을 이송하기 위한 배관에 관계된 최대상용압력이 950㎪ 이상이고 위험물을 이송하기 위한 배관의 연장이 7㎞ 이상인 것(이하 "특정이송취급소"라 한다)이 아닌 이송취급소에 대하여는 Ⅳ 제7호 가목, Ⅳ 제8호 가목, Ⅳ 제10호 가목2) 및 3)과 제13호의 규정은 적용하지 아니한다.

2. Ⅳ 제9호 가목의 규정은 유격작용등에 의하여 배관에 생긴 응력이 주하중에 대한 허용응력도를 초과하지 아니하는 배관계로서 특정이송취급소 외의 이송취급소에 관계된 것에는 적용하지 아니한다.

3. Ⅳ 제10호 나목의 규정은 위험물을 이송하기 위한 배관에 관계된 최대상용압력이 1㎫ 미만이고 안지름이 ❷　　　㎜ 이하인 배관으로서 특정이송취급소 외의 이송취급소에 관계된 것에는 적용하지 아니한다.

4. 특정이송취급소 외의 이송취급소에 설치된 배관의 긴급차단밸브는 Ⅳ제11호나목1)의 규정에 불구하고 현지조작에 의하여 폐쇄하는 기능이 있는 것으로 할 수 있다. 다만, 긴급차단밸브가 다음 각목의 1에 해당하는 배관에 설치된 경우에는 그러하지 아니하다.

　가. 「하천법」 제7조제2항에 따른 국가하천・하류부근에 「수도법」 제3조제17호에 따른 수도시설(취수시설에 한한다)이 있는 하천 또는 계획하폭이 ❸　　　m 이상인 하천으로서 위험물이 유입될 우려가 있는 하천을 횡단하여 설치된 배관

　나. 해상・해저・호소등을 횡단하여 설치된 배관

　다. 산 등 경사가 있는 지역에 설치된 배관

　라. 철도 또는 도로 중 산이나 언덕을 절개하여 만든 부분을 횡단하여 설치된 배관

5. 제1호 내지 제4호에 규정하지 아니한 것으로서 특정이송취급소가 아닌 이송취급소의 기준의 특례에 관하여 필요한 사항은 소방청장이 정하여 고시 할 수 있다.

■ 위험물안전관리법 시행규칙 [별표 16]

일반취급소의 위치·구조 및 설비의 기준 (제40조 관련)

I 일반취급소의 기준

1. 별표 4 I부터 X까지의 규정은 일반취급소의 위치·구조 및 설비의 기술기준에 대하여 준용한다.
2. 제1호에도 불구하고 다음 각 목에 정하는 일반취급소에 대하여는 각각 Ⅱ부터 X까지 및 X의2부터 X의4까지의 규정에서 정한 특례에 따를 수 있다.

    가. 도장, 인쇄 또는 도포를 위하여 제2류 위험물 또는 제4류 위험물(특수인화물을 제외한다)을 취급하는 일반취급소로서 지정수량의 ❹____배 미만의 것(위험물을 취급하는 설비를 건축물에 설치하는 것에 한하며, 이하 "분무도장작업등의 일반취급소"라 한다)

    나. 세정을 위하여 위험물(인화점이 40℃ 이상인 제4류 위험물에 한한다)을 취급하는 일반취급소로서 지정수량의 ❺____배 미만의 것(위험물을 취급하는 설비를 건축물에 설치하는 것에 한하며, 이하 "세정작업의 일반취급소"라 한다)

    다. 열처리작업 또는 방전가공을 위하여 위험물(인화점이 70℃ 이상인 제4류 위험물에 한한다)을 취급하는 일반취급소로서 지정수량의 ❻____배 미만의 것(위험물을 취급하는 설비를 건축물에 설치하는 것에 한하며, 이하 "열처리작업 등의 일반취급소"라 한다)

    라. 보일러, 버너 그 밖의 이와 유사한 장치로 위험물(인화점이 38℃ 이상인 제4류 위험물에 한한다)을 소비하는 일반취급소로서 지정수량의 ❼____배 미만의 것(위험물을 취급하는 설비를 건축물에 설치하는 것에 한하며, 이하 "보일러등으로 위험물을 소비하는 일반취급소"라 한다)

    마. 이동저장탱크에 액체위험물(알킬알루미늄등, 아세트알데하이드등 및 하이드록실아민등을 제외한다. 이하 이 호에서 같다)을 주입하는 일반취급소(액체위험물을 용기에 옮겨 담는 취급소를 포함하며, 이하 "충전하는 일반취급소"라 한다)

    바. 고정급유설비에 의하여 위험물(인화점이 38℃ 이상인 제4류 위험물에 한한다)을 용기에 옮겨 담거나 ❽____l 이하의 이동저장탱크(용량이 2,000l를 넘는 탱크에 있어서는 그 내부를 2,000l 이하마다 구획한 것에 한한다)에 주입하는 일반취급소로서 지정수량의 ❾____배 미만인 것(이하 "옮겨 담는 일반취급소"라 한다)

    사. 위험물을 이용한 유압장치 또는 윤활유 순환장치를 설치하는 일반취급소(고인화점 위험물만을 100℃ 미만의 온도로 취급하는 것에 한한다)로서 지정수량의 ❿____배 미만의 것(위험물을 취급하는 설비를 건축물에 설치하는 것에 한하며, 이하 "유압장치등을 설치하는 일반취급소"라 한다)

시행규칙 ✅
- ❶ 15
- ❷ 100
- ❸ 50
- ❹ 30
- ❺ 30
- ❻ 30
- ❼ 30
- ❽ 4,000
- ❾ 40
- ❿ 50

아. 절삭유의 위험물을 이용한 절삭장치, 연삭장치 그 밖의 이와 유사한 장치를 설치하는 일반취급소(고인화점 위험물만을 100℃ 미만의 온도로 취급하는 것에 한한다)로서 지정수량의 ❶   배 미만의 것(위험물을 취급하는 설비를 건축물에 설치하는 것에 한하며, 이하 "절삭장치등을 설치하는 일반취급소"라 한다)

자. 위험물 외의 물건을 가열하기 위하여 위험물(고인화점 위험물에 한한다)을 이용한 열매체유(열 전달에 이용하는 합성유) 순환장치를 설치하는 일반취급소로서 지정수량의 ❷   배 미만의 것(위험물을 취급하는 설비를 건축물에 설치하는 것에 한하며, 이하 "열매체유 순환장치를 설치하는 일반취급소"라 한다)

차. 화학실험을 위하여 위험물을 취급하는 일반취급소로서 지정수량의 ❸   배 미만의 것(위험물을 취급하는 설비를 건축물에 설치하는 것만 해당하며, 이하 "화학실험의 일반취급소"라 한다)

카.「국가첨단전략산업 경쟁력 강화 및 보호에 관한 특별조치법」제2조제1호에 따른 국가첨단전략기술 중 반도체 관련 제품의 제조를 위하여 위험물을 취급하는 일반취급소(위험물을 취급하는 설비를 건축물에 설치하는 것으로 한정하며, 이하 "반도체 제조공정의 일반취급소"라 한다)

타.「국가첨단전략산업 경쟁력 강화 및 보호에 관한 특별조치법」제2조제1호에 따른 국가첨단전략기술 중 이차전지 관련 제품의 제조를 위하여 위험물을 취급하는 일반취급소(위험물을 취급하는 설비를 건축물에 설치하는 것으로 한정하며, 이하 "이차전지 제조공정의 일반취급소"라 한다)

3. 제1호 및 제2호의 규정에 불구하고 고인화점 위험물만을 XI의 규정에 의한 바에 따라 취급하는 일반취급소에 있어서는 XI에 정하는 특례에 의할 수 있다.
4. 알킬알루미늄등, 아세트알데하이드등 또는 하이드록실아민등을 취급하는 일반취급소는 제1호에 따르되, 해당 위험물의 성질에 따라 강화되는 기준은 XII에 따라야 한다.
5. 제1호의 규정에 불구하고 발전소·변전소·개폐소 그 밖에 이에 준하는 장소(이하 이 호에서 "발전소등"이라 한다)에 설치되는 일반취급소에 대하여는 I 제1호의 규정에 의하여 준용되는 별표 4 I·II·IV 및 VII의 규정을 적용하지 아니하며, 발전소등에 설치되는 변압기·반응기·전압조정기·유입(油入)개폐기·차단기·유입콘덴서·유입케이블 및 이에 부속된 장치로서 기기의 냉각 또는 전열차단을 위한 유류를 내장하여 사용하는 것에 대하여는 I 제1호의 규정에 의하여 준용되는 별표 4의 규정을 적용하지 아니한다.

II 분무도장작업등의 일반취급소의 특례

I 제2호 가목의 일반취급소 중 그 위치·구조 및 설비가 다음 각호의 규정에 의한 기준에 적합한 것에 대하여는 I 제1호의 규정에 의하여 준용되는 별표 4 I·II·IV·V 및 VI의 규정은 적용하지 아니한다.
1. 건축물 중 일반취급소의 용도로 사용하는 부분에 ❹   이 없을 것
2. 건축물 중 일반취급소의 용도로 사용하는 부분은 벽·기둥·바닥·보 및 지붕(상층이 있는 경우에는 상층의 바닥)을 내화구조로 하고, 출입구 외의 개구부가 없는 두께 ❺   ㎜ 이상의 철근콘크리트조 또는 이와 동등 이상의 강도가 있는 구조의 바닥 또는 벽으로 당해 건축물의 다른 부분과 구획될 것
3. 건축물 중 일반취급소의 용도로 사용하는 부분에는 ❻   을 설치하지 아니할 것
4. 건축물 중 일반취급소의 용도로 사용하는 부분의 출입구에는 ❼   을 설치하되, 연소의 우려가 있는 외벽 및 당해 부분 외의 부분과의 격벽에 있는 출입구에는 수시로 열 수 있는 자동폐쇄식의 것으로 할 것
5. 액상의 위험물을 취급하는 건축물 중 일반취급소의 용도로 사용하는 부분의 바닥은 위험물이 침투하지 아니하는 구조로 하고, 적당한 경사를 두어 집유설비를 설치할 것

6. 건축물 중 일반취급소의 용도로 사용하는 부분에는 위험물을 취급하는데 필요한 채광·조명 및 환기의 설비를 설치할 것
7. 가연성의 증기 또는 가연성의 미분이 체류할 우려가 있는 일반취급소의 용도로 사용하는 부분에는 그 증기 또는 미분을 옥외의 높은 곳으로 배출하는 설비를 설치할 것
8. 환기설비 및 배출설비에는 방화상 유효한 댐퍼 등을 설치할 것

III 세정작업의 일반취급소의 특례

1. I 제2호 나목의 일반취급소 중 그 위치·구조 및 설비가 다음 각목에 정하는 기준에 적합한 것에 대하여는 I 제1호의 규정에 의하여 준용되는 별표 4 I·II·IV·V 및 VI의 규정은 적용하지 아니한다.
   가. 위험물을 취급하는 탱크(용량이 지정수량의 5분의 1 미만인 것을 제외한다)의 주위에는 별표 4 IX 제1호 나목1)의 규정을 준용하여 방유턱을 설치할 것
   나. 위험물을 가열하는 설비에는 위험물의 과열을 방지할 수 있는 장치를 설치 할 것
   다. II 각호의 기준에 적합할 것
2. I 제2호 나목의 일반취급소 중 지정수량의 10배 미만의 것으로서 그 위치·구조 및 설비가 다음 각목에 정하는 기준에 적합한 것에 대하여는 I 제1호의 규정에 의하여 준용되는 별표 4 I·II·IV·V 및 VI의 규정은 적용하지 아니한다.
   가. 일반취급소는 벽·기둥·바닥·보 및 지붕이 ❽ 불연재료 로 되어 있고, 천장이 없는 단층 건축물에 설치할 것
   나. 위험물을 취급하는 설비(위험물을 이송하기 위한 배관을 제외한다)는 바닥에 고정하고, 해당 설비의 주위에 너비 ❾ 3 m 이상의 공지를 보유할 것. 다만, 해당 설비로부터 3m 미만의 거리에 있는 건축물의 벽(수시로 열 수 있는 자동폐쇄식의 60분+방화문 또는 60분방화문이 달려 있는 출입구 외의 개구부가 없는 것으로 한정한다) 및 기둥이 내화구조인 경우에는 해당 설비에서 당해 벽 및 기둥까지의 공지를 보유하는 것으로 할 수 있다.
   다. 건축물 중 일반취급소의 용도로 사용하는 부분(나목의 공지를 포함한다. 이하 바목에서 같다)의 바닥은 위험물이 침투하지 아니하는 구조로 하고 적당한 경사를 두어 집유설비를 설치하는 한편, 집유설비 및 당해 바닥의 주위에 배수구를 설치할 것
   라. 위험물을 취급하는 설비는 당해 설비의 내부에서 발생한 가연성의 증기 또는 가연성의 미분이 당해 설비의 외부에 확산하지 아니하는 구조로 할 것. 다만, 그 증기 또는 미분을 직접 옥외의 높은 곳으로 유효하게 배출할 수 있는 설비를 설치하는 경우에는 그러하지 아니하다.
   마. 라목 단서의 설비에는 방화상 유효한 댐퍼 등을 설치할 것
   바. II 제6호 내지 제8호, 제1호 가목 및 나목의 기준에 적합할 것

시행규칙

❶ 30
❷ 30
❸ 30
❹ 지하층
❺ 70
❻ 창
❼ 60분+방화문 또는 60분방화문
❽ 불연재료
❾ 3

Ⅳ 열처리작업등의 일반취급소의 특례

1. Ⅰ 제2호 다목의 일반취급소 중 그 위치·구조 및 설비가 다음 각목에 정하는 기준에 적합한 것에 대하여는 Ⅰ제1호의 규정에 의하여 준용되는 별표 4 Ⅰ·Ⅱ·Ⅳ·Ⅴ 및 Ⅵ의 규정은 적용하지 아니한다.

    가. 건축물 중 일반취급소의 용도로 사용하는 부분은 벽·기둥·바닥 및 보를 내화구조로 하고, 출입구 외의 개구부가 없는 두께 ❶   ㎜ 이상의 철근콘크리트조 또는 이와 동등 이상의 강도가 있는 구조의 바닥 또는 벽으로 당해 건축물의 다른 부분과 구획될 것

    나. 건축물 중 일반취급소의 용도로 사용하는 부분은 상층이 있는 경우에 있어서는 상층의 바닥을 내화구조로 하고, 상층이 없는 경우에 있어서는 지붕을 불연재료로 할 것

    다. 건축물 중 일반취급소의 용도로 사용하는 부분에는 위험물이 위험한 온도에 이르는 것을 경보할 수 있는 장치를 설치할 것

    라. Ⅱ(제2호를 제외한다)의 기준에 적합할 것

2. Ⅰ 제2호 다목의 일반취급소 중 지정수량의 10배 미만의 것으로서 그 위치·구조 및 설비가 다음 각목에 정하는 기준에 적합한 것에 대하여는 Ⅰ 제1호의 규정에 의하여 준용되는 별표 4 Ⅰ·Ⅱ·Ⅳ·Ⅴ 및 Ⅵ의 규정은 적용하지 아니한다.

    가. 위험물을 취급하는 설비(위험물을 이송하기 위한 배관을 제외한다)는 바닥에 고정하고, 해당 설비의 주위에 너비 ❷   m 이상의 공지를 보유할 것. 다만, 해당 설비로부터 3m 미만의 거리에 있는 건축물의 벽(수시로 열 수 있는 자동폐쇄식의 60분+방화문 또는 60분방화문이 달려 있는 출입구 외의 개구부가 없는 것으로 한정한다) 및 기둥이 내화구조인 경우에는 해당 설비에서 해당 벽 및 기둥까지의 공지를 보유하는 것으로 할 수 있다.

    나. 건축물 중 일반취급소의 용도로 사용하는 부분(가목의 공지를 포함한다. 이하 다목에서 같다)의 바닥은 위험물이 침투하지 아니하는 구조로 하고 적당한 경사를 두어 집유설비를 설치하는 한편, 집유설비 및 당해 바닥의 주위에 배수구를 설치할 것

    다. Ⅱ 제6호 내지 제8호, Ⅲ 제2호 가목 및 제1호 다목의 기준에 적합할 것

Ⅴ 보일러등으로 위험물을 소비하는 일반취급소의 특례

1. Ⅰ 제2호 라목의 일반취급소 중 그 위치·구조 및 설비가 다음 각목에 정하는 기준에 적합한 것에 대하여는 Ⅰ 제1호의 규정에 의하여 준용되는 별표 4 Ⅰ·Ⅱ·Ⅳ·Ⅴ 및 Ⅵ의 규정은 적용하지 아니한다.

    가. Ⅱ 제3호 내지 제8호 및 Ⅳ 제1호 가목 및 나목의 규정에 의한 기준에 적합할 것

    나. 건축물 중 일반취급소의 용도로 제공하는 부분에는 지진시 및 정전시 등의 긴급시에 보일러, 버너 그 밖에 이와 유사한 장치(비상용전원과 관련되는 것을 제외한다)에 대한 위험물의 공급을 자동적으로 차단하는 장치를 설치할 것

    다. 위험물을 취급하는 탱크는 그 용량의 총계를 지정수량 미만으로 하고, 당해 탱크(용량이 지정수량의 5분의 1 미만의 것을 제외한다)의 주위에 별표 4 Ⅸ 제1호 나목1)의 규정을 준용하여 방유턱을 설치할 것

2. Ⅰ 제2호 라목의 일반취급소 중 지정수량의 10배 미만의 것으로서 그 위치·구조 및 설비가 다음 각목에 정하는 기준에 적합한 것에 대하여는 Ⅰ 제1호의 규정에 의하여 준용되는 별표 4 Ⅰ·Ⅱ·Ⅳ·Ⅴ 및 Ⅵ의 규정은 적용하지 아니한다.

   가. 위험물을 취급하는 설비(위험물을 이송하기 위한 배관을 제외한다)는 바닥에 고정하고, 해당 설비의 주위에 너비 ❸ m 이상의 공지를 보유할 것. 다만, 해당 설비로부터 3m 미만의 거리에 있는 건축물의 벽(수시로 열 수 있는 자동폐쇄식의 ❹   이 달려있는 출입구 외의 개구부가 없는 것으로 한정한다) 및 기둥이 내화구조인 경우에는 해당 설비에서 해당 벽 및 기둥까지의 공지를 보유하는 것으로 할 수 있다.

   나. 건축물 중 일반취급소의 용도로 사용하는 부분(가목의 공지를 포함한다. 이하 다목에서 같다)의 바닥은 위험물이 침투하지 아니하는 구조로 하고 적당한 경사를 두는 한편, 집유설비 및 당해 바닥의 주위에 배수구를 설치할 것

   다. Ⅱ 제6호 내지 제8호, Ⅲ 제2호 가목, 제1호 나목 및 다목의 기준에 적합할 것

3. Ⅰ 제2호 라목의 일반취급소 중 지정수량의 10배 미만의 것으로서 그 위치·구조 및 설비가 다음 각목의 규정에 의한 기준에 적합한 것에 대하여는 Ⅰ 제1호의 규정에 의하여 준용되는 별표 4 Ⅰ·Ⅱ·Ⅳ·Ⅴ·Ⅵ·Ⅶ 및 Ⅸ 제1호 나목의 규정은 적용하지 아니한다.

   가. 일반취급소는 벽·기둥·바닥·보 및 지붕이 내화구조인 건축물의 옥상에 설치할 것

   나. 위험물을 취급하는 설비(위험물을 이송하기 위한 배관을 제외한다)는 옥상에 고정할 것

   다. 위험물을 취급하는 설비(위험물을 취급하는 탱크 및 위험물을 이송하기 위한 배관을 제외한다)는 큐비클식(강판으로 만들어진 보호상자에 수납되어 있는 방식을 말한다)의 것으로 하고, 당해 설비의 주위에 높이 ❺ m 이상의 방유턱을 설치할 것

   라. 다목의 설비의 내부에는 위험물을 취급하는데 필요한 채광·조명 및 환기의 설비를 설치할 것

   마. 위험물을 취급하는 탱크는 그 용량의 총계를 지정수량 미만으로 할 것

   바. 옥외에 있는 위험물을 취급하는 탱크의 주위에는 별표 4 Ⅸ 제1호 나목1)의 규정을 준용하여 높이 ❻ m 이상의 방유턱을 설치할 것

   사. 다목 및 바목의 방유턱의 주위에 너비 ❼ m 이상의 공지를 보유할 것. 다만, 해당 설비로부터 3m 미만의 거리에 있는 건축물의 벽(수시로 열 수 있는 자동폐쇄식의 60분+방화문 또는 60분방화문이 달려 있는 출입구 외의 개구부가 없는 것으로 한정한다) 및 기둥이 내화구조인 경우에는 해당 설비에서 해당 벽 및 기둥까지의 공지를 보유하는 것으로 할 수 있다.

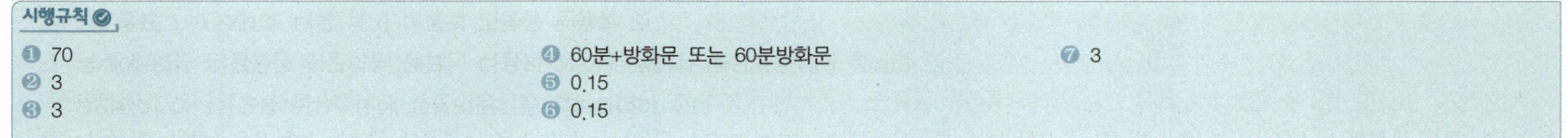

시행규칙

❶ 70
❷ 3
❸ 3
❹ 60분+방화문 또는 60분방화문
❺ 0.15
❻ 0.15
❼ 3

아. 다목 및 바목의 방유턱의 내부는 위험물이 침투하지 아니하는 구조로 하고, 적당한 경사를 두어 집유설비를 설치할 것. 이 경우 위험물이 직접 배수구에 유입하지 아니하도록 집유설비에 유분리장치를 설치하여야 한다.

자. 옥내에 있는 위험물을 취급하는 탱크는 다음의 기준에 적합한 탱크전용실에 설치할 것
  1) 별표 7 Ⅰ 제1호 너목 내지 머목의 기준을 준용할 것
  2) 탱크전용실은 바닥을 내화구조로 하고, 벽·기둥 및 보를 불연재료로 할 것
  3) 탱크전용실에는 위험물을 취급하는데 필요한 채광·조명 및 환기의 설비를 설치할 것
  4) 가연성의 증기 또는 가연성의 미분이 체류할 우려가 있는 탱크전용실에는 그 증기 또는 미분을 옥외의 높은 곳으로 배출하는 설비를 설치할 것
  5) 위험물을 취급하는 탱크의 주위에는 별표 4 Ⅸ 제1호 나목1)의 규정을 준용하여 방유턱을 설치하거나 탱크전용실의 출입구의 턱의 높이를 높게 할 것

차. 환기설비 및 배출설비에는 방화상 유효한 댐퍼 등을 설치할 것
카. 제1호 나목의 기준에 적합할 것

Ⅵ 충전하는 일반취급소의 특례

Ⅰ 제2호 마목의 일반취급소 중 그 위치·구조 및 설비가 다음 각호의 규정에 의한 기준에 적합한 것에 대하여는 Ⅰ 제1호의 규정에 의하여 준용되는 별표 4 Ⅳ 제2호 내지 제6호·Ⅴ·Ⅵ 및 Ⅶ의 규정은 적용하지 아니한다.

1. 건축물을 설치하는 경우에 있어서 해당 건축물은 벽·기둥·바닥·보 및 지붕을 내화구조 또는 불연재료로 하고, 창 및 출입구에 60분+방화문·60분방화문 또는 30분방화문을 설치하여야 한다.
2. 제1호의 건축물의 창 또는 출입구에 유리를 설치하는 경우에는 망입유리로 하여야 한다.
3. 제1호의 건축물의 2 방향 이상은 통풍을 위하여 벽을 설치하지 아니하여야 한다.
4. 위험물을 이동저장탱크에 주입하기 위한 설비(위험물을 이송하는 배관을 제외한다)의 주위에 필요한 공지를 보유하여야 한다.
5. 위험물을 용기에 옮겨 담기 위한 설비를 설치하는 경우에는 당해 설비(위험물을 이송하는 배관을 제외한다)의 주위에 필요한 공지를 제4호의 공지 외의 장소에 보유하여야 한다.
6. 제4호 및 제5호의 공지는 그 지반면을 주위의 지반면보다 높게 하고, 그 표면에 적당한 경사를 두며, 콘크리트 등으로 포장하여야 한다.
7. 제4호 및 제5호의 공지에는 누설한 위험물 그 밖의 액체가 당해 공지 외의 부분에 유출하지 아니 하도록 집유설비 및 주위에 배수구를 설치하여야 한다. 이 경우 제4류 위험물(온도 20℃의 물 100g에 용해되는 양이 1g미만인 것에 한한다)을 취급하는 공지에 있어서는 집유설비에 유분리장치를 설치하여야 한다.

Ⅶ 옮겨 담는 일반취급소의 특례

Ⅰ 제2호 바목의 일반취급소 중 그 위치·구조 및 설비가 다음 각호의 규정에 의한 기준에 적합한 것에 대하여는 Ⅰ 제1호의 규정에 의하여 준용되는 별표 4 Ⅰ·Ⅱ·Ⅳ·Ⅴ 내지 Ⅶ·Ⅷ(제5호를 제외한다) 및 Ⅸ의 규정은 적용하지 아니한다.

1. 일반취급소에는 고정급유설비 중 호스기기의 주위(현수식의 고정급유설비에 있어서는 호스기기의 아래)에 용기에 옮겨 담거나 탱크에 주입하는데 필요한 공지를 보유하여야 한다.
2. 제1호의 공지는 그 지반면을 주위의 지반면보다 높게 하고, 그 표면에 적당한 경사를 두며, 콘크리트등으로 포장하여야 한다.
3. 제1호의 공지에는 누설한 위험물 그 밖의 액체가 당해 공지 외의 부분에 유출하지 아니하도록 배수구 및 유분리장치를 설치하여야 한다.
4. 일반취급소에는 고정급유설비에 접속하는 용량 ❶ 40,000 ℓ 이하의 지하의 전용탱크(이하 "지하전용탱크"라 한다)를 지반면하에 매설하는 경우 외에는 위험물을 취급하는 탱크를 설치하지 아니하여야 한다.
5. 지하전용탱크의 위치·구조 및 설비는 별표 8 Ⅰ[제5호·제10호(게시판에 관한 부분에 한한다)·제11호·제14호를 제외한다]·별표 8 Ⅱ[별표 8 Ⅰ 제5호·제10호(게시판에 관한 부분에 한한다)·제11호·제14호를 제외한다] 또는 별표 8 Ⅲ[별표 8 Ⅰ 제5호·제10호(게시판에 관한 부분에 한한다)·제11호·제14호를 제외한다]의 규정에 의한 지하저장탱크의 위치·구조 및 설비의 기준을 준용하여야 한다.
6. 고정급유설비에 위험물을 주입하기 위한 배관은 당해 고정급유설비에 접속하는 지하전용탱크로부터의 배관만으로 하여야 한다.
7. 고정급유설비는 별표 13 Ⅳ(제4호를 제외한다)의 규정에 의한 주유취급소의 고정주유설비 또는 고정급유설비의 기준을 준용하여야 한다.
8. 고정급유설비는 도로경계선으로부터 다음 표에 정하는 거리 이상, 건축물의 벽으로부터 ❷ 2 m(일반취급소의 건축물의 벽에 개구부가 없는 경우에는 당해 벽으로부터 1m) 이상, 부지경계선으로부터 ❸ 1 m 이상의 간격을 유지하여야 한다. 다만, 호스기기와 분리하여 별표 13 Ⅸ의 기준에 적합하고 벽·기둥·바닥·보 및 지붕(상층이 있는 경우에는 상층의 바닥)이 내화구조인 펌프실에 설치하는 펌프기기 또는 액중펌프기기에 있어서는 그러하지 아니하다.

고정급유설비의 구분		거리
현수식의 고정급유설비		❹ 4 m
그 밖의 고정급유설비	고정급유설비에 접속되는 급유호스 중 그 전체길이가 최대인 것의 전체길이(이하 이 표에서 "최대급유호스길이"라 한다)가 3m 이하의 것	❺ 4 m
	최대급유호스길이가 3m 초과 4m 이하의 것	❻ 5 m
	최대급유호스길이가 4m 초과 5m 이하의 것	❼ 6 m

시행규칙
- ❶ 40,000
- ❷ 2
- ❸ 1
- ❹ 4
- ❺ 4
- ❻ 5
- ❼ 6

9. 현수식의 고정급유설비를 설치하는 일반취급소에는 당해 고정급유설비의 펌프기기를 정지하는 등에 의하여 지하전용탱크로부터의 위험물의 이송을 긴급히 중단할 수 있는 장치를 설치하여야 한다.
10. 일반취급소의 주위에는 높이 ❶ m이상의 내화구조 또는 불연재료로 된 담 또는 벽을 설치하여야 한다. 이 경우 당해 일반취급소에 인접하여 연소의 우려가 있는 건축물이 있을 때에는 담 또는 벽을 별표 13 Ⅶ. 담 또는 벽의 제1호의 규정에 준하여 방화상 안전한 높이로 하여야 한다.
11. 일반취급소의 출입구에는 60분+방화문·60분방화문 또는 30분방화문을 설치해야 한다.
12. 펌프실 그 밖에 위험물을 취급하는 실은 별표 13 Ⅸ의 규정에 의한 주유취급소의 펌프실 그 밖에 위험물을 취급하는 실의 기준을 준용하여야 한다.
13. 일반취급소에 지붕, 캐노피 그 밖에 위험물을 옮겨 담는데 필요한 건축물(이하 이 호 및 제14호에서 "지붕등"이라 한다)을 설치하는 경우에는 지붕등은 불연재료로 하여야 한다.
14. 지붕등의 수평투영면적은 일반취급소의 부지면적의 ❷ 이하이어야 한다.

Ⅷ 유압장치등을 설치하는 일반취급소의 특례

1. Ⅰ제2호 사목의 일반취급소 중 그 위치·구조 및 설비가 다음 각목의 규정에 의한 기준에 적합한 것에 대하여는 Ⅰ제1호의 규정에 의하여 준용되는 별표 4 Ⅰ·Ⅱ·Ⅳ·Ⅴ·Ⅵ 및 Ⅷ 제6호·제7호의 규정은 적용하지 아니한다.
    가. 일반취급소는 벽·기둥·바닥·보 및 지붕이 불연재료로 만들어진 단층의 건축물에 설치할 것
    나. 건축물 중 일반취급소의 용도로 사용하는 부분은 벽·기둥·바닥·보 및 지붕을 불연재료로 하고, 연소의 우려가 있는 외벽은 출입구 외의 개구부가 없는 내화구조의 벽으로 할 것
    다. 건축물 중 일반취급소의 용도로 사용하는 부분의 창 및 출입구에는 60분+방화문·60분방화문 또는 30분방화문을 설치하고, 연소의 우려가 있는 외벽에 있는 출입구에는 수시로 열 수 있는 ❸ 을 설치할 것
    라. 건축물 중 일반취급소의 용도로 사용하는 부분의 창 또는 출입구에 유리를 이용하는 경우에는 망입유리로 할 것
    마. 위험물을 취급하는 설비(위험물을 이송하기 위한 배관을 제외한다. 이하 제3호에서 같다)는 건축물 중 일반취급소의 용도로 사용하는 부분의 바닥에 견고하게 고정할 것
    바. 위험물을 취급하는 탱크(용량이 지정수량의 5분의 1 미만인 것을 제외한다)의 직하에는 별표 4 Ⅸ 제1호 나목1)의 규정을 준용하여 방유턱을 설치하거나 건축물 중 일반취급소의 용도로 사용하는 부분의 문턱의 높이를 높게 할 것
    사. Ⅱ제5호 내지 제8호의 기준에 적합할 것
2. Ⅰ제2호 사목의 일반취급소 중 그 위치·구조 및 설비가 다음의 각목의 규정에 의한 기준에 적합한 것에 대하여는 Ⅰ 제1호의 규정에 의하여 준용되는 별표 4 Ⅰ·Ⅱ·Ⅳ·Ⅴ·Ⅵ 및 Ⅷ제6호·제7호의 규정은 적용하지 아니한다.
    가. 건축물 중 일반취급소의 용도로 사용하는 부분은 벽·기둥·바닥 및 보를 내화구조로 할 것
    나. Ⅱ 제3호 내지 제8호, Ⅳ 제1호 나목 및 제1호 바목의 기준에 적합할 것

3. Ⅰ 제2호 사목의 일반취급소 중 지정수량의 ❹   배 미만의 것으로서 그 위치·구조 및 설비가 다음 각목의 규정에 의한 기준에 적합한 것에 대하여는 Ⅰ 제1호의 규정에 의하여 준용되는 별표 4 Ⅰ·Ⅱ·Ⅳ·Ⅴ·Ⅵ 및 Ⅷ 제6호·제7호의 규정은 적용하지 아니한다.

　가. 위험물을 취급하는 설비는 바닥에 고정하고, 해당 설비의 주위에 너비 ❺ m 이상의 공지를 보유할 것. 다만, 해당 설비로부터 3m 미만의 거리에 있는 건축물의 벽(수시로 열 수 있는 자동폐쇄식의 60분+방화문 또는 60분방화문이 달려 있는 출입구 외의 개구부가 없는 것으로 한정한다) 및 기둥이 내화구조인 경우에는 해당 설비에서 해당 벽 및 기둥까지의 공지를 보유하는 것으로 할 수 있다.

　나. 건축물 중 일반취급소의 용도로 사용하는 부분(가목의 공지를 포함한다. 이하 라목에서 같다)의 바닥은 위험물이 침투하지 아니하는 구조로 하고, 적당한 경사를 두어 집유설비 및 당해 바닥의 주위에 배수구를 설치할 것

　다. 위험물을 취급하는 탱크(용량이 지정수량의 5분의 1 미만의 것을 제외한다)의 직하에는 별표 4 Ⅸ 제1호 나목1)의 규정을 준용하여 방유턱을 설치할 것

　라. Ⅱ 제6호 내지 제8호 및 Ⅲ 제2호 가목의 기준에 적합할 것

Ⅸ 절삭장치등을 설치하는 일반취급소의 특례

1. Ⅰ 제2호 아목의 일반취급소 중 그 위치·구조 및 설비가 Ⅱ제1호 및 제3호 내지 제8호, Ⅳ제1호나목 및 Ⅷ제1호 바목·제2호가목의 규정에 의한 기준에 적합한 것에 대하여는 Ⅰ제1호의 규정에 의하여 준용되는 별표 4 Ⅰ·Ⅱ·Ⅳ 및 Ⅷ제6호·제7호의 규정은 적용하지 아니한다.

2. Ⅰ제2호 아목의 일반취급소 중 지정수량의 10배 미만의 것으로서 그 위치·구조 및 설비가 다음 각목의 규정에 의한 기준에 적합한 것에 대하여는 Ⅰ제1호의 규정에 의하여 준용되는 별표 4 Ⅰ·Ⅱ·Ⅳ 및 Ⅷ제6호·제7호의 규정은 적용하지 아니한다.

　가. 위험물을 취급하는 설비(위험물을 이송하기 위한 배관을 제외한다)는 바닥에 고정하고, 해당 설비의 주위에 너비 3m 이상의 공지를 보유할 것. 다만, 해당 설비로부터 3m 미만의 거리에 있는 건축물의 벽(수시로 열 수 있는 자동폐쇄식의 60분+방화문 또는 60분방화문이 달려 있는 출입구 외의 개구부가 없는 것으로 한정한다) 및 기둥이 내화구조인 경우에는 해당 설비에서 해당 벽 및 기둥까지의 공지를 보유하는 것으로 할 수 있다.

　나. 건축물 중 일반취급소의 용도로 사용하는 부분(가목의 공지를 포함한다. 이하 다목에서 같다)의 바닥은 위험물이 침투하지 아니하는 구조로 하고, 적당한 경사를 두어 집유설비 및 당해 바닥의 주위에 배수구를 설치할 것

　다. Ⅱ 제6호 내지 제8호, Ⅲ 제2호 가목 및 Ⅷ 제3호 다목의 기준에 적합할 것

시행규칙

❶ 2
❷ 3분의 1
❸ 자동폐쇄식의 60분+방화문 또는 60분방화문
❹ 30
❺ 3

X 열매체유 순환장치를 설치하는 일반취급소의 특례

Ⅰ제2호 자목의 일반취급소 중 그 위치·구조 및 설비가 다음 각호의 규정에 의한 기준에 적합한 것에 대하여는 Ⅰ제1호의 규정에 의하여 준용되는 별표 4 Ⅰ·Ⅱ·Ⅳ·Ⅴ 및 Ⅵ의 규정은 적용하지 아니한다.

1. 위험물을 취급하는 설비는 위험물의 체적팽창에 의한 위험물의 누설을 방지할 수 있는 구조의 것으로 하여야 한다.
2. Ⅱ제1호·제3호 내지 제8호, Ⅲ제1호가목·나목 및 Ⅳ제1호 가목·나목의 규정에 의한 기준에 적합하여야 한다.

X의2 화학실험의 일반취급소의 특례

Ⅰ제2호차목의 화학실험의 일반취급소 중 그 위치·구조 및 설비가 다음 각 호에 정한 기준에 적합한 것에 대해서는 Ⅰ제1호에 따라 준용되는 규정 중 별표 4 Ⅰ·Ⅱ·Ⅳ·Ⅴ·Ⅵ·Ⅶ·Ⅷ(제5호는 제외한다)·Ⅸ 및 Ⅹ의 규정은 준용하지 아니한다.

1. 화학실험의 일반취급소는 벽·기둥·바닥 및 보가 내화구조인 건축물의 지하층 외의 층에 설치할 것
2. 건축물 중 화학실험의 일반취급소의 용도로 사용하는 부분은 벽·기둥·바닥·보 및 지붕(상층이 있는 경우에는 상층의 바닥)을 내화구조로 하고, 벽에 설치하는 창 또는 출입구에 관한 기준은 다음 각 목의 기준에 모두 적합할 것

    가. 해당 건축물의 다른 용도 부분(복도를 제외한다)과 구획하는 벽에는 창 또는 출입구를 설치하지 않을 것

    나. 해당 건축물의 복도 또는 외부와 구획하는 벽에 설치하는 창은 망입유리 또는 방화유리로 하고, 출입구에는 수시로 열 수 있는 자동폐쇄식의 60분+방화문 및 60분방화문을 설치할 것

3. 건축물 중 화학실험의 일반취급소의 용도로 사용하는 부분에는 위험물을 취급하는데 필요한 채광·조명 및 환기를 위한 설비를 설치할 것
4. 가연성의 증기 또는 가연성의 미분이 체류할 우려가 있는 화학실험의 일반취급소의 용도로 사용하는 부분에는 그 증기 또는 미분을 옥외의 높은 곳으로 배출하는 설비를 설치하고, 배출덕트가 관통하는 벽부분의 바로 가까이에 화재 시 자동으로 폐쇄되는 방화댐퍼를 설치할 것
5. 위험물을 보관하는 설비는 외장을 불연재료로 하되, 제3류 위험물 중 자연발화성물질 또는 제5류 위험물을 보관하는 설비는 다음 각 목의 기준에 모두 적합한 것으로 할 것

    가. 외장을 ❶   재질로 할 것

    나. ❷   장치를 갖출 것

    다. ❸   형 구조로 할 것

    라. 문에 유리를 부착하는 경우에는 망입유리 또는 ❹   로 할 것

X의3. 반도체 제조공정의 일반취급소의 특례

1. 반도체 제조공정의 일반취급소 중 그 위치·구조 및 설비가 다음 각 목에 정한 기준에 적합한 것에 대해서는 Ⅰ 제1호에 따라 준용되는 규정 중 별표 4 Ⅳ 제2호·제3호·제5호·제6호, Ⅴ 제1호다목, Ⅵ 및 Ⅹ 제1호는 준용하지 않는다.

    가. 위험물을 취급하는 건축물의 벽·기둥·바닥·보·서까래 및 계단을 불연재료 또는 내화구조로 하고, 연소(延燒)의 우려가 있는 외벽은 출입구 외의 개구부가 없는 내화구조의 벽으로 할 것

    나. 위험물을 취급하는 건축물의 지붕을 불연재료 또는 내화구조로 하고, 내화구조로 하는 경우에는 해당 건축물에 가연성의 증기 체류를 방지하기 위한 조치를 마련할 것

    다. 위험물을 취급하는 건축물의 창 및 출입구에 유리를 이용하는 경우에는 망입유리 또는 방화유리로 할 것

    라. 액체 위험물을 취급하는 건축물의 바닥은 위험물이 스며들지 못하는 재료를 사용하고, 위험물 취급설비의 주위에 턱 또는 도랑을 설치하는 등 해당 설비에서 누설된 액체 위험물의 유출을 방지하기 위한 조치를 할 것

    마. 환기설비 또는 배출설비를 공조설비로 갈음하는 경우 해당 공조설비는 소방청장이 정하여 고시하는 기준에 적합할 것 [시행 2025. 5. 21.]

    바. 위험물을 취급하는 배관의 재질은 강관 그 밖에 이와 유사한 금속성으로 해야 한다. 다만, 다음의 기준에 적합한 경우에는 그렇지 않다.

    1) 배관의 재질은 다음의 어느 하나에 해당할 것

        가) 「산업표준화법」 제12조에 따른 한국산업표준에서 정하는 유리섬유강화플라스틱·고밀도폴리에틸렌 또는 폴리우레탄

        나) 불소수지 중 과불화알콕시 알케인(Perfluoroalkoxy alkane) 또는 이와 같은 수준 이상의 강도를 갖는 불소 중합체

    2) 배관의 구조는 내관 및 외관의 이중으로 하고, 내관과 외관의 사이에는 틈새공간을 두어 누설여부를 외부에서 쉽게 확인할 수 있도록 할 것. 다만, 배관의 재질이 취급하는 위험물에 의해 쉽게 열화될 우려가 없는 경우에는 그렇지 않다.

    3) 국내 또는 국외의 관련 공인시험기관으로부터 안전성에 대한 시험 또는 인증을 받을 것

    4) 배관은 지하에 매설할 것. 다만, 화재 등 열에 의하여 쉽게 변형될 우려가 없는 재질이거나 화재 등 열에 의한 악영향을 받을 우려가 없는 장소에 설치되는 경우에는 그렇지 않다.

시행규칙 ✅
① 금속
② 보냉
③ 밀폐
④ 방화유리

2. 반도체 제조공정의 일반취급소 외의 용도로 사용하는 부분이 있는 건축물에 설치하는 반도체 제조공정의 일반취급소의 위치·구조 및 설비가 다음 각 목에 정한 기준에 적합한 것에 대해서는 Ⅰ 제1호에 따라 준용되는 규정 중 별표 4 Ⅰ·Ⅱ·Ⅳ·Ⅴ 제1호다목·Ⅵ·Ⅶ 및 Ⅹ 제1호가목은 준용하지 않는다.

  가. 반도체 제조공정의 일반취급소는 벽·기둥·바닥 및 보가 내화구조인 건축물의 지하층 외의 층에 설치할 것

  나. 건축물 중 반도체 제조공정의 일반취급소의 용도로 사용하는 부분은 벽·기둥·바닥·보 및 지붕(상층이 있는 경우에는 상층의 바닥을 말한다)을 내화구조로 할 것

  다. 건축물 중 반도체 제조공정의 일반취급소의 용도로 사용하는 부분의 창은 망입유리 또는 방화유리로 하고, 출입구에는 60분+방화문·60분방화문(화재로 인한 연기·불꽃·열 등을 감지하여 자동으로 폐쇄되는 구조인 것으로 한정한다)을 설치하되, 연소의 우려가 있는 외벽에 있는 출입구에는 수시로 열 수 있는 자동폐쇄식의 것으로 할 것

  라. 건축물 중 반도체 제조공정의 일반취급소의 용도로 사용하는 부분의 바닥은 위험물이 스며들지 못하는 재료를 사용하고, 적당한 경사를 두어 그 최저부에 집유설비를 설치할 것. 다만, 위험물 취급설비의 주위에 턱 또는 도랑을 설치하는 등 위험물 취급설비에서 누설된 액체 위험물의 유출을 방지하기 위한 조치를 한 경우에는 경사 및 집유설비를 두지 않을 수 있다.

  마. 환기설비 또는 배출설비를 공조설비로 갈음하는 경우 해당 공조설비는 제1호마목에서 소방청장이 정하여 고시하는 기준에 적합할 것 [시행 2025. 5. 21.]

  바. 위험물을 취급하는 배관의 재질은 제1호바목의 기준에 적합할 것

Ⅹ의4 이차전지 제조공정의 일반취급소의 특례

1. 이차전지 제조공정의 일반취급소 중 그 위치·구조 및 설비가 다음 각 목에 정한 기준에 적합한 것에 대해서는 Ⅰ 제1호에 따라 준용되는 규정 중 별표 4 Ⅳ 제2호·제3호·제5호·제6호, Ⅴ 제1호다목, Ⅵ 및 Ⅹ 제1호는 준용하지 않는다.

  가. 위험물을 취급하는 건축물의 벽·기둥·바닥·보·서까래 및 계단을 불연재료 또는 내화구조로 하고, 연소(延燒)의 우려가 있는 외벽은 출입구 외의 개구부가 없는 내화구조의 벽으로 할 것

  나. 위험물을 취급하는 건축물의 지붕은 불연재료 또는 내화구조로 하고, 내화구조로 하는 경우에는 해당 건축물에 가연성의 증기 체류를 방지하기 위한 조치를 강구할 것

  다. 위험물을 취급하는 건축물의 창 및 출입구에 유리를 이용하는 경우에는 망입유리 또는 방화유리로 할 것

  라. 액체 위험물을 취급하는 건축물의 바닥에 경사 및 집유설비를 두는 것이 곤란한 경우에는 위험물 취급설비의 주위에 턱 또는 도랑을 설치하는 등 해당 설비에서 누설된 액체 위험물의 유출을 방지하기 위한 조치를 할 것

  마. 환기설비 또는 배출설비를 공조설비로 갈음하는 경우 해당 공조설비는 「건설기술 진흥법」 제44조의2에 따른 국가건설기준센터가 정하는 기준 또는 소방청장이 정하여 고시하는 기준에 적합할 것 [시행 2025. 5. 21.]

  바. 위험물을 취급하는 배관의 재질은 강관 그 밖에 이와 유사한 금속성으로 해야 한다. 다만, 다음의 기준에 적합한 경우에는 그렇지 않다.

    1) 배관의 재질은 다음의 어느 하나에 해당할 것

      가) 「산업표준화법」 제12조에 따른 한국산업표준에서 정하는 유리섬유강화플라스틱·고밀도폴리에틸렌 또는 폴리우레탄

      나) 불소수지 중 과불화알콕시 알케인(Perfluoroalkoxy alkane) 또는 이와 같은 수준 이상의 강도를 갖는 불소 중합체

    2) 배관의 구조는 내관 및 외관의 이중으로 하고, 내관과 외관의 사이에는 틈새공간을 두어 누설여부를 외부에서 쉽게 확인할 수 있도록 할 것. 다만, 배관의 재질이 취급하는 위험물에 의해 쉽게 열화될 우려가 없는 경우에는 그렇지 않다.

3) 국내 또는 국외의 관련 공인시험기관으로부터 안전성에 대한 시험 또는 인증을 받을 것

4) 배관은 지하에 매설할 것. 다만, 화재 등 열에 의하여 쉽게 변형될 우려가 없는 재질이거나 화재 등 열에 의한 악영향을 받을 우려가 없는 장소에 설치되는 경우에는 그렇지 않다.

2. 이차전지 제조공정의 일반취급소 외의 용도로 사용하는 부분이 있는 건축물에 설치하는 이차전지 제조공정의 일반취급소(지정수량의 30배 미만의 것으로 한정한다)의 위치·구조 및 설비가 다음 각 목에 정한 기준에 적합한 것에 대해서는 Ⅰ제1호에 따라 준용되는 규정 중 별표 4 Ⅰ·Ⅱ·Ⅳ·Ⅴ 제1호다목·Ⅵ·Ⅶ 및 Ⅹ 제1호는 준용하지 않는다.

    가. 이차전지 제조공정의 일반취급소는 벽·기둥·바닥 및 보가 내화구조인 건축물의 지하층 외의 층에 설치할 것

    나. 건축물 중 이차전지 제조공정의 일반취급소의 용도로 사용하는 부분은 벽·기둥·바닥·보 및 지붕(상층이 있는 경우에는 상층의 바닥을 말한다)을 내화구조로 할 것

    다. 건축물 중 이차전지 제조공정의 일반취급소의 용도로 사용하는 부분의 창은 망입유리 또는 방화유리로 하고, 출입구에는 60분+방화문 또는 60분방화문(화재로 인한 연기·불꽃·열 등을 감지하여 자동으로 폐쇄되는 구조인 것으로 한정한다)을 설치하되, 연소의 우려가 있는 외벽에 있는 출입구에는 수시로 열 수 있는 자동폐쇄식의 것으로 할 것

    라. 건축물 중 이차전지 제조공정의 일반취급소의 용도로 사용하는 부분의 바닥은 위험물이 스며들지 못하는 재료를 사용하고, 적당한 경사를 두어 그 최저부에 집유설비를 설치할 것. 다만, 위험물 취급설비의 주위에 턱 또는 도랑을 설치하는 등 해당 설비에서 누설된 액체 위험물의 유출을 방지하기 위한 조치를 한 경우에는 경사 및 집유설비를 두지 않을 수 있다.

    마. 환기설비 또는 배출설비를 공조설비로 갈음하는 경우 해당 공조설비는 「건설기술 진흥법」 제44조의2에 따른 국가건설기준센터가 정하는 기준 또는 제1호마목에서 소방청장이 정하여 고시하는 기준에 적합할 것 [시행 2025. 5. 21.]

    바. 위험물을 취급하는 배관의 재질은 제1호바목의 기준에 적합할 것

Ⅺ 고인화점 위험물의 일반취급소의 특례

1. Ⅰ제3호의 일반취급소 중 그 위치 및 구조가 별표 4 Ⅺ 각호의 규정에 의한 기준에 적합한 것에 대하여는 Ⅰ제1호의 규정에 의하여 준용되는 별표 4 Ⅰ·Ⅱ·Ⅳ 제1호·제3호 내지 제5호·Ⅷ제6호·제7호 및 Ⅸ제1호나목2)에 의하여 준용하는 별표 6 Ⅸ 제1호 나목의 규정은 적용하지 아니한다.

2. Ⅰ제3호의 일반취급소 중 충전하는 일반취급소로서 그 위치·구조 및 설비가 다음 각목의 규정에 의한 기준에 적합한 것에 대하여는 Ⅰ제1호의 규정에 의하여 준용되는 별표 4 Ⅰ·Ⅱ·Ⅳ·Ⅴ 내지 Ⅶ·Ⅷ제6호·제7호 및 Ⅸ제1호나목2)에 의하여 준용하는 별표 6 Ⅸ제1호 나목의 규정은 적용하지 아니한다.

    가. 별표 4 Ⅺ제1호·제2호 및 Ⅵ제3호 내지 제7호의 규정에 의한 기준에 적합할것

    나. 건축물을 설치하는 경우에 있어서는 당해 건축물은 벽·기둥·바닥·보 및 지붕을 내화구조 또는 불연재료로 하고, 창 및 출입구에는 60분+방화문·60분방화문·30분방화문 또는 불연재료나 유리로 된 문을 설치할 것

Ⅻ 위험물의 성질에 따른 일반취급소의 특례

1. 별표 4 Ⅻ제2호의 규정은 알킬알루미늄등을 취급하는 일반취급소에 대하여 강화되는 기준에 있어서 준용한다.

2. 별표 4 Ⅻ 제3호의 규정은 아세트알데하이드등을 취급하는 일반취급소에 대하여 강화되는 기준에 있어서 준용한다.

3. 별표 4 Ⅻ제4호의 규정은 하이드록실아민등을 취급하는 일반취급소에 대하여 강화되는 기준에 있어서 준용한다.

■ 위험물안전관리법 시행규칙 [별표 17]

소화설비, 경보설비 및 피난설비의 기준
(제41조제2항·제42조제2항 및 제43조제2항 관련) ☑기출 24 공채 / 경채

I 소화설비

1. 소화난이도등급 I 의 제조소등 및 소화설비

  가. 소화난이도등급 I 에 해당하는 제조소등

제조소 등의 구분	제조소등의 규모, 저장 또는 취급하는 위험물의 품명 및 최대수량 등
제조소 일반취급소	제조소등의 규모, 저장 또는 취급하는 위험물의 품명 및 최대수량 등
	연면적 ❶　　　㎡ 이상인 것
	지정수량의 100배 이상인 것(고인화점위험물만을 100℃ 미만의 온도에서 취급하는 것 및 제48조의 위험물을 취급하는 것은 제외)
	지반면으로부터 ❷　　m 이상의 높이에 위험물 취급설비가 있는 것(고인화점위험물만을 100℃ 미만의 온도에서 취급하는 것은 제외)
주유취급소	일반취급소로 사용되는 부분 외의 부분을 갖는 건축물에 설치된 것(내화구조로 개구부 없이 구획 된 것, 고인화점위험물만을 100℃ 미만의 온도에서 취급하는 것 및 별표 16 X의2의 화학실험의 일반취급소는 제외)
옥내 저장소	별표 13 V제2호에 따른 면적의 합이 ❸　　㎡를 초과하는 것
	지정수량의 150배 이상인 것(고인화점위험물만을 저장하는 것 및 제48조의 위험물을 저장하는 것은 제외)
	연면적 ❹　　㎡를 초과하는 것(150㎡ 이내마다 불연재료로 개구부없이 구획된 것 및 인화성고체 외의 제2류 위험물 또는 인화점 70℃ 이상의 제4류 위험물만을 저장하는 것은 제외)
	처마높이가 ❺　　m 이상인 단층건물의 것
옥외 탱크 저장소	액표면적이 ❻　　㎡ 이상인 것(제6류 위험물을 저장하는 것 및 고인화점위험물만을 100℃ 미만의 온도에서 저장하는 것은 제외)
	지반면으로부터 탱크 옆판의 상단까지 높이가 ❼　　m 이상인 것(제6류 위험물을 저장하는 것 및 고인화점위험물만을 100℃ 미만의 온도에서 저장하는 것은 제외)
	지중탱크 또는 해상탱크로서 지정수량의 100배 이상인 것(제6류 위험물을 저장하는 것 및 고인화점위험물만을 100℃ 미만의 온도에서 저장하는 것은 제외)
	고체위험물을 저장하는 것으로서 지정수량의 ❽　　배 이상인 것

옥내 탱크 저장소	액표면적이 ❾ ㎡ 이상인 것(제6류 위험물을 저장하는 것 및 고인화점위험물만을 100℃ 미만의 온도에서 저장하는 것은 제외)	
	바닥면으로부터 탱크 옆판의 상단까지 높이가 ❿ m 이상인 것(제6류 위험물을 저장하는 것 및 고인화점위험물만을 100℃ 미만의 온도에서 저장하는 것은 제외)	
	탱크전용실이 단층건물 외의 건축물에 있는 것으로서 인화점 38℃ 이상 70℃ 미만의 위험물을 지정수량의 ⓫ 배 이상 저장하는 것(내화구조로 개구부없이 구획된 것은 제외한다)	
옥외 저장소	덩어리 상태의 황을 저장하는 것으로서 경계표시 내부의 면적(2 이상의 경계표시가 있는 경우에는 각 경계표시의 내부의 면적을 합한 면적)이 ⓬ ㎡ 이상인 것	
	별표 11 Ⅲ의 위험물을 저장하는 것으로서 지정수량의 100배 이상인 것	
암반 탱크 저장소	액표면적이 ⓭ ㎡ 이상인 것(제6류 위험물을 저장하는 것 및 고인화점위험물만을 100℃ 미만의 온도에서 저장하는 것은 제외)	
	고체위험물만을 저장하는 것으로서 지정수량의 ⓮ 배 이상인 것	
이송 취급소	모든 대상	

비고

제조소등의 구분별로 오른쪽란에 정한 제조소등의 규모, 저장 또는 취급하는 위험물의 수량 및 최대수량 등의 어느 하나에 해당하는 제조소등은 소화난이도등급 Ⅰ에 해당하는 것으로 한다.

시행규칙
- ❶ 1,000
- ❷ 6
- ❸ 500
- ❹ 150
- ❺ 6
- ❻ 40
- ❼ 6
- ❽ 100
- ❾ 40
- ❿ 6
- ⓫ 5
- ⓬ 100
- ⓭ 40
- ⓮ 100

나. 소화난이도등급 I 의 제조소등에 설치하여야 하는 소화설비

제조소등의 구분			소화설비
제조소 및 일반취급소			옥내소화전설비, 옥외소화전설비, 스프링클러설비 또는 물분무등소화설비(화재발생시 연기가 충만할 우려가 있는 장소에는 스프링클러설비 또는 이동식 외의 물분무등소화설비에 한한다)
주유취급소			❶ (건축물에 한정한다), 소형수동식소화기등(능력단위의 수치가 건축물 그 밖의 공작물 및 위험물의 소요단위의 수치에 이르도록 설치할 것)
옥내저장소	처마높이가 6m 이상인 단층건물 또는 다른 용도의 부분이 있는 건축물에 설치한 옥내저장소		❷ 또는 이동식 외의 ❸
	그 밖의 것		옥외소화전설비, 스프링클러설비, 이동식 외의 물분무등소화설비 또는 이동식 포소화설비(포소화전을 옥외에 설치하는 것에 한한다)
옥외탱크저장소	지중탱크 또는 해상탱크 외의 것	황만을 저장 취급하는 것	❹
		인화점 70℃ 이상의 제4류 위험물만을 저장취급하는 것	물분부소화설비 또는 ❺
		그 밖의 것	고정식 포소화설비(포소화설비가 적응성이 없는 경우에는 분말소화설비)
	지중탱크		고정식 포소화설비, 이동식 이외의 불활성가스소화설비 또는 이동식 이외의 할로젠화합물소화설비
	해상탱크		고정식 포소화설비, 물분무소화설비, 이동식이외의 불활성가스소화설비 또는 이동식 이외의 할로젠화합물소화설비
옥내탱크저장소	황만을 저장취급하는 것		❻
	인화점 70℃ 이상의 제4류 위험물만을 저장취급하는 것		물분무소화설비, 고정식 포소화설비, 이동식 이외의 불활성가스소화설비, 이동식 이외의 할로젠화합물소화설비 또는 이동식 이외의 분말소화설비
	그 밖의 것		고정식 포소화설비, 이동식 이외의 불활성가스소화설비, 이동식 이외의 할로젠화합물소화설비 또는 이동식 이외의 분말소화설비
옥외저장소 및 이송취급소			옥내소화전설비, 옥외소화전설비, 스프링클러설비 또는 물분무등소화설비(화재발생시 연기가 충만할 우려가 있는 장소에는 스프링클러설비 또는 이동식 이외의 물분무등소화설비에 한한다)
암반탱크저장소	황만을 저장취급하는 것		❼
	인화점 70℃ 이상의 제4류 위험물만을 저장취급하는 것		물분부소화설비 또는 고정식 포소화설비
	그 밖의 것		고정식 포소화설비(포소화설비가 적응성이 없는 경우에는 분말소화설비)

비고

1. 위 표 오른쪽란의 소화설비를 설치함에 있어서는 당해 소화설비의 방사범위가 당해 제조소, 일반취급소, 옥내저장소, 옥외탱크저장소, 옥내탱크저장소, 옥외저장소, 암반탱크저장소(암반탱크에 관계되는 부분을 제외한다) 또는 이송취급소(이송기지 내에 한한다)의 건축물, 그 밖의 공작물 및 위험물을 포함하도록 하여야 한다. 다만, 고인화점위험물만을 100℃ 미만의 온도에서 취급하는 제조소 또는 일반취급소의 경우에는 당해 제조소 또는 일반취급소의 건축물 및 그 밖의 공작물만 포함하도록 할 수 있다.
2. 고인화점위험물만을 100℃ 미만의 온도에서 취급하는 제조소 또는 일반취급소의 위험물에 대해서는 대형수동식소화기 1개 이상과 당해 위험물의 소요단위에 해당하는 능력단위의 소형수동식소화기를 설치하여야 한다. 다만, 당해 제조소 또는 일반취급소에 옥내·외소화전설비, 스프링클러설비 또는 물분무등소화설비를 설치한 경우에는 당해 소화설비의 방사능력범위 내에는 대형수동식소화기를 설치하지 아니할 수 있다.
3. 가연성증기 또는 가연성미분이 체류할 우려가 있는 건축물 또는 실내에는 대형수동식소화기 1개 이상과 당해 건축물, 그 밖의 공작물 및 위험물의 소요단위에 해당하는 능력단위의 소형수동식소화기 등을 추가로 설치하여야 한다.
4. 제4류 위험물을 저장 또는 취급하는 옥외탱크저장소 또는 옥내탱크저장소에는 소형수동식소화기 등을 2개 이상 설치하여야 한다.
5. 제조소, 옥내탱크저장소, 이송취급소, 또는 일반취급소의 작업공정상 소화설비의 방사능력범위 내에 당해 제조소등에서 저장 또는 취급하는 위험물의 전부가 포함되지 아니하는 경우에는 당해 위험물에 대하여 대형수동식소화기 1개 이상과 당해 위험물의 소요단위에 해당하는 능력단위의 소형수동식소화기 등을 추가로 설치하여야 한다.
6. 별표 16 Ⅰ 제2호카목에 따른 반도체 제조공정의 일반취급소에 설치하는 소화설비의 방사범위 내에 있는 위험물 취급설비에 소방청장이 정하여 고시하는 기준에 적합한 소화장치가 내장 또는 부착된 경우 해당 방사범위는 제1호에 따른 소화설비를 설치한 것으로 본다. [시행 2025. 5. 21.]

시행규칙

❶ 스프링클러설비
❷ 스프링클러설비
❸ 물분무등소화설비
❹ 물분무소화설비
❺ 고정식 포소화설비
❻ 물분무소화설비
❼ 물분무소화설비

2. 소화난이도등급Ⅱ의 제조소등 및 소화설비

  가. 소화난이도등급Ⅱ에 해당하는 제조소등

제조소등의구분	제조소등의 규모, 저장 또는 취급하는 위험물의 품명 및 최대수량 등
제조소 일반취급소	연면적 ❶ ㎡ 이상인 것
	지정수량의 ❷ 배 이상인 것(고인화점위험물만을 100℃ 미만의 온도에서 취급하는 것 및 제48조의 위험물을 취급하는 것은 제외)
	별표 16 Ⅱ·Ⅲ·Ⅳ·Ⅴ·Ⅷ·Ⅸ·Ⅹ 또는 Ⅹ의2의 일반취급소로서 소화난이도등급Ⅰ의 제조소등에 해당하지 아니하는 것(고인화점위험물만을 100℃ 미만의 온도에서 취급하는 것은 제외)
옥내저장소	단층건물 이외의 것
	별표 5 Ⅱ 또는 Ⅳ제1호의 옥내저장소
	지정수량의 10배 이상인 것(고인화점위험물만을 저장하는 것 및 제48조의 위험물을 저장하는 것은 제외)
	연면적 ❸ ㎡ 초과인 것
	별표 5 Ⅲ의 옥내저장소로서 소화난이도등급Ⅰ의 제조소등에 해당하지 아니하는 것
옥외탱크저장소 옥내탱크저장소	소화난이도등급Ⅰ의 제조소등 외의 것(고인화점위험물만을 100℃ 미만의 온도로 저장하는 것 및 제6류 위험물만을 저장하는 것은 제외)
옥외저장소	덩어리 상태의 황을 저장하는 것으로서 경계표시 내부의 면적(2 이상의 경계표시가 있는 경우에는 각 경계표시의 내부의 면적을 합한 면적)이 5㎡ 이상 100㎡ 미만인 것
	별표 11 Ⅲ의 위험물을 저장하는 것으로서 지정수량의 10배 이상 100배 미만인 것
	지정수량의 100배 이상인 것(덩어리 상태의 황 또는 고인화점위험물을 저장하는 것은 제외)
주유취급소	옥내주유취급소로서 소화난이도등급Ⅰ의 제조소등에 해당하지 아니하는 것
판매취급소	제❹ 종 판매취급소

비고

제조소등의 구분별로 오른쪽란에 정한 제조소등의 규모, 저장 또는 취급하는 위험물의 수량 및 최대수량 등의 어느 하나에 해당하는 제조소등은 소화난이도등급Ⅱ에 해당하는 것으로 한다.

나. 소화난이도등급Ⅱ의 제조소등에 설치하여야 하는 소화설비

제조소등의 구분	소화설비
제조소 옥내저장소 옥외저장소 주유취급소 판매취급소 일반취급소	방사능력범위 내에 당해 건축물, 그 밖의 공작물 및 위험물이 포함되도록 대형수동식소화기를 설치하고, 당해 위험물의 소요단위의 1/5 이상에 해당되는 능력단위의 소형수동식소화기등을 설치할 것
옥외탱크저장소 옥내탱크저장소	❺ 　　　　 및 ❻ 　　　　 을 각각 1개 이상 설치할 것

비고
1. 옥내소화전설비, 옥외소화전설비, 스프링클러설비 또는 물분무등소화설비를 설치한 경우에는 당해 소화설비의 방사능력범위 내의 부분에 대해서는 대형수동식소화기를 설치하지 아니할 수 있다.
2. 소형수동식소화기등이란 제4호의 규정에 의한 소형수동식소화기 또는 기타 소화설비를 말한다. 이하 같다.

시행규칙
❶ 600
❷ 10
❸ 150
❹ 2
❺ 대형수동식소화기
❻ 소형수동식소화기등

3. 소화난이도등급Ⅲ의 제조소등 및 소화설비

　가. 소화난이도등급Ⅲ에 해당하는 제조소등

제조소등의 구분	제조소등의 규모, 저장 또는 취급하는 위험물의 품명 및 최대수량등
제조소 일반취급소	제조소등의 규모, 저장 또는 취급하는 위험물의 품명 및 최대수량등
	제48조의 위험물을 취급하는 것
옥내저장소	제48조의 위험물외의 것을 취급하는 것으로서 소화난이도등급Ⅰ 또는 소화난이도등급Ⅱ의 제조소등에 해당하지 아니하는 것
	제48조의 위험물을 취급하는 것
지하탱크저장소 간이탱크저장소 이동탱크저장소	제48조의 위험물외의 것을 취급하는 것으로서 소화난이도등급Ⅰ 또는 소화난이도등급Ⅱ의 제조소등에 해당하지 아니하는 것
옥외저장소	모든 대상
	덩어리 상태의 황을 저장하는 것으로서 경계표시 내부의 면적(2 이상의 경계표시가 있는 경우에는 각 경계표시의 내부의 면적을 합한 면적)이 5㎡ 미만인 것
주유취급소	덩어리 상태의 황 외의 것을 저장하는 것으로서 소화난이도등급Ⅰ 또는 소화난이도등급Ⅱ의 제조소등에 해당하지 아니하는 것
제1종 판매취급소	옥내주유취급소 외의 것으로서 소화난이도등급Ⅰ의 제조소등에 해당하지 아니하는 것

비고

제조소등의 구분별로 오른쪽란에 정한 제조소등의 규모, 저장 또는 취급하는 위험물의 수량 및 최대수량 등의 어느 하나에 해당하는 제조소등은 소화난이도등급Ⅲ에 해당하는 것으로 한다.

나. 소화난이도등급Ⅲ의 제조소등에 설치하여야 하는 소화설비

제조소등의 구분	소화설비	설치기준	
지하탱크 저장소	소형수동식소화기등	능력단위의 수치가 3 이상	2개 이상
이동탱크저장소	자동차용소화기	무상의 강화액 8L 이상	2개 이상
		이산화탄소 3.2킬로그램 이상	
		브로모클로로다이플루오로메탄(CF_2ClBr) 2L 이상	
		브로모트라이플루오로메탄(CF_3Br) 2L 이상	
		다이브로모테트라플루오로에탄($C_2F_4Br_2$) 1L 이상	
		소화분말 3.3킬로그램 이상	
	마른 모래 및 팽창질석 또는 팽창진주암	마른모래 150L 이상	
		팽창질석 또는 팽창진주암 640L 이상	
그 밖의 제조소등	소형수동식소화기등	능력단위의 수치가 건축물 그 밖의 공작물및 위험물의 소요단위의 수치에 이르도록 설치할 것. 다만, 옥내소화전설비, 옥외소화전설비, 스프링클러설비, 물분무등소화설비 또는 대형수동식소화기를 설치한 경우에는 당해 소화설비의 방사능력범위내의 부분에 대하여는 수동식소화기등을 그 능력단위의 수치가 당해 소요단위의 수치의 1/5이상이 되도록 하는 것으로 족하다	

비고

알킬알루미늄등을 저장 또는 취급하는 이동탱크저장소에 있어서는 자동차용소화기를 설치하는 외에 마른모래나 팽창질석 또는 팽창진주암을 추가로 설치하여야 한다.

4. 소화설비의 적응성

소화설비의 구분			대상물 구분										
			건축물·그 밖의 공작물	전기설비	제1류 위험물		제2류 위험물			제3류 위험물		제4류 위험물	제5류 위험물	제6류 위험물
					알칼리금속과산화물등	그 밖의 것	철분·금속분·마그네슘등	인화성고체	그밖의 것	금수성물품	그 밖의 것			
옥내소화전 또는 옥외소화전설비			○			○		○	○		○		○	○
스프링클러설비			○			○		○	○		○	△	○	○
물분무등소화설비	물분무소화설비		○	○		○		○	○		○	○	○	○
	포소화설비		○			○		○	○		○	○	○	○
	불활성가스소화설비			○				○				○		
	할로젠화합물소화설비			○				○				○		
	분말소화설비	인산염류등	○	○		○		○	○			○		○
		탄산수소염류등		○	○		○	○		○		○		
		그 밖의 것			○		○			○				
대형·소형수동식소화기	봉상수(棒狀水)소화기		○			○		○	○		○		○	○
	무상수(霧狀水)소화기		○	○		○		○	○		○		○	○
	봉상강화액소화기		○			○		○	○		○		○	○
	무상강화액소화기		○	○		○		○	○		○	○	○	○
	포소화기		○			○		○	○		○	○	○	○
	이산화탄소소화기			○				○				○		△
	할로젠화합물소화기			○				○				○		
	분말소화기	인산염류소화기	○	○		○		○	○			○		○
		탄산수소염류소화기		○	○		○	○		○		○		
		그 밖의 것			○		○			○				
기타	물통 또는 수조		○			○		○	○		○		○	○
	건조사				○	○	○	○	○	○	○	○	○	○
	팽창질석 또는 팽창진주암				○	○	○	○	○	○	○	○	○	○

비고

1. "○"표시는 당해 소방대상물 및 위험물에 대하여 소화설비가 적응성이 있음을 표시하고, "△"표시는 제4류 위험물을 저장 또는 취급하는 장소의 살수기준면적에 따라 스프링클러설비의 살수밀도가 다음 표에 정하는 기준 이상인 경우에는 당해 스프링클러설비가 제4류 위험물에 대하여 적응성이 있음을, 제6류 위험물을 저장 또는 취급하는 장소로서 폭발의 위험이 없는 장소에 한하여 이산화탄소소화기가 제6류 위험물에 대하여 적응성이 있음을 각각 표시한다.

살수기준면적(㎡)	방사밀도(ℓ/㎡분)		비고
	인화점 38℃ 미만	인화점 38℃ 이상	
279 미만	16.3 이상	12.2 이상	살수기준면적은 내화구조의 벽 및 바닥으로 구획된 하나의 실의 바닥면적을 말하고, 하나의 실의 바닥면적이 465㎡ 이상인 경우의 살수기준면적은 465㎡로 한다. 다만, 위험물의 취급을 주된 작업내용으로 하지 아니하고 소량의 위험물을 취급하는 설비 또는 부분이 넓게 분산되어 있는 경우에는 방사밀도는 8.2ℓ/㎡분 이상, 살수기준 면적은 279㎡ 이상으로 할 수 있다.
279 이상 372 미만	15.5 이상	11.8 이상	
372 이상 465 미만	13.9 이상	9.8 이상	
465 이상	12.2 이상	8.1 이상	

2. 인산염류등은 인산염류, 황산염류 그 밖에 방염성이 있는 약제를 말한다.
3. 탄산수소염류등은 탄산수소염류 및 탄산수소염류와 요소의 반응생성물을 말한다.
4. 알칼리금속과산화물등은 알칼리금속의 과산화물 및 알칼리금속의 과산화물을 함유한 것을 말한다.
5. 철분·금속분·마그네슘등은 철분·금속분·마그네슘과 철분·금속분 또는 마그네슘을 함유한 것을 말한다.

5. 소화설비의 설치기준
    가. 전기설비의 소화설비
        제조소등에 전기설비(전기배선, 조명기구 등은 제외한다)가 설치된 경우에는 당해 장소의 면적 ❶   ㎡마다 소형수동식소화기를 1개 이상 설치할 것
    나. 소요단위 및 능력단위
        1) 소요단위 : 소화설비의 설치대상이 되는 건축물 그 밖의 공작물의 규모 또는 위험물의 양의 기준단위
        2) 능력단위 : 1)의 소요단위에 대응하는 소화설비의 소화능력의 기준단위
    다. 소요단위의 계산방법
        건축물 그 밖의 공작물 또는 위험물의 소요단위의 계산방법은 다음의 기준에 의할 것
        1) 제조소 또는 취급소의 건축물은 외벽이 내화구조인 것은 연면적(제조소등의 용도로 사용되는 부분 외의 부분이 있는 건축물에 설치된 제조소등에 있어서는 당해 건축물중 제조소등에 사용되는 부분의 바닥면적의 합계를 말한다. 이하 같다) ❷   ㎡를 1소요단위로 하며, 외벽이 내화구조가 아닌 것은 연면적 ❸   ㎡를 1소요단위로 할 것
        2) 저장소의 건축물은 외벽이 내화구조인 것은 연면적 ❹   ㎡를 1소요단위로 하고, 외벽이 내화구조가 아닌 것은 연면적 ❺   ㎡를 1소요단위로 할 것
        3) 제조소등의 옥외에 설치된 공작물은 외벽이 내화구조인 것으로 간주하고 공작물의 최대수평투영면적을 연면적으로 간주하여 1) 및 2)의 규정에 의하여 소요단위를 산정할 것
        4) 위험물은 지정수량의 ❻   배를 1소요단위로 할 것
    라. 소화설비의 능력단위
        1) 수동식소화기의 능력단위는 수동식소화기의형식승인및검정기술기준에 의하여 형식승인 받은 수치로 할 것
        2) 기타 소화설비의 능력단위는 다음의 표에 의할 것

소화설비	용량	능력단위
소화전용(轉用)물통	8 l	❼
수조(소화전용물통 3개 포함)	80 l	1.5
수조(소화전용물통 6개 포함)	190 l	❽
마른 모래(삽 1개 포함)	50 l	0.5
팽창질석 또는 팽창진주암(삽 1개 포함)	160 l	❾

마. 옥내소화전설비의 설치기준은 다음의 기준에 의할 것

  1) 옥내소화전은 제조소등의 건축물의 층마다 당해 층의 각 부분에서 하나의 호스접속구까지의 수평거리가 ❿   m 이하가 되도록 설치할 것. 이 경우 옥내소화전은 각층의 출입구 부근에 1개 이상 설치하여야 한다.

  2) 수원의 수량은 옥내소화전이 가장 많이 설치된 층의 옥내소화전 설치개수(설치개수가 5개 이상인 경우는 5개)에 ⓫   ㎥를 곱한 양 이상이 되도록 설치할 것

  3) 옥내소화전설비는 각층을 기준으로 하여 당해 층의 모든 옥내소화전(설치개수가 5개 이상인 경우는 5개의 옥내소화전)을 동시에 사용할 경우에 각 노즐끝부분의 방수압력이 350$_{kPa}$ 이상이고 방수량이 1분당 ⓬ l 이상의 성능이 되도록 할 것

  4) 옥내소화전설비에는 비상전원을 설치할 것

바. 옥외소화전설비의 설치기준은 다음의 기준에 의할 것

  1) 옥외소화전은 방호대상물(당해 소화설비에 의하여 소화하여야 할 제조소등의 건축물, 그 밖의 공작물 및 위험물을 말한다. 이하 같다)의 각 부분(건축물의 경우에는 당해 건축물의 1층 및 2층의 부분에 한한다)에서 하나의 호스접속구까지의 수평거리가 ⓭   m 이하가 되도록 설치할 것. 이 경우 그 설치개수가 1개일 때는 2개로 하여야 한다.

  2) 수원의 수량은 옥외소화전의 설치개수(설치개수가 4개 이상인 경우는 4개의 옥외소화전)에 ⓮   ㎥를 곱한 양 이상이 되도록 설치할 것

  3) 옥외소화전설비는 모든 옥외소화전(설치개수가 4개 이상인 경우는 4개의 옥외소화전)을 동시에 사용할 경우에 각 노즐끝부분의 방수압력이 350$_{kPa}$ 이상이고, 방수량이 1분당 ⓯ l 이상의 성능이 되도록 할 것

  4) 옥외소화전설비에는 비상전원을 설치할 것

시행규칙

❶ 100	❺ 75	❾ 1.0	⓭ 40
❷ 100	❻ 10	❿ 25	⓮ 13.5
❸ 50	❼ 0.3	⓫ 7.8	⓯ 450
❹ 150	❽ 2.5	⓬ 260	

사. 스프링클러설비의 설치기준은 다음의 기준에 의할 것

    1) 스프링클러헤드는 방호대상물의 천장 또는 건축물의 최상부 부근(천장이 설치되지 아니한 경우)에 설치하되, 방호대상물의 각 부분에서 하나의 스프링클러헤드까지의 수평거리가 ❶   m(제4호 비고 제1호의 표에 정한 살수밀도의 기준을 충족하는 경우에는 2.6m) 이하가 되도록 설치할 것

    2) 개방형 스프링클러헤드를 이용한 스프링클러설비의 방사구역(하나의 일제개방밸브에 의하여 동시에 방사되는 구역을 말한다. 이하 같다)은 ❷ m^2 이상(방호대상물의 바닥면적이 150m^2 미만인 경우에는 당해 바닥면적)으로 할 것

    3) 수원의 수량은 폐쇄형 스프링클러헤드를 사용하는 것은 30(헤드의 설치개수가 30 미만인 방호대상물인 경우에는 당해 설치개수), 개방형 스프링클러헤드를 사용하는 것은 스프링클러헤드가 가장 많이 설치된 방사구역의 스프링클러헤드 설치개수에 2.4m^2를 곱한 양 이상이 되도록 설치할 것

    4) 스프링클러설비는 3)의 규정에 의한 개수의 스프링클러헤드를 동시에 사용할 경우에 각 끝부분의 방사압력이 100$_{KPa}$(제4호 비고 제1호의 표에 정한 살수밀도의 기준을 충족하는 경우에는 50$_{KPa}$) 이상이고, 방수량이 1분당 ❸ l (제4호 비고 제1호의 표에 정한 살수밀도의 기준을 충족하는 경우에는 56l) 이상의 성능이 되도록 할 것

    5) 스프링클러설비에는 비상전원을 설치할 것

아. 물분무소화설비의 설치기준은 다음의 기준에 의할 것

    1) 분무헤드의 개수 및 배치는 다음 각목에 의할 것

      가) 분무헤드로부터 방사되는 물분무에 의하여 방호대상물의 모든 표면을 유효하게 소화할 수 있도록 설치할 것

      나) 방호대상물의 표면적(건축물에 있어서는 바닥면적. 이하 이 목에서 같다) 1m^2당 3)의 규정에 의한 양의 비율로 계산한 수량을 표준방사량(당해 소화설비의 헤드의 설계압력에 의한 방사량을 말한다. 이하 같다)으로 방사할 수 있도록 설치할 것

    2) 물분무소화설비의 방사구역은 ❹ m^2 이상(방호대상물의 표면적이 150m^2 미만인 경우에는 당해 표면적)으로 할 것

    3) 수원의 수량은 분무헤드가 가장 많이 설치된 방사구역의 모든 분무헤드를 동시에 사용할 경우에 당해 방사구역의 표면적 1m^2당 1분당 ❺ l 의 비율로 계산한 양으로 ❻   분간 방사할 수 있는 양 이상이 되도록 설치할 것

    4) 물분무소화설비는 3)의 규정에 의한 분무헤드를 동시에 사용할 경우에 각 끝부분의 방사압력이 350$_{KPa}$ 이상으로 표준방사량을 방사할 수 있는 성능이 되도록 할 것

    5) 물분무소화설비에는 비상전원을 설치할 것

자. 포소화설비의 설치기준은 다음의 기준에 의할 것

    1) 고정식 포소화설비의 포방출구 등은 방호대상물의 형상, 구조, 성질, 수량 또는 취급방법에 따라 표준방사량으로 당해 방호대상물의 화재를 유효하게 소화할 수 있도록 필요한 개수를 적당한 위치에 설치할 것

    2) 이동식 포소화설비(포소화전 등 고정된 포수용액 공급장치로부터 호스를 통하여 포수용액을 공급받아 이동식 노즐에 의하여 방사하도록 된 소화설비를 말한다. 이하 같다)의 포소화전은 옥내에 설치하는 것은 마목1), 옥외에 설치하는 것은 바목1)의 규정을 준용할 것

    3) 수원의 수량 및 포소화약제의 저장량은 방호대상물의 화재를 유효하게 소화할 수 있는 양 이상이 되도록 할 것

    4) 포소화설비에는 비상전원을 설치할 것

차. 불활성가스소화설비의 설치기준은 다음의 기준에 의할 것
　　1) 전역방출방식 불활성가스소화설비의 분사헤드는 불연재료의 벽·기둥·바닥·보 및 지붕(천장이 있는 경우에는 천장)으로 구획되고 개구부에 자동폐쇄장치(60분+방화문·60분방화문·30분방화문 또는 불연재료의 문으로 불활성가스소화약제가 방사되기 직전에 개구부를 자동적으로 폐쇄하는 장치를 말한다)가 설치되어 있는 부분(이하 "방호구역"이라 한다)에 해당 부분의 용적 및 방호대상물의 성질에 따라 표준방사량으로 방호대상물의 화재를 유효하게 소화할 수 있도록 필요한 개수를 적당한 위치에 설치할 것. 다만, 해당 부분에서 외부로 누설되는 양 이상의 불활성가스소화약제를 유효하게 추가하여 방출할 수 있는 설비가 있는 경우는 해당 개구부의 자동폐쇄장치를 설치하지 아니할 수 있다.
　　2) 국소방출방식 불활성가스소화설비의 분사헤드는 방호대상물의 형상, 구조, 성질, 수량 또는 취급방법에 따라 방호대상물에 이산화탄소소화약제를 직접 방사하여 표준방사량으로 방호대상물의 화재를 유효하게 소화할 수 있도록 필요한 개수를 적당한 위치에 설치할 것
　　3) 이동식 불활성가스소화설비(고정된 이산화탄소소화약제 공급장치로부터 호스를 통하여 이산화탄소소화약제를 공급받아 이동식 노즐에 의하여 방사하도록 된 소화설비를 말한다. 이하 같다)의 호스접속구는 모든 방호대상물에 대하여 당해 방호 대상물의 각 부분으로부터 하나의 호스접속구까지의 수평거리가 ❼　　 m 이하가 되도록 설치할 것
　　4) 불활성가스소화약제용기에 저장하는 불활성가스소화약제의 양은 방호대상물의 화재를 유효하게 소화할 수 있는 양 이상이 되도록 할 것
　　5) 전역방출방식 또는 국소방출방식의 불활성가스소화설비에는 비상전원을 설치할 것
카. 할로젠화합물소화설비의 설치기준은 차목의 불활성가스소화설비의 기준을 준용할 것
타. 분말소화설비의 설치기준은 차목의 불활성가스소화설비의 기준을 준용할 것
파. 대형수동식소화기의 설치기준은 방호대상물의 각 부분으로부터 하나의 대형수동식소화기까지의 보행거리가 ❽　　 m 이하가 되도록 설치할 것. 다만, 옥내소화전설비, 옥외소화전설비, 스프링클러설비 또는 물분무등소화설비와 함께 설치하는 경우에는 그러하지 아니하다.
하. 소형수동식소화기등의 설치기준은 소형수동식소화기 또는 그 밖의 소화설비는 지하탱크저장소, 간이탱크저장소, 이동탱크저장소, 주유취급소 또는 판매취급소에서는 유효하게 소화할 수 있는 위치에 설치하여야 하며, 그 밖의 제조소등에서는 방호대상물의 각 부분으로부터 하나의 소형수동식소화기까지의 보행거리가 20m 이하가 되도록 설치할 것. 다만, 옥내소화전설비, 옥외소화전설비, 스프링클러설비, 물분무등소화설비 또는 대형수동식소화기와 함께 설치하는 경우에는 그러하지 아니하다.

시행규칙
❶ 1.7
❷ 150
❸ 80
❹ 150
❺ 20
❻ 30
❼ 15
❽ 30

II 경보설비

1. 제조소등별로 설치해야 하는 경보설비의 종류

제조소등의 구분	제조소등의 규모, 저장 또는 취급하는 위험물의 종류 및 최대수량 등	경보설비
가. 제조소 및 일반취급소	• 연면적이 ❶ 제곱미터 이상인 것 • 옥내에서 지정수량의 100배 이상을 취급하는 것(고인화점위험물만을 100℃ 미만의 온도에서 취급하는 것은 제외한다) • 일반취급소로 사용되는 부분 외의 부분이 있는 건축물에 설치된 일반취급소(일반취급소와 일반취급소 외의 부분이 내화구조의 바닥 또는 벽으로 개구부 없이 구획된 것은 제외한다)	자동화재탐지설비
나. 옥내저장소	• 지정수량의 ❷ 배 이상을 저장 또는 취급하는 것(고인화점위험물만을 저장 또는 취급하는 것은 제외한다) • 저장창고의 연면적이 150제곱미터를 초과하는 것[연면적 150제곱미터 이내마다 불연재료의 격벽으로 개구부 없이 완전히 구획된 저장창고와 제2류 위험물(인화성고체는 제외한다) 또는 제4류 위험물(인화점이 70℃ 미만인 것은 제외한다)만을 저장 또는 취급하는 저장창고는 그 연면적이 500제곱미터 이상인 것을 말한다] • 처마 높이가 ❸ 미터 이상인 단층 건물의 것 • 옥내저장소로 사용되는 부분 외의 부분이 있는 건축물에 설치된 옥내저장소[옥내저장소와 옥내저장소 외의 부분이 내화구조의 바닥 또는 벽으로 개구부 없이 구획된 것과 제2류(인화성고체는 제외한다) 또는 제4류의 위험물(인화점이 70℃ 미만인 것은 제외한다)만을 저장 또는 취급하는 것은 제외한다]	자동화재탐지설비
다. 옥내탱크저장소	단층 건물 외의 건축물에 설치된 옥내탱크저장소로서 제41조제2항에 따른 소화난이도등급 Ⅰ에 해당하는 것	자동화재탐지설비
라. 주유취급소	옥내주유취급소	자동화재탐지설비
마. 옥외탱크저장소	특수인화물, 제1석유류 및 알코올류를 저장 또는 취급하는 탱크의 용량이 ❹ 리터 이상인 것	• 자동화재탐지설비 • 자동화재속보설비
바. 가목부터 마목까지의 규정에 따른 자동화재탐지설비 설치 대상 제조소등에 해당하지 않는 제조소등(이송취급소는 제외한다)	지정수량의 10배 이상을 저장 또는 취급하는 것	자동화재탐지설비, 비상경보설비, 확성장치 또는 비상방송설비 중 1종 이상

비고 이송취급소에 설치하는 경보설비는 별표 15 Ⅳ 제14호에 따른다.

2. 자동화재탐지설비의 설치기준

　가. 자동화재탐지설비의 경계구역(화재가 발생한 구역을 다른 구역과 구분하여 식별할 수 있는 최소단위의 구역을 말한다. 이하 이 호에서 같다)은 건축물 그 밖의 공작물의 2 이상의 층에 걸치지 아니하도록 할 것. 다만, 하나의 경계구역의 면적이 500㎡ 이하이면서 당해 경계구역이 두개의 층에 걸치는 경우이거나 계단·경사로·승강기의 승강로 그 밖에 이와 유사한 장소에 연기감지기를 설치하는 경우에는 그러하지 아니하다.

　나. 하나의 경계구역의 면적은 ❺____㎡ 이하로 하고 그 한변의 길이는 50m(광전식분리형 감지기를 설치할 경우에는 100m)이하로 할 것. 다만, 당해 건축물 그 밖의 공작물의 주요한 출입구에서 그 내부의 전체를 볼 수 있는 경우에 있어서는 그 면적을 1,000㎡ 이하로 할 수 있다.

　다. 자동화재탐지설비의 감지기(옥외탱크저장소에 설치하는 자동화재탐지설비의 감지기는 제외한다)는 지붕(상층이 있는 경우에는 상층의 바닥) 또는 벽의 옥내에 면한 부분(천장이 있는 경우에는 천장 또는 벽의 옥내에 면한 부분 및 천장의 뒷 부분)에 유효하게 화재의 발생을 감지할 수 있도록 설치할 것

　라. 옥외탱크저장소에 설치하는 자동화재탐지설비의 감지기 설치기준

　　1) 불꽃감지기를 설치할 것. 다만, 불꽃을 감지하는 기능이 있는 지능형 폐쇄회로텔레비전(CCTV)을 설치한 경우 불꽃감지기를 설치한 것으로 본다.

　　2) 옥외저장탱크 외측과 별표 6 II에 따른 보유공지 내에서 발생하는 화재를 유효하게 감지할 수 있는 위치에 설치할 것

　　3) 지지대를 설치하고 그 곳에 감지기를 설치하는 경우 지지대는 벼락에 영향을 받지 않도록 설치할 것

　마. 자동화재탐지설비에는 비상전원을 설치할 것

　바. 옥외탱크저장소가 다음의 어느 하나에 해당하는 경우에는 자동화재탐지설비를 설치하지 않을 수 있다.

　　1) 옥외탱크저장소의 방유제(防油堤)와 옥외저장탱크 사이의 지표면을 불연성 및 불침윤성(수분에 젖지 않는 성질)이 있는 철근콘크리트 구조 등으로 한 경우

　　2) 「화학물질관리법 시행규칙」 별표 5 제6호의 화학물질안전원장이 정하는 고시에 따라 가스감지기를 설치한 경우

3. 옥외탱크저장소가 다음 각 목의 어느 하나에 해당하는 경우에는 자동화재속보설비를 설치하지 않을 수 있다.

　가. 제2호바목1) 또는 2)에 해당하는 경우

　나. 법 제19조에 따른 자체소방대를 설치한 경우

　다. 안전관리자가 해당 사업소에 24시간 상주하는 경우

III 피난설비

1. 주유취급소 중 건축물의 2층 이상의 부분을 점포·휴게음식점 또는 전시장의 용도로 사용하는 것에 있어서는 당해 건축물의 2층 이상으로부터 주유취급소의 부지 밖으로 통하는 출입구와 당해 출입구로 통하는 통로·계단 및 출입구에 유도등을 설치하여야 한다.

2. 옥내주유취급소에 있어서는 당해 사무소 등의 출입구 및 피난구와 당해 피난구로 통하는 통로·계단 및 출입구에 유도등을 설치하여야 한다.

3. 유도등에는 비상전원을 설치하여야 한다.

시행규칙

❶ 500　　❷ 100　　❸ 6　　❹ 1,000만　　❺ 600

■ 위험물안전관리법 시행규칙 [별표 18]

제조소등에서의 위험물의 저장 및 취급에 관한 기준 (제49조 관련)

I 저장·취급의 공통기준

1. 제조소등에서 법 제6조제1항의 규정에 의한 허가 및 법 제6조제2항의 규정에 의한 신고와 관련되는 품명 외의 위험물 또는 이러한 허가 및 신고와 관련되는 수량 또는 지정수량의 배수를 초과하는 위험물을 저장 또는 취급하지 아니하여야 한다(중요기준).
2. 삭제 〈2009.3.17〉
3. 삭제 〈2009.3.17〉
4. 삭제 〈2009.3.17〉
5. 삭제 〈2009.3.17〉
6. 삭제 〈2009.3.17〉
7. 위험물을 저장 또는 취급하는 건축물 그 밖의 공작물 또는 설비는 당해 위험물의 성질에 따라 차광 또는 환기를 실시하여야 한다.
8. 위험물은 온도계, 습도계, 압력계 그 밖의 계기를 감시하여 당해 위험물의 성질에 맞는 적정한 온도, 습도 또는 압력을 유지하도록 저장 또는 취급하여야 한다.
9. 삭제 〈2009.3.17〉
10. 위험물을 저장 또는 취급하는 경우에는 위험물의 변질, 이물의 혼입 등에 의하여 당해 위험물의 위험성이 증대되지 아니하도록 필요한 조치를 강구하여야 한다.
11. 위험물이 남아 있거나 남아 있을 우려가 있는 설비, 기계·기구, 용기 등을 수리하는 경우에는 안전한 장소에서 위험물을 완전하게 제거한 후에 실시하여야 한다.
12. 위험물을 용기에 수납하여 저장 또는 취급할 때에는 그 용기는 당해 위험물의 성질에 적응하고 파손·부식·균열 등이 없는 것으로 하여야 한다.
13. 삭제 〈2009.3.17〉
14. 가연성의 액체·증기 또는 가스가 새거나 체류할 우려가 있는 장소 또는 가연성의 미분이 현저하게 부유할 우려가 있는 장소에서는 전선과 전기기구를 완전히 접속하고 불꽃을 발하는 기계·기구·공구·신발 등을 사용하지 아니하여야 한다.
15. 위험물을 보호액중에 보존하는 경우에는 당해 위험물이 보호액으로부터 노출되지 아니하도록 하여야 한다.

II 위험물의 유별 저장·취급의 공통기준(중요기준)

1. 제1류 위험물은 ❶   과의 접촉·혼합이나 분해를 촉진하는 물품과의 접근 또는 과열·충격·마찰 등을 피하는 한편, 알카리금속의 과산화물 및 이를 함유한 것에 있어서는 ❷   과의 접촉을 피하여야 한다.
2. 제2류 위험물은 ❸   와의 접촉·혼합이나 불티·불꽃·고온체와의 접근 또는 과열을 피하는 한편, 철분·금속분·마그네슘 및 이를 함유한 것에 있어서는 ❹   이나 ❺   과의 접촉을 피하고 인화성 고체에 있어서는 함부로 ❻   를 발생시키지 아니하여야 한다.
3. 제3류 위험물 중 ❼   에 있어서는 불티·불꽃 또는 고온체와의 접근·과열 또는 공기와의 접촉을 피하고, ❽   에 있어서는 물과의 접촉을 피하여야 한다.
4. 제4류 위험물은 불티·불꽃·고온체와의 접근 또는 ❾   을 피하고, 함부로 ❿   를 발생시키지 아니하여야 한다.
5. 제5류 위험물은 불티·불꽃·고온체와의 접근이나 ⓫   ·⓬   또는 ⓭   을 피하여야 한다.
6. 제6류 위험물은 ⓮   과의 접촉·혼합이나 분해를 촉진하는 물품과의 접근 또는 ⓯   을 피하여야 한다.
7. 제1호 내지 제6호의 기준은 위험물을 저장 또는 취급함에 있어서 당해 각호의 기준에 의하지 아니하는 것이 통상인 경우는 당해 각호를 적용하지 아니한다. 이 경우 당해 저장 또는 취급에 대하여는 재해의 발생을 방지하기 위한 충분한 조치를 강구하여야 한다.

III 저장의 기준

1. 저장소에는 위험물 외의 물품을 저장하지 아니하여야 한다. 다만, 다음 각목의 1에 해당하는 경우에는 그러하지 아니하다(중요기준).

   가. 옥내저장소 또는 옥외저장소에서 다음의 규정에 의한 위험물과 위험물이 아닌 물품을 함께 저장하는 경우. 이 경우 위험물과 위험물이 아닌 물품은 각각 모아서 저장하고 상호간에는 ⓰   m 이상의 간격을 두어야 한다.

   1) 위험물(제2류 위험물 중 인화성고체와 제4류 위험물을 제외한다)과 영 별표 1에서 당해 위험물이 속하는 품명란에 정한 물품(동표 제1류의 품명란 제11호, 제2류의 품명란 제8호, 제3류의 품명란 제12호, 제5류의 품명란 제11호 및 제6류의 품명란 제5호의 규정에 의한 물품을 제외한다)을 주성분으로 함유한 것으로서 위험물에 해당하지 아니하는 물품

   2) 제2류 위험물 중 인화성고체와 위험물에 해당하지 아니하는 고체 또는 액체로서 인화점을 갖는 것 또는 합성 수지류(「소방기본법 시행령」 별표 2 비고 제8호의 합성수지류를 말한다)(이하 III에서 "합성수지류등"이라한다) 또는 이들중 어느 하나 이상을 주성분으로 함유한 것으로서 위험물에 해당하지 아니하는 물품

시행규칙

- ❶ 가연물
- ❷ 물
- ❸ 산화제
- ❹ 물
- ❺ 산
- ❻ 증기
- ❼ 자연발화성물질
- ❽ 금수성물질
- ❾ 과열
- ❿ 증기
- ⓫ 과열
- ⓬ 충격
- ⓭ 마찰
- ⓮ 가연물
- ⓯ 과열
- ⓰ 1

3) 제4류 위험물과 합성수지류등 또는 영 별표 1의 제4류의 품명란에 정한 물품을 주성분으로 함유한 것으로서 위험물에 해당하지 아니하는 물품
4) 제4류 위험물 중 유기과산화물 또는 이를 함유한 것과 유기과산화물 또는 유기과산화물만을 함유한 것으로서 위험물에 해당하지 아니하는 물품
5) 제48조의 규정에 의한 위험물과 위험물에 해당하지 아니하는 화약류(「총포·도검·화약류 등 단속법」에 의한 화약류에 해당하는 것을 말한다)
6) 위험물과 위험물에 해당하지 아니하는 불연성의 물품(저장하는 위험물 및 위험물외의 물품과 위험한 반응을 일으키지 아니하는 것에 한한다)

나. 옥외탱크저장소·옥내탱크저장소·지하탱크저장소 또는 이동탱크저장소(이하 이 목에서 "옥외탱크저장소등"이라 한다)에서 당해 옥외탱크저장소등의 구조 및 설비에 나쁜 영향을 주지 아니하면서 다음에서 정하는 위험물이 아닌 물품을 저장하는 경우

1) 제4류 위험물을 저장 또는 취급하는 옥외탱크저장소등:합성수지류등 또는 영 별표 1의 제4류의 품명란에 정한 물품을 주성분으로 함유한 것으로서 위험물에 해당하지 아니하는 물품 또는 위험물에 해당하지 아니하는 불연성 물품(저장 또는 취급하는 위험물 및 위험물외의 물품과 위험한 반응을 일으키지 아니하는 것에 한한다)

2) 제6류 위험물을 저장 또는 취급하는 옥외탱크저장소등 : 영 별표 1의 제6류의 품명란에 정한 물품(동표 제6류의 품명란 제5호의 규정에 의한 물품을 제외한다)을 주성분으로 함유한 것으로서 위험물에 해당하지 아니하는 물품 또는 위험물에 해당하지 아니하는 불연성 물품(저장 또는 취급하는 위험물 및 위험물 외의 물품과 위험한 반응을 일으키지 아니하는 것에 한한다)

2. 영 별표 1의 유별을 달리하는 위험물은 동일한 저장소(내화구조의 격벽으로 완전히 구획된 실이 2 이상 있는 저장소에 있어서는 동일한 실. 이하 제3호에서 같다)에 저장하지 아니하여야 한다. 다만, 옥내저장소 또는 옥외저장소에 있어서 다음의 각목의 규정에 의한 위험물을 저장하는 경우로서 위험물을 유별로 정리하여 저장하는 한편, 서로 1m 이상의 간격을 두는 경우에는 그러하지 아니하다(중요기준).

가. 제1류 위험물(알칼리금속의 과산화물 또는 이를 함유한 것을 제외한다)과 제5류 위험물을 저장하는 경우
나. 제1류 위험물과 제❶ 류 위험물을 저장하는 경우
다. 제1류 위험물과 제3류 위험물 중 ❷ (황린 또는 이를 함유한 것에 한한다)을 저장하는 경우
라. 제2류 위험물 중 ❸ 와 제4류 위험물을 저장하는 경우
마. 제3류 위험물 중 ❹ 과 제4류 위험물(알킬알루미늄 또는 알킬리튬을 함유한 것에 한한다)을 저장하는 경우
바. 제4류 위험물 중 ❺ 또는 이를 함유하는 것과 제5류 위험물 중 유기과산화물 또는 이를 함유한 것을 저장하는 경우

3. 제3류 위험물 중 ❻ 그 밖에 물속에 저장하는 물품과 금수성물질은 동일한 저장소에서 저장하지 아니하여야 한다(중요기준).

4. 옥내저장소에 있어서 위험물은 V의 규정에 의한 바에 따라 용기에 수납하여 저장하여야 한다. 다만, 덩어리 상태의 황과 제48조의 규정에 의한 위험물에 있어서는 그러하지 아니하다.

5. 옥내저장소에서 동일 품명의 위험물이더라도 자연발화할 우려가 있는 위험물 또는 재해가 현저하게 증대할 우려가 있는 위험물을 다량 저장하는 경우에는 지정수량의 ❼ 배 이하마다 구분하여 상호간 ❽ m 이상의 간격을 두어 저장하여야 한다. 다만, 제48조의 규정에 의한 위험물 또는 기계에 의하여 하역하는 구조로 된 용기에 수납한 위험물에 있어서는 그러하지 아니하다(중요기준).

6. 옥내저장소에서 위험물을 저장하는 경우에는 다음 각목의 규정에 의한 높이를 초과하여 용기를 겹쳐 쌓지 아니하여야 한다.

    가. 기계에 의하여 하역하는 구조로 된 용기만을 겹쳐 쌓는 경우에 있어서는 ❾ m

    나. 제4류 위험물 중 제3석유류, 제4석유류 및 동식물유류를 수납하는 용기만을 겹쳐 쌓는 경우에 있어서는 ❿ m

    다. 그 밖의 경우에 있어서는 ⓫ m

7. 옥내저장소에서는 용기에 수납하여 저장하는 위험물의 온도가 ⓬ ℃를 넘지 아니하도록 필요한 조치를 강구하여야 한다(중요기준).

8. 삭제 〈2009.3.17〉

9. 옥외저장탱크·옥내저장탱크 또는 지하저장탱크의 주된 밸브(액체의 위험물을 이송하기 위한 배관에 설치된 밸브중 탱크의 바로 옆에 있는 것을 말한다) 및 주입구의 밸브 또는 뚜껑은 위험물을 넣거나 빼낼 때 외에는 폐쇄하여야 한다.

10. 옥외저장탱크의 주위에 방유제가 있는 경우에는 그 배수구를 평상시 폐쇄하여 두고, 당해 방유제의 내부에 유류 또는 물이 괴었을 때에는 지체없이 이를 배출하여야 한다.

11. 이동저장탱크에는 당해 탱크에 저장 또는 취급하는 위험물의 위험성을 알리는 표지를 부착하고 잘 보일 수 있도록 관리하여야 한다.

12. 이동저장탱크 및 그 안전장치와 그 밖의 부속배관은 균열, 결합불량, 극단적인 변형, 주입호스의 손상 등에 의한 위험물의 누설이 일어나지 아니하도록 하고, 당해 탱크의 배출밸브는 사용시 외에는 완전하게 폐쇄하여야 한다.

13. 피견인자동차에 고정된 이동저장탱크에 위험물을 저장할 때에는 당해 피견인자동차에 견인자동차를 결합한 상태로 두어야 한다. 다만, 다음 각목의 기준에 따라 피견인자동차를 철도·궤도상의 차량(이하 이 호에서 "차량"이라 한다)에 싣거나 차량으로부터 내리는 경우에는 그러하지 아니하다.

    가. 피견인자동차를 싣는 작업은 화재예방상 안전한 장소에서 실시하고, 화재가 발생하였을 경우에 그 피해의 확대를 방지할 수 있도록 필요한 조치를 강구할 것

    나. 피견인자동차를 실을 때에는 이동저장탱크에 변형 또는 손상을 주지 아니하도록 필요한 조치를 강구할 것

    다. 피견인자동차를 차량에 싣는 것은 견인자동차를 분리한 즉시 실시하고, 피견인자동차를 차량으로부터 내렸을 때에는 즉시 당해 피견인자동차를 견인자동차에 결합할 것

14. ⓭ 이동탱크저장소외의 이동탱크저장소에 있어서는 위험물을 저장한 상태로 이동저장탱크를 옮겨 싣지 아니하여야 한다(중요기준).

15. 이동탱크저장소에는 당해 이동탱크저장소의 완공검사합격확인증 및 정기점검기록을 비치하여야 한다.

16. 알킬알루미늄등을 저장 또는 취급하는 이동탱크저장소에는 긴급시의 연락처, 응급조치에 관하여 필요한 사항을 기재한 서류, 방호복, 고무장갑, 밸브 등을 죄는 결합공구 및 휴대용 확성기를 비치하여야 한다.

17. 옥외저장소(제20호의 규정에 의한 경우를 제외한다)에 있어서 위험물은 ⅴ에 정하는 바에 따라 용기에 수납하여 저장하여야 한다.

시행규칙

❶ 제6류
❷ 자연발화성물질
❸ 인화성고체
❹ 알킬알루미늄등
❺ 유기과산화물
❻ 황린
❼ 10
❽ 0.3
❾ 6
❿ 4
⓫ 3
⓬ 55
⓭ 컨테이너식

18. 옥외저장소에서 위험물을 저장하는 경우에 있어서는 제6호 각목의 규정에 의한 높이를 초과하여 용기를 겹쳐 쌓지 아니하여야 한다.
19. 옥외저장소에서 위험물을 수납한 용기를 선반에 저장하는 경우에는 ❶ m를 초과하여 저장하지 아니하여야 한다.
20. 황을 용기에 수납하지 아니하고 저장하는 옥외저장소에서는 황을 경계표시의 높이 이하로 저장하고, 황이 넘치거나 비산하는 것을 방지할 수 있도록 경계표시 내부의 전체를 난연성 또는 불연성의 천막 등으로 덮고 당해 천막 등을 경계표시에 고정하여야 한다.
21. 알킬알루미늄등, 아세트알데하이드등 및 다이에틸에터등(다이에틸에터 또는 이를 함유한 것을 말한다. 이하 같다)의 저장기준은 제1호 내지 제20호의 규정에 의하는 외에 다음 각목과 같다(중요기준).

  가. 옥외저장탱크 또는 옥내저장탱크 중 압력탱크(최대상용압력이 대기압을 초과하는 탱크를 말한다. 이하 이 호에서 같다)에 있어서는 알킬알루미늄등의 취출에 의하여 당해 탱크내의 압력이 상용압력 이하로 저하하지 아니하도록, 압력탱크 외의 탱크에 있어서는 알킬알루미늄등의 취출이나 온도의 저하에 의한 공기의 혼입을 방지할 수 있도록 불활성의 기체를 봉입할 것
  나. 옥외저장탱크·옥내저장탱크 또는 이동저장탱크에 새롭게 알킬알루미늄등을 주입하는 때에는 미리 당해 탱크안의 공기를 불활성기체와 치환하여 둘 것
  다. 이동저장탱크에 알킬알루미늄등을 저장하는 경우에는 ❷ KPa 이하의 압력으로 불활성의 기체를 봉입하여 둘 것
  라. 옥외저장탱크·옥내저장탱크 또는 지하저장탱크 중 압력탱크에 있어서는 아세트알데하이드등의 취출에 의하여 당해 탱크내의 압력이 상용압력 이하로 저하하지 아니하도록, 압력탱크 외의 탱크에 있어서는 아세트알데하이드등의 취출이나 온도의 저하에 의한 공기의 혼입을 방지할 수 있도록 불활성 기체를 봉입할 것
  마. 옥외저장탱크·옥내저장탱크·지하저장탱크 또는 이동저장탱크에 새롭게 아세트알데하이드등을 주입하는 때에는 미리 당해 탱크안의 공기를 불활성 기체와 치환하여 둘 것
  바. 이동저장탱크에 아세트알데하이드등을 저장하는 경우에는 항상 불활성의 기체를 봉입하여 둘 것
  사. 옥외저장탱크·옥내저장탱크 또는 지하저장탱크 중 압력탱크 외의 탱크에 저장하는 다이에틸에터등 또는 아세트알데하이드등의 온도는 산화프로필렌과 이를 함유한 것 또는 다이에틸에터등에 있어서는 ❸ ℃ 이하로, 아세트알데하이드 또는 이를 함유한 것에 있어서는 ❹ ℃ 이하로 각각 유지할 것
  아. 옥외저장탱크·옥내저장탱크 또는 지하저장탱크 중 압력탱크에 저장하는 아세트알데하이드등 또는 다이에틸에터등의 온도는 ❺ ℃ 이하로 유지할 것
  자. 보냉장치가 있는 이동저장탱크에 저장하는 아세트알데하이드등 또는 다이에틸에터등의 온도는 당해 위험물의 비점 이하로 유지할 것
  차. 보냉장치가 없는 이동저장탱크에 저장하는 아세트알데하이드등 또는 다이에틸에터등의 온도는 ❻ ℃ 이하로 유지할 것

Ⅳ 취급의 기준

1. 위험물의 취급 중 제조에 관한 기준은 다음 각목과 같다(중요기준).
  가. 증류공정에 있어서는 위험물을 취급하는 설비의 내부압력의 변동 등에 의하여 액체 또는 증기가 새지 아니하도록 할 것
  나. 추출공정에 있어서는 추출관의 내부압력이 비정상으로 상승하지 아니하도록 할 것
  다. 건조공정에 있어서는 위험물의 온도가 부분적으로 상승하지 아니하는 방법으로 가열 또는 건조할 것
  라. 분쇄공정에 있어서는 위험물의 분말이 현저하게 부유하고 있거나 위험물의 분말이 현저하게 기계·기구 등에 부착하고 있는 상태로 그 기계·기구를 취급하지 아니할 것

2. 위험물의 취급중 용기에 옮겨 담는데 대한 기준은 다음 각목과 같다.

　가. 위험물을 용기에 옮겨 담는 경우에는 Ⅴ에 정하는 바에 따라 수납할 것

　나. 삭제 〈2009.3.17〉

3. 위험물의 취급 중 소비에 관한 기준은 다음 각목과 같다(중요기준).

　가. 분사도장작업은 방화상 유효한 격벽 등으로 구획된 안전한 장소에서 실시할 것

　나. 담금질 또는 열처리작업은 위험물이 위험한 온도에 이르지 아니하도록 하여 실시할 것

　다. 삭제 〈2009.3.17〉

　라. 버너를 사용하는 경우에는 버너의 역화를 방지하고 위험물이 넘치지 아니하도록 할 것

4. 삭제 〈2009.3.17〉

5. 주유취급소·판매취급소·이송취급소 또는 이동탱크저장소에서의 위험물의 취급기준은 다음 각목과 같다.

　가. 주유취급소(항공기주유취급소·선박주유취급소 및 철도주유취급소를 제외한다)에서의 취급기준

　　1) 자동차 등에 주유할 때에는 고정주유설비를 사용하여 직접 주유할 것(중요기준)

　　2) 자동차 등에 인화점 40℃ 미만의 위험물을 주유할 때에는 자동차 등의 원동기를 정지시킬 것. 다만, 연료탱크에 위험물을 주유하는 동안 방출되는 가연성 증기를 회수하는 설비가 부착된 고정주유설비에 의하여 주유하는 경우에는 그러하지 아니하다.

　　3) 이동저장탱크에 급유할 때에는 고정급유설비를 사용하여 직접 급유할 것

　　4) 삭제 〈2009.3.17〉

　　5) 삭제 〈2009.3.17〉

　　6) 고정주유설비 또는 고정급유설비에 접속하는 탱크에 위험물을 주입할 때에는 당해 탱크에 접속된 고정주유설비 또는 고정급유설비의 사용을 중지하고, 자동차 등을 당해 탱크의 주입구에 접근시키지 아니할 것

　　7) 고정주유설비 또는 고정급유설비에는 해당 설비에 접속한 전용탱크 또는 간이탱크의 배관외의 것을 통하여서는 위험물을 공급하지 아니할 것

　　8) 자동차 등에 주유할 때에는 고정주유설비 또는 고정주유설비에 접속된 탱크의 주입구로부터 ❼ m 이내의 부분(별표 13 Ⅴ 제1호다목 및 라목의 용도에 제공하는 부분 중 바닥 및 벽에서 구획된 것의 내부를 제외한다)에, 이동저장탱크로부터 전용탱크에 위험물을 주입할 때에는 전용탱크의 주입구로부터 ❽ m 이내의 부분 및 전용탱크 통기관의 끝부분으로부터 수평거리 ❾ m 이내의 부분에 있어서는 다른 자동차 등의 주차를 금지하고 자동차 등의 점검·정비 또는 세정을 하지 아니할 것

시행규칙

❶ 6　　　　　❹ 15　　　　　❼ 4
❷ 20　　　　❺ 40　　　　　❽ 3
❸ 30　　　　❻ 40　　　　　❾ 1.5

9) 삭제 〈2009.3.17〉

10) 삭제 〈2014.6.23〉

11) 주유원간이대기실 내에서는 화기를 사용하지 아니할 것

12) 전기자동차 충전설비를 사용하는 때에는 다음의 기준을 준수할 것

　가) 충전기기와 전기자동차를 연결할 때에는 연장코드를 사용하지 아니할 것

　나) 전기자동차의 전지·인터페이스 등이 충전기기의 규격에 적합한지 확인한 후 충전을 시작할 것

　다) 충전 중에는 자동차 등을 작동시키지 아니할 것

나. 항공기주유취급소에서의 취급기준은 가목[(1) 및 7)은 제외한다]의 규정을 준용하는 외에 다음의 기준에 의할 것

　1) 항공기에 주유하는 때에는 고정주유설비, 주유배관의 끝부분에 접속한 호스기기, 주유호스차 또는 주유탱크차를 사용하여 직접 주유할 것(중요기준)

　2) 삭제 〈2009.3.17〉

　3) 고정주유설비에는 당해 주유설비에 접속한 전용탱크 또는 위험물을 저장 또는 취급하는 탱크의 배관외의 것을 통하여서는 위험물을 주입하지 아니할 것

　4) 주유호스차 또는 주유탱크차에 의하여 주유하는 때에는 주유호스의 끝부분을 항공기의 연료탱크의 급유구에 긴밀히 결합할 것. 다만, 주유탱크차에서 주유호스 끝부분에 수동개폐장치를 설치한 주유노즐에 의하여 주유하는 때에는 그러하지 아니하다.

　5) 주유호스차 또는 주유탱크차에서 주유하는 때에는 주유호스차의 호스기기 또는 주유탱크차의 주유설비를 항공기와 전기적으로 접속할 것

다. 철도주유취급소에서의 취급기준은 가목[(1) 및 7)은 제외한다]의 규정 및 나목3)의 규정을 준용하는 외에 다음의 기준에 의할 것

　1) 철도 또는 궤도에 의하여 운행하는 차량에 주유하는 때에는 고정주유설비 또는 주유배관의 끝부분에 접속한 호스기기를 사용하여 직접 주유할 것(중요기준)

　2) 철도 또는 궤도에 의하여 운행하는 차량에 주유하는 때에는 콘크리트 등으로 포장된 부분에서 주유할 것

라. 선박주유취급소에서의 취급기준은 가목[(1) 및 7)은 제외한다]의 규정 및 나목3)의 규정을 준용하는 외에 다음의 기준에 의할 것

　1) 선박에 주유하는 때에는 고정주유설비 또는 주유배관의 끝부분에 접속한 호스기기를 사용하여 직접 주유할 것(중요기준)

　2) 선박에 주유하는 때에는 선박이 이동하지 아니하도록 계류시킬 것

　3) 수상구조물에 설치하는 고정주유설비를 이용하여 주유작업을 할 때에는 ❶　　m 이내에 다른 선박의 정박 또는 계류를 금지할 것

　4) 수상구조물에 설치하는 고정주유설비의 주위에 설치하는 집유설비 내에 고인 빗물 또는 위험물은 넘치지 않도록 수시로 수거하고, 수거물은 유분리장치를 이용하거나 폐기물 처리 방법에 따라 처리할 것

　5) 수상구조물에 설치하는 고정주유설비를 이용한 주유작업은 위험물을 공급하는 배관·펌프 및 그 부속 설비의 안전을 확인한 후에 시작할 것(중요기준)

　6) 수상구조물에 설치하는 고정주유설비를 이용한 주유작업이 종료된 후에는 별표 13 XIV제3호마목에 따른 차단밸브를 모두 잠글 것(중요기준)

　7) 수상구조물에 설치하는 고정주유설비를 이용한 주유작업은 총 톤수가 ❷　　　미만인 선박에 대해서만 실시할 것(중요기준)

마. 고객이 직접 주유하는 주유취급소에서의 기준
  1) 셀프용고정주유설비 및 셀프용고정급유설비 외의 고정주유설비 또는 고정급유설비를 사용하여 고객에 의한 주유 또는 용기에 옮겨 담는 작업을 행하지 아니할 것(중요기준)
  2) 삭제 〈2009.3.17〉
  3) 감시대에서 고객이 주유하거나 용기에 옮겨 담는 작업을 직시하는 등 적절한 감시를 할 것
  4) 고객에 의한 주유 또는 용기에 옮겨 담는 작업을 개시할 때에는 안전상 지장이 없음을 확인 한 후 제어장치에 의하여 호스기기에 대한 위험물의 공급을 개시할 것
  5) 고객에 의한 주유 또는 용기에 옮겨 담는 작업을 종료한 때에는 제어장치에 의하여 호스기기에 대한 위험물의 공급을 정지할 것
  6) 비상시 그 밖에 안전상 지장이 발생한 경우에는 제어장치에 의하여 호스기기에 위험물의 공급을 일제히 정지하고, 주유취급소 내의 모든 고정주유설비 및 고정급유설비에 의한 위험물 취급을 중단할 것
  7) 감시대의 방송설비를 이용하여 고객에 의한 주유 또는 용기에 옮겨 담는 작업에 대한 필요한 지시를 할 것
  8) 감시대에서 근무하는 감시원은 안전관리자 또는 위험물안전관리에 관한 전문지식이 있는 자일 것
바. 판매취급소에서의 취급기준
  1) 판매취급소에서는 도료류, 제1류 위험물 중 염소산염류 및 염소산염류만을 함유한 것, 황 또는 인화점이 ❸　　℃ 이상인 제4류 위험물을 배합실에서 배합하는 경우 외에는 위험물을 배합하거나 옮겨 담는 작업을 하지 아니할 것
  2) 위험물은 별표 19 Ⅰ의 규정에 의한 운반용기에 수납한 채로 판매할 것
  3) 판매취급소에서 위험물을 판매할 때에는 위험물이 넘치거나 비산하는 계량기(액용되를 포함한다)를 사용하지 아니할 것
사. 이송취급소에서의 취급기준
  1) 위험물의 이송은 위험물을 이송하기 위한 배관·펌프 및 그에 부속한 설비(위험물을 운반하는 선박으로부터 육상으로 위험물의 이송취급을 하는 이송취급소에 있어서는 위험물을 이송하기 위한 배관 및 그에 부속된 설비를 말한다. 이하 나목에서 같다)의 안전을 확인한 후에 개시할 것(중요기준)
  2) 위험물을 이송하기 위한 배관·펌프 및 이에 부속한 설비의 안전을 확인하기 위한 순찰을 행하고, 위험물을 이송하는 중에는 이송하는 위험물의 압력 및 유량을 항상 감시할 것(중요기준)
  3) 이송취급소를 설치한 지역의 지진을 감지하거나 지진의 정보를 얻은 경우에는 소방청장이 정하여 고시하는 바에 따라 재해의 발생 또는 확대를 방지하기 위한 조치를 강구할 것

❶ 5　　❷ 300　　❸ 38

아. 이동탱크저장소(컨테이너식 이동탱크저장소를 제외한다)에서의 취급기준. 이 경우 이동저장탱크로부터 이동저장탱크로의 위험물 주입은 허용되지 않는다
   1) 이동저장탱크로부터 위험물을 저장 또는 취급하는 탱크에 액체의 위험물을 주입할 경우에는 그 탱크의 주입구에 이동저장탱크의 주입호스를 견고하게 결합할 것. 다만, 주입호스의 끝부분에 수동개폐장치를 한 주입노즐(수동개폐장치를 개방상태로 고정하는 장치를 한 것을 제외한다)을 사용하여 지정수량 미만의 양의 위험물을 저장 또는 취급하는 탱크에 인화점이 40℃ 이상인 위험물을 주입하는 경우에는 그러하지 아니하다.
   2) 이동저장탱크로부터 액체위험물을 용기에 옮겨 담지 아니할 것. 다만, 주입호스의 끝부분에 수동개폐장치를 한 주입노즐(수동개폐장치를 개방상태로 고정하는 장치를 한 것을 제외한다)을 사용하여 별표 19 Ⅰ의 기준에 적합한 운반용기에 인화점 40℃ 이상의 제4류 위험물을 옮겨 담는 경우에는 그러하지 아니하다.
   3) 이동저장탱크로부터 위험물을 저장 또는 취급하는 탱크에 인화점이 40℃ 미만인 위험물을 주입할 때에는 이동탱크저장소의 원동기를 정지시킬 것
   4) 이동저장탱크로부터 직접 위험물을 자동차(「자동차관리법」 제2조제1호에 따른 자동차와 「건설기계관리법」 제2조제1항제1호에 따른 건설기계 중 덤프트럭 및 콘크리트믹서트럭을 말한다)의 연료탱크에 주입하지 말 것. 다만, 다음의 어느 하나에 해당하는 경우에는 그렇지 않다.
      가)「건설산업기본법」 제2조제4호에 따른 건설공사를 하는 장소에서 별표 10 Ⅳ제3호에 따른 주입설비를 부착한 이동탱크저장소로부터 해당 건설공사와 관련된 자동차(「건설기계관리법」 제2조제1항제1호에 따른 건설기계 중 덤프트럭과 콘크리트믹서트럭으로 한정한다)의 연료탱크에 인화점 40℃ 이상의 위험물을 주입하는 경우
      나)「재난 및 안전관리 기본법」 제3조제1호에 따른 재난이 발생한 장소에서 별표 10 Ⅳ제3호에 따른 주입설비를 부착한 이동탱크저장소로부터 다음의 어느 하나에 해당하는 자동차의 연료탱크에 인화점 40℃ 이상의 위험물을 주입하는 경우. 이 경우 주유장소는 「소방기본법」 제2조제6호에 따른 소방대장(이하 "소방대장"이라 한다) 또는 「재난 및 안전관리 기본법」 제3조제8호에 따른 긴급구조지원기관(이하 "긴급구조지원기관"이라 한다)의 장이 지정하는 안전한 장소로 해야 하고, 해당 이동탱크저장소는 주유장소에 정차 중인 자동차 1대에 대해서 주유를 완료한 후가 아니면 다른 자동차에 주유하지 않아야 한다.
         (1)「소방장비관리법」 제8조에 따른 소방자동차
         (2) 긴급구조지원기관 소속의 자동차
         (3) 그 밖에 재난에 긴급히 대응할 필요가 있는 경우로서 소방대장 및 긴급구조지원기관의 장이 지정하는 자동차
   5) 휘발유·벤젠 그 밖에 정전기에 의한 재해발생의 우려가 있는 액체의 위험물을 이동저장탱크에 주입하거나 이동저장탱크로부터 배출하는 때에는 도선으로 이동저장탱크와 접지전극 등과의 사이를 긴밀히 연결하여 당해 이동저장탱크를 접지할 것
   6) 휘발유·벤젠·그 밖에 정전기에 의한 재해발생의 우려가 있는 액체의 위험물을 이동저장탱크의 상부로 주입하는 때에는 주입관을 사용하되, 당해 주입관의 끝부분을 이동저장탱크의 밑바닥에 밀착할 것
   7) 휘발유를 저장하던 이동저장탱크에 등유나 경유를 주입할 때 또는 등유나 경유를 저장하던 이동저장탱크에 휘발유를 주입할 때에는 다음의 기준에 따라 정전기등에 의한 재해를 방지하기 위한 조치를 할 것
      가) 이동저장탱크의 상부로부터 위험물을 주입할 때에는 위험물의 액표면이 주입관의 끝부분을 넘는 높이가 될 때까지 그 주입관내의 유속을 초당 ❶ m 이하로 할 것
      나) 이동저장탱크의 밑부분으로부터 위험물을 주입할 때에는 위험물의 액표면이 주입관의 정상부분을 넘는 높이가 될 때까지 그 주입배관내의 유속을 초당 ❷ m 이하로 할 것
      다) 그 밖의 방법에 의한 위험물의 주입은 이동저장탱크에 가연성증기가 잔류하지 아니하도록 조치하고 안전한 상태로 있음을 확인한 후에 할 것

8) 이동탱크저장소는 별표 10 Ⅰ의 규정에 의한 상치장소에 주차할 것. 다만, 원거리 운행 등으로 상치장소에 주차할 수 없는 경우에는 다음의 장소에도 주차할 수 있다.
   가) 다른 이동탱크저장소의 상치장소
   나) 「화물자동차 운수사업법」에 의한 일반화물자동차운송사업을 위한 차고로서 별표 10 Ⅰ의 규정에 적합한 장소
   다) 「물류시설의 개발 및 운영에 관한 법률」에 따른 물류터미널의 주차장으로서 별표 10 Ⅰ의 규정에 적합한 장소
   라) 「주차장법」에 의한 주차장중 노외의 옥외주차장으로서 별표 10 Ⅰ의 규정에 적합한 장소
   마) 제조소등이 설치된 사업장 내의 안전한 장소
   바) 도로(갓길 및 노상주차장을 포함한다) 외의 장소로서 화기취급장소 또는 건축물로부터 ❸   m 이상 거리를 둔 장소
   사) 벽ㆍ기둥ㆍ바닥ㆍ보ㆍ서까래 및 지붕이 내화구조로 된 건축물의 1층으로서 개구부가 없는 내하구조의 격벽 등으로 당해 건축물의 다른 용도의 부분과 구획된 장소
   아) 소방본부장 또는 소방서장으로부터 승인을 받은 장소
9) 이동저장탱크를 8)의 규정에 의한 상치장소 등에 주차시킬 때에는 완전히 빈 상태로 할 것. 다만, 당해 장소가 별표 6 Ⅰㆍ Ⅱ 및 Ⅸ의 규정에 적합한 경우에는 그러하지 아니하다.
10) 이동저장탱크로부터 직접 위험물을 선박의 연료탱크에 주입하는 경우에는 다음의 기준에 따를 것
   가) 선박이 이동하지 아니하도록 계류(繫留)시킬 것
   나) 이동탱크저장소가 움직이지 않도록 조치를 강구할 것
   다) 이동탱크저장소의 주입호스의 끝부분을 선박의 연료탱크의 급유구에 긴밀히 결합할 것. 다만, 주입호스 끝부분에 수동개폐장치를 설치한 주유노즐로 주입하는 때에는 그러하지 아니하다.
   라) 이동탱크저장소의 주입설비를 접지할 것. 다만, 인화점 40℃ 이상의 위험물을 주입하는 경우에는 그러하지 아니하다.
자. 컨테이너식 이동탱크저장소에서의 위험물취급은 아목[1)을 제외한다]의 규정을 준용하는 외에 다음의 기준에 의할 것
   1) 이동저장탱크에서 위험물을 저장 또는 취급하는 탱크에 액체위험물을 주입하는 때에는 주입구에 주입호스를 긴밀히 연결할 것. 다만, 주입호스의 끝부분에 수동개폐장치를 설비한 주입노즐(수동개폐장치를 개방상태로 고정하는 장치를 한 것을 제외한다)에 의하여 지정수량 미만의 탱크에 인화점이 40℃ 이상인 제4류 위험물을 주입하는 때에는 그러하지 아니하다.
   2) 이동저장탱크를 체결금속구, 변형금속구 또는 샤시프레임에 긴밀히 결합한 구조의 유(U)볼트를 이용하여 차량에 긴밀히 연결할 것
6. 알킬알루미늄등 및 아세트알데하이드등의 취급기준은 제1호 내지 제5호에 정하는 것 외에 당해 위험물의 성질에 따라 다음 각목에 정하는 바에 의한다(중요기준).
  가. 알킬알루미늄등의 제조소 또는 일반취급소에 있어서 알킬알루미늄등을 취급하는 설비에는 불활성의 기체를 봉입할 것

시행규칙 ✅
❶ 1　　　　　❷ 1　　　　　❸ 10

나. 알킬알루미늄등의 이동탱크저장소에 있어서 이동저장탱크로부터 알킬알루미늄등을 꺼낼 때에는 동시에 ❶   KPa 이하의 압력으로 불활성의 기체를 봉입할 것

다. 아세트알데하이드등의 제조소 또는 일반취급소에 있어서 아세트알데하이드등을 취급하는 설비에는 연소성 혼합기체의 생성에 의한 폭발의 위험이 생겼을 경우에 불활성의 기체 또는 수증기[아세트알데하이드등을 취급하는 탱크(옥외에 있는 탱크 또는 옥내에 있는 탱크로서 그 용량이 지정수량의 5분의 1 미만의 것을 제외한다)에 있어서는 불활성의 기체를 봉입할 것

라. 아세트알데하이드등의 이동탱크저장소에 있어서 이동저장탱크로부터 아세트알데하이드등을 꺼낼 때에는 동시에 ❷   KPa 이하의 압력으로 불활성의 기체를 봉입할 것

Ⅴ 위험물의 용기 및 수납

1. Ⅲ제4호 및 제17호의 규정에 의하여 위험물을 용기에 수납할 때 또는 Ⅳ제2호가목의 규정에 의하여 위험물을 용기에 옮겨 담을 때에는 다음 각목에 정하는 용기의 구분에 따라 당해 각목에 정하는 바에 의한다. 다만, 제조소등이 설치된 부지와 동일한 부지내에서 위험물을 저장 또는 취급하기 위하여 다음 각목에 정하는 용기 외의 용기에 수납하거나 옮겨 담는 경우에 있어서 당해 용기의 저장 또는 취급이 화재의 예방상 안전하다고 인정될 때에는 그러하지 아니하다.

    가. 나목에 정하는 용기 외의 용기 : 고체의 위험물에 있어서는 부표 제1호, 액체의 위험물에 있어서는 부표 제2호에 정하는 기준에 적합한 내장용기(내장용기의 용기의 종류란이 공란인 것은 외장용기) 또는 저장 또는 취급의 안전상 이러한 기준에 적합한 용기와 동등 이상이라고 인정하여 소방청장이 정하여 고시하는 것(이하 Ⅴ에서 "내장용기등"이라고 한다)으로서 별표 19 Ⅱ 제1호에 정하는 수납의 기준에 적합할 것

    나. 기계에 의하여 하역하는 구조로 된 용기(기계에 의하여 들어 올리기 위한 고리·기구·포크리프트포켓 등이 있는 용기를 말한다. 이하 같다):별표 19 Ⅰ제3호나목에 규정하는 운반용기로서 별표 19 Ⅱ제2호에 정하는 수납의 기준에 적합할 것

2. 제1호 가목의 내장용기등(내장용기등을 다른 용기에 수납하는 경우에 있어서는 당해 용기를 포함한다. 이하 Ⅴ에서 같다)에 있어서는 별표 19 Ⅱ제8호에 정하는 표시를, 제1호나목의 용기에 있어서는 별표 19 Ⅱ제8호 및 별표 19 Ⅱ제13호에 정하는 표시를 각각 보기 쉬운 위치에 하여야 한다.

3. 제2호의 규정에 불구하고 제1류·제2류 또는 제4류의 위험물(별표 19 Ⅴ제1호의 규정에 의한 위험등급Ⅰ의 위험물을 제외한다)의 내장용기등으로서 최대용적이 1 𝑙 이하의 것에 있어서는 별표 19 Ⅱ제8호가목 및 다목의 표시를 각각 위험물의 통칭명 및 동호의 규정에 의한 표시와 동일한 의미가 있는 다른 표시로 대신할 수 있다.

4. 제2호 및 제3호의 규정에 불구하고 제4류 위험물에 해당하는 화장품(에어졸을 제외한다)의 내장용기등으로서 최대용적이 ❸   ml 이하의 것에 있어서는 별표 19 Ⅱ제8호가목 및 다목에 정하는 표시를 아니할 수 있고 최대용적이 ❹   ml 초과 ❺   ml 이하의 것에 있어서는 별표 19 Ⅱ제8호가목에 정하는 표시를 하지 아니할 수 있으며, 별표 19 Ⅱ제8호다목의 주의사항은 동목의 규정에 의한 표시와 동일한 의미가 있는 다른 표시로 대신할 수 있다.

5. 제2호 및 제3호의 규정에 불구하고 제4류 위험물에 해당하는 에어졸의 내장용기등으로서 최대 용적이 ❻   ml 이하의 것에 있어서는 별표 19 Ⅱ제8호가목의 규정에 의한 표시를 하지 아니할 수 있고, 별표 19 Ⅱ제8호다목의 주의사항을 동목의 규정에 의한 표시와 동일한 의미가 있는 다른 표시로 대신할 수 있다.

6. 제2호 및 제3호의 규정에 불구하고 제4류 위험물 중 동식물유류의 내장용기등으로서 최대용적이 ❼   𝑙 이하의 것에 있어서는 별표 19 Ⅱ제8호가목 및 다목의 표시를 각각 당해 위험물의 통칭명 및 동호의 규정에 의한 표시와 동일한 의미가 있는 다른 표시로 대신할 수 있다.

Ⅵ 법 제5조제3항의 규정에 의한 중요기준 및 세부기준은 다음 각호의 구분에 의한다.

1. 중요기준 : Ⅰ 내지 Ⅴ의 저장 또는 취급기준 중 "중요기준"이라 표기한 것
2. 세부기준 : 중요기준 외의 것

[부표] 〈개정 2021. 7. 13.〉

운반용기의 최대용적 또는 중량 (별표 18 관련)

1. 고체위험물

운반 용기				수납 위험물의 종류									
내장 용기		외장 용기		제1류			제2류		제3류			제5류	
용기의 종류	최대용적 또는 중량	용기의 종류	최대용적 또는 중량	I	II	III	II	III	I	II	III	I	II
유리용기 또는 플라스틱 용기	10ℓ	나무상자 또는 플라스틱상자(필요에 따라 불활성의 완충재를 채울 것)	125kg	○	○	○	○	○	○	○	○	○	○
			225kg		○	○		○		○	○		○
		파이버판상자(필요에 따라 불활성의 완충재를 채울 것)	40kg	○	○	○	○	○	○	○	○	○	○
			55kg		○	○		○		○	○		○
금속제용기	30ℓ	나무상자 또는 플라스틱상자	125kg	○	○	○	○	○	○	○	○	○	○
			225kg		○	○		○		○	○		○
		파이버판상자	40kg	○	○	○	○	○	○	○	○	○	○
			55kg		○	○		○		○	○		○
플라스틱필름포대 또는 종이포대	5kg	나무상자 또는 플라스틱상자	50kg	○	○	○		○		○		○	○
	50kg		50kg		○	○	○	○					○
	125kg		125kg				○	○					
	225kg		225kg					○					
	5kg	파이버판상자	40kg	○	○	○	○	○		○	○	○	○
	40kg		40kg		○	○	○	○					○
	55kg		55kg				○	○					

운반 용기				수납위험물의 종류									
내장 용기		외장 용기											
용기의 종류	최대용적 또는 중량	용기의 종류	최대용적 또는 중량										
		금속제용기(드럼 제외)	60ℓ	○	○	○	○	○	○	○	○	○	○
		플라스틱용기(드럼 제외)	10ℓ		○	○	○	○		○	○		○
			30ℓ			○		○					○
		금속제드럼	250ℓ	○	○	○	○	○	○	○	○	○	○
		플라스틱드럼 또는 파이버드럼(방수성이 있는 것)	60ℓ	○	○	○	○	○	○	○	○	○	○
			250ℓ		○	○		○		○			○
		합성수지포대(방수성이 있는 것), 플라스틱필름포대, 섬유포대(방수성이 있는 것) 또는 종이포대(여러겹으로서 방수성이 있는 것)	50kg		○	○	○	○		○	○		○

비고

1. "○"표시는 수납위험물의 종류별 각 란에 정한 위험물에 대하여 해당 각란에 정한 운반용기가 적응성이 있음을 표시한다.
2. 내장용기는 외장용기에 수납하여야 하는 용기로서 위험물을 직접 수납하기 위한 것을 말한다.
3. 내장용기의 용기의 종류란이 빈칸인 것은 외장용기에 위험물을 직접 수납하거나 유리용기, 플라스틱용기, 금속제용기, 폴리에틸렌포대 또는 종이포대를 내장용기로 할 수 있음을 표시한다.

2. 액체위험물

운반 용기				수납위험물의 종류								
내장 용기		외장 용기		제3류			제4류			제5류		제6류
용기의 종류	최대용적 또는 중량	용기의 종류	최대용적 또는 중량	I	II	III	I	II	III	I	II	I
유리용기	5ℓ	나무 또는 플라스틱상자(불활성의 완충재를 채울 것)	75kg	○	○	○	○	○	○	○	○	○
	10ℓ		125kg		○	○		○	○		○	
			225kg						○			
	5ℓ	파이버판상자(불활성의 완충재를 채울 것)	40kg	○	○	○	○	○	○	○	○	○
	10ℓ		55kg						○			

외장용기		내장용기		위험물의 종류								
종류	최대용적 또는 중량	종류	최대용적 또는 중량	1	2	3	4	5	6	7	8	9
플라스틱용기	10ℓ	나무 또는 플라스틱상자(필요에 따라 불활성의 완충재를 채울 것)	75kg	○	○	○	○	○	○	○	○	○
			125kg	○	○			○	○		○	
			225kg						○			
		파이버판상자(필요에 따라 불활성의 완충재를 채울 것)	40kg	○	○	○	○	○	○		○	○
			55kg						○			
금속제용기	30ℓ	나무 또는 플라스틱상자	125kg	○	○	○	○	○	○	○	○	○
			225kg						○			
		파이버판상자	40kg	○	○	○	○	○	○	○	○	○
			55kg					○	○			
		금속제용기(금속제드럼제외)	60ℓ		○	○		○	○		○	
		플라스틱용기(플라스틱드럼제외)	10ℓ		○	○		○	○			
			20ℓ					○	○			
			30ℓ						○		○	
		금속제드럼(뚜껑고정식)	250ℓ	○	○	○	○	○	○	○	○	○
		금속제드럼(뚜껑탈착식)	250ℓ					○	○			
		플라스틱또는파이버드럼(플라스틱내용기부착의것)	250ℓ		○	○			○		○	

비고

1. "○"표시는 수납위험물의 종류별 각 란에 정한 위험물에 대하여 해당 각란에 정한 운반용기가 적응성이 있음을 표시한다.
2. 내장용기는 외장용기에 수납하여야 하는 용기로서 위험물을 직접 수납하기 위한 것을 말한다.
3. 내장용기의 용기의 종류란이 빈칸인 것은 외장용기에 위험물을 직접 수납하거나 유리용기, 플라스틱용기 또는 금속제용기를 내장용기로 할 수 있음을 표시한다.

■ 위험물안전관리법 시행규칙 [별표 19]

위험물의 운반에 관한 기준 (제50조 관련)

I 운반용기

1. 운반용기의 재질은 강판·알루미늄판·양철판·유리·금속판·❶   ·플라스틱·섬유판·고무류·합성섬유·❷   ·❸   또는 나무로 한다.
2. 운반용기는 견고하여 쉽게 파손될 우려가 없고, 그 입구로부터 수납된 위험물이 샐 우려가 없도록 하여야 한다.
3. 운반용기의 구조 및 최대용적은 다음 각호의 규정에 의한 용기의 구분에 따라 당해 각목에 정하는 바에 의한다.
    가. 나목의 규정에 의한 용기 외의 용기
        고체의 위험물을 수납하는 것에 있어서는 부표 1 제1호, 액체의 위험물을 수납하는 것에 있어서는 부표 1 제2호에 정하는 기준에 적합할 것. 다만, 운반의 안전상 이러한 기준에 적합한 운반용기와 동등 이상이라고 인정하여 소방청장이 정하여 고시하는 것에 있어서는 그러하지 아니하다.
    나. 기계에 의하여 하역하는 구조로 된 용기
        고체의 위험물을 수납하는 것에 있어서는 별표 20 제1호, 액체의 위험물을 수납하는 것에 있어서는 별표 20 제2호에 정하는 기준 및 1) 내지 6)에 정하는 기준에 적합할 것. 다만, 운반의 안전상 이러한 기준에 적합한 운반용기와 동등 이상이라고 인정하여 소방청장이 정하여 고시하는 것과 UN의 위험물 운송에 관한 권고(RTDG, Recommendations on the Transport of Dangerous Goods)에서 정한 기준에 적합한 것으로 인정된 용기에 있어서는 그러하지 아니하다.
        1) 운반용기는 부식 등의 열화에 대하여 적절히 보호될 것
        2) 운반용기는 수납하는 위험물의 내압 및 취급시와 운반시의 하중에 의하여 당해 용기에 생기는 응력에 대하여 안전할 것
        3) 운반용기의 부속설비에는 수납하는 위험물이 당해 부속설비로부터 누설되지 아니하도록 하는 조치가 강구되어 있을 것
        4) 용기본체가 틀로 둘러싸인 운반용기는 다음의 요건에 적합할 것
            가) 용기본체는 항상 틀내에 보호되어 있을 것
            나) 용기본체는 틀과의 접촉에 의하여 손상을 입을 우려가 없을 것
            다) 운반용기는 용기본체 또는 틀의 신축 등에 의하여 손상이 생기지 아니할 것
        5) 하부에 배출구가 있는 운반용기는 다음의 요건에 적합할 것
            가) 배출구에는 개폐위치에 고정할 수 있는 밸브가 설치되어 있을 것
            나) 배출을 위한 배관 및 밸브에는 외부로부터의 충격에 의한 손상을 방지하기 위한 조치가 강구되어 있을 것
            다) 폐지판 등에 의하여 배출구를 이중으로 밀폐할 수 있는 구조일 것. 다만, 고체의 위험물을 수납하는 운반용기에 있어서는 그러하지 아니하다.
        6) 1) 내지 5)에 규정하는 것 외의 운반용기의 구조에 관하여 필요한 사항은 소방청장이 정하여 고시한다.

4. 제3호의 규정에 불구하고 승용차량(승용으로 제공하는 차실내에 화물용으로 제공하는 부분이 있는 구조의 것을 포함한다)으로 인화점이 40℃ 미만인 위험물중 소방청장이 정하여 고시하는 것을 운반하는 경우의 운반용기의 구조 및 최대용적의 기준은 소방청장이 정하여 고시한다.

5. 제3호의 규정에 불구하고 운반의 안전상 제한이 필요하다고 인정되는 경우에는 위험물의 종류, 운반용기의 구조 및 최대용적의 기준을 소방청장이 정하여 고시할 수 있다.

6. 제3호 내지 제5호의 운반용기는 다음 각목의 규정에 의한 용기의 구분에 따라 당해 각목에 정하는 성능이 있어야 한다.

   가. 나목의 규정에 의한 용기 외의 용기

   　　소방청장이 정하여 고시하는 낙하시험, 기밀시험, 내압시험 및 겹쳐쌓기시험에서 소방청장이 정하여 고시하는 기준에 적합할 것. 다만, 수납하는 위험물의 품명, 수량, 성질과 상태 등에 따라 소방청장이 정하여 고시하는 용기에 있어서는 그러하지 아니하다.

   나. 기계에 의하여 하역하는 구조로 된 용기

   　　소방청장이 정하여 고시하는 낙하시험, 기밀시험, 내압시험, 겹쳐쌓기시험, 아랫부분 인상시험, 윗부분 인상시험, 파열전파시험, 넘어뜨리기시험 및 일으키기시험에서 소방청장이 정하여 고시하는 기준에 적합할 것. 다만, 수납하는 위험물의 품명, 수량, 성질과 상태 등에 따라 소방청장이 정하여 고시하는 용기에 있어서는 그러하지 아니하다.

II 적재방법

1. 위험물은 I의 규정에 의한 운반용기에 다음 각목의 기준에 따라 수납하여 적재하여야 한다. 다만, 덩어리 상태의 황을 운반하기 위하여 적재하는 경우 또는 위험물을 동일구내에 있는 제조소등의 상호간에 운반하기 위하여 적재하는 경우에는 그러하지 아니하다(중요기준).

   가. 위험물이 온도변화 등에 의하여 누설되지 아니하도록 운반용기를 밀봉하여 수납할 것. 다만, 온도변화 등에 의한 위험물로부터의 가스의 발생으로 운반용기안의 압력이 상승할 우려가 있는 경우(발생한 가스가 독성 또는 인화성을 갖는 등 위험성이 있는 경우를 제외한다)에는 가스의 배출구(위험물의 누설 및 다른 물질의 침투를 방지하는 구조로 된 것에 한한다)를 설치한 운반용기에 수납할 수 있다.

   나. 수납하는 위험물과 위험한 반응을 일으키지 아니하는 등 당해 위험물의 성질에 적합한 재질의 운반용기에 수납할 것

   다. 고체위험물은 운반용기 내용적의 ❹ 　　 % 이하의 수납율로 수납할 것

   라. 액체위험물은 운반용기 내용적의 ❺ 　　 % 이하의 수납율로 수납하되, ❻ 　　 도의 온도에서 누설되지 아니하도록 충분한 공간용적을 유지하도록 할 것

   마. 하나의 외장용기에는 다른 종류의 위험물을 수납하지 아니할 것

시행규칙

❶ 종이　　　　　　　　　　❸ 짚　　　　　　　　　　❺ 98
❷ 삼　　　　　　　　　　　❹ 95　　　　　　　　　　❻ 55

바. 제3류 위험물은 다음의 기준에 따라 운반용기에 수납할 것
   1) 자연발화성물질에 있어서는 불활성 기체를 봉입하여 밀봉하는 등 공기와 접하지 아니하도록 할 것
   2) 자연발화성물질외의 물품에 있어서는 파라핀·경유·등유 등의 보호액으로 채워 밀봉하거나 불활성 기체를 봉입하여 밀봉하는 등 수분과 접하지 아니하도록 할 것
   3) 라목의 규정에 불구하고 자연발화성물질중 알킬알루미늄등은 운반용기의 내용적의 ❶   % 이하의 수납율로 수납하되, 50℃의 온도에서 ❷   % 이상의 공간용적을 유지하도록 할 것
2. 기계에 의하여 하역하는 구조로 된 운반용기에 대한 수납은 제1호(다목을 제외한다)의 규정을 준용하는 외에 다음 각목의 기준에 따라야 한다(중요기준).
   가. 다음의 규정에 의한 요건에 적합한 운반용기에 수납할 것
      1) 부식, 손상 등 이상이 없을 것
      2) 금속제의 운반용기, 경질플라스틱제의 운반용기 또는 플라스틱내용기 부착의 운반용기에 있어서는 다음에 정하는 시험 및 점검에서 누설 등 이상이 없을 것
         가) ❸   이내에 실시한 기밀시험(액체의 위험물 또는 10㎪ 이상의 압력을 가하여 수납 또는 배출하는 고체의 위험물을 수납하는 운반용기에 한한다)
         나) ❹   이내에 실시한 운반용기의 외부의 점검·부속설비의 기능점검 및 ❺ 년 이내의 사이에 실시한 운반용기의 내부의 점검
   나. 복수의 폐쇄장치가 연속하여 설치되어 있는 운반용기에 위험물을 수납하는 경우에는 용기본체에 가까운 폐쇄장치를 먼저 폐쇄할 것
   다. 휘발유, 벤젠 그 밖의 정전기에 의한 재해가 발생할 우려가 있는 액체의 위험물을 운반용기에 수납 또는 배출할 때에는 당해 재해의 발생을 방지하기 위한 조치를 강구할 것
   라. 온도변화 등에 의하여 액상이 되는 고체의 위험물은 액상으로 되었을 때 당해 위험물이 새지 아니하는 운반용기에 수납할 것
   마. 액체위험물을 수납하는 경우에는 ❻   ℃의 온도에서의 증기압이 130㎪ 이하가 되도록 수납할 것
   바. 경질플라스틱제의 운반용기 또는 플라스틱내용기 부착의 운반용기에 액체위험물을 수납하는 경우에는 당해 운반용기는 제조된 때로부터 ❼ 년 이내의 것으로 할 것
   사. 가목 내지 바목에 규정하는 것 외에 운반용기에의 수납에 관하여 필요한 사항은 소방청장이 정하여 고시한다.
3. 위험물은 당해 위험물이 용기 밖으로 쏟아지거나 위험물을 수납한 운반용기가 전도·낙하 또는 파손되지 아니하도록 적재하여야 한다(중요기준).
4. 운반용기는 수납구를 위로 향하게 하여 적재하여야 한다(중요기준).
5. 적재하는 위험물의 성질에 따라 일광의 직사 또는 빗물의 침투를 방지하기 위하여 유효하게 피복하는 등 다음 각목에 정하는 기준에 따른 조치를 하여야 한다(중요기준).
   가. 제1류 위험물, 제3류 위험물 중 자연발화성물질, 제4류 위험물 중 특수인화물, 제5류 위험물 또는 제6류 위험물은 차광성이 있는 피복으로 가릴 것
   나. 제1류 위험물 중 알칼리금속의 과산화물 또는 이를 함유한 것, 제2류 위험물 중 철분·금속분·마그네슘 또는 이들중 어느 하나 이상을 함유한 것 또는 제3류 위험물 중 금수성물질은 방수성이 있는 피복으로 덮을 것

다. 제5류 위험물 중 55℃ 이하의 온도에서 분해될 우려가 있는 것은 보냉 컨테이너에 수납하는 등 적정한 온도관리를 할 것

라. 액체위험물 또는 위험등급 II의 고체위험물을 기계에 의하여 하역하는 구조로 된 운반용기에 수납하여 적재하는 경우에는 당해 용기에 대한 충격등을 방지하기 위한 조치를 강구할 것. 다만, 위험등급 II의 고체위험물을 플렉서블(flexible)의 운반용기, 파이버판제의 운반용기 및 목제의 운반용기 외의 운반용기에 수납하여 적재하는 경우에는 그러하지 아니하다.

6. 위험물은 다음 각목의 규정에 의한 바에 따라 종류를 달리하는 그 밖의 위험물 또는 재해를 발생시킬 우려가 있는 물품과 함께 적재하지 아니하여야 한다(중요기준).

   가. 부표 2의 규정에서 혼재가 금지되고 있는 위험물

   나. 「고압가스 안전관리법」에 의한 고압가스(소방청장이 정하여 고시하는 것을 제외한다)

7. 위험물을 수납한 운반용기를 겹쳐 쌓는 경우에는 그 높이를 ❽ m 이하로 하고, 용기의 상부에 걸리는 하중은 당해 용기 위에 당해 용기와 동종의 용기를 겹쳐 쌓아 ❾ m의 높이로 하였을 때에 걸리는 하중 이하로 하여야 한다(중요기준).

8. 위험물은 그 운반용기의 외부에 다음 각목에 정하는 바에 따라 위험물의 품명, 수량 등을 표시하여 적재하여야 한다. 다만, UN의 위험물 운송에 관한 권고(RTDG, Recommendations on the Transport of Dangerous Goods)에서 정한 기준 또는 소방청장이 정하여 고시하는 기준에 적합한 표시를 한 경우에는 그러하지 아니하다.

   가. 위험물의 품명 · 위험등급 · 화학명 및 수용성("수용성" 표시는 제4류 위험물로서 수용성인 것에 한한다)

   나. 위험물의 수량

   다. 수납하는 위험물에 따라 다음의 규정에 의한 주의사항

      1) 제1류 위험물 중 알칼리금속의 과산화물 또는 이를 함유한 것에 있어서는 "화기·충격주의", "❿   " 및 "⓫   ", 그 밖의 것에 있어서는 "화기·충격주의" 및 "가연물접촉주의"

      2) 제2류 위험물 중 철분·금속분·마그네슘 또는 이들중 어느 하나 이상을 함유한 것에 있어서는 "⓬   " 및 "물기엄금", 인화성고체에 있어서는 "⓭   ", 그 밖의 것에 있어서는 "화기주의"

      3) 제3류 위험물 중 자연발화성물질에 있어서는 "화기엄금" 및 "⓮   ", 금수성물질에 있어서는 "⓯   "

      4) 제4류 위험물에 있어서는 "화기엄금"

      5) 제5류 위험물에 있어서는 "화기엄금" 및 "⓰   "

      6) 제6류 위험물에 있어서는 "⓱   "

시행규칙 ✓

❶ 90	❺ 5	❾ 3	⓭ 화기엄금	⓱ 가연물접촉주의
❷ 5	❻ 55	❿ 물기엄금	⓮ 공기접촉엄금	
❸ 2년 6개월	❼ 5	⓫ 가연물접촉주의	⓯ 물기엄금	
❹ 2년 6개월	❽ 3	⓬ 화기주의	⓰ 충격주의	

9. 제8호의 규정에 불구하고 제1류·제2류 또는 제4류 위험물(위험등급 I 의 위험물을 제외한다)의 운반용기로서 최대용적이 1ℓ 이하인 운반용기의 품명 및 주의사항은 위험물의 통칭명 및 당해 주의사항과 동일한 의미가 있는 다른 표시로 대신할 수 있다.

10. 제8호 및 제9호의 규정에 불구하고 제4류 위험물에 해당하는 화장품(에어졸을 제외한다)의 운반용기중 최대용적이 ❶ ㎖ 이하인 것에 대하여는 제8호 가목 및 다목의 규정에 의한 표시를 하지 아니할 수 있고, 최대용적이 ❷ ㎖ 초과 ❸ ㎖ 이하의 것에 대하여는 제8호 가목의 규정에 의한 표시를 하지 아니할 수 있으며, 동호 다목의 규정에 의한 주의사항을 당해 주의사항과 동일한 의미가 있는 다른 표시로 대신할 수 있다.

11. 제8호 및 제9호의 규정에 불구하고 제4류 위험물에 해당하는 에어졸의 운반용기로서 최대용적이 ❹ ㎖ 이하의 것에 대하여는 제8호 가목의 규정에 의한 표시를 하지 아니할 수 있으며, 동호 다목의 규정에 의한 주의사항을 당해 주의사항과 동일한 의미가 있는 다른 표시로 대신할 수 있다.

12. 제8호 및 제9호의 규정에 불구하고 제4류 위험물 중 동식물유류의 운반용기로서 최대용적이 ❺ ℓ 이하인 것에 대하여는 제8호 가목 및 다목의 표시에 대하여 각각 위험물의 통칭명 및 동호의 규정에 의한 표시와 동일한 의미가 있는 다른 표시로 대신할 수 있다.

13. 기계에 의하여 하역하는 구조로 된 운반용기의 외부에 행하는 표시는 제8호 각목의 규정에 의하는 외에 다음 각목의 사항을 포함하여야 한다. 다만, UN의 위험물 운송에 관한 권고(RTDG, Recommendations on the Transport of Dangerous Goods)에서 정한 기준 또는 소방청장이 정하여 고시하는 기준에 적합한 표시를 한 경우에는 그러하지 아니하다.

   가. 운반용기의 제조년월 및 제조자의 명칭

   나. 겹쳐쌓기시험하중

   다. 운반용기의 종류에 따라 다음의 규정에 의한 중량

      1) 플렉서블 외의 운반용기 : 최대총중량(최대수용중량의 위험물을 수납하였을 경우의 운반용기의 전중량을 말한다)

      2) 플렉서블 운반용기 : 최대수용중량

   라. 가목 내지 다목에 규정하는 것 외에 운반용기의 외부에 행하는 표시에 관하여 필요한 사항으로서 소방청장이 정하여 고시하는 것

III 운반방법

1. 위험물 또는 위험물을 수납한 운반용기가 현저하게 마찰 또는 동요를 일으키지 아니하도록 운반하여야 한다(중요기준).

2. 지정수량 이상의 위험물을 차량으로 운반하는 경우에는 해당 차량에 소방청장이 정하여 고시하는 바에 따라 운반하는 위험물의 위험성을 알리는 표지를 설치하여야 한다.

3. 지정수량 이상의 위험물을 차량으로 운반하는 경우에 있어서 다른 차량에 바꾸어 싣거나 휴식·고장 등으로 차량을 일시 정차시킬 때에는 안전한 장소를 택하고 운반하는 위험물의 안전확보에 주의하여야 한다.

4. 지정수량 이상의 위험물을 차량으로 운반하는 경우에는 당해 위험물에 적응성이 있는 소형수동식소화기를 당해 위험물의 소요단위에 상응하는 능력단위 이상 갖추어야 한다.

5. 위험물의 운반도중 위험물이 현저하게 새는 등 재난발생의 우려가 있는 경우에는 응급조치를 강구하는 동시에 가까운 소방관서 그 밖의 관계기관에 통보하여야 한다.

6. 제1호 내지 제5호의 적용에 있어서 품명 또는 지정수량을 달리하는 2 이상의 위험물을 운반하는 경우에 있어서 운반하는 각각의 위험물의 수량을 당해 위험물의 지정수량으로 나누어 얻은 수의 합이 1 이상인 때에는 지정수량 이상의 위험물을 운반하는 것으로 본다.

Ⅳ 법 제20조제1항의 규정에 의한 중요기준 및 세부기준은 다음 각호의 구분에 의한다.

1. 중요기준 : Ⅰ 내지 Ⅲ의 운반기준 중 "중요기준"이라 표기한 것
2. 세부기준 : 중요기준 외의 것

Ⅴ 위험물의 위험등급

별표 18 Ⅴ, 이 표 Ⅰ 및 Ⅱ에 있어서 위험물의 위험등급은 위험등급Ⅰ·위험등급Ⅱ 및 위험등급Ⅲ으로 구분하며, 각 위험등급에 해당하는 위험물은 다음 각호와 같다.

1. 위험등급Ⅰ의 위험물
   가. 제1류 위험물 중 아염소산염류, 염소산염류, ❻   , 무기과산화물 그 밖에 지정수량이 ❼   kg인 위험물
   나. 제3류 위험물 중 칼륨, 나트륨, 알킬알루미늄, 알킬리튬, ❽   그 밖에 지정수량이 10kg 또는 ❾   kg인 위험물
   다. 제4류 위험물 중 ❿
   라. 제5류 위험물 중 지정수량이 ⓫   kg인 위험물
   마. 제6류 위험물

2. 위험등급Ⅱ의 위험물
   가. 제1류 위험물 중 ⓬   , 질산염류, ⓭   , 그 밖에 지정수량이 300kg인 위험물
   나. 제2류 위험물 중 ⓮   , 적린, ⓯   , 그 밖에 지정수량이 ⓰   kg인 위험물
   다. 제3류 위험물 중 알칼리금속(칼륨 및 나트륨을 제외한다) 및 알칼리토금속, 유기금속화합물(알킬알루미늄 및 알킬리튬을 제외한다) 그 밖에 지정수량이 ⓱   kg인 위험물
   라. 제4류 위험물 중 제1석유류 및 ⓲
   마. 제5류 위험물 중 제1호 라목에 정하는 위험물 외의 것

3. 위험등급Ⅲ의 위험물 : 제1호 및 제2호에 정하지 아니한 위험물

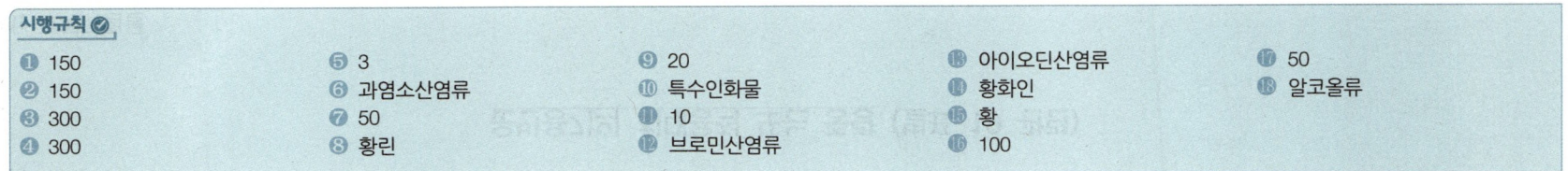

시행규칙				
❶ 150	❺ 3	❾ 20	⓭ 아이오딘산염류	⓱ 50
❷ 150	❻ 과염소산염류	❿ 특수인화물	⓮ 황화인	⓲ 알코올류
❸ 300	❼ 50	⓫ 10	⓯ 황	
❹ 300	❽ 황린	⓬ 브로민산염류	⓰ 100	

[부표 1]

운반용기의 최대용적 또는 중량 (별표 19 관련)

1. 고체위험물

운반 용기				수납 위험물의 종류									
내장 용기		외장 용기		제1류			제2류		제3류			제5류	
용기의 종류	최대용적 또는 중량	용기의 종류	최대용적 또는 중량	I	II	III	II	III	I	II	III	I	II
유리용기 또는 플라스틱 용기	10 ℓ	나무상자 또는 플라스틱상자(필요에 따라 불활성의 완충재를 채울 것)	125kg	○	○	○	○	○	○	○	○	○	○
			225kg		○	○		○		○	○		○
		파이버판상자(필요에 따라 불활성의 완충재를 채울 것)	40kg	○	○	○	○	○	○	○	○	○	○
			55kg		○	○		○			○		○
금속제용기	30 ℓ	나무상자 또는 플라스틱상자	125kg	○	○	○	○	○	○	○	○	○	○
			225kg		○	○		○		○	○		○
		파이버판상자	40kg	○	○	○	○	○	○	○	○	○	○
			55kg		○	○		○			○		○
플라스틱필름 포대 또는 종이포대	5kg	나무상자 또는 플라스틱상자	50kg	○	○	○			○	○	○	○	○
	50kg		50kg	○	○	○							○
	125kg		125kg		○	○	○	○					
	225kg		225kg			○		○					
	5kg	파이버판상자	40kg	○	○	○	○	○		○	○	○	○
	40kg		40kg	○	○	○	○	○					○
	55kg		55kg				○	○					

내장 용기		외장 용기		제1류			제2류		제3류			제5류	
				I	II	III	II	III	I	II	III	I	II
		금속제용기(드럼 제외)	60ℓ	○	○	○	○	○	○	○	○	○	○
		플라스틱용기(드럼 제외)	10ℓ		○	○	○	○			○	○	○
			30ℓ			○		○					○
		금속제드럼	250ℓ	○	○	○	○	○	○	○	○	○	○
		플라스틱드럼 또는 파이버드럼(방수성이 있는 것)	60ℓ		○	○	○	○	○	○	○	○	○
			250ℓ		○	○		○			○	○	
		합성수지포대(방수성이 있는 것), 플라스틱필름포대, 섬유포대(방수성이 있는 것) 또는 종이포대(여러겹으로서 방수성이 있는 것)	50㎏		○	○	○	○			○	○	○

비고
1. "○"표시는 수납위험물의 종류별 각란에 정한 위험물에 대하여 당해 각란에 정한 운반용기가 적응성이 있음을 표시한다.
2. 내장용기는 외장용기에 수납하여야 하는 용기로서 위험물을 직접 수납하기 위한 것을 말한다.
3. 내장용기의 용기의 종류란이 빈칸인 것은 외장용기에 위험물을 직접 수납하거나 유리용기, 플라스틱용기, 금속제용기, 폴리에틸렌포대 또는 종이포대를 내장용기로 할 수 있음을 표시한다.

2. 액체위험물

운반 용기				수납위험물의 종류								
내장 용기		외장 용기		제3류			제4류			제5류		제6류
용기의 종류	최대용적 또는 중량	용기의 종류	최대용적 또는 중량	I	II	III	I	II	III	I	II	I
유리용기	5ℓ	나무 또는 플라스틱상자(불활성의 완충재를 채울 것)	75㎏	○	○	○	○	○	○	○	○	○
	10ℓ		125㎏		○	○		○	○		○	
			225㎏						○			
	5ℓ	파이버판상자(불활성의 완충재를 채울 것)	40㎏	○	○	○	○	○	○	○	○	○
	10ℓ		55㎏						○			

용기종류	용량	용기의 종류	최대용적									
플라스틱용기	10ℓ	나무 또는 플라스틱상자(필요에 따라 불활성의 완충재를 채울 것)	75kg	○	○	○	○	○	○	○	○	○
			125kg		○	○		○	○		○	
			225kg						○			
		파이버판상자(필요에 따라 불활성의 완충재를 채울 것)	40kg	○	○	○		○	○		○	
			55kg						○			
금속제용기	30ℓ	나무 또는 플라스틱상자	125kg	○	○	○	○	○	○	○	○	○
			225kg						○			
		파이버판상자	40kg	○	○	○	○	○	○	○	○	○
			55kg		○	○		○	○		○	
		금속제용기(금속제드럼제외)	60ℓ		○	○		○	○		○	
		플라스틱용기(플라스틱드럼제외)	10ℓ		○	○		○	○		○	
			20ℓ						○		○	
			30ℓ						○		○	
		금속제드럼(뚜껑고정식)	250ℓ	○	○	○	○	○	○	○	○	○
		금속제드럼(뚜껑탈착식)	250ℓ						○	○		
		플라스틱또는파이버드럼 (플라스틱내용기부착의것)	250ℓ		○	○		○		○		

비고

1. "○"표시는 수납위험물의 종류별 각 란에 정한 위험물에 대하여 해당 각란에 정한 운반용기가 적응성이 있음을 표시한다.
2. 내장용기는 외장용기에 수납하여야 하는 용기로서 위험물을 직접 수납하기 위한 것을 말한다.
3. 내장용기의 용기의 종류란이 빈칸인 것은 외장용기에 위험물을 직접 수납하거나 유리용기, 플라스틱용기 또는 금속제용기를 내장용기로 할 수 있음을 표시한다.

[부표 2]

유별을 달리하는 위험물의 혼재기준 (별표 19 관련)

위험물의 구분	제1류	제2류	제3류	제4류	제5류	제6류
제1류		×	×	×	×	○
제2류	×		×	○	○	×
제3류	×	×		○	×	×
제4류	×	○	○		○	×
제5류	×	○	×	○		×
제6류	○	×	×	×	×	

비고

1. "×"표시는 혼재할 수 없음을 표시한다.

2. "○"표시는 혼재할 수 있음을 표시한다.

3. 이 표는 지정수량의 $\frac{1}{10}$ 이하의 위험물에 대하여는 적용하지 아니한다.

■ 위험물안전관리법 시행규칙 [별표 20]

기계에 의하여 하역하는 구조로 된 운반용기의 최대용적 (제51조제1항 관련)

1. 고체위험물

운반용기		수납위험물의 종류									
종류	최대 용적	제1류			제2류		제3류			제5류	
		I	II	III	II	III	I	II	III	I	II
금속제	❶	○	○	○	○	○	○	○	○		○
플렉시블(flexible) 합성수지제	❷		○	○	○	○		○	○		○
플렉시블(flexible) 플라스틱필름제	3,000 l		○	○	○	○		○	○		○
플렉시블(flexible) 섬유제	3,000 l		○	○	○	○		○	○		○
플렉시블(flexible) 종이제(여러겹의 것)	3,000 l		○	○	○	○		○	○		○
경질플라스틱제	1,500 l	○	○	○	○	○		○	○		○
	3,000 l		○	○	○	○		○	○		○
플라스틱 내용기 부착	1,500 l	○	○	○	○	○		○	○		○
	3,000 l		○	○	○	○		○	○		○
파이버판제	3,000 l		○	○	○	○		○	○		○
목제(라이닝부착)	3,000 l		○	○	○	○		○	○		○

비고

1. "○"표시는 수납위험물의 종류별 각 란에 정한 위험물에 대하여 해당 각 란에 정한 운반용기가 적응성이 있음을 표시한다.
2. 플렉시블제, 파이버판제 및 목제의 운반용기에 있어서는 수납 및 배출방법을 중력에 의한 것에 한한다.

2. 액체위험물

운반용기		수납위험물의 종류								
		제3류			제4류			제5류		제6류
종류	최대용적	I	II	III	I	II	III	I	II	I
금속제	❸		○	○		○	○		○	
경질플라스틱제	3,000 l		○	○		○	○		○	
플라스틱 내용기부착	3,000 l		○	○		○	○		○	

비고

"○"표시는 수납위험물의 종류별 각 란에 정한 위험물에 대하여 해당 각 란에 정한 운반용기가 적응성이 있음을 표시한다.

❶ 3,000 l   ❷ 3,000 l   ❸ 3,000 l

■ 위험물안전관리법 시행규칙 [별표 21]

위험물 운송책임자의 감독 또는 지원의 방법과 위험물의 운송시에 준수하여야 하는 사항 (제52조제2항 관련)

1. 운송책임자의 감독 또는 지원의 방법은 다음 각목의 1과 같다.
    가. 운송책임자가 이동탱크저장소에 동승하여 운송 중인 위험물의 안전확보에 관하여 운전자에게 필요한 감독 또는 지원을 하는 방법. 다만, 운전자가 운송책임자의 자격이 있는 경우에는 운송책임자의 자격이 없는 자가 동승할 수 ❶
    나. 운송의 감독 또는 지원을 위하여 마련한 별도의 사무실에 운송책임자가 대기하면서 다음의 사항을 이행하는 방법
      1) 운송경로를 미리 파악하고 관할소방관서 또는 관련업체(비상대응에 관한 협력을 얻을 수 있는 업체를 말한다)에 대한 연락체계를 갖추는 것
      2) 이동탱크저장소의 운전자에 대하여 수시로 안전확보 상황을 확인하는 것
      3) 비상시의 ❷ 에 관하여 조언을 하는 것
      4) 그 밖에 위험물의 운송중 안전확보에 관하여 필요한 정보를 제공하고 감독 또는 지원하는 것

2. 이동탱크저장소에 의한 위험물의 운송시에 준수하여야 하는 기준은 다음 각목과 같다.
    가. 위험물운송자는 운송의 개시전에 이동저장탱크의 배출밸브 등의 밸브와 폐쇄장치, 맨홀 및 주입구의 뚜껑, 소화기 등의 점검을 충분히 실시할 것
    나. 위험물운송자는 장거리(고속국도에 있어서는 ❸ km 이상, 그 밖의 도로에 있어서는 ❹ km 이상을 말한다)에 걸치는 운송을 하는 때에는 ❺ 명 이상의 운전자로 할 것. 다만, 다음의 1에 해당하는 경우에는 그러하지 아니하다.
      1) 제1호가목의 규정에 의하여 운송책임자를 동승시킨 경우
      2) 운송하는 위험물이 ❻ 위험물·❼ 위험물(칼슘 또는 알루미늄의 탄화물과 이것만을 함유한 것에 한한다) 또는 ❽ 위험물(특수인화물을 제외한다)인 경우
      3) 운송도중에 ❾ 시간 이내마다 ❿ 분 이상씩 휴식하는 경우

다. 위험물운송자는 이동탱크저장소를 휴식·고장 등으로 일시 정차시킬 때에는 안전한 장소를 택하고 당해 이동탱크저장소의 안전을 위한 감시를 할 수 있는 위치에 있는 등 운송하는 위험물의 안전확보에 주의할 것

라. 위험물운송자는 이동저장탱크로부터 위험물이 현저하게 새는 등 재해발생의 우려가 있는 경우에는 재난을 방지하기 위한 응급조치를 강구하는 동시에 소방관서 그 밖의 관계기관에 통보할 것

마. 위험물(제4류 위험물에 있어서는 특수인화물 및 제1석유류에 한한다)을 운송하게 하는 자는 별지 제48호서식의 위험물안전카드를 위험물운송자로 하여금 휴대하게 할 것

바. 위험물운송자는 위험물안전카드를 휴대하고 당해 카드에 기재된 내용에 따를 것. 다만, 재난 그 밖의 불가피한 이유가 있는 경우에는 당해 기재된 내용에 따르지 아니할 수 있다.

시행규칙

❶ 있다.
❷ 응급처치
❸ 340
❹ 200
❺ 2
❻ 제2류
❼ 제3류
❽ 제4류
❾ 2
❿ 20

■ 위험물안전관리법 시행규칙 [별표 22]

안전관리대행기관의 지정기준 (제57조제1항 관련)

기술인력	1. 위험물기능장 또는 위험물산업기사 ❶ 인 이상 2. 위험물산업기사 또는 위험물기능사 ❷ 인 이상 3. 기계분야 및 전기분야의 소방설비기사 ❸ 인 이상
시설	❹ 을 갖출 것
장비	1. 절연저항계(절연저항측정기) 2. 접지저항측정기(최소눈금 0.1Ω 이하) 3. 가스농도측정기(탄화수소계 가스의 농도측정이 가능할 것) 4. 정전기 전위측정기 5. 토크렌치(Torque Wrench: 볼트와 너트를 규정된 회전력에 맞춰 조이는 데 사용하는 도구) 6. 진동시험기 7. 삭제 〈2016. 8. 2.〉 8. 표면온도계(-10℃ ~ 300℃) 9. 두께측정기(1.5㎜ ~ 99.9㎜) 10. 삭제 〈2016. 8. 2.〉 11. 안전용구(안전모, 안전화, 손전등, 안전로프 등) 12. 소화설비점검기구(소화전밸브압력계, 방수압력측정계, 포콜렉터, 헤드렌치, 포콘테이너

비고

기술인력란의 각호에 정한 2 이상의 기술인력을 동일인이 겸할 수 없다.

■ 위험물안전관리법 시행규칙 [별표 23]

화학소방자동차에 갖추어야 하는 소화능력 및 설비의 기준 (제75조제1항 관련)

화학소방자동차의 구분	소화능력 및 설비의 기준
포수용액 방사차	포수용액의 방사능력이 매분 ❺ ㅤ l 이상일 것
	소화약액탱크 및 소화약액혼합장치를 비치할 것
	❻ ㅤ l 이상의 포수용액을 방사할 수 있는 양의 소화약제를 비치할 것
분말 방사차	분말의 방사능력이 매초 ❼ kg 이상일 것
	분말탱크 및 가압용가스설비를 비치할 것
	❽ ㅤ kg 이상의 분말을 비치할 것
할로젠화합물 방사차	할로젠화합물의 방사능력이 매초 ❾ kg 이상일 것
	할로젠화합물탱크 및 가압용가스설비를 비치할 것
	❿ ㅤ kg 이상의 할로젠화합물을 비치할 것
이산화탄소 방사차	이산화탄소의 방사능력이 매초 ⓫ kg 이상일 것
	이산화탄소저장용기를 비치할 것
	⓬ ㅤ kg 이상의 이산화탄소를 비치할 것
제독차	가성소다 및 규조토를 각각 ⓭ ㅤ kg 이상 비치할 것

시행규칙
❶ 1
❷ 2
❸ 1
❹ 전용사무실
❺ 2,000
❻ 10만
❼ 35
❽ 1,400
❾ 40
❿ 1,000
⓫ 40
⓬ 3,000
⓭ 50

■ 위험물안전관리법 시행규칙 [별표 24]

안전교육의 과정·기간과 그 밖의 교육의 실시에 관한 사항 등 (제78조제2항 관련)

1. 교육과정·교육대상자·교육시간·교육시기 및 교육기관

교육과정	교육대상자	교육시간	교육시기	교육기관
강습교육	안전관리자가 되려는 사람	❶ 시간	최초 선임되기 전	안전원
	위험물운반자가 되려는 사람	❷ 시간	최초 종사하기 전	안전원
	위험물운송자가 되려는 사람	❸ 시간	최초 종사하기 전	안전원
실무교육	안전관리자	❹ 시간	가. 제조소등의 안전관리자로 선임된 날부터 6개월 이내 나. 가목에 따른 교육을 받은 후 2년마다 1회	안전원
	위험물운반자	❺ 시간	가. 위험물운반자로 종사한 날부터 6개월 이내 나. 가목에 따른 교육을 받은 후 3년마다 1회	❻
	위험물운송자	❼ 시간	가. 이동탱크저장소의 위험물운송자로 종사한 날부터 6개월 이내 나. 가목에 따른 교육을 받은 후 3년마다 1회	안전원
	탱크시험자의 기술인력	❽ 시간	가. 탱크시험자의 기술인력으로 등록한 날부터 6개월 이내 나. 가목에 따른 교육을 받은 후 2년마다 1회	❾

비고

1. 안전관리자, 위험물운반자 및 위험물운송자 강습교육의 공통과목에 대하여 어느 하나의 강습교육 과정에서 교육을 받은 경우에는 나머지 강습교육 과정에서도 교육을 받은 것으로 본다.
2. 안전관리자, 위험물운반자 및 위험물운송자 실무교육의 공통과목에 대하여 어느 하나의 실무교육 과정에서 교육을 받은 경우에는 나머지 실무교육 과정에서도 교육을 받은 것으로 본다.
3. 안전관리자 및 위험물운송자의 실무교육 시간 중 일부(4시간 이내)를 사이버교육의 방법으로 실시할 수 있다. 다만, 교육대상자가 사이버교육의 방법으로 수강하는 것에 동의하는 경우에 한정한다.

2. 교육계획의 공고 등

　가. 안전원의 원장은 강습교육을 하고자 하는 때에는 매년 ❿   까지 일시, 장소, 그 밖에 강습의 실시에 관한 사항을 공고할 것

　나. 기술원 또는 안전원은 실무교육을 하고자 하는 때에는 교육실시 ⓫   일 전까지 교육대상자에게 그 내용을 통보할 것

3. 교육신청

　가. 강습교육을 받고자 하는 자는 안전원이 지정하는 교육일정 전에 교육수강을 신청할 것

　나. 실무교육 대상자는 교육일정 전까지 교육수강을 신청할 것

4. 교육일시 통보

　기술원 또는 안전원은 제3호에 따라 교육신청이 있는 때에는 교육실시 전까지 교육대상자에게 교육장소와 교육일시를 통보하여야 한다.

5. 기타

　기술원 또는 안전원은 교육대상자별 교육의 과목·시간·실습 및 평가, 강사의 자격, 교육의 신청, 교육수료증의 교부·재교부, 교육수료증의 기재사항, 교육수료자명부의 작성·보관 등 교육의 실시에 관하여 필요한 세부사항을 정하여 소방청장의 승인을 받아야 한다. 이 경우 안전관리자, 위험물운반자 및 위험물운송자 강습교육의 과목에는 각 강습교육별로 다음 표에 정한 사항을 포함하여야 한다.

교육과정	교육내용	
안전관리자 강습교육	• 제4류 위험물의 품명별 일반성질, 화재예방 및 소화의 방법	• 연소 및 소화에 관한 기초이론 • 모든 위험물의 유별 공통성질과 화재예방 및 소화의 방법 • 위험물안전관리법령 및 위험물의 안전관리에 관계된 법령
위험물운반자 강습교육	• 위험물운반에 관한 안전기준	
위험물운송자 강습교육	• 이동탱크저장소의 구조 및 설비작동법 • 위험물운송에 관한 안전기준	

시행규칙

❶ 24　　　　　　　　　　❺ 4　　　　　　　　　　❾ 기술원
❷ 8　　　　　　　　　　　❻ 안전원　　　　　　　　❿ 1월 5일
❸ 16　　　　　　　　　　❼ 8　　　　　　　　　　⓫ 10
❹ 8　　　　　　　　　　　❽ 8

■ 위험물안전관리법 시행규칙 [별표 25]

수수료 및 교육비 (제79조제1항 관련)

1. 법 제5조제2항제1호에 따른 임시저장 또는 취급의 승인: ❶ 만원
2. 법 제6조제1항에 따른 제조소등의 설치허가 또는 변경허가
    가. 제조소등의 설치허가: 제조소등의 구분에 따라 다음 표에서 정하는 금액

구분				수수료(원)
제조소	지정수량의 1천배 미만인 것	지정수량의 10배 이하인 것		❷ 만원
		지정수량의 10배 초과 50배 이하인 것		❸ 만원
		지정수량의 50배 초과 100배 이하인 것		6만5천원
		지정수량의 100배 초과 200배 이하인 것		7만5천원
		지정수량의 200배 초과 1천배 미만인 것		9만원
	지정수량의 1천배 이상인 것	구조·설비의 기술검토	기술인력별 작업구분	표준공량 (지정수량의 1천배 이상 1만배 미만)	「엔지니어링산업 진흥법」 제31조에 따른 엔지니어링사업 대가의 기준의 실비정액가산방식을 적용하여 산출한 금액
			기술협의 및 서류검토(특급기술자)	0.25	
			제조·취급시설의 설계심사(고급기술자)	0.80	
			소화설비의 설계심사(고급기술자)	1.32	
			보고서작성 및 기록관리(중급기술자)	0.25	
		그 밖의 사항의 심사		2만원
저장소	옥내 저장소	지정수량의 10배 이하인 것		2만원
		지정수량의 10배 초과 50배 이하인 것		2만5천원
		지정수량의 50배 초과 100배 이하인 것		4만원
		지정수량의 100배 초과 200배 이하인 것		5만원
		지정수량의 200배를 초과하는 것		6만5천원

저장소	옥외탱크 저장소	특정옥외탱크 저장소 및 준특정옥외탱크 저장소 외의 것	지정수량의 100배 이하인 것					2만원
			지정수량의 100배 초과 10,000배 이하인 것					2만5천원
			지정수량의 10,000배를 초과하는 것					4만원
		특정옥외탱크저장소 및 준특정옥외탱크저장소	기초·지반, 탱크 본체 및 소화설비의 기술 검토	기술인력별 작업구분	표준공량 (1백만ℓ 이상 3백만ℓ 미만)				「엔지니어링산업 진흥법」 제31조에 따른 엔지니어링사업대가의 기준의 실비정액가산방식을 적용하여 산출한 금액
					합계	탱크본체심사	기초지반 심사	소화설비 심사	
				기술협의 및 서류검토 (특급기술자)	0.313	0.125	0.125	0.063	
				기초·지반의 설계심사 (고급기술자)	1.250	0	1.250	0	
				탱크구조등의 설계심사 (고급기술자)	0.833	0.833	0	0	
				소화설비 설계심사(고급기술자)	0.400	0	0	0.400	
				보고서작성 및 기록관리 (중급기술자)	0.354	0.125	0.166	0.063	
			그 밖의 사항의 심사	용량이 50만ℓ 이상 100만ℓ 미만인 것					6만원
				용량이 100만ℓ 이상 500만ℓ 미만인 것					8만원
				용량이 500만ℓ 이상 1,000만ℓ 미만인 것					10만원
				용량이 1,000만ℓ 이상 5,000만ℓ 미만인 것					12만원
				용량이 5,000만ℓ 이상 1억ℓ 미만인 것					14만원
				용량이 1억ℓ 이상인 것					16만원

시행규칙
❶ 2   ❷ 4   ❸ 5

			표준공량(탱크용량이 4억L 미만)				
		기술인력별 작업구분	합계	탱크본체심사	기초지반심사	소화설비 심사	
저장소	암반탱크저장소	기초·지반, 탱크 본체 및 소화설비의 기술 검토	기술협의 및 서류검토 (특급기술자)	2.063	1.000	1.000	0.063	「엔지니어링산업 진흥법」 제31조에 따른 엔지니어링사업대가의 기준의 실비정액가산방식을 적용하여 산출한 금액
			기초·지반의 설계심사 (고급기술자)	7.541	0	7.541	0	
			탱크구조등의 설계심사 (고급기술자)	6.541	6.541	0	0	
			소화설비 설계심사(고급기술자)	0.400	0	0	0.400	
			보고서작성 및 기록관리 (중급기술자)	0.563	0.250	0.250	0.063	
		그 밖의 사항의 심사	용량이 4억L 미만인 것				
		용량이 4억L 이상 5억L 미만인 것	20만원				
		용량이 5억L 이상인 것	22만원				
	옥내탱크저장소		2만5천원				
	지하탱크저장소	지정수량의 100배 이하인 것	2만5천원				
		지정수량의 100배를 초과하는 것	4만원				
	간이탱크저장소		1만5천원				
	이동탱크저장소	컨테이너식이동탱크저장소·항공기주유탱크차 외의 것	2만5천원				
		컨테이너식이동탱크저장소, 항공기주유탱크차	4만원				
	옥외저장소		1만5천원				

취급소	주유취급소	옥내주유취급소 외의 것	6만원
		옥내주유취급소	7만원
	판매취급소	제1종판매취급소	3만원
		제2종판매취급소	4만원
	이송 취급소	특정이송취급소 외의 것으로서 배관의 연장(해당 배관의 기점 또는 종점이 2 이상인 경우에는 임의의 기점에서 임의의 종점까지의 해당 배관의 연장 중 최대의 것을 말한다. 이하 같다)이 15㎞ 이하인 것	2만5천원
		특정이송취급소로서 배관의 연장이 15㎞ 이하인 것	8만원
		배관의 연장이 15㎞를 초과하는 것	8만원에 위험물을 이송하기 위한 배관의 연장이 15㎞ 또는 15㎞ 미만의 끝수가 증가할 때마다 2만원을 더한 금액
	일반 취급소	제조소의 수수료기준과 동일	

비고

1. 지정수량 1천배 이상의 제조소 또는 일반취급소·특정옥외탱크저장소·준특정옥외탱크저장소·암반탱크저장소의 설치허가 수수료는 이 표에 정하는 기술검토에 대한 수수료와 기타사항의 심사에 대한 수수료를 합한 금액으로 한다.
2. 지정수량 1천배 이상의 제조소 또는 일반취급소·특정옥외탱크저장소·준특정옥외탱크저장소·암반탱크저장소의 설치허가에 대한 수수료 중 기술검토에 대한 수수료는 이 표의 표준공량에 다음 각 목에 정하는 취급량별 또는 탱크의 용량별 보정계수를 곱하여 얻은 실제공량을 기준으로 하여 산출한 직접인건비·직접경비·제경비 및 기술료를 합한 금액으로 한다. 다만, 1천원 미만은 버리며, 특정옥외탱크저장소 및 준특정옥외탱크저장소의 기술검토에 대한 수수료 중 기초·지반, 탱크본체 및 소화설비의 심사에 대한 것은 각각 190만원을 초과할 수 없다.

가. 제조소 또는 일반취급소의 취급량별 보정계수

취급량(단위: kL 또는 ton)	보정계수
1,000 이하	1.00
1,000 초과 1,500 이하	1.15
1,500 초과 2,000 이하	1.34
2,000 초과	1.56

비고 지정수량의 단위가 다른 둘 이상의 위험물에 있어서는 1㎏을 1ℓ로 본다.

나. 특정옥외탱크저장소 및 준특정옥외탱크저장소의 탱크용량별 보정계수

탱크용량(L)	보정계수	탱크용량(L)	보정계수	탱크용량(L)	보정계수
5십만 이상 1백만 미만	0.58	3천만 이상 4천만 미만	4.42	9천만 이상 1억 미만	9.48
1백만 이상 3백만 미만	1.00	4천만 이상 5천만 미만	5.22	1억 이상 1억 1천만 미만	9.97
3백만 이상 6백만 미만	1.42	5천만 이상 6천만 미만	6.21	1억 1천만 이상 1억 2천만 미만	10.06
6백만 이상 1천만 미만	2.36	6천만 이상 7천만 미만	7.36	1억 2천만 이상	11.6
1천만 이상 2천만 미만	3.03	7천만 이상 8천만 미만	8.03		
2천만 이상 3천만 미만	3.75	8천만 이상 9천만 미만	8.81		

다. 암반탱크저장소의 탱크용량별 보정계수

탱크용량(L)	보정계수
4억 미만	1.00
4억 이상 5억 미만	1.26
5억 이상	1.86

3. 제2호의 직접인건비는 「엔지니어링산업 진흥법」제31조에 따른 엔지니어링사업 대가 기준 중 건설부문 및 기타부문의 임금단가에 실제공량을 곱하여 산출하고, 직접경비·제경비 및 기술료는 다음 식에 의하여 산출한다.

가. 직접경비 = 직접인건비 × 20%

나. 제경비 = 직접인건비 × 110%

다. 기술료 = (직접인건비 + 제경비) × 20%

4. 같은 시기에 설치장소와 설계조건이 같은 2개 이상의 제조소·일반취급소 또는 옥외탱크저장소에 대한 기술검토를 신청하는 경우에는 1개 외의 나머지 대상에 대한 기술검토 수수료는 이 표에 의한 수수료의 3/4에 해당하는 금액으로 한다.

나. 제조소등의 변경허가 : 가목에 정하는 해당 제조소등의 설치허가 수수료의 1/2에 해당하는 금액. 다만, 기술검토에 대한 수수료는 변경이 있는 구조·설비·기초·지반 또는 탱크본체에 대한 설치허가에 따른 기술검토 수수료의 1/2에 해당하는 금액으로 한다.

3. 법 제8조의 규정에 의한 탱크안전성능검사
    가. 법 제6조제1항 전단의 규정에 의한 설치허가에 따른 탱크안전성능검사:검사의 구분에 따라 다음표에 정하는 금액

구분		수수료
충수검사	용량이 1만L 이하인 것	1만원
	용량이 1만L 초과 50만L 이하인 것	2만원
	용량이 50만L 초과 100만L 미만인 것	5만원
	용량이 100만L 이상인 것	35만원에 10만L 또는 10만L 미만의 끝수가 증가할 때마다 2만1천원을 가산한 금액. 다만, 150만원을 초과할 수 없다.
수압검사	용량이 100L 이하인 것	1만원
	용량이 100L 초과 1만L 이하인 것	2만원
	용량이 1만L 초과 2만L 이하인 것	3만원
	용량이 2만L를 초과하는 것	3만원에 1만L 또는 1만L 미만의 끝수가 증가할 때마다 1만원을 가산한 금액. 다만, 150만원을 초과할 수 없다.
기초·지반 검사		제2호의 규정에 의한 특정옥외탱크저장소·준특정옥외탱크저장소 및 암반탱크저장소의 설치허가에 따른 수수료중 기술검토에 대한 수수료 산정의 예에 준하여 소방청장이 정하여 고시하는 방법에 따라 산출한 금액
용접부 검사		
암반탱크 검사		
이중벽탱크 검사		

비고
1. 검사에 필요한 충수·가스충전·비계설치 등 검사준비에 소요되는 비용은 이 표의 수수료에 포함하지 아니한다.
2. 2기 이상의 탱크에 대한 충수검사 또는 수압검사를 같은 날 같은 장소에서 실시하는 경우에 있어서는 1기외에 추가되는 탱크에 대한 수수료는 이 표에 의한 수수료의 1/2에 해당하는 금액으로 한다.
3. 이중벽탱크검사는 별표 8 Ⅱ의 이중벽탱크에 대한 탱크안전성능검사를 말한다. 이하 나목에서 같다.

나. 법 제6조제1항 후단의 규정에 의한 변경허가에 따른 탱크안전성능검사 : 검사의 구분에 따라 다음 표에 정하는 금액

구분	수수료
충수검사	가목의 구분에 따른 각 해당수수료와 동일한 액
수압검사	가목의 구분에 따른 각 해당수수료와 동일한 액
기초·지반검사	제2호의 규정에 의한 특정옥외탱크저장소 및 암반탱크저장소의 설치허가에 따른 수수료중 기술검토에 대한 수수료 산정의 예에 준하여 소방청장이 정하여 고시하는 방법에 따라 산출한 금액
용접부검사	
암반탱크검사	
이중벽탱크검사	

4. 법 제9조의 규정에 의한 제조소등의 완공검사 : 다음 각목에 정하는 금액. 다만, 기술원이 실시하는 완공검사에 대한 수수료는 제2호의 규정에 의한 특정옥외탱크저장소·준특정옥외탱크저장소 및 암반탱크저장소의 설치허가에 따른 수수료중 기술검토에 대한 수수료 산정의 예에 준하여 소방청장이 정하여 고시하는 방법으로 산출한다.
  가. 제조소등의 설치에 따른 완공검사 : 당해 제조소등의 설치허가 수수료의 1/2에 해당하는 금액
  나. 제조소등의 변경에 따른 완공검사 : 당해 제조소등의 설치허가 수수료의 1/4에 해당하는 금액
5. 법 제10조제3항의 규정에 의한 설치자의 지위승계신고 : 2만원
6. 법 제16조제2항의 규정에 의한 탱크시험자의 등록 : 8만원
7. 법 제16조제3항의 규정에 의한 탱크시험자의 등록사항 변경신고 : 2만원
8. 법 제18조제3항에 따른 정기검사 : 제2호에 따른 특정옥외탱크저장소·준특정옥외탱크저장소 및 암반탱크저장소의 설치허가에 따른 수수료중 기술검토에 대한 수수료 산정의 예에 준하여 소방청장이 정하여 고시하는 방법에 따라 산출한 금액
9. 법 제20조제3항에 따른 운반용기의 검사 : 운반용기의 종류 및 크기별로 검사방법에 따른 실비용을 고려하여 소방청장이 정하여 고시하는 금액
10. 법 제28조에 따른 안전교육 : 교육과정 및 교육대상자별로 교육내용에 따른 실비용을 고려하여 소방청장이 정하여 고시하는 금액

MEMO

MEMO

MEMO

김동준 소방관계법규 2

초판 인쇄	2024년 6월 21일
초판 발행	2024년 6월 28일
저자	김동준
발행인	박홍준
발행처	(주)두빛나래
등록번호	제 575-86-01526호
주소	서울시 구로구 새말로 102, 2522호 (구로동, 신도림포스빌)
전화	070-4090-1051
팩스	070-4095-1051
교재문의	dubitbook.com
ISBN	979-11-90945-94-3　　13350

저자와 협의 하에 인지는 생략함

이 책의 무단 전재 또는 복제행위는 저작권법 제136조 제1항에 의해 5년 이하의 징역 또는 5,000만 원 이하의 벌금에 처하거나 이를 병과할 수 있습니다.
파본은 교환해 드립니다.

정가 53,000원